Rudolf Kleinpaul
Das Mittelalter

Rudolf Kleinpaul

Das Mittelalter

Bilder aus dem Leben und Treiben
aller Stände in Europa

Mit 465 Abbildungen

Anaconda

Dieses Buch erschien zuerst 1893 und 1894 in zwei Bänden bei Schmidt & Günther in Leipzig. Die vorliegende Ausgabe ist eine Reproduktion der in einem Band zusammenfassten Ausgabe von 1895. Dafür wurde das Inhaltsverzeichnis des zweiten Bandes (ab Seite 413, Kapitel »Das Geld«) nach vorne gestellt sowie die 21 unpaginierten Vollbildertafeln und Farbendrucke neu angeordnet und auf Schwarz-Weiß reduziert.

Die Deutsche Nationalbibliothek verzeichnet diese Publikation in der Deutschen Nationalbibliographie; detaillierte bibliographische Daten sind im Internet unter http://dnb.d-nb.de abrufbar.

Umschlagmotiv: Limbourg Brothers (fl.1400–1416), »June: Haymaking«,
from *Tres Riches Heures du Duc de Berry* (Ms 65/1284 f.6v),
Musée Condé, Chantilly / Giraudon / bridgemanart.com
Umschlaggestaltung: www.katjaholst.de
Redigitalisierung: Andreas Paqué, www.paque.de
Printed in Germany 2013
ISBN 978-3-86647-925-8
www.anacondaverlag.de
info@anacondaverlag.de

Band I
Inhaltsverzeichnis.

Mittelalterliche Zustände und Stände. Das Weltreich Karls des Grossen.

Seite

Begriff und Grenzen des Mittelalters — Die Germanen machen das Mittelalter, aber dasselbe deckt sich in seinen Anfängen mit dem Fränkischen Reiche, das rasch zur grössten Bedeutung unter den germanischen Staaten der Völkerwanderungszeit aufsteigt — Merowinger und Karolinger, das Karolingische Reich und die alte Gauverfassung — die Freien sind bei den alten Germanen der Kern der Nation — die Unfreien zerfallen in Leibeigene, Hörige und die sogenannten Ministerialen oder Dienstmannen — das Salische Gesetz gewährt einen Blick in die altgermanische Verfassung vor den Veränderungen, welche die Gründung des grossen Fränkischen Reiches nach sich zog — das königliche Gefolge oder die *Trustis*, die *Antrustiones* der Merowinger, für die das dreifache Wergeld zu zahlen ist — das Lehnswesen, der Lehnseid, die Deutschen sind höchst feudal — Lieber Getreuer — meine Leute — die Bauern oder die Kolonen nehmen eine Mittelstellung zwischen Sklaven und Freien ein — die Namen Meier und Lehmann, sprechende Reste mittelalterlicher Zustände und Besitzverhältnisse — was war ein Graf? — ein Graf war ein königlicher Beamter — Gaugrafen und Markgrafen — hoher und niederer Adel, die Rittergüter — Burgen und Städte, Gemeindeverfassung und Staatsverfassung — Fehde und Faustrecht — Anblick Deutschlands zur Zeit Karls des Grossen 1

Mittelalterliche Rechte und Vorrechte.

Unantastbare Privilegien.

Die Reallasten oder die Grundlasten: Fronen, Zehnten und Grundzinsen — Servituten — Jagdrecht, Jagdhoheit, Jagdfronen, der auf den Bauern lastende Jagddruck — die Landeshoheit: die Bede, älteste deutsche direkte Steuer — Ritterpferdsgelder, das *Jus primae noctis* — Anstrengungen, die gemacht wurden, um das Grundeigentum von den Feudallasten zu befreien: die französische Revolution und die Emanzipation des Bauernstandes — wichtiger Unterschied zwischen Stadt- und Landgemeinde — die jugendlichen Städte gewinnen neben der Feudalherrschaft festen Fuss, sie wachsen den Bischöfen und den Burggrafen über den Kopf, Bürger wird Ehrenname — Adel und Bürgerstand — Stufen, die in der Bürgerschaft entstehen — die Verleihung des Marktrechts, dadurch wird eine Niederlassung erst zur Stadt — Anblick einer mittelalterlichen Stadt — die Stadtbücher — Schimmer der Idee, das ganze Volk als eine geschlossene Gemeinde zu betrachten und die städtische Verfassung auf den Staat zu übertragen: Staatsbürger 26

Tägliches Leben in den Pfalzen, Bürgerhäusern und Bauerhütten.

a. **Zur Zeit der Merowinger, am Hofe Fredegundens und Brunhildens.** Der Traum eines Merowingers in der Hochzeitsnacht — die Entführung der schönen Basina — sie haben sich entkleidet zu Bett gelegt, tragen Kronen und keine Hemden — die Wohnungen der Merowinger und ihre Einrichtung — noch ein Merowingertraum, den der heilige Guntram, aber nicht im Bette, sondern draussen im Freien, auf der Côte d'Or und nicht an der Seite seiner Frau, sondern an der Brust seines Schildknappen hat — ob Childerich und Basina wirklich in einem Bette geschlafen haben — wie sah ihr Bett aus, wo stand es, wie lagen sie — was machten sie, wenn sie aufgestanden waren — Fredegundens tägliche Beschäftigung war blutig, ihre Biographie ist eine Geschichte der Mordthaten, welche sie verübte, sie will ihre Tochter eigenhändig umbringen, eine Familienszene — Vergleich der Merowinger mit den alten Atriden und den Neronen, sie sind schlimmer als die Griechen und Römer — merkwürdige Ähnlichkeit ihrer Geschichte mit der Nibelungensage — die zwei feindlichen Königinnen: hier lässt Brunhilde Siegfried, Kriemhildens Gemahl, dort Fredegunde Siegbert, Brunhildens Gemahl erschlagen — Chilperich von Eberulfus auf Befehl Brunhildens, wie Siegfried von Hagen auf Befehl Brunhildens, ebenfalls auf der Jagd erschlagen — wie die berühmte Königin Brunhilde Fredegundens Tod erlebt, aber von deren Sohn auf eine grausenhafte Weise hingerichtet wird — sie ist eine furchtbare Grossmutter, doch besser als ihr Ruf, Bischof Prätextatus traut sie mit ihrem Neffen Merwig, eine Merowingische Liebesgeschichte — aber niemand reizt Fredegunden ungestraft — schöne Sitten, die am Hofe dieser beiden interessanten Frauen herrschten 59

b. **Am Hofe Karls des Grossen Die Hofschule.** Die Karolinger glänzender als die Merowinger, kaum besser — was die vorurteilsfreie Geschichte von Karl dem Grossen hält — seine Weiber und Kebsweiber — seine liederlichen Töchter, seine Schwiegersöhne, seine Biographen — Angilbert und Bertha, Eginhard und Emma — der Schnee, ein anderes Liebespaar in der Normandie — Projekt der griechischen Kaiserin Irene — die Gesandten des Nicephorus, durch welche Mittel ihnen Karl der Grosse imponiert — Stellung zum Kaiserhof in Konstantinopel, der kopiert wird — der Litteraturverein und die Schule am Fränkischen Hof, mit was für Geistern sich der Kaiser umgab — schade, dass es lauter Geistliche waren — was er las, was er trieb, was er sammelte, wenn er Zeit hatte — er übte sich im Schreiben — die zwei Elemente, die sich in seinem Hofstaat kreuzten — seine Liebe zum Deutschtum, das aber die fremden Theologen nicht aufkommen lassen 77

Seite

c. **Im Lande. Schulwesen, Religion und Sprache.** Karl der Grosse that viel für die Bildung seines Volkes, er gab ihm Volksschulen — warum sie sich nicht hielten — der Volksunterricht gedeiht erst in den Städten, hier emancipiert man sich von der Kirche, die ersten Bürgerschulen — im Mittelalter gab es nur Domschulen und Klosterschulen — der grosse Volkserzieher selbst ein Landwirt, der nachrechnet — Karl der Grosse als Sprachreiniger: seine Monatnamen, eine Leistung der des Reichspostmeisters zu vergleichen — er war selbst schuld daran, dass es in der deutschen Sprache so viele lateinische Namen gab — und noch giebt — er holte ja die Kultur aus Rom, wo er zum Kaiser gekrönt ward, vernichtete die vaterländische — das Fränkische Reich wurde durch ihn ein römisches und ein christliches Reich, was es bisher nicht war — ob wohl die Deutschen aus eigener Kraft eine Kultur hätten erlangen können — Karl der Grosse konnte nicht schreiben, brachte aber ein lateinisches Wort für schreiben auf — dafür schreiben Mönche und Geistliche Evangelienharmonien — ihre feindselige Stellung zu allem Nationalen — der Heliand — Deutschtum und Christentum 88

d. **Im Klostergarten von Sankt Gallen. Gemüsebau, Obstbaumzucht.** Bescheidene Anfänge der Gärtnerei in Deutschland — Karls des Grossen Bemühungen um die Einführung fremder Kulturgewächse, sein Natursinn — er macht es wie nach ihm in Sachsen Kurfürst August I. — welche Pflanzen er in den kaiserlichen Gärten anzubauen befiehlt — man merkt es schon an den Namen, dass sie aus Italien sind — Übersicht über die wichtigsten Obstbäume, Küchenkräuter und Blumen der Zeit und ihre Benennungen — noch nicht viele Blumen, man braucht das Nützliche — genau nach Karls des Grossen Vorschrift werden die Klostergärten angelegt, zum Beispiel der Obstgarten, der Gemüsegarten, der Arzneikräutergarten in Sankt Gallen — warum Hauslaub auf die Dächer gepflanzt werden soll: es vertritt die Stelle des Blitzableiters — es gehört zu den wenigen deutschen Pflanzen in unserem Katalog — Deutschland bekommt gleichsam eine südeuropäische Flora wie der Johannisberg und der Rüdesheimer Berg; es zieht ein neues Kleid an 98

e. **Auf dem Weissensteine.** Wir betrachten uns das schöne Bild: *Tafel im Schloss* ein wenig näher — die Schlossherrin ist die Gräfin Haimon, die Schwester Karls des Grossen, sie bewirtet ihre Söhne, die vier Haimonskinder — der jüngste unter ihnen heist Reinhold, nach dem der Roman benannt ist — seine Geschichte, die heimliche Geburt der vier Kinder, ihre Entdeckung — sie gehen mit dem Vater an den Hof Karls des Grossen, Reinhold erschlägt den jungen König Ludwig, diess die Veranlassung des hartnäckigen Krieges zwischen den beiden Häusern — Haimon verspricht dem König seine Kinder zu fangen — Erbauung des Schlosses Montalban, Besuch der Haimonskinder bei den Eltern in Pierlamont, Reinhold lehrt den Grafen Haimon seine Kinder fangen — Reinhold verliert sein gutes Ross Baiard, der Schwarzkünstler Malegis hilft ihm wieder dazu — er hilft ihm sogar zur Krone Karls des Grossen, ja er schleppt den Kaiser selber auf den Weissenstein — grossartige, nur von einem deutschen Herzen zu fassende Scene auf Montalban: der Kaiser wird entlassen und gewährt keine Gnade — Malegis verzweifelt — klägliches Ende des unvergleichlichen Baiard — Reinhold selbst quittiert Welt und Vaterland und wird ein Heiliger — sein Ende, seine Verehrung in Dortmund 107

Küche und Keller.

a. **Das tägliche Brot. Brei und Bier.** Die Riesen, die zu Brote gewöhnt sind — das Brot stammt vom Bauer, wenigstens das Korn, wir kommen auf die angelsächsische Gruppe zurück — was hat der pflügende Bauer für Korn gebaut: Haferkorn, die ursprüngliche europäische Brotfrucht, das Getreide des Mittelalters — das Haferbrot war Hafermus, das alte Nationalgericht der Deutschen — Brot und Brei, die Grütze und der schottische Porridge, Polenta und Flammeri — der Züricher Hirsebrei — was eigentlich Brot heisst, der italienische Brodo, es ist eine Art Sud — das gebackene Brot heisst Laib, aber wenn auch das flüssige Brot abkam, wurde der Ausdruck immer noch fortgebraucht — Laib und Leib hängen nicht zusammen, Leib und Körper — kochen, braten und brauen, Nudeln und Knödel — zunächst werden Brotkuchen gebacken — was eigentlich backen heisst, die italienische Frittura — Brei, Bräu und Bier, mit dem flüssigen Brote hat es seine Richtigkeit — wie die Menschen das Bier nennen und wie es die Götter nennen — ob das Wort Bier aus Italien nach Deutschland und wieder zurückgewandert ist wie die Semmel — seid wann gehopftes Bier getrunken wird — man kann sich das Wort so einfach und so deutsch erklären 119

b. **Fleisch. Tierische Kost.** Karls des Grossen Braten — es wird ein grosses Wildbret gewesen sein, kein Brathuhn, denn das war für die kaiserliche Tafel zu bescheiden, und kein Kalbsbraten, denn das Schlachtvieh trat im Mittelalter gegen das Wild zurück — das beliebteste Wildbret war das Wildpferd, das Fleisch von wilden und zahmen Pferden das Nationalfleisch der Deutschen gewesen — der Pferdefleischkessel, die heidnischen Pferdeopfer, im skandinavischen Norden, auf dem Hohenkrähen — nicht auszurotten: die Epistel des Papstes Gregor III. an den heiligen Bonifacius — dass das kirchliche Verbot endlich durchdrang, hatte noch einen andern Grund: wo ein als Schlachtvieh gezähmtes Tier zum Arbeitstier aufsteigt, pflegt man den Genuss seines Fleisches aufzugeben — an Stelle des Wildpferdes ist der Hirsch, an Stelle des zahmen Pferdes das Rind, an Stelle des Hundes das Schwein getreten — wieder auf den Hund kommen, die Rossschlächtereien in der Gegenwart — wir wollen ein mittelalterliches Menü ausarbeiten, nicht bloss für die Fürsten, sondern auch für den Bürger und den Bauern — systematische Darstellung: Wildbret, als Hirsche, Steinböcke, Bären, Auerochsen, Elentiere, Murmeltiere, Hasen — Hasenpfeffer — der Juleber, Ablösung heidnischer Opfertiere durch Gebäcke in ihrer Form — Federwild: Enten, Schwäne, Fasanen, Reiher — Geflügel: Wichtigkeit des Huhns für das Mittelalter. Die gebratenen Tauben, der Gänsebraten, der Pfauenbraten — Schlachtvieh: Ochsen, Kälber, Schweine, Osterlämmer und Osterhasen — das Schlachten besorgten auf den Fronhöfen die Knechte — Fische: Aale, Hechte, Karpfen, Lachse, Heringe, Hausen, Stockfisch — Fleischwaren: Schinken, Würste, Bratwürste, Pasteten — Butter und Käse 130

Wildbret 141
Federwild 152
Geflügel 157
Fisch 167
Fleisch im engeren Sinne 176
Butter und Käse 190

Seite

c. **Getränke.** Wein, Bier und Met — kein Branntwein — andere gegorene Getränke: der Kumys und der Kefir — der Zucker, die Entdeckung des Alkohols, das Brennen oder Destillieren — der Spiritus oder der Weingeist, die Darstellung von Likören — die Weinkarte des Mittelalters: der Malvasier und der Kipperwein — kein Champagner — besonders beliebt waren die Gewürzweine: Alantwein, Angelikawein, Ingwerwein, der Claret — der Hippokras — die alten Biere und ihre individuellen Namen: Eimbecker Bier, der Rastrum, der Breihahn, die Mumme, der Scheps, Alte Klauss, die Gose ein Horn Met in Gamla-Upsala, am Fusse der drei grossen Königshügel — der Nachttrunk, den man vor Schlafengehen einzunehmen pflegte, Würzwein oder Warmbier — Parzival liegt bereits nackt ausgezogen in seinem Bette auf der Gralsburg, da bringen ihm noch vier Mädchen Wein, Moratum und Lautertrank — Falstaffs Lieblingsgetränk: Eierkanariensekt 203

Mittelalterliche Jagdscenen.

A. Die Parforcejagd.

a. **Hubertus.** Hofmeister, Bischof und Wunderthäter — auf einer Parforcejagd wie Eustachius zum Heiligen geworden — angerufen gegen die Tollwut, Vorläufer Pasteurs — seine Stola, sein Schlüssel, seine Familie 225

b. **Die Meute.** Der Hundestall — die Parforcejagd ist eigentlich eine Hundejagd — das Gedicht des Grafen Gaston Phöbus — Tristan als Jägermeister des Königs Marke, bei Gottfried von Strassburg, bei Immermann — Erziehung und Pflege der Parforcehunde — ihre Betten, ihre Mahlzeiten, ihre Spaziergänge, ihre Bedürfnisanstalten — Rassen der Jagdhunde; Bracken, Winde, Schweisshunde, Leithunde — — Auffütterung der jungen Hunde, ihre Ammen, ihre Wiegen — Hundeknechte und Hundejungen 234

c. **Die Equipage.** Übungen, welche die Hunde und die Pferde auf die Anstrengungen der Jagd vorbereiten sollen — die Trainjagd — die Pikeure — der Jägermeister — der ausserordentliche Apparat, der zu einer Parforcejagd in Bewegung gesetzt ward 241

d. **Die Curée.** Auszug des Chors der Jäger: das Aufsprengen des Hirsches — die Hetze, das Stoppen der Jagdhunde — Abfangen des Hirsches — Austeilung der Preise — den Hunden wird ihr Teil auf der Hirschhaut serviert — das Tischtuch — jung Tristan als Etymolog: *Cuirée* oder *Corée?* 244

e. **Die englischen Fuchsjagden.** Überreste der Parforcejagd in der Gegenwart — das mittelalterliche England — Organisation der Jagdgesellschaften — Jagddruck wie vor Jahrhunderten — die Fuchshunde und ihre Pflege — Verlauf der Fuchsjagd, grausame Tierquälerei — das Fuchsprellen in Kursachsen 252

B. Die Reiherbeize.

a. **Falken und Falknerei.** Gedanken über eine systematische Einteilung der Jagd — zwei wichtige Jagdgehilfen, die jetzt nicht mehr gebraucht werden: der Gepard und der Falke — edle und unedle, ausländische und einheimische Falken — die Isländer und die Gierfalken, Kaiser Friedrichs Etymologie — die Schlechtfalken — Erziehung und Abrichtung des Falken, erst spartanisch, dann mit Güte — geachtete Stellung der Falkner, zu deren Zunft Kaiser und Könige gehörten — Falkenwerth, die hohe Schule der Falknerei — das Federspiel 258

b. **Die edelste Jagd.** Der Adel und die Falken, sie waren Fetische des Adels — unzertrennlich von ihm, Embleme der Ritterschaft — geringer Falk: geringer Edelmann — die Falkenjagd, ein Privilegium des Adels, seit wann — Ethelberts Brief an den heiligen Bonifacius — Verlauf der Beize, Zurüstung dazu — Reiherschicksale, Reiherfedern — Maria von Burgund, die sich bei einer Beize den Tod geholt hat 266

c. **Terzerole.** Falken und Gewehre, Tiernamen werden auf Feuerwaffen übertragen — Abkommen der Beize in der Gegenwart — die Form der Waffe wechselt, der Name bleibt — die lebendigen Maschinen waren poetischer als die toten 271

C. Vogelfang.

König Heinrich der Finkler oder der Vogler — die Vogelstellerei im Mittelalter von weit grösserer Bedeutung als jetzt, wo sie dem Geiste der Neuzeit nicht mehr entspricht — in Italien ist sie noch ein Nationalvergnügen — in Deutschland wird die Vogelschutzfrage erörtert und der *Finkler* als Mythus angesehen 273

Spiele, Schaubuden und Volksbelustigungen.

a. **Pippin der Kurze und der Löwe.** Fränkisch und deutsch: bis ins 9. Jahrhundert hinein haben sich unsere Vorfahren nicht als Deutsche bezeichnet und auch nicht als Deutsche gefühlt — sondern als Franken — die deutsche und die französische Nation sind Schwesternationen — Spaltung des Fränkischen Reiches in ein Ostfränkisches und ein Westfränkisches Reich das Deutsche Reich und Frankreich — dieselbe Teilung wiederholt sich dann innerhalb des Ostfränkischen Reiches, auch hier giebt es wieder ein Ostfranken und ein Westfranken, gewöhnlich: Rheinfranken genannt — dort sassen die Würzburger Fürstbischöfe als Herzöge von Ostfranken, hier die Salier. die Herzöge von Worms — das bayrische Herzogtum Franken der letzte erkennbare Rest des Fränkischen Reiches — Frankfurt am Main, die alte Hauptstadt des Ostfränkischen Reiches oder Deutschlands — der deutsche König musste auf fränkischer Erde gewählt werden — der erste fränkische König der zweiten Rasse, sein Name, sein Charakter, sein Löwenmut — die Dienste, die sich die fränkischen Könige und die römischen Päpste gegenwärtig leisten: die Pippinische Schenkung und die Krönung Karls des Grossen, eine Hand wäscht die andere — wie eine Reichskanzlerfamilie den Königsthron besteigt 276

b. **Menagerien und Kämpfe von Menschen und Tieren mit Tieren.** Vor seinem Löwengarten, das Kampfspiel zu erwarten, sass König Franz — Franz I., König von Frankreich — zu dessen Zeit eine Menagerie zu den Erfordernissen eines Hofs gehörte — auch die Klöster und die Städte hielten wilde Tiere — allmähliche Entstehung dieser Menagerien: zoologische Verehrungen — Wiedererscheinen der fremden, grossen und starken Tiere im Abendlande, nachdem sie früher im alten Rom, bei den Spielen und den Triumphzügen aufgetreten waren — namentlich seit den Kreuz-

Seite

zügen und der Entwickelung des Handelsverkehrs — Elefanten und Kamele, miteinander verwechselt — *il n'y a qu'une Bête de plus* — Versandt und Austausch von Löwen — die Geschichte der Einführung von wilden Tieren, ein Stück Tiergeographie — die Kampfspiele, die mit ihnen angestellt wurden, Gedanken über Schillers *Handschuh* — die Paradiese und Parks der Grossen — unsere Zoologischen Gärten verglichen mit den Menagerien des Mittelalters — die spanischen Stiergefechte, Tierhetzen in Rom und Wien, Analogien mit der Parforcejagd 284

c. **Stechen und Rennen. Turnier — Tjost — Buhurd.** *Vestigia Leonis* in Braunschweig, in Bardowick — Heinrich der Löwe und Richard Löwenherz — die Geschichte von Kaiser Oktavianus und seinen zwei Söhnen, deutsches Volksbuch des 16. Jahrhunderts, ebenfalls *Vestigia Leonis* — König Dagobert — wie der Ritter Lion einen goldenen Löwen auf seinem Helme führt, der ein Wickelkind im Rachen trägt, und auf dem Turnier zu Valencia erscheint — er bekommt den Kranz aus den Händen der Prinzessin Rosamunde und die Hand der Prinzessin selbst — die schöne Magelone und der Ritter mit den silbernen Schlüsseln, abermals dieselbe Geschichte — weil ein *Turnier* das gewöhnlichste Fest war, das von einem Fürsten gegeben wurde, einem Maskenballe zu vergleichen — nimmermehr einem Manöver — Geschmacklosigkeit dieses Vergleichs — eher könnte man noch sagen, dass ein Turnier ein Turnfest gewesen sei — *turnieren* und *turnen*, derselbe Begriff — das Turnier eine französische Erfindung — mehr als ein Karussell — ein Spiel auf Tod und Leben: Unglück, das der König von Frankreich Heinrich II. auf einem Turniere hatte — merkwürdiges Verhängnis — Schillers *Don Carlos*, Betrachtungen darüber — Beschreibung des Turniers: der Turnierplatz, die Schranken, die Ritterprobe — Aufstellung der Helme und Schilde im Heroldsamte, Aushängen der Banner vor den Herbergen — die Entstehung der Wappen, die Heraldik, das Blason — die Landstreicher, die das Wappen ausschrieen, der Begriff *Krieg* — Einzug der Ritter, die Formation der Glieder, die Teilung in zwei Schwadronen — die fünf Fechtarten — die Waffe war die Lanze — allmählich löste sich das Turnier in zahllose Duelle auf: die *Tjost* oder der Nahkampf — der Begriff häufig für das ganze Turnier genommen — bei jeder Gelegenheit pflegten die Ritter zu tjostieren: eine Episode aus der Dietrichssage, Heime, das Ross Falke — weitere Herausforderungen und Zweikämpfe, stehender Verlauf derselben — das Turnier eine Massentjost, fiel der Tjost weg, ein *Buhurd* — Veranstaltung von Turnieren in der neueren Zeit, Fortleben der Ritterspiele in den Kartenspielen, in der Phantasie der Menschen überhaupt — das Ideal des Mittelalters verglichen mit einem Bilde Ariosts 300

d. **Wettrennen. Bürgerliche Spiele: Schiessen.** Auf das Rennen als Turnier folgt das Rennen als Pferderennen, Ähnlichkeit beider Veranstaltungen — die Wettrennen eng mit dem heidnischen Kultus verbunden, unter die Ceremonien einzelner Kirchenfeste aufgenommen, Volksbelustigungen in England und Italien, aber immer Sache des Adels — Übergang zu den sogenannten Waffenfesten der Bürger: für diese hatten die Schützenfeste die Bedeutung, welche die Turniere für die Ritter hatten — Glanzzeit dieser Feste im 15. und 16. Jahrhundert: Scheibenschiessen, Vogelschiessen, Vogelwiesen — andere volkstümliche Spiele: das Ballschlagen, das Boxen — ländliche Feste, Bauernspässe: das Sackhüpfen, das Hüpfen mit vollen Wassereimern, Parodie der Rennen — das Hahnschlagen 321

Handel.

a. **Handelsstädte. Stationen auf dem Wege nach Ostindien.** Zwei Urteile über Deutschland — der Dichter preist die Frauen und die Frauenliebe, der Staatsmann den allgemeinen Wohlstand — in den Handelsstädten — die Republiken Italiens, die oberdeutschen Städte und die Hansen, hier die wahre Blüte des mittelalterlichen Lebens — zunächst wurde Konstantinopel Mittelpunkt des Welthandels, sein Verkehr mit Gaza und Alexandria — bis die Araber den Griechen ihren wichtigsten Handelsplatz verschlossen und sich Ostasiens bemächtigten — wie sich die Griechen halfen: die Route über Afghanistan und Russland — allmählich treten die Italiener an die Stelle der Araber, wenigstens in den Plätzen am Mittelländischen Meere, denn nach Indien selbst kamen sie nicht — Venedig, die Königin des Adriatischen Meeres — die Kreuzzüge und das Lateinische Kaisertum, Venedig und Genua — die italienischen Städterepubliken ziehen wieder die oberdeutschen und die flandrischen Städte nach: Nürnberg und Augsburg — *Échelles du Levant*: die Handelsstrasse, die nach Ostindien führte, entspricht einer Leiter, Sprossen dieser Leiter — sie verödete plötzlich, als am Ende des 15. Jahrhunderts einerseits ein neues Indien entdeckt, anderseits ein neuer Weg zu dem alten Indien aufgefunden ward — völlige Umwälzung des Welthandels, jetzt erst kommen die Europäer nach Ostindien selbst, aber andere als bisher, verhängnisvolle Folgen für die alten Handelsstädte — neue Erschliessung des alten Handelswegs durch Eröffnung des Suezkanals — die Neuzeit, die das Mittelalter verworfen hatte, ist mit wesentlichen Verbesserungen darauf zurückgekommen 331

b. **Waren und Warenhäuser.** Italienische Handelsbräuche, Formen und Ausdrücke in Europa — desgleichen arabische, durch die Italiener vermittelte: *Magazine* — das vornehmste Magazin war im Mittelalter das Getreidemagazin — Beschränkung des Kornhandels, veraltete Massregeln — der Reis — frei war der Handel mit Pfeffer — ausserordentliche Wichtigkeit dieses Gewürzes, Fabeln über die Herkunft dieses Gewürzes — schon Alarich verlangt Pfeffer — andere indische Droguen: Ingwer, Zimt, Safran, Muskatnuss, Nelken — Schnittwaren: Baumwollzeuge, Kattune, Musseline, Kaliko, Kaschmirshawls — europäische Baumwollmanufaktur, die drei Entwickelungsstufen der Baumwolle in den Ländern — Seide und Seidenindustrie — neue Waren, die mit dem Zeitalter der Entdeckung in den Kreis des Verkehrs gelangen 346

Zünfte, Zunftwesen, Zunftgebräuche.

a. **Das ehrbare Handwerk.** Bürger, ein Ehrenname jedes Städters, welcher an den städtischen Rechten Anteil hatte: *Citoyen* — zunächst nannten sich nur die Geschlechter Bürger — das Handwerk war im frühen Mittelalter noch nicht bürgerlich, es existierte kaum — den häuslichen Bedarf deckte der Hausfleiss — Entwickelung des Handwerks in den Fronhöfen — aber diese Handwerker waren Hörige, mit den freien Handwerkern der Städte nicht zu vergleichen — Begriff des Handwerks, wovon er ausging — die Stellung des Handwerkers brachte es mit sich, dass er nicht für voll angesehen ward, er war kein *Müssiggänger* — deshalb galt er nicht für zunftfähig — was eigentlich Zunft war, sinnverwandte Worte, der politische Charakter der Vereine — ursprünglich gab es nur Einen Verein,

Seite

die Altbürgergilde, mit ihr verschmolz die Kaufmannsgilde — die Zunftbewegung der Gewerbe — typisch dafür ist die Geschichte der Stadt Köln — Kämpfe der Bürgerschaft mit dem Erzbischofe, Kämpfe zwischen den Zünften und dem Patriziat: die Weberschlacht — Sieg der Gemeinen über die Herren von Köln, die demokratische Verfassung — Bürgerrecht und Zunftfähigkeit: wieso das erstere an der letzteren hing — nun war der Schuhmachermeister so gut Bürger wie der Ratsherr 357

b. **Unehrliche Leute.** Anrüchigkeit einzelner Gewerbe, die zunftunfähig machten — erklärlich bei dem Scharfrichter, dem Henker und dem Abdecker — der *Kafiller*, der das Fell über die Ohren zieht, das Abdeckermesser — Charakter und Zusammenhang der drei Individuen — sogar auf die nützlichsten Gewerbe erstreckte sich im Mittelalter die Anrüchigkeit, Hirten, Schäfer und Müller galten für unehrlich — ferner die Leineweber, die Barbiere, Ärzte — auch die Fahrenden Leute waren meist verachtet — die Frauenhäuser, Stellung der Lustdirnen — erzwungene Abzeichen — die uneheliche Geburt — die zwiefache Unehrlichkeit 371

c. **Meister und Geselle.** Ein Schuhmacherleben im 16. Jahrhundert — Hans Sachs als Lehrling, als Schuhmachergesell und reisender Handwerksbursche — in der Münchener Schusterherberge — die Wanderpflicht — fechten gehen: die Fechtkunst und die Fechtergesellschaften der Bürger und Handwerker — der Gesell muss heiraten, wenn er Meister werden will — sein Meisterstück — der Meister nimmt wieder Gesellen an — Hans Sachs hat uns hier nur als Schuhmacher interessiert — wir haben an ihm nur den Entwickelungsgang des einzelnen Handwerkers und seine Grade studieren wollen — dieselben sind vielfach anderen Lebenskreisen entlehnt, aber nachgerade selbst wieder typisch geworden: Lehrjahre und Wanderjahre, die Meisterschaft — Lehrlinge und Schüler — die Bönhasen, die ein Handwerk treiben, ohne es zünftig erlernt und das Meisterrecht erlangt zu haben — Zünfte und Fakultäten 384

d. **Die Lossprechung der Lehrjungen.** Die Aufnahme der Neulinge in die Studentenschaft oder der Ritus der Deposition auf den Universitäten — sinnbildliche Zeremonien, mit einer Nachäffung der Taufe kombiniert — auch diese Gebräuche werden von den Handwerkern kopiert, die Lehrlinge gehobelt, geschliffen und getauft — die Predigt des Altgesellen, Handwerksbrauch und Formeln — die ganze Zunft ist ein Geheimbund, der Gesellenstand der zweite Grad — der Lehrling entspricht dem Fuchs, der Geselle dem Burschen, der Meister dem Magister — drei Avancements laufen im Mittelalter parallel: Page, Knappe, Ritter. Pennal, Bursche, Magister. Lehrjunge, Geselle, Meister. 401

e. **Aufzüge, Spiele und Tänze.** Überlebsel von Zunftgebräuchen in der Gegenwart — bei Volksfesten kommen die Zünfte mit ihren Schutzpatronen wieder hervor — zu bestimmten Zeiten lassen sich einzelne Gilden sehen: die Fleischer zum Karneval — das Schembartlaufen der Nürnberger Metzger, der Münchener Metzgersprung — eine andere Fastnachtslustbarkeit: der Schäfflertanz — das Herumfahren des Isisschiffes — scheinbare Erklärung dieser Sitten; es sind uralte Volksgebräuche, meist Ostergebräuche und Osterspiele, aber weitergebildet und den einzelnen Handwerken angepasst 406

Band I
Inhaltsverzeichnis.

Das Geld.

Seite

a. **Thorgroschen, Brückenpfennig, Wegegeld.** Eine Erinnerung an Rothenburg hoch ob der Tauber: Anblick der alten deutschen Städte — Mauern, Türme und Thore — es fehlte nur noch, dass wir Thorgeld bezahlen müssten — wann die Thore gesperrt und aufgemacht wurden, in Leipzig, in Hamburg — das Oktroi, nicht mit dem Thorgeld zu verwechseln — die Thore Augen, die Brücken Arme der Stadt, auch für deren Benutzung war zu bezahlen — das Brückengeld eine besondere Form des Wegegeldes — die Schlagbäume der alten Zeit — das Wegegeld keine Finanzquelle mehr, höchstens noch als Gebühr und Beitrag zu den Unterhaltungskosten der Strasse zu billigen — englische Zustände — der Brückenzoll, den sich Rodomonte beim Ariost bezahlen lässt — Entwickelung des Wege- und Strassenbaues: Reichsstrassen, Heerstrassen, Landstrassen — die Alpenstrassen, der Gotthard-Saumweg. 413

b. **Die Zeche. Wirtshäuser im Mittelalter.** Empfang im Wirtshaus sonst und jetzt — Erfahrungen des Erasmus von Rotterdam — nicht viel Zuvorkommenheit — wie es in der Gaststube zugeht, was für Gesellschaft drin sitzt, ziemlich hahnebüchen — auch der Vornehme muss sich hineinschicken — das Faktotum war der Hausknecht, Schilderung desselben — eine Table d'hôte des 16. Jahrhunderts — die Wirtshausrechnung, Form derselben, Begleichung derselben — Rabelais hat seine Viertelstunde — Kredit wird nicht gewährt, *poor Credit is dead* — wie Erasmus gebettet wird — er behält seine Hosen an — guter Rat, den der Graf von Gleichen seinem Sohne giebt 428

c. **Zusammenstellung der wichtigsten Geldsorten des Mittelalters.** Der Wirt, der aufbleibt und Kasse macht — die verschiedenen Münzen, die er zwischen die Finger bekommt — eine Hauptverkehrsmünze des Mittelalters war der Byzantiner — die Goldgulden und die Dukaten Nachahmungen der Byzantiner, die von Konstantinopel nach Sizilien und dem festländischen Italien gelangten — der Asper und der Blaffert — der Fränkische Goldsolidus, die Werteinheit des frühen Mittelalters, der Schilling — galt soviel als ein Rind: das Viehgeld und die alte Viehwährung — als das Metallgeld aufkam, wog man es zuerst — Stücke von Gold und Silber liefen um, die zuvor abgewogen, auf denen Gewicht und Wert eingegraben waren — Sekel, Pfund und Mark, frühe Entlehnung des lateinischen Wortes Pfund — das Hacksilber, der Rubel — auch geprägte Münzen werden gewogen: ein Pfund Pfennige, ein Pfund Heller, ein Pfund Sterling — allgemeine Entwertung der Münzen: des Solidus, des Denars, des Pfundes, des Pfennigs — wie aus den Pfennigen die Groschen hervorgegangen und die Pfennige kupfern geworden sind — Kupfer erst ein spätes Münzmetall — Brakteaten — die Kreuzer — die Rappen — die ersten Thaler, Böhmen wie die Groschen — Zukunftspläne unseres Wirtes — das Erasmus-Hotel 440

Die Gerichtsbarkeit.

a. **Das weltliche und das geistliche Schwert.** Die zwei Arme Gottes, der Kaiser und der Papst — jeder von beiden führt ein Schwert — diese Anschauung dem Volke in Fleisch und Blut übergegangen, es ist der landesherrlichen Gewalt unterthan, hat noch keine Idee von Volkssouveränität als einem unveräusserlichen Rechte, von welchem alle Organe ihre Befugnisse ableiten — wie noch heute die Ämter vom König *verliehen* werden, das Beneficium ist der Gehalt — sind die Geistlichen Staatsdiener? — Theorie vom *Summus Episcopus*, Cäsaropapismus — der Investiturstreit — nach mittelalterlicher Auffassung ging die Kirche nicht im Staate auf, sie war ein Staat neben dem Staat — hatte demnach auch ihre eigene Gerichtsbarkeit — war umgekehrt nahe daran, die öffentliche Gewalt an sich zu reissen und zum grossen Kirchenstaat zu werden — den weltlichen Arm zu ihrem Werkzeug zu machen — Hexenprozesse, Inquisition — aber ihr Reich war nicht von dieser Welt, das Hauptpatrimonium blieb beim Kaiser, beziehentlich bei denjenigen Landesfürsten, die in den Besitz der Souveränität gelangt waren — die Gutsherrn waren deshalb auch Inhaber der Gutsgerichtsbarkeit, Gerichtsherren — unmittelbare und mittelbare Rechtspflege, das *Lit de Justice*, Majestätsrechte — Überreste von Privatgerichtsbarkeit in der Gegenwart, die deutschen Gerichte sind Staatsgerichte . . 450

b. **Das Ding.** Die Rechtspflege in germanischer Zeit: republikanische Verfassung der alten Germanen — das Gericht war das Ding, speziell das engere Ding, die Hundertschaft oder Cent — Umwandlung der Volksgerichte in königliche Gerichte, die Grafschaftsverfassung des Fränkischen Reiches — Karl Martell und Karl der Grosse — es entsteht eine Beamtenhierarchie, aus der sich das Lehnswesen entwickelt — die Grafschaften nicht mehr Ämter, sondern Patrimonialgüter, an denen nun die Gutsgerichtsbarkeit abermals hängt, mit Ausnahme des Blutbannes — weltliche und geistliche Grafen, wie der königliche Beamtenadel dem republikanischen Dinge über den Kopf wächst — volkstümliche Reaktion gegen den Feudalismus: die Femgerichte in der Justiz das, was die Hexensabbate in der Religion — dingliche Spuren in der Patrimonialgerichtsbarkeit — die Grafen waren nur mit der vollziehenden Gewalt bekleidet, die wahren Richter die Schöffen oder Schöppen — sie vertraten das Volksrecht und die im Volke lebenden Rechtsgewohnheiten — das Magdeburger Recht, der Leipziger

Seite

Schöppenstuhl — die Einführung des Römischen Rechtes in Deutschland, die Richter studieren die Jurisprudenz, die Schöffengerichtsverfassung verfällt — Gallimathias — zum zweitenmal eine Schädigung des Volkstums, eine Entdeutschung des deutschen Wesens 460

c. **Das Gottesurteil.** Eine Sprache ohne Worte: Gott selbst als Urteilsfinder — das angelsächsische Wort *Ordal*, nichts weiter als *Urtel* — Vorkommen desselben in den Angelsächsischen Gesetzen — Spuren im Norden — bei anderen Völkern — eine Feuerprobe in der englischen Grafschaft Cornwall: wie die tugendsame, des Ehebruchs bezichtigte Königin Isolde das Gottesgericht zu überlisten weiss — eine andere Feuerprobe, durch welche die Gemahlin Karls des Dicken ihre Unschuld darthut — das Tragen des heissen Eisens, die Probe der glühenden Pflugscharen — die Probe des heissen Wassers, der Kesselfang, die Probe des kalten Wassers — andere Versuche — eigentlich konnte die Feuerprobe, weil lebensgefährlich, nur zu Ungunsten des Angeklagten ausfallen — andere Proben mussten wieder stets für die Unschuld sprechen, zum Beispiel die Kaltwasserprobe, die Abendmahlsprobe und die Probe des geweihten Bissens — Inkonsequenz der Gerichte: einmal gilt die Widerstandsfähigkeit für belastend, das anderemal für gut — Begünstigung durch den Vorsitzenden — alle diese Experimente werden von der Geistlichkeit und in der Kirche vorgenommen — jeder Ausgang ist ein Gottesurteil, die Feuerprobe in gewissen Fällen bildlich zu verstehen 470

d. **Gottesurteile. Der Zweikampf und das Bahrrecht.** Zur Theorie des einseitigen Gottesurteils, bei dem sich nur der Angeklagte einer Probe unterwarf: der Geist der Anklage war in dem heissen Eisen verkörpert — wenn der Ankläger in Person auftritt, entsteht der Zweikampf — Formen und Plätze desselben, Zuständigkeit des weltlichen Gerichts — das Duell ein Überbleibsel des gerichtlichen Zweikampfes, ein Stück Mittelalter, das wie die Feme in die Gegenwart hineinragt — der Ankläger ist ein Toter: die Blutprobe, wie sie Kriemhilde im Nibelungenliede anstellt — *welcher sich unschuldige, der lasse das gesehen: der soll zu der Bahre vor den Leuten gehen* — die Hand des Ermordeten 481

e. **Aus dem Rechtsleben des Mittelalters.** Noch ein Gottesurteil: das Losordal — wer den kürzeren zieht und zu kurz kommt, verliert den Prozess — zwei französische Richter, die sich das gesagt sein lassen, aus der Zeit der Patrimonialgerichte — der weise Richter in dem Prozess des Juden Shylock mit dem Kaufmann von Venedig — das Fleischpfand kommt auch im Doktor Faustus und in den *Gesta Romanorum* vor — Blick auf dieses interessante mittelalterliche Buch — andere juristische Anekdoten der Zeit: wie der Edelmann die Gerechtigkeit handhabte 486

Die Fem.

a. **Ein ehrwürdiges altgermanisches Rechtsinstitut.** Papst Leo III., der im Stil der alten Tyrannen zu Karl dem Grossen spricht und ihm zur Einsetzung der Femgerichte rät — die heilige Fem und die Inquisition, angeblicher Ursprung der ersteren aus der letzteren — ordentliche Inquisition giebt es erst seit dem 12. Jahrhundert, sie richtet sich gegen Ketzer, nicht gegen Heiden — und vor 1000 Jahren war unser Deutschland noch ein heidnisches Land — auf der Karolingischen Gerichtsverfassung beruhen die Femgerichte allerdings — der Vorsitzende ist der alte Karolingische Gaugraf, Karl der Grosse schuf das Schöffenamt, das Ganze hat noch die Form des germanischen Dinges — wie es kam, dass sich die alten Gerichte gerade auf altsächsischem Boden, zwischen Rhein und Weser hielten — Entwickelung des Volksnamens *Sachsen*, der des Namens *Franken* (276 ff) zu vergleichen — die Rote Erde: als ob es in Westfalen allein einen Blutbann und Gerichtsbarkeit über Leben und Tod gegeben hätte 495

b. **S. S. G. G.** Die Feme in Goethes Götz von Berlichingen: falsche Effekte — die Öffentlichkeit war nicht regelmässig ausgeschlossen, die Sitzungen fanden bei Tage und unter freiem Himmel statt — auf dem Freistuhle zu Dortmund oder zu Arnsberg — wir treten an den alten Tisch, auf dem Strang und Schwert liegt, die Schöffen sitzen mit dem Grafen auf der Bank — die Wissenden: was sie auf Strang und Schwert geschworen haben — woran sie sich untereinander erkennen, ihre Grüsse und Losungen — selbst Kaiser und Könige reisen nach Westfalen, um sich wissend machen zu lassen, Kaiser und Könige werden vor die heilige Fem geladen — Verfahren vor dem Femgerichte: die Anzeige des Kapitalverbrechens, Zuständigkeit der Fem, Vorladung des Angeklagten — Formalitäten und Wahrzeichen, die Frist — was geschah, wenn der Angeklagte leugnete: Eid und Eideshelfer — das Verfahren mit Eideshelfern war auf den gerichtlichen Zweikampf gefolgt, später machte es wieder dem Zeugenbeweise Platz — die Verfemung des Angeklagten, wenn derselbe nicht erschien: Verkündigung und Ausführung des Urteils, die Fem ereilt ihn wie ein Fatum — Fälle, in denen die Freischöffen den Verbrecher sofort exekutieren konnten: gichtiger Mund, handhafte That, blickender Schein 501

c. **Der Fem verwandte Institute ausserhalb des Reiches.** Der Rat der Zehn und die Venezianischen Staatsinquisitoren. Die Sekte der Assassinen. Der Orden der Tempelherrn. Der Freimaurerbund. Gnostiker 508

Die peinliche Gerichtsbarkeit.

a. **Die Hölle auf Erden.** Warum dem Dante seine Hölle besser gelang als das Paradies — angeblich weil die Erde überhaupt eine Hölle ist — das ist sie nicht, der Mensch, beziehentlich die menschliche Gesellschaft macht sie nur dazu — das Weltgericht — die Justiz ist wirklich das Vorbild einer Hölle, zumal die christliche Strafrechtspflege vom 15. Jahrhundert an, denn damals blühte die Folter, und die Feuerpein war an der Tagesordnung — dieser Beweis trat an die Stelle des Gottesurteils und des Eides — erst unter dem Eindrucke des Feuertodes entstand die Vorstellung von einem ewigen Tode in der Hölle — Entwickelung dieses widerlichen Begriffs von der Unterwelt zu einem Orte der Verdammnis und zu einem Orte der Qual, zugleich von einem feuchten Loche zu einem feurigen Pfuhle — die Gehenna und die Gêne — die Vulkane scheinen Hölleneingänge zu sein, nach ihrem Muster wird die Hölle angelegt — aber die wahre Hölle war die mittelalterliche Marterkammer, und das höllische Feuer loderte in den brennenden Scheiterhaufen, dieses Feuer hatte eine fürchterliche Realität 517

Seite

b. **Die Hölle auf Erden: die Marterkammer. Schreckung.** Die Höllenpein, wie sie sich das Christentum ausgedacht hat, der Wurm, der nicht stirbt — falsche Auffassung der Tortur, die keine Strafe war — sondern eine Art Gottesurteil, man glaubte, dass Gott die Unschuld schützen und zur Überstehung der Marter mit Kraft ausrüsten werde — Vornahme der Territion: der Scharfrichter zeigt dem Untersuchungsgefangenen die Marterwerkzeuge vor und beschreibt ihm die Schmerzen — wie er ihn schrauben, schnüren, recken und strecken wird — die Daumenschrauben, die Pommersche Mütze, der Gespickte Hase, die Leiter, das Hauptwerkzeug der Tortur — warum gerade eine Leiter — die Folter im engern Sinne: das Pferdchen, daher *Folter* — Anekdote — das Beweisverfahren nach der Schreckung: die peinliche Befragung, die thatsächliche Anwendung der Folter, die Urgicht — unter welchen Bedingungen das abgepresste Geständnis Rechtsgültigkeit erlangte — wehe über die Feinde des Menschengeschlechts: *deleantur de Libro Viventium!* 524

c. **Die Hölle auf Erden: das hochnotpeinliche Halsgericht. Der Tod.** Jetzt geht es dem Verbrecher an den Hals — sie schreien Zeter über ihn — die Zeremonie des Halsgerichtes, ein Rest des alten öffentlichen Verfahrens, in der Halsgerichtsordnung Kaiser Karls V. beibehalten — die *C. C. C.* oder die *P. G. O.*, das erste allgemeine Strafgesetzbuch — die Hauptpeinen der Karolina, der Tod war im Mittelalter wohlfeil, es wurde massenhaft gehängt — das Hundetragen — Anekdote, wie Kaiser Barbarossa die Mailänder bestrafte — qualifizierte Todesstrafen: das Vierteilen, das Überreiten, das Überfahren, woraus sich das Rädern entwickelte — verstümmelnde Strafen, übliche Gebärden des Spottes, die darauf zurückzuführen sind — die Entmannung — die Eiserne Jungfrau, ihre Umarmungen — der Feuertod eine Pein für sich, der Scheiterhaufen bildet die christliche Hölle ab, daher besonders die Feinde des Christentums lebendig verbrannt werden 534

d. **Hexenprozesse.** Die Hexen, man weiss nicht, von wannen sie heissen, aber wohl von wannen sie sind — aus der Vorzeit — es sind Frauen, die dem deutschen Wesen treu bleiben und das Christentum ablehnen — die infolgedessen für Anhängerinnen des Bösen Feindes gelten, denn die alten, gestürzten Götter verwandeln sich bei der Neugestaltung des Kults in Teufel — wie die gesinnungstüchtigen Heidinnen von den Christen geschmäht und verleumdet werden — man bezichtigt sie widernatürlicher Unzucht und der Bestialität, ein gemeiner Vorwurf gegen Ketzer und Andersgläubige — zugleich sollten sie die heiligen Mysterien verspotten, wie es allerdings vorgekommen ist: das Spottkruzifix auf dem Palatin — Eselsküsser, Katzenküsser — deshalb erlässt Innocenz VIII. eine Bulle, welche die Hexenverfolgung organisiert — die drei traurigen Dominikaner, denen die Hexenhetze übertragen wird — der Hexenhammer, ein Denkmal der menschlichen Dummheit und Bosheit, Aufriss und Inhaltsübersicht — das schlechte Buch wird Gesetzbuch, aus ihm entwickelt sich das ordentliche gerichtliche Verfahren gegen Hexen — in dieser Zeit zu leben war ein Fluch 541

Juden und Judenverfolgungen. Ketzergerichte.

a. **Der Blutaberglaube und die antisemitische Hallucination.** Wir sollen erst jetzt am Ende des Mittelalters angelangt sein — der grosse Haufe steckt noch klaftertief darin — er verfolgt daher auch noch die Juden wie im Mittelalter — die alte Anklage, die immer wiederkehrt — ein Wahnsinn, der sich in der Zeit des lebendigen Christentums entwickelt hat — den Schlüssel bietet das Oberammergauer Passionsspiel — das Passionsspiel, die Feier der heiligen Woche, die Messe, das Volk blickt unverwandt auf das Kreuz, das ihm von der Kirche vorgehalten wird — es tritt ein hypnotischer Zustand ein, der bis zur Sinnestäuschung geht und in der Osterzeit seinen Paroxysmus hat — infolgedessen werden zunächst die Schauspieler verfolgt, welche die jüdischen Rollen geben — das Judasjagen — durch die Juden, die wirklich da sind, erleidet die Illusion eine unerwartete Ablenkung, gleichsam eine Bestätigung — Christus ist von ihnen aufs neue gekreuzigt worden — ein Kind an Christi Stelle — *Menschenopfer und Ritualmorde* — die Hostienschändung, das Fronleichnamsfest — dieser ersten Phantasie schliesst sich eine zweite, die vom Bluttrinken und vom Blutgenusse an, die aus einer andern Quelle fliesst, auf einem andern Blatte geschrieben steht — auf das jüdische Passionsspiel folgt ein Judenabendmahl — sie thuen, was die Christen thun, das Bluttrinken zur Zeit Tertullians, das Blut gilt als Medizin — in andern Fällen hat die Blutbeschuldigung keinen so spezifischen Charakter: die Bluttaufe und das Blutbad, schon der Pharao des Auszugs wird dadurch kuriert — Konstantin der Grosse, der König von England, der arme Heinrich — der Kultus der Göttermutter, Sühngebräuche, mit denen das sinkende Heidentum dem Christentum Konkurrenz machte — heidnisch-christliche Riten, vergeistigt — noch einmal *Menschenopfer und Ritualmorde* — Blutbäder und animalische Bäder, veraltet, weil vom Kultus nicht beibehalten 553

b. **Die Inquisition.** Orthodoxie und Häresie im klassischen Altertum und im Christentum — diese Religion hat sich von allem Anfang an um Glauben und Meinungen gedreht — alles kam darauf an: Recht zu behalten — den Gegner zu vernichten — die Hinrichtung Priscillians macht in der Geschichte der christlichen Intoleranz Epoche — der erste Mensch, dessen Blut um des Glaubens willen vergossen wurde, war ein Spanier, wie der erste Kaiser, welcher die Ketzer mit dem Tode bedrohte, und der Usurpator Maximus aus Spanien stammte — Erhebung der Inquisition zu einem bleibenden Institut, die Aufspürung und Bestrafung der Ketzer eine Aufgabe der Bischöfe — später der Dominikaner, der Mönche, welche für die Theologie typisch sind — das *Sanctum Officium* oder das heilige Amt in Rom — jede Provinz bekam von nun an ihre Ketzerrichter, für Deutschland ward Konrad von Marburg bestellt — aber Deutschland ist mehr das Land der Hexenprozesse, die eigentliche Inquisition blühte hauptsächlich in Frankreich, am schönsten in Spanien — Formelles: das Unterscheidende des Inquisitionsprozesses, das neue Verfahren, das, im Gegensatze zu dem alten Anklageprozesse, bei den Ketzergerichten eingehalten wurde — durch das Kanonische Recht wurde dieses Verfahren auch in die weltliche Gerichtsbarkeit eingeschmuggelt und erhielt sich hier bis zur französischen Revolution, welche die Anklage in der Person des Staatsanwalts wiederhergestellt hat — nur weil besagtes Verfahren bei den Glaubensgerichten zuerst zur Anwendung gekommen war, bezeichnete man letztere schlechtweg als *Inquisition* — Ketzer, Hexen und Juden die Objekte der kirchlichen Untersuchung: die Ketzer als Abtrünnige, die Hexen als Unempfängliche, die Juden als Erzfeinde des Christentums — die Ketzer zuvor — wie die gute Mutter Kirche einschreitet: lieber will sie einen Unschuldigen bestrafen als einen Schuldigen laufen lassen — kirchliche und weltliche Strafen — Schilderung eines Autodafees: 500 000 Familien sind in Spanien durch die Inquisition ausgerottet, die Einwohner auf die Hälfte reduziert worden — die Geistlichkeit irrt sich: sie hält den guten Hirten für einen Schlächter. 567

Seite

c. **Die Madre Ebrea.** Mit Gewalt getauft — den Eltern weggetauft — die Lebensgeschichte eines Bologneser Judenknaben — umgekehrt wie in Lessings Nathan dem Weisen — Mortara und Löwe — seine Predigt und die alte Judenpredigt auf dem Fischmarkt 579

Die Fahrenden Leute des Mittelalters.

a. **Fahren einst und jetzt.** Die Bedeutung des Wortes *fahren* ist gegen früher in der heutigen Sprache mehrfach eingeengt — früher war *fahren* soviel wie ziehen oder wandern, eine Fortbewegung jeder Art — das Faktitivum dazu: *führen* — in Wagen gefahren wurde im Mittelalter weniger als heutzutage, aber überhaupt viel gefahren — Kutschen, aus Ungarn — die Vorfahren hatten keine Möbel, sondern Fahrende Habe, ein Vagabund hiess ein fahrender Mann und ein Vagant ein fahrender Schüler — die *Varndiu Diet*, der Begriff des Deutschen — das Kommersbuch der Fahrenden Schüler, *Gaudeamus igitur* — Spielmannspoesie — viele epische Dichtungen des 12. Jahrhunderts sind Spielmannswerke 583

b. **Die Seiltänzer.** Die Fahrenden Leute des Mittelalters sind nicht ausgestorben, sie leben auf den Jahrmärkten und Messen fort, auf welche sie mit der Zeit kamen, als die Städte anfingen, an die Stelle der Fürstenhöfe zu treten — sie fahren jetzt doppelt, nehmen ihre Schaustellungen selbst in die Hand — ein Karussell in der Provinz — in besonderem Grade erregten früher die Seiltänzer das Interesse des Publikums — die besten Seiltänzer waren meist Italiener — in unserem Jahrhundert haben ihnen die Deutschen und die Franzosen den Rang abgelaufen — Kolter auf dem Aachener Kongress — an die Stelle des Turmseils ist in neuerer Zeit die Luftschiffahrt getreten — Blondin den Niagarafall überschreitend, Blanchard den Kanal übersegelnd — *now fare ye well, good Sir!* — damit ensteht eine dreifache Fahrt, indem der Luftschiffer: erstens unstet von Ort zu Ort zieht. Zweitens seine Produktion in einem Fahrzeuge macht. Drittens diese Produktion selbst wieder in einer Reise besteht 587

c. **Taschenspieler und Gaukler.** Taschen und Gaukeltaschen oder Gaukelsäcke – daher Taschenspieler — Gaukler, Jongleur, Joculator — in der Gaukeltasche steckt Becher und Muskatnuss — Kartenkunststücke — es war kein Wunder, wenn die Leute alles wussten und errieten, sie hatten ja einen Zauberkopf neben sich — aber das tiefe Wissen hatte seine Gefahr — Albert der Grosse, Papst Silvester II., Roger Bacon, alle drei in dem Geruche der Zauberei — und auf Zauberei stand eigentlich der Scheiterhaufen — naturwissenschaftliche Apparate, die Zauberlaterne — Prahlereien der Schwarzkünstler; umgekehrt traut ihnen das Publikum alles zu — Doktor Faust — ein grosses, von den Zauberern vollbrachtes Wunder: der Wintergarten Alberts des Grossen — nicht natürlich zu erklären, es ist gar nichts zu erklären — nichts weiter als Hexerei, Wettermachen und Hagelkochen, aber einem Albertus und einem Faustus als angenehmen Personen nachgesehen 592

d. **Automaten. Mechanische Kunstwerke.** Zweifel, ob die Automaten in Menschengestalt auch bloss auf dem Wunderglauben der Zeitgenossen beruhen mochten — die Erfindung der Automaten ist doch alt — freilich beginnt ihre rechte Zeit erst mit der Erfindung der Taschenuhren — viel Sagenhaftes — aber es giebt doch wirklich Automaten: die Werke Vaucansons, der Familie Droz — immer haftet die Erzeugung an den alten Sitzen der Uhrenindustrie, die Uhrwerke selbst werden mit beweglichen Figuren gern verbundnen — einfache Automaten für den Markt — davon nur ein Schritt bis zu einer Gliederpuppe und einem Marionettenspiel — die Schachmaschine, ein lebendiger Mensch wird von dem Unternehmer wie ein Maschinenteil eingefügt — wie im Staate 599

e. **Abgerichtete Tiere. Missgeburten. Bettler.** Die besten Automaten — fremde Tiere, kämpfende Tiere, abgerichtete Tiere — Rückblick auf die Schaubuden und Volksbelustigungen — die ersten Tiere, die abgerichtet wurden, von Bären und Affen abgesehen, Pferde und Hunde — auch eine Zauberei — wie wilde und seltsame Tiere wurden dem Publikum auch Missgeburten gezeigt — spielen eine grosse Rolle in der Phantasie des Mittelalters, Wahres und Falsches, überzählige Finger und Zehen — die Kinder werden sehen gelassen, die Erwachsenen lassen sich selber sehen — Wilde Männer, Waldweibchen, Riesen, Feuerfresser — die Krüppel gehen betteln — Organisation der Bettlerzunft, ihr König, ihre Sprache, die Gaunersprache, das Argot — der Hof der Wunder — Verdienstlichkeit der Armut, Ehrenhaftigkeit der Bettelei — evangelische Grundsätze — das Almosen — verschiedene Klassen von Bettlern, sesshafte und fahrende 604

Hochzeiten und Feste.

Die Krönung der deutschen Kaiser und Könige.

a. **Grossartigkeit des Mittelalters. Das Schlaraffenland eine Wahrheit.** Hohe Zeit: Festzeit, Hochzeiten: hohe Feste — was wir jetst unter Hochzeit verstehen, hiess im Mittelalter: Brautlauf — kirchliche und weltliche, ordentliche und ausserordentliche Hochzeiten — zu den letzteren gehörten die Krönungsfeste — die Kaiserkrönung Ferdinands I. zu Frankfurt am Main — drei- und vierfache Krönung der deutschen Könige, ihre verschiedenen Kronen, die verschiedenen Krönungsstädte: Aachen, Monza, Rom, Arles — die Verlegung der Krönungen nach Frankfurt — der Römer — schlaraffenmässige Veranstaltungen auf dem Römerberge: der grosse Haferhaufen, des Kaisers Rinderbraten, der Weinspringbrunnen, das Ausstreuen von Geld — schreiben sich von den Fruchtverteilungen der alten römischen Kaiser her, werden in der Neuzeit gelegentlich wieder aufgefrischt — ähnliche Spenden des Mittelalters, der französische und englische Adel — die Kaiser machen gleichsam Cuccagna — das Schlaraffenland und das Spiel — Kletterbäume in Karlsruhe — die deutschen Kaiser Nachfolger der römischen Cäsaren, der Doppeladler ein Sinnbild des Ost- und Weströmischen Reichs — letzte Frankfurter Krönung, das Kaisertum Österreich 612

b. **Das Krönungszeremoniell.** Wir machen es wie Goethes Vater und gehen die Wahl- und Krönungsdiarien durch — Wahl und Kur, erwählen und kiesen — erste Königswahl durch die Fürsten aller Stämme zwischen Mainz und Worms im Jahre 1024 — das Frankfurter Konklave, die Kurfürsten, die Erzämter und die ihnen untergeordneten Erbämter — die Einholung der Reichskleinodien von Nürnberg und Aachen — die Reichskleinodien und die Reichsheiligtümer — der Krönungszug zum Dome, die vier weltlichen Kurfürsten — Ankunft des Thronkandidaten am Dom, Empfang durch die

Seite

drei geistlichen Kurfürsten — der Erzbischof von Mainz hat am meisten zu thun — Verpflichtung des Königs, er schwört zweimal aufs Evangelium — die Salbung, die Einkleidung, die Krönung, die Thronbesteigung — worin sich diese Krönung von der der Könige von Preussen und der der Kaiser von Russland unterscheidet — der Kaiser sieht so aus wie auf unserem Vollbild — erteilt auf dem Throne mit dem Schwerte Karls des Grossen den Ritterschlag — ist kein Dalberg da? 626

c. **Das Krönungsmahl auf dem Römer.** Zu Tische, zu Tische — wie es zu Tische ging — über die mit rotgelbweissem Tuch belegte Mainbrücke — die vornehmen Diener, die das Reichsoberhaupt hat: vierundvierzig Grafen — des Reichs Kämmerer bringt ihm Wasser zum Händewaschen, des Reichs Marschall Haferbrot, des Reichs Truchsess ein Stück Roastbeef, des Reichs Schenk zu trinken — alle vier steigen aufs Pferd, um dem Kaiser zu holen, was er braucht — hierauf isst und trinkt das Volk, es folgen die obenerwähnten Improvisationen aus dem Schlaraffenland — ein Blick in den Speisesaal: wie die allerhöchsten und höchsten Herrschaften sitzen — die geistlichen Kurfürsten bedienen nicht mit, sie gehören einem andern feudalen Gliedbau an — der göttliche Ursprung der alten Könige — nach aufgehobener Tafel 639

d. **Die Goldene Bulle.** Das Reichsgrundgesetz, das auf den Reichstagen zu Nürnberg und Metz gegeben ward und das bis zur Auflösung des Deutschen Reiches in Kraft gewesen ist — die Kaiserwahl endgültig den sieben Kurfürsten übertragen — das goldene Majestätssiegel war die Bulle an der Bulle — eine goldene Siegelkapsel — Vorder- und Rückseite derselben, die berühmte Siegellegende — das Frankfurter Exemplar: *le Taureau d'or* — die Erlasse der Päpste: Bleibullen — die Bulle *Unam Sanctam* — der Traum von einer päpstlichen Universalmonarchie — die Kaiserwürde war als eine universelle zu der nationalen Königswürde hinzugetreten; die Kirche erst recht universell 646

Die Tracht.

a. **Es kommt Besuch. Das Kleiderschenken.** Die mittelalterliche Höveschheit oder Hübschheit, verglichen mit der Urbanität der Alten — den Gegensatz bildet die Dörperheit oder die Tölpelhaftigkeit — der gute Ton der Ritterzeit wurde von Frankreich angegeben, von Flandern vermittelt — die höfische Erziehung, Zucht und Unzucht — ein eigenes Zeremoniell bildete sich an den Höfen auch den Gästen gegenüber aus — Formen des Empfanges: die Frauen begrüssen den ebenbürtigen Ankömmling mit einem Kusse — Willkommen und Brindisi — Aufnahme eines irrenden Ritters — man freute sich immer, wenn jemand kam, die Gastfreundschaft des Mittelalters, die Klöster — Bewirtung, Verpflegung, Unterbringung, Kleidung — dem Fremden wurden Kleider gegeben — diese Kleider wurden neu angefertigt, indessen nicht geschenkt, dies höchstens fahrenden Leuten — wie man noch heute seinem Gaste bequeme Sachen zur Verfügung stellt, in Italien ein frisches Hemd — nur das konnte dem fahrenden Ritter erwünscht sein, aber das brauchte er auch wirklich 654

b. **Das Hauptstück der höfischen Tracht des Mittelalters: der Rock.** Parzivals Hofuniform: Rock und Mantel waren lang — aus Scharlach, dem Prachttuche des Mittelalters — der Rock eine lange, am unteren Saum, an der Halsöffnung und an den Handgelenken gestickte oder mit Goldborte besetzte Tunika, die über den Hüften mit einem Gürtel gegürtet und in einen mässigen Bausch hervorgezogen wurde — das war das Kleidungsstück, das unsere Vorfahren, und zwar Männer und Frauen, trugen und entweder als Rock oder als Kutte bezeichneten — diese Namen haften heutzutage noch an einzelnen Kleidungsstücken, welche Reste und Hälften der alten Tunika darstellen — ein schwarzer Leibrock, der Rock am Kleide einer Frau, der Unterrock — die französische *Cotte*, der *Cotillon* — die Form des Gegenstandes ist eine andere geworden, aber der Name bleibt — andere Beispiele von der Beibehaltung der Begriffe bei völliger Umgestaltung der Dinge: Krone, Diadem, Mitra, Joppe, Hose — was wir jetzt eine Hose nennen, existierte im Mittelalter nur im Plural, strenggenommen existierte es überhaupt nicht — die mittelalterliche Beinbekleidung ist aus drei Teilen zusammengesetzt gewesen: der Bruch, den Hosen und den Hosenstrümpfen — die Hose ein Strumpf, der allmählich bis zum Gesäss hinaufging, sich hier mit seinem Geschwister paarte, aber dafür um den Füssling kam — so ist es also auch bei der Kutte und beim Rock gewesen, aber darum doch kein Grund, diese Worte nicht zu setzen, im Gegenteil das ist unwissenschaftlich — es hält ja auch nicht schwer, den Weg von einem modernen zu einem mittelalterlichen Rocke zurückzufinden — sich vorzustellen, wie beide Geschlechter den Rock trugen und dadurch schwerer zu unterscheiden waren als heutzutage — haben etwa die Männer weibisch ausgesehen — um so mehr, als sie noch keine Knöpfe und keine Hosentaschen, sondern Broschen und Pompadours hatten und dergleichen — die Nesteln, die Nadeln für den Hosenlatz — das Kostüm des Mittelalters ist vielmehr weibisch, weil es alt ist und die Frauen das Alte erhalten haben — auch die katholischen Geistlichen haben es erhalten — die Talare — es liess keineswegs weibisch, es liess vornehm und malerisch 664

c. **Das Hemd.** Zwei mittelalterliche Schwänke dienen uns zur Einrahmung des vorliegenden Abschnittes: eine Frau, die ein Hemd auf dem Leibe hat, und ein Ritter, der keines hat — Hagens Gesamtabenteuer — Hemd übersetzt *Tunica* so gut wie Rock, vergleiche Notkers Übertragung und Erläuterung der Psalmen — aber ein Hemd war leinen, die Tunica wollen wie der Rock — die Tunica nicht durchgängig wollen, aber das Hemd immer leinen, sonst war es gar kein Hemd — keine *Camisia*, ein Wort, das wir in der Korrespondenz Kirchenvater Hieronymus' entdecken — die leinenen Hemden sind etwas Deutsches, die Romanischen Nationen haben sie von uns — Hemd oder Rock: das Hemd war von Hause aus kein Unterkleid, sondern ein Seitenstück zum Rocke — der Rock des Armen, ein Rest desselben die Bluse — erst etwa im 11. Jahrhundert nahmen die höheren Stände diesen leinenen Rock an und zogen ihn unter ihren wollenen Rock, womit die zweite Phase des Hemdes anhebt — zugleich wird es weiss — Wollregime und Leinwandregime, der Übergang von jenem zu diesem, die Vorstellung bedarf einer Korrektur 674

d. **Das Wams. Hänslein, Schecke, Purpoint.** Ein Kleiderschrank und der Galgen von Montfaucon — im Mittelalter hatte man noch keine Kleiderschränke — wohl aber liebte man es schon damals, die Kleidung wie einen zweiten Leib anzusehen und jedes Kleidungsstück nach dem Körperteile zu nennen, welchen es bedeckte — der Kragen ist eigentlich der Hals — Unterschied, den wir machen: deckt sich das Gewand nicht vollkommen mit dem Körperteile, so brauchen wir das Verkleinerungswort — daher Ärmel und Fingerlein — *von gold ain fingerlain* — so Leib und Leibchen — das Schnürleibchen, das Korsett — das Leibchen ist die Weste, diese dem Namen nach ein letzter Rest der

Seite

indogermanischen Kleidung überhaupt — Weste und Westerhemd — historisch mag sich die Weste aus dem Wamse, der Bekleidung des Bauches, entwickelt haben — *my Womb, my Womb, my Womb* — die letzte Konsequenz ist, dass dem Kleide sogar ein Eigenname gegeben wird, als wäre es ein Mensch — Jacke, Jakob, Jacquerie — Jacke und Schecke — in Deutschland hat es einst einen Rock gegeben, der Hänslein getauft worden ist — giebt es heute noch Unterröcke namens Hänsel 685

e. **Mantel und Kappe.** Oberkleider und Unterkleider, relative Begriffe — Oberrock und Oberkleid zu unterscheiden — der Mantel dem Rocke gegenüber ein Oberkleid — das heisst: ein ganz anders geartetes Gewand — ein Umschlagetuch — ein Handtuch von Haus aus — kein deutsches, sondern ein lateinisches Wort, aber eine alte Sache — dem Gotte Odin zugeschrieben, nachmals ein Attribut des heiligen Martinus, Bischofs von Tours — der als römischer Unteroffizier in Amiens seinen Mantel mit einem Bettler teilte — Sankt Martin und der Reichsgerichtspräsident Simson — die Hälfte, die der heilige Martin behielt, wurde unter dem Namen seiner Kappe eine hochheilige Reliquie und das Palladium des Fränkischen Reiches — Kappe und Kapelle, Kaplan — mit der Kappe des heiligen Martin ist noch keine Mönchskutte und noch kein Messgewand gemeint, Kleidungsstücke, die nachmals: *Cappae* genannt wurden — sondern ein profaner Mantel, den das Volk als eine Kappe bezeichnete, wenn auch die Kappe kein eigentlicher Mantel, sondern ein Kapuzrock, gleichsam eine grosse Kapuze war — Kappe, Caput und kaputt — kaputt gehen, etwas kaputt machen 692

f. **Ausschreitungen in der Tracht des Mittelalters.**

1. Der Hosenteufel. Hosen als Thema für Predigten und Gesangbuchslieder — ei, Du pluderichter Teufel, der Du die Pluderhosen erfunden und den frommen Landsknechten aufgebunden hast — das sind nämlich Hosen, die pludern oder plaudern — das seidene Futter ist eigentlich das, was an den Pluderhosen pludert und so massenhaft hervorquillt, dass es eine Schande ist — das Futter, das doch nur die Blösse decken soll — ich sehe die Eitelkeit der Welt aus euren Schlitzen hervorgucken, ihr Zucht- und Ehrerwegenen Lotterbuben, ihr wollt euch nicht bedecken, ihr wollt euch putzen! — wie das leider schon Adam und Eva thaten 701

2. Die Schnabelschuhe. Kläglicher Ursprung der meisten Moden — es gilt einen Naturfehler, einen Schaden zu verbergen — der Herr ist der Krüppel, die Höflinge wollen's sein — das königstreue Frankreich — bald rasiert es sich, bald frisiert es sich, jenachdem es sein König braucht — es ist herrlich, wie die Franzosen ihm zu Liebe sogar eine Glatze und eine Perücke tragen — Genesis der künstlichen Haartour, bei den Europäern und bei den Wilden — es ist auch schön, wie sich die guten Unterthanen pudern, weil der König grau wird — Zweck der Krinoline, des falschen Steisses, des Kragens — nach derselben Analogie sind die Schnabelschuhe aufgekommen: die Füsse des Grafen von Anjou — Skorpionenschwänze, Widderhörner — Polen und Griechenland: die *Tsaruchia,* die noch ein Bestandteil des griechischen Nationalkostümes sind — die hölzernen Unterschuhe oder Trippen, die einen Zweck hatten wie unsere Gummischuhe — wir sehen uns den Burggrafen von Nürnberg noch einmal an 705

3. Der Hennin. Das Spitzengebäude der Fontange — im 15. Jahrhundert trugen die Damen in Frankreich und Burgund eine Kopfbedeckung, die die Form eines schiefen Turmes, mitunter auch zwei rechts und links weitabstehende Hörner hatte — auch gegen diese kolossalen Mützen ward gepredigt: der Karmeliter Thomas Conecte — die Frauen bringen ihm die Eitelkeit der Welt zum Opfer, damit er sie verbrenne — kaum ist er fort, so strecken sie wie die Schnecken die eingezogenen Hörner wieder aus 710

Schluss. Nun lasst uns den Leib begraben.

In seinen Kleidern begraben wir nun das Mittelalter — wie die Edelleute in der Mönchskutte begraben wurden — das Sterbekleid ein Busskleid — wir brauchen nur unsere eigenen Kleider zu nehmen und sie dem geliebten Toten anzuziehen, denn wir tragen ja selbst noch das Kleid des Mittelalters — in jedem Sinne — die Gegenwart hat zum mindesten ganz die Farbe und die Sprache des Mittelalters, ist ein ausgebildetes Mittelalter — keine Neuzeit 712

Zinkätzung u. Druck von R. Loës, Leipzig.

Verlag von Heinrich Schmidt & Carl Günther, Leipzig.

Tafel im Schloss.

Die Schlossherrin sitzt in der Mitte zwischen zwei Ehrendamen; rechts ein Nebentisch, an dem die Gäste sitzen, links ein Kredenztisch, an dem der Mundschenk steht (Tresur). Man sitzt nur an der einen Langseite der Tafel, mit dem Rücken gegen die Wand. Pagen tragen unter Trompetenschall ganzes Geflügel und Wildbret (Schwanen- und Bärenbraten) auf, sie reichen die goldnen Schüsseln vorn über den Tisch hinweg. Teller mit kurzem Fuss bemerkt man zwei, auf dem Tisch rechts ein Salzfass. Trachten des 15. Jahrhunderts. Faksimile einer Miniatur aus einem Roman, dessen Held Rinaldo von Montalbano, einer der Paladine Karls des Grossen, ist. Handschrift des 15. Jahrhunderts, Bibliothek des Arsenals zu Paris.

Mittelalterliche Zustände und Stände. Das Weltreich Karls des Grossen.

Begriff und Grenzen des Mittelalters — Die Germanen machen das Mittelalter, aber dasselbe deckt sich in seinen Anfängen mit dem Fränkischen Reiche, das rasch zur grössten Bedeutung unter den germanischen Staaten der Völkerwanderungszeit aufsteigt — Merowinger und Karolinger, das Karolingische Reich und die alte Gauverfassung — die Freien sind bei den alten Germanen der Kern der Nation — die Unfreien zerfallen in Leibeigene, Hörige und die sogenannten Ministerialen oder Dienstmannen — das Salische Gesetz gewährt einen Blick in die altgermanische Verfassung vor den Veränderungen, welche die Gründung des grossen Fränkischen Reiches nach sich zog — das königliche Gefolge oder die *Trustis,* die *Antrustiones* der Merowinger, für die das dreifache Wergeld zu zahlen ist — das Lehnswesen, der Lehnseid, die Deutschen sind höchst feudal — Lieber Getreuer — meine Leute — die Bauern oder die Kolonen nehmen eine Mittelstellung zwischen Sklaven und Freien ein — die Namen Meier und Lehmann, sprechende Reste mittelalterlicher Zustände und Besitzverhältnisse — was war ein Graf? — ein Graf war ein königlicher Beamter — Gaugrafen und Markgrafen — hoher und niederer Adel, die Rittergüter — Burgen und Städte, Gemeindeverfassung und Staatsverfassung — Fehde und Faustrecht — Anblick Deutschlands zur Zeit Karls des Grossen.

Das Wort Mittelalter ist eine Übersetzung von *Medium Aevum* und bezeichnet eigentlich das mittlere Lebensalter eines Menschen. Von Männern in gesetzten Jahren, von Frauen in den Vierzigen sagt man, dass sie in ihrem Mittelalter stehen: sie sind nicht mehr jung und doch auch noch nicht alt. Diesen Ausdruck hat man dann im vorigen Jahrhundert auf die Zeit angewandt, die zwischen den zwei Altern der Menschheit, der alten und der neuen Geschichte mitten inne liegt, wobei sich wie bei allen derartigen Übertragungen die Begriffe von Jugend und Alter verschieben, denn was beim Individuum Jugend, heisst bei der Menschheit Alter, und umgekehrt. Dieselbe Einteilung hat man insbesondere auch bei der Sprache gemacht, indem man zum Beispiel bei der deutschen eine alte, mittlere und neuere Periode unterscheidet und hier etwa die Jahre 1100 und 1500 als Marksteine gelten lässt; das *Medium Aevum* ging zunächst nur auf das sogenannte Mittelhochdeutsche oder das sogenannte Mittellateinische. Auf diesem Gebiete darf man die zeitliche Mitte nicht mit der räumlichen verwechseln, denn man spricht bekanntlich auch von oberdeutschen, mitteldeutschen und niederdeutschen Mundarten, ja beide Bestimmungen kreuzen sich oft in sinnverwirrender Weise. Der Begriff Mittelalter beruht also auf der naiven und kurzsichtigen Annahme, dass die Menschheit gleichsam drei Zeiten oder drei Alter habe — das klassische Altertum, das Mittelalter und die Neuzeit; mit ebenso

Fränkischer Jüngling, einen germanischen Spiess (*Framea*) und zwei fränkische *Hocken* (Haken) bringend. Bekleidet ist er mit einem langen Gewand und einem römischen Plaid *S(agum)*; darunter trägt er ein Fell als Schurz. An der Seite hat er das messerartige Kurzschwert (*Scramasachs*) in gezähnter Scheide. Nach Originaldokumenten in Bibliotheken.

Franke des 4—8. Jahrhunderts, an der Seite in der Scheide das lange und breite, zweischneidige germanische Schwert (*Spatha*). Das Gewand ist gegürtet, die Stellung die eines Flehenden. Nach Originaldokumenten in Bibliotheken.

grosser Naivetät werden für diese drei Zeiträume die Grenzen angegeben. Einige beginnen das Mittelalter mit Konstantin dem Grossen und der Einführung des Christentumes (324), andere mit der Völkerwanderung und dem Eindringen der Hunnen ins Abendland (375), die meisten mit dem Untergange des Weströmischen Reichs (476) — die einen schliessen es mit dem Untergange des Oströmischen Reichs und der Eroberung Konstantinopels durch die Türken (1453), andere mit der Renaissance (Anfang des 15. Jahrhunderts), andere mit der Erfindung der Buchdruckerkunst (zweites Drittel des 15. Jahrhunderts), andere mit der Entdeckung Amerikas (1492), andere mit der Reformation (1517), noch andere erst mit dem Westfälischen Frieden (1648). Es ist unnütz für weltgeschichtliche Bewegungen, die sich langsam und

Römische Infanterie. *Acies*, Schlachtordnung. Sie sind in *Tunica* und tragen Helme (*Galeae*) und Stiefel (*Caligae*); die Schilde (*Clipei*) sind rund und hohl; die Lanze ist die schwere *Hasta*. Nach Miniaturen des 6—12. Jahrhunderts.

Germanischer Krieger mit Schild und Speer in römischer Uniform. Er trägt über der *Tunica* das *Sagum*, ein Plaid, das auf der Schulter mit einer Brosche befestigt ist; an den Füssen Schnabelschuhe (*Calceus repandus*). Nach Miniaturen des 6—12. Jahrhunderts.

stetig vollziehen, Daten anzugeben; will man einen ungefähren Anhalt haben, so kann man sagen, dass das Mittelalter vom 5. bis zum 16. Jahrhundert reicht. Aber man möge sich gegenwärtig halten, dass die ganze Rechnung allenfalls für uns, für die vereinigten Staaten Europas, und auch hier nur in einem beschränkten, lokalen Sinne zutrifft, indem bereits die Völker des Altertums ihr eignes Mittelalter haben; und dass schon im Jahre 2000 aller Voraussicht nach unsere Zeit noch für tief mittelalterlich gehalten werden wird. Was heisst Neuzeit? — Selbst wenn wir nicht über unsern engen Horizont hinaussehen, ist es ein Begriff, der fortwährend veraltet, stündlich einen andern Inhalt bekommt — das Minimum des Alters der bewohnbaren Erde beträgt nach den neuesten geologischen Forschungen etwa 20 000 000 Jahre, das des Menschengeschlechts ungefähr 100 000 Jahre — vielleicht sind es noch weitere 100 000 Jahre, die das Menschengeschlecht zu leben verurteilt ist — und wer am Ablauf dieser 200 000 Jahre eine Weltgeschichte schreibt, wird der wohl noch einen Abschnitt

Leibeigene den Eid der Unterthänigkeit leistend. Handgebende Treue. Der Mann deutet mit der linken Hand auf seinen Kopf zum Zeichen, dass er dem neuen Herrn gehört. Nach Originaldokumenten in Bibliotheken.

machen: Vom Untergange des Weströmischen Reichs bis zum Beginn der deutschen Reformation? —

Das Mittelalter bedeutet das Eintreten der Germanen in die Geschichte; aber obgleich es durch die Deutschen heraufgeführt worden ist, deckt sich die mittelalterliche Welt im Anfang doch nicht mit dem Deutschen, sondern mit dem Fränkischen oder dem Karolingischen Reiche, dem Weltreich Karls des Grossen, welches die germanischen Stämme des Kontinents zu einer Monarchie zusammenschmolz und die abendländische Christenheit unter einem Oberhaupte vereinigte. Damals hiess Deutschland noch *Ostfranken* oder *Austrasien*, Frankreich: *West-*

franken oder *Neustrien;* Italien war eine grosse Provinz, der Franke gebot bis zum Tiber und bis zum Ebro, zur Eider und zur Raab. Der Stamm der Franken umfasste um die Mitte des 3. Jahrhunderts eine Anzahl germanischer Völkerschaften am mittleren und niederen Rhein; er war einer jener Stämme, die das alte Römische Reich einrissen und sich auf seinen Trümmern häuslich einrichteten, mit denen eine neue Zeit wie eine Wolke heraufgezogen kam. Es gab zunächst eine heillose Verwirrung, alles ging drunter und drüber; nichts passte weniger zusammen als diese alte Gesellschaft und unser frisches Volkstum. Wie wenn der Russe plötzlich über Deutschland käme, oder Buffalo Bill mit seinen Indianern Berlin eroberte. Zwar waren die Germanen des Tacitus keine eigentlichen Wilden, längst hatten sie die niedersten Stufen der Civilisation hinter sich; aber die Indianer sind auch keine Urmenschen mehr. Jedenfalls standen die alten Deutschen, mit den Römern verglichen, erst am Anfang einer reichen und glücklichen geschichtlichen Entwickelung, sie waren ein junges und darum das rechte Volk, die Geschicke der Welt von Grund aus umzugestalten und an Stelle des morschen, in sich zerfallenden Römischen Reichs eine neue Ordnung der Dinge zu setzen. Man betrachte diese alten struppigen Barbaren, was die Alten *comatus* nannten, die beiden fränkischen Früchtchen und den alten deutschen Soldaten und die geleckten Gesichter der lateinischen *Acies*, der römischen Schlachtordnung! Welch ein Unterschied! — Wie zwischen Natur und Kultur, oder wie zwischen verschiedenen Ständen. Die Römer gleichen Söhnen aus guter Familie, sie sind wohlerzogen, gebildet, verweichlicht und verhätschelt; die Deutschen haben etwas Wildes,

Fränkischer König oder Herzog im Krönungsornat, im Augenblicke der Belehnung, mit der linken Hand einen Flamberg (mit wellig geflammter Klinge) haltend. Abhängige Königreiche werden durch Überreichung des Schwerts vertreten. Nach einer Miniatur des 9. Jahrhunderts.

Ungepflegtes, Urwüchsiges, um nicht zu sagen: etwas Russisches, denn ähnlich pflegen jetzt in unsern Witzblättern die Russen dargestellt zu werden.

Folgen hatten sie gelernt. Die Staaten, welche sie gründeten, waren anfangs nur Verbände von Gemeinden, welchen die Freien als Mitglieder angehörten. Diese freien Grundbesitzer waren samt ihren Leibeigenen und Knechten zur Heeresfolge verpflichtet, Privatfehden nicht verpönt, Kriege von Staat zu Staat aber ohne Gutheissen der Volksgemeinde nicht statthaft. Weiter wurden an die Freien keine Ansprüche gemacht. Doch schon in uralter Zeit pflegte sich an einzelne berühmte Führer freiwillig ein sogenanntes Gefolge anzuschliessen, um in ihrem Dienste Ruhm und Beute zu erwerben. Der Eintritt in eine solche Gefolgschaft that der Ehre und der Freiheit keinen Eintrag, führte aber allerdings zu einem Abhängigkeitsverhältnis. Wer sich einem Grossen zur Treue verpflichtete, wurde von seinem Dienstherrn unterhalten, und statt des Soldes bekam er in jenen Zeiten der Naturalwirtschaft, in denen das Geld zurücktrat, zu Besitz und Genuss ein Grundstück, ein sogenanntes *Feudum*, zugewiesen, geliehen, wie man es auffasste, daher Lehen.

Auf diese Weise entstand eine neue Art von Grundeigentum: zu dem freien, unabhängigen Gute, das einer von Gott besass, dem *Allod* kam ein anderes Gut, das er von einem Herrn und von dem er bloss die Nutzniessung hatte, das *Feod* hinzu. Der eigentliche Besitzer des letzteren blieb der Dienstherr, welcher das Gut, wie gesagt, nur lieh wie ein Darlehen und es seinem Lehnsmann anfangs auf Widerruf, weiterhin auf Lebenszeit, zuletzt vererblich über den Tod hinaus beliess, solange noch lehnsfähige Nachkommenschaft vorhanden war. Der Lehnsmann hiess *Vasall* oder einfach *Mann;* er gelobte dem Herrn mittels Lehnseides, mittels der sogenannten *Hulde,* mittels des *Homagiums:* treu, hold und gewärtig zu sein, einen solchen Treueid schwört auf unserem Bilde mit erhobener Hand einer seiner Barone Karl dem Grossen. Bei allen diesen Gelöbnissen werden die beiden Hände gegeben und genommen, was die Bilder nur anzudeuten pflegen. Das eigentliche Lehnswesen entwickelte sich zuerst in der Fränkischen Monarchie und bildete jahrhundertelang die Grundlage der mittelalterlichen Heeresverfassung und des germanischen Staates.

Im Frankenreiche hatte nur der König das Recht, Gefolgsleute zu halten, welche hier *Antrustiones* hiessen. Aus den *Antrustiones* nahmen die Merowinger, die das Fränkische Reich fast drei Jahrhunderte lang (481—751) beherrschten und deren Dynastie der Karolinger Pippin der Kurze ein Ende machte, ihre Generäle und Gesandten, zugleich, da die Gefolgschaft verpflichtet war jedem Unschuldigen beizustehn, ihre Gendarmerie; für sie war das dreifache Wergeld zu zahlen, wenn sie erschlagen wurden. *Es ist recht,* hiess es, wenn einer in die *Trustis* aufgenommen wurde, *dass wer uns unverletzte Treue gelobt, unseres Schutzes geniesse. Und weil jener Getreue nach*

Der Merowinger Childerich, durch die lang herabwallenden Locken ausgezeichnet, umgeben von seinen Gefolgsgenossen, diktiert das Salische Gesetz, das erste uns erhaltene deutsche Rechtsbuch. Nach einer Miniatur auf farbigem Grund der Chronik von Saint-Denis, Handschrift des 14. Jahrhunderts in der Bibliothek des Arsenals zu Paris.

Gottes Willen kommend dort in unserem Palast mit seinen Waffen in unsere Hand Gefolge und Treue beschworen hat; deshalb durch die gegenwärtige Urkunde befehlen und beschliessen wir, dass jener obbelobte hinfüro unter die Zahl der Antrustionen gerechnet werde. Und wenn sich jemand erfrechen sollte ihn zu töten, so wisse er, dass er sein Wergeld mit 600 Solidi zu zahlen schuldig befunden werde. Das Wort *Trustis* ist unser deutsches *Trost* — die Gefolgsleute *getrösten sich* des königlichen Schutzes, und umgekehrt *getröstet sich* der König der Schar seiner Antrustionen. Sie bilden seinen Hofstaat im Frieden, seinen Generalstab im Kriege. Auf unserem Bilde erblicken wir den König der Franken, etwa den Merowinger Childerich I (457—481), den Sohn des Merwig, unter seinen Antrustionen: er diktiert das Salische Gesetz. Dieses berühmte, in mittelalterlichem Latein aufgezeichnete Volksrecht der Salischen Franken ist unter allen germanischen Volks-

Der zwanzigjährige Kronprinz Karl, der spätere Karl der Grosse, erhält die Nachricht vom Ableben seines Vaters, des Königs der Franken, Pippins des Kurzen; die Lehenträger der Krone huldigen ihm als dem neuen Landesherrn (September 768). Kostüme des Burgundischen Hofs im 15. Jahrhundert. Nach einer Miniatur der Kaisergeschichte in der Pariser Arsenal-Bibliothek.

rechten das älteste; die Männer, die es abfassen, sind noch Heiden. Zugleich ist es das einzige, welches uns einen Blick in die altgermanische, auf der Oberhoheit des Volks beruhende Verfassung vor dem grossen Fränkischen Reiche thun lässt. Noch bilden die freien Franken, die, in Dörfern zusammenlebend, vorzugsweise Ackerbau und Viehzucht treiben, den Kern der Bevölkerung, neben welchem die hörigen Liten, die wenigen Römer und die unfreien Knechte aller politischen Rechte entbehren. Der erbliche König, dessen Abzeichen der Schmuck der lang herabwallenden, von keinem Schermesser berührten Locken ist, steht an der Spitze des Staates; aber er ist noch nicht allein Herr, sondern bei wichtigen Dingen an die Zustimmung des Volkes, das alljährlich auf dem *Märzfeld* in Waffen zusammentritt, gebunden. Er ist noch nicht höchster Richter, vielmehr werden die Gerichte, die nach Hundertschaften zu Dinge sitzen, noch von erwählten Beamten, den *Centgrafen*, geleitet; dagegen ist die exekutive Gewalt und die Vollstreckung der gerichtlichen Urteile bereits auf den König und seine Beamten, die Grafen, übertragen worden. Ein merkwürdiges Dokument des Übergangs der Volkssouveränität in das souveräne Königtum! — Der ausgesprochene Grundsatz, das weibliche Geschlecht von der Erbnachfolge in Stammgüter auszuschliessen, kam später vielfach im Thronfolgerecht zur Geltung.

Der König mit dem (kralligen) Raubvogelbart, wie das Rolandslied Karl den Grossen nennt (*Charlle à la barbe grifaigne*). Faksimile eines Holzschnittes vom Ende des 16. Jahrhunderts; Phantasieporträt.

Mit der Ausbildung des Lehnswesens verschwand das nur den Franken bekannte Institut der Antrustionen. Die Karolinger pflegten an freie Leute Güter zu verleihen, wogegen sich diese zur Leistung von Kriegsdiensten verpflichteten, indem sie als *Fideles*, als *Getreue* in das königliche Gefolge eintraten, und dies Verfahren wurde bald von weltlichen und geistlichen Grossen nachgeahmt. Wenn noch heute die Mitglieder des Landtags oder der Volksvertretung von dem Landesherrn in den landesherrlichen Reskripten mit *Getreue* angeredet werden, wenn der Fürst zum Diener im Kanzleistil: *Lieber Getreuer!* — sagt, so klingt immer noch die Lehnsherrlichkeit des Mittelalters durch, und unzweifelhaft ist mit der *deutschen Treue,* die nie gebrochen werden soll, eigentlich die Treue des Gefolgsmannes gemeint. Die Deutschen sind zuallererst *feudal* gewesen, wenn sie das Lehnswesen auch hernachmals auf die eroberten Länder übertrugen. Ja, sie waren ein merkwürdiges Volk: der Geist der Unterordnung, des Dienstes lag ihnen tief im Blute. Der Mann, der sich bei Tische von seinen Hauseignen bedienen liess, bediente selbst wieder seinen Lehnsherrn, und die Herren bedienten sich wieder untereinander je nach ihrem Range und ihrer Würdigkeit, ja diese persönlichen Dienste galten

Schloss Gaillard, von Richard Löwenherz zur Beherrschung der Seine erbaut. Die Burg, deren Ruinen auf dem hohen Seine-Ufer liegen, hat eine dreifache Umwallung, 5,5 m dicke Mauern und siebzehn Türme (12. Jahrhundert).

nicht etwa für eine Last, sondern für ein Recht und eine Ehre. Das Gefühl der Unabhängigkeit, der Manneswürde, diese Seele der modernen Gesellschaft regte sich bei den Germanen kaum. Sie waren nicht geboren frei zu sein, wenn sie sich auch frei nannten und als Freie den Hörigen und den Knechten, den Leibeigenen entgegensetzten. Das waren ursprünglich die Gefangenen, die man im Kriege machte, die Sklaven, die man kaufte und denen man Land unter der Bedingung von Fronen und Zinsen überliess, Landstreicher und Wildfänge, die damals noch wirklich gefangen wurden; wie Tacitus erzählt, auch Spieler, die ihre Freiheit verspielt hatten. Indessen traten auch fremde Ansiedler, denen man Land verpachtete, freiwillig in das Verhältnis der Leibeigenschaft. Man unterscheidet gewöhnlich drei Stufen der Unfreiheit: die Leibeigenschaft im engern Sinne, die Hörigkeit und die sogenannte Ministerialität, das heisst den Stand der Dienstmannen oder der Dienstleute, welche zum Hofstaat der Könige und ihrer Statthalter sowie der Bischöfe gehörten und aus denen sich mit der Zeit der niedere Adel bildete. Die Hörigen wurden bei den Alemannen, Franken, Friesen nnd Sachsen einfach *Leute (Lidi, Liti, Leti)* genannt; die Lehnsleute oder die Vasallen dagegen heissen in den Urkunden des Mittelalters einfach: *Mannen.* Der Leibeigene war körperlichen Strafen und Züchtigungen unterworfen, musste die auf seiner Person haftenden Zinsen und Dienste leisten und den Eid der Unterthänigkeit, den sogenannten *Erbeid* schwören. Diesen Schwur

Und Fehd entbrannte bald darauf
Und zogen Ross und Mann zu Hauf . . .
Ritter und Knechte in Ringelpanzer und Sturmhaube mit festem Stirnschirm; der hölzerne Schild vorn, unten spitz, stark um den Leib des Trägers gebogen, hat die Form des Normännischen Ritterschildes. Zeit Ludwigs des Dicken; nach einer Miniatur in einem Psalter vom Ende des 11. Jahrhunderts.

leistet das eigene Paar auf unserem Bilde. Nur die Freien hatten das volle Wergeld, die aus der Blutrache hervorgegangene Abfindung, die bei den Antrustionen dreifach zu zahlen war; die Hörigen nur das halbe; dem Knechte fehlte es. Er war rechtlos.

Eine Mittelstellung zwischen den Sklaven und den Freien nahmen die Bauern ein, die man nach römischer Sitte: Kolonen nannte (lateinisch *Coloni,* französisch *Colons,* englisch, mit geringschätzender Bedeutung, im Sinne von Tölpel: *Clowns*). Daher auch der *Knan* des Simplicissimus. Wie die Sklaven konnten sie körperlich gezüchtigt und bei gesetzwidriger Veräusserung oder Flucht eingezogen werden; wie die Sklaven besassen sie ein kleines Vermögen, das jedoch zum Gute gehörte und nicht davon getrennt werden sollte, so wenig wie sie, die *Glebae Adscripti* selbst. Während heutzutage die Bauerngüter den Bauern erb und eigentümlich zu gehören pflegen, war dies im Mittelalter keineswegs der Fall, sie wurden vielmehr den Bauern unter Anwendung lehnrechtlicher Grundsätze verliehen. Es hat zwar im Mittelalter freie Bauern gegeben; aber je höher die Zahl derjenigen stieg, die als Unfreie, Hörige oder Zinspflichtige das von ihnen bebaute Land nicht eigentümlich hatten oder wenigstens unter dem Schutze eines Grundherrn standen, um so allgemeiner wurde die Anschauung, dass ein *Bauer* nicht vollkommen frei sein könne. Viele glauben, dass das Institut des sogenannten *Kolonats* erst von Deutschland auf den Boden Italiens verpflanzt worden sei; jedenfalls hat es sich in Toskana unter dem Namen *Mezzeria* bis auf die Gegenwart erhalten. Nachdem das Land erobert und immer mehr germanisiert worden war, bildeten sich grosse Lehngüter des herrschenden Adels, in und neben welchen die Kolonen zu Hörigen mit erblichem Zinsrecht wurden und sich zu bäuerlichen Gemeinden zusammenthaten. Dann entstand ein Kampf zwischen den mächtig gewordenen Städten und dem Landadel, welcher endlich bezwungen wurde. Das erbliche Zinsrecht der Bauern und ihr Gemeindeverband ging durch Auskauf der Besitzer unter. Das Land wurde freies Eigentum der Stadtbürger, die es in sehr kleine Güter, sogenannte *Poderi,* zerstückelten. Ein solches *Podere* wurde in Zeitpacht auf kurze Zeit ausgethan, meist gegen Entrichtung der Hälfte der Ernte in Natur, des *Mediums,* des *Mezzo* oder der *Metà delle Ricolte.* Damit, und nicht wie man gewöhnlich annimmt mit dem lateinischen Titel *Major,* hängen die Ausdrücke *Meier, Meierei, Meiergut, Meierrecht, Meierbrief, Abmeierung* zusammen; der *Meier* ist der die Hälfte der Ernte an den Gutsherrn abgebende Kolone oder Bauer, wie der *Lehmann* ein Lehenmann. Nur stellenweise hat *Meier* noch eine andere

Spatenkultur des 12. Jahrhunderts; die Haue oder der Karst ist das Abzeichen der Bauern, der sogenannten Karsthansen. Miniatur der Pariser Nationalbibliothek (*Sainte Chapelle.*)

Herkunft. Diese beiden so weit verbreiteten Familiennamen sind gleichfalls noch sprechende Reste mittelalterlicher Zustände und Besitzverhältnisse.

Unter den Freien ragten die Edelinge hervor, die Angehörigen des hohen Adels, aus dessen Kreisen die Fürsten gewählt wurden. *Reges ex nobilitate sumunt,* sagt Tacitus von den Germanen; gewisse freie Geschlechter waren durch ihre Thaten, ihre Verdienste ausgezeichnet, und diese hatten, unbeschadet der allgemeinen Gleichheit aller Freien, auf die Häuptlingsschaft ein traditionelles Anrecht. Erblichkeit gehörte also ursprünglich nicht zum Wesen der letzteren; doch wurde der König bei allen germanischen Völkern, solange es möglich war, aus einer und derselben *königlichen* Familie genommen. So sehen wir also im Fränkischen Reiche, wie später im Deutschen, jedesmal einen Sohn oder einen nahen Verwandten des Königs wieder König werden, und zwar so, dass der jeweilige König noch bei Lebzeiten einen Prinzen nannte, den er zum Nachfolger würdig erachtete, und dieser dann von den Grossen und dem Volke bestätigt wurde. Erst wenn kein Glied der Familie den Erwartungen entsprach, wurde von der ganzen Dynastie ab und zu einer anderen übergegangen. Das war der Fall bei den Merowingern, die fast drei Jahrhunderte lang auf dem fränkischen Throne sassen und deren letzter Spross, Childerich III. im Jahre 751 infolge einer Revolution abgesetzt, des sein Geschlecht auszeichnenden Schmuckes, des ungeschorenen Haupthaars beraubt und in ein Kloster gesteckt wurde, während Pippin der Kurze oder der Kleine, der zweite Sohn Karl Martells, ein Karolinger durch eine Versammlung der Franken zu Soissons mit Zustimmung des Papstes zum König ausgerufen ward. Pippin der Kurze, lautet ein alter Reim,

Kolonen des 12. Jahrhunderts bei der Mahd; die Sensen sind Schleifsensen aus Gussstahl, die nicht gedengelt, sondern mit Wetzsteinen geschärft werden. Nach einer Miniatur in der Pariser Nationalbibliothek (*Sainte Chapelle*).

war nicht gross,
doch Karls des Grossen Vater;
in allen Stücken fehlerlos,
ein treuer Volksberater.

Er starb am 24. September 768 in Paris, nachdem er das Reich unter seine Söhne Karl und Karlmann geteilt hatte; der erstere, der spätere Karl der Grosse erhielt Austrasien oder Ostfranken oder kurzweg Deutschland nebst einem Teil von Aquitanien (der späteren französischen Provinz Guienne). Karl wurde mit Karlmann zum König gesalbt, was sein kirchenfreundlicher Vater, der römische *Patricius* eingeführt hatte. Er war damals 26 (nach anderen erst 21) Jahre alt.

Pippin der Kurze war fränkischer *Majordomus,* zu deutsch: *Hausmeier,* eine Art Reichskanzler gewesen, eine Macht, die sich aus den Reihen der Aristokratie erhoben hatte und allmählich das Merowingische Königtum verschlang.

Von dieser Art schlichten Adels, der nur in natürlicher Vornehmheit und einem traditionellen Anspruch auf Hochachtung bestand, wesentlich verschieden ist jener Adel, der sich später aus dem Lehnswesen entwickelte und über fast alle Staaten Europas verbreitete. Zunächst als persönlicher Dienstadel, auf den *Dienst des Königs* gegründet, zu dem sich alles drängte, aber durch die Verbindung von Amt und verliehenem Grundbesitz nachgerade zum Erbadel versteinert.

Je näher der Person des Königs, desto edler dünkte sich einer. Konnte man dem Könige nicht selbst dienen, so suchte man sich einen königlichen Dienstmann: diesem diente man. Der Dienst adelte, der Dienst gab bei der Schätzung eines Individuums den Ausschlag; niemand war auf sich selbst gestellt, alles sah nach oben, es herrschte im ganzen Volk eine kindliche kastenmässige, bureaukratische Gesinnung. Der Leibeigene erhob sich über den Freien, der Römer, der Gallier über den Genossen des herrschenden Stammes, den Franken, der erste beste Lump über den wohlhabenden Gutsbesitzer, wenn es ihm gelang, ein Hofamt oder sonst eine einträgliche Stelle zu erschnappen. Denn die Stelle führte zu Besitz und Reichtum; die Könige teilten ihren lieben Getreuen das eroberte Land aus, gaben ihnen gleichsam die Amtswohnung, die vererbte. Zunächst wurden die Heerführer bedacht, die das *Feudum* zu dem angestammten Allodialbesitze schlugen und ihre Herzogtümer erblich zu machen suchten; dann kamen die übrigen königlichen Beamten und die oben genannten Ministerialen dran, voran die Grafen, die gleichsam Regierungspräsidenten vorstellten und nach dem Salischen Gesetz in ihrem Gau die Befugnis hatten, vor Gericht zu laden und das Urteil zu vollstrecken. So entstand der hohe Adel, den die Lehenträger der Krone bildeten. Sie konnten als Lehnsherren zweiter Ordnung, wie wir sagen: als Landesherren ihren

Ministerialen und ihren Mannen, die ihnen folgten, abermals Land verleihen, das abermals erblich wurde; so entstanden die sogenannten Rittergüter, deren Besitzer Ritterdienste zu leisten hatten, denn diese Untersassen bildeten die sogenannte Ritterschaft, was man später den niederen Adel nannte. Weil mit diesen Lehen kein öffentliches Amt, sondern nur die Verpflichtung zur Kriegsfolge verbunden war, gelang die Vererbung leichter als bei den reichsunmittelbaren Gütern der Grafen und der Freiherren.

Ahnenprobe der Ritter und Ausstellung ihrer Wappen im Heroldsamte vor dem Turnier. Die Edelleute haben ihre Fahnen zu den Fenstern herausgesteckt und ihre Schilde und Helme am Fries ausgehängt; der vornehmste macht den Anfang. Nach einer Miniatur in den *Turnieren des Königs René*, Handschrift der Pariser Nationalbibliothek (15. Jahrhundert).

Fortan dachte der Deutsche nur noch daran, Grundbesitzer zu werden. Seine Wanderungslust, der Hang nach Abenteuern hatte sich gelegt und einer Art Heimseligkeit Platz gemacht; das Land, das Gut, das Grundeigentum gewann eine Bedeutung, die mit der des Amtes und der Würde parallel lief. Wie der Dienst des Königs, so adelte die königliche Erde, an ihr hing gleichsam der Adel, sie war der Adel — die Begriffe von Sitz und Geschlecht sind in der alten Sprache gar nicht zu trennen, und der geringste Edelmann erinnert noch mit seinem *von* an das einzige richtige Adelsprädikat, wie so viele alte deutsche Namen, zum Beispiel *Ulrich* und *Uhland* aus dem Landeigentum, dem *Adel*, dem *Uodal* hervorgegangen sind. Sie waren eben sesshaft geworden, die Nomaden, die Bandenführer, die zu Holze fahrenden Helden und Raufbolde; und wo sie ein Ruheplätzchen gefunden hatten, verwahrten sie sich nach Kräften, dass sie niemand störte. Das war die Zeit der Burgen und der Schlösser; die Zeit, wo sich jedermann verschanzte, einschloss und isolierte und wie ein Adler auf einem einsamen, hohen, unzugänglichen Horste nistete. Die schroffen Felsen, die steilen Vorsprünge, die Uferwände der Flüsse wurden mit Türmen und Bergfrieden besetzt und mit einem Graben umgeben, der den Burgfrieden von der Umgebung schied, denn einen solchen festen Platz nannte man eine Burg, wie man die Höhe an sich als Berg bezeichnete. Alle Edelleute waren *Burgunden,* das heisst wörtlich: Bergbewohner. Neben den Höhenburgen gab es auch Wasserburgen, die in der Ebene lagen und rings von Wassergräben umgeben waren; sie fanden sich vornehmlich in der norddeutschen Ebene. Es ist nicht wahrscheinlich, wenigstens nicht notwendig, dass die Worte *Burg* und *Berg* mit *bergen* zusammenhängen; der Sache nach dienten sie freilich dazu, beim Herannahen des Feindes Menschen und Vieh zu schützen und zu bergen. Aber ebenso oft dienten sie den Inhabern zu Stützpunkten für ihre kriegerischen und räuberischen Unternehmungen: wie die Raubvögel sassen die Ritter spähend in ihren Felsennestern, um von hier aus auf den Feind, den Nachbar, den Reisenden zu stossen und den letzteren auszuplündern. Das war Faustrecht, Polizei gab es keine, jeder hatte nur so viel Recht, als er sich selbst verschaffen konnte, jedermann half sich selbst. War einer erschlagen worden, so nahm die Familie Blutrache, wenn sie sich nicht mit dem *Wergeld* abfinden lassen wollte, und begann Fehde, was so viel ist wie Feindschaft. Lebte ein Ritter mit einer ganzen Stadt in Fehde, so brannte er ihre Dörfer nieder oder fing friedliche Kaufleute ab wie Götz von Berlichingen. Oft geschah das wohl auch ohne Absage und ohne Fehde. Durch die Karolingische Gesetzgebung wurde die Fehde untersagt, doch gelang es niemals, sie völlig zu unterdrücken; selbst nachdem der Reichstag zu Worms 1495 den ewigen Landfrieden erzwungen hatte, der jede Art Selbsthilfe bei Strafe von 2000 Mark in lötigem Gold verbot, dauerte das Fehderecht noch fort.

Allmählich erweiterte sich der Begriff *Burg* zu dem eines befestigten Ortes überhaupt. Auch die friedlichen Bürger wohnten im Mittelalter nicht in offenen Städten, sondern in geschlossenen Burgen,

Ritter in voller Rüstung: Panzerhemd oder Brünne, darüber der Waffenrock; Halsberge, Kesselhaube; Beinschienen, Kniekachel. Mandelförmiger Schild, der an der Schildfessel über der linken Schulter hängt. Lederner Rosspanzer. Nach einer Miniatur in einem Psalter aus der Zeit Ludwigs des Dicken (1108—1137).

daher hiessen sie eben *Bürger*. Sie heissen noch heute so, noch heute wohnen die Deutschen in *Magdeburg*, in *Augsburg*, in *Regensburg*, in *Strassburg*, und wenn die Stadt selbst nicht mehr für eine *Burg* gilt, so hat sie doch noch einen *Burgemeister* und einen *Burgkeller*, ihre

Bürgerschulen und ihre *bürgerliche Nahrung*. Der sächsische Bauer, der im Auftrag Ludwigs des Frommen den Heiland dichtete, spricht nicht von der *Stadt Jericho*, sondern von *Jerichoburg*, Dietrich von Bern reitet zu einem Feste nach *Romaburg* zu seinem Oheim, dem König Ermrich, und König Rother hört zu Bari von einer wonniglichen Jungfrau, des Kaisers Tochter, die fern im Osten zu Konstantinopel, *der berühmten Burg* wohnt. Das kommt daher, dass Burgen häufig Ausgangspunkte städtischer Niederlassungen gewesen sind und die Städte

Ein Mitglied des hohen Adels huldigt Karl dem Grossen, streckt ihm die Hand entgegen, die der König in die seinigen schliessen wird, und leistet den Lehnseid. Ein Beamter hält ein Zepter, das Neigen desselben ist das Zeichen der gewährten königlichen Gnade, das Berühren oder Küssen desselben das Zeichen der Unterwürfigkeit. Nach einer Miniatur auf farbigem Grund aus der Chronik von Saint-Denis, Handschrift des 14. Jahrhunderts. Bibliothek des Arsenals zu Paris.

selber die Bestimmung und das Aussehen von Burgen hatten. Die ersten Städte in Deutschland erwuchsen aus den am Rhein und an der Donau angelegten Lagern und Kastellen der Römer; nachmals bildeten sie sich um die Burgen, namentlich um die, welche Heinrich I., der Städtegründer zum Schutze der deutschen Landschaft baute. Die grossen Hofburgen erschienen dann wie Städtchen, *Citadellen* in der Stadt und schlossen sich den Befestigungen derselben an. So zum Beispiel die Kaiserpfalz zu Oppenheim und die Burg zu Nürnberg. Darum führen auch die meisten Städte in ihren Wappen die Mauern und die Türme einer Burg; man betrachte zum Beispiel das dreitürmige Kastell auf einem Hamburger Zwanzigmarkstück. Und so ist es in der ganzen

Welt gewesen, überall haben Burgen den Kern abgegeben, an den die Städte angeschossen sind. In Griechenland lagen die letzteren gewöhnlich hoch, auf einem Hügel oder einem Felsen: auf dem Gipfel des Felsens war ein Turm oder eine Festung. Die Stadt hiess die *Polis* und die Festung die *Akropolis.* Als Ulfilas im 4. Jahrhundert die Bibel ins Gotische übersetzte, wählte er für *Polis* das Wort *Baurgs*, welches ebensoviel wie *Burg* ist.

Man kann sagen, dass aus den Burgen die Städte und aus den Städten einst die Reiche erwachsen sind.

Pflügender Bauer; die Frau hat den Stachel in der Hand. Nach einer Miniatur in einer alten angelsächsischen Handschrift (**Shaw**). Die Legende lautet ungefähr: *God spede the plough: and sende us korne [enough]*, das ist: Gott segne (*spute*) den Pflug und sende uns Korn [im Überflusse]. Das angelsächsische Wort für Pflug ist eigentlich *Sulh*; *spêdan*, englisch *speed*, soviel wie Gedeihen geben.

Weil im Altertum der Begriff des Staates mit dem der Gemeinde zusammenfiel. Bei den Griechen und Römern war die Stadt zugleich ein Staat. Das war bei den germanischen Völkern nicht der Fall; hier beruhte alle staatliche Organisation auf der Gemeinde. Es dauerte unendlich lange, bis sich die einzelnen Gemeinden zusammenschlossen und Völkerbündnisse entstanden. In den ersten Zeiten des Mittelalters bestand in Deutschland ein ganz freies Gemeindewesen, aber die Freiheit der Landgemeinden trat mehr und mehr vor der grundherrlichen Gewalt zurück, und der herrschaftliche Vogt, Amtmann oder Rentmeister übernahm die Verwaltung an Stelle der Genossenschaft, wenn er die letztere auch nicht ganz verdrängen konnte. Dagegen kam die politische Thätigkeit in den Städten zu einer reichen Entwickelung: sie wurden allmählich allen staatlichen Aufgaben gerecht, sogar der der Landesverteidigung, indem das Schutzverhältnis, in welchem sie zum Kaiser oder zum Landesherrn standen, meistens unzulänglich war. Während sich auf dem platten Lande die Verfassung immer feudaler gestaltete und die lehnrechtlichen Verhältnisse die obrigkeitlichen völlig ersetzten, wurden in den grösseren Städten die Grundgedanken des modernen Staates zur Durchführung gebracht, hier war Polizei, Wohlfahrtspflege, Rechtsschutz und Gleichheit vor dem Gesetz zu finden

Fremdling zu einer Lehenfrau in das Verhältnis der Leibeigenschaft tretend und ihr das Versprechen in die Hände gebend. Die Handtreue wird angedeutet. Miniatur, K. Bibliothek zu Brüssel. 10. Jahrhundert.

— das Reich löste sich in tausend einzelne Gebiete und Gutsherrschaften auf, die durch das lehnrechtliche Treu- und Schutzverhältnis lose zusammengehalten wurden, aber die Stadtgemeinden organisierten sich zusehends, sie entfalteten sich wie die Stadtstaaten des Altertums zu politischen Körpern, sie wurden daher auch in allen Beziehungen die Vorbilder der neueren Staaten.

Die Auseinandersetzung zwischen Staat und Gemeinde, die Abgrenzung der nationalen und der örtlichen Interessen vollzieht sich überall langsam und den Lebensstufen des Volks entsprechend. Es besteht ein Gegensatz zwischen Gemeinde und zwischen Staat. Und doch hängt die Geschichte aller Staatsverfassungen mit der Geschichte der Gemeindeverfassungen aufs innigste zusammen.

Lassen wir einmal die modernen Riesenstädte, die Fabriken, die Eisenbahnen, die Telegraphenstangen plötzlich vor uns versinken, ziehen wir den glänzenden Mantel der Kultur vom Boden des Deutschen Reiches weg und versetzen wir uns mit unserer Phantasie in die Zeit Karls des Grossen. Wie arm, wie unwirtlich, wie waldig und morastig sieht das Land noch aus, das einst so dicht bevölkert, so durcharbeitet und durchbildet, so voll geistiger Spuren werden soll! —

Bürgerssöhne vom Ende des 13. Jahrhunderts. Lange Mäntel mit Kapuzen oder Gugelhauben, Mönchskutten ähnlich; an den Füssen Entenschnäbel, die über dem Spann ausgeschnitten sind. Die Kapuze heisst *Gugel* oder *Schaperûn* (französisch *Chaperon*). Nach einer Miniatur in der Nationalbibliothek zu Paris.

Noch sieht man nicht Weg noch Steg; aus der menschenleeren Einöde hebt sich hier und da eine feste Stadt oder eine Ritterburg hervor, dazwischen erblickt man ein einzelnes Gehöft, um das die Kolonen und die Leibeigenen das Feld mit ihrem Karst bestellen oder die Wurzeln des Buschwerks mit der Radehacke ausroden. Es ist ein Teil des christlichen Weltreichs, das Karl der Grosse geschaffen hat. Im Norden bildet die Eider, wie durch das ganze Mittelalter hindurch, die Grenze, von da erstreckt es sich hinunter bis zum Südabhang der

Alpen, während es in der Breite von der Elbe und dem Böhmerwald bis zur Mosel und zur Maas reicht. Die Südgrenze lässt sich nicht so genau bestimmen, weil die meisten Alpenthäler bis auf gewisse Verkehrsstrassen noch Wildnis sind. Die Länder jenseit der Elbe und des Böhmerwaldes waren während der Völkerwanderung an die Slawen verloren gegangen, die Grenzgebiete sind daher zu sogenannten *Marken* unter *Markgrafen* erhoben worden, die das Binnenland wie Deichinspektoren vor feindlicher Überflutung schützen sollen und die in gerichtlicher und militärischer Beziehung eine noch grössere Gewalt haben als die Grafen des Inlandes. Die Entstehung des Markgrafenamtes fällt in die Zeiten Karls des Grossen. Das ganze Frankenreich hatte sechs Marken, die bretonische, die spanische, die friaulische, die österreichische, die serbische und die dänische Mark, wie wir jetzt sagen: *Dänemark* — *Mark* ist das deutsche Wort für Grenze, *Grenze* selbst slawisch *(Granica, Hranice)*. Was innerhalb dieser Marken liegt, ist im Karolingischen Reiche in zahlreiche Gaue zerlegt, die von den eigentlichen Grafen, den Gaugrafen, verwaltet werden, der Rheingau, der Aargau, der Schwabengau, der Hessengau, der Hennegau sind solche Grafensprengel; ihre politische Bedeutung wird schwinden, wenn die geistlichen und weltlichen Grossen durch königliche Verleihung für ihre Besitzungen Befreiung von der gräflichen Gewalt erwerben und die Grafen sich in dem so geschmälerten Amtsbezirk in erbliche Dynasten verwandeln werden, sodass fortan in einem und demselben Gau mehrere

Auswandernder Bauer, der königlich werden will. Bauerntracht im 15. Jahrhundert: Ärmeltunika, Kittel von grober Leinwand, Bundhaube und Hut; anstatt der Hosen Wadenstrümpfe, die über den Knöcheln gebunden sind, an den Füssen Kuhmäuler. Er schultert seine Hacke wie ein Gewehr, am Gürtel hängt eine Feldflasche. Nach einer Miniatur in einem Totentanz der Pariser Nationalbibliothek.

Grafen zugleich Recht sprechen. Der Graf ist besoldet, er hat einen Anteil an den gerichtlichen Strafgeldern und die Nutzniessung eines für die Amtsdauer verliehenen Landgutes; diese Verbindung des Grundbesitzes mit dem Amte ist es, was allmählich zu einer gänzlichen Umgestaltung des Verhältnisses führen muss. Unter Karl dem Grossen bildet die Grafschaftsverfassung mit ihrer Beaufsichtigung durch ausserordentliche Kommissare (Sendgrafen) die Grundlage der ganzen Regierung.

Der Titel Graf, in der latinisierten Form *Grafio* zuerst im Salischen Gesetz vorkommend, ist höchst wahrscheinlich nur der byzantinische Hoftitel *Γραφεύς*: Schreiber, Geheimschreiber, barbarisch umgeformt und von den fränkischen Königen für ihre höchsten Beamten gewählt. Weil der Graf für den König dasselbe bedeutete, was der *Comes*, der offizielle Begleiter, für den römischen Statthalter im Kaiserreiche gewesen war: das Organ seiner Verwaltung, so führte er auch diesen lateinischen Titel, aus dem das französische *Comte* und das italienische *Conte* hervorgegangen sind. *Markgraf* wurde ebenfalls latinisiert und in *Marchio* verwandelt; das italienische *Marchese* und das französische *Marquis*, auf *Marchensis* zurückgehend, sind blosse Adelstitel. Der Marquistitel bildet in Frankreich die Übergangsstufe vom hohen zum niedern Adel; in Italien steht der *Marchese* dem Range nach vor dem Grafen.

Und wie der Graf ist jedermann Beamter — wie der Graf, lebt jeder von seinem Amte, niemand scheint etwas zu haben, ausgenommen der König — Deutschland ist eine Hierarchie des Staatsdienstes und diese Hierarchie der Adel.

Das Wort Hierarchie gehört der Katholischen Kirche an, sie bezeichnet damit die Stufenfolge der Geistlichkeit, wohl auch die der Heiligen und der Engel. Bekanntlich wird der Begriff auch von andern, unkirchlichen Rangordnungen gebraucht, man spricht von einer militärischen, einer sozialen Hierarchie. Nun, auf keine Leiter lässt es sich wohl besser anwenden als auf die, welche vom letzten Aftervasall bis zum heiligen Oberlehnsherrn und von der Bauernhütte bis zum Thron des Königs reichte; denn niemand lebte, der nicht *der Mann* eines andern gewesen wäre. Eine freie, unabhängige, aus gleichen Gruppen bestehende Gesellschaft gab es nicht, es gab nur Herren und Diener, die nach oben zu wieder Herren und nach unten zu wieder Diener hatten. Die Menschheit stand auf Sprossen.

Im 16. Jahrhundert verfasste ein geschickter Kompilator, Sebastian Franck in Ulm ein *Weltbuch, Spiegel und Bildnis des ganzen*

Erdbodens (Tübingen 1534). Dasselbe enthält eine Beschreibung Deutschlands, welche ein Gegenstück zu der Germania des Tacitus genannt wird. Manches hat er der Germania des Tacitus, das meiste Schedels Chronik und Johann Böhmes *Omnium gentium mores* entnommen, ohne die Quelle zu nennen. Er sagt, Germania habe jetzt vier Stände: zuerst geistlich Pfaffen und Münch; der ander Stand Germanie ist der Adel; der dritt Stand ist die Burgerschaft oder Stadtleut; der viert Stand sind die Bauern. Schon diese Vierteilung hat für uns etwas Befremdliches — wir vermissen Stände, die zur Charakteristik der Gegenwart gehören, zum Beispiel das Militär, wir würden namentlich den dritten Stand, die Stadtleute, in eine Menge einzelner, scharf gesonderter Stände spalten. Wo bleibt die Finanz, wo bleibt der Richterstand, wo bleibt der Arbeiterstand? — Sieben Jahrhunderte vor Sebastian Franck waren noch nicht einmal die vier namhaft gemachten Stände herausgearbeitet und entwickelt. Von dem geistlichen Stand, der nur ein apostolischer Adel war, und von dem Bauernstand, der noch nicht recht zählte, musste man fast noch absehen, und die Städte, die Burgen hiessen, waren auch noch Burgen, die als solche dem platten Lande, den Dörfern entgegenstanden, sie schienen mit ihren

Beizender italienischer Edelmann vom 15. Jahrhundert, den Falken auf der linken, mit einem starken Lederhandschuh bekleideten Faust; der herabhängende Riemen ist die Fessel. Hinter ihm ein Diener mit zwei Stöberhunden an der Leine. Der Herr ist in Kaskett, Birschgewand von Pfellel, Wams und ledernen Strumpfhosen; er scheint abgestiegen zu sein, trägt lange goldne Sporen und zertritt den Leuten das Gras, wozu er das Recht hat. Nach einer Spielkarte, Kupferstich vom Jahre 1460. Kupferstichkabinett der Pariser Nationalbibliothek.

Mauern und Thoren nur eine andere Art notfester Schlösser zu sein, wie sie die Adelsgeschlechter bauten. In Summa, in dem Deutschland Karls des Grossen gab es eigentlich nur einen einzigen rechten Stand, das war der Adelstand. Und der Adelstand war zugleich der Beamtenstand, der nicht besoldet, sondern vom König mit Leuten und Landen, mit Wiesen und Feldern beliehen ward. In ihn hatte sich der alte Stand der Freien durch das Gefolgschaftswesen allmählich und zum grossen Schaden des Volks verschoben. Es sollte lange dauern, bis in den Städten ein neuer freier Stand, der Bürgerstand heraufkam, der die Vorstufe zu der modernen Freiheit, dem allgemeinen Staatsbürgertume, ist.

Geldtasche. Nach einem Wandteppich von Orleans. (15. Jahrhundert.)

Mittelalterliche Rechte und Vorrechte.

Unantastbare Privilegien.

Die Reallasten oder die Grundlasten: Fronen, Zehnten und Grundzinsen — Servituten — Jagdrecht, Jagdhoheit, Jagdfronen, der auf den Bauern lastende Jagddruck — die Landeshoheit: die Bede, älteste deutsche direkte Steuer — Ritterpferdsgelder, das *Jus primae noctis* — Anstrengungen, die gemacht wurden, um das Grundeigentum von den Feudallasten zu befreien: die französische Revolution und die Emanzipation des Bauernstandes — wichtiger Unterschied zwischen Stadt- und Landgemeinde — die jugendlichen Städte gewinnen neben der Feudalherrschaft festen Fuss, sie wachsen den Bischöfen und den Burggrafen über den Kopf, Bürger wird Ehrenname — Adel und Bürgerstand — Stufen, die in der Bürgerschaft entstehen — die Verleihung des Marktrechts, dadurch wird eine Niederlassung erst zur Stadt — Anblick einer mittelalterlichen Stadt — die Stadtbücher — Schimmer der Idee, das ganze Volk als eine geschlossene Gemeinde zu betrachten und die städtische Verfassung auf den Staat zu übertragen: Staatsbürger.

Ein Pfarrersohn, dessen Jugend gute Geister in einem Pfarrhaus, etwa in der sächsischen Oberlausitz nährten, erinnert sich wohl noch, wie aus den preussischen Dörfern der Parochie alle Jahre der sogenannte *Decem* oder der *Däzen* in Säcken als Sackzehnt angefahren kam. Es war das Getreide, das vom Rittergute ausgedroschen und gemessen, in Körnern abgegeben werden musste und einen Teil der Einkünfte des Pfarramts bildete, daher auch auf seine Qualität sorgfältig untersucht ward. *Den Kindern Levis,* sagt der Herr im 4. Buche Mose (XVIII, 21) zu Aaron, *den Leviten habe ich den Zehnten gegeben in Israel zum Erbgut, für ihr Amt, das sie mir thun an der Hütte des Stifts;* und da die Gesetze Mosis die Zehntabgabe zu Gunsten der Priester und des Kultus vorgeschrieben hatten, wollte auch die christliche Geistlichkeit ihren Zehnten haben, und als im Jahre 585 der Frankenkönig Guntram ein neues Konzil nach der Stadt Mâcon berief, so forderten die 43 anwesenden Bischöfe und die 20 Abgeordneten, die Bischöfe vertraten, nachdem sie den guten roten Landwein gekostet hatten, die *Decima,* die *Dîme* als wirkliches Recht der

Kirche. So entstand jene kirchliche Steuer, welche die alten Deutschen den *Dezemo* oder zu deutsch: den *Zehanto* nannten; die Engländer sagen *Tithe,* was ebenfalls die alte Ordinalzahl zu *ten* ist. Erneute Konzilienbeschlüsse und Kapitularien der fränkischen Könige bestätigten den Dienern der Kirche den geistlichen Zehnt, ohne ihn jedoch für alle Teile

Langhaariger Schildknappe mit einem Jagdspiess. Jacke mit fliegenden Ärmeln, Kragen und Federkappe. Schnürschuhe oder Bundschuhe, wie sie die Bauern trugen; die Ritter hatten Stiefel an.

Bogner, und zwar Fussschütze in Pickelhaube und Koller, die Armbrust spannend. Dieselbe hat vorn einen Bügel zum Hineinsetzen des Fusses. Da der Bogen stark ist, bedient er sich der Handwinde.

Nach Miniaturen in Handschriften der Geschichtschreiber Juvenal des Ursins und Froissart. (15. Jahrhundert. Pariser Nationalbibliothek.)

des Fränkischen Reichs und für alle Arten des Erwerbes und des Einkommens durchzusetzen; Karl der Grosse that es im Jahre 779. Von Haus aus scheint aller Zehnt ein Kirchenzehnt gewesen zu sein; in den kirchlichen Gesetzen wurde es verboten, den Zehnten abzutreten. Freilich lässt sich der Ursprung der einzelnen Zehntrechte nicht überall mit Sicherheit ermitteln. Nachmals kamen viele weltliche Zehnten in die Hände der Geistlichkeit und der geistlichen Stiftungen, indem diese zehntbare Güter an sich brachten, Grundstücke um Zehnt in Kultur gaben oder die Zehntpflicht gegen Kapital erkauften. Aber auch kirchliche Zehnten gelangten trotz des Verbots an Laien, sei es dass sie der Kirche mit Gewalt entzogen, sei es dass sie in Lehn gegeben wurden. Wo die Zehntpflicht über ganze grosse Bezirke geht, kann man immer annehmen, dass dieselbe einen religiösen Grund gehabt hat, eine Religionspflicht gewesen ist wie beim Volke Israel.

Man unterschied den grossen und den kleinen Zehnt. Der erstere ward von allem, was Halm und Stengel treibt, also vom Getreide, vom Heu, vom Wein und vom Bier; der letztere vom Gemüse, vom Obst und von anderen nützlichen Erzeugnissen des Land- und Gartenbaus entrichtet. Auch vom Jungvieh, von den Eiern, der Milch setzte es einen Zehnt, das war der Blutzehnt oder der Fleischzehnt. Die Forstwirtschaft war selten dem Zehnt unterworfen, sehr häufig dagegen der Bergbau. Dinge wie sie der Blutzehnt auferlegte gehörten. auch zu den Zinsen, die neben dem Dezem als andere Lasten am Grund und Boden hafteten und von dem Zinsmann an den Zinsherrn abzuführen waren, zu dem sogenanten *lebenden* Teil derselben — zu Fastnachten hatten die Landleute ihr Fastnachtshuhn, zu Pfingsten ihr Pfingstlamm, zu Martini ihre Martinsgans, vom Honig den Honigzins zu bringen — namentlich Hühner mussten sie fast fortwährend bringen und bald das Halshuhn, bald das Haupthuhn, bald das Leibhuhn, bald das Weidhuhn, bald das Bubenhuhn abliefern — tausend Hühner erinnerten den Bauern, dass er kein selbständiges Eigentum habe, dass ihm sein Gut nur leihweise überlassen, dass er unfrei, dass er hörig, dass er leibeigen sei.

Die Zehnten und die Grundzinsen bilden die Reallasten oder Grundlasten, welche die Besitzer von Bauergütern im Mittelalter zu tragen hatten; ausserdem lagen ihnen persönliche Dienstleistungen, Herren- oder Frondienste, kurzweg: Fronen ob. *Frô,* bekanntlich der deutsche Name des Sonnengottes, der im Norden *Freyr* hiess, ist soviel wie Herr oder Dominus; *Fron* der Genitiv Pluralis dieses Hauptworts, eines schwachen Maskulinums, das die *N*- Deklination hat, althochdeutsch: *frôno.* In den österreichischen Ländern spricht man nicht von *Fronen,* sondern von *Roboten,* nicht von Herrendiensten, sondern von Arbeiten *(Arbeit = Robota).* Das lateinische Wort für die Frondienste war *Angaria*, das französische: *Corvée,* was von den geistreichen Etymologen aus *curvus* gedeutet wird, weil man sich beim Arbeiten bücke. Es waren Dienste landwirtschaftlicher Art, meist Feudalleistungen, die auf der Leibeigenschaft, Hörigkeit oder Schutzherrlichkeit beruhten, manchmal auch das

Äquivalent für die Übertragung eines Gutes oder sonstiger Vorteile; und zwar bald *Handfronen*, bei denen der Bauer seine Hand, beziehentlich seine Geräte hergab, bald *Spannfronen*, wo der Verpflichtete mit eigenem Vieh und Geschirr anfahren musste. Bei den *Jagdfronen* fungierten die Landleute als Treiber, stellten Wildbretfuhren und Jagdzeugfuhren. Daneben hatten sie noch allerhand Gelder und Hafer, Wolfsjagddienstgelder, Hecken-, Wald- und Wildhufenhafer zu entrichten. Auf diese Weise konnten die kleinen Gutsbesitzer doch etwas

Wallonische Bauern auf dem Viehmarkt: links oben wird um den Preis der Kuh links unten gehandelt. Rechts scheint der Bauer über den Verschlag übersteigen zu wollen und der andere ihm dabei behilflich zu sein — er ist etwas schwerhörig und sie können sich dann besser verständigen. Der Junge mit dem Strohhut lädt seine Kuh ein, denselben Weg einzuschlagen. Nach einer Miniatur der Hennegauchronik, Handschrift des 15. Jahrhunderts in der berühmten *Bibliothèque de Bourgogne* zu Brüssel. Die heutige belgische Provinz Hennegau hat ausgezeichnete Rindviehzucht.

zu den Kosten der Jagd beitragen, die so schwer auf ihnen lastete und den Wildstand erhalten helfen, der ihnen den grausamsten Schaden an den Feldfrüchten verursachte. Wir kommen gleich darauf zurück.

Wenn es dem gestrengen Herrn gefiel, so mussten die Leute auch in den Burggräben das Wasser schlagen, um die Frösche zum Schweigen zu bringen, wenn die Gnädige Frau in die Wochen gekommen war; oder aber er forderte von ihnen die kleine Gefälligkeit, von der alten Linde bis zum Schlosse auf Einem Beine zu hüpfen und die Thürklinke zu küssen — oder ihm und der Schlossherrin auf den Abend einen Mummenschanz zu bringen und die Betrunkenen zu spielen — oder sonst etwas Lustiges und Karsthanswurstartiges. In solchen Fällen bekamen sie wohl zu trinken; auch sonst hatten die armen Kerle gewöhnlich Anspruch auf Beköstigung und eine herkömmliche Vergütung.

Es gab Orte, wo die Paare, die das Jahr über zusammengegeben worden waren, am Hohen Neujahr zu einer Kapelle auf einem Berg wallfahren und mit Steinen nach einem vollen Topfe werfen mussten, um ihn zu zerschlagen. Man erkennt darin leicht die uralte Sitte des Polterabends, die nach Lippert den Zweck hat, durch den entstehenden Lärm die zudringlichen Geister zu verscheuchen, aber wohl kaum anders als symbolisch zu erklären ist: der zerschlagene Topf, der gebrochene Hafen bedeutet die Jungfrauschaft, die als ein Gefäss gedacht wird.

Zu diesen mehr positiven Lasten, den Zehnten, den Grundzinsen und den Fronen, kamen andere negativer Art hinzu, die den Eigentümer des dienenden Grundstücks zum Hinnehmen, zum Dulden jeder Art Ungebühr, zum Sich-alles-gefallen-lassen verpflichteten. Ich meine die sogenannten Servituten, die ebenfalls am Grund und Boden haftenden Dienstbarkeiten, vermöge deren die unglücklichen Hintersassen nicht mucksen durften, wenn der Herr und Vogt auf ihren Fluren jagte, ja, ihm wohl gar die Hunde füttern oder auch die ganze Jägerei bei sich einquartieren mussten — das Jagdrecht wurde vom Adel am eifersüchtigsten gewahrt; strenge, grausame Strafen erwarteten den Landmann, der das geringste Stück Wild zu töten wagte, noch im Jahre 1470 zwang der Herzog Sforza einen armen lombardischen Bauern, der einen Hasen geschossen hatte, selbigen Hasen mit Haut und Haar aufzuessen. Anderseits lagen sich die Edelleute untereinander der Jagd wegen beständig in den Haaren, indem der Herzog auf den Gütern des Grafen, der Freiherr auf den Rittergütern auf Grund seines Lehnbriefs jagen zu dürfen vorgab. Diese Tyrannei, die der Schwächere mit Ingrimm und Bitterkeit ertrug, entlockte dem Volksgemüt, wie einen Schrei der Entrüstung, jene alten schaurigen Balladen von den wilden Jägern, die verdammt sind in Ewigkeit zu jagen und ihre gespenstischen Hirsche unter Peitschengeknall und Hundegebell zu verfolgen, während ihre Gestalten anderseits mit der des heidnischen Gottes Wodan zusammenflossen. In Niedersachsen ist Hackelberg, in der Lausitz Dietrich von Bern, in Hessen Karl der Grosse, in Schwaben Berchtold, in Schleswig König Abel, in Dänemark König Waldemar, in England König Artus, in der Mark der alte Sparr (aus der Zeit des Grossen Kurfürsten) der Wilde Jäger — immer ein Edelmann.

Zu den lästigen Servituten gehörte namentlich auch das auf Ackerland, Wiese und Wald ruhende Weiderecht — erhielt ein Ort Marktgerechtigkeit und durften die Vasallen hingehn, um ihre Eier und ihre Butter oder (wie auf unserem Bilde) ihr Vieh an den Mann zu bringen, so war von jedem Haupt und von jedem Stück eine Abgabe an den Gnädigen Herrn zu zahlen — der Landesherr hatte Strandrecht, das

Edelmann auf der Jagd; ein hirschgerechter Jäger führt den Leithund, mit dessen Hilfe der Hirsch bestätigt wird, am Riemen mitten durch einen Obstgarten hindurch. Jagdrecht. Nach einer Miniatur in einer Handschrift des Gedichtes, das der Graf Gaston Phöbus über die Jagd verfasste (A. D. 1391; Nationalbibliothek Paris).

heisst die Befugnis, sich der sämtlichen Güter und Sachen, welche sich auf einem gestrandeten Schiffe fanden, zu bemächtigen, dieses Strandrecht fand selbst auf Flüssen statt und hiess dann *Grundruhe*, ja, in Niedersachsen betrachtete man sogar die auf der Landstrasse umgeworfenen Wagen oder davon herabgefallene Frachtstücke als *Grundruhe* und behandelte dieselben nach dem Strandrecht — es verstand sich eigentlich von selbst, dass die Herzöge und die Grafen auch jedweden Schatz, der auf ihrer Domäne gefunden ward, als Zubehör derselben betrachteten und für sich in Anspruch nahmen. Dieses Recht kostete den König von England Richard Löwenherz das Leben. Einer seiner Vasallen, ein Lehensmann des Herzogs von Aquitanien oder von Guyenne, Adhémar, Vicomte von Limoges, hatte auf einem seiner Güter eine Sammlung von Statuen in Lebensgrösse aus massivem Gold ausgegraben, angeblich einen römischen Kaiser mit seiner Familie bei Tisch darstellend. Es waren zwölf Bildsäulen; Adhémar wollte seinem Lehnsherrn vier davon geben. Richert Löwenherz wollte alle zwölf haben. Da sich der Vicomte weigerte, erschien der König mit Waffengewalt vor dem Schlosse Chalus im Limousin, wo nach seiner Meinung das Gold steckte. Die Besatzung wollte ihm öffnen; Löwenherz antwortete, da seine Fahne einmal aufgerollt sei, werde er nur durch die Bresche einziehen und alle samt und sonders an den Burgzinnen aufhängen lassen. Die Belagerung begann, im Schlosse hielt man sich tapfer. Eines schönen Abends, als die Truppen gerade Sturm liefen, setzte sich Richard, der die Mauern rekognoszierte, abseits auf einen Stein: zwei Bogner deckten seinen Leib mit einer Tartsche, einem grossen viereckigen, mit Leder bezogenen Schild. Er ward ungeduldig und wollte sehen, wo Hase läuft: er schob den Schild mit der Hand ein wenig zurück, und dieser Augenblick entschied über sein Schicksal. Ein feindlicher Armbrustschütze, Bertrand Gordon, der ihn erkannt und belauert hatte, sandte ihm von der Höhe des Walles einen Bolzen, der ihm die linke Schulter zerschmetterte (28. März 1199). Vielleicht wäre die Wunde nicht tödlich gewesen, aber das Schloss war glücklich genommen und der Schatz fast unversehrt angetroffen worden, der Löwenherz frohlockte unbändig bei allem Schmerze, hielt sich nicht, feierte die zügellosesten Orgien und verspielte den ungeheuren Gewinn auf dem Brette. In zehn Tagen war er ein toter Mann und lag selbst in der Erde wie sein goldner Kaiser (6. April 1199). Vielleicht ist der stramme Schütze, der auf unserem Bilde seine verhängnisvolle Armbrust spannt, jener Bertrand Gordon vom März 1199.

Die Edelleute vergnügten sich und spielten — sie bezahlten keine Abgaben, keine Salzsteuer, keinen Zoll; der gemeine Mann hatte zu allen Lasten auch noch die Steuerlast zu tragen. Rechnet man die Bede, wörtlich: die Bitte, hier im Sinne der erbetenen Abgabe, also die direkte Steuer, die anfangs in Naturalien, später in Geld entrichtet wurde und ganz vorzugsweise auf den ländlichen Gemeinden lastete, die der Landesherr als eine milde Beisteuer zu seinen Ausgaben bei jeder unnützen Fehde, bei Besuchen am Kaiserhof, beim Wehrhaftmachen der Junker, bei Ausstattung eines gnädigen Fräuleins eintrieb; zuguterletzt noch die Reichssteuern, den sogenannten *Gemeinen Pfennig* hinzu: so kann man sich ein Bild von der traurigen Lage des Landmanns im Mittelalter machen und es dem kleinen Simplicissimus nach-

Juvenal des Ursins, zur Zeit Karls VI., des Wahnsinnigen, Vorsteher der Pariser Kramerinnung; und Michaela von Vitry, seine Gemahlin, in der Pariser Kapelle der Ursins (der *Orsini*) in einem offnen Betstuhl kniend (Lebenszeit: 1361—1431). Nach einem Gemälde, das in derselben Kapelle hing, jetzt in dem historischen National-Museum zu Versailles.

fühlen, was er fühlte, wenn er zur Zeit des Dreissigjährigen Krieges anhob:

Du sehr verachter Bauernstand
Bist doch der beste in dem Land.

So sehr verachtet war er, dass er das Recht der Erstnacht, das berüchtigte *Jus primae noctis* anerkannte und der junge Ehemann dem

Grundherrn die Freuden der Brautnacht abtrat, ihn wenigstens das Bein des Besitzers ins Hochzeitbett *(unam tibiam nudam ad latus neogamae cubantis)* stecken liess. Dieses Privilegium, das die Phantasie der Menschheit in besonderem Masse beschäftigt hat, aber für den Ethnographen gar nicht befremdlich ist, soll sich am längsten in Schottland und in Frankreich erhalten haben (*Droit de Cuissage*, *Cullage*, *Culliage*, in Piemont *Cazzaggio*) und schliesslich in Kühen, in Brauthühnern und Busenhühnern oder in Geld, dem sogenannten Jungfernzins, mittellateinisch: *Marcheta* abgelöst worden sein. Gewiss ist, dass der Leibeigene zu seiner Verheiratung der Erlaubnis des Gutsherrn bedurfte und unfreie Mädchen bei der Hochzeit, auch schon bei ausserehelichem Verkehr den sogenannten Schürzenzins oder Hemdschilling entrichteten (*Bettmund*, *Bû-miete*, *Maritagium*). Derselbe nahm oft bizarre Formen an, je nach Tradition und Laune; in Périgueux hatte die junge Frau, wie Lacroix mitteilt, den Konsuln ein Knäuel; wenn sie zum zweitenmal heiratete, einen irdenen Topf mit dreizehn Stäben von verschiedenem Holz; bei ihrer dritten Hochzeit einen Eimer voll Asche, die dreizehnmal durchs Haarsieb gegangen war, nebst dreizehn hölzernen Löffeln; das viertemal Hühnerdreck zu bringen und was dergleichen mehr.

Die elende Lage des Bauernstandes, der teils hörig und ohne jedes Eigentum, teils, wo er ein Gütchen besass, so mit Frondiensten und Abgaben aller Art belastet war, dass er seines Besitzes nicht froh werden konnte; der, in Kriegen und Fehden aufs härteste mitgenommen, ohne Schutz und Vertretung im Reich, vom Junkertum geschlagen und misshandelt und durch rücksichtslose Ausübung des Jagdrechts geschädigt, ja, selbst von der Geistlichkeit ausgesogen und mit Zehnten, Almosen, Stolgebühren kujoniert ward — musste schliesslich zur Emanzipation desselben führen. Das ganze Mittelalter hindurch ward sozusagen ein latenter Bauernkrieg geführt — Volkslieder wurden gesungen, die den Bauern, den unentbehrlichen, kornliefernden Landmann an seinen Wert erinnerten und aufstachelten, die Ketten abzuwerfen; es ist bekannt, dass im Jahre 1525 ein wirklicher Bauernkrieg ausbrach, eine gewaltige Bewegung das Gemeine Wesen in Deutschland auf den Kopf stellen wollte, aber blutig gedämpft ward, und dass die Revolution verlief, ohne etwas zu bessern. Heilung der inneren Schäden brachte erst die grosse französische Revolution, welche auch in dieser Beziehung den Anstoss zu einer freiheitlichen Entwickelung der Dinge gab, wenn auch schon Kaiser Joseph II. den Versuch gemacht hatte, dem Bauernstand aufzuhelfen. Die Befreiung des Grundeigentums von den Feudallasten ist das Ziel, das die moderne Gesetzgebung verfolgt; die Ablösung auf diesem Wege ein Übergangsstadium. Es war schon ein Fortschritt, wenn die Naturalzehnten und die Naturalzinsen mit Geld abgemacht werden konnten; und nicht nur für die armen Gutsbesitzer, sondern für die Berechtigten und für die Zehntherren selber vorteilhaft. Sie hatten dann nicht

Der Weinzehnt, grosser Zehnt, bestimmt zur Unterhaltung der Diener der Kirche von Doornick. Nach einer Malerei auf einem Fenster der Kathedrale (15. Jahrhundert).

mehr über Hinterziehungen, über Säumigkeit, über schlechte Beschaffenheit des Abgelieferten zu klagen, nicht mehr zu prozessieren. Der letzte Schritt war die vollständige und rücksichtslose Aufhebung der Last. In der denkwürdigen Augustnacht des Jahres 1789 hob die französische Nationalversammlung alle Fronen, alle Beden und Zehnten, alle Feudalrechte und persönlichen Lasten auf und liess darauf die Erklärung der Menschenrechte folgen. Allgemeine Gleichheit, persönliche Freiheit, Volkssouveränität. Durch die Verhältnisse gezwungen, aber auch von der Ahnung einer neuen, schöneren Welt ergriffen und in einem Anfluge von hochherziger Begeisterung begab sich der Adel freiwillig seiner Privilegien: soweit dieselben keinen andern Grund hatten als die Gewalt, soweit sie mit dem Gemeinwohl unverträglich waren, sollten sie ohne Entschädigung fallen, für die im Privatrecht wurzelnden Gerechtsame wurde die Ablösung dekretiert. Es war ein Querstrich durch die Rechnung des Mittelalters und eine grossartige Reform. Die Leibeigenschaft mit ihren dinglichen und persönlichen Lasten hörte auf, wenigstens in den Ländern, die sich gegen die Initiative Frankreichs nicht verschlossen, zuerst in den mit Frankreich vereinigten Rheinlanden — die Schranken zwischen den verschiedenen Ständen, längst wankend, fielen vollends, und auch dem niedrig Geborenen eröffnete sich die Aussicht, in der Welt etwas zu werden — der Bauer atmete von dem Lehnswesen des Mittelalters auf. In Preussen war es namentlich die Stein-Hardenbergsche Gesetzgebung, welche zu Anfang dieses Jahrhunderts die Überreste der ehemaligen Leibeigenschaft oder Erbunterthänigkeit beseitigte. Mit dem Zunftwesen und den gewerblichen Zwangs- und Bannrechten fiel endlich die letzte Schranke zwischen Stadt und Land, zwischen Bürger- und Bauernstand.

Man erzählt von einem alten südfranzösischen Edelmann, dem Baron de Laguène, er habe alle Jahre seine Hofhörigen und Zinsleute auf eine Wiese zusammengetrommelt, auf welcher ein riesiger Maibaum aufgepflanzt war; an der Spitze des Baumes hatte er einen Zaunkönig angebunden. Er zeigte ihnen das flatternde Vögelein und hiess sie mit Pfeilen darnach schiessen; wer es träfe, dem sollte fürs kommende Jahr das Scharwerk erlassen sein. Die Bauern zielten und zielten und gaben sich alle Mühe, aber sie waren schlechte Schützen, keiner konnte treffen, was den Freiherrn bass erfreute; sie bezahlten ihre Zinsen und leisteten ihre Frondienste wie vordem und hofften im nächsten Frühlinge glücklicher zu sein. Jetzt endlich hatten sie den Zaunkönig getroffen, alle hatten ihn getroffen.

Allerdings hatte auch der Adel seine kleinen, aus Rechten seiner Oberen entspringenden Verpflichtungen gehabt. Man muss immer bedenken, dass es nicht bloss zwei Menschenklassen: Herren und Knechte gab, sondern dass sich dieses Verhältnis an der langen Leiter der feudalen Hierarchie in unzähligen Abstufungen wiederholte. Die Gutsbesitzer, die ihre Bauern drückten, hatten wieder Tyrannen über sich, die sie bedrückten, der Druck wurde nur weitergegeben wie von Billardkugeln. Eine Hauptlast, die die Edlen zu tragen hatten, war die Herbergepflicht, mittellateinisch *Harbergaria, Harbergia, Alberga,* letzteres wie das italienische *Albergo* aus unserem *Herberge* entstanden; *Herberge* ist eigentlich soviel wie Heerberge, Einquartierung, wie *Herzog,* ebenfalls mit kurzem *e: Heerzog*, Heerführer, *Dux* bedeutet. Wenn ein Fürst eine Kavalkade auf seine Güter unternahm, so kehrte er mit seinem ganzen Tross bei seinen Vasallen ein, diese mussten ihm

Der Bierzehnt, Dezem, erhoben von der Kirche zu Doornick. Nach einer Malerei auf einem Fenster der Kathedrale (15. Jahrhundert)

Quartier gewähren und eine Naturalverpflegung zuteil werden lassen, die, was Fleisch, Wein, Furage anbetraf, mit grosser Genauigkeit bis ins Einzelne festgesetzt war. Die Gastlichkeit der Burgen und der Klöster, der Städte und der Dörfer musste die Gasthäuser ersetzen, man nahm die Gastfreundschaft als ein Recht in Anspruch, es war das Recht der Herberge, der Einkehr, des Quartiers (mittellateinisch *Gistum,* das französische *Gîte*). Auch dieses Recht wurde im Laufe der Zeiten abgelöst und bezahlt, aber die Reichen setzten eine Ehre darein, den Lehnsherrn möglichst glänzend, möglichst grossartig aufzunehmen, mochten auch die Einkünfte von ein paar Jahren draufgehen oder die Aftervasallen, auf deren Schultern alles abgewälzt ward, daran zu kauen haben. Zuguterletzt setzte es noch ein ansehnliches Gastgeschenk, etwas von Silber oder Gold. Das edle Metall muss damals gemein gewesen sein, denn auch in den Wirtshäusern, die mit der Zeit entstanden, pflegte man aus silbernen Bechern zu trinken. Wer keine Vasallen hatte, ein einfacher Fremder galt für rechtlos, genoss jedoch wie alle Hilfsbedürftigen des besonderen Schutzes, des *Mundiums* des Königs. Aus diesem Fremdenschutz machten die einzelnen deutschen Landesherren geradezu ein nutzbares Regal; der Schutzherr der Juden war der Kaiser, ihm hatten sie, die kaiserlichen Kammerknechte, den Schutzzins zu entrichten. Ein unbekannter Tourist, ein *herkommender Mann* wurde als ein *Wildfang* betrachtet und von den Häschern förmlich mit einem Lasso eingefangen; liess er sich in einer unfreien Gemeinde nieder, so wurde er binnen Jahr und Tag ebenfalls unfrei. Diese Befugnis der Grundherren, Fremde, die länger Station machten, für leibeigen zu erklären und als Leibeigene zu behandeln, war *Wildfangsrecht, Ius Wildfangiatus, Ius Kolbekerlii.*

Die Steuerfreiheit der adeligen und geistlichen Güter, ihre Immunität, die Ausnahmegerichte der privilegierten Stände waren weitere feudale, mit unsern Begriffen von Menschenrechten und allgemeiner Gleichheit unvereinbare Vorrechte. Während der Lehnsherr von seinen Leuten alles fordern und Gelder und Bussen und Pflichten auferlegen durfte wieviel er wollte, nahm er für seinen eigenen Grundbesitz dieselbe Bevorzugung in Anspruch, die noch heute das Staatsoberhaupt nebst den reichsunmittelbaren Standesherren geniesst; während er sich von seinen Vasallen ruhig aufnehmen und füttern liess, brauchte er selbst (bis zu dem französischen Gesetz vom 8. Juli 1791, welches die Einquartierungsfreiheit des Adels abschaffte) den Truppen kein Quartier zu geben; ein kriegsgefangener Edelmann war kraft seines Adels seines Lebens sicher, und das Lösegeld, die Ranzion, womit er seine Freiheit erkaufte, mussten seine Bauern und seine Hörigen aufbringen. Auf der Universität brauchte er nicht zu studieren, um die akademischen Grade zu erlangen, dieser Schikane war er durch königliche und Provinzialverordnungen überhoben; ging er in die Kirche, so hatte er einen Sperrsitz, wie ihn jetzt noch die Rittergutsbesitzer in den Gotteshäusern haben, eine eigene Kapelle wie der französische Orsini, den wir mit seiner Frau Gemahlin auf unserem Bilde (33) knien sehn; starb er, so hatte er in der Kirche sein Erbbegräbnis, seine Gruft, nicht wie die armen Leute draussen auf dem Kirchhof, er allein bekam ein steinernes Denkmal mit einem Epitaphium, nicht einmal der Tod machte die Menschen gleich. Blutige Kämpfe kostete es bisweilen, diese Rechte durchzusetzen, diese Vorzüge zu behaupten, namentlich mit den Städten, aber immer hatte der Adel beim König einen Rückhalt. In der alten Hauptstadt von Languedoc, der Residenz der Herzöge von Aquitanien, dem von fränkischen Grafen verwalteten Toulouse hatten zwanzig Studenten im Jahre des Herrn 1331 die Osternacht durchgesoffen. In angeheitertem Zustand zogen sie durch die Strassen, schrien und johlten, trommelten mit Holzscheiten auf Kübeln und Kesseln und vollführten einen solchen Heidenskandal, während in der Sankt Saturninkirche gerade Messe gelesen ward, dass die Prediger innehalten und die Kanzel quittieren mussten. In Toulouse wurde der Stadtrat zur Erinnerung an das römische Kapitol: *Capitoul* genannt; die empörte Geistlichkeit schickte also aufs Kapitol und bat um Hilfe. Ein Vater der Stadt kam in Person mit fünf Schutzleuten, um die Ruhestörer abzuführen und zu bestrafen; er hiess Franz von Gaure. Wie er den Haupthahn verhaften wollte, bekam er von einem Studenten einen Dolchstich ins Gesicht, das vollständig zerfleischt ward. Darüber die ganze Stadt in furchtbarer Aufregung. Toulouse, an seiner empfindlichsten Stelle, an seinem Kapitol getroffen, forderte eine exemplarische Bestrafung. Der Attentäter führte den alten deutschen Namen *Béranger*, er hiess *Aimeri de Bérenger*, *Aimeri* oder *Aimeric* ist unser *Emmerich*, *Bérenger* aus unserem *Beringar* entstanden; er wurde zum Tode verurteilt, erst geköpft und dann gehangen, an dem grossen

Der deutsche Kaiser Karl IV. erteilt sechs Delegierten der Pariser Universität, nach deren Muster er (1348) zu Prag die erste deutsche Universität gegründet hatte, bei einer Reise, die er kurz vor seinem Tode nach Frankreich machte, im Jahre 1377 Audienz. Er sitzt mit Krone und Zepter unter einem Baldachin auf dem prächtig geschnitzten Faltstuhl, dessen kreuzweis gestellte Beine unten in Löwentatzen, oben am Sitz in Hundeköpfe auslaufen. Vergleiche unsere Abbildung auf Seite 7, wo Childerich auf einem gleichen Stuhle sitzt. Es ist der *Fauteuil* des Mittelalters (*Faldistolium*). Hinter dem Kaiser ein Kammerherr. Nach einer Handschrift der Chronik von Saint-Denis in der Pariser Nationalbibliothek.

Galgen des Château-Narbonnais gehangen, da wo jetzt der Justizpalast und die Bildsäule des Cujacius steht. Die Stadt Narbonne war nach dem Verfall der fränkischen Herrschaft im Besitz der Grafen von Toulouse, die davon den Herzogstitel annahmen. Aber der Stadt Toulouse sollte dies summarische Verfahren teuer zu stehen kommen. Vor fünfzig Jahren war die Grafschaft mit der Krone Frankreich vereinigt worden. Die Familie des Studenten beschwerte sich demnach beim König von Frankreich, nicht etwa weil der Student vor das Universitätsgericht gehörte, sondern darüber, dass der Magistrat gewagt habe, einen Edelmann aufzuknüpfen, wo doch dieser Junker nur von seinesgleichen gerichtet werden konnte. Auf diesem Grundsatze beruhte das altgermanische Volksgericht: der Freie erkannte nur die *Pares,* die *Pairs,* die *Gleichen* und nur ein Urteil von *Gleichen,* das *Iudicium Parium* an; demgemäss wurde auch für die Lehnsgerichte streng daran festgehalten, dass nur Standesgleiche, *Pares Curiae,* den Standesgenossen richteten — die dem Thron zunächststehenden Kronvasallen, die sogenannten *Pares Regni* bildeten die engste und höchste Rechtsgenossenschaft, die Herrenkurie. Daraus ist die Pairswürde hervorgegangen. Das Parlament von Paris, das oberste Reichsgericht und aus dem alten Pairshof entstanden, aus Edelleuten, hohen Geistlichen, Hofbeamten und Juristen zusammengesetzt, erkannte also in dem vorliegenden Falle unterm 18. Juli des Jahres 1335 auf Vernichtung aller Freiheiten der Stadt Toulouse, auf Wegnahme des Handelsgerichts und auf Einziehung aller ihrer Erbgüter; ja, die Philister wurden gezwungen, vor die Bude des Studenten Aimeri de Bérenger zu ziehn und hier kniefällig Abbitte zu thun, demnächst den Leichnam des Junkers eigenhändig vom Galgen abzuhängen und ihn in der Kirche der Goldmakrele *(de la Daurade)* in Ehren zu begraben. Das war die Strafe, die das Mittelalter einer Stadt für die Exekution eines verbrecherischen Korpsstudenten diktierte, während kein Hahn darnach gekräht hätte, wenn der Schuldige ein Bürgerssohn oder armer Leute Kind gewesen wäre. Als in Jena, im Wirtshaus zum Gelben Engel der Student Simson von den Bürgern erschlagen ward, hielt der Generalsuperintendent nur eine donnernde Leichenrede über den Text: *Philister über dir, Simson!* — Aber heutzutage, wo die *Couleur* wieder blüht, wird es vielleicht strenger.

Und doch diese Städte, diese Bürger, die wie neue Adelsgeschlechter in ihren Burgen sassen, die Patrizier, die, freigeboren, das Gemeine Wesen mit Ernst und Weisheit leiteten und, durch Landbesitz und Grosshandel mächtig, besser wohnten als die Könige von

Schottland — sie waren die Nebenbuhler, die der Adel zu fürchten hatte und die ihn zuletzt thatsächlich aus dem Sattel hoben. Auch die Kirche war eine Nebenbuhlerin, sozusagen nur ein Adel anderer

Die alte Kirche der heiligen Genoveva, die, nach dem westgotischen Kriege ausserhalb der Stadt Paris von Chlodwig angefangen und von seiner Gemahlin Klothilde vollendet, von dem Erbauer den heiligen Aposteln Petrus und Paulus zugedacht war, aber, nachdem Genoveva hier neben dem ersten christlichen König von Frankreich beigesetzt worden war, den Namen *Sainte Geneviève* erhielt, den sie jetzt noch trägt. Die Patronin von Paris starb, 89 Jahre alt, am 3. Januar 512, fünf Wochen nach Chlodwig († 1. Dezember 511). Die Kirche wurde 1764 unter Ludwig XV. nach dem Risse des Baumeisters Soufflot in kolossalem Massstabe umgebaut und 1791 von der Nationalversammlung zum französischen Pantheon erklärt. Ansicht derselben nach ihrem Neubau im 13. Jahrhundert.

Art, eine geistliche Hierarchie, aber ebenso reich und gewaltig — der Bischof von Würzburg vermochte im 15. Jahrhundert 20000 Mann

Druck von Fischer & Wittig, Leipzig. Verlag von Heinrich Schmidt & Carl Günther, Leipzig.

Deutsche Ritter des 16. Jahrhunderts,

vom Triumphzuge Kaiser Maximilians I., des letzten Ritters. In die Augen fällt das mächtige Barett des Vordermanns mit dem Sturmriemen und dem reichen Federschmucke; auch den Helm des nächsten, dessen Visier aufgeschlagen ist, ziert ein riesiger Federbusch. Gegürteter Faltenrock, ähnlich einer Fustanella, Krebs, Bärenfüsse. Farbendruck nach Burgkmairs Holzschnitten zu Kaiser Maximilians Schrift: *Triumphwagen*, zuerst in Miniaturen ausgeführt (Wiener Hofbibliothek).

Druck von Fischer & Wittig, Leipzig. Verlag von Heinrich Schmidt & Carl Günther, Leipzig.

Charlotte von Savoyen,

Königin von Frankreich, Gemahlin Ludwig XI.,

der sich 1451 als Dauphin und als Witwer gegen den Willen seines Vaters mit ihr vermählt hatte; die Ehe war nicht glücklich. Sie betet; aus ihrer mit einer Diamantagraffe besetzten Haube ragt am Hinterkopf eine steife Röhre wie ein Horn hervor, von dessen Spitze ein Schleier herabwallt: der französische, von den Damen des 15. Jahrhunderts getragene *Hennin*. Er glich einem spitzen schiefen Kirchturme. Rechts oben die vereinigten Wappen der Häuser Frankreich und Savoyen: die drei Lilien und das silberne Kreuz in Rot. Nach einem gleichzeitigen Gemälde im Schloss Bourbon-l'Archambault.

ins Feld zu stellen, gerade so viel wie Lüttich. Aber die Städte, die Städte, die wie Lübeck über Schweden und Dänemark geboten oder wie Nürnberg und Augsburg den Handel zwischen Italien und dem Norden und zwischen dem Orient und dem nordwestlichen Europa beherrschten, waren dazu bestimmt, über beide, den Ritter und den Bischof, spät, aber entscheidend den Sieg davonzutragen. Den Städten, klagt ein altes mittelhochdeutsches Volkslied vom Jahre 1450, den Städten hat der Böse Hochfahrt geben,

> wie sie dem Adel widerstreben
> und den genzlich vertreiben
> wider Gott, ohn alles Recht,
> auch damit geistlichs Geschlecht,
> sie liessens wohl beleiben.

Uns, die wir im Lande leben wie in einer Stadt und alle Glieder des Staates, der grossen Landesgemeinde, als Bürger ansehn, fällt es einigermassen schwer, uns in jene einfachen Verhältnisse zurückzudenken, wo es nachgerade noch so wenig wirkliche Bürger gab und diese eine besondere, den Adel und den Klerus befehdende Klasse bildeten, beiden noch weit schroffer entgegengesetzt, als es etwa das Civil dem Militär ist. Wie wenn heutzutage die Stadt Leipzig aus *Hoffart* den Freiherrn von Hodenberg oder den Kreishauptmann von Ehrenstein oder den Superintendenten Pank *genzlich vertreiben* wollte? — Die beiden letzten sind ja selbst Ortsbürger. Im Mittelalter waren Kämpfe der Städte gegen Bischöfe und Vögte an der Tagesordnung, in den Streitigkeiten zwischen beiden standen sie meist auf Seite des Kaisers. Der Begriff Bürger war eben damals ein viel engerer als jetzt, oder vielmehr: in den Städten lebten nur Bürger, was man unter Bürgern verstand, ratsfähige, patrizische Geschlechter, Kaufleute und Handwerker, Leute, die entweder im Besitze des Stadtregimentes waren oder Handel und Gewerbe trieben, ihre städtischen Rechte hatten und diese ihre verbrieften Rechte und Gerechtsame im Notfall mit den Waffen in der Hand verteidigten. Sie sassen hinter ihren zinnengekrönten Mauern und Türmen, in ihren schmalen, vorspringenden, auf dem beschränkten Raume in die Höhe geschossenen, charakteristischen Häusern wie die fleissigen Ameisen in ihren Nestern — kam ein Feind an, bot ihnen einer Trutz, so standen sie vor den Thoren wie „der Bürger Breslaus tapfre Schar.“ Diese ihre Mauern gaben den Städten das Ansehen von festen Ritterburgen; sie machten den ungeheuren Gegensatz gegen die offenen Dörfer aus. Wir wiesen schon darauf hin, dass die Städte meist im Anschluss an eine Burg, ein Schloss oder eine Pfalz, wie man die im ganzen Lande umherliegenden Paläste nannte, ein Kloster, eine Kirche allmählich entstanden waren; dass auch viele römische Kastelle den Kern darstellten, um den herum, als einen schützenden Mittelpunkt, das Volk seine Hütten baute. Wer das ägyptische Dorf Luksor besucht und gesehen hat, wie die Araber in den gewaltigen Ruinen des Ammontempels, den Burgen, *el-Uqsur,* nisten, kann sich eine Vorstellung davon machen. Da wir gerade Breslau erwähnt haben: so knüpfen sich die Anfänge dieser Stadt an die bischöfliche Kirche und die herzogliche Burg, welche beide auf die Dominsel, als die älteste Niederlassung weisen — Trier, in der Zeit von 286 bis 400 die Residenz für den Westen, ein zweites Rom, lehnte sich an das alte *Palatium* an, dessen malerische Reste jetzt noch stehn, Bamberg ist das *Castrum Babenberg* — aus unsern kaiserlichen Schlössern sind die Städte Aachen und Frankfurt, Ulm und Nürnberg, Goslar und Braunschweig, Magdeburg, Merseburg, Meissen; aus Kirchen und Bistümern Bremen, Hamburg, Lübeck, Naumburg, Zeitz, Quedlinburg, Halberstadt, Hildesheim, Fulda, Salzburg, ich denke doch wohl auch Feldkirch und Fünfkirchen hervorgegangen? — Zur Zeit der Merowinger bestanden in den Städten am Rhein und an der Donau oft zwei eigene Gemeinden, eine Schlossgemeinde und eine Kirchengemeinde ganz unabhängig voneinander.

Mauern einer mittelalterlichen Stadt (13. Jahrhundert). *Und ward ain markt dar gemacht und ward mit ainer mur umbfangen,* melden die Chroniken der deutschen Städte.

Die Städte nahmen also anfänglich ihren Burggrafen oder ihren Bischof in die Mitte, er versammelte die Kinder wie eine Henne versammelt ihre Küchlein unter ihre Flügel, sie klammerten sich an ihn als an ihren Herrn. Von seinem hochgelegenen Schlosse überragt, zogen sich die Strassen die von natürlichen oder künstlichen Befestigungen vorgeschriebenen Linien eng und krumm entlang, ja, die Kirchen selbst erschienen wohl als Festungen, die bei plötzlichen Überfällen den Bürgern und ihrer wertvollsten Habe Schutz und Zuflucht gewähren mussten. Das hinderte die Bürger, sobald sie sich einigermassen fühlten, keineswegs, neben die beiden privilegierten Stände mit ihren Ansprüchen zu treten, ja ihren eigenen alten Patronen Absage zu thun und sich von ihnen loszuringen. Zudem wurden mit der Zeit sowohl im Deutschen Reiche, als auch in England und in den unter englischer Oberhoheit stehenden Provinzen Frankreichs, besonders in der Guienne, ausdrücklich *neue, freie Städte* gegründet, die nicht unter der Botmässigkeit der Barone oder der Kirchenfürsten standen, sondern nur von der Krone, dem Reich abhängig waren. So gingen denn auch die Privilegien, die zuerst dem Herrn der Stadt erteilt worden waren (gewöhnlich Immunitätsprivilegien, eine Bischofsstadt von der Grafschaft eximierend und die gräfliche Gewalt auf den Vogt übertragend) allmählich von dem Herrn auf die Städte über und kamen der Bürgerschaft zu gute, die Städte erhielten ihre städtischen Rechte, bekamen alte Rechte bestätigt und neue Rechte durch Urkunden zugesprochen, alle diese Urkunden, Handfesten, Privilegien, Einungen und Küren wurden in dem grossen goldnen Stadtbuche gesammelt und im Archiv niedergelegt. Ein gutes Bild eines mittelalterlichen Stadtarchivs gewährt noch jetzt das Archiv über der Ratskapelle in der Marienkirche zu Lübeck.

Unter diesen Rechten das wichtigste und das unterscheidende Merkmal der Städte überhaupt war das Marktrecht. Mauern hatte auch die Ritterburg und das Kloster, einen Markt nur die Stadt. Heinrich III., der zweite Kaiser aus dem Haus der salischen Franken (1039—56) hat Nürnberg Marktfreiheit verliehen — diese Verleihung erhob die Niederlassung zur Stadt; ein Jahrhundert später verlieh Markgraf Otto der Reiche (1156—89) Leipzig die Jubilate- und die Michaelismesse, damit verlieh er dem wendischen Fischerdorfe *Lipz* Stadtrecht, damit bestimmte er seine Weichbildgrenzen, aus dieser Zeit stammt das Stadtbuch, die älteste sichere Urkunde Leipzigs. Natürlich musste die Marktgerechtigkeit, Gerechtigkeit hier im Sinne von Gerechtsame genommen, den Bedürfnissen der Bevölkerung entsprechen, sie setzte voraus, dass jemand auf den Markt kam — die Verleihung war namentlich an Orten angebracht, wo berühmte Kirchen standen und an Festzeiten, wo viele Leute in die Kirche gingen. An Messen, wie man die kirchlichen Feiertage schlechtweg nannte, wo die Messfremden aus allen Himmelsgegenden zusammenströmten. Die benutzten dann die Gelegenheit, einzukaufen und sich mit Dingen zu versorgen, die am Ort nicht zu haben waren, für die Produkte der eigenen Wirtschaft fremde Waren und Erzeugnisse einzutauschen. In den verkehrsarmen, unsicheren Zeiten eine nicht geringe Wohlthat; denn mit dem Marktrecht war ein besonderer königlicher Frieden, ein sogenannter Marktfriede verbunden, der die Marktgänger nicht nur auf dem Marktplatze selbst, sondern auch auf dem Hin- und Rückwege schützte und auf dessen Bruche die Strafe des Königsbannes stand. Zeichen des Königsfriedens war das auf dem Marktplatze errichtete hölzerne oder steinerne Kreuz oder ein anderes heiliges oder *weihes* Bild, wie wir jetzt sagen: ein W e i c h b i l d, das nachgerade auch als Stadtsiegel gebraucht ward — der Ausdruck, der, mittelhochdeutsch: *Wichbilde,* kaum mit dem lateinischen *Vicus,* Flecken, und *[Un]bilde* zusammenhängen dürfte, bedeutete nachmals den

D e r M a r k u s p l a t z i n V e n e d i g, im 16. Jahrhundert, am feisten Donnerstag im Karneval. Vorn die Lagune, von tausend schwarzen Gondeln belebt; darunter ein schwimmender, drehbarer Kiosk. Rechts der Dogenpalast, dahinter die Sankt Markuskirche, vor dieser die drei Masten mit den Bannern von Cypern, Candia und Morea; links die neuen Prokurazien und der Glockenturm von Sankt Markus, auf dem als Windfahne ein Engel steht; im Vordergrund die beiden Granitsäulen mit dem geflügelten Löwen des Evangelisten und dem heiligen Theodorus von Heraklea. Man sieht die Hetze des Stiers, den der Patriarch von Aquileja nebst zwölf Schweinen pflichtgemäss an die Republik abgeliefert hat und der angesichts des Dogen und der Signoria geschlachtet werden soll, worauf das grosse Feuerwerk und das Festmahl der Innungen unter Vorsitz der Schmiede folgen wird. Nach Cesare Vecellio, dem jüngeren Bruder Tizians, dem Verfasser des Trachtenbuchs († 1606).

zur Stadt gehörigen Gerichtsbezirk, die Stadt und die Stadtflur, endlich den Inbegriff aller ihrer Rechte und Privilegien. Die Rolandssäule, die in so vielen norddeutschen Städten den Marktplatz bezeichnete und in Halle noch bezeichnet, war ein solches Weichbild, das mit dem Helden der Karlssage in Beziehung gesetzt wurde. Man darf annehmen, dass sowohl das Kreuz als auch das *Weichbild* ursprünglich ein einfacher Pfahl gewesen und erst in christlichen Zeiten etwas charakteristischer gestaltet worden ist; von dem Kreuze wird ursprünglich nur der Kreuzbaum, von der Bildsäule nur die Säule gestanden haben. An der Malsäule der frühmittelalterlichen Stadt war als Urkunde des Privilegiums, des *Kaisers Frieden* wirkend, etwas anderes aufgehängt: des Kaisers Handschuh. Derselbe war gleichsam ein Stück von seiner eigenen Person; durch Übergabe eines Handschuhs verlieh der Kaiser und der König das Recht zur Anlegung einer Stadt, das Marktrecht und das Münzrecht. Aus diesem Grunde führen viele Städte Handschuhe in ihrem Wappen; sie werden gewöhnlich irrtümlich für Hände gehalten. Und Konradin warf vom Schafott in Neapel seinen Handschuh herab, dass man ihn Peter von Aragonien überbringe zum Zeichen: der Hohenstaufe habe ihm alle Rechte auf Apulien und Sizilien übertragen.

Einst, erzählt Gustav Freytag, *war ein offenes Feld gewesen, was jetzt Rosmin heisst; vielleicht stand eine Kapelle darauf mit einem gnädigen Bilde, oder ein paar mächtige Bäume noch aus der Heidenzeit, oder das Haus eines klugen Grundherrn, der weiter sah als seine langbärtigen Genossen. Damals war der deutsche Kaufmann zum Markte über die Grenze gekommen mit seinen Wagen und Dienern, er hatte unter dem Schutz des Krucifixes oder eines slawischen Säbels seine Truhen geöffnet und die Werke des heimischen Fleisses, Tuche, buntfarbige Kleider, Zwickelstrümpfe, Halsbänder von Glas und teuren Korallen, Heiligenbilder und Kirchengerät, aber auch was den Gaumen erfreut, süsse Backwaren, fremden Wein und wohlriechende Citronen feilgeboten, und hatte dagegen eingetauscht, was die Landschaft ihm entgegenbrachte: Wolfsfelle, Hamsterpelze, Honig, Getreide, Vieh und Anderes. Nicht lange, so schlug neben dem Kaufmann auch der Handwerker seine Werkstatt auf, der deutsche Schuster kam, und der Knopfmacher, der Blechschmied und der Gürtler, die Zelte und Hütten verwandelten sich allmählich in feste Häuser, die im Viereck um den grossen Marktplatz aufstiegen, auf dem viele Hundert beladene Polenwagen Raum haben mussten. Fest schlossen sich die fremden Ansiedler zusammen, sie kauften den Grund, sie kauften ein Stadtrecht von dem slawischen Grundherrn, sie gaben sich ein Statut nach dem*

Muster deutscher Städte. Die neuen Bürger bauten ihr Rathaus in die Mitte des grossen Vierecks und daran ein Dutzend Häuser für Kaufleute und Schenken, und der Marktring war geschlossen. Um die Hofräume, die Hintergebäude und Gassen wurde die Stadtmauer gezogen, und über die beiden gewölbten Thore nach dem Brauch der Heimat wohl auch die Wachttürme gesetzt, unten hauste der Zöllner, oben der Wächter.

Hic est: Wil[l]e[lmus] Dux [Normanniae], das ist: Wilhelm der Eroberer, Herzog der Normandie, Stifter der englisch-normännischen Dynastie, wie er mit seinen Vasallen aufbricht, um im Hafen Saint Valery an der Sommemündung unter Segel zu gehen und England zu erobern (26. September 1066.) Sie nehmen Abschied. Der Herzog, an seinem Schnurrbart und seinem viereckigen Brustlatz kenntlich, reitet voran, ihm folgt der Graf Wilhelm von Arques, diesem der Graf Guido von Brion. Der Herzog hat den Kommandostab, sein Nachfolger einen Streitkolben in der linken Hand. Diese beiden tragen ganze Brünne oder den grossen *Haubert* (französisch, aus *Halsberge*, *Halsberc* entstanden, italienisch: *Usbergo*), will sagen: Ringelpanzer oder Maschenpanzerhemden, einschliesslich Ringelkapuzen und Panzerhosen, die kostbare Rüstung wohlhabender Ritter, die Ringe waren geschmiedet und genietet. Am Vorderarm kommt unter der Brünne das ebenfalls geringelte Wams zum Vorschein; auch die Strümpfe der beiden Führer sind geringelt. Den Kopf deckt der spitze, kegelförmige Eisenhut, die Nase das ebenfalls metallene, schirmartige Nasenband (*Nasebant*, französisch *le Nasal*). Nach der Stickerei, welche die Königin Mathilde, die Gemahlin Wilhelms des Eroberers, mit der Nadel angefertigt hat und die den kühnen Handstreich des Bastards in achtundfünfzig Gruppen bis auf die Schlacht bei Hastings darstellt (*Tápisserie de Bayeux*, aufgefunden 1719 von Montfaucon; von Napoleon im Mai 1803, als er seinerseits die Landung in England plante, in Rouen und Paris ausgestellt, um zu beweisen, dass ein Land zu erobern, das vor 800 Jahren nicht einmal der Normandie widerstanden habe, ein wahres Kinderspiel sei; gegenwärtig wieder in der Bibliothek der alten Stadt Bayeux, die der Mittelpunkt der Normännischen Herrschaft war).

Und mit Verwunderung erzählte man sich draussen in den Wäldern und auf der Heide, wie schnell die Männer mit fremder Sprache gewachsen waren, und dass jeder Landmann, der durch ihr Thor fuhr, ihnen ein Kupferstück bezahlen musste als Brückengeld, ja, der Edelmann, der allmächtige, musste auch bezahlen. Manchen Slawen aus dem Umkreise *warf sein Schicksal zu den Bürgern in die Stadt, er wurde heimisch unter ihnen, ein Handwerker, Kaufmann, Bürger, wie sie. So war Rosmin entstanden, so viele deutsche Städte auf altem Slawengrund, und sie sind geblieben, was sie im Anfang waren: die Märkte der grossen Ebene, die Stätten, wo polnische Ackerfrucht eingetauscht wird gegen die Erfindungen deutscher Industrie, die Knoten eines festen Netzes, welches der Deutsche über den Slawen gelegt hat.* Und wir können hinzusetzen: ähnlich ist jedes *Oppidum* und jede *Civitas* entstanden, Ausdrücke, die anfänglich mit *Mercatus* und *Forum* gleichbedeutend waren. Markt ist kein deutsches Wort, sondern das lateinische *Mercatus*, womit die römischen Hausierer ihren Kram bezeichneten, sie durchzogen das deutsche Land schon zu Cäsars Zeiten; aus *Mercatus* ward *Merkât, Markât* und, da die Deutschen die Stammsilbe betonen, wie noch heute im Englischen: *Market,* endlich *Markt.*

Die Verleihung des Marktrechtes stand ursprünglich nur dem Könige zu; in zweiter Linie und mit seiner Genehmigung auch den Bischöfen, den Klöstern und den weltlichen Grossen, die dadurch Marktherren wurden und das Privilegium erlangten, Marktgelder und Standgelder zu erheben. Begabten sie einen Ort mit Marktfreiheit, durften an ihm zu bestimmten Zeiten Märkte abgehalten werden, so wurde er für diese Zeiten immun, von der gräflichen Gerichtsbarkeit losgelöst und seiner eigenen überlassen. Diese Immunität war eigentlich, was man Marktfreiheit nannte; Beginn und Aufhören derselben ward durch Läuten einer Glocke angezeigt. Noch heute wird ja den Marktleuten in Leipzig eine gewisse Messfreiheit bewilligt, z. B. vom Rat erlaubt, auch am Sonntag Nachmittag Kleinhandel zu treiben, sich nicht an die Sonntagsruhe zu kehren, noch heute die Messe ein- und ausgeläutet — da das *Einlauten* der Messe am ersten Messsonntag nach der Engroswoche erfolgt, so haben sie das Rätsel: *Was fängt an, wenn's alle ist?* —

Die alten Stadtrechte, die einst mit der Urkunde eines Kaisers, Königs oder Fürsten über die Marktfreiheit begannen, sind, vielfach verbessert und vermehrt, endlich bis auf dürftige Reste zugleich mit der eigenen Gerichtsbarkeit und der Selbstverwaltung der Städte an den Landesherrn zurückgefallen, dem überwältigenden Absolutismus des Staats erlegen; und so auch die Privilegien der privilegierten Stände, als mit den Rechtsvorstellungen der Neuzeit unvereinbar, grösstenteils erloschen. *Privilegium,* wörtlich: Privatgesetz, ist soviel wie Ausnahmegesetz, hier, im Gegensatze zu dem deutschen Sozialistengesetz, ein zu Gunsten Einzelner erlassenes, beziehentlich bestehendes, herkömmlicherweise anerkanntes, stillschweigend geduldetes Ausnahmegesetz — ein solches bedeutet einen Bruch mit der allgemeinen Rechtsordnung, das Aufgeben eines allgemeinen Rechtsgrundsatzes gegenüber einer gewissen Kategorie von Personen, eine Abweichung von dem im Rechtsstaat geltenden Prinzip der Gleichheit. Wir fordern gleiche Berechtigung aller Staats-

Genter Brüder. Begharden, die in den wilden Volksstürmen und Unruhen der Stadt in den Krieg ziehn, mit einem Strick gegürtet, mit Spiessen und Piken bewaffnet und mit Pickelhauben, Halsbergen oder Ringkragen, Ellbogenkacheln und Armzeug wohlverwahrt; alle bartlos. Drei unter ihnen haben Schilde, von denen zwei (andeutungsweise) mit denselben zwei Kelchen bezeichnet sind, die man auf der Fahne über den fünf Kreuzen erblickt; sie erinnern an den vergifteten Becher, den der Evangelist Johannes segnete, d. h. bekreuzte, und dann ohne Schaden trank. Dieselbe Geschichte wird auch vom heiligen Benedikt erzählt, wie diese Heiligen wollen die Brüder mit Gottes Hilfe der Todesgefahr trotzen. Der einfache Kelch, aus dem gewöhnlich eine Schlange hervorkommt, befand sich auch im Wappen der Tempelherren; übrigens besitzen die beiden Schilde selbst eine ähnliche Gestalt. Der Anführer hat ein Schwert an der Seite, an der Haube ein Visier und auf der Brust ein Skapulier. Nach einem Wandgemälde in einer Kapelle des (1234 gegründeten) Beghinenhofs am Brügger Thor in Gent, wo die Brüdergemeinde wohnte. Die Kapelle war den heiligen Märtyrern Johannes und Paulus, leiblichen Brüdern und nach dem Glauben des Mittelalters Soldaten, gewidmet.

bürger, keine bevorrechteten Stände. Zwischen den Privilegien der Städte und denen der Geistlichkeit und des Adels war insofern ein wichtiger Unterschied, als die ersteren nur von den Bürgern in ihrer

Gesamtheit, die letzteren von den einzelnen Standespersonen in Anspruch genommen, persönlich ausgeübt wurden. Die Stadtgemeinde hatte vor der Landgemeinde etwas voraus, ausser dem Marktrecht auch noch das Recht, innerhalb der städtischen Bannmeile jeden für den städtischen Verkehr nachteiligen Gewerbebetrieb zu untersagen, und die Ausschliesslichkeit des zunftmässigen Gewerbebetriebs. Aber einzeln hatte der Bürger vor dem Bauern nichts voraus, wie der Edelmann, der auf seinen Feldern jagte, die Landleute mit Fronen und Zinsen drückte und ihre Weiber und Töchter, ihren blühenden Leib, wenn ihn der Kitzel plagte, als seine unbestrittene Beute betrachtete. Innerhalb der Bürgerschaft entstanden allerdings wieder Stufen, die das Inviduum bevorrechteten und erhöhten. Die Ratsherren, die Kaufleute und gewisse Künstler rechneten sich zur ersten Klasse, sie stellten die wahren, die eigentlichen *Bürger* dar und sahen auf die *Handwerker* herab, deren Erwerbszweig nicht zunftfähig war; in heftigen Kämpfen, durch offenen Aufruhr mussten sich diese zurückgesetzten Gewerbe die Gleichberechtigung, das Recht der Zunftfähigkeit und damit die Ratsfähigkeit allmählich erstreiten. Noch eine dritte Klasse kam hinzu: durch die Unbilden, welche sich der mächtige Adel gegen die Landbewohner gestattete, wurden diese oft genötigt, in den Städten Zuflucht zu suchen. Konnten sie hier nicht aufgenommen werden, so legte man ausserhalb der Mauern, aber innerhalb der Pfähle oder der Palissaden Vorstädte, Pfahlburgen an, deren Bewohner als *Pfahlbürger* oder *Ausbürger* städtischen Schutz, aber nicht immer alle Rechte der eigentlichen Stadtbewohner, der *Vollbürger* genossen. Endlich gehörten zum städtischen Territorium auch noch *Gras-* oder *Feldbürger,* welche in Dörfern wohnten, und *Spiessbürger* oder *Glevenbürger*, arme Teufel, die das Bürgerrecht nur erhielten, weil sie in Kriegsgefahr mit ihren Spiessen oder *Gleven* (französisch *Glaives)* Kriegsdienste leisten sollten. So gab es mancherlei Bürger — aber diese Unterschiede verdankten sich die Bürger selbst, das waren gleichsam interne Angelegenheiten, den Kämpfen der Patrizier und Plebejer in Alt-Rom zu vergleichen. Hier stiessen Klassen auf Klassen, der Blick war immer auf das Ganze und auf den höheren Organismus der Gesellschaftsordnung gerichtet, während sich der Edelmann nie über privatrechtliche, patrimoniale Gesichtspunkte erhob. In den Städten lag von Anfang an etwas Staatliches, der Adel war unstaatlich. Und deshalb konnte das Institut des Adels zu keinem Staate im republikanischen Sinne des Wortes führen, aber die Städte, die selbst kleine Republiken waren, konnten es, indem sie sich alle zu einer grossen Stadt zusammenschlossen und ihren Gliedbau auf den Städtebund übertrugen. Dann verwandelten sich die Ortsbürger in Staatsbürger, und es erhob sich eine neue grossartige Burg, das Reich, wo nun die grauen Burgruinen des Adels auf den Bergen *in dem Morgenlichte stehn.*

Die berühmtesten Städterepubliken und Seerepubliken, Athen und Rom fast ebenbürtig, entstanden in Italien. *Milano la grande, Venezia la ricca, Genova la superba, Firenze la bella.* Man nennt den deutschen König Heinrich I. den Städteerbauer; sein Sohn, Kaiser Otto der Grosse, der Stifter des heiligen Römischen Reiches deutscher Nation erbaute zwar die italienischen Städte nicht, gab ihnen aber Vorrechte, welche ihre spätere freie Verfassung, Selbstständigkeit und Macht begründeten. Handel und Industrie blühten in den oberitalienischen Kommunen trotz der zahllosen

Glockenspiel auf dem Turme der Kirche des heiligen Bischofs von Maastricht Lambertus in Lüttich, die 1794 von den Sansculotten und ihren Lütticher Genossen zerstört ward. Die Glocken werden durch einen Uhrwerkmechanismus mit Walzen wie in der Drehorgel oder Spieluhr gespielt. Ein Glockenspiel von 44 Glocken enthält gegenwärtig der Genter Belfried, anstatt des berühmten Roland. Französisch *Carillon*, mittellateinisch *Bombulum*.

Fehden untereinander überraschend auf, und bald genug konnten sie in dem grossen Zerwürfnisse zwischen den Kaisern und den Päpsten ihr Gewicht in die Wagschale werfen. Derselbe Otto hatte die italienischen Reichslehne an Deutsche gegeben; nun begann eine Reaktion des römisch-italienischen Elements gegen das feudalistisch-germanische. Es entstanden die Parteinamen und — die Zinnen der *Guelfen* und der *Ghibellinen*, diese schwalbenschwanzförmig, jene viereckig, einem Muster *à la grecque* entsprechend; die Regierung Kaiser Friedrichs II. wurde zu einem Kampfe auf Leben und Tod mit der Hierarchie und den Städterepubliken Italiens gedrängt. Mit dem Sturze des Staufischen Hauses (A. D. 1254) hatten die letzteren gewonnen, sie waren auf dem Weg zu Staaten, von der Reichsgewalt unabhängig, Pflanzstätten der modernen Kultur, Mittelpunkte der Renaissance — wenn auch ihre städtische Freiheit zahlreichen Tyrannen unterlag und das Papsttum französischem Einflusse verfiel. Eine Violine ist mit vier Saiten bezogen, diese Zahl hat sich im Laufe der Jahrhunderte als die bestgewählte herausgestellt; Papst Paul IV. liebte es, den Zustand Italiens in den beiden letzten Jahrhunderten des Mittelalters mit der Harmonie eines fünfsaitigen Streichinstrumentes zu vergleichen; sie werde nur durch die Leidenschaften der Machthaber und durch fremde Begehrlichkeit gestört. Diese fünf Saiten oder fünf Mächte waren: Mailand, wo sich die Sforza befestigten, Venedig, dessen Dogen der Adria den Verlobungsring ansteckten, Florenz, das von Lorenzo Medici weise geleitet wurde, der Kirchenstaat und Neapel; sie erhielten im 15. Jahrhundert auf der Apenninenhalbinsel das politische Gleichgewicht. Italien war damals das gebildetste Land Europas und Venedig vielleicht die erste Stadt darin, ungeheure Reichtümer aufspeichernd, voll Kunstfleiss und Wissenschaft, gewaltig auf dem Festland, gefürchtet auf allen Inseln und Halbinseln der alten Welt, wie ein mittelalterliches England. Vor dem venezianischen Arsenal, das, gross wie die *London Docks*, einen Umfang von einer Stunde hat und mit Mauern und Festungswerken umgeben ist, stehen vier marmorne Löwen, welche einst den Hafen von Athen geziert haben — übers Thor konnte die Verlobte des Meeres die stolze Inschrift setzen, die sie anderwärts gebraucht hat:

Ausu Romano, Aere Veneto.

Ebenso gross, ebenso reich, ebenso herrlich wie die Seerepubliken Oberitaliens waren im Mittelalter die flandrischen Städte, namentlich Gent und Brügge, ersteres bis zur Zeit Karls V. vielleicht die volkreichste Stadt in ganz Europa, die Tuchmacherstadt, das damalige Manchester; letzteres der Mittelpunkt des Welthandels im nördlichen

Europa, der Sitz des Grafen der Londoner oder Vlämischen Hanse, des grossen, alle vlämischen und englischen Kaufleute umfassenden Gildevereins. Die Vlämen, die nebst den Wallonen das heutige Belgien

Zwölf Abgeordnete der Genter Bürgerschaft unterwerfen sich dem Grafen von Flandern Ludwig II., genannt von Male, gegen den sich die Städte Gent und Brügge empört hatten, bitten ihn um Verzeihung und um Rückkehr in seine getreue Residenz (zu Harlebeeke, Februar 1382). Die Friedensbedingungen wurden hernach von Philipp von Artevelde verworfen, der letztere schlug den Grafen (3. Mai) vor Brügge, worauf die französische Ritterschaft dem vertriebenen Zwingherrn zu Hilfe kam und das Heer der Vlämen bei Roosenbeeke vernichtete (27. November 1382). Zwei Abgeordnete, vielleicht Ratsherren, haben über ihren Pelzröcken (*Kürsen*) Kapuzen mit Schulterkragen, die mit Zacken umgeben sind (*Gugeln*); der linke Vordermann hat eine Geldtasche am Gürtel hängen. Im Hintergrunde hat einer ein Tuch nach arabischer Art um den Kopf geschlungen, einer, ein junger Kerl, gleich dem Grafen und den Edelleuten, die Mütze aufbehalten. Die Jacke des Grafen mit den geschlitzten Ärmeln ist mit denselben Kreuzen bestickt, die wir auf der Fahne der Genter Brüder bemerkten. Nach einer Miniatur in einer Handschrift des Froissart, Pariser Nationalbibliothek No. 2644.

ausmachen, sind deutscher Abkunft, Vlämen soviel wie Flamländer, sie reden die vlämische oder die flandrische Sprache, eine niederfränkische Mundart, einen besonderen Dialekt des Deutschen, der weder holländisch noch plattdeutsch ist. Ihnen gehören die altberühmten belgischen oder flandrischen Städte an, die einst ihrerseits als Typen der feinen Bildung galten, die die sogenannte *vlaemische Hövescheit, Hübschheit* besassen, die *mit der Rede vlaemen,* das heisst: gut reden konnten — der bekannte Familienname *Flemming,* soviel wie Flamländer, bezeichnete einen vollendeten Weltmann. Es ist bedauerlich, dass der etymologische Zusammenhang zwischen den Begriffen durch die doppelte Schreibung mit *V* und mit *F* verwischt wird. Von dem Freiheitssinne, den wilden Stürmen, dem Parteihader, dem gährenden niederdeutschen Volksleben in diesen Städten des vlämischen Sprachgebiets macht man sich heutzutage gar keine Vorstellung — als sie durch die Vermählung der Tochter Karls des Kühnen mit Maximilian von Österreich an das Haus Habsburg fielen, benutzten sie den Wechsel des Herrscherhauses zur Vermehrung ihrer Rechte. Schon Maria, die Herzogin von Burgund, die Braut des Erzherzogs Maximilian, hatte sich, als sie die Stände der Niederlande berief, weil Frankreich das Herzogtum Burgund als ein freigewordenes Lehen einzog, ihre Hilfe durch grosse Zugeständnisse, durch das *grosse Privilegium* erkaufen müssen; im Jahre 1488 nahmen die Bürger von Brügge sogar Maximilian gefangen und pressten ihm den Verzicht auf die Vormundschaft zu Gunsten der Staaten von Flandern ab. Gent, ursprünglich eine kaiserliche Burg, dann die Residenz der Grafen von Flandern, die Kaiser Heinrich II. damit belehnt hatte, war jahrhundertelang freier unter dem Regiment, als es heutzutage die Engländer unter der Königin Victoria sind, die Stadt stellte 50 000 Mann ins Feld, sie brachte so gewaltige Demagogen hervor wie die van Artevelde. In vieler Beziehung kann Gent mit Venedig verglichen werden, Gent hat auch einen Glockenturm wie Venedig — mitten in der Stadt steht, an 20 m höher als der *Campanile di San Marco,* der riesige Belfried — wenn der venezianische Turm einen Engel, so hat er einen vergoldeten Drachen als Wetterfahne, der ehedem die Sophienkirche in Konstantinopel krönte und nach Eroberung dieser Stadt durch die Kreuzfahrer nach Gent kam, geradeso wie in Venedig über dem Portal der Markuskirche vier antike Rosse aus Konstantinopel stehn — und in dem Belfried hing eine mächtige Glocke, der Roland, der so oft zu Aufruhr und Kampf geläutet worden ist, sie trug die in vlämischer Mundart abgefasste Inschrift:

> Mynen naem is Roelant, als ick clippe, dann is 't Brandt;
> Als ick luyde, dann is 't Storm in Vlaenderlandt.

Im Bezirksgericht: ein rechtschaffener Mann verantwortet sich in einer kitzlichen Sache vor dem königlichen Amtmann (mittellateinisch *Ballivus*, französisch *Bailli*, englisch *Bailiff*). Derselbe, der ein Barett auf hat, bedauert, kann aber nichts thun, der Buchstabe des Gesetzes lautet einmal so — der Beisitzer hüllt sich in ein düsteres Schweigen — der Gerichtsschreiber nimmt die Aussage des Angeklagten, zu dem er scharf aufsieht, zu Protokoll. Auf einer Stange sitzt ein Papagei, vor dem Grünen Tische lauert eine Katze, die zu den Pelzkatzen *(Chats fourrés)* im fünften Buche des *Pantagruel* gehören mag. Dem Angeklagten folgt ein Hund; grosser Zudrang. Faksimile eines Holzschnittes in der *Practica Rerum Civilium* von dem berühmten niederländischen Kriminalisten Jodocus Damhouder (Antwerpen 1557, in Quart).

Kaiser Karl V. entfernte den alten Störenfried nach der Einnahme der Stadt. Bekanntlich verlor die Stadt Gent ihren Glanz unter Karl V., dessen Geburtsort sie war. Als er der Grafschaft

Flandern im Jahre 1539 eine Steuer auferlegte, weigerten sich die Genter, indem sie sich auf ihre Privilegien beriefen. Der Aufruhr kostete die Stadt ihr Geschütz, ihre Waffen, ihr Geld und — ihre Privilegien.

Privilegien, Gerechtsame, Privilegien und kein Ende, unantastbare Privilegien, ewige Privilegien; Edelleute und Bürger, Geistliche und Weltleute beriefen sich auf ihre Privilegien, die Welt schien nicht zu denken ohne Privilegien, ein Narr mochte leben ohne Privilegien! —

Nicht einmal der; sondern nur der Bauer. In Venedig war alljährlich in der Faschingszeit die Tollheit privilegiert. Wie der Adel war die Maske unverletzlich, sie durfte sich jeden Spass erlauben, sie hatte das Prä. Jedermann kennt den Venezianischen Karneval, den berühmtesten Italiens, der die Lagunenstadt in einen schwimmenden Zauber- und Blumengarten verwandelte, an dem die Regierung jede sie nicht selbst in ihrem allzeit verschleierten Walten berührende Freiheit gestattete, an dem ein Genius mit einem Blumenstrausse aus dem Meer auftauchte, auf die Spitze des Glockenturmes und herab zum Dogenpalaste flog, um dem Dogen den Selam seiner Braut, der Meeresgöttin, zu überreichen. Wer das mitangesehn, meinten die alten Venezianer, deren Gedächtnis noch bis zu einem Dogen reichte und die für alles heutige Treiben zwischen den Lagunen nur ein mitleidiges Achselzucken hatten, mit Thränen in den Augen; wer die Pracht und Herrlichkeit jener Tage, die Maskenzüge, die Schaubuden, die Harlekinaden, die Menagerien, die Seiltänzer, die Erzähler, die Fremden von allen Orten und Enden, das Feuerwerk angestaunt, wer den Markusplatz am Feisten Donnerstage betreten habe, der sei glücklich — nirgends in der Welt habe es etwas so Glänzendes gegeben, nirgends werde man so etwas jemals annähernd wiedersehen. Heutzutage ist der römische Karneval mehr Mode, der venezianische allerdings auch nur ein Nachklang verschollener Lebensfülle; der Umzug des fetten Ochsen, den der Patriarch von Aquileja nebst zwölf Schweinen stellen musste, erinnert an den pariser *Boeuf Gras*, der mit vergoldeten Hörnern, buntbebändert und bekränzt, unter dem Spiel einer Drehleier ebenfalls zum Karneval von den Fleischern durch die Stadt und zur Schlachtbank geführt wird. Italien ist das Heimatsland des Karnevals.

Denn ebenso weiss jedermann, dass sich derselbe aus den altrömischen Saturnalien entwickelt hat, welche die Kirche bestehen lassen, nur umdeuten und dem Ostercyklus wohl oder übel einfügen musste, weil sie sich wie gewöhnlich ausser stande sah, das im Volke tief eingewurzelte Fest zu beseitigen. Das Heidentum ist nie verdrängt, sondern überall beibehalten, aber christlich gefärbt und etikettiert worden. Oft hielt die Tünche nicht einmal vor, z. B. bei den sogenannten *Luperkalien,* die im alten Rom in der ersten Hälfte des Februars gefeiert und von der Kirche offiziell in das Fest der Reinigung Mariä, die Lichtmesse verwandelt worden waren, aber in dem Fastnachtlaufen das ganze Mittelalter hindurch fortbestanden: noch immer rannten die *Luperci* durch die Strassen und geisselten die ihnen begegnenden Frauen mit Riemen. Nun, die Saturnalien, der Zeit nach mit Weihnachten

Streitaxt und zwei Säbel aus dem 15. Jahrhundert.

zusammenfallend, waren eins der allerältesten und volkstümlichsten Feste gewesen, eine sinnbildliche Rückkehr zu dem goldenen Zeitalter, zu der glückseligen Regierung des Saturn, wo noch eitel Freude und Friede auf Erden war und allgemeine Freiheit und Gleichheit unter den Menschen herrschte — also gerade das was im Mittelalter fehlte und die französische Nationalversammlung in der berühmten Nachtsitzung vom 4. August 1789 auf den Antrag Lafayettes für angeborenes und unveräusserliches Menschenrecht erklärte; das goldene Zeitalter war nicht gewesen, es sollte erst kommen. Eine Erinnerung und eine Sehnsucht schwellte das Herz der Welt, es ging wie ein Hauch der Erlösung durch den Kerker, den Gefangenen wurden die Ketten abgenommen, die Sklaven freigesprochen und wie Freie behandelt und bewirtet, sie sassen an einem Tische mit ihren Herrschaften — die Menschheit trank sozusagen den Rausch der Freiheit, trank *Amnestie,* trank *Lethe* — der Reiher der Vergessenheit rauschte über die Gelage hin und stahl die Besinnung. Es war wie ein seliger Traum, es gab auch schon richtigen Mummenschanz. Und indem der städtische Karneval diesen antiken Traum erneute, war er wie ein heitres Vorspiel des modernen Lebens, warf er in die mittelalterliche Fastnacht, wo unter der Maske alles, also wirklich niemand bevorrechtet war, einen tröstlichen Schimmer des politischen Lichtes, das gegenwärtig wenigstens der Idee nach das Erdenrund umfliesst.

Tägliches Leben in den Pfalzen, Bürgerhäusern und Bauerhütten.

a. Zur Zeit der Merowinger, am Hofe Fredegundens und Brunhildens.

Der Traum eines Merowingers in der Hochzeitnacht — die Entführung der schönen Basina — sie haben sich entkleidet zu Bett gelegt, tragen Kronen und keine Hemden — die Wohnungen der Merowinger und ihre Einrichtung — noch ein Merowingertraum, den der heilige Guntram, aber nicht im Bette, sondern draussen im Freien, auf der Côte d'Or und nicht an der Seite seiner Frau, sondern an der Brust eines Schildknappen hat — ob Childerich und Basina wirklich in einem Bett geschlafen haben — wie sah ihr Bett aus, wo stand es, wie lagen sie — was machten sie, wenn sie aufgestanden waren — Fredegundens tägliche Beschäftigung war blutig, ihre Biographie ist eine Geschichte der Mordthaten, welche sie verübte, sie will ihre Tochter eigenhändig umbringen, eine Familienszene — Vergleich der Merowinger mit den alten Atriden und den Neronen, sie sind schlimmer als die Griechen und Römer — merkwürdige Ähnlichkeit ihrer Geschichte mit der Nibelungensage — die zwei feindlichen Königinnen: hier lässt Brunhilde Siegfried, Kriemhildens Gemahl, dort Fredegunde Siegbert, Brunhildens Gemahl erschlagen — Chilperich von Eberulfus auf Befehl Brunhildens, wie Siegfried von Hagen auf Befehl Brunhildens, ebenfalls auf der Jagd erschlagen — wie die berühmte Königin Brunhilde Fredegundens Tod erlebt, aber von deren Sohn auf eine grausenhafte Weise hingerichtet wird — sie ist eine furchtbare Grossmutter, doch besser als ihr Ruf, Bischof Prätextatus traut sie mit ihrem Neffen Merwig, eine Merowingische Liebesgeschichte — aber niemand reizt Fredegunden ungestraft — schöne Sitten, die am Hofe dieser beiden interessanten Frauen herrschten.

Aus der Geschichte der Franken von dem Bischof Gregor und aus der Chronik des Mönchs Fredegar, welcher das von Gregorius Turonensis angefangene Werk aufnimmt und bis zur Mitte des 7. Jahrhunderts fortführt, ist der merkwürdige Traum bekannt, den der König der Salischen Franken Childerich im Jahre 465 in seiner Hochzeitnacht gehabt und der ihm die Grösse seines Sohnes Chlodwig und die Leiden seiner Nachkommen vorausverkündigt haben soll. Herr Childerich war ein moderner Paris, die Sage schildert ihn als den schönsten Mann seiner Zeit. Von den fränkischen Grossen vertrieben und in Thüringen von König Basinus gastfreundlich aufgenommen und acht Jahre lang beherbergt, verführte er zum Dank die Gemahlin seines Wohlthäters, die schöne Königin Basina. Childerich besass noch Anhänger in Franken, namentlich einen gewissen Wiomad; mit dem hatte er, als er in die Verbannung ging, nach antiker Sitte ein Goldstück geteilt: wenn er ungefährdet zurückkehren könnte, sollte ihm Wiomad seine Hälfte übermachen. Das that der treue Mann, nachdem es ihm durch seine Intriguen gelungen war, den römischen General Ägidius, der inzwischen auf dem Throne der Merowinger sass, im Volke missliebig zu machen; Childerich reiste ab und Frau Basina folgte ihrem Buhlen, wie späterhin die heilige Radegund, ebenfalls eine thüringische Prinzessin, dem König Chlotar, aber unfreiwillig folgte. Sie erklärte freimütig, er gefalle ihr; hätte sie aber einen noch gescheiteren, stärkeren, schöneren Mann gekannt, so wäre sie auch diesem bis ans Ende der Welt gefolgt. Das Liebespaar kam also auf einem Leiterwagen, gezogen von vier weissen Ochsen, die der künftige Staatsminister trieb und klüglich leitete, nach Doornick im Hennegau, dem Sitz der Merowingischen Könige, und hier heirateten sie sich: Childerich erhob Basina zu seiner rechtmässigen Gemahlin, feierte seine Hochzeit und hielt das fürstliche Beilager öffentlich und vor Zeugen. Dadurch war die Ehe geschlossen, trauen lassen konnte er sich noch nicht, denn er glaubte noch an nichts. Übrigens betrachtete auch die Kirche im späteren Mittelalter nicht die Trauung, sondern die Vollziehung des Beilagers als die eigentliche Ehe und als rechtlich bindend; man hatte die Rechtssprichwörter: *Wenn die Decke über den Kopf ist, so sind die Ehegatten gleich reich* und: *ist das Bett beschritten, ist das Recht erstritten.* Als nun der neubackene Ehemann an der Seite seiner Gemahlin eingeschlafen war, hatte er einen Traum. Er hörte, wie ihn Basina rief und sagte: *Gehe in den Hof und sieh, was da ist!* — Er stand auf und schaute in den Schlosshof: der war wie ein Tiergarten anzusehn, in dem ein wachsender Löwe, ein Einhorn und ein Leopard zusammenhausten. Verwundert kehrte er ins Brautgemach zurück; abermals weckte ihn Basina und sagte: *Siehe in den Hof!* — Er guckte noch einmal hinunter: da erblickte er ein Bärenpaar und eine Rotte Wölfe. Wieder schlief Childerich ein, und zum drittenmal musste er aufstehn: *Siehe in den Hof!* — Da erblickte er eine Katzbalgerei von kläffenden Hunden, Füchsen, Mardern,

Wieseln, Ratten und ähnlichem Getier. Darüber ward es Tag, sie wachten beide auf und Childerich erzählte seiner Gemahlin die drei nächtlichen Gesichte. Da sprach sie zu ihm, denn sie war eine Kluge

Der heilige Remigius, Bischof von Reims, den König Chlodwig um Herausgabe des Gefässes von Soissons anflehend (A. D. 486). Erste Annäherung des Apostels der Franken an den Merowinger, der vor den Thoren der Stadt Soissons aus seinem Zelte getreten ist und nicht die Hand, sondern das Pallium des Bischofs ergreift; derselbe war damals noch nicht verheiratet und noch Heide. Gregor von Tours erzählt den Vorgang in der Geschichte der Franken so — *damals wurden viele Kirchen von dem Chlodwigschen Heer geplündert. So hatten die Franken aus einer Kirche unter andern Kostbarkeiten auch einen Krug (Urceus) von besonderer Grösse und Schönheit mitgenommen. Deshalb wurde der Bischof der Kirche zum König entsandt, um ihm zum wenigsten das herrliche Gefäss wieder abzubetteln. Der König sagte dem Boten, er möchte ihm nach Soissons (Sexonas) folgen, denn dort würde alles verteilt. Nachdem hier die Beutemasse aufgestapelt worden war, sagte Chlodwig:* ***Bitt schön, ihr tapferen Helden, wollt mir das schöne Krüglein für meine Part zugeben.*** *— Antworten alle die, welche das Herz auf dem rechten Flecke haben:* ***Ach, Herr König, Dein ist ja alles, Dein sind wir selbst, Deine guten Unterthanen. Was du gerne haben willst, nimms nur, keiner mag Dir widerstehen.*** *Da kam aber ein Neiding, ein junger kecker Fant, der schrie mit lauter Stimme:* ***Nichts sollst Du haben, als was Du Dir erlosest!*** *— und hieb mit der Axt in das kostbare Gefäss. Allgemeines Stillschweigen; der König verbiss seinen Zorn, gab dem Bischof das Gefäss und sagte nichts. Aber nach einem Jahre liess er die Truppen auf dem Märzfeld aufstellen und nahm die Parade ab. Wie er den guten Freund erblickte, schalt er ihn und sprach:* ***niemand hat so schlecht geputzt wie Du, weder Lanze, noch Schwert, noch Streitaxt kannst Du brauchen.*** *Und riss ihm die Waffe aus der Hand und warf sie ihm auf die Erde. Der Mann bückte sich, um die Axt aufzuheben — indem so schwang der König sein eignes Beil und spaltete ihm den Schädel.* ***Das nimm für den Topf! — Sic, inquit, Tu Sexonas in urceo illo fecisti.*** Gregorii Turonensis Opera, Historia Francorum Buch II, Kapitel 27, erster Band der Scriptores Rerum Merovingicarum in den Monumenta Germaniae (Hannover 1885). Kostüme des Burgundischen Hofs im 15. Jahrhundert. Nach einer Miniatur in einer Handschrift der Kaisergeschichte, Bibliothek des Arsenals, Paris. Denkbar ist ein Zusammenhang zwischen diesem Gefässe und der *Ampulla Remensis.*

Frau: *Du hast die Zukunft von Merwigs Haus*) erschaut. Zuerst werden die Löwen und die Einhörner regieren: Du wirst einen stolzen Sohn zeugen, der den Grundstein der staatlichen Ordnung im Abendland legen wird. Dann werden Bären und Wölfe kommen, ein minder edles, reiches, fettes, gieriges Geschlecht — die letzten Deines Stammes werden den Hunden gleichen, die werden sich untereinander beissen und sich zugleich mit dem kleinen Volke herumzausen müssen, das sich gegen den Adel und gegen die Könige erhebt.* Vielleicht sah Childerich im tiefen Spiegel der Zeit noch weiter und ahnte, wie einst die Bourgeoisie den Adel ablösen und zuguterletzt die rote Revolution und die Sozialdemokratie auf der Bildfläche erscheinen wird — wer weiss, ob ihm nicht Basina heute diese Deutung gäbe. Sein tiefsinniges Traumbild, das ein Daniel nicht hätte schöner haben können, sieht man in einer Miniatur der handschriftlichen Chronik von Saint Denis dargestellt: Basina liegt gekrönt im Bett und schläft, der *Rex Crinitus* ist aufgestanden und starrt schreckensbleich wie ein Prophet auf die sich vor seinen Augen entrollenden Schicksale und auf den Stammbaum, der zu oberst auf dem Rücken des Löwen wächst. Er hat einen Mantel um und gleichfalls die Krone dazu auf. Diese zwei Kronen sind spasshaft, wenn man bedenkt, dass die beiden Leute aller Wahrscheinlichkeit nach nicht einmal ein Hemd anhatten. Erst gegen Ende des 13. Jahrhunderts trug man Hemden bei Tage; und erst gegen Ende des 15. Jahrhunderts trug man Nachthemden. Bis dahin legte man sich ganz entkleidet zu Bett, wie das Volk in Italien, in Island, anderwärts noch heute zu thun pflegt. Das Hemd war ein Kleidungsstück, das erst beim Aufstehn angelegt ward; in Wendelin Hellbachs Übersetzung von Dedekinds Grobianus aus dem Jahre 1572 heisst es:

> Volg meinem Rath, und nicht zugleich
> Dein Kleyder all vorm Beth anzeuch,
> Das Hembd thu an und lauff darvon,
> Dass du nit must im kalten stohn! —

Davon machten auch die höchsten Stände keine Ausnahme, wie man an der sogenannten *Venus von Urbino* in den Uffizien sieht

*) Das heisst: des Merowingischen Hauses, der Dynastie der Merowinger, deren Stammvater Merwig (Merovech, Merovaeus) ist, wie Karl der der Karolinger. *Merowinger* und *Karolinger* sind Plurale, lateinisch *Merovingi, Charalingi;* der Singular würde *Merowing* und *Karoling* lauten. Diese Formen sind zunächst, wie die plattdeutschen *Vadding* und *Mudding,* Väterchen, Mütterchen, diminutiv; dann, indem sich die Vorstellung der Abstammung und der Kindschaft einstellte, patronymisch. Ein Merowing[er] ist ein kleiner Merwig, ein Karoling[er] ein kleiner Karl.

(Florenz in Wort und Bild. Leipzig 1887. Seite 91). In Steiermark ist es Sitte, dass die Braut dem Bräutigam drei Hemden näht — eins soll er zur Hochzeit anziehn, das zweite, wenn ihm das erste Enkelkind geboren wird, das dritte ist für den Freithof oder den Friedhof, den letzten Ehrentag — oder aber für die grüne, die silberne und die goldene Hochzeit. Man kann wetten, dass Frau Basina dem König Childerich diese Aufmerksamkeit nicht erwiesen hat. Und die Hemden waren anfänglich nicht von Leinwand, sondern von Wolle oder Sersche. Unter der Regierung Karls VII. besass eine einzige Dame in Frankreich, die Königin, Maria von Anjou, zwei leinene Hemden. Sowohl unser *Hemd* als auch die spätlateinische, zuerst vom heiligen Hieronymus genannte *Camisia* scheint zunächst eine Art Kittel gewesen zu sein.

Zwei Hofdamen, Tracht des 6. bis 8. Jahrhunderts. Lange weitärmelige Kutte, auf dem Kopf die Kapuze *(Gugel, Schaperûn = Chaperon)*. Gebärde der Verwunderung. Schwarze samtene Kutten mit Gold verbrämt, schwarz gemusterte Kutten vorn mit einem Wams figurieren als Reisekleider noch im Fuggerschen Inventar (16 Jahrhundert). Sammlung Horace de Viel-Castel.

Die Geschichtschreiber wissen noch einen andern interessanten Merowingertraum; es scheint, diese Atriden des Mittelalters, die Greuel auf Greuel häuften, lagen auf dem Widderfell im Tempel des Amphiaraos, das die Menschen weissagen machte. Guntram, der Sohn des merowingischen Königs Chlotar und Enkel des Chlodwig, König von Burgund, war ein frommer und guter, namentlich gegen die Kirche guter, daher auch heiliger Fürst; seine Heiligkeit hinderte ihn nicht, Weiber über Weiber zu heiraten und zu verstossen, nachdem er ihnen ihr Geld abgenommen hatte, und die armen Ärzte seiner Gemahlin Austrechildis, die ihr nicht hatten helfen können, nach dem Willen der Sterbenden hinrichten zu lassen (A. D. 580). Er selbst lebte in einer beständigen Todesangst, fürchtete fortwährend ermordet zu werden und ging deshalb nie anders als bis an die Zähne bewaffnet und mit einer starken Bedeckung aus, höchstens in die Kirche. Kein Wunder, er war schlimmer daran als der Kaiser von Russland, in seiner Familie mähte man die Menschen ab wie Korn, er hatte schöne Verwandte. Zum Beispiel so eine liebe Schwägerin, mit Namen Fredegundis — ursprünglich ein Dienstmädchen Chilperichs, des Königs von Neustrien, dann seine Mätresse, um derentwillen er seine rechtmässige Gemahlin Audovera verstiess. Audovera war in Abwesenheit des Königs von einem Töchterchen entbunden worden, und die intrigante Person beredete die Königin, die Rückkehr Chilperichs nicht abzuwarten, sondern das Kind gleich taufen zu lassen und es selbst über die Taufe zu halten, so dass sie die Pate ihrer eignen Tochter wurde — aus diesem Grunde musste Audovera den Schleier nehmen, und Fredegunde rückte an ihre Stelle. Das heisst, sie ward eins von den Kebsweibern Chilperichs; im Jahre 567 holte er sich, um seinem Bruder Siegbert nicht nachzustehn, eine spanische, will sagen: westgotische Prinzessin, die Tochter des Königs Athanagild, Galswintha, die ältere Schwester der schönen Brunhilde, die Siegbert heimgeführt hatte. Chilperich versprach seinem Schwiegervater, alle andern Frauen zu entlassen; aber es dauerte kein Jahr, so hatte sich Fredegunde wieder in Chilperichs Bett geschlichen. Die unglückliche junge Frau machte kein Hehl aus ihrem Kummer, sie wollte zu ihrem Vater zurück und alles da lassen, was sie mitgebracht — sie wurde von Fredegunde erwürgt wie eine Henne, und ein paar Tage darauf heiratete Chilperich das Laster öffentlich (*Fredegundim recepit in matrimonio,* Gregor von Tours IV, 28).

Von nun an mordete sie, mordete sie, mordete sie, was ihr im Wege stand, aus Rachsucht, aus Hass, aus Aberglauben, aus Furcht, aus Leidenschaft, unversöhnlich, rücksichtslos, kaltblütig, eine Feindin Gottes und der Menschen, wie sie ihr Schwager Guntram nannte. Ihre eigne Tochter Rigunthis wollte sie einmal eigenhändig erdrosseln. Dieselbe sollte ihre Hand einem gotischen Prinzen reichen, fünfzig Wagen wurden mit den Schätzen beladen, die ihre Mitgift bildeten. Da ereignete sich eine merkwürdige Familienszene, die Gregor von Tours beschreibt (IX, 34). Die Mutter und die Tochter waren schon mehrmals aneinander geraten. Da sagte Fredegunde eines schönen Tages: *Was soll ich mich gross ärgern? Da ist dein Väterliches; mache nun was du willst.* Damit führte sie Rigunthis in die Schatzkammer, öffnete eine grosse Truhe, nahm eine Handvoll Wertsachen heraus und meinte: *ich bin müde, greife selber zu und nimm Dir.* Rigunthis bückte sich über die Truhe und steckte den Kopf hinein, um zu sehen, was noch drin sei — indem so schlug Fredegunde den schweren Deckel plötzlich mit aller Gewalt zu und drückte drauf, so dass Rigunthis mit dem Hals in der Mausefalle stak und nicht viel fehlte, sie wäre enthauptet worden. Die Augen quollen ihr hervor, sie ächzte, sie erstickte — aber glücklicherweise war ein Mädchen da und schrie: *Zu Hilfe! Mein*

Die fränkische Königin Fredegunde, die immer Gift oder Dolch zur Hand hat, händigt zwei jungen Vlämen (aus Térouanne in Westflandern) zwei vergiftete Skramasaxe ein, um Siegbert von Austrasien zu ermorden. Sie entledigten sich des Auftrags im Lager zu Vitry im Departement Pas de Calais, als Siegbert gerade auf den Schild erhoben ward, A. D. 575. *Tunc duo pueri cum cultris validis, quos vulgo Scramasaxos vocant, infectis vinino, malificati a Fredegunda Regina, cum aliam causam suggerire simularent, utraque ei latera feriunt,* erzählt Gregor von Tours in der *Historia Francorum* IV, 51. Die Oberhofmeisterin zur rechten Seite der Königin hält einen Beutel mit dem Blutgeld in der Hand. Auf der Borte ihres Gewandes, sowie am Halsausschnitt des Knieenden liest man lateinische Buchstaben, vielleicht Namen und Stand anzeigend. Die Hofdame links von Fredegunde spielt nachdenklich und blasiert an ihren Fingern, ihre würdige Nachbarin scheint dem zweiten Meuchelmörder ins Gewissen reden zu wollen. Dem Hoffräulein dahinter thut es leid um das junge Blut. Nach einer Glasmalerei in der Kathedrale zu Doornick, 15. Jahrhundert.

Fräulein wird erdrosselt! Sie wird von der Königin erdrosselt! — Da kamen Menschen, und die Prinzessin wurde befreit und vom sichern Tode gerettet.

Fredegunde mordete, mordete, mordete — auf vorstehendem Bilde sehen wir, wie sie zwei Flamänder dingt, die ihren Schwager Siegbert, den König der Austrasischen Franken, zu Vitry erdolchen sollen. Derselbe war als Gemahl Brunhildens Galswinthas wegen zur Blutrache verpflichtet und schon auf dem Wege, seinen schändlichen Bruder, der in Doornick eingeschlossen war, zu züchtigen, als er eben zu Vitry durch Meuchelmörder fiel (575). Nachmals wurde Chilperich selbst auf der Jagd bei Paris ermordet (A. D. 584). Kein Wunder also, wenn sich Bruder Guntram fürchtete, namentlich der Tod des letzteren Bruders, als dessen Mörder Fredegunde den Kammerherrn Eberulfus und indirekt die Königin Brunhilde bezichtigte, hatte einen tiefen Eindruck auf ihn gemacht — er schwur vor seinen Antrustionen, das Verbrechen an Eberulfus und seinen Nachkommen bis ins dritte und vierte Glied zu rächen, damit die gottlose Sitte abkomme, Könige zu töten, aber er that es zitternd, und Childeberts, seines Neffen Gesandte machten sichs zum Spass, ihm unter der Hand zu sagen: *die Axt, die seinem Bruder den Schädel gespalten habe, sei noch scharf.* Dieser Childebert war der Sohn Siegberts von Austrasien und der westgotischen Brunhilde — als der Vater ermordet wurde, gelang es einem Getreuen, den Sohn zu retten, später kam auch die Mutter nach Austrasien zurück und regierte gemeinschaftlich mit Childebert zu Metz. Sie hatte sich die Vormundschaft über ihren Sohn verschafft und stand mit ihm unter dem Schutze Onkel Guntrams, dessen Erbe und Nachfolger Childebert werden sollte. Eines schönen Sonntags, erzählt Gregor von Tours, war Guntram in der Kirche zu Paris; der Diakonus hatte eben geklingelt, weil das Hochamt beginnen sollte. Da stand der König auf und hielt folgende weinerliche Ansprache an die andächtige Gemeinde: *Ich ersuche Euch, liebe Männer und Frauen, brecht mir die Treue nicht und schlagt mich nicht tot, wie Ihr meine Herrn Brüder erschlagen habt. Lasst mich wenigstens noch drei Jahre leben, damit ich erst meine kleinen Neffen, die ich adoptiert habe, erziehen kann, und Ihr nicht, da sei Gott vor! mitsamt den Kleinen zu Schaden kommt, wenn ich tot bin und kein starker Mann von unserer Rasse mehr da ist, um Euch zu verteidigen.* Michelet bemerkt: *Ce bon homme semble chargé de la partie comique dans le drame terrible de l'histoire mérovingienne.*

Guntram starb in der That eines natürlichen Todes, im Jahre 593, dem dreiunddreissigsten seiner Regierung, achtundsechzig Jahre alt, am 28. März, an welchem Tage die Kirche seiner Heiligkeit gedenkt; und wurde bei Sankt Marcellus in Châlon sur Saône, einer alten

Niederlassung der Äduer, lateinisch: *Cabillonum*, wo er so viele Konzile abgehalten hatte, begraben. Das war seine gewöhnliche Residenz, Orléans seine offizielle Hauptstadt; der heilige, zu Châlon sur Saône erhöhte Märtyrer Marcellus sein Leibheiliger. In der Priorei St. Marcellus bei Châlon, wohin er auf Rat der Ärzte gebracht worden war, starb später (21. April 1142) der berühmte Abälard; die Priorei war Guntrams eigne Stiftung. Da er keine Erben hinterliess, fiel sein Reich vertragsmässig an seinen Neffen Childebert, den König von Austrasien. Derselbe lebte nicht lange, starb selbst drei Jahre darauf

Herren und Edelleute des 7. bis 9. Jahrhunderts, sprechende Gebärden: Lehnseid. Altfränkische Tracht; Beinkleider fehlen, die Gnädige geht sogar barfuss. Aus der Sammlung von Horace de Viel-Castel.

im Alter von sechsundzwanzig Jahren (596). Seine Mutter Brunhilde überlebte ihn, führte die Regierung von Austrasien und Burgund von Metz, der Hauptstadt Austrasiens aus im Namen ihrer Enkel und Urenkel bis zum Jahre 613 fort und hatte sogar (im Jahre 597) die unsägliche Genugthuung, den Tod ihrer Todfeindin, der schrecklichen Fredegunde zu erleben. Die fränkische Messalina, die neue Brünhild, die alle Anhänger, namentlich aber den jungen Sohn ihrer Schwägerin, Chlotar, mit wütendem Hass verfolgte, herrschte mit solcher Kraft, dass sie noch nach Jahrhunderten im Gedächtnis des Volkes lebte. Aber die leidenschaftliche Frau musste sich beständig mit den gewaltthätigen austrasischen Grossen und nachgerade mit ihren eignen Enkeln, den Söhnen Childeberts raufen, herumzerren und abplacken, im Jahre 612 floh sie zu ihrem jüngeren Enkel Theoderich nach Burgund und bekriegte mit diesem dessen Bruder, ihren älteren Enkel, Theodebert in Metz. Theodebert wurde besiegt, gefangengenommen und hingerichtet, seinem Söhnlein Merwig, dem Urenkelchen Brunhildens, die Hirnschale an einem Felsen zerschlagen (612). Nun war diese furchtbare Grossmutter wieder Herrin Austrasiens und der Hauptstadt Metz; aber schon im folgenden Jahre starb ihr Enkel Theoderich, und nun erschien, von den austrasischen Grossen aufgestachelt, wie ein Racheengel ihr Neffe Chlotar, der Sohn Fredegundens, der Neustrier in Austrasien. Er war jetzt achtundzwanzig Jahr, seine Tante über sechzig Jahre alt. Brunhilde rief die Völker jenseit des Rheins, die Ostfranken, die späteren Deutschen zum Beistand auf, doch wurden dieselben von dem Hausmeier Werner, den Brunhilde aus dem Wege räumen wollte und der Lunte gerochen hatte, der Königin abtrünnig gemacht und für Chlotar gewonnen. Das Heer ging zu diesem über, und Brunhilde fiel samt ihren Urenkeln, den Söhnen Theoderichs, in die Hand des Feindes. Dieser wollte sie auf eine grausenhafte Weise vom Leben zum Tode bringen (A. D. 613). Von seiner Mutter unversöhnlichem Geist getrieben und die erbitterten austrasischen Grossen zu befriedigen, liess Chlotar seine Tante drei Tage lang foltern, die zu Tode Gemarterte auf einem Kamel durchs Lager führen, endlich noch mit den Haaren, einem Arm und einem Bein an den Schweif eines wilden Hengstes binden und von dem wütenden Tiere schleifen; den blutig zerrissenen Leib liess er verbrennen. So endete Brunhilde, die Tochter des Königs Athanagild, die Merowingerin, eine kaum minder gewaltige, kaum minder kühne und kaum minder tragische Figur als die Riesengestalt des Nibelungenlieds, oder als Dirce am Farnesischen Stier.

Die Geschichte der Merowinger erinnert vielfach an die der Nibelungen, bis auf die Namen. Die Ähnlichkeit der Situationen muss jedem auffallen: eine Brunhilde lässt Siegfried, Kriemhildens, ihrer Schwägerin Gemahl — und eine Fredegunde Siegbert, ihren Schwager, Brunhildens Gemahl ermorden; der König von Burgund, im Nibelungenliede Gunther, bei den Merowingern Guntram, ist beidemale ein Schwachkopf. Wenn dann wieder die austrasische Königin Brunhilde im Jahre 584 jenen Eberulfus entsendet hätte, der ihren Schwager, den König Chilperich, Fredegundens Gemahl mit seinem Skramasachse niederstach, als er eben arglos von einer Jagd heimkehrte und nach Schloss Chelles an der Marne einbog, wie die Chronik von Fredegar ausdrücklich behauptet — nach den *Gesta Regum*

Francorum hätte Fredegunde selbst ihren Mann ermorden lassen, weil sie mit dem Hausmeier Landerich buhlte, Chilperich Wind bekam und sie seine Rache fürchtete: so wäre die Parallele doppelt und noch schlagender gewesen. Man kann sich des Gedankens kaum entbrechen, dass die Nibelungensage von den Merowingern beeinflusst worden sei. Es giebt noch andre Parallelen; Johannes von Müller sagt: *die Merowinger waren wie die Atriden und Minyer; zu gleicher Berühmtheit fehlten nicht tragische Verbrechen, sondern gelehrte Dichter*

Prinzessinnen vom Karolingischen Hofe mit Büchern und Schriftrollen (*Volumina*), wie sie in einer Miniatur der *Bibel Karls des Kahlen* abgebildet sind (Pariser Nationalbibliothek). Kaiser Karl der Kahle soll unter allen Karolingern die Wissenschaften am meisten geliebt und auch eine Hofschule gegründet haben. Die Damen heissen etwa Irmintrud, Richildis, Swanhilde und Emma. Weisses Hemd mit langen Ärmeln, das (nur) bei Tage getragen ward; kurzärmeliger, langer, bordierter, auf der Brust zusammengeschnürter Rock; leichter Überwurf in Form einer Mantilla oder einer slawischen *Suknje*. bei zweien kleeblattförmig getupft (*Suckenîe*); Schnürschuhe aus Korduanleder. Die Haltung ist die von Schülerinnen; vielleicht lauschen sie einem Vortrag des Philosophen Scotus Erigena oder des Mönchs Henricus von Auxerre.

und eine gebildete Sprache. Gewiss, was die Priesterin auf Tauris von ihren Ahnherrn meldet:

> Rat, Mässigung und Weisheit und Geduld
> verbarg Gott ihrem scheuen düstern Blick;
> zur Wut ward ihnen jegliche Begier,
> und grenzenlos drang ihre Wut umher,

das passt auf das furchtbare Geschlecht, das zu Doornick, Paris, Metz, Reims und Orléans residierte. Und Chilperich wird von Gregor von Tours als der Nero und der Herodes seiner Zeit bezeichnet, wie der römische Kaiser war er mit dem Fluch der Menschheit belastet, wie er hauchte er unter Mörderdolchen seine elende Seele aus; bei Fredegunde und Brunhilde fallen einem unwillkürlich nicht bloss Kriemhilde und Brunhilde, sondern auch die römischen Agrippinen und Messalinen ein, Todfeindinnen wie die fränkischen Königinnen. Aber man möchte sagen, dass die Thaten und Unthaten der Germanen alles übersteigen, was von den stammverwandten Nationen gesündigt worden ist; sie waren ganz andere Kerle und schlimmer wie Tantalus' Geschlecht. Sie entfalten eine Kraft und eine Wildheit und eine finstere Konsequenz, vermöge deren diese Naturen nur mit sich selber verglichen werden können. Das ist der grossartige Geist eines Hagen von Tronege, des mitleidlosen Helden, der Siegfried ermordet und dem kleinen Ortlieb das Haupt abschlägt; das ist Kriemhildens Rache. Das ist germanischer Geist: die Burgunder, die Nibelungen, nachgerade aber Franzosen heissen, waren ja germanischer Rasse wie die Altfranken, die heutzutage auch Franzosen heissen, aber einst für den ältesten, edelsten, alle andern umschliessenden deutschen Volksstamm gegolten und als solcher das ganze Mittelalter hindurch in Ansehn gestanden haben. Freilich hatte man auch das Sprichwort: *einen Franken soll man sich zum Freunde, aber nicht zum Nachbar wünschen.* Bekanntlich werden im Orient noch heute alle Westeuropäer: *Franken* genannt, der Name *Franken* ist wie der der Tataren eine Kollektivbenennung. Seit dem Jahre 532, als Chlotar und Childebert die Burgunder bei Autun niedergeworfen hatten, bildete ihr Reich eine Provinz des Fränkischen, es wurde zu der westlichen Hälfte, zu Neustrien geschlagen, die Residenz Worms, die die Hunnen zerstört hatten, von den Merowingern wiederaufgebaut. Wieder dreissig Jahre später, bei einer neuen Teilung der Merowinger wurde Burgund abermals ein besonderes Königreich, welches das eine Dritteil des Frankenreichs ausmachte, die beiden andern Drittel waren Neustrien und Austrasien. Jetzt wird als Hauptstadt von Burgund nicht mehr Worms, sondern Orléans, beziehentlich Châlon sur Saône genannt, wo unser frommer merowingischer König Guntram residierte, wie hundert Jahre vor ihm sein Kollege und Namensvetter, König Gunther, der Bruder Kriemhildens und Gemahl Brunhildens zu Worms am Rheine gesessen hatte († 437).

Es war also wie gesagt nicht zu verwundern, wenn Herrn Guntram vor seinen Verwandten, zumal vor seinen lieben Schwägerinnen etwas graute — er konnte wirklich von Glücke sagen, dass er so davon und auf gute Art unter die Erde zu seinem heiligen Marcellus kam

— dass ihm bis dahin sein Seelchen nur einmal gelegentlich aus Neugierde während des Schlafs entwischt, aber doch nicht völlig untreu geworden war. *Guntram*, französisch *Gontran*, lateinisch *Guntchramnus*, ist ein deutscher Name wie *Wolfram* oder *Bertram*; und zwar ein deutscher Rabe, vom Geschlecht der heiligen Vögel Wodans (althochdeutsch *hraban*, zusammengezogen: *hram*, *ram*, soviel wie Rabe). Aber die Seele Guntrams hatte nicht die Gestalt eines Vogels, sondern einer Maus oder eines Kriechtiers. Einst, so geht die Sage, birschte König

Runde Bergfriede des 13. Jahrhunderts, französisch *Donjons*, die heute noch stehn: links ein Turm des festen Schlosses von Semur in Burgund; rechts zwei von den vier Türmen des gotischen Schlosses Saint-Jean in Nogent le Rotrou, dem nach dem Grafen Rotrou genannten Hauptort der Grafschaft Le Perche, wo 1870 und 1871 siegreiche Gefechte der Deutschen gegen die französische Loirearmee stattfanden. Der Bergfried, altfranzösisch *Beffroi*, war der Hauptturm einer Burg; er kommt auch in Städten, z. B in Halle und Görlitz vor und geht hier in den Begriff eines Glockenturmes (vlämisch *Belfried*, englisch *Belfry*, italienisch *Battifredo*, bei Kirchen: *Campanile*) über, auf dem ein Wächter mit der Glocke das Zeichen gab, dass der Feind nahe. Von Deutschland aus verbreiteten sich Türme solcherart auch nach Frankreich, England und Flandern; in Gent und Brügge heissen sie *Belfried*. *Donjon* ist das mittellateinische *Domnionem*, der *dominierende* Turm. Städtische, mit dem Rathaus verbundene Bergfriede finden sich in Prag und Chemitz; in Form von Thortürmen in Bautzen, Lübeck und Stendal.

Guntram in den Mittagsstunden auf Hochwild und ruhte eine kleine Stille an einem muntern Bächlein. Ermüdet legte er sein Haupt auf den Schoos eines Schildknappen und schlief ein. Er war weg, wie man zu sagen pflegt. Da sah der Knappe, wie dem Schlafenden ein rotes Mäuschen aus dem Munde sprang und sich bemühte, über das Wasser zu kommen. Gefällig hielt ihm der Knappe sein Schwert hin, das Tierchen lief darüber und schlüpfte in ein Loch; dann kam es wieder heraus, lief wieder über das Schwert und in den Mund des Königs zurück. Nach einer andern Darstellung war es keine Maus gewesen, sondern eine Schlange. Nun, Guntram wurde unruhig und wachte auf; dann sagte er, ihm habe geträumt, er sei auf eiserner Brücke über einen reissenden Strom gegangen und in eine Höhle unter einem Berg gekommen, wo ein grosser Schatz verborgen gewesen sei. Er setzte über den Bach, liess nachgraben und fand in der That einen Schatz, den er der Kirche schenkte. Namentlich in die Kirche seines hohen Patrons, des im Jahre 177 hierherum verstorbenen heiligen Märtyrers Marcellus in Châlon sur Saône, seine Hofkirche stiftete er ein prachtvolles Ciborium, einen Baldachin mit vier Säulen aus reinem Golde, wozu er die kostbarsten der gefundenen Edelsteine nahm, und stellte es auf dem Altare, wo Sankt Marcellus ruhte, über das Allerheiligste; dieses Ciborium stand noch zur Zeit Karls des Grossen, wo Paulus Diakonus, der langobardische Geschichtschreiber die Kirche besuchte.

Ich weiss ein wildes Geschlecht, nicht heilig ist ihm was andern hehr. Eine Fredegunde wäre in unserer Zeit nicht unter zwanzig Jahr Zuchthaus weggekommen; über Brunhilde sind die Meinungen geteilt. Ihre Zeitgenossen, Gregor von Tours und Papst Gregor der Grosse treten ihr die Brücke; erst von Leuten, die sie nicht kannten, wird ihr Andenken, namentlich die Periode ihres Lebens, in der sie für Sohn und Enkel die Regentschaft führte, geschwärzt. 576 hatte sie, in Chilperichs Gewalt geraten, in Rouen dessen jungen Sohn Merwig, ihren Neffen, aus Audoveras Bett, angeblich verführt und sich von dem Bischof Prätextatus, der sich dadurch Chilperichs und Fredegundens unversöhnlichen Hass zuzog, mit ihm trauen lassen, natürlich um ihn mit seinem Vater zu entzweien — das Liebespaar floh in die Kirche Saint Martin und wollte nicht herauskommen, wenn der Vater nicht schwüre, sie nicht trennen zu wollen — nichtsdestoweniger wurde die Ehe aufgelöst, der Bischof, der den kirchlichen Segen dazu gegeben hatte, auf einem Konzile von fünfundvierzig Bischöfen zu Paris (577) abgesetzt und nach sieben Jahren, nachdem inzwischen Chilperich mit Tode abgegangen und er unter dem Jubel des Volks auf seinen alten Sitz zurückgekehrt war, eines Sonntags in seiner Kirche während der Messe, wie der heilige Sixtus vor seinem Altar erstochen. Niemand reizte Fredegundim ungestraft! — Diese Episode sieht indessen mehr nach einer richtigen Merowingischen Liebesgeschichte als nach einer herzlosen Intrigue aus. Brunhilde, die edle westgotische Königstochter, erscheint vielmehr als eine Unglückliche, die gleich ihrer älteren Schwester Galswinthe in die Greuel des fränkischen Hauses hineingezogen ward. Lassen wir jetzt diese Greuel und kehren wir zu unserem Ausgangspunkt zurück. Wir erzählten zwei Träume, die zwei Merowingische Könige hatten, der eine im Freien, etwa auf der Côte d'Or, der andere in seinem Palast zu Doornick. In dieser belgischen Stadt hat man vor 240 Jahren das Grab Childerichs entdeckt — als man den Grund zu einer Küsterei legen wollte, stiess man auf einen Sarg, der die irdischen Reste des

Verbindet uns die Ritterpflicht,
Für jedes schöne Kind, das unsern Schutz bespricht,
Gefahr und Wunden zu verlachen
Und Damen zu befrein (Wieland). Beziehentlich sie auf Reisen zu begleiten. Die hohe Reisende sitzt unter einem Rosenstrauche und flicht ihr Haar; sie macht Toilette. Neben sie hat sich ein Ritter in Ringelpanzer und Waffenrock auf die Erde gelagert; er stützt den Kopf auf die linke Hand, mit der rechten hält er ihr einen kleinen runden Spiegel vor. Sein Pferd hat er an einen Baumstumpf angebunden; der Sattel hat die Form eines Bocksattels oder eines ungarischen Sattels, darunter liegt eine wollene Decke, der Woilach, an dem Vorderzwiesel hängt das Schwert. An den Baumstumpf ist auch die Lanze des Ritters mit dem drei Rosen enthaltenden Fähnlein angelehnt. Am Halfter hängt ein Kreuzchen. Allegorische Szene, das Weib unter dem Schutze der Ritterschaft darstellend; nach einer Miniatur in einem lateinischen Psalter in der Pariser Nationalbibliothek, Handschrift No. 175. (*Dominus firmamentum meum, et refugium meum, et liberator meus. Protector meus, et cornu salutis meae, et susceptor meus. Laudans invocabo Dominum: et ab inimicis meis salva ero.* Psalm XVII, 3 ff). Trachten vom Ende des 15. Jahrhunderts.

ersten Merowingers, seine Fahne und sein Schwert, seinen Ring, sein Notizbuch, sein Geld, einen Büffelskopf und Bienen von Gold enthielt; das war die Veranlassung, dass Napoleon die Bienen in sein Wappen aufnahm, noch vor ein paar Jahren trug die Braut des Herzogs von Aosta, die Prinzessin Lätizia, einen Mantel, der mit Bienen und Adlern in Edelstein besetzt war. Als Childerich seine Braut, die schöne Basina heimführte und mit ihr auf dem heiligen Ochsenwagen in Doornick einzog, dachte er noch nicht ans Sterben — er brachte sie in sein Haus, den königlichen Saalhof, der eben in der alten vlämischen Stadt neben der (angeblich von ihm erbauten) Kathedrale gelegen war; hier ward Beilager gehalten und geträumt. Wie mag dieses alte Merowingische Wohnhaus gewesen sein, was erzählt uns darüber Augustin Thierry, der treffliche blinde Mann? — Nun, die fränkischen Könige sollen nachgerade gewohnt haben wie die edlen Römer, ihre Höfe gliederten sich angeblich in eine lange Flucht von Räumlichkeiten: einen Vorhof *(Proaulium)*, einen Empfangssaal *(Salutatorium)*, das kreisförmige *Consistorium* und den Speisesaal, der dem alten *Triclinium* entsprach, aber, durch zwei Säulenreihen in drei Schiffe geteilt, den barbarischen Namen *Trichorum* oder *Tricorium* erhielt (τρίχωρος, dreiräumig). Sie hätten ihre heizbaren Zimmer, ihre Badeeinrichtungen, ihre Galerien *(Hypodroma)* und ihre Fechtböden *(Gymnasia)* gehabt, und so mag sich wohl einer vorstellen, wie König Childerich Frau Basina in ihre im Turm gelegene Kemenate führt, wo er in der rauhen Jahreszeit Feuer hat machen lassen. Die Kemenate hat ja ihren Namen vom Kamin, sie ist, im Gegensatz zu dem unheizbaren *Palas* oder *Saal*, dem alten Hauptteil einer Burg, das Zimmer mit einem *Caminus*, die *Camera Caminata*, italienisch *Sala Camminata*, während in Frankreich *Cheminée*, in England *Chimney* den Rauchfang bedeutet. Erst später scheint man aus Ziegeln und Kacheln grosse Öfen gesetzt zu haben, die allerdings schon auf dem Bauriss von Sankt Gallen aus dem Jahre 820 in den Stubenecken zu erkennen sind, je zwei in einen und denselben Schornstein mündend; Stuben mit Öfen oder schlechthin: *Stuben*, sogenannte *Dürnitzen*, wie sie sich auf der Wartburg, den Burgen zu Meissen und Amberg finden, stammen aus dem 14. Jahrhundert. Kamine waren im Mittelalter bei vornehmen Leuten, wie in England und Frankreich, beliebter als Kachelöfen.

Ach, was; von alledem war noch keine Rede, als Childerich und Basina auf dem heiligen Ochsenwagen angezogen kamen. Der altfränkische Herrenhof oder Fronhof wird nicht viel besser gewesen sein als eine Scheune und etwa ausgesehen haben wie ein niedersächsisches Bauernhaus oder wie irgend ein grösserer Hof Deutschlands und der Schweiz: ein mächtiges, aus Balken zusammengefügtes, befriedetes und verhegtes Blockhaus, ein Holzbau mit einem Schindeldache; eigentlich eine einzige weite Halle oder Diele, in die der Merowingische Ochsenwagen gerade einfahren kann. Hier, in diesem Flurraum stand der

Herd, an dem sich die Familie Cilderich lagerte und wärmte — darum herum lagen die Wohnungen des Gesindes und des königlichen Gefolges, der famosen Trustis, und die Ställe. Einstöckige und ebenfalls nur einen einzigen Raum enthaltende Arbeitshäuser, Vorratskeller und Wirtschaftsgebäude mögen den weiteren Umkreis gebildet haben; das Ganze war umzäunt und wurde von einem starken Hofhund, dem *Hovewart,* bewacht. Er mag schön gebellt haben, als Herr Childerich wiederkam und eine Braut mitbrachte. Dieselbe wird Betrachtungen darüber angestellt haben, ob sichs auf der Thüringer Bank besser schlief oder auf der niederländischen Diele.

Provençalischer Minnehof des 14. Jahrhunderts. Der König der Liebe hält, mit Krone und Scepter auf dem Throne sitzend, in einem Garten das Minnegericht ab und schlichtet die Streitigkeiten der beiden Liebespaare, die zu seinen Füssen sitzen; die Dame an seiner Seite hat eben gegen ihren Liebhaber recht bekommen. Links ein Troubadour, der sich der Dame seines Herzens gegenüber auf die Gesetzrolle beruft, in welcher die *Arresta Amorum* gesammelt sind. Vielleicht liest er ihr auch ein Gedicht, seine neueste *Tenzone* vor. Sie hat ein Schosshündchen auf dem Arm. Die drei Herren sind in Zatteltracht, die unteren Säume ihrer Mäntelchen und Schürzchen zerschlitzt und ausgezattelt, nach Art eines Plaids mit Fransen besetzt. Auch oben bemerkt man an der einen Gugel einen Zackenrand; die Ärmel, auch die der Frauen und des Königs, sind bandförmig verlängert und lappen bis auf die Erde. Diese Tracht war damals Mode, auch in Deutschland. Schnabelschuhe. Der Minnehof hiess in Frankreich *Cour d'Amour*, auch: *Puy d'Amour*, Liebespodium; der Vorsitzende: *Prince d'Amour*, *Prince de Puy*. Nach einer Miniatur in einer Handschrift der Pariser Nationalbibliothek.

Müde genug war sie, denn die Mahlzeit endlos; von dem wüsten Lärm der Antrustionen, ihrem Schreien und Toben brauste es ihr in den Ohren. Auerbachs Keller ist nichts gegen so ein frühmittelalterliches Bankett, bei dem zuguterletzt die Würfel Trick Track fielen und die Skramasachse gezogen wurden, denn die Sitte wollte, dass man in Waffen zu Tische ging — selbst das berühmte Kapitel des Rabelais, das er *les Propos des Buveurs* überschrieben und Fischart in seinem *Truncken Gespräch* nachgemacht hat, dürfte sich gegen eine Merowingische Hochzeit zahm ausnehmen, wo sich die Humpen ununterbrochen mit Met und Gewürzwein und Hypokras füllten, die Gesundheit der Neuvermählten auszubringen. Als sie dann endlich Ruhe hielten, wurde auf der Diele, mochte dieselbe nun wirklich gedielt oder nur wie eine Tenne mit Lehmestrich ausgekleidet sein, das Bett gemacht. Die Leute hatten eben damals noch keine Betten in unserem Sinne, das heisst keine Bettstellen; sie lagen auf der Erde, wie man im Oriente, im Hause eines griechischen Gastfreunds noch häufig liegen muss. Ich denke, Childerichs lagen am

Ende auf dem Stroh und auf einem Teppich, der darüber gebreitet war, das Ohr auf dem Ohrkissen — nackt wie sie waren, wickelten sie sich in das *Leilach,* mit einer Wildschur oder einem Schuppenpelze deckten sie sich zu. Wären sie ein paar Jahrhunderte später gekommen, so hätten sie allenfalls eine Bettstelle, einen Kasten, eine Pritsche, ein Schlafsofa mitgebracht, das, auf vier *Stollen* stehend, wie bei armen Leuten einen doppelten Zweck erfüllte und auch bei Tage zu brauchen war — zur Zeit der Minnesänger hätten sie seidne Betten, keine Felle, sondern Steppdecken oder *Kulter,* mit Eiderdunen und Adlerflaumen gestopfte *Plûmits,* Rosshaarmatratzen, Vorhänge und Himmel und sogar eine Nachtlampe gehabt, die Ampel oder das *Nahtlieht.* Da aber erst die Merowinger auftreten sollten und sie erst alles träumten, so mussten sie einstweilen wie arme Reisende mit einer Streu und einer Lagerstatt vorlieb nehmen, die sich von der des heiligen Guntram nicht wesentlich unterschied, wenigstens nicht darüber erhob. Die Zustände der Armut und der Not können vielfach als Wegweiser zu den Verhältnissen der Vorzeit angesehen werden. Arme Leute leben gleichsam im frühen Mittelalter. Aber dieses niedere Bett war dennoch wie der Thron, auf dem die *Völva,* die weise Frau, eine jener nordischen Seherinnen, die wir *Wölen* oder *Walas* nennen, dem Allvater Odin in dichterischer Begeisterung die ewigen Weltgeschichten sang, ihm von dem Urgeschlechte der Riesen, dem goldenen Zeitalter der Götter auf dem Idhafelde, vom ersten Kriege und vom Weltenbaume Yggdrasill erzählte und sein unabwendbares Geschick, das Losreissen des Höllenhundes, das Hereinbrechen der Götterdämmerung offenbarte. Ihre Prophezeiung heisst *Völuspa,* wörtlich die Weissagung der Völva, sie ist das grossartigste und älteste Lied der Edda, die vielumstrittene Hauptquelle germanischer Mythologie. Basina, die ihrem Gemahl auf dem Hochzeitbett die Zukunft des wilden und zügellosen Merowingischen Geschlechts, die Begründung des Fränkischen Reichs in Gallien und damit Deutschlands und Frankreichs zwiespältiges Los enthüllte, dichtete auch eine Völuspa, ihr Gesicht bildet ein Seitenstück zur Edda, wie der Hass der beiden königlichen Frauen, der Brunhilde und Fredegunde als ein Nachklang des Nibelungenlieds erscheint.

b. Am Hofe Karls des Grossen. Die Hofschule.

Die Karolinger glänzender als die Merowinger, kaum besser — was die vorurteilsfreie Geschichte von Karl dem Grossen hält — seine Weiber und Kebsweiber — seine liederlichen Töchter, seine Schwiegersöhne, seine Biographen — Angilbert und Bertha, Eginhard und Emma — der Schnee, ein anderes Liebespaar in der Normandie — Projekt der griechischen Kaiserin Irene — die Gesandten des Nicephorus, durch welche Mittel ihnen Karl der Grosse imponiert — Stellung zum Kaiserhof in Konstantinopel, der kopiert wird — der Litteraturverein und die Schule am Fränkischen Hof, mit was für Geistern sich der Kaiser umgab — schade, dass es lauter Geistliche waren — was er las, was er trieb, was er sammelte, wenn er Zeit hatte — er übte sich im Schreiben — die zwei Elemente, die sich in seinem Hofstaat kreuzten — seine Liebe zum Deutschtum, das aber die fremden Theologen nicht aufkommen lassen.

Gewiss, das Karolingische Geschlecht ist glorreich, Karl der Grosse eine weltgebietende, von dem verklärenden Schimmer der Sage umwobene Gestalt, sein Name wie der Cäsars in Ungarn, in Russland, in Polen, in Serbien, in Griechenland typisch für Könige — sein Charakter kaum besser als der der Merowinger. Die Geschichte wirft ihm unmenschliche Grausamkeit und Rachsucht vor — dass er 4500 Sachsen an der Aller bei Verden enthaupten liess. Wer sich ein Bild von diesem schrecklichen Eroberer, diesem gewaltigen Kriegsfürsten, diesem neuen Etzel machen will, der lese die Charakterschilderung, die sein angeblicher Schwiegersohn Einhard entworfen hat und die unter dem Titel: *Vita Caroli Magni* nebst den beiden Biographien des Dichters Saxo und des Mönchs von Sankt Gallen in den *Monumenta Germaniae* von Pertz und in Jaffés *Monumenta Carolina* abgedruckt ist. Die Geschichte hat ihn im Verdacht, im dritten Jahre seiner Regierung, im Jahre des Herrn 771, am 4. Dezember zu Samoussy seinen jüngeren Bruder Karlmann vergiftet und auf diese Weise, wie das in der Karolingischen Dynastie Stil war, die Zweiteilung des Fränkischen Reiches rückgängig gemacht, Frankreich und Deutschland wiedervereinigt zu haben. Gewiss ist, dass er seine beiden Neffen, die unmündigen Söhne Karlmanns um ihren Anteil brachte, die fränkischen Grossen übergingen sie als noch nicht wehrhaft; die Witwe Gerberga floh mit ihren Kindern nach Italien zu König Desiderius, dessen Tochter Desiderata Karl der Grosse geheiratet und nach kurzer Ehe wieder verstossen hatte, ward nach Eroberung des Langobardenreichs (774) mit ihnen in ein Kloster gesteckt und endete hier mit ihnen. Wenn man sagt: das doppelte Verbrechen war notwendig, weil er sonst seine grossen Pläne nicht hätte ausführen können, so ist das genau der Standpunkt Raskolnikows, der in dem Romane Dostojewskijs eine alte Frau ermordet, weil er grosse Pläne im Kopfe hat und er mit ihrem Gelde mehr anfangen kann als sie; der Standpunkt Napoleons, für dessen hohen Geist kein Sittengesetz existiert und auf den sich der russische Student ausdrücklich beruft. Die Geschichte schliesst, dass Karl der Grosse in den letzten Jahren seines Lebens in der Kirche und im Gebet die Sühne grosser Frevel suchte, von Freveln, die auch die wildeste Zeit verurteilen muss, wie das die Sünder und die Sünderinnen, *junge Huren, alte Betschwestern,* in der Gewohnheit haben.

Von Karls des Grossen zahllosen Weibern und Kebsweibern, von seinen liederlichen Töchtern, die die Aachener Strassen unsicher machten, von der Strafe, die ihn nach der Vision eines Mönchs im Jenseits erwartete, allwo ihm wie dem Wollüstling in der Gruppe der Sieben Todsünden auf dem Weltgericht von Michel Angelo ein Geier unablässig an der Erbsünde frass, will ich schon gar nicht reden. Gleich Napoleon wird er sogar der Blutschande geziehen. Auch ein Attentat auf die Keuschheit der heiligen Amalberga soll er ausgeführt und ihr dabei den Arm ausgerissen haben, ohne zu seinem Zwecke zu gelangen, doch ist diese Roheit wohl auf Rechnung seines Grossvaters Karl Martell zu setzen, wie denn die Sage alle Karolingischen Histörchen auf das Haupt dieses grossen Mannes gesammelt hat. Einmal soll Karl der Grosse einen Bären gejagt, das verfolgte Tier sich unter den Reliquienschrein der heiligen Gudula bei Sankt Salvator zu Moorsel geborgen haben und dann von dem heiligen Orte gar nicht wieder wegzubringen gewesen, auch bis zu seinem seligen Ende in dem Kloster geblieben sein; diese Bärenjagd scheint ebenfalls Karl Martell angestellt zu haben, ja, wer weiss, ist der Bär mit dem berühmten Löwen Pippins des Kurzen verwechselt worden. Karl der Grosse war fünfmal vermählt: erstens mit Huniltrude, die einige auch seine Konkubine nennen — zweitens mit der obengenannten unglücklichen Desiderata, der Tochter des Königs Desiderius, einer lombardischen Prinzessin, die er nach einem Jahre angeblich wegen Unfruchtbarkeit, wahrscheinlich aber gerade umgekehrt: weil sie guter Hoffnung war, auf Andrängen des Papstes Stephan, gegen den Willen seiner trefflichen Mutter Bertrada verstiess — drittens mit Hildegard, einer Schwäbin, die ihm drei Söhne und drei Töchter gebar — viertens mit Fastrada, einer austrasischen Gräfin, von der er zwei Töchter hatte — fünftens mit Luitgard, einer Alemannin. Er hätte bald noch eine sechste Frau bekommen — wenn der abenteuerliche Plan der griechischen Kaiserin Irene, ihm ihre Hand anzutragen und eine Wiedervereinigung des oströmischen und weströmischen Reichs herbeizuführen, die alte Glorie Roms wiederherzustellen, ins Werk gesetzt worden wäre. Dieser Plan zerschlug sich; das byzantinische Volk rief (31. Oktober 802) den Grossschatzmeister Nicephorus zum Kaiser aus, Irene wurde gestürzt und Karl,

König David als Harfenspieler, von vier Spielleuten (einem Fiedler, einem Dudelsackpfeifer, einem Trompeter und einem Trommler) umgeben. Die Harfe, nicht vollkommen dreieckig, hat 5 quer aufgezogene Saiten; der Hals läuft in einen Löwenkopf aus. Die Geige oder Fiedel zeigt schon die neuere platte Form des Schallkörpers mit Seitenausschnitten und dem hohen Steg, während sie früher mit dem gewölbten Bauche ohne Taille einer Birne oder einem Schinken glich. Die Trompete ist eine gerade Metallröhre wie die *Tuba* des Altertums. An dem Kopfe des Dudelsacks, der vom Spieler mittels einer Pfeife vollgeblasen wird, ist eine Schalmei befestigt, die durch den Schlauch angeblasen wird, indem ihn der Spieler mit dem Arme zusammendrückt. Der Tambour legt den einen Schlegel, eine stehende Gebärde, an den Mund; er kann überhaupt nur mit der einen Hand schlagen, denn an der andern trägt er seine Trommel. Nach einer Miniatur in einem Psalter, Handschrift des 13. Jahrhunderts, Pariser Nationalbibliothek. Karl der Grosse, dessen *Gesta* die Jongleurs oder Spielleute besangen, führte in seinem Klub den Kneipnamen: König David.

der König; wie er sich selbst nannte: der Kaiser der Franken und der Langobarden von Konstantinopel immer etwas von oben herab behandelt. Diese Griechen wollten ihm in ihren Briefen nur den Titel *Rex* oder, wie sie ihn barbarisch verdrehten: *Rega* (Ῥήγα), nicht den des Βασιλεύς oder des *Augustus*, des Kaisers zugestehen. Erst Michael I. verstand sich zu letzterem. Karl der Grosse liess sich übrigens nicht werfen, er redete seinerseits die griechischen Kaiser nicht mehr mit *Herr* und *Vater*, sondern als *Bruder* an und suchte ihnen in einer für unsere Begriffe ein wenig kindlichen Weise zu imponieren. Der Byzantinische Hof war in allen Äusserlichkeiten und was Repräsentation und Zermoniell anbelangt das Muster für Westeuropa; der Karolingische wollte ihm nichts nachgeben. Der Mönch von Sankt Gallen, der mit seinen *Gesta Caroli Magni* in der zweiten Reihe der *Scriptores Rerum Germanicarum* figuriert, erzählt eine charakteristische Anekdote. Im Jahre 803 schickte Nicephorus eine Gesandtschaft an Karl den Grossen: die Boten finden ihn nach langem Suchen in seinem Lager am Ufer der Fränkischen Saale. Hier, in einem altfränkischen Dorfe soll vor den Augen der Konstantinopolitaner der Pomp der griechischen Kaiserburg entfaltet werden. Die Gesandten werden in den Audienzsaal eingelassen: dort sitzt eine glänzende Persönlichkeit auf einem hölzernen Bocke, schon wollen sie sich niederwerfen und die Majestät anbeten — da werden sie bedeutet, dass das nur der Oberstallmeister, der Marstaller, der Pferdeknecht ist. Sie müssen weiter gehn. Im nächsten Zimmer sitzt der Pfalzgraf, in einem dritten der Grosshofmeister, in einem vierten der Kämmerer, und jedesmal denken die Griechlein, das ist nun der Kaiser, und jedesmal haben sie sich getäuscht. Sie sind, wie man zu sagen pflegt, ganz paff. Endlich springen die Flügelthüren des hintersten Saales auf, und sie erblicken den richtigen Monarchen auf seinem Thron, umgeben von jenem ausländischen Luxus, den er hasste, inmitten seiner Paladine und Feldherrn, eine Gestalt voll hoher Würde. Schon im Jahre 800 scheint die Kaiserin Irene Gesandte nach Aachen geschickt zu haben, die den Kaiser wegen ihres Projektes sondieren sollten. Ihr Plan war im Grunde göttlich schön; wenn wir den griechischen Schriftstellern glauben wollen, so hätte ihn Karl der Grosse zuerst gefasst. Die westlichen Geschichtschreiber sprechen nicht davon, obgleich es Einhard gewiss nicht unterlassen haben würde, wenn sich Karl der Grosse mit solchen Gedanken getragen hätte. Man darf wohl annehmen, dass die Idee in Konstantinopel ausgeheckt, aber geheim gehalten und erst nach dem Tode der Beteiligten bekannt wurde.

Karl der Grosse musste sich also an seinen fünf Weibern genügen lassen; aber er hatte daneben eine Menge Beischläferinnen und einen Harem wie König Salomo, dessen Namen er ja in seinem Klub neben

Philipp der Schöne, König von Frankreich, in (der damals aufgekommenen) Plattenrüstung in Paris einreitend, nachdem er Flandern erobert hat (A. D. 1297). Waffenrock und Schabracke sind mit den Lilien von Frankreich bestickt. Arme und Beine decken Platten von Stahl; über den Kopf hat er den Topfhelm gestülpt, an dem nur ein Spalt zum Durchsehen gelassen worden ist. Eisenschuhe; auch das Streitross hat eine Plattenrüstung, die Beine desselben sind unbewehrt. Abbildung der Reiterstatue, die einst im Chor der Pariser Kathedrale Notre Dame stand und im Jahre 1772 vernichtet ward. Nach einem Holzschnitt der Kosmographie von Thevet (1575).

dem des Königs David wirklich führte. Fürs Familienleben war er sehr, seine vielen Kinder und Bastarde, alles in allem vierzehn an der

Zahl, erzog er gut, die Töchter liess er nicht heiraten, wenigstens nicht standesgemäss heiraten und nicht fortziehn, was dem Hof in Aachen ein noch patriarchalischeres Ansehn gab. Zwei Liebschaften von diesen losen jungen Damen sind berühmt geworden: die seiner Lieblingstochter Bertha mit dem Schöngeist Angilbert, sie hatten zwei Söhne, von denen sich der eine, Nithard, später als Geschichtschreiber einen Namen machte — und die seiner Tochter Emma oder Imma mit einem andern talentvollen jungen Manne, dem unansehnlichen Eginhard oder Einhard. Wer kennt nicht die Sage von Eginhard und Emma, wie sie ein alter Chronist aus dem Kloster Lorsch erzählt? — Schon Omeis, ein Mitglied des Pegnitzordens, der norische Damon hat eine Novelle verfasst, die den Titel: *die in Eginhard verliebte Emma* trägt (Nürnberg 1680), Fouqué ein Drama *Eginhard und Emma* geschrieben, Auber den Stoff zu der dreiaktigen Oper verwertet, die ihn zuerst in Deutschland bekannt machte und das Glück hatte, dass die Henriette Sontag die Hauptrolle übernahm (1823). Diese Oper heisst: der Schnee *(la Neige)* — der Schnee ist in der Geschichte so wichtig wie in der *Gudrun*, wo die beiden Mägdlein barfuss durch den Schnee an den Strand gehen müssen, um zu waschen. Das Verhältnis zwischen Eginhard und Emma war noch nicht öffentlich — der deutsche Romeo erstieg abends die Kammer der Prinzessin und stahl sich früh beizeiten wieder fort, der Vater durfte nichts wissen. Nun war eines Nachts Schnee gefallen und das Liebespaar fürchtete, man möchte im Schnee die Spuren des kleinen Mannes sehn. Deshalb nahm Emma den *Homuncio* auf den Rücken und trug ihn huckepack über den Hof. Der Kaiser, der in der Nacht wohl vier bis fünfmal aufzustehen pflegte, ward zufällig Zeuge dieser Szene, war anfänglich sehr ungehalten, fand sich aber endlich bewogen, den Liebenden zu verzeihn und gab sein Töchterchen Besaleel zur Frau. Also hiess Einhard in der Clique, die Karl der Grosse an seinem Hofe duldete, nach dem kunstreichen Werkmeister im Alten Testament, dem Erbauer der Stiftshütte (bei Luther *Bezaleel*, 2. Mose XXXI, 2); ein zweiter Kneipname Einhards war von der Muse Kalliope hergenommen: *Calliopius*. Die Sache wird von den Historikern bezweifelt: Eginhard soll mit Angilbert vewechselt und Emma für Bertha eingesetzt worden sein; mit jenen beiden ist es richtig. Einhard selbst nennt in seiner Lebensbeschreibung Karls des Grossen keine Tochter Emma, was doch die Diskretion etwas weit treiben hiesse. Der Sage nach war die Tochter Karls des Grossen eine Vorläuferin der treuen Weiber von Weinsberg (1140) und der

Frau von Reichenstein. Im Jahre 1445 belagerte Markgraf Friedrich der Streitbare den Ritter Staupitz von Reichenstein im Schlosse Kriebstein, welches dieser Dietrich von Beerwalde entrissen hatte. Als sich der Reichenstein endlich ergab, bewilligte Friedrich nur dessen Hausfrau freien Abzug; sie sollte mitnehmen, was ihr das Liebste wäre. Da trug die Golddame ihren Gemahl auf dem Rücken aus

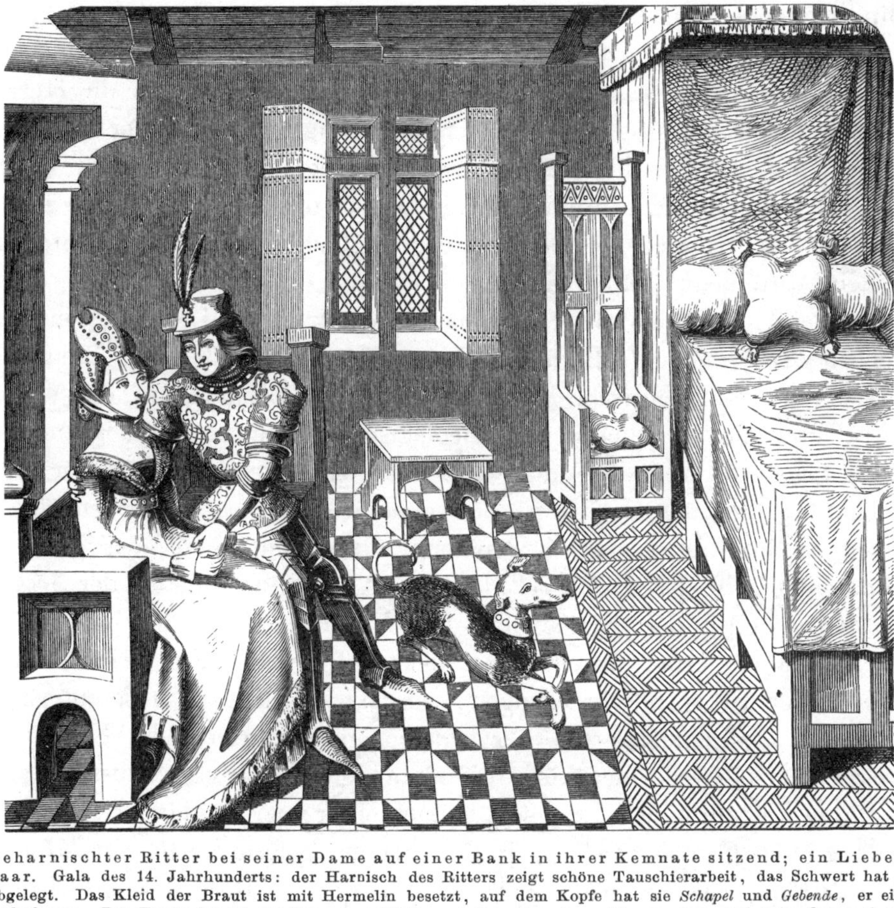

Geharnischter Ritter bei seiner Dame auf einer Bank in ihrer Kemnate sitzend; ein Liebespaar. Gala des 14. Jahrhunderts: der Harnisch des Ritters zeigt schöne Tauschierarbeit, das Schwert hat er abgelegt. Das Kleid der Braut ist mit Hermelin besetzt, auf dem Kopfe hat sie *Schapel* und *Gebende*, er eine Federkappe. Der Fussboden ist mit Marmor getäfelt; auf demselben bemerkt man einen hölzernen Schemel und einen Hund. Die Läden sind aufgemacht, die Fenster noch nicht von Glas. Rechts auf einem Tritt ein gemachtes Bett: grosse sechsfüssige Bettstelle, auf der Decke ein langes rollenförmiges Kopfkissen (französisch *Traversin*, italienisch *Capezzale*) und darauf ein kleines, viereckiges *Plûmît*. Ein solches liegt auch auf dem hölzernen Stuhl, der am Bett steht, damit es sich nicht so hart sitzt. Vorhänge und Betthimmel. Nach einer Miniatur in einem *Othée* genannten Gedichte, das der Venezianerin Cristina da Pisani (Pizzano) zugeschrieben wird. Diese Dichterin starb A. D. 1412 in Frankreich. *Bibliothèque de Bourgogne* zu Brüssel.

dem Schlosse. Wenn im Mittelalter ein Ritter in den Kampf zog, durfte er auch etwas tragen — die Farbe seiner Dame; ihre Hand schmückte ihn mit der Feldbinde. Aber damit man sehe, dass auch die Männer die Frauen selber tragen können: so geht in der oberen Normandie

die Sage von einem Liebespaar, das als trauriges Pendant zu Eginhard und Emma betrachtet werden kann. Im *Vexin normand* lebte die Nichte eines begüterten Edelmanns, die ein Liebesverhältnis mit einem jungen Manne aus der Nachbarschaft unterhielt. Der Grundherr nahm den Liebhaber im Schlosse bei der Hand und trat mit ihm an ein Fenster. Hier zeigte er ihm den Gipfel eines Berges am Ufer der Seine, des schroffen Felsens, auf dem gegenwärtig, vier Kilometer vom Pont de l'Arche und sechzehn Kilometer von der Stadt Rouen, das Kloster der Treuliebenden, *le Prieuré des Deux-Amants* steht. Wenn er sich getraute, das Mädchen bis dort hinauf zu tragen, ohne sich auszuruhn, so sollte er die Herzgeliebte haben. Mutig machte sich der Jüngling mit seiner schönen Bürde auf den Weg und erstieg den Berg thatsächlich; aber er hatte sich übernommen, eine Stunde darauf war er tot. Sein Liebchen starb ebenfalls vor Kummer. Den Tod der unglücklichen jungen Leute zu sühnen, stiftete der Onkel die obenerwähnte Priorei.

Der Hof Karls des Grossen hat nicht nur in der Legende, sondern auch in der Geschichte Berühmtheit erlangt. Zwei Elemente kreuzten sich daran: ein politisches und kriegerisches Element auf der einen Seite; und ein kirchliches und theologisches Element auf der andern Seite. Ersteres vertraten die Staatsbeamten, die *Satellites* oder die Leibgarde; der *Apocrisiarius*, der oberste kirchliche Würdenträger, dessen Stellung etwa der des späteren Grossalmoseniers, des Beichtvaters entsprach; der *Archicapellanus*, eine Art Kultusminister; der *Archicancellarius* oder der Erzkanzler, die Vorsilbe *Erz-*, die bei Titeln einen höheren Grad anzeigt, ist bekanntlich aus dem griechischen *Archi-* oder *Arci-* hervorgegangen, sie steckt auch in unserem *Arzt (Archiater)* — letzteres die hervorragenden Gelehrten, die Karl der Grosse für längere oder kürzere Zeit an sich zu fesseln wusste, als da waren: Peter von Pisa, sein Sprachlehrer; der Engländer Alcuin, den Karl der Grosse (781) in Italien kennen gelernt hatte; der Mönch Theodulfus, der nachmals Abt von Fleury und Bischof von Orleans wurde und die Ehre hatte, des Kaisers letzten Willen mitzuunterschreiben, der famose Dichter der Sequenz, die seit seiner Zeit in der Kirche am Palmsonntag gesungen wird: *Gloria, Laus et Honor;* der Bibliothekar Leidradus, nachmals (seit 798) Erzbischof von Lyon; Karls alter Kaplan Riculfus, Erzbischof von Mainz; Hildebaldus, Erzbischof von Köln; und der Mönch Paulus Diakonus, der Verfasser der Langobardengeschichte, eine der Zierden des berühmten Benediktinerklosters Monte Cassino, das Karl der Grosse (787) mit ihm besuchte. Karl der Grosse gefiel sich in der Gesellschaft dieser Männer, behandelte sie als Freunde und gründete mit ihnen eine Art Litteraturverein, ein Lesekränzchen, ein philologisches Seminar, dessen Mitglieder als solche ihre eigenen biblisch-klassischen Vereinsnamen führten: einer hiess *Virgil,* ein anderer *Candidus,* ein dritter *Dametas,* Alcuin nannte sich nach dem Lauriger Horatius: *Flaccus,* Einhard wie oben angegeben: *Besaleel* oder *Calliopius,* Angilbert: *Homerus,* der

Bronzene Leuchter aus dem 14. Jahrhundert, mit einer Tülle zur Aufnahme der Kerze; sonst war der Lichtteller gewöhnlich zur Befestigung der Kerze mit einem Dorn versehen, wie bei unsern Altarleuchtern und mehreren Exemplaren im Germanischen Museum. Alte Sammlung Jubinal.

Kaiser selbst war *König David* oder *König Salomo.* Auf Alcuins Rat richtete er an seinem Hof, in den Pfalzen zu Ingelheim, Nimwegen, Salz nnd Aachen für seine Hofleute und deren Söhne eine förmliche Schule ein, wie er das bei den Kathedralen und Klöstern that; diese Hofschule, sein eigenstes Werk, an dem er den lebhaftesten Anteil nahm, war für das ganze Fränkische Reich massgebend. Aus Theodulfs Gedichten *(ad Carolum Regem)* lernen wir auch die untergeordneten Persönlichkeiten an diesem Hofe, die Bediensteten *Thyrsis, Lentulus, Menalcas, Eppinas* und den Zwerg *Nardus* kennen — man erfährt von den beiden Freunden, dem Diakonus Fredegisus und

Osulf, dem Trunkenbold Wibodus und dem unausstehlichen Menschen, dem Schotten, dem hämischen Kritiker, dem gemeinen Charakter, dessen Name dahingestellt bleibt — und bekommt schliesslich ein anmutiges Bild von Karls des Grossen blühender Kinderschar, wie sie den Vater bewillkommt, der sieggekrönt von einem seiner unzähligen Feldzüge heimkehrt. Das Jahr 790, das zweiundzwanzigste seiner Regierung, war das einzige, das Karl der Grosse nicht unter den Waffen zubrachte.

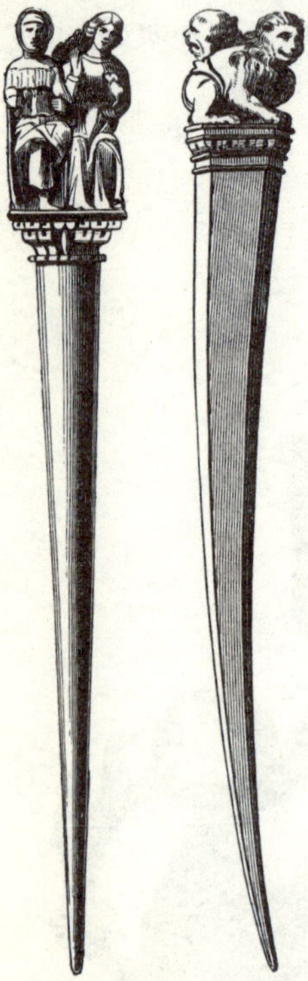

Goldene Schreibgriffel des 14. Jahrhunderts, zum Einritzen der Buchstaben auf mit Wachs überzogene Holz- oder Elfenbeintäfelchen, mittelhochdeutsch: *Griffel*, *Griffelîn*, *Tavel*, *Tevellîn*, lateinisch: *Styli*, *Cerae*. So lernten die Kinder schreiben und so wird es wohl auch Karl der Grosse gelernt haben; Pergament war zu blossen Übungen zu teuer. Im 14. Jahrhundert fing man an mit Federn auf Papier zu schreiben, das damals allgemeiner wurde (Anfänge der Papiermacherei in Deutschland um 1190, in Frankreich um 1250. in Italien um 1275). Faust konnte (in der ersten Hälfte des 16. Jahrhunderts) Mephistopheles zwischen Erz, Marmor, Pergament, Papier die Wahl lassen und fragen: Soll ich mit Griffel, Meissel, Feder schreiben? —

Wenn Kurz hervorhebt und mit Bedauern hervorhebt, dass Karl der Grosse mit seinem starken Bildungstriebe gerade der Geistlichkeit in die Hände gefallen sei, dass er lauter fremde, undeutsche Theologen an seinen Hof gezogen und den unglückseligen Einfluss des Christentums auf die nationale Entwickelung gesteigert habe, so ist das nicht unbegründet. Schon an den angeführten Klubnamen sieht man ja, was für ein halb gelehrter, halb mönchischer Geist in den Pfalzen herrschte: Karl der Grosse hätte sich wohl ein anderes Vorbild wählen können als den König David und Einhard ein anderes als den Erbauer der Stiftshütte. Die bigotten englischen Puritaner lieben solche Namen; am Hofe eines Franken, eines halben Heiden, eines Karl haben sie schlechten Klang. Nur mit Schmerz kann man diesen grossen naturwüchsigen Mann, der ganz anderer geistiger Nahrung bedurft hätte, seine Zeit mit theologischen Streitigkeiten, den unnützesten und unfruchtbarsten von allen, mit dem *Adoptianismus* und mit den zweiundzwanzig Büchern des scharfsinnigen Augustinus *vom Gottesstaate* vergeuden und dafür die Irmensäule bei der Eresburg zerstören, das kräftige Volkstum der Sachsen vernichten sehn. Er konnte kaum ordentlich schreiben, er hatte immer eine Schreibtafel unter seinem Kopfkissen, um sich in jeder müssigen Stunde in dieser Kunst zu üben — und traf Anstalten, den Text der Vulgata zu berichtigen, indem er die lateinische Übersetzung mit der syrischen und altlateinischen verglich. Er suchte sich aus allen Kräften fortzubilden, der rührend strebsame Kaiser, und ward verbildet. Er liess sich Vorträge über Grammatik, Rhetorik, Dialektik halten, während der Mahlzeit wurde Römische Geschichte vorgelesen, er legte seinem Freunde Alcuin Fragen über den *Akkusativ und Infinitiv* vor, er trieb Bibelkritik, Astronomie, sogar ein bisschen Astrologie, nur das eine nicht, was ihm wirklich not gewesen wäre. Freilich muss man sich fragen: ob es denn Karl dem Grossen möglich war, ohne die Geistlichkeit auszukommen und der Kirche und der kirchlichen Schule zu entraten; ob sich denn das deutsche Volk hätte aus sich selbst entwickeln können. Warum nicht? Warum konnten die Germanen nicht eine eigene, selbständige Kultur erzeugen, wie einst die Griechen und Römer? — Karl der Grosse fühlte wohl, was ihm not war, er schlug wiederholt den richtigen Weg ein. Er wollte versuchen, eine Grammatik seiner Muttersprache zu schreiben — seine kirchlichen Freunde halfen ihm dabei nicht. Er liess die alten Heldenlieder des Volkes, die Denkmäler der heidnischen und halbheidnischen Völkerwanderungsepoche, wer weiss welche kostbaren Sagen von Siegfried und Dietrich aus dem epischen Zeitalter der Germanen sammeln — sie sind bis auf kleine Bruchstücke alle verloren gegangen, sie sind von den Priestern verachtet, verworfen, vielleicht mit Überlegung beiseitegeschafft worden. Die frömmelnden Nachkommen Karls des Grossen traten erst recht in Gegensatz zu allem Vaterländischen. Ludwig der Fromme hatte als Knabe die von seinem Vater gesammelten

Junge Fürstinnen ihre Söhne an der Hand haltend, auf einer Bank sitzend, die mit *Plûmîts* belegt ist. Trachten des 14. Jahrhunderts. Nach einer Miniatur der *Wunder der Welt*, Handschrift der Pariser Nationalbibliothek.

Lieder auswendig lernen müssen; gross geworden, fromm geworden, schämte er sich ihrer. Er wollte nichts mehr davon wissen, sie nicht einmal mehr lesen, geschweige denn selbst hersagen. Die Antisemiten sprechen viel von einem christlich-germanischen Staat — Christentum und Deutschtum sind Gegensätze, Herr Stöcker, sogut wie Deutschtum und Judentum. Durch die Einführung des Christentums hatte das deutsche Volk seine Religion, seine Sprache und seine ganze Nationalität verloren; die Kirche machte es sich zur Pflicht, nicht nur die alten Götter auszurotten, sondern auch gegen die heidnischen Gesänge mit allen ihr zu Gebote stehenden Mitteln anzukämpfen und sie als teuflisch zu brandmarken. Wenn sie sich nicht etwa von Mund zu Mund fortpflanzten, verschwanden sie spurlos. Statt dessen füllte der fremde Missionar das kindliche Gemüt des Deutschen mit fremden Stoffen, mit unverstandenen und unverständlichen Begriffen, mit den Resultaten und Spitzfindigkeiten einer in Jerusalem, Griechenland und Rom, unter ganz andern Verhältnissen erwachsenen Wissenschaft.

c. Im Lande. Schulwesen, Religion und Sprache.

Karl der Grosse that viel für die Bildung seines Volkes, er gab ihm Volksschulen — warum sie sich nicht hielten — der Volksunterricht gedeiht erst in den Städten, hier emancipiert man sich von der Kirche, die ersten Bürgerschulen — im Mittelalter gab es nur Domschulen und Klosterschulen — der grosse Volkserzieher selbst ein Landwirt, der nachrechnet — Karl der Grosse als Sprachreiniger: seine Monatnamen, eine Leistung der des Reichspostmeisters zu vergleichen — er war selbst schuld daran, dass es in der deutschen Sprache so viele lateinische Worte gab — und noch giebt — er holte ja die Kultur aus Rom, wo er zum Kaiser gekrönt ward, vernichtete die vaterländische — das Fränkische Reich wurde durch ihn ein römisches und ein christliches Reich, was es bisher nicht war — ob wohl die Deutschen aus eigner Kraft eine Kultur hätten erlangen können — Karl der Grosse konnte nicht schreiben, brachte aber ein lateinisches Wort für schreiben auf — dafür schreiben Mönche und Geistliche Evangelienharmonien — ihre feindselige Stellung zu allem Nationalen — der Heliand — Deutschtum und Christentum.

Karl der Grosse stiftete nicht bloss eine Hofschule; man kann ihn als den Gründer unseres Schulwesens überhaupt betrachten. Er verfolgte den grossartigen Plan, in seinem weiten Reiche Bildungsanstalten für alle Stände einzurichten, und suchte die hohe und niedere Geistlichkeit dafür zu gewinnen. Er wollte Volksschulen. Als er im Jahre 787 von Rom zurückkam, brachte er Lehrer der Grammatik und der Arithmetik in seine Staaten mit und wollte der Volkserziehung jedweden Vorschub geleistet wissen; im nächsten Jahre beauftragte er den Abt von Fulda, nach den Schulen in jener Stadt zu sehen. Für die Reichsgesetze war unter den Karolingern der Name: *Kapitularien* aufgekommen; nun im Jahre 802 wird in einem allgemeinen *Capitulare* der Grundsatz aufgestellt: dass alle Kinder in die Schule geschickt und sie darin belassen werden sollen, bis sie lesen und schreiben gelernt haben (Pertz, *Leges I, 107*). Auch in dieser Beziehung hat sich eine Karlssage gebildet: wie Alfred der Grosse als der Gründer der Universität Oxford betrachtet wird, so soll Karl der Grosse der Legende nach die Pariser Sorbonne gestiftet haben, welche Legende ein Schlaglicht auf unsere Abbildung

Eine Herzogin mit ihrem Edelfräulein und ein Reisender, vom Vogt hereingeführt, um freundliche Aufnahme im Schlosse bittend, was die Pilger und Wallfahrer gern thaten; dieser in blosser Kappe (mit heruntergeschlagener Gugel), auf dem Kopfe ein Barett, jener mit einem Mantel über der Kappe und auf der Gugel noch einen Hut; der eine mit dem Geldbeutel am Gürtel, der andere mit einer Umhängetasche, an der ein Trinkbecher angebracht ist. 14. Jahrhundert. Nach einer Miniatur aus den *Wundern der Welt*, Handschrift der Pariser Nationalbibliothek.

auf Seite 39 wirft. Die Schönen Künste erfreuten sich seines Schutzes ebensogut; von den Pfalzen abgesehen, baute er nach dem Vorbild von San Vitale in Ravenna mit Benutzung antiker Säulen die berühmte byzantinische Pfalzkapelle in Aachen, das einzige noch vorhandene Karolingische Münster in Deutschland. Aber dem Volke ging es wie seinem Kaiser: der Gedanke eines allgemeinen Volksunterrichts scheiterte an den politischen Stürmen und Kämpfen der Zeit und an den gewaltigen rohen Massen, welchen die Kirche gegenüberstand, weil ihnen die Kirche gegenüberstand. Die *Letze,* die ihnen gelesen wurde, klang ja lateinisch. Der mächtige Herrscher, der das Volk durch Priester unterrichten lassen wollte, war nicht imstande, seine Absicht auch nur annähernd praktisch zu verwirklichen. Im Mittelalter gab es nur gelehrte Schulen an den Domen und in den Klöstern, meist in ein sogenanntes Internat und Externat zerfallend, jenes für zukünftige Mönche und Geistliche, dieses für Adlige bestimmt; das Internat nennt man, zum Beispiel an den Fürstenschulen, auch Alumnat. Erst als sich in den emporblühenden Städten unter den Bürgern ebenfalls ein Bedürfnis nach (deutschen und lateinischen) Schulen geltend machte, begann sich das Schulwesen zu heben und von den Klostermauern einigermassen zu emancipieren; neben den kirchlichen Bildungsanstalten kamen städtische Schulen auf, in denen die Kinder lesen und schreiben, etwa auch noch die lateinische Sprache lernten. Die niederdeutschen Schreibschulen, die *dudeschen Scrifscolen,* die die Kaufleute gründeten und die als rein bürgerliche Institute frei von kirchlichem Einfluss waren, können als die ersten Anfänge der deutschen Bürgerschulen und diese wieder als die ersten Anfänge eines Volksschulwesens betrachtet werden. Dann wurde dasselbe ein Gegenstand der staatlichen Fürsorge. In den Städten, die den neueren Staat, die rechtlich verfasste Volksgemeinde vorbildeten, hatte auch eine Unterrichtsanstalt Boden gefunden, die in keinem mittelalterlichen Feudalstaat gedeihen konnte. Die Volksschule nach jetzigen Begriffen, eine *Alma Mater,* die sich der Erziehung und Bildung eines jeden einzelnen Kindes annimmt, war dem ganzen Mittelalter, sogar der Reformationszeit fremd; sie ist durchaus ein Produkt der beiden letzten Jahrhunderte.

Karl der Grosse hat mitunter Anwandlungen gehabt, die an den Allgemeinen Deutschen Sprachverein erinnern. Zum Beispiel, indem er für die zwölf Monate deutsche Namen vorschlug, an heilige Zeiten oder wie die des französischen republikanischen Kalenders an die Jahreszeit, die Früchte der Jahreszeit und die Landwirtschaft angelehnt, für die er ebenso geboren schien wie für die hohe Politik. Denn er verwaltete seine Güter wie ein Nachfolger von ihm die Domäne Bornstedt — wenn er nach Hause kam, liess er sich die Wirtschaftsrechnungen vorlegen, in welche alles, bis auf die gelegten Eier, eingetragen sein musste, überzählte Einnahme und Ausgabe, rechnete seinen Pächtern nach, machte Bauanschläge, als wäre er nichts weiter als ein einfacher Ökonom, gerade so wie mans von den fürstlichen Personen der Gegenwart gehört hat. Sein Kalender war also ein Wirtschaftskalender, wie ihn noch heute die Bauern brauchen können. *Et de mensibus quidem Januarium Wintarmanoth, Februarium Hornung, Martium Lentzinmanoth . . . appellavit,* erzählt Einhard in der *Vita Karoli Magni*, Kapitel 29 — Monat (mit *Mond* oder *Mand* zusammenhängend) lautet im Althochdeutschen *Mânôd* oder *Mânôth,* das *a* verwandelte sich vor dem *n* in *o* wie in *Mohn* und *ohne.* Karl der Grosse, der übrigens besser gesprochen als geschrieben haben soll und auch des Lateinischen mächtig war, ja, das Griechische verstand, sprach althochdeutsch; das Fränkische ist eine Mundart des Althochdeutschen. Wenigstens die südliche oder obere Hälfte des fränkischen Stammes, das jetzt allein sogenannte Franken nebst der Pfalz und dem Rheingau wird zum Hochdeutschen gerechnet; die nördliche Hälfte, was sich von den Franken den Rhein entlang bis in die Niederlande zog, blieb von der hochdeutschen Lautverschiebung, welche das Hochdeutsche vom Niederdeutschen scheidet, gänzlich unberührt. Wir stellen die zwölf Verdeutschungen, vielfach noch heute gäng und gäbe, im Folgenden zusammen:

Januar: Wintarmânôth, Wintermonat.

Langlockiger französischer Edelmann, Admiral, mit Platten und Schienen aus poliertem Stahl zum Turnier gerüstet. Besonders gut sieht man die Bedeckung der Beine, die aus drei Teilen besteht: den Beintaschen oder *Diechlingen* für die Oberschenkel (*Dieche*), den Kniekacheln und den *Beinbergen* für die Unterschenkel. Eisenschuhe, goldene Sporen. Der seidene Waffenrock ist in den Farben seiner Dame und mit Spangen (Spänglein, französisch *Épingles*) besteckt; um den Hals hat er eine goldne Kette. Ritterschwert mit Parierstange und kostbarem Heft oder Griffe, den er in der Hand hält (mittelhochdeutsch *Helze*, italienisch *Elsa*, altfranzösisch *Helt*). Porträtfigur, Kupferstich des 16. Jahrhunderts (Pariser Nationalbibliothek, Kupferstichkabinett).

Februar: Hornung. Die Endung *-ung* ist patronymisch, der Februar als Sohn des Januars, des *grossen Horn,* und als *kleiner Horn* gedacht. Ähnlich nannte man im Mittelalter den Juli: den *ersten Augst* und den August: den *andern Augst,* den September: den *ersten Herbst* und den Oktober: den *andern Herbst* und den Juni: den *andern Mai,* und auf der gleichen Fortpflanzung des Monatsnamens beruht das französische Diminutivum für den Juli: *Juillet* (aus *Juignet,* der kleine oder zweite Juni).

März: Lengizinmânôth, Lenzinmânôth, Lenzmonat, Frühlingsmonat; der Monat, wo die Tage *länger* werden. Englisch *Lent,* Fastenzeit. *Frühling* ist eigentlich die Jahreszeit, in der die *Frühlinge,* die Frühjahrslämmer, die Osterlämmer geboren werden, ein Begriff wie *Jüngling* oder *Frischling.*

April: Ôstarmânôth, Ostermonat.

Mai: Wunnimânôth, Wonnemonat, aber nicht in dem Sinne, den wir damit verbinden. *Wonne,* althochdeutsch *Wunnja,* ist so viel wie Wiese oder Weide, erst daraus entwickelt sich der Begriff der Freude; *meine Wonne* bedeutet eigentlich: meine Weide, meine Augenweide. Der *Wonnemonat* ist also der Weidemonat, in dem das Vieh auf die Weide getrieben und die Alp bezogen wird.

Juni: Brâchmânôth, Brachmonat, weil nun in der Dreifelderwirtschaft das Brachfeld bearbeitet wird.

Juli: Hewimânôth, Heumonat.

August: Aranmânôth, Erntemonat (althochdeutsch *Aran,* Ernte).

September: Witumânôth, Monat, wo Holz, althochdeutsch *Witu,* englisch *Wood,* gefällt wird. *Wittekind* oder *Widukind,* der Anführer der Sachsen in deren Kriegen gegen Karl den Grossen, ist soviel wie der Holz- oder Waldgeborene.

Oktober: Windumemânôth, Monat der Weinlese, lateinisch *Vindemia.*

November: Herbistmânôth, Herbstmonat. *Herbst* eigentlich soviel wie Obsternte, daher auch Name der vorhergehenden Monate; die Jahreszeit heisst: *Spätjahr,* in Schwaben: *Spätling.*

Dezember: Heilagmânôth, der heilige Monat, Christmonat.

Wie gesagt, das war eine Arbeit, den Bemühungen des Reichspostmeisters von Stephan zu vergleichen. Aber weshalb, frage ich, hat sich denn in unserer Zeit ein Allgemeiner Deutscher Sprachverein bilden müssen? — Dieser richtet sich allerdings zunächst gegen neue Fremdwörter. Aber lange bevor sie französischem Einflusse nachgaben, sind die Deutschen dem römischen unterlegen, und das nicht zum wenigsten durch die Schuld des grossen Kaisers, *piissimi Caroli,* dem zum Dank in Sankt Peter zu Weihnachten die Kaiserkrone aufgesetzt ward. Karl feierte das Christfest im Jahre 800 in der Peterskirche, und während er vor dem Altar betend auf seinen Knieen lag, setzte ihm der Papst eine Krone aufs Haupt, während das römische Volk in den Jubelruf ausbrach: *Carolo Augusto, coronato da Dio, magno et pacifico Imperatori Vita et Victoria* — ein Ruf, der dem kürzeren *Vivat!*

Die schöne und reiche Erbin der Bretagne, die Bretonin Anna, an ihren Gemahl, König Karl VIII. von Frankreich schreibend, der (A. D. 1494) einen italienischen Feldzug unternommen hat und dessen Abwesenheit sie beweint; mit ihren Hofdamen, einem Schosshund und einem Vogel im Bauer. Nach einer Miniatur in der Handschrift der *Briefe an den König* (16. Jahrhundert, Bibliothek zu Petersburg). Die Königin, unter einem Thronhimmel, an einem Schragen sitzend, in Trauer, schreibt beim Scheine zweier Kerzen mit einer Gänsefeder auf einen Briefbogen in Imperial-Format; das Tintenfass ist sonst ein einfaches, durch ein Loch im Schreibpulte gestecktes Horn, die Tinte aus Wein, Galläpfeln und Vitriol hergestellt. Neben dem Schreibzeug (mittelhochdeutsch *Schrîp-geziuc*) liegt ein Falzbein und ein Federmesser, der *Kneif* (woraus französisch *Canif*). Links liegt ein Buch, das wie ein modernes Photographiealbum aussieht: mit Metallbeschlägen zum Schutz der Ecken, Mittelstücken und Knöpfen, um den ledernen Deckel beim Aufschlagen zu schonen, und zwei Schliessen oder Klappenschlössern (*Krampen*, niederdeutsch: *Knippken*). Die Bücher wurden im Mittelalter (wie in den arabischen Buchhandlungen) immer gelegt, nie auf die schmale Seite gestellt und in die Repositorien eingeschoben. Anna von Bretagne verlor ihren Gemahl im Jahre 1498 am 7. April; sie selbst starb 9. Januar 1514, in ihrem achtunddreissigsten Lebensjahre. Ihre Tochter und Erbin Claudia, *Claude de France*, die *Reine Claude*, nach der die *Reineclauden* benannt sind, musste sich wieder mit ihrem Cousin, Franz von Angoulême verloben, damit die von ihrer Mutter zugebrachte Provinz der Krone Frankreich nicht verloren ginge. Seitdem blieb die Bretagne bei Frankreich. Bemerkenswert ist das Taschentuch der Königin; Luxusartikel.

Er lebe hoch! Ζήτω! Zivio! — entsprach. Demnächst wurde er nach altem Brauche vom Papste angebetet und auf den Mund geküsst, und seitdem war er nicht mehr der *Patricius*, sondern der *Kaiser* und *Augustus* der Römer. So lautet der kurze Bericht von diesem grossen Ereignis in den sogenannten *Annales Einhardi*. Nun, ich will nicht von den Folgen reden, die es für Deutschland gehabt hat, sie sind bekannt genug; sondern nur die bereits bestehenden Verhältnisse charakterisieren, die es gleichsam zum Ausdruck und an den Tag brachte. Das neue Reich war ein heiliges Römisches Reich deutscher Nation. Allerdings wurde dasselbe erst von Otto dem Grossen, dem Enkel des alten Sachsenführers Wittekind, gestiftet, der sich anderthalb Jahrhunderte später (2. Februar 962) in Rom zum römischen Kaiser krönen liess; aber Otto der Grosse hätte das nie gethan, wenn Karl der Grosse nicht gewesen wäre. Das Deutsche Reich war ein Römisches Reich. O weh! — unser Deutschland war bisher nicht römisch; Deutschland ist von den Römern nicht oder wenigstens nur für kurze Zeit unterworfen worden, da sich vielmehr die Römer seit Claudius auf Verteidigung beschränkten und ihr Reich eben bald unter den gewaltigen Stössen der Germanen zusammenbrach,

Germania quos horrida parturit
fetus; (Horaz Oden IV, 5, 26)

und wenn auch Cäsar Germanicus am 26. Mai des Jahres 17 Thusnelda samt dem Söhnchen des Arminius als Gefangene im Triumph aufführen konnte, so war doch dieser Triumph vielmehr das Ende als der Anfang des römischen Glücks gewesen, das wie der Germanicus selber frühe unterging und starb. Gar nicht zu reden von jenem andern Germanicus, dem Kaiser Domitianus, dessen hessischer Triumph ein noch wohlfeilerer war und der wie zur Ironie als Besieger Germaniens in der Mitte seines Forums stand, den Rheinstrom unter den vorderen Hufen seines Rosses, mit der ausgestreckten Rechten Frieden gebietend, in der Linken eine gewaffnete Pallas haltend. Wenn also auch in den sieben ersten Jahrhunderten durch den Zusammenstoss der Kulturen manches lateinische Fremdwort in die germanischen Sprachen drang, so blieb doch das Wesen der letzteren unberührt, auch haben damals die Römer umgekehrt das Ihrige von den Germanen angenommen. Dagegen war späterhin die Sprache der Kleriker, der Juristen, der Gelehrten in Deutschland lange Zeit die lateinische, da das Christentum von römischen Missionaren gepredigt wurde und die einheimische Sprache, will sagen die Prosa, noch zu wenig ausgebildet war. Und dann hat das Latein auf der Oberfläche der deutschen Sprache eine dichte Ablagerung fremder Wörter zurückgelassen. Es giebt eine schwere Menge lateinischer Ausdrücke bei uns, und zwar nicht etwa nur für lateinische, sondern für die deutschesten Dinge und Begriffe, sogar für die deutsche *Familie*, die auf deutsch: *Sippe*, *Haus*, *Hiwisch* heisst, und für das

Genter Bürger und Bürgersfrau in Feierkleidern in der Kirche kniend und betend. Sie trägt einen Pelzmantel mit weiten Ärmeln und ein Kopftuch, das frei zu beiden Seiten des Hauptes niederhängt und auf den Nacken herabfällt; er über dem Rock die *Schaube*, die vorn offen ist. Sein Haar ist über die Stirn und die Schläfen heruntergekämmt und gerade abgeschnitten; diese Haartour heisst: *Kolbe*. Nach einem Glasgemälde in einer Kapelle der Stadt Gent. 15. Jahrhundert.

Ehegespons, den *Spons*, der schlecht und recht ein *Verlobter* ist. Alle mit *P*, einem undeutschen Konsonanten, beginnenden, so wie alle diejenigen Worte, in denen *F*, *Pf* oder *Ph* aus ursprünglichem *P* entstand, sind Fremdworte, die früher oder später aus dem Lateinischen in das

Germanische übergegangen sind. So ist *Pein* aus *Poena*, *Preis* aus *Pretium*, *Pfund* aus *Pondus*, *Pfütze* aus *Puteus*, *pfropfen* aus *propaginare*, *Pilgrim* aus *Peregrinus* entstanden und ein *Pilger* so undeutsch wie ein *Pauper* *). Aber auch eine grosse Zahl anderer scheinbar ganz deutscher Wörter, z. B. die Zeitwörter *dichten (dictare)* und *segnen (signare)*, desgleichen die Begriffe *Meister (Magister)*, *Zettel (Schedula)*, *Segen (Signum)*, *Schule (Schola)*, *Strasse (Strata Via)* ergeben sich bei näherer Betrachtung als welsche Nüsse; der *Arzt* hiess im Althochdeutschen: *Lâchi*, ein *Sarg*: das *Leichkar*, eine *Votivtafel* geht in Tirol noch heute als eine *Verlöbnistafel (Verlöbniswachs)*. Mit der Steinbaukunst waren *Mauer*, *Ziegel*, *Pfosten*, *Spiegel*, *Speicher*, *Pfahl*, *Pfanne* entlehnt worden. Ja, wie die Runen durch das lateinische Alphabet verdrängt wurden, so gelang es selbst die uralte Bezeichnung *rîzan*, das ist: reissen, ritzen, vom Einschneiden in Holz oder Rinde, englisch *to write*, auszurotten und an ihre Stelle das Fremdwort *scrîban (scribere)* mit so nachdrücklichem Erfolg zu setzen, dass dies sogar die starke Biegungsform des vertilgten annahm; wir sagen nicht: *er schreibte*, wie: *er eilte*, sondern: *er schrieb*, wie; *er riss*. Das *Scrîben* war das was Karl der Grosse nicht konnte; das *Scrîben* war nicht seine Stärke. Aber der Mönch Otfried *scrieb* im Jahre 868, im Benediktinerkloster Weissenburg im Elsass, um seinen Landsleuten die Lust an weltlichen Volksliedern zu benehmen, eine Evangelienharmonie, das älteste deutsche Gedicht, in welchem der Endreim vorherrscht; und ein sächsischer Bauer soll um das Jahr 830, etwa in der Gegend von Münster, im Auftrag Ludwigs des Frommen das interessante Gedicht *gescrieben* haben, das den Namen *Hêliand*, so viel wie *Heiland*, trägt. Der Verfasser ist vielmehr ein sächsischer Geistlicher; er hat den Stoff ganz in deutschem Geiste behandelt, sein Heiland ist ein gewaltiger König, der, umgeben von seinen Getreuen, Grafen und Baronen, durch das Land zieht, um die reichen Gaben des ewigen Lebens auszuteilen, aber von seinem Volke verraten wird — die christlichen Anschauungen sind in die kühnen Bilder der nordischen Mythologie, in die volkstümlichen Ausdrücke und Wendungen der alten Sagen und Heldenlieder gekleidet. Wie der Gottessohn zu seinen Jüngern von der Zerstörung des Tempels und vom Jüngsten Tage spricht, nennt er die Erde: *Middilgard*, Mittelgarten, und den Untergang der Welt bezeichnet er mit dem uralten Wort *Muspilli (Mudspelli)*, etwa wie wir

---

*) *Sind Sie ein Gefangener, Sträfling, heimatloses Kind oder Pauper?* — Fragebogen New-York Volkszählung im Jahre 1890.

die biblische *Gehenna* in eine deutsche *Hölle* übersetzen. Das erinnert an die naturalistische Richtung Uhdes und an viele naive Darstellungen der alten Maler, die ebenfalls keine Juden und Römer, sondern die Gestalten und die Trachten ihrer Zeit und ihrer Umgebung zeichnen. Aber giebt es einen besseren Beweis für die Kraft des deutschen Volkes, durch sich selbst und aus sich heraus zu reineren Anschauungen von Gott und Welt und Menschenbestimmung zu gelangen? Wenn das Evangelium in ein

Blick in eine Wochenstube des 15. Jahrhunderts. Die Wöchnerin liegt in einem breiten Himmelbett, mit hohen Kissen unterstützt, auf dem Rücken; an ihrem Bette, vor dem Stuhl eine Wiege, die ein Kindermädchen vermittelst eines Bandes in Bewegung setzt und in der ein Kind schläft. Sie spricht zu dieser Person. Ihr den Rücken zukehrend, vor dem Kamin eine Wärterin mit dem Neugeborenen, der in dem Waschbecken unten gebadet werden soll; eine Dienerin wärmt am Kaminfeuer das Handtuch. In der Waschschüssel ein Kännchen, daneben eine Klystierspritze und ein Krug. Darstellungen von Wochenstuben sind nicht selten, namentlich gab den Malern die *Geburt der Maria* dazu Anlass, wo die heilige Anna als Wöchnerin erscheint. Ein Bild von Masaccio, einen vernehmen Wochenbesuch veranschaulichend, befindet sich im Berliner Museum. Vergleiche Ploss, *Das Weib*, Zweiter Band, Kapitel XXXII: Das Ceremoniell, die Symbolik und Mystik des Wochenbetts, wo mehrere Abbildungen. Die vorliegende ist nach einer Miniatur in der *Geschichte der Schönen Helena* angefertigt (Handschrift des 15. Jahrhunderts, Pariser Nationalbibliothek).

altsächsisches Epos verwandelt werden konnte, warum wäre aus der deutschen Mythologie kein deutsches Gedicht geworden? — Ich möchte den Pater Otfried nicht beleidigen; aber was von den alten Deutschen in Buchenwäldern und unter Donnereichen auf *Stäben gerissen* worden war, ihre Volkspoesie, *Laicorum Cantus obscoenus* erscheint mir just so wertvoll als was er in seinem Kloster auf Pergament *geschrieben* hat.

Druck von Fischer & Wittig, Leipzig. Verlag von Heinrich Schmidt & Carl Günther, Leipzig.

Karl der Grosse in hohem Alter als Heros,

er hasset das Unrecht und schafft das Böse aus der Welt: *In scelus exsurgo, sceleris discrimina purgo*, gereimter, von einem Pfaffen gemachter Hexameter. Er trägt Krone, Reichsapfel und Schwert; über die Brünne ist ein Hermelinmantel geworfen, der (anachronistisch) mit zwei Doppeladlern und den französischen Lilien geschmückt ist. Nach einer Miniatur in den *Registern* der Universität Paris, die Karl der Grosse der Sage nach gegründet hat.

Druck von Fischer & Wittig, Leipzig. Verlag von Heinrich Schmidt & Carl Günther, Leipzig.

Fürstliches Bankett: zwischen zwei Gängen aufgeführtes Intermezzo.

Wilde Männer geleiten einen Hippokampen in den hellerleuchteten Saal; ein Page überreicht dem Gebieter kniend das Programm des *Entremets* (spanisch *Entremes*). Das letztere ursprünglich kein Zwischenessen, sondern ein Zwischenspiel. Es wird auf- und abgetragen; der Hof hoch zu Ross bedient. Man sitzt nur an einer Seite. Auf den Anrichtetischen ganze Pfauen und Fasanen in vollem Federschmucke. Entworfen nach Quellen des 14. Jahrhunderts. Viollet Leduc entnommen.

d. Im Klostergarten von Sankt Gallen. Gemüsebau, Obstbaumzucht.

Bescheidene Anfänge der Gärtnerei in Deutschland — Karls des Grossen Bemühungen um die Einführung fremder Kulturgewächse, sein Natursinn — er macht es wie nach ihm in Sachsen Kurfürst August I. — welche Pflanzen er in den kaiserlichen Gärten anzubauen befiehlt — man merkt es schon an den Namen, dass sie aus Italien sind — Übersicht über die wichtigsten Obstbäume, Küchenkräuter und Blumen der Zeit und ihre Benennungen — noch nicht viele Blumen, man braucht das Nützliche — genau nach Karls des Grossen Vorschrift werden die Klostergärten angelegt, zum Beispiel der Obstgarten, der Gemüsegarten und der Arzneikräutergarten in Sankt Gallen — warum Hauslaub auf die Dächer gepflanzt werden soll: es vertritt die Stelle des Blitzableiters — es gehört zu den wenigen deutschen Pflanzen in unserem Katalog — Deutschland bekommt gleichsam eine südeuropäische Flora wie der Johannisberg und der Rüdesheimer Berg; es zieht ein neues Kleid an.

Gärten Armidas, irdische Paradiese voll Orangenalleen, voll Jasminlauben und voll blühender Rosenhecken, in denen Meisen nisten! Welten voll Schatten, voll springender Wasser und rauschender Kaskaden, voll Vogelgesang! Wo der Ritter im Schosse seiner Dame selig ruht und die Nachtigall, ins Anschaun der Centifolie versunken, seufzt und klagt, eine Seele, die sich nach Gott sehnt! Wie leicht atmet es sich hier, wie lieblich duftet alles, die Blumenpracht, der sammetweiche Rasen, das stille Grün! Wie herrlich ragt die Palme! Ihr schwankes Haupt, von herabhängenden Fruchttrauben wie von üppigen Locken umgeben, senkt sich träumend hernieder wie das Haupt eines schönen Weibes, welches der Schlaf übermannt.

In solche orientalische Zaubergärten will ich den Leser vorerst nicht führen, ich möchte einmal mit ihm in einen stillen Klostergarten sehn, wie er in unserem Norden nach der Vorschrift Karls des Grossen angelegt worden ist. Dieser Kaiser liebte den Gartenbau und kümmerte sich um die Petersilie und den Kümmel so gut wie um die Staatsgeschäfte; er interessierte sich sehr für die Kulturpflanzen, die er in Italien sah, und für die köstlichen Datteln, die ihm sein Freund, der Kalif Harun al Raschid, nebst einer Wasseruhr und einem Elefanten schickte, und machte sozusagen aus ganz Franken eine Gärtnerlehranstalt und eine *Pepiniere* im eigentlichen Sinne. Wenn heute die Umgebung Bambergs einem grossen Frucht- und Gemüsegarten gleicht, die Stadt Erfurt ihre Heliotropen, ihre Levkojen, ihre Brunnenkresse und ihren Blumenkohl nach allen Weltgegenden versendet, so möge man dankbar an den kaiserlichen Gärtner denken, der in dieser Beziehung als ein wahrer Kulturheros aufgetreten ist. Wie Rabelais acht Jahrhunderte nach ihm in Italien die Artischocken, die Melonen, den Bindsalat und die Remontantennelken kennen lernte und in Frankreich einbürgerte, so akklimatisierte Karl der Grosse alles was ihm jenseits der Alpen aufstiess; wie Kurfürst August I. in Sachsen um dieselbe Zeit (16. Jahrhundert) zur Belehrung der Landleute ein *Künstlich Obst- und Gartenbüchlein* schrieb, Baumschulen anlegte und junge gepfropfte Bäume zu Tausenden aus dem Auslande bezog, auch sich selbst mit Pfropfen und Okulieren beschäftigte — ein Gesetz erliess, wonach jedes junge Ehepaar zwei Obstbäume pflanzen musste, auf Reisen im

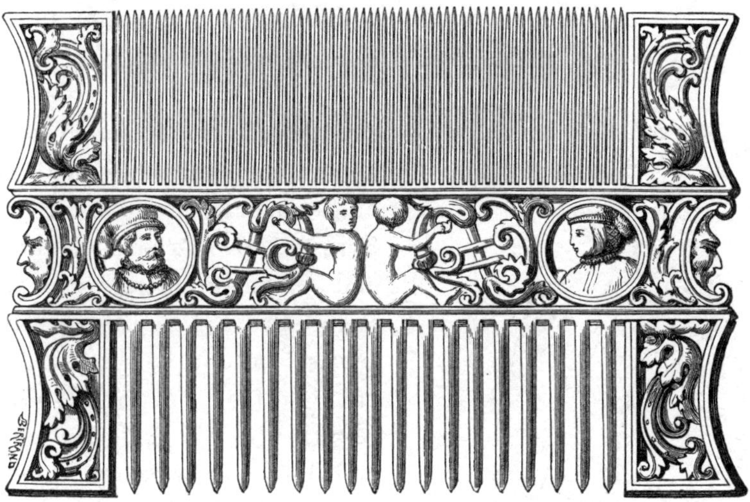

Elfenbeinerner Kamm des 16. Jahrhunderts, Doppelkamm, halb Staubkamm, halb Frisierkamm (französisch *Démêloir*), mit herrlichen Ornamenten und Reliefs, aus der Sammlung Sauvageot im Museum des Louvre. Mit Kämmen wurde im Mittelalter mehr Sache gemacht und mehr Luxus getrieben als jetzt; sie waren seltener und zugleich kostbarer, kunstvoller als heutzutage, daher auch geeignet, Königinnen geschenkt und nachmals in Schatzkammern aufbewahrt zu werden. So schickte der Papst Bonifacius V. der englischen Prinzessin Ethelburga, der Braut des Königs Edwin, im Jahre 624 einen Kamm — die longobardische Königin Theodelinde vermachte im Jahre 626 der Kirche ihre Krone, ihren Fächer, ihre goldene Henne und ihren Kamm, derselbe ist in dem *Tesoro* der Kathedrale zu Monza noch zu sehen — im Dome zu Osnabrück wird der Kamm Karls des Grossen, im Schatze zu Quedlinburg der Bartkamm Heinrichs I. aufbewahrt. Gargantuas Kamm hatte Elefantenzähne (Livre I, Chapitre 37). Andere Kämme haben liturgischen Zwecken, Priestern und Bischöfen gedient, denen sie mit ins Grab gegeben wurden, zu ihnen gehört der Kamm des heiligen Bischofs Lupus in der Kathedrale zu Sens. Der heiligen Magd Radegundis, einer Namensschwester der Seite 60 genannten fränkischen Königin, sollen sich nach der Legende die Butterbrote, die sie in ihrer Schürze hatte, als ihr Herr sie fragte, was sie da wegtrage, in Kämme verwandelt haben, wie der heiligen Elisabeth in Rosen; ein Kamm befindet sich unter ihren Reliquien in der Schlosskapelle zu Wellenburg (eine Stunde von Augsburg). Sie brauchte die Kämme vermutlich zur Krankenpflege. Der älteste Kamm war die Hand; der nubische Kamm, eine lange Nadel, stellt einen einzigen Finger dar.

Lande immer ein Säckchen voll Obstkerne bei sich hatte, um die Bauern damit zu beschenken, nie ohne Tippelholz und Obstkerne ausging, um sie an den Strassenrand zu stecken, während seine Gemahlin, die „Mutter Anna“, auf dem Ostravorwerke butterte: also hat sich Karl der Grosse um den Obstbau in Ingelheim und auf allen seinen Domänen am Ufer des Mains, im ganzen Reich bemüht. Er hatte ein scharfes Auge für die Natur; einst bemerkte er von seinem *Saal* im Rheingau, wie auffällig schnell immer der Schnee vom Johannisberg und vom Rüdesheimer Berg wegschmelze. Daraufhin liess er diese beiden Berge mit italienischen Reben bepflanzen. Es waren die ersten in Deutschland.

Einst, erzählt die Legende, war im Fränkischen Reiche Pestilenz und Karl dem Grossen erschien ein Engel im Traum, der sagte, er solle einen Pfeil aufs Geratewohl abschiessen, wo der Pfeil stecken bleiben werde, da wachse das Pestmittel. Karl that, wie er geheissen, und der Pfeil fand sich in dem rosettenartigen Kraute der Eberwurz, der heiligen Pflanze Freyrs. Sie wurde sofort angewandt und erwies sich als heilkräftig, Karl der Grosse befahl ihren Anbau, daher hiess sie fortan: *Karlsdistel, Carlina.*

Ammen, beziehentlich Pflegerinnen, die sich vornehme Frauen für ihre Kinder halten und von denen sie dieselben bis zum zweiten Jahre ernähren lassen. Parzival wurde von seiner Mutter Herzeloyde selbst gesäugt:

Diu Künegîn nam dô sunder twâl
diu rôten velwelohten mâl:
ich meine ir tüttels gränsel:
daz schoup s'im in sîn vlänsel,

das heisst: die Königin nahm da unverzüglich die roten, ins Gelbliche schimmernden Male, das Schnäbelchen ihrer Düttlein, das schob sie ihm in sein Mündchen (Wolfram von Eschenbach, Parzival II, 1629 ff). Gewöhnlich wurden Ammen angenommen und zwar in der guten alten Zeit möglichst vornehme, nicht viel tieferstehende. Arme Leute fütterten ihre Kinder mit Kuhmilch auf, die sie in einem die Saugflasche vertretenden Horn bekamen. Die Säuglinge sind in Windeln gewickelt; das Wickeln der Kinder ist also schon damals gebräuchlich gewesen, in Amerika kennt man es nicht. Kostüme des 13. Jahrhunderts. Nach einer Miniatur in einer Handschrift der Pariser Nationalbibliothek. Vergleiche die *Histoire du Costume en France* von *Quicherat* (1874).

Auf seinen Befehl wurden nun zunächst bei den kaiserlichen Pfalzen Obstgärten, Gemüsegärten und Arzneikräutergärten angelegt. Im Jahre 812 erliess Karl der Grosse das Capitulare de Villis et Curtis Imperialibus, das Gesetz über die kaiserlichen Villen und Höfe, in welchem zum erstenmal von Gärten auf deutschem Boden die Rede ist. *Garten*, urverwandt mit *Hortus* und *Χόρτος*, bedeutet ursprünglich gar nichts anderes als Hof. *In den Gärten meiner Güter*, heisst es, *sollen sich die folgenden Pflanzen befinden:* Lilien, Rosen, Liebstöckel, Steinklee, Krauseminze, Salbei, Raute, Stabwurz, Melonen, Kürbisse, Veitsbohnen, Gartenkümmel, Rosmarin, Garbe, italienische Kichererbsen, Meerzwiebel, Siegwurz, Schlangenwurz, Anis, Koloquinten, Heliotropen, Bärwurz, Lattich, Schwarzkümmel, weisser Gartensenf, Nasturzien, Kletten, Flöhkraut, Rosteppich, Petersilie, Eppich, Rainweiden, Sadebaum, Dill, Fenchel, Endivien, Senf, Bohnenkraut, Brunnenkresse, Minze, wilde

Minze, Wurmkraut, Bockshornklee, Bergminze, Fieberwurz, Mohn, Beeren, Haselwurz, Malven, Melde, Pastinaken, Maierkraut, Kohlrabi, Zwiebeln, Schnittlauch, Porree, Rettige, Schalotten, Knoblauch, Krapp, grosse Bohnen, Erbsen, Koriander, Kerbel. Jeder Gärtner aber soll Hauslauch auf seinem

Burg der Orsini in Paris, Stadt (Seineinsel), im vorigen Jahrhundert. Ansicht der Flussseite (Nordfassade).

Dache haben. Hauslauch oder Hauslaub hielt angeblich den Blitz ab, es galt wie im Süden der Lorbeer, unter dem Äquator die Kokospalme für einen Blitzableiter, denn es war gleich der Eberwurz eine heidnische Pflanze, dem Gotte Thor heilig, wurde deshalb auch *Donnerbart, Jupiterbart*, französisch: *Joubarbe* genannt. In christlicher Zeit besass auch die Haselstaude diesen Ruf — seitdem die Mutter Gottes bei Elisabeths Heimsuchung, von einem Gewitter überrascht, Schutz unter einem Haselstrauche gefunden hatte, pflanzte man auch Haselgerten auf die Dächer, und endlich wurde die blitzableitende Kraft auch der Weide zugeschrieben. Hören wir, was Karl der Grosse weiter verordnete.

Von **Obstbäumen** *sollen sich in meinen Gärten verschiedene Arten finden: mehrere Sorten* **Birnbäume, Ebereschen, Mispeln, Kastanien, Pfirsiche,** *eine ordentliche Auswahl. Von* **Äpfeln** *sollen verschiedene da sein, süsse und saure, sowohl solche, welche sich den Winter über halten, als welche bald gegessen werden müssen,* **Sommeräpfel, Herbstäpfel** und **Winteräpfel.**

Die Blumen spielen, wie man sieht, noch keine hervorragende Rolle, sie stehen hinter nützlicheren Gewächsen zurück, doch wollte sie Karl der Grosse schon deshalb angepflanzt wissen, damit es den Bienen nicht an Nahrung fehle, denen er sehr zugethan und zu deren Zucht auf jedem seiner Landgüter ein eigner Imker zu bestellen war.

Diese Verordnungen nahm man sich im ganzen Land zum Muster; namentlich in den Klöstern. Genau nach der kaiserlichen Vorschrift sehen wir auf dem Klosterplane von Sankt Gallen, der zu Anfang des 9. Jahrhunderts unter Abt Gozbert (816—837) angefertigt ward, die Klostergärten entworfen: da ist ein Obstgarten, der zugleich als Friedhof dient, mit Apfelbäumen, Birnbäumen, Pflaumenbäumen, Mispeln, Ebereschen, Nussbäumen, Haselsträuchern, Maulbeerbäumen, Pfirsich- und Mandelbäumen, diese beiden ohne Früchte gar nicht zu unterscheiden, selbst mit Kastanien-, Quitten- und Feigenbäumen und Laurus nobilis — da ist der Gemüsegarten, planmässig: Bohnen, Zwiebeln, Knoblauch, Porree, Sellerie, Koriander, Dill, Mohn, Rettige, Mangold, Schalotte, Petersilie, Kerbel, Lattich, Pfefferkraut, Pastinaken, Kohl, Kümmel enthaltend — da ist endlich neben dem Krankenhaus der Blumen- und Kräutergarten, wo es Lilien und Rosen, Liebstöckel und Rosmarin, ferner Salbei, Raute, Veilchenwurzel, Flöhkraut (dessen Blüte die Flöhe tötet, also eine Art Insektenpulver), Liebstöckel, Fenchel, den sehr geschätzten Bockshornklee oder das griechische Heu, Rosmarin und Pfefferminze giebt. Die bitteren Samen des Bockshornklees werden heute nur noch dem Vieh eingegeben; in den orientalischen Harems geniessen sie die Frauen mit Milch, um stark zu werden.

Dass nun alle diese Bäume, Früchte, Kräuter und Gemüse fremd und zwar meist italienisch sind, sieht man schon an den Namen; nur zum kleinsten Teile entstammen sie, wie der Lauch, der Apfelbaum, die Eberwurz und das Hauslaub, unserem Boden. Oft enthalten besagte Namen versteckt den vollkommenen Heimatsschein, zum Beispiel unser *Liebstöckel*, das bekannte Volksheilmittel, das man mit dem *Ligusticum* der Alten verwechselte; daraus ist *Liebstöckel* allmählich und mit volksmässiger Anlehnung an *Lieb* und *Stöcklein* hervorgebildet

Der Goldmacher Nikolaus Flamel und seine Gattin Petronilla vor dem Herrn und den beiden Apostelfürsten kniend, Gemälde des 15. Jahrhunderts, ausgeführt im Auftrage des Verstorbenen (*N. F.*) in den Katakomben der Unschuldigen Kindlein (*des Innocents*) zu Paris. O. PATER. OMNIPOTENS. DELE. MALA. QUAE. FECI. Der Mann war Pariser Universitätsbuchhändler und lag nebenbei der Alchemie ob. Nach zwanzig Jahren immer noch nicht im Reinen, entschloss er sich im Jahre 1376, eine Wallfahrt nach Spanien zum Grabe des Apostels Jakobus, nach Santiago de Compostela zu unternehmen; vielleicht würde er erleuchtet. Auf der Rückreise traf er zu Leon einen jüdischen Arzt namens Canchez, mit dem er Freundschaft schloss und dem er gewisse Griffe der Hermetischen Kunst ablernte — er wollte ihn mit nach Paris nehmen — aber in Orléans erkrankte der Arzt und starb. Man will auch wissen, Flamel habe den Juden ermordet und beraubt. Jedenfalls konnte er, als er allein nach Paris zurückgekehrt war und hier noch ein paar Jahre experimentiert hatte, im Jahre 1382 das Gold machen, er besass das Arkanum, unedle Metalle in Silber zu verwandeln, ja, das köstliche Pulver, das man den *Stein der Weisen* oder den *Roten Löwen* oder das *Grosse Elixir* oder das *Magisterium* nennt und wodurch jedes Stück Blei zu einem Goldklumpen wird, hatte er gefunden. Er lebte nun als reicher Mann, als mehrfacher Millionär, verfasste das *Sommaire philosophique* und *le Désir désiré* oder *le Trésor de Philosophie autrement le Livre des six Paroles* und viele andere nützliche Bücher, die ausserordentlich selten sind, und liess sich in seinem Erbbegräbnis auf dem oberwähnten, lange nicht mehr benutzten Gottesacker mit seiner Ehehälfte malen. Der Apostel Paulus, dessen Attribut das Schwert ist, nimmt ihn gnädig in seinen Schutz und der BONUS JESUS, der die Weltkugel (den Reichsapfel) trägt, wird ihm zur ewigen Seligkeit verhelfen. Er starb angeblich A. D. 1418.

worden, *Ligusticum* aber eigentlich: die in *Ligurien*, an der Riviera einheimische Pflanze (französisch: *Livèche*, italienisch: *Levistico)*. Andere Male verraten sie dem Sprachforscher indirekt, wo sie eigentlich her sind, dass sie eingeführt worden sind und aus welchen Gegenden sie eingeführt worden sind. Es wird manchem kaum einwollen, dass so viele unserer wichtigsten Gemüse und die allerbekanntesten Kulturpflanzen und Blumen, dass zum Beispiel der *Kohl*, das *Obst*, die *Rosen* und die *Lilien* lateinisch, mit der südeuropäischen Garten- und Kochkunst in Deutschland eingebürgert worden sind. Wie seltsam, dass nicht einmal die *Zwiebel*, nicht einmal der *Senf*, nicht einmal der *Kümmel* auf deutschem Boden wächst? — Oder vielmehr wachsen sie jetzt dort, aber bewahren noch in ihren fremden Namen das Andenken an ihren fremden Ursprung. *Zwiebel* oder *Bolle* kommt von dem italienischen *Cipolla*, das aus dem spätlateinischen *Cepulla* und dies aus lateinisch *Caepa* entstanden ist, ja wenn man dem Virgil (Moretum 74) glauben darf, mit *Caput* und *Kopf* zusammenhängt. Die fremdländischen *Zwiebeln* und *Bollen* verdrängten den deutschen *Lauch*, womit heute noch der Porree und daneben der Schnittlauch und Knoblauch bezeichnet wird. *Senf* geht auf das italienische *Senapa* (lateinisch *Sinapi* = Σίναπι) zurück; *Kümmel* endlich, das jetzt von den Italienern an deutschem Gebäck bewunderte Gewürz und von ihnen selber *Erba buona*, gutes Kraut genannt, auf das lateinische *Cuminum* = Κύμινον, von dem hebräischen *Kammôn*. Alle diese Gewächse haben die Germanen von Italien aus kennen lernen. Was haben sie nicht kennen lernen? Nicht nur (im 15. Jahrhundert) die *Melone*, nein schon viel früher den *Kürbis* von den Römern: *Cucurbita*, ein Wort, das an *Corbis*, Korb, erinnert, indem durch die Reduplication der Eindruck strotzenden Wachstums wiedergegeben ist. Auch die Gurke hat in Süddeutschland einen lateinischen Namen: *Kukumer*, kurz *Kummer*, von lateinisch *Cucumis*, doch ist das Alter desselben nicht gross; die Gurke kam überhaupt erst im 17. Jahrhundert über Russland und Polen zu den Deutschen. Karl der Grosse hat kaum Gurkensalat gegessen. Das Wort ist slawisch (polnisch: *Ogorek*, böhmisch: *Okurka*) und ursprünglich griechisch (Ἀγγούριον); es heisst eigentlich nicht *Gurke*, sondern wie noch im Holländischen und Dänischen: *Agurke*.

Wenn wir Eingangs von „Orangenalleen“ sprachen, so muss man wissen, dass Karl der Grosse noch keine Orangerie gehabt hat; er hatte nur deutsche Äpfel, auch hier noch kaum diejenigen, die man wohl *deutsche Pomeranzen* nennt; und ausser den Äpfeln wenig gutes Obst. *Birnen, Pflaumen, Kirschen,* alles lateinische Begriffe; sie spielen in Deutschland etwa dieselbe Rolle wie die Citronen und die Apfelsinen in Italien. Selbst hier sind ja die Agrumen verhältnismässig etwas Neues, die *Portogalli* gar erst vor ein paar Jahrhunderten angekommen. Die *Birne*, eigentlich und noch mittelhochdeutsch die *Bire* oder *Bir*, indem das *n* der Flexion angehört, entstand aus dem Plural des lateinischen *Pirum: Pira, Pflaume,* in Aachen noch gegenwärtig: die *Prumm,* ist aus dem Plural des lateinischen *Prunum,* dieses aus dem griechischen *Προῦμνον* herzuleiten. Die Kirsche heisst auf armenisch *Gheras* (ursprünglilch *Pal,* welches jetzt für die Weichselkirsche gilt), ein Wort, welches wohl dem griechischen *Κέρασος* und dem lateinischen *Cerasus* zu Grunde liegt, sodass Armenien die Heimat

Landleute, dem Grafen das Schwarzwild mästend. Ein junger Bauer schlägt, die Bundhaube auf dem Kopfe, an der Seite das Messer, mit einer Stange die Eicheln von einem Eichbaum herunter, wie noch heute in Italien die Kastanien, die Nüsse und die Oliven heruntergeschlagen werden, was man *abbacchiare i frutti* nennt. Im Hintergrunde kommen auch Hirsche, Rehe und Hasen an das die Strohhütten schützende Gehege, werden aber von den Bauern mit Ästen, Knüppeln und Schleudersteinen weggejagt. Man bemerkt auch einen Reiher. Durch die allmähliche Vertilgung der Raubtiere hatte sich das Wild ausserordentlich vermehrt, es zehrte am Mark des Landmanns, der sich beileibe nicht an ihm vergreifen durfte, sich seiner kaum erwehren konnte. Im Vordergrunde kauert der arme, mit einer Bundhaube bedeckte Mann und spaltet Holz, während seine Frau mit dem Spinnrocken auf einem Schemel am Kamin sitzt und in dem Kessel, der über dem Feuer am Kesselhaken hängt, die Suppe für die Gäste mit ihrem Löffel umrührt. Dieser Kessel ist die französische *Marmite*, der Haken die französische *Crémaillère*; lateinisch heisst der hängende Kessel *Ahenum*, im heutigen Italien: *Paiuolo*. In dem Schuppen rechts Leute des Grafen, die sich bei Kerzenlicht auf Kosten des Bauern gütlich thun. Faksimile eines Holzschnitts der Prachtausgabe des Virgil (Lyon 1517, in Folio).

der Aprikose (lateinisch *Armeniacum),* der Kirsche und des Hermelines (italienisch *Armellino)* ist. Jene beiden Früchte werden daher auch häufig *Marellen* oder *Morellen* genannt, sie sind *armenisch,* wie vorhin der Liebstöckel *ligurisch* war. Aus römischem Munde übernahmen dann das Wort die Deutschen, vermutlich am Rhein und an der Mosel, wo noch jetzt der Kirschenbau seine eigentliche Heimat und Blüte hat: hier mochten die Germanen etwa auf einem Markte die ersten Kirschen sehen. Was ist das? fragten sie. *Cerasa* war die Antwort: dieses Neutrum pluralis klang ihnen wie ein Femininum und sie nannten daher die Frucht, den Laut genau nachbildend und das damals noch nicht gequetschte *C* durch *K* wiedergebend: *die Kerasa*. Indem das *a* flüchtig gesprochen ward, entstand daraus: *Kersa*, und das ist das althochdeutsche *Chersa* oder *Chirsa*, woraus mittelhochdeutsch *Kirse* und unser *Kirsche* hervorging. Eine eigene Form hat das Alemannische: kleine Waldkirschen heissen *Chriesi*, wo die Tonsilbe, wie im französischen, dieselbe ist wie im griechischen *Κεράσιον*, indem nicht der zweite, sondern der erste Vokal verschluckt würde. Vielleicht dass die ersten Kirschen hierher von Marseille kamen. Von uns aus wanderte das Wort zu den Slawen, von diesen zu den Magyaren, während es von Konstantinopel aus weiter ins Türkische, Persische und Kurdische überging.

Armellino bedeutet in Italien so wohl das Hermelin, als auch die Aprikose.

Dass *Hanf* aus griechisch-lateinisch *Cannabis*, allerdings sehr frühe, entstanden sei, wird ziemlich allgemein angenommen; jenes *Cannabis* deutet selbst nicht auf einheimischen Ursprung, sondern mag mit der Pflanze aus dem Orient eingewandert sein. Aus dem Orient stammt im letzten Grunde auch der Weinstock — jene Rebe, mit der Karl der Grosse den Rüdesheimer Berg und den Johannisberg bepflanzte, als der Schnee weggeschmolzen war. Dieses Bild ist typisch — ganz Deutschland glich den beiden Weinbergen, es bedeckte sich mit einer neuen Flora wie mit einem neuen Kleide.

e. Auf dem Weissensteine.

Wir betrachten uns das schöne Bild: *Tafel im Schloss* ein wenig näher — die Schlossherrin ist die Gräfin Haimon, die Schwester Karls des Grossen, sie bewirtet ihre Söhne, die vier Haimonskinder — der jüngste unter ihnen heist Reinhold, nach dem der Roman benannt ist — seine Geschichte, die heimliche Geburt der vier Kinder, ihre Entdeckung — sie gehen mit dem Vater an den Hof Karls des Grossen, Reinhold erschlägt den jungen König Ludwig, dies die Veranlassung des hartnäckigen Krieges zwischen den beiden Häusern — Haimon verspricht dem König seine Kinder zu fangen — Erbauung des Schlosses Montalban, Besuch der Haimonskinder bei den Eltern in Pierlamont, Reinhold lehrt den Grafen Haimon seine Kinder fangen — Reinhold verliert sein gutes Ross Baiard, der Schwarzkünstler Malegis hilft ihm wieder dazu — er hilft ihm sogar zur Krone Karls des Grossen, ja er schleppt den Kaiser selber auf den Weissenstein — grossartige, nur von einem deutschen Herzen zu fassende Scene auf Montalban: der Kaiser wird entlassen und gewährt keine Gnade — Malegis verzweifelt — klägliches Ende des unvergleichlichen Baiard — Reinhold selbst quittiert Welt und Vaterland und wird ein Heiliger — sein Ende, seine Verehrung in Dortmund.

Unser: *Tafel im Schloss* betitelter Farbendruck ist, wie die Unterschrift besagt, einem Roman aus dem Karolingischen Sagenkreis entnommen. Einem französischen Gedichte des 12. Jahrhunderts: Renaut de Montauban. Diesen Namen führt einer der berühmtesten Paladine Karls des Grossen, einer der Haupthelden der Ritterpoesie, der vierte Sohn Haimons oder Aymons, Grafen von Dordogne; bei uns heisst er, alle diese Namen sind ja deutsch: *Rainald* oder *Reinold* oder *Reinhold von Montalban*; beim Ariost: *Rinaldo, il Signor di Montalbano.* Wer hätte von den *vier Haimonskindern* und ihrem wundervollen Rosse *Baiard* nichts gehört? — Bei einem Bankett zu Paris hatte Kaiser Karl den ritterlichen Haimon von Dordogne schwer beleidigt und dessen Vetter Hugo erschlagen; deshalb lebte der Graf mit ihm in Fehde. Um derselben ein Ende zu machen, bot ihm Karl die Hand zur Versöhnung und seine Schwester Aja zum Weibe an. Haimon machte in der That Frieden mit Karl; da der König aber die Einladung zur Hochzeit ablehnte, wurde er wieder zornig und schwur in der Hochzeitnacht vor dem Beilager feierlich: *er wolle das Blut seines Vetters Hugo doch noch rächen und alles umbringen, was von des Königs Geschlecht wäre.* Das bewog Frau Aja,*) als sie guter Hoffnung war, ihrem strengen Herrn Gemahl nichts

*) Daher stammt der scherzhafte Beiname der Mutter Goethes. Im Mai des Jahres 1775 kamen die Grafen Stolberg und Graf Haugwitz auf einer Reise in die Schweiz nach Frankfurt und fanden hier im Goetheschen Hause gastliche Aufnahme. Jedenfalls verglichen sich die vier Freunde, Goethe inbegriffen, als sie auf einer Bank zusammen sassen, mit den vier Haimonskindern und die Frau Rat mit der Frau Aja; die Veranlassung wird die Mahlzeit gegeben, diese den Vergleich mit der weiter unten beschriebenen, von uns abgebildeten herausgefordert haben. Goethe selbst erwähnt in Dichtung und Wahrheit nichts davon.

davon zu sagen und ihre Entbindung, während Haimon nach seiner Gewohnheit in den Krieg zog, in aller Stille in einem Nonnenkloster abzuwarten; denn der Graf konnte das Kind leicht, als von König Karls Geschlechte, in Gemässheit des gethanen Eides töten lassen wollen. Und so hielt sie es jedesmal, wenn sie sich schwanger fühlte: sie gebar jedesmal im Kloster während der Abwesenheit ihres Herrn, die Geburt wurde verheimlicht und das Kind insgeheim erzogen; wenn dann Haimon, oft schwer verwundet, aber immer stramm, mit reichen Schätzen beladen, einmal mit der Dornenkrone und den Nägeln vom Kreuze Christi, nach Hause kam, war auch Frau Aja wieder da, und das

Bauersleute, im Freien Flachs und Wolle spinnend; der Junge weift, wickelt das Garn auf einen Haspel. Links unten liegen die abgenommenen Strähnen. Der Flachs, beziehentlich die Wolle ist um einen hölzernen Stock gewunden, den die Spinner neben sich aufpflanzen: Sie haben *das Werg am Rocken.* Mit der einen Hand ziehen sie die Fasern aus und ordnen sie zur Bildung eines gleichförmigen Fadens nebeneinander; die andere Hand brauchen sie zur Bewegung der Spindel. Dieselbe, die an dem Faden an einer Schlinge hängt, wird um ihre Achse gedreht, wobei der unten angebrachte zinnerne oder steinerne Wirtel als Schwungmasse wirkt. Dadurch werden die ausgezogenen Fasern zusammengedreht und zu einem fortlaufenden Faden oder Garn versponnen. Ist der Faden lang genug, so wird er oberhalb des Schwungrings auf die Spindel aufgewickelt und dann von neuem durch eine Schlinge an ihrer Spitze befestigt. Nur die Bildung des Fadens und das Zusammendrehen der Fasern ist eigentlich das Spinnen. Erst im Jahre 1530 erfand Johann Jürgen in dem braunschweigischen Dorfe Watenbüttel das Spinnrad, welches der Hand das Drehen und Aufwickeln abnahm, so dass sie nur noch auszuziehen brauchte, und das den Faden auf eine Spule wickelte. In Italien sieht man die Bäuerinnen noch häufig am Wege nach ältester Methode spinnen; den Rocken haben sie anstecken, so dass sie damit herumgehen können. Der Spinnrocken, die *Kunkel*, ist eigentlich Sache der Frau, wie dem Manne das Schwert oder das Messer gehört, daher Lehen, welche auch auf Frauen forterbten: *Kunkellehen* und Verwandte von weiblicher Seite: *Kunkelmagen* hiessen. Der alte Bauer hat *Bärenklauen* an den Füssen, der Junge ein Messer an der Seite. Nach Sebastian Münsters *Cosmographia* (Basel 1544 in Folio).

Spiel ging von vorne an. Sie schenkte auf diese Weise vier Kindern, vier Söhnen das Leben, die *Adelhard, Ritsard, Witsard* und *Reinhold,* französisch: *Alard, Richard, Guichard* und *Renaut,* getauft wurden; das waren die *vier Haimonskinder,* die Haimon hatte, ohne es zu wissen. Der vierte Sohn war der schönste, gross und stark über die andern, gleichwie ein Falk über einen Sperber, wie Dante sagt: *sovra gli altri come aquila volava.* Zu gleicher Zeit, A. D. 778, war auch

Karl dem Grossen von seiner Gemahlin Hildegard ein Sohn, der fromme Ludwig geboren worden, den sein Vater im Jahre 813 nach dem Tode seiner älteren Brüder auf einer Reichsversammlung zu Aachen zum Erben und Mitregenten des Frankenreichs ernannte.

Zu dieser Feierlichkeit, der Krönung Ludwigs, sollte nun auch

Gemeine Leute zur Arbeit gehend und den gnädigen Herrn im Schloss um Anweisung bittend, die er ihnen, an seinem Pulte sitzend und ein aus der Lade genommenes Wirtschaftsbuch aufmachend, erteilt. Er greift grüssend an seinen hohen Hut, ein Bauer nimmt den seinigen ab. Die Bauern haben runde Hüte und teilweise *Gugeln* darunter, die Kopf, Hals und Schultern decken, die des Vordermanns ist gezackt — Kittel, die gegürtet sind, Trikots und, in Nachäffung der Herrschaft, modische Schnabelschuhe. Unter ihren Werkzeugen bemerkt man Sensen, Sicheln, Schaufeln, Hacken und Äxte. Im Winter setzten die Bauern den Schabernack (*Schavernac*) auf. Nach einer Miniatur in dem *Eigentümer*, einer Handschrift des 15. Jahrhundert (Arsenal-Bibliothek, Paris).

Haimon von Dordogne eingeladen und dieselbe, da er anfänglich vergessen worden war, auf den Rat des Bischofs von Reims Turpinus noch vierzig Tage aufgeschoben werden. Karl der Grosse sandte zu diesem Zwecke vier Ritter, an der Spitze den Grafen Roland, nach

Pierlamont, Haimons gewöhnlichem Aufenthalt; die baten ihn zu Hofe. Er gab den Gesandten keine Antwort, seiner Gemahlin, als sie ein gutes Wort einlegte, eine Ohrfeige und, als sie unbeirrt und freundlich wiederum bat, an, er sei ja der unseligste Mann auf Erden. Er habe ja keine Kinder, alle seine Güter würden einmal an diesen Ludwig fallen, und nun solle er noch hingehen und ihn krönen helfen. Frau Aja vergewisserte sich erst, ob er wirklich gerne Kinder haben und an dem damals gethanen Eide nicht mehr festhalten wollte: dann entdeckte sie dem alten Graukopf seine vierfache Vaterschaft, führte ihn in ein Zimmer, wo sie ihre Kinder hatte, und zeigte ihm die vier Söhne. Er hört sie drinnen sprechen, stösst mit dem Fusse die Thüre auf, wird von Reinhold mehr als grob empfangen und giebt sich ihnen als ihren Vater zu erkennen. Wie er seinen jüngsten Sprössling umarmt, drückt er ihn so fest an sich, dass dem Jungen die Nase zu bluten anfängt, nach einem alten Volksglauben, den noch der *Simplicissimus (V, 5)* kennt, ein Zeichen naher Verwandtschaft. Reinhold aber ärgert sich und sagt: *so wahr mir Gott helfe, wäret Ihr nicht mein Vater, ich schlüge Euch tot!* — Schon beim Eintreten hatte er den alten Mann genommen und hingeworfen, dann aber ebenfalls gesagt: *O, Gott, seid Ihr mein Vater, so wäre es mir von Herzen leid, wenn ich Euch geschlagen hätte!* — Mit Schlägen ist der Heldenjüngling bei der Hand. Der Vater aber auch, denn er schlug sie alle vier zu Rittern, machte ihnen jedoch zur Bedingung, dass sie zuallererst mit ihm nach Hofe zu Karl dem Grossen ritten.

An diesem Hofe, der indessen von unserem Romantiker nicht in Aachen, sondern in Paris gedacht wird, schürzt sich nun der Knoten, dessen Entwickelung der ganze Roman gewidmet ist. Der junge König Ludwig, anmassend und kleinlich, ein klägliches, auf dem Throne geborenes, Lehen austeilendes Herrchen, steht den vier Haimonskindern und insbesondere seinem Altersgenossen Reinhold in allem nach, ist aber, wie alle solche Naturen, um so boshafter und neidischer und möchte, auf seine Stellung pochend, trotz seiner geringen Verdienste, auch in allen ritterlichen Tugenden für der erste gehalten werden. Erst vermisst er sich, weiter werfen zu können als irgend einer, und wird von Reinhold abgeführt, dessen adelige Abkunft er dann bezweifelt — dann spielt er (wohl ein wenig anachronistisch) mit Adelhard Schach, und zwar ums Leben, und verliert fünfmal hintereinander, und vor Wut schlägt der ehrlose Schwächling seinem Gegner mit dem Schachbrett ins Gesicht, dass es blutet. Nach langem

Zögern erzählt Adelhard seinem Bruder Reinhold, wie es ihm gegangen sei und weshalb er blute: der haut seinem Vetter, dem König Ludwig, wie er seine Lehen austeilt, den Kopf ab, den er verloren hat. Das war die Losung zu der langen Fehde, die nun zwischen den beiden Häusern Haimon und Karl entbrennt; nach einer andern, am Ende

Nimmt der Bauer zu viel untern Arm, so lässt er eins fallen. Wer zu viel fasst, zu wenig fasst; wer zu viel umarmt, drückt schlecht an sich, französisch: *qui trop embrasse, mal étreint*, italienisch: *chi troppo abbraccia meno stringe*. *Quid aeternis minorem consiliis animum fatigas?* — Oft angewendet auf Leute, die zu viel unternehmen, zu viel gewinnen, zu viel lernen, zu viel beherrschen wollen und dabei Schliff backen. Nach einer Miniatur in einer Sprichwörtersammlung der Pariser Nationalbibliothek, unter den Handschriften des Le Blanc de Lavallière. Moralität.

auch glaublicheren Version ist es nicht Ludwig der Fromme, sondern der Neffe des Kaisers Berthelot oder Bertholet, den Reinhold erschlägt.

Der Graf Haimon wird vom Bischof Turpin gefangen genommen;

Karl der Grosse möchte ihn am liebsten gleich gegen alles Recht hinrichten und seine Schwester Frau Aja verbrennen lassen, giebt sich aber auf die Vorstellungen Rolands und Anderer damit zufrieden, dass ihm die beiden Eltern beim Haupte des heiligen Dionysius schwören, ihm ihre Kinder ausliefern zu wollen. Diese ziehen nach Spanien, zu dem maurischen König Saforet, der ihnen ihr Geld abnimmt und dem Reinhold wieder den Kopf abhaut; mit diesem Kopfe empfehlen sie sich bei dem König Yvo, dem Feinde Saforets, in Tarragona, wo sie vier Jahre lang bleiben und sich nützlich machen. Deshalb liefert sie der König Yvo Karl dem Grossen auf dessen Begehren nicht nur nicht aus, sondern er giebt sogar Reinhold seine Tochter Clarissa zur Gemahlin und eine Klippe, den *Weissenstein*, zur Anlage eines Schlosses. Das war der *Weissenstein* oder der *Montalban*, nach dem Reinhold forthin in Frankreich: *le noble et vaillant chevalier Regnault de Montauban* genannt ward.

Nach einiger Zeit bekommen die Brüder Sehnsucht nach ihrer Mutter und wandern als Pilger verkleidet über die Pyrenäen nach Pierlamont, sorgen sich nicht, dass man sie ihrem grossen Onkel ausliefern wird. Frau Aja empfängt sie und bewirtet sie, denn sie gestehen freimütig, noch niemals so hungrig gewesen zu sein, wie gerade jetzt; während des Essens erkennt sie ihre Kinder, und ist ganz glückselig. Diese Mahlzeit im Schlosse Pierlamont, wo die vier Haimonskinder bei ihrer Mutter, der Schwester Karls des Grossen, zu Gaste sind, ist es, was unser Farbendruck nach der Miniatur in dem französischen Romane darstellt; die beiden Ehrendamen der Gräfin tragen die Burgunderhauben *(Hennins)* des 15. Jahrhunderts. Die Mutter denkt natürlich nicht daran, ihre Söhne zu verraten, auch Haimon wird zornig, da ihn ein Edelmann an seine Pflicht erinnert, er erschlägt den herzlosen Bösewicht — und doch kann er nicht umhin, des geleisteten Eides zu gedenken. Er liess waffnen, um seine Söhne festzunehmen und sie dem König auszuliefern. Aber das bekam dem alten Grafen schlecht, Reinhold meinte: *ich will ihn seine Kinder fangen lehren!* — band den Vater mit Händen und Füssen auf ein Pferd und schickte ihn mit einem Knappen an den König. Die Folge war, dass Karl der Grosse nach der Dordogne zog, die Burg Haimons belagerte und die drei älteren Brüder in seine Gewalt bekam, während Reinhold abermals als Pilger verkleidet nach Montalban entwischte.

Derselbe sandte einen Boten nach Paris mit gütlichen Vorschlägen, verlor aber unglücklicherweise seinen ausgezeichneten Baiard, mit dem er seine Brüder zu erretten hoffte: Bauern stahlen ihm das prachtvolle Tier, als er im Walde bei Vordel abgestiegen und eingeschlafen war, und brachten es dem König Karl, der es Roland schenkte. Reinhold war über den Verlust untröstlich, seine Brüder gefangen, sein Ross hin

Unzufriedner Bauer, auf einem Abhang den Mond mit den Zähnen packend. Nach dem Monde greifend; das Unmögliche wollend, in seinem Wünschen und Begehren kein Mass kennend, französisch: *vouloir prendre la lunè avec les dents. Citius elephantum sub ala celes.* Nach einer Miniatur in einer Sprichwörtersammlung, Handschrift der Pariser Nationalbibliothek, Schenkung Le Blanc de Lavallière. Moralität.

— in dieser Not half ihm sein Vetter Malegis oder Maugis. Der war nämlich ein Schwarzkünstler, durch seine grosse Kunst half er ihm nicht nur vor den Augen des ganzen Hofs wieder zu seinem

Pferde, sondern auch zu seinen Brüdern. Sie staken im Gefängnis und der König wollte sie wohl zehnmal hinrichten lassen, um seinen Sohn zu rächen, er hatte es geschworen, er wolle den Reinhold und seine Brüder zu Paris an den höchsten Galgen henken; aber seine besseren Freunde und Ratgeber, Roland und der Bischof Turpin, redeten ihm immer wieder ab, sich an den drei Herren von königlichem Geblüt, seinen Verwandten zu vergreifen. *Ihr habt geschworen?* — meinte der Bischof Turpin; *o, es ist nicht das erste Mal, dass Ihr einen Eid brecht! Wolltet Ihr nicht auch den kleinen Einhard hängen lassen, weil er Eure Tochter verführt hatte; und nun ist er Euer lieber Sohn, Ihr habt ihm die Imma zum Weibe gegeben, dazu noch Land und Leute.* So kamen also die drei Brüder wieder in den Turm, und aus dem führte sie ihr Vetter Malegis heraus, wie der Engel den Apostel Petrus aus dem Gefängnis zu Jerusalem. Mehr noch: Malegis raubte Karl dem Grossen sein Schwert und seine Krone und brachte die Sachen mit den drei Brüdern nach Montalban. Und als der König eine neue Krone machen liess und diese, um wieder zu einem guten Pferde zu kommen, als Kleinod bei einem Rennen aussetzte, das er veranstaltete: da kamen die vier Haimonskinder mit Malegis wieder nach Paris und gewannen die neue Krone auch, und Karl hatte das Nachsehen, ohne dass er den Baiard gekriegt hätte. Diesen hatte Malegis gleich Reinhold selbst verwandelt und aus einem Rappen zu einem Schimmel gemacht, damit man ihn nicht erkennte. Später praktizierte Malegis noch eine Menge Silberzeug und die besten Schwerter, darunter Rolands Durandal und Oliviers Haute-claire, nach Montalban.

Es kam immer besser: zuletzt schleppte Malegis Karl den Grossen selber auf den Weissenstein. Der König hatte sich entschlossen, die Haimonskinder in Montalban selber anzugreifen — er belagerte sie daselbst, zog aber immer den kürzern. In der Nacht stand der Zauberer am Bette Karls des Grossen, er sagte, sie wollten nach Montalban; schlaftrunken antwortete Karl, er wollte, sie wären schon dort. *Steht auf, Herr König, lasst uns gehen! — Ich will schlafen.* Da nahm Malegis den Carolus magnus auf den Arm und trug ihn schlafend nach Montalban, legte ihn hier zu Bette und ging zu Reinhold und sagte: *Vetter, ich bringe Euch hier den König, er ist Euer Gefangener.*

Die stattfindende Entrevue ist unglaublich charakteristisch. Der König befindet sich in der Gewalt der Haimonskinder, und Reinhold fällt vor ihm auf die Knie und bittet ihn um Gnade. Der aber bleibt unversöhnlich. Richard wird zornig, zieht sein Schwert und ruft: *Herr König, wollt Ihr uns nicht zu Gnaden annehmen, so hat Euer Stündlein geschlagen!* — Reinhold fällt ihm in den Arm und sagt: *mein Bruder, willst Du den König töten? — Er ist unser Herr und soll es sein Lebtag bleiben.* Malegis verzweifelt; er beschwört den König mit seinen Neffen Frieden zu machen, es werde übel ablaufen — der König thut's nicht, und Malegis befiehlt seine Vettern Gott, versichert, er werde hinfort gegen die Krone des Frankenreichs nichts mehr unternehmen und flieht in Wüsten. Karl der Grosse aber wird entlassen, er steigt ruhig vom Weissenstein herunter und gelangt unangefochten in sein Lager, wo nun die Brüder fortfahren, zu parlamentieren und den König bitten, dass er ihnen das Leben schenke. Den König, dem sie eben das Leben geschenkt haben! — Es ist ein unbegreiflicher, deutscher Zug von Rechtlichkeit und Treue in dem Gedicht, aber auch von jener finsteren Konsequenz, die unser Geschlecht auszeichnet; die das vergossene Blut rächt oder untergeht. Der König bleibt unerbittlich, die Belagerung wird fortgesetzt.

Ländliches Vergnügen: um die Linde, die wie ein Kletterbaum mit allerhand Preisen behangen ist, wird getanzt, die Musikanten blasen auf Schwegeln, Querflöten und Bomharten (von grossen Dimensionen); im Reigen bemerkt man den angenehmen Schwerenöter, den Ritter von Mutter Grün, Sandrin, den grünen Galan. So (*Verts Galants*) nannte man im 15. Jahrhundert eine Sorte Banditen, die sich an die Reichen und die Edelleute machten und deshalb nicht unbeliebt waren; später überhaupt schneidige Kerle und Abenteurer, die den Weibern den Kopf verdrehten. Faksimile eines Holzschnittes aus einem witzigen Werke des 16. Jahrhunderts, das den Titel: *Sandrin ou verd galant* führte (Ausgabe von 1609).

Auf dem Weissenstein fingen die Lebensmittel an auszugehen. Schon waren die Pferde geschlachtet und aufgezehrt worden; mit Kummer meinte Reinhold zu seiner Hausfrau Clarissa, nun werde auch Baiard dran glauben müssen. Das Ross verstand die Worte und fiel auf seine Knie wie ein Mensch, der um Gnade bittet. Man verschonte es noch; Adelhard schlug vor, sie wollten dem Baiard alle Tage zur Ader lassen und ihr Leben von seinem Blute fristen. Aber der Graf Roland und der Bischof Turpin erbarmten sich der Belagerten, sie liebten Reinhold im stillen mehr als Karl, obgleich sie diesem dienten: Roland musste zum Schein Sturm laufen und bei dieser Gelegenheit ohne Wissen des Königs die Burg mit Proviant versehen. Trotzdem beschlossen die Brüder, Montalban zu verlassen und auf dem Rosse Baiard nach einer andern Burg, dem Kastell Ardane, zu ziehen. Das erfuhr der König, er zog ihnen nach und belagerte sie von neuem. Inzwischen war Frau Aja mit grossem Gefolge zu Fuss in das königliche Lager gekommen; sie flehte den Herrn Bruder fussfällig und mit heissen Thränen an, ihre Söhne zu Gnaden anzunehmen und dem Krieg ein Ende zu machen. Karl der Grosse antwortete, Reinhold möchte ihm den Baiard ausliefern, so wolle er Frieden schliessen. Die gute Mutter begiebt sich in das Schloss zu ihren Kindern und teilt ihnen die Friedensbedingung mit — sie wollen lieber tausendmal kämpfen als das bewilligen und das treue Tier fortgeben; aber Reinhold meinte: *liebe Brüder, können wir uns durch das Ross versöhnen, so wollen wir's thun; 's ist besser so.* Demnach wurde der Friede vor der Burg Ardane geschlossen, die vier Brüder fanden endlich Gnade und Reinhold übergab Karl dem Grossen das Ross Baiard.

Nun folgt eine herzbrechende Scene, die den unedeln Sinn des Königs in entsetzlicher Weise offenbart. Er lässt dem mächtigen Pferde zwei Mühlsteine an den Hals hängen und es von der Brücke ins Wasser stürzen. Das Ross geht zu Grunde, arbeitet sich aber wieder herauf, entledigt sich der Steine, kommt wieder ans Land und springt wiehernd, als ob es weinte, auf seinen Herrn zu. Der König fordert das Pferd zurück; es müsse sterben. Er lässt ihm also jetzt sechs Mühlsteine, zwei an den Hals und einen an jedes Bein, anbinden und es wiederum ersäufen. Auch diesmal steigt es wieder auf, zerschlägt die Steine und kommt zu seinem Herrn gelaufen. Der König besteht auf dem Tode des unschuldigen Geschöpfes. *Verflucht müssest Du sein, Bruder, so Du das Ross abermals von Dir giebst!* — ruft Adelhard Reinhold zu, das Ross liebkosend, aber der verweigert dem Könige sein Recht nicht. Er will sich nicht mehr nach ihm umsehen, es nicht wieder fangen, er kann's auch nicht mehr ertragen. Zehn Mühlsteine werden dem Pferde angehängt — ins Wasser geworfen, taucht es noch einmal auf, streckt seinen Kopf heraus und sieht nach seinem Herrn, als suche es den Freund, der ihm helfen solle; aber der blickt es nicht mehr an. So geht Baiard zu Grunde.

Dieses Pferd ist gleichsam die Seele Reinholds; mit ihm hat der ganze Roman ein Ende. Reinhold verschwört das Rittertum auf ewig

— sein Lebtag will er kein Pferd mehr reiten, noch fürder Sporen tragen; ein Einsiedel will er werden. Er beurlaubt sich vom König und geht noch einmal nach Montalban, wo er Frau und Kinder zurückgelassen hat. Clarissa fragt ihn: *wo sind Deine Brüder und wo hast Du Baiard? — Meine Brüder sind beim König, Baiard ist ins Wasser geworfen und ersäuft worden.* Er erzählt ihr alles; die arme Frau weint bitterlich. Dann ordnet er seine Angelegenheiten und geht in die weite Welt.

Die Hirten auf dem Felde, die Geburt Christi durch Tänze und Gesänge feiernd. Da die Engel lobsingen, hat der Pfeifer seinen Dudelsack abgesetzt, und die Kastagnetten, die sie am Gürtel haben, schweigen. An den Bäumen hängen zwei Feldflaschen. 15. Jahrhundert. Faksimile eines Holzschnittes in einem katholischen Andachtsbuche, einem sogenannten Brevier, welches die Gebete zu den vorgeschriebenen Betstunden, die *Horae Canonicae* enthält (Anthoine Verard). Das Bild ziert den Abschnitt, der zur dritten Stunde (AD. TERCIAM) gesprochen werden soll, die Stelle aus dem zweiten Kapitel des *Evangelivm secundum Lucam.* Die *Horae*, an denen von Geistlichen und Mönchen *Hora gesungen* ward, bildeten das Mittelalter über die Einteilung des Tages von 3 Uhr morgens bis 6 oder 7 Uhr abends. Es gab ihrer sieben: Mette, Prim, Terz, Sexte, None, Vesper und Komplet. Sie wurden durch Geläute verkündigt; ein Rest davon ist das Abendlauten.

Erst blieb er drei Jahre bei einem Eremiten in der Wüste, betend und Busse thuend, seinen Leib kasteiend, dann begab er sich auf einem vorweggenommenen Kreuzzuge nach Tripolis in Syrien und ins Heilige Land, um wider die Ungläubigen zu kämpfen. In Akka traf er mit seinem Vetter Malegis zusammen, der bald darauf durch einen Pfeilschuss getötet ward; er selbst verrichtete grosse Heldenthaten und half den Christen Jerusalem erobern, worauf er nach Europa zurückkehrte und als ein armer Mann noch einmal zu Karl dem Grossen kam. In freiwilliger Armut und Einsamkeit gedachte er auch sein Leben zu beschliessen. Er ging nach Köln nnd trat hier in das Sankt Pantaleonskloster ein. Die Pantaleonskirche wurde gerade damals aus den Steinen der ehemaligen Römerbrücke gebaut und Reinhold den Arbeitern zum

Aufseher gegeben. Diese hassten ihn, weil er fleissig war, und verschworen sich gegen ihn: er wurde erschlagen, der Leichnam in einen Sack gesteckt, mit Steinen beschwert und in den Rhein geworfen. So fand der heilige Mann ein ähnliches Ende wie sein Pferd — er kam auch wieder empor und ans Ufer des Rheins wie Baiard. Um diese Zeit wurde die Stadt Dortmund zum Christentum bekehrt: den Dortmundern der Leib Reinholds von der Klerisei überlassen. Nachdem sie den Sarg auf den Wagen gehoben hatten, lief derselbe von selbst von Köln bis Dortmund, ohne Pferde, wie auf einer elektrischen Eisenbahn; an der Stelle, wo heute die grosse Reinoldikirche, eins der hervorragendsten Bauwerke Westfalens, steht, machte er Halt. Die Legende setzt die Marter Reinholds in das Jahr 960 und seine Überführung nach Dortmund in das Jahr 1059; mit der Chronologie wird es nicht genau genommen, das Haimonskind hätte ja Karl den Grossen um 146 Jahre überlebt. Der Bischof Agilolfus wiederum, zu dessen Zeit Reinhold nach Köln gekommen sein soll, war schon tot, als Karl zu regieren anfing; nach den Bollandisten starb er im Jahre 770. Als Kaiser Karl IV. und seine Gemahlin Elisabeth im Jahre 1377 die Stadt Dortmund besuchten, verehrten sie auch die Reliquien des heiligen Reinoldus und erhielten auf ihre Bitten Teilchen derselben zum Geschenk. Karl der Grosse soll selbst in Dortmund gewesen, in der alten Kaiserburg *Munda* ausserhalb der Stadt der Graf Trutmann von ihm mit der Grafschaft Dortmund belehnt worden sein. Dortmund entstand angeblich aus zwei Dörfern, welche den Herren von Trutmann gehörten und denen Karl der Grosse Stadtrecht erteilte. Vielleicht weilte sein ruheloser Geist auf dem Königsstuhl bei Dortmund unter den alten Linden vor dem steinernem Tische mit des Reiches Aar, auf dem das nackte Schwert lag, da wo jetzt die Lokomotiven der Bergisch-Märkischen Eisenbahn, die Dampfrosse schnauben, als der Leichnam seines Neffen, der heilige Reinhold, gefahren kam: er lugte hin, ob das Haimonskind etwa wieder auf seinem schwarzen Baiard sitze.

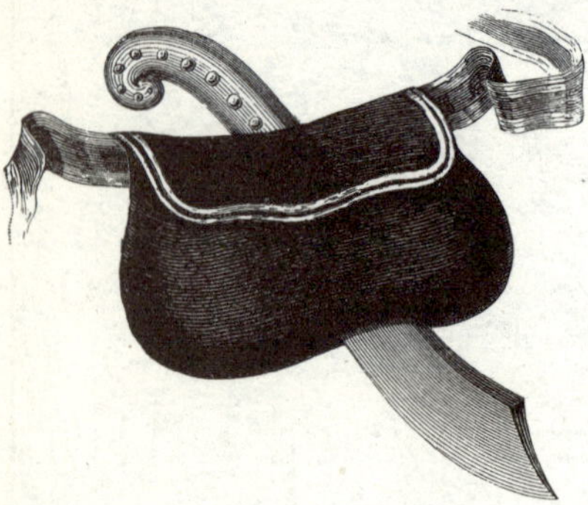

Gürtelmesser und -tasche (15. Jahrhundert).

Küche und Keller.

a. Das tägliche Brot. Brei und Bier.

Die Riesen, die zu Brote gewöhnt sind — das Brot stammt vom Bauer, wenigstens das Korn, wir kommen auf die angelsächsische Gruppe zurück — was hat der pflügende Bauer für Korn gebaut: Haferkorn, die ursprüngliche europäische Brotfrucht, das Getreide des Mittelalters — das Haferbrot war Hafermus, das alte Nationalgericht der Deutschen — Brot und Brei, die Grütze und der schottische Porridge, Polenta und Flammeri — der Züricher Hirsebrei — was eigentlich Brot heisst, der italienische Brodo, es ist eine Art Sud — das gebackene Brot heisst Laib, aber wenn auch das flüssige Brot abkam, wurde der Ausdruck immer noch fortgebraucht — Laib und Leib hängen nicht zusammen, Leib und Körper — kochen, braten und brauen, Nudeln und Knödel — zunächst werden Brotkuchen gebacken — was eigentlich backen heisst, die italienische Frittura — Brei, Bräu und Bier, mit dem flüssigen Brote hat es seine Richtigkeit — wie die Menschen das Bier nennen und wie es die Götter nennen — ob das Wort Bier aus Italien nach Deutschland und wieder zurückgewandert ist wie die Semmel — seit wann gehopftes Bier getrunken wird — man kann sich das Wort so einfach und so deutsch erklären.

Spielzeug, Vater! Sieh, was ich für ein artig Spielzeug gefunden habe! — damit schüttete nach einer weitverbreiteten Sage eine jugendliche Riesin einen pflügenden Bauer, den sie in der Schürze hatte, mit dem Pfluge und den Pflugochsen vor dem Vater aus — dieselbe Gruppe, die wir oben aus unserer Mappe herausgeholt und dem geneigten Leser auf Seite 19 hingeworfen haben. Hoffentlich hat er nicht gezankt, wie das der alte Riese that, der die zappelnden Dinger mitleidig betrachtete und gar nicht zufrieden war, dass sie sein Töchterchen vorwitzig vom Felde weggenommen und auf die Berge, auf die *Jötunfjeldene,* nach Riesenheim gebracht hatte. Er sagte, sie solle sie augenblicklich wieder an Ort und Stelle tragen, diese kleine Maschine sei der Bauer, mit dem dürfe man nicht spielen.

Denn wäre nicht der Bauer, so hättest du kein Brot;
Es spriesst der Stamm der Riesen aus Bauernmark hervor:
Der Bauer ist kein Spielzeug, da sei uns Gott davor! —

Als woraus hervorgeht, dass auch die Riesen zu Brote gewöhnt waren und ohne die kleinen Menschen, die säten und ernteten und mahlten und buken, nicht gut leben konnten, so wenig wie die Edelleute, die es trotzdem oft vergassen, auf die auch die Fabel zunächst gemünzt sein dürfte. Denn wenn auch die Riesen in der germanischen Mythologie und noch bei Rabelais für starke Esser und Trinker gelten, ja, geradezu Vielfrässe *(Jötun)* und durstige Leute *(Thursen)* heissen, so befremdet es doch, sie gerade so viel auf Brot halten und sie, diese mythischen Gestalten, diese Wesen der Vorzeit überhaupt mit dem modernen Menschengeschlecht zusammenleben zu sehen. Man sollte denken: solche Kerle brauchten eine ganz andere, elementare Kost und nährten sich wie Bringuenarilles zum mindesten von Windmühlen (Rabelais *Pantagruel Livre IV, Chapitre 17).* Gleichviel, wir wollen einmal sehen, was man im Mittelalter für Brot hatte, wie das Brot unserer Voreltern gebacken wurde und vor allen Dingen, was der Bauer für eine Brotfrucht baute.

In einer Bäckerei: das Einschieben der Brote in den Backofen. Derselbe hat seine Form und primitive Einrichtung während Tausenden von Jahren unverändert erhalten und sieht aus wie im alten Ägypten und in Pompeji. Das eigentliche Mundloch, welches alles in allem zur Feuerung, zum Abzug des Rauches und (nachdem die glühenden Kohlen nach vorn gerafft und zuletzt herausgenommen worden sind) zum Einbringen des Teiges dient, ist oben; in dem Loche unten liegt das Holz. Beide bilden einen Kegelschnitt. Rechts oben hängt die Brotwage. Nach einer Miniatur in dem Kalender eines Breviers, Handschrift des 16. Jahrhunderts.

Die angelsächsische Legende des erwähnten Bildes spricht von Korn. Das ist der Gesamtname für alles Getreide, er bezeichnet immer dasjenige Getreide, welches unter den Halmfrüchten eines Landes den ersten Platz behauptet; so ändert sich die Bedeutung dieses Wortes, wie die des italienischen *Grano*, mehrmals. Wenn man einfach: *Korn* sagt, so meint man die wichtigste und häufigste, die eigentliche Brotfrucht, das sogenannte *gemeine Korn,* die *Frücht.* Im skandinavischen Norden heisst *Korn* die Gerste, in Norddeutschland der Roggen, in Schwaben und der Schweiz der Dinkel, in Westfalen, Schottland und Nordengland der Hafer, in Kärnten die Hirse, in Ungarn, Italien und Frankreich der Weizen — in letzterem Lande sagt man wohl nur unter deutschem Einfluss: *Grain,* gewöhnlicher: *Froment* oder *Blé.* Die Getreidezonen wechseln; das Getreide bleibt immer *Korn.* Der Lech scheidet ziemlich scharf das Roggen- vom Spelzland, wie er in den Ortsnamen die alemannische Form *-ingen* von der bayrischen Form *-ing* scheidet; aber *Korn* baut man hüben und drüben. Das in Süddeutschland und am Rhein als Suppeneinlage beliebte *Grünkorn* ist eine Art Graupen, welche aus den unreifen Körnern des Spelzes bereitet wird. Genauer heisst es: *Grünkern,* denn der Süddeutsche bezeichnet sein Getreide noch häufiger als *Kern.*

Der angelsächsische Bauer wird mit seinem *Korne* wohl Hafer, die älteste europäische Brotfrucht meinen, die Kelten und Germanen schon vor 2000 Jahren kultivierten. Heutzutage von besseren und nahrhafteren Cerealien, vom Roggen und vom Weizen auf mageren Boden, in unwirtliche Gegenden zurückgedrängt, nur noch von der Armut genossen, war er durch das ganze Mittelalter hindurch das *Getreide,* will sagen: das *Getregede,* der *Ertrag* der deutschen Erde. Und zwar ass das Volk kein Haferbrot, sondern Haferbrei oder Habermus, das alte Nationalgericht der Deutschen, eine Art Mehlsuppe, die sie an den slawischen Grenzen: *Gîselitze* oder *Geislitz,* die saure Suppe *(Kyselice, Kisely)* nannten und in Kärnten und Tirol noch nennen. Wie einst in Altitalien die steife, dicke *Puls,* in der Lombardei die kaum davon verschiedene *Polenta,* in Frankreich die *Bouillie,* in England der *Porridge,* auf der skandinavischen Halbinsel die *Grütze (Gröd)* die Basis der Kost darstellte, so genossen unsere Vorfahren ihren *Brei,* althochdeutsch: *Prî,* mittelhochdeutsch: *Brî,* und zwar ihren Haferbrei, der spielte in Deutschland die Rolle, die jetzt das Brot spielt. Er bestand aus Hafermehl, Wasser und Salz: das Mehl wurde in das siedende Wasser eingerührt und mit einer Prise Salz gewürzt; dann liess man die Suppe eine Viertelstunde lang unter fortwährendem Umrühren kochen und richtete auf einer flachen Schüssel an. Bisweilen wurde Milch, Buttermilch oder Butter daran gethan; die Slawen brachten den Hafermehlbrei durch Sauerteig zur Gärung und assen ihn dann mit Speck oder süsser Milch. Anstatt des Mehls nahm man auch Hafergrütze, enthülste, mehr oder weniger grob geschrotene Haferkörner, daher nun der Brei auch schlechtweg *Grütze, dicke Grütze* genannt ward (althochdeutsch *Gruzzi,* französisch und englisch *Gruel, Gruau).* Die

In der Scheune: Das Dreschen des Korns mit dem Dreschflegel auf der Tenne. Derselbe besteht aus dem Klöppel, der durch einen Lederriemen mit der Rute verbunden ist. Früher wurde das Getreide von Ochsen oder Pferden ausgetreten oder ein Dreschschlitten (lateinisch *Tribulum*) von den Tieren darüber gezogen. Heutzutage benutzt man Dreschmaschinen, die man Ende Juli auf den Gütern brummen hört. Nach einer Miniatur in dem Kalender eines Breviers, Handschrift des 16. Jahrhunderts.

norddeutsche *Rote Grütze*, im skandinavischen Norden ein stehendes Gericht, ist nur so ein verbesserter und verfeinerter Haferschleim, *Grütze* eben nicht nur mit der Grützsuppe, sondern nachgerade auch mit jeder breiartigen Speise, jedem Flammeri beliebiger Herkunft und Zusammenzetzung verwechselt, sozusagen in Einen Topf geworfen worden. *Flammeri,* aus dem englischen *Flummery* entstanden, bedeutet von Haus aus ebenfalls einen Hafermehlbrei. Ich kenne Engländer und Schweizer, die noch heute Mehlbrei zum Frühstück geniessen; in den schottischen Hochlanden, in Oban habe ich mir einmal einen *Scotch Porridge* aus *Oatmeal* und in einem norwegischen Bauernhause ein *Römmegröd* machen lassen und es wohlschmeckend und gesund gefunden, was einst die tägliche Speise des gemeinen Mannes bildete und heutzutage nur in der Krankenküche vorkommt. Auch die Hirse, einst die Wonne des Menschengeschlechts, wurde in dem weiten Kreise ihrer ehemaligen Verbreitung vorzugsweise in Breiform, als Hirsebrei genossen, wie man sich schon von dem *Glückhafften Schiff* abnehmen kann. Als es sich im Jahre 1476 um ein Bündnis zwischen den Städten Zürich und Strassburg handelte, stiessen sich die Strassburger an die Entfernung. Da kamen die Züricher auf der Limmat, der Aare und dem Rhein mit einem Hirsebrei in die elsässische Stadt gefahren, den sie zu Hause gekocht hatten und der noch warm war. Er hält sich in der That sehr lange heiss, daher er auch gewöhnlich auf eine flache Schüssel geschüttet wird. Aber die Züricher wollten damit sagen, dass bei gutem Willen auch die grösste Entfernung nichts zu sagen habe. Daher nun der Schmachspruch:

> hör wunder uber wunder zu:
> ein pry würd us dem Land zu Mu
> (dem Muhmuhländchen, der kühereichen Schweiz)
> so warm bis gen Strasburg gebracht.

Noch heute steht in dem mittelfränkischen Städtchen Uffenheim die Hirsebrei-Kirche, die Spitalkirche, sogenannt, weil früher am Peter-Paulstag im Spitalhof fünf grosse Kessel Hirsebrei gekocht und ausgeteilt wurden. Der Hirsebrei figuriert natürlich auch in der bekannten Erzählung vom Schlauraffenland: wer hineinwill, muss sich durch ein Gebirge von Hirsebrei hindurchessen, breit wohl zwei Meilen oder drei.

Der Hafermehlbrei war also der Reis, der Pilaw, das Brot des Mittelalters — *Brot* selbst ursprünglich nichts Gebackenes, sondern etwas Gekochtes, Gebrautes, Breiförmiges, das als tägliche Nahrung an das

Gesinde gereichte Mehlmus. Vielleicht hat schon mancher darüber nachgedacht, wie es komme: dass in Italien die Fleischbrühe den Namen *Brodo* trägt. Eine *Minestra sul Brodo* ist dort soviel wie Bouillonsuppe. Auch in Frankreich bedeutet *Brouet*, das Diminutivum von dem altfranzösischen *Breu* (etymologisch gleich dem italienischen *Brodetto*, worunter man ein altes, aus der Mode gekommenes, mit Zitronensaft angemachtes Eiersüppchen, nach Art des neugriechischen *Αὐγολέμονον* versteht) schlechthin Bouillon; die schwarze Suppe der alten Spartaner nennen die Franzosen: *Brouet noir*, und die Kraftbrühe, die man ehedem den Kindbetterinnen und den jungen Frauen am Morgen nach der Hochzeitnacht brachte, hiess: *le Brouet de l'accouchée, le Brouet de l'espousée*. Das mittellateinische *Brodum* und *Brodium* definiert unser Du Cange: *Carnium elixarum Jus*, Brühe von gekochtem Fleische; *Brodium* erscheint in Spanien in der Form *Bodrio*, worunter man die Bettelmannssuppe versteht, die an den Pforten der Klöster und in reichen Häusern den Armen ausgeteilt wird. Endlich heisst die Fleischbrühe auch in England *Broth*, wenigstens die Hammelfleischbrühe heisst so, die vom Rindfleisch nennt der Engländer, der keine Suppe isst: Rindfleischthee *(Beeftea)*. Das Rätsel löst sich, wenn man erfährt, dass auch unser *Brot* kein harter fester Körper, sondern so flüssig war wie das Bier, das man *flüssiges Brot* genannt hat. Brot in unserem Sinne heisst eigentlich *Laib*; ein geformtes viereckiges oder rundes Brot nennt man einen *Laib Brot*, die uralte, von den Vätern ererbte eigentliche deutsche Bezeichnung des Bäckerbrotes, gotisch *hlaifs*, althochdeutsch *hleip*, altenglisch *hlâf*, englisch *loaf*, wovon in *Lord* und *Lady* noch das *l* erhalten ist (angelsächsich *hlâford*, Brotherr; *hlâfdige*, Brotherrin). Ur-

Müller, das Getreide, das der Knecht mit dem Esel in Säcken gebracht hat, in den Mühlrumpf schüttend; durch das in der Zarge befindliche Mehlloch fällt die gemahlene Frucht aus dem Mahlgang zum Zweck des Absiebens in den Beutel, das Mehl in den Mehlkasten, die Kleie in den Kleienkasten darunter. Die Zarge ist der die Mühlsteine umgebende Mantel, der das Umherfliegen des Korns verhindert. Nach einem Holzschnitt in Jost Ammans *Ständen und Handwerkern* (1568). Vergleiche die pompejanischen Handmühlen, wie wir sie in *Neapel und seine Umgebung*, *Seite 143*, abgebildet haben. Wassermühlen gab es in Deutschland der Sage nach bereits zur Zeit Dietrichs von Bern, wo Heime an einen Fluss kommt und das Geklapper einer Mühle hört. Sie macht: *Klipp Klapp!* — Und er versteht: *Triff Schlag!*

verwandt sind die litauischen und lettischen Brotnamen *Klĕpas* und *Klaipas,* während das russische *Chljäb* und polnische *Chleb* für deutsche Lehnwörter angesehen werden; das lettische *Klaipas,* Brot, Striezel, soll in dem einheimischen Namen der Stadt Memel stecken, die *Klaipeda,* die Striezelfresserin genannt wird. *Laib* und *Leib* hängen gar nicht zusammen, *Leib* ist eigentlich soviel wie Leben, ganz eigentlich: das was am Leben *bleibt* und nicht in der Schlacht fällt, nicht von den Walküren für Walhalla gewählt wird; diese Auserwählten stellen das dar, was im Gegensatz zu *Leib* in der alten Sprache: *das Wal* genannt wird. Aus der Bedeutung des Lebens entwickelte sich dann die konkrete der lebenden Person und endlich der Person überhaupt, auch der toten, die eigentlich *Leichnam* hiess, für die aber inzwischen durch die Ärzte und die das *Corpus Domini* anbetenden Geistlichen das lateinische Fremdwort *Körper* eingeführt worden war (aus lateinisch *Corpor-a,* oder aus dem Singular *Corpus* durch Rhotazismus, englisch *Corpse).* Jetzt kann auch *Körper* den lebendigen Leib bedeuten. Abermals ein Beleg für die unglaubliche, von langer Hand her erfolgte, klerikale Verunreinigung und Verhunzung unserer Sprache.

Als das flüssige *Brot* abkam und die Leute anfingen nicht nur besseres Mehl, zum Beispiel feines Weizenmehl, althochdeutsch: *Simila, Semmel,* zu nehmen, sondern auch den Teig zu laiben und zu backen, wurde der Ausdruck *Brot* fortgebraucht und auf das neue Nahrungsmittel übertragen, wie das oft geschieht. Unzählige Male hat die Form einer Ware, eines Kleidungsstückes, eines Geräts gewechselt, dass sie gar nicht wiederzuerkennen ist, und das Ding doch keinen neuen Namen bekommen, sondern den alten, einmal üblichen behalten. Ich will nur an die *Stahlfedern,* die *Wachsstreichhölzchen,* die *Fensterscheiben* erinnern, die als *Scheiben* wie die alten *Butzenscheiben* rund sein müssten und doch viereckige Tafeln sind — an das lateinische Zeitwort *kochen,* das auf deutsch: *brauen* oder *sieden* heisst, aber ursprünglich: braten bedeutet hat — an das Wort *Nudel,* das nur eine Nebenform zu *Knödel* und ein Diminutivum von *Knoten* ist, also einen Bauernknoten, einen Mehl- oder Teigknoten, will sagen: einen Kloss nach Art der bayrischen *Dampfnudeln,* ebenfalls eine alte, dem Brei nahestehende Speise bedeutet hat, aber gegenwärtig Teigwaren in Faden-, Walzen- oder Röhrenform vertritt. So assen denn auch die Deutschen immer noch ihr Brot, mochte es auch nachgerade (als Landbrot) wie ein Rad zu rollen, oder (am Rhein) wie ein Spazierstock in die Ecke zu stellen sein oder in grossen viereckigen Laiben gebacken werden wie der westfälische

Pumpernickel. Man hat angenommen, dass sie zunächst den Mehlbrei konservieren wollten und an der Sonne dörrten oder am Feuer rösteten, und dass das zum Backen, und zwar zunächst zum Backen von Kuchen führte; denn ehe man noch Brot buk, hat man in heisser Asche Brotkuchen gebacken, wie Sara, als ihr Mann Besuch meldete und sagte, sie solle schnell machen, drei Mass Semmelmehl mengen, kneten und Kuchen backen (Genesis XVIII, 6). Diese Kuchen werden ausgesehen haben wie das ungegorene, harte, an der Luft getrocknete schwedische *Knäckebröd*, das man auf dem *Bränvinsbord* noch immer findet; oder wie Schiffszwieback. Weil man zunächst ungesäuertes Brot buk und den Sauerteig und die Presshefe noch nicht kannte. Indessen ist es unrichtig sich vorzustellen, als ob der Brei, wie der Teig, gleichsam eine Vorstufe des gebackenen Brotes sei; der Brei ist etwas Gekochtes, Gebrautes wie das Brot. Frühe werden die Germanen durch die Römer, die sie lange besassen, in die Kunst des Backens eingeweiht worden sein, sodass sie dieselbe nicht erst zu erfinden brauchten; hätten sie das aber, so würden sie wohl, wenn sie den Brei kochen konnten, durch eine einfache Überlegung geleitet worden sein, nun auch Brot zu backen. Der Teig, der zum Brotbacken gehört, ist noch gar nicht im technischen Sinne *Brei*, sondern einfach Mehl mit Wasser angerührt, daraus wird erst *Brei*, wenn man's kocht; und anderseits, wenn man's knetet, in der Backmulde formt und in den Backofen schiebt, wird (im gewöhnlichen Sinne) *Brot* daraus. Brot und Brei sind als zwei nebeneinanderherlaufende Kunstprodukte einer und derselben Stufe zu betrachten; man machte nicht Brot aus Brei, sondern bald

In der Backstube: der Werkmeister steht nackt vor dem Backofen und schiesst die Brote vermittelst der Ofenschüssel hinein; im Hintergrunde knetet ein Geselle, dessen Haar kurz abgeschnitten ist, am grossen Backtrog stehend, mit den Händen den Teig — er stöhnt, und dies Gestöhn wird für ein Zeichen angesehn, dass er sein Möglichstes gethan und den Teig vollkommen durchgewirkt hat. Die Bäckerin, die einen Eimer Wasser gebracht hat, trägt die fertige Ware in einer Schüssel auf dem Kopfe fort. Auf dem Boden liegt ein Backtuch. Sehr gut ist der Backofen zu sehn: ein runder, aus Ziegeln und Lehm aufgemauerter, überwölbter Herd; unter dem Mundloch, das, mit konzentrischen Ziegeln eingefasst, die Form eines Kreisabschnittes hat, befindet sich hier ein viereckiges Loch, in welchem das Brennholz liegt. Dasselbe ist nur vor Hitze angebrannt, das Heizloch das obere, durch das die Brote eingeschoben werden. Nach einem Holzschnitt in Jost Ammans *Ständen und Handwerkern* (1568).

Brei, bald Brot. Wir halten jetzt die Begriffe auseinander, indem wir das Wort *Brot* für das feste Gebäck aufheben, das flüssige Brot unter der Bezeichnung *Brei* ausschalten — in der Vorzeit verschwammen sie, wie noch heute in den romanischen Sprachen, wo *kochen* nicht bloss braten, sondern auch backen bedeutet *(cuire du pain, cuocere il pane).* Wir haben für alle Operationen, wo sich eine harte Rinde oder Kruste um eine Speise bildet, den Terminus *backen* angenommen — die Franzosen und die Italiener bringen in ihrer Sprache dieses Resultat nicht zum Ausdruck, während sie wieder ein eignes Wort für das Backen von Fleisch, Fisch und Gemüse in zerlassenem Fett, Öl und Schmelzbutter besitzen, nämlich das Zeitwort *frire, friggere* (von dem lateinischen *frigĕre.*) Was wir gebräkelte oder Bratkartoffeln nennen, bezeichnet der Franzose als *Pommes de terre frites;* die österreichischen Backhähndl sind in Italien eine *Frittura* und, da sie in Mehl, geschlagene Eier und geriebene Semmel, sogenannten Ausbacketeig, eingetaucht und auf diese Weise vergoldet werden, ein *Fritto dorato.*

Das Backen war demnach eine eigene, dem Kochen oder dem Brauen parallele Methode der Zubereitung, und es ist misslich, dass diese wichtige Einsicht durch eine nachlässige Terminologie so sehr erschwert und der Begriff des Brotes in unverantwortlicher Weise verdunkelt wird. Was jedem der gesunde Menschenverstand sagt: Brot ist so gut wie Brei etwas Gebrautes. Man braute ursprünglich nicht bloss Bier; brauen war der allgemeine Ausdruck für sieden oder kochen. Noch heute heisst es, wenn weissliche Nebel auf der Wiese lagern oder die Spitze des Berges umhüllen: *der Fuchs braut, der Hase braut, der Brocken braut* — man hält den Nebel für Dampf, der aus einer unterirdischen Küche aufsteigt, für Brodem, der sich bildet, weil die Hexen in ihrem Zauberkessel Gewitter sieden und Hagel kochen, in diesem Falle schönes Wetter machen.

Ich meine das ganz eigentlich und im etymologischen Sinne, dass Brot und Brei beide etwas Gebrautes sind. *Brot* stellt sich auf den ersten Blick als ein altes Partizipium Passivi mit dem *to*- Suffixe dar, es verhält sich zu *brauen* wie *Gift* zu *geben* oder wie *Gold, Kind, Gott* zu den entsprechenden Zeitwörtern. *Brei*, ein Wort wie *Sud,* ist nur eine Nebenform von *Bräu,* der jetzt so sehr in Aufnahme gekommenen Bezeichnung für bayrische Biere *(Spatenbräu, Augustinerbräu, Löwenbräu).* Ein bekanntes altes Weissbier wird bald *Breuhahn,* bald *Breyhahn,* bald *Breihahn,* bald *Broihahn,* bald *Broyhahn* geschrieben und die alberne Fabel ausgesprengt, dass dies der Name des Braumeisters gewesen sei. Mit dem flüssigen Brote hat es seine verteufelte Richtigkeit.

Aus der Gerste, neben dem Hafer der ältesten Ackerfrucht, gleich ihm nördliche und arme Länder, Sibirien, Norwegen, Schottland und Irland charakterisierend, machten die Deutschen das wahre flüssige Brot, das Bier. Name und Sache ist ohne Zweifel undeutsch, heisst es in einem neuerschienenen Wörterbuche, worauf die alte abgedroschene Erklärung von dem lateinischen *bibere,* dem *Biber,* dem Tranke aufgetischt wird; wenn wir der Edda glauben wollten, so wäre *Bier* nicht einmal ein menschliches, sondern ein göttliches Wort, ein Wort der Asen. *Öl (Ale)* heisst es unter den Menschen, aber die Götter nennen es *Bier,* liest man im Liede des Allweisen, dem *Alvîsmâl,* einem Fragespiel Thors

Fahne der Arraser Bäckerinnung: der heilige Bischof von Kambryk und Arras Autbertus (*Aubert*), Patron der Bäcker, in der linken Hand seinen Bischofsstab, in der rechten Hand eine Ofenschüssel. In Frankreich ist das gewöhnlich der heilige Honoratus, Bischof von Amiens, zu dessen Feste Santeuil den Pariser Bäckern das Verschen machte:

Saint Honoré
Est honoré
Dans sa chapelle
Avec sa pelle.

Fahne der Pariser Bäckerinnung: zwei gekreuzte Ofenschüsseln (mittelst deren die Brote in den Backofen eingeschossen werden). Die Ofenschüssel heisst *la Pelle* in Frankreich. Seit 1348 führen die deutschen Bäcker die gekrönte Brezel, gehalten von zwei schreitenden Löwen, die in der andern Pranke ein Schwert halten, in ihrem Wappen. Das soll ihnen Kaiser Karl IV. wegen ihres Löwenmutes verliehen haben. In ihren Siegeln führen sie wohl auch überhaupt Backwaren und die Embleme des Landbaus, Sichel und Ähren.

mit dem Zwerg *Alvîs* um die Braut, wobei eine Reihe von Synonymen durchgenommen wird,

Öl heitir med mönnum en med âsum Bior —

die Menschen sind vermutlich die Kinder der Wanen, der alten Götter, die den unter Odins Führung aus dem Süden kommenden Asen weichen mussten. Der Mythus vom Kampfe zwischen den Asen und den Wanen scheint aus dem Vordringen des fränkischen Wodankultus und damit eines fremden Stammes nach dem Norden entstanden und der Ausdruck *Bier* das Schibboleth des letzteren gewesen zu sein, wie er noch heute den in Norwegen reisenden Deutschen kennzeichnet, denn im skandinavischen Norden sagt man *Öl* für Bier. Der Leser beruhige sich: Name und Sache ist ohne Zweifel deutsch. Und zwar ist unser *Bier* nur eine abermalige Scheideform von *Brei.* Durch eine leichte *Metathesis,* von der die *R*-laute besonders häufig betroffen werden, entstand im Althochdeutschen aus *Brîo,* welches Brei bedeutete: *Bior,* das heisst Bier, wie *Brust* in niederdeutschen Dialekten als *Borst, Brunnen* als *Born, Brett* als *Bord, Brennstein* als *Bernstein* erscheint; *Kirsten,* ein bekannter Familienname, ist aus *Kristen* und dies aus *Christen, Christianus* hervorgegangen, *Albert* mit *Albrecht, Orlando* mit *Roland, Wilsdruf* mit *Wilsdorf* identisch, es wäre leicht solche Umstellungen zu Hunderten zusammenzubringen. Warum also für *Bier* den lateinischen Infinitiv *bibere* und andere mehr oder minder schwierige Etyma anrufen, wo die Deutung so nahe liegt? — *Bior* ist *Brîo, Bier* ist *Brîe* oder *Brei* nach der einfachen ursprünglichen Meinung dieses Wortes; und da *Brei* wieder mit *Bräu* zusammenhängt, *Bier* der gleiche Begriff wie *Bräu,* wogegen niemand etwas einzuwenden haben wird. Erst von uns ist dann Name und Sache zu den romanischen Völkern und sogar bis zu den Neugriechen gewandert, aus *Bier* machen die Franzosen ihr *Bière,* die Italiener *Birra,* die Griechen (die unser *B* nicht aussprechen können und den Laut umschreiben müssen) *Μπίρα,* geradeso wie sich von Wien aus die Ausdrücke *Kipfel, Semmel* und *Franzbrot* über Italien und bis nach Grichenland verbreitet haben. Ein österreichisches Kipfel oder Hörnchen heisst in Florenz: *un Chifel* oder *un Chifelle,* die Semmel ebendaselbst: *Semel* oder *Semelle,* die Franzsemmel in Athen: *Φραντζούλλα;* in Mailand sah ich einmal: *Schwarzbrot di Amburgo,* in Innsbruck einmal: *Zamboni und Würstl* angezeigt, in Paris die Baseler *Leckerli* in *Lécrelet,* die deutsche Bierkaltschale in *le Birambrot* verwandelt. Bekanntlich sagen die Franzosen, wenn sie ein Glas Bier haben wollen: *un Bock de Bière;* ein Glas Bayrisches Bier, Münchener Hofbräu bezeichnen sie neuerdings als *un Breu,* buchstäblich das obenangeführte, altfranzösische Stammwort von *Brouet;* das Wort *Lagerbier* ist in dieser Form *(lagerbeer)* bis nach Amerika gedrungen. Dass die Italiener unser Wort *Semmel* (das sich übrigens in der Form *Zemle* auch im Tschechischen und in der Form *Zemla* auch im Polnischen findet) angenommen haben, würde nichts beweisen, denn das althochdeutsche obenerwähnte *Simila,* welches eigentlich Weizenmehl und im Anschluss daran: Weissbrot und Semmel bedeutet hat, ist vermutlich eins von den vielen lateinischen Lehnwörtern in unserer Sprache und uns erst von den Römern zugekommen (lateinisch *Simila*, Sonnenmehl, italienisch *Semola*, französisch *Semoule)*; sodass das Wort wie ein Landstreicher in fremder Tracht wieder in das Land zurückgekehrt wäre, von dem es einst ausgegangen ist, und nun daselbst in doppelter Form, als *Semola* und *Semelle*, aufträte. Und so könnte man sich wohl denken, das auch unser *Bier* erst als *Bibere* ausgewandert und als *Birra* zurückgekommen wäre. Es ist aber unwahrscheinlich, dass die Germanen, die Bier zu brauen anfingen, sobald sie sich dem Ackerbau zuwandten, und deren Biergenuss bereits Tacitus im dreiundzwanzigsten Kapitel seiner *Germania* erwähnt, die also dieses uralte Getränk bereits vor ihrer Berührung mit den Römern kannten und es von diesen sicherlich nicht bezogen, späterhin ein gelehrtes, lateinisches Wort dafür eingeführt haben sollten, das in diesem Sinne gar nicht üblich war; Plinius bezeichnet den Gerstensaft als *Cerevisia*. Begrifflich steht nichts entgegen: die Slawen nennen das Bier einfach das Getränk *(Piwo)*, ebenso bezeichnet das Volk in Frankreich seinen Wein *(le Piot)*; in Italien bedeutet *la Bibita* den Kaffee, und sowohl bei uns wie in Frankreich wird das einfache Trank gebraucht, um Arzneien und Gifte (französisch *Poisons* aus lateinisch *Potiones*) zu nennen. Ein Mittel, das in der Schweiz krankem Vieh gegen den Fall eingegeben wird, heisst *Falltrank*; dieses Wort ist auch ins Französische übergegangen *(Faltrank, Falltrank)*. Auch lautlich besteht keine Schwierigkeit; wie im Italienischen *bere*, so konnte sich im Deutschen *Bier* aus *bibere* entwickeln. Sachlich besteht eine Schwierigkeit. Um die Annahme des lateinischen Ausdruckes einigermassen plausibel zu machen, führt Heyne an, man habe ihn zuerst in Klöstern und zwar für das gehopfte Bier gebraucht, weil nun eine Art Medizin daraus geworden sei. Der Hopfen ist dem Bier allerdings erst spät zugesetzt worden, überhaupt erst spät bekannt geworden, die Kapitularien Karls des Grossen erwähnen den Hopfen nicht; von gehopftem Biere spricht zuerst die heilige Hildegardis, die Äbtissin des Klosters auf dem Sankt-Rupertsberg bei Bingen, die im Jahre 1179 starb — zu ihrer Zeit wurde in Bayern, Franken und Niedersachsen Hopfenbau getrieben. Aber wie haben denn die alten Deutschen, die zu beiden Seiten des Rheins auf Bärenhäuten lagen, den ungehopften Gerstensaft genannt, als Tacitus an einem Sommerabend ankam, sich ihnen als ihr Biograph vorstellte und ihnen Bescheid thun musste? — Dass der Ausdruck *Bior* uralt ist, beweist doch die angezogene Stelle aus der Edda. Sie nannten ihn eben *Bier*, sie kochten *Brei*, sie brauten *Brot*, wie man schon ein Jahrtausend vorher an den thrakischen Küsten das aus Gerste und Dürrwurz (*Κόνυζα*) gebraute *Βρῦτον* trank und an den italienischen das *Defrutum*, den Most einkochte — wir haben um so weniger Grund das Lateinische zu Hilfe zu nehmen, als die Bezeichnung *Bräu*, so naheliegend und so zutreffend, noch immer lebt.

b. Fleisch. Tierische Kost.

Karls des Grossen Braten — es wird ein grosses Wildbret gewesen sein, kein Brathuhn, denn das war für die kaiserliche Tafel zu bescheiden, und kein Kalbsbraten, denn das Schlachtvieh trat im Mittelalter gegen das Wild zurück — das beliebteste Wildbret war das Wildpferd, das Fleisch von wilden und zahmen Pferden das Nationalfleisch der Deutschen gewesen — der Pferdefleischkessel, die heidnischen Pferdeopfer, im skandinavischen Norden, auf dem Hohenkrähen — nicht auszurotten: die Epistel des Papstes Gregor III. an den heiligen Bonifacius — dass das kirchliche Verbot endlich durchdrang, hatte noch einen andern Grund: wo ein als Schlachtvieh gezähmtes Tier zum Arbeitstiere aufsteigt, pflegt man den Genuss seines Fleisches aufzugeben — an Stelle des Wildpferdes ist der Hirsch, an Stelle des zahmen Pferdes das Rind, an Stelle des Hundes das Schwein getreten — wieder auf den Hund kommen, die Rossschlächtereien in der Gegenwart — wir wollen ein mittelalterliches Menü ausarbeiten, nicht bloss für die Fürsten, sondern auch für den Bürger und den Bauern — systematische Darstellung: Wildbret, als Hirsche, Steinböcke, Bären, Auerochsen, Elentiere, Murmeltiere, Hasen — Hasenpfeffer — der Juleber, Ablösung heidnischer Opfertiere durch Gebäcke in ihrer Form — Federwild: Enten, Schwäne, Fasanen, Reiher — Geflügel: Wichtigkeit des Huhns für das Mittelalter. Die gebratenen Tauben, der Gänsebraten, der Pfauenbraten — Schlachtvieh: Ochsen, Kälber, Schweine, Osterlämmer und Osterhasen — das Schlachten besorgten auf den Fronhöfen die Knechte — Fische: Aale, Hechte, Karpfen, Lachse, Heringe, Hausen, Stockfisch — Fleischwaren: Schinken, Würste, Bratwürste, Pasteten — Butter und Käse.

Karl der Grosse war, wie Einhard erzählt, ein mässiger Mann, aber ein starker Esser. Namentlich hielt er auf ein gutes Stück Fleisch und auf einen ordentlichen Braten, den ihm seine Jäger am Spiess auftragen mussten. Er war nicht mit Semmel aufgezogen worden; er nährte sich nicht von Brei. Die Ärzte, die ihn kein Fleisch essen lassen wollten, wenn ihn der Ritten schüttelte, verstanden nach seiner Meinung nichts; Fleisch musste er haben. Ausser dem Braten gab es gewöhnlich vier Gerichte oder Gänge. Zum Nachtisch ass er Obst aus seinen Gärten, dann nahm er noch einen Schluck Wein und legte sich zu Bette, um ein paar Stunden zu schlafen, sich vollständig entkleidend, wie man das in südlichen Ländern während der heissen Jahreszeit zu thun pflegt.

Was hatte er denn für Braten? Brachten ihm die Jäger den Hirschbraten am Spiess, das Rückenstück von einem jungen Bären, die Wildschweinskeule? — Denn ich denke mir, dass sie ihm keine Hühner am Spiesse brieten und keine Rindslende servierten. Zwar spielte das zahme Geflügel schon am Hofe Karls des Grossen eine Rolle, wie es dieselbe im ganzen Mittelalter spielte. Hühner, Gänse,

Bauersleute, das Frühmahl rüstend: er stösst Hafer, um auf dem Herde Hafergrützesuppe zu kochen; sie bäckt, vor dem Backtrog und dem Backofen stehend, Gerstenmehlkuchen. Es ist noch die Zeit, wo sich die Menschen das Korn selbst mahlen, beziehentlich stampfen (lateinisch *pinsunt*) und ihr Brot selbst backen (als *Pistores*, deutsch: *Pfister*, Bäcker, eigentlich soviel wie Stampfer), wie sie noch ihre eignen Bierbrauer, Lichtzieher und Handwerker sind. Selbst ihre schadhafte Strohhütte haben sie sich selbst gebaut. Auf dem Dache kräht ein Hahn; draussen wird gepflügt; in dem Gärtchen wächst Mohn, woraus Mohnöl gewonnen wird. Romantische Gegend: links fliesst Wasser; die Ufer sind, um Anhägerung zu bewirken, mit Flechtzäunen bekleidet. Faksimile eines Holzschnittes aus der Lyoner Prachtausgabe des Virgil (in Folio 1517).

Fasanen, Rebhühner, Pfauen und Turteltauben waren nach dem *Capitulare de Villis et Curtis* in Menge zu unterhalten. Die ersteren waren, wie man schon aus den Zinsregistern der Gutsherrschaften sieht, das wichtigste *Vieh* des ganzen Mittelalters, Hühner und Eier bildeten das Haupterträgnis grosser Güter und oft den alleinigen Reichtum der Bauern, Hühnerkörbe lieferten den Proviant im Felde, das Lebensmittel auf dem Jahrmarkt. Ohne die Einführung des Huhns, sagt Julius Lippert, würden die wirtschaftlichen Verhältnisse und damit die

Geschichte des deutschen Mittelalters ein anderes Gepräge angenommen haben. Noch an der Neige des 16. Jahrhunderts wollte es Heinrich IV. von Frankreich so weit bringen, dass jeder Bauer sein Huhn im Topfe habe — noch heute das Ideal des bescheidenen Italieners, dem ein *Pollo arrosto* und ein *Fiasco di Vino* das höchste Mass der irdischen Glückseligkeit bedeutet. Ja, aber das ist nicht das Ideal eines Kaisers, auf dessen Tafel das einfache Huhn höchstens nebenbei und als Aushilfegericht erscheint; es ist, wie wir mit Rücksicht auf die gleich zu besprechende Liebhaberei der alten Deutschen sagen können, kein Paradepferd. In wirtschaftlich entwickelten Ländern, Deutschland, England und Frankreich, vertritt jetzt das eigentliche Fleisch, was der Franzose: *Viande de Boucherie* nennt, in erster Linie das Rindfleisch, in zweiter Linie das die sogenannte *Charcuterie* liefernde Schwein die Stelle des mittelalterlichen Huhnes; der gute König würde seine Wünsche heutzutage wahrscheinlich anders formulieren. Die Hühner blühen in den armen Ländern, beziehentlich in den Agrikulturstaaten, die den Industriestaaten die Eier zu Milliarden senden, zum Beispiel in Italien, Österreich und Russland. Im frühen Mittelalter dagegen, wo man zwar schon alle wichtigen Haustiere, Hunde, Pferde, Schafe, Ochsen und Kühe züchtete, der Viehstand aber noch ebenso unerheblich wie der Wildstand bedeutend war, wusste man auch die Produkte des Schlachthauses noch weniger zu schätzen, sie traten gegen das Wildbret zurück, und wenn die höheren Stände etwas Gediegenes haben wollten, so wählten sie nicht den Mörbraten oder die Hammelkeule, sondern den Hirschrücken und den Rehziemer anstatt des Huhns. Man errät die Gründe, weshalb im Mittelalter der Wildstand ungleich bedeutender war als jetzt; in vierundvierzig Jahren (1611—1655) hat der Kurfürst von Sachsen Johann Georg I. 15 740 Hirsche, 31 170 Tiere und Rehe, 1045 Stück Damwild, 31 902 Wildschweine, 238 Bären, 3872 Wölfe, 217 Luchse, 12 047 Hasen, 19 015 Füchse, 37 Biber, 81 Fischottern, 1542 Dachse, Marder und Iltisse eigenhändig erlegt. Die Erfolge Karls des Grossen dürften kaum geringer gewesen sein. Infolgedessen erschien der gebratene Hirsch und Bär häufiger auf der Tafel des Edelmanns als jetzt, wo man dem Roastbeef und dem Hammelrücken grössere Ehre anthut, obgleich natürlich auch Fleisch von Schlachtvieh frisch und gepökelt, gesotten und gebraten, in Würsten und Pasteten genossen worden ist; die Ritterromane erwähnen es nur selten. Ursprünglich ass man in Deutschland wie in Persien und China ein Wildbret besonders gern, erst durch die Kirche ward es den Einwohnern verleidet: das Wildpferd.

Pferdefleisch, und zwar sowohl das Fleisch des einheimischen wilden Pferdes, das in allen grösseren Ebenen Mitteleuropas vorkam, als das des zahmen, von den Indogermanen mitgebrachten, muss geradezu

Wappen der Kornmesser von Gent, auf ihrer Gildenfahne vom Jahre 1568. Der Schild wird von einem Wilden Mann und einer Wilden Frau gehalten, ist halbiert und zeigt in der oberen Abteilung einen gekrönten Löwen, dahinter eine Kornähre; in der unteren zwei gekreuzte Schaufeln und die geeichte Metze mit einem Streichholz. Die Kornmesser wurden vereidigt. Das Getreide lagerte auf Schüttböden in öffentlichen Magazinen oder Speichern, die an Leistungsfähigkeit von den modernen *Getreideelevatoren* stark übertroffen werden; der private Getreidehandel war ganz verpönt. Die öffentlichen Vorratshäuser, gefüllt, um in Zeiten des Misswachses der Teuerung und Hungersnot abhelfen und Korn zu billigen Preisen abgeben zu können, sind durch die modernen Verkehrsmittel zwecklos geworden. Sie dienen, obgleich (in Chicago) Millionen von Hektolitern fassend, jetzt nur noch den Bedürfnissen des Getreidehandels und besitzen zur Hebung, Wägung und Verteilung eine maschinelle Ausrüstung. Die Entleerung der Eisenbahnzüge, die unter den Elevatoren auszuladen pflegen, erfolgt noch mittels derselben Schaufeln, die die Genter Kornmesser in ihrem Wappen führten, aber diese Schaufeln werden von dem Arbeiter nur geleitet und von einer Dampfmaschine in Bewegung gesetzt. Das geht unglaublich schnell.

als das Nationalessen der Deutschen bezeichnet werden; unsere Vorfahren waren *Hippophagen*. Daher opferten sie auch Pferde, denn die Götter essen niemals etwas anderes als die Menschen und nähren, wie Goethes Prometheus sagt, *kümmerlich von Opfersteuern und Ge-*

betshauch ihre Majestät, indem sie von Ambrosia und Nektar, das heisst von Honig und Met, nicht satt zu werden scheinen; diese Pferdeopfer, bei denen der Pferdefleischkessel über dem Feuer hing und die Priester wie gewöhnlich ihr Teil abbekamen und mit ihren Göttern mitschmausen durften, waren ein tief eingewurzelter heidnischer Brauch und ein teurer Genuss, dem zu entsagen das Volk sich gar nicht entschliessen konnte. Es kostete den römischen Missionaren die grösste Mühe, die Gläubigen davon abzubringen; als im Jahre 1000 in Island das Christentum durch Beschluss der Landesgemeinde eingeführt wurde, behielten sich die alten Norweger ausdrücklich uneingeschränkte Hippophagie vor — die Bauern von Drontheim, von König Olaf zum Christentum bekehrt, hatten bei einem Misswachse nichts Eiligeres zu thun als das Herbstopfer abzuhalten, die Minne ihrer alten Asen zu trinken und Pferde zu schlachten, ihre Altäre mit Pferdeblut zu bestreichen — König Hakon der Gute, mit seiner Familie zum Christentum übergetreten, wurde bei einem jener Freudenfeste, die im Altnordischen: *Gledir* hiessen, vom Volke über den Kessel geduckt, in dem das Pferdefleisch kochte, und gezwungen, wenigstens so zu thun, als ob er die Bouillon kostete, wenigstens die Dämpfe einzuatmen. Im Norden sollen sich die Pferdeopfer bis in die zweite Hälfte des 11. Jahrhunderts erhalten haben. In Deutschland war es nicht viel anders. Hier musste der heilige Bonifacius im Auftrage des heiligen Stuhls gegen das Pferdefleischessen vorgehn: im Jahre 732 bekam er von dem neuen Papste Gregor III. ein Schreiben, worin ihm unter andern Verhaltungsmassregeln auch die gegeben wurde: das Pferdefleischessen, von wilden und zahmen Pferden, als unrein und gottlos zu verbieten und die Zuwiderhandelnden mit schweren Bussen zu belegen. Wenn damals der Sündenfall beschrieben worden wäre, so hätten Adam und Eva statt des Apfels: ein *Horse-steak* essen müssen! — Mit mässigem Aufwand von Phantasie, aber vielleicht im ganzen zutreffend, schildert Scheffel im *Ekkehard* ein solches heidnisches Konventikel von Alemannen und Schwaben auf dem Hohenkrähen im Hegau im zehnten Jahrhundert, in einer Nacht des ersten November; es wird für den dämlichen Mönch Veranlassung, im Namen der Herzogin von Schwaben eine mächtige Eiche zu fällen und in wahrhaft verruchter Weise die arme alte Waldfrau, die tausendmal mehr wert ist als er, aus ihrem steinernen Häuslein zu vertreiben:

— *Auf dem Fels Hohenkrähen brannte ein verglimmend Feuerlein. Dunkle Gestalten regten sich. Eine breitgipflige Eiche breitete ihre dunklen Äste aus. Es war ein Tier geschlachtet worden, ein Haupt wie das eines Pferdes war an den Eichstamm genagelt, Spiesse standen über dem Feuer, Knochen lagen umher. In einem Gefäss war Blut.*

Um einen zugehauenen Felsblock sassen viele Männer, ein Kessel mit Bier stand auf dem Stein, sie schöpften daraus mit steinernen Krügen.

An der Eiche kauerte ein Weib; es war alt und struppig. Die

Weinlese im Zwinger einer Hofburg: die Trauben werden von den Winzern auf dem Weinberg und am Spalier gelesen, in der Butte fortgetragen und in der Kufe von dem Trottknecht mit den Füssen getreten; der Gnädige Herr rechnet dem Burgvogt die abzuliefernden Kübel vor. Links unten im Erdgeschoss des Palas, zu dessen einem Fenster eine Fahne heraussteckt und an dem eine Uhr und ein Bild des heiligen Martin angebracht ist, wird der neue Wein gekostet. Das Spalier ist an der Mauer der Burg zwischen zwei Thortürmen errichtet; in dem einen der letzteren, der nach hinten offen ist, bemerkt man die Kelter, in welcher die Treber vollends ausgepresst werden. Nach einer Miniatur in dem *Eigentümer*. Handschrift des 15. Jahrhunderts. Arsenalbibliothek, Paris.

Männer schauten nach ihr. Zusehends hellte sich der Himmel im Osten. In die Nebel über dem See kam Bewegung. Jetzt warf die Sonne ihre ersten Strahlen vergüldend über die Berge, bald stieg der feurige Ball empor, da sprang das Weib auf, die Männer erhoben sich schweigend; sie schwang einen Strauss von Mistel und Tannreis, tauchte ihn in das Gefäss mit Blut, sprengte dreimal der Sonne entgegen, dreimal über die Männer, dann goss sie des Gefässes Inhalt in das Wurzelwerk der Eiche.

Die Männer hatten ihre Krüge ergriffen, sie rieben sie in einförmiger Weise dreimal auf dem geglätteten Fels, dass ein summendes Getön entstand, hoben sie gleichzeitig der Sonne entgegen und tranken aus; in gleichem Takte setzte jeder den Krug nieder, es klang wie ein einziger Schlag. Dann warf ein jeglicher seinen Mantel um, schweigend zogen sie den Fels hinab.

Scheffel will hiermit auf einen altheidnischen Ursprung des Salamanderreibens hingewiesen haben. Das von der Kirche verpönte Pferdeopfer, das die Deutschen nicht mehr bringen sollten, ist ein Gegenstück zu dem Schweineopfer, das einst Antiochus Epiphanes die Juden zu bringen zwang. Das Pferd wäre ihnen nach dem mosaischen Speisegesetz auch ein Greuel gewesen.

Infolge der Bemühungen der Kirche ist man also in Europa vom Genusse des Pferdefleisches ab und dahin gekommen, es nur noch im äussersten Notfalle, bei sehr grosser Hungersnot und in belagerten Festungen zu brauchen; bekanntlich haben die eingeschlossenen Pariser im Deutsch-Französischen Kriege dazu gegriffen, und oben lasen wir, wie die vier Haimonskinder auf dem Weissensteine alle Pferde bis auf den Baiard aufgezehrt hatten. Zuerst wird das Schlachten der zahmen und dann das Jagen der wilden Pferde aufgegeben worden sein, die man noch lange selbst in Klöstern als ein erlaubtes Wildbret betrachtete; indem hier dem kirchlichen Verbote ein ziemlich allgemein gültiges kulturhistorisches Prinzip zu Hilfe kam. In demselben Masse, wie der Wert eines Tieres als Arbeiter und Diener steigt, sinkt der seines Fleisches. Nicht bloss weil man sich von seinen Diensten mehr Nutzen verspricht, sondern auch aus einem natürlichen Gefühle von Menschlichkeit. Die Griechen und Römer hatten dies Gefühl — es widerstrebte ihnen, den Pflugochsen zu verkaufen, den alten Gehilfen und Freund zu schlachten, die Tötung eines Ochsen galt in Altgriechenland einem Morde gleich; und wenn wir dem Rinde gegenüber diese Zartheit der Empfindung nicht mehr haben, beim Hunde und beim Pferde ist ihr Einfluss nicht zu leugnen. Hunde und Pferde waren in grauester Vorzeit als Erzeuger von Fleisch und Fett (beziehentlich von Milch) gezüchtet und demnach geopfert worden, ehe man noch etwas anderes von ihnen wollte, die Hunde zu allererst, daher es nachmals (weil die Zucht des Hundes die niederste Stufe der Tierzucht darstellte) von einem Verarmten hiess, er sei (wieder) *auf den Hund gekommen.* Allmählich befreundete sich der Mensch mit ihnen und gewöhnte sich, diese edlen Tiere mit weniger materiellen Augen zu betrachten, ihre Arbeitskraft, ihren Verstand, ihre Wachsamkeit auszunutzen, religiöse und wirtschaftliche Bedenken kamen hinzu, und heutzutage hängt dem Hundefleischesser wie dem Pferdeschlächter, dem *Rossmässler*, eine Art Makel an. In Frankreich und Dänemark hat man die Rossmetzelei zuerst wieder angefangen — eine Verordnung vom 25. Mai 1841 erlaubte den Parisern eine Fleischbank zu errichten,

Erziehung des Weinstocks: Beschneiden der Reben und Hacken des Weinbergs. Die Hippe, französisch *Serpe*, lateinisch *Falx vinitoria*, ist Attribut des Priapus Dass die Dichter den Tod mit der Hippe erscheinen lassen, gründet sich auf Offenbarung XIV, 18.

Bereitung des Weins: die geernteten Trauben werden in der grossen Kufe mit den Füssen zerquetscht; der Träger erhält von dem Treter ein Glas Most. Italienisch *la Pigiata*, französisch *le Foulage* Das ist der singlustige Weintreter, von dem der Prophet Jeremias spricht (XLVIII, 33).

Nach Miniaturen eines Kalenders in einem Andachtsbuche, Handschrift des 16. Jahrhunderts.

wo gesundes Pferdefleisch verschleisst und den Armen gekocht werden sollte. Barthélemy Saint-Hilaire hat viel Propaganda dafür gemacht. Seitdem sind auch in deutschen Städten Rossschlächtereien entstanden, deren Ware guten Absatz findet und die (in Berlin) jährlich an 6000 Stück Pferde verarbeiten. In Leipzig haben wir an 20 Rossfleisch-Verkäufe und in Volkmarsdorf eine eigne, das Pferd als Spezialität behandelnde Restauration. Trotzdem ist das Vorurteil des Volkes noch nicht überwunden — man hält Pferdefleisch für süsslich, man stösst sich an seiner dunkelroten Farbe, seiner öligen Beschaffenheit; in Wahrheit ist es gut und nahrhaft, stickstoffreich, nur etwas zäher als Ochsenfleisch, daher sorgfältiger zu kochen oder nach Tatarenart gar zu machen. Die Hauptsache ist wohl die Furcht, Fleisch von gefallenen und alten, abgetriebenen Tieren zu erhalten, und sie hängt eben mit der nachgerade gewöhnlichen besseren Verwertung des Pferds zusammen, das man noch nicht mästet wie das Shorthornrind. Das Pferdefleisch ist aus dem Kreise der animalischen Nahrungsmittel ausgeschieden, an Stelle des Wildpferds der Hirsch und an Stelle des zahmen Pferdes das Rind getreten, wie an Stelle des Masthundes das Schwein getreten ist, dessen Zucht, durch die ausgedehnten Eichen- und Buchenwaldungen erleichtert, nach der Völkerwanderung nächst dem Huhn die hauptsächlichste Nahrungsquelle des Volkes abgiebt. Wir wollen einmal systematisch vorgehn und ordentlich aufzählen, was von Fleischspeisen, Fischen, Speck- und Eierkuchen auf den mittelalterlichen Tisch kam, und zwar den Fürsten und ihren Schaugerichten und Zwischenspielen zusehn, aber sonst nichts aus dem Spiele lassen, sollte es auch nicht gerade hoffähig befunden worden sein; das heisst, es nicht wie die Dichter machen, die nur Festschmäuse und Galatafeln schildern, ihren Gästen den berühmten Pfau und den stolzen Schwan vorsetzen, aber von dem Pfefferhuhn des Bürgers und dem Bratwurstglöckle zu Nürnberg nichts zu melden wissen — obgleich zu allen Zeiten so ein *gewöhnlich Essen*, was der Franzose sein *Ordinaire* nennt, das Interessante und für den Beobachter Wichtige gewesen ist. Den Anfang machen wir allerdings wie billig mit dem adeligen Wildbret, das der Edelmann auf der Jagd erbeutet und in seine Küche geliefert hat und das die Jäger unserem Karl dem Grossen am Spiess zu servieren haben, während irgend ein Geschichtsbuch von den Thaten alter Könige vorgelesen wird — nur nicht die Geschichte von Darius Hystaspis, der König wurde, weil sein Ross wieherte, als sie der Sonne entgegenritten, denn das riecht nach Pferdefleisch.

Das übrigens in anderer Form und unter anderem Namen noch lange gegessen worden ist; ja, in systematischer Entstellung noch heute gegessen wird. Als auf dem Hohenkrähen kein Herbstopfer mehr gebracht, kein Pferd mehr geschlachtet wurde, buk man wenigstens noch Kuchen in Hufeisengestalt und hielt sich, wie das immer geschieht, durch Kuchen für den Genuss des obligaten Fleisches schadlos. Es ist seltsam, dass von dem himmlischen Schimmelreiter, dem Odin und seinem achtfüssigen Rosse Sleipnir im Volksaberglauben nur der Teufel mit einem Pferdefuss und von dem Pferdefuss wieder nur das Hufeisen übrig geblieben ist; auch lässt sich nicht entscheiden, ob das gebackene Hufeisen ein Surrogat für das entgehende Pferdeopfer oder aber ein Symbol des reitenden Gottes selbst sein sollte, ersteres hat die grössere Wahrscheinlichkeit für sich. Der Zusammenhang an sich ist über allen Zweifel erhaben. Hufeisen gehörten zu den Zeichen, den Fetischen des Gottes, Rosstrappen waren die Spuren, die der Huf des Götterrosses, wie Pegasus Quellen schlagend, auf Felsen zurückgelassen hatte; wenn man ein Hufeisen fand, so nagelte man es über der Thür seines Hauses an, es war glückbringend, denn man glaubte, dass es der Sleipnir abgeworfen habe. Man buk also auch Hufeisen, namentlich zum Erntefest, wenn der Gott im blauen Himmelsmantel mit seinem Gefolge, Segen spendend und Opfer fordernd, durch das Land ritt; diese Substitution vollzog sich, wie wir sahen, zur Zeit des heiligen Bonifacius, kurz vor der Ära Karls des Grossen, den man wohl nachmals an Odins Stelle setzte und als den Urheber von Rosstrappen auf *Karlssteinen* bezeichnete. Aber auch diese kleine Erinnerung sollte dem Volke genommen, der Pferdefuss mit Stumpf und Stiel, bis auf das Eisen ausgerottet werden. *Hufeisen?* — meinte der Pfaffe, *heidnisches Gebäck; nennts nicht Hufeisen, nennts Hörnchen. Seht, der Brandopferaltar in der Stiftshütte war gehörnt; schmücket das Fest mit Maien, bis an die Hörner des Altars. Moses war gehörnt, als er mit den zwei steinernen Tafeln vom Sinai herabstieg — und die Mütze Eurer heiligen Bischöfe, die Mitra oder die Inful hat zwei Hörner, die bedeuten das Alte und das Neue Testament. Zum Beispiel der heilige Bischof von Tours, Euer Sanctus Martinus Turonensis trug die zweispitzige Inful — er ist just in der Zeit gestorben, wo Ihr Eure Feste feiert, am 11. November im Jahre des Herrn 397 ging er in den Himmel ein — als er noch ein Jüngling war, hatte er auch ein Pferd, denn er diente bei der Römischen Kavallerie, er ritt auf einem Schimmel, wisst Ihr wohl, als er am Thore von Amiens an einem kalten Wintertag den nackten Bettler traf und seinen blauen Mantel mit ihm teilte — das war der rechte Mantelträger, lieben Brüder, das war der Hackelbernt, wie er im Buche*

Arbeiter im Weinberg, das Unkraut ausrodend, den Boden mit der Hacke auflockernd und die Erde mit der Schaufel aufnehmend; zu Stützen giebt er der Kletterpflanze Pfähle und Laubbäume. Aus Jost Ammans *Ständen und Handwerkern* (1568).

steht). Deshalb ruft lieber den heiligen Martin an, feiert ein christliches Martini und eine heilige Kirmes und nennt Eure Brote dem guten Bischof zu Ehren* **Martinshörner** *und fliehet, meine Liebsten, von dem Götzendienste! Fugite, carissimi, ab idolorum cultura!* —

Bis in die fünfziger Jahre dieses Jahrhunderts wurde in Sachsen und Schlesien zu Martini das Martinshorn gebacken, die Schüler pflegten dem Lehrer am 11. November das Märtenhorn zu bringen, das Martinshörnchen war der allgemeine Tribut der Dankbarkeit und der Liebe und gleich der Gans und dem um diese Zeit geschlachteten Schweine die Signatur des Tags. So ist das Martinshorn entstanden; so entstanden alle Kipfel oder Hörnle, auch die Wiener, obgleich sich um diese eine eigene neue Legende gesponnen hat. Das Hufeisen hat nicht nur die Gestalt eines Hornes, sondern auch die Form einer Sichel oder eines Halbmondes. Die gebackenen Hufeisen liessen sich auch als Mondsicheln (oder wie man in Ostpreussen sagt: als *Mohnsensen)* betrachten. Nun ist bekanntlich die Stadt Wien zweimal, im Jahre 1529 und im Jahre 1683 von den Türken belagert worden. Man erzählt also, die Wiener hätten den Türken zum Tort oder aus Berechnung, diese Sprache wurde ja von den Belagerten oft geführt: Brot ins Lager geworfen und dem Gebäck die Form des türkischen Halbmondes gegeben, und seitdem seien Kuchen in Mondform gebacken worden. Das ist eine Gelehrtenkombination und eine reine Erfindung — ebensogut konnte man die sogenannten Reformationsbrotchen, die in Leipzig zum Reformationsfeste gebacken werden und in protestantischen Augen *zertretene Bischofsmützen* sind, für Nachbildungen der Infula ausgeben. Diese rationalistische Ausdeutung ist noch jünger, das Reformationsbrotchen, ehe man es *zertreten* hat, natürlich auch nur ein Martinshörnchen und von Haus aus ein Pferdefuss gewesen. *Tempora mutantur, panes mutamus in illis.*

Derselben Ablösung und, wenn ich mich so ausdrücken darf, Verfälschung eines heiligen Tiers durch nachgebackene Kuchen werden wir gleich wieder bei dem Wildschwein begegnen, mit dem wir den Anfang machen.

---

*) **Hackelbernt** oder **Hackelbärend,** alter Beiname Wodans, der zu dem Mythus von dem wilden Jäger *Hackelberg* geführt hat (Seite 30). *Hackel* ist soviel wie Mantel, das Wort in dem Namen *Hekla* erhalten, sei es dass man an die Wolkenkappe, sei es dass man an den Schneemantel des isländischen Vulkans gedacht hat; *bärend* das Participium von *bären,* tragen *(ge-bären* eigentlich soviel wie tragen, lateinisch *ferre).* Der Mantel Odins ist der Himmelsmantel, die Nebelkappe, die Tarnkappe.

Wildbret.

Das Wildschwein muss von unsern Vorfahren wohl hochgeschätzt worden sein, wenn sie es im Himmel zu bekommen hofften. In der Walhalla giebt es den wunderbaren Eber *Sä-hrimnir*, dessen Fleisch, das beste Fleisch wird täglich von dem Koch *And-hrimnir* in dem Kessel *Eld-hrimnir* auf Jägerart gekocht und von den Einherjern, den im Kampf gefallenen und zu Odin eingegangenen Helden und Königen, gegessen; dazu trinken sie Met, den ihnen die Walküren in Trinkhörnern kredenzen und den die Ziege *Heidrun* aus ihren Eutern

Der verlorene Sohn, dem fremden Bürger die Schweine hütend und sie mit Eicheln mästend, die er ihnen mit seinen beiden Hirtenkolben abschlägt. Auf dem Rücken hat er einen Tragkorb. Der Kolben war die Waffe der Hirten und der Narren; der Narrenkolben ist die französische *Marotte*. Evangelium Matthäi XV, 15.

Der Bürger bei Tische auf einem breiten Stuhle sitzend, anscheinend frierend, Ohren, Wangen und Kinn mit der umgebundenen Gugel wohl verwahrt, den Hut auf dem Kopfe, im Mantel. Er löffelt einen Napf aus; der Diener bringt das Mittagsessen; auf dem massiven runden Tische das *Tischtuoch*.

Nach Miniaturen eines Kalenders in einem Andachtsbuche, Handschrift des 16. Jahrhunderts.

anstatt der Milch absondert. Der Eber aber wird niemals aufgegessen, sondern ist jeden Morgen wieder frisch und ganz und so vollkommen wie zuvor, wie die Wunden, die sich die Helden des Morgens bei ihren Turnieren schlagen, mittags wieder heilen. Odin selbst isst nicht mit, füttert aber seine beiden Wölfe *Geri* und *Freki* mit dem Fleische Sährimnirs; er selbst bedarf der Speise nicht, sondern trinkt nur und zwar weder Met, noch Bier, sondern Wein. Dieser *Sä-hrimnir*, der sich immer wieder erneut und täglich aufersteht, ist wohl eins mit dem goldborstigen Eber, auf dem in der nordischen Mythologie der Sonnengott, der Herr, der Freyr oder wie er in Deutschland geheissen haben müsste: der Frô (Seite 28) zu reiten pflegt; und wie der *Gullinbursti* ein Sinnbild der Sonne, deren Strahlen mit dem mähnenartigen

Kamm auf dem Rücken eines Ebers verglichen werden. Lichtstrahlen werden von den Völkern bald als Pfeile, das sind eben eigentlich die *Strahlen,* bald, wie bei dem ägyptischen Harpokrates und dem hebräischen Simson, als Locken und Haare angesehen, die im Winter gleichsam ausgehn und unter dem Schermesser der Philister fallen. Zur Wintersonnenwende, wenn die Sonne scheinbar umkehrt und das Licht wieder zunimmt, kriegen die goldnen Borsten neue Kraft.

Deshalb pflegten die Schweden am Julabend, das heisst zu Weihnachten, dem Tag der Wintersonnenwende, ein Hauptschwein in die königliche Halle zu Upsala zu bringen und zu opfern. Der König und seine Mannen legten die Hände auf die Mähne und schwuren auf den Rücken des Ebers, gleichsam auf die allwissende Sonne, die alles an den Tag bringt, neue Treueide, feierlich gelobend, im nächsten Jahre grosse und kühne Thaten zu verrichten; so ein Gelübde ablegen nannte man altnordisch: *strengja heit.* Zur Zeit der Kreuzzüge geschahen solche Gelübde auf den Pfau, dessen Schweif ja ebenfalls einmal für ein Abbild des gestirnten Himmels galt. Dann wurde das Tier geschlachtet und Stabwahrsagung getrieben, indem man Späne in das Blut warf; die allheilende Mistel gesammelt, um alle Räume des Hauses damit zu schmücken, der Julblock, ein mächtiger Kloben von Eichenholz angelegt und der Wildschweinsbraten, mit dem dornigen Laube, den roten Beeren von Stechpalmen und Mäusedorn garniert, aufgetragen. Er war der obligate Weihnachtsbraten, mit dem Julfest so unzertrennlich verbunden, wie es im heutigen England der Truthahn, in Berlin der Karpfen und in Rom die Meeräsche ist. Der Juleber hiess offiziell der Sühneber, altnordisch *Sonar-göltr,* und die ganze Zeremonie: das *Sonar-blot,* was weder Sonnenopfer, noch Sohnopfer, sondern Sühnopfer besagt; sie scheint in Schweden auch zu andern Zeiten vorgenommen worden zu sein, so oft jemand einen heiligen Eid ablegte, der Schwörende tauchte dann einen Ring in das Blut des Schweins und hielt ihn mit den Worten empor: *so wahr mir Freyr, Njord und die mächtigen Asen helfen!* — An die Stelle des heidnischen Julfestes trat das christliche Weihnachtsfest und der Brauch kam ab; Rudimente desselben haben sich bis in die Gegenwart erhalten. Sogar den richtigen Wildschweinskopf sieht man noch zu Weihnachten dann und wann, die Köche pflegen ihn wie vordem mit Stechpalmen und Epheu zu verzieren, ihm ein paar Gewürzkörner in die Augenhöhlen, eine Zitrone ins Maul zu stecken und ein paar Hauer aus Wasserrüben zu schneiden; sonst hilft man sich mit Surrogaten und Nachahmungen. In der Provinz Ostgotland wird am heiligen Abend ein Block, eine andere Art Julblock mit Schweinsleder überzogen und auf den Tisch gelegt, auf ihn schwört der Hausvater, die Hausfrau und das Gesinde, treu ihre Pflicht zu thun; gewöhnlich griff man zu dem Auskunftsmittel, zu Weihnachten Kuchen in Ebergestalt zu backen. Das Wildschwein wurde in Teig nachgebildet und der sogenannte *Juleber* oder auch: *Julbock* in den Backofen geschoben — das Gebäck, dem oben, gleichsam als Siegel, ein Wildschweinskopf aufgedrückt ist, existiert noch in Schweden, während in Schwedisch-

Eure Perlen sollt ihr nicht vor die Säue werfen (Evangelium Matthäi VII, 6). Der Bauer (in Kappe, Haube und Hut) schüttet keine Perlen, sondern Blumen, Gänseblümchen aus seinem Korbe aus, die im Lateinischen Perlen heissen (*Margaritae*, französisch: *Marguerites*); wodurch der Sinn des Spruches fast vollständig verloren geht, denn die Perlen sind das Wertvolle und Köstliche. Unsere Vorfahren behielten ursprünglich das Fremdwort *Margarîte* bei und machten: *Meergries* daraus (*noch legen eur Mergressel fur di Swein*). Späterhin kam, der Gestalt wegen, der Ausdruck: *Birnlein*, lateinisch *Pirula* auf, woher *Perle*. Schnitzerei an einem Chorstuhl in der Kathedrale zu Rouen (15. Jahrhundert).

Pommern, zum Beispiel in Anklam, unter andern kleinen „Ausstechern" auch Zuckerschweine an den Christbaum gehangen werden. Es existiert auch in Sachsen unter dem Namen *Stollen* — der Christstollen ist eine schwedische Erfindung, wie der Christbaum (bekanntlich eine ziemlich junge Errungenschaft und nicht nur in Scheffels *Ekkehard,* sondern auch auf Schwerdtgebuhrths Gemälde: *Luthers Abschied von seiner Familie* ein Anachronismus, ja noch zu Goethes Zeit ungewöhnlich) im Dreissigjährigen Kriege durch die Schweden eingeführt worden sein soll. Der Stollen hat einmal den Ziemer eines Wildschweins dargestellt, erst nachträglich ist er als das Christkind in Windeln gedeutet worden, indem die Füllung in den Teig gleich einem Kinde eingewickelt werde — diese Deutung ist, wenn sie damit den Entstehungsgrund angeben will, ebenso falsch als die Beziehung der Brezel, des Pfannkuchens und des Baumkuchens auf die Marterwerkzeuge Christi. Die Brezel soll bekanntlich Christi Bande oder ein Kreuz in einem Kreise oder zwei gefaltete Hände oder das abgehauene Ohr des Malchus; der Pfannkuchen den mit Essig gefüllten Schwamm; der Baumkuchen die Dornenkrone vorstellen — der letztere ist recht eigentlich ein (durch Begiessen des Christbaums mit Teig entstandener) Christbaumkuchen, der daher auch oben mit einem Christbäumchen verziert zu werden pflegt. Ebenso falsch wie vorhin die Kombination der Wiener Kipfel mit dem türkischen Halbmond.

Mitunter ist von dem Julschwein gar nichts übrig geblieben als der Name. In England, wo, wie gesagt, zu Weihnachten der Truthahn gegessen wird, heisst dieses Essen der *Schweinskopf (the Boars Head).* Zum Beispiel in Queen's College in Oxford. Die Schenke zum Wilden Schweinskopf, die Shakespeare berühmt gemacht hat, die Kneipe Falstaffs, gehörte dem alten schottischen Geschlechte der Gordons, die (47) mit Wilhelm dem Eroberer aus der Normandie nach England gekommen waren und deren Ahnherr, der Meleager des Mittelalters, im Walde von Huntley den Kalydonischen Eber von Berwickshire, den Schrecken der Ebene Merse, erlegte (1093). Seitdem führten die Gordons einen Wildschweinskopf im Wappen.

Der Hirschziemer, der Rehziemer war, gespickt und am Spiess gebraten, ebenfalls würdig Karl dem Grossen vorgesetzt zu werden, wenn er auch das französische Wort *Cimier* noch nicht gebraucht haben wird, erst im Mittelhochdeutschen kam es für den Rücken von Hoch-, Reh- und Schwarzwild auf (die *Zimbere, Zimere),* wie anderseits für den Helmschmuck (das *Zimier).* Die äussere Ähnlichkeit springt ja in die Augen. Neben dem eigentlichen Hirsch, dem *Hirz,* wurde auch der Riesenhirsch, den man für den Schelch des Nibelungenliedes hält, und der Elch oder der Elenhirsch, das Elentier gejagt und gegessen, obgleich man von letzterm mehr die Haut und die Klauen schätzte; diese wurden bekanntlich als Epilepsiemittel gebraucht und den Kranken in Pulverform eingegeben, auch als Präservativ getragen. Man glaubte bekanntlich, dass das gewaltige Elentier, dessen Name schon auf das *Elend* und das Böse Wesen hinzuweisen schien, selbst an der Fallsucht leide und sich mit seinen Klauen kuriere, indem es sich damit hinter den Ohren kraue. Es fällt leicht, zuckt, um sich wieder aufzuhelfen, in eigentümlicher Weise mit den Läufen und greift namentlich mit den Hinterläufen weit nach vorwärts. Es kann anscheinend nicht allein aufstehn, legt sich daher auch nicht nieder, um zu ruhen, sondern an Bäume an, ja, Julius Cäsar erzählt im Bellum Gallicum, die Jäger des Hercynischen Waldes, jenes Waldes, der zu seiner Zeit die Südgrenze der Germanen bildete, sämtliche Wälder und Gebirge Mitteldeutschlands vom Rhein bis zu den Karpathen umfassend, machten sich diese Ungeschicklichkeit zu nutze, indem sie die Bäume anhieben, sodass sie mitsamt dem Elentiere umfielen, wenn es sich daran lehnte (VI, 27). Die Haut gab ein festes, weiches Leder; Gustav Adolf trug bei Lützen einen Koller von Elenhaut. Das Tier, im Mittelalter ungleich weiter verbreitet und häufiger als jetzt, einst als eine Merkwürdigkeit Deutschlands nach Rom gebracht und in Triumphzügen aufgeführt, wird von den Schriftstellern oft erwähnt — Siegfried erlegt einen *Elch* nebst einem grimmen *Schelch* bei der verhängnisvollen Jagd im Wasgenwalde, das heisst in den Vogesen (Nibelungenlied *XVI. Aventiure).* Ausserdem erlegt er daselbst einen Wisent, das grösste Säugetier des europäischen Festlandes, das zur Zeit Karls des Grossen noch im Harz und auf sächsischem Gebiete lebte und dessen Fleisch zwischen Rindfleisch und Hirschwildbret stand; vier Auerochsen oder Ure, deren Fleisch gleichfalls auf den mittelalterlichen Speisezetteln vorkommt, verschiedene Wildschweine und einen ungefügen Löwen.

Schweineschlachten: der Metzger betäubt das Tier durch den Stirnschlag mit der Rückseite eines starken Beiles. Nach einer Miniatur in einem *Cartularium* der Abtei Solignac an der Loire, Handschrift des 14. Jahrhunderts.

Der letztere könnte uns hier indifferent sein, da sein Fleisch schwerlich (wie in Afrika) genossen worden wäre; seine Erwähnung hat aber überhaupt etwas Auffälliges. Der Dichter hat wohl nur seinem Helden auch dieses mächtige Tier gegenüberstellen wollen. In der Urheimat haben vielleicht die Indogermanen Löwen jagen können; wie sich unsere Vorfahren gegen ihn verhielten, zeigt uns noch die Sage des Herkules, der als Besieger des Nemeischen Löwen gefeiert wird, denn die griechische Halbinsel, insbesondere Macedonien, war das letzte Stückchen europäischer Erde, wo der Löwe seine Herrschaft an den Menschen abtreten musste. Noch Herodot berichtet uns, dass bei einem Heerzug des Xerxes in Macedonien Löwen über die Kamele herfielen, welche das Gepäck trugen. In vorgeschichtlicher Zeit erstreckte sich das Wohngebiet des Löwen noch viel weiter westwärts, und der berühmte Fund in der Höhle von Aurignac, der uns so merkwürdige Kunde über die Ureinwohnerschaft Europas brachte, legt Zeugnis dafür ab, dass der Löwe, nebst seinem Genossen, der Hyäne, den Menschen der Steinzeit das Leben ebenso sauer machte wie heutzutage den Ureinwohnern Innerafrikas. Die Befreiung von diesem gewaltigsten aller Raubtiere verdankt Europa dem Selbsterhaltungstrieb seiner frühesten menschlichen Bewohner, die Säuberung der afrikanischen Gebiete von dem Löwen erscheint als Fortsetzung dieser Herkulesarbeit. Also selbst in dem Falle, dass der Löwe einmal in den deutschen Wäldern vorgekommen wäre, so würden ihn doch die Europäer in der Zeit, wo der *Nibelunge Nôt* gedacht wird, längst aus den Augen verloren haben. Zur Schau wurden Löwen in Käfigen frühe herumgeführt und an Fürstenhöfen gehalten, zum Beispiel von Landgraf Hermann auf der Wartburg und in Florenz von den Medici, daher zur Zeit Ludwigs des Heiligen, des Gemahls der heiligen Elisabeth (1220), zur Zeit Wiprechts von Groitzsch (1100) und öfter Löwen ausbrechen und entspringen konnten. Aber auch wir halten uns ja in unsern Tiergärten Löwen und suchen sie sogar in der Gefangenschaft zur Fortpflanzung zu bringen, ohne dass wir damit den Löwen in ganz Europa einführten und akklimatisierten, beziehentlich wiedereinführten, wenn er schon dagewesen wäre. Siegfried würde wohl in den Vogesen einen Bären, aber keinen Löwen getroffen haben. Der Bär ist der echte Matador der deutschen Wälder und der Braune in der alten Sage der König der Tiere; erst im 12. Jahrhundert trat statt seiner der fremde Löwe an die Spitze des Tierstaates, in dem nun auch Affen und Kamele naturalisiert wurden.

Man schrieb im Mittelalter *Ber* für *Bär* und lag auf der *Bernhaut.* Und man wusste, dass die *Berntatzen* oder die *Berntappen* wie Biberschwänze ein Leckerbissen seien, daher sie von jedem erlegten Bären auf die Tafel des Fürsten geliefert werden mussten; man stiess sich nicht daran, dass sie eine widerliche Ähnlichkeit mit Menschenfüssen haben. Man lobte sich die Keule eines alten feisten Bären, gebraten oder geräuchert als Bärenschinken; den Kopf mit Pilzen und das feine Wildbret eines jungen Bären. Sehr gesucht war das weisse, nie hart, nie ranzig werdende Bärenfett, das, um gut zu schmecken, mit Zwiebeln abgedämpft werden musste; man glaubte, wahrscheinlich weil der Bär ein so grosses und schweres Fell hat, dass es den Haarwuchs befördere. Auch die Galle brauchte man, und den Zähnen und Klauen wurden geheime Kräfte beigelegt. Und man betrachtete den Bären als Symbol der Vorsicht, weil er sich vor dem Eintritte des Winters eine Schlafstätte bereitet und ein bequemes hübsches Bett macht, in dem er sich mit Holz zudeckt; er ist meist um diese Zeit sehr fett. Alle Winterschläfer richten sich auf solche Weise ein, alle Winterschläfer pflegen im Spätsommer und Herbst ungemein fett zu sein, weil sie während des Schlafs von ihrem Fette leben, nicht bloss die Bären, sondern auch die Dachse, die Murmeltiere und die Igel; und während dieser ihrer Feistzeit wurden sie gejagt, beziehentlich ausgegraben, wenn sie eben eingeschlafen waren, und gegessen. Das Murmeltier, das dicht an der Schneegrenze lebt und mit derselben aufwärts zieht, kann nur in den Alpen, den Pyrenäen und Karpathen von Bedeutung gewesen sein; ausser ihm wird auf den Speisezetteln der Sankt Galler Mönche noch ein alpines Tier genannt: der Steinbock. Derselbe war früher, bis zur Hohenstaufenzeit in den Alpen, ja auf den Voralpen so häufig wie die Gemse, bewohnte die ganze Schweiz, einen Teil Südfrankreichs und sogar Belgien, ist aber immer mehr ausgerottet worden und findet sich heutzutage nur noch in den Ge-

Der Drei-Kranich-Stier (Taurus Tri-geranus), Flachrelief aus römischer Zeit, in welcher eine Verschmelzung der gallischen und lateinischen Fetischtiere vor sich ging; der *Feiste Ochse* der alten Pariser (Seite 56). Im Jahre 1771 unter dem Chor von Notre Dame zu Paris gefunden, aus dem heidnischen Tempel, der hier stand, gegenwärtig im Museum Cluny.

birgszügen zwischen Piemont und Savoyen, wo dem König von Italien einzig die Jagd auf den *Stambecco* zusteht. Wie das Elentier zur Diluvialzeit über ganz Europa verbreitet und im Mittelalter noch in der Schweiz anzutreffen war, jetzt dagegen nur noch in den Ostseeprovinzen und auf der Skandinavischen Halbinsel lebt, in Deutschland unter sorgfältiger Schonung ein Bestand von etwa 80 Stück in dem ostpreussischen Forst Ibenhorst bei Tilsit, in einigen andern Oberförstereien des Regierungsbezirks Königsberg noch einer von etwa 60 Stück gehalten wird: so ist auch der Steinbock, dieser Stier des Hochgebirgs, wie ihn Plinius nennt, in den vergangenen Jahrhunderten fast gänzlich ausgestorben, im Jahre 1550 wurde der letzte in Glarus, 1583 der letzte am Gotthard erlegt, seit 1706 ist er aus dem Zillerthal verschwunden, wo ihn die Erzbischöfe von Salzburg auf die Bitte der reichen Herren von Keutschbach als Jagdbesitzer lange schützten; und nur in den Thälern, welche vom Aostathal in südwestlicher Richtung streichen, konnte der König Viktor Emanuel, der die *Caccia degli Stambecchi* mehr als das höfische Leben liebte, durch die strengsten Massregeln eine Anzahl von 300 bis 500 Stück erhalten. Im Aostathal legte der König auch ein Gehege für Steinbockzucht an und erzielte durch auserlesene Ziegen, die in das Gebirge zu den wilden Steinböcken gelassen wurden, eine Kolonie von Steinbockbastarden, welche nur der Kenner von echten Steinböcken unterscheidet. Bekanntlich besteht in Italien, in San Rossore bei Pisa, auch eine Zucht von Kamelen, die am Anfang des 17. Jahrhunderts von Tunis her eingeführt worden sind. Sonst gehört der Steinbock, wie der Zlatorog auf dem Terglou, fast nur noch der Alpensage an.

Bei dem Hasen, der nach dem alten Ausspruche der Jäger im Frühjahre selbander zu Felde zieht und im Herbste zu sechzehn zurückkehrt, ist das bei seiner starken Vermehrung, trotzdem ihn alles, alles fressen will, weniger zu befürchten. Hasenbraten und mehr noch Hasenpfeffer oder *Fürhäs*, was die Franzosen: *Civet de Lièvre*, die Italiener: *Lepre dolce e forte* nennen, gewährte den Leuten des Mittelalters, sogut wie den lustigen Gesellen Pantagruels, eine willkommene Abwechselung, wenn sie lange, wie gewöhnlich den Winter über, mit eingesalzenem Fleische hatten vorlieb nehmen müssen. Im 26. Kapitel des zweiten Buches von dem Rabelais'schen *Pantagruel* entreisst Carpalim, der Lakai des Prinzen, dem Feuer eine gebratene Rosslende und bringt sie den Kameraden; dann geht er auf die Jagd und erlegt Trappen, Rebhühner, Fasanen, Schnepfen, Störche, Kaninchen, Hasen eine schwere Menge, dazu fünfzehn Frischlinge, zwei Dachse und drei grosse Füchse. Auch die letzteren werden in der Vorzeit gegessen worden sein, später wurde ihr Fleisch und Rückgrat wenigstens zu Arzneizwecken benutzt, getrocknete Fuchsleber galt sonst als spezifisches Mittel gegen Lungenschwindsucht, Fuchsfett für gut gegen Ohrenleiden. Wir verwerten bekanntlich nur noch den Balg. Die Hauptsache aber waren die jungen Hasen, die Carpalim an seinem Gürtel hängen hatte, notabene: junge, heurige Hasen, denn an alten war nichts gelegen. *Essig, Essig!* — schrie der Weidmann schon von weitem, als er mit seiner Beute, ein Rehkalb um den Hals, gelaufen kam, *Essig, mein Freund Panurg, Essig!* — daraus merkte Panurg gleich, dass es Hasen gebe. Den Essig brauchte man zum Hasenpfeffer, noch heute in Frankreich und Italien der gewöhnlichen Form, in der man den Hasen geniesst. Auch bei uns scheint sie das gewesen zu sein, wie noch die Redensart beweist: *da liegt der Hase im Pfeffer; Pfeffer* ist Pfeffersauce. In dieser schwarzen Sauce, die mit dem in Essig verrührten Hasenblute versetzt ward und zu der wir nur die Vorderläufe, Kopf, Brust, Hals, Lunge, Leber und Herz, das sogenannte Hasenklein zu nehmen pflegen, konnte man wahrscheinlich den Hasen so schwer finden wie das Huhn im Frikassee, und doch war er der Punkt, den man suchte und auf den es ankam. Die Franzosen sagen übrigens nur: *c'est là que gît le lièvre,* das ist das Geheimnis, da sitzt der Hase im Kraut. Der Pfeffer allein thats freilich nicht, aber Salz und Essig werden in der poetischen Inschrift der hernach (Kapitel 27) errichteten Jagdtrophäe als die beiden Feinde hingestellt, die das Häschen verfolgen, sie sind der Tod des Hasen, wie (nach der Ansicht der heutigen Römer) Linsen der Tod der Ente

Im Schlachthaus: Fleischer und Fleischerknecht schlachten einen Ochsen. Ausführung des Stirn- oder Genickschlags mit der Rückseite des Schlagbeils. Beide Männer tragen am Messergurt in einem hölzernen, mit Leder überzogenen Futteral ihre Schlachtmesser nebst dem runden langen Wetzstahl; auf dem Boden bemerkt man ein Fleischbeil und anderes Schlachtzeug. Nach einem Holzschnitt Jost Ammans in dessen *Ständen und Handwerkern* (1568).

sind. Wehe, heisst es, wer einen Hasen hat und den Essig vergisst, Essig ist seine Seele und sein Wert:

> manger levrault, c'est malheur,
> Sans de vinaigre avoir memoire:
> Vinaigre est son âme et valeur.
> Retenez le en point peremptoire.

Ein französisches Sprichwort sagt: ein alter Hase und eine alte Gans seien Teufelsbissen. Überhaupt stand der Hase im Mittelalter nicht in dem Ansehn von heutzutage, Hasenfleisch machte angeblich melancholisch, es schadete der Gesundheit und den Nerven, daher Pantagruel dem Panurg auch Hase zum Abendessen verbietet, wenn er in der Nacht prophetische Träume erzielen will (Livre III, Chapitre 13); auch Shakespeare spielt auf diese Eigenschaft des Hasenbratens an (*melancholy as a hare*, König Heinrich der Vierte, erster Teil I, 2). Es war das ein altes, schon Plinius und Galen bekanntes Vorurteil, das im Mittelalter durch den Glauben an die teuflische Natur des ganzen Hasen genährt werden mochte. Diese verdankte das Tier seiner schon erwähnten Fruchtbarkeit und damit seinen Beziehungen zur Venus und zu der deutschen Frühlingsgöttin Ostara. Hasen wurden den beiden Göttinnen geopfert, und indem das blutige Opfer allmählich nach dem Muster des Julschweins eine Ablösung durch Gebackenes erfuhr, entstand der Osterhase, der noch heute zu Ostern in den Konditoreien zu sehen ist, wie zum Andenken an Christi Opfertod bis auf den heutigen Tag, zumal in katholischen Ländern die Osterlämmer, die Passahlämmer, die *Agnus Dei* mit der Siegesfahne gebacken werden. Beide Opfertiere werden bekanntlich auch in andern Stoffen nachgemacht, die Gotteslämmer namentlich in Wachs bossiert und als Bilder Christi gemalt, daher ein Zeitgenosse Karls des Grossen, der reformatorische Bischof Claudius von Turin, der Hofkaplan Ludwigs des Frommen und Professor an der Hofschule war, der lateinischen Kirche den Vorwurf nicht ersparte: *isti perversorum dogmatum auctores agnos vivos volunt vorare et in pariete pictos adorare* (vergleiche die Monographie des Kardinal Borgia *de Cruce Vaticana,* Rom, in Quart, 1779/80 Seite 47). Die Hasen sind wie die Lämmer Frühlingskinder und (Seite 92) gleichsam Frühlinge; der Hase rammelt bei Eintritt milderer Witterung, oft schon Ende Januar, und die Häsin setzt nach dreissig Tagen.

Auch Kaninchen, französisch: *Lapins* hat Carpalim mitgebracht, sie bildeten wenigstens zu Rabelais' Zeit und in Frankreich schon lange ein sehr geschätztes Wildbret, das man ebenfalls zu einem braunen Ragout oder Kaninchenpfeffer verwendete. Bekannt ist die verhängnisvolle Kaninchenjagd der drei flandrischen Studenten, die Enguerran IV. von Coucy*) zur Zeit des heiligen Ludwig im 13. Jahrhundert mit Armbrüsten bewaffnet in der Picardie in seinem Forste traf und die er als Wilddiebe hängen liess — seine Strafe war, dass er zwei Kapellen stiften und 10 000 Pfund zum Bau des Hospitals in Pontoise geben musste. Man nimmt an, dass das Kaninchen aus Spanien stamme, von den Balearen aus nach Italien gekommen und über die Alpen gebracht worden sei; auf den lateinischen Namen *Cuniculus* wird sowohl *Kaninchen,* als auch *Karnickel,* in Bayern und Österreich: *Künigel* zu-

Grosses und kleines Siegel der Fleischerinnung zu Brügge, ersteres (SIGILLUM) einen Ochsen, am Rand anscheinend zwei Ratten, letzteres (SIGEL. DER. VLEESCH. AMBACHT. VAN. BRÜGGE) ein Schwein enthaltend (1356). Nach einem Abdruck des Petschafts in grünem Wachs im Brügger Stadtarchiv. *Ambacht,* unser *Amt*, bedeutet Handwerk, Gilde.

rückgeführt. In England wurde es der Jagd wegen in verschiedene Gegenden verpflanzt und anfangs sehr hoch gehalten, ja, wenn man

---

*) Nachkomme des sogenannten, von Uhland besungenen *Kastellans von Coucy,* der, zugleich ein Sänger und ein Held, gegen Ende des 12. Jahrhunderts lebte, die Dame von Fayel liebte, aber vor dem eifersüchtigen Gemahl derselben, Eudo von Fayel, fliehen musste, König Philipp II. beim dritten Kreuzzuge folgte und vor Akka seinen Tod fand (um 1190). Sterbend vermachte er der Dame von Fayel sein Herz und die Locke, die sie ihm zum Andenken gegeben hatte; aber der Knappe, der ihr die Reliquien überbringen sollte, fiel in die Hand des Herrn von Fayel. Der Wüterich steckte das Herz an den Spiess und briet es wie Siegfried das Herz Fafners, setzte es seiner Gemahlin vor und nötigte sie wie Atreus den Thyestes. Dann verriet er ihr, was sie gegessen habe. In eine Gemütskrankheit verfallen, nahm sie hinfort weder Speise noch Trank zu sich und hungerte sich zu Tode. Die Sage von der Dame, die das Herz des Geliebten isst, ohne es zu wissen, knüpft das Volkslied später an den Minnesänger Reinmar von Brennenberg († 1276). Der Name *Enguerran* oder *Enguerrand* ist deutsch (aus *Engelram,* vergleiche Seite 71).

der Etymologie trauen darf, als Leckerbissen, seltner Bissen *(rare bit, Rabbit)* angesehn; noch im Jahre 1309 kostete ein wildes Kaninchen soviel wie ein Ferkel. Die Mittelmeerländer beherbergen es noch immer am zahlreichsten, obgleich man dort keine Schonung kennt und es zu jeder Jahreszeit verfolgt; in Russland und Schweden hat man vergeblich versucht es einzubürgern. Unser zahmes Kaninchen ist ein Abkömmling des wilden, das Tier lässt sich ebenso leicht zähmen, wie es, gezähmt, wiederum verwildert, wobei man in den Kaninchen züchtenden Ländern mehrere Übergangsstufen unterscheidet. Das Wildbret, sagte man, ist weiss und wohlschmeckend, besser als das Fleisch der zahmen Kaninchen, aber nicht so gut wie das des Hasen. Man prüfte die Jugend der Kaninchen, indem man die Vorderläufe anfühlte, wo sich am Gelenk ein Knöchelchen, die Kniescheibe, leicht bewegen lassen musste; auf dieses Kennzeichen werden die Gehegekaninchen noch heute in den französischen Küchen untersucht. Die Engländer haben eine Art Käsebrot, das sie rösten, bis der Käse geschmolzen ist, und heiss verzehren, das wohlbekannte *Welsche* oder *Walliser Kaninchen (Welsh Rabbit)*. Es ähnelt dem französischen *Ramequin*, das eigentlich deutsch ist *(Rahm* mit der holländischen Diminutivendung-*kin)*. Man wird nicht fehlgehn, wenn man dieses Gebäck genau so betrachtet wie den Juleber und den Osterhasen — als eine Vertretung des Tieres selbst, obwohl bei der Neuheit des letzteren der Gedanke an ein altes Opfer ausgeschlossen ist.

Federwild.

Schon einmal, bei Gelegenheit des Hopfens (129), erwähnten wir die treffliche Äbtissin Hildegard, die im 12. Jahrhundert drei Klöster: Disibodenberg, Rupertsberg und Eibingen, mit dem Glanz ihrer Heiligkeit erfüllte und obgleich sie ihr Leben lang mit Krankheit zu kämpfen hatte, dieses ihr an himmlischen Begnadigungen und grossartigen Erfolgen reiches Leben dennoch auf 81 Jahre brachte († 17. September 1179). Sie schrieb neun Bücher über die Medizin oder, wie man damals sagte, über die *Physica*, über die *Subtilitates diversarum naturarum creaturarum*, die der katholische Theolog Migne in seine Universalbibliothek kirchlicher Schriftsteller aufgenommen hat und in denen sie eine schöne Kenntnis der offizinellen Pflanzen und der Nahrungsmittel überhaupt entfaltet. Sie giebt eine Menge diätetischer Ratschläge, hält weder vom Rindfleisch, noch vom Schweinefleisch etwas, dagegen viel vom Hammel und vom Böcklein, lobt das

Huhn, verwirft aber Kapaunen als Krankenkost, erlaubt den Pfau höchstens den Gesunden; Hirsch, Reh und Wisent, aber keinen Steinbock; den Hundsigel, aber keinen Schweinsigel — und lässt sich auch über das Federwild, das grosse wie das kleine bedeutend aus. Den Kranich empfiehlt sie Gesunden und Kranken, aber nicht die Eier des Kranichs; die wilde Ente zieht sie in der Krankenküche der Hausente vor; der Auerhahn, das Birkhuhn, die Möve und die Schnepfe könne hingehn, das Fleisch der Rohrdommel aber sei höchst schädlich. Auch von Lerchen und Wachteln will sie nichts wissen; die fetten Wachteln erforderten einen guten Magen. Eine absonderliche Pike hat sie auf die Rebhühner, die ihr einmal recht schlecht bekommen sind und nach ihrer Meinung gar nichts taugen — alle Sättigung sei von Übel, sagt sie, das Rebhuhn aber am allerschlechtesten: *omnis saturatio mala, perdix autem pessima.*

Alter Hühnerhändler, seine Hähne, die er mit den Füssen zusammengebunden hat, an einem Stocke zu Markte tragend, wie das noch in Italien Sitte ist. In der linken Hand hat er einen roten Regenschirm. Einen Pantoffel hat er in der Eile verloren; das Halsband des Hundes ist stachlig, damit er von fremden Hunden nicht angepackt werden kann (noch heute üblich). Aus Jost Ammans *Ständen und Handwerkern* (1568).

Die Beobachtungen der frommen Dame sind interessant; man erfährt nicht nur, was sie für gesund und ungesund hielt, sondern auch was überhaupt damals in Bingen für wilde Vögel gegessen wurden.

Man hatte damals mehr Edelgeflügel als heutzutage. Das Fleisch des Auerhahns, wenigstens das der jungen Hähne und der Hennen essen wir noch jetzt; aber das der Rohrdommel ist uns zuwider, es schmeckt uns thranig, während es in Griechenland und in ganz Südeuropa noch immer geschätzt wird. Das Wildbret des Kranichs, schon im Altertum berühmt, ist gegenwärtig selten; doch weiss man noch, dass es eine vortreffliche Suppe giebt. Junge Möven, die Jugend empfiehlt ja bei den Vögeln immer, brät man auf Helgoland, doch schätzt man die Eier und die Federn im allgemeinen höher als das Wildbret; die ersteren kommen im Handel vielfach als Kiebitzeier vor. Die Wildenten spielen heute noch dieselbe Rolle wie im Mittelalter, ihr Fleisch ist vorzüglich, namentlich das der Knäkenten und der kleinen Krikenten, die auf der Insel Sylt gefangen werden; desgleichen Birkhühner, Rebhühner, Schnepfen, Lerchen (bei Halle und Leipzig) und Wachteln (an den mittelalterlichen Küsten des Mittelmeers). Dagegen hätte die heilige Äbtissin heute nicht mehr nötig, Gesunden und Kranken den Pfau zu untersagen, der übrigens in Europa zum Geflügel und auf den Hühnerhof gehört, den wir daher vorläufig noch beiseite lassen wollen; nur in Ostindien wird der halberwachsene Pfau, wo er nicht für heilig gilt, gejagt, und zwar des wohlschmeckenden Fleisches halber. Ausser den genannten wilden Vögeln gab es auf dem wohlbesetzten Tische des Mittelalters noch: wilde Gänse, Trappen, Reiher, Fasanen, Schwäne, Regenpfeifer, Seetaucher, Kalanderlerchen, Drosseln, Sperlinge und anderes kleines Volk; um bei dem grossen zu bleiben, so gab der gebratene Reiher, dessen Eier und Jungen in der That essbar sind, dem Pfauenbraten nicht viel nach. Schwäne pflegen noch heute des Fleisches halber gejagt zu werden, alle nördlichen Völkerschaften stellen ihnen nach, namentlich während der Mauser, wo sie sehr fett sind und einen vortrefflichen Braten liefern. Junger wilder Schwan ist zarter und feiner als junge Gans. Das Fleisch des Trappen hält jedermann für gut, und mit dem Fasan wird auf unsern Tafeln ein ähnlicher Kultus getrieben, wie er einst dem Pfau zuteil geworden ist. Von den Reihern, den Schwänen und den Trappen muss man schon zugeben, dass sie unmodern und selten geworden sind. Andere Vögel, wie die Seetaucher, haben wir gänzlich ausgeschieden, ihr Fleisch erscheint uns ungeniessbar.

Die heilige Mutter Kirche war noch strenger als die Äbtissin Hildegard; sie erklärte zu gewissen Zeiten, an den Fasttagen nicht bloss die Rebhühner, sondern alle Vögel, überhaupt alles Fleisch für ungesund. Mit Ausnahme derjenigen, die gar keine Vögel waren und die gar kein Fleisch hatten, wie die Trauerenten und die Ringelgänse. Eigentlich sollten alle Vögel für *Fisch* gelten — weil (nach der Genesis) Gott sprach: *Es errege sich das Wasser mit webenden und lebendigen Tieren und mit Gevögel, das auf Erden unter der Veste des Himmels fliege*, die Vögel und die Fische also zusammen erschaffen worden waren, betrachtete man sie auch als Eine Klasse, und zwar nicht die Fische als Vögel, sondern, weil das vorteilhaft war, die Vögel als Fische. Fische gelten ja in der christlichen Kirche, gleich den Eiern, der Milch und der Butter, für eine magere, item eine Fastenspeise; nur Fleisch im engeren Sinne bricht das Fasten. Viele Kirchenväter,

Basilius, Ambrosius begründeten weitläufig diese abgeschmackte Meinung, die freilich durch das Aussehen des Hühnerfleisches unterstützt und noch heute nicht völlig aufgegeben worden ist; wenigstens machen die Franzosen einen grossen Unterschied nicht bloss zwischen Fleisch und Schweinefleisch, das sie als *Charcuterie* bezeichnen, sondern auch zwischen Fleisch und weissem Fleisch, der sogenannten *Viande blanche*, worunter sie Kalbfleisch, Kaninchen und Geflügel verstehn. Erst auf dem Aachener Konzil im Jahre 789 wurde das Geflügel den Mönchen, allmählich der ganzen Christenheit an Fasttagen untersagt und nur mit gewissen nordischen Schwimmvögeln, den Trauerenten und den Ringelgänsen, eine Ausnahme gemacht. Diese gelang es durch eine sonderbare Fiktion zu retten.

Da wachsen Enten auf den Baumen,
Gleichwie in unserm Land die Pflaumen,
Wenns zeitig sind, so fallens ab,
Jedes Entchen ins Wasser hinab.

Frei nach Hans Sachs. Faksimile eines Holzschnittes aus der *Cosmographia* von Sebastian Münster (Basel 1544), die merkwürdige Entstehung der Trauerenten und der Ringelgänse aus Entenmuscheln, die ein Baum trägt, veranschaulichend.

Sie sollten aus keinem Ei, sondern aus Muscheln auskriechen, die unter dem Namen *Entenmuscheln* oder *Lepadidae* bekannt sind. Sothane Muscheln gehören zu den Rankenfüssern, die an Schiffen oder an schwimmendem Holz mit einem biegsamen Stiele festsitzen — dieser Stiel bekam angeblich einen Kopf und einen Schnabel, die Rankenfüsse verwandelten sich in Federn, und so wurde aus dem Krebstiere ein Vogel. Schliesslich fabelte man, dass die Entenmuscheln wie die Eierpflaumen auf weidenähnlichen Bäumen wüchsen, die am Strande nordischer Länder, besonders auf der Insel *Pomona* ständen, und abfielen wie reifes Obst, wenn die Fruchtknospen platzten, was auf unserem Bilde sehr hübsch zu sehn ist. Der Glaube, der, vergleiche das Schlusskapitel meiner *Rätsel der Sprache*, im Mittelalter keineswegs allein steht, wurde jedenfalls durch die Lebensweise und Entwickelung der gedachten Krebstiere, ihre federartigen Rankenfüsse und den langen Stiel, mit dem sie sich anheften, hervorgerufen, vielleicht durch die Beobachtung genährt, dass die Entenmuscheln den Enten zur Nahrung dienten, endlich auch noch durch den Namen gestützt: die Ringelgans heisst *Bernicla* oder *Hibernicula;* die Entenmuschel auf keltisch: *Barnacle.* Doch ist auf dieses Zusammentreffen nicht viel zu geben; die Namen könnten wirklich identisch und die Muscheln eben einfach Enten genannt worden sein.

Es versteht sich von selbst, dass man während der Fastenzeit Delphinfleisch geniessen durfte, niemand dachte daran, dass der Delphin kein Fisch sei; man hielt aber auch Robben, Biberschwänze und Fischottern und was sonst im Wasser und von Fischen lebt, für mager. Das Volk glaubte, diese Geschöpfe hätten kaltes Blut. Auch dem Igel wurde seine Stellung in der Klasse der Säugetiere abgesprochen, auch er wurde während der Fastenzeit gegessen.

Den Entenmucheln zu vergleichen und ein ähnliches Specimen der Naturgeschichte des Mittelalters war das Lamm, das auf Bäumen wachsen sollte, ebenfalls auf einem langen Stiele sass, die Weide ringsherum abgraste und dann abstarb. Man nannte es das *Russische Lamm* oder *Agnus Scythicus*, brauchte wohl auch das russische Wort für Lämmchen: *Baranetz* selbst dafür *(Barometz, Borametz).* Das war der Wurzelstock eines Baumfarns, der, mit goldgelben, seidenglänzenden Haaren bedeckt und zu einem Schäfchen zurechtgeschnitten, in den Handel kam. Die Haare wurden als blutstillendes Mittel äusserlich benutzt. Von der Ostseite Sumatras kommen solche Pflanzenschafe noch heute auf alle Märkte Javas. Eine kleine Nachhilfe war natürlich nötig, um die Menschen auf das Schaf zu bringen, sie wurde durch die natürliche Gestalt des Farns gleichsam empfohlen, und die Sage unterschied dann nicht mehr, was natürlich und künstlich gewesen war, sondern ging ihres Wegs. So sieht die Mandragorawurzel schon an sich wie ein Männchen aus, dann vollendete man das Alräunchen, endlich fabelte man, dass es unter dem Galgen aus dem Samen eines Gehängten entstanden sei. Am Ende hängen wir noch ab von Kreaturen, die wir machten! — Ein Seitenstück zu dem Pflanzenschaf bildete wiederum der Spargel, der nach einem alten, bereits von Plinius erwähnten Glauben auf gestossenem Widderhorne wuchs. *Prenez moy ces cornes là, et les concassez un peu avec un pillon de fer, puis les enterrez en veue du soleil et souvent les arrosez. En peu de mois vous en voirez naistre les meilleurs asperges du monde,* rühmt der Viehhändler aus der Provinz Saintonge von seinen Hämmeln, die den famosen Hammelsprung vollführen und alle über Bord gehn, nachdem der boshafte Panurg den Leithammel ins Wasser geworfen hat (Rabelais *Pantagruel, Livre IV, Chapitre VII).*

Geflügel.

Das in Hühnerhöfen gezüchtete Hausfedervieh, Hühner, Kapaunen, Poularden, Tauben, Gänse, Enten, Truthühner und die in Fasanerien gehaltenen Fasanen pflegen wir als *Geflügel* zu bezeichnen; im Mittelalter war dies das *Gefügel* (mittelhochdeutsch *Gevügele*, althochdeutsch *Gifugili)*, das Sammelwort zu *Vogel*, wie wenn wir sagten: das *Gevögel*. Aber auch der Inhalt der beiden Begriffe deckt sich nicht vollkommen, die Neuzeit hat von dem mittelalterlichen *Gefügel* manche Arten ausgeschieden und umgekehrt das Mittelalter von unserem *Geflügel* manches nicht gehabt. Der Truthahn gehört zur Signatur der Gegenwart, denn er, eins der vier europäischen Haustiere, die aus andern Weltteilen stammen, ist nordamerikanischen Ursprungs und erst seit der Entdeckung Amerikas nach Europa gekommen; der Pfau, von unsern Tafeln sogut wie verschwunden, charakterisiert das Mittelalter, wo ein Pfauenbraten die Zierde, der Triumph eines fürstlichen oder hochadeligen Banketts war. Verweilen wir, ehe wir unsern Vergleich fortsetzen, ein Weilchen beim Anblick dieses Prachtstücks.

Furlaner, mit zwei Gänsen und einem Körbchen voll Obst nach Venedig auf das Ufer der Slawonier eilend. Faksimile eines Holzschnittes aus dem Trachtenbuche des Cesare Vecellio (Venedig, Domenico Zenerro 1590).

Der Pfau, der stolze Asiate, schon zur Zeit Ciceros gebraten, zum erstenmal bei einem Festessen, das der Redner Hortensius gab, serviert, seitdem ein Modeartikel in Rom und von den Feinschmeckern mit beiläufig 50 Denarii bezahlt, kam über Italien ins nördliche Europa und muss in Deutschland und England gleich dem Vogel Strauss schon im 8. Jahrhundert bekannt gewesen sein, weil Karl der Grosse den *Phâwo* auf seinen Gütern zu züchten anbefahl. Wie sein Vorgänger, der König Salomo, aus Ophir unter andern kostbaren Gegenständen nach 1. Könige X, 22 auch Affen und Pfauen *(Tukkîyyîm)* bezogen hatte, so wollte er die italienischen *Pavoni* in Franken akklimatisieren — der Anlaut, bald mit *Ph*, bald mit *Pf*, bald mit *F* geschrieben, ist nur die hochdeutsche Verschiebung des lateinischen *P*. Und die Akklimatisation gelang so gut wie die Lautverschiebung; das kältere Klima verträgt der Pfau sehr gut, bereits im 14. Jahrhundert scheint er in Deutschland ein gewöhnlicher Schmuck der Höfe, der Hüte und, was uns hier interessiert, der Hochzeiten gewesen zu sein, im alten allgemeinen Sinne dieses Wortes, das von jedem kirchlichen oder weltlichen Feste gebraucht ward, obwohl der Vogel der Juno auch auf eine wirkliche Hochzeit recht gut gepasst haben würde. Auf den Höfen und auf den Hüten sieht man ihn noch, auf den Hochzeiten nimmer; wir halten es mit dem prosaischen Bauer Ofellus in den Satiren des Horaz, der darüber räsonniert, dass man so eine aufgeputzte Leiche einem guten Huhn vorziehe, die Federn könne man doch nicht essen (Satiren II, 2, 23 ff.). Man servierte den Pfauenbraten im Altertum und im Mittelalter ganz, zog dem Vogel den Balg bis zum Kopfe ab, nahm ihn aus, füllte ihn mit Zimmet, Gewürznelken und feinen Kräutern und briet ihn am Spiesse, wobei man Hals und Kopf mit einem nassen Tuch umhüllte — dann zog man dem Braten sein Federkleid wieder an, breitete den Schweif aus und trug auf. Die vornehmste und schönste Frau brachte den Pfauenbraten in den Saal und stellte ihn vor den Burgherrn oder einen Gast, den man besonders ehren wollte; bei Turnieren vor den Ritter, der das Beste gethan und den Preis erhalten hatte. Die schöne Magelone in Neapolis wird den Ritter mit den silbernen Schlüsseln Peter von Provence auf diese Weise ausgezeichnet haben. Auf den Pfauenbraten legte dann der Edelmann das Pfauengelübde, *le Voeu du Paon* ab — eines unglücklichen, bösen Todes sterben zu wollen, wenn er Schändliches vorhabe und seine Liebe keine ehrliche, treue, aufrichtige Herzensliebe sei — die Prinzessin Florigunde unter unerhörten Abenteuern und Gefahren zu erlösen — alle Drachen der Erde zu töten und Jerusalem zu befreien. Jedem Ritter wurde der Pfau auf der grossen goldnen oder silbernen Schüssel von der Dame präsentiert, jeder einzelne schwor auf den Pfau — vor dem tapfersten blieb er stehn. Der bescheidene Held zierte sich, er wollte protestieren — die Ehre kam ihm zu. Indessen zerlegte er den Pfau nicht eigenhändig, es geschah nur vor seinen Augen, gleichsam unter seiner Aufsicht — wie auf einem Altare des Ruhms ward der Pfau von einem andern auserlesenen Ritter, der die Dame begleitete, tranchiert und ausgeteilt. Alle Anwesenden mussten ein Stückchen davon bekommen, das war eine Kunst; dazu gab es eine pikante Sauce.

Hoftafel mit dem Pfau, der in seinem Federschmucke auf einer Schüssel stolzierend bei Flöten- und Trommelklang den zu Besuch gekommenen Fürstlichkeiten zu Ehren aufgetragen worden ist. Der Tisch ist gedeckt, das Tischtuch hängt tief herab, nicht bloss an den Ecken, sondern auch dazwischen zusammengenommen und in Falten festgesteckt; rechts von dem Pfauenbraten steht das monumentale Salzfass; man bemerkt weder Teller noch Gabeln, aber Brote, welche die Stelle der Teller vertreten, und zwei Messer. Zwei Spitzgläser und zwei Staufe, der eine mit einem Deckel. Die Herrschaften sitzen in der grossen Burghalle am oberen Saalende, das baldachinartig überdacht ist, der Ehrengast zwischen der Wirtin und dem Wirte, der eine Schärpe um hat, an dessen Seite ein junger Prinz; links sieht man ins Freie, wo ein würdiger alter Herr fragend vor einer Dame stehn bleibt, während die übrigen Gäste paarweise in den Speisesaal eintreten, um den hohen Burg- oder Lehnsherrn und seine Familie zu begrüssen. Der Vorderste hat sich eine Pfauenfeder an sein Barett gesteckt, seine Dame den Pfauenbraten eben hereingebracht und auf den Tisch gesetzt Die verheirateten Frauen tragen Hauben, die jungen Mädchen sind bekränzt. Sämtliche Männer, die alten wie die jungen, die vornehmen wie die geringen könnten sich das Haar schneiden lassen. Gedacht ist Äneas auf seiner Reise zwischen Helenus und Andromache in Epirus (*illos porticibus rex accipiebat in amplis* Äneide III, 353); rechts der trojanische Prinz Ascanius. Faksimile eines Holzschnittes in der Lyoner Prachtausgabe des Virgil (1517, in Folio).

An die Stelle des Pfaus trat gelegentlich der Fasan, auf ihn wurden die Fasanengelübde abgelegt. Fasanen und Truthähne werden ja noch gegenwärtig bei Abendgesellschaften genau so serviert, genau so aufgeputzt wie im Mittelalter die Pfauen; man bettet sie in einen Laib Brot und steckt ihnen die Federn, die Flügel und den radförmig ausgebreiteten Schwanz wieder an, als ob sie gebraten auferstanden wären.

Mitunter, und zwar schon im Altertume, scheint die Schüssel nur auf den Tisch gesetzt und wiederabgetragen worden zu sein, wenn sie die Gäste in Augenschein genommen. Mit seiner starken Fülle, der balsamischen Imprägnierung hielt sich das Fleisch des Pfauen wie eine Mumie jahrelang; der italienische Naturforscher Ulisse Aldrovandi kostete im Jahre 1598 ein Stück Pfauenbraten, das netto sechs Jahre alt war. Es roch angenehm nach Fenchel, wie er sagt, war nur etwas madig. Und dadurch ist der Pfau frühzeitig in den Ruf der Unsterblichkeit gekommen. *Quis enim nisi Deus creator omnium dedit carni pavonis mortui ne putresceret?* — fragt der heilige Augustinus, der Autor Karls des Grossen. Man konservierte das Pfauenfleisch, also war es unverweslich; man putzte die Leiche auf und setzte den Vogel künstlich wieder zusammen, also war er ein Symbol der Auferstehung. Am Ende hängen wir noch ab von Kreaturen, die wir machten.

Minder vornehmes Geflügel, die Gans zum Beispiel, musste auf einen derartigen Apparat verzichten — sie wurde ohne Umstände gebraten und auf den Tisch gesetzt wie sie war, höchstens mit Beifuss *(Bîbôz)* gewürzt und mit Äpfeln, Birnen, Quitten, Kastanien gefüllt, was man *Anser Trojanus* nannte; dafür aber auch mit mehr Appetit gegessen und ihre jährliche Auferstehung am Martinsfest gefeiert.

Iss Gens Martini,
Wurst in Festo Nicolai;
Iss Blasii Lemper (Lämmer),
Hering *Oculi mei semper.*

Das Schlachten der Gänse am Martinstag, überhaupt die Martinsheiligkeit dieser Vögel lässt sich bis tief ins Mittelalter hinein verfolgen; Othelrich von Swalenberg schenkte im Jahre 1171 der Abtei Korvei zum Feste des heiligen Martinus eine silberne Gans, eine Gans sitzt auf dem alten Dache der Sankt Martinskirche zu Worms. Wahrscheinlich ist auch die Martinsgans als ein Rest des heidnischen Herbstopfers, das dem Gotte Wodan für den Erntesegen gebracht wurde, zu betrachten; sie empfahl sich am 11. November ganz von selbst, weil das die Zeit der fetten Gänse war, sei es dass man wilde oder zahme im Auge hatte. Die Wildgans, ein altes Zeichen des Winters, verlässt bekanntlich, wenn die grosse Kälte kommt, den Norden, zieht über unsere Häupter weg nach Süden und wird gern gejagt; die Hausgans ist dann ausgewachsen und gemästet. Die Legezeit der

Halali. Das zu Tode gehetzte Wild hat sich vor den Hunden gestellt, der Fürstenruf ist geblasen und der edle Hirsch abgefangen worden; der oberste Jagdherr bedeckt ihn mit einem Bruch. Die Läufe werden über den Geästen abgelöst, die Haut bis zum Knie abgeschürft; unter Blasen der Fanfare geniesst die herangeführte Meute nach Abziehen der Decke das Wildbret, wobei der Oberpikeur den Kopf mit dem Geweih gegen die Meute bewegt. Nach einer Miniatur in dem *Jägervergnügen*, Handschrift des 15. Jahrhunderts, Nationalbibliothek, Paris.

Gänse beginnt gewöhnlich im Februar, im März sind die jungen Gänse ausgelaufen, nach der Ernte werden sie auf die Stoppeln getrieben, zu Michaelis gerupft und den Oktober über gut gefüttert.

Es macht sich also, wie gesagt, ganz von selbst, dass sie (in Norddeutschland, wo man wenig Junge Gans isst) zu Martini geschlachtet werden; man braucht nach gar keinen intimen Beziehungen zu dem heiligen Mann zu suchen, von seinem Verkehr mit den Gänsen zu erzählen und zu fabeln, eine Gans habe ihn im Jahre 371 zum Bischof gemacht, indem er durch ihr Geschnatter verraten worden wäre, als er sich versteckt hatte, um der Bischofswahl zu entgehen*) und was dergleichen mehr; so wahrscheinlich es am Ende auch ist, dass der Martinus an die Stelle eines Gottes trat, dem die Gänse heilig waren. Obligat ist freilich der Gänsebraten beim Martinsschmaus geworden, an vielen Orten, zum Beispiel in Nordhausen, wird am Martinstage jedem Stammgaste von seinem Wirte Gänsebraten ohne Entgelt verabreicht; wie die sächsischen Kinder dem Lehrer das Martinshorn verehrten, so pflegten einst die österreichischen Juden dem Kaiser alljährlich am Martinstage die wohlgemästete, bebänderte Martinsgans zu bringen. In der Wiener Familie Wertheimer war diese Huldigung üblich, man erinnert sich in derselben, wie Kaiser Joseph II. einmal den Überbringer anfuhr: *hat denn die Dummheit noch nicht aufgehört?* — Der alte Wertheimer, der mit seiner Gans und mit seiner Familie ziemlich betroffen dastand, verglich vielleicht im stillen damit die Behandlung, die eine Königin Elisabeth der Martinsgans angedeihen liess, indem sie, beim Martinsschmausse mit der Botschaft vom Untergange der spanischen Armada überrascht, ihr Glas erhob und ausrief: *so eine Post und so eine fette Gans muss mit Wein begossen werden!* — Die Erzählung ist apokryph: die Königin soll gerade bei Lord Leicester gespeist haben, der am 4. September 1588 starb, also das Martinsfest dieses Jahres gar nicht mehr erlebte; an diesem (11. November) aber war die grosse Zeitung längst bekannt, denn die Vernichtung der Armada fällt in den Sommer des Jahres 1588, bereits am 20. August war in der Paulskirche der Dankgottesdienst abgehalten worden. Selbst wenn die Engländer, um das Datum ein wenig zurückzuschieben, aus der *Martinmas* eine *Michaelmas* machen und erzählen, die Königin habe am 29. September des Jahres 1588 in dem alten Schlosse des

---

*) Die gens mit ihrem dadern,
mit ihrem geschrei und schnadern
Sant Martin han verraten,
darumb tut man sie braten,
dada, dada, dada,

heisst es in einem alten Martinsliede (Uhland, alte hoch- und niederdeutsche Volkslieder, Nr. 206).

Sir Neville Umfreyville Gänsebraten gegessen, auf die Vernichtung der unüberwindlichen Flotte angestossen, in demselben Augenblicke die Freudenbotschaft erhalten und nun bei einem zweiten Glas Burgunder befohlen: *henceforth shall a Goose commemorate this great victory!* — klappt die Sache noch nicht. Das Ganze erscheint eben als ein verunglückter Versuch, aus der Martinsgans eine Michaelisgans zu machen und diese mit den nationalen Erinnerungen zu verknüpfen, während sie doch unauflöslich mit dem heiligen Bischof und seinem Todestage am 11. November verbunden ist, so eng in der Phantasie des Volkes zusammenhängt, dass man in Frankreich noch heute aus jeder gebratenen Gans die *Bischofsmütze* macht, indem man das Hinterviertel mit den beiden Keulen in einem Stück abschneidet und gerade auf den Teller aufpflanzt, dass der Bürzel nach oben steht und die Beine wie zwei Bänder herunterhängen; man nennt das ganz allgemein: *détacher le Bonnet d' Évêque.*

Ölmühle, von einem Pferd getrieben. Die Oliven werden durch einen grossen Stein samt den Kernen zu Brei zermalmt und in Paketen vermittels einer doppelten Kelter gepresst, die Presskuchen mit etwas heissem Wasser abermals gepresst, worauf die Müllerin den Pressrückstand in heissem Wasser zerteilt und das Fruchtfleisch von den Kernen absondert. Die Mühle entspricht dem römischen *Trapetum*, die Presse dem römischen *Torcular*, die ganze Operation nennt man im heutigen Italien: *frangere le ulive*, die Ölmühle überhaupt: *il Frantoio*. Namentlich in Griechenland zu sehn, zum Beispiel in Kastri, auf dem Boden des alten Delphi, vergleiche Kleinpaul *Mediterranea* Seite 242 ff. Nach einem Holzschnitt in Jost Ammans *Ständen und Handwerkern* (1568).

Die Gans ist ein uraltes indogermanisches Haustier; Penelope besass (Odyssee XIX, 536) einen kleinen Bestand von zwanzig Gänsen — die römische Juno hatte in ihrem kapitolinischen Tempel Gänse, die bei dem Einfall der Gallier durch ihr Geschrei die Besatzung weckten — Gudrun hielt sich im Hegelingenlande auf ihrem Hofe Gänse. Noch heute bezeichnet man in Schweden nach einer uralten Anschauung, die ich in meinen *Rätseln der Sprache* Seite 250 ff erklärt habe, das Butterbrot als Buttergans. Im allgemeinen scheint die Gänsezucht im Norden, speziell in den Rheinlanden, wo keine *Anseres*, sondern *Gantae* gehalten wurden, mehr als im Süden beliebt gewesen zu sein — zur Zeit des Plinius trieben die Belgier, namentlich die *Morini*, grosse Herden von kleinen weissen *Gantae* nach Rom, wie heutzutage die Böhmen solche nach Meissen und Dresden treiben; im Norden hat man zuerst die Federn zu Betten benutzt, zuerst mit Gänsefedern geschrieben. Sie vertraten hier das Schreibrohr. Auch die Enten sind seit undenklichen Zeiten wertvolle, sowohl um ihres Fleisches, als auch um ihrer Eier und Federn willen gezüchtete Haustiere; *Gans* und *Ente* gehören zu unsern ältesten Vogelnamen, die durch alle indogermanischen Sprachen gehen. Gebratene Enten fliegen im Schlaraffenland den Leuten in das Maul, anderwärts kann man lange darauf warten, wie auf die gebratnen Tauben, die das Sprichwort noch häufiger namhaft macht.

Die Tauben, der heiligen Hildegard ebenfalls verdächtig, Personen, die Anlage zur Gicht haben, überhaupt Kranken durchaus nicht zu empfehlen, waren im Mittelalter so gemein, wie sie es noch heute in Ägypten, in Persien und bei uns auf dem Lande sind, wo sie den Sommer über oft die ausschliessliche Fleischkost bilden; ihre Domestizierung reicht ebenfalls ins graue Altertum zurück. Gebraten wurden sie am Spiess wie die Hühner, die Gänse und — die Ochsen bei Krönungsfesten; das Braten am Spiess, in Deutschland aus übel angebrachter Sparsamkeit fast gänzlich abgekommen, angeblich nur für grossartige Haushaltungen passend, war die gute alte Art der Zubereituug, nach ihr kam das Braten auf dem Rost, dann erst das Braten in der Pfanne. Heutzutage giebt es viele Leute in Deutschland, sogar Frauen, die in ihrem Leben weder einen Bratspiess, noch einen Rost gesehen haben und diese wichtigen, populären Geräte erst auf Reisen im Ausland kennen lernen.

Die Kapaunen geben keinen Hahnen nimmermehr; darum muss man ihnen das Krähen mit dem Bratspiess vertreiben, sagte der berüchtigte Oberketzerrichter in Köln Jakob van Hoogstraaten, wenn er gegen Reuchlin und Luther eiferte, wobei zu bemerken wäre, dass die geduldigen einsamen Kapaunen nicht mehr krähen, sondern eine heisere Stimme haben. Die jungen Hähne zu kapaunen und durch Kastration die Mastung zu befördern, scheinen die Deutschen von den Italienern und zwar nicht vor dem Jahre 1100 gelernt zu haben. Das beweist eben der Ausdruck *Kapaun,* der, mittelhochdeutsch: *Kappûn,* aus dem italienischen *Cappone* entstanden ist. Man könnte vermuten, dass dieses italienische *Cappone,* französisch *Chapon,* erst auf unser deutsches *kappen,* abschneiden, kastrieren, spanisch *capar,* zurückginge, um so mehr als nicht nur die Form *Kapphahn,* die als Umdeutung erklärt wird, sondern auch die Form *Kappe,* althochdeutsch: *Chappo,* existiert; indessen findet sich die Bezeichnung *Capo* schon im ersten Jahrhundert nach Christus bei dem lateinischen Dichter Martial, der (III, 58, 38) unter andern ländlichen Gaben in unzweideutiger Weise die *coactos non amare Capones* erwähnt, und es unterliegt gar keinem Zweifel, dass die alten Römer mit dieser Methode, ja sogar mit mehreren Methoden bekannt gewesen sind, sie gelangten, wie Columella erzählt, auch dadurch zum Ziel, dass sie den Hähnchen die Sporen mit einem glühenden Eisen wegbrannten und die Brandwunden mit Töpferthon einrieben. Sie kastrierten ursprünglich nicht die jungen Hähne, sondern die jungen Hennen, was jetzt gar nicht mehr geschieht, die sogenannten *Poularden* haben gar keine Operation erduldet. Auch von dem Kapaunen ist man neuerdings mehr und mehr zurückgekommen. Die Sache ist eben uralt, und wenn auch die Hebräer von Kapaunen nichts wissen konnten, da ihnen Hähne unbekannt waren, keine Spur des Haushuhns findet sich im Alten Testament*) — so scheint doch die Kastration der Haustiere und die Zerstörung der Hoden durch Reiben, Drücken und ähnliche Manipulationen im allgemeinen

Alte italienische Bauersfrau, in ihren Körben (*Ceste*), die sie an einer Stange auf der linken Achsel balanciert, Eier und Tauben zu Markte tragend. Bei uns wird die Trage lieber in Form eines Joches über die Schultern gelegt. Die Tauben hat die Frau in einem sogenannten, kegelförmig geschlossenen *Cestino da Piccioni*. Ihren grossen Strohhut trägt sie in der rechten Hand. Nach einem Holzschnitt in dem Trachtenbuch von Cesare Vecellio (Venedig 1590, in-8°; seltene Originalausgabe).

*) Erst während der Zerstreuung ist das Huhn ins jüdische Haus gekommen und hier, als sogenanntes *Kaporr-Hühndl*, sogar an die Stelle des Sündenbocks getreten. Am Vorabend des grossen Versöhnungstages nimmt der jüdische Hausvater einen Hahn, die Jüdin eine Henne: unter Gebeten wird der Vogel um den Kopf geschwungen, die Sünde von diesem Kopfe auf das Opfer übertragen und dasselbe hierauf geschlachtet und dargebracht. Das Huhn *geht kapores* — *Kapores* ist soviel wie Sühnopfer (hebräisch *Kappôreth*, eigentlich der goldne Deckel der Bundeslade, auf welchen der Hohepriester das Blut des Versöhnungsopfers sprengte).

üblich gewesen zu sein, weil im Leviticus das Opfer so verstümmelter Geschöpfe verboten wird (3. Mose XXII, 24, von Luther ungenau übersetzt). Als gewiss kann man betrachten, dass das lateinische *Capo* oder *Capus*, wie das griechische *Κάπων*, neugriechisch *Καπῶνι*, von einer Wurzel kommt, die kappen bedeutet hat.

Wir haben noch ein deutsches Wort für den verschnittenen Hahn, das ist das Wort: Hahnrei. Wenn man dem jungen Hahn die Hoden abgeschält hat, pflegt man dem Kapaune die beiden Sporen an den Beinen abzuschneiden und, nachdem auch noch der Kamm mit einer scharfen Scheere abgeschnitten worden ist, einen oder beide Sporen als traurige Zierde auf den noch blutenden Kopf zu drücken — diese beiden Hörnchen haften ohne Schwierigkeit und wachsen wie Pfropfreiser fort, wenn sie das arme Tier nicht bei der Verheilung abkratzt. Nun ist es ein *Hahnrei* oder ein *Hahnreh*, weil es Gehörne hat wie ein Reh: *hengt*, heisst es in Zinkgrefs klugen Sprüchen (Strassburg 1626—31), *ein Reh und druff einen Hanen als Wirtshausschild, so heist die Herberg zum Hanenreh.* Ich will dahingestellt sein lassen, ob diese Etymologie richtig ist, jedenfalls ist sie gemacht und *Hahnreh*, *Hahnreg* statt *Hahnrei* häufig geschrieben worden. Und ohne Zweifel schreibt sich von der erwähnten Operation die Redensart: *Hörner aufsetzen* her, indem der betrogene Ehemann von seiner Frau (vermöge einer starken Übertreibung) zum Kapaunen gemacht wird, wie er in Frankreich ein *Kuckuck* heisst, weil dieser Vogel seine Eier in fremde Nester legt (*Cocu*, viel richtiger als ein Participium aufzufassen, einem deutschen *gehahnt* entsprechend) — man hat allerlei Geschichten erzählt, um diese ausserordentlich populären *Hörner* zu erklären, zum Beispiel, der byzantinische Kaiser Andronikus habe den Männern seiner Buhlinnen Jagdgerechtigkeit verliehen und über ihre Häuser ein Hirschgeweih setzen lassen — auch im Mittelalter wirklich gefabelt, in Rom sei eine merkwürdige Brunnenmaske, die groteske, noch heute erhaltene *Bocca della Verità* gewesen, ein Werk Virgilius des Zauberers, in diesen steinernen Mund habe jede der Untreue angeklagte Frau die Hand stecken und darin lassen müssen, wenn die Anklage gegründet war, der Mann aber gleichzeitig an seiner Stirne ein Horn bekommen (Rom in Wort und Bild, Seite 186 ff) — Schmeller vermutet, *Hahnrei* rühre von dem französischen *Henri* her und die Deutschen ziehen die Franzosen damit auf. Und so hat man hin und her geraten und die seltsamsten Kombinationen aufgestellt, wie immer wo man die Verhältnisse nicht kennt und aus dem Nächstliegenden nichts zu machen weiss.

Fisch.

Zu Arnstadt in der Goldnen Henne bekam ich einmal eine Papierserviette, auf der stand das Verschen:

Der alten Deutschen liebste Nahrung
War abends Bier und morgens Harung.

Ja, dachte ich bei mir, ein alter deutscher, germanischer Fisch ist der Hering allerdings. Niemals hat ein Römer einen Hering gegegessen, denn im Mittelländischen Meere findet er sich nicht. Der nördliche Teil des Atlantischen Ozeans, einschliesslich der Nord- und Ostsee, das Eismeer ist die Heimat des Herings. Unsere Vorfahren dagegen haben lange *salzen Harung* und wie sie im Norden sagen: *Sild* gehabt; der Salzhering bildete eine Hauptware des Hansabundes. Bis in das frühe Mittelalter zurück reicht die Kunde der Heringsfischerei. Altenglische Urkunden erwähnen ihrer, uralte Gesetze regeln sie. Im 11. Jahrhundert wurde sie von den Schotten betrieben; mit ihnen wetteiferten die Niederländer. Lange war dieser Erwerbszweig einer der blühendsten in Brabant und Flandern, von da wurde er in der Mitte des 12. Jahrhunderts nach Seeland und später nach der Provinz Holland verpflanzt — um das Jahr 1609 soll der Heringsfang, die (im Gegensatz zum Stockfischfang und anderer Fischerei) sogenannte grosse Fischerei gegen 3000, andere sagen: 12000 holländische Schiffe beschäftigt haben. Alljährlich am 24. Juni ging die Heringsflotte vom Texel nach Norden, um an den englischen und schottischen Küsten zu fischen; es wurde für 90 Millionen Mark Ware abgesetzt. *La pêche du hareng et l'art de le saler*, sagt Voltaire, *ne paraissent pas un objet bien important dans l'histoire du monde; c'est là cependant*, fügt er hinzu, *le fondement de la grandeur d'Amsterdam en particulier,*

Schweizerin ein Schaf melkend; sie kniet ungeschickt hinter dem Tiere, kauert nicht daneben wie bei einer Ziege, sitzt nicht darunter wie bei einer Kuh. Auf der Hürde Käse, die trocknen, und Milchäsche. Nach einem Holzschnitt aus der *Cosmographia* von Sebastian Münster (Basel 1544 in-Folio).

et pour dire quelque chose de plus, ce qui a fait d'un pays autrefois méprisé et stérile: une puissance riche et respectable.

Heringsfang ist Hollands Goldbergwerk; die Alten haben nichts davon gewusst.

Zwar war mir nicht unbekannt, dass unser *Hering* für ein aus dem lateinischen *Halec* übernommenes, umgedeutschtes Wort gilt; und dass Wilibald Alexis, der zufällig in Arnstadt lebte, eigentlich Häring geheissen hat, der Name eine Übersetzung sein soll. Wirklich bezeichneten die Ichthyologen des Mittelalters den Hering als *Halec* oder *Halex,* der geräucherte Hering ging als *Halecius sorrus.* Die alten Römer hatten eben für eingesalzene Fische, keine Heringe, aber Thunfische, Sardinen, Anschovis und dergleichen, den Gesamtnamen *Alec* oder *Halec.* Aber dass aus diesem lateinischen *Halec* unser deutsches *Hering* mit Anlehnung an *Heer* entstanden sei, scheint mir eine der unglücklichsten Vermutungen die es giebt, was nicht hindert, dass sie von den kritiklosen Wörterbuchschreibern bis zum Ekel wiederholt wird. Der Ursprung des Wortes *Hering* ist so einfach wie nur immer möglich. Bekanntlich sind in Holland eigene Sachverständige, sogenannte Probiermeister angestellt, welche die Heringe untersuchen müssen, ob sie richtig eingesalzen sind, ob es wirklich die Sorte ist, für die sie ausgegeben werden, und welche hierauf die Tonnen stempeln oder zirkeln. Die Heringe bekommen in Holland den sogenannten holländischen Zirkel, dazu das Zeichen der Stadt, in welcher sie gepackt wurden, in Hamburg wird dann noch das hamburgische Zeichen hinzugefügt. Dieser uralte Zirkel wird der *Ring* genannt worden sein, *Ring* aber lautete ursprünglich: *Hring,* wie man noch aus dem französischen *Harangue* sieht, worunter man eine Ansprache an eine Versammlung oder einen Ring versteht, italienisch: *Aringa.* Es ist also nicht zufällig, wenn in Frankreich *Hareng* und *Harangue,* in Italien *Aringa,* Hering, und *Aringa,* Rede, buchstäblich übereinstimmt.

Einen Handlungsgehilfen nennt man scherzweise einen *Heringsbändiger;* das Mittelalter hatte seine *Heringer* und seine *Heringerinnen,* die den Hering eingesalzen oder auch grün verkauften und über den Eingang ihrer Läden, wie noch heute geschieht, einen blechernen Hering hängten. Den jungen Hering nannten die deutschen Fischer *Sprotte,* die englischen: *Whitebait.* Der Hering war ein Volksnahrungsmittel, speziell die Fastenspeise des Volks, gleich dem Stockfisch, der diesen Charakter in den übrig gebliebenen katholischen Ländern bis auf den heutigen Tag hat (mittelhochdeutsch: *Stocvisch).* Wer die ungeheuren

Quantitäten *Baccalà,* die alljährlich nach Italien gehn, in den Schiffsräumen lagern sah, kann sich eine Vorstellung davon machen, welche Bedeutung diese beiden Fische, der Hering und der Kabeljau, einst in ganz Europa und auch in ganz Deutschland besassen. In Griechenland vertritt ihre Stelle die gedörrte Makrele (*Τσῆρος, Σκουμπρί*). Der Kabeljau, der, geköpft, der Länge nach in zwei Hälften zerschnitten und auf Stöcken an der Luft getrocknet, zum Stockfisch wird, ist bekanntlich dasselbe, was im allgemeinen *Schellfisch,* in Preussen: *Pomuchel* und in Norwegen: *Dorsch* genannt wird. In Bergen, wohin ein grosser Teil der Produkte der nördlichen Fischereien, besonders von den Lofoten, auf die Messe gebracht wird, kann man zusehn, wie dem *Torsk* auf dem Hackstock von den norwegischen *Étêteurs* Kopf und Schwanz abgehauen und der Fisch dann als *Torso* wie Holz in Stössen aufgeschichtet wird. Unvermutet ergiebt sich uns zwischen den scheinbar so weit abliegenden Begriffen *Dorsch* und *Torso* ein schöner Zusammenhang. Das Wort ist deutsch.

Halberstädter, das Senknetz, über dem zwei Barben stehen, aus dem Teiche hebend. Das viereckige Netztuch ist an zwei gekreuzten Bügeln, der Kreuzungspunkt der letzteren an einer Stange befestigt, die der Fischer in der Hand hat. Holzschnitt der *Cosmographia* von Sebastian Münster (Basel 1544 in-Folio).

Von eigentlichen Edelfischen, wie sie, mit Laub und Petersilie, im Notfalle mit Stroh garniert, auch ausser der Fastenzeit und in den vornehmsten Häusern, vor allen Dingen aber in den Klöstern, den ehrwürdigen Schulen der zahmen Fischerei, auf die Tafel kamen, werden namentlich noch genannt:

Der Karpfen oder wie man damals sagte: der Karpfe (Karpf), bereits den alten Griechen und Römern bekannt, aber in Deutschland, im Rhein, im Main und in der Donau einheimisch, in Teichen gezüchtet und durch die Kultur sehr verbreitet, ein echtes Haustier. Besonders das trägfliessende, sich gern in die Breite ergehende Gewässer der Wörnitz in Mittelfranken beherbergte gute Karpfen; kam der Kaiser des heiligen Römischen Reiches deutscher Nation in die Reichsstadt

Dinkelsbühl, so wurden ihm zum Gastgeschenke zwei Fässer voll Wörnitzkarpfen vors Absteigequartier gestellt. Alte Fischhandlungen, zum Beispiel Espenhain Nachfolger auf dem Ranstädter Steinweg in Leipzig, hatten bis vor kurzem als Zeichen einen steinernen Karpfen mit zwei Aalen; ein Karpfen wird mit weisser Farbe an das Schaufenster eines *Germanischen Fischkonsums* gemalt. Er galt für einen der feinsten Fische, namentlich die sogenannten Müssiggänger *(Müezecgenger)*, die unfruchtbar oder gelte blieben, die Vorläufer unserer Spiegelkarpfen, zeichneten sich wie die Kapaunen durch Fett und Güte des Fleisches aus. Da die Karpfen ein sehr hohes Alter erreichen und als bemooste Häupter nachweislich jahrhundertelang leben, so giebt es vielleicht jetzt noch Karpfen aus dem Mittelalter. Man ass den Karpfen gebraten, gebacken, gefüllt und blaugesotten *(lixum)*.

Am Karpfen gelten als die besten Stücke der Kopf, namentlich die Augen und die Milch; im Mittelalter wird oft die Zunge, das *Züngelîn* erwähnt, wobei zu bemerken ist, dass die Zunge der Fische nur in dem mit Zähnen besetzten Überzug des Zungenbeins besteht. Der platte, dreieckige, weissgelbe Karpfenstein, der sich in dem Knochenwerk des Kopfes am Schädelgrunde findet, galt für heilkräftig und wurde gepulvert in den Apotheken verkauft, wohl auch gleich den Krebsaugen ins Auge gesteckt, wenn etwas hineingekommen war, eine Praxis, die noch nicht völlig vergessen ist. Ausserdem enthielt der aus lauter einzelnen Knochenstücken zusammengesetzte Kopf angeblich das Bild der Mutter Gottes, wie der des Hechtes die Passionswerkzeuge.

Der Hecht, ebenfalls hochgeschätzt, daher sich die Wirtshäuser zuweilen nach ihm nannten *(Hôtel du Brochet*, noch heute in Leipzig: *Döllnitzer Gosenstube zum blauen Hecht)*. In England galt das Fleisch des Hechtes, das Rindfleisch unter den Fischen, jahrhundertelang für vorzüglicher als das des Lachses; er hat wohl zu dem Kunstausdruck: *blau sieden* die erste Veranlassung gegeben, denn seine Schuppen werden durch das Sieden wirklich blau. Erwähnt wird eine pikante, mit Pfeffer, Nelken und Zimmet gewürzte Sauce, die man noch in England über dem *Pike* aufzugeben pflegt. Die Sitte, beim Vorlegen der Leber die sogenannten Leberreime zu improvisieren *(die Leber ist vom Hecht und nicht von einem . . .)* soll im 16. oder 17. Jahrhundert zu Stettin durch den Konrektor Heinrich Schävius aufgebracht worden sein. Vielleicht um des obenerwähnten Naturspiels willen war der Hechtkiefer offizinell und das Pulver bei Weissem Flusse und schweren Geburten angezeigt.

Auch die Hechte sollen sehr alt werden. Man versichert, 1497 sei in einem Teiche im Halberstädtischen ein Hecht gefangen worden, der einen eisernen Ring in der Schnauze stecken hatte: auf dem Ringe war eine griechische Inschrift, die besagte, dass Kaiser Friedrich II. diesen Hecht höchsteigenhändig eingesetzt habe. Der Fisch müsste also an 250 Jahre alt gewesen sein. Friedrich II. kümmerte sich wenig um Deutschland und war selten da; aber sollte die Anekdote auch nicht wahr sein, es ist immerhin bezeichnend, dass man bereits dem Staufengeschlechte Teichwirtschaft zugetraut hat.

Schleie, nach Rabelais *(Gargantua* I, 39) der einzige Fisch, von dem der Rücken nichts taugt:

De tous poissons, fors que la Tanche,
Prenez le dos, laissez la Panche;

la Panche ist der Bauch *(Panse)*. In Italien sagt die Schleie zu dem (geringgeschätzten) Hecht: *è meglio il mio capo che tutto il tuo busto,* mein Kopf ist besser als dein ganzer Rumpf. Aber zwischen beiden Fischen bestand nach dem Glauben des Mittelalters alte Freundschaft, sie waren immer zusammen, ja, der verwundete Hecht strich angeblich über den Leib der Schleie und wurde durch sie geheilt. *Die Sleyen,* meinten die friesischen Fischzüchter, *seyn ein Arztet aller Fischen.*

Votivaltar, unter der Regierung des Kaisers Tiberius von der Pariser Schiffergilde gestiftet. Die Bruchstücke, 1711 unter dem Chor von Notre Dame gefunden, befinden sich im Cluny-Museum. Man erkennt die Worte: NAVTAE. PARISIACI; die Stadt Paris hat bekanntlich ein Schiff im Wappen. Die Schiffer sind mit Spiessen, Schilden und Reifen versehen.

Aal, frisch, geräuchert und mariniert eine allgemein beliebte, namentlich den angelsächsischen Stämmen hochwillkommene Speise; die Wonne der Klöster, welche die Anlage von Aalteichen in die Hand nahmen; ein Zahlungsmittel bei Erteilung von Freibriefen und andern Verwilligungen. Sinnreiche reusenartige Vorrichtungen zum Abfangen der auswandernden Flussaale, sogenannte Aalkästen gab es bei jedem Mühlwehr, die grossartigsten bestehen seit Jahrhunderten in den Lagunen der Pomündung bei Comacchio, wo der einziehenden Aalbrut im Frühjahr ein System von Schleusen und Kanälen geöffnet, im Herbst, wenn die ausgewachsenen Aale wieder fortwollen, auf die Reisegesellschaft Beschlag gelegt wird. Die Fischer bilden daselbst wie die Gärtner zu Bamberg eine eigne Genossenschaft mit uralten Statuten und Privilegien, leben unter Gesetzen, die im Mittelalter gegeben worden sind, nach besonderen Sitten und Gewohnheiten, in einer geistigen Versunkenheit ohnegleichen. Dabei kennen sie ihre *Anguilla* und ihren *Capitone* sehr genau und besser als der grosse Gelehrte Albertus Magnus, der (im 13. Jahrhundert) fabelte, dass der Aal des Nachts ans Land und auf die Felder gehe, um Schoten und Wicken zu äsen.

Die Forelle, eigentlich *Forenle (Forhenle,* Diminutiv von dem mittelhochdeutschen *Forhen,* ohne Verkleinerung: *Fore* oder *Före),* ein alter Leckerbissen, der nur in die Schlösser und in die Klöster kam; man sagte, dass dem Bauern sein Mus so wohl schmecke als dem Herrn sein *Forhen und Vögel,* und klagte, dass man um etlicher wenig Hechte, Foren, Krebs oder dergleichen willen die Leut hat erschiessen oder henken lassen. Die Bäche, in denen die Bachforelle lebte, gehörten dem Eigentümer des anliegenden Grundes und Bodens, und es lässt sich denken, dass die Bauern ebensowenig Fische fangen als Hasen schiessen durften. Die Fischerei in den öffentlichen Flüssen und Strömen ist fast überall ein Regal geworden, und dies hat sich ganz ähnlich entwickelt wie das Jagdregal, indem die Gewässer von dem Landesherrn für Bannwässer erklärt wurden, wie die Wälder für Bannforsten. Häufig, zum Beispiel im Wolfsbrunnen bei Heidelberg, hat man auch besondere Forellenteiche angelegt. Nicht zu verwechseln mit den Forellen sind die Felchen, die im Bodensee gefangen werden und für das Schwäbische Meer beinahe die Bedeutung des Herings haben; wer sie nicht an Ort und Stelle gegessen hat, kennt sie wenigstens aus der Geschichte des *Ekkehard.* Die Herzogin verspricht den Klosterschülern von Sankt Gallen, die sie umringen, als Lösegeld jährlich sechs Felchen. Sie giebts mit Brief und Siegel (10. Jahrhundert).

Saibling. Als sich die Reverendissimi des Benediktinerstiftes Admont der Fischereigerechtigkeit in Steiermark begaben, machten sie einen Vorbehalt: die Seen, in denen Saiblinge vorkamen, wollten sie nicht hergeben. Nein, das konnten sie nicht; den Verlust des blaugesottenen Saiblings hätten sie niemals verschmerzt. Der Saibling ist ein Lachs, der in den Tiefen der Alpenseen, zum Beispiel des Königssees lebt, daher man ihn in Berchtesgaden leicht bekommt; und heisst eigentlich:

Salbling oder *Salmling*. Der geräucherte Saibling hat als *Schwarzreuter* Berühmtheit in ganz Bayern. Verwandt mit ihm ist der Rotfisch, auf den mittelalterlichen Speisezetteln ebenfalls zu finden.

Äsche, im Mittelalter höher gehalten als jeder andere Flussfisch und so geschätzt wie die Forelle. *Der Esch ist ein Rheingraf*, pflegte man zu sagen; er war ein Essen auf des Herren Tisch, für Kranke oder *zu einer schwangeren Frauen Gelüsten*. Auch sein Thran, das strohgelbe Äschenfett oder das Äschenschmalz, bedeutete etwas Köstliches; er gab ein beliebtes Hausmittel gegen Augenkrankheiten ab. Die Meeräsche, italienisch: *Cefalo*, spielt auf dem römischen Fischmarkt eine hervorragende Rolle, sie wird namentlich am Heiligen Abend gegessen.

Mainfischer mit einem Senk- oder Hebenetz; über den Kahn ist ein Fischkorb oder eine Reuse gelegt. Die Ufer sind sehr belebt; schöne Landschaft. Nach einem Holzschnitte Jost Ammans (16. Jahrhundert).

Aalraupe, Aalrutte oder Trüsche, galt im Mittelalter für den besten Fisch der Schweizerseen; die Benediktiner von Engelberg, unanfechtbare Autoritäten, zogen die Quappen des an der Engstlenalp (1850 m über dem Meere) gelegenen Engstlensees den Forellen vor. Berühmt, berühmter als die des Hechtes und der Gans, war namentlich die grosse, zarte Leber, die man (trotz der vielen Eingeweidewürmer, die als weisse, oft erbsengrosse Punkte erschienen) zu Pasteten verarbeitete, mit der gelegentlich Hab und Gut, Zins und Zehnt verthan ward; der Magen als Spezificum bei Gebärmutterkrankheiten; und der Leberthran oder das Aalruttenöl. Kinder suchen die Aalraupe, die sich bei Tage unter Steinen verborgen hält, selbst in dem Kuhburger Wasser bei Leipzig.

Lachs, Salm. Zu Basel wurde im Jahre 1277 ein *Salmo septem pedum* gefangen und für 32 Solidi verkauft, auf dem Markt hätte er 3 Pfund gegolten — ich weiss nicht, ob es ein Lachs oder ein Salm gewesen ist. Beide Namen sind Wechselbegriffe, doch scheint *Salm* der eigentliche, massgebende zu sein: lokal heisst nur der junge

Salm, anderwärts nur der geräucherte Salm, in der Schweiz der Salm nur in einer Hälfte des Jahres, von Johanni bis zu Weihnachten, in Strassburg von Jakobi ab: *Lachs.* Nach dem Volksglauben verwandelte sich der grobe Lachs in den edlen Salmen, indem er in eine Wurzel biss. Aus dem Lachs ging wieder das Danziger Goldwasser hervor — aus einem Hause, in welchem 1598 die Fabrik von Isaac Wed Ling Wwe. & Eydam Dirck Hekker gegründet ward und das einen Lachs im Wappen und demnächst in der Etikette hatte.

Lamprete, französisch: *Lamproie;* der Vater Rabelais', Thomas Rabelais, hatte in dem Städtchen Chinon eine Apotheke oder einen Gasthof *à l'enseigne de la Lamproie.* Der Name *Lamprete* wird von den Etymologen schön erklärt: *lambit petram.* Wir essen sie gewöhnlich mariniert und nennen sie *Bricke* oder *Neunauge,* weil wir die sieben Kiemenspalten als Augen rechnen — ein ähnlicher Missgriff wie der der Franzosen, die Kiemen der Fische als ihre Gehöre zu bezeichnen *(Ouies);* im Mittelalter ass man die Lampreten in Aspik oder in Gelee, wie man damals sagte: in Gallerte *(in Galreiden).* Lüneburger Bricken. Schwer verdauliches Fleisch: ein König, Heinrich I. von England, der dritte Sohn Wilhelms des Eroberers, ist am 1. Dezember des Jahres 1135 gestorben, weil er sich, der *Beauclerc,* zu Rouen in der Normandie mit den *Carnes Muraenarum* den Magen verdorben hatte — wie ein österreichischer Erzherzog an einer Melone und mehr als ein römischer Kaiser an Pilzen gestorben ist. Mit den *Muränen* sind Lampreten oder Neunaugen gemeint, die berühmten *Muränen* gehören dem Mittelländischen Meere an; man isst sie nicht in Rouen, sondern in Sorrent. Mit ihnen darf man wieder die *Maränen,* den Stolz der Masurischen Seen, nicht verwechseln.

Versand lebender Fische zu Wasser und zu Lande, in Fischkasten und mit Wasser gefüllten Fässern, die Saumrossen an den Packsattel gehängt werden (*Ordnung für den Fischhandel* von 1528).

Makrele, der Hering Südeuropas, nur im Norden frisch verspeist.

Stör, Sterlet, Hausen, frisch, eingesalzen und geräuchert gegessen; wichtig besonders wegen des Rogens, der, leicht gesalzen,

Kaviar genannt wird. Hat diesen das Mittelalter gekannt? — In Griechenland jedenfalls. Der Kaviar kam von der Levante, wo er noch heute gemeiner als bei uns und eine Fastenspeise ist, über Italien ins westliche Europa. Hier wird er zuerst im Jahre 1458 in einer Abhandlung des bekannten römischen Bibliothekars Platina erwähnt, dessen Porträt wir auf einem Vollbild in *Rom in Wort und Bild*, Seite 364 gebracht haben; derselbe war damals päpstlicher Abbreviator. Cervantes und Shakespeare, bekanntlich Zeitgenossen, beide am 23. April 1616 gestorben, sprechen vom Kaviar, das geflügelte Wort Hamlets: *Caviare to the general* beweist nur, dass ein Pfund Kaviar damals so teuer war wie heute. Aber schon ein Jahrhundert früher findet man die Ware bei Rabelais, dem Zeitgenossen Luthers (beide 1483 geboren), als *Caviat* erwähnt; im 18. Kapitel des IV. Buches lässt Panurg den Mönchen *nombre de Caviatz* in die Schiffe werfen, was kaum etwas anderes vorstellen kann als verschiedene Tönnchen Kaviar, da sie von Schinken, Cervelatwurst und Botarga (einer Art italienischen Kaviars von der Meeräsche und vom Zander) begleitet sind. Auch das Wort *Kaviar* ist wahrscheinlich griechisch und nichts mehr und nichts weniger als: Rogen (*ὠάριον*, neugriechisch *χαβιάρι*, türkisch *Chawiar)*; der Versuch, dasselbe von der Stadt *Kaffa* an der Südostküste der Halbinsel Krim herzuleiten und den Kaviar als einen Begriff wie die *Ostender Austern* hinzustellen, muss als misslungen bezeichnet werden.

Eine kleine Saufmette in den bekannten sieben Zügen: die Herrn Confratres trinken aber Birkenmet oder Birkenwasser aus sogenannten *Birkenmeiern*, hölzernen Pokalen, die aus ungeschälten Birkenklötzen hergestellt und an denen noch die Maienzweige stehen gelassen sind. *Ir Wapen war ein Birkenmeier* (Froschmeuseler III, 1, 2). Holzschnitt in den *Historiae de Gentibus septentrionalibus* von Johann Magnus (Antwerpener Sedez-Ausgabe von 1560).

Die Austern müssen den Binnenländern lange so gut wie unbekannt geblieben sein, da sie nicht einmal einen Namen dafür besassen, es ist dies auch ganz natürlich; an den englischen und französischen Küsten, woher schon die alten Römer die *Ostreae crudae* gern bezogen, hat man frühe angefangen Austern zu fangen, zu züchten und zu essen, mit andern Worten: die Delikatesse für sich selbst zu behalten. In Italien, wo man ausgezeichnete Austern hat, sind die *Ostriche* niemals abgekommen. Und zwar wurde die frische Auster bei dem Mittagsessen als Vorspeise gereicht, wie im alten Rom; bis zu den

Druck von Fischer & Wittig, Leipzig. Verlag von Heinrich Schmidt & Carl Günther, Leipzig.

Maria von Burgund, die Braut des Erzherzogs Maximilian,

einzige Tochter Karls des Kühnen, die glänzendste Erscheinung Europas. Dargestellt ist der Moment, wo sie nach dem Tode ihres Vaters (zwanzig Jahre alt) in Trauer auf das Genter Rathaus eilt, um das Leben ihrer treuen Diener, die von den Flandrischen Ständen zum Tode verurteilt worden sind, zu retten (1477). Auf dem Kopfe hat sie eine mit einer Brosche geschmückte Haube, aus derselben ragt ein Cylinder hervor, von dem ein Schleier herabwallt (*Hennin*). Nach einem alten Kupferstich, Pariser Nationalbibliothek, Kupferstichkabinett.

Druck von Fischer & Wittig, Leipzig. Verlag von Heinrich Schmidt & Carl Günther, Leipzig.

Die Göttinnen des Friedens und der Gerechtigkeit,

sich die Hand reichend, erstere hält einen Ölzweig in die Höhe, letztere eine Wage; unten *Caducei* und *Fasces*. Gedächtnistafel der Kramerinnung von Rouen, deren Solidarität sie darthun sollte (*amico foedere jungat*). Ende des 17. Jahrhunderts.

Zeiten des letzten Ludwig bildeten in Frankreich die *Huîtres* die Einleitung des ersten Ganges der Mahlzeit. Dasselbe gilt von den Hummern, den Krabben, den Garneelen und anderem sogenannten Meerobst. Bach- und Flusskrebse haben dagegen, obgleich weder Fisch noch Fleisch, von jeher eine grosse Rolle in der feinen Küche der ganzen Welt gespielt, wie schon die grosse Menge von Sprichwörtern und Redensarten beweist, die sich an diese Krustentiere knüpfen — selbst der eiserne, aus beweglichen Schienen zusammengesetzte Harnisch wurde ja *Krebs* genannt, weil er Krebsschalen ähnelte. So stehet nun angezogen mit dem Krebs der Gerechtigkeit. Nur in Schilda kannten sie den Krebs nicht und glaubten, es sei ein Schneider, weil er zwei Scheren bei sich habe, daher sie ihm ein Stück Tuch vorlegten; schliesslich warfen sie ihn ins Wasser, um ihn als Bönhasen mit dem Tode zu bestrafen. Früher waren die Gewässer ungemein reich an Krebsen, noch im 17. Jahrhundert kamen jährlich an 33 Millionen Schock Warthekrebse und Oderkrebse über Küstrin zum Versand. Die Oder ist gegenwärtig sehr arm an Krebsen, der Krebs überhaupt seiner Natur nach stark zurückgegangen, und schliesslich droht die Krebspest geradezu den gesamten zentraleuropäischen Krebsstand zu vernichten. Vielleicht erinnert sich noch mancher meiner Leser, als Knabe mit dem Förster in der Nacht gekrebst und am Ufer im Wasser bachaufwärts hingehend mit einer Laterne vor sich hingeleuchtet zu haben, worauf die Krebse aus ihren Schlupfwinkeln massenhaft hervorgekrochen kamen und mit der Hand ergriffen werden konnten. Die Zeit scheint mir nicht ferne, wo Diogenes mit der Laterne herumgeht und Krebse sucht.

Fleisch im engeren Sinne.

Nach den jüdischen Speisegesetzen waren nur solche vierfüssige Tiere zum Genuss erlaubt, die gespaltene Klauen hatten und wiederkäuten. Mit andern Worten: nur die Wiederkäuer, die gespaltene Klauen haben und daher auch Zweihufer oder Spalthufer heissen, die Sphären der beiden Begriffe sind sich bekanntlich gleich, die Ochsen und die Kühe, die Schafe und die Böcklein waren kauscher — die Schweine, die zwar die Füsse spalten, aber nicht wiederkäuen, durften nicht gegessen werden, so wenig wie die einhufigen Pferde. Das Christentum hat sich über die mosaischen Bestimmungen hinweggesetzt und wenigstens gegen das Schwein, diese Palme des Nordens, nicht gesperrt. Das ist ein wahres Glück; ohne diese kluge Konnivenz gäbe es drei

Hauptgenüsse des mittelalterlichen Lebens nicht: keinen Schweinebraten, keinen Schinken und keine Bratwurst.

Man sagt, die Himmelsfreuden der alten Deutschen seien Bier und Schweinefleisch gewesen; — wenn man an dem Eber Sährimnir nur das Schweinefleisch sieht, so hat man ja recht. Auf Erden, in Midgard traf es zu. Hienieden war Schweinebraten der Typus des Wohllebens und die Phantasie des mittelalterlichen Schlemmers, des tummen Brüderleins, das nicht wusste, was es anfangen sollte, und zu sich sprach, heute müsse alles verschlemmet sein:

steck an die schweinen braten
darzu die hüner jung!
darauf mag uns geraten
ein frischer freier trunk —

oder ein andermal:

steck an den schweinen praten,
das heia ho!
darzu die semmelwecke
wol zu dem külen wein,
dabei da ist gut sein;
das heia ho
wolln wir die lenge treiben,
wir müssen nacket sein —

in den alten hoch- und niederdeutschen Volksliedern, die Uhland (Stuttgart 1881) herausgegeben hat, Nummer 212 und 213, mag man die Variationen nachlesen. Beiläufig bemerkt, sieht man daraus, dass man im Mittelalter nicht *Schweinebraten*, sondern *Schweinenbraten* sagte, indem man das Adjektivum *schweinen (swînîn)* brauchte; so sagte man auch nicht: *Schweinsfüsse*, sondern *Swînîn Klâwen*. Noch heute, wo die feine Küche das frische Schweinefleisch mit Ausnahme des Spanferkels *)

Bierbrauerei. Jost Amman drängt (*Stände und Handwerker 1568*) die verschiedenen Operationen, Mälzerei, Sudhaus und Keller, auf kleinen Raum zusammen. Oben, vermittelst einer Leiter zugänglich, die Darre, auf welcher das Gerstenmalz gedarrt wird. Unten in der Mitte der Maischbottich, in welchem das geschrotene Malz mit Wasser behandelt, mit Maischhölzern in dem Wasser verteilt und die Würze bereitet wird. Links steht ein Knecht vor dem über dem Feuer hängenden Braukessel, der Braupfanne, in der das Wasser und unter stetem Umrühren die vom Maischbottiche gezogene Würze selbst gekocht und gehopft wird. Die gare Würze gelangt sodann (nach dem Kühlschiff und) in den Gärbottich (links von der Leiter); man sieht, wie sie infolge der Gärung in dem Gefässe steigt und schäumt, gleichsam eine Schneedecke bekommt. Nun ist das Bier reif zum Fassen, das heisst auf die im Vordergrunde liegenden Fässer gefüllt zu werden, die der Brauer, weil sie infolge einer Nachgärung noch immer Hefe zum Spundloche ausstossen, täglich auffüllt. Links eine Bierkanne, zwei Eimer und ein Strick.

*) *Porco d'un mese, Oca di tre: mangiar da re.*

mit Geringschätzung betrachtet und ein Nürnberger sich entschuldigt, wenn er seinem Gaste Schweinebraten vorsetzt, wird derselbe doch vom Volke immer noch als ein Festessen angesehn:

vergleichen, wetten, Rätsel raten
ist kleinen Geistern Schweinebraten.

Er durfte demnach auch in des alten Nürnbergers Schlaraffenland nicht fehlen, wo in den Häusern die *Dröm,* das heisst die Balken von *Schweinen Braten* sind und

die Säw all Jar gar wol geraten,
lauffen im Land umb, sind gebraten,
jede ein Messer hat im Rück,
darmit ein jeder schneid ein Stück.

Dasselbe Messer hat Johannes Gehrts auf einer *Walhalls Wonnen* schildernden Bildertafel dem Eber Sährimnir in den Rücken gesteckt (Dahn, Wallhall, fünfte Auflage, Kreuznach 1884).

Gleich nach dem Schweinebraten kam der Schinken, die gepökelte und geräucherte Schweinskeule, mittelhochdeutsch der *Schinke,* französisch *Jambon,* englisch *Ham,* alle drei Worte zunächst nur das Stück, das Dickbein bezeichnend; in Italien sagt man: *Prosciutto* oder *Presciutto,* ein Begriff wie Pemmikan, der auf eine ursprüngliche Konservierung durch Trocknen schliessen lässt. Auch ist der italienische Schinken, obgleich vorzüglich, bedeutend fester und ganz anders als der deutsche. Was man in Modena: *Zamponi* nennt, sind keine Schinken, keine *Jambons,* sondern Würstchen, gefüllte Schweinsfüsse.

Es war ein Fest, wenn zwischen Ostern und Pfingsten der erste neue Schinken aus der Räucherkammer auf den Tisch kam und feierlich angeschnitten wurde; überhaupt übte auf die Einbildungskraft der Europäer keine Delikatesse einen grösseren Zauber aus. Schinken ist vornehmer als Schweinebraten. Einen Schinken zu gewinnen, zu erbeuten oder wie der Simplicissimus (II, 31) dem Pfaffen aus dem Kamin zu stehlen, erschien als ein seltnes Glück; in Italien, wo der *Prosciutto* vielleicht eine noch grössere Rolle spielt als in Deutschland, wird er nicht selten als Siegespreis gegeben. In Sorrent, an der Piccola Marina, am Fest der Santa Maria del Soccorso habe ich einst eine sogenannte Cuccagna mit angesehen: vom Hafendamme ragte, mit starken Stricken befestigt, ein Bugspriet horizontal über das offene Meer hinaus. An der Spitze des Mastbaums steckte ein Schinken; es kam darauf an, den glatten Baum hinanzulaufen und den Schinken wegzunehmen. Um die Sache recht zu erschweren, war der Baum eingeseift und mit Fett beschmiert. Die Jungen plumpsten alle hinunter, die sich darauf wagten; erst spät gelang es einem, den Schinken zu erfassen und ihn mit sich in die Tiefe zu reissen. Eine ähnliche Belohnung, allerdings bei einem eigenartigen Wettstreit wird in England dem Sieger von Dunmow zu teil: hier bewerben sich die Eheleute um den Preis einer Speckseite, die sie erhalten, wenn sie nachweislich ein ganzes Jahr lang in vollkommener Harmonie gelebt haben. Im Jahre 1111 machte eine Lady namens Juga eine Stiftung und dieselbe wurde im Jahre 1244 von Robert de Fitzwalter erneuert: dass, wer nach der Stadt Dunmow in der Grafschaft Essex käme, auf den beiden Steinen vor der Kirchthüre niederknien und schwören könnte, sich zwölf Monate und einen Tag über nicht einmal mit seiner Ehehälfte gezankt, auch die Heirat nicht einen Augenblick bereut zu haben, eine Speckseite erhalten solle. Die Untersuchung ward öffentlich geführt; von 1244 bis 1772 haben nur acht Ehepaare gespickt werden können. Die Stadt hat neuerdings wieder Reklame dafür gemacht. Das ist der sogenannte *Dunmow Bacon* oder Dunmow-Speck; von einem friedfertigen Ehemann heisst es in England sprichwörtlich: *he may fetch a flitch of Bacon from Dunmow.*

Weinleser und Weintreter, ersterer eine Phrygische Mütze auf dem Kopf, eine Hippe in der Hand; vergleiche die Abbildungen Seite 135 und 137. Nach einer Miniatur in den *Dialogorum libri IV*, den Gesprächen, die der Papst Gregor der Grosse mit seinem vertrauten Freunde, dem Archidiakonus Peter *de vita et miraculis patrum Italicorum*, namentlich des Benedikt von Nursia führte. Die darin erzählten Visionen und Gespenstergeschichten sind der Ausgangspunkt des mittelalterlichen Fegefeuerglaubens gewesen. Verfasst A. D. 593, abgeschrieben im 13. Jahrhundert (Handschrift der Staatsbibliothek zu Brüssel).

Die berühmtesten Schinken Englands sind die von York — in Frankreich bevorzugt man die von Bayonne und Mainz — in Spanien die aus den Alpujarras — in Toskana gelten die aus dem Casentino, im übrigen Italien die der Abruzzen für die besten — in Deutschland die westfälischen und neuerdings die prager. Münster, Bayonne und Neapel sind alte Mittelpunkte des Schinkenhandels.

Sie sind zunächst Mittelpunkte von dichten Waldungen, in denen die Schweine vortrefflich gedeihen. In diese Wälder werden die

Schweine im Herbst getrieben und (wie auf unsern Bildern, Seite 105 und 141) mit Eicheln und Bucheckern gemästet. Ich kann mich nicht enthalten, bei dieser Gelegenheit auf einen kleinen Beobachtungsfehler auf dem erstgenannten Holzschnitte (105) hinzuweisen. Kein Schwein schaut empor, wenn man ihm Eicheln vom Baume schüttelt, wie es etwa der Hund thun würde, um zu sehen, ob es keine mehr giebt und woher sie kommen — dumme Hunde thäten das eben auch nicht. Es ist das ein alter Beweis für die geringe Wissbegier dieses Tiers. Und da wir einmal dabei sind, will ich gleich noch die Abtei von Solignac (Seite 145) wegen des auf den Hinterbeinen stehenden Schweins interpellieren — das thut ebenfalls kein Schwein von selbst, vollends wenn es gerade geschlachtet werden soll. Abgerichtet kann es freilich dazu werden, wie zum Tanzen; es ist bekannt, wie einst der Stammvater der Medici, krank und schwermütig in seinem Bette liegend, laut auflachen musste, als auf einmal sechs Schweine angekleidet und aufrecht in sein Zimmer hereinspazierten. Ja, auch das streitet mit der Erfahrung, dass Schweine von Hunden getrieben, an den Ohren gezaust werden, denn nirgends lässt man das Schwein durch Hunde treiben, weil diese es erzürnen — die Zeichner scheinen die Naturgeschichte des Schweins nicht genügend studiert zu haben. Doch wir kehren zu unserm Gegenstand zurück. Die Eichelmast ist die beste, auf ihr beruht die Schweinezucht in den Abruzzen und in den Pyrenäen und wohl auch in der Provinz Westfalen, von deren Gesamtfläche noch heute 28 Prozent auf Forsten und Holzungen, und zwar überwiegend herrliche Laubholzbestände entfallen. Manchmal heisst es, die Güte der westfälischen Schinken hänge von dem westfälischen Salze, das viel stärker als das thüringische sei; ein andermal, von der eigentümlichen Art des Räucherns ab. Sie ist wie überall eine Folge der Eichelmast, ist es wenigstens in früheren Jahrhunderten gewesen; auf den Märkten von Münster, Neapel und Bayonne wurde sozusagen das Fett der dahinterliegenden Eichen- und Buchenwälder aufgespeichert. Eicheln sollen in der Vorzeit von den Griechen, den Römern, den Spaniern, den Galliern und warum nicht auch von den Germanen gegessen worden sein, Plinius, Galenus und andere Autoren berichten das; Eichen waren die ehrwürdigen Brotfruchtbäume des ältesten Europas. Die Nachkommen zogen es vor, die Früchte in Fleisch und Fett von Schweinen zu verwandeln, das einheimische Schwarzwild in Hegung zu nehmen, es im Winter, wo es schwer durchzubringen war, zu schlachten und die Haushaltungen mit Pökelfleisch

Umb jedes Haus so ist ein Zaun geflochten mit Bratwürsten braun. Wie die Araber die grössten Butterkonsumenten, so sind die Deutschen die grössten Wurstkonsumenten der Erde — der Possenreisser der Deutschen, das lässt tief blicken, heisst *Hans Wurst* — deutsche Wurstmacher findet man überall, in England, in Nordamerika, in Russland, wo *Wurstmacher (Kalbassnik)* der gewöhnliche Spitzname

Im Wirtshaus: *Dörch Wörpel, Kaart und Kann wird mancher tom armen Mann.* Er kann sogar zum toten Manne werden, wenn (wie an dem Spieltisch in dem Hinterzimmer) der eine Teil vom Spielbrett an das Messer appelliert. Sie haben gedoppelt, die Würfel, zu denen ein besonderes Würfelbrett gehörte, liegen rechts von der Linie. Unten im Saal zwei Tische: an dem einen soll ein Fremder (die Hand an dem Salzfass) dem Kellner seine Zeche bezahlen, der Wirt hat den Geldkasten aufgemacht, es scheint noch nicht zu stimmen; an dem andern wird Karte gespielt, die Gruppe erinnert an das Gemälde von Ludwig Knaus. Die Frau des Düpierten steht im Hemde links oben und schaut ängstlich nach ihm aus. Auf dem Boden eine Kanne in einem Kühlfass. Nach einem die *Auri sacra fames* illustrierenden Holzschnitt der Lyoner Folio-Ausgabe des Virgil von 1517. Das 15. Jahrhundert war die Blütezeit des leidenschaftlichen Glücksspieles; Spielkarten, angeblich zur Unterhaltung Karls VI. des Wahnsinnigen erfunden, gab es in Europa seit dem Ende des 14. Jahrhunderts.

des *Njemetz* ist. In keinem Lande der Welt hat man so viele und so gute Wurst wie in Deutschland, und zwar von langer Hand her, ja, es scheint, dass im Mittelalter noch viel mehr Wurst gegessen und ein wahrer Wurstkultus getrieben ward. Die Schildbürger machten einmal eine lange Wurst, so lang als der ganze Darm, und konnten sie nicht braten, weil sie keine Bratpfanne hatten, die lang genug gewesen wäre, um die Wurst die Länge lang zu braten — solche Riesenwürste wurden in Tagen des Heiaho gemacht und in feierlicher

Prozession herumgetragen, zum Beispiel in Braunschweig eine von 800 Ellen, in Königsberg im Jahre 1601 eine von 1000 Ellen Länge; bei dem Schembartlaufen der Nürnberger Metzger in der Fastnacht spielte die Hauptrolle eine Wurst: das Würstchen des Jahres 1658 war 658 Ellen lang und 514 Pfund schwer, es wurde auf einer hohen Stange durch die Stadt getragen, wie ein Fetisch und wie ein Heiligtum der heidnischen Vorzeit zur Verehrung ausgestellt, dabei mit derben Scherzen nicht zurückgehalten. Da der Darmschlauch des Schweins nur etwa zehnmal so lang wie der Leib des Tieres, also höchstens an 15 Meter lang ist, so müssen mehrere Därme aneinandergesteckt worden sein, oder aber sie haben einen Rindsdarm gefüllt, der 22 mal, oder einen Schöpsendarm, der 28 mal länger ist als das Tier. Und mannigfaltig waren die Arten der Wurst, fast alle stammen aus dem Mittelalter. Die Cervelatwurst, zu der bekanntlich nicht bloss Schweinefleisch, sondern auch mageres Rindfleisch genommen wird, soll zuerst im Jahre 1815 zu Waltershausen im Herzogtum Gotha von Johann Daniel Kestner im Hause seines Vaters, dem alten Gasthofe zum Löwen, hergestellt worden sein; indessen ist aus den Schilderungen der mittelalterlichen Bankette zu ersehen, dass man schon im 13. Jahrhundert Würste mit einer Mischung von Schweinefleisch und Rindfleisch füllte und mit Fenchel und andern guten Kräutern würzte, obgleich sie nicht gerade *Cervelatwürste* werden genannt worden sein — das Wort, das wir oben in Rabelais' Munde fanden *(Pantagruel IV, 18)*, ist italienisch, lautet eigentlich: *Cervellata* und entspricht unserer *Bregenwurst, Hirnwurst.* In Bayern macht man *kälberne* Würste bloss von Kalbfleisch — auch diese gab es schon im 14. und 15. Jahrhundert, man gilbte sie mit Safran. Die Hühnerwürste sind keine Erfindung eines modernen Feinschmeckers, der die *Ham, Tongue and Chicken Sausages* verehrt, schon im 17. Jahrundert schätzte man die feinen, mit Milch angemachten, mit Zimmet gewürzten, mit Moschus und Ambra parfümierten Würste von Kalb- und Hühnerfleisch. Das Register der mittelalterlichen Würste ist lang wie die Wurst von Schilda.

Um aber bei den eigentlichen Würsten, den schweinenen, zu bleiben — so giebt es keine volkstümlichere als die Bratwurst, die das Material zu den Zäunen im Schlaraffenlande liefert und in den Nürnberger Wurstküchen, dem Blauen Glöcklein an der Moritzkapelle und dem Herzle im Herzgässchen am Heringsmarkt oder in der Himmelsleiter oder im Jammerthal, vielleicht schon zu Hans Sachs' Zeiten mit Kraut gegessen worden ist. Da ist alleweile *Bratwürstel-*

sonntag, wie zum Advent in Oberösterreich; da hat man vom Schlaraffenlande einen Vorschmack. Ein Schlaraffenland im kleinen ist nämlich jede Delikatessenhandlung in Deutschland, jede italienische *Pizzicheria* eine Cuccagna; alle diese Begriffe decken sich wieder mit Fastnachten, wo die geliebte Wurst zum Allgemeingut wird.

Man darf keine Bratwurst in einem Hundestalle suchen, wohl aber in der Küche des Mittelalters — lange Bratwürste, kurze Predigt lobten sich am Kirchweihfeste sogar die armen Bauern. Das Wort gehört zu den vielen nachlässigen Begriffen, welche die Sprache hat; es besagt gar keine bestimmte Qualität. Jede Wurst lässt sich braten, wird es auch, wie sie gekocht, gebrüht, geröstet, geräuchert werden

Innungsfahne der Schenkwirte von Montmédy, durch einen Schrägrechtsbalken geteilt, auf dem eine Tafel, die sogenannte *Tessera hospitalis.* Die Stadt Montmédy hat zweimal, 1815 und 1870 an die Preussen kapituliert (14. Dezember 1870 an den General von Kameke).

Innungsfahne der Schenkwirte von Tonnerre, schrägrechts und schräglinks geteilt; in den vier Feldern zwei Butteln und zwei Kränze, wie sie von den Wirten, die verzapfen, vor dem Wirtshaus aufgehängt zu werden pflegen (*Reife;* heute noch grüne Zweige oder Büsche).

kann, beziehentlich schon bei ihrer Entstehung gekocht worden ist, denn nur wenige Würste isst man roh; sie verhält sich geradeso wie das Fleisch selbst. Man hätte also strenggenommen die Bratwurst nicht der Leberwurst, nicht der Blutwurst oder der Rotwurst, wie man im Mittelalter sagte: der *Rosenwurst;* sondern Rostwürsten und Brühwürstchen entgegensetzen sollen. Aber das gehackte Schweinefleisch in ganz enge Schweinsdärme zu füllen und in einer Kasserolle mit Butter schön hellbraun zu braten, mochte die einfachste und beliebteste Methode der Zubereitung sein, und so kam es, dass sich die frische, niemals aufgehobene Bratwurst gewissermassen zu einer eignen Wurstart entwickelte. Schon im alten Rom waren Bratwürste, *Tomacula,* begehrt und warm, rauchend in ambulanten Garküchen auf den Strassen ausgeboten worden,

fumantia qui Tomacla raucus
circumfert tepidis cocus popinis. Martial I, 41, 9 ff;

so ein Wursthändler (*Ἀλλαντοπώλης*) ist in den *Rittern* des Aristophanes der Rivale des Demagogen Kleon, er kocht zuletzt das athenische Volk selbst in seinem Kessel. Andere lateinische Würste hiessen *Botuli* und noch andere: *Lucanicae;* noch heute wird die Wurst in Griechenland das *Lukaniko* genannt. Auch im Westen bei den mittelalterlichen Schriftstellern hat sich dieser Ausdruck lange erhalten. In Frankreich heisst die Bratwurst: *Saucisse;* in Italien: *Salsiccia;* in England: *Sausage;* in Russland: *Ssossiska,* unser *Saucischen;* bei den Arabern: *Selsis* — Ausdrücke, die samt und sonders auf die *Sauce* oder *Salse,* also im letzten Grunde gleich dem italienischen *Salame:* auf das Salz zurückzugehen scheinen.

Sollte nicht unser altes deutsches *Wurst* mit *Wurz* zusammenhängen? — Denn die in den Wörterbüchern vorgebrachten Deutungen sind ungeschickt. Gewürze, Salz, Pfeffer, Safran, Muskatnüsse, Gewürznelken, Zimmet, Rosmarin, Majoran wurden im Mittelalter überhaupt mehr verbraucht als heutzutage, und namentlich bei den Würsten nicht gespart. Sonderbar, aber die fortschreitende Kultur ist wenigstens hier zur Natur zurückgekehrt; das grössere Raffinement gehört der Vorzeit an. Ganz seltsame Zuthaten, Moschus und Ambra, trifft man an, und es ist die Frage, ob die obenerwähnte Rosenwurst, soviel wie Blutwurst, bloss auf die Farbe und nicht vielmehr auf wirkliche Rosenblätter ging. In Italien hat man, nennt man wenigstens noch immer: Myrtenwurst, sozusagen: gemyrtete Wurst, die bekannte *Mortadella.* Sie ist das lateinische *Farcimen murtatum* oder *myrtatum,* mit Myrtenbeeren gewürzte Wurst, wie in guter Cervelatwurst ganze weisse Pfefferkörner enthalten sind. Noch heute sind ja gewisse Zusätze zur Wurstfülle bekannt und beliebt, und die Knoblauchwürste, die Zwiebelwürste, die Sardellenwürste, ja, die Rosinen- und Mandelwürste gäng und gäbe. Infolgedessen erschien die Wurst wie der Schinken als eine grosse Delikatesse, wofür die feineren Sorten, zumal beim Volke und bei Kindern, jetzt noch gelten, als eine rechte Personifikation des Karnevals; und es begreift sich, wie zwischen dem Aschermittwoch und der Nation der Würste und ihrem Verbündeten, dem Fastnachtsdienstag ein langwieriger Krieg entbrennen konnte. Er schien schon einmal beigelegt, wenigstens ein Waffenstillstand in Aussicht zu sein, als sich von seiten der Würste wegen einiger befreundeter Abarten, die der Aschermittwoch absolut nicht zulassen, und wegen ein paar fester Plätze, die der Pedant nicht hergeben wollte, neuer Streit erhob; und endlich wurde der Hader durch die Intriguen des alten Herrn mit dem roten Käppchen, das Tridentinische Konzil, wiederum verschärft und der Bruch unheilbar gemacht. Es ist das eine Phantasie von Rabelais, dessen Pantagruel auf seiner Reise das Wurstland berührt und, da er von den Spionen irrtümlich für den Fastenanfang, den fürchterlichen *Quaresmeprenant* gehalten wird, mit den vereinigten Armeen der *Andouilles,* der *Boudins* und der *Saucissons* einen harten Strauss bestehen muss, bis er mit der obscönen Königin der Würste Niphleseth ins Gespräch kommt und sie über das grobe Missverständnis aufklärt (Livre IV, Chapitre 35—42).

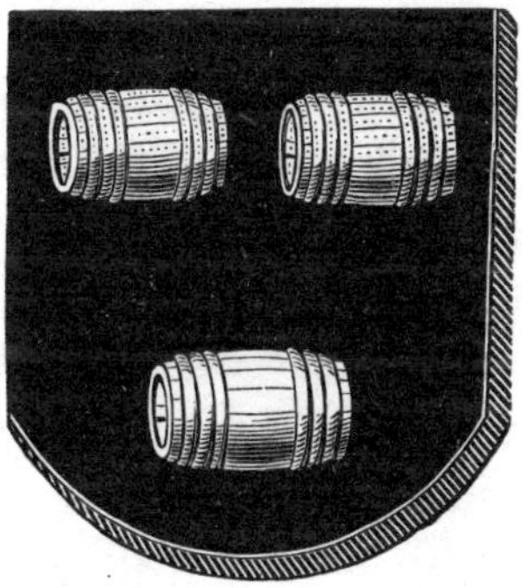

Fahne der Böttcher (Büttner, Küfer, Schäffler) von Bayonne. Drei Fässer.

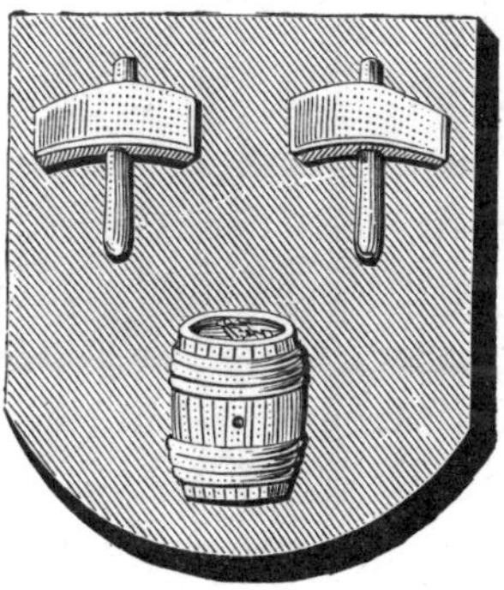

Fahne der Böttcher von La Rochelle. Zwei Treibhämmer und ein Fass.

Die hölzernen Fässer sollen (nach Strabo) in Gallien erfunden worden, also in Frankreich die ersten Böttcher aufgetreten sein; bis auf sie wurde der Wein in Schläuchen oder in Töpfen und Amphoren aufbewahrt. Die sogenannte Tonne des Diogenes war in Wahrheit ein thönernes Gefäss (*Dolium*). Vergleiche *Rom in Wort und Bild, Seite 95.*

Mitten im heftigsten Getümmel kam der Fastnachtsdienstag in Gestalt eines geflügelten Schweins geflogen und schüttete siebenundzwanzig Fässer Mostrich über die verwundeten Würste aus; der war Balsam für sie. Die Würste, die von der Königin nach Frankreich geschickt wurden, starben fast alle, weil ihnen der Senf fehlte. Die Idee eines Haders zwischen der Faste und der Fastnacht, welcher letzteren die erstere auf dem Nacken sitzt, ist auch den deutschen Fastnachtsspielen sehr geläufig; in der Fastnacht hauptsächlich wurden die obenerwähnten Riesenwürste in den Städten spazieren getragen, zum Beispiel in Nürnberg bei dem sogenannten Schembartlaufen, einer Maskerade der Nürnberger Metzger, die seit dem Jahre 1350 üblich war (*Schembart* soviel wie Maske, Gesichtslarve).

Was die Wurst für das Volk, war für höhere Ansprüche die

Pastete, ein Gebäck, mit feingehacktem oder gewiegtem Fleisch oder Fisch gefüllt, beim Adel sehr beliebt, namentlich auf Reisen. Eine Wurst gleicht einem vollen Sacke; die Pastete einer schweren Schachtel. Die Füllung bestand gewöhnlich aus farciertem Geflügel oder Wildbret, gelegentlich auch aus lebendigen Krammetsvögeln, die herausflogen, wenn man die Pastete anschnitt, ein alter, schon beim Gastmahl des Trimalchio (Petron Satirae 40) vorkommender Scherz. Hühnerpastete, Fasanenpastete, Regenpfeiferpastete, Schinkenpastete kannte man, aber noch keine Gänseleberpastete; diese ist eine Erfindung des Maître Close, die derselbe in der Küche des Marschalls von Contades im Jahre 1780 zu Strassburg machte. Er heiratete bald darauf die Witwe eines Pastetenbäckers und machte sich selbständig; aber nicht lange, so etablierte sich ihm gegenüber ein anderer Pastetenbäcker, ein gewisser Doyen, der noch bessere Gänseleberpasteten buk. Er nahm Trüffeln dazu. Erst dadurch wurde die Erfindung vollkommen; die Schmackhaftigkeit der Gänseleberpastete hängt nicht bloss von der Qualität der Leber, sondern auch von der Verwendung vieler grosser Trüffeln erster Güte ab. Close war ruiniert. Das Gewürz, die Sauce, das Aroma macht die Pastete wie die Wurst. Als eine Art Pastete kann auch der in Brotteig gebackene Schinken und der Speckkuchen betrachtet werden, letzterer eine alte Spezialität so vieler Gegenden.

Werfen wir nun zum Schlusse noch einen Blick auf die natürlichen Braten, auf die Kalbsstösse, die Rindslenden, und die Hammelkeulen, wie sie uns unser Fleischer liefert, so bleibt nicht viel zu sagen übrig. Man weiss sie kaum zu bezeichnen. Es gab eben noch verhältnismässig wenig Mastochsen und Mastkälber — Fleisch wird nur von Hamburger Mastkälbern verabreicht, liest man in den Reklamen unserer Wirte; es ist doch zum Erbarmen, was für Jammergestalten von Tieren die Fleischerinnung zu Brügge in ihrem Siegel hat (Seite 151). In einer Zeit, wo man sich noch überwiegend von Hirschziemern und Bärenschinken, Würsten und Schweinebraten, Hühnern und Eiern nährte, wusste man eigentlich noch gar nicht, was ein Roastbeef und ein Kalbsnierenbraten ist, eine Rehkeule war das Ideal, nicht die weit köstlichere Hammelkeule; ein Rest dieser Anschauung ist es, wenn man vielfach noch heute ein Stück grobes Wildbret für etwas Besonderes, höchst Vornehmes hält; wer zum erstenmal Hirsch- oder Bärenbraten vorgesetzt erhält, glaubt wunderwas zu haben, wozu allerdings die grössere Seltenheit der

Ware beiträgt. Wir stellen im folgenden zusammen, was sich im Mittelalter etwa von Fleischgerichten in unserem Sinne ermitteln lässt:

Rintvleisch, Rindfleisch, Fleisch vom Ochsen, auch von Stieren und Kühen, das Pfund nach der Polizeiordnung von Nürnberg für 3 Helblinge, nach Gilg Tschudis Schweizerchronik, die bis 1470 reicht, für 3 Pfennige, anderwärts für 4 1/2 Heller verkauft; meistenteils gesotten oder gekocht, mit Rüben, namentlich aber mit Meerrettich; ein bürgerliches, wenn nicht gar geringes Essen. *Wer nicht hat Wiltbret und Fisch, der ess Rintfleisch odr Haberprey*, heisst es in einem Fastnachtsspiele von Hans Sachs.

Kellermeister im Keller, wo die Kufen der Reihe nach auf eine Unterlage von Balken oder Brettern, die schmallen Känterlein, gelagert sind, ein Fass anstechend und den Neuen probierend. Er trägt den noch jetzt üblichen Kellnerbart.

Den liebsten bulen den ich han
der ist mit reifen bunden,
und hat ein hölzes röcklein an,
frischt kranken und gesunden:
sein nam heist Wein.

Da die Alten keine hölzernen Fässer, sondern thönerne Gefässe hatten und sie nicht korkten, sondern mit Öl oder Pech verschlossen, so konnten sie dieselben auch nicht legen: ihre Amphoren standen, entweder mit der Spitze im Boden befestigt oder an die Mauer angelehnt, zum Beispiel im Keller der Villa des Diomedes in Pompeji, wo bei dem Vesuvausbruch so viele Menschen umgekommen sind (*Neapel und seine Umgebung, Seite 117*). Auch die Flaschen wurden ursprünglich nicht gekorkt, erst der Pater Kellermeister der Abtei von Haut-Villers, Dom Pérignon hat A. D. 1700, und zwar für Champagnerflaschen, den Korkstöpsel erfunden. In Italien schliesst man die Flaschen noch heute nur mit Papier oder Öl, selten mit Kork, obgleich er dort erzeugt wird. Nach einem Holzschnitt der *Cosmographia* von Sebastian Münster (Basel 1544 in-Folio).

Rintbrâte, Rinderbraten, am Spiess oder auf dem Rost, mit Gurken, mit Kapernsauce.

Ohsendiech, Ochsenkeule (vergleiche die Unterschrift des Bildes auf Seite 91), Rindslende. Auch Ochsengehirn und Rindermark wird erwähnt, aus ersterem machte man wie aus Kalbsgehirn eine Cervelatwurst.

Kelberîn Vleisch, kälbernes Fleisch, wie wir jetzt sagen: Kalbfleisch; mit der oben (beim *Schweinenbraten*) bemerkten adjektivischen Wendung, die älter als die Zusammensetzung ist. Das Sprichwort: *Kalbfleisch Halbfleisch*, findet sich schon in der Sammlung von Sebastian Franck (1541) und in dem *Florilegium politicum* von Christoph Lehman aus dem Jahre 1630.

Kelberîn Brâte, kälberner Braten, kälberner Nierenbraten, wie der Bayer und der Österreicher noch *ein kälbernes Bratl* oder kurz:

ein Kälbernes bestellt. Man vergleiche *Kälberne Füess, Kälberne Brust, Kälberne Vögelen, Kälberne Milch* und so weiter.

Kelberbuch, Kalbskeule, Kalbsstoss, kelberner Schlegel. *Der Buch*, das heisst: der (in einem sehr weiten Sinne genommene, bis auf die Leistengegenden erstreckte) Bauch hat im Mittelhochdeutschen die Bedeutung von Keule oder Schlegel. Nicht damit zu verwechseln ist der *Bug,* mittelhochdeutsch: *Buoc,* der Schulterblatt bedeutet.

Kalbskopf, besondere Delikatesse. *Gebrühte kalte Kalbsköpf* nebst *Schweinenfüssen weiss gebrüht wie unserer Köchin Waden* erwähnt Fischart unter den Genüssen Grangoschiers; *Schweinenklauen oder Kalbsfüesse drunder geworren* das Buch von guter Speise (Stuttgart 1844).

Kalbsleber, gebraten und gebacken. *Kalbsleberlein im weissen Hemd,* ein Ausdruck wie *Äpfel im Schlafrock,* in Rollenhagens Froschmeuseler erwähnt (1595).

Schæfîn Vleisch, schäfen Fleisch, Schaffleisch; wie wir jetzt sagen: Hammelfleisch, Schöpsenfleisch. Der Name *Hammel* ist für den verschnittenen Bock erst im späteren Mittelalter aufgekommen; ebenso *Schöps*, welches ein slawisches Fremdwort ist *(Skopz*, Verschnittener, bekannt durch die russische Sekte der *Skopzen* oder *Schöpse).* Bis dahin sprach man nur vom *Schafe* und unterschied nur den Widder und das Lamm. Mit anderen Worten: Man lernte die Schafe erst spät mästen und zu diesem Zweck kastrieren.

Schafbuch, Hammelkeule, Schöpsenkeule, in Bayern: *a schaffener Schlegel,* der *a schaffenes Bratl* giebt. *Hamelebug von Frankfurt* wird dagegen von Fischart den Hintervierteln vom Schöps und den *Hammen*, das ist: den Schinken entgegengesetzt, damit meint er das Hammelschulterblatt, französisch *Épaule de Mouton,* vergleiche oben.

Lemberbuch, Lämmerbauch, das heisst: Lammbraten, Lammkeule.

Lammherz. Das soll das Beste sein, sagte Bruder Lustig und ass es auf (Grimms Kinder- und Hausmärchen Nr. 81). Sonst sagt man von einem, er habe *das Leberle gefressen,* namentlich der Schwabe muss allezeit das Leberlein gegessen haben. In Italien nennt man das Lammherz die *Coratella* und rechnet die Leber, die Milz, die Lunge und wohl auch die Lammköpfchen *(le Teste matte)* dazu, aus denen das Gehirn herausgenommen ist. Französisch: *Issue d'Agneau.*

Die Lammeingeweide bilden am Spiesse gebraten und mit Salbei ins Netz gewickelt, ein berühmtes Klephtengericht, das sogenannte Κοκορέτσι; in kleine Stückchen zerschnitten, die hintereinander am Spiesse aufgesteckt werden, ist das Lammgeschlinge ein Leckerbissen der

Griechen wie der Araber, eine wahre Perlenschnur, in welche Stückchen von dem fetten Hammelschwanz wie Juwelen eingeschoben werden. In Zürich nennt man das: Spissli.

Osterlamp, Osterlamm, vergleiche oben Seite 92 und 150. Ein ganzes Lamm ist der alte Ostersonntagsbraten, noch heute in vielen Ländern, namentlich in Italien und Griechenland obligat. In Rom wird alljährlich am Karfreitag von den Nonnen des Jesuskindleinklosters ein Lamm und zwar eins von den beiden im Januar auf dem Hochaltar von Sant' Agnese geweihten Lämmern in den Vatikan geschickt, hier geschlachtet und vom Papst gegessen. Aus der Wolle der beiden Lämmer pflegen die Pallien der Bischöfe gewebt zu werden. Das päpstliche eröffnet den Reigen der *Agnelli;* von da ab werden in ganz Rom Früh-

Hausschlachten im 16. Jahrhundert: der Hausvater hat ein zart gut Kalb geschlachtet und schlachtet aus, die Frau zerschneidet das Gekröse, ihr Jüngster sieht ihr zu, der Knabe steht mit einem Rührlöffel vor dem Kessel und sorgt dafür, dass nichts anbrennt. Nach einem Holzschnitt von Johann Stäffler in einem Kalender alten Stils, in welchem über den Monaten jedesmal die ländliche Beschäftigung der Jahreszeit abgebildet ist (Tübingen 1518 in-Folio).

jahrslämmer, Frühlinge geopfert und konsumiert, während bis dahin seit Weihnachten nur der sogenannte *Abbacchio,* das zarte, blutjunge Lämmchen, auf den Tisch kam. Auch in Florenz darf das *Agnello pasquale,* das *Agnello benedetto* am Ostersonntag nicht fehlen; und in Athen, wo es so wie so das ganze Jahr hindurch Ἀρνί giebt, werden in der Karwoche, wenn sich die grosse vierzigtägige Fastenzeit ihrem Ende zuneigt, ganze Herden von Osterlämmern angetrieben. Die Griechen, die viel strenger fasten als die römischen Katholiken, sind dann mitunter so verhungert, dass sie sich in der Osternacht ein Stückchen Osterlamm mit in die Kirche nehmen, um einzuhauen, sobald Christ erstanden ist.

Vlecke, Kaldûnen, Gekrœse. Rindsflecke aus dem Fleckkeller oder der Fleckbude; Rindskaldaunen, im allgemeinen nicht sonderlich geachtet, armen Studenten, Kaldaunenschluckern vorgesetzt; Kutteln, gleich dem vorhinerwähnten Geschlinge zu den sogenannten *Kleinodien*, französisch: *Issues* gehörig, die nach der Leipziger Stadtordnung von 1544 auf keiner Fleischbank zu dulden waren — *sol kein Fleischer die Kleinot, als Inster, Kaldaunen, Kalbsköpfe, Kühfüsse und so weiter auf den Benken beneben dem Fleische feil haben, auf das kein Keufer gedrungen werde derselbigen Kleinot etwas zuzunemen* —: diese guten Dinge, die von den Fleischern höchstens als Zulage gegeben, in Frankreich aber dem *Commerce de la Triperie* abgetreten werden, müssen im Mittelalter gar beliebt, ja hoffähig gewesen sein, sintemal Rabelais die Mutter Gargantuas, die hochschwangere Königin Gargamelle an einem dritten Februar sechzehn Kübel voll Kaldaunen schlucken, des Guten etwas zu viel thun und infolgedessen eine Fehlgeburt zur Welt bringen lässt. *Comment Gargamelle, estant grosse de Gargantua, mangea grand planté de Tripes;* oder wenn man den Nachahmer, den Übersetzer lieber hört: *wie Gurgelmiltsam, als sie mit dem Kindlein Gurgelantule schwanger gieng, ein grossen Wust Kutlen frass: und davon genass.* Daher denkt sich auch Hans Sachs das Schlaraffenland nicht ohne Kutteln, die dort wie Pfifferlinge wachsen; und die Popularität des Gerichtes spiegelt sich noch darin, dass fast jedes Land eine Stadt hat, die wegen der Rindskaldaunen berühmt ist: Preussen Königsberg, Frankreich Caen, Italien Treviso *(Pan padovano, Vin vicentino, Carne furlana, Trippe trivigiane);* selbst darin, dass das Volk überall gutmütig die eigenen Eingeweide als *Kaldaunen* auffasst. Doch dürfte das derbe Volkswort einmal edel gewesen sein, da man auch liest, dass Kaiser Friedrich Barbarossas *Kaldaunen* zu Antiochia begraben worden seien, wo an einen Scherz nicht zu denken ist.

Butter und Käse.

Butter und Käse gehören nach deutscher Anschauung zusammen wie Butter und Brot; Butter, Brot und Käse erscheint den Studenten der Theologie in Leipzig wie Rock, Hose und Weste als ein naheliegendes Symbol der Dreieinigkeit. In anderen Ländern, zum Beispiel in der Schweiz und in Italien, bekommt man ohne vorherige Bestellung keine Butter zum Käse, hier gattet sich vielmehr der Käse mit der Birne, was ganz eigentlich zu nehmen ist, denn es wird oft scherzweise von der Ehe, dem *Mariage* der beiden Elemente des Nachtisches gesprochen. Zunächst aber besteht ein inniges Verhältnis zwischen dem Käse und dem Brote, daher die Italiener von Personen in gutem Einvernehmen sagen: *esser come pane e cacio.* Käse und Brot oder zusammengezogen: *Käsenbrot* gilt überall für die natürlichste Speise, das einfachste Mahl, *Käs und Brot* ist in der Schweiz schlechtweg: Speise, *Kese und Brot essen* in den Weistümern überhaupt soviel wie: essen. Auch der weise Zoroaster, der persische Religionsstifter, der in der Wüste zwanzig Jahre lang von nichts als Käse lebte und sich durch diese Käsediät nach dem Zeugnis des Plinius seine Jugend erhielt, wird wohl bloss Brot dazu gegessen, keine Butter dazu genommen haben, obwohl sonst in der Wüste viel Butter gemacht und verbraucht zu werden pflegt. Wir erwähnten bereits, dass die Araber die grössten Butterkonsumenten der Erde sind; und zwar buttern die Beduinen in Schläuchen, die sie in ihren Zelten aufhängen und hin- und herschwenken oder gleichmässig von beiden Seiten schlagen, daher die Butter in Spanien und eine Art Kunstbutter in Neapel noch heute einfach Schlauch heisst *(Manteca)*. Die Butter wird nur in den sogenannten Butterbrotlandschaften, in Schleswig-Holstein, Mecklenburg, Ostpreussen, Sachsen, als die dritte im Bunde angesehen, wo sie am liebsten die schiere Butter noch auf den schieren Speck schmieren möchten.

Kupferschmied aus der alten Stadt Dinant, mit einem seiner Handhämmer die Kesselschale auf dem Stockamboss treibend, das Gefäss hohlschlagend und den runden Boden ausarbeitend; links oben ein anderer Amboss, das Sperrhorn. Um ihn herum getriebene Kupfer- und Messingwaren allerart für Haus- und Küchengebrauch, sogenannte *Dinanderien*. Die Kupferschmiede gehören zu den ältesten Handwerkern. Nach einem Holzschnitt in Jost Ammans *Ständen und Handwerkern* (1568).

Butter und Käse schliessen sich kulturhistorisch betrachtet vielmehr gegenseitig aus, als dass sie miteinander in Frieden lebten. Es gab im Altertum Völker, die butterten, und andere Völker, die Käse bereiteten; noch heute thun manche afrikanische Stämme entweder das eine oder das andere, nicht beides zugleich. Pflegt doch selbst in den europäischen Käseländern, zum Beispiel in der Schweiz, die Butter (für die man hier noch das deutsche Wort: *Anke* hat) hinter dem Käse zurückzutreten, und umgekehrt. Die alten Griechen und Römer gehörten zu den Käsern, ihnen fielen die Barbaren, namentlich die Scythen und die Germanen durch ihre Butter, *barbararum gentium lautissimum cibum*, auf. Die griechische Bezeichnung der Ware, nachmals von den Römern angenommen und für die deutsche Butter gebraucht und schliesslich in Deutschland selbst üblich geworden, das Wort *Βούτυρον*, *Butyrum* ist angeblich scythisch, sagen wir russisch, wahrscheinlich gräzisiert und nicht zufällig an *βοῦς* und *τυρός* anklingend. Noch gegenwärtig machen die Griechen keine andere Butter als eine weisse, etwas ölige Schafbutter; gelbe Kuhbutter wird aus Italien eingeführt. Aber Käse haben sie mehrere, namentlich Schlauchkäse (*τουλουμ-τυρί*) und den feinen Parnasskäse (*τυρὶ τῆς Λιακούρας*). Unsere Vorfahren dagegen gehörten zu den Butteressern oder Ankenessern oder Smöressern, wie es in den skandinavischen Ländern heisst, daselbst gilt *Smör*, unser *Schmer*, für das lateinische Fremdwort; sie tranken, wie Tacitus *(Germania 23)* erzählt, die sauere abgerahmte Milch und erfuhren erst durch die Römer etwas vom *Caseus* oder, wie sie nun sagten, etwas vom *Kasi* (althochdeutsch *Châsi*, woraus mit Umlaut: *Käse)*. Zwar erzeugten sie bereits neben ihrer Butter etwas Käseähnliches, den *Ost*, noch heute pflegt man den Käse in den skandinavischen Ländern, in Norwegen, wo man einen so eigentümlichen, honiggelben, süsslichen Käse macht, als *Osten* zu bezeichnen; aber es ist leicht einzusehen, dass einerseits die alten Römer dieses Nebenprodukt nicht für *Käse* gelten lassen konnten, anderseits die Germanen in dem *Caseus* ein ganz neues, eigenartiges Nahrungsmittel erblicken mussten, wenn sie welchen zu kosten bekamen.

Unsere Begriffe sind nur verwirrt, weil wir auch die geringwertigen, mageren Molkereiprodukte als Käse bezeichnen, ja, das blosse Kaseïn, den Hauptbestandteil der Milch, den sogenannten Käsestoff, dem Milchfett oder der Butter entgegensetzen. Die Alten thaten das nicht, sie kannten nur einen Käsestoff, der alle in der Milch vorhandenen Butterkügelchen einschloss, mit anderen Worten: nur den fetten Käse, das war eben *Caseus*. Die Milch enthält drei verschiedene Substanzen: den Rahm, die Molken oder das *Serum* und das ebengenannte Kaseïn, für das es leider keinen besonderen Ausdruck gibt. Wenn die Alten, und zwar bereits die Griechen Homers, das Lab, das aus dem Magen der Kälber gewonnene Ferment, in die frischmolkene Milch schütteten, um sie zum Gerinnen zu bringen: so schied sich aus derselben der Käsestoff mitsamt der Butter ab, und es entstand der weisse Quark, der gleichsam feste Milch war und den man frisch genoss; gepresst, gesalzen und geformt, ergab er den *Τυρός* odre den *Caseus*, der mithin fast alles Kaseïn und Fett der Milch enthielt.

Liessen dagegen die Germanen (die noch keine Zentrifugen hatten) die Milch in ihren Äschen ruhig stehn, so stiegen die Fettkügelchen, weil sie spezifisch leichter waren als die Lösung, in welcher sie schwebten, allmählich in die Höhe und bildeten eine fettreiche Schicht,

Küchen- und Tafelgeräte, gleichsam ein Magazin für Haus- und Kücheneinrichtung. Kredenzmesser aus dem 16. Jahrhundert (1). — Kelch in Halbkugelform mit Deckel in Halbkugelform daran, der durch ein Scharnier befestigt ist (mittellateinisch *Cuppa*). 14. Jahrhundert (2). — Kupferne Bowle (*Bolle*) aus dem 9. Jahrhundert (3). — Zinnernes Kännchen, *Tankard*, nach der Geschichte der schönen Helena, aus dem 15. Jahrhundert (4). — Schlachtmesser mit durchbrochener Klinge, 16. Jahrhundert (5). — Zweihenkeliger Kochtopf, 14. Jahrhundert (6). — Kupferner Weinkrug, aus der Geschichte der schönen Helena, 15. Jahrhundert (7). — Wasserkanne mit Untersetzer, orientalische Manier, aus dem 9. Jahrhundert (8). — Steinzeugkrug aus der Kirche des heiligen Benedikt in Paris, 15. Jahrhundert (9). — Armleuchter, 16. Jahrhundert (10). — Kupferner Kessel mit dem zum Aufhängen über dem Herde dienenden Kesselring, aus dem 15. Jahrhundert (11).

den Rahm oder die Sahne, die abgenommen und ihrerseits in eine feste Form, die Butter, übergeführt werden konnte; in der abgerahmten Milch, die bald sauer ward und gerann, war nun nur noch der sogenannte Käsestoff übrig, obgleich sich das Fett niemals vollständig absonderte und die Schlickermilch immer noch einzelne Butterkügelchen enthielt. Derselbe ward von der sauren Milch freiwillig ausgeschieden, so dass abermals ein weisser Quark entstand, der sich, gesalzen und gekümmelt, in Formen pressen liess; der Käse konnte aber, weil die Butter weg war, nur sehr mager ausfallen, wobei es natürlich verschiedene Zwischenstufen gab. Man nennt daher solche Käse auch magere Käse oder Sauermilchkäse; zu ihnen gehört unser gewöhnlicher Kuhkäse, der meist Volksnahrungsmittel oder richtiger: ein Volksverdauungsmittel ist und daher schlechtweg: *deutscher Käse* heisst. Und solche Handkäschen werden eben die Germanen gehabt haben, solcherart die deutschen Käse gewesen sein, die Julius Cäsar (*de Bello Gallico VI, 22)* namhaft macht*), ohne damit der Behauptung des Plinius, wonach die Barbaren die Käsebereitung nicht kannten, wirklich zu widersprechen.

Wenn die Germanen butterten, so konnten sie keine fetten Käse machen. Und wenn die Alten die ganze, unabgerahmte Milch zu ihrem Käse nahmen, so konnten sie keine Butter machen.

Unsere mageren Käse erscheinen wie ein Rückstand, der noch verwertet wird, nachdem das Fett im eigentlichen Sinne abgeschöpft ist. Auch in der Buttermilch, ja in der Molke bleibt nach dem Ausscheiden des Quarks noch etwas Käsestoff zurück, der durch Kochen zum Gerinnen gebracht und auf Käse verarbeitet werden kann; das ist der sogenannte *Zieger*. Glarner Schabzieger wird bereits im 13. Jahrhundert erwähnt.

In diesem Sinne kann man die Butter als einen Bestandteil des Käses selbst betrachten, der ihm im Norden gleichsam entwandt und vorweggenommen wird; der Käse ist das vollkommenere Produkt, daher auch sozusagen entwickelungsfähiger als die Butter. Wir geniessen die letztere in verschiedener Form: frisch und gesalzen, roh und braun, und die geschmolzene oder ausgelassene Butter wiederum, nachdem sie erkaltet ist, als Schmalz, wie die Schweizer sagen: als *Schmutz (Kühschmutz)*. Die Araber pflegen ihren Gästen Brot mit geschmolzener Butter vorzusetzen. Aus vielen Anzeichen kann man schliessen, dass

*) *Agriculturae non student, majorque pars eorum victus in lacte, caseo, carne consistit.*

die Butter der Vorzeit schon an sich flüssig war wie Öl — an allen Stellen, wo die alten Römer davon sprechen, wird ihrer als einer Sache erwähnt, die man nicht schneidet, sondern giesst. Man verstand anscheinend noch nicht, das Fett der Milch fest und konsistent zu machen, und wenn unsere Ausführungen über die schwedische Buttergans (*Rätsel der Sprache* 250 ff.) richtig sind, so hätten auch die alten Germanen ihr Brot nicht mit Butter gestrichen, sondern in Butter geschnitten. Ich will dahingestellt sein lassen, ob die Butter auch, wie vielfach behauptet wird, gleich dem Olivenöle zu Einreibungen gedient hat, ja geradezu noch eher ein Salböl als ein Speiseöl gewesen ist; die alten Römer haben freilich ihre Hühner mit keiner Butter gebraten und

Hotelküche des 16. Jahrhunderts. Auf dem Herde brennt das Feuer, darüber der Kesselhaken, daran rechts verschiedene Töpfe, hinter denen der Wirt auf einem Schemel sitzt und verwundert aufschaut, weil eben ein Fremder, anscheinend ein mit dem Kilt bekleideter Schotte, vielleicht nur ein Bürger in Zaddeltracht mit einer Laterne zur Thür hereinwankt und über die Schwelle tritt. Vergleiche die Abbildung auf Seite 75. Der Wirt hat nur einen Schuh an. Links sitzt, mit dem Rücken gegen eine Bettstelle, der Küchenjunge, den Bratspiess drehend. Im Hintergrunde ein einsamer Gast am Tische. Holzschnitt von Johann Stäffler in einem Kalender alten Stils (Tübingen 1518 in-Folio).

wohl überhaupt keine gegessen. Abgesehen von diesen Aggregatzuständen der Butter pflegt man noch nach der Milch, aus der sie hergestellt wird: Kuhbutter, Ziegenbutter und Schafbutter zu unterscheiden, wie man Kuhkäse, Ziegenkäse und Schafkäse unterscheidet. In Ägypten macht man (grünliche) Büffelkuhbutter wie in der römischen Campagna Büffelkäse (*Provatura*), Herodot spricht am Eingange des vierten Buches (ohne noch das Wort *Βούτυρον* zu brauchen) von der Stutenbutterfabrikation der Scythen — auch aus der Muttermilch kann man Butter machen, die Frauenmilch soll sogar recht ergiebig sein.

Andere Sorten pflegt man bei der Butter nicht namhaft zu machen wie beim Käse, der schon im 16. Jahrhundert in unzähligen Formen Grangoschiers Kasten und Keller füllte (Fischart *Geschichtklitterung, das viertd Capitel*). Eine Käsekarte ist beinahe so reichhaltig wie eine Weinkarte. Man spricht bei Tafel kaum von Holsteinischer oder Ostpreussischer oder Hessischer Butter wie von Schweizer Käse, man begnügt sich mit guter Butter; vollends die Namen einzelner Bezugsquellen wie Emmenthal, Greyerz, Edam, Roquefort empfehlend hinzuzufügen, ist bei der Butter unerhört. Beim Käse macht man ja sogar bisweilen den Erfinder namhaft, zum Beispiel Charles Gervais, den Ritter der Ehrenlegion, der vor Kurzem in Paris das Zeitliche segnete. So etwas könnte sich höchstens bei der *Margarine* ereignen, deren Name keineswegs zufällig an *Margarete* anklingt, ob es gleich keine Gretchenbutter ist; er stammt von dem Chemiker Chevreul und bedeutet eigentlich: Perlenweiss (*Μάργαρον*, vergleiche die Unterschrift des Bildes auf Seite 143).

Es ist sehr interessant, einen Blick in den gefüllten Kasten Grangoschiers zu werfen und das Assortiment, wie Fischart sagt, die Schlachtordnung seiner Käse zu betrachten. Da entdecken wir zunächst den obenerwähnten Schabzieger, jenen grünen Schweizer Kräuterkäse, der in Glarus und Graubünden aus abgerahmter süsser Milch und Buttermilch, eigentlich aber nur aus der vom Emmenthaler und Greyerzer Käse übrigbleibenden Molke bereitet wird und der nicht etwa Ziegenkäse ist (mittelhochdeutsch: *Ziger*, *Zigerkæse*). Seine grüne Farbe hat er von dem Zusatz des sogenannten Käseklees oder Siebenstundenkrauts (*Melilotus caerulea*); frisch und süss, führt er bei den Bergamasken den Namen *Puina*, im übrigen Italien, weil er durch abermaliges Kochen der bereits entwerteten Milch gewonnen wird, den Namen: *Ricotta* (*Recocta*). Aber unmittelbar darauf lässt Fischart einen der berühmtesten Käse der ganzen Welt anfahren oder richtiger anrollen, wie er denn auch in der That gelegentlich, bei dem Spiele der sogenannten *Ruzzola*, auf den italienischen Strassen als Scheibe gekollert wird: Parmasaner aus Walen.

Das heisst: Parmesankäse aus Italien (*Walhen*, gleichsam *Walachen* oder *Welschen*, wie wir sagen: aus Welschland). Die Italiener nennen ihn gewöhnlich nach dem einstigen Hauptmarkt Parma: *parmigiano*, aber auch nach dem Haupterzeugungsorte, der mailändischen Stadt Lodi: *lodigiano*, wohl auch: *piacentino*, oder: *Formaggio da grana*. *Formaggio* (und mit Umstellung: *Fromage*) heisst der Käse nach der *Form*, in welcher die Käsemasse geformt und gepresst wird, einem starken hölzernen Kasten, dessen Boden gleich den Seitenwänden durchlöchert ist, ursprünglich einem Korb; die Form des Parmesankäses ist bekanntlich wie die des Greyerzer Käses eine runde Schachtel, Grangoschier hat den Parmesankäse wie Landbrot in grossen runden

Laiben von 20 bis zu 100 Kilogramm Gewicht erhalten. Viele Millionen Kilogramm Parmesankäse werden seit alter Zeit in der Lombardei erzeugt, die eine Sorte *(Maggengo)* von Georgi (23. April) bis zu Michaelis (29. September), die andere Sorte (*Invernengo)* von Michaelis bis zu Georgi; Millionen von Lire dafür eingenommen. Dieser harte, aber fette, gelbe, pikante Käse, *der Köstlichkeit halben mit den Gallileischen Feygen zu vergleichen*, muss mindestens sechs Monate alt sein, die Güte nimmt bis zum vierten Jahre zu. Man kann ihn sehr wohl schneiden und brechen und ganz zum Brote essen, gewöhnlich aber wird er gerieben, *geschabt wie die Bayerischen Rüblein;* in dieser Form ist er in der italienischen Küche das unentbehrliche Gewürz, namentlich eine stehende Zuthat zur Suppe, wie der mit Eigelb legierte Zitronensaft, das Αὐγολέμονο (123) in Griechenland. *Sulla minestra mi piace metterci il cacio parmigiano grattato.* Die *Minestra* ist eigentlich nicht die Fleischbrühe, sondern die Suppeneinlage, die Nudel, die ebensogut mit Butter, wie mit Bouillon aufgegeben werden kann. In diesem Falle braucht man den Parmesankäse natürlich ebenfalls, und wenn der Franzose wie der Speck zu den Erbsen, so kommt einem der Italiener zu passe wie der Parmesankäse zu den Maccaroni *(mi siete appunto come in su le lasagne il parmigiano).*

Innungsfahne der Pastetenbäcker von Caen: eine altdeutsche Pastete mit einer kleinen runden Öffnung auf dem Pole des glockenartigen, von einem Teigrand umgebenen Teigdeckels.

Creuzkäs von Werd, welche die Schweizer gern im Wappen führen. Die Kreuzkäse müssen im Mittelalter sehr beliebt gewesen sein, denn auch im Schlaraffenlande *wachsen die Creuzkess wie die Stein.* In Donauwörth oder wie es früher hiess: in Schwäbisch-Wörth oder wie es noch früher und daher auch in seinem Wappen einfach hiess: in Wörth oder in Werd giebt es zwei Kreuze. Das eine haben die Bürger 1834 auf den Trümmern der Burg Mangoldstein zum Andenken daran errichten lassen, dass hier einst Herzog Ludwig der Strenge seine Gemahlin Maria von Brabant in grundloser Eifersucht enthaupten liess (A. D. 1256). Das andere Kreuz ist älter, nämlich das heilige Kreuz, nach dem die dortige Benediktinerabtei im Jahre des Herrn 1029: das Kloster zum Heiligen Kreuz genannt ward. Man kennt eine Menge Kreuzklöster im deutschen Reiche, zum Beispiel eins in Nordhausen; an das Wörther knüpfen sich bedeutsame christliche Erinnerungen. Die reichsunmittelbare Stadt hatte im 16. Jahrhundert die Reformation angenommen; es gab Protestanten in Donauwörth. Am 11. April des Jahres 1606 ging eine ausserordentliche Prozession; bei dieser Gelegenheit wurde der Abt des Klosters zum Heiligen Kreuz mit seinem Anhang von dem protestantischen Pöbel so arg misshandelt, dass Kaiser Rudolf II. auf die Beschwerde der Abtei Donauwörth in die Acht erklärte und die Vollziehung der Reichsacht verfassungswidrig dem Herzoge Maximilian von Bayern übertrug (3. August 1607). Der Herzog besetzte die Stadt denn und behielt sie auch im Besitz, und dies wurde einer der Anlässe zum Dreissigjährigen Kriege, jenem Nationalunglück, das durch religiöse Rechthaberei, das fatale Dogma, den andern Glauben verschuldet worden ist. Aus den Schwaigen oder Viehställen des Klosters zum Heiligen Kreuz in Donauwörth ist seinerzeit der Kreuzkäse hervorgegangen, der mit einem Kreuze bezeichnet und an diesem Kreuze erkannt ward wie der Hering an seinem Ringe. Zweihundert Kreuzkäse war der Abt zum Heiligen Kreuz in Donauwörth jährlich dem Bischof zu Eichstätt zu liefern schuldig. Das Kloster gehört jetzt dem Fürsten von Öttingen-Wallerstein; die Viehzucht der Gegend ist noch immer sehr bedeutend, der Viehmarkt von Donauwörth einer der grössten Bayerns, so besucht wie der von Sonthofen in den Algäuer Alpen, im Süden des Regierungsbezirkes Schwaben, wo die Abtei zum Heiligen Kreuz sogar *Schwaigen* haben konnte. Die Algäuer Käse, die Algäuer Backsteinkäse, der Ramadura, die Algäuer Rundkäse haben noch heute Ruf; die Backsteinkäse, die man am Hafen von Lindau viel verladen sieht, scheinen wirklich wie die Steine im Schlaraffenland zu wachsen. Sie können mit den Mühlsteinen verglichen werden, deren Form die Schweizerkäse haben. Dass aber das bekannte Wappen der Schweiz, welches ein schwebendes silbernes Kreuz in Rot enthält, eigentlich einen mittelalterlichen Kreuzkäse und das Heilige Kreuz von Donauwörth darstellen solle, das — ist doch ein zu hübscher Einfall, als dass man's glauben könnte.

Innungsfahne der Pastetenbäcker von Bordeaux. Zwei kleine, aus Butterteigdeckel und Teigrand zusammengesetzte Schüsselpasteten und eine Ofenschüssel. Vergleiche die Abbildung auf Seite 127.

Mönsterkäs aus dem Weinfass. Noch ein anderes Kloster,

die von dem fränkischen König Childerich II. im 7. Jahrhundert gestiftete Benediktinerabtei Münster im Gregorienthal im Oberelsass, in

In einer italienischen Küche, die das herzerfreuende Bild einer Cuccagna gewährt. In der Mitte steht auf einem antiken Dreifuss über dem Feuer eine riesige Kasserolle, in welcher die Hähndl, die Fische, die Würste, die Kalbs- und Schweinsgehirne, die Hoden (*Animelle*) des Widders, das Lammgeschlinge und die Lammkoteletten, die Artischocken, die Kürbisse (*Zucche*) haufenweise zusammenliegen und in Öl oder Schmelzbutter gebacken werden (*si friggono nella Padella*). Das *Fritto*, das gewöhnlich vorher in Ausbackteig oder Backklare getaucht, in Ei und Semmel gewendet und dadurch vergoldet (*indorato*) wird, ist das beliebteste und populärste Festessen in Italien. An dem Dreifuss sind über brennenden Holzkohlen Feuerböcke angebracht und auf diese zwei Bratspiesse (*Spiedi*) gelegt, die vermittelst einer Kurbel herumgedreht werden — man bemerkt Schleien, Aale, Kapaunen und Kalbssteaks (*Braciole*) daran; ein Mann, der auf dem Boden sitzt, facht die Glut mit einem Blasebalge (*Soffietto*) an. Unter dem linken Bratenwender werden zwei Hechte auf dem Roste (*sulla Graticola*) ebenfalls über Holzkohlenfeuer gebraten; oberhalb desselben Bratenwenders ein Nudelmüller, der auf einem bemehlten Brette Teig in dünne Kuchen ausrollt, um ihn dann in Streifen (*Lasagne*) zu zerschneiden. Vor ihm an dem Haken eine Feuerzange. Oben im Rauchfang ein Fleischbaum, an dem Körbe voll Gemüse, Bündel von Salami und Mortadelle, grosse und kleine Vögel allerart und andere gute Sachen hängen; auch auf dem Boden bemerkt man noch Vorrat, darunter ein Lamm und zwei Enten, die noch nicht geschlachtet sind, auch einen Hund und eine Katze, sowie einen Tiegel und Kochgeschirr. Nach einem Holzschnitt in dem Kochbuch von Cristoforo da Messisburgo, das: *Banchetti, Composizioni di Vivande* betitelt und im Jahre 1549 zu Ferrara in-4⁰ erschienen ist.

der sogenannten Elsässischen Schweiz, mit dem Titel der heiligen Jungfrau, der Apostel Peter und Paul und des heiligen Papstes Gregor, war durch ihren Käse berühmt, der nach ihr: *Münsterkase* hiess. Er wurde in den Sennhütten auf den Bergwiesen des Münsterthals erzeugt und die Rinde vermutlich mit Wein getränkt, daher Fischarts Zusatz: aus dem Weinfass. Noch heute beläuft sich die jährliche Produktion von Münsterkäse auf 500 000 kg.

Geysskäs aus Hessen. Nicht aus Altenburg. Aber vielleicht aus Lauterbach in Oberhessen. Berühmt war sonst mehr der hessische Ziegenspeck. Fischart spricht auch von finnischen Ziegenkäsen, die tausend Pfund schwer und mit Myrrhen geräuchert seien. Ziegen giebt es allerdings in Finnland, die Viehzucht ist überhaupt bedeutend, finnischer Chester in Russland geschätzt. Aber ausgeführt wird gegenwärtig besonders Butter (über 8 Millionen Kilogramm). Aus dieser Gegend stammen auch die *Scandischen*, das heisst die skandinavischen Käse, die die *nasentriefigen* Weiber machen und formen. Den norwegischen Käse, der ebenfalls Backsteinform und den Namen *Müsos* hat, erwähnten wir oben (192).

Meissner Napfkäse und Querge *(Quärke*, Plural von *Quark)*; Fischart hat diese Marke aus dem Schwankbuche Michael Lindeners *Katzipori*, das vor der Geschichtklitterung erschienen war (1558). Besagter Lindener war ein Leipziger, konnte daher diese Spezialität der Mark Meissen kennen. Eine ähnliche besteht noch: die *Fummel*, ein Gebäck.

Aus dem folgenden ergiebt sich noch, dass zu Fischarts Zeit die Orte Hornbach in Niederbayern, Bütlingen in Hannover, Tegernsee, das Ries, überhaupt besonders bayrische Landschaften Käse lieferten, was zu der Angabe stimmt, dass in süddeutschen Molkereien bereits im 10. Jahrhundert vortreffliche Käse von bedeutender Grösse gemacht wurden; die Käse, auf welche Völker keltischer Abkunft die Milch in den Schweizer und Tiroler Alpen verarbeiteten, sind schon im 2. Jahrhundert n. Chr. berühmt gewesen. Den Holländischen Käse erwähnt Fischart nur neben dem Friesländer Mumpelkäs, womit er vermutlich den Emder, nicht blos mit Kümmel, sondern auch mit Wacholderbeeren und Gewürznägelein versetzten Käse meint; aber befremden muss es, dass er den französischen Roquefort übergeht, der schon im 11. Jahrhundert bekannt gewesen ist. Schon damals haben die Schäfer des Kalkplateaus der Causses ihren Quark mit verschimmeltem Brot gemischt und dem Käse auf diese Weise Schimmelpilze zugeführt, deren Wucherung ihm in der Folge den beissenden Geschmack erteilte; die Ware wanderte dann nach dem Dorfe Roquefort und in die feuchten kühlen Felsenhöhlen des Cambalougebirges, auf der Nordseite der Hochebene von Larzac, in welchen der Käse reifte. Im mittleren Frankreich giebt es eigenartige Hochebenen von Jurakalk, Karstgegenden mit Dollinen, Höhlen und unterirdischen Gewässern, die sogenannten *Plateaux des Causses*. Kalkplateaus ohne Wald, ohne Wasser und ohne Menschen, nur reich an wohlriechenden Kräutern, die ein vortreffliches Schaffutter sind. Die Milch der hier weidenden Schaf- und Ziegenherden wird nun von den *Causenards* im Frühjahr auf die obenangegebene Art gewürzt und

Halte auf der Jagd: der Jagdherr kommt endlich an, das Sammelsignal ist lange gegeben worden, sie haben sich ganz zerblasen. Alle tragen kurze, grüne, teilweise ausgezackte Röcke, Gugeln, die teilweise heruntergeschlagen, teilweise noch mit Mütze und Hut bedeckt sind; an der Seite das Jagdhorn und an den Füssen Schnabelschuhe. Über den Rasen ist ein Tuch gebreitet, darauf wird geschmaust; der Edelmann mit der Mütze hält eine hölzerne Feldflasche nach Art der ungarischen Csutoren auf dem Schosse. Nach einer Miniatur in der Handschrift des *Modus du déduit royal* aus dem 14. Jahrhundert. Pariser Nationalbibliothek.

zu Labkäse verarbeitet und derselbe auf die Märkte zu Rodez, Saint-Georges, Millau und namentlich nach Saint-Affrique gebracht, wo ihn die Unternehmer kaufen. Sie versehen Stück für Stück mit einem Zeichen, einem Kreuze, einem Buchstaben, einem Triangel oder sonst etwas und schaffen die Ware nach dem Dorfe Roquefort, wo sie gemeinschaftlich eine lange Reihe von Felsenkellern besitzen. In Roquefort werden die Käse gewogen, gezählt und ins gemeinschaftliche Empfangsbuch eingetragen; darüber erhält der Eigner ein Duplikat. Sobald sie übernommen sind, werden sie sortiert und in den Keller gebracht und im Sommer versandt. Eine ähnliche, auf Vertrauen gegründete Einrichtung findet sich auch in Greyerz, wo die Viehbesitzer ihre Milch an einen sogenannten *Fruitier* liefern, als welcher für die ganze Gesellschaft Käse macht und verkauft und dann jedem einzelnen je nach der Quantität der beigetragenen Milch die ihm zukommende Quote des Erlöses auszahlt. Der Roquefort gehört ohne Frage zu den feinsten und pikantesten, ich möchte sagen: geistreichsten Käsen des Welthandels, und da er so alt und so berühmt ist, hätte ihn unser Fischart nicht auslassen und nun vollends einem französischen Könige nicht vorenthalten sollen. Er hat es aber wahrscheinlich auch gar nicht gethan, sintemal er *Nemauserkäs* mitaufführt. Das ist Käse von *Nîmes,* der Hauptstadt des Departements Gard, das wie das Departement Aveyron im Gebiete der *Causses* liegt, ebenfalls Schafzucht treibt und ebenfalls *Roquefort* erzeugt.

Wir wollen hier abbrechen und dem Fischartschen Riesen auch nicht weiter zusehen, wie er *die vermoderten, verkoderten, verfallenen Käsezinnen etwan mit Schaufeln auf das Brot streicht und die lebendigen Käse und Lindwürm zwischen seinen Zähnen fürchterlich zermalmt, dass es lautet, als wenn eine Herde Bauern mit ihren Stiefeln auf die Erde stampften oder vierzig Älplerinnen Stroh in den Lehm träten, dass ihnen das Leimenwasser zur Quinternen hinaufspritzet.* Der Käse ist das Haupterzeugnis der sogenannten Alpenwirtschaft, die nicht bloss in der Schweiz, sondern auch im Algäu, im südlichen Bayern und Schwaben, in der Franche-Comté, in der Auvergne, auf dem Mont d'Or und dem Cantal betrieben wird. Was die Eichen- und Buchenwälder für den Schinken, sind die Hochgebirgsweiden für den Käse; es ist nicht zufällig, wenn die besten Käse immer von den Bergen kommen und nach Bergen heissen, auch der Harz und das Riesengebirge hat guten Käse, letzteres den sogenannten Koppenkäse, weil es daselbst Wiesen und Weiden giebt. Neben den Gebirgen kommen noch die fruchtbaren Marschländer mit ihrem üppigen Graswuchs in Betracht, der Holländische, der Emder, der Holsteinische Käse ist das Produkt der Marschen. Der Weidegang ist nicht zu ersetzen, die Milch des Weideviehs besser und käsereicher als die der im Stall gefütterten Tiere und dies wohl der Hauptgrund, warum die deutsche Käserei, zumal die norddeutsche im allgemeinen keinen Ruf hat, obgleich eigentlich die Bedingungen ebensowenig fehlen wie anderswo. Man wundert sich im Ausland, auf den Speisekarten: schweizer, holländische, französische, englische, italienische Käse zu finden, aber niemals einen deutschen. *Agriculturae non student,* sagte Caesar in der obenangezogenen Stelle von den Germanen. Er würde vielleicht heute bemerken: *Caseo non student.*

c. Getränke.

Wein, Bier und Met — kein Branntwein — andere gegorene Getränke: der Kumys und der Kefir — der Zucker, die Entdeckung des Alkohols, das Brennen oder Destillieren — der Spiritus oder der Weingeist, die Darstellung von Likören — die Weinkarte des Mittelalters: der Malvasier und der Kipperwein — kein Champagner — besonders beliebt waren die Gewürzweine: Alantwein, Angelikawein, Ingwerwein, der Claret — der Hippokras — die alten Biere und ihre individuellen Namen: Eimbecker Bier, der Rastrum, der Breihahn, die Mumme, der Scheps, Alte Klauss, die Gose — ein Horn Met in Gamla-Upsala, am Fusse der drei grossen Königshügel — der Nachttrunk, den man vor Schlafengehen einzunehmen pflegte, Würzwein oder Warmbier — Parzival liegt bereits nackt ausgezogen in seinem Bette auf der Gralsburg, da bringen ihm noch vier Mädchen Wein, Moratum und Lautertrank — Falstaffs Lieblingsgetränk: Eierkanariensekt.

Kleine Quantitäten von Käse befördern bekanntlich die Verdauung, reizen den Appetit und vermehren den Durst. Man pflegt deshalb den Käse am Schlusse der Mahlzeit herumzureichen. Manche Menschen können gar nicht anders satt werden, als wenn sie zuguterletzt ihren deutschen Käse darauf setzen. Sie thun es, um den Magen zu schliessen, wie es heisst; oder wie die Franzosen sagen: *pour essuyer la bouche*, indem der Käse alles Fett mit hinwegnimmt, die Geschmacksreste tilgt und den Sinn namentlich für den Wein erneuert. Den Weingeschmack selbst neutralisiert der Käse, daher er bei Weinproben zwischen den einzelnen Marken gegessen zu werden pflegt. Im Orient pflegt man etwas Pilaw nachzuessen, um mit den Reiskörnern alle etwa gebliebenen Lücken des Magens auszufüllen; in Schweden die Mahlzeit mit der Suppe zu beschliessen, um das Essen ordentlich hinunterzuspülen. Der Gebrauch des Käses hat einen idealeren Zweck: er verjüngt gleichsam die Zunge und bereitet sie für geistigere Genüsse vor, er hat etwas Geschmackrestituierendes.

Da wir also nun auch noch den Käse absolviert, reinen Mund, dazu Durst bekommen haben, so kann das Trinken losgehen. Was giebt es zu trinken? Ich meine, was giebt es an geistigen Getränken? — Denn von Milch und Wasser, sowie etwaigen warmen Aufgüssen sehen wir hier ab.

Wein, Bier und Met. Die geistigen Getränke entstehen bekanntlich durch die Gärung, welche den Zucker in Alkohol verwandelt, genauer: den Zucker in Alkohol und Kohlensäure spaltet. Beim Wein ist es der Traubenzucker des Mostes, der unter dem Einfluss von Hefe in Alkohol und Kohlensäure zerfällt, welche gasförmig entweicht; beim Bier wird der süsse Malzaufguss, die Würze, in alkoholische Gärung versetzt; beim Met der in Wasser gelöste Honig. Man weiss nicht mehr recht genau, was der indische *Soma,* der eine begeisternde und heilende Wirkung auf Menschen und Götter übte und mit dem sich in den Hymnen des Weda der Gott Indra berauscht und zum Kampfe stärkt, eigentlich für ein Saft gewesen ist — ein gegorener jedenfalls. Die Wein- oder Biergärung, das Verschwinden des süssen Geschmacks, das brausende Entweichen der Kohlensäure, die Bildung des Weingeistes und die Trübung der Flüssigkeit durch die sogenannte Hefe, die bald schaumartig in die Höhe steigt, bald als Satz auf den Boden

Verkehr in einem niederländischen Kräutergewölbe des 16. Jahrhunderts: der Kaufmann sitzt am Schreibpult und empfängt die Order eines feinen Kunden; die Kaufmannsfrau hat dem Burschen am Ladentisch für sechs Pfennige Sirup abgewogen und ihm noch etwas zu sagen; der Ladenjunge stösst Pfeffer. Die Honoratioren tragen Krausen, wie sie jetzt noch die Geistlichen in Leipzig um den Hals haben, und Pelzmützen. Nach einer Zeichnung des Hans Vredeman de Vries.

des Gefässes sinkt, die *Fermentation* ist den Menschen seit alter Zeit bekannt und für die Vorgänge in ihrem eignen Innern typisch — *tausend Rudimente kindlicher Auffassungen,* sagt Julius Lippert in seiner Kulturgeschichte (II, 447) ebenso schön wie treffend und mit prophetischem Geist, *haben sich bis in unsere Zeit erhalten, welche einst die wahre Neuzeit der Menschheit, unsern Stolz belächelnd, für das gärende Mittelalter der Kulturgeschichte halten wird.*

Wein, Bier und Met. Auch der Milchzucker ist gärungsfähig, wenn auch nicht direkt, sondern erst, wenn er in Fruchtzucker übergeht; er zerfällt dann ebenfalls in Alkohol und Kohlensäure. Auch die Milch kann man daher in ein berauschendes Getränk verwandeln;

die Kuhmilch in Kefir, die Stutenmilch in Kumys. Es ist bekannt, welche Rolle der letztere bei den Nomadenvölkern des südöstlichen und südlichen Russlands spielt: die frischmolkene Milch wird in einen durchräucherten Schlauch aus dem Balg der hintern Extremität eines Pferdes, der in jedem Zelte rechts vom Eingange hängt, gegossen, mit altem Kumys, welcher als Ferment dient, versetzt und vermittelst eines Kolbens, der beständig im Schlauche steckt, gerührt und gestossen, bis sie schäumt; es ist Sitte, dass jeder Gast beim Eintreten in das Filzzelt, gleichsam zum Willkommen, nach dem Kolben greift und ihn ein paarmal auf- und niederbewegt. Sobald die weinige Gärung anfängt, ist das Getränk fertig, worauf es von jung und alt genossen, auch auf Flaschen gefüllt und in die Städte zu Markte gebracht, auf Reisen mitgenommen wird. Es ist milchweiss, schmeckt angenehm säuerlich, mit einem Nachgeschmack nach süssen Mandeln, prickelt auf der Zunge und hat den spezifischen Geruch des Pferdes. Der Kumys wird nur im Sommer bereitet, sobald die Stuten gefohlt und Milch abgesondert haben; die Nomaden, die im Winter schlecht zu essen und sehr herabzukommen pflegen, werden durch dieses Regime zusehends wieder dick und rosig, daher auch viel schwindsüchtige Russen in die Steppen zu den Kirgisen und den Baschkiren gehn und die Kumyskur gebrauchen. Der Kefir ist ähnlich; ihn trinken die Tataren, die den nördlichen Abhang des Kaukasus bewohnen. Dagegen besteht der Kwas, dieses in dem russischen Haushalt unentbehrliche Lieblings- und Nationalgetränk, gleich dem Biere aus einem sauren, noch gärenden Aufguss auf Roggenmehl, Buchweizenmehl und Malz.

Der Koch, eine Kasserolle in der einen, den Kochlöffel in der andern Hand, schwitzend; links wird am Spiess gebraten und gekocht. Auf dem Boden ein geschlachtetes Schaf. Er hat ein Handtuch wie einen Shawl um den Hals geschlagen und ein Schurzfell um die Lenden befestigt, die weisse Schürze. Nach einem Holzschnitt in Jost Ammans (J A) *Ständen und Handwerkern* (1568).

Wein, Bier und Met; kein Branntwein. Alkohol kann durch die Gärung aus allen Stoffen, die Zucker enthalten, beziehentlich aus allen Stoffen, die das in Zucker übergehende Stärkemehl enthalten, gewonnen werden. Also auch aus Getreide und Kartoffeln, zum Beispiel aus der in Wasser eingemaischten, in Malz verwandelten Gerste. Es kommt nur auf Zuckerwasser, auf etwas Süsses an, so kann etwas Berauschendes draus werden. Aber der auf diese Weise dargestellte Alkohol ist niemals rein, niemals absolut, sondern mit Wasser gemischt, in dem gegorenen Getränk, wie in Wein und Bier, mehr oder weniger verdünnt enthalten. Die edelsten südländischen Weine enthalten (wenn ihnen nicht Alkohol zugesetzt wird, was freilich geschieht) nie mehr als 14 Prozent, die stärksten deutschen Biere nur etwa 6 Prozent Alkohol. Die Menschen, die Wein oder Bier oder Kumys tranken, kannten also den Alkohol noch gar nicht, sondern nur alkoholische, alkoholhaltige Flüssigkeiten, natürlich auch noch nicht einmal die als solche. Sie kannten den Alkohol so wenig wie den Zucker, der in der Milch und im Rebensaft aufgelöst war und dem Zuckerrohr seine Süssigkeit verlieh, aber noch keineswegs in weissen Stücken in der Zuckerdose lag — der Genuss von Süssigkeiten und der Gebrauch, gewisse Nahrungsmittel zu versüssen, ist weit älter als die Kenntnis des Zuckers. Im Altertum vertrat der Honig seine Stelle, daher man auch den Zucker nachmals als *Rohrhonig* und als *Melis (Melasse)* betrachtete; noch heute ist der Honig vielfach der Zucker der Griechen und der kleinen Leute, die sich wohl in Leipzig Bienen halten, um die Ausgabe für Zucker zu ersparen.

Bei dem Alkohol zu bleiben: dem seltnen Wesen auf die Spur kamen die Menschen erst, als sie destillieren lernten. Das heisst: als es einem Naturforscher gelang, den flüchtigen Alkohol durch Einwirkung der Wärme vom Wasser zu trennen, dem Wasser den Geist zu entziehen. Man versuchte das zuerst im südlichen Europa bei dem bekanntesten alkoholischen Getränk, dem Wein, und zwar scheint das Verdienst den arabischen Ärzten zuzukommen, die nicht einmal Wein tranken. Die heutigen Mohammedaner trinken bekanntlich auch keinen Wein, aber Champagner und Liköre. Kurz die arabischen Ärzte, die seit dem 10. Jahrhundert in Spanien, zumal in dem reichen, glänzenden Cordova, der wichtigsten Stadt der ganzen Halbinsel, Naturwissenschaften lehrten und dem christlichen Europa ein Licht aufsteckten, erfanden den Branntwein. Der Chirurg Abulkâssim, im 11. Jahrhundert eine solche Leuchte, eine Zierde der Universität Cordova, spricht in seinen medizinischen Schriften mit ziemlicher Bestimmtheit von destilliertem Weine († 1107). Arnoldus Villanovanus, ein französischer Arzt, der im 13. Jahrhundert nach Spanien ging, um die gelehrten Araber zu hören, scheint von ihnen in die Geheimnisse der

Tafel in einer vornehmen italienischen Trattoria: die Herrschaft hat abgetafelt und trinkt den Cyperwein: Hausierer bieten Melonen, Radieschen, eingelegte Oliven (die der Mann links in dem Fässchen auf seinem Rücken hat) und andere Früchte zum Nachtisch an. Auf der Bank vorn werden sie zärtlich; der eifersüchtige Nachbar ballt die Faust. Rechts im Vordergrunde ein Kredenztisch; die Knochen hat man auf die Erde geworfen, wo sie die Hunde benagen. Die Stube gleicht einem alten *Oecos Asarotos*. Erleuchtet wird sie durch Pechfeuer in Hängelampen. Die Herren und die Frauen tragen goldne Ketten, alle Männer, selbst die Hausierer, Degen. Auf den Tischen bemerkt man zweizinkige Gabeln. Faksimile eines Holzschnittes in dem Kochbuche des Cristoforo da Messisburgo: *Banchetti, Composizioni di Vivande* (Ferrara, 1549, in-4°).

Retorte und des gläsernen Kolbens eingeweiht worden zu sein, er und sein Schüler Raimundus Lullus waren die ersten Destillateure in Europa, sie machten das Verfahren im Abendland bekannt. Von ihnen stammt auch die Bezeichnung: *Aqua Vitae, Eau de Vie,* Wasser des Lebens, Aquavit, denn sie waren sehr entzückt von ihrer Kunst. Gott selbst hatte sie den Menschen offenbart, um sie zu beglücken und das goldne Zeitalter auf die Erde zurückzuführen. *Die Menschheit ist alt geworden,* versichert Arnoldus Villanovanus, *darum gab ihr Gott das Vinum adustum, damit sie sich wieder verjünge. Der Branntwein wird die Quelle eines neuen Lebens sein!* — Von einer destillierenden, erst in Dampf verwandelten, dann wieder abgekühlten und nun langsam abtropfenden Flüssigkeit sagt man, weil die kupferne Blase (in welcher der Alkohol in Dämpfe verwandelt wird) heiss und über dem Feuer steht: sie werde gebrannt. Brennen, das heisst: erhitzen ist so viel wie destillieren. Der destillierte Wein heisst daher: *gebrannter Wein, Vinum adustum* oder *Branntwein.* Die Engländer sagen noch kürzer: *Brandy.* Den Alkohol selbst dagegen betrachteten unsere Alchimisten, weil er bei der Destillation, durch das Feuer gezwungen, aus dem Wasser aufstieg wie ein Geist, eben als einen Geist — als *Weingeist, Spiritus Vini, Esprit de Vin, Sprit* — dieser Begriff ist nachgerade zur allgemeinen Bezeichnung für jede Art Fusel und Alkohol geworden. Gewöhnlich nennt man das Destillat *Branntwein,* wenn es getrunken wird und 30—50 Volumprozent Alkohol enthält; *Spiritus,* wenn es zu andern Zwecken dient und an 90 Volumprozent Alkohol enthält. Auch der beste Spiritus ist bekanntlich noch immer etwas mit Wasser verdünnt, ganz wasserfreier Alkohol, sogenannter *Alcohol absolutus,* selten.

Erst seit der Mitte des 16. Jahrhunderts begegnet man derjenigen Bezeichnug des neuentdeckten Stoffes, die man zuallererst hätte erwarten sollen: dem Worte Alkohol. Es ist arabisch, *Al* der arabische Artikel, *Kohol (Kochl)* der Name des Spiessglanzpulvers, mit dem sich die Orientalen Augenbrauen und Augenwimpern malen, einer Art schwarzen Puders, der oft aus Kohle von Kork, verbrannten Dattelkernen und Haselnüssen hergestellt wird. Unser Alkohol ist freilich kein Pulver, sondern eine Flüssigkeit; man hilft sich damit: dass das *Kochl* überhaupt einen feinen Auszug, das Subtilste, die Quintessenz eines jeden Dinges bedeutet habe. Wirklich brauchten die arabischen Ärzte das Wort gar nicht im Sinne von Weingeist; diesen Sinn bekam es erst im 18. Jahrhundert, und zwar im Zusammenhange mit den Entdeckungen der sogenannten antiphlogistischen Chemie, die den Vorgang der Verbrennung als eine Verbindung mit Sauerstoff erklärte. Weil der Alkohol brannte wie Kohle, sollte er gleichsam eine feine Kohle sein. Besonders Boerhave hat dazu beigetragen, diese

Nomenklatur populär zu machen, welche die Laute selbst an die Hand zu geben schienen.

Aus unserer Darstellung geht hervor, dass, wie die alten Römer noch keine Schnäpse tranken, so auch im frühen Mittelalter noch an keinen Cognak, keinen Ratafia zu denken war, Genussmittel, welche das moderne Leben von dem der Altvordern, gleich dem Thee und dem Kaffee, nicht unwesentlich unterscheiden. Sie hatten noch keinen Branntwein, geschweige denn was man jetzt alles, weil der Wein zuerst destilliert ward, Branntwein zu nennen pflegt, wie den Nordhäuser und den Kartoffelbranntwein. Und auch nachdem der richtige, aus Wein destillierte Branntwein bekannt geworden war, diente er nicht gleich als Getränk, sondern wie der Zukker als Arznei; der Alkohol und der Zucker haben sich, wie so viele Genussmittel des täglichen Lebens, erst durch die *Materia Medica* Bahn gebrochen. Man nahm das Lebenswasser gegen den Aussatz und die Pest, wie den Essig als Schutzmittel gegen ansteckende Krankheiten; man gab ihn den Soldaten vor der Schlacht als Kordial, wie die Türken das Opium gebrauchten. Noch heute bildet ja der Spiritus die Grundlage der meisten Tinkturen und Lebenselixire. Erst gegen Ende des 15. Jahrhunderts wurde das Branntweintrinken allgemeiner, indem man zugleich den teuren Stoff aus andern, uneigentlichen Weinen, zunächst aus Obstweinen, darzustellen anfing. So bereitete man längs des Nordabhangs der Alpen und im Jura aus gegorenem Kirschsaft das Kirschwasser, in Dalmatien aus einer besonderen Art saurer Kirschen den Maraschino, in den südslawischen Ländern aus Pflaumen oder Zwetschen den Sliwowitz, in der Schweiz und in Süddeutschland aus dem gärungsfähigen Zucker der Enzianwurzel den bekannten Enzeler oder Enzig und in West-

Parzival als Gast des Königs Amfortas in der Gralsburg: die Prinzessin Repanse de Schoie bringt den heiligen Gral und setzt ihn vor den König auf den Tisch. Nach Wolfram von Eschenbach *Parzival*, fünftes Buch, Vers 371. Auf der Tafel, vor Parzival, ein anderer Kelch und zwei Weinkannen. Abbildung einer Miniatur aus der *Histoire du Saint-Graal*, Handschrift in der Pariser Nationalbibliothek (13. Jahrhundert).

indien aus Zuckerrohrwein den Rum. Der alte Wein der Deutschen war das Bier; natürlich, dass man nun auch Bier destillierte, dem Bier den Spiritus entzog und, um mich so auszudrücken: *Branntbier* fabrizierte. Ein solches *Branntbier* ist der englische Whisky, in Irland und in den schottischen Hochlanden aus Gerstenmalz erzeugt und im Keltischen genau dasselbe wie *Aqua Vitae* oder *Lebenswasser* (voller: *Usquebaugh).* Die Cerealien, die das in Zucker übergängige Stärkemehl enthalten, stehen den zuckerhaltigen Rohstoffen an Wert fast gleich; wenn man aus ihnen mit Hilfe der Gärung starke Getränke, Biere bereiten kann, so lässt sich auch Alkohol gewinnen. Aber das Charakteristische ist, dass bei den stärkehaltigen Rohstoffen die Mittelstufe gewöhnlich übersprungen, das heisst nicht erst ein Bier gebraut und dieses dann destilliert, sondern der Alkohol möglichst direkt erzeugt ward. Seit dem 16. Jahrhundert muss in Deutschland Getreide auf Spiritus verarbeitet und der *Kornbranntwein* in Apotheken, Badestuben und Wirtshäusern geschenkt worden sein; er herrschte nun bis zum Ende des 18. Jahrhunderts, wo der Kartoffelbranntwein und mit ihm (1770) das Wort *Schnaps* für ein kleines, auf einen Schluck, *schnapps* getrunkenes Gläschen Branntwein aufkam. Die Kartoffel ist heutzutage das Hauptmaterial für die Branntweingewinnung. Im Orient vertritt den Kornbranntwein der Reisbranntwein, der Arrak, der aus Reismalz gewonnen wird und in Ostindien ein Surrogat für den destillierten Palmwein oder Toddy abgiebt. In Russland bildete der Branntwein, die *Wodka,* das Wässerchen, bereits im 16. Jahrhundert das vornehmste Getränk für hoch und niedrig; die hier überall servierte *Rümka Wodki* ist ein feinerer Kornbranntwein.

In Holland heisst der Kornbranntwein bekanntlich *Genever* und in England: *Gin.* Weil er über Wacholder oder Kaddig (französisch *Genièvre)* rektifiziert wird. Die aromatischen, ätherisches Öl enthaltenden Wacholderbeeren gehören zu den alten Küchengewürzen, über die man den Alkohol abzuziehen pflegte, wie der Kümmel, der Fenchel, der Koriander, der Anis, die Pfefferminze welche sind und einen *Kümmel,* den *Allasch* und die *Anisette* bedingen. Auch mit allerhand Fruchtsäften und ätherischen Ölen wurde er vermischt und schliesslich mit dem Zucker versüsst, aus dem er hervorgegangen war. Dann nannte man ihn Liquor, oder wie man jetzt lieber sagt: Likör und servierte ihn auch bei Tafel. Danziger Goldwasser scheint *im Lachs* schon Ende des 16. Jahrhunderts hergestellt worden zu sein, wenigstens stammt die obengenannte Fabrik aus dieser Zeit; der Krambambuli, ebenfalls ein Danziger, ist in dem bekannten Liede im Jahre 1747 besungen worden. Amsterdam, Schiedam und Danzig sind alte Schnapsbuden. Allen voran thaten es wiederum die Klöster: die Produkte der grossen Kartause bei Grenoble und der Benediktinerbrennerei von Fécamp, die am 12. Januar 1892 niederbrannte, sind wie der Stein der Weisen und das wahre Lebenswasser, das die Alchimisten im Alkohol zu finden geglaubt hatten.

Am beliebtesten waren von jeher bittere Zusätze, welche die

Hofämter Kaiser Maximilians I., seinem *Triumphwagen* nachreitend: der Erzschenk (mit dem Becher), der Truchsess (mit dem Suppenlöffel), der Hofbader (mit Barbierbecken, Bartzangen und einem Rasiermesser) und der Hofschneider (mit der Schere); alle vier, gleich ihren Pferden bekränzt, im Faltenrock, Hut, Barett oder blossen Kopf. Nach Blättern von Hieronymus Resch, Hans Burgkmair und Albrecht Dürer in dem Prachtwerke Kaiser Maximilians (1512).

Verdauung beförderten, wie Wermut, Pomeranzen, Chinarinde und dergleichen, namentlich vor der Mahlzeit. Bekanntlich trinken die Franzosen vor dem Essen den Absinth, die Italiener ebenso gern einen *Vermut con China* bei dem *Liquorista*. Aber diese Bitterstoffe werden auch schon mit blossen Weinen ausgezogen, der Wermut mit weissem Wein, die Pomeranzen mit gutem Rotwein, die Chinarinde mit Jeres, so dass der *Vermut di Torino*, der sogenannte *Bischof* und der *Chinawein* entstehen. Und diese Methode, den Wein zu würzen und zu schönen, muss im Mittelalter gar beliebt, vielleicht auch, weil man den

Wein noch nicht recht zu behandeln wusste: notwendig gewesen sein, sintemal Gewürzweine fast öfter genannt werden als Weine und etwa eine Rolle spielten wie in Ostpreussen die *Bowlen* oder die *Kaltschalen* in Mecklenburg.

In dieser Welt hab ich mein Lüst
Allein mit Kalter Schalen gebüsst.
Hilf mir, Herr, in den Freudensaal
Und gieb mir die ewige Kalte Schal! —

betet der fromme Herzog Magnus, der Sohn Heinrichs des Feisten in der Kirche zu Doberan († 1503). Wir trinken heutzutage nicht mehr Kalte Schale, sondern Glühwein, französisch: *Vin chaud* oder *Punch au Vin* und versetzen ihn mit Gewürznelken und Zimmet. Die Engländer, die das Getränk, angeblich nach dem Erfinder, einem englischen Colonel: *Negus* nennen, brauchen auch noch Muskatnuss und Muskatblüte, die sie so sehr lieben (beide seit dem 12. Jahrhundert im nördlichen Europa bekannt). Eine Mischung von Gewürznelken, Ingwer, Zimmet und Muskatnuss war das beliebteste Ingrediens des mittelalterlichen Gewürzweins oder *Lautertrankes;* ausserdem bereitete man noch (mit Galantwurz oder Helenakraut, dem sogenannten *grossen Heinriche)* Alantwein, (mit Engelwurz oder Brustwurzel, einem noch heute gebräuchlichen, namentlich in dem sächsischen Dorfe Bockau, dem Hauptorte des erzgebirgischen Medizinkräuterbaues, erzeugten Hausmittel) Angelikawein, (mit dem in den Handelsbeziehungen zwischen Europa und dem Osten eine hervorragende Rolle spielenden, auch vielfach in Zucker eingemachten Ingwer, ohne andern Zusatz) Ingwerwein und was dergleichen mehr. Statt mit Zucker versüsste man die Mischung mit Honig, so dass der Lautertrank dem *Mulsum* der Römer und dem *Οἰνόμελι* der alten Griechen ähnlich geschmeckt hat. *Lautertrank,* mittelhochdeutsch: *Lûtertranc,* entspricht dem mittellateinischen *Claretum,* mittelhochdeutsch: *Klarêt,* beides sind Wechselbegriffe, der eine auf das Läutern, der andere auf das Klären des Weines gehend, an sich nichts von Gewürz besagend. Das Wort *Klaret* lebt noch in England, hier nennt man den (roten) Bordeaux: *Claret,* den Rheinwein (nach Hochheim): *Hock.* Unnötig, sich wegen dieser Bezeichnung zu bemühen und auf den Namen der Stadt *Clairac* oder auf die *Clairette-*Traube zu raten. Der Rotwein hat in England den Namen des Tranks behalten, der früher aus ihm bereitet ward, in einer Zeit, wo er längst nicht mehr angemacht, sondern unvermischt getrunken und aus dem *Decanter* eingeschenkt wird. In Frankreich braucht man noch den

Ausdruck *Clairet* im Sinne des Mittelalters, es ist: *une Infusion de plantes odorantes dans du vin miellé et sucré.*

Häufig wird der Lautertrank zusammen mit Hippokras erwähnt. Das war der Hippokrateswein, das *Vinum Hippocraticum,* ein berühmtes Lebenselixir, ebenfalls ein Gewürzwein. Das Rezept, das Maître Talayrant, König Karls VII. Küchenmeister, im 15. Jahrhundert hatte, war folgendes:

3 Quentchen Ceylonzimt (12 g)
1 Quentchen Ingwer (4 g)
$^1/_2$ Quentchen Gewürznägelein (2 g)
$^1/_2$ Quentchen Musskatnuss (2 g) — stossen und in den Hippokrates-Ärmel, ein leinenes Säckchen, thun. Den Hippokrates-Ärmel 10 Stunden

Mythologische Schmelzmalereien an einem sechsseitigen Salzfass, den Herkules darstellend, wie er dem Flussgott Achelous die Deïanira abringt (links) und den Centauren Nessus, der die Deïanira auf seinem Rücken über den Fluss Evenus setzt und sie vergewaltigen will, durch einen Pfeilschuss tötet (rechts). Beide Liebhaber sind (wie man an den gespaltenen Klauen sieht) als Stiercentauren gedacht, was nur bei dem Achelous zutrifft, der als Wassergott die Fähigkeit hatte, sich in verschiedene Gestalten zu verwandeln, und von den Alten als Stier mit menschlichem Gesicht und langem, feuchtem Barte abgebildet wurde. Limusiner Maleremail: den Grund bildet eine Lage schwarzen Emails, darauf ist weisses aufgetragen, in welches Umrisse und Schatten graviert sind. Ausgeführt im 16. Jahrhundert zu Limoges von Pierre Raymond für Franz I. Das Salzfass erhielt in der Renaissancezeit häufig eine reiche künstlerische Ausbildung.

lang in einen Topf hängen, in dem eine Mass (1 Liter) Weisswein über 6 Unzen (200 g) Zucker oder Honig steht. Hierauf den Wein noch mehrmals den durch Sack laufen lassen und filtrieren.

Ein anderes, deutsches Rezept zum Hippokras lautete, mitunter wird auch noch Moschus und Ambra hinzugefügt:

Zehn Borsdorfer Äpfel schälen und in dünne Scheiben schneiden. Mit einem halben Pfund Zucker, 4 Gewürznelken und 15 weissen Pfefferkörnern, einer Zitronenschale, einem Lot (10 g) ganzen Zimmet in einen Steintopf legen und 6 Lot (60 g) geschälte und gestossene süsse Mandeln dazu geben. Zwei

Flaschen Weisswein darübergiessen, den Topf zudecken und vierundzwanzig Stunden ziehen lassen. Hierauf den Wein durch den Hippokratischen Ärmel giessen und filtrieren.

Lautertrank, einfachen Wein und noch einen dritten Likör, der aus Maulbeersaft hergestellt und *Moratum,* mittelhochdeutsch: *Môraz* genannt ward, pflegte man zu Nacht als Schlummerpunsch zu trinken. Wie jung Parzival in der Gralsburg zu Bette gegangen ist und sich nach Sitte der Zeit nackt ausgezogen hat, kommen vier Fräulein nachzusehen, ob alles in Ordnung sei und ob er gut liege — er fährt schnell unter die Bettdecke — aber sie sagen, er solle noch ein Weilchen aufbleiben und sich mit ihnen unterhalten. Sie weiden ihre Augen an dem schönen frischen Knaben, um dessen roten Mund der erste Flaum hervorsprosst; und nun, sagt Wolfram von Eschenbach, hört, was jede von ihnen getragen brachte.

Môraz, wîn unt lûtertranc
truogen drî ûf henden blanc:
diu fierde juncfrouwe wîs
truog obez der art von pardîs
ûf einer twehelen blanc gevar —

die vierte kluge *(weise)* Jungfrau trug Obst *(Obs),* der Art vom Paradiese, auf einer weissen Serviette *(Handzwehle, Handquehle,* unverschoben: *Twehele; blanc gevar* soviel wie weissfarbig). Diese kniet vor ihm hin, er bittet sie Platz zu nehmen, aber sie sprach:

lât mich bî witzen.

Er bedankt sich also nur schön und vergisst das Schönthun und das Süssholzraspeln nicht, trinkt und isst etwas. Dann beurlauben sie sich und gehen wieder mit Verlaub, *con permesso,* wie die Italiener sagen: *Parzivâl sich leite nider.* Als er eingeschlafen war, setzten die vier Pagen, die den Fräuleins geleuchtet hatten, die Kerzen auf den Teppich und entfernten sich auch (Wolfram von Eschenbach, *Parzival,* fünftes Buch, 590—630).

Wein, Bier und Met. Es lässt sich denken, dass die eben besprochenen Schmierereien hauptsächlich dazu dienten, die einheimischen Weine, die noch recht schlecht sein mochten, zu verbessern und den natürlichen Geschmack durch Zuthat von Honig und Gewürzen zu verdecken. Die Naturweine werden kaum trinkbar gewesen sein. Unsere deutschen Weine stehen ja den südlichen Gewächsen heute noch an Süssigkeit und Feuer nach, sie sind meist trocken, immerhin durch eine tausendjährige Kultur und die sorgsamste Behandlung dermassen veredelt worden, dass am Ende sogar der Grüneberger ohne besondere Vorbereitung zu geniessen ist. In der Vorzeit aber, wo das Produkt noch neu war und Karl der Grosse (100) erst italienische und burgundische Reben an den Rhein verpflanzte, wurde der Wein nicht nur nicht immer richtig gepflegt, sondern auch die Erzeugung in Gegenden versucht, die ein halbwegs erträgliches Gewächs kaum liefern konnten. Weit nach Norden, bis in die preussischen Marken und an die Ufer der Weichsel, bis nach Polen und Litauen hinein verbreitete sich unter den Karolingern und den Hohenstaufen die Kultur des Weinstocks — der Grüneberger Weinbau besteht seit der Mitte des 12. Jahrhunderts. Im Winter von 1437 erfror der gesamte Weichselwein, um nicht wieder aufzustehn. Der Dreissigjährige Krieg hat dem Branntweintrinken starken Vorschub geleistet, aber den

Hölzerne Nussknacker aus dem 16. Jahrhundert. Wie alle menschlichen Werkzeuge, so ist auch der Nussknacker aus der Nachbildung eines menschlichen Organes: des Gebisses hervorgegangen. Das Vorbild des Hammers war die Faust, die erste Mühle waren die Zähne, die Schleuder ist die schliessende und aufgemachte Hand, die Hohlhand ein Löffel, dessen Stiel der Arm vorstellt. Die Zähne waren auch die ersten Nussknacker des Menschen, und als er sich ein eignes Werkzeug zum Öffnen der Nüsse machte, ahmte er seinen Ober- und Unterkiefer nach. Er fühlte das auch selbst, und eine Ahnung dieses Verhältnisses leitete ihn, das aus dem Zusammenhang herausgenommene Organ künstlerisch zu ergänzen und zu dem Gebisse den Mund, den Kopf, den Menschen hinzuzuthun. So entstanden jene mockigen, pfostigen Figuren, denen man die Nüsse in den Mund steckt, die wie alle Wirbeltiere den Unterkiefer in senkrechter Richtung gegen den unbeweglichen Oberkiefer bewegen und so die Schale der Nuss zerbrechen, wie man sie jetzt noch hat. Die untere Kinnlade ist ein Hebel oder eine Schraube, die durch Schienen angezogen wird. Alte Sammlung Jubinal.

edlen Wein mit zurückdrängen helfen. Kein Wunder denn, wenn man damals und in solchen Gegenden darauf sann, wie man den Wein künstlich verbessern könnte; wie man ihn den italienischen und griechischen Marken und allenfalls den Moselweinen, die schon den Ausonius, das Kind von Bordeaux, begeisterten, ähnlich machen könnte. Diese liess man ungeschmiert; doch wenn sie trocken, wenn sie *Sekte* waren, schmierte man sie auch. Wir verwenden bekanntlich das Wort *Sekt* in ganz unverständiger Weise für Champagner — dessen Fabrikation steht, wie bereits auf Seite 187 in der Unterschrift vermerkt, in einer notwendigen Beziehung zur Erfindung des Flaschenverschlusses mit Korken, welche in die Zeit von 1670—1715 fällt. Wenn ich nicht irre, ist das Glas, das Rembrandt schwingt, während er seine Frau, die schöne Saskia, auf dem Schosse hat, ein Champagnerglas; da dieses Bild in das Jahr 1636 fällt, so müsste der Schaumwein schon Anfang des 17. Jahrhunderts bekannt gewesen sein, jedenfalls kommt er nicht vor diesem Jahrhundert vor. Wohl aber der Sekt, der mit dem Champagner nichts zu thun hat, obgleich wahrscheinlich auch dieser im Munde Falstaffs (Anfang des 15. Jahrhunderts) ein Anachronismus ist; wenigstens Kanariensekt konnte es damals noch durchaus nicht geben. *Sekt,* eigentlich *Sek,* das heisst *Vin sec,* spanisch: *Vino seco,* englisch: *Sack,* heisst nichts mehr und nichts weniger als: *trockener Wein,* in Italien: *Vino asciutto,* in England: *dry Wine.* Und zwar sind trockene Weine keine Trockenbeerweine, keine Rosinenweine, aus Trauben, die man noch über die Reife und so lange hängen lässt, bis Sonne und Luft den Wassergehalt der Beeren auf die Hälfte reduziert haben — solche Weine sind ausserordentlich süss und edel, aber keineswegs das, was der Weinkenner unter *trocknen Weinen* versteht: Weine, die den Mund trocken lassen, wenn man sie trinkt, wie das die meisten Rheinweine und eher saure, als süsse Weine thun, weil in ihnen der Zuckergehalt vollständig vergoren ist. Und solche trockene Weissweine waren auch die sogenannten Kanariensekte, sie stammten von Reben, die Kaiser Karl V. im 16. Jahrhundert vom Rheine sandte, wie ebenfalls im 16. Jahrhundert ein deutscher Winzer, Namens Peter Simon, ebenfalls vom Rheine die Rebe nach Malaga gebracht hat. Diesen Kanariensekt hatte man eben auch wieder zu versüssen, auch hier suchte man die Natur zu korrigieren — das that der edle Ritter Sir John Falstaff, der seinen *Sack,* das heisst seinen Sekt, und zwar eben angeblich den Kanariensekt, mit Zucker, Zimmet und Muskatnuss würzte und mit gebratenen Äpfeln und Eidotter verrührte. Das war sein Lieblingsgetränk, sein künstlicher Likörwein, um nicht zu sagen: sein Malvasier. Denn dieser gehörte allerdings zu den Naturweinen, den süssen Gewächsen des Südens, die sich trinken liessen und von selbst eine Blume hatten; der Malvasier und der Cyperwein, diese beiden galten für die vollkommenen, unverbesserlichen Weine in Europa.

Beides waren griechische Weine; der Malvasier, ein auserlesener Weisswein, kam von der Stadt Malvasia, damals der wichtigsten Moreas, wurde wenigstens hier gehandelt. An der Ostküste Lakoniens lag die alte Stadt Epidaurus Limera. Diese wurde im Mittelalter von den Einwohnern verlassen, und etwas weiter südlich, auf dem Vorgebirge Minoa eine neue angelegt. Das Kap hing nur durch eine schmale Landzunge, im 18. Jahrhundert nur durch eine steinerne Brücke mit dem Peloponnes zusammen, der etwa einen Pistolenschuss davon ablag, die neue Stadt hatte nur einen Zugang (*μίαν Ἔμβασιν μόνην*) und bekam davon den Namen *Μονεμβασία*, gleichsam: die Einthorige. A. D. 1205 von den Franken erobert, wurde sie: *Malvoisie, Napoli di Malvasia* oder *Malvagia* genannt, mit dem Ton auf dem *i;* englisch: *Malmsey* (nach Analogie von *Jersey* = *Caesarea).* Es ist bekannt, dass George Herzog von Clarence Plantagenet, als er vom Pairshof wegen Hochverrats zum Tode verurteilt worden war und ihm sein Bruder, der König Eduard IV. die Wahl der Todesart gelassen hatte, wünschte: in einem Fasse *Malmsey* ertränkt zu werden und auch wirklich diesen Tod im Tower fand (18. Februar 1478). Das Inselchen hat nur etwa 6 Kilometer im Umkreis, konnte also nicht allen Wein erzeugen, der in der ganzen Welt nach der Stadt Monemvasia genannt ward; aber die Pflanzungen der echten Malvasierrebe reichten bis über den Sund hinüber zum Peloponnes, sie erstreckten sich gut drei Kilometer ins Land hinein, bis zu dem Dorfe *Ἅγιος Παῦλος* und dem Hafenplatz *Ποϱτο-Βοιτοῦλλο;* ausserdem wurde sogenannter Malvasier auch auf der Insel Kandia, auf Lesbos, auf Samos und andern Inseln des Griechischen Archipels erzeugt. Frühe sind dann die Malvasierreben auch nach Italien, namentlich auf Sizilien und die Liparischen Inseln, ja, bis nach Toscana verpflanzt worden, wo zur Zeit des Arztes Francesco Redi (17. Jahrhundert) die *Etrusca Malvagia* wuchs und der Name unter den Weinbergsbesitzern noch immer lebt; sie lassen noch heute die Ableger (*Magliuoli*) der Malvasierrebe stecken und setzen ihren Gästen *una bottiglia di eccellente Malvagia* vor. Ein trefflicher *Malvasier* wächst sogar bei Martigny im Kanton Wallis. Die meisten italienischen Traubensorten stammen ja von den griechischen Inseln, zum Beispiel auch der

Vino Santo, der kein heiliger, sondern: goldgelber, blonder Wein ist (ξανθός). Die Malvasiertraube geht auch geradezu unter dem Namen: *Grechetto.*

Zwei Hauptmittelpunkte sind unter jenen Inseln von jeher Cypern und Kandia gewesen, letzteres lieferte seinerzeit jährlich 200 000 Fässer Malvasier nach Venedig und hat noch jetzt den *Madera di Malvasia,* eine charakteristische, aber um so seltsamere Bezeichnung, als die Insel Madeira, deren feinster Wein selbst wieder *Malvasier* heisst, erst mit Reben aus Kreta bepflanzt worden ist (mit Reben aus Kreta und Cypern, A. D. 1421, von Heinrich dem Seefahrer, Infanten von Portugal). Der Cyperwein ist ebenfalls seit dem Altertum hochberühmt und es bis auf den heutigen Tag geblieben, wo man ihn noch eher antrifft als den Malvasier: ich entsinne mich einst in Athen von der Frau Admiralin Miaulis mit einer Flasche *Kommanderia* (von einer früheren Kommende der Templer auf Cypern) bewirtet worden zu sein und in Florenz bei Verlosungen Flaschen voll *Cipro* figurieren sehen zu haben. Namentlich in der Republik Venedig, der alten Beherrscherin Cyperns, hat sich der Cyperwein lange behauptet; wie der junge Casanova Nanette und Marton besucht, steckt er zwei Flaschen Cyperwein und eine geräucherte Ochsenzunge in seine Taschen, während sie Brot, Parmesankäse und Wasser liefern (*Mémoires, Tome I, Chapitre 5).* In Deutschland sagte man (indem der Wein direkt, ohne Vermittelung der Italiener importiert ward) gewöhnlich: *Kipperwein* —

in den ewigen Frewden (das heisst: im Himmel)
do schenket man Kipperwein,

heisst es in einem Volksliede des 15. Jahrhunderts, wobei *Kipper* kein Adjectivum, sondern der Name der Insel ist (mittelhochdeutsch *kipperwîn* neben *kîprischer wîn, kîpersche drûve,* Traube). Man sagte auch *Kupperwein,* und man hätte auch: *Kupferwein* sagen können, denn das Kupfer ist Cypererz und so gut cyprisch wie die Cyperkatze und das Cyperpulver (der Puder, *Poudre de Chypre, Polvere cipria*).

Vor meinem Vaterhause, der Grossgraber Pfarre, seitwärts vom Blumenberge stand ein alter Apfelbaum, der die sogenannten *Malvasieräpfel,* eine sehr schöne, zu den Streiflingen gehörige Apfelsorte trug. Gesegnet sei er allezeit, von der Wurzel bis zum Gipfel! — Es war recht so ein wundermilder Wirt, wie ihn Uhland besungen hat,

es war der gute Apfelbaum,
bei dem ich eingekehret;
mit süsser Kost und frischem Schaum
hat er mich wohl genähret:

in der That wurde auch oft unter ihm Kaffee getrunken und getafelt. Aber das Beste waren doch seine eignen köstlichen Malvasieräpfel, die sich ziemlich lange hielten. Notabene, wir betonten: *Malvasîr* nach Analogie von *Kavalier*, während sie hier in Leipzig, und zwar mit mehr Recht *Malvásïer* nach Analogie von *Austrasien* betonen. Nun, ich erwähne diese unbedeutende Thatsache nur, um zu zeigen, wie die Erinnerung an den berühmten mittelalterlichen Wein bei den deutschen Obstbaumzüchtern fortlebt; es giebt übrigens auch *Malvasierbirnen* und *Malvasierkirschen*. Zugleich aber weil es doch merkwürdig ist, dass der Name eines griechischen Inselchens, verstümmelt und unkenntlich, aber von der Kultur übermittelt und getragen, noch heute in einem Oberlausitzer Dorfe wiederholt wird.

Geschnitzte Elfenbeinhefte von Messern aus dem 16. Jahrhundert. In der Bethmannschen Villa zu Frankfurt.

Wein, Bier und Met — warum sagen wir nicht lieber: Malvasier, Mumme und Met? — So hätten wir drei *M*. Denn wie der Malvasier der König der mittelalterlichen Weine, so war die Braunschweiger Mumme die Königin der deutschen Biere, ja, das Bier schlechthin, denn ich fürchte sehr, dass der Christian Mumme, der sie A. D. 1487 erfunden haben soll, dazu gekommen sei wie Judas Ischariot, der das Bier selber erfunden haben soll, nämlich als er seinem Meister das Kunststückchen, Wasser in Wein zu verwandeln, nachmachen wollte — und dass er eine so mythische Person darstelle wie der Braumeister Breyhahn (126/7). *Mumme* ist eins von den Worten, die: Getränk überhaupt bezeichnen und zu denen man *Bier* mit Unrecht gestellt hat (129); und zwar ein köstlicher, auf dem Trinklaut *M* beruhender Naturausdruck, der sich in allen Sprachen wiederfindet. Genau entsprechend dem deutschen *Memme*, das Milch und Kinderbrei, und dem italienischen Kinderworte *Mommo*, das Wein und Getränk bedeutet; das Getränk des Orientalen ist Wasser (hebräisch *Mem*, arabisch *Mâ*, *Môje*). Vergleiche mein ‚Stromgebiet der Sprache', Seite 233. Als Fremdwort, die Braunschweiger Mumme bezeichnend, findet sich *Mom* im Niederländischen, *Mum*, *Brunswick Mum* im Englischen. Diese Braunschweiger Mumme war ein dickflüssiges, sirupartiges Bier, zu dessen Gebräude mehr als Hopfen kam — Majoran, Thymian, Kardobenediktenkraut, Wacholderbeeren, Flieder, Pimpinelle, Polei, Tannenrinde, Tannensprossen, Maien, Hagebutten, gebackene Pflaumen und was weiss ich alles. Sie wurde erst trinkbar, wenn sie ein Jahr lang gelegen hatte, beim Anstich war die grösste Vorsicht anzuwenden, zog man sie auf Flaschen, so durfte man diese nicht stöpseln, sondern nur mit Papier zubinden, in das man mit einer Nadel einige Löcher stach, daher auch nicht legen. *Die Mumme scheut sich nicht, sie will sich nicht verstecken,* sagt der Braunschweiger Arzt Franz Ernst Brückmann in einem Gedichte vom Jahre 1723; und doch, mein lieber Herr Doktor, man hat jetzt rechte Mühe, die Mumme in Braunschweig aufzufinden. Man muss schon zum Petrithor hinausfahren und den *Mummenmann* begrüssen, der wie Rembrandt, ein Glas in der Hand, in Stein gehauen als Wahrzeichen der Stadt vor dem Hause des berühmten Erfinders steht; das Skelett eines Fisches darüber soll uns mahnen, dass einst die Mumme als Schiffsmumme über See bis nach Ostindien verführt ward. Jetzt hat man weder Schiffsmumme noch Stadtmumme mehr. Die einst so schwunghaft betriebene Mummenbrauerei ist fast gänzlich durch die nach bayrischer Art gebrauten Biere verdrängt worden.

Die Bereitung des Biers war jahrhundertelang kein selbständiges Gewerbe, jede Haushaltung braute sich ihr Bier selbst, wie dies noch jetzt in manchen Gegenden geschieht, vergleiche die Unterschrift auf Seite 131. Ebenso braute sich jedes Kloster sein Patresbier und seinen Kofent und jede Stadt ihr eigenes städtisches Bier; das heisst: die allein brauberechtigte Bürgerschaft liess es in dem sogenannten bürgerlichen Brauhaus brauen, zum Beispiel die Pilsener Bürgerschaft. Im 14. Jahrhundert bildeten sich dann die Zünfte der Bierbrauer, und zugleich kamen die Bierhäuser und die Bierhandlungen auf, doch behielten die Biere noch immer einen lokalen Charakter, jedes Bier war die Spezialität eines gewissen Platzes, wie die Mumme die der Stadt Braunschweig. Den ersten Rang nahm nach der letzteren das

Danziger Jopenbier ein. Starkes, zu Danzig in der Jopengasse gebrautes Bier: Die *Schope* war ein Gerät der Danziger Bierbrauer, namentlich derer, die für den Export arbeiteten, der sogenannten *Schoppenbrauer,* eine Art Schöpftrog; die Verfertiger von solchen *Schopen* hiessen: *Schopenhauer.* Die Familie Schopenhauer stammt bekanntlich aus Danzig. Der Philosoph hätte sich also über die Benennung: *Schoppenhauer* nicht zu ereifern brauchen. Andere wichtige alte Biere waren:

Eimbecker Bier oder, wie man nach Analogie von *Kupperwein, Venedigreis* wohl sagte: *Eimbeckbier,* aus der Stadt Eimbeck. Das bayrische Bier und speziell das Bockbier gilt für einen Ableger des Eimbecker Bieres, vergleiche *Rätsel der Sprache,* Seite 425 ff. Die Münchener fassen das Bockbier vielmehr so auf, wie die Braunsberger ihr *Störtekerl,* hochdeutsch: Stürze den Kerl; oder die Merseburger ihr *Stürzebarthel;* die Boitzenburger ihr *Bietenkerl,* hochdeutsch: Beiss den Kerl. Man vergleiche den ostpreussichen *Reissnieder* oder den mecklenburgischen *Knickebein.*

Zerbster Bitterbier. *Die Bürger,* schrieb der Rektor Johann Hübner am Ausgang des 17. Jahrhunderts über Zerbst, *brauen ein herrliches und gesundes Bier, welches bis nach Hamburg verführet wird. Wenn im Herbste das Brauen angeht, so wird in den Kirchen eine besondere Lobrede davon gehalten, wobey erstlich die Litaney und zuletzte auch das Tedeum gesungen wird: woraus man schliessen kann, dass den guten Einwohnern gar viel an ihrer Braunahrung gelegen ist.* Man behauptete kühn in erbärmlichen Distichen:

Si Servestani quis culpat pocula Zythi,
Ille nec cerebrum nec caput esse potest.
Renibus et nervis cerebroque hic humor amicus,
Nulla unquam leprae semina foeda jacit.

Gose, Weissbier, welches in langhalsigen Flaschen ohne Kork aufbewahrt wird, Spezialität von Goslar, mit Wasser aus dem Flüsschen Gose gebraut, in Goslar bereits A. D. 1073 zur Zeit Kaiser Heinrichs IV. von den in der Harzburg eingeschlossenen Kaiserlichen bei einem Waffenstillstand getrunken. Seit dem vorigen Jahrhundert auch in Döllnitz und in Leipzig-Eutritzsch hergestellt, wo sie der Sage nach A. D. 1738 durch den *alten Dessauer* eingeführt worden ist. Oft mit der Gose verwechselt wird der obengenannte *Breihahn* (126) und der *Rastrum,* das gemeine dünne Leipziger Stadtbier, das schon Fischart in der Geschichtklitterung erwähnt; Christian Weise klagt in den *Überflüssigen Gedanken der grünenden Jugend* (zuerst Leipzig 1668):

Leipzger Breuhahn schmeckt mir nie,
und der Rastrum ist noch schlimmer.

Er wurde bis zum Jahre 1840 getrunken. *Rastrum* oder *Raster,* im Lateinischen soviel wie Rechen, daher bei Fischart: *leipsisch Rechenrastrum,* war offenbar ein Schülerwort und ein Ausdruck wie *Rachenputzer* oder *Krätzer.* In amtlichen Erlassen kommt er nicht vor. Auch die Stadt Merseburg, deren Bier sonst weit und breit versendet wurde, soll Rastrum gebraut haben. Goethe spricht von dem schweren Merseburger Biere, das ihm nicht bekam; Luther lobt das Merseburger Rastrum.

Breslauer Scheps (Schöps), das früher so berühmte schlesische Exportbier, das den Schlesingern den *Wein von Bacharach und den Kretenser Saft* ersetzte und das ihnen in den Kopf stieg, ohne eine Leiter zu brauchen; wie der Maccaronische Vers besagt:

Scheps caput ad scandit, non scalis indiget altis;
sessitat in Stirnis, mirabilis intus in Hirnis.

Brandenburger Alteklauss. In Kiel: *Witteklauss.*

Lübecker Israel. Marburger Junker. Kühle Blonde.

Bautzener Klotzmilch. Dransfelder Hosenmilch.

Krabbel-an-der-Wand-oder-Mord-und-Totschlag aus Eisleben. Fried-und-Einigkeit aus Kyritz.

Jenaer Klatsch, von Christian Weise in seinen *Überflüssigen Gedanken der grünenden Jugend* mit dem böhmischen *Kuhschwanz,* dem Königslutterer *Duckstein,* dem Gardelegener *Garlei* und anderen edlen Marken zusammengenannt:

Kuhschwanz, Zerbster, Wurzner Bier,
Klatsche, Duchstein, Garley, Gose.

Nachdem nun der Bierrufer, welcher ein solcher Mann ist, der die neuaufgethanen Biere um ihren Wert ausrufen, darbei aber ein halber Blaustrumpf sein muss, sowohl den Klatsch, *das ist Stadtbier, als auch* Dorfteufel, *welches Dorfbier ist, etlichmal vor 4 Pfenning ausgerufen hatte* ... schreibt ein gewisser Melissus in einem akademischen Liebesromane, der: *die galante und liebenswürdige Salinde* betitelt und Frankfurt und Leipzig 1718 und 1744 erschienen ist.

Güstrower Kniesenack, starkes Mecklenburger Bier, nach dänisch *Kneisenakke,* eine Person, die den Kopf oder den Nacken hochträgt *(kneist).* Ähnlich das *Stähl-den-Kerl* aus Hadeln. Ein Bier aus Riddagshausen hiess dagegen: *Schüttelkopf.*

Klapit, Dünnbier aus Helmstädt und Hildesheim. *Klappit det dünne Tüg, dat lopt im Hals herunner,* schreibt ein gewisser Chr. Schultze in einer Monographie über das bierberühmte Gardelegen (Stendal 1668, in-Quart).

Strassburger Schweinepost, sogenannt nach dem Zusatz von Wildem Rosmarin (Schweinepost, Sumpfporst, *Ledum palustre*). Heutzutage als Verfälschung des Bieres betrachtet.

Hallischer Puff. Erfurter Luntsch. Nimweger Moll. Magdeburger Filz, letzteres Bier schon von Fischart erwähnt.

Lumpenbier aus Wernigerode. In Nürnberg war der *Lampel* ein dünnes, schlechtes Bier, auch: *Plampel* oder *Plempel;* in Meissen der *Lampfel* ein Halbbier oder Kofent.

Ratzeburger Rumeldaus.

Kater, erzeugt in Stade, in der Provinz Hannover.

Wein, Bier und Met. Da der Alkohol, dieses künstliche Produkt, durch Gärung aus Zucker erhalten wird und alle alkoholischen Getränke ohne Ausnahme aus zuckerhaltigen Flüssigkeiten hervorgehn: so liegt auf der Hand, dass man zuerst diejenigen Pflanzensäfte wird haben gären lassen, in denen von der Natur Zucker vorgebildet war. Ehe man stärkemehlhaltige Rohmaterialien durch Malz in Zucker verwandelte, um Bier zu brauen und Spiritus zu brennen, nahm man offenbar Flüssigkeiten, die schon von selbst süss schmeckten, an ihnen entdeckte man erst die Gärungsfähigkeit des Zuckers. In diesem Sinne ist der Wein älter als das Bier, der Rum, als Rohrwein, einfacher als der Arrak, sofern dieser aus Reis bereitet wird, der Kumys weit natürlicher als der Kartoffelbranntwein. Die Natur hat noch viele andere süsse Säfte, die weniger bekannt sind, aber alle zu berauschenden Getränken verwendet werden, zum Beispiel das Birkenwasser, das am Harz und im Thüringer Wald, in Kurland, Livland, anderwärts im Frühjahr durch Anbohren des Stammes der Birke gewonnen wird und dessen Genusse die flotten Burschen auf Seite 175 fröhnen, das sie stilvoll aus Birkenmeiern schlürfen; und den Zuckerahorn, den Nationalbaum Kanadas, der von den Hinterwäldlern ebenfalls im Frühjahr angezapft zu werden pflegt. Aber sie hat einen Saft, der gleichsam der Zucker selbst ist, jahrtausendelang der Zucker des Menschen gewesen ist, das ist der Honig. Er kann ebenfalls gären, ebenfalls Alkohol geben und ebenfalls berauschen. Den Honigwein nennen wir Met. Er ist das älteste geistige Getränk der Erde und daher geeignet, diese Übersicht zu beschliesen.

Innungsfahne der Pastetenbäcker von Tonnerre in der Champagne: Altdeutsche Auerhahnpastete.

Man löst Honig in Wasser, kocht auf und schäumt ab; setzt Hopfen, unter Umständen auch Obstsaft, Kardamome, Galgantwurzel, Koriander und Muskatnuss zu und kocht noch einigemale auf. Das

Honigwasser wird dann gefasst, mit Hefe angestellt und nach vollendeter Gärung auf ein zu verspundendes Fass gebracht. In demselben bleibt der Met monatelang liegen, worauf er auf Flaschen gezogen wird.

Guter Met soll bei langem Lagern dem Madeira ähnlich werden. Dem Nektar wird er nicht blos ähnlich, sondern er ist Nektar. Ambrosia und Nektar waren nichts anderes als Honig und Met — die Griechen liessen ihre Götter trinken, was einst die Väter getrunken hatten, denn die Götter waren eben wiederum nichts anderes als die Väter, die in Himmelsferne entrückten Ahnen des Geschlechts. So ist es überall gewesen, und deshalb glaubten auch die alten Deutschen, dass die Einherjer in Walhalla den Met tränken, der aus den Eutern der Ziege Heidrun gemolken werde.

Die Germanen hatten eben auch Met getrunken, längst ehe sie etwas von *Öl* und *Bior* wussten. Der kühne Seefahrer Pytheas, der um 330 vor Christus von Gades bis Thule fuhr und die Küsten des Bernsteinlandes umsegelte, erklärt das *Hydromel* für das gewöhnliche Getränk der nordischen Völkerschaften, wie denn der Met in den Ostseeländern, in England, in Russland und selbst in einigen honigreichen Gegenden Deutschlands noch heute getrunken wird. Ich entsinne mich, den berühmten Stoff zweimal in meinem Leben versucht zu haben. Das erste Mal in Graz, wo in einem Kaffeehause Met geschenkt ward. Das zweite Mal trank ich ihn aus einem Stierhorn in Gamla Upsala, der alten Residenz der schwedischen Könige, jetzt einem Bauerndorfe, am Fusse der drei Königshügel, hochgetürmter Gräber, die erhaben und ernst wie Pyramiden auf das historische Land herabsehn.

Hier stand einst ein prächtiger Tempel Odins und ein heiliger, götterumschwebter, grüner Hain der Asen, dazu das Haus und der Richterstuhl des Hohenpriesters, der zugleich Oberkönig war; unter den drei Hügeln sollen die ersten skandinavischen Könige ruhen: die eisgraue Kirche wird für das älteste Gebäude in Schweden gehalten. In einer Wirtschaft kredenzt das rosenwangige Kind des Nordens den fremden Gästen Met in einem Horn, wie es nur eine reizende Walküre den gefallenen Helden in Walhalla reichen konnte. *Skol,* ihr schlafenden Könige! *Skol,* wackere Walküre! Wie die Norweger sagen: *Min Skaal, Din Skaal, alle vakkre Piger Skaal!* — Wahrhaftig, mich verlangt's bei Deinem schäumenden Met nach Walhall — ich fühle ein Sehnen nach Unsterblichkeit.

Mittelalterliche Jagdszenen.

A. Die Parforcejagd.

a. Hubertus.

Hofmeister, Bischof und Wunderthäter — auf einer Parforcejagd wie Eustachius zum Heiligen geworden — angerufen gegen die Tollwut, Vorläufer Pasteurs — seine Stola, sein Schlüssel, seine Familie.

Hoho, mein lieber Weidmann, kannst Du mir nicht sagen,
Ob Du meine hochlautende Jagdhunde hast sehn oder hören jagen? —

Jo hoho, mein lieber Weidmann,
Tief unten in jenem Thal,
Sie haben den rechten Anfall;
Das sage ich Dir frei,
Es waren der Hunde drei:
Der eine, der war weiss, weiss, weiss,
Der jagte den edlen Hirsch mit allem Fleiss;
Der andre, der war fahl, fahl, fahl,
Der jagte den edlen Hirsch über Berg und Thal;
Der dritte, der war rot, rot, rot,
Der jagte den edlen Hirsch bis auf den Tod.

Lieber Weidmann, Du bist auch so einer, der das Wild mit seinen Hunden zu Tode hetzt. Mich dünkt, Du bist des Königs Hofemeister. Wir haben heute den Karfreitag: gehe in Dich! Krieche zum Kreuz! Zwischen den sechzehn Enden, an der Stirne des Gemarterten erscheint's! —

Wer wüsste es nicht, dass Hubert, der aquitanische Prinz, der Sohn des Herzogs Bertrand und Enkel des Königs von Toulouse, auf einer Parforcejagd zum Heiligen geworden ist. Hofemeister oder Pfalzgraf des Königs Theoderich III., eines Merowingers, hetzte er in der stillen Woche des Jahres 678 im Ardenner Walde. Er ging nicht zu Doornick in die ehrwürdige fünfgetürmte Kathedrale,

Zinkätzung u. Druck von Rud. Loës, Leipzig. Verlag von Heinrich Schmidt & Carl Günther, Leipzig.

Phädra mit ihrem Gefolge auf der Hirschjagd.

Die Gemahlin des Theseus sitzt, einen Jagdspiess in der Hand, von Damen und Jägern begleitet, in einem Einspänner; vor das Sattelpferd, auf dem der Kutscher gewöhnlich reitet, sind noch vier Pferde vorgespannt. Wurfspeere, Jagdhörner, weisse und braune Bracken. Trachten des 15. Jahrhunderts. Nach einer Miniatur in dem Liebesbrief der Phädra (Handschrift von Ovids Briefen. No. 7231 *bis*. Pariser Nationalbibliothek).

Druck von Fischer & Wittig, Leipzig. Verlag von Heinrich Schmidt & Carl Günther, Leipzig.

Fackeltanz des Burgundischen Hofs in Lille (1453).

Erstes Paar: Karl der Kühne, Graf von Charolais, 20 Jahre alt, seine Tante, Frau von Bourbon führend. Zweites Paar: der Bastard von Burgund, seine Schwester Anna, geborene Herzogin von Kleve führend. Diese hat, wie die Herzogin von Burgund, einen Spitzhut auf, von dem ein Schleier herabwallt (*Hennin*). Links, sich zärtlich umfassend, die Eltern Karls des Kühnen: der regierende Herzog von Burgund Philipp der Gütige, der erste Herzog der Christenheit (57 Jahre alt), und seine (dritte) Gemahlin, Isabella von Portugal. Hinter der Herzogin, eine Lilie in der Hand, ihre Ehrendame. Im Hintergrunde, bereit mitzutanzen, der Herzog von Luxemburg und der Graf Hoorne; Herr und Frau von Estampes, vom französischen Hof. Tanzmusik: Schnabelflöte und Handtrommel. Nach einem Gemälde auf Holz aus dem Jahre 1463, Sammlung Castermann, Doornick von Childerich gegründet; er ritt auf die Parforcejagd. Denn freilich wurde bereits im frühen Mittelalter auf germanischem Boden *par force* gejagt — diese Jagdart, die aus dem Oriente stammen soll, aber so alt ist wie der Hund, haben schon die fränkischen Könige gekannt, die vor Karl dem Grossen gewesen sind. Die Jagd war überhaupt das höchste und edelste Vergnügen, das man im Mittelalter kannte, man hatte noch nicht viel andere Lustbarkeiten; sie brachte fast die einzige Abwechselung in das einförmige Leben auf den Burgen. In den ungeheuern Waldwüsten, die einst unser Vaterland bedeckten, hatten die Völker von der Jagd gelebt, das erlegte Wildbret nährte sie, das Fell des Bären kleidete sie, aus den Hörnern des Auerochsen und des Wisent tranken sie; und als sie anfingen Viehzucht und Ackerbau zu treiben, blieb das Weidwerk noch immer die Lieblingsbeschäftigung des Adels und der Fürsten, die sich Bannforsten anlegten und das Recht, darin zu jagen, eifersüchtig wahrten. Bei rohen Völkern ist die Jagd eine Notwendigkeit, sie schafft ihnen Unterhalt; in zivilisierten Staaten gewährt sie den bevorrechteten Ständen Unterhaltung. Zahllose Jagdanekdoten existieren aus der furchtbaren Merowingerzeit, die alle beweisen, wie die Jagd damals das Lebenselement der Grossen im Reiche war, die Childeriche und die Chilperiche wurden gewöhnlich auf der Jagd ermordet — Guntram war ein Schwächling und ein Frömmler, aber seine Frömmigkeit hinderte ihn nicht, drei Herren von seinem Hofe hinrichten zu lassen, weil sie ohne seine Erlaubnis einen Büffel getötet hatten — auf der Jagd hatte er einen bekannten Traum (71) — Theodebert I., vielleicht der beste der Merowinger, soll von einem Baume erschlagen worden sein, den ein verfolgter Wisent mit seinen Hörnern entwurzelt und umgerissen hatte. Die Hetzjagden brachten natürlich eine Menge Unglücksfälle mit sich, wie das noch gegenwärtig die englischen Fuchsjagden thun; die Reiter stürzten oft mitsamt den Pferden, noch ehe dem Hirsche der Fang gegeben wurde. Denn der Hirsch war schon damals das Lieblingswild der Jäger und nicht der König, dafür galt vielmehr der Bär, aber der Stolz der deutschen Wälder; daher auch die fränkischen Könige vom Merowingischen Stamme als Sargdecke eine Hirschhaut erhielten, weil es dem Fürsten zukam, den edlen Hirsch zu töten.

Auch insofern hätte sich also der saubere Patron vergangen, der am 17. April, im Ostermonat des Jahres 678 in die Ardennen auf die Hirschjagd ritt; denn er gehörte nur zum Hofstaat des Königs Theoderich, der freilich schwach und nur eine Puppe in der Hand des allmächtigen Hausmeiers Ebroin, aber vielleicht ebenso eigensinnig war wie Onkel Guntram. Ich will gar nicht davon reden, dass für das

Graf Gaston Phöbus als Professor der Jagdwissenschaft, von dem Sport der Jagd auf wilde Tiere und Raubvögel (*des Déduitz de la Chasse des Bestes sauvaiges et des Oyseaux de Proye*) mit viel Bombast und wenig Grütze handelnd, wie die Franzosen sagen: *Phöbus machend* (*parlant Phébus*). Er hat ein aufmerksames Auditorium von Edelleuten, Besuchknechten und Hunden. Nach einer Miniatur in dem Gedichte *Miroir de Phébus*, das er A. D. 1390 in dem Schlosse zu Orthez, sieben Meilen von Pau, verfasste. Dieses Kind seiner Musse war das einzige, das ihn überlebte; seinen Sohn, den er im Verdacht hatte, ihn vergiften zu wollen, misshandelte er so, dass derselbe den freiwilligen Hungertod vorzog. Handschrift des 15. Jahrhunderts, Pariser Nationalbibliothek.

Rotwild eigentlich Schonzeit gewesen wäre. Erst Karl der Grosse hat eine solche festgesetzt und die Jagd des männlichen Rot- und Damwilds auf die Monate Juli, August und September beschränkt; in den Wintermonaten kamen Bären, Sauen und Wölfe dran. Ja, Herr Hubert hätte noch einen dritten Grund gehabt, zu Hause zu bleiben: weil er jung verheiratet war und eben erst die schöne Komtesse Floribane, die Tochter des Grafen Dagobert von Löwen, heimgeführt hatte. Aber er zog zornmütig hinaus, *tenerae Conjugis immemor,* mit Horridoh und Hussasa die Eichen- und Buchenwälder des Gebirges zu durchsausen. Da trat in seinem arbeitenden Gemüte eine Wendung ein, unerwartet, plötzlich, nur Gott bewusst, wie oft im Leben heiliger und auserlesener Personen.

Es gab ein wildes einsames Thal in den Ardennen, in das niemals die Sonne schien: von zahllosen zusammengestürzten, faulenden Baumriesen erdrückt, von Moos und Farnkraut erstickt, von tosenden Wassern durchwühlt, ein Aufenthalt der Eulen, der Uhus, der Molche, der Kröten und der Schlangen — eine Schlucht so grausig, so wüst, so geisterhaft, dass sie des Menschen Fuss noch nicht betreten hatte und die Sage ging, den Sterblichen, der in der Mitternacht das furchtbare Schreien und Zischen höre, befalle Wahnsinn, wenn er nicht plötzlich sterbe. Bis hierher war der Hirsch bei jener schrecklichen Jagd geflohen, hier stellte sich das erschöpfte Tier vor den nachsetzenden Hunden, hier hielt endlich der Graf Hubert, der grimmige Jäger, atemlos, um ihm den Fang zu geben. Aber wie er vor dem schweissenden Sechzehnender stand, siehe! — da erschien strahlend und blendend ein Kruzifix in dem Geweih des Opfers. Und eine Donnerstimme rief: *Wenn Du Dich nicht besserst, Hugubert, und ein heiliges Leben anfängst, fährst Du zur Hölle!* — Eine Vision wie die des Römers Placidus, des nachmaligen heiligen Eustachius, dessen Kirche ein Hirschgeweih auszeichnet; und ganz im Stil der vielen Jägergeschichten, die im Mittelalter umliefen, wo sich der frevelnde wilde Jäger vor dem Kruzifix nicht scheute, nach der Monstranz zielte, wenn sie in der Kirche emporgehoben wurde, um sich Freikugeln zu verschaffen, die Hostie durchschoss und den Gekreuzigten ins Herz traf. Hubert fürchtete sich; er war ein Heiliger.

Er sass ab, fiel auf seine Knie und betete; und änderte sein Leben. Er verliess das Königreich Neustrien und seinen Herrn Theoderich und wandte sich nach Metz, wo der *Dux et Princeps Francorum* Pippin von Heristal, der Karolinger, residierte (A. D. 680). Seine Tante, die heilige Oda, Witwe seines Onkels Boggis, eines andern Herzogs von Aquitanien, schloss sich ihm an; seine geliebte Floribane war gestorben, er hatte sie nur zwei Jahre besessen. Am Hofe Pippins bekam er bald eine neue Stelle; aber dem Zuge seines Herzens folgend, tief in seinem Innersten verwandelt, begab er sich von Metz nach Maastricht zu dem heiligen Bischof Lambert, der einst von dem Majordomus Ebroin vertrieben, aber von Pippin wiedereingesetzt worden war und dem wir schon einmal in unserem ‚Mittelalter‘ (in der Unterschrift auf Seite 51) begegnet sind. Auf dessen Rat pilgerte er nach Rom und warf sich dem Papst Sergius zu Füssen, der vom Jahre 687 bis zum Jahre 701 den heiligen Stuhl einnahm. Der heilige Vater war eben sehr betrübt: er hatte ein Gesicht gehabt, das ihm anzeigte, wie der Bischof Lambert von Pippins Kreaturen umgebracht ward. Das war nämlich so zugegangen: Pippin von Heristal hatte eine Mätresse namens Alpaïs, die ihm (688) den Karl Martell gebar und um derentwillen er seine rechtmässige Gemahlin Plectrudis verstiess. Wie gewöhnlich machte ihm der Bischof deshalb Vorwürfe, und wie gewöhnlich büsste er seinen Freimut mit dem Tode. Er wurde ermordet. Dodo, der Bruder der Alpaïs, ein Diener Pippins, überfiel den heiligen Lambert mit einer Schar von Bewaffneten in seiner Villa Legia oder Leodium an der Maas, da, wo jetzt die Stadt Lüttich steht, und durchbohrte ihn mit einem Wurfspiess (17. September 708). Nach Lüttich wurde hernach der Maastrichter Bischofssitz verlegt. Die Veranlassung zu der Ungnade, in die der heilige Lambert fiel, wird auch noch anders angegeben; ausserdem kann es auch mit der Vision des Papstes Sergius keine Richtigkeit haben, weil er schon sieben Jahre im Grabe ruhte, als Lambertus fiel, aber wir folgen der Legende, die den heiligen Hubert dichter als sonst einen Mann Gottes umsponnen hat. Nach derselben fühlte sich der Papst

S c h i l d, hinter dem sich der Bogner in freiem Felde versteckt, um sehr scheues Wild, Trappen und wilde Gänse zu beschleichen. Er besteht aus einer Leinwand, die über ein Gerippe geschlagen ist und die Gestalt eines weidenden Tieres nachahmt. Nach einer Miniatur in dem Gedicht des Grafen Gaston Phöbus. Handschrift des 15. Jahrhunderts, Pariser Nationalbibliothek.

Sergius durch höhere Eingebung bewogen, dem edlen Hugubert den erledigten Bischofssitz von Maastricht, beziehentlich von Lüttich anzubieten. Er empfing die Weihen — Sankt Peter selbst war gegenwärtig — er verlieh dem neuen Bischof einen goldnen Schlüssel, der ausser der Kraft zu binden und zu lösen die Eigenschaft besass, dass er die Mondsucht (die Tollwut) heilte; ein Engel schwebte vom Himmel herab und brachte ihm eine Stola. Der Schlüssel und die Stola, das waren die beiden wichtigen Attribute, mit denen der heilige Hubertus in Maastricht einzog, ein Jäger und ein Bischof, ein heiliger Patron der Förster, der Jäger und der Jagdhunde, ein Vorläufer Pasteurs.

Als solcher blieb er das ganze Mittelalter hindurch eine volkstümliche Figur. Auch als Patron von Lüttich und Apostel der Ardennen. An der Stelle, wo der heilige Lambertus den Märtyrertod erlitten hatte, in der Villa an der Maas, baute er eine Kirche, die prachtvolle Lambertikirche; in derselben fand er selbst eine zeitweilige Ruhestätte. Denn wie er im Leben (A. D. 721) von Maastricht nach Lüttich gezogen war, so musste er auch nach seinem Tode, der am 30. Mai 727 und zwar auf einer Amtsreise zu Fura in Brabant, zwischen Brüssel und Löwen, eintrat, seinen Aufenthaltsort zweimal wechseln. Seine Leiche wurde nach Lüttich zurückgeschafft und hier anfänglich in der Kirche zu Sankt Peter im Beisein seines Sohnes Florebert beigesetzt, aber nach sechzehn Jahren (A. D. 743) in Anwesenheit Karlmanns und seiner Edlen feierlich erhoben und in die Lambertikirche übertragen, deren Glockenspiel wir abgebildet haben; endlich im Jahre 825 von dem Lütticher Bischofe Walcandus in die Ardennen, in das Kloster Andagium verbracht. Dasselbe hatte der heilige Beregisus, Beichtvater Pippins von Heristal und seiner Gemahlin Plectrudis und thätiger Gehilfe des heiligen Hubertus bei dessen Missionswerk in jenen Gegenden, am Anfang des 8. Jahrhunderts mitten im Ardenner Walde, in jener schauerlichen Schlucht errichtet, wo dem heiligen Hubertus bei seiner Parforcejagd der Kreuzhirsch erschienen war. Im Jahre 816 war die Abtei, auch *Andaginum*, französisch: *Andain* genannt, reich dotiert und vom Papste Leo III. unter Genehmigung des Kaisers Ludwigs des Frommen den Benediktinern übergeben worden; sie liegt gegenwärtig in der Grafschaft Chiny, in der belgischen Provinz Luxemburg, am Rande des grossen Waldes von Chiny, des wildreichsten in ganz Belgien, und heisst nicht mehr Andain, sondern nach dem grossen Toten, der hier das ewige Heil gewonnen hat: *Saint-Hubert des Ardennes.* Er ritt gleichsam wieder mit Hörnerklang hinaus in seinen Wald, der leidenschaftliche Jäger, und schlief nun unter den grünen Bäumen mit den Hirschen, oftmals im Traume lauschend, wenn wieder geblasen ward. Die Überführung (die lokal auch am 30. September und am 29. April gefeiert wird) geschah am 3. November des Jahres 825, dem Hubertustag, an welchem nicht nur in Saint-Hubert selbst, sondern nachgerade an allen Fürstenhöfen diesseits der Alpen grosse Jagden abgehalten wurden. Mit ihnen schloss gewöhnlich die hohe Jagd. Wer dem Hubertusfeste zum erstenmal beiwohnte, musste ein gewundenes silbernes, einen Liter fassendes Horn austrinken, während zwei Jäger neben ihm standen und Waldhorn bliesen, dass ihm die Ohren gellten.

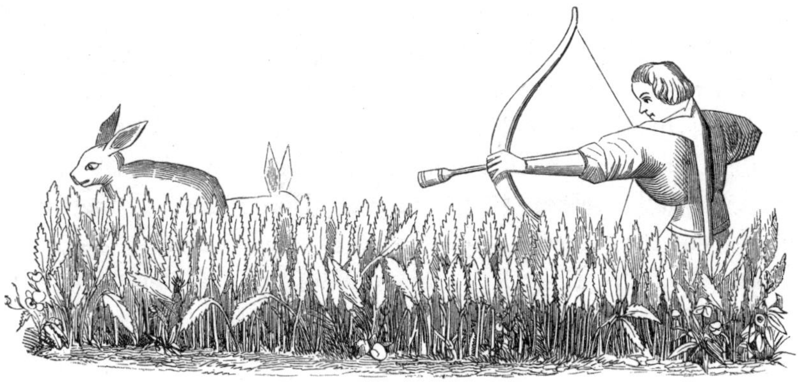

Hasenjagd im 14. Jahrhundert: der Bolzen ist kein Pfeil, sondern ein Kolben, ein Stock mit einem Bleiknopf, der den Hasen erschlägt. Nach einer Miniatur in dem Gedicht des Grafen Gaston Phöbus. Handschrift des 15. Jahrhunderts, Pariser Nationalbibliothek.

In *Saint-Hubert des Ardennes* geschahen auf die Fürbitte des Heiligen grosse Wunder; hier wurden die beiden berühmten Attribute: der goldne Schlüssel und die himmlische Stola aufbewahrt. Wer von einem tollen Hunde gebissen worden war, wer wie jener Mondsüchtige im Evangelium ein schweres Leiden hatte und oft ins Feuer und oft ins Wasser fiel, der ging in die Ardennen zu dem heiligen Hubert, dass er die Unkraft von ihm nähme. Die Wirkung des apostolischen Schlüssels war eine wunderbare, er heilte nicht blos die ausgebrochene Krankheit, er verhütete sie auch, und zwar bei Menschen und bei Hunden; wie ein Fädchen von der heiligen Stola genügte, die Wallfahrer festzumachen. Natürlich, dass die Mönche darauf sannen, die kostbaren Heiltümer zu vervielfältigen, um sie nicht immer selbst nehmen zu müssen. Auch profane alte Schlüssel, ehrwürdige Hausschlüssel und Erbschlüssel, ja, Dinger, die gar nicht mehr wie Schlüssel aussahen, wurden in der Gruftkapelle geweiht und dann wie Schmiedeeisen geglüht und den Jagdhunden aufgebrannt, um sie gegen die Wasserscheu zu feien — wenn sie gebissen worden waren, benutzte man sie wie Glüheisen zur Kauterisation der Bisswunden. Herrn Pasteurs Impfungen sind nichts gegen die Ätzungen, die jahraus jahrein in den Ardennen vorgenommen wurden.

Gewöhnlich heilte Sankt Hubert die Tollwut nicht radikal; meist gewährte er den Kranken nur eine Gestundung. Eine Frist von einigen Jahren, eine Respektzeit wie bei Wechseln, in der That nannte man es: *donner le Répit.* Und so einen Respekt, nur keinen so grossen, sondern bloss einen provisorischen, der die Wutkrankheit so lange suspendierte, bis der Kranke nach Saint-Hubert in den Ardennen kam, konnten auch die Verwandten des heiligen Hubertus bewilligen, deren es heute noch welche giebt. Sie gelten für Ableger, Abschnitte von der heiligen Stola, sie sind *taillés de la Sainte-Étole.* Auch von dem heiligen Januarius in Neapel leben noch Verwandte, Höken und Fischweiber, aber einflussreiche Persönlichkeiten bei dem Wunder, vergleiche das erste Kapitel meiner *Mediterranea.* Der heilige Hubertus hatte, wie schon bemerkt, einen legitimen Sohn: Florebertus, der ebenfalls heilig und ebenfalls Bischof, sein Nachfolger auf dem bischöflichen Stuhle von Lüttich war; er hat einen Samen gehabt wie Vater Abraham, und alle Familien, die von ihm stammen, besitzen gegen die Hundswut Immunität, ja, Macht, den Ausbruch der Krankheit bei anderen aufzuhalten und einige Wochen hinauszuschieben. War also im Lande einer von einem tollen Hunde oder Wolfe gebissen worden und konnte er nicht augenblicklich nach der Hubertusgruft, so wandte er sich an irgend ein Glied der grossen Hubertus-Familie, Männlein oder Fräulein, gleichviel, warf sich vor dem Individuum auf die Knie und bat es um die Gestundung. Dann machte die Person das Zeichen des Kreuzes, das *Signum* oder den *Segen* über den Patienten und sagte: *Gehe hin in Frieden, ich gewähre und erwirke Dir Respekt für 40 Tage, im Namen Gottes des Vaters, der allerseligsten Jungfrau und unseres glorreichen heiligen Hubertus.* Konnte sich der Kranke aus irgend einem Grunde den Respekt nicht selbst holen, so that es dessen nächster Verwandter in seinem Namen.

Diese Frist, wenigstens die kurze, war eine sehr wohlfeile; die Natur gewährt sie selbst. Sowohl beim Hunde wie beim Menschen erfolgt der Ausbruch der Tollwut erst nach Wochen und Monaten, wenn die Bisswunde längst geheilt ist. Aber etwas von der Kunst des berühmten Bischofs besassen alle mittelalterlichen Jäger, soviele ihrer den 3. November als ihren Festtag betrachteten und zur grossen Freundschaft des heiligen Hubertus zählten, wenn sie auch nicht gerade Wutspezialisten waren; aus der Zucht und Pflege der Parforcehunde hatten die Edelleute allerdings ein Spezialstudium gemacht. Und des-

Ein wandelnder Busch, der sich dem Trappen nähert. Der Jäger sitzt mit gespannter Armbrust auf einem Karren; das ganze Gefährt ist über und über mit Baumzweigen bedeckt, um den sehr scheuen Vogel zu berücken. Genau so und in derselben Absicht kommt im Macbeth der Birnamwald auf Dunsinan (fünfter Aufzug, Scene 5 und 6). Faksimile einer Miniatur in der Handschrift des Gaston Phöbus. 15. Jahrhundert. Pariser Nationalbibliothek.

halb wollen wir jetzt einmal zuhören, was uns ein weltlicher Hubertus, der kein Bischof geworden ist, der Graf Gaston Phöbus über den Hundestall erzählt.

b. Die Meute.

Der Hundestall, die Parforcejagd ist eigentlich eine Hundejagd — das Gedicht des Grafen Gaston Phöbus — Tristan als Jägermeister des Königs Marke, bei Gottfried von Strassburg, bei Immermann — Erziehung und Pflege der Parforcehunde — ihre Betten, ihre Mahlzeiten, ihre Spaziergänge, ihre Bedürfnisanstalten — Rassen der Jagdhunde: Bracken, Winde, Schweisshunde, Leithunde — Auffütterung der jungen Hunde, ihre Ammen, ihre Wiegen — Hundeknechte und Hundejungen.

Die Parforcejagd, die man schon aus dem Oriente hergeleitet hat — es ist doch recht wahrscheinlich, dass wir alle bei Nimrod in die Schule gegangen sind und dass die Merowingischen Könige von den alten Ägyptern und Assyrern gelernt haben, wie sie es machen sollten — die Parforcejagd, diese uralte, nicht bloss im Fränkischen, sondern auch im Deutschen Reiche von Anfang an bekannte Jagdmethode wird gern als die spezifisch französische Jagd betrachtet und als solche der deutschen entgegengesetzt, die es vorzüglich auf die Abrichtung des Leithundes abgesehen habe, als ob derselbe bei der Parforcejagd nicht notwendig gewesen sei. Eine wichtige altdeutsche Jagdart soll namentlich die gewesen sein: das Rot- und Schwarzwild mit Netzen und hohen Tüchern einzustellen und dann abzuschiessen. Meinetwegen. In der That sind ja die meisten bei der Parforcejagd vorkommenden Ausdrücke französisch, wie sich eben das Wort *Parforcejagd* für das deutsche *Hetzjagd* oder das noch kürzere *Hatz* oder *Hetze* festgesetzt hat; es ist auch nicht zu leugnen, dass diese natürliche Jagdart an den französischen Höfen eine besondere, ich möchte sagen: klassische Ausbildung erfahren hat. Karl X. erweckte in unserem Jahrhundert den altfranzösischen Jagdglanz wieder, indem er gern und häufig *par force* zu jagen pflegte. Aber es ist spasshaft, dass die Franzosen selbst die Bezeichnung *par force*, in Deutschland erst seit den Jahren 1686 und 1695 nachzuweisen, als Terminus technicus nicht kennen. Zwar sagen sie wohl: *forcer un cerf*, wie sie sagen: *forcer un cheval*, im Sinne von übermüden, übermässig anstrengen; es heisst wohl auch: *prendre à force ouverte, prendre à force de chiens, courir les cerfs à force*, wie in England: *Stag-Hunting at force.* Der edle Hirsch wird gleichsam mit Gewalt genommen und *forciert.* Aber die Parforcejagd selbst nennt man in Frankreich: *Vénerie* oder *Chasse aux chiens courants;* das heisst, man hat hier eine Jagd mit Hunden, die den Hirsch verfolgen und erlaufen *(qui courent le cerf).* Daher heisst die Parforcejagd auch einfach: *Chasse à courre,* Lautjagd — *courre* ist ein alter Infinitiv, mit dem Akzent des lateinischen *currere,* soviel wie *courir*. Diese Ausdrücke sind bezeichnender als unser *Parforcejagd*; und enthalten das Wesentliche.

Das Wesentliche sind die Hunde, die gleichsam die Stelle des Schiessgewehres vertreten; das Wesentliche ist die Meute, mit der eigentlich gejagt wird, die das Wild verfolgt, fängt und stellt, die Jägerei hat nur nachzukommen und dem Tiere den Rest zu geben. Die Parforcehunde sind die wahren Löwen des Tages; diese vortrefflichen Läufer und Schwimmer, die es mit ihrer Schnelligkeit sowohl dem Hirsch als auch den Reitern zuvorthun, gleichen einem lebendigen Netze, das man dem Wilde nachwirft, einer wunderbaren Maschine, die man in Bewegung setzt, einem Sturme, den man loslässt:

Einübung von Jägerschreien und Hornsignalen. Die Jagdhörner, die umgehängt werden, sind teils Ochsen- oder Büffelhörner, teils Elefantenzähne. Nach einer Miniatur in der Handschrift des *Miroir de Phébus*. 15. Jahrhundert. Pariser Nationalbibliothek.

Fanfaren blasen! Jauchzen tönt!
Die Koppel vor Verlangen stöhnt.
Die Jäger sprengen her, in Nacken
Das Horn geworfen! Stöber, Bracken
Und Windspiel' und der Dänenhund,
Es rennt herbei die ganze Meute!
Der König thut den Willen kund:
Forciert die angesprochne Beute!
Es stürzt der Zug in Waldes Nacht —

also beginnt Immermann seine Hirschjagd in dem Bergland von Cornwall, der südwestlichsten Grafschaft Englands, zur Zeit des alten Königs

Marke, in der zweiten Romanze des Romanzenkranzes „Tristan und Isolde“. Sie gilt für eine ausgezeichnete poetische Schilderung einer Parforcejagd, entbehrt jedoch des Adels, streift oft an das Komische, und man thäte besser, das Vorbild Immermanns, die Jagd im „Tristan“ des grossen Gottfried von Strassburg nachzulesen. In dem echten „Tristan und Isolt“, dem herrlichen Epos, das im ersten Jahrzehnt des 13. Jahrhunderts (1207—1210) entstanden ist, finden sich die ältesten Spuren deutscher Jagddichtung. Hier werden zwei Rassen von Jagdhunden genannt: die Bracken und die Winde, die man jetzt langstielig als: *Windhunde* bezeichnet; beides eigentliche Parforcehunde, bestimmte Abarten derselben, zu denen im Laufe der Zeit noch einige andere kamen, während die Leithunde nicht selbst *par force* jagten, so wenig wie die Stöberhunde, sondern dazu dienten, die Spur des Wildes für die Parforcejagd aufzusuchen. Mit ihnen zog der Besuchjäger zur Vorsuche und zum Bestätigen aus, um den Aufenthaltsort des Hirsches zu ermitteln. Die Leithunde waren von starkem Bau, meist rotbraun und gelblich, glatthaarig; hatten einen grossen Kopf, lange Behänge, eine faltige Stirne und ausserordentlich feine Geruchsorgane. Der Leithund galt am meisten, er war der edelste aller Hunde; nur der Jäger konnte Anspruch auf das Prädikat: *hirschgerecht* machen, der den Leithund zu arbeiten und zu führen verstand. Alle Fährten, auf die er gearbeitet war, musste er anfallen und zeichnen und auf denselben so lange nachziehen, bis er davon abgetragen, das heisst, mit beiden Händen um den Leib hinter den Vorderläufen gefasst, aufgehoben und gegen den Wind abgewendet wurde. Sehen wir uns jetzt die eigentlichen Parforcehunde etwas näher an.

Sie waren von mittlerer Grösse, von Farbe weiss und schwarz, doch auch gelbbraun und grau, meist geplattet oder gefleckt; kurzhaarig. Die echten Parforcehunde hatten einen gestreckten Leib, lange Behänge, eine halbgekrümmte, feine Rute und muskulöse, gerade gestellte Läufe. Die Bracken waren schlanker, braun oder gelb, weiss und schwarz gefleckt; die ganz weissen, nur wenig gefleckten Tiere schätzte man am meisten. Die Äbte von Saint-Hubert züchteten ihrem Heiligen zu Ehren eine eigene Rasse, die sogenannten Hubertushunde, schwarze Bracken, die an den Augen und an den Läufen ein Feuermal haben mussten; sie waren lange nicht so feurig und so unternehmend wie die weissen, obgleich passabel an der Hand und naseweis. Der Windhund oder *Wint*, der elegante Formen mit grosser Kraft und Schnelligkeit vereinigte, zur Verfolgung des Wildes in offenem Terrain wie geschaffen, nur schlecht witternd, daher ausschliesslich aufs Auge jagend, hatte meist dicht anliegendes, feines und glattes Haar von rötlichgelber Farbe; gefleckte Winde waren selten. Der Dänische Hund, den Immermann erwähnt, war ein Blendling zwischen Windhund und Bullenbeisser, ein grosses, schönes Tier von edler Form, mit schlanken Läufen, glattem Schwanze und spitzer Schnauze, aber weit kräftiger als der Windhund. Schottische oder Wolfswindhunde braucht man noch heutigentages in Ostpreussen zur Hasenhetze. Alle Parforcehunde waren eigentlich auf eine bestimmte Wildart eingejagt; da aber unter Parforcejagd schlechthin die Jagd auf Hirsche verstanden ward, so zweigten sich von den Parforcehunden ersten Ranges Spezialitäten ab, die einen anderen Lebenszweck und einen dem entsprechenden Namen hatten: die Dachshunde, die Fuchshunde, die Saurüden und die Hühnerhunde. Der Schweisshund, der die Schweissfährte eines angeschossenen Stücks aufsuchte und den Schweiss besser als alle übrigen Hunde aufnahm, war ein ernstes Tier; die gewölbten Augenbrauen, die breitlappigen Ohren, die lange Schnauze, an welcher die Oberlippe über die Unterlippe herabhing, der besorgte Blick, die stark ausgeprägte Mundfalte verliehen ihm ein fast griesgrämiges Ansehen. Er musste in der guten alten Zeit auf den Burgen Polizeidienste versehen und Menschen, Diebe verfolgen, wobei er so klug war, beide Ufer des Baches nach der verlorenen Fährte abzusuchen, wenn der Einbrecher ins Wasser gegangen war, um den Hund zu täuschen. Auch im Kriege wurden Schweisshunde gebraucht, Graf Essex hatte ihrer achthundert bei seinem Heer, als er den irischen Aufstand niederschlagen wollte (1599). Es ist der *Mastiff* der Engländer, der *Mastino reale* der Italiener. Dante vergleicht einmal in seiner Hölle einen Teufel, der einen Verdammten greift, mit einem solchen losgelassenen, zufahrenden, dem Diebe nachsetzenden Schweisshunde:

Deutscher Weidmann, von seinem Vorstehhunde geführt und ins Jagdhorn stossend. Er schultert eine Hakenbüchse, die seit Mitte des 15. Jahrhunderts übliche Handfeuerwaffe. Nach einem Holzschnitte in Jost Ammans *Ständen und Handwerkern* (1568).

mai non fu mastino sciolto
con tanta fretta a seguitar lo furo. Inferno XXI, 44 ff.

Die Gesamtheit der zum Verfolgen des Wildes bestimmten, eigens gearbeiteten Parforcehunde hiess die Meute, ebenfalls eine französische Bezeichnung *(la Meute)*; zu jeder Meute gehörten 50—100 Stück und mehr. Aus 50 Hunden bestand schon die Meute des Aktäon, der auf dem Cithäron *par force* jagte; Ovid hat in den Metamorphosen (III, 206 ff.) ihre Namen gegeben.

Es lässt sich denken, was für Hunde unter diesen Verhältnissen an einem Fürstenhofe zusammenkamen, und dass sie eine Verwaltung und eine Anstalt erforderten wie eine Garnison. Sie machten zu thun wie ein ganzes Regiment, ja fast noch mehr — wenn sie von der Jagd kamen, mussten sie gebadet, gekämmt, gebürstet, frottiert, verbunden werden, denn sie waren oft schlimm zugerichtet — sie lahmten namentlich oft, indem sie infolge der ausserordentlichen Anstrengungen leicht eine sogenannte *Étruffure*, eine atrophische Schwäche in den Beinmuskeln bekamen. O, sie wurden sorgfältig gepflegt; mit Zärtlichkeit befühlte sie der Hundeknecht an den Läufen, an der Seite, in der Herzgegend, er wusch ihnen die Lippen, sah ihnen ins Maul, schüttelte den Kopf, wenn sie nicht die gewöhnliche Munterkeit hatten, und beobachtete ängstlich ihre Nase, deren Kälte und Feuchtigkeit das untrüglichste Kennzeichen der Gesundheit eines Hundes ist. Der Hundeknecht hatte die Oberaufsicht über alles, was die Hunde anging, er war sozusagen der Garnisonälteste; unter ihm standen die Hundejungen, deren eine Meute wenigstens vier benötigte, da ihnen die Verpflegung und der gesamte Garnisondienst oblag. Tag und Nacht mussten sie wachen. Vor allen Dingen aber galt es die Truppen unterzubringen und für Quartier und Proviant zu sorgen, und dazu bedurfte es einer geordneten Kasernierung.

In dem berühmten Gedichte des Grafen Gaston Phöbus, der, ein weltlicher Hubertus, die gesamte Jagdwissenschaft des 14. Jahrhunderts gepachtet hatte, findet sich ein besonderes Kapitel, das dreiundzwanzigste, über den Hundestall *(du Chenil)*. In demselben lässt er sich über die Unterbringung und die Herberge der Hunde bedeutend aus. Wer wird Brot in einem Hundestalle suchen! — Wir brauchen das Wort verächtlich für eine geringe Wohnung. Nichts weniger als das; die armen Leute wären nämlich froh gewesen, wenn sie es gehabt hätten wie die Hunde. Der Hundestall war ein steinernes Gebäude, das in zwei Abteilungen zerfiel: die eine war für die Leithunde, die andere für die Parforcehunde bestimmt. Ausserdem enthielt es die Wohnungen des Personals, des Hundeknechtes und der Hundejungen; ersterer konnte durch sein Fenster die ganze Anstalt wie ein Gefängnis übersehen. Die Ställe mussten geräumig, hell und reinlich sein. Über die Lage ward gestritten, einige behaupteten, sie müssten wie die Weinberge nach der *Summerleiten*, der Sonnenseite, gelegen sein; die Franzosen hielten die Mittagssonne für gefährlich und richteten die Thüren und die Fenster gegen Osten und gegen Norden. Die Hunde schliefen auf Bänken, die mit Stroh bedeckt waren; dieses Stroh wurde täglich gewechselt und das alte auf den Boden geworfen. Um sie gegen die Feuchtigkeit der Wände zu schützen, wenn sie sich

Parforcejagd auf Damhirsche: die Pikeure haben die herbeigeführte Meute unter Blasen der Anjagdfanfare angelegt, und mit dem Zurufe: *Volez!* — beginnt die Hetze. Die Hirsche sind bereits *en Vue*, sie werden sich bald stellen. Nach einer Miniatur in *Le Roy: Modus du Déduit roya*, Handschrift des 14. Jahrhunderts, Pariser Nationalbibliothek.

beim Schlafen daran legten, sollten dieselben mit Brettern (Paneelwerk) bekleidet werden. Übrigens gab es im Hundestall Kamine, um im Winter und nach der Jagd, wenn die Hunde oft ganz durchnässt zurückkamen, zu heizen.

Besondere Vorkehrungen waren getroffen, um die Sauberkeit, namentlich der Betten zu erhalten, denn die Hunde lieben die Reinlichkeit über alles. Vor den Bänken, auf denen sie schliefen, liess Graf Phöbus ein halbes Dutzend Stöcke einschlagen, die mit Mutterharz *(Galbanum)* bestrichen und mit Stroh umwickelt waren, an denen sich die Hunde des Harns entledigten. Ihre Notdurft verrichteten sie auf Pritschen, die auf Rädern standen und beim Reinmachen fortgeschoben wurden. Und solche Vorsorge traf man in einer Zeit, wo noch nicht einmal in den Schlössern ein ordentlicher Abort vorhanden war, die

Herrschaft sich in einen kleinen offenen Erker setzte und die Exkremente durch die steinerne Abtrittsbrille direkt ins Freie, entweder in den fliessenden Burggraben oder den Abhang hinunterfielen; in einem Lande, wo die Abortsanlagen bis auf den heutigen Tag und bis nach Paris hinein so primitiv sind wie nur irgend möglich.*)

Da die nötigen Parforcehunde meist im Stalle nachgezogen wurden, so waren ausser den beiden Hauptabteilungen noch einige kleinere heizbare Räumlichkeiten nötig, die zugleich vorkommendenfalls zu Krankenstuben dienten. Zimmer, in denen die läufischen Hündinnen belegt und die dicken Betzen gewartet werden, Wochenstuben, in denen sie welfen und die Jungen säugen konnten; endlich auch eine Kinderstube für die jungen, von den Müttern abgesetzten Hunde, die wurfweise in eigne Wiegen gelegt und erst mit Kuhmilch, demnächst mit Milch-Kaltschale, endlich mit Brühsuppen und feingehacktem Fleische aufgefüttert wurden. Man liess der Hündin gewöhnlich nur zwei, höchstens drei Junge, um sie nicht zu sehr zu schwächen; die übrigen Welflein bekamen Ammen. Schäferhündinnen, deren immer einige in Bereitschaft zu halten waren. Sie durften jedoch nicht mit den Müttern zusammenliegen; die Weidenkörbe, welche das Gewelfe aufnahmen, hatten eine Scheidewand. Mitunter wurden die jungen Hunde auch im vierten Monate auf Meierhöfe und Abdeckereien in Kost und Pflege gegeben und im Alter von einem Jahre wieder zurückgenommen.

Vor den Ställen befanden sich Zwinger, eingefriedigte, aber freie, sonnige, mit Rasen belegte Räume, in welchen die Hunde herumlaufen durften, damit sie sich nicht verlägen. Phöbus nennt den Zwinger: *le Préau*. Hier wurde gefüttert, hier standen die Fresströge. Die Hunde hielten zwei Mahlzeiten pro Tag; sie bekamen Hafergrützesuppe und Brot mit Fleischbrühe und Fleisch, auch Grieben und Luder. Übrigens führte man sie gelegentlich an Plätze aus, wo sie gute Kräuter und Grünkern äsen konnten, weil dergleichen eröffnend wirkte. Alle Nahrungsmittel, das Mehl und das Korn, wurden auf das genaueste kontrolliert. An Jagdtagen gab man ihnen zu frühstücken, aber nur ein Viertel der gewöhnlichen Ration, um sie nicht zu beschweren; dafür wurde ihnen abends nach der Jagd eine gute Suppe,

*) Am 25. Juli 1183 senkte sich in Erfurt, in dem alten Schlosse, dem Marienstift, bei einer Fürstenzusammenkunft der Boden des Saales, in welchem die Versammlung abgehalten wurde; die Fürsten, Grafen, Ritter und Edelleute brachen durch und stürzten in die darunter liegende Abtrittsgrube. Von den Priestern verunglückte niemand; der Kronprinz (Heinrich VI.) rettete sich durch einen Sprung. Auf dem Lande befanden sich die Abtritte auf dem Hofe, daher der Ausdruck *hofieren*.

zu der das Blut von dem forcierten Tiere kam, die sogenannte *Mouée*, gekocht, und ausserdem setzte es dann noch die zweite oder kalte *Curée* von dem zerwirkten Hirsche, nachdem sie die erste draussen bei der Parforcejagd genossen hatten. Diese *Curée*, mittelhochdeutsch: *Curîe*, der die gesamte Jägerei beiwohnte, wenn die Halalifanfare verkündete, dass dem Hirsche der Fang gegeben sei, einen der feierlichsten Augenblicke des Jägerlebens, werden wir sofort eintreten lassen, wenn wir nur erst noch einen Blick auf die gesamte Jagdequipage geworfen

Feldjäger, Eichhörnchen mit einem Schlaggarne fangend, die Zugleine in der Hand. Die Falle ist mit einem Stellholz auf der Erde angebracht. Nach einer Miniatur in dem *Modus du Déduit royal*, Handschrift des 14. Jahrhunderts, Pariser Nationalbibliothek. Mordfallen für Eichhörnchen werden namentlich in Sibirien, an der Lena gestellt. Diese bestehen aus zwei Brettern und einem Stellholz, an dem ein Stückchen gedörrter Fisch als Lockspeise befestigt ist; berührt sie das Eichhörnchen, so wird es von dem oberen Brett erschlagen.

haben, die sich an dem grossen Tage mit den Hunden hinausbegiebt und deren Hauptkontingent sie eben bilden.

c. Die Equipage.

Übungen, welche die Hunde und die Pferde auf die Anstrengungen der Jagd vorbereiten sollten — die Trainjagd — die Pikeure — der Jägermeister — der ausserordentliche Apparat, der zu einer Parforcejagd in Bewegung gesetzt ward.

Frühe bekamen die jungen Hunde Blut zu lecken; frühe wurden die aufgezogenen an ihren hohen Beruf erinnert. Im Alter von anderthalb Jahren machte man sie koppelbändig, das heisst, man koppelte des Tags zwei und zwei zusammen. Des Nachts liess man sie voneinander. Dann wurden sie an die Leine (die *Harn*) genommen und erst mit den Koppeln, dann ohne Koppeln ausgeführt;

hierauf pflegte man sie einzujagen. Man liess sie entweder allein oder, wenn sie nicht jagen wollten, in Begleitung einiger alter Hunde einen eingestellten Hirsch jagen; derselbe ward vor ihnen abgefangen und zerwirkt, *Curée* gemacht und ihnen Genuss gegeben, damit sie benossen und hitzig würden. Das war sozusagen ihr Doktorschmaus; mit Vollendung des zweiten Jahres brachte man sie unter die Meute, mit der sie nun von selbst jagten. Nun waren sie reif, an den Ehrentagen der Hundeschaft teilzunehmen, bei den Parforcejagden mitzuwirken und unter Blasen der Fanfare nach Abziehen der Decke das Wildbret zu geniessen.

Im August begannen die Vorspiele jener Tage, durch welche die ganze Meute in Atem gesetzt und auf die Anstrengungen der grossen Jagd vorbereitet werden sollte; und bei dieser Gelegenheit lernen wir nachgerade auch einige von den Personen und die Pferde kennen, die eine Jagdequipage ausmachten und ergänzten. Die Pikeure sassen auf und führten die Meute aus, anfangs im Schritt und Trab und nur auf kurze Zeit, dann meilenweit im Galopp. *Piqueurs,* im 17. und 18. Jahrhundert und in grossen Häusern noch heute: *Piqueux* gesprochen, waren berittene Hatzleute, hirschgerechte Jäger, denen die Aufgabe zufiel, den Parforcehunden unmittelbar zu folgen, ihre Manöver zu leiten und sie anzufeuern, ohne sie zu drängen *(de piquer à la queue des chiens, à côté d'eux,* intransitiv). Sie mussten jeden Hund der Meute kennen und nicht bloss wissen, wie er hiess, sondern auch, was er leistete; dazu tüchtige Reiter und gute Hornisten sein. Ihnen vorgesetzt war der Oberpikeur oder der Erzpikeur, der älteste Pikeur, dem die Aufsicht über das untere Jagdpersonal, die Ermittelung des Wildes und die Aufstellung der Relais oblagen, während die gesamte Jagd mit allem, was darum und daran hing, unter den Befehlen des Jägermeisters, mittelhochdeutsch: *Jagemeister, Jegermeister,* stand. Zu einer vollständigen Jagdequipage gehörten drei oder vier Pikeure. Auf den erwähnten Spaziergang der Parforcehunde folgte eine ernstliche Übung: die Trainjagd.

Wir nähern uns der Wahrheit immer mehr. Vier wirkliche alte Hirschläufte, die man eigens zu diesem Zwecke aufgehoben hatte, wurden genommen und in warmem Wasser aufgeweicht; hierauf von einem Jäger zu Pferde, dem sogenannten *Traineur,* an einer Leine auf der Erde fortgeschleppt. Dabei mussten die vier Läufe ganz die Wechsel und Wendungen des lebendigen Hirsches machen. War der Jäger weit genug, dass ihn die Hunde nicht sehen konnten, wurde

Vorrichtung zum Fange von Rebhühnern, Fasanen, Wachteln und Lerchen, sogenanntes *Treibzeug*, aus einem Garnsacke, dem *Hamen*, Netzen, dem *Geleiter*, und einer breiten Garndecke, dem *Himmel*, bestehend. Sind die Hühner in den Hamen gegangen, so zieht der Jäger den Himmel an einer daran befestigten Leine zu. Ähnlich das Steckgarn und der Tirass. Nach einer Miniatur in dem *Livre du Roy Modus*, Handschrift des 14. Jahrhunderts, Pariser Nationalbibliothek.

die Meute auf die Spur gebracht, ihr zugesprochen und sie unter den üblichen Hornsignalen der Schleppe nachgehetzt. Es geschah alles wie bei einer wirklichen Parforcejagd und dauerte so lange, bis der Schlepper seine Hirschläufte wieder an sich nahm. Diese Übung hatte fast etwas Burleskes; viele verwarfen sie, weil die Hunde angeblich nur der Witterung des Pferdehufs nachjagten und sich auf diese Weise gewöhnten, hinter dem Pferde zu jagen.

Auch die Parforcepferde, ebenfalls unentbehrliche Gehilfen, die ebensoviel auszuhalten hatten, wurden vor der Jagdzeit besonders eingeübt. Die mittelalterliche Pferdezucht war nicht weit her — bis zur Zeit Karls des Grossen hatte man in Europa nur Klepper; erst mit dem geschichtlichen Auftreten der Normannen, also seit dem 9. Jahrhundert, scheint ein grösserer Pferdeschlag gezogen worden zu sein, dem die auf Seite 47 des *Mittelalters* abgebildeten Exemplare angehören mögen. Später legte man sich einseitig auf die Dressur der schweren Rassen, der Fuhrmannspferde, der Mähren oder der Streitrosse und der starken Gäule, die einen vom Kopf bis zu den Füssen in Eisen gekleideten Ritter und die eigene gewichtige Rüstung zu tragen imstande waren. Die Jagdpferde nahmen indessen eine Ausnahmestellung ein; sie sollten Ausdauer, aber Leichtigkeit und Schnelligkeit besitzen, nicht zu viel Hitze. Man wählte mittlere, etwas hartmäulige, gestreckte, elastische, schmalbrüstige Pferde; die Hufe mussten besonders gut sein, weil das Eisen abgeworfen werden konnte. Sie bedurften wie die Hunde einer sorgfältigen Pflege, mehr Hafer als andere Pferde, vor Beginn der Jagdzeit auch Bohnen; nach der Frühjahrsjagd liess man sie ins Gras gehn. Jeder Teilnehmer an der Parforcejagd brauchte mehrere Pferde; daher etwa ebensoviel Rosse wie Hunde nötig waren (50—60). Sechzig Pferde erforderten wieder an dreissig Pferdeknechte; an diese schloss sich ein Tross von Sattelknechten, Grooms, Sporern, Sattlern und Stallmeistern; wenn Jagdwagen mitgenommen wurden, auch noch von Kutschern. Und dieser ganze Apparat wurde in Bewegung gesetzt, um einen einzigen Hirsch zu fangen! — Lawinenartig schwoll die Jagdequipage an, der Jägermeister hatte Mühe, alles zu übersehen, und es konnte wohl vorkommen, dass ihn der Jagdherr einmal anfuhr wie König Marke. Seine rechte Hand war der Jagdjunker, eine Art Vizedirektor; Jagdpagen schwirrten zwischen dem Fürsten und seinen Feldherren hin und her, Befehle und Rapporte überbringend.

d. Die Curée.

Auszug des Chors der Jäger: das Aufsprengen des Hirsches — die Hetze, das Stoppen der Jagdhunde — Abfangen des Hirsches — Austeilung der Preise — den Hunden wird ihr Teil auf der Hirschhaut serviert — das Tischtuch — jung Tristan als Etymolog: *Cuirée* oder *Corée?*

Ahnungsgrauend, todesmutig bricht der grosse Morgen an. Hatten Pikeure und Besuchknechte tags zuvor dem Jägermeister die bestätigten Hirsche angemeldet, so wählte die Herrschaft einen aus und bestimmte das Rendez-vous. Nach einer nochmaligen Bestätigung des auserkorenen Opfers zogen die Jäger mit dem Frührot in der roten Parforceuniform, die lange Hetzpeitsche am Hetzriemen, feierlich aus und begaben sich mit der Meute zu dem Sammelplatze, Jägerschreie und Weidsprüche ausstossend und etwa mit geübter Stimme Chorus singend:

Was gleicht wohl auf Erden dem Jägervergnügen?
Wem sprudelt der Becher des Lebens so reich?
Beim Klange der Hörner im Grünen zu liegen,
Den Hirsch zu verfolgen durch Dickicht und Teich —
Ist fürstliche Freude, ist männlich Verlangen . .

als worauf zunächst an die gewöhnlichen Wechsel des Hirsches Relais von Hunden und Pferden gestellt wurden. Die Fährte des Hirsches, der gejagt werden sollte, war verbrochen, das heisst: durch abgebrochene Zweige von Laub- oder Nadelholz, sogenannte Brüche, kenntlich gemacht. Sie zeigten mit dem Bruche dahin, wohin das Wild gezogen war. Auf der verbrochenen Fährte wurden nun einige der besten und sichersten Hunde angelegt, um den Hirsch zu *lancieren*, ihn aus seinem Stande aufzusprengen *(lancer le cerf)*. Die Lancierhunde durften jagen, bis sich der Hirsch blicken liess, dann wurden sie *gestoppt*, durch Knallen mit der Parforcepeitsche aufgehalten. War der Hirsch nicht allein, so wurde das Rudel, mit dem er zusammenstand, *karabiniert* und er davon abgesprengt. Sobald der Hirsch auf der Bildfläche erschien, erscholl der Ruf: *Taïaut!* — *Taïaut*, älter: *Tayoo* war die stehende Losung, mit der man die Hunde zur Hatz aufforderte. Die Fährte ward verbrochen.

Edelmann mit dem Jagdleoparden oder dem Geparden, den er hinter sich aufs Pferd genommen hat, auf die Jagd reitend. Charakteristisch der mächtige Gaul (s. oben). Kupferstich nach einer Zeichnung des Malers Johan van der Straet, genannt: Johannes Stradamus, der A. D. 1605 zu Florenz gestorben ist. 16. Jahrhundert.

Jetzt wurde nach Abnahme der Lancierhunde die Meute herbeigeführt und unter Blasen der Anjagdfanfare von den Pikeuren auf die Fährte angelegt; mit dem Zurufe: *Volez!* — begann die Hetze, die Marterjagd.

Es ist nicht zu leugnen, dass sie für den *Sports-man*, den Wagehals, den kühnen Reiter einen unsagbaren Reiz haben musste; und die Begeisterung der Hunde, dieser geborenen Jäger, dieser mutigen, unverdrossenen Tiere mit Todesverachtung und echtem Jägerblut, die hier offenbar ihrer natürlichen Bestimmung folgten, war auch etwas Wundervolles. Mit Gewalt musste man sie stoppen, wenn bei den Relais der Wechsel vorgenommen wurde, oder um den Schwanz, die hintersten Hunde, nachkommen zu lassen; wie gesagt, bediente man sich dazu der Hetz- oder der Parforcepeitsche, die einen meterlangen Stiel hatte, dass man vom Pferde herab die Hunde erreichen konnte. Die schnellsten Hunde bekamen wohl auch die sogenannte *Krawatte*, ein Leder oder ein Tuch, das ihnen vor den Füssen herabhing, zur Behinderung umgebunden. In ihrem eigenen Interesse dagegen stoppte man die Hunde, wenn der Hirsch, um seine Feinde zu irren, die sogenannten Wiedergänge *(les Retours)* machte, das heisst, auf seiner Fährte ein Stück zurücktrollte und sich dann seitwärts wandte; bei dieser Gelegenheit ward: *Hourvari!* — gerufen, man nannte wohl auch die List selbst: *ein Hourvari* und sagte etwa, der Hirsch habe *ein Hourvari* gemacht *(la bête a fait un Hourvari).* Auch wenn die Hunde *Change* gemacht, ein unrechtes Stück Wild angenommen hatten, wurden sie mit dem *Hourvari* auf die rechte Fährte zurückgebracht: *ce n'est pas là le cerf de meute, hourvari, hourvari! Hahay, derrière!* — *Hourvari* ist ein Wort wie *Charivari.* Hatte die Meute die Fährte gänzlich verloren und that sich der Hirsch in einem Dickicht nieder, so blieb nichts anderes übrig als ihn von neuem aufzusprengen *(de relancer le cerf).*

Das Rotwild ist ausdauernder als das Schwarzwild; manchmal war der Hirsch erst nach sechs, acht Stunden dahin zu bringen, dass er sich abermals blicken liess. Gewöhnlich ermüdet er nach zwei Stunden, ein feister schon nach einer halben Stunde. Hatten ihn die Hunde zum zweitenmal erblickt, so war der Hirsch *en Vue*, das Signal *le Vu!* — ertönte, und jetzt erreichte die Aufregung den höchsten Grad. Sehr bald stellte sich der Hirsch nun vor der Meute. Es wurde der Fürstenruf geblasen, um die ganze Jagdgesellschaft herbeizurufen, hierauf erschollen die Halalis und die Halalifanfaren, und der Jagdherr gab dem Hirsch mit dem Hirschfänger durch einen Stich in die Herzkammer hinter dem linken Blatte den Fang, wobei nach altem Jägerbrauch und bei Strafe des Weidmessers jeder Anwesende den Hirschfänger zwei Finger breit lüften und den rechten Handschuh ausziehen musste. Doch liess sich der edle Hirsch nicht immer so ruhig abfangen: obgleich todmüde, war er gewöhnlich noch stark genug, um Menschen anzunehmen und

Normalstall für die Parforcehunde. Die jungen Hunde werden in dem Zwinger zu zwei und zwei zusammengekoppelt und vom Hundeknecht ausgeführt; im Stall Hundejungen mit Schütten Stroh und Fresströgen. Fenster und Thüren des Hundestalles sind nach Osten und Norden gelegen; die Mittagsseite ist gefährlich. Nach einer Miniatur in dem Gedicht des Grafen Gaston Phöbus. Handschrift des 15. Jahrhunderts, Nationalbibliothek, Paris.

mit den Hunden einen Verzweiflungskampf einzugehen. Ein rasender Hirsch ist ein höchst gefährliches Tier, in den Tiergärten fürchtet man die eingehegten Edelhirsche mehr als Tiger und Löwen; und jetzt brachte ihn die Todesangst wie die Brunft geradezu von Sinnen. Er spiesste und forkelte die Hunde mit seinen sechzehn Enden wie der wütende Stier beim Stiergefecht die Pferde. Deshalb griff der Mensch, nachdem er Himmel und Erde in Bewegung gesetzt hatte, um den edlen Hirsch zu fangen, zuletzt zu einem feigen, elenden, niederträchtigen Auskunftsmittel. Ein Jäger schlich sich hinter ihn, um ihm mit einem scharfen Hirschfänger die Hessen, die starken Sehnen über dem Knie der Hinterläufe durchzuschlagen. Dann erhielt er den Fang. Es war schlimmer als Mord; es war Heimtücke und ein unritterlicher Frevel, Verrat an dem todwunden Gegner, der seinem Schicksal nicht mehr entrinnen konnte und sich noch zuguterletzt ermannte, hoffnungslos, aber ehrlich gegen eine Übermacht wehrte.

Nun war der Hirsch erlegt und es erfolgte die Austeilung der Preise, die von ihm selber genommen wurden. Zuerst wurden die vier Läufe über den Schalen aus dem Gelenke gelöst. Der rechte Vorderlauf, der *Ehrenlauf,* wurde so abgetrennt, dass noch eine Handbreit Haut daranblieb, ein Loch hineingeschnitten, dass ein Hautende durchgesteckt werden konnte, und so dem Jagdherrn überreicht, der ihn an den Griff seines Hirschfängers befestigte. Die übrigen Läufe erhielten die vornehmsten Jagdgäste, jeder trug seinen Lauf als Ehrenzeichen am Griffe seines Messers. Und nun wurde Curée gemacht und den Hunden Genuss gegeben: der Hirsch aufgebrochen und zerwirkt, der Kopf samt dem Geweihe abgelöst, jedem Pikeur sein Jägerrecht erteilt, aber das Gescheide, der Wanst und das Rippenwildbret übriggelassen und für die Meute aufgespart.

Die Haut wurde wieder über den Hirsch geschlagen, der Kopf mit dem Geweih darangelehnt und die Meute (bei Gottfried von Strassburg mit *zâ*, *zâ*, *zâ*) gelockt. Der Oberpikeur hatte den Kopf mit dem Geweih gegen die Meute zu bewegen, besser: sie mit dem Hirschkopfe bis zur gebührenden Zeit zurückzuhalten. Waren die Hunde laut und begierig geworden, fingen sie an zu jauchzen und zu heulen, so wurde die Haut weggerissen, das *Forhu* geblasen und gerufen und die Meute losgelassen. Im Nu verschlang sie das wohlverdiente Wildbret. Dann schmückte jeder Jäger seinen Hut mit einem Bruche, einem Eichen- oder Fichtenzweige, und es erfolgte unter Hörnerklang der Heimzug.

Jung Tristan zog als neubackener Jägermeister heim: er hatte so sauber Curée gemacht, den erbeuteten Edelhirsch kunstgerecht zerlegt*),

---

*) — *enbestet,* wie es im Mittelhochdeutschen hiess. Die Kunst, den Hirsch zu zerlegen

das Geräusch vom Geäse gereinigt, in kleine Stücke zerschnitten und sich dabei nicht ein bisschen beschweisst; deshalb Gnade vor dem alten Herrn, König Marke, gefunden, der (nach Immermann) zu ihm sprach:

Weil Du verbliebst ein Unbeschweisster
In der Curée; sei Jägermeister! —

Isegrim, am Lauf von einer Klappfalle, einem sogenannten *Traquenard* gefasst, der ihm auf den Weg gelegt ist. Auf einem freien Platze, der von einem Staket umgeben und nur an einer Stelle zugänglich ist, liegt ein Luder, eine Rosslende. Der Wolf liebt Aas leidenschaftlich. Der äusserst vorsichtige Geselle geht nicht gerne durch ein offenes Thor in einen Hof, er springt lieber über die Einfriedigung; nachdem er aber, wie man an der langen Spur sieht, die Stelle schon mehrere Nächte ohne Gefahr passiert hat, weil man die Falle niemals gleich den ersten Tag legt: so hat er Vertrauen gewonnen, sich den Sprung erspart und die Pfote hineingesteckt. Ausserdem hat er sich durch eine *Schleppe* von Eingeweiden auf diese Bahn locken lassen. Wahrscheinlich befindet sich auch eine Wolfsgrube auf dem Fangplatz. Nach einer Miniatur in dem Gedicht des Grafen Gaston Phöbus. Handschrift des 15. Jahrhunderts, Pariser Nationalbibliothek.

Er gab (bei Gottfried von Strassburg) als denkender Kopf auch die Etymologie des Wortes an, den Dummhüten erklärend, dass *Curée*

---

und die Haut abzuwirken, nennt der Tristan *den Bastlist* oder *den Bastsite* (die Bastlist, Bastsitte); die nichts weniger als leichte und einfache, der eigentlichen *Curîe* vorausgehende Operation: *den Bast.*

von dem französischen *Cuir*, der Decke oder Haut des Hirsches, komme, massen sie auf der Hirschhaut ausgebreitet werde; *la Curée se donnait dans un Cuir.* Später pflegte man, wie gesagt, die Eingeweide nebst dem geringwertigen zerstückelten Wildbret mit der Hirschhaut zuzudecken und dann, wenn das Hornsignal *(le Forhu)* ertönte und die Hunde kommen sollten, die Decke wegzuziehen — ursprünglich wurde den Hunden allerdings auf der Hirschhaut serviert wie auf einem Tischtuch, daher sie auch in diesem Falle wirklich *das Tischtuch* hiess

Braun am Spiesse steckend, vom Bärenstecher getroffen, der an seinem Wechsel aufgestellt worden ist; stark schweissend. Der an zwei Pfählen festgebundene Schlagbaum ist emporgeschnellt, als der Bär mit der Brante auf den Strick trat und das Stellholz herunterfiel; und hat ihm den starken Jagdspiess durch den Leib getrieben. In Frankreich nennt man die Vorrichtung: *une Dardière.* Nach einer Miniatur in dem Gedicht des Grafen Gaston Phöbus. Handschrift des 15. Jahrhunderts, Pariser Nationalbibliothek.

(la Nappe). Was aber die Tristansche Etymologie betrifft, so lässt sich darüber streiten; eine andere Erklärung des Worts liegt offenbar viel näher. Unter den Fleischspeisen des *Mittelalters* (Seite 188) haben wir das Lammgeschlinge kennen gelernt, das in Italien bis auf den heutigen Tag: *la Coratella* heisst. Natürlich nach dem Herzen oder dem *Cor;* ohne Verkleinerung: *la Corata.* In Frankreich sagt man: *la Corée* oder *la Courée;* das war und ist in vielen Provinzen die gewöhnliche Bezeichnung für die Brusteingeweide des Tieres, namentlich Herz und Lunge. Da nun besagte Eingeweide beim Aufbrechen des erlegten Hirsches nebst dem Wanst und dem Rippenwildbret den Hunden gegeben wurden: so unterliegt es kaum einem Zweifel, dass

die *Curée* ursprünglich die *Corée* oder die *Courée* des Hirsches gewesen und das Wort erst nachträglich des Tischtuchs wegen in eine *Cuirée*, eine Form, die vorkommt; zuletzt in *Curée* verwandelt worden ist. Ich weiss wohl, dass die deutschen Jäger gegenwärtig das *Geräusch* von dem *Gescheide* unterscheiden — unter diesem verstehen sie den Wanst und die Gedärme, unter jenem die edlen Eingeweide, Herz,

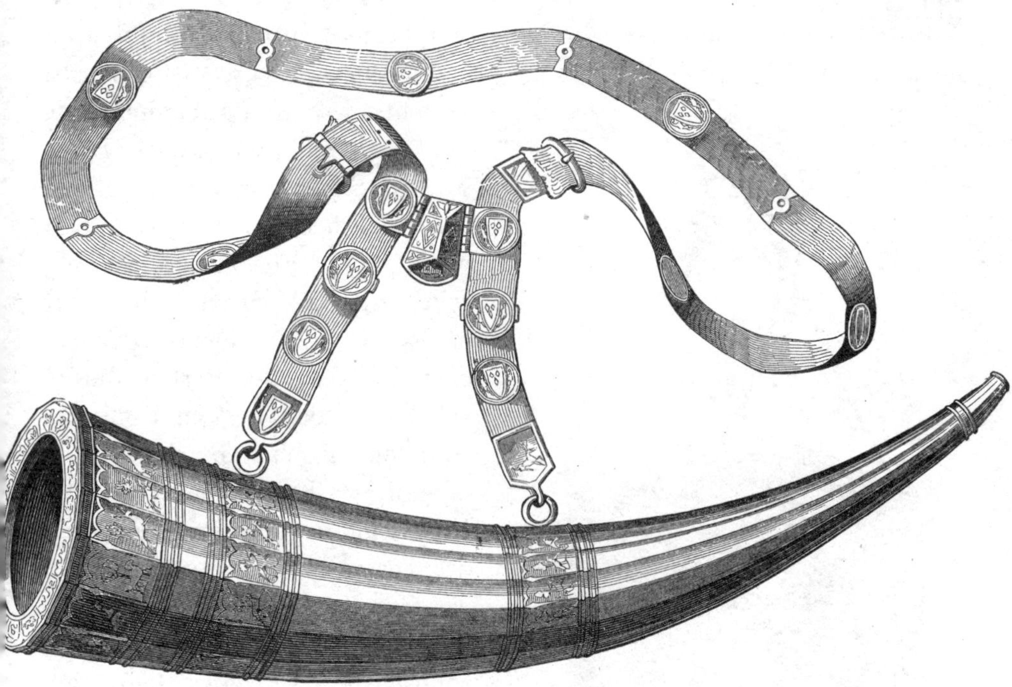

Elfenbeinernes Hifthorn, wie es die Jäger an dem Hiftriemen oder der Hornfessel über der linken Schulter trugen; ganzer Elefantenzahn, ausgehöhlt und über und über mit Schnitzerei bedeckt; altfranzösisch: *Olifant* (*Oliphant*, Nebenform von *Éléphant*). Vorzugsweise hiess so das mächtige Heerhorn Rolands, in das er in der Todesnot beim Überfall von Roncesvals in den Pyrenäen stiess, dessen Schall das Schlachtgetümmel übertönte und bis ans Ohr des fernen Kaisers drang (A. D. 778). Nach einem englischen Original aus dem 14. Jahrhundert.

Lunge, Leber und Milz, was wohl als Jägerrecht dem Erleger und Aufbrecher des Wildes zufällt. Aber von Haus aus fiel alles den Hunden zu, Gescheide wie Geräusch; wie Tristan bei Gottfried von Strassburg die *Curîe* macht, schneidet er das Herz in vier Teile und wirft es nebst der Milz und der Lunge auf die ausgebreitete Hirschhaut. Auf dem Tischtuche lag eine richtige *Coratella:* das geviertelte Herz, der Wanst und das Geschlinge, und nun lockte Tristan die Meute mit seinem *Zazâ.* Dann heisst er die Jäger Brüche abschneiden und die Stücke des Wildbrets so tragen, *alsô der hirz geschaffen sî:* den Kopf und das Geweih voran, dann den Zimmer und die Keulen, den Wedel nicht vergessen. *Deist rehtiu Jegerîe.*

e. Die englischen Fuchsjagden.

Überreste der Parforcejagd in der Gegenwart — das mittelalterliche England — Organisation der Jagdgesellschaften — Jagddruck wie vor Jahrhunderten — die Fuchshunde und ihre Pflege — Verlauf der Fuchsjagd, grausame Tierquälerei — das Fuchsprellen in Kursachsen.

Mit dem Lehnswesen und den Grundrechten des Adels ist auch die Parforcejagd fast überall eingegangen. Wer sich eine Zeitlang auf den ostpreussischen Gütern aufhält, kommt wohl noch in den Fall, eine Hasenhetze mitzumachen; in grossartigem Stil besteht diese uralte Jagdmethode nur noch am preussischen Hofe, wo auf Sauen, und in England, wo auf Füchse *par force* gejagt wird. Die Fuchshetze ist ein sehr beliebter Sport, eine Art englisches Nationalvergnügen, dem zuliebe die Parlamentssitzungen in den heissen Sommermonaten abgehalten werden — überall, wo Engländer leben, eine Fremdenkolonie beisammen und das Terrain halbwegs günstig ist, werden *Fixtures* angezeigt. In der Umgebung von Pau, in der römischen Campagna habe ich Ladies und Gentlemen über Hekken und Gräben setzen und die Meute der Fuchshunde den Fuchs verfolgen sehen. Da nun die englischen Fuchsjagden der krasseste Rest der mittelalterlichen Parforcejagd und zugleich ganz leicht zugänglich sind, indem sich jeder beteiligen kann, der sich am Sammelplatz einstellt: so will ich meine Schilderung mit einem Bilde aus der Gegenwart beschliessen.

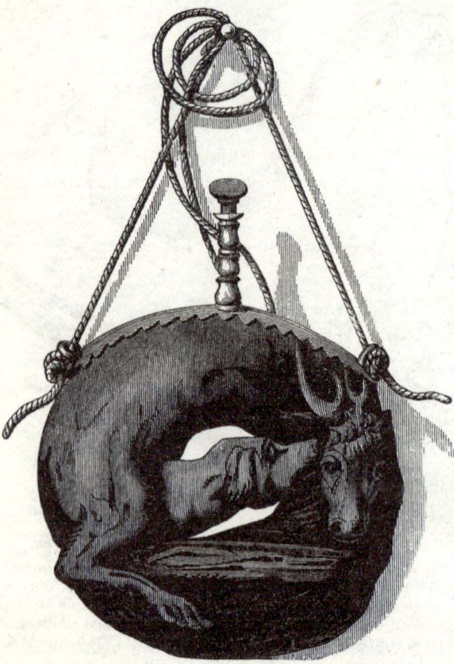

Pulverhorn des 16. Jahrhunderts: ein Stück Edelwild, das sich niedergethan hat und vom Schweisshund verendet gefunden wird. Original in der Waffen- und Altertümersammlung der *Porte de Hal* zu Brüssel.

England hat unter allen Staaten Europas von modernem Geiste am wenigsten; es hängt mit Zähigkeit an mittelalterlichen Institutionen, barbarischen Sitten und veralteten Anschauungen; trotz seiner *Magna Charta* ist das englische Volk unfrei, der Grundbesitz in sehr wenigen Händen, der Adel so reich und mächtig wie vor Jahrhunderten.

2198 Grundeigentümer teilen sich in die Hälfte der gesamten Oberfläche des Vereinigten Königreichs, 348 besitzen den vierten Teil des Nutzlandes, 12 zusammen nicht weniger als 17,970 qkm. In Schottland allein haben 170 Herren zwei Drittel der Gesamtfläche in den Händen. Bei dieser Latifundienwirtschaft bleibt kein Raum für einen selbständigen mittleren Bauernstand. Schroff steht die grosse, ungebildete, nicht gesellschaftsfähige Masse des Volks dem hohen und dem niederen Adel, der *Nobility* und der *Gentry* gegenüber; denn es ist

Einzelne Partien von dem Olifant aus dem 14. Jahrhundert. In den Abteilungen je ein Jagdhund, ein Hirsch, ein Tier, ein Vogel; in den drei mittleren Feldern Kaiser Karl der Grosse zwischen seinem Neffen Roland und dem Erzbischof Turpin. Unten zwei heraldische Phantasieschilde. Nach dem Original in England.

bezeichnend, dass jeder gebildete Engländer wenigstens ein *Gentleman*, das heisst: ein Edelmann sein will. Der Adel jagt also auch heute noch in England, als ob niemals Menschenrechte erklärt worden wären und die Zeit stillegestanden hätte; ja, nichts ist lehrreicher, als zuzusehen, wie noch heute den Wilddieb und den Wildbretsgeschädiger dieselben Strafen treffen wie vor dreihundert Jahren in Sachsen und Württemberg. Oft genug büssen die Farmer durch die Fuchsjagden einen Teil ihrer Wintersaat ein; fortwährend werden ihre Hühnerhöfe durch die Füchse dezimiert. Sie können aufpassen und den Räuber verjagen, aber weiter nichts thun; denn der Fuchs darf wohl von den Hunden gemartert und gehetzt, aber von keinem Menschen angetastet werden. Sollte es einem unglücklichen Bauern einfallen, einen Fuchs zu fangen oder zu schiessen, so ist er für Lebenszeit gebrandmarkt und verfemt, er ist ein Fuchsmörder, ein *Vulpecide,* was dem britischen

Edler Provençale, den (gefesselten) Lieblingsfalken auf der Faust, in der rechten Hand ein Hühnerbein, um es ihm zu geben, wenn er unruhig werden sollte (***Tiratorium;*** *est Tiratorium quodcunque membrum avis, aut alterius animalis, dandum falconi ad mordicandum in eo, ne inquietet se falco propter timorem aut aliam causam.* Aus dem lateinischen Buche, das Kaiser Friedrich II. *de Arte venandi cum avibus* schrieb und das von seinem Sohn, dem König Manfred mit Anmerkungen versehen wurde, *Liber 2, Capitulum 55*). Nach einem Blatte Jean Bonnarts, der ein Werk über die Trachten der verschiedenen Nationen der Welt herausgab.

Ohre kaum minder schrecklich klingt als *Parricide* oder *Fratricide.* Es ist wahr, dass die Farmer von dem *Master of the Fox-hunt,* der an der Spitze jeder Jagdgesellschaft steht, entschädigt werden, aber das nur eine Formalität; im Prinzip steht die Gesellschaft völlig auf dem Boden des Mittelalters.

Die Fuchsjagden beginnen im November, wenn die englische Metropole in dicken Nebel eingehüllt ist; und zwar hauptsächlich in den Grafschaften Mittelenglands, wo der Boden weich, die Luft feucht, der Wind gelind ist und die Felder nur mit Hecken oder mit Staketen, Planken und Latten eingefriedigt sind. In jeder Grafschaft haben sich sogenannte *Fields* oder Jagdgesellschaften organisiert, jede einzelne hat einen Meister, den obengenannten *Master of the Fox-hunt,* einen

Deutscher Kaiser, den Hofleuten Unterricht in der Falknerei erteilend. Er zeigt, wie die Vögel zu fesseln, zu behauben, zu blenden, zu ätzen, zu halten sind; die *Rauschhaube* oder die Kappe, welche die Seher erdeckt, haben zwei von ihnen auf. Der Gugelmann, welcher vor dem König sitzt, erfährt, das er dem Falken gute Worte geben und ihn mit der *Spinnfeder* streicheln müsse; sein Mitschüler greift in die lederne Tasche, die er am Gürtel und in der er Luder für den Falken hat (*habeat praeterea unam Bursam ad cingulum suum, in qua reponet carnes et tiratoria, quae ideo dicitur*: ***Carneria.*** Kaiser Friedrich II. *de Arte venandi cum avibus. Liber 2, Capitulum 47*). Der dritte Schüler weiss sich keinen Rat: sein Vogel kratzt sich und droht den Faden, der ihm durch die untern Augenlider gezogen ist und mit dem dieselben emporgehalten werden, zu zerreissen — er beisst ihn fortwährend — der Mann soll ihm einen Scherben oder ein Stück Holz vorhalten. Nach einer Miniatur in *Le Roy: Modus du Déduit royal.* Handschrift des 14. Jahrhunderts.

Oberjäger *(Huntsman)* und einen Einpeitscher für die Hunde *(the Whipper-in).* Es ist eine grosse Ehre, zum *Master* gewählt zu werden, derselbe fühlt sich als eine öffentliche Person: die Jagdzeitung bringt sein Bild und seine Biographie. Er hat die Mitgliederbeiträge einzukassieren und selbst in liberaler Weise für die Treiber und für die Meute der Fuchshunde zu sorgen, auf deren Zucht dieselben Summen verwendet werden wie auf die der Parforcehunde im Mittelalter. Ihre Ställe sind noch heute schöner als die englischen Bauernhäuser, geräumig, hoch, luftig, warm, bequem, Wände und Fussböden mit Fliessen von glasiertem Thon bekleidet, die Pritschen, auf denen die Hunde schlafen, mit frischem Stroh belegt, die Wasserleitungsröhren mit Quellwasser gespeist, die Küchen mit allem Nötigen versehen, die Höfe wie geputzt, die Gärten schattig, die Beamtenwohnungen komfortabel; die Pfleger und Erzieher der englischen Fuchshunde haben etwa doppelt so viel Gehalt als die englischen Schulmeister. Eine Meute von etwa 60 auserlesenen Hunden kann mit 2000 Pfund Sterling (40 000 Mark) und mehr bezahlt werden. Der Fuchshund, nicht mit dem *Foxterrier* zu verwechseln, gehört zu den Bracken, ist mittelgross, meist dreifarbig, weiss mit gelber und dunkelbrauner Flekkung, welche die Ohrgegend einschliessen soll, mit breiten hängenden Ohren, weiter Brust und schlanken Läufen, die gerade sein müssen wie Pfeile. Der dichtbehaarte Schwanz muss *decently* getragen werden. Er ist unglaublich schnell und ausdauernd; schneller als das Pferd. Man arbeitet ununterbrochen an der Vervollkommnung der Rasse.

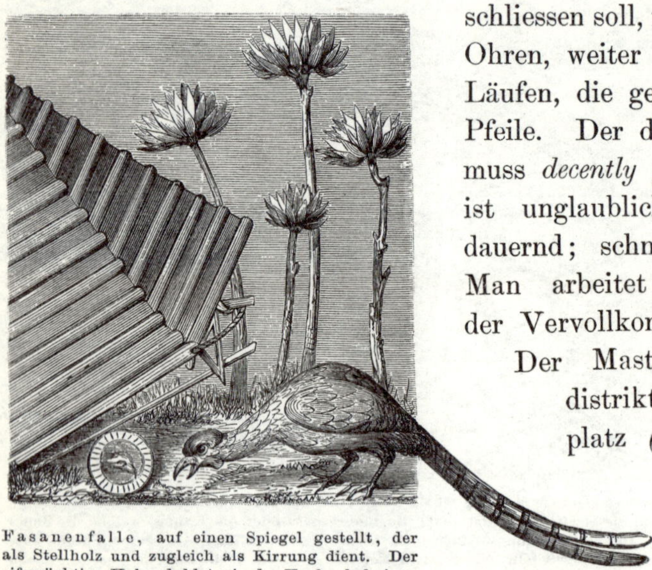

Fasanenfalle, auf einen Spiegel gestellt, der als Stellholz und zugleich als Kirrung dient. Der eifersüchtige Hahn duldet wie der Kuckuck keinen Nebenbuhler, nimmt daher sein Spiegelbild augenblicklich an. Zwei Hähne kämpfen, sowie sie zusammenkommen, mit Erbitterung, bis die Federn fliegen und Blut fliesst; der eine bringt den andern um, wenn er's imstande ist. Mit dem Spiegel fallen die Wände des Käfigs zu, und der Vogel ist gefangen. Spiegelfallen wurden zum Fange wilder Tiere bereits im Altertum angewendet, wie ein Fresko im Grabmal der Nasonen in Rom am Flaminischen Wege zeigt. Nach einer Miniatur in dem *Livre du Roy Modus*. Handschrift des 14. Jahrhunderts.

Der Master hat den Jagddistrikt und den Sammelplatz *(the Meet)* zu bestimmen; meist wird vormittags 11 Uhr mit der wilden Jagd begonnen. Die Herren sind in roten Röcken und weissen Hosen, die Damen in dunkeln, knappanschliessenden Reitkostümen. Auch Unbeteiligte finden sich ein, zu Wagen und zu Pferde, um den Anfang der Jagd, den *Start,* mitanzusehen. Auf ein Zeichen des Meisters geht es los, die Hunde werden abgekoppelt, und dahin saust der Zug durch dick und dünn, über Hecken und Zäune, Gräben und Mauern, die Hunde eifrig stöbernd, Wälder und Dickichte durchsuchend. *The Hounds are coming.*

Die Suche geschieht lautlos; ein guter Hund darf nur sprechen, wenn er etwas zu sagen hat. Jetzt spricht einer — jetzt schlägt einer an, itzt hört man das *Challenge* — hochlautend stimmt die Meute ein. Der Fuchs, dem man wohlweislich die Erde, das heisst alle Eingänge zu seinem Bau verstopft hat, ist gefunden. *Tally-ho!* — schreit der Einpeitscher, der Oberjäger stösst ins Horn — die Reiter sammeln sich — in dichtgeschlossener Meute, durch ununterbrochenen Zuruf angefeuert, bei Namen genannt, setzen die Hunde hinter Reineke her, die Jäger ihnen nach. Die Fuchsjagd dauert gewöhnlich vier bis fünf Stunden, dann ist das arme Opfer eingeholt; ein Treiber dreht dem Erschöpften kaltlächelnd die Lunte ab, die als Jagdtrophäe dem ersten Entdecker oder einer bevorzugten Dame zufällt, dann wird das noch lebende Tier den Hunden hingeworfen, die es im Nu zerreissen und auffressen. Das ist die moderne *Curée,* und das sind dieselben bigotten, zimperlichen Engländer, die sich gegen die Vivisektion ereifern, den Sonntag heiligen, Mässigkeitsvereine gründen, niemals von ihren *Beinen* reden, nicht im *Rücken* frieren dürfen, keinen Stern mit *blossen* Augen entdecken mögen und alle Lesezimmer mit Traktätchen überschwemmen.

Schnepfenfang auf dem Anstand im Sacke: der Jäger ist vom Kopf bis zu den Füssen in einen Mantel von der Farbe dürren Laubes gehüllt, der nur zwei kleine Öffnungen für die Augen hat, und rutscht der Schnepfe vorsichtig auf den Knien näher. Er hat ein paar Hölzchen in der Hand, die mit rotem Tuch überzogen sind und die er leise gegeneinander schlägt, um die Schnepfe zu zerstreuen. Im gegebenen Augenblicke wirft er ihr eine Schlinge um den Hals, die an der Spitze eines Stockes befestigt ist. Nach einer Miniatur in dem *Livre du Roy Modus*. Handschrift des 14. Jahrhunderts.

An Roheit war den englischen Fuchsjagden in Deutschland höchstens das Fuchsprellen, dieses kindische Vergnügen der Landjunker und der Kurfürsten, diese höfische Tierquälerei und Posse zu vergleichen. Ein langes schmales Tuch, das sogenannte Prelltuch oder Prellgarn wurde an dem einen Ende von einem Herrn, am andern von einer Dame angefasst, der Fuchs darüber getrieben und auf der Wippe emporgeschnellt. Es geschah bald im Freien, bald in geschlossenem Raume; und wurde so lange fortgesetzt, bis das Tier den Geist aufgab und sich beim Niederfallen den Schädel zerschmetterte. *Die gnädigsten Herrschaften,* erzählt der kursächsische Oberforst- und Wildmeister Freiherr von Flemming, dessen „vollkommener teutscher Jäger und Fischer" (Leipzig 1719), damals die wichtigste Jagdschrift, die Jagdgebräuche unter August dem Starken ausführlich schildert, in dem widerwärtigen Stile jener Zeit, *die gnädigsten Herrschaften sehen dem*

Prellen mit Vergnügen zu und delektieren sich an den vielfältigen Luftsprüngen und Kapriolen der Füchse und Hasen, und dem Umfallen und Stolpern der Cavaliers und Dames, welche sämtlich in grüner, mit Gold und Silber verschamarierter Kleidung erschienen sind und auf welche wahrscheinlich der Fuchs gelegentlich aufschlug. *Sie schicken mit vielfältigem Prellen die Füchse und Hasen nach mancherley wunderlichen Figuren in die Luft, dass die Herrschaft ihr Vergnügen haben kann. Soll es nun bald zu Ende gehen, so werden junge Sauen herausgelassen, und die machen denn bey den Dames unter den Reifröcken einen solchen Rumor, dass nicht zu beschreiben.*

B. Die Reiherbeize.

a. Falken und Falknerei.

Gedanken über eine systematische Einteilung der Jagd — zwei wichtige Jagdgehilfen, die jetzt nicht mehr gebraucht werden: der Gepard und der Falke — edle und unedle, ausländische und einheimische Falken — die Isländer und die Gierfalken, Kaiser Friedrichs Etymologie — die Schlechtfalken — Erziehung und Abrichtung des Falken, erst spartanisch, dann mit Güte — geachtete Stellung der Falkner, zu deren Zunft Kaiser und Könige gehörten — Falkenwerth, die hohe Schule der Falknerei — das Federspiel.

Wenn wir die vorzüglichsten Jagdarten der Gegenwart überblicken und nach einem Einteilungsgrunde suchen, um uns die Menge derselben in unserem Kopf zu ordnen, so bieten sich ihrer zwei dar. Sie sind beide von den Jagdtieren, das heisst einmal von den jagdbaren, den passiven Jagdtieren; das andere Mal von den zur Jagd abgerichteten, bei der Jagd behilflichen, den aktiven Jagdtieren zu entnehmen. Nach dem einen Prinzip könnten wir die Jagd zum Beispiel in die Hasenjagd, die Hirschjagd, die Fuchsjagd, die Sauhatz, die Hühnerjagd, die Kaninchenjagd einteilen und so weiter. Nach dem andern Prinzip würden wir im allgemeinen die Hundejagd, besonders die Brackenjagd, die Jagd mit Windhunden, mit Saurüden, mit Dachshunden und so fort; daneben die Jagd mit dem Frettchen, den Fang mit dem Kauz unterscheiden und so weiter. Die beiderseitigen Einteilungsglieder sind nicht ohne Beziehung zu einander, decken sogar einander häufig, wie denn die Parforcejagd auf Hirsche zugleich eine Hundejagd, eine *Chasse aux chiens courants,* die Hühnerjagd eine mit Vorstehhunden, die Kaninchenjagd eine mit Frettchen darstellt und so weiter. Einzelne Jagdgehilfen, wie die anstelligen, mannigfaltigen Hunde, die den ersten Rang einnehmen, kommen in der einen Reihe immer wieder vor, sind fast überall zu gebrauchen, während die jagdbare Tierart in ihrer Reihe gewöhnlich nur einmal zählt. Gegen den Hund tritt gegenwärtig jedes andere Tier als Teilnehmer an der Jagd zurück. Für das Mittelalter aber haben wir noch zwei wichtige Jagdgehilfen zu verzeichnen, die es dem Hunde fast gleich, sogar zuvorthaten, daher in noch höherem Sinn Organe, unzertrennliche Begleiter des Jägers, persönliche Diener und Lieblinge des Edelmannes, charakteristische Abzeichen des Ritters waren: die Geparde und die Falken.

Der deutsche Kaiser Leopold I. jagte mit zwei Geparden. Das heisst: mit zwei Jagdleoparden. Der Gepard ist ein Mittelding zwischen Hund und Katze, das in Persien und Ostindien, desgleichen von den Arabern der nördlichen Sahara allgemein, oft in zahlreichen Meuten zur Jagd benutzt wird, namentlich auf Gazellen; aus dem Oriente kam er nach Europa. Er hat einen Bau wie der Windhund und wie alle Tiere, die einer schnellen und anhaltenden Bewegung fähig sind — gestreckter Leib, breite, grossen Lungen Raum gebende Brust, angezogene Weichen; einen Kopf wie eine Katze. Dabei ist dieses Raubtier zwar sehr listig und schlau, aber gegen seinen Herrn gutmütig und sanft, zuthulich und treu und wird ungemein zahm. Alle Pantherkatzen lassen sich zähmen und abrichten. Der Gepard spinnt auch wie Kater Murr. Er schleicht sich ans Wild heran und stürzt sich dann mit einigen Sätzen auf seine Beute. Wenn er ein Rudel weidender Antilopen oder Hirsche ersieht, duckt er sich nieder und stiehlt sich katzengleich, vorsichtig wie eine Schlange bis in die nächste Nähe, liegt wie eine Bildsäule, sowie das Leittier stutzt und sichert, sucht sich sein Opfer aus, macht ein paar Sprünge und sitzt ihm auf dem Nacken. Dann giebt er ihm einen Schlag mit der Tatze und trinkt gierig das rauchende Blut. Zur Jagd wird der Gepard verkappt und mit auf den Wagen genommen oder hinten aufs Pferd gesetzt, auf

Falkenwerther Jäger, Falken abrichtend und abtragend. Die Vögel sitzen verkappt auf der Hand, die mit dem Falkenierhandschuh (von starkem Hirschleder) bekleidet ist. Der Gugelmann arbeitet seinen Falken mit einem hölzernen Stäbchen, er will ihm das Beissen abgewöhnen; der andere Falke, ein Isländer, schlägt mit den Flügeln: der Falkner muss ihn mit einem Stück Rindfleisch beruhigen. Nach einer Miniatur in der Handschrift des *Roy*: *Modus du Déduit royal*. 14. Jahrhundert.

dem Wildplatz abgekappt und entfesselt und auf das Rudel aufmerksam gemacht. Augenblicklich gleitet das vortreffliche Tier hinab, kriecht lautlos auf der Erde hin und reisst ein Stück zu Boden, trinkt das Blut aus der geöffneten Kehle. Dann wird ihm das erlegte Wild abgenommen, ein Lauf als sein Leopardenrecht gegeben und die Haube wieder aufgesetzt. Die Behaubung erinnert an die des Falken, auf den wir jetzt zu sprechen kommen; auch die Jäger, die den Geparden arbeiteten und, wenn er gebraucht ward, führen mussten, nahmen eine Stellung ein wie die Falkner.

Diese mussten wohl bei Hofe etwas gelten, wenn die Hohenstaufen, die deutschen Kaiser Friedrich Rotbart, sein Sohn Heinrich VI.

Falkner im Streit mit einem Jägerburschen: der Falkenier hat dem Jäger das Federspiel (ein Paar Taubenflügel an einer Schnur, dazu dienend, den Falken, der das Ding von weitem für einen Vogel hält, wieder anzulocken) an den Kopf gefledert, was man in der Kunstsprache (weil das Federspiel mit Luder besteckt war): *ludern* nannte; der Beschimpfte will den Frechen mit seinem Jagdhorn züchtigen. Die Parteien suchen zu beschwichtigen. Nach einer Miniatur in der Handschrift des *Modus du Déduit royal.* 14. Jahrhundert.

und sein Enkel Friedrich II. zu ihrer Zunft gehörten, und der letztere ein eigenes Lehrbuch *de Arte venandi cum avibus,* das heisst über die Falkenjagd, verfasste (A. D. 1236; mit Anmerkungen versehen von seinem Sohne König Manfred; unter dem Titel: *Reliqua librorum Frederici II. Imperatoris de arte venandi cum avibus; cum Manfredi Regis additionibus ex membranis vetustis nunc primum edita* von Prätorius, Wien oder Augsburg 1596, herausgegeben; neu herausgegeben von dem Philologen Johann Gottlob Schneider, Leipzig 1788, in-4°. 2 Bände). In der That war ein *Valkenære*, das heisst, ein Jäger, der das Abtragen und die Wartung der Falken zu besorgen hatte, ein sehr hochgeachteter Mann, die Falknerei eine Kunst, das Amt des Oberfalkenmeisters, des *Grand Faucoanier,* eins der wichtigsten Hofämter.

Man sieht oft: *Falkenier* geschrieben; das ist eine sehr unnütze und sehr unschöne romanische Form, dem französischen *faucon-n-ier,* dem italienischen *falcon-iere* nachgemacht, betont wie *Kavalier;* ebenso verwerflich wie *Portier* neben *Pförtner, Bankier* neben (englisch) *Banker.* Die besten Falkner kamen aus Flandern, aus dem Dorfe Falkenwerth bei Maastricht, wo die Kunst zunftmässig betrieben wurde. Der Ort liegt auf einer ganz freien Heide, also gerade recht. Noch jetzt leben daselbst Leute, die Falken fangen und abrichten und im Herbste nach England zum Herzog von Bedford oder nach Didlington Hall in der Grafschaft Norfolk oder nach London reisen, wo sie gebraucht werden. Auch in den Niederlanden selbst wird noch hier und da gebeizt, namentlich im Loo, einem Landgute der Königin von Holland. Die

Übung des jungen Falken, der abgekappt und mit dem Fusse an der Schnur ist: er wird von der Hand auf das Federspiel geworfen. Fängt er's und kehrt er damit auf die Faust zurück, so bekommt er nach Falkenrecht auf der Faust etwas zu kröpfen, sein Herr langt das Fleisch schon aus der Tasche. Nach einer Miniatur in dem *Modus du Déduit royal.* Handschrift des 14. Jahrhunderts.

Falkenjagd währt vom Dezember bis zum Juni, wo die Mauserzeit eintritt.

Die besten Falken kamen dagegen von Island. Hier, und überhaupt im hohen Norden der Erde, im fabelhaften Königreich Brünhildens lebte der edelste aller Jagdfalken, der grosse Blaufuss mit dem weissen Gefieder, dem starken, in scharfem Bogen gekrümmten Schnabel und dem grünlichgelben Ringe um das braune Auge, den man als den Isländischen Falken oder kurz: den Isländer bezeichnete; von Island holten die Falkenwerther Falkner ihre Vögel. Kaiser Friedrich II. hat in seinem Buche die Hauptedelfalken beschrieben, er ist sogar wie Tristan als Etymolog aufgetreten, indem er den Namen: *Gierfalke* erklärt. Der hochgebildete Fürst, der die alten und daneben sämtliche Sprachen seiner Unterthanen verstand, führt den Namen (im 4. Kapitel des 2. Buches) auf ἱερός, heilig, beziehentlich auf Κύριος, Herr, zurück: *Girofalco enim dicitur a Hiero, quod est sacer, inde Gerofalco, it est, Sacer Falco; vel a Kyrio, quod est Dominus, inde Kyrofalco, id est Dominus Falco, secundum Graecam linguam.* Sicher hiess der Falke bei den alten Griechen der heilige Vogel (Ἱέραξ) wegen der Heiligkeit seines Fluges, der vorbedeutend war; und wahrscheinlich sollte *Sakerfalk,* italienisch: *Sagro*, ein Edelfalke, eine Übersetzung des griechischen Ἱέραξ in diesem Sinne sein. Die kaiserliche Etymologie ist also gar nicht ungeschickt, während Albertus Magnus, der an die von dem Raubvogel gezogenen Kreise (italienisch: *Giri*) denkt, keineswegs den Nagel auf den Kopf trifft, denn gerade der Isländer vermag bei der Reiherbeize die Luft zu durchschneiden und geradeauf und geradeaus zu fliegen, die Schlechtfalken sind es, die Umwege machen und Kreise beschreiben müssen. Doch wir wollen diese Frage auf sich beruhen lassen, um so mehr, als wir nicht genau wissen, ob wir unter den Gierfalken die Isländer zu verstehen haben, was allerdings Kaiser Friedrich gethan zu haben scheint.

Abrichten von Falken auf den Balearen, am Hofe des Königs von Mallorca, Jakob I.: die Vögel werden gewöhnt, in einer dunkeln Stube auf der *Recke* oder dem Gestänge, der *Pertica* ruhig zu sitzen, sich die Kappe abnehmen zu lassen, sich auf die Hand zu setzen und in Gegenwart des Wärters Atzung zu nehmen. Nach einer Miniatur in einer Handschrift des 13. Jahrhunderts: *Corte del Rey Jaime.*

Von vielen Forschern wird der Isländische und der Gierfalke unterschieden. Doch bewohnen die Gierfalken ebenfalls den hohen Norden; die edelsten Falken scheinen durchweg in Island und Norwegen flügge aus dem Nest genommen, dann nach Kopenhagen gebracht und hier gehandelt worden zu sein. Offenbar wird der Begriff *Falco Islandicus* von den Gelehrten bald im weiteren, bald im engeren Sinne genommen, bald als Gattung, bald als Art neben Art betrachtet; im ersten Falle schliesst er die Gierfalken mit ein.

Die im Reiche gefangenen Falken, die sogenannten Wildfänge, waren auch noch edel, aber minderwertig. Zu ihnen zählte der sogenannte *Schlechtfalk*, das heisst der Wanderfalke, *Falco peregrinus* — der geringe Baumfalk oder der Lerchenstösser, der französische *Hobereau* — und der Zwergfalk oder der Schmerling, mit dem die Frauen zu beizen pflegten. Für die Kaiserin von Russland, Katharina II., die nordische Semiramis, wurden im vorigen Jahrhundert alljährlich die kleinen reizenden Schmerlen eingefangen und abgetragen.

Unedle, einerseits störrischere, anderseits feigere Falken waren der Habicht und der Sperber, die nur Finken und Sperlinge fingen, höchstens ein Rebhuhn schlugen.

Hatte man den Vogel, so war er erst auszubilden. Man fing und zähmte die alten Falken, die sogenannten *Ramagii*, in Italien: *Raminghi*, zu deutsch: Ästlinge; und nahm die Nestlinge aus, die man erst aufziehen musste, die sogenannten *Nidasii*. Der Falkenhof war ein rechtes Erziehungsinstitut.

Entenbeize in einem Weiher mit Schlechtfalken oder Wanderfalken, die *geschöpft* oder gebadet werden sollen und denen die Haube abgenommen worden ist; der Falkner hält die mit dem sogenannten *Trosch*, einem Federbusche, versehene Falkenhaube in der Hand. Der andere hat das Federspiel am Gürtel hängen. Die Jagdgesellschaft ist beritten Nach einer Miniatur in dem *Modus du Déduit royal*. Handschrift des 14. Jahrhunderts.

Die Abrichtung des Falken, die natürlich um so leichter fiel, je jünger und je edler er war, hatte wie die der arabischen Pferde etwas Spartanisches. Wenn sie beginnen sollte, wurde der Vogel nach deutscher Manier durch eine Art Infibulation der Augenlider, die sogenannte *Ciliatio* oder *Bloitio* geblendet, später gewöhnlich nach arabischer Manier verkappt oder behaubt und mit Lederriemen gefesselt; und musste vierundzwanzig Stunden lang hungern. Dann wurde er auf die Faust genommen, abgekappt und mit einem Täubchen traktiert. Wollte er nicht kröpfen, so wurde er wieder verkappt und erst nach vierundzwanzig Stunden wieder vorgenommen. Und wenn er fünf Tage hätte hungern sollen, immer wurde er wieder verkappt und gefesselt, bis er sich herbeiliess, auf der Faust zu kröpfen. Nun folgten die eigentlichen Unterrichtsstunden. Der Vogel wurde abgekappt und auf eine Stuhllehne gesetzt: von derselben musste er von selbst auf die Faust des Falkners fliegen, um zu kröpfen; dasselbe wiederholte man dann im Freien. Machte er seine Sachen soweit gut, so brauchte man ein neues hartes Mittel, um ihn zu zähmen und seinen Eigenwillen zu brechen: man beraubte ihn des Schlafs. Er wurde des Abends in einen schwebenden Reif gesetzt und dieser von den Jägern die ganze Nacht hindurch in fortwährender Bewegung erhalten; am Morgen Re-

Beize auf Wachteln, Rebhühner und Kleingeflügel mit Sperbern: ein guter Sperber schlägt fünfzehn bis zwanzig Sperlinge im Laufe einer Stunde. Bei seinen Angriffen stösst er nicht selten fehl, dafür nimmt er aber auch zwei Vögel auf einmal weg, wenn ihm das Glück hold ist. Eben hat der vordere zwei Wachteln gegriffen, deren Blut auf die Erde träuft: dieses lecken die beiden Stöberhunde, welche die Rebhühner gesucht und aufgejagt haben und noch stöbern. Seine Gelehrigkeit ist wundervoll; bald wird er so zahm, dass er auch ohne Fessel zu seinem Herrn zurückkehrt. Man schätzte das Weibchen höher als das Männchen, weil es stärker war; es hiess im Mittelhochdeutschen: *die Sprinze*. Nach einer Miniatur in *Le Roy: Modus du Déduit royal*. Handschrift des 14. Jahrhunderts.

petitorium. Drei Nächte lang wurde er im Reif geschaukelt und den Tag über getragen und geübt, bis zum vierten Tage; erst nach Ablauf desselben gönnte man ihm Ruhe. Nach dieser Zeit war der Falke wie wahnsinnig; er hatte die Freiheit vergessen und gehorchte dem Menschen blindlings.

Von jetzt ab behandelte man ihn mit Güte. Man gewöhnte den folgsamen Schüler, während der Atzung auf den Ruf: *Juschoho!* — zu hören, in einer dunklen Stube auf der Recke ruhig zu sitzen, sich die Kappe abnehmen zu lassen, sich auf die Hand zu setzen und auf die Hand zu fliegen, ohne dass er etwas bekam, alles mit Hilfe guter Worte und einer Feder, der sogenannten Spinnfeder, womit man ihn streichelte.

Dann lockte man ihn im Freien und lehrte ihn, dem Reiter auf die Faust zu hüpfen, weder Pferde noch Hunde zu scheuen. Nun kamen die eigentlichen Vorübungen zur Beize selbst. Man warf eine tote Taube in die Luft, liess den Falken nachschiessen und ein wenig davon kröpfen; späterhin ward ihm die Taube gleich abgenommen, und er bekam auf der Faust zu kröpfen. Dieselbe Übung wurde an den folgenden Tagen mit lebenden Tauben, die angepflöckt oder denen die Flügel beschnitten waren, endlich mit gutfliegenden Tauben wiederholt; Krähen, Elstern, Hühner, Gänse, junge Reiher und Kraniche, Hasen und Hasenbälge, mit denen ein Reiter fortgaloppierte, wie vorhin bei der Trainjagd, musste er fangen

Sportsdame, in blossem Kopfe, also unverheiratet, im Haar, das an den Schläfen zu Locken oder Puffen gewickelt und aufgesteckt ist; mit ihrem Falkner auf die Falkenbeize reitend. Sie hat ebenfalls den Falkenierhandschuh an und den Schmerling darauf. Die Gugel hat sie heruntergeschlagen. Nach einer Miniatur in dem *Livre du Roy Modus*. Handschrift des 14. Jahrhunderts.

lernen. Auch suchte man mit dem Hühnerhunde etwa ein Rebhuhn auf und liess den Falken darauf stossen, wenn es aufflog. Womöglich anfangs in Gesellschaft eines guten alten Falken.

Hatte der Falke den Vogel gefangen, so rief der Falkner: *Hilo!* — und warf ihm mit einer Schnur das *Federspiel*, die zusammengebundenen Flügel einer weissen Taube zu (mittelhochdeutsch: *Vederspil*). Dann musste er mit seiner Beute auf die Faust gestrichen kommen. That er das, so war er abgetragen, er hatte die Lehrzeit hinter sich. Übrigens verlernte der Falke alles mit jeder Mauser, daher er dann wieder von vorn anfangen musste.

Die Falknerei war eine wirkliche Wissenschaft. Über die Erziehung, die Wartung, die Pflege, die Krankheiten, die Naturgeschichte der Falken liessen sich Bücher schreiben, sind Bücher geschrieben worden, nicht bloss von Kaiser Friedrich II. Und jeder Falkenmeister schien nicht bloss Vögel, sondern die Edelleute selber abzurichten — wie Frau Ute in der ersten Aventiure des Nibelungenliedes zu ihrer Tochter Kriemhilde sagte:

der valke den du ziuhest, daz ist ein edel man.

b. Die edelste Jagd.

Der Adel und die Falken, sie waren Fetische des Adels — unzertrennlich von ihm, Embleme der Ritterschaft — geringer Falk: geringer Edelmann — die Falkenjagd, ein Privilegium des Adels, seit wann — Ethelberts Brief an den heiligen Bonifacius — Verlauf der Beize, Zurüstung dazu — Reiherschicksale, Reiherfedern — Maria von Burgund, die sich bei einer Beize den Tod geholt hat.

Man kann sich heutzutage kaum vorstellen, wie sehr die Falken im Mittelalter Mode waren, welche Leidenschaft die höheren Stände für diese Vögel hatten. Da sie beständig auf der Hand getragen und selbst mit in die Kirche und in den Krieg genommen wurden, erschienen sie wie lebende Bilder, wie Fetische des Adels, die für den Adel einzusetzen waren wie die Uräusschlangen für das ägyptische Königtum. Der Adel war gleichsam falkenköpfig wie der Gott Horus, der einen Sperberkopf trägt. Einen Landjunker nennt man in Frankreich: *un Hobereau*, das heisst eigentlich: einen kleinen Baumfalk, den sogenannten Lerchenstösser, wie er dem armen Edelmanne zukam. Genau so bezeichnet der Spanier einen dürftigen, hungrigen, gern etwas zu essen annehmenden, nassauernden Hidalgo als einen *Tagarote*, das heisst als einen Schmarotzermilan. Denn der Falke nahm gewissermassen am Range seines Herren teil, er konnte bald von hohem, bald von niederem Adel sein, wenn er auch immer adelig blieb. Deshalb war der Falke auch (38) unantastbar wie der Adel, er durfte nicht gefangen, seinem Herrn nicht abgenommen; nach einem Gesetz vom Jahre 818 sollten Schwert und Falke dem besiegten Ritter gelassen werden. Er durfte ihn nicht als Lösegeld veräussern; sondern musste, wenn er das nicht aufbringen konnte, dem Vogel die Freiheit geben.

Alter gelernter Falkner aus dem Dorfe Falkenwerth, wo die Kunst zunftmässig betrieben wurde: den Falken auf der Faust, den Beizhund zwischen den Beinen. Er sieht martialisch aus; auf dem Kopfe hat er eine Flügelkappe, an den Füssen Jagdstiefeln, die bis unter das Knie herabgeschlagen sind, an der Seite einen persischen Yatagan; mit der rechten Hand greift er in die Fleischbüchse, die an einem ledernen Bandelier, über den Schurz herabhängt. Die kurzärmelige Jacke, die er über dem Wamse trägt, ist in der Mitte offen. 13. Jahrhundert. Skulptur in der Kathedrale von Rouen.

Dass der Bischof oder der Prälat, wenn er das Hochamt celebrierte, von seinem Falken begleitet war, dass die Barone ihre Edelfalken während des Gottesdienstes auf den Altar setzten, war selbstverständlich.

Hundeklinik: Pflege der Kranken und der Verwundeten, und zwar im Freien, in dem an die kleinen Krankenställe anstossenden Garten. Die Hunde werden vom Personal untersucht, gewaschen und behandelt. Die häufigste Krankheit sind atrophische Lähmungen der Läufe infolge von Überanstrengung, sogenannte *Étruffures* Nach einer Miniatur in dem Gedichte des Grafen Gaston Phöbus. Handschrift des 15. Jahrhunderts, Nationalbibliothek, Paris.

Selbst im Tode mochte sich der Ritter nicht von seinem Falken trennen: er wurde wie sein Wappen auf seinem Grabmal angebracht.

Daher denn auch die Falkenjagd, die sogenannte *Beize* etwas Adeliges war; schon Karl der Grosse hatte sie allen Unfreien verboten.

Die *Beize* ist soviel wie die *Beisse,* ein alter Ausdruck für die Jagd, auch die der Hunde, nachgerade aber auf die der Falken, Habichte und Sperber eingeschränkt; *beizen* verhält sich zu *beissen*, wie *heizen* zu *heiss* oder wie *Weizen* zu *weiss.* Dieses ritterliche Vergnügen, das sich auch die Edelfrauen gönnten, eine der ältesten Jagdarten, in China und Japan schon in vorhistorischer Zeit betrieben, kennt man in Europa seit der Völkerwanderung. Mit dem 5. Jahrhundert fangen die Gesetzbücher der germanischen Stämme an, auf Entwendung oder Verletzung von Beizvögeln Strafen zu setzen; ein Brief des Königs von Kent, Ethelberts II. an den heiligen Bonifacius in Mainz, worin er den Erzbischof und Primas des Fränkischen Reiches bittet, ihm zwei Falken besorgen zu wollen, indem solche Vögel in Kent rar seien, gilt für die erste Spur der europäischen Falkenbeize. Dieser Brief ist vor dem Jahre 755 geschrieben. Aber erst durch die Kreuzzüge kam sie in allgemeine Aufnahme, das heisst bei dem deutschen Adel, dessen Privilegium sie blieb. Noch im vorigen Jahrhundert soll der Markgraf von Ansbach Karl Wilhelm Friedrich in 25 Jahren 1763 Milane, 1647 Elstern, 985 Fasanen, 398 Wildenten, 4174 Reiher, 4857 Krähen, 14087 Rebhühner und 959 Hasen gebeizt haben. Vergleiche eine ähnliche Zusammenstellung *Mittelalter,* Seite 132.

Jägerbursche, den Falken (dem die Seher mit Klappen verdeckt sind) auf der Faust, die Hakenbüchse auf der Schulter, den Hund an der Leine, am Ufer eines Teiches. Aus Jost Ammans *Künstlichen und wohlgerissenen neuen Figuren von allerlei Jagd- und Waidwerk* (Frankfurt 1592).

Die edelste Beize war wiederum die Reiherbeize, die mit Trompeten- und Paukenschall geschah. Vorauf ritt der Oberfalkenmeister, darauf folgte die Musik der Falknerei, dann die Herrschaft mit ihren Gästen, dann kamen paarweise die Falkner, jeder seinen Hauptvogel auf dem Handschuh; Käfige, leichte, hölzerne Rahmen mit Isländern und Schlechtfalken trugen die Burschen hinter dem Festzuge her. Ein Oberfalkenmeister an einem königlichen Hofe hatte wohl 15 Edelleute und 50 Falkner unter sich und an 300 Falken zur Verfügung. Beizhunde, welche dieselben Dienste verrichteten wie unsere Vorstehhunde, wurden ebenfalls mitgenommen.

Schon vorher haben berittene Falkner Weiher und Röhricht aus der Entfernung abgeäugt. Jetzt thuen die Stöberhunde einen Reiher auf: augenblicklich werden die Beizvögel abgehaubt und von der Faust auf das grauweisse Federwild mit dem kostbaren Federschmuck geworfen. Die Falken steigen in die Luft, suchen den Reiher, der ihnen die Höhe abgewinnt, zu übersteigen, stossen von oben auf ihn, schlagen

Reiherbeize, die edelste Jagd, hohe Jagd. Zwei Falken, ein Isländer und ein Gierfalke, haben den Reiher überflogen und greifen ihn von oben an; der Reiher legt den Hinterkopf auf den Rücken und hält seinen Feinden den spitzigen Schnabel entgegen wie einen Speer. Stösst der Falke unachtsam, so spiesst er sich auf. Die wunderbaren Schwenkungen und Evolutionen, die Schläge und die Stösse, die Griffe und die Kunstgriffe der Vögel gewähren ein prachtvolles Schauspiel; so oft ein Falke stösst, erschallen Pauken und Trompeten. Rechts, hinter dem Baume steht ein Falkner ohne Vogel, auf einen Block gestützt, die Luftjagd beobachtend; fallen die Kämpfer ins Wasser, so will er den Falken mit der Stange helfen, stürzen sie zu Boden, so giebt er den Falken auf dem toten Reiher die Atzung. Ein Beizhund, den die Sache auch aufregt, springt bereits ins Wasser, um zu apportieren. Nach einer Miniatur in dem *Livre du Roy Modus*. Handschrift des 14. Jahrhunderts.

ihm einen Flügel — aber plötzlich wirft sich der Reiher mit erstaunlicher Schnelligkeit herum, oder legt er den Kopf zurück und hält seinem Feinde die Spitze seines strohgelben Schnabels entgegen, um ihn wie mit einem langen Schwerte zu durchbohren. Oft genug spiessen sich die wertvollen Vögel an der Waffe des Reihers, der sich geschickt verteidigt; wie eine geschleuderte Lanze fährt der schlangenartige Hals des Sumpfvogels hin und her. Inzwischen wechseln die Falken im Stossen miteinander ab, der Reiher wird an beiden Flügeln, am Hals, am Kopf geschlagen, vielleicht auch betäubt. So oft während der Luftparforcejagd ein Falke stösst, erschallen Pauken und Trompeten. Endlich erliegt der mächtige Vogel den vielfachen Angriffen — von der furchtbaren Anstrengung erschöpft, von einem auf ihm blockenden Falken gekrallt, ermattet der Reiher und beginnt zu flattern — dann stürzt er mit dem siegreichen Falken, der triumphierend auf ihm sitzt, zu Boden, und die herbeieilenden Falkner geben den Falken auf dem toten Reiher die Atzung, gleichsam die *Curée*. Die Reiherfedern, vom Hinterkopf der Männchen, nimmt der Ritter und steckt sie auf seinen Helm: sie

Horrüdo Hu Su! — Hetzen und Abfangen des Wildschweins, das die Rüden packen, indem sie sich am Gehör festbeissen; eine Fanfare wird geblasen. Das Eisen, womit der nachsetzende Jäger den Keiler von hinten sticht, die *Saufeder*, ist dazu bestimmt, dem anlaufenden Wildschwein in die Brust zu fahren, wenn es die Saufinder gestellt haben, und ihm der Jäger nach Ritterart ehrlich gegenübertritt. Nach einer Miniatur in dem *Livre du Roy Modus*. Handschrift des 14. Jahrhunderts.

sind tiefschwarz und gleichen einem seidenen Bande, das oben zugespitzt und an den Rändern zart gefasert ist; selten silberweiss oder (vom Löffelreiher) purpurfarbig. Ist der Reiher jedoch nur verwundet, so wird er geheilt, um seinen rechten Ständer ein Metallring mit dem Namen des Beizherrn, Ort und Datum der Beize gelegt und ihm das Leben geschenkt. Man will wissen, gewisse Reiher hätten an ihren Füssen so viele Ringe gehabt, wie das schöne Mädchen, das (im Eingang von Tausend-und-eine-Nacht) den Geist betrügt und sich von jedem Manne einen Siegelring geben lässt. Sie sollen wiederholt gebeizt worden sein.

Bei einer solchen Beize war es, dass Maria von Burgund, eine der schönsten Frauen und die reichste Erbin ihrer Zeit, seit wenigen Jahren nach Österreich verheiratet und glückliche Mutter von drei

Kindern, vom Pferde stürzte und eine schwere innere Verletzung davontrug, die sie aus Scham verheimlichte, von der sie selbst ihrem geliebten Gemahl, dem Erzherzog Maximilian nichts sagte und die ihren frühen Tod herbeiführte, einer der beklagenswerten Unfälle, die sich im Mittelalter bei der Jagd ereigneten († 27. März 1482, im 25. Lebensjahre).

c. Terzerole.

Falken und Gewehre, Tiernamen werden auf Feuerwaffen übertragen — Abkommen der Beize in der Gegenwart — die Form der Waffe wechselt, der Name bleibt — die lebendigen Maschinen waren poetischer als die toten.

Ein Terzerol ist bekanntlich eine Taschenpistole. Man hört das Wort nur noch selten; man hat jetzt Taschenrevolver und Teschings. Aber es gab eine Zeit, wo die Taschenpistole etwas Neues, dagegen veraltet war, was ein *Terzerol* eigentlich

Der Vogelfänger bin ich ja; locke die Vöglein in meiner *Lausche* mit dem Kauz und mit der Vichtel, die den Ruf der Eule nachahmt, damit sie auf den Leim gehen. Nämlich auf die Leimruten, mit denen die Leimbäume besteckt sind. Nach einer Miniatur in *Le Roy: Modus du Déduit Royal.* Handschrift des 14. Jahrhunderts.

besagte. Nämlich einen Falken. Einen jungen Habicht. Weil derselbe regelmässig um ein Drittel kleiner als das Weibchen (wie denn bei den Falken die Weibchen regelmässig grösser sind und mehr leisten als die Männchen) oder aber, weil er nach dem Volksglauben allemal (neben zwei weiblichen Nestlingen) das dritte im Neste war: so nannte man ihn in Italien *Terzuolo,* in Frankreich: *Tiercelet.* Daher der Name des kleinen Gewehrs, das in Italien: *Terzeruolo* heisst, denn es ist ein alter Gebrauch, Tiernamen und speziell Falkennamen auf Feuerwaffen zu übertragen. Die Kugel flog gleichsam so schnell und so sicher, so verhängnisvoll und so tödlich wie der Vogel. Der Sperber, der in Spanien *Mosquet* heisst, verwandelte sich in die *Muskete;* der obenerwähnte *Sakerfalk* oder *Sackerfalk* in eine Feldschlange (italienisch *Sagro,* französisch *Sacre*); wie denn schon beim Homer das herabschiessende Verderben gerne mit einem Stösser verglichen wird, z. B. Iliade XIII, 62 und XVI, 582. Ausführliches über dieses glänzende Bild in meinen Rätseln der Sprache, Seite 145 ff. *Falke* selbst

Klobenhütte, in der vier Personen den Klobenfang betreiben. Der *Kloben* ist ein langer, runder, der Länge nach gespaltener Stab, zwischen die beiden Hälften hin und wieder eine Schnur gezogen, dass sie zusammengeklappt und die Vögel an den Krallen oder wie hier am Schwanze eingeklemmt werden können. Französisch; *Brai, Bray, Brail*; spanisch: *Brete* (von dem alten deutschen Verbum *bretten*, zusammenziehen). Für Kleingeflügel, namentlich für Meisen. Rechts unten auf der Stange ein Steinkauz, welcher die kleinen Vögel anzieht. Nach einer Miniatur in dem *Livre du Roy Modus.* Handschrift des 14. Jahrhunderts.

war ein Gattungsname für das im 16. Jahrhundert übliche Feldgeschütz man sagte auch: *Falkaune*; daneben gab es die leichteren *Falkonette* und die Bockbüchse oder das *Falkonettlein.* Diese Verschiebung ist ein schlagendes Beispiel des Prozesses, auf den wir bereits einmal in unserem *Mittelalter* (Seite 124) aufmerksam gemacht haben: dass ein Werkzeug den alten Namen beibehält, nachdem seine Form oder wenigstens das Material, in dem es hergestellt wird, längst abgekommen ist.

Die Feuerwaffen haben in Europa die Beize in den Hintergrund gedrängt, sie ist gegenwärtig ein höchst seltener Jagdsport, wie gesagt, am ersten noch im mittelalterlichen England anzutreffen, wo noch Kronprinz Rudolf von Österreich, in Alexandra-Hall bei London, abgetragene Jagdfalken sehen, auf die Faust nehmen und auf Tauben werfen konnte; das allmähliche Erlöschen der feudalen Vorrechte, die fortschreitende Kultur überhaupt hat das Ihre hinzugethan. Das gegenwärtige Geschlecht schätzt zwar noch Isländer Heringe, aber keine Isländer Falken mehr. Indessen die Feuerwaffen erbten die Namen der so hochgeachteten Beizvögel, der adeligen Falken; und wenn der Jäger den Hahn seiner Hakenbüchse spannte, that er so, als liesse er den alten gelehrigen Jagdgenossen steigen.

Die Parforcehunde und die Edelfalken waren als Waffen, als lebendige Maschinen zu betrachten; umgekehrt die Flinten und die Feuerrohre sind gleichsam künstliche Jagdhunde und Jagdvögel. Ich will nicht sagen, dass die beseelten Maschinen nicht schöner, interessanter, poetischer, auch in mancher Beziehung brauchbarer gewesen seien als die toten.

> Fühllos selbst für ihres Künstlers Ehre,
> Gleich dem toten Schlag der Pendeluhr,
> Dient sie knechtisch dem Gesetz der Schwere,
> Die entgötterte Natur.

C. Vogelfang.

König Heinrich der Finkler oder der Vogler — die Vogelstellerei im Mittelalter von weit grösserer Bedeutung als jetzt, wo sie dem Geiste der Neuzeit nicht mehr entspricht — in Italien ist sie noch ein Nationalvergnügen — in Deutschland wird die Vogelschutzfrage erörtert und der *Finkler* als ein Mythus angesehn.

An dem Dollingerhause, das in Regensburg dem Rathause gegenüber gelegen ist, sah man bis vor kurzem den Zweikampf abgebildet, in dem einst Hanns Dollinger den heidnischen Ritter Krako niederrannte; darüber hoch zu Ross den König der Deutschen Heinrich I., den Finkler, in dessen Gegenwart das denkwürdige Turnier auf der Haid stattgefunden hatte. Er trug, was an sich (268) kein Anachronismus war, den Falken auf der Faust; zu seinem Beinamen: der *Finkler* oder der *Vogler*, übrigens selbst ganz unberechtigt und erst seit dem 12. Jahrhundert nachweisbar, wollte derselbe freilich nicht recht passen. Der Sage nach soll Heinrich denselben bekommen haben, weil ihn die Fürsten, als sie ihm dic Reichsinsignien brachten, beim Vogelfang, unweit Quedlinburg bei seinem Vogelherd antrafen. Er war kein Falkner, sondern ein Vogelfänger, *Aucupio celeber,* was ein grosser Unterschied ist — diese Eigenschaft in dem lateinischen Distichon, das sein Bildnis umrahmte, ausdrücklich hervorgehoben.

FERTUR EQUO CELERI HIC HENRICUS IN ORDINE PRIMUS:
AUCUPIO CELEBER NEC MINUS IMPERIO.

Zu denjenigen Jagdarten, die in der Vorzeit eine eigene zünftige Kunst, bei mangelnder Forstpolizei ein Gewerbe von nicht geringer Bedeutung waren, gehört auch der Vogelfang. Das Verderben der niederen Jagd, eine indirekte Aufzucht der schädlichen Insekten und nebenbei ein Deckmantel für Müssiggang und allerhand Gaunerei. Auch dieser Sport ist nachgerade durch die Verhältnisse und durch besondere Vogelschutzgesetze sehr eingeschränkt worden; er kommt wenigstens in Deutschland nur noch sporadisch vor, und wo er betrieben wird, hat ihm eine geordnete Forstverwaltung einen Teil seiner Schädlichkeit entzogen.

Nur in Italien ist die *Uccellagione* noch heute, wie die Fuchsjagd in England, von Mitte September bis Mitte Oktober ein Nationalvergnügen — die bei uns heimischen Vögel, die Sänger, die Raupenfresser, werden, wenn sie im Herbst auswandern und über die Alpen fliegen, in den Provinzen Brescia und Bergamo rücksichtslos verfolgt, die Drosseln, die Amseln, die Finken auf dem Kamme der die weiten Thäler der Lombardei umsäumenden Gebirgszüge in sogenannten *Uccellande* massenhaft gefangen, die Sperlinge in Spatzentürmen dezimiert, kleinere Vögel überhaupt von jedem Sonntagsjäger für die Küche, in der sie ein stehender Artikel sind, geschossen, was er *tirare agli Uccelletti, pigliare gli Uccellini* nennt. Mit der ihm eigenen Kälte blendet der Italiener den liebenswürdigen Finken, der ihm draussen auf dem Vogelherd als Lockvogel dienen und durch seinen Gesang die Ankömmlinge in die ausgespannten Netze treiben soll; er ist nicht viel besser als der Kaiser Heliogabalus, der sich Nachtigallenzungen braten und Löwen mit Fasanen und Papageien füttern liess. Übersehen darf man nicht, dass die Vögel bei ihm nicht brüten, daher auch keine Raupen fressen, der Bauer sie vielmehr mit den Produkten seiner Landwirtschaft füttern muss, er deshalb seine besonderen Begriffe vom Vogelschutze hat.

In Deutschland hat man um so mehr Grund, die kleine, ebenso nützliche wie angenehme Gesellschaft zu schonen, als dieselbe durch die fortschreitende, ihr die natürlichen Lebensbedingungen abschneidende

Kultur so schon vertrieben und hart mitgenommen wird. Mit den Büschen und Dornenhecken verschwinden die Grasmücken und die Rotkehlchen, mit den Einöden die Steinschmätzer, mit den hohlen Bäumen die Spechte und die Meisen; die Entsumpfung der Wälder schadet dem Auerhahn, der Waldschnepfe, der Stockente, Fabrikanlagen stören die Wasseramsel, Lehmgruben die Uferschwalbe und was dergleichen mehr. Wenn sich die Vöglein nicht an die neuen Verhältnisse gewöhnen, wenn sie nicht wie die Sperlinge nach Amerika auswandern und mit dem Pionier in den Wald einbrechen, nicht wie die Buchfinken in den Alleen, die Amseln in den Gärten, die Bachstelzen an den Brücken, die Stare in den Mesten heimisch werden können, wenn sie die Eingriffe der Menschenhand unangenehm empfinden: so ziehen sie sich fort. Im ganzen haben die Arten, namentlich der grossen Vögel, mehr ab- als zugenommen; die Vogelschutzfrage steht seit Jahrzehnten auf der Tagesordnung. Es ist daher keine Gefahr, dass man hinfüro den Finkler beim Vogelherde treffe, wenn man ihm die Kaiserkrone bringt.

Spiele, Schaubuden und Volksbelustigungen.

a. Pippin der Kurze und der Löwe.

Fränkisch und deutsch: bis ins 9. Jahrhundert hinein haben sich unsere Vorfahren nicht als Deutsche bezeichnet und auch nicht als Deutsche gefühlt — sondern als Franken — die deutsche und die französische Nation sind Schwesternationen — Spaltung des Fränkischen Reiches in ein Ostfränkisches und ein Westfränkisches Reich, das Deutsche Reich und Frankreich — dieselbe Teilung wiederholt sich dann innerhalb des Ostfränkischen Reiches, auch hier giebt es wieder ein Ostfranken und ein Westfranken, gewöhnlich: Rheinfranken genannt — dort sassen die Würzburger Fürstbischöfe als Herzöge von Ostfranken, hier die Salier die Herzöge von Worms — das bayrische Herzogtum Franken der letzte erkennbare Rest des Fränkischen Reiches — Frankfurt am Main, die alte Hauptstadt des Ostfränkischen Reiches oder Deutschlands — der deutsche König musste auf fränkischer Erde gewählt werden — der erste fränkische König der zweiten Rasse, sein Name, sein Charakter, sein Löwenmut — die Dienste, die sich die fränkischen Könige und die römischen Päpste gegenwärtig leisten: die Pippinsche Schenkung und die Krönung Karls des Grossen, eine Hand wäscht die andere — wie eine Reichskanzlerfamilie den Königsthron besteigt.

Pippin der Kurze war nicht gross; doch Karls des Grossen Vater. Es ist zum Verständnis des frühen Mittelalters wesentlich, immer wieder auf das Fränkische Reich zurückzukommen und sich klar zu machen, wie sich aus diesem germanischen Staatswesen einerseits Frankreich, anderseits Deutschland herausgebildet hat. Die französische und die deutsche sind Schwesternationen, ja gleichsam Zwillinge, neben denen vorerst nur noch die italienische in Betracht kommt. Seit Chlodwig war das Fränkische Reich, war Franken in eine Osthälfte und eine Westhälfte auseinandergefallen. Aber es sollte lange dauern, bis die Scheidung von Austrasien und Neustrien wirklich zustandekam, nämlich bis zum Teilungsvertrage von Verdun im Jahre 843; bis dahin war sie durch die Ereignisse, beziehentlich mit Gewalt immer wieder rückgängig gemacht worden. Zum Beispiel A. D. 771, als Karlmann, der jüngere Sohn Pippins des Kleinen hinweggerafft ward und Karl der Grosse wieder allein regierte. Man hat aus diesem grossen Manne bald einen König von Frankreich oder einen König von Belgien, bald einen deutschen Kaiser machen wollen. Nichts von alledem; das eine ist so falsch wie das andere. Karl der Grosse war ein König der Franken. Die Franken gehörten nicht zu den Deutschen, sie gehörten zu den Germanen; zu den Westgermanen. Deutsche gab es, wenigstens dem Namen nach, noch gar nicht. Erst seit dem 9. Jahrhundert unserer Zeitrechnung bestand eine *deutsche* Sprache, erst seit dem 10. Jahrhundert ein *deutsches* Volk und Reich; vorher sprach man von Ostfranken oder Austrasien, dessen Hauptstadt Metz war. Erst die sächsischen Kaiser haben aus dem Ostfränkischen Reiche das Deutsche Reich gemacht, das, von neuem ein Kaiserreich, von neuem über Italien ausgedehnt, die Rolle des Fränkischen von einer andern geographischen Grundlage aus aufnahm. Nun verlor sich allmählich die fränkische Nationalität auf beiden Seiten des Rheins: auf dem linken oder westlichen Ufer ging sie im romanischen, auf dem rechten oder östlichen im thüringischen und sächsischen Volkstum unter. Nur der Name der Franken blieb — noch heute nennen die Franzosen ihr Land nach dem germanischen Stamme; auf deutscher Seite wurde er immer weiter zurückgedrängt und verschoben. Zunächst ging er hier auf das grosse Herzogtum über, das vom Rhein bis zum Main über den Spessart hinüberreichte und sich zwischen Sachsen, Bayern und Alemannien hinzog, also etwa Süddeutschland entsprach; die Hauptstadt war Frankfurt. Das Herzogtum Franken, zu dem auf dem linken Rheinufer noch Speier, Worms und Mainz gehörte, bildete gleichsam den Anfang und den Kern des Deutschen Reiches, daher auch der deutsche König, Sachse oder Staufer, auf Fränkischer Erde, in der Wahlstadt Frankfurt zu wählen war und für seine Person das Recht der Franken erwerben musste. Aber bald wurde in dem deutschen Franken wiederum die alte Zweiteilung in eine östliche und westliche

Circensische Spiele des Volks: in Ermangelung stärkerer Tiere werden Hunde auf ein altes Pferd gehetzt, das noch dazu angebunden ist. Übers Niederträchtige niemand sich beklagt; denn es ist das Mächtige, was man euch auch sagt. Nach einer Handschrift des 13. Jahrhunderts im Britischen Museum.

Hälfte vorgenommen. Abermals zerfiel Franken in ein Ostfranken am Main und ein Westfranken am Rhein, jenes mit Würzburg, dieses mit Worms als Mittelpunkt. Aus Rheinfranken stammten die mächtigen Salier, die nach dem Erlöschen des sächsischen Kaiserhauses (1024) den deutschen Thron bestiegen; die Salier waren ein Hauptstamm der Franken am Niederrhein und im engeren Sinne ein in Worms sitzendes Grafengeschlecht, die Salischen Kaiser daher soviel wie Fränkische Kaiser. Bis dann wieder im Westen der Name *Franken* abkam und derselbe nur noch an Ostfranken oder Mainfranken haftete, allwo sich die Bischöfe von Würzburg: *Duces Franciae Orientalis* nannten. Aus den Maingegenden wurde dann um 1500, als Kaiser Maximilian das Reich in zehn Kreise teilte: der sogenannte Fränkische Kreis gebildet. Dieser wurde im Jahre 1806 mit dem ganzen Reiche aufgehoben und fiel nach und nach an Bayern, das drei kleinere Kreise: den Obermainkreis, den Rezatkreis und den Untermainkreis daraus machte. Der Name Franken war wenigstens offiziell verschwunden. Aber der vaterlandsliebende König Ludwig I. wollte ihn (im Jahre 1837) erneuern und wieder Herzog von Franken heissen. Die drei Kreise wurden wieder Ober-, Mittel- und Unterfranken genannt, und diese drei bayrischen Regierungsbezirke sind es, die heutzutage den letzten erkennbaren Rest des grossen Fränkischen Reiches darstellen und nicht bloss ein gesegnetes, schönes Land, sondern man kann wohl sagen: das schlagende Herz von Deutschland sind.

Pippin der Kurze, der erste fränkische König von der zweiten Rasse, war nicht gross, aber ein ganzer Mann — ein kluger Politiker, der vielmehr den Beinamen des Vorsichtigen verdiente, aber den Leuten zur rechten Zeit mit seinen Gaben zu imponieren und sie alle in den Sack zu stecken wusste. Wirklich war das Prädikat der Kürze oder der Kleinheit, mit welchem er in der Geschichte fortlebt, seinen Zeitgenossen völlig unbekannt — dasselbe gründet sich, wie es scheint, auf eine Anekdote, die der Mönch von Sankt-Gallen in den *Gesta Karoli Magni* ein Jahrhundert später zum besten gegeben hat; möglicherweise auch auf den Namen *Pippin*, obgleich er nicht der erste Träger desselben war. Von kränklichen und schwächlichen Menschen sagt man: *sie haben den Pips*, oder auch: *sie piepen;* in Frankreich lautet der Name: *Pepin,* also wie das Wort, welches einen Kern bedeutet und das Ménage mit dem lateinischen *Pipinna* zusammenstellt. Hätte Pippin nicht einen Karl Martell zum Vater und einen Karl den Grossen zum Sohn gehabt, er würde zu den hervorragendsten

Persönlichkeiten des Mittelalters gerechnet werden. Er war es, der ein Geschlecht von Reichskanzlern fürstete, die Dynastie der Merowinger stürzte und dem Papste zum Dank für die bewiesene Kulanz den Kirchenstaat schenkte, den Grund zu Roms weltlichen Hoheitsrechten legend. Eine Hand wäscht die andere. Wenn es nach den zeitgenössischen Geschichtschreibern, diesen niederträchtigen

Zwei Berberlöwen, von ihren Wärtern an Ketten durch die Strassen von Konstantinopel geführt, wo die wilden Tiere niemals ausgestorben zu sein scheinen. Als Konstantinopel beim vierten Kreuzzuge, der zum Umsturz des Byzantinischen Reiches führte, (A. D. 1203) von den Lateinern belagert ward, sollen die Griechen drei Löwen und sieben Leoparden losgelassen haben; und in dem Gedichte *König Rother*, welches aus dem 12. Jahrhundert stammt und die Brautfahrt des Königs von *Bare* nach Konstantinopel schildert, läuft in der Hofburg Konstantins ein zahmer Löwe umher, der den Knechten das Brot vom Teller frisst und den der Riese Asprian an die Wand drückt, dass er quietscht. Rother gewinnt die schöne Kaiserstochter und erzeugt mit ihr in Bari Pippin den Kurzen, den Vater Karls des Grossen. Faksimile eines Holzschnittes in der Kosmographie von Thevet (2 Bände in-Folio. Paris, 1575).

Schmeichlern, diesen käuflichen Seelen ginge, so wären die Pippine eitel Helden und Heilige gewesen, während alle, die sich ihren Plänen widersetzten, die zu den alten Königen hielten, die Rolle von Bösewichtern spielen. Wer ist so blind um nicht zu sehn, dass die Bösewichter ihr Leben für die Merowinger opferten, die von den guten Pippinen, den frommen Pippinen, den heiligen Pippinen entthront und verraten wurden: weil sie Ehre im Leibe hatten; wer erbaut sich nicht an den Diensten, die sich Päpste und Karolinger gegenseitig leisteten und die einerseits zur Etablierung des *Papa-Re,* anderseits zur Kaiserkrönung Karls des Grossen führten? — Übrigens erfolgte die Pippinsche Schenkung (durch die der Papst von rechtswegen zum Vasallen der fränkischen Könige und nachmals der deutschen Kaiser, als der eigentlichen Landesherren und Kirchenpatrone wurde, er selbst nur der erste, über grossen Grundbesitz verfügende Geistliche des Reichs . . . . . ich sage, die Pippinsche Schenkung erfolgte nicht an den Papst, der ihm eigentlich gefällig gewesen war, den Papst Zacharias, sondern an dessen Nachfolger Stephan II. Die Intrigue wurde folgendermassen eingefädelt. Pippin war als Hausmeier Childerichs III., seiner eignen Kreatur und Puppe, schon so gut wie König, er vereinigte das ganze Reich unter seiner Herrschaft; jetzt liess er durchblicken, das er auch wirklich König werden und die Krone aufsetzen möchte. Die Grossen, die ihn bei seinen Unternehmungen begleitet hatten, schienen dem Plane nicht abgeneigt zu sein; ebenso die kirchlichen Würdenträger, die er immer gehätschelt hatte und die ihm alle verpflichtet waren. Diese beiden Stände hatten gegen einen Staatsstreich weiter nichts einzuwenden, es war ihnen ziemlich gleichgültig, ob sich Pippin Hausmeier oder Herzog oder Fürst oder am Ende König betitelte; sie wussten es ja nicht anders, als dass der Name Childerich nur eine Form, eine Art Datum und Jahrsangabe für die Regierungserlasse war und dass der Träger desselben nur einmal im Jahre an die Luft und aus seinem Schloss herauskam, um dem Volke gezeigt zu werden. Nur ein Gewissen machten sie sich noch: sie glaubten, ein König sei bloss von Gott selber zu entsetzen, der sie gewiss strafen würde, wenn sie dem Childerich die geschworene Treue brächen. Der schlaue Pippin teilte ihre Skrupel, er war auch zu gewissenhaft, einen solchen Schritt ohne Gott zu thun; und er schlug vor, den Papst Zacharias zu befragen, dem er so oft entgegengekommen war.

Mit ihrer Zustimmung wurde also im Jahr 751, in einer Volksversammlung beschlossen, den Bischof von Würzburg Burkhard als Vertreter Austrasiens und den Abt von Saint-Denis Fulrad als Vertreter Neustriens nach Rom zu entsenden, damit man die Meinung seiner Heiligkeit erführe. Die Frage wurde so gestellt, dass das Orakel gleich merken konnte, was für eine Antwort gewünscht ward.

Erst ein Panegyrikus auf Pippin und seine edlen Qualitäten, auf den faktischen König — dann eine bittere Satire auf die Merowingische Familie und die Schattenkönige, die keine königliche Gewalt besässen — hierauf die ergebene Anfrage, ob das etwa ein normaler Zustand der Dinge sei. Und der Papst überlegte, dass die Franken, die alten Kämpen der Orthodoxie im Abendlande, das einzige Volk seien, auf das er sich stützte; und dass er diesen Pippin sehr gut gebrauchen

Des Volkes Rinderbraten: ein ganzer gefüllter Ochse, aus dessen Bauche die Schweinlein, die Lämmlein und die Hasen, die Hühner, Tauben und Enten hervorschaun, steckt am Spiesse, der auf dem grossen Platze der Stadt Bologna zum allgemeinen Besten von vier robusten Bratenwendern mit grosser Anstrengung auf dem Bratrad am Feuer herumgedreht wird. Bei Krönungsfesten, Centenarfeiern und andern grossen Gelegenheiten. Vergleiche Seite 164. *Was meint ir*, sagt Fischart im Gargantua, *dass der ganz gebraten Ochs auf der Krönung zu Frankfort gegen disem sei? Wann man schon daselbs mit acht Henden must das Pratrad wenden, und der Has mit seinen langen Ohren sich im Bauch hat verloren, und die Rechkeul, Kalbsschnauzen, Hirzsput (?) und Schweinköpf herausguckten, auch das Hindervirteil mit Federwildpret und den Hals mit Fischen schmuckten? Was war es?* — Nach einem Holzschnitt in dem Feierlichen Einzug des Kaisers Karl V. und des Papstes Clemens VII. in Bologna, am 22 Februar 1530. Verkleinert. Bei der anschliessenden Krönung küsste der stolze Karl dem Papste, den er gefangen gehalten hatte, den Fuss.

könne. Er antwortete: mit nichten; es sei besser, wer die Gewalt habe, werde König genannt, als wer eine Null sei. Also kraft seiner apostolischen Machtvollkommenheit, um die Sache ins Gleiche zu bringen, liess der Papst Pippin sagen: er sollte König werden. Wie die Jahrbücher des Klosters Lorsch, die *Annales Laurissenses* (749; im ersten Bande der *Monumenta Germaniae,* 136) erzählen — sie befragten den römischen Bischof *de regibus in Francia qui illis temporibus non habentes regalem potestatem, si bene fuisset, an non. Et Zacharias papa mandavit Pippino, ut melius esset illum regem vocari qui potestatem haberet, quam illum qui sine regali potestate manebat; ut non conturbaretur ordo, per auctoritatem apostolicam jussit Pippinum regem fieri.* Kaum hatte Pippin den Bescheid, so liess er sich zu Soissons zum König ausrufen und nebst seiner Gemahlin Bertrada angeblich von dem heiligen Bonifacius salben, während Childerich geschoren und ins Kloster gesteckt wurde (A. D. 752, vergleiche Seite 13).

Pippin der Kurze war nicht gross. Auch wenn er ein kleiner Knirps gewesen wäre, so hätte das nichts auf sich; er konnte darum immer stolze Gebärden und hohen Mut, ja, Löwenmut besitzen. Nichts falscher als kleine Leute für Schlafmützen und Schwachköpfe zu halten — ganz im Gegenteil. Nicht bloss einen recht guten Kopf haben die *Piccolomini*)*, die *Homunciones,* die *Kurtzmann* zuweilen, wie das schon (82) an dem Blitzkerl, dem Einhard wahrzunehmen war — Beispiele aus der neueren Zeit sind der kleine Kant, der kleine Bürger, der kleine Lobeck, der kleine Delitzsch, der kleine d'Albert, der kleine Thomas Moore, die kleine Excellenz Windthorst, das Männlein mit dem dicken Kopfe. Nein, auch kecker als die Goliathe, ja, stolz und protzig pflegen sie zu sein. Selten habe ich die Kurzen demütig gesehen, bemerkt ein mittelalterlicher Menschenkenner:

Raro breves humiles vidi, longos sapientes,
Albos audaces, rufoque colore fideles.

Viele der berühmtesten Feldherren und Herrschergestalten sind ganz unverhältnismässig klein gewesen, zum Beispiel David, Napoleon, der kleine Korporal, und Zieten. Weder Karl der Grosse, noch Friedrich Rotbart sind im leiblichen Sinne gross gewesen, so gern sie auch von der Nachwelt so gedacht werden: es wird ausdrücklich berichtet, dass der König von Dänemark Waldemar I. den Barbarossa um Haupteslänge überragte und dass sich die Deutschen daran stiessen, weil sie glaubten, ein König müsste gross sein. Wie sich die Kritiker daran stossen, wenn es in Wagners Walküre nur einen mässigen Wodan giebt. Derselben Meinung wären denn auch die Franken gewesen, und deshalb,

*) Die italienischen *Piccolomini* sind das Gegenteil von unseren *Grossmann,* nämlich: *Piccoli-Uomini,* wörtlich: Kleine Männer, dem Prinzen *Picolino,* dem Prinz *Kolibri,* den unzähligen *Kleine, Lütke, Kurz, Hommet* und *Pippin* zu vergleichen. Ausführliches in meinen Menschen- und Völkernamen, Seite 129.

erzählt der Mönch von Sankt-Gallen, ärgerten sich die Offiziere, die vermutlich alles Hünen wie der Hauptmann von Plüskow waren, über Pippins Kürze.

Aber damit kamen sie bei Pippin dem Kleinen schön an; er dachte, wart, ich will euch einmal spotten lehren. Er sagte nicht: ich bin ja aber Vater Karls des Grossen. Er sagte auch nicht: ihr denkt wohl nicht daran, was *klein* eigentlich bedeutet, dass es soviel wie sauber und niedlich ist, diesen Sinn hat ja das Wort Kleinod Nein, Pippin führte einen verblüffenden Beweis. Er herbergte einst mit seinem Hofe in der Abtei von Ferrières, wo man ihm zu Ehren im Garten eine Tierhetze veranstaltete. Ein Stier wurde mit einem Löwen zusammengelassen — das Raubtier hatte seinem Gegner die furcht-

Jongleure als Äquilibristen: Speere werfend und mit der Nase haltend; Degen auf dem Degenknopfe balancierend, um sich zu überschlagen; auf einem Brette knieend, das von zwei Artisten gehalten wird und Pyramiden von Degen bauend, indem sie die Gewehre zusammensetzen; spitzige Schwerter mit der Hand auffangend, Räder auf den Schultern tanzen lassend. Nach einer Miniatur in einer Handschrift der Bodleianischen Bibliothek. 13. Jahrhundert.

baren Tatzen ins Genick geschlagen und ihm die Wirbelknochen des Halses mit seinem Gebiss zerbrochen. Dumpfgrollend lag der Löwe auf seiner Beute, seine Augen funkelten, mit dem Schwanze peitschte er die Luft. Da wandte sich Pippin zu den umstehenden Antrustionen: *Wer nimmt's mit ihm auf? Wer wagt sich an ihn?* — Keiner that es. *So will ich's thun!* — donnerte Pippin, zog sein Schwert und sprang in die Arena. Unsere Tierbändiger wissen, dass sie einerseits keine Bangigkeit, anderseits keine Spur von einer Absicht verraten dürfen, dem Tiere etwas zu thun. Pippin zierte sich nicht: er holte aus und spaltete dem Löwen mit einem einzigen Hieb den Schädel. Er holte zum zweitenmal aus, und das Haupt des Stieres sprang vom Halse. *Was meint Ihr dazu?* — wandte er sich jetzt wieder an seinen Hof, der starr vor Entsetzen zugesehen hatte. *Verdiene ich Herr zu sein? Klein war David, als er den Goliath erlegte. Klein war Alexander von Macedonien, aber er hatte, weiss Gott, mehr Herz, als tausend solcher Laffen wie Ihr seid!* —

Dass auch Alexander der Grosse zu den Piccolomini gezählt habe, ist neu; Pippin dem Kurzen schwebte wohl bloss die Jugend desselben vor. David, auch ein Löwentöter, war wirklich klein, recht im Gegensatz nicht bloss zu dem Riesen Goliath, sondern auch zu seinem Bruder Eliab und zu Saul. Dieses Talent, hinzureissen und die Gemüter durch eine unerwartete Kraftprobe zu überwältigen, lag in der ganzen Familie; schon der Grossvater des Kurzen, Pippin von Herstal, hatte den Mörder seines Vaters mitten unter seiner Bande niedergestochen, bei den Grossen Anerkennung gefunden und infolgedessen mit seinem Vetter Martin den Majordomus von Austrasien geerntet.

b. Menagerien und Kämpfe von Menschen und Tieren mit Tieren.

Vor seinem Löwengarten, das Kampfspiel zu erwarten, sass König Franz — Franz I, König von Frankreich — zu dessen Zeit eine Menagerie zu den Erfordernissen eines Hofs gehörte — auch die Klöster und die Städte hielten wilde Tiere — allmähliche Entstehung dieser Menagerien: zoologische Verehrungen — Wiedererscheinen der fremden grossen und starken Tiere im Abendlande, nachdem sie früher im alten Rom, bei den Spielen und den Triumphzügen aufgetreten waren — namentlich seit den Kreuzzügen und der Entwickelung des Handelsverkehrs mit der Levante — Elefanten und Kamele, miteinander verwechselt — *il n'y a qu'une Bête de plus* — Versandt und Austausch von Löwen — die Geschichte der Einführung von wilden Tieren, ein Stück Tiergeographie — die Kampfspiele, die mit ihnen angestellt wurden, Gedanken über Schillers *Handschuh* — die Paradiese und Parks der Grossen — unsere Zoologischen Gärten verglichen mit den Menagerien des Mittelalters — die spanischen Stiergefechte, Tierhetzen in Rom und Wien, Analogien mit der Parforcejagd.

Wie war denn der grimmige Löwe in die Abtei von Ferrières gekommen? — Denn dass es zur Zeit Pippins in Europa keine Löwen gab, haben wir bereits einmal (Seite 146) bemerkt. Man müsste sich denken, dass schon damals an den Höfen afrikanische Löwen gehalten und Löwenkämpfe veranstaltet worden wären wie im alten Rom. Später, in einer glänzenderen Zeit gehörten dergleichen Schauspiele zu den bei einem sogenannten Prunkjagen stattfindenden Festlichkeiten: wenn die ganze Jägerei in Galauniform, die Herrschaft maskiert erschien, die Damen als Dianen und Nymphen auf Wagen gezogen kamen, die mit Hirschen bespannt waren, gab es wohl auch Kämpfe von Löwen und Bären und allerhand fremden, zu diesem Zweck herbeigeschafften Tieren. Sie traten vielfach an die Stelle der Turniere und Karusselle, die im 16. Jahrhundert abzukommen pflegten; wie denn auch die Stiergefechte, Kämpfe von Menschen mit Stieren, ein ritterliches Vergnügen sind, das den Spaniern einerseits das Turnier, anderseits die Parforcejagd ersetzt. Der Sport wird dann ganz von selbst zum Schauspiel und zur Volksbelustigung, daher er sich auch in einem Zirkus, einem Amphitheater sehen lässt; in Valencia auf der *Plaza de Toros*, in Rom (bis ins vorige Jahrhundert hinein) im Kolosseum und im Grabmal des Augustus. Sollte die Anekdote wahr sein, so hätte man bereits am fränkischen Hofe Stiere mit Löwen kämpfen lassen, und Pippin der Kurze die Rolle eines spanischen Matadors oder eines römischen Gladiators, eines sogenannten *Bestiarius* gespielt — sagen wir lieber die Rolle eines Commodus, der tausend wilde Tiere im Amphitheater mit Bogen und Speer erlegte.

Schwertertanz, nach Art der antiken Pyrrhiche, ausgeführt von einem Tänzer und einer Tänzerin unter Dudelsackbegleitung bei fliegendem Fähnlein. Altgermanisch (Tacitus *Germania*, 24). Nach einer Handschrift im Britischen Museum. 14. Jahrhundert.

Zum drittenmale haben wir Veranlassung, uns mit den wilden Tieren zu beschäftigen, nachdem wir ihnen einmal beim Wildbret (141), das anderemal bei der Jagd (226) begegnet sind; wir wollen sie uns nun im eigentlichen Sinne ansehen, denn sie treten alleweile in unsern Gesichtskreis als Gegenstände der Schaustellung. Ein sehr natürlicher Fortschritt, der wirtschaftlichen Entwickelung des Volkes entsprechend. Erst werden die Tiere zu fangen gesucht, weil man sie braucht, beziehentlich abgewehrt und verfolgt; dann zum Vergnügen gejagt; endlich, und zwar auch die wildesten, hier zu Lande längst ausgerotteten, in eigenen Tiergärten, Wildparken und Käfigen gehalten, gleichsam zum Schmucke, als eine lebendige Auszeichnung auf Reisen mitgenommen, gelegentlich auch zum Zeitvertreib und zum Kampf herausgelassen — alles das von den Fürsten und den Herren, nicht von der *misera Plebs;* die Schaulust, die Neugierde des Publikums wird nebenbei mitbefriedigt, aber keineswegs berücksichtigt, geschweige denn bedient wie in den Menagerien oder in den Zoologischen Gärten oder in den Amphitheatern alter und neuer Zeit.

Bereits auf Seite 98 erzählten wir, dass der Kalif Harun al Raschid Karl dem Grossen einen Elefanten schickte. Im Jahre 802 wurde das grosse Tier, das nach dem Ahnherrn des herrschenden Kalifengeschlechtes: *Abul Abbâs* hiess, von dem Bischof Isaak nach dem Fränkischen Reich geleitet und am 20. Juli in die Residenz Aachen zum Marschierthor hineingeführt. Es war der erste Elefant, den man diesseits der Alpen zu Gesicht bekam, in Italien kannte man die Kolosse seit Pyrrhus' Zeiten, während der Kaiserzeit wurden sie oft scharenweise im Zirkus hingeschlachtet. Man bemühte sich, den fremden Namen des Tieres nachzusprechen und nannte es den *Elafant* oder den *Helfant* oder die *Olbantâ*, altdeutsche Fremdwörter, die man bis dahin aus Unkenntnis zur Bezeichnung des Kamels verwendet hatte. Sie blieben auch für dieses andere fremde grosse Tier fort und fort in Gebrauch, bis man zur Zeit der Kreuzzüge im Morgenlande Kamele kennen lernte und nun sah, dass sie ganz andere Kreaturen seien; erst dann nannte man diese wieder mit ihrem griechischen Namen: *Kammel* oder *Kemmel (Kemel)*. Er ward, weil die Endung diminutivisch klang, ein Neutrum. Bischof Ulfilas, der doch im Oriente lebte, Kamel und Elefant gesehen, die rechten Namen gehört haben musste, braucht dennoch das gotische Femininum *Ulbandus* zur Übersetzung des biblischen *κάμηλος*, was fast unbegreiflich ist. Die erste Spur von Kamelen diesseits der Alpen findet sich in den Annalen der elsässischen Stadt Kolmar: im Jahre 1235 zog Kaiser Friedrich II., im Jahre 1289 Rudolf von Habsburg in der freien Reichsstadt mit einer Karawane ein, die sie sich vielleicht zu San Rossore bei Pisa, in dem *le Vacche Brave* genannten Kamelgestüt gebildet hatten, wenn dasselbe schon damals bestanden haben sollte (nach italienischen Angaben erst seit 1690, vergleiche Seite 148). Im Jahre 1443 wurde ein Elefant auf der Frankfurter Messe gezeigt, in Leipzig der erste im Jahre 1650.

So ein fremdes, abenteuerliches, wildes oder halbwildes Tier bildete das ganze Mittelalter über, namentlich aber seit den Kreuzzügen und dem Handelsverkehr mit Italien und der Levante, von Hof zu Hof und von Stadt zu Stadt eins der beliebtesten Geschenke, das einer freundlichen Aufnahme und des lebhaften Interesses sicher war. Was jedwede Fauna an Raritäten aufzuweisen hatte, wanderte gelegentlich ins Ausland, wie in einem Transport von Hagenbeck; aus dem Orient kamen die Löwen, aus dem Norden die Eisbären. Wie Harun al Raschid Karl dem Grossen, also schickte auch der ägyptische Sultan

Alkamil aus der Dynastie der Ejubiden, deren Geschichte in so enger Verbindung mit den Ereignissen der Kreuzzüge steht, als er mit Kaiser Friedrich II. Frieden geschlossen hatte, diesem A. D. 1229 durch den als Nuntius fungierenden Erzbischof von Palermo einen Elefanten, der in Italien gelassen wurde; und der König von Frankreich Ludwig der Heilige, der Kreuzfahrer, dem Könige von England Heinrich III. einen, der jenseits des Kanals das grösste Aufsehen erregte. Derselbe König von England war so glücklich, A. D. 1235 von seinem Schwager, dem Kaiser Friedrich II. drei Leoparden zu erhalten, wie sie (nach einer mittelalterlichen Auffassung) im ersten und vierten Quartiere seines Schildes standen (eigentlich schreitende Löwen, deren Haupt dem Beschauer zugewendet ist). Sie waren lebende

Kunststücke, von Tieren ausgeführt, die ein Fahrender sehen lässt. Ein Bär geht auf den beiden Vorderbranten, ein Affe reitet einen Bären, zwei Missgeburten mit Tierköpfen, Phantasiegespinste, sogenannte *Monstra per fabricam alienam*, spielen Harfe und Violine. Nach einer Handschrift des 13. Jahrhunderts im Britischen Museum.

Wappentiere wie die Adler, die nach einer alten Sitte der Regenten aus dem Hause Habsburg in der kaiserlichen Hofburg zu Wien gehalten werden.

Ich möchte den Leser nicht ermüden, und doch ist es sehr interessant, der allmählichen Einführung der exotischen Gäste nachzuforschen; und gleichsam ein Stück Tiergeographie, deren Studium die Naturforscher in unserer Zeit nicht minder beschäftigt wie die Verbreitung der Pflanzen. Eine der auffallendsten Tiergestalten, den Elefanten und das Kamel an Höhe übertreffend, gleichsam ein märchenhaftes, mit den jetzt lebenden Geschöpfen gar nicht in Einklang zu bringendes Gebilde aus vergangenen Erdentagen ist die Giraffe. Die paar Giraffen, die im dritten Jahrzehnt dieses Jahrhunderts nach Europa kamen, erschienen hier wie Träume, wie Fabelwesen. Der Vizekönig von Ägypten Mehemed Ali hatte in Erfahrung gebracht, dass im Senaar einige junge Giraffen mit Kamelmilch aufgezogen worden waren. Er bestimmte diese Tiere zu Geschenken für europäische Monarchen, liess sie nach Kairo bringen, dort ein Vierteljahr in seinen Gärten pflegen, dann auf dem Nil nach Alexandrien befördern, woselbst sie eingeschifft wurden. Eine ging 1822 nach Konstantinopel, eine zweite nach Paris, eine dritte nach Wien, eine vierte nach London, wo sie am 11. August 1827 glücklich anlangte. *Il n'y a rien changé en France, il n'y a qu'une Bête de plus*, sagten die Franzosen; sie spielten damit auf ein Wort an, das 1814 bei der Rückkehr des Grafen von Artois in aller Munde war: *il n'y a rien changé en France, il n'y a qu'un Français de plus;* sie hätten es auch zum drittenmal auflegen und sagen können: *il n'y a rien changé en Europe, il n'y a qu'un mot de plus*, nämlich eben das Wort *Giraffe,* das arabisch und soviel wie: die Liebliche ist *(Zarrâfah, Zorâfeh,* in Ägypten: *Sorafé).* Wirklich hat die Giraffe etwas von einer alten Riesenjungfer. Eine herumziehende Menagerie brachte A. D. 1844 die erste Giraffe nach Deutschland, der bald viele andere, von C. Hagenbeck in Hamburg und C. Reiche in Alfeld eingeführte, folgten. Aber die Giraffen waren eigentlich nichts Neues, sie waren längst in Europa gewesen, nur inzwischen zu einem Mythus geworden. Im alten Rom wurden die *Kamelparder* zum erstenmal unter Julius Cäsar, dann zu den Spielen öfters und in Menge vorgeführt; und im Jahre 1212 erhielt Kaiser Friedrich II. von einem ägyptischen Sultan, einem andern Ejubiden, eine lebendige Giraffe, wie er später von dort her einen Elefanten erhalten sollte.

Nun die Löwen. Sie wurden ebenfalls verschickt wie Visitenkarten; zuerst von den Kreuzfahrern, die ihnen näher getreten waren. Der Herzog von Österreich Leopold V., der an zwei Kreuzzügen teilgenommen hatte, verehrte seinem Schwager, dem Landgrafen von Thüringen Hermann A. D. 1193 so eine greuliche Katze, die auf der Wartburg gehalten ward und nachmals (A. D. 1220) aus dem Käfige entsprang (146). In Italien bekam die Stadtgemeinde Parma (A. D. 1294), ich weiss nicht von wem, eine niedliche junge Löwin; diesseits der Alpen die Stadt Amsterdam im fünfzehnten Jahrhundert von spanischen und portugiesischen Handelsfreunden zweimal (1477 und 1483) ein Löwenpaar; einige Jahre später die freie Hansestadt Lübeck fünf Löwen von den Amsterdamern geschenkt. Berühmt ist der Löwe von Florenz, den Bernhardi besungen hat; er entsprang zur Zeit des Geschichtschreibens Giovanni Villani im 14. Jahrhundert. Wie er damals grossmütig der Mutter ihr Kind wiedergegeben hat, so machte vor ein paar Jahren bei der Münchener Centenarfeier der Elefant, als er von den Arkaden bis zum Viktualienmarkt rannte, vor einem Kinde Halt. Die florentiner Löwenkäfige, die bis zum Jahre 1770 bestanden, lagen damals hinter dem Palazzo Vecchio, an der noch heute sogenannten *Via de' Leoni.* Viel später traten die Tiger, auch im alten Rom anfangs eine Seltenheit, wieder in den Gesichtskreis des Abendlandes: um sie kennen zu lernen, musste man schon reisen wie Marco Polo. Krokodile, lebendige Nilkrokodile, die Leviathans des Alten Testamentes, giebt es ja heute noch keine in den Gärten, so sehr sie auch die Phantasie der Menschen von jeher beschäftigt haben: der Drache oder der Lindwurm, den der Ritter

Kunstreiter das Pferd abrichtend; es lernt an der Dressierleine auf den Hinterbeinen gehn und den Futterkasten mit den Vorderbeinen halten; und auf den Vorderbeinen gehn und den Futterkasten in die Hinterbeine nehmen. Vielleicht dient die Scheibe nur zur Unterstützung des Tieres. Nach einer Miniatur in einer englischen Handschrift des 13. Jahrhunderts.

Sankt Georg mit seiner Lanze durchbohrt, soll offenbar ein Krokodil vorstellen. Das erste Nashorn, das seit den Tagen des Pompejus wieder nach Europa kam, war dasjenige, welches der König von Portugal Emanuel A. D. 1513 in Lissabon aus Ostindien erhielt; dieses erste Rhinoceros wurde von Albrecht Dürer in Holz geschnitten. Das erste Nilpferd bekam das Römische Volk im Jahre 58 vor Christus zu sehen, als der Ädil Marcus Ämilius Scaurus den Zirkus mit einem Hippopotamus, fünf Krokodilen und nebenbei mit hundertundfünfzig Panthern bevölkerte; dann wurde es ihm in Kampfspielen und Triumphzügen oft wieder vorgeführt, aber seitdem vergingen Jahrtausende, bis wieder ein Behemoth erschien. Dagegen schenkte A. D. 1291 der greise Kaiser der Mongolen, jener Chan Kublai, an dessen Hofe sich der Venezianer Marco Polo siebzehn Jahre lang aufhielt, dem König von Frankreich Philipp dem Schönen, einen isabellfarbenen zottigen

Halbesel, das prächtige wilde Pferd des östlichen Mittelasiens, das Kind der Steppe, ein sogenanntes Dschiggetai oder Langohr; und A. D. 1252 bekam der Graf von Cornwallis und von Poitou, Richard, der nachmalige römisch-deutsche König eine Herde Büffel aus den Pontinischen Sümpfen zum Geschenk, wo die starken Tiere mit dem struppigen Kopfe, dem tückischen Blicke und dem gesenkten Halse seit dem 6. Jahrhundert unserer Zeitrechnung verbreitet waren. Am Anfang des 12. Jahrhunderts hatte Heinrich I., König von England, von einem französischen Edelmanne, Wilhelm von Montpellier, ein Stachelschwein erhalten. Bis ins 17. Jahrhundert hinein dauerten diese zoologischen Verehrungen, die im Grunde heute noch Sitte sind, wenigstens Pferde und Troikas werden noch verschenkt; die Geparden, mit denen Kaiser Leopold (259) jagte, waren vom Sultan der Osmanen.

Erst vor drei Jahren machte der Negus von Abessinien ganz im Stile des Mittelalters dem König von Italien einen riesigen Elefanten zum Geschenk. König Humbert überliess ihn der Stadt Catania, die einen Elefanten im Wappen führt. Das Tier verendete infolge der Kälte am 1. Januar 1891.

Lebende Affen und Papageien wurden bereits unter Alexander dem Grossen nach Europa gebracht; um die Zeit der Kreuzzüge kamen sie auch nach Deutschland, am Anfang des 16. Jahrhunderts auf englischen Schiffen nach England, direkt aus Indien. A. D. 1458 verehrte der Rat von Nürnberg dem Erzbischof von Mainz einen grasgrünen Edelsittich, einen sogenannten Halsbandsittich, der sehr zahm und liebenswürdig war, auch bald deutsch lernte; zwei Jahre darauf einen ditto der Königin von Böhmen.

Heinrich I. that sein Stachelschwein in den grossen, sieben englische Meilen fassenden Park, den er, den ersten des Abendlandes, in Oxfordshire, bei dem Schlosse Woodstock hatte und in dem er eine erkleckliche Anzahl Bestien: Löwen, Leoparden, Luchse, Kamele unterhielt. Denn wollten die Könige die einlaufenden Tiere halbwegs pflegen, selbst etwas dazu thun, vielleicht die einheimischen Bären und Wölfe mitaufnehmen, so kamen sie in den Fall, sich förmliche Menagerien anzulegen und sich mit einem lustigen Park oder Tiergarten nach Art des biblischen *Paradieses* zu umgeben. In Persien, China und Mexiko kannte man dergleichen Paradiese längst; die Löwengrube zu Babylon, in welche der Prophet Daniel (VI, 16) auf Befehl des Königs Darius des Meders geworfen wurde, eine beliebte Form der Todesstrafe, war eine Art Fallgrube, ein viereckiger offener Zwinger, wie sie bei den kaiserlichen Palästen in Marokko noch bestehen (hebräisch *Gôb*). Wirklich gehörte eine grosse Menagerie zu den typischen Anlagen jeder grösseren Hofhaltung, auch der städtischen Burgen und der alten Klöster, die ebenfalls ihre Löwengruben und ihre Raubtierzwinger hatten; man erinnert sich, wie sie im *Ekkehard,* im Kloster des heiligen Gallus ihre Schritte zum Klostergarten lenken: der war weitschichtig angelegt und trug an Kraut und Gemüse viel nach Bedarf der Küche, zudem auch nützliches Arzneigewächs und heilbringende Wurzeln, wie wir auf Seite 102 weitläufig erörtert haben; beim

Jeunesse dorée des 13. Jahrhunderts, vor einer Jahrmarktsbude, dem Ausrufer erstaunt zuhörend; rechts der Theatervorhang, auf dem die Wunderdame, die verzauberte Prinzessin Kunigunde abgebildet ist. Es giebt etwa *die öffentliche Enthauptung des Fräulein Dorothea* oder *den weiblichen Strassenräuber* oder *die Mordnacht in Äthiopien* zu sehn. Stilisierter Hintergrund; auf der Affiche Adler und allerhand Zauberzeichen. Nach einer Miniatur in einer Handschrift des französischen Gedichtes: *Garin le Loherain*, das zum Karolingischen Sagenkreis gehört und dessen Held mit unserem *Lohengrin* identisch ist. Bibliothek des Arsenals, Paris.

Baumgarten aber war *ein grosser Raum abgeteilt für wild Getier und Gevögel, wie solches teils in den nahen Alpen hauste, teils als Geschenk fremder Gäste dem Garten verehrt war.* In Scheffels Quelle ist diese Abteilung: das *Spicharium,* der Speicher, genannt. Hier erfreut sich Frau Hadwig an dem ungeschlachten Wesen der Bären, an Affen und Meerkatzen, Dachsen, Murmeltieren und Steinböcken, die doch damals in den Alpen noch so häufig gewesen sind, dass es der heilige Gallus kaum der Mühe wert befunden haben wird, sie *cum feris et beluis* einzupferchen; einen solchen alten blinden Steinbock, als ihn Scheffel beschreibt, findet man wohl jetzt einmal wie ein Überlebsel in einem

Schweizer Dorfe — im 10. Jahrhundert durfte er sein Augenlicht noch besessen haben. Bei den Bären hat ihm wohl der Bärengraben der Stadt Bern, ausserhalb der Nydeckbrücke, vorgeschwebt, der neu und wie die Wölfin in den Gärten des Kapitols und der Elefant in Catania eine lebendige Reminiszenz an die heraldische Sage ist. Auch die Bären werden dem 10. Jahrhundert sehr bekannt und ungleich weniger interessant gewesen sein als etwa ein Löwe. Wenn die Brüder von Sankt Gallen Bären gefüttert hätten, so hätte das nur sein können, weil der heilige Gallus mit einem Bären, der ihm Holz trug, befreundet gewesen, ein Bär sein Attribut war — oder aber, um Bären zur Jagd zu haben, der Thorwart Romeias freute sich ja des Weidwerks. Solche Tiergärten, worin die gewöhnlichen Jagdtiere gehegt wurden, Hirschgräben und Sauparke, gab es im späteren Mittelalter unzählige, die zum Teil noch bestehen, zu Frankfurt am Main, zu Münzenberg, in der altertümlichen Stadt Friedberg (bei der alten Kaiserburg, der Burg Friedberg in der Wetterau), zu Schwarzburg und so weiter; aber diese Jagdparke oder Wildparks, die eigentlichen Parks, aus denen alle Parke der Welt hervorgegangen sind, müssen von den Tiergärten, in welchen man wilde Tiere, ausländische und, wenn sie selten geworden sind, auch inländische, Spasses halber und als Merkwürdigkeiten hält, wohl unterschieden werden.

Solche Tiergärten nun, die auf französisch *Menagerien* hiessen, bestanden in früheren Jahrhunderten an den abendländischen Höfen so gut wie in Persien. In Paris hatte schon Philipp VI. von Valois (1333) eine Menagerie; als nun König Karl der Gelehrte A. D. 1364 den französischen Thron bestieg, verwendete er alle Strafgelder, die von den Aufrührern erhoben wurden und die konfiscierten Güter zur Anlage einer königlichen Domäne, des berühmten *Hôtel Royal de Saint-Paul* neben der Paulskirche, das, eine eigene kleine Stadt von Palästen und Herrenhäusern, in seinem weiten Umkreise Höfe, Kasernen, Villen, Gärten, Viehtriften, Menagerien und ein *Hôtel des Lions* einschliessend, den ganzen Raum zwischen dem heutigen Bastilleplatz und dem *Quai des Célestins* einnahm. Noch gegenwärtig erinnert die *Rue des Lions Saint-Paul* an jenes im Paulshotel gelegene Löwenhotel, in das wir gleich wieder sehen werden, wenn uns der Schiller darauf bringt; genau so wie die *Via de' Leoni* in Florenz an die Löwengruben beim Palazzo Vecchio erinnert. An die Stelle der Pariser trat im 17. Jahrhundert eine reiche Menagerie bei dem Jagdschlosse von Versailles — im Tower zu London, in Turin, in Dresden, im Haag gab es Menagerien — noch 1817 besass Stuttgart seine Menagerie. Kaiser Maximilian II. errichtete eine in Kaiser-Ebersdorf, dem Hauptplatz der kaiserlichen Jagden an der Donau, später eine andere im Schlosse Neugebäu; der Prinz Eugen eine desgleichen in seinem Lustschlosse Belvedere, die 1737 von der Krone angekauft und (1781) zur Schönbrunner Menagerie geschlagen ward. Die Menagerie zu Versailles ist eine der berühmtesten, am häufigsten genannten. Sie lag an der Strasse nach Saint-Hubert; Ludwig XV., der dahin wollte, wurde einmal von einer Herde Truthähne aufgehalten, die ausgeflogen waren. Er fragte, wer die Aufsicht über das Geflügel habe, und da er hörte, dass es der Hauptmann La Roche sei, liess er ihm sagen, wenn seine Puten noch einmal wegkämen, würde er ihn an der Spitze seiner

Tanz der Kirchendiener und Chorknaben, die Narrenkappe mit den Eselsohren auf dem Kopfe, aufgeführt, während der Narrenbischof beim Narrenfeste, dem *Festum Stultorum sive Fatuorum*, die Messe celebriert. Sie begleiten die heilige Handlung mit Zotenliedern, spielen und doppeln während des Hochamtes, verwandeln den Altar in ein Büffett, essen und trinken und werfen dem Diakonus die Wurstschalen in das Rauchfass, töbsen und benehmen sich so unanständig wie nur immer möglich. Dieses Narrenfest, das, ein Nachklang des heidnischen Festes der Saturnalien (Seite 56 ff.), von Weihnachten bis zum letzten Sonntag nach Epiphanias dauerte, schloss (am 14. Januar) mit dem Eselsfeste, dem *Festum Asinorum*, wobei ein schönes Mädchen mit einem Kinde im Arm als Muttergottes auf einem Esel sass und die Flucht nach Ägypten in Scene setzte. Vom Bischof und der Geistlichkeit begleitet, ritt sie (in Beauvais) von der Kathedrale nach der Stephanskirche, zog feierlich ein und machte am Hochaltare Halt, wo der Esel gefüttert und angesungen ward:

Hez, sire asne, car chantez;
Belle bouche réchignez.
Vous aurez du foin assez,
Et de l'avoine à plantez.

Sofort begann das Hochamt, der Introitus, das Kyrie, das Gloria, das Credo; jeder Chor schloss mit einem *Ia* französisch: *Hihan* als Refrain; auch statt: *Ite, missa est* sagte der Priester dreimal: *Ia* (*Hihan*, *Hihan*, *Hihan*). Der Esel war mit einem Chorhemd bekleidet und konnte knien. Nach einer Miniatur in einer Handschrift des 13. Jahrhunderts in der Bodleianischen Bibliothek.

Compagnie absetzen. Ein Dromedar befand sich in der Menagerie; das Tier konnte das Klima nicht vertragen und siechte hin. Um es bei Kräften zu erhalten, gab man ihm täglich vier Flaschen guten Wein und Brot; ein Schweizer der Menagerie war mit der Pflege des Patienten betraut, deren er sich gewissenhaft annahm. Es half nichts; das Kamel kam immer mehr herunter, sein Ableben war vorauszusehen. Da meldete sich der gute Schweizer beim Könige, eine Belohnung

Hofnarr, privilegierter Hanswurst und Lustigmacher, alter lustiger Rat in seinem närrischen Putz, der wesentlich aus drei Elementen zusammengesetzt ist; der Narrenkappe, dem Kolben und den Schellen. Die Kappe, englisch: *Fool's Cap*, französisch: *Chaperon*, hat vier lange Zipfel, die sogenannten Eselsohren, die gleich den Schnäbeln seiner langen Latschen und der Spitze seines ledernen Sackes mit Schellen, klapperförmigen goldnen Glöckchen, französisch: *Grelots*, behangen sind, wie sie am Saum des Kleides ursprünglich auch von verständigen Leuten getragen wurden; dazu noch Ohrlappen. Der Narrenkolben, das Narrenzepter, hat einen Narrenkopf, der wie der Dumme Junge von Meissen die Zunge heraussteckt. Er heisst in Frankreich: *la Marotte*; dieses Wort, eigentlich soviel wie Mariechen, Püppchen, Marionnette, hat nachgerade den allgemeinen Sinn von Schrulle angenommen. *Kappe* hat hier nur noch die Bedeutung von Mütze. Unter *Cappa*, einem europäischen Kulturworte, verstand man im Mittelalter einen Überzieher, eine Art Kutte mit Kapuze, wie sie die Kapuziner und auch die Elfen und die Zwerge anzogen, wenn sie sich unsichtbar machen wollten (*Tarnkappe*, französisch: *Cape* und *Chape*). Von dieser grossen, den ganzen Körper bedeckenden Kappe blieb in Italien und Frankreich nur der Hut, der *Chapeau*, der *Chaperon* und die *Kapuze*, welche letztere im Altertum: *Cucullus* und darnach in Deutschland: *Gugel*, in England: *Cowl* genannt ward; in Deutschland und England dagegen nur die Mütze, das Käppchen übrig. So ist auch das *Barett* der Rest eines Regenmantels (*Birrus*). Den ganzen Sinn bewahrt noch das Diminutivum *Kapelle*, welches eigentlich die Kappe des heiligen Martinus, dann das diese Reliquie umschliessende Heiligtum in den fränkischen Pfalzen, endlich überhaupt ein Kirchlein bedeutete (*Aix-la-Chapelle*). Holzschnitt aus Sebastian Münsters Cosmographia (Basel, Folio-Ausgabe von 1552).

für die treuen Dienste zu erbitten, die er dem Kranken geleistet hatte. *Was wollt Ihr denn?* — fragte der König. — *Ach, Sire, die Anwartschaft auf die Stelle des Kamels!* — Im Jahre 1792 wurde die Menagerie zu Versailles aufgehoben und der vorhandene Tierbestand wiederum nach Paris, in den Botanischen Garten, den *Jardin du Roi* oder, wie man jetzt lieber sagte: den *Jardin des Plantes*, an der Brücke von Austerlitz verbracht, allwo jedwede Viehart ihre eigene Wohnung, sozusagen ihre Pension und halbe Freiheit bekam; das Naturhistorische Museum bildete ihre letzte Wohnung, das Kabinett für vergleichende Anatomie ihre Katakomben. Das war die *Ménagerie du Jardin des Plantes à Paris*, die ihren bedeutendsten Zuwachs mit der Eroberung Hollands und der Entführung der Menagerie des Erbstatthalters aus dem Haag erhielt. Es war der erste Versuch einer wissenschaftlichen Sammlung, der erste Zoologische Garten, den sich das Volk anlegte, wie denn die städtischen Tiergärten meist aus den mittelalterlichen Menagerien hervorgegangen sind, nicht bloss in Paris, sondern auch in London, wo eine *Zoological Society* (1828) die Menagerie des Grafen von Derby zu Knowsley in den Regent's Park verpflanzte, und in Berlin, wo Friedrich Wilhelm IV. eine Strecke des Tiergartens und die Tiere der Fasanerie und der Pfaueninsel bei Potsdam zu einem Zoologischen Garten hergab (1843). Auch hier, und zwar wiederum in den Städten hat das feudale Princip des Mittelalters dem republikanischen der Neuzeit weichen müssen; die Löwen und die Adler, einst von den Königen als lebende Sinnbilder ihrer Majestät unterhalten, gehören jetzt dem Bürger, der sein Eintrittsgeld erlegt und damit die ganze Anlage in die Hand nimmt. Der erste

Wasserfeuerwerk, Girandola zwischen zwei Sonnen, mit Vorstellung einer Seeschlacht. Die Kunstfeuerwerkerei braucht fünf Körper: Schiesspulver, Salpeter, Schwefel, Kohle und chlorsaures Kali; es konnte daher von ihr keine Rede sein, solange man jene fünf Stoffe nicht beisammen hatte (nicht vor dem 14. Jahrhundert). Faksimile eines Kupferstiches aus dem Nachlasse von Hanzelet, Ingenieur des Herzogs von Lothringen zu Pont à Mousson und Nancy, zugleich Kupferstecher und Buchdrucker (*Recueil de plusieurs machines militaires et de feux d'artifice.* Pont à Mousson 1620).

in Deutschland ganz selbständig von der Gesellschaft errichtete Zoologische Garten ist der zu Frankfurt am Main.

An die Pariser Menagerie knüpft sich eine romantische Erinnerung.

Vor seinem Löwengarten,
Das Kampfspiel zu erwarten,
Sass König Franz.

Nämlich Franz I., König von Frankreich, der Nebenbuhler Kaiser Karls V., in der ersten Hälfte des 16. Jahrhunderts; das Kampfspiel sollte vermutlich dem obigen, Pippinschen ähnlich werden, entweder ein Stier oder eine Meute Hunde auf die Löwen gehen, am Ende der König selbst in die Arena treten. Wirklich wollte das zwanzig Jahre später der heftige Karl IX. thun sogut wie Pippin, als ihm ein Löwe seine besten Hunde zerrissen hatte; sein Bruder Heinrich III. weniger, denn als ihm eine Nacht geträumt hatte, die Löwen frässen ihn, liess er sie am nächsten Morgen alle miteinander mit Haken erschiessen. Ich weiss nicht, was sich Schiller unter dem Kampfspiel eigentlich gedacht hat — seiner Erzählung nach muss es ein wenig langweilig gewesen sein, denn die Katzen legen sich ja allezusammen nieder, ohne sich zu beissen. Gefangene Tiger lässt man wohl mit Elefanten, mit Büffeln, nicht mit Löwen und mit Leoparden kämpfen. Aber zum Glück fiel da ein Handschuh zwischen den Tiger und den Leun mitten hinein. Wessen Handschuh? — Der Handschuh von Fräulein Kunigunde. Franz I. war bekanntlich der König, der die Frauen am Hof einführte. So kam es, dass Fräulein Kunigunde auf der Tribüne sass. Wie? — sagt der etwas schwerhörige Franzose; Fräulein *Cunégonde?* — Ist mir nur als deutsche Kaiserin bekannt. Kein französischer Name: *Cunégonde.* Passt nicht zu *Jacques Montgomery, Seigneur de Lorges, Capitaine de Lorges.* Passt allenfalls auf den Kynast, das Bergschloss im Riesengebirge, wo das übermütige Fräulein thronte; nicht in die Pariser Menagerie. Sie wählten wohl den altertümlichen Namen der deutschen Ritterromane, lieber Schiller, um auf *Stunde* und *Munde* einen Reim zu haben? — Die Anekdote ist den Franzosen gut bekannt; sie findet sich in den berühmten Memoiren des Seigneur de Brantôme, der zur Zeit Franz I. lebte, und ein Jahrhundert später in den Essays des Herrn von Sainte-Foix über Paris (1744).

Die spanischen Stiergefechte sind als ein ebensolcher Rest der mittelalterlichen Kampfspiele zu betrachten, wie die englischen Fuchsjagden und die italienischen Vogelfänge ein Rest des mittelalterlichen Jagdsports sind; das heisst als ein barbarischer, ruchloser, gesitteter Nationen unwürdiger Rest. Wie bei der Parforcejagd treten bei den Stiergefechten, die ja in Italien auch wirklich Stierjagden *(Cacce del Toro)* heissen, während die Spanier: *Correr Toros, Corrida de Toros,* also wie andere Völker für das Turnier und für die Parforcejagd sagen . . . ich meine, wie bei der letzteren treten wiederum Pikeure, die vier *Picadores* auf, die in alter spanischer Rittertracht auf ihren Pferden sitzen und den Stier durch Lanzenstiche reizen, worauf ihm (wie den Rennpferden auf dem Corso beim römischen Karneval) bebänderte, mit Schwärmern versehene und explodierende Pfeile, die sogenannten Fähnlein oder *Banderillas* ins Fleisch, und zwar mit raffinierter Grausamkeit an die empfindlichsten Stellen gestossen werden, um seine Wut zu steigern; wie bei der Parforcejagd giebt der *Matador* oder, wie die Spanier sagen: der *Espada* dem erschöpften, rasenden, zu Tode gemarterten Tiere durch einen Stoss mit der blanken Waffe zwischen die Hörner, genauer zwischen den Hinterkopf und den ersten Rückenwirbel, den Genickfang. Er hat die Wirkung eines Blitzstrahls. *Que Barbaridad!* — das ist der charakteristische, bewundernde, von allen Seiten erhobene Beifallsruf für diesen Meisterstoss, der mit einer gewissen anmutigen Gelassenheit und zögernd ausgeführt werden muss. Auch das Durchschlagen der Hessen (248) kommt bei den Stiergefechten vor, indem feigen Stieren von hinten die Fesseln, die Gelenke am Fuss durchschnitten oder die Knieflechsen zerhauen werden, was früher ein ganz gewöhnliches Kampfmittel gewesen zu sein scheint; in England lag dieser Hieb dem *Hockster* ob. Auf den Feigling hetzt man auch Hunde, die sich an seinen Ohren festzubeissen suchen. Ha! Wer es gleich Freund Carletto, dem Saharafahrer, mitangesehen hat, wie der wütende Stier, während der Gaul des Picadors kerzengerade vor ihm auf den Hinterbeinen steht, Stoss auf Stoss gegen den Bauch und die Seiten des Pferdes führt und mit grimmiger Wollust in seinen Eingeweiden wühlt, wie die Gedärme herausquellen und sie das gepeinigte edle Geschöpf auf der Erde nachschleppt, ja mit seinen eignen Hufen darauf herumtritt — oder wie das schaudernde starke Tier, durch die knallenden Banderillas gefoltert, ausser sich vor Schmerz und Wut, ein Bild der Verzweiflung, laut brüllend, schäumend, in allen Muskeln voll Pein, mit den rotglühenden Augen aufblickt, Götter und Menschen verklagend — wie endlich der schwerverwundete, aber noch aufrechte arme Stier, unfähig zum Angriff, unfähig zur Verteidigung, taumelnd, sinnlos, blutspeiend, den Todeskampf kämpfend in die Knie sinkt, sich wiederum aufrafft, noch ein paar Schritte macht, von neuem zu Boden stürzt und erst dann den Gnadenstoss erhält, während das Publikum johlt, die Militärmusik eine lustige Polka aufspielt und die Picadores um ihr Schlachtopfer Quadrilla tanzen, schlimmer wie Kannibalen — —

der kann sich eines Abscheus, eines Grauens vor der Menschennatur wahrlich nicht entbrechen, vor jenem Geschlechte, das sich an den Ängsten und den Qualen aufgestachelter und systematisch verrückt gemachter Tiere weidet und die Summe der tagtäglich von der Sonne beschienenen Leiden auf der unseligen Erde frevelhaft vermehrt.

Unter Sanktion des Christentums, das ohne Einfluss auf das

Spanische Stiergefechte: der Stier, den der *Picador* mit seiner Lanze reizt und in den Nacken sticht, bohrt dem Pferde, da sich wild aufbäumt, seine Hörner in den Bauch; ein Spassmacher (*Chulo*) lenkt die Aufmerksamkeit des Stiers durch Schwingen eine seidnen Schärpe von dem Lanzenreiter ab. Nach einer Zinkographie in den Reiseschilderungen des Saharafahrers Carletto (Leipzig 1889

Gemüt der Menschen gewesen ist. Ein Geistlicher wohnt dem frechen Spiele bei, um im Notfalle die Sterbesakramente zu erteilen. *Ecclesia abhorret a sanguine.*

Wie schon bemerkt, haben die Stiergefechte, die von den Spaniern in Mexiko eingeführt worden sind, bis auf die neueste Zeit auch in Rom, im Kolosseum und im Mausoleum des Augustus, in dem sogenannten *Anfiteatro Corea* stattgefunden. Noch Goethe erzählt von der Ochsenhetze im Grabmal des Augustus. Sie hiess hier gewöhnlich einfach: Turnier *(Giostra)* und erhielt ihren Charakter durch die Hunde, indem die Stiere, keine besonderen Helden, mit Knütteln geschlagen und gereizt, mit Bullenbeissern kämpften; dann richteten sie ihre Angriffe auf einen Popanz, der in der Mitte aufgehängt war. Schon die alten thessalischen Toreros pflegten den Stier durch eine Strohpuppe, den Ταυροκαθάπτης, wild zu machen. Bullenbeisser ver-

Spanische Stiergefechte: ein *Torero* macht den Sprung mit der Lanze (*Garrocha*) über den mit Fähnchen *(Banderillas)* besteckten, explodierenden Stier; links kommt ein *Chulo* oder *Capeador* gelaufen, um dem Stier die Schärpe über den Kopf zu werfen. Nach einer Zinkographie in den Reiseschilderungen des Saharafahrers Carletto (Leipzig 1889).

traten die Stelle der Toreros auch bei der Wiener Hatz, die noch lange gebräuchlich gewesen ist; mit unglaublicher Tapferkeit stürzten sich die Hunde auf den unendlich überlegenen Feind, flogen in die Luft, liessen nicht los, bemächtigten sich der Ohren, schlugen die Hauer ein, bis der Stier endlich überwältigt war und regungslos dastand wie die Kuh vor dem neuen Thore. Das Volk feierte den Sieg der Hunde durch ein Bravo, ein Stich in die Weichen des Stiers machte dem Vergnügen ein Ende.

c. Stechen und Rennen. Turnier — Tjost — Buhurd.

Vestigia Leonis in Braunschweig, in Bardowiek — Heinrich der Löwe und Richard Löwenherz — die Geschichte von Kaiser Oktavianus und seinen zwei Söhnen, deutsches Volksbuch des 16. Jahrhunderts, ebenfalls *Vestigia Leonis* — König Dagobert — wie der Ritter Lion einen goldnen Löwen auf seinem Helme führt, der ein Wickelkind im Rachen trägt, und auf dem Turnier zu Valencia erscheint — er bekommt den Kranz aus den Händen der Prinzessin Rosamunde und die Hand der Prinzessin selbst — die schöne Magelone und der Ritter mit den silbernen Schlüsseln, abermals dieselbe Geschichte — weil ein *Turnier* das gewöhnlichste Fest war, das von einem Fürsten gegeben wurde, einem Maskenballe zu vergleichen — nimmermehr einem Manöver — Geschmacklosigkeit dieses Vergleichs — eher könnte man noch sagen, dass ein Turnier ein Turnfest gewesen sei — *turnieren* und *turnen,* derselbe Begriff — das Turnier eine französische Erfindung — mehr als ein Karussell — ein Spiel auf Tod und Leben: Unglück, das der König von Frankreich Heinrich II. auf einem Turniere hatte — merkwürdiges Verhängnis — Schillers *Don Carlos,* Betrachtungen darüber — Beschreibung des Turniers: der Turnierplatz, die Schranken, die Ritterprobe — Aufstellung der Schilde und Helme im Heroldsamte, Aushängen der Banner vor den Herbergen — die Entstehung der Wappen, die Heraldik, das Blason — die Landstreicher, die das Wappen ausschrieen, der Begriff *Krieg* — Einzug der Ritter, die Formation der Glieder, die Teilung in zwei Schwadronen — die fünf Fechtarten — die Waffe war die Lanze — allmählich löste sich das Turnier in zahllose Duelle auf: die *Tjost* oder der Nahkampf — der Begriff häufig für das ganze Turnier genommen — bei jeder Gelegenheit pflegten die Ritter zu tjostieren: eine Episode aus der Dietrichssage, Heime, das Ross Falke — weitere Herausforderungen und Zweikämpfe, stehender Verlauf derselben — das Turnier eine Massentjost, fiel der Tjost weg, ein *Buhurd* — Veranstaltung von Turnieren in der neueren Zeit, Fortleben der Ritterspiele in den Kartenspielen, in der Phantasie der Menschen überhaupt — das Ideal des Mittelalters verglichen mit einem Bilde Ariosts.

Heinrich der Löwe, wohl der merkwürdigste deutsche Fürst des 12. Jahrhunderts, führte seinen Beinamen mit der That — er war tapfer wie ein Löwe; im Jahre 1166 liess er auf dem Burgplatz zu Braunschweig, auf der Rugesäule einen ehernen Löwen mit aufgesperrtem Rachen in Lebensgrösse errichten, und als er im Jahre 1189 die Stadt Bardowiek bis auf den Dom zerstörte, schrieb er an die Kirchmauer die noch heute erhaltenen Worte: *Vestigia Leonis.* Wirkliche *Vestigia Leonis* werden an dem Braunschweiger Dom gezeigt. Denn die Sage geht, dass der Herzog von Bayern und Sachsen einen brüllenden Löwen von Fleisch und Blut als sein lebendiges Ebenbild besass. Im Januar 1172 hatte Heinrich der Löwe mit einem Gefolge von fünfhundert Rittern eine Wallfahrt nach Palästina unternommen. Daselbst sah er, so heisst es, einen Löwen mit einer Schlange kämpfen; er rettete das unterliegende königliche Tier und führte es von da an beständig bei sich. Der dankbare Löwe folgte ihm nach Deutschland, und mit ihm erschien er plötzlich ein Jahr darauf (Januar 1173) im Schlosse zu Braunschweig. Als der Herzog am 6. August 1195 in Braunschweig starb, legte sich das treue Tier vor den Dom, in dem sein Wohlthäter beigesetzt wurde, kratzte die tiefen Schrammen in den Stein und verendete dann gleichfalls. Der Braunschweiger Löwe ist das Wahrzeichen der Handwerksburschen, die sich vorstellen mögen, dass er das Denkmal jenes reissenden Tieres sei, das einst mit dem Welfen in den Gassen der niedersächsischen Residenz umherging; und die es nicht unterlassen, jene Schrammen mit ihren Werkzeugen auszuwetzen und zu vertiefen.

Luftgymnastiker, einem andern aufrecht stehenden Artisten auf den Kopf springend und sich hierauf in der Luft überschlagend; rechts das Sprungbrett zum Anlauf. Die Hände sind geballt, vielleicht, wie bei den Springern im Altertum und bei dem Nordamerikaner Short, zur Verstärkung des Schwunges, mit Hanteln belastet. Die kurzen Hosen lassen die muskulösen, wie aus Stahldraht geflochtenen Beine und Waden frei; die Schuhe des Springers haben dicke Holzsohlen und eiserne Absätze. Höhere Art des Pferdspringens oder, wie man früher sagte: des *Voltigierens* (französisch: *voltiger*, italienisch: *volteggiare*, Volte schlagen). Faksimile eines Holzschnittes in der Voltigierschule von A. Tuccaro (Paris, 1599, in-4°).

Das war die Zeit, in welcher die *Löwen* und die *Löwenherze* blühten; auch der englische König Richard, der unter dem letzteren Namen fortlebt, der ebenfalls in Palästina gewesen war, aber auf der Heimkehr seinem Feinde, dem Herzog Leopold von Österreich in die Hände fiel und den Heinrich der Löwe (1193) aus seiner Haft befreien wollte, was der Sage nach erst einem Spielmanne gelang — führte ja den Löwen in seinem Wappen. Auch die *Geschichte vom Kaiser Oktavianus und seinen zwei Söhnen*, in Deutschland erst im 16. Jahrhundert populär geworden, aber aus französischer Quelle stammend, die wieder auf eine lateinische zurückgeht, ist vielleicht schon in dieser frühen Zeit von den Jongleuren an den Höfen vorgetragen worden, da sie trotz des antiken Titels das rote Kreuz der Kreuzfahrer und *Vestigia Leonis* an sich trägt. Es widerstrebt dem ungeschichtlichen Sinne oder ganz einfach der Ignoranz des Mittelalters nicht, den Kaiser Augustus mit den Ungläubigen kämpfen und mit seiner Familie wunderbarlich in Franckreich bey dem frummen Künig Dagoberto widerumb zusamen komen zu lassen; nach der Zeit darf man wie bei den *Vier Haimonskindern* (117/118) gar nicht fragen, die Personen haben von der Weltgeschichte nur die Namen. Dagobert war ein Merowinger, der letzte, der noch einigermassen selbständig regierte (628—638), der Freund des heiligen Eligius und der Held des bekannten läppischen französischen Jagdsignals.*) Unter ihm wurde Paris die Residenz der fränkischen Könige. Auf das deutsche Volksbuch gründete Ludwig Tieck (1804) sein romantisches Lustspiel *Kaiser Oktavianus*, in dem Prolog kommen dreimal als kunstvoller Refrain die bekannten Strophen vor:

Mondbeglänzte Zaubernacht,
Die den Sinn gefangen hält,
Wundervolle Märchenwelt,
Steig auf in der alten Pracht! —

geflügelte Losungsworte für und gegen die romantische Schule, die das Wunderbare und Phantastische, insbesondere das Mittelalterliche mit Einschluss des Orientalischen in die Poesie einführen wollte, daher eben nach solchen wilden, unklassischen Stoffen griff.

Kaiser Oktavianus verstösst seine Gemahlin nebst ihren beiden Knaben und verschickt sie nach mittelalterlicher Ausdrucksweise in das Elend. Ein Affe stiehlt der Mutter das eine, eine Löwin raubt ihr das andere Kind und säugt es, wie einst eine Wölfin Romulus und Remus säugte; und da die Kaiserin der Löwin das Kind wieder abnimmt, folgt ihr das Tier bis zum Gelobten Lande, weicht nicht von ihr; dieser Knabe bekommt daher in der Taufe zu Jerusalem den Namen *Lion*. Das andere Kind führt sein guter Stern nach Paris, in das Haus eines Pfahlbürgers, es wird *Florens* getauft. Herangewachsen, fährt auch Lion mit der Kaiserin Mutter und der Löwin nach Frankreich, um dem König Dagobert beizustehen, in dessen Land die Ungläubigen, die Heiden und die Türken eingefallen sind.

---

*) C'était l'roy Dagobert
Qui avait mis la culotte à l'envers.
Le bon Saint Eloy
Lui dit: mon bon roy,
Votre Majesté
Est fort mal culottée.
Eh bien, lui dit le roy,
Je vais la remettre à l'endroit ...

Der mächtige Kaiser Oktavianus ist auch schon gekommen, um seinem Bundesgenossen mit Heeresmacht zu helfen, aber samt dem tapferen Florens in die Gefangenschaft des Sultans von Babylon geraten, der Paris belagert. Da erscheint eben zur rechten Zeit der edle Jüngling Lion: er befreit den Vater und den Bruder, indem er mit der Löwin die gottlosen Heiden zusammenhaut. So findet der Kaiser Oktavianus seine Gemahlin und seine beiden Söhne wieder, die er gerührt in seine Arme schliesst, und kehrt mit seiner Familie nach Rom zurück. Nur Florens bleibt in Frankreich, wo er seine geliebte Marcebylla, die Tochter des Sultans heiratet; er wird nachträglich König von England. Sein Sohn heisst Wilhelm (der Eroberer). Der edle Ritter Lion aber machte später eine Reise nach Spanien, wo der Landesherr ein Turnier ausgeschrieben hatte. Wenn ein tapferer Ritter wäre, der seine Kraft und Mannheit versuchen wollte, hiess es in der Ladung, der sollte sich auf der immergrünen Huerta von Valencia einfinden, daselbst würde ein jeglicher seinesgleichen treffen. Das war Wasser auf die Mühle des feurigen Jünglings: er machte sich mit zweihundert römischen Rittern auf und zog nach Valencia. Hier rastete er erst acht Tage in einer Posada; und als dann der König von Spanien abermals ausrufen liess: wo ein Ritter wäre, der um einen Kranz, von der Prinzessin Rosamunde selbst gewunden, turnieren möchte, der solle sich den nächsten Morgen früh auf den Turnierplatz verfügen — da liess er sich wappnen.

Athlet, von einem Faltstuhle mit den Händen auf eine Bank springend, die von zwei auf der Erde sitzenden Artisten gehalten wird, und sich überschlagend. Komplizierter Purzelbaum. Faksimile eines Holzschnittes in der Voltigierschule von A. Tuccaro (Paris, 1599, in-4⁰).

Seine Rüstung war kostbar, ganz aus lichtem Eisen, mit schöner Tauschierarbeit, mit Edelsteinen besetzt; auf dem Helm aber führte er einen Löwen aus klarem Golde, der trug ein Wickelkind im Rachen.

Die Scharen wurden in zwei Haufen geteilt: die Trompeten schmetterten, sie legten die Lanzen ein, und das grosse Stechen begann. Die geharnischten Männer drangen, dass es krachte. Lion warf alle zu Boden, die ihm trotzten, und seine Begleiter rannten gewaltig mit ihm, mancher stolze Caballero musste den Sattel räumen. Die Königstochter Rosamunde lag mitsamt ihrem Frauenzimmer auf den Zinnen der Stadtmauer und schaute dem Kampfe zu. Sie hätte gar zu gerne gewusst, wer der Ritter mit dem goldnen Löwen sei. Und als das Turnier nach fünf Stunden vorüber war und die gesamte Ritterschaft entwaffnet im Schlosse zu Tische ging, da trat Rosamunde mit ihren Jungfrauen in den Saal. Sie trug eine goldne Krone und auf der Krone das Kränzlein von roten und weissen Rosen. So stellte sie sich vor ihren Herrn Vater und hub an: *Liebe Herrn und Ritter, hier habe ich den Kranz, der dem Tapfersten gehört. Soll ich meine Meinung sagen, so ist der Ritter, der einen goldnen Löwen auf dem Helme führt, der Würdigste, ihn zu tragen. Er möge sich melden.* Lion wollte sich nicht nennen; er stand bescheiden im Hintergrund. Aber da der König darauf drang, trat endlich einer von seinem Gefolge hervor, deutete auf den Fürsten und sprach: *Hier steht der Löwenritter.* Da nahm Rosamunde ihr Kränzlein ab und drückte es dem Jünglinge aufs Haupt: *Bewahrt es, edler Ritter, haltet es in Ehren, Ihr habt wacker gefochten!* — Hierauf begann die Tafel, Lion sass neben der Prinzessin.

Sie verliebten sich sterblich ineinander, der alte König von Spanien erkundigte sich, wer dieser Ritter Lion wäre, und da er erfuhr: der Sohn des römischen Kaisers Oktavianus, so wurde Verlobung gefeiert, Hochzeit gehalten, und der Prinz kehrte mit seinen zweihundert Rittern und ausserdem noch mit einer Braut nach der Welthauptstadt zurück.

In welchem alten Volksbuche käme nicht ein Turnier vor, auf dem ein fremder Ritter den Preis und mit dem Preise das Herz der Königstochter gewinnt? — Die Geschichte der *schönen Magelone* (158) zum Beispiel fängt genau so an. Hier kommt der junge Graf Peter von Provence, von Reiselust getrieben, an den Hof des Königs von Neapolis, geht ebenfalls zunächst in eine Herberge auf dem Fürstenplatze (wie denn die fremden Herren immer, auch die speziell eingeladenen, in der Stadt Quartier zu nehmen pflegten, vor den Herbergen wurden die Schilde der Ritter aufgepflanzt und ihre Banner ausgehängt, wie wir das auf Seite 15 gesehen haben) — erfährt, dass nächsten Sonntag zu Ehren des Herrn Heinrich von Carpona ein Turnier am Hofe sei, zu dem auch fremde Ritter Zutritt erhielten, stellt sich ein, thut das Beste und entzückt mit seinem adeligen Wesen die Prinzessin

Turnier, gegeben in Paris beim Einzug der Königin Isabella von Bayern, der Gemahlin Karls VI., des Geliebten. A. D. 1389. Die Spitzen der Lanzen bilden gezackte Krönlein, die Hände sind durch Stichblätter geschützt, interessante Helmkleinode. Reiter und Rosse tragen Plattenrüstungen, die beiden ersten, anscheinend Prinzen, Waffenröcke darüber; die Helme sind Topfhelme, genauer: *Stechhelme* mit unbeweglichem, vor der Nase löffelartig ausladendem Visier, sogenannte Krötenmäuler; über dem halbrunden Schnabel liegt horizontal die Sehspalte. Nach einer Miniatur in der Handschrift der *Chroniques de Sire Jean Froissart, qui traitent des merveilleuses entreprises, nobles aventures et faits d'armes advenus en son temps en France* (14. Jahrhundert).

Magelone, die er dann entführt. Er hat sich auf seinen Helm, dem Apostel Petrus zu Ehren, dessen Namen er trägt, zwei silberne Schlüssel machen lassen, daher er der Ritter mit den silbernen Schlüsseln heisst; seinen wahren Namen kennt man auch nicht.

Die Häufigkeit dieses Motivs beruht ganz einfach darauf, dass ein Turnier das vornehmste Fest war, das ein Fürst oder ein Amphitruo des 12. oder 13. Jahrhunderts gleich einem Maskenballe oder einem Kostümfeste gab, nur dass dabei nicht blos getanzt, sondern ernstlich gestochen wurde. Man hat aus den Turnieren Gefechtsübungen und gleichsam Reitschulen machen wollen, man hat sie mit den Reitermanövern unserer Zeit verglichen — dass sie einen Nutzen und einen Erfolg hatten wie Manöver, dass sie den Rittern Gelegenheit gaben, sich praktisch und für den Ernstfall auszubilden, dass sie das bewegte Bild eines Krieges waren, soll nicht bestritten werden, übrigens aber liegt die Schiefe, die kolossale Geschmacklosigkeit des Vergleiches auf der Hand. Ein Manöver entspricht höchstens einer Partie Schach, die zwei Feldherrn auf Befehl miteinander spielen und die erst recht ein getreues Kriegsbild darstellt, einem *Tjost* oder einem Duell zwischen zwei Strategen, die ihre furchtbaren Kriegsmaschinen gegeneinander richten; aber nimmermehr einem mittelalterlichen Turnier. Weil dieses ein Spiel, ein *Schimpf* und keine vorschriftsmässige Übung war. Ein Spiel, an dem jeder teilnehmen konnte, wer wollte, wenn er überhaupt turnierfähig, das heisst ritterbürtig, war; und wo jeder für seine Person mitspielte, Ross und Harnisch, Hab und Gut gewinnend und verlierend, sein Leben aufs Spiel setzend, Ehre erwerbend, einen Kranz, einen Sperber, ein Paar Windhunde, einen von der Herzogin Hadwig gestifteten Bären, achtzig Küsse, die Hand einer Erbtochter davon tragend, ein Glücksritter oder ein Pechvogel, wie es kam, aber keineswegs eine blinde Waffe in der Hand eines Generalstabs, ein Stein, der auf dem Brette gesetzt, ein Bauer, der vorgerückt wird, wie das der gemeine Soldat im Manöver ist. Ein solches widerspricht geradezu dem Geiste des Mittelalters, das noch keine Ahnung von militärischem Drill und von stehenden Heeren hat. Zehnmal vernünftiger liesse sich ein Turnier mit einem Turnfeste vergleichen, bei dem eine Wettturnordnung gilt; hier hätte man wenigstens dasselbe Wort, da *turnen* und *turnieren* etymologisch gleich sind. Beide Zeitwörter kommen von dem französischen *tourner;* das letztere, die ältere, mittelhochdeutsche Form, zeigt die hässliche, zwitterhafte, deutsch-romanische Infinitivform, indem die Endung *-en* an die Endung *-er* angehängt ist: *turnieren* entstand aus *tourner-en,* wie *parlieren* aus *parler-en* oder *studieren* aus *studer-en.* Noch heute *tourniert* man ja beim Skat, indem man eine Karte aufdeckt oder wendet *(en tournant). Turnen* dagegen hat die fremde Infinitivendung ausgestossen; *turnen* klingt wie *schreiben, turnieren* wie *[trans]skribieren,* vergleiche Seite 96. Fremdwörter sind beide. Als der Turnvater Jahn im Sommer 1810 mit seinen

Jüngern hinaus ins Freie zog, um Leibesübungen zu treiben, führte er für das Wort *Gymnastik* den Ausdruck: *Turnkunst* ein, weil er *turnen* für einen deutschen „Urlaut“ hielt; er knüpfte dabei ausdrücklich an den Namen der alten Turniere an. Ohne sie wäre Jahn kaum auf die Wahl dieses nicht sehr bezeichnenden Ausdruckes verfallen. Im Frühjahr 1811 wurde der erste *Turnplatz* in der Hasenheide eröffnet. Er täuschte sich; das Verbum *turnan*, das allerdings im Althochdeutschen und schon bei Notker im Sinne von wenden, drehen vorkommt, war lateinisch und am Ende sogar griechisch, so gut wie *Gymnastik* (lateinisch *tornare*, drehen, drechseln, aus dem griechischen *τορνεύειν*). Aus dem lateinischen *tornare* floss sowohl unser *turnen* als auch das französische *tourner*, aus letzterem wieder das französische *tournoyer*, wozu das Substantivum: *le Tournoi* gebildet wurde. Während nun dieses in der Form *der Turnei* unmittelbar ins Mittelhochdeutsche überging, ward auch aus dem mittelhochdeutschen Verbum *turnieren*, nach Analogie von *der Stich, der Hieb*, das Substantivum: *der Turnier* entwickelt. Man dachte an die Drehungen und Wendungen, die bei den ritterlichen Kampfspielen mit den Rossen ausgeführt wurden, die Schwenkungen und Evolutionen der Reiterscharen. Von den mittellateinischen Schriftstellern wird das Turnier gewöhnlich: *Torneamentum* genannt; die Italiener und die Spanier bezeichneten es als *Torneo*. Ein echter deutscher Name für das Ritterspiel war: der *Schimph* oder der *Schimpf (Turnei ze Schimpfe)*; gewöhnlich sagte man: das Rennen oder das Stechen. Dass wir hier den Franzosen nachsprechen, dass überhaupt die ganze Terminologie wie bei der Jagd (234) in schauderhafter Weise verwelscht worden ist, hat seinen guten Grund: das Turnier ist eine französische Erfindung. Ein französischer Ritter, der Baron Gottfried von Preuilly, der Herr von einer kleinen Stadt in der Touraine, welcher A. D. 1066 bei Angers ermordet ward, gab die Turnierordnung an, die aus gewöhnlichen Wettkämpfen erst *Turniere*, aus Manövern,

Die schöne Helena (*Heleine*) als Coeurdame in der Pikettkarte Karls VI. (A. D. 1392). Als Königin von Frankreich gedacht: bordiertes Staatskleid mit weiten Ärmeln, Hermelin-Pelerine mit langen verschlungenen Enden, auf dem Kopf eine Kapote mit Schapel, eine Blume, vielleicht einen Lilienstengel, in der rechten Hand. Ochsenäugig gleich einer Juno. Die Treffdame war *Argine*, das Anagramm von *Regina*; die Karodame: *Rachel* (Rahel); die Pikdame: Minerva. Pariser Kupferstich-Kabinett.

wenn man deren annehmen will, höfische Feste und aus Karussellen Waffenspiele machte und die seitdem an allen europäischen Höfen eingehalten ward. Die Agonen, die Karl der Kahle und Ludwig der Deutsche A. D. 842 am Fränkischen Hofe zum Zeichen ihrer Versöhnung durch die ritterliche Jugend anstellen liessen und die Nithard (82) als ein wegen des entfalteten Glanzes und der herrschenden Ordnung bewundernswertes Schauspiel schildert, waren nichts weiter als *Karusselle,* was man damals unter *Karussellen* verstand: Ringelrennen, Wettfahren, Ringstechen, Diskuswerfen, Kopfrennen und dergleichen; diese Olympischen Spiele kamen mit den Turnieren ab, aber mit dem Verfalle der Ritterschaft wieder auf, indem das Karussellreiten an die Stelle der Turniere trat. Noch heute fahren ja die Kinder auf der Leipziger Messe *Karussell,* wenn es auch nur hölzerne Pferde und mechanisch bewegte Wägelchen sind, in denen sie sitzen. Die Turniere waren etwas ganz anderes, etwas spezifisch Mittelalterliches — sie waren adeliger, vornehmer als die Olympischen; und weniger blutig als die der Gladiatoren. Unglücksfälle freilich brachten sie genug mit sich, daher sie auch von den Päpsten wiederholt bei Strafe der Exkommunikation verboten wurden; der blosse Sturz konnte den Reiter das Leben kosten. *L'uomo a cavallo, sepoltura aperta.* Im Jahre 1559 veranstaltete der König von Frankreich, Heinrich II., zur Feier der Vermählung seiner ältesten Tochter Elisabeth mit dem König von Spanien Philipp II., dem Vater des Don Carlos, und der seiner Schwester Margarete mit dem Herzog von Savoyen, ein dreitägiges Turnier. Am Abend des zweiten Tages (30. Juni 1559) erschien er selbst in den Schranken und forderte den Grafen Gabriel von Montgomery, Offizier in der schottischen Leibgarde, auf, einen Gang mit ihm zu machen, zu Ehren einer Dame eine Lanze mit ihm zu brechen. Beide Lanzen zersplitterten beim ersten Anlauf — der Graf, der sein Ross nicht erhalten konnte, rannte dem König den Stumpf unter das Visier ins rechte Auge, zehn Tage darauf (10. Juli 1559) war er tot. Fünfzehn Jahre später wurde der Graf, der zu den Hugenotten hielt, auf Befehl der Königin Katharina auf dem Grèveplatz enthauptet (27. Mai 1574). Es ist ein merkwürdiges Zusammentreffen und anscheinend ein wahres Fatum, dass schon vor zehn Jahren sein Vater, der obenerwähnte Seigneur de Lorges dem König Franz I., dem Vater Heinrichs II., bei einem improvisierten Manöver einen Feuerbrand ins Gesicht geworfen und ihn dadurch schwer verletzt hatte. Seit jenem Vorfalle gerieten die Turniere vollständig in Misskredit.

Schiller, der die Erinnerung an die fatale Begebenheit in seinem *Don Carlos* gut hätte verwerten können, verdreht dieselbe, indem er in der ersten Scene den Domingo, nicht gerade glücklich, von einem Turnier zu Saragossa erzählen lässt, wo den alten König Philipp ein Lanzensplitter *gestreift* und die Königin Elisabeth geglaubt hätte, dass Don Carlos verwundet worden sei.

Auf einmal rief's:
Der König blutet! — Man rennt durcheinander,
Ein dumpfes Murmeln dringt bis zu dem Ohr
Der Königin. Der Prinz? ruft sie und will —
Und will sich von dem obersten Geländer
Herunterwerfen. — Nein, der König selbst! —

Diese Geschichte, die Don Carlos selbst als witzig bezeichnet, ist abgesehen davon, dass sie keinen historischen Wert hat, so schlecht erdacht und so ungeschickt vorgetragen wie nur immer möglich. Auch dass die Königin kurz darauf den Marquis Posa ihren Damen als den Ritter vorstellt, der zu Rheims mit ihrem Vater eine Lanze gebrochen und ihre Farbe dreimal siegen gemacht habe, kann nach dem Vorausgegangenen nur verletzend wirken. Eine Frau, deren Vater auf eine so traurige Weise ums Leben gekommen ist, rühmt sich dessen nicht.

Folge mir nun einmal, viellieber Leser, auf den *Griess,* den *Sand* oder den Turnierplatz, der in der Nähe der Stadt, womöglich hart an der Mauer liegt. Das heisst, wir wollen uns nur auf die Burgmauer setzen oder an ein Fenster des Palas gehn oder einen Turm besteigen, von wo aus wir das Terrain gut übersehen können; liegt dasselbe zu weit ab, so giebt es wohl wie bei unseren Rennen eigene Tribünen oder wie die Franzosen sagen: ein Schafott *(Échafaud).* Denn auf den Platz selber dürfen wir nicht, er ist eingefriedigt und abgesperrt, eben wie bei den Rennen, die Umzäunung, die aus Staketen oder Planken besteht, nennt man die Schranken, französisch: *la Lice.* Diese darf niemand überschreiten, der nicht dazu gehört; selbst die Ritter müssen sich erst über ihre Turnierfähigkeit ausweisen und einer Ahnenprobe, Ritterprobe unterziehen. Zum Turnier werden bloss Adlige zugelassen, die eine bestimmte Anzahl von Ahnen haben; zu dem Ende die Wappen der Ankömmlinge, ihre Schilde und Helme ausgestellt, die Fahnen, wie an den Herbergen, zum Fenster herausgesteckt und vom Herolde geprüft, der über die Rittermässigkeit und die Würdigkeit des Teilnehmers entscheidet, auch die Waffen als solche untersucht. An den Turnierschranken hat der Ritter den Herold mit einem

Horn zu rufen; das gebrauchte Horn soll dann zum Zeichen der Zulassung auf dem Helm befestigt worden sein, was wohl auf einer Verwechselung beruht. Es ist bekannt, dass diese Ausstellung der Schilde und Helme im Heroldsamte, diese von der Heroldie und ihrem Vorstand, dem Wappenkönig, wegen der Turnierfähigkeit vorgenommene Wappen- und Helmschau eben zu der Annahme von Wappen, wie sie noch gegenwärtig bestehen, geführt hat. *Wappen* ist ja weiter nichts als *Waffen*, die plattdeutsche Form, die sich mit dem vom Niederrhein ausgehenden Rittertume festgesetzt hat, französisch: *les Armes;* und zwar sind die Schutzwaffen gemeint, die am ersten Gelegenheit gaben, ein Abzeichen anzubringen, der Schild, auf den das Bild gemalt, beziehentlich, wenn aus Pelzwerk ausgeschnitten, aufgenagelt, und der Helm, an den das Helmkleinod oder das Zimier (144) angebunden werden konnte. Damals führte man noch ganz eigentlich etwas *im Schilde*. Die Wappenkunde, die der Herold besitzt, heisst die *Heroldskunst*, lateinisch: *Ars Heraldica,* die *Heraldik;* in Frankreich heisst sie: *le Blason,* ein Wort, das von den Etymologen mit dem deutschen *blasen* (weil der einreitende Ritter oder der ihn passieren lassende Herold auf dem Horne geblasen habe) zusammengebracht worden ist. Der Herold, der das Erscheinen des Ritters ankündigte, hätte sozusagen sein Wappen ausposaunt. Jedenfalls sagte man von dem Herold, der das Wappen prüfte, er *blaseniere* dasselbe *(blasonner les Armes).* Wie das Wappen, konnte man auch die Person des Trägers *blasenieren,* daher das letztere allmählich den allgemeinen Sinn von kritisieren annahm. In der naiven Poesie des Mittelalters werden gelegentlich alle Teile des menschlichen Körpers, auch des weiblichen, die Augen, die Nase, der Hals, die Schultern, Arme und Beine, die *Brüstelîn,* die durchsichtige weisse Kehle, durch die der rote Wein hindurchschien, wenn sie trank, einer der beliebtesten Züge, blaseniert.

Das Wappen wurde nicht bloss ausgeblasen, sondern auch ausgeschrieen. Nämlich von den Landstreichern, die sich bei jedem Turnier einfanden, die Ritter durch lauten Zuruf begrüssten, wenn sie in der Stadt ankamen und wenn sie nach dem Turnierplatze zogen, um ein Trinkgeld zu bekommen; diese Leute, die viel in der Welt herumkamen und jedes Wappen kannten, waren gleichsam wilde und freiwillige Herolde und auch im weiteren Sinne Herolde der kühnen Thaten und des Ruhms. Sie riefen die Namen aus: *Der Herzoge von Sahsen, der Brûneswîc! Der Graf Balduin vom Hennegau! Der werde Künic Richard Löwenherz! Ungerlant!* — Nach diesem ihren

Rufen nannte man sie *Krîer* oder *Krîierer* oder *Krîgierer* oder *Krojierer*, es giebt eine Menge barbarischer Nebenformen für diesen Begriff, der mit dem französischen *Crieur* identisch ist. Und der Ruf, der *Krî* oder der *Krîe* oder die *Krei* oder die *Kreide* hat die Bedeutung von Losung, Parole, Erkennungszeichen, Helmzeichen angenommen, wie vorhin das *Blasen* zu einem Wappenschilde ward. Da der Begriff *Krieg* dem Althochdeutschen fast fremd ist und hier durch *Hader* und *Kampf* ersetzt wird, so könnte man vermuten, dass das dunkle Wort mit jenem *Krîe* und demnach mit dem französischen *Cri, crier* zusammenhängen und zunächst entweder Wortwechsel oder Feldgeschrei bedeutet haben möge. Das *g* hätte sich etwa wie bei *Venedig* (aus *Venedia)* eingestellt.

Nach Erledigung sämtlicher Formalitäten ziehen endlich die Ritter, welche früh eine Messe gehört und inbrünstig gebetet haben, begleitet von ihren Knappen und Dienstmannen, die ohne weiteres eingelassen werden, weil sie das Wappen ihres Herren tragen, beim Spiel von Geigen, Harfen, Flöten und Trommeln in die Schranken. *Wîchâ, Herre; wîche!* Das heisst: Ausweichen, Herr, ausweichen! — damit machen die Knappen ihren Rittern Platz; *wichâ* ist der Imperativ von *wichen*, weichen, mit angehängter Interjektion *â*. Nun begann die Aufstellung und die Formation der Glieder, denn den Anfang bildete allerdings ein einheitliches Kavalleriegefecht, und wenn einer einmal daran teilnahm, so musste er sich der Organisation des Rottenführers fügen. Die Mitspieler waren in zwei Schwadronen geteilt, die letzteren in drei Treffen formiert; in Geschwadern gegeneinander anrennend, löste sich die Reiterei zum Einzelkampfe auf. Der Fechtarten waren fünf — fünf Stiche mag Turnieren hân, sagt Feirefiz im letzten, sechzehnten Buche des Parzival, Vers 760 ff:

König David als Pikkönig in der Pikettkarte Karls VI., durch welche man den unglücklichen König bei seinen Anfällen von Trübsinn zu zerstreuen suchte; also etwa aus dem Jahre 1392. Der König von Israel, als Dichter durch die Harfe charakterisiert, erscheint als König von Frankreich, als schnauzbärtiger *Rex Crinitus* mit Zepter, Krone und Stern, ersteres (seit 1179) mit der französischen Lilie geschmückt; in Stiefeln und Königsmantel, ein bärbeissiger kleiner Kerl. Den Coeurkönig stellte Karl der Grosse, den Karokönig Cäsar und den Treffkönig Alexander der Grosse vor. Pariser Kupferstichkabinett (mit der grossen Bibliothek verbunden).

einer ist zem Puneiz;
ze Triviers ich den andern weiz;
der dritte ist z' Entmuoten;
ze Rehter Tjost den guoten
hurteclîch ich hân geriten,
und den zer Volge auch niht vermiten.

Der Puneiz (aus mittelfranzösisch *Pougneis, Poigneis)* entspricht dem Chok. Er ist der gewaltsame Zusammenstoss der beiden Linien. Ze Triviers *(à travers)* bedeutet den Angriff in der Flanke. Z' Entmuoten und ze Rehter Tjost scheinen beides Schwärmattacken zu sein. Zer Volge heisst: zur Verfolgung.

Zeichen der Herausforderung war der Wurf des Handschuhs; die Waffe der Speer oder die Lanze, die der Ritter *einlegte*, das heisst unter den Arm legte und richtete, an der er sein Fähnchen *(le Pennon)* und dazu einen Ärmel, ein Halstuch, ein Strumpfband von seiner Dame befestigt hatte — der tapfere Ritter Polyphem trug angeblich den goldgestickten Pantoffel seiner Herzallerliebsten auf dem Helm. Durch die süsse Erinnerung gefeit, stark durch seine Minne, die Farbe der Einzigen bekennend, suchte er durch einen Stoss in die Kinngegend oder auf den Buckel, die vier Nägel des Schildes, den Gegner aus dem Sattel zu heben. Dabei zersplitterten die Lanzenschäfte sehr leicht, es musste daher ein genügender Vorrat mitgenommen werden. Einmal über das andere hiess es wie bei dem Turnier, das die Königin Herzeloide ausgeschrieben hat und auf dem ihre Hand und ihr Reich zu gewinnen ist:

sperâ hêrre, sperâ sper! — Parzival II, 627.

Stürzte der Gegner, so gehörte sein Ross dem Sieger, dessen Knappen es an sich nahmen. Stürzte keiner von beiden, senkte keiner seine Lanze, so wurde fortgestochen, und wenn die Speere verstochen waren, mit dem blanken Schwerte weitergekämpft, schliesslich auf der Erde Mann gegen Mann gerungen, bis der eine endlich das Visier öffnete und fragte: *Wer hat mich überwunden?* — Das war das Zeichen, dass er sich gefangen gab, und nun leistete er seinem Überwinder das Gelübde der Unterthänigkeit oder die *Fianze*, eigentlich das Vertrauen *(la Fiance). Min Sicherheit si din.* Seine Rüstung war verfallen, und er musste sich mit Geld loskaufen, sonst blieb er der *Mann* des Stärkeren, der ihn seiner Dame schickte. Dieser kniete ihm auf die Brust und setzte ihm das Messer an die Kehle — weigerte er sich, die Sicherheit zu geben, so stiess ihn der Turnierheld nieder. Das nannte man ein *Turnei ze Ernste.*

Dass alles richtig zuging, dafür hatten die *Griesswärtel* zu sorgen, die man mit unsern Sekundanten verglichen hat; der *Griess* war die

Amor mit übergeschlagenem Beine, mit Flügeln am Kopfe auf einem Lorbeerbaume sitzend und Liebespfeile austeilend: Szene von einem provençalischen Minnehof. Die vier Liebespaare zeigen die Stufen der Liebe, vom ersten Erwachen und dem schüchternen Geständnis derselben bis zu ausgesprochenen Zärtlichkeiten und zum vollkommenen Liebesglück, dessen Ausdruck die Turteltaube und der Verlobungsring ist. In den Zwickeln und Spandrillen Masken und phantastische Tiere, Allegorien der vielfachen Zwistigkeiten, Eifersüchteleien und nichtigen Beschwerden, die vor das Forum des Minnehofs gehören; man hört zum Beispiel die ernste Frage aufwerfen: *Ein Liebender hat zwei Flammen; die eine erhört ihn erst nach sieben Jahren, die andere nach sieben Tagen. Welche von beiden liebt ihn besser?* — Oder die folgende: *Ein Verliebter ist sehr eifersüchtig, er ereifert sich über ein Nichts; ein zweiter ist so vertrauensselig, dass er selbst da noch ruhig bleibt, wo er Grund hat zu schmollen. Welcher von beiden zeigt mehr Liebe?* — Die Entscheidungen, von dem Pariser Parlamentsprokurator Martial d'Auvergne († 1508) veröffentlicht, von Benoît de Court, einem berühmten Rechtsgelehrten, scharfsinnig kommentiert (1533), waren die ***Arrêts d'Amour,*** die ***Jeux mi-partis,*** vergleiche die Unterschrift auf Seite 75. Elfenbeinschnitzerei auf der Rückseite eines Handspiegels vom Ende des 13. Jahrhunderts.

Arena des Mittelalters. Die Griesswärtel fungierten hauptsächlich bei dem gerichtlichen Zweikampf, der eine Form des Gottesurteils war;

bei den Turnieren hatten sie die Kämpfenden in den Grenzen des Spiels zu halten, falls sie Ernst machten, Frieden zu stiften und die Unterliegenden zu schützen.

Wie man sieht und wie es auch in der Natur der Sache liegt, endigte das Turnier mit einem allgemeinen Zweikampf; wer sich bei dieser grossen Paukerei, dieser Propatriasuite besonders hervorgethan und am tapfersten geschlagen hatte, der erhielt den Preis. Wenn die Turniere Manöver gewesen wären, so hätte ihn der kommandierende General verdient. Diese Zweikämpfe hiessen: *Nahkämpfe* oder *Tjosten*, italienisch: *Giostre*, französisch: *Joutes*, Worte, die sämtlich auf die lateinische Präposition *juxta*, nahe bei, dicht an, zurückgehen; es waren Kämpfe in Juxtaposition. Der Begriff wird häufig mit dem des Turniers überhaupt, oben sogar mit einem Stiergefecht verwechselt. Schon am Vorabende eines grössern Turniers pflegten die Ritter ihre Kräfte in der *Tjost* zu messen und zur Vesper die sogenannte *Vesperie* vorzunehmen, wie sie denn überhaupt bei jeder Gelegenheit *tjostierten*. Heutzutage spielt man Schach oder Skat; damals versuchte man sich im Waffenspiele. Bekanntlich sammelte sich um den treuen volkstümlichen Helden Dietrich von Bern, das heisst den König der Ostgoten Theoderich den Grossen, der in Verona residierte, im Laufe der Zeit ein grosser Sagenkreis, dem die Dichter des Mittelalters ihre Stoffe mit Vorliebe entlehnten; ihm gilt auch die *Thidrekssaga*, ein nordischer, auf niederdeutschen Quellen beruhender Roman, der um die Mitte des 13. Jahrhunderts verfasst worden ist. Im 18. Kapitel dieser Saga tritt eine neue bedeutende Heldengestalt in den Berner Kreis: der gewaltige, kurzhalsige, dicke, riesenstarke Heime aus Schwaben, dessen liebste Beschäftigung es ist, Hengste zuzureiten und mit dem Bogen zu schiessen oder Speere zu werfen. Der nimmt eines schönen Tages sein Schwert Blutgang und alle seine Waffen, sattelt sein Ross Rispa, springt zornig hinauf und reitet über die Alpen nach der Burg, die Bern geheissen ist. Dort begiebt er sich augenblicklich nach dem Schlosse, begrüsst den mächtigen König Dietmar, aus dem Geschlechte der Amelungen, Dietrichs Vater, und tritt dann vor den jungen Kronprinzen und spricht: *Herr, ich habe schon viel von Dir*) gehört; ich bin weit hergekommen,*

*) Die Saga lässt die beiden Helden einander duzen; der Zeit Theoderichs ist das angemessen, dem 13. Jahrhundert keineswegs. In diesem mussten sie sich ihrzen. Schon im 8. und 9. Jahrhundert werden Fürsten und hohe Würdenträger mit *Ihr* angesprochen; im höfischen Zeitalter war diese Sitte schon allgemein verbreitet. Nur Leute aus dem Volke nannten sich noch *Du*. Der Roman stammt allerdings aus dem hohen Norden, und dort nennen sich die Menschen heute noch *Du*. König Oskar I. von Schweden empfing einst die

um Dich zu sehen. Nun fordere ich Dich zum Zweikampfe. Lass uns zur Stadt hinaus und eine Lanze brechen. Wer sich stärker zeigt, der soll Harnisch und Waffen des Gegners haben. Der Königssohn, der Zögling des alten Hildebrand, staunte, so etwas war ihm noch nicht vorgekommen; aber er besann sich keinen Augenblick. Sofort liess er sich wappnen: ein Mann brachte ihm die Panzerhosen, ein anderer die Brünne, der dritte den roten Schild mit dem goldnen Löwen, der vierte seinen Helm Hildegrim und sein Schwert Nagelring; der fünfte holte sein Streitross, der sechste reichte ihm den Speer; der siebente hielt ihm den Steigbügel, und das war Meister Hildebrand.

Darauf ritt Dietrich mit den Seinen zur Stadt hinaus; Heime wartete schon auf ihn. Die Tjost begann: sie gaben ihren Rossen die Sporen, rannten und stiessen mit den Speeren aufeinander los; aber jeder von beiden fing den Stoss mit seinem Schilde auf, die Lanzenspitzen glitten ab, und die Reiter schossen vorüber, ohne sich zu treffen. Sie machten kehrt und griffen wieder an, abermals vergebens. Aber beim dritten Gange durchstiessen sie sich beide mit den Speeren den Schild, Heime dem Berner den seinigen, ohne ihn selber zu verwunden, Dietrich zugleich Heimes Panzer durchbohrend und ihn leicht verletzend. So heftig war der Chok, dass Dietrichs Streitross fast umschlug und auf die Hinterbeine fiel; aber Dietrich blieb im Sattel. Die Schäfte waren zerbrochen; sie sassen ab.

Um das Duell zu Fusse auf den Hieb mit dem Schwerte fortzusetzen. Sie traten auf Mensur wie ein Paar Korpsburschen, sie paukten sich wie zwei Füchse, ohne dass einer abgeführt ward. Endlich aber zersprang Heime die Klinge seines Schwertes Blutgang wie Glas am Helm des Berners; denn der Helm war wundergut, Dietrich hatte ihn von einem Riesen. Somit war Heime ohne Waffen und musste sich ergeben. Dietrich erhob ihn zu seinem Schildgesellen und belehnte ihn mit einem Rittergute. Sie waren Freunde.

Diese Begegnung trug dem Berner ein gutes Pferd ein. Heime konnte dem Prinzen seine Anerkennung nicht versagen. Er fand, dass Dietrich ein Held von Gottes Gnaden sei; sein Schwert war scharf, sein Helm hart, sein Schild und Panzer fest. Aber sein Ross taugte nichts. *Warum, mein Fürst, reitest Du zum Streit auf einem so elen-*

Dalekarlier, die noch das Runenalphabet haben und den alten Runenstab als immerwährenden Kalender brauchen. *Ich habe gehört,* meinte der König zu einem unter ihnen, *dass Ihr alle Menschen duzt? — Dem ist so, Majestät,* antwortete der Dalkarl, *wir nennen alle Menschen Du, nur Dich nicht.*

den Klepper, der Dich kaum tragen, geschweige denn einen kräftigen

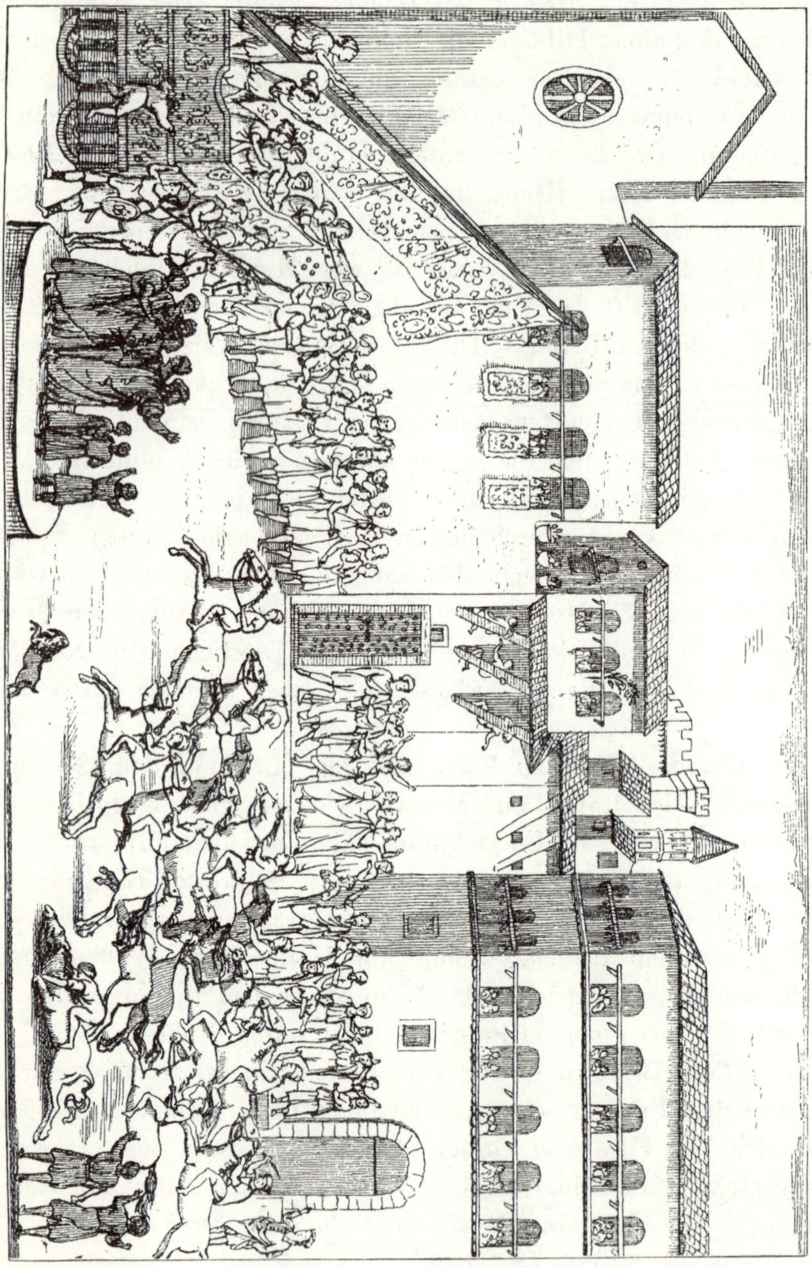

Rennen zu Florenz auf dem Borgo di San Piero im Jahre 1421: Ankunft der Pferde am Ziele, welches ein Fahnenwagen bildet. Trompetenstoss. *Palio con Fantino; Riparata de' Barberi.* Die Häuser haben noch keine Glasfenster, sondern nur hölzerne Läden (*Imposte di Legno*). Die Stangen vor denselben dienen zum Aufhängen der Tuche und zur Wollmanufaktur. Teppiche hängen vor. Nach einem alten Gemälde auf Holz, im Besitze der Erben von Ascanio Pitti; Bruchstück von einem Wäschschrank. Kleinpauls *Florenz* entnommen.

Stoss aushalten kann? — Ich kenne ein Ross für Dich. Ich weiss einen Hengst, der ist jetzt drei Winter alt — einen kapitalen Schimmel, stark und feurig und leicht wie ein Vogel. Heime wusste, was er sagte — sein Vater Adelger war ein grosser Pferdezüchter, er besass ein berühmtes Gestüt bei der Burg Seegart in Schwaben und hatte davon den Beinamen: *Stutas.* Dietrich meinte, wenn er ihm zu so einem Tier verhülfe, so wollte er ihn zu seinem ersten Gesellen machen und ihm nach Hildebranden den höchsten Sitz einräumen. Infolgedessen fuhr Heime wieder heim zu seinem Vater Adelger und holte den edlen Hengst Falke, brachte ihn nach Bern und schenkte ihn dem

Volkskrankheiten des Mittelalters: die Tanzwut. Wiederholt, am stärksten in den Jahren 1021 und 1278, dann wieder, nach den Schrecken des Schwarzen Todes, in den Jahren 1375 und 1418, trat in Europa eine Epidemie auf, eine Nervenkrankheit, die sich darin äusserte, dass die Menschen, Männer und Weiber, namentlich junge Leute, tanzen mussten, bis ihnen der Schaum aus dem Munde quoll und sie erschöpft umfielen. Sie verliessen Haus und Hof und zogen tanzend von Stadt zu Stadt, tanzten auf den Strassen, in den Kirchen, auf Friedhöfen und an andern geweihten Plätzen, wie die tanzenden Derwische. In Italien wurde diese Erscheinung dem Biss der Tarantel zugeschrieben; in Deutschland: *Veitstanz* genannt, weil der heilige Vitus selbst daran gelitten hatte und er in seiner Ulmer Kapelle die Tänzer zu heilen pflegte (*Chorea Sancti Viti*, *Danse de Saint Guy*). Man betrachtete sie auch als eine Strafe, die Gott auf ein Jahr verhängte, wenn man zum Vergnügen zur unrechten Zeit getanzt hatte. Eigentlich war ja der Tanz eine Art Gottesdienst gewesen. Faksimile eines Holzschnittes von Michael Wolgemut in der Schedelschen Weltchronik, dem *Chronicon Mundi* oder den *Chronica Chronicorum* oder der Nürnberger Chronik, die von der Erschaffung der Welt bis zum Jahre des Herrn 1492 reicht. (Nürnberg 1493, starker Folioband.)

Helden, der ihn ritt, bis er ihn durch der Tod verlor; dann nahm er den Hengst Blanke. Man will, dass bei *Falke* nicht an den Vogel zu denken, sondern dass es so viel wie der *Fahle* oder der *Falbe,* und dies auch die Bedeutung des Vogelnamens selber sei.

Dergleichen Herausforderungen und Zweikämpfe kommen in der Dietrichssage alle Augenblicke vor. Gleich darauf erscheint Wittich, nächst Dietrich und Siegfried der gewaltigste Held der deutschen Sage auf dem Plan; dann zieht der Riese Ecke aus, um sich mit Dietrich zu messen; und überall verläuft die Tjost so ziemlich in derselben Weise. Erst der Speer hoch zu Ross, dann das Schwert zu Fuss, und auf Leben und Tod, bis Frieden gegeben wird. Ein Turnier war nun nichts weiter als ein allgemeines und feierliches Tjostieren oder Stechen, dies der stehende Ausdruck für derlei Kurzweil, die, um es noch einmal zu wiederholen, in jenen wilden Zeiten das Schach und das Kartenspiel ersetzte. Das Turnier war eine Massentjost und das Kunstreiten die Einleitung dazu. Fiel der Tjost weg und begnügten sich die Reiter, bei irgend einem feierlichen Anlass, bei *Hochgezeiten* eine Quadrille aufzuführen, so entstand das, was man einen *Buhurd* nannte (mittelhochdeutsch *Bûhurt*, altfranzösisch *Bohort*, italienisch *Bagordo*). Das Buhurdieren, aus dem man das deutsche *hurten*, italienisch *urtare*, französisch *heurter*, stossen, leicht heraushört, war harmlos, ein blosses Paradestück, insofern noch ungefährlicher als die Charge, mit der das Turnier begann, als die Teilnehmer ohne Rüstungen erschienen und nur mit Stäben kämpften. Gehurtet wurde tüchtig, heisst es in einem höfischen Epos, das der Artussage angehört, von dem starken Hurte dröhnten die Schilde der edlen Ritterschaft, und mancher bekam in dem Gedränge geschwollene Knie — *es wære worden ein Turnei, heten si ir harnasch gehabt.* Auch beim Turnier scheint übrigens nicht immer mit scharfen Waffen, sondern gelegentlich mit blossen Knütteln und Kolben und abgestumpften Schwertern gekämpft und statt der Lanzenspitze nur das sogenannte *Krönlein* aufgesteckt worden zu sein.

Bei grossen Hoffestlichkeiten, so noch kürzlich (Juni 1889) bei der Feier des Wettinjubiläums in Dresden, sind auch in neuerer Zeit wieder Schauspiele veranstaltet worden, die sich als *Turniere* gegeben haben. Im Juni 1838 setzte Francis Egerton, Graf von Ellesmere bei der Thronbesteigung der Königin Viktoria von England ein schulgerechtes Turnier in Scene, zu dem er in Deutschland seine Vorstudien gemacht hatte. Richard Löwenherz war es gewesen, der (Ende des 12. Jahrhunderts) die Turniere in England eingeführt und von jedem Teilnehmer eine Steuer erhoben hatte; bis dahin mussten die Engländer, wenn sie eine Lanze brechen wollten, über den Kanal. Ein ähnliches Fest hat am 22. Juni 1876 in der Schweiz zu Murten zum

Gedächtnis des Sieges der Eidgenossen über Karl den Kühnen von Burgund stattgefunden. Sonst turniert das gegenwärtige Geschlecht nur noch am Spieltisch — hier wird noch *gefordert* und *gestochen*,

Maifest auf dem Lande: die Bauern führen, mit grünen Maien geschmückt, nach der Melodie des Dudelsackes um den auf einer Wiese aufgepflanzten Maibaum einen Reihentanz auf. Auch die Tiere und selbst Mönche beteiligen sich daran. Im Hintergrunde eine Stadt. In Toscana werden dann von den jungen Leuten, den *Maggiaiuoli* und *Maggiaiuole*, gleichsam zum Gruss der schönen Jahreszeit gewisse Lieder im Chor gesungen, was man: *cantar Maggio* nennt. Bemerkenswert ist an der primitiven Figur links unten die Bedeckung der Beine: um jedes Bein ein Tuch gewickelt und dasselbe über den Waden und unter den Knöcheln mit einem Bindfaden angebunden, der älteste Strumpf. Auch um die Hüften hat er anstatt der Hosen nur ein Stück Zeug geschlungen. Beide Elemente vereinigt ergaben das Beinkleid. Auch die Hemdärmel sind ursprünglich besonders an den Arm gebunden worden; überhaupt hat man sich vorzustellen, dass die Felle und die Tücher von Haus aus Stück für Stück an den Körper angeschnürt, hierauf die einzelnen Kleidungsstücke zusammengeheftet, und so unsere Hosen und Röcke gebildet wurden. Nach einer Miniatur in einem Gebetbuche aus dem 15. Jahrhundert. Pariser Nationalbibliothek.

Druck von Fischer & Wittig, Leipzig. Verlag von Heinrich Schmidt & Carl Günther, Leipzig.

Der Kapellmeister der Königin Mutter Katharina

von Medici, der Piemontese Baltasarini le Beau Joyeux am Hofe König Heinrichs III., im alten Louvre, zur Feier der Vermählung des Herzogs von Joyeuse das erste Ballett (*Gran Ballo di Circe e le sue Ninfe*) aufführend, das 3,600,000 *Testons* kostete (Text von Ronsard und Baïf, Musik von Beaulieu und Salmon; A. D. 1581). Faksimile eines Kupferstichs in dem ein Jahr darauf herausgegebenen *Ballet Comique de la Royne* (1582, in-4°).

Zinkätzung u. Druck von Rud. Loës, Leipzig. Verlag von Heinrich Schmidt & Carl Günther, Leipzig.

Schachpartie in der Feste Plessis les Tours (15. Jahrhundert).

Der Spieler rechts ist der König von Frankreich, Ludwig XI., einer der unterrichtetsten Männer seiner Zeit († 1483). Man kann an Konradin denken, der mit Friedrich von Baden Schach spielte, als man ihm das Todesurteil verkündigte (1268) Das Schachzabel ist aus Gold und Silber, die Gesteine sind aus Elfenbein und Ebenholz. Die Königin war ursprünglich der Feldherr oder der Wesir, persisch: Ferz, was sich im Munde der Franzosen in Fierce, Fierge und Vierge verwandelte, letzteres zog erst die Benennung: Dame nach sich. Die Läufer heissen Kurriere, in Frankreich Fous (arabisch al-fil, Elefant) — die Springer: Ritter, Rössel, in Frankreich Chevaliers — die Türme: Rochen, in Frankreich Rocs — die Bauern: Venden, das heisst Fante, Fussvolk, in Frankreich Pions, Piétons, italienisch Pedine. Der Läufer heisst auch der Richter (Rihter) oder der Alte, daher der Denkvers der Vaganten: *Roch. Pedes. Regina. Senex. Eques insuper et Rex.* Man bot schâch und abschâch, das heisst aberschach, Schach und Gardez; mit dem Turm: schâch-roch oder schâroch und setzte den Künic schâch unde mat. Man spielte um Geld. — Nach einer Miniatur in einer Handschrift vom Ende des 15. Jahrhunderts aus der Sammlung des verstorbenen Ambroise Firmin-Didot.

hier giebt es noch *Trümpfe,* will sagen: *Triumphe,* sogar *Matadore* — hier besteht noch die Partie aus *Touren,* hier bekennt man noch *Farbe,* hier veranstaltet man noch schlecht und recht Turniere.

Es giebt mancherlei Spuren, dass das alte Ritterspiel noch nicht vergessen ist; keine deutlichere als den allgemeinen Gebrauch der Sprache, die so vieles Veraltete, aus dem Leben Geschwundene noch festhält. Sie *legt* noch für den Bismarck *eine Lanze ein,* sie *bricht* noch *eine Lanze,* wenn die Königin der Waffen, also von Montecuccoli genannt, lange abgesetzt und selbst bei den Ulanen nicht mehr ganz sicher, weil mit dem Karabiner unverträglich ist. Es klingt fast wie Ironie, aber welcher friedfertige Theolog thäte nicht seinen *Gang* — welcher Gelehrte, welcher Redner, welcher Staatsmann suchte nicht den andern *auszustechen* und *aus dem Sattel zu heben,* wenn er auch gar nicht reiten kann — die *Schranken* sind, so scheint es, für alle Welt aufgethan, der Geringste darf heutzutage etwas *im Schilde führen,* denn alle Menschen, gleichgeboren, sind ein adelig Geschlecht. *Arm in Arm mit Dir, so fordr' ich mein Jahrhundert in die Schranken.* Französisch: *entrer en lice, jeter le gant, courir une lance, désarçonner quelqu'un* — alle diese Redensarten sind kosmopolitisch und bezeichnend für den tiefen Eindruck, den das Tournier auf die Phantasie gemacht hat. Ein geharnischter, fliegender Ritter, der seinen Gegner *rennt,* dass er für tot daliegt, dieses Bild, das Ideal des Mittelalters, kommt den Leuten gar nicht aus dem Sinne. Ich kenne ein anderes, vielleicht noch würdigeres, dem Geiste des Jahrhunderts angemesseneres Bild — das des Saracenen Ferrau, der den Herrn vom Weissensteine, Reinhold, das Haimonskind, seinen Feind, grossmütig zu sich aufs Pferd nimmt und zusammen mit ihm durch finstere Wälder und über Berg und Thal jagt, um der koketten Angelika nachzusetzen — welches den Ariost zu der berühmten Stanze im ersten Gesange seines *Rasenden Roland,* des unvergleichlichen Ritterepos aus dem Sagenkreise Karls des Grossen, begeisterte:

O gran bontà de' cavalieri antiqui!
Eran rivali, eran di fè diversi,
E si sentian degli aspri colpi iniqui
Per tutta la persona anco dolersi;
E pur per selve oscure e calli obliqui
Insieme van, senza sospetto aversi.

In Gozzis *Zobeide* werden diese herrlichen Verse zwei Hanswürsten in den Mund gelegt, die sich eben geprügelt haben und nun ruhig nebeneinander liegen.

d. Wettrennen. Bürgerliche Spiele: Schiessen.

Auf das Rennen als Turnier folgt das Rennen als Pferderennen, Ähnlichkeit beider Veranstaltungen — die Wettrennen eng mit dem heidnischen Kultus verbunden, unter die Ceremonien einzelner Kirchenfeste aufgenommen, Volksbelustigungen in England und Italien, aber immer Sache des Adels — Übergang zu den sogenannten Waffenfesten der Bürger: für diese hatten die Schützenfeste die Bedeutung, welche die Turniere für die Ritter hatten — Glanzzeit dieser Feste im 15. und 16. Jahrhundert: Scheibenschiessen, Vogelschiessen, Vogelwiesen — andere volkstümliche Spiele: das Ballschlagen, das Boxen — ländliche Feste, Bauernspässe: das Sackhüpfen, das Hüpfen mit vollen Wassereimern, Parodie der Rennen — das Hahnschlagen.

Unter den öffentlichen Veranstaltungen der Gegenwart ist wohl keine geeigneter, einen Begriff von einen mittelalterlichen Turnier zu geben, als ein Rennen. Nämlich was wir heutzutage darunter verstehen: ein Pferderennen, ein Pferdewettrennen, darin bestehend, dass die Pferde um die Wette rennen und ausserdem noch die Zuschauer, dies aber etwas ganz und gar Nebensächliches, auf die Rennpferde zu wetten pflegen. Zumal die englischen, deutschen und französischen Wettrennen, bei welchen die Pferde von Jockeys, beziehentlich von ihren Inhabern, Offizieren und *Racing-Gentlemen* selber geritten werden, haben eine täuschende Ähnlichkeit mit den alten Ritterspielen; viel weniger die italienischen, die sogenannten *Palii de' Barberi,* die sonst bei jeder Gelegenheit, namentlich in Rom beim Karneval auf dem *Corso* vorgenommen wurden und bei denen die Pferde allein, ohne Reitknecht *(Fantino)* zu laufen pflegten, obgleich diese in anderer Beziehung, eben mit dem den Preis bildenden *Palio,* einem Stücke Seidenzeug, an das Mittelalter erinnerten, dem Italien im allgemeinen noch so viel näher steht als wir. Übrigens haben auch die Italiener von jeher ihr *Palio con Fantino,* und das volkstümliche *senza* ist fast gänzlich abgekommen. Schon dass *Rennen,* englisch *Race,* französisch: *Course,* der stehende Ausdruck für das Wettreiten ist, wie er es im Mittelalter für das Turnieren war, beweist die nahe Verwandtschaft der beiden Vergnügungen, die fast auf eine Ablösung hinausläuft; zugleich bedingt die Sache, das Material, das Ross, wie es im Mittelhochdeutschen so gern und wie es in England heute noch heisst: *daz Ors* eine weitgehende Analogie. Hier wie dort eine Rennbahn, draussen vor der Stadt, im Freien, mit Schranken umgeben — an diesen das schaulustige Volk, die gute Gesellschaft auf den Tribünen, ein reicher Damenflor — nun die Rennen, die Reiter mit ihren edlen Pferden, das Getümmel, die Kampfbegier, die Begeisterung, die sausende Eile, das Jubelgeschrei, die Siegesgewissheit, das Ringen um den Preis — alles stimmt aufs Haar, bis auf die Unglücksfälle. Der Sand oder der Griess hat sich in einen grünen Rasen oder *Turf*, deutsch: *Torf* verwandelt, es wird nicht mehr gestochen, sondern nur noch aus Leibeskräften gerannt, die Hauptsache ist das Reiten oder eigentlich das Pferd selbst geworden, das allhier im Namen seines Inhabers ausholt, überwindet, schlägt und siegt, sei es nun, dass dieser bei einem Herrenreiten selbst daraufsitzt oder, wie die Regel ist, ein magerer Jockey gleich einem Stellhölzchen die Richtung giebt.

Nicht etwa, dass die Wettrennen an die Stelle der Turniere getreten wären, obgleich die bereits erwähnten Karusselle, die nach den Turnieren wiederaufkamen, eigentümlich gestaltete Wettrennen gewesen sind. Das Kopfrennen, bei welchem im vollen Laufe nach einem Türkenkopfe gestochen oder geworfen werden musste — das Ringelrennen, bei dem es darauf ankam, reitend, in verschiedenen Gangarten und unter Beobachtung gewisser Reitfiguren, mit der Lanze einen aufgehängten Ring zu treffen, beziehentlich abzustreifen, noch an den mechanischen Karussells gebräuchlich — das Quintanrennen, französisch: *la Quintaine,* nach dem Quintan, einer hölzernen Figur benannt, die der heransprengende Reiter mit dem Krönlein, der kronenförmigen Lanze, zu treffen suchte: diese drei Rennen beruhten auf einer Kombination des Herrenreitens mit gymnastischen Kunststücken im antiken Geschmacke. Der Speerwurf, das Gerwerfen wurde bereits in den griechischen Gymnasien geübt, die Übung hier zu Pferde, im Galopp oder im scharfen Trabe vorgenommen, aber dadurch erleichtert, dass der Speer nicht, wenigstens nicht regelmässig, aus der Hand gegeben, nicht geschleudert zu werden brauchte. Alles übrige ist nebensächlich, blosse künstlerische Ausführung, wie wenn bei den Schiessen einer Figurenscheibe die Form eines Franzosen, einer anderen die eines schönen Weibes gegeben wird. Der Türkenkopf oder der Mohrenkopf bleibt ein Gerkopf, der Quintan ein Gerpfahl, mag auch noch so viel Sinniges hineingelegt und angebracht worden sein. Die hölzerne oder stroherne Puppe, nach welcher die Krönleinstecher zielten, wurde in Frankreich: *le Faquin,* der Packträger genannt, vermutlich musste sich von Haus aus ein wirklicher, geharnischter Dienstmann zu dem Geschäft hergeben; sie hielt in der einen Hand ein Brettspiel, in der anderen eine Pritsche: traf der ungeschickte Reiter das Damenbrett, so drehte sie sich herum und versetzte ihm eins mit der Pritsche, wie der Zwerg Perkeo im Keller des Heidelberger Schlosses. Das Mittelalter liebte solche Spässe. Man sollte das Ding ins Gesicht

Tanz der lebenden Fackeln Karls des Wahnsinnigen im Hôtel de Saint-Paul, am 29. Januar 1393. Man suchte den kranken König durch allerlei Feste zu zerstreuen. Es wurde eben die Hochzeit einer Hofdame (die eine mit Edelsteinen und Perlen besetzte zweifache Krone trägt und die Hände faltet) mit einem Grafen von Vermandois gefeiert: ein normännischer Edelmann schlug vor, mitten im Balle sollten der König und fünf Herren vom Hof als Wilde Männer kommen. Sie liessen sich in Leinwand einnähen und hierauf teeren und federn, von Kopf bis zu Fuss mit Werg bedecken, damit sie recht haarig und wild aussähen, endlich auch noch aneinanderketten, nur der König ward nicht mitangebunden; schreiend und tobend, von Herzen unanständig, hopsten sie auf allen Vieren in den Ballsaal. Grosse Überraschung: niemand wusste, was los sei; der Herzog von Orleans griff nach einer Fackel und leuchtete der Bande ins Gesicht: da fing das Werg Feuer. Die fünf Aneinandergeketteten brennen lichterloh wie Fackeln: einem gelingt es, die Kette zu zerreissen und ins Wasser zu springen (links); die vier andern kommen elendiglich ums Leben, obgleich man sie mit Wasser übergiesst. Der König brennt auch; aber die Herzogin von Berry, seine Tante, die ihn erkennt (auf dem Kopfe die Burgunderhaube oder das *Hennin*, hinter ihr die Königin mit Grenadiermütze und Gebende) wirft sich über ihn, umhüllt ihn fest mit ihrer Schleppe und erstickt die Flammen. Unwillkürlich denkt man an ein ähnliches bedauerliches Vorkommnis auf einem Künstlerfeste der allerjüngsten Zeit. Von jetzt ab hatte der König, der schon einmal bei Mans vor Schreck über eine weisse Erscheinung verrückt geworden war und dessen Wahnsinn nun aufs neue und unheilbar zum Ausbruch kam, nur noch einzelne lichte Augenblicke, die man benutzte, um den Monarchen wie eine Puppe der Welt zu zeigen. (*Ballet des Ardents*, nach einer Miniatur in der Handschrift der *Chroniques de Sire Jean Froissart qui traitent des merveilleuses entreprises, nobles aventures et faits d'armes advenus en son temps en France* aus dem 15. Jahrhundert, in der Pariser Nationalbibliothek).

stossen, dann drehte es sich nicht, das Krönlein haftete, und der Lanzenschaft, der an mehreren Stellen angesägt war, zerbrach.

Die Italiener hatten einmal ein besonderes, künstliches *Carosello,* wie die Crusca vorschreibt: *Garosello.**) Sie stachen oder warfen nach vier Figuren, welche die vier Elemente darstellten. Ward die *Aria* getroffen, so ging der Deckel eines Korbes auf, und eine Kette Rebhühner flog heraus. Es war wie bei dem Gastmahl des Trimalchio, wo die Drosseln herausflogen, wenn man die Pastete anschnitt. Wurde der *Fuoco* getroffen, so spie er eine Raketengarbe aus — die *Acqua* liess einen Wasserstrahl springen — die *Terra*, das Postament, einen Fuchs oder einen Hasen. Ein glänzendes Karussell wurde noch in unserm Jahrhundert (April 1842) zu Turin, auf der Piazza di San Carlo zur Feier der Vermählung des damaligen Kronprinzen Viktor Emanuel mit Adelheid, Tochter des Erzherzogs Rainer von Österreich, gegeben. Von dem grossen Hoffeste, das Ludwig XIV. A. D. 1662 zu Ehren der Maitresse Lavallière vor den Tuilerien abhalten liess, heisst der an den Schlosshof anstossende Platz, auf dem der Triumphbogen steht, noch heute: *Place du Carrousel.* Zwei Jahre darauf folgte ein anderes in Versailles. Der Kurfürst Johann Georg II., der den König mit seinen prachtvollen Bauten, seinen pomphaften Aufzügen kopierte, gab im Jahre 1678 in Dresden ebenfalls Karusselle, die nach dem Geschmacke der Zeit in eine mythologisch-allegorische Form gekleidet wurden.

Für die Damen wurden Damenfeste veranstaltet. In Phaethons

*) Die Herkunft des Wortes ist unklar, jedoch ein Zusammenhang mit Begriffen wie *Karriere, Karosse, Carroccio* wahrscheinlich. Das letztere, wofür man in Deutschland: *Standarte* sagte, war der Fahnenwagen der italienischen Kommunen, gleichsam ihre Bundeslade: ein grosser vierräderiger Ochsenwagen, nach Art des Merowingischen (60); auf ihm ein mächtiger roter Mastbaum aufgepflanzt, an dem das Stadtbanner wie ein Segel flatterte. Eine Glocke, ein Kruzifix und ein Altar mit der Hostie befanden sich noch darauf. Todesmutig scharten sich die Bürger in ihren Kämpfen gegen den Adel, den Kaiser und gegeneinander um ihre *Karrutsche* — ihr Verlust bedeutete die volle Niederlage, ihre Auslieferung die gänzliche Unterwerfung. Die Mailänder verloren ihren *Carroccio* zweimal, A. D. 1162 und 1237, das eine Mal an Friedrich Barbarossa, das andere Mal an Friedrich II. *Karussell* ist ein romanisches Diminutivum, könnte sehr gut aus *Carroccello* entstanden sein, ursprünglich den Kampf um dieses berühmte Feldzeichen bedeutet haben; denn das Unterscheidende der Karusselle war der Pfahl, die Achse, um die sich in kunstvollen Windungen alles drehte und auf welche die Angriffe sämtlicher Reiter gerichtet waren. Noch bei den mechanischen Karussells ist diese Eigentümlichkeit, die das Wesen der ganzen Sache ausmacht, zu bemerken; die hölzernen Pferde, Bänke und Wägelchen stehen bekanntlich auf wagerechten, kreuzweise übereinandergelegten Balken und drehen sich in einem einförmigen Kreise um eine senkrechte Säule, unter der man sich den hohen bunten Baum, die Fahnenstange des *Carroccio* denken kann. Auch Frankreich hatte den Ochsenfahnenwagen *(Pennon royal).*

oder Schlitten, die von den Herren gefahren wurden, sitzend, machten sie auch ein Rennen um den Gerpfahl und stachen nach dem Ringe. Noch heute fahren nicht bloss die Kinder Karussell. Es könnte demnach scheinen, dass die Karusselle sogar Wagenrennen eingeschlossen hätten und dass die Wettfahrten der alten Griechen und Römer in ihnen wieder aufgelebt wären, wo man sich doch schon gewundert hat, dass sich die Alten nichts aus dem Pferderennen machten, die Engländer keine Wagenrennen haben. Nur die Italiener kann man noch jezuweilen wie die homerischen Helden auf der Biga stehen und das Viergespann mit sicherer Hand um die *Meta* lenken sehen, namentlich auf der Piazza di Santa Maria Novella zu Florenz und in der

Pfeifer zum Tanz aufspielend: Grosse Trommel; Oboe; Fiedel mit plattem Schallkörper und Seitenausschnitten; Tamburin, nur mit einem Klöppel geschlagen und nur den Takt angebend, während zugleich der Pommer (*Bomhart*) geblasen wird. Nach Holzschnitten in dem Werke des bischöflichen Beamten Jean Tabourot, pseudonym: *Toinot Arbeau*, dem die Erfindung der Choreographie, wie er es nennt: der *Orchésographie*, der Kunst, die Tänze graphisch vorzuzeichnen, gleichsam einer Tanzschrift, zugeschrieben wird. Zu jedem Tanz sind unter den Noten die Schritte angegeben (Langres 1588, in-4°; deutsch von A. Czerwinski: *Die Tänze des 16. Jahrhunderts.* Danzig 1878).

Villa Borghese zu Rom; sonst wird ein solcher Scherz höchstens im Cirkus aufgeführt. Anfang der achtziger Jahre stellte Renz auf der Leipziger Rennbahn ein römisches Rennen mit Bigen an. Die richtigen Rennen dagegen haben nachgerade als Volksbelustigungen eine Bedeutung gewonnen, die über die der Karusselle noch hinausgeht.

Sie haben diese Bedeutung immer gehabt; sie sind viel älter als die Karusselle und keineswegs als Ableger der letztern zu betrachten. Die ersten Wettrennen, deren die Geschichte gedenkt, haben in Persien bei den Festen des Gottes Mithra stattgefunden, die Griechen und Römer rannten zu Ehren des Poseidon und der Dioskuren, an welche noch die Eier auf der Spina des Cirkus erinnerten — auch bei den germanischen Völkern waren die Wettrennen seit uralter Zeit mit dem heidnischen Kultus eng verknüpft. Spuren solcher ritualer Wettrennen haben sich bei den Leonhardskirchen bis zum heutigen Tag erhalten. In der germanischen Mythologie erscheinen die Götter fast alle beritten — der wichtigen Rolle, die das Pferdefleisch spielte, haben wir (133 ff.) gedacht — das Pferderennen war gewissermassen zu dem Pferdefleischessen ein Seitenstück, wurde daher von der Kirche gleichfalls als eine gottlose heidnische Sitte verboten und ausgerottet. Wie immer gab die Kirche den Volksleidenschaften nach, schob ihnen nur einen andern Gegenstand unter, nutzte sie zu ihren Zwecken, schuf (139) heilige Reiter und nahm die Wettrennen unter die Ceremonien gewisser christlicher Feste auf. Aber man merkt die Verschiebung noch an Kleinigkeiten, namentlich an der Jahreszeit, in welche diese Feste fielen und noch heute zu fallen pflegen. Nämlich (als Frühjahrsrennen) in den Frühling und (als Herbstrennen) in den Herbst. In England, auf dem klassischen Boden des *Turf*, hat fast jede Grafschaft ihr jährliches Herbst- oder Frühlingsrennen, und die Rennklubs müssen eigene Kalender herausgeben, damit die verschiedenen Renntage nicht verwechselt werden. Wir könnten einmal so einen Kalender für ganz Europa entwerfen und den Heiligen nachspüren, die jetzt vergessen sind, aber denen die Rennen ursprünglich gegolten haben: ob wir auf die Art die alten Götter, mit deren Kultus sie zuallererst verknüpft gewesen sind, herausfinden möchten.

Wie gesagt, fällt der Kultus des Rennsports durchgängig in die schöne Jahreszeit, in den Frühling und den Herbst, lokal auch in den Sommer, speciell und mit ausgesprochener Beziehung auf Ostern, Pfingsten, Georgi, Johanni und Leonhardi. Das scheint am Ende natürlich, dass nicht im Winter, über Schnee und Eis gerannt wird, da fährt man lieber Schlitten; aber wir hätten doch recht kurze Gedanken, wenn wir diese Veranstaltungen für ein blosses Sommervergnügen hielten. Sie hängen vielmehr wirklich mit Kultgebräuchen und, was im Grunde dasselbe, mit Exequien zusammen, von denen sie sich nachgerade emancipiert haben, ohne die sie aber nie so tief eingewurzelt und volkstümlich geworden wären. Alle Wettrennen haben sich aus rituellen Umritten um ein Grab oder, was wiederum dasselbe, um eine Kapelle oder ein Heiligtum entwickelt. Überall findet sich diese Form der Verehrung, selbst im Islam, wo die Pilger siebenmal um die Kaaba herumgehen. Obgleich die Wettfahrten, die von Achill zu Ehren des Patroklus angestellt werden, von der feierlichen Prozession der Myrmidonen unabhängig und ein Glied in der

Kette der nachfolgenden Leichenspiele sind, so darf man doch annehmen, dass sie sich ursprünglich, in einer vorhomerischen Zeit an einen solchen Umzug unmittelbar angeschlossen und die natürliche Fortsetzung desselben gebildet haben, wie das noch heute die bayrischen Leonhardsfahrten thun. Auch bei den Circensischen Spielen des alten Roms stellte die grosse, die Spina im Cirkus umschreitende Prozession der Rosse und der Wagen, die *Pompa Circensis* gleichsam die Mutter dar, von der sich die Spiele wie eine Frucht ablösten. Nachmals ist die ursprüngliche Veranlassung vergessen, wie man sagt: rudimentär geworden, die Ceremonie weggefallen, nachdem sie ihren Dienst geleistet hatte, und nur die Wettrennen sind, weit über sie hinauswachsend, geblieben. Sie werden apart und treten in einen ganz anderen Zu-

Tanz des 16. Jahrhunderts, lebhafter römischer Nationaltanz, in Frankreich: *la Gaillarde*, **in Italien:** *la Gagliarda, Romanesca*, **in Rom selbst:** *Saltarello* **genannt. Heute kennt man nur noch den** *Pas de Gaillarde*. **Nach Holzschnitten in der Choreographie von Jean Tabourot (Langres 1588).**

sammenhang. Die Entwickelung, welche diese öffentlichen Lustbarkeiten nahmen, entspricht ihrer Entstehung. Selbstredend wurden sie nicht für den ersten besten vorgenommen — sondern nur für einen gefallenen Helden von Helden. Sagen wir von Edelleuten für einen Edelmann. Nur diese hatten Pferde, nur sie konnten Pferde rennen lassen, das Volk besass weder Marställe noch Menagerien. Auch um die Marställe war es anfangs noch schlecht bestellt. Wir erinnern uns aus den *Vier Haimonskindern* (114), dass Karl der Grosse, um wieder zu einem guten Pferde zu kommen, ein Wettrennen nach Paris ausschrieb und seine Krone als Kleinod aussetzte; dies ist insofern charakteristisch, als man sieht, wie rar damals noch die edlen Pferde und selbst die Baiards, schwere Schläge (243), waren. Die Zucht des englischen Vollbluts begann erst unter den Königen Heinrich VIII. und Jakob I. durch Einführung arabischer, beziehentlich türkischer Hengste, im 16. und 17. Jahrhundert. Es ist aber auch insofern charakteristisch, als der König das Pariser Rennen ganz auf eigene Faust veranstaltet, den fremden Rittern (unter denen er den Reinhold vermutet) die Thore der Stadt verschliesst und am bestimmten Tage mit seinem Adel, von allen Rittern, die sich um das Kleinod bewerben wollen, gefolgt, hinaus auf den Rennplatz reitet; der Handel mithin als eine Sache erscheint, die die Edelleute ausschliesslich unter sich ausmachen. Es ist ja heute noch nicht viel anders, indem die Rennen selbst entweder die Regierung oder, wie gewöhnlich, ein aristokratischer Rennklub oder Jockeyklub besorgt; aber das Ganze doch nicht mehr bloss ein adeliger Sport, sondern zugleich ein Schauspiel, das dem Volke gegeben wird. Wenn die Stadtgemeinde Leipzig seit drei Jahrzehnten eine schöne, an 60 Acker haltende, zu drei Vierteilen von Wald umgrenzte Rennbahn erpachtet hat: so besitzt sie damit eine Art Theater, in welchem der Leipziger Rennverein öffentliche Vorstellungen giebt und zu dessen Unterhaltung jeder Bürger, jeder Handwerker das Seinige beiträgt. Wie überall, so haben auch im Rennwesen die Städte den Anstoss zu einer demokratischeren Auffassung gegeben, die Städte, die dem Mittelalter zu allererst entwuchsen, den Feudalismus abstreiften und einen republikanischen Geist atmeten; die Städte, in so vieler Hinsicht die Vorbilder und die Wiegen des modernen Staates und des Staatsbürgertumes. Indem sie die Edelleute auf ihren Rennplätzen rennen liessen, zugleich Preise, goldene Becher und silberne Schüsseln, *King's Plates*, kostbare Tücher und Waffen und Rennsauen aussetzten und leidenschaftlich Partei ergriffen und wetteten, nahmen sie das ganze Vergnügen in die Hand und drückten sozusagen die Reitenden mit ihren Rossen zu Fahrenden, die stolzen Ritter zu Gladiatoren und Athleten herab, deren Leistungen sie sich ansahen. Das erste Rennen in München wurde im Jahre 1448 während der Jakobituld gegeben. Das vorderste Pferd gewann ein Scharlachtuch, das *Palio* der Italiener, das andere einen Sperber mit allem Zubehör, das dritte eine Armbrust, das letzte *ein Saw*. Ähnlich waren auf dem Rennen zu Augsburg von 1474 ein Scharlach, ein Armbrust, ein Schwert und eine Rennsau als Preise ausgesetzt. Man sagt, die *Rennenter* seien unter der Regierung Herzog Albrechts III., der die Bernauerin liebte und 1436 eine Prinzessin von Braunschweig heiratete, aus dem Vaterlande seiner Gemahlin nach Bayern verpflanzt worden, so dass München aus Braunschweig die Rennen, aus Eimbeck das Bier empfangen hätte. In England dauerte es noch Jahrhunderte, bis die Städte drankamen und Kaiser und Könige ablösten. Es war erst im Jahre des Herrn 1610, dass der Mayor und der Sheriff der Stadt Leicester, der Strumpfwirker William Lester und der Eisenhändler Robert Amboyn, als Preise für ein Glockenrennen bei Chester aus eignen Mitteln drei silberne Glocken stifteten und damit die ersten öffentlichen Rennen in England schufen. Die Sitte, den Siegern bei den Wettrennen kleine goldene oder silberne Glocken *(Bells)* zu verehren, muss ziemlich lange bestanden haben; eine Glocke ist die Palme der Engländer, sei es, dass sie den Frieden oder die Kirche oder eine Schelle (294) bedeutet hat. Daher schreibt sich die Redensart: *to bear the Bell, to bear away the Bell,* den Preis davontragen, ein *Best* gewinnen, wie es beim Scheibenschiessen heisst. In Deutschland bekommt, wer das Beste thut, *das Beste,* und wenn man jemand zur Zielscheibe seines Witzes nimmt, so hat man ihn *zum Besten.* Der Jargon der Schiessbahnen und Schützenhäuser ist wie der der Turnierplätze Gemeingut des Volks und allen Klassen geläufig geworden, er löste den letzteren gewissermaassen ab, denn die Schützenfeste ersetzten den Bürgern die Turniere. In den Städten ahmte man das höfische Wesen gerne nach, wie man schon daraus sieht, dass die Handwerker ihre Lehrlinge: *Knappen* nannten. Die patrizischen Geschlechter nahmen Waffen und Rüstung der Ritter an, die Zünfte wählten den Bogen und die Armbrust; für sie gewannen die Schützenfeste, die Scheibenschiessen, die Vogelschiessen genau dieselbe Bedeutung wie die Turniere für die Ritter. Hatten denn auch die Bauern ihr Turnier? — Nicht nur das komische *Bauernreiten,* wie es im Anschluss an das Herrenreiten auf den Rennbahnen vorgenommen zu werden pflegte. Eine Parodie der grossen Rennen mit untrainierten Pferden und ungeübten Reitern, auch keineswegs freiwillig gegeben, sondern nur zur Belustigung der Zuschauer dienend, wie sich denn die armen Bauern oft zum Spass hergeben mussten. Viele Possen, die man namentlich an kleinen Orten in Toscana heute noch von der ländlichen Bevölkerung anstellen sieht, das Sackhüpfen der Burschen *(il Palio nel Sacco),* das Wettlaufen von Mädchen mit einem vollen Wassereimer auf dem Kopfe *(il Palio delle Secchie d'Acqua),* das Erklettern von Kletterstangen und dergleichen, mögen einmal unter die Kategorie jener *Divertissements* gefallen sein, die wir auf Seite 29 ff. erwähnten, die eine Art Frondienste und Unterhaltungen für die gnädige Herrschaft waren, deren Kosten die Bauern trugen. Wie man sich an den Sprüngen eines Eichhörnchens, den Grimassen eines angebundenen Esels oder Hunds ergötzt. Aber die Bauern hatten auch ihre Feste, die sie sich selber gaben, die schon erwähnten *Lienhards-Täg* und andere, meist auf die

Natur gegründete Volksbelustigungen und Spiele; unter denselben will ich nur eins erwähnen, dessen ich mich noch wohl erinnere und das einen mythologischen Hintergrund haben soll: das Hahnschlagen.

Ein Hahn wird in den Garten getragen und unter einen Topf gesteckt. Es kommt darauf an, den Topf zu treffen, ohne ihn zu sehen, ihn mit einem Stocke zu zerschlagen. Einer nach dem andern bekommt eine Binde um die Augen und einen Dreschflegel in die Hand, dann wird er, damit er die Richtung verliere, mehreremal im Kreis herumgeführt, nun soll er gehen und nach dem Topfe schlagen. Trifft er ihn, so ist der Hahn sein. In Spanien, wo das *Correr Gallos* ein Karnevalsvergnügen ist, wird der Hahn in die Erde gegraben, so dass nur der Kopf herausguckt; hierauf die Augen verbunden, einen hölzernen Säbel in die Hand genommen, den Hahn gesucht, dem Vogel den Kopf abgeschlagen. Wird fortgesetzt, bis der Kopf herunter oder das vielgemarterte arme Tier halb tot ist. Die Spanier haben auch ein *Correr Gallos à Caballo;* dann wird der Hahn an den Füssen aufgehangen, und man muss ihm im Reiten den Kopf abhauen oder abreissen, wie vorhin beim Karussell. Damit wir nicht immer die Spanier der Tierquälerei beschuldigen: das westfälische *Gansköpfen* ist ganau dasselbe. Man hat angenommen, dass das Hahnschlagen ein altheidnischer Erntegebrauch und der Hahn (mit dessen Blute in Böhmen das umstehende Volk besprengt wird) ein auf dem Felde hausender Dämon, ein Gewitterhahn sei, der erschlagen oder mit dem letzten Sensenhieb getötet werden sollte.

Kinderspiele: Schnappen nach einem Apfel, der an einem Faden hängt. Französisch: *le Jeu du Capendu*; der *Capendu* ist ein kleiner, dunkelroter, gelbgesprenkelter, säuerlicher guter Apfel. Lange Spielkataloge finden sich in Rabelais' *Gargantua* (*Livre I, Chapitre 22*) und der Nachahmung von Fischart (Kapitel 25); sie enthalten aber meist Kartenspiele und Brettspiele. Handschrift des 14. Jahrhunderts, Britisches Museum.

Handel.

a. Handelsstädte. Stationen auf dem Wege nach Ostindien.

Zwei Urteile über Deutschland — der Dichter preist die Frauen und die Frauenliebe, der Staatsmann den allgemeinen Wohlstand — in den Handelsstädten — die Republiken Italiens, die oberdeutschen Städte und die Hansen, hier die wahre Blüte des mittelalterlichen Lebens — zunächst wurde Konstantinopel Mittelpunkt des Welthandels, sein Verkehr mit Gaza und Alexandria — bis die Araber den Griechen ihren wichtigsten Handelsplatz verschlossen und sich Ostasiens bemächtigten — wie sich die Griechen halfen: die Route über Afghanistan und Russland — allmählich treten die Italiener an die Stelle der Araber, wenigstens in den Plätzen am Mittelländischen Meere, denn nach Indien selbst kamen sie nicht — Venedig, die Königin des Adriatischen Meeres — die Kreuzzüge und das Lateinische Kaisertum, Venedig und Genua — die italienischen Städterepubliken ziehen wieder die oberdeutschen und die flandrischen Städte nach: Nürnberg und Augsburg — *Échelles du Levant:* die Handelsstrasse, die nach Ostindien führte, entspricht einer Leiter, Sprossen dieser Leiter — sie verödete plötzlich, als am Ende des 15. Jahrhunderts einerseits ein neues Indien entdeckt, anderseits ein neuer Weg zu dem alten Indien aufgefunden ward — völlige Umwälzung des Welthandels, erst jetzt kommen die Europäer nach Ostindien selbst, aber andere als bisher, verhängnisvolle Folgen für die alten Handelsstädte — neue Erschliessung des alten Handelswegs durch Eröffnung des Suezkanals — die Neuzeit, die das Mittelalter verworfen hatte, ist mit wesentlichen Verbesserungen darauf zurückgekommen.

Ich habe viele Länder gesehen, meint Walther von der Vogelweide in dem bekannten vaterländischen Liede, und mich bemüht, einem jeden gerecht zu werden; aber doch kein besseres gefunden als Deutschland. Es geht doch nichts über deutsche Zucht und deutsche Frauen. Sie sind hier zu Lande, von der Elbe bis zum Rheine und bis nach Ungarn hinein schöner als anderswo, wahre Engelsgestalten und Huldgöttinnen; sie haben auch ein anderes Herz als ihre Schwestern im tiefen Süden. Die können Dir niemals den Veilchenduft der deutschen Minne schenken. Tugend und reine Minne, wer darauf Wert legt, der soll in unser Land kommen; es ist ein herrliches Land. Das Leben darin scheint mir lebenswert.

Ohne zu diesem schlichten Panegyrikus des hervorragenden Minnesingers etwas hinzuzusetzen, wollen wir nur einmal einen weltklugen Italiener hören, der zwei Jahrhunderte später ebenfalls das Lob Deutschlands, aber von einer andern, praktischeren Seite, fast noch beredter und mit mehr Sachkenntnis singt, daher es fast noch wertvoller ist. Der moderne Tacitus hatte einen Teil seines Lebens in dem Reiche zugebracht, das für ihn wie für den Dichter noch mit der Schweiz und mit Österreich zusammenfiel, und schrieb — *keinem Lande der Welt steht Germanien an Macht, Reichtum und Bildung nach. Wie fleissig ist das Land angebaut, wie fruchtbar und volkreich. Von Danzig bis nach Bern, von Salzburg bis Lübeck, von Breslau bis Strassburg, wie viele schöngebaute Städte! — Venedig und Genua sind älter, jugendlich ist das Ansehen der deutschen Städte, und sie übertreffen die italienischen an bürgerlicher Ordnung, Zucht und Sitte; Ernst und Weisheit ist in den Ratsversammlungen, Frohsinn und Redlichkeit im gemeinen Leben. Es giebt kein Wirtshaus, in dem man nicht aus silbernen Bechern tränke. Die Könige von Schottland wohnen nicht sogut als ein mittelmässiger Bürger von Nürnberg. Wer Deutschlands Zeughäuser ges hen hat, die Menge und Grösse des Geschützes allerart, die Geschicklichkeit der Leute, die es bedienen, der muss die Kriegsrüstung der andern Völker dürftig finden. Der Deutsche trägt die Waffen so leicht als die Glieder, unerschütterlich sitzt er zu Pferde, und die Jungen lernen reiten, wenn sie kaum sprechen können.* Hierauf verbreitet er sich noch über die Wehrkraft einzelner deutscher Städte und Bischofssitze und die Macht der freien Hansestadt Lübek, der Herrin von Dänemark (41/42). Dieser Italiener war Äneas Sylvius Piccolomini, der nachmalige Papst Pius II., der A. D. 1431 dem Baseler Konzil beiwohnte und eine begeisterte Geschichte dieses Konzils, sowie 558 Briefe über Deutschland schrieb.

Die namhaft gemachten Städte sind alles Handelsstädte, die ihren Glanz, ihren Reichtum und ihre Macht eben dem Handel in erster Linie verdankten und damals, im 15. Jahrhundert, noch im Zenith desselben standen. Die Republiken Italiens, die oberdeutschen Städte und die Hansen bezeichnen, wie wir schon früher (51 ff.) hervorgehoben haben, was Kultur und Bildung anbelangt, die wahre Blüte des mittelalterlichen Lebens; in ihnen wehte eine Luft wie einst in dem unvergesslichen klassischen Altertum. Um sie herum war eitel Barbarei und Finsternis, nur wenige kunstliebende Höfe und Burgen ausgenommen. Sie tragen keine antiken Namen, wenigstens ragten sie in der alten Welt noch nicht besonders hervor; ihre Bedeutung erlangten sie erst nach Ablauf des ersten Jahrtausends unserer Zeitrechnung. Als Konstantin der Grosse am 11. Mai des Jahres 330 die Residenz von Rom nach Byzanz verlegte, erhob er Konstantinopel auch zum Mittelpunkte des Welthandels und zu einem Weltemporium. Die damals bekannte Erde bekam gleichsam ein neues Herz: die herrliche, durch Fruchtbarkeit und Milde des Klimas gesegnete, natürlich feste, von allen Seiten zugängliche Kaiserstadt am Bosporus, an den Grenzen Europas und Asiens. Der Kaiser soll zu Fuss, eine Lanze in der Hand, gegangen sein, die Grenzen Neuroms abzustecken, und

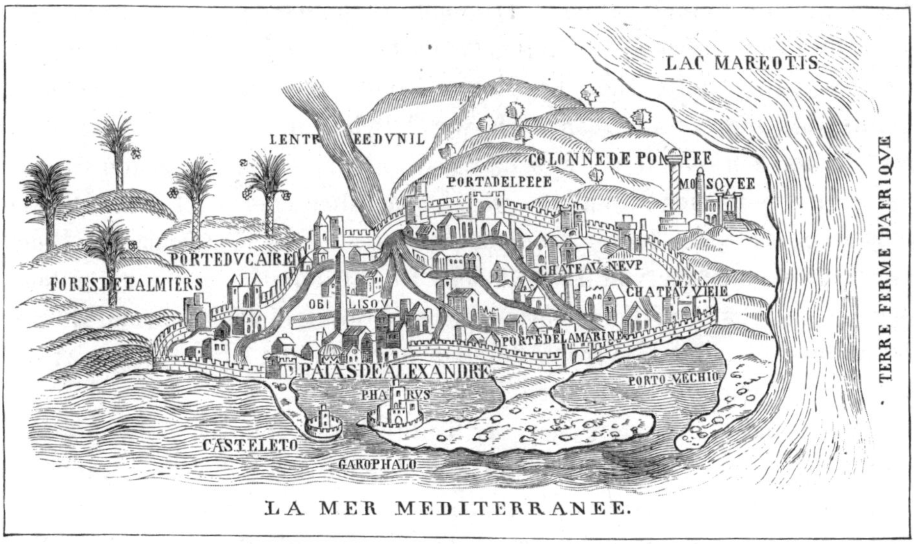

Ansicht der Stadt Alexandria im 16. Jahrhundert: nachdem Ägypten (A. D. 1517) eine türkische Provinz geworden war und die Portugiesen (A. D. 1497) den Seeweg um das Kap der Guten Hoffnung entdeckt und damit den Ostindischen Handel, zu dessen Hauptstapelplatz Genuesen und Venezianer Alexandrien auserkoren, vom Roten Meere abgelenkt hatten. Ein Nest von etwa 6000 Einwohnern, auf dem schmalen sandigen Streifen gelegen, der das Meer (*la Mer Mediterranée*) von dem sumpfigen Mareotissee (*Lac Mareotis*) trennt, gleichsam einen Steg zwischen beiden Wassern bildet und mit dem Festlande (*Terre ferme d'Afrique*) zusammenhängt; von einer Mauer umgeben, die durch das Seethor (*Porte de la Marine*), das Kairiner Thor (*Porte du Caire*) und das Pfefferthor (*Porta del Pepe*) durchbrochen ist; vor dem letzteren Dattelpalmenwälder (*Forêts de Palmiers*). Die Insel Pharus, die den berühmten Leuchtturm trägt, ist mit der Stadt durch einen künstlichen Damm verbunden; links (östlich) davon eine andere Halbinsel mit einem Fort, dem sogenannten *Casteletto*, dem alten *Akrolochias*. Beide bilden den grossen Hafen, an dem der königliche Palast (*Palas d'Alexandre*) liegt. Mit einer dritten (westlichen) Halbinsel bildet Pharus den alten Hafen oder den *Eunostos* (*Porto Vecchio*). Der Damm zerlegt also den Hafen in eine östliche und eine westliche Hälfte. Alexandria liegt nicht am Nil, sondern seitwärts vom Delta, doch wurde die südliche Hälfte der Stadt durch eine Wasserleitung (wie jetzt durch den Mahmudîye-Kanal) mit Nilwasser versorgt (*l'Entrée du Nil*). *Garophalo*, wörtlich: Nelke, bedeutet einen Strudel, eine Charybdis. Man bemerkt die Pompejussäule (*Colonne de Pompée*), die Nadel der Kleopatra (*Obélisque*), eine Moschee (*Mosquée*) und das alte und neue Schloss (*Chateau vieil* und *Chateau neuf*). Faksimile eines Holzschnittes in dem Reisewerk des französischen Arztes und Reisenden Pierre Belon: *Observations de plusieurs singularitez et choses mémorables trouvées en Grèce, Asie, Égypte etc.* Paris 1553, in-4°. Der Holzschnitt ist verkehrt: das Mittelmeer muss im Norden, die Stadt im Süden; der Mariutsee von dem Meere getrennt sein und so weiter. Belon war einer der verdientesten Naturforscher des 16. Jahrhunderts.

auf die Frage, ob er denn gar nicht innehalten wolle, geantwortet haben: *Nicht eher, bis Derjenige stehen bleibt, der vor mir hergeht!* —

das kommerzielle Gebiet Konstantinopels wuchs durch seine ausgebreiteten Verbindungen allerdings ins Unermessliche, über das gesamte Morgen- und Abendland hinaus. Westrom ging unter und versank in Wüstheit, Italien verödete, Europa zerstückelte, kleine Staaten, durch Sprache und Sitten voneinander geschieden, kamen auf, kein Verkehr bestand mehr in der zersprengten Völkerfamilie. Jedwedes Plätzchen erzeugte was es konnte und was es gerade brauchte, die reichen Städte verarmten, ihr Glanz erblich, niemand traute sich in die Fremde, das Reisen war gefährlich — ja, man wusste gar nichts mehr von der Fremde. Da erhielt sich über dem allgemeinen Umsturze nur noch am östlichen Himmel in der Gegend Konstantinopels ein schwacher Lichtschein *), hier machte man noch Ansprüche an das Leben, hierher hatte sich der Luxus Roms gerettet, hier gab es noch Kenntnisse, hier wusste man noch, wo Babylon und die Stadt Alexanders lag — der Verkehr mit Gaza und Alexandria, dem nächsten Stapelplatze der indischen Produkte, war beträchtlich, der nach dem Westen und dem Norden kaum weniger lebhaft. Das Oströmische Reich schrumpfte politisch von Jahrhundert zu Jahrhundert mehr zusammen, aber die Geschäfte in Konstantinopel beschränkten sich nicht auf dieses; sie umfassten ein grösseres Feld und machten die alten Wege wieder gangbar, welche die Vorfahren betreten hatten.

Da wurde Ägypten, seit der Teilung des Römischen Reichs eine Provinz Ostroms, A. D. 641 von den Arabern erobert, die Hauptstadt Alexandria dem Erdboden gleichgemacht und den Griechen ihr wichtigster Handelsplatz verschlossen. Der Islam gab dem Verkehr plötzlich eine ganz andere Richtung, auf ein paar Jahrhunderte besorgten die Araber nicht bloss den Landhandel von Vorderasien, Nordafrika und dem südwestlichen Europa, namentlich der Pyrenäischen Halbinsel; sondern auch den Seehandel auf dem Mittelmeer und in den Hafenplätzen von Aden bis nach Marokko und vom Persischen Meerbusen, dem *Meer von Basra,* bis nach Indien und China. Damaskus war damals das Auge des Orients, Damaskus erzeugte den Damast und den Damaszener Stahl; und wer kennt aus den Märchen von Tausendundeinenacht nicht das grosse reiche Basra oder Bassora oder auch Balsora am Euphrat und Tigris, das Centrum des Welt-

*) Nicht der des Halbmonds, den erst die Türken zu ihrem Wappen nahmen. Sie führten dasselbe schon in Asien, am Anfang des 13. Jahrhunderts, in ihren Kriegen gegen die Chinesen. Man erkennt darin einen Rest des Gestirndienstes, welcher die Religion der Türken war, ehe sie zum Islam übertraten.

verkehrs zwischen Indien, der Levante und Europa, das Emporium der Chalifenstadt Bagdad, nächst Bagdad am häufigsten in jenen unvergleichlichen Dichtungen genannt und in blühenden Farben geschildert und gepriesen. Der ostasiatische Handel lag bis zum 12. Jahrhundert fast ganz in den Händen der Araber, sie verstanden es sogar in den Küstenländern des Schwarzen und Kaspischen Meeres, ja zwischen

Es ging ein Mann in Syrerland,
Führt' ein Kamel am Halfterband . . .
Ankunft einer Karawane in Alexandrette, dem Hafen von Aleppo, bei Sonnenuntergang. Das Segelschiff wartet auf die Schiffe der Wüste; Beduinen setzen ihnen nach. Links wird ein Sklave abgeführt. Im Hintergrunde die Wüste, von beladenen Kamelen und Mauleseln durchzogen. Faksimile eines Holzschnittes in der Kosmographie von Thevet (Paris 1575. 2 Bände in-Folio).

dem letzteren und dem Aralsee eine kunstgewerbliche und kommerzielle Ära hervorzurufen. Dabei schlossen sich die Mohammedaner nicht bloss den Christen gegenüber feindlich ab, sie machten das Meer auch als Seeräuber unsicher, gleich den normännischen Plünderern. Was thaten die Griechen nun, wenn sie die Erzeugnisse Indiens nach Konstantinopel haben wollten? — Sie suchten sich zu helfen, sie entdeckten einen neuen Bezugsweg über Afghanistan, gleichsam einen Schleichweg: die Waren wurden den Indus hinaufgeführt, soweit der

Fluss schiffbar war, dann zu Land, über die uralte Stadt Balch, an das Ufer des Oxus oder des Amu Darja transportiert; mit diesem gelangten sie stromabwärts auf das Kaspische Meer. Man muss wissen, dass sich der Strom, den heute die Transkaspische Bahn bei Tschardschui überschreitet, bis zum 15. Jahrhundert in das Kaspische Meer ergossen hat und erst durch menschliche Einwirkung von dem Kaspischen Meere abgelenkt worden ist. Seitdem mündet er in den Aralsee. Nun schlugen die Transporte die Wasserstrasse der Wolga ein und gingen auf ihr bis in die Gegend des heutigen Zarizyn hinauf, wo sich der Lauf der Wolga dem des Don bis auf 60 km nähert, hierauf wieder zu Lande bis an den Don und auf diesem endlich in das Asowsche Meer und in das Schwarze Meer hinab, wo die Fahrzeuge aus Konstantinopel ihrer Ankunft harrten. Welch eine umständliche und beschwerliche Handelsroute! Durch Steppen und Räuberhorden! — Und doch wurde sie viele Jahrhunderte hindurch benutzt. Ja, hätte es ein anderes Indien gegeben! — Aber dieses schien gar nicht zu umgehen, es blieb die alleinige Quelle alles Guten und Köstlichen, das sonst nirgends zu haben war.

Aber als die Byzantiner nicht mehr wagten, in Alexandria zu landen und den direkten Weg nach Ostindien über Suez einzuschlagen, letzteres bis zur Entdeckung des Seewegs um das Kap die Hauptniederlage europäischer und indischer Waren am Roten Meere: wagten es andere, die frischen Pioniere des Westens, die mutigen Italiener, die an die Stelle der Araber und des absterbenden Byzantinischen Reiches traten, obgleich sich die ersteren vom Roten Meere an und an den Indischen Küsten nach wie vor breit machten. Die italienischen Städterepubliken fingen (im 9. Jahrhundert) damit an, nach Konstantinopel selbst zu fahren, wo ihnen von der Regierung nach und nach ganze Vorstädte eingeräumt wurden, und einen pontisch-griechischen Zwischenhandel zu eröffnen, zugleich einen Verkehr mit den Arabern in Sizilien und Griechenland einzuleiten — hierauf sandten sie ihre Schiffe unter sarazenischem Schutz in die Levante, es gelang ihnen auch, sich der arabischen Seeräuber zu erwehren, Stützpunkte wie die Inseln Corsica und Sardinien zu erwerben — endlich wurden sie (im 12. Jahrhundert) Herrinnen der Lage und die erklärten Handelskompanien des Orients, deren Flaggen in Alexandrien und an den Stapelplätzen Kleinasiens, wo die indischen Waren zu Markte kamen, wehten. Das kleine Amalfi ging voran, die Windrose mit der Magnetnadel auf der Kommandobrücke — seine Schiffer haben sich zuerst (im

14. Jahrhundert) des Kompasses bedient; dann folgten Venedig, Pisa, Genua, Florenz, wenn man will, auch Marseille. Namentlich das erstere errang infolge seiner glücklichen Lage bald ein grosses Ansehen. Die Verwüstungen der Hunnen und die Stürme der Völker-

Europäische Kaufleute in Smyrna, einem der Stapelplätze der Levante, der sogenannten *Échelles du Levant:* im Begriff, in einen Kaik zu springen und eine Spazierfahrt im Golf zu machen. Nach einer Miniatur in einer Handschrift der Reisen des Marco Polo, mit welchen die Ära der modernen Geographie Asiens beginnt (*le Livre de Marc Pol*, 14 Jahrhundert, Pariser Arsenalbibliothek).

wanderung hatten viele Bewohner der römischen Provinz Venetia veranlasst, mit ihrer Habe auf die sandigen Eilande der Lagunen zu fliehen, welche an der Mündung des Piave, der Brenta, des Po, der Etsch und anderer kleinerer Flüsschen gelegen sind. Der Sage nach legten sie am 25. März des Jahres 413 den Grundstein des Rialto, damit in dem von den Barbaren zerrissenen Italien eine heilige, unangreifbare Freistätte sei. Sie kolonisierten diese Inselchen und nährten sich vom Fischfang, namentlich (171) vom Aalfang. Aus diesen Ansiedelungen ging Venedig und jene Stadt hervor, deren Häuser noch heute Inseln und deren Strassen Kanäle sind — die Nachfolgerin Ravennas, das ebenfalls in Lagunen gelegen und bis zum Mittelalter ein Seehafen war. Sie wurde die Königin und die Verlobte des Adriatischen Meeres, deren Verbindungen sich in kurzer Zeit nach dem nahen Griechenland, nach Kleinasien und Ägypten und folglich nach Ostindien erstreckten; der Ostindische Handel, zuletzt über Russland getrieben, lenkte wieder auf die alte Bahn ein, die von Alexandrien über die Landenge von Suez nach dem Roten Meere führte. Seitdem oberhalb der Stromspaltung, am rechten Ufer des Nils, die Stadt Kairo entstanden war, ging der Weg, den man schon seit Jahrtausenden durch einen maritimen Kanal zu ersetzen versucht hatte, über diese glänzende Stadt, die den innerägyptischen Stapelplatz des indoeuropäischen Verkehres abgab, und von ihr aus gelangten die Waren auf dem Rücken von Kamelen in 27 Stunden durch die Wüste nach Suez.

Die Kreuzzüge konnten den italienischen Republiken nur zu statten kommen — die frommen Expeditionen pflegten (seit dem 12. Jahrhundert) durch die Flotten von Venedig, Genua und Pisa gestellt zu werden, und ein Zwischenhandel zwischen Levante und Abendland ergab sich dabei von selbst. Auch die tiefgesunkene Hafenstadt Brindisi spielte zur Zeit der Kreuzzüge eine hervorragende Rolle. Der vierte Kreuzzug sollte eigentlich nach Ägypten gehen, aber die Venezianer hatten die Überfahrt übernommen und sie bewogen die Kreuzfahrer, den vertriebenen Isaak Angelos wieder auf den Byzantinischen Thron zu setzen. Isaak starb bald darauf im Gefängnis, und nun setzten die Kreuzfahrer den Krieg weiter fort: Konstantinopel wurde mit Sturm genommen, Graf Balduin von Flandern zum Kaiser gewählt und so das Lateinische Kaisertum errichtet (A. D. 1204). Seitdem war der Einfluss der italienischen Handelsstädte, namentlich der Venezianer, in Konstantinopel unbegrenzt; sie setzten sich in dem *Galata* genannten Stadtviertel dauernd fest. Nur mit den Genuesen hatten sie zu rechnen, deren es ebenfalls in Galata welche gab und die ihre Nebenbuhler waren, obgleich die Regierung in Konstantinopel die Venezianer begünstigte. Nach Wiederaufrichtung des griechischen Kaiserthrones durch die Paläologen, kam es in *Cospoli* zu offenen Feindseligkeiten zwischen den beiden mächtigen Rivalen: am 22. Juli des Jahres 1295 erschien eine Venezianische Flotte von 75 Schiffen im Bosporus und verbrannte die Wohnungen der Genuesen in Galata, beschoss sogar die Stadt. Die Genuesen rächten sich, indem sie in

Homme mortel viuant au monde est compare a nauire sur mer ou riuiere peril-
leuse portant riche marchandise/ lequel sil peult venir au port que le marchant
desire il sera heureux & riche. La nauire quant entre en mer iusques a fin de son voya
ge. est en grand peril destre noyee ou prise des ennemys/ Car en mer sont tousiours
periz. Tel est le corps de lhomme viuant au monde/ la marchandise quil porte
est son ame/ Les vertus & bonnes oeuures. Le port est paradis/ Auquel qui y par/
uient est souueraynement riche/ La mer est le monde plain de vices et pechez.
que qui fault a le passer est en peril & dangier pour le corps & ame & destre noye en la mer infer
nale/ dont dieu par sa grace nous vueille garder. Amen.

Allegorische Darstellung des menschlichen Lebens unter dem Bilde einer Schiffahrt, wie solche schon in Pompeji beliebt gewesen ist, vergleiche *Neapel und seine Umgebung*, Seite 137. Das Himmelreich ist gleich einem Kaufmann, der in einem Schiffe sitzt und rudert und köstliche Waren an Bord hat. Kann er damit den Hafen erreichen, so wird er viel gewinnen. Aber es ist eine gefährliche Fahrt, das Schifflein kann leicht untergehn oder zerschellen, furchtbare Stürme, verborgene Klippen, verderbliche Wirbel und Strudel drohen ihm. So der Mensch auf Erden — die köstliche Ware, die er führt, ist seine Seele, die er mit edlen Gesinnungen geziert, mit guten Werken belastet hat; der Hafen, dem er zusteuert, das himmlische Paradies, und das Wasser, auf dem er fährt, die arge, sündige Welt, wo er jeden Augenblick versinken, Leib und Seele verlieren kann. Denn hinter ihm lauert der bleckende Böse Feind, der Teufel, bereit, sein Schifflein umzuwerfen und ihn mit in die Hölle zu nehmen, sobald er seinen Heiland, der vor ihm erscheint, aus den Augen verliert. Faksimile eines Holzschnittes in einem alten Volkskalender, welcher gegen Ende des 15. Jahrhunderts in Troyes von Nicolas Le Rouge gedruckt ward.

den letzten Tagen des Dezember wieder die Venezianer ermordeten. Sie waren es auch, die anderthalb Jahrhunderte später, um Venedig zu schädigen, die Osmanen bei der Eroberung Konstantinopels direkt unterstützten. Sie gewannen nichts dabei, denn die nächste Folge war die abermalige Unterbindung des Handels auf dem Mittelländischen Meere (A. D. 1453).

Die italienischen Städterepubliken zogen wieder die oberdeutschen und flandrischen Städte nach. Denn der italienische Handel ging nicht nur im Osten nach Ägypten und Syrien, in die Gegenden des Schwarzen Meeres, an die griechischen Küsten und Inseln; sondern auch im Norden über die Alpen nach Deutschland und bis Polen, und im Westen durch die Meerenge von Gibraltar aus dem Mittelmeer hinaus nach Flandern und dem nördlichen Europa, wo die Hansa (in Bergen, Nishnij Nowgorod, London und Brügge) ihre Faktoreien und Kontore hatte; Antwerpen vermittelte die Geschäfte zwischen Italien und der Hansa. In Süddeutschland war Nürnberg der erste Platz, Augsburg der zweite; hier machte der Säumer Halt, wenn er mit dem schwerbeladenen Rosse, den Welschen Nüssen, den Gewürzen, dem Gold, den Shawls und den Kattunen Ostindiens über den Brenner oder über den Sankt Gotthard kam. Von Nürnberg und Augsburg wurden die Waren abermals nach dem Norden vertrieben. Im Innern Europas hatte der Handel mit unsäglichen Schwierigkeiten zu kämpfen, nicht nur mit natürlichen, sondern auch mit künstlichen Hindernissen, nicht nur mit schlechten Wegen, sondern auch mit Wege- und Wasserzöllen, mit Stapel-, Umlade-, Strand- und Grundruhrechten, vergleiche Seite 31; von den Raubrittern, die wie Götz von Berlichingen den Nürnbergern und den Kölnern ein paar Kaufleute wegnahmen, gar nicht zu reden. Das hinderte nicht, dass auch noch andere deutsche Binnenstädte, wie Regensburg, Ulm, Leipzig und Frankfurt am Main von den italienischen Städten die Produkte des Orients bezogen, um sie auf den flandrischen Märkten gegen die niederländischen Fabrikate, die Fische Bergens, die Pelze Nishnij Nowgorods und die nordischen Waren der Hanseaten auszutauschen. Vor allen norddeutschen Städten war Lübeck damals gross und blühend. Die Messen und die Märkte hatten noch jene hervorragende Bedeutung, deren wir auch schon (44 ff.) Erwähnung thaten. Zu diesen fanden sich die Kaufleute aus aller Herren Ländern ein; Angebot und Nachfrage konzentrierten sich hier und ermöglichten einen schnellen Überblick über Vorrat und Bedarf. Das Beste kam immer vom Mittelmeer, es war, als ob die Länder immer wertvoller würden, je südlicher sie lagen, bis sie am Indus gipfelten; indische und italienische Produkte beherrschten den europäischen Markt, an ihnen war alles gelegen.

Die alten Stapelplätze des Orients, Alexandria, Kairo, Aleppo, Smyrna, werden in Frankreich als die *Échelles du Levant* bezeichnet.

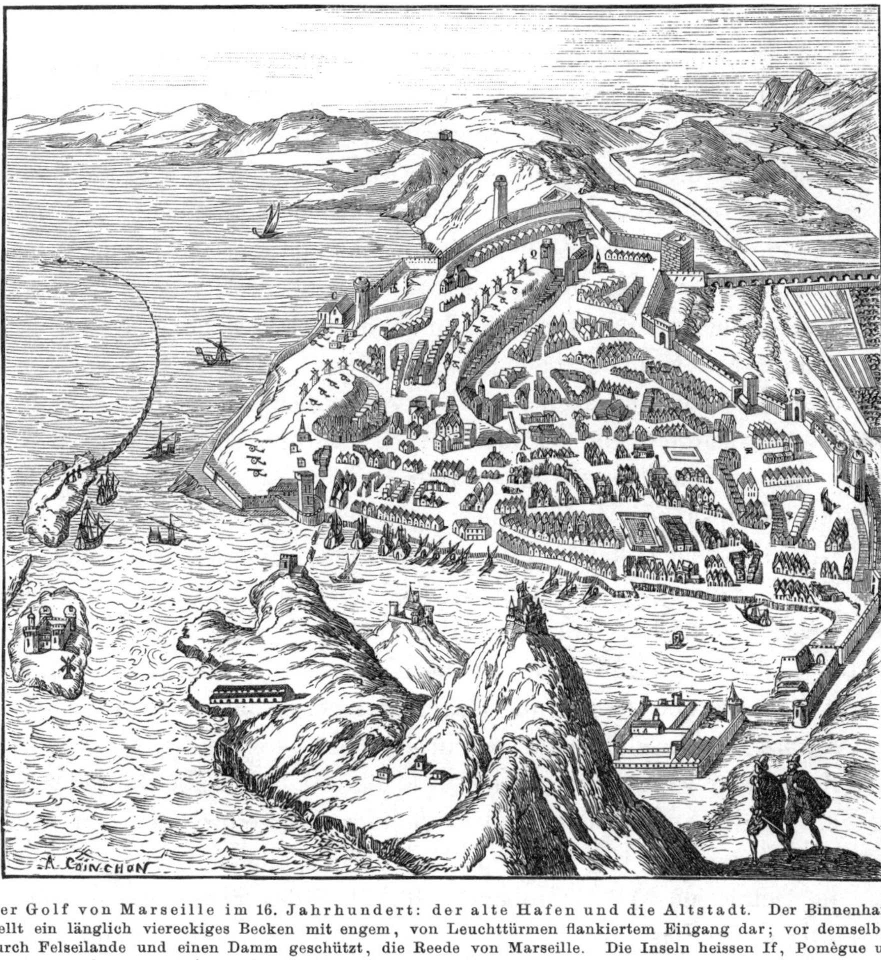

Der Golf von Marseille im 16. Jahrhundert: der alte Hafen und die Altstadt. Der Binnenhafen stellt ein länglich viereckiges Becken mit engem, von Leuchttürmen flankiertem Eingang dar; vor demselben, durch Felseilande und einen Damm geschützt, die Reede von Marseille. Die Inseln heissen If, Pomègue und Ratonneau; das *Château d'If* ist das berühmte Staatsgefängnis. Marseille liegt, von Mauern umgeben, noch fast ganz auf dem Terrain, nördlich vom alten Hafen; auf dem Hügel im Süden die Wallfahrtskapelle *Notre Dame de la Garde*, unten die Abtei *Saint-Victor*. Hier entstand allmählich ein neuer Stadtteil, die bischöfliche Stadt; sie und die Altstadt bilden gleichsam die Wurzeln des neuen Marseille, das rechts zu denken ist. Die Phokäer, die *Massilia* um 600 v. C. gründeten, glaubten an dieser Stelle die gute Gelegenheit und die Küsten Kleinasiens wiederzufinden. Nach einem Kupferstich in dem *Theatre des Citez du Monde* von G. Bruin. in-Folio.

Das hiesse wörtlich: die *Leitern der Levante*, doch ist es kindisch, hierbei an die Schiffstreppen zu erinnern, die zum Einnehmen und Löschen der Ladung heruntergelassen werden und auf denen die Passagiere hinuntersteigen; Treppen wären gar nicht *Échelles*, sondern:

Escaliers. *Échelle* ist vielmehr in diesem Falle eine Scheideform von *Escale,* und dieses nicht etwa mit *Scala,* sondern mit *Scalo* identisch, worunter man in Italien den Landungsplatz, die Gelegenheit zum Löschen und Laden der Schiffsgüter an den Kais versteht. Jene Stapelplätze heissen in Italien: *Scali di Levante.* Die ganze Handelsstrasse, die das Mittelalter hindurch von Europa nach Ostindien führte, entspricht jedoch in merkwürdiger Weise einer Leiter, einer Riesenleiter, an den Himalaja angelehnt, über das Mittelmeer und das Rote Meer hinüberreichend, mit soviel Sprossen als Stationen. Um nur einige davon zu nennen und nicht allzuweit im Norden auszuholen, so war etwa Nürnberg die erste Staffel, Venedig die zweite, Alexandria die dritte, Kairo die vierte, Suez die fünfte, Aden die sechste .... man darf annehmen, dass die Italiener niemals viel über Alexandrien und höchstens Suez hinaus, niemals selbst zu Schiffe an eine Ostindische Küste gekommen sind, und dass ihnen hinter Alexandria die Araber den Ostindischen Handel abgenommen haben. Niemals hat ein Venezianischer Kaufmann, Polo und Conti ausgenommen, den Boden Ostindiens betreten — seitdem die Araber im 8. Jahrhundert Persien erobert hatten und in Sind eingedrungen waren, hörte die unmittelbare Verbindung Europas mit Indien auf, und eine Vermittelung fand nur durch die Sarazenen statt. Die Italiener kletterten nur ein Stück auf der Leiter. Sie glich einer Himmelsleiter, die auf Erden stand — das alte reiche Wunderland war der Himmel, an den sie mit ihrer Spitze rührte — die Ostindienfahrer und die Karawanen stiegen daran auf und nieder — ganz oben waren die Engel, das heisst die arabischen. Und die gesamte Himmelsleiter musste urplötzlich verrückt, verlassen und als unbrauchbar verworfen werden, als das Weltrad am Ausgang des 15. Jahrhunderts umschlug und beinahe zu derselben Zeit ein neues Wunderland entdeckt und ein neuer Weg zu dem alten aufgefunden wurde. Als die Sonne des 12. Oktobers 1492 über das Meer schien, stand Christoph Kolumbus im Angesichte Westindiens, und nur fünf Jahre später, am 20. November 1497, umschiffte ein Portugiese, Vasco da Gama, von Emanuel dem Grossen ausgesandt, um einen Seeweg nach Indien zu entdecken, das Kap der Guten Hoffnung. Am 20. Mai 1498 war er in Kalikut an der Malabarküste, wo der Gewürzhandel Indiens seinen Mittelpunkt hatte. Jetzt kamen erst europäische Kaufleute nach Ostindien selbst und konnten den Pfeffer an Ort und Stelle und aus erster Hand einkaufen, nachdem sie ihn solange den Arabern in Ägypten abgenommen hatten. Aber nun wurde Lissabon der Stapelplatz für die vielbegehrten und wertvollen indischen Waren, und die Handelsmacht ging von der Hansa auf die Niederländer und Engländer, von den italienischen Republiken auf die Portugiesen und Spanier, die Träger der neuen Kolonien und Ideen, über. Erst jetzt trat Frankreich in die Reihe der Handelsstaaten ein. Es begann eine völlige Umwälzung des Welthandels, die alte Leiter war nicht gebrochen, aber

Basken auf dem Walfischfange im Eismeer: Zerhacken und Anschneiden des Ungetüms, dem sie auf den Rücken geklettert sind, um die mächtige Specklage, die es unter der Haut hat, abzuschälen. Es ist ein guter Fang, das Tier (wie an den Zitzen zu sehn) ein Weibchen, und ein solches grösser und fetter als ein Männchen. Deshalb schwenkt auch der Bootsmann eine Fahne, und der Dudelsackpfeifer, der auf dem breiten Kopfe, dicht vor den beiden (longitudinalen) Nasenlöchern steht, bläst eins. Der Wal ist mit der Harpune getötet und von einem Boote nach dem Schiff oder vielmehr an das Land geschleppt worden, wo man den Speck in Fässer verpackt, um zu Hause den Thran auszukochen. Eigentlich war das die Sitte der Holländer, welche die Feuersgefahr fürchteten; die Basken besorgten das Ausschmelzen des Speckes gewöhnlich in kupfernen Kesseln auf den Schiffen selbst, auf denen sie einen grossen Ofen setzten, und erzielten einen höheren Gewinn. Die Jäger, welche den Walfisch zerstückeln, heissen Zimmerleute (*Charpentiers*); um nicht abzugleiten, haben sie die Sohlen mit Nägeln beschlagen. Der Kopf liefert das Fischbein, die Zähne und das Walrat, das sogenannte *Sperma Ceti*. Darüber hinaus sieht man noch verschiedene Schiffe und Wasseraausspritzende, Bootumstürzende Seeungeheuer. Faksimile eines Holzschnittes in der Kosmographie von Thevet (Paris 1575. 2 Bände in-Folio).

die Handelswege wurden verlegt, das Mittelländische Meer, zwei Jahrtausende hindurch Sammelbecken der Kultur, versumpfte, statt der kleinen Binnenseen der Alten Welt wurden jetzt die grossen Ozeane, der Atlantische und der Indische, die Tummelplätze eines wirklichen, die

Erdkugel umspannenden Weltverkehrs. Wie gesagt, die alte Leiter war nicht gebrochen, aber es stieg niemand mehr hinauf, weil man hintenherumgehen konnte; und infolgedessen vermorschten alle Sprossen derselben, mit Ausnahme der letzten. Die Vernichtung des Verkehrs mit der Levante und die Entdeckung des neuen Seewegs nach Indien war ein Todesstoss für Venedig, das A. D. 1570 auch Cypern räumen musste — mit Alexandria, das schon seit der Verlegung der Residenz nach Kairo etwas herabgekommen, aber bisher von den Genuesen und den Venezianern gehalten worden war, ging es unaufhaltsam abwärts, als der neue europäisch-indische Handelsweg um Afrika herum entdeckt ward — das blühende Suez verfiel aus demselben Grunde, Aden, das erste Emporium der Arabischen Halbinsel desgleichen — bei uns verlor Nürnberg mehr und mehr von seinem Wohlstand — Augsburg, der zweite Hauptstapelplatz für den Deutschen Handel, das prächtige Augsburg, die Residenz der Fugger und der Welser, blühte zwar im 16. Jahrhundert mehr als je, es ist erst durch den Dreissigjährigen Krieg zur stillen Stadt geworden, doch hat es seinerzeit die Rückwirkung des verhängnisvollen Stosses auch gespürt. Heutzutage sucht eine Eisenbahn die andere, eine Postdampferlinie die andere an Kürze, Schnelligkeit, Bequemlichkeit und Billigkeit zu übertreffen — damals handelte es sich um die Hauptader des gesamten Weltverkehrs. Sonst werden einzelne Geschäfte ruiniert, indem ein Artikel aus der Mode, ein besseres Verfahren zur Kenntnis, ein neuer Industriezweig aufkommt — jetzt machte ein Weltteil dem andern Konkurrenz. Das Zeitalter der Entdeckungen, das mit dem 16. Jahrhundert anhob, bedeutete den wirtschaftlichen Niedergang des ganzen Mittelalters, das von der Menschheit aufgegeben und geräumt wurde wie ein verfallenes Haus.

Die eine Scharte ist in unserem Jahrhundert ausgewetzt und die Wichtigkeit, die Italien und Deutschland für den Ostindischen Handel hatten, teilweise wiedergewonnen worden. Als am 16. November 1869 unter grossen Feierlichkeiten die Eröffnung des Suezkanals erfolgte, war der alte Weg nach Indien mit einmal wieder der bessere und der kürzere, selbst ein Seeweg, und das kam nicht nur den früheren, sondern auch jüngeren Stationen, zum Beispiel der Stadt Triest, der Nebenbuhlerin Venedigs und der gegenwärtigen Königin des Adriatischen Meeres, sowie der englischen und deutschen Überlandpoststation Brindisi zu gute. Am meisten hatte England daran Interesse. Ein Schiff, das von Triest oder Brindisi ausläuft, gelangt durch den Suezkanal in beiläufig 37 Tagen nach Bombay, während die Fahrt um das Vorgebirge der guten Hoffnung mehrere Monate erfordert; selbst für Dampfer von Bordeaux, Liverpool, London, Hamburg wird die Reise durch die Suezroute um Wochen abgekürzt. Die letztere hat die Ostindienfahrer wieder ins Gleis gebracht, und dieses Geleise ist besser als vorher. Was die eine Hälfte der Erde anlangt, so liegen die

Städtische Vorratshäuser: der Kornspeicher. Der Kornmesser streicht das Getreide auf dem Masse mit einem Holze ab; ein Arbeiter trägt einen Sack voll auf den Boden.

Städtische Vorratshäuser: der Futterboden. Binden von Hafer, Stroh und Heu und Fassen der Fourage unter Aufsicht des Furiers (*Fourrage* aus unserm *Futter*).

Öffentliche Getreide- und Futtermagazine, die in guten Jahren gefüllt wurden, um in Zeiten des Misswachses Vorräte zu haben, dieselben zu billigen Preisen abgeben und der Teuerung und Hungersnot begegnen zu können, haben in den Städten der Menschen wie in den Staaten der Ameisen bis in das neunzehnte Jahrhundert hinein bestanden. Durch den modernen Getreidehandel und die Verkehrsmittel, die bei drohender Hungersnot eine Regelung der Preise und eine rasche und genügende Zufuhr von Getreide ermöglichen, sind sie überflüssig geworden. Der Getreidehandel hatte im Mittelalter nur eine untergeordnete, örtliche Bedeutung. Vergleiche das Wappen der Genter Kornmesser auf Seite 133. Nach Holzschnitten in den marktrechtlichen Verordnungen der Stadt Paris, deren Stadtrat am Anfang des 16. Jahrhunderts noch: *Échevinage* genannt ward (*Échevins*, Stadträte, Schöffen, aus dem deutschen Titel entstanden). Diese Verordnungen stammen aus dem Jahre 1528 und sind in gotischer Schrift, Klein-Folio, gedruckt vorhanden.

Ostasiatischen Sachen wieder wie im Mittelalter; die Neuzeit, die das Mittelalter schon verworfen hatte, ist mit wesentlichen Verbesserungen darauf zurückgekommen. Sie erscheint in dieser Hinsicht wie eine zweite Auflage des Mittelalters. Amerika war ein merkwürdiges neues Buch.

b. Waren und Warenhäuser.

Italienische Handelsbräuche, Formen und Ausdrücke in Europa — desgleichen arabische, durch die Italiener vermittelte: *Magazine* — das vornehmste Magazin war im Mittelalter das Getreidemagazin — Beschränkung des Kornhandels, veraltete Massregeln — der Reis — frei war der Handel mit Pfeffer — ausserordentliche Wichtigkeit dieses Gewürzes, Fabeln über die Herkunft desselben — schon Alarich verlangt Pfeffer — andere indische Droguen: Ingwer, Zimt, Safran, Muskatnuss, Nelken — Schnittwaren: Baumwollzeuge, Kattune, Musseline, Kaliko, Kaschmirshawls — europäische Baumwollmanufaktur, die drei Entwickelungsstufen der Baumwolle in den Ländern — Seide und Seidenindustrie — neue Waren, die mit dem Zeitalter der Entdeckungen in den Kreis des Verkehrs gelangen.

Aus der Blütezeit des Italienischen Handels stammen die Einrichtungen, die technischen Formen und Hilfsmittel, die noch heute bei den europäischen Kaufleuten angewendet werden. Die Buchführung, das Bankwesen, der Wechselverkehr, die Messabrechnung, alle diese Geschäfte sind vom 13. bis zum 15. Jahrhundert in den italienischen Städten ausgebildet worden, und daher kommt es, dass im Handel wie in der Musik fasst alle Kunstausdrücke italienisch sind. Einen Ballen bezeichnen wir als ein *Kollo,* einem Kunden eröffnen wir ein *Konto,* dem Geschäftsfreund wird das abgeschlossene *Kontokorrent* in einer Abschrift mitgeteilt, der Vortrag als *Saldo* gutgeschrieben, der Wechsel *diskontiert,* der *Brutto*betrag berechnet, die *Bruttobilanz* gezogen, das *Brutto*gewicht, das *Sporco*gewicht, das *Netto*gewicht ermittelt, die *Tara,* die *Uso-tara,* die Zoll-*tara,* die *Sopra-tara* in Abzug gebracht und so weiter. Bezeichnungen kaufmännischer Geräte kommen gewöhnlich aus Italien, zum Beispiel die eines Waren- oder Bücherbrettes als *Regal.* Bei dem fortgesetzten Verkehr der Italiener mit arabischen Kaufleuten konnte es nicht fehlen, dass auch arabische, das Geschäft betreffende Worte in das Italienische und mittelbar in unser Deutsch eindrangen, zum Beispiel das ebenerwähnte *Tara,* worunter man das Gewicht der Emballage, den Abgang oder Abzug vom Bruttogewicht versteht. In Afrika pflegte man das Gold, in Ostindien die Diamanten und Perlen mit den rotbraunen Samen des sogenannten Johannisbrots, der fleischigen Hülsen von Ceratonia Siliqua zu wiegen — diese Hülsen, die hornförmig gebogen sind, bezeichneten die Griechen als Hörnchen oder Κεράτια, es waren die *Treber,* die der Verlorene Sohn ass — das griechische Κεράτιον wurde im Munde der Araber zu *Kîrât* oder *Kârât* und zur Bezeichnung der Kerne, die zu Gewichten dienten, und dieses *Karat* ist aus der arabischen in die Sprachen aller Länder übergegangen (mittelhochdeutsch, mit deutscher Betonung: *Gárat*). Sogar die Namen der Gewölbe, der

Läden und der Lagerhäuser sind arabisch. Bekannt und dem Verleger dieses Werkes, der einst dort wohnte, in guter Erinnerung ist der *Fondaco dei Tedeschi*, das Kaufhaus der Deutschen in Venedig, eine Sehenswürdigkeit der Stadt, am Grossen Kanal, nahe der Rialtobrücke gelegen, gegenwärtig Sitz der Finanzintendanz; und der *Fondaco de' Turchi* ebendaselbst, das alte Quartier der türkischen Kaufleute, gegenwärtig städtisches Museum. *Fondaco* ist ebenfalls ein arabisches Wort und entspricht etwa einem Hotel, das die Handlungsreisenden fre-

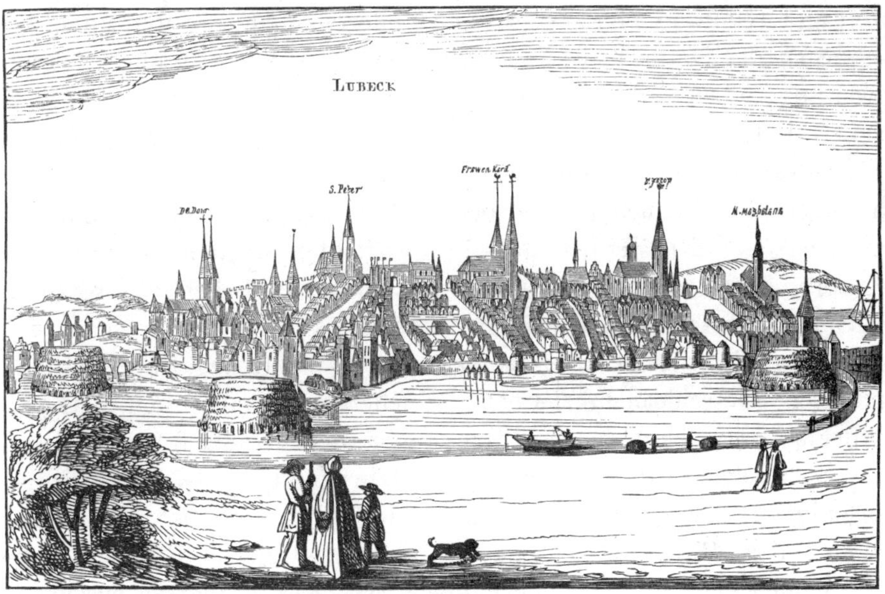

Die Hansestadt Lubecke auf einem länglichen Plateau zwischen der Trave und Wackenitz, *rund wie ein Ei*, nach einem holländischen Kupferstiche, in den *Libri III Commentariorum Rerum Germanicarum* von dem Geographen Peter Bert, dem Ritter des 17. Jahrhunderts (Amsterdam, 1616, in-4°). Noch stehen die starken alten Stadtmauern, die vier aus Backsteinen aufgeführten Thore, die Wälle und Bastionen; die Kirchen, der zweitürmige, von Heinrich dem Löwen gegründete Dom, die ebenfalls doppeltgetürmte Marienkirche (*Vrouwenkerk*), Sankt Peter, Sankt Jakob und das Kloster zur heiligen Maria Magdalena, jetzt eine milde Stiftung, sind bezeichnet. Rechts von der Peterskirche das Rathaus mit der Börse und dem Hansasaale, an den kleinen Turmspitzen und Wetterfahnen kenntlich. Die Breitenstrasse läuft auf dem Rücken des Hügels von Süden nach Norden; von dieser grossen Achse gehen die Strassen abwärts, östlich gegen die Wackenitz, westlich gegen die Trave. Die Häuser, gotisch, mit hohen spitzen Dächern, liegen terrassenförmig übereinander, wie die Staffeln ihrer Giebel; in einem derselben befand sich die bekannte Buchdruckerei von Johann Ballhorn. Die politische Grösse der Stadt war zu Berts Zeit vorüber.

quentieren (arabisch *al-Fondok*, spanisch *Alhondiga*, portugiesisch *Alfandega*). Völlig in den abendländischen Kultursprachen eingebürgert ist das arabische *Magazin* (arabisch *Machâzin*, Plural von *Machzan*, Vorratshaus, Niederlage, Depot, Partizipium von dem Verbum *chazan*, sammeln, aufhäufen).

Man verstand darunter hauptsächlich ein öffentliches Vorrats- oder Provianthaus, *dahin die Frucht zur Erhaltung des Volkes gebracht ward;* das vornehmste Magazin war das Getreidemagazin, nach diesem das Heumagazin, das Salzmagazin, vom Staate oder unter seiner Kontrolle von seiten der Gemeinden oder Dominien angelegte Speicher, kontributionspflichtige Schüttböden, die bei der Ernte gefüllt und mit einem gewissen Vorrat erhalten werden und aus denen die Händler und die Privaten ihr Bedürfnis gegen eine feste Taxe beziehen mussten; einzelne in den modernen Polizeistaaten heute noch zu sehn. Der Handel mit diesen notwendigen Lebensbedürfnissen, namentlich der private Getreidehandel war im Mittelalter gänzlich untersagt; schon in den ersten Jahrhunderten, als derselbe unter dem Vorwiegen der Naturalwirtschaft nur eine ganz untergeordnete, örtliche Bedeutung haben konnte, suchten die Behörden in die Gestaltung der Marktverhältnisse regelnd einzugreifen; später, als das Emporblühen der Städte zu einem intensiven Feldbau Anlass bot und die überschüssigen Getreidemengen des platten Landes den Bevölkerungsmittelpunkten zugeführt werden mussten, verfolgten sie die Kornwucherer, die Kornjuden geradezu fanatisch. Die marktrechtlichen Verordnungen der Städte lehren, welche Mühe man sich gab, die Bürger sicher und wohlfeil mit Brotfrucht zu versorgen — Staatskornmagazine, Getreidepreistaxen, Getreideausfuhrverbote, Wuchergesetze, An- und Verkaufsprivilegien und ähnliche veraltete, aber noch vielfach gutgeheissene Massregeln der mittelalterlichen Wohlfahrtspolitik. Die Regierungsmassnahmen der brandenburgischen Kurfürsten und der preussischen Könige, der französischen Ludwige liefern zahlreiche Beispiele dieser Art; namentlich sind die bezüglichen Gesetze Englands wegen der weitgehenden Vorschriften merkwürdig, die zum Zwecke der Regelung der Getreidepreise erlassen wurden. Eine Bewegung für die Freiheit des Kornhandels beginnt erst mit dem sogenannten Physiokratischen System in Frankreich, das sich gegen das sogenannte Merkantilsystem auflehnte (18. Jahrhundert).

Frei war dagegen der Handel mit Pfeffer. Ihm verdankten Venedig und Genua, sowie die süddeutschen Handelsstädte einen grossen Teil ihrer Reichtümer. Es ist nicht zufällig, dass man im 16. Jahrhundert die reichen Kaufleute: *Pfeffersecke* schalt. Wir sind bereits einmal (184) auf die ausserordentliche Bedeutung zu sprechen gekommen, welche die Gewürze im Mittelalter hatten — das Hauptgewürz war der Pfeffer, den man in ganz unglaublichem Mass verbrauchte. Hühner, Gänse, Hasen, Würste, alle Saucen pfefferte man — sogar die Honigkuchen, die man daher *Pfefferkuchen* nennt. Die Nürnberger konnten soviel Lebkuchen backen, weil Nürnberg des heiligen Römischen Reiches Bienengarten war, indem in den umliegenden Reichsforsten Millionen Bienen schwärmten und guten Honig lieferten; die Nürnbergischen Pfeffersäcke lieferten das Gewürz. Dasselbe war sehr teuer und sogut wie Geld — Zölle wurden in Pfeffer entrichtet, bei Geldnot diente Pfeffer als Zahlmittel. Zwei Pfund Pfeffer galten noch im 13. Jahrhundert für ein fürstliches Geschenk; als Alarich, der König

Kolumbus, am Morgen des 12. Oktobers im Jahre 1492 auf der Watlingsinsel landend: Amerika ist entdeckt. Die Lanze des Grossadmirals in der Hand, nimmt er für Kastilien Besitz von dem Lande, dem er den Namen *San Salvador* giebt. Auf der Spitze wird das christliche Kreuz aufgepflanzt. Die Eingeborenen huldigen ihm, er macht ihnen schöne Sachen zum Geschenk, ein Tauschhandel wird eröffnet; die nackten Weiber nehmen Reissaus, denn sie halten die *Santa Maria*, das Admiralschiff, für einen Riesenvogel, die Segel für seine Flügel und die weissen Männer, die herauskommen, für Geister. Die drei Schiffe sind Karawelen mit sogenannten lateinischen, dreieckigen Segeln, die beiden andern heissen *Pinta* und *Niña*; hinter Kolumbus stehen die Brüder Pinzon, Hakenbüchsen auf den Schultern. Nach einem Kupferstich in den wichtigen, aber seltenen, bei dem Buchhändler Theodor de Bry herausgekommenen, später von dessen Sohne und Merian fortgesetzten ***Collectiones Peregrinationum in Indiam orientalem et occidentalem,*** deren erste Folge ihres Formates wegen in Frankreich den Titel: ***Grands Voyages*** führt (Frankfurt am Main, 1590. in-Folio).

der Westgoten, im Winter des Jahres 408 Rom belagerte, verlangte er 5000 Pfund Gold, 30 000 Pfund Silber und 3000 Pfund Pfeffer als Ranzion. Erst nach der Entdeckung des Seewegs nach Indien fiel der Preis des Pfeffers, indem sich zugleich seine Kultur nach den westlichen Inseln des Indischen Archipels verbreitete. Der Pfeffer ist bekanntlich eins der ältesten Produkte der Indischen Welt, sogar der Name indisch: derselbe lautet *Pippalî* im Sanskrit, woraus die kein *l* besitzenden Perser *Pipparî* gemacht haben; ihnen sprachen wieder die Griechen (*Πέπερι*), den Griechen die Römer *(Piper)*, den Römern die Deutschen nach, bei denen sich in dem Namen des Fabeldichters *Pfeffel* die *l*-form zufällig wiedereingestellt hat. Daneben zeigt das hochdeutsche Fremdwort (mittelhochdeutsch: *Pheffer)* die doppelte Verschiebung des *P.* Die Araber, die überhaupt kein *P* besitzen, verwandeln *Piper* in *Biber* oder sagen mit einem ganz andern Worte: *Filfil.* Übrigens hatte das Mittelalter über die Herkunft der Ware und von dem Lande, wo der Pfeffer wächst, ziemlich unklare Vorstellungen: zwischen weissem und schwarzem (ungeschältem) Pfeffer machte man einen Unterschied wie zwischen rohem und gebranntem Kaffee. Man dachte sich die Pfefferkörner wie die Hesperidenäpfel — im Paradiese, am Fusse des hohen *Olimpius*, fabelte ein Dominikanermönch des 13. Jahrhunderts in einer Encyklopädie*), wachse der Pfefferwald; Schlangen bewachten ihn. Man könne nun nicht dazu, wenn man die Drachen nicht vertreibe. Man lege also Feuer an den Wald, dann nähmen die Schlangen Reissaus. Wenn der Wald niedergebrannt sei, so lese man die Pfefferkörner in der Asche aus wie Erbsen. Die Frucht des Pfefferbaums sei eigentlich weiss; aber durch die Glut werde sie geröstet. Ausser dem weissen und dem schwarzen kannte man im Mittelalter auch den langen Pfeffer, der vielleicht der älteste Pfeffer ist, aus vielen Beeren bestehend, die untereinander verwachsen sind, und von dem man den gewöhnlichen als *runden* oder *kleinen* unterschied; und den roten Pfeffer, worunter nur der spanische oder Paprika verstanden werden kann. Dieser stammt jedoch aus Amerika und ist erst im 16. Jahrhundert bekannt geworden.

Nächst dem Pfeffer kommen hauptsächlich noch folgende fremde Droguen in Betracht:

1. Der Ingwer, vergleiche Seite 212. Auch sein Name stammt

*) Johannes de Janua in der *Summa, quae vocatur Catholicon,* einem jener Lexika, wie sie den Studenten in den Kollegien zum Auswendiglernen diktiert wurden; *sub voce Piper.* Dieses Werk gehört zu den ersten Drucken Gutenbergs. Es erschien A. D. 1460 auf Pergament und Papier, und hat am Schlusse die berühmte Unterschrift, welche die neue, *mira patronarum formarumque concordia proportione et modulo* ausgezeichnete Kunst und die deutsche Nation als ihre Erfinderin mit schwungvollen Worten preist. Gross Folio, feingotische Schrift, ohne Signatur, Kustoden und Seitenzahlen, in gespaltenen Kolumnen von je 66 Zeilen, 374 Blätter stark. Die Initialen und Versalien sind nicht mitgedruckt, sondern besonders geschrieben und (bei den Pergamentexemplaren) weiss in Gold und Purpurfarbe mit der Hand eingemalt. Sehr selten.

aus dem Orient und zuletzt aus dem Sanskrit; er hat im Deutschen den Zischanlaut abgeworfen. Die Engländer essen keinen Pfefferkuchen, sondern Ingwerbrot *(Ginger-bread)*.

2. Die Muskatnuss. Früher haben die Araber dieses kostbare Gewürz aus Indien geholt und im Abendland verbreitet; am Ende des 12. Jahrhunderts war Nuss und Blüte im nördlichen Europa bekannt; 1444 brachte der italienische Reisende Niccolò Conti die erste Nachricht von dem Baum. Der allgemeine Gebrauch der Muskatnuss hat sich nur in England und Nordamerika erhalten.

3. Der Safran, aus Persien, Kleinasien und Ägypten, arabisches Wort, soviel wie Gelb. Ebenso beliebt wie kostbar, daher mit Saflor und Ringelblumen viel verfälscht, worauf schwere Strafen standen. Die Kreuzfahrer verpflanzten den Crocus nach Frankreich, Italien und Deutschland, der Ritter von Rauhenast brachte die Pflanze nach Österreich, wo sie namentlich von den Wienern angebaut ward. Die Wiener Vorstadt Sankt Ulrich steht auf ehemaligen Safrangärten. Die Vorliebe für den Safran hat sich nur im Berner Oberland und im Mailändischen erhalten, wo er dem *Risotto* zugesetzt wird. Der Reis, der seit der Gründung des ägyptisch-griechischen Reichs als Handelsware auftritt, ebenfalls ein ursprünglich indisches Produkt und Wort, im frühen Mittelalter ein Herrenessen und mit Mandelmilch gekocht, dann eine über Venedig oder Mailand eingeführte Fastenspeise, ist seit Anfang des 18. Jahrhunderts in Deutschland ein gewöhnliches, doch geschätztes Nahrungsmittel aller Volksklassen, das *alle Materialisten führen und pfundweise verkaufen* (A. D. 1728).

4. Zimt, mittelhochdeutsch: *Zinemîn*, *Zimîn*, *Zinment*, mittellateinisch: *Cinamomum*. Das Wort ist oberdeutsch, in Norddeutschland sagt man *Kaneel*, indem man den Ausdruck der alten Gewürzkrämer, der Venezianer und der Portugiesen braucht (*Cannella*, Röhrchen).

5. Gewürznägelein, Gewürznelken, im Mittelalter in Europa bekannt und hochgeschätzt. Den Gewürznelkenbaum erwähnt Marco Polo (1298). *Nelke* ist nur die niederdeutsche Form für *Nägelchen (Nelchen)*. Sowohl die Knospen des Gewürznelkenbaums als auch die Blumenblätter der Gartennelke haben die Form von Nägeln.

Ostindien war das Land der Gewürze — es war auch das Land der Baumwolle und der Baumwollgewebe, der geblümten Kattune und der feinen Musseline, des Kaliko, der sogenannten *Indiennes* und der weltberühmten Kaschmirshawls, zu denen die Haare der Kaschmirziege und der wilden Ziegen Tibets den Stoff lieferten — tausend anderer

Kostbarkeiten, zum Beispiel des *Indigos (Anils)*, von den Seidenstoffen und den Edelsteinen gar nicht zu reden. Die Baumwollstaude tritt in Indien schon in den ältesten Zeiten auf; von Indien aus gelangte zunächst der Stoff nach Vorderasien und Europa, wo nicht nur baumwollene Zeuge eingeführt, sondern auch eigene Baumwollmanufakturen errichtet wurden, ja sogar allmählich Baumwollpflanzungen entstanden.

Das war der Entwickelungsgang der Baumwolle in Europa: erst wurde der Kattun den Arabern abgekauft. Schon im 2. Jahrhundert unserer Zeitrechnung, also lange vor dem Islam, haben arabische Kaufleute baumwollene Gewebe aus Indien nach den Häfen am Roten Meere gebracht. Sie nannten diese Gewebe *Kattun:* das ist im Arabischen der Name der Baumwolle (arabisch *Koton*, französisch *Coton*, holländisch *Kattoen*). Hierauf versuchte man den Rohstoff einzuführen und die schöne weisse Baumwolle, wie sie aus den Kapseln der Pflanze elastisch hervorquillt, selbst zu verarbeiten, im eignen Lande Baumwollmanufakturen anzulegen. Durchaus keine leichte Sache; man hat bei der jetzigen Ausdehnung der Baumwollindustrie keine Ahnung von den Schwierigkeiten, die sich den ersten Unternehmern entgegenstellten. Zunächst erforderte der Transport des Materials aus einer Entfernung von vielen tausend Meilen zum mindesten sechs Monate; vor allen Dingen aber hatten die alten Fabrikländer, Indien und China, im Spinnen, Weben und Färben eine Fertigkeit erlangt, die jede Konkurrenz ausschloss und einen Erfolg im höchsten Grade zweifelhaft erscheinen liess. In der That gingen auch die ersten europäischen Spinnereien alle zu Grunde, jahrhundertelang konnte das Abendland keine Fabrik aufweisen, die ein gutes Gedeihen gehabt oder ihre Erzeugnisse den indischen hätte an die Seite stellen können. Dem ersten Übelstand wurde nachgerade abgeholfen, indem, und das ist die dritte Entwickelungsstufe der Baumwolle in Europa: das wichtige Gewächs im Süden des Erdteils akklimatisiert und selber angebaut ward. Am frühesten scheint das in Sizilien und in Spanien geschehen zu sein, wo die Araber dafür sorgten; Abd ur Rahmân, der Chalif von Cordova, unter dessen langer Regierung (912—961) das muslimische Spanien das zivilisierteste und gebildetste Land der damaligen Welt war (206), der den materiellen und geistigen Fortschritt der Halbinsel auf jede Weise förderte, baute auch *Algodon.* Die Christen erbten den Namen, die Pflanze und die Industrie, die in Barcelona und Granada schwunghaft betrieben ward; noch heute versieht bekanntlich Barcelona fast alle spanischen Kolonien mit *Indiennes*. Die Baumwollstaude selbst wird in Spanien fast gar nicht mehr kultiviert. In Italien und Griechenland hat die Kulturpflanze niemals eine wichtige Rolle gespielt; die Industrie wohl. Im Anfang des 14. Jahrhunderts blüht die Baumwollmanufaktur zu Venedig, das den Rohstoff aus dem Mutterland bezieht; um dieselbe Zeit glänzt Florenz

Denkmünze der Kramerinnung von Rouen: die Göttinnen des Friedens und der Gerechtigkeit geben sich die Hand. Unten, zwischen beiden Figuren das Osterlamm oder das triumphierende Lamm, welches mit dem rechten Fusse zum Zeichen seines Sieges die Kreuzesfahne hält, ein Hinweis auf den Schafwollhandel und die Wollspinnerei der Stadt Rouen. Das Lämmchen mit der Fahne ist auch das Wappentier der florentiner Wollenweber (*Orsanmichele*) und ein häufiges Hauszeichen gewesen (Arnstadt, Markt). Oben ein Engelskopf und die Devise: *Amico foedere jungat.* Aus dem Jahre 1703.

durch seine ausgezeichnete Weberei, Appretur und Färberei. Von Venedig folgte die Industrie der Ostindischen Handelsstrasse nach Augsburg, auch nach Zürich; Augsburg führte wieder Baumwolle und Barchente nach den Niederlanden aus, von welchen es später, im 17. Jahrhundert, als Amsterdam der grösste Baumwollmarkt in Europa geworden war, den Rohstoff bezog. Für 600 000 Kronen wurde um die Mitte des 16. Jahrhunderts von Deutschland nach den Niederlanden an Barchent ausgeführt. Die Holländer und die Engländer wussten im Anfang des 14. Jahrhunderts mit der Baumwolle, die ihnen die Venezianer und die Genuesen anboten, noch nichts weiter zu machen als Dochte und Stöpsel, wozu sie in Italien jetzt noch dient.

In Südamerika, in Mexiko, Westindien, Brasilien und Peru ist die Baumwolle alt, hier fanden die Entdecker Gewebe von hoher Schönheit; in Nordamerika datiert die Baumwollpflanzung erst vom Anfang des 17. Jahrhunderts. Bis zum Sezessionskrieg (1861) bezog Europa die rohe Baumwolle fast nur aus Nordamerika; während des Krieges griff man notgedrungen auf das asiatische, das indische und ägyptische Produkt zurück.

Alles in allem schlägt die europäische Baumwollindustrie die indische und die chinesische seit mehr als fünfzig Jahren auf ihren eignen Märkten, und diese Länder erhalten heutzutage die Baumwolle, die sie jahrhundertelang allein lieferten, aus Europa verarbeitet zurück. An 36 Prozent der Webwaren werden Grossbritannien, das an der Spitze dieses Artikels steht, von Ostindien abgenommen — demselben Ostindien, wo die Baumwolle zuallererst gedieh. Weder die Wohlfeilheit des Arbeitslohns in Indien, noch der Grad von Vollkommenheit, welchen sich die indischen Spinner und Weber seit Jahrtausenden zu eigen gemacht haben, schützt die einheimische Ware vor der europäischen Konkurrenz. Kann es ein sprechenderes Beispiel des ungeheuren Vorsprungs geben, den moderne Intelligenz und Thatkraft vor den Zuständen des Mittelalters hat? — Und doch that das Mittelalter einmal den ersten Schritt in diesem grossartigen Gewerbe. Was man auch von der Energie und dem Erfindungsgeiste des angelsächsischen Stammes, seinen Spinnmaschinen, seinen mechanischen Webstühlen erzählen möge — das Wichtige war: anzufangen; die zweite Million erwirbt sich leichter als das erste Tausend. Das übersieht man oft; der Ruhm wird dem Glücklichen zu teil, der das Facit zieht und erntet, nicht dem bescheidenen Säemann. Der arme Spanier, der es im 9. Jahrhundert wagte, einen Ballen Baumwolle zu kaufen, mit Frau und Kindern die Faser zu verspinnen und das Garn (damit fing man an) in einem leinenen Zettel als Einschlag zu benutzen; der sich vielleicht damit ruinierte und der jetzt vergessen ist — besitzt in meinen Augen mehr Verdienst als ganz Manchester. Der alte Name der Spinnmaschine: *the Spinning Jenny,* das spinnende Hannchen, erinnert noch an den patriarchalischen Hausbetrieb. Und das Verdienst kam eigentlich den Arabern zu, die uns die Baumwolle gebracht, zuerst in Europa Baumwolle gebaut und Baumwollmanufakturen gegründet haben; denen wir soviel verdanken (206). Ein Maure, Abu Abdallah, soll Karl dem Grossen ein paar Ellen Shirting und Nessel gesandt haben, welche in Spanien gewebt worden wären.

Die Geschichte der Seidenindustrie ist ganz dieselbe. Erst wurden indische und chinesische Seidenstoffe, die sogenannten *Serica* nach Italien gebracht: das prachtliebende Rom der Kaiserzeit kleidete sich in Seide. Dann, im 3. Jahrhundert nach Christus, wurde im Orient Rohseide gekauft, die man sich selber webte; sie entspricht der rohen Baumwolle, die der Europäer verarbeitete. Indessen geschah das erst ganz vereinzelt: die Seidenindustrie blühte damals in den Städten Tyrus und Beirut und weiter hinten in Persien, wohin die chinesische Seide über Samarkand und Buchara kam; hier wurde die Seide verarbeitet und ins Abendland versendet. Auch das Byzantinische Reich, zu dessen Sphäre Tyrus und Beirut gehörten, wurde schliesslich durch eine verfehlte Massregel Justinians, ein erteiltes Monopol, in Bezug auf den Seidenhandel mehr und mehr von Persien abhängig. Der Kaiser gab sich alle Mühe, seinen Unterthanen den wichtigen Handels- und Industriezweig zuzuwenden, aber ohne allen Erfolg. Da liessen sich einmal zwei Basilianer bei ihm melden, die auf ihren Missionsreisen in China den Seidenbau beobachtet haben wollten. Justinian freute sich sehr; die Mönche hatten aber nur Maulbeersamen bei sich, weil sie glaubten, die Seidenraupen fänden sich von selbst auf den Maulbeerbäumen ein, was sie in China wirklich thun. Damit war es aber nichts, und die Mönche mussten sich entschliessen, wieder nach China zurückzukehren und die Eier der

Kühler und Normalgewicht von Messing in Form einer Sirene; vom Fischmarkt in Le Mans. Ende des 16. Jahrhunderts.

Seidenspinner zu holen, obgleich auf die Entwendung derselben Todesstrafe stand. A. D. 555 trafen sie glücklich wieder in Konstantinopel ein; die Eier hatten sie in ihren Stöcken, die hohl waren, gepascht. Es war Frühjahr, und die Maulbeerbäume grünten: die Eier wurden in Mistbeeten zur Ausbrütung ausgelegt, in Betten gewärmt, am eignen Leib getragen, die ausgeschlüpften Raupen mittelst junger Maulbeerblätter abgehoben und auf ein Weidengeflecht gelegt; zum Einspinnen verbrachte man sie auf Reisig. Das war der Anfang des europäischen Seidenbaus; nun konnte man auch in Europa das Rohprodukt herstellen und sich in noch höherem Grade als bei der Baumwolle von den ausländischen Märkten unabhängig machen.

Bald trieb jede griechische Stadt Seidenbau; die Frauen widmeten sich mit ihren Kindern und Mägden der Seidenraupenzucht. Italien lernte sie nicht gleich — Venedig kaufte jetzt Seide in Griechenland und handelte mit Seide, erzeugte sie aber nicht. Erst durch die Kreuzzüge gelangte der Seidenbau (1130) nach Sizilien und breitete sich von da über Florenz, Bologna, Venedig und Mailand aus; jetzt trug Italien abermals, wie Cesare Cantù sagt, wenn man von Griechenland absieht: *la prima Veste di Seta in Europa.* Diese Städte spielen von jetzt ab die erste Rolle in der europäischen Seidenindustrie, seit jener Zeit ist Italien, zumal die Lombardei, wo *Fare i Bachi* eine beliebte Art Hausfleiss bildet, das klassische Land der Seidenraupenzucht. In der Seidenfabrikation nimmt Frankreich seit dem 17. Jahrhundert in Europa die hervorragendste Stellung ein; die Produktion an roher Seide bedarf jedoch einer Ergänzung durch Import. A. D. 1268 ward in Frankreich der erste Maulbeerbaum gepflanzt; die Angaben lauten verschieden, nach den Franzosen wäre der weisse Baum erst im 15. Jahrhundert, unter Karl VII., wieder nach anderen erst im 16. Jahrhundert unter Karl IX. nach Frankreich gekommen. *Franz Traukat verdiente ein Denkmal eher als viele Könige von Frankreich, denn er pflanzte 1564 den ersten Maulbeerbaum, der wenigstens eine Million Franzosen ernährt.* Hauptsächlich liess sich Heinrich IV. die Zucht des *Mûrier* angelegen sein. Ende des 16. Jahrhunderts sind auch in Deutschland, wo der nützliche Baum ebenfalls gedeiht, das aber sogar direkt vom Schwarzen Meere über die Ostsee und Kiew Seide importierte, Raupen zur Zucht gekommen; 1670 bildete sich in Bayern eine Seidenbaugesellschaft. Eine Seidenindustrie gab es in Mainz, Augsburg und Nürnberg bereits am Ausgang des Mittelalters.

Zünfte, Zunftwesen, Zunftgebräuche.

a. Das ehrbare Handwerk.

Bürger, ein Ehrenname jedes Städters, welcher an den städtischen Rechten Anteil hatte: *Citoyen* — zunächst nannten sich nur die Geschlechter Bürger — das Handwerk war im frühen Mittelalter noch nicht bürgerlich, es existierte kaum — den häuslichen Bedarf deckte der Hausfleiss — Entwickelung des Handwerks in den Fronhöfen — aber diese Handwerker waren Hörige, mit den freien Handwerkern der Städte nicht zu vergleichen — Begriff des Handwerks, wovon er ausging — die Stellung des Handwerkers brachte es mit sich, dass er nicht für voll angesehen ward, er war kein *Müssiggänger* — deshalb galt er nicht für zunftfähig — was eigentlich Zunft war, sinnverwandte Worte, der politische Charakter der Vereine — ursprünglich gab es nur Einen Verein, die Altbürgergilde, mit ihr verschmolz die Kaufmannsgilde — die Zunftbewegung der Gewerbe — typisch dafür ist die Geschichte der Stadt Köln — Kämpfe der Bürgerschaft mit dem Erzbischofe, Kämpfe zwischen den Zünften und dem Patriziat: die Weberschlacht — Sieg der Gemeinen über die Herren von Köln, die demokratische Verfassung — Bürgerrecht und Zunftfähigkeit: wieso das erstere an der letzteren hing — nun war der Schuhmachermeister so gut Bürger wie der Ratsherr.

Bürger war der Schuhmachermeister Hans Sachs so gut wie Wilibald Pirkheimer, der berühmte Ratsherr. Bürger war der Ehrenname jedes Städters, der an den städtischen Privilegien, den städtischen Rechten und Pflichten Anteil hatte, städtische Ämter bekleiden durfte. Die Stadtmauer machte wie ein steinerner Ring alle Gemeindeglieder gleich. Alle Glieder der Bürgergemeinde, die in einem Gegensatze zur Einwohnergemeinde stand — die Beisassen und blossen Schutzverwandten zählten freilich nicht für voll. Aber die stimm- und wahlfähigen Städter hiessen alle Bürger, jedweder ehrliche Pariser, der in der *Cité* sein Haus und seine Nahrung hatte, wurde als *Citoyen* betrachtet, mochte er nun Handel oder ein schlichtes Handwerk treiben, zu einer vornehmen oder einer geringen Zunft gehören. Das war das grosse republikanische Prinzip, das in den mittelalterlichen Städten zum Ausdruck kam und in der französischen Revolution auf den Staat übertragen ward, indem jeder unabhängige Volksgenosse, der sich selbständig an dem öffentlichen Leben beteiligte und politische Rechte besass, den Titel: Staatsbürger und in diesem höheren Sinn den Anspruch auf die stolze Anrede: *Citoyen* erhielt.

Nicht dass dieses Prinzip von allem Anfang an in den befestigten *Civitates* gegolten hätte — das ehrbare Handwerk, der Hauptvertreter des tüchtigen, verdienenden Mittelstandes, hat sich in den Städten

Handwerksleute des 14. Jahrhunderts; französisch: *Gens de Métier* (*Genz de Mestier*, italienisch: *Mestiere*, von lateinisch *Ministerium*, Dienst, Verrichtung, Hantierung, dasselbe, was im Altertum: *Opus* hiess); mit Hammer, Schippe, Zange, Beil, in Arbeitskittel und Schurzfell. Die *Genz de Mestier* sind nicht mit den mittelalterlichen *Ménestrels* und *Minstrels* zu verwechseln, obgleich sie denselben Titel führen — das waren umherziehende Volkssänger und Spielleute, sie gehörten zu den Jongleuren oder den Fahrenden Leuten. Heute: *Ménétriers*, Leute die mit der Violine zum Tanz aufspielen. Nach einer Miniatur in einer Handschrift der *Bibliothèque de Bourgogne* zu Brüssel.

ganz allmählich entwickelt und sein Bürgerrecht erst erwerben, oft genug: erst erkämpfen müssen. Zunächst nannten sich nur die sogenannten Geschlechter, die ratsfähigen, patrizischen Geschlechter, meistens Kaufmannsgeschlechter: Bürger. Nur wer zu so einem Geschlechte gehörte und wie man sagte: *ein Geschlechter* war, stellte den Bürger vor, wie wir das schon einmal (auf Seite 50) erwähnt haben. Das Handwerk wurde noch nicht für ehrbar und ratsfähig angesehen — es existierte im frühen Mittelalter, als eine selbständige Unternehmungsform, noch gar nicht. Bis zum 12. Jahrhundert pflegten sich die

Leute selbst herzustellen was sie brauchten; den Familienbedarf an Gewerbsprodukten deckte der Hausfleiss, wie er stellenweise noch heute, namentlich in den nordischen Ländern verbreitet ist. Auch darauf haben wir bereits mehrmals, zum Beispiel in der Unterschrift auf Seite 131, hingewiesen; das Nähen der Kleider, das Spinnen des Garns, das Ziehen der Lichte, das Haarabschneiden, das Rasieren war Sache des Hauses, insbesondere der Frauen *), wie noch gegenwärtig das Kochen und die Bereitung der Mahlzeit ihre Sache ist, solange ihnen die letztere von den gewerbsmässigen Restaurateuren noch nicht ganz abge-

Marktleute (*Marcheans* = *Marchands*) des 14. Jahrhunderts: Tuchmesse und Wollmarkt. Drei Männer tragen die langgeschwänzte Gugel, die heruntergeschlagen ist; einer einen Überrock, die *Cappa*, das gewöhnliche Reisekleid. Das Geld haben sie in der Gürteltasche, der *Aumonière* oder *Escarcelle*; die Kleidungsstücke waren im Mittelalter noch ohne Taschen. Strumpfhosen (Trikots). Wegen der Schafe sind sie handelseins, sie schlagen zu, *schlagen dar*, *schlagen Kauf*, *klappen in;* der Handschlag schloss von alters her das Geschäft zwischen Käufer und Verkäufer statt Kontraktes ab und bestätigte dasselbe. Nach einer Miniatur in einer Handschrift der *Bibliothèque de Bourgogne*, vergleiche Seite 29.

nommen wird. Einen Punsch, eine Bowle pflegt man im eignen Hause herzustellen; in Norwegen trinken die Bauern noch vielfach selbstgebrautes Bier.

*) Die im Fränkischen Reiche, unter den Merowingern, ihren Männern, namentlich, kraft ausdrücklicher Stipulation, am Hochzeitstage, den Bart abnehmen mussten. Dieser Gebrauch dauerte bis zur Regierung Chilperichs. Als ein Rest desselben ist es anzusehen, wenn noch heute in vielen Gegenden Europas, in gewissen spanischen Provinzen, in Brügge, in Zürich, in Oberbayern und Tirol weibliche Barbiere angetroffen werden; die Männer rasieren die Leichen. Schon im Altertum.

Eine selbständigere Entwickelung des Handwerks schien zunächst von den Fronhöfen oder Herrenhöfen auszugehen, wie sie die Grossgrundbesitzer, weltliche und geistliche, in den Dörfern hatten und zu denen mehr oder weniger umfangreiche Güter als Saalländereien oder Zinsgüter mit Dienstverpflichtungen gehörten. In ihnen wurden derartige Arbeiten von den Hörigen im Hofdienst und nach Hofrecht vorgenommen: die Männer mussten die herrschaftlichen Wohn- und

Wappensiegel der bürgerlichen Nahrungen des Platzes von Gent; zweite Hälfte des 15. Jahrhunderts. Ein vlämisches Mädchen hält den Schild, der gespalten ist und rechts den heraldischen Löwen der Stadt Gent, links den gekrönten goldenen Löwen der Niederlande zeigt. Beide Löwen haben die typische Stellung des Wappentiers, die eines sich auf seine Beute stürzenden Löwen: sie stehen auf den Hinterfüssen, werfen die Vorderpranken vor, reissen das Maul auf und stecken die Zunge heraus; die Mähne flatternd, den geteilten Schwanz nach oben gestreckt. Die Legende ist vlämisch — Seghel : der : neeringhen : der : stede : van : ghent; *ncering* ist das holländische *Nering* und bedeutet Handel, Gewerbszweig, Gewerbe, genau genommen hochdeutschem *Nährung* entsprechend (mittelhochdeutsch: *Nerunge*).

Ökonomiegebäude aufführen, beziehentlich wiederherstellen und ausbessern, das herrschaftliche Getreide mahlen, das herrschaftliche Holz zu Brettern schneiden; die Weiber sassen in den Arbeitshäusern und spannen der Herrschaft Flachs und Wolle, nähten ihr die Kleider. Man ist gewohnt, bei Frondiensten nur an landwirtschaftliche Arbeiten, an die Hand- und Spannfronen, von denen wir auf Seite 29 gesprochen haben, die Garten- und Forstfronen zu denken — es gab auch

Baufronen, Spinnfronen, Mahl- und Schneidefronen, Haushalts- und Wirtschaftsdienste im weitesten Sinne des Wortes. Freilich sollten nach altem Herkommen *nur solche und zwar gefahrlose Dienste, welche sich von dem kunstlosen Fleisse der Landleute erwarten liessen, nicht solche, welche eine gewisse Kunstfertigkeit voraussetzten; Operae officiales*, nicht *Operae artificiales* gefordert werden. Aber eine Grenze war hier schwer zu ziehen, und wohl mögen sich in den abgeschlossenen Fronhöfen, auf einem Königshofe einzelne Bauern zu wirklichen *Artifices* ausgebildet, ja, diese zu Innungen verbunden haben; trotzdem sind sie mit den freien Handwerkern einer alten Reichsstadt gar nicht zu vergleichen. Denn sie waren unfrei, sie wählten sich ihren Lebensberuf nicht wie Hans Sachs, der von seinem Vater zu einem Schuhmacher in die Lehre gegeben ward; sie arbeiteten nicht auf Bestellung, sie arbeiteten für ihren Herrn, im Hause des Herrn, für die auf dem Fronhofe wohnenden Personen. Sie lassen sich nur mit den Sklaven des Altertums vergleichen, unter denen es auch geschickte Leute gab.

Siegel der Zimmerleute (*Timmerliede*) von Sankt Truijen (*Sintruden*, französisch: *Saint-Trond*). Der Schild enthält Zirkel und Axt. Nach einem Abdruck im Archive dieser vlämischen Stadt, die in Belgisch-Limburg gelegen ist (A. D. 1481).

Ganz anders in den Städten, die zuweilen aus solchen Fronhöfen hervorgegangen waren, wo aber das Handwerk von Anfang an einen freien, angesehenen, wohlhabenden Stand darstellte, wenn es auch nicht gleich volle Burggerechtigkeit besass. In den Städten wehte eine gesündere Luft als draussen auf der feudalen Erde; wer Lust und Beruf in sich spürte, den Pechdraht zu ziehen oder das Schwert zu fegen, der that eine Werkstatt auf, wartete, dass ihm ein Mitbürger Arbeit gab, und verkaufte die Ware an den Kunden. Dann nannte man ihn einen Handwerker, weil er mit der Hand arbeitete und thätig war, nicht wie der Bote mit den Füssen, der Gelehrte mit dem Kopfe, der Kaufmann mit dem Gelde, der Ratsherr mit dem Munde; das deutsche Wort *Handwerk*, von den Lateinern: *Ars*, wörtlich: *Manopera* und *Manufactura* übersetzt, dem französischen *Manœuvre*, dem italienischen *Manifattura*, dem altgrie-

Siegel der Schuhmachergilde von Saint-Trond (*Oppidi . trudensis*) in Belgisch-Limburg, wie dasselbe mit Hilfe einer Schnur an eine Urkunde vom Jahre 1481 angehängt wurde; aufbewahrt im städtischen Archiv. Zeigt eine Ahle, zwei Leisten, einen Kneif, zwei Schnabelleisten und ein Beil (für Holzschuhe).

chischen *Χειϱοτεχνία* genau entsprechend, besagt mehr als das lateinische *Opus* und das englische *Work,* nämlich das mit der Hand, dem Instrument der Instrumente, zustande gebrachte Werk.

Siegel der Wullenweber der Stadt Hasselt in Belgisch-Limburg, mit Hilfe eines Pergamentstreifens an eine Urkunde vom 25. Juni 1574 angehängt (... *ER. AMBAHT. V' HAS* ...). Wegen *Ambacht* vergleiche Seite 151. Zeigt die Kardendistel, an der, in Form eines Striegels oder einer Bürste, die Weberkarde oder die Kardätsche hängt; die Schütze oder das Weberschiffchen; und das (gegenwärtig von der Spulmaschine verdrängte) Spulrad.

Siegel der Tuchwalker (*van de Volder*) von Sankt Truijen (*Sint-Trude*) in Belgisch-Limburg: der Schild enthält einen gekrönten hölzernen Walkhammer. Die pompejanischen *Fullones* walkten die schmutzige Wäsche, indem sie dieselbe mit den Füssen traten. Das Walken des Tuchs hat den Zweck, eine Verfilzung der Wollhärchen im Gewebe zu erzeugen. Walken heisst französisch: *fouler*; *la Foule,* die Menge, ist eigentlich das Gedränge, die Walke, wie das Volk auch sagt: die Presse. Nach einem Abdruck in dem Archiv der belgischen Stadt, aus der Mitte des 14. Jahrhunderts.

Den Begriff giebt in den Romanischen Sprachen nicht *Opus* oder das (aus dem Plural des Neutrums gebildete) Femininum *Opera,* sondern der an die Stelle getretene Begriff des Dienstes: *Ministerium,* italienisch: *Mestiere,* französisch: *Métier* wieder; ein Handwerker heisst in Italien: *un Mestierante* oder auch: *un Artigiano,* in Frankreich: *un Homme de Métier* oder auch: *Artisan* oder auch, aber als Maskulinum: *le Manœuvre,* während *Operaio* und *Ouvrier* den Arbeiter bezeichnen. Der Engländer nennt den Handwerker schlechthin: *Workman* oder auch: *Artisan* oder auch: *Mechanic,* also gleichsam den Mechaniker, weil seine Kunst eine mechanische ist. Diese Eigenschaft haben die Germanisten im Auge, wenn sie die *Hand* aus dem *Handwerk* ganz verdrängen und den so einfachen Begriff aus dem mittelhochdeutschen *Antwerk,* Maschine, erklären wollen, als ob *Handwerk* von Haus aus: Maschinenarbeit bedeutete — eine höchst unnötige und unglückliche Erklärung. Die *Antwerke* haben das *Handwerk*

Siegel der Tuchscherer von Brügge (*S. VAN. DE. DROOGSCHE[ERD]ER AMBACHT. VAN. BRVGGHE*): Schild mit zwei gekrönten Löwen, welche die Tuchschere halten. Nach einem Abdruck im städtischen Archiv, aus dem Jahre 1356. Wegen *Ambacht* vergleiche die Siegel der Fleischerinnung auf Seite 151.

Siegel der Tischlerinnung von Brügge (*S'. DER. [SCHRIJ] NEWERKER. VAN B[RVGGHE]*), aus dem Jahre 1356: ein Schränkchen. Nach einem Abdruck im Städtischen Archiv.

im vorigen Jahrhundert ruiniert, seinen goldnen Boden untergraben; die Maschinen sind der Tod des kleinen Handwerks, das ausser der Hand nur primitive Werkzeuge brauchen kann. Gerade umgekehrt: die modernen Fabriken heissen noch *Handwerke* oder *Manufakturen,* nachdem sie längst aufgehört haben, es zu sein, nach jener oft beobachteten Gewohnheit des Volks, den alten Namen beizubehalten, auch wenn er infolge anderer Verhältnisse ganz unpassend geworden ist (vergleiche Seite 124). Statt *Handwerk* sagt man wohl auch kurz: *Hantierung; hantieren,* das sich allerdings als ein aus dem Französischen entlehntes Fremdwort verrät, soll ebenfalls etymologisch nichts mit *Hand* zu thun haben, sondern eigentlich soviel sein wie: Handel treiben (französisch *hanter*). Wie der Begriff Handel in den von Gewerbe und Handwerk übergeht, lehrt allerdings das englische *Trade. Tradesman* heisst sowohl der Ladeninhaber wie der *Mechanic.*

Kontermarke der Zimmerleute von Maastricht, mit den Werkzeugen der Zunft: Federzirkel, mittelhochdeutsch: *Zirkelmâz*, Axt und Hobel. 17. Jahrhundert.

Begräbnismarke der Zimmerleute von Maastricht aus dem 17. Jahrhundert: zwischen den Schenkeln des Federzirkels und der Axt ein Totenkopf.

Die Handwerker, die sich in den aufblühenden Städten etablierten, wurden denn von den altangesessenen, vollberechtigten Bürgern, den Geschlechtern, etwas von oben herab und zunächst gar nicht als ordentliche Bürger, sondern als *Gemeine,* englisch: *Commons* angesehen. Ihr Erwerb, ihre Arbeit für Kunden, die bestellten und bezahlten, war nicht zu verachten, hatte aber etwas Untergeordnetes, mit der sicheren Existenz eines Patriziers gar nicht zu Vergleichendes. Ein gemeiner, banausischer Charakter haftete dem Handwerk an — aber es war nicht die Vornehmheit der Gesinnung, die künstlerische Denkweise die ihm fehlte, sondern in erster Linie die unabhängige Lebensstellung. Politisch konnten sich die Schuhmacher, die Zimmerleute nicht mit den Geschlechtern messen, die als *Müssiggänger,* ohne tadelnden Nebensinn, von ihren Renten lebten und durch ein standesmässiges Vermögen zu feiern berechtigt waren. Daher galten die Handwerker auch nicht für zunftfähig wie die Reichen, die allein Vereins- und Versammlungsfreiheit hatten. Einen Verein oder eine Verbindung

Marke der Zimmerleute von Antwerpen aus dem 17. Jahrhundert, mit dem Handwerkszeug der Zunft: Zirkel, Winkelmass, Axt, Säge, Bohrer, zwei verschiedene Hämmer u. s. w.

nannte man im Mittelalter eine *Zunft*; es war von Haus aus ein abstrakter Begriff, dem studentischen Komment entsprechend, also die Summe der überlieferten Formen und Regeln des Verkehrs, was sich schickte, was sich geziemte: *Zunft* verhält sich zu *ziemen*, wie *Vernunft* zu *vernehmen*, *Kunft* zu *kommen*. Man muss dabei nicht immer an fachgenossenschaftliche Handwerkerverbände denken, dieser Sinn hat sich wenigstens erst später eingestellt. Bei der Vereinsmeierei der alten Deutschen giebt es eine Menge sinnverwandter Worte, von denen *Innung*, das Substantivum zu *sich innen*, sich verbinden, unserem heutigen *Verein* am nächsten kommt; ausserdem sagte man *Gilde*, ein Wort niederdeutscher und niederländischer Herkunft, eine geschlossene Gesellschaft anzeigend, die von den gemeinsamen Beiträgen zusammenisst und -lebt — *Zeche*, ebenfalls von den gemeinsamen Geldbeiträgen zu einem Stiftungsfest hergenommen — am Niederrhein: *Gaffel*, desgleichen gab es *Brüderschaften*, *Gremia*, *Geselleschaften*, *Kompanien*, *Universitäten*, *Ämter*, *Körper*, letzteres ein vortreffliches Bild, das noch in unserem *Mitglied* fortlebt. Gewöhnlich spricht man von *Kaufmannsgilden*, *Kramerinnungen*, *Handwerkerzünften*, aber diese Bezeichnungen laufen ohne feste Regel durcheinander. Nun, ursprünglich gab es in der Stadt nur eine Gilde, das war die Altbürgergilde, nur eine Zeche, das war die Zeche der Reichen oder der Genannten, nur eine Körperschaft, das war die Körperschaft des Geschlechterstandes, deren Mitglieder sich als *Herren* und *Konstabel* gerierten. Die Bürger, welche im Rat und Regimente sassen, waren die *Herren* schlechthin, *unser Herren vom Rate gebieten*, heisst es in den Polizeiordnungen von Nürnberg und anderwärts; und vielleicht kennt man in Magdeburg und Braunschweig noch heute die *Kunstavel*,

Schneiderwerkstatt: der Meister schneidet zu, die Gesellen sitzen auf einem Tritt und nähen. Unter dem Schneidertische die sogenannte Hölle. An der Wand alte Sachen und Stoffe, sowie an einem Bügel ein reifrockähnliches Kleidergestell, eine sogenannte Puppe aus Rohr, die durch ein Gewicht in der Lage erhalten und an der gearbeitet wird. Man könnte das Gewicht auch für den Fuss ansehen, auf dem die Puppe steht. Jost Ammans *Stände und Handwerker* von 1568. Die ältesten Schneider sind die Frauen; zünftige Handwerker kamen erst im Mittelalter mit den Hosen und Wämsern auf.

die reichen Bürgerssöhne, die bei Festen die Tanzinspektoren machten, deren Amt die *Kunstavelie* hiess und die ausgesehen haben mögen wie die jungen Stutzer auf Seite 21 oder 291.

Diese älteste Zunft, die ein sehr hohes Eintrittsgeld erhob, hatte ihren Schutzpatron, ihre Kapelle und ihre Stube, ihre *Herren-Trinkstube,* wie noch eine zu Rotenburg hoch ob der Tauber am Markt, schrägüber vom Rathause besteht — für die Ratsgeschlechter, *damit unter ihnen Vertraulichkeit und beständige Freundschaft gestiftet und erhalten werde.* Denn sie allein waren eben ratsfähig, das heisst fähig, in den Stadtrat gewählt zu werden; und die ganze Clique hatte nur den Zweck, das Stadtregiment und das politische Vorrecht bei den Mitgliedern zu erhalten. Aus diesem Grunde liessen sie keinen anderen Verein aufkommen, weil mit einer Organisation ein Anspruch auf Teilnahme an der Leitung des Staates zusammenzuhängen schien; weil dann neben dem Staat, den sie bis dahin allein repräsentierten, ein Nebenstaat entstand. Man muss sich mit dem Gedanken vertraut machen, dass die Zünfte politische Körperschaften waren, dass die Mitgliedschaft einer Zunft eine Teilnahme am Stadtregiment gewährte und eine Vorbedingung des Bürgerrechtes abgab. Zum mindesten wollten sich die Altbürger, wenn sie die Bildung eines Vereins nicht verhindern konnten, das Bestätigungsrecht einer Regierungsbehörde wahren. Die Geschlechter beschickten Handelsgericht und Polizeidirektion, sie beanspruchten die Oberaufsicht über den gesamten kaufmännischen und gewerblichen Verkehr, die Erlaubnis, Häuser zu bauen, Grundbesitz zu erwerben, erteilten sie, und sie waren es, die

Der Tuchmacher, zusehend, wie der Tuchscherer mit der grossen Tuchschere die durch das Rauhen und Aufbürsten hervorgekommenen Wollhaare gleichmässig und kurz abschneidet, wodurch erst das (über den gepolsterten Schertisch glatt ausgespannte) Tuch sein schönes und glattes Ansehen bekommt; aufpassend, dass er keine Schmitzen, Kläcke, Bankerotte und Rattenschwänze macht. Die Tuchschere, die grösste Sorte von Scheren, die mit der Hand zu regieren sind, hat (im Gegensatz zu der Schere, die der Meister in der Hand hat) die (im Mittelalter übliche) Schafscherenform. Der Gesell drückt vermittelst eines Hebels, der sogenannten *Wanke*, den Läufer gegen den Lieger; sobald er loslässt, öffnen sich die Blätter der Schere wieder, da sie an ihren Enden durch einen starken, mit Federkraft versehenen Bogen verbunden sind. An dem Schertische hängen Tuchmacherkarden und Handbürsten. Hinten der Tuchrahmen, an welchem das gewaschene Tuch trocknet. Faksimile eines Holzschnittes aus Jost Ammans *Ständen und Handwerkern* (1568).

den Gemeinen, wenn sie sich zu Schutz und Trutz zusammenthuen wollten, das Zunft- und Bruderschaftsrecht verliehen. Die erste Gilde, die sich neben den Geschlechtern aufthat, bald mit ihnen verschmolz, war die Kaufmannsgilde oder die Kramerinnung; Verwandte der alten Kramerinnung tauchen noch im modernen Leipzig hin und wieder auf. Den reichen Handelsherren und Tuchmachern wurden keine Schwierigkeiten in den Weg gelegt, wenn sie sich zu einem *Ringe* zusammenschlossen und zu einem *Gremium* verbanden, man brauchte ihr Geld und suchte sie zu gewinnen. Die kleinen Gewerbe dagegen konnten dem mächtigen, herrschsüchtigen Patriziat ihr Vereinsrecht nur mit Gewalt abtrotzen; die Zunftbewegungen der Gewerbe, die einen Anteil am Stadtregiment bezweckten und auf eine mehr demokratische Verfassung des Staats abzielten, an deren Stelle in unserem Jahrhundert die sozialistische Agitation getreten ist, waren lang und blutig. Typisch erscheint mir in dieser Beziehung die Geschichte der Stadt Köln, wo zwischen den Geschlechtern untereinander und zwischen den Zünften und den Geschlechtern die Waffen gar nicht zur Ruhe kamen; noch typischer als die von Lübeck.

Der Hutmacher, den Hasenhaarfilz mit dem Fachbogen fachend und in die Form einer Mütze bringend; rechts die Walktafel, auf der ein Arbeiter die Fache walkt, das heisst, den in die Walkbeize getauchten Filz mit den Händen durcharbeitet, übers Kreuz zusammenbiegt und mit der Walkbürste behandelt; unten wird der Hut geformt, der untere Rand mit einer Schere beschnitten und aufwärts gekrempt. Jost Ammans *Stände und Handwerker* (Frankfurt 1568).

Seitdem Karl der Grosse seinem Kaplan Hildebaldus, *familiarissimo pontefici suo,* aus dessen Händen er nachmals die Wegzehrung und die letzte Ölung empfing und der um das Jahr 793 Erzbischof von Köln geworden war, die alte römische Kolonie, den Sitz der Kölner Gaugrafen, mit allen nutzbaren Rechten und andern Privilegien überlassen hatte (84), war in Köln das kirchliche Element in den Vordergrund getreten. Die Bedeutung der bischöflichen Stellung und der kirchlichen Institute stieg von Jahr zu Jahr, unter Otto dem Grossen suchte das Geistliche Amt die unbedingte Oberherrlichkeit und die Leitung aller weltlichen Angelegenheiten an sich zu reissen. Der Erzbischof ernannte den Burggrafen, der ausser den Zöllen und der Münze auch die Gerichtsbarkeit unter sich hatte, der Kaiser bestätigte ihn nur; die Erzbischöfe liebten es, Köln ihre fürstliche Stadt zu nennen, als ob es in Köln gar keine Freiheit gäbe; und doch war Köln eine Freie Reichsstadt. Sie umschloss, wie der Mönch Lambert von Hersfeld, ein wichtiger Quellenschriftsteller für deutsche Geschichte, in seinen Annalen (A. D. 1074) sagt, *eine erstaunliche Anzahl von Bürgern, man konnte auf den Strassen kaum durch, so belebt waren sie.* In der That gehörte Köln gleich Gent jahrhundertelang zu den grössten Städten Europas, und man pflegte zu sagen: *Paris in Frankreich, London in Engellant, Coellen in Deutschland.* Im Jahre 1235 verheiratete sich Kaiser Friedrich II. mit einer englischen Prinzessin, der Schwester König Heinrichs III. Isabella. Als sie von England herüberkam, konnten ihr 18000 Kölnische Bürger auf prachtvollen Pferden in Galatracht entgegenreiten. Alle Hansestädte hatten in London kaufmännische Niederlassungen; den Kölnern gehörte die breite Strasse *Whitehall.* Jetzt kam es also zunächst zu jenen Fehden der Bürgerschaft mit ihrem regierenden Herrn, dem Residenten, die wir auf Seite 44 entbrennen sahen. A. D. 1074 erhob sich die Residenz gegen den Erzbischof Anno: ein blutiger Zusammenstoss erfolgte; um nur sein Leben zu retten, musste der heilige Mann, der Held des Annolieds, entweichen. Es war schwer, die Kölner im Zaum zu halten; ebenso aufsätzig zeigten sie sich gegen andere geistliche Oberhirten, die sie gelegentlich gefangennahmen und trotz Papst und Interdikt festhielten: gegen Philipp von Heinsberg (1187), Konrad von Hochstaden (1238), Engelbert von Falkenburg (1267), Siegfried von Westerburg — die Schlacht bei dem Dorfe Worringen entschied (5. Juli 1288) zu Gunsten

In der Farbe: der Färber hat den mit seinen Enden zusammengenähten Stoff auf eine Rolle gehängt, die wagerecht über der Küpe angebracht ist, zieht das Gewebe langsam über diese Rolle und taucht es in die *Flotte*, die Lösung des Farbstoffes; zum Beispiel des Waids, mit dem man färbte, ehe der Indigo bekannt ward. Die Küpe ist von Holz; unter dem oberen Rande liegt ein eiserner Ring, die *Trift*, worüber ein Netz gespannt wird, damit die Ware nicht mit dem Bodensatz in Berührung kommen kann. Links wird sie zum Trocknen aufgehängt. Jost Ammans *Stände und Handwerker* von 1568.

der städtischen Unabhängigkeit, der Erzbischof Siegfried sah sich gezwungen, seine Residenz von Köln nach Brühl, später nach Bonn zu verlegen. Dennoch musste die Stadt den Erzbischof im Besitz der höchsten Gerichtsbarkeit und derjenigen Nutzungen, die ihm aus kaiserlicher Verleihung zustanden, belassen, seinem Nachfolger huldigen und schwören, *ihm so lange treu zu sein, als er sie in Recht, in Ehren und in ihren alten guten Gewohnheiten, die ihr von ihren Vorfahren überbracht seien, halten werde.* Wir mögen, um uns die wilden Volksstürme der Zeit zu vergegenwärtigen, einmal zurückblättern und uns die Genter Brüder auf Seite 49 ansehen. Noch wilder, noch erbitterter tobten die Kämpfe zwischen den Parteien in der Stadt selbst, die innern Streitigkeiten zwischen dem Patriziat und den Zünften, welche einzelne Erzbischöfe zu nähren und zu ihrem Nutzen auszubeuten suchten; auch hier gelang es den Aufständischen ihren Willen durchzusetzen.

Materialwarenhandlung: ein Stromer führt einen Reisenden (in *Cappa*) herein und verlangt für ihn von dem Droguisten, der eben Pfeffer stösst, (die Mütze in der Hand) etwas Herzstärkendes, sowie ein Lot getrocknetes Erdkrokodil oder Stinkmarin (Skink), um Mithridat und Theriak zu bereiten; das Lot zu sechs Groschen. Man bemerkt in dem Laden verschiedene Geheimmittel aus den drei Naturreichen und Gifte. Aus Jost Ammans *Omnium illiberalium et liberalium Artium Genera* (Frankfurt 1568).

Waren auch die Erzbischöfe im Besitze der Hoheitsrechte, so hatten es die Kölner (um 1169) doch dahin gebracht, einen selbstgewählten Magistrat an der Spitze ihres Gemeinwesens zu sehen. Auf die Wahl dieses Rates besass der Erzbischof keinen Einfluss. Aber auch die Bürgerschaft nicht, sondern nur die sogenannte *Richerzeche,* die obenerwähnte Zeche der Reichen oder der Genannten, die Clique der Kaufleute und Hofbesitzer. Das musste anders werden. Vom 14. Jahrhundert an regten sich die Gemeinen; A. D. 1342 wurde die Weberschlacht geschlagen. Die übermächtigen Wollenweber waren abermals aufgestanden, der Magistrat hatte an 1700 Webstühle verbrennen lassen, infolgedessen wanderte das ganze Handwerk aus. Ende des 14. Jahrhunderts (A. D. 1396) hatten endlich die Gemeinen einen durchschlagenden Erfolg. Die Geschlechter konnten nicht länger widerstehen; die Revolution siegte. Sämtliche Ratsherren wurden gefangengesetzt, die zwei obersten einen Kopf kürzer gemacht, die übrigen verbannt; Strafgelder eingezogen. Davon erbauten die Gaffeln in der Folge (1406—13) den prächtigen fünfstöckigen Kölner Rathausturm, der den kommenden Geschlechtern verkünden sollte, was für einen Sieg das Volk über die Herren von Köln davongetragen hatte. Eine demokratische Verfassung ward vereinbart: sechs Bürgermeister wechselten alljährlich zu zweien in der Regierung ab, die Konsuln der Republik, sie schritten in der römischen Toga durch den Gürzenichsaal, Liktoren trugen ihnen die Fasces vor — den übrigen Rat versahen 36 aus den Gaffeln gewählte Deputierte und 13 Männer aus dem Volke. Die Tribunen der zweiundzwanzig Zünfte bildeten einen Aufsichtsrat, den sogenannten Bannerrat. Nur Zunftgenossen konnten das Bürgerrecht erhalten. Unter ihnen nahmen die Künstler eine hervorragende Stellung ein, die Goldarbeiter, die Bauleute und die Maler. Die Kölner Malergilde war so reich und angesehen, dass sie eine eigne Gasse, die Schildergasse hatte; hier wohnten die *Schilder* zusammen mit den Stickern, den Bildhauern und den Teppichmachern.

So ungefähr haben wir's zu verstehen, dass hie und da ein Handwerk zünftig geworden sei; oder wenn wir von höheren Zünften lesen, deren Mitglieder nebst den Stadträten und Handelsherren die erste Bürgerklasse gebildet hätten. Es gab im Grunde keine höheren Zünfte, sondern nur ältere; und man war entweder Bürger oder nicht. Das Bürgerrecht hing an der Zunftfähigkeit, nicht umgekehrt; nur die Zunft gewährte eine

Der Goldschläger, mit dem Schlaghammer, der eine kreisrunde, konvexe und glatte Bahn hat, auf einem Marmorblocke die Dünnschlagform, die letzte der nacheinander zur Anwendung kommenden viereckigen Formen, eine Hautform bearbeitend, in welcher die Goldblätter zwischen Blätter aus Goldschlägerhaut (dem zarten Oberhäutchen vom Blinddarme des Rinds) gelegt sind. Es werden gewöhnlich zwei Pergamentformen und zwei Hautformen gebraucht, in denselben mehrere Hundert Blatt aufgeschichtet. Aussicht auf Nürnberg. Rechts wird das Metall, das die Grösse der Form und demnach die gehörige Feinheit erreicht hat, bei verschlossenem Laden mit dem Reissmesser aus der Form herausgenommen, auf einem Lederkissen in vier gleiche Teile übers Kreuz zerschnitten und in Bücher aus rotem Seitenpapier eingelegt. Das geschlagene Gold dient zum Vergolden; ein Dukaten reicht angeblich für eine ganze Reiterstatue und für August den Starken hin. Die Kunst ist alt; im Mittelalter wurde sie hauptsächlich in Fürth und dem Augsburger Dorfe Lechhausen betrieben, von dort nach Nürnberg verpflanzt, das ehemals ganz Europa, ja, fremde Weltteile mit Blattgold versorgte. Jost Amman *Omnium illiberalium et liberalium Artium Genera* (Frankfurt 1568).

Druck von Fischer & Wittig, Leipzig.

Verlag von Heinrich Schmidt & Carl Günther, Leipzig.

Der neuerwählte Doge von Venedig,

den Markusplatz in Prozession abschreitend

und von den Arbeitern des Arsenals begrüsst: seit Lorenzo Tiepolo (1268) wurde er von ihnen auf einem Tragsessel getragen. Sein Abzeichen ist die hornartige, kahnförmige, goldbrokatene Mütze, *il Corno*, sein Hermelinmantel die *Toghe*; hinter ihm ein Fächerträger (*Flabellifero*) wie beim Papst. Unter den Zuschauern sind viele Türken. Nach einem Holzschnitt Jost Ammans aus dem 16. Jahrhundert; verkleinert.

Druck von Fischer & Wittig, Leipzig. Verlag von Heinrich Schmidt & Carl Günther, Leipzig.

Stortebekers und Gödecke Michaels Hinrichtung auf dem Grasbrook zu Hamburg (A. D. 1402).

Nach einem Flugblatt vom Anfang des 16. Jahrhunderts, Stadtbibliothek zu Hamburg. Der Scharpffrichter hiess sich Rosenfeldt; die Herren von Hamburg theten jn die Ehr, sie liessen jn Pfeiffen und Trummen vor gehn. Da sie auff die Richtstatt kamen, sahen sie die Köpffe stecken; Ihr Herren, das sind unser Mitcompan, so sprach sich Störtzenbecker. Hamburg, Hamburg, dess geb ich dir den Preiss, die Seeräuber werden es nun weiss. Das Stortebekerlied ist das merkwürdigste deutsche historische Volkslied.

politische Stellung, eine sogenannte Bürgerliche Nahrung und damit Einfluss auf die städtische Verwaltung; und Individuen, die kein bestimmtes Fach hatten, Künstler, Gelehrte, Notare, unvermögende Adlige, die in der Stadt lebten, zum Beispiel in Köln die bischöflichen Ministerialen, mussten sich irgend einer Zunft anschliessen, wenn sie im Gemeinwesen gelten und bei der Magistratur berücksichtigt werden wollten. Der Grund dieser befremdlichen Vorbedingung war: dass jeder Verein gleichsam eine Stadt oder eine Bürgerschaft für sich darstellte, wie das zu allem Anfang die Altbürgergilde that, die eben deshalb keinen andern Verein neben sich dulden wollte. Sie wahrte ihr Bürgerrecht so eifersüchtig, wie irgend ein Hauseigentümer sein Eigentumsrecht wahrt; die Natur der Sache brachte es mit sich, dass sie als eine Körperschaft keine einzelne Person, sondern andere Körperschaften scheel ansehen musste. Sollte eine neue Körperschaft aufkommen, so blieb nichts anderes übrig, als die räumlich beschränkte Burg mit ihr zu teilen und einen Kompromiss zu schliessen. Gelang es aber der neuen Zunft, ins Leben zu treten und die alte zu diesem Kompromiss zu zwingen, so existierte kein Unterschied zwischen der einen und der andern Burggerechtigkeit, denn es gab nur eine Burggerechtigkeit. Man muss nicht vergessen, dass jede Zunft die Pflicht hatte, die Ehre des Gewerbes zu wahren und das Wohl der Stadt zu fördern — der Stadt, mit der sich die Zunft von nun an identisch fühlte. Und deshalb sagten wir eingangs: Bürger war der Schuhmachermeister so gut wie der Herr vom Rat.

Goldschmiedekunst, deren Blütezeit das 16. Jahrhundert war. Links schmiedet der Arbeiter einen Zain auf einem Amboss kalt zu dickem Bleche aus, während der Meister das Gold von Zeit zu Zeit glüht, damit es die durch das Hämmern verminderte Weichheit wiedererlange. Zu allen Goldarbeiten wird das Gold vorläufig in Blech oder Draht verwandelt, das Goldblech dann mit Hämmern geschlagen oder getrieben; das Giessen spielt eine ganz untergeordnete Rolle, weil die Gusswaren nicht so dünn und leicht ausfallen können, wie es die Kostbarkeit des Materials erfordert. Gewöhnlich giesst man aus Gold nur flache Stäbe, Zaine oder Barren. Man sieht auf dem Werktisch und der Etalage, über der die Goldwage hängt, jene herrlichen Werke in Getriebener Arbeit, Pokale, Monstranzen, Schmuckgegenstände, Rüstungen entstehen, in denen Deutschland und Italien miteinander wetteiferten; die erhabenen, innen tiefen Figuren und Ornamente werden mit Treibhämmern, Punzen und Stanzen ausgearbeitet und mit dem Grabstichel vollendet. Diese jetzt auf das Niveau der Fabrikarbeit herabgedrückte Technik war im Mittelalter ein wichtiger Zweig künstlerischer Thätigkeit. Unten Kohlenbecken zum Ausschmelzen des schwarzen Pechs, mit dem die Gefässe ausgegossen wurden. Jost Ammans *Handwerke* von 1568; Jost Amman war es, der das bronzene Epitaph, welches das Grabmal des berühmten Goldschmieds Wenzel Jamnitzer auf dem Johannisfriedhof in Nürnberg schmückt, entwarf († 15. Dezember 1585).

b. Unehrliche Leute.

Anrüchigkeit einzelner Gewerbe, die zunftunfähig machten — erklärlich bei dem Scharfrichter, dem Henker und dem Abdecker — der *Kafiller*, der das Fell über die Ohren zieht, das Abdeckermesser — Charakter und Zusammenhang der drei Individuen — sogar auf die nützlichsten Gewerbe erstreckte sich im Mittelalter die Anrüchigkeit, Hirten, Schäfer und Müller galten für unehrlich — ferner die Leineweber, die Barbiere, Ärzte — auch die Fahrenden Leute waren meist verachtet — die Frauenhäuser, Stellung der Lustdirnen — erzwungene Abzeichen — die uneheliche Geburt — die zwiefache Unehrlichkeit.

Unter den Handwerken und Gewerben gab es jedoch einige, die nicht für ehrbar, sondern für anrüchig galten, daher man diejenigen, welche sie betrieben, nicht für fähig hielt, in eine Zunft zu treten, sondern als *Unehrliche Leute* mied und verachtete. Wie es bei aller republikanischen Gleichheit nicht fehlen konnte, dass einzelne Bürgerliche Nahrungen, zum Beispiel die der Gastwirte und der Bierbrauer, eines besonderen Ansehens genossen, so blieb auch der üble Ruf nicht aus, der gewissen Beschäftigungen und Ständen wie ein Makel anhaftete. In einzelnen Fällen ist derselbe leicht erklärlich. Noch heute tragen die Scharfrichter, die Henker und die Abdecker in der öffentlichen Meinung solch einen Makel an sich, und da sich diese Gewerbe kastenartig vom Vater auf den Sohn fortzuerben, ja, untereinander auszutauschen pflegen, leiden die drei Familien durchgängig an einer *levis Notae Macula*. Da dem Henker im Gegensatze zum Scharfrichter die entehrenden Todesstrafen, das Hängen, das Rädern, das Vierteilen, das Verbrennen, sowie die Folter zugewiesen waren, übrigens hiess der Henker offiziell

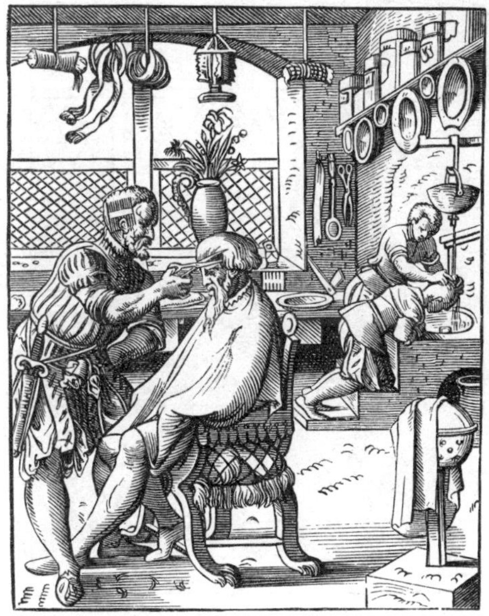

Öffentliche Badstube: der Bader *(Badære)*, einen Staubkamm hinterm Ohre, den Degen an der Seite, schneidet einem Kunden, der einen Frisiermantel umhat, mit der Haarscheere das Haar ab; rechts wird einem Individuum, das gekommen ist, der Kopf gewaschen (*Shampooing*). Die Seife ist eine germanische Erfindung. Man bemerkt Rasierbecken, Schröpfköpfe, Blutegel, Aderlassbinden, Igel (Bürsten) und Löffel, über welche die Bauern barbiert zu werden pflegten. Besondere Friseure kamen erst im 17. Jahrhundert mit den Perückenmachern auf; die Barbiere waren wiederum einerseits mit den Badern, anderseits mit den Wundärzten in eins zusammengeworfen worden. Sie befanden sich das ganze Mittelalter über im Besitze der niederen Chirurgie. Sie galten für unehrliche Leute; erst A. D. 1406 gab ihnen der deutsche König Wenzel (der A. D. 1394 zu Schloss Wildberg von einer Baderin befreit worden war und das Mädchen gekebst hatte) ein Privilegium, worin das Gewerbe ehrlich geheissen und ihnen ein Wappen erteilt wurde: eine Aderlassbinde in goldenem Schild mit einem grünen Papagei. Anderthalb Jahrhunderte später (A. D. 1548) wurden sie auf dem Reichstage zu Augsburg abermals reingesprochen und für zünftig erklärt. Deshalb trägt der Bader stolz den Degen an der Seite. Jost Amman *Omnium illiberalium Artium Genera* (Frankfurt 1568).

Nachrichter: so erweckte er jene Scheu, die das Volk vor allen Gerichtspersonen, Henkern, Nachrichtern, Häschern, Schergen, Sbirren, Detektives, ja, vor den Staatsanwälten instinktmässig nährt, in hervorragendem Grade. Man sieht das schon an den vielen Redensarten, die sich an den *Henker* knüpfen. Schreibt man doch sogar den Pferden und den Hunden einen Widerwillen gegen ihre Schlächter zu. Die Abdeckerei floss in der Schätzung des Volks mit dem Henkeramt in eins zusammen, ganz abgesehen davon, dass sie der Scharfrichter nicht selten durch seine Söhne

Nadler, Stecknadeln anköpfend, zuspitzend und einbriefend; schon 1370 war das Nadlergewerk in Nürnberg, schon 1406 in Augsburg zünftig. Der Zuspitzer drückt die Messingdrahtstifte mit den Fingern gegen eine Feile, den zugespitzten Schaften werden die Köpfe angestaucht und die letzteren mit einem Hämmerchen kugelförmig und fest geklopft. Die sogenannte *Wippe*, an der nachmals Kinder diese Arbeit verrichten werden, ist noch nicht erfunden (erst im Jahre 1680). In den Mulden auf den Tischen haben die Arbeiter ihr Material. Die Stecknadeln scheinen später als die Nähnadeln (im 16. Jahrhundert) erfunden worden zu sein; *Nadel* ist ursprünglich nur ein Werkzeug zum *Nähen*. Die Stecknadel hiess vielleicht von Haus aus das *Spänglein* oder das *Spengele*, französisch: *Épingle*. Daneben hiess sie die *Spenel*, das ist: der Dorn (lateinisch: *Spinula*, italienisch: *Spillo*). Jost Ammans *Handwerke* (Frankfurt 1568).

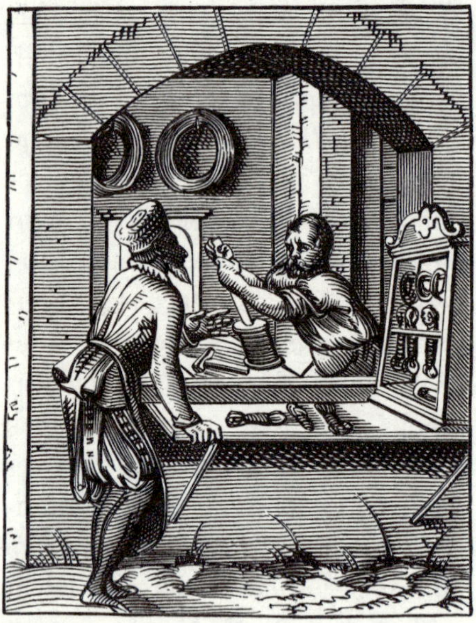

Drahtzieher, eine Metallstange, die er an dem einen Ende mit dem Hammer zugespitzt hat, in das Loch des Zieheisens steckend, durch das sie mit der Ziehzange hindurchgezogen werden soll, damit sie sich verjünge; augenblicklich ist er beim Aufwickeln des fertigen Drahtes auf die Rolle. An der Wand Drahtringe, verschiedene Sorten, Einblei, Doppelblei und Dreiblei; in dem Kasten rechts eine Auslage von Gold- und Silberdrähten. Das Drahtziehen, zunächst auf Handziehbänken, soll in Nürnberg zwischen 1360 und 1400 erfunden worden sein; um 1370 gab es hier ein Drahtziehhammerwerk, das in allen Metallen arbeitete. Um dieselbe Zeit werden Augsburger Drahtzieher und Drahtmüller erwähnt. 1447 finden wir das Drahtziehen in Breslau heimisch, 1506 in Zwickau. In England wurde das Drahtziehen erst von Deutschen und Franzosen eingeführt. Seitdem die Ringelpanzer allgemeiner. Jost Ammans *Handwerke* (Frankfurt 1568).

und Knechte besorgen liess, und dass noch andere niedrige Dienste, zum Beispiel das Reinigen der Kloaken, das Einfangen herrenloser Hunde, mit ihr verbunden waren; die Analogie schien gross. Der Abdecker hatte das gefallene und umgestandene Vieh wegzuschaffen, abzuhäuten und auf dem Wasenplatze, im Wasen, das heisst: im

Rasen, auf dem Schindanger zu verscharren; er hiess deshalb der Wasenmeister und sein Amt das Wasenamt, was beides auch für den Scharfrichter und die Wohnung des Scharfrichters gesagt ward. Seine Hauptbeschäftigung war das Abdecken, das Abziehen der Decke oder der Haut des Aases, das Schinden, in allen Sprachen ein beliebtes Bild für Placken, Stäupen, Schurigeln überhaupt, wie es im Mittelhochdeutschen hiess: das *Villen;* daher nannte man ihn auch den *Viller,* weil er dem Vieh das Fell (mittelhochdeutsch: *Vel)* über die Ohren zog. Ohne allen Zweifel schreibt sich daher der Name *Kaviller* oder *Kafiller,* der aus der Gaunersprache ins Volk gedrungen ist. Zu dem Geschäft brauchte er das Schindmesser oder das Abdeckermesser, ein allbekanntes, aber an sich verhasstes, anrüchiges Werkzeug. Diese Anrüchigkeit konnte jedoch sogar ihren Nutzen haben. Die Abdecker hatten gewisse Gerechtsame und Privilegien, die ihnen erteilt worden waren: nicht bloss die verreckten, sondern auch die abgestandenen, für die Wirtschaft unbrauchbaren Tiere mussten ihnen gegen kostenfreie Abholung unentgeltlich überlassen werden. Ein Pferd war zum Beispiel infolge eines Beinbruchs abgestanden, weil der Bruch als unheilbar galt und die Verwertung des Pferdes als Schlachttier gegen die Religion verstiess; wenn heutzutage ein Droschkenpferd in der Stadt das Bein bricht, pflegt es auf der Stelle abgestochen und an den Zoologischen Garten verkauft zu werden. Damals verfiel es dem Abdecker, der es vielleicht für sich schlachtete und sich dadurch von neuem versündigte. Auch abständige Schweine und Rinder gehörten ihm auf Grund seines Privilegiums; kein Hund, keine Katze durfte auf

Klausurenmacher, mit seiner Schwester in der Stube bei offenem Fenster an einem runden Tische sitzend und die silbernen Klausuren oder Schliessen verfertigend, mit denen ehemals die Bücher geschlossen, die nebst Eckbeschlägen und Spangen an den Einbanddecken angebracht und an die Buchbinder verkauft zu werden pflegten, vergleiche Seite 93. Die Klausurenmacher gehörten zur Zunft der Gürtler oder der Goldschmiede. Interessant ist die saubere Zimmereinrichtung: das aus Butzenscheiben zusammengesetzte, mit einer Querstange *(Espagnolette)* verschlossene Fenster — das ewige Handtuch oder die Handzwehle (Handquehle), ohne Anfang und Ende, oben über einen glatten Holzstab laufend, Stück für Stück benutzt und herabgezogen — das an der Wand festgemachte Waschbecken oder *Handfass,* der Kachelofen, der Arbeitskasten u. s. w. Die Fensterwand ist hohl, in der Kehlung sitzt die Jungfrau mit ihrem Gretchentäschchen und ihrem Haarband; sie geht noch *im Haar,* ist also unverheiratet.
Jost Amman *Stände und Handwerker* (1568).

eigne Faust getötet und begraben, dem bevorrechteten Freiknecht entzogen werden. Das war ein Ärger; die Landwirtschaft nahm von dem lästigen Gesellen gerne Umgang. Wenn nun der Wasenmeister dahinterkam und man ihm sein gutes Recht vorenthalten wollte, so begab er sich zu dem Hause des Schuldigen und stiess sein Abdeckermesser in die Thüre. Niemand wagte es zu berühren; der an ihm haftenden Unehrlichkeit wegen konnte es nicht herausgezogen werden. Da war guter Rat teuer; es blieb nichts anderes übrig als aufs Wasenamt zu schicken, den Abdecker holen zu lassen und ihm die Gebühr zu zahlen.

Der Würfler, mittelhochdeutsch: *Würfelære*, französisch: *Deycier*, mittellateinisch: *Deciorum Artifex*, die zum Knöcheln dienenden Knöchel punktierend; ein häufig verbotenes Gewerbe. Links wird das Würfelbrett, mittelhochdeutsch: *Wurfzabel*, französisch: *Brelan (Brettlein)* angefertigt. Die Augen oder Punkte werden mit dem Eisen ausgeschlagen. Die eigentlichen Würfel hatten sechs Seiten (*Esse*, *As* = 1. *Tûs*, *Dûs*, *Daus*, französisch: *Deux* = 2. *Drîe* = 3. *Quater*, französisch: *Quatre* = 4. *Zinke*, französisch: *Cinq* = 5. *Ses*, provençalisch: *Seis* = 6). Jost Ammans *Handwerke* (Frankfurt 1568).

Der Scharfrichter hatte vieles mit dem Abdecker gemein, nicht nur, dass er, wenn Geschäftsinhaber, die Kadaver mit ihm teilte, wobei er den Löwenanteil: die Felle und das gewonnene Fett beanspruchte, dem Freiknecht die Flechsen überliess; er wurde erst Meister, wenn er einen Verbrecher enthauptet hatte, und, um einen horizontalen, sicheren Hieb zu bekommen, übte er sich (wie vorhin beim Hahnschlagen) an aufgehängten Tieren. Er konstruierte wohl auch ein Modell, eine Art Voltascher Säule, aus Holzscheiben, von denen er mit seinem Schwerte eine herauszuschneiden suchte, ohne dass die Säule umfiel; er wollte so akkurat köpfen, dass der Kopf auf dem Rumpfe sitzen blieb und der Delinquent erst mit dem Kopfe wackeln musste, um zu sehen, dass er geköpft sei. Am Tage einer Hinrichtung, seinem Festtage, war er durch das Herkommen gehalten, alle seine Kollegen und die Freiknechte des ganzen Landes zu bewirten. Das Schinden gehörte sogar zu den gesetzlichen Strafen. Die Person, die den Menschen den Kopf abzuschlagen hatte, war höchst unrein; und da ihre Nähe beschimpfte, so musste der Scharfrichter gleich einem Aussätzigen einen roten Mantel, ein Kleid tragen, an dem man ihn erkannte. In der Kirche sass er in einem Winkel, er kommunizierte allein und zuletzt. Wehe ihm, wenn ihm sein Streich misslang; eine verunglückte Exekution wurde wohl augenblicklich durch die Volksjustiz geahndet, der Pfuscher geprügelt, gesteinigt, in Stücke gerissen, daher ein Artikel der Halsgerichtsordnung bestimmte, dem Scharfrichter ein sicheres Geleit auszurufen, dass ihn weder bei, noch nach der Exekution jemand beleidigen oder zur Verantwortung ziehen dürfe. Als das Geleit nichts mehr fruchtete, gab man ihm eine bewaffnete Macht bei. Hatte der Mann das hochnotpeinliche Werk vollzogen, so drehte er sich auf dem Schafott um und fragte zum Richter gewendet: *habe ich recht gerichtet?* — und wenn es dann hiess: *Du hast gerichtet, wie Urteil und Recht gesprochen und wie der Arme Sünder es verschuldet hat*, so erwiderte er: *davor danke ich Gott und meinem Meister, der mir diese Kunst gelernet.*

Der Waffenschmied, an den einzelnen Teilen einer Plattenrüstung arbeitend, verschiedene Helme, einen Krebs, eine Beinröhre, an welcher ein Bärenfuss befestigt ist, ein Paar Fausthandschuhe mit Stulpen vor sich auf dem Werktische; die ganze, aus lauter beweglichen Schienen gefertigte Blechhülle eines geharnischten Ritters auf dem Postament hinter sich. Die besten Harnischer und Plattner gab es in Augsburg, Nürnberg und den lombardischen Städten. Jost Amman *Stände und Handwerker* (1568).

Dass auch die Totengräber nicht ganz makellos waren, lässt sich denken; die Türmer, die Bettelvögte, die Zöllner, die Holz- und Feldhüter, die Nachtwächter fielen in die allgemeine Anrüchigkeit der Diener des Gesetzes und der Vollziehenden Gewalt, sofern sie sich dazu gebrauchen liessen. Die Gassenkehrer, die Schornsteinfeger, die Grubenräumer und dergleichen Gesellen gehörten dagegen in die Klasse der niedrigen und unsauberen Gewerbe, denen sich wieder die unsittlichen und moralisch verächtlichen anschlossen; zum Beispiel die der Fahrenden Leute und der Prostituierten jeder Art und beiderlei Geschlechts. Die Fahrenden Leute, die in den herumziehenden Artisten, Musikanten und Schauspielern noch fortleben, waren nicht bloss unehrlich, sondern fast rechtlos, von der Gesellschaft und selbst von der Kirche ausgestossen, welche ihnen die Sakramente verweigerte. Der Schwabenspiegel enterbte den Sohn, der Spielmann wurde, wie ein stolzer Vater — geschah einem Spielmann Unrecht, so wurde ihm nur eine Scheinbusse gewährt: er durfte dem Schatten des Gewaltthätigen eins versetzen — der Spielmann durfte keine Locken tragen, sondern musste sich das Haar verschneiden lassen wie ein Knecht. Das lange Haar, einst (13) das Abzeichen der Fränkischen Könige, galt noch immer für einen Schmuck und für ein Symbol der Freiheit und Mündigkeit. Eigentlich hätte man sich bei den Spielleuten bedanken sollen: die Fahrenden Leute waren es, die den Heldengesang aufnahmen, als derselbe unter dem Einflusse der Geistlichen und der deutschfeindlichen christlichen Kirche aus den höheren Kreisen schwand, und dem Volke seine alten Sagen und Lieder, umdichtend und dem modernen Rittertum anpassend, erhielten. Vielfach ersetzten sie auch dem Mittelalter die Zeitungen, die Jongleurs glichen lebendigen Journalen, indem sie Neuigkeiten verbreiteten; überhaupt waren sie, die in den Städten eine besondere Zunft bildeten, im Grunde so verachtet als beliebt.

Der Schwertfeger, der zu den Seitengewehren, den Dolchen, Degen und Rappieren die Griffe und Scheiden macht, eben an einem Korbe feilend; beauftragt, den Griff eines deutschen Schwertes mit neuem Drahte zu umwickeln. Schon seit 1285 zünftige Handwerker. *Fegen* ist eigentlich nur so viel wie scheuern, polieren, blank machen, ein altes Gewerkswort, das sich mehr im Süden als im Norden erhalten hat; ein Synonymon von *putzen* oder *fürben*, französisch: *fourbir*. Ein *Schwertfeger* ist also ähnlich gedacht wie *Schuhputzer*, der Begriff nachmals erweitert worden. Vortrefflich wiedergegeben ist die Miene des beschäftigten, von seiner Arbeit aufsehenden Meisters. Jost Ammans *Handwerke* (Frankfurt 1568).

Dasselbe kann man von den Freudenmädchen sagen, die im Mittelalter schlechthin *Frauen*, ein Ehrentitel, hiessen und in den *Frauenhäusern* wohnten, was wohl kaum ein blosser Euphemismus war, wie etwa das englische *Unfortunates* einer ist.

Durch vröude vrouwen sind genant,
Ir vröude ervröuwet elliu lant.
Wie wol er vröude kante,
Der sie êrste vrouwen nante! —

lautet ein Spruch Freidanks. Diese Frauenhäuser darf man mit den Gynäceen auf den obenerwähnten Fronhöfen, in welchen die unfreien Kleidermägde spannen und webten, nicht verwechseln; sie waren Freudenhäuser, die allen offen standen, mit Ausnahme der Juden. Die Prostitution betrachtete das Mittelalter als einen notwendigen Teil des staatlichen Organismus, das Verhältnis zwischen Prostitution und Stadtregiment suchte man auf Grund eines gegenseitigen Vertrags zu ordnen. Der Venuskultus stand unter Schutz und Frieden der Obrigkeit, der Rat nahm die Bordellwirte in Pflicht und Eid, dass sie die nötige Anzahl von gemeinen Frauen unterhielten, die letzteren lebten unter besonderen Ordnungen in Häusern, die der Gemeinde zinsten, und bildeten eine eigene berechtigte Zunft. Niemand verbot ihnen, auszugehen oder die Kirche zu besuchen; an vielen Orten war es Sitte, dass man die *Töchter* bei festlichen Gelegenheiten ins Rathaus oder in Patrizierhäuser einlud, wo sie bewirtet wurden. Einziehenden Fürsten hatten die Lustdirnen von Ratswegen Bouquets zu überreichen — in Wien tanzten sie öffentlich mit den Handwerksgesellen um das Johannisfeuer, im Beisein von Bürgermeister und Stadtrat — in Venedig wurden einst die *Meretrici* von der Republik als *nostrae bene meritae Meretrices* geehrt. Wenigstens brachten sie überall viel ein — manche Frauenhäuser waren fürstliche, bischöfliche Reichslehen — die Einnahme, die der päpstlichen Kammer aus diesen Anstalten erwuchs, betrug jährlich an 20 000 Dukaten. Unter Sixtus IV. soll (A. D. 1483) in Rom ein neues Bordell errichtet worden sein; unter Innocenz VIII., dem Nachfolger dieses Papstes, zählte man in der ewigen Stadt 5000 Freudenmädchen. Ihre Schutzpatronin war die heilige Maria von Ägypten, eine alte Alexandrinische Hetäre, die in dem antiken Tempel der *Fortuna Virilis,* das heisst, ein Gegenstück zu dem englischen *Unfortunates:* des Glückes, das die Frauen bei den Männern haben, von der Christenheit angerufen wird. Es heisst wohl, Priester und geweihte Personen seien in die gemeinen Frauenhäuser nicht eingelassen, wenigstens nicht über Nacht darin behalten worden. Aber die Kirche stellte diese Häuser selbst unter ihren Schutz und that

Schuhflicker, Pantoffelmacher, der von seiner Arbeit aufgestanden ist, um ein Marktweib zu befriedigen; unten zwei Schuhknechte auf ihren Schemeln, den Knieriemen um das Bein, mit der Ahle einen Stich durchs Leder machend, die mit Schweinsborsten verdrehten Spitzen eines Fadens durch den Stich rechts und links durchsteckend, beide Hälften des Drahts anziehend und so das doppelte, um die Brandsohle gebogene Oberleder mit dieser und dem Rahmen zusammennähend. Jost Ammans *Handwerke* (Frankfurt 1568).

die schönen Frauen nicht wie die Spielleute in Bann. Siebenhundert fahrende Frauen besuchten (A. D. 1414) das Konstanzer Konzil.

Eine *levis Notae Macula* blieb freilich nicht aus; für ganz ehrlich wurden die Lustdirnen nicht gerade angesehen, schon darum nicht, weil sie meist fremde Leute waren. Die Frauenhäuser lagen gewöhnlich etwas abseits, an der Stadtmauer, in der Nähe von Kirchhöfen; die *Frauengässchen*, die *Frauenflecke*, die *Frauenpforten*, desgleichen die damit identischen *Rosengassen, Rosengärten* und *Rosenthäler* des Reichs haben immer wie Lazarette und Ghettos etwas Abgeschiedenes gehabt, obwohl sich das aus ihrer Bestimmung recht wohl erklären lässt. Die schönen Dirnen wurden von Amts wegen zu einer bestimmten auffälligen Tracht angehalten; sie mussten einen besonderen Kragen um den Hals, auf der linken Schulter eine rote Nestel, ein rotes Armband, eine rote Schleife, ein rotes Mützchen, auf den Schuhen ein gelbes Fähnlein tragen — für die Wollust, die Freude schien besonders die rote Farbe charakteristisch, schon die hebräische Buhlerin kleidete sich rot, die griechischen Hetären sollten bunt gehen, rot glühten die Schnitzbilder Priaps. Gelb war mehr die Farbe der Juden. Auch diese Auszeichnung erscheint gar nicht unzweckmässig, übrigens macht sie sich ebenfalls von selbst, wie zum Beispiel im alten Rom, wo die *Toga* der *Meretrix* verblieb. Immerhin ist die Abgeschiedenheit schon halb eine Abgeschlossenheit und von der Auszeichnung nur ein Schritt zur Brandmarkung, als woran die züchtigen vornehmen Bürgersfrauen von jeher ein sittliches Interesse hatten; denn obgleich ihre Männer ebenfalls nicht in die Frauenhäuser eingelassen oder im Falle des Besuchs bestraft werden sollten, so hatte doch vermutlich jede Stadt so gut wie Leipzig: ein *Hahnreibrückchen* (166). Ja, eine missgünstige Strömung führte sogar umgekehrt (zum Beispiel im Eichstätter Bistum

Der Sporer, einen Sporn feilend, den er in den Schraubstock eingespannt hat; ein Edelmann spricht bei ihm vor. Ausser Sporen verfertigten die Sporer auch Steigbügel, Zäume, sowie die zum Reitzeug gehörigen Beschläge. Sie waren zünftige Handwerker, die gewöhnlich eine Innung mit den Schlossern bildeten, und nach denen noch heute ganze Strassen heissen (*Sporergässchen* in Leipzig). Jost Ammans *Handwerke* (Frankfurt 1568).

1470) zu der negativen Verordnung: dass die *gemeinen Fräulein* keine Mantille und keine *Kürsen*, keinen Pelz, keine Federn und kein Silber tragen sollten wie die ehrbaren Frauen, die ihnen als solche entgegengesetzt wurden. So bereitete sich die gehässige Stellung der Prostituierten vor: unvermerkt gelangte man zu den harten Anschauungen der jetzigen Gesellschaft. Die unehelichen Kinder unterlagen längst der Anrüchigkeit, sie wurden zum Eintritt in Zünfte, wie zur Ordination und zum Lehenserwerb, für unfähig gehalten. Das uneheliche Kind war nicht *echt*, nicht *ê-haft*, dies das alte hochdeutsche Adjektivum zu *Ehe* oder *E*, in welchem sich der alte Sinn dieses wichtigen Wortes, der von Gesetz und Herkommen, erhalten hat. *Echt* ist eine niederdeutsche Form und erst spät durch den Sachsenspiegel, das älteste deutsche Rechtsbuch, ins Hochdeutsche gedrungen. Die Bayern sagen heute noch nicht *echt* sondern: *êhaft*.

Beckenschläger, aus Messingblech, Tomback und anderen Metallen flache Gefässe verfertigend, die Arbeiten mit Treibhämmern auf einem kleinen Amboss ausbauchend und vertiefend und Henkel anlötend. Gehörten meist zur Zunft der Klempner (*Spengler*, mittelhochdeutsch: *Spengeler*) oder der Kupferschmiede. Jost Ammans *Stände und Handwerker* (1568).

Aus der Stellung, die das Mittelalter der Prostitution gegenüber einnahm, und aus seinem Unverständniss für jede Art krankhafter Sittlichkeitsbewegung geht aber auch hervor, dass es nicht die in den Badstuben herrschende Leichtfertigkeit gewesen sein kann, was die Bader und die Barbiere in den Ruf der Unehrlichkeit gebracht hat; eher könnte es eine gelegentliche Mitwirkung bei Inquisition und Tortur gewesen sein. Wenn man in Stockholm ein warmes Bad nimmt, so wird man von einer jungen Schwedin am ganzen Körper eingeseift und vorn und hinten unbedenklich abgerieben; dasselbe besorgte im deutschen Mittelalter, auf Burgen und Höfen, in den Städten und auf dem platten Lande, die Bademagd oder die *Rîberinne*, dass heisst: die Reiberin. Dazu gehörte das Peitschen mit Birkenruten, mit der sogeannnten Birkenlaubschürze oder dem Birkenbesen, dessen Blätter angeblich das damals so gewöhnliche Ungeziefer vertreiben sollten; vielmehr eine Art Flagellation. Wohl denkbar, dass man deshalb nachmals die Hexen auf Besen reiten liess. Und wenn man in Budapest ein warmes Bad nimmt so wird man daran erinnert, dass das *Freudenspiel* nach dem Bade im Mittelalter geradezu eine ärztliche Vorschrift gewesen ist — es geht zu wie im 13. Jahrhundert in der Stadt Erfurt, wie es ein von C. von Höfler, auf der Prager Universitäts-Bibliothek aufgefundenes und von Herrn Dr. Höfler in Tölz *) mitgeteiltes lateinisches Gedicht aus der Zeit Rudolfs von Habsburg rühmt:

Zinngiesser, die gegossene Ware mit der Drehlade abdrehend, das Dreheisen anstemmend, während das eingespannte Stück samt der (horizontal liegenden) Spindel, an der es befestigt ist, in eine drehende Bewegung gesetzt wird. Die Kunst ist, das Objekt so zu befestigen, dass es genau und rund umlaufe. Vor ihm zinnerne Kannen und Gefässe, wie man sie noch in England sieht. Links ein Former. Jost Amman *Stände und Handwerker* (1568).

Balnea pergrata tibi sunt hac urbe parata;
Quisquis es, ut sordes tergas, quibus in cute sordes,
Intra secure, si sunt tibi commoda curae! —
Susciperis laete; formosa Juvencula, quae te
Balneat, intrabit et singula membra fricabit
Cum manibus blandis, exceptis forte nephandis.
Rasor barbarum, dans obsequium tibi carum,
Super maxillam sudoris non tibi stillam
Permittet cadere, scelus hoc studet ipse cavere.
Talia perpessum mox te post balnea fessum
Excipiet lectus, ut pauset debile pectus.
Protinus accedet, quae te non Femina laedet,
Pulchra decensque satis sub signo virginitatis;
Jsta capillorum seriem studiosa tuorum
Pectine componet. Quis ei non oscula donet,
Si delectatur nec ab hujus amore vetatur? —

Das war es also nicht, was dem Rufe des Bademeisters schadete, dergleichen erschien als etwas Selbstverständliches, Unverfängliches. In seinem eignen Geschäfte lag ein Makel, der an den des Abdeckers und des Scharfrichters erinnerte. Hans Folz, der abends den Singestuhl bestieg, aber den Tag über in seiner Stube halbnackt herumlief

*) In einem Sonderabdruck aus den Verhandlungen des Allgemeinen Deutschen Bäder-Verbandes: *Balneomethodik im Mittelalter*.

und die Nürnberger abbadete und massierte, rasierte und verschnitt, war doch nicht recht würdig, neben Meister Hans Sachs und dem Weber Michael Behaim zu sitzen, obwohl auch der letztere als ein Weber unehrlich war. Es hängt das mit der tiefen Verachtung der ärtztlichen und chirurgischen Bemühungen zusammen, welche das Mittelalter hegte und die der Grund war, dass die Konzilien des 12. Jahrhunderts den Kneipps die ärztliche Praxis, den Diakonen und den Mönchen das Schneiden und Brennen untersagten. In deren Hände war nämlich die Medizin gleich allen anderen Wissenschaften geraten, auch die berühmte Schule von Salerno, die Pflanzschule aller medizinischen Fakultäten in Europa, deren leoninische Verse heute noch Kurs haben, im 11. Jahrhundert von Benediktinern gestiftet worden, obgleich diese Schule nachher viel dazu beigetragen hat, die Heilkunst von der hierarchischen Bevormundung und der Klosterzelle zu emanzipieren. Geistliche und Mönche kurierten das Mittelalter, daneben besonders Juden; erst ganz allmählich, vom 13. Jahrhundert an, wurden sie sozusagen zum Doktor promoviert, aus der Obhut der Kirche entlassen und nun als Laienärzte von der weltlichen Obrigkeit überwacht. Ausser der Geistlichkeit, die das *Arzenbuoch Ypocratis* oder den *Liber de naturali Facultate* oder ein ehrwürdiges Kräuterbuch studierte, vertraten die Fakultät im Lande höchstens noch die Klugen Frauen und Hebammen, die Scharfrichter — und die Barbiere, die gleichsam Wasserheilanstalten besassen und durch ihren Beruf nicht bloss auf die Hautpflege im allgemeinen, sondern auch aufs Aderlassen und Schröpfen hingewiesen wurden. Auch ein Hufschmied oder ein alter Schäfer wusste oft zu helfen und die Krankheit zu besprechen, namentlich bei Tieren; die Schmiede, deren Geschlechter auf der ganzen Erde eine Ausnahme-

Gelbgiesser, das aus der Form genommene Messing putzend, mit Punzen und Feilen ausarbeitend und polierend. Er macht hauptsächlich Leuchter und Lichtputzen, bronzierte Kunstgusswaren, Klystierspritzen und dergleichen; sein Meisterstück ist der Kronleuchter, der oben hängt, und das (als Briefbeschwerer gedachte) Pferd, zu dessen Geschirr er die Beschläge liefert. In der Ecke ein Ring Messingdraht. Zünftige Handwerker, von den Rotgiessern nicht genau geschieden, kleinere Geräte, sogenanntes *Cuivre poli* verfertigend und vorzugsweise in Sand, nicht in Lehm giessend. Jost Amman *Stände und Handwerker* (Frankfurt 1568).

stellung einzunehmen und eine ausgeschlossene Kaste zu bilden pflegen, galten gewöhnlich für Zauberer, sie wurden ihrer Zauberkünste wegen gefürchtet und doch auch wieder geehrt und wie später die Apotheker häufig aufgesucht und befragt; noch im 17. Jahrhundert verbot der Grosse Kurfürst in Westfalen, die Kranken von einem Schmied *anblasen* zu lassen. Man erinnere sich an den unheimlichen Nimbus, mit dem das abessinische Volk seine Eisenindustriellen, die zerstreut wohnenden Falascha umgiebt. Wieland der Schmied erschien den Deutschen als ein halbgöttliches Wesen wie Vulkan und Dädalus. Die Bader waren harmloser und beliebter, aber darum nicht angesehener; im Gegenteil. Kein Handwerker nahm einen jungen Menschen in die Lehre, wenn er nicht nachweisen konnte, von ehrlichen Eltern in rechtmässiger Ehe erzeugt und keinem Barbier, Bader, Schäfer oder Abdecker verwandt zu sein. Der Bader stand dem Barbier nicht vollkommen gleich: er durfte nur vier Becken aushängen, jener fünf.

Glockengiesserei; durch das Fenster, an dem der Meister zeichnet, sieht man sie von aussen. Hinter dem Mann eine grosse und eine kleine Glocke und altes Gut, das eingeschmolzen werden soll: ein Mörser und ein Geschützrohr, an dem man zwei Bügel und das Korn bemerkt. Rechts ist der Schmelzofen zu denken; das grosse Rad, über das ein Riemen geht und das mit einer Kurbel umgedreht werden kann, dient zum Aufziehen der eisernen Thüre, welche das Herdfenster oder die Arbeitsöffnung verschliesst. Die Thüre hängt an einem Hebel, dessen Achse das Rad trägt, und dient dazu, den Luftzug oder das Gebläse zu regulieren. Jost Ammans *Stände und Handwerker* (1568).

Hier war *ehrlich* und *unehrlich* überall im sozialen, nicht im moralischen Sinn genommen, mit *Unehrlichkeit* keine Unredlichkeit gemeint, sondern eine Schmälerung der bürgerlichen Ehre; ehrlich währte nicht am längsten, ehrlich hatte Glück, ehrlich hatte Recht und Titel. Wenn nun aber auch so nützliche Gewerbe wie der Müller und der Leineweber für anrüchig galten, so wird es wohl gewesen sein, weil sie den Schelm, den Spitzbuben im Nacken hatten. Die Leineweber haben eine saubere Zunft, heisst es in einem Kommerslied,

Die Leineweber schlachten alle Jahr zwei Schwein,
harum didscharum,
Das eine ist gestohlen, das andre ist nicht sein.
Harum didscharum.

Und dennoch nehmen sie keinen Lehrjungen an, der nicht sechs Wochen lang hungern kann. Müllerssöhne waren zu Karls des Grossen Zeiten von Amt und Würden ausgeschlossen; die Müller lieferten die Galgenleiter, die Leineweber hielten sie. *Wo man einen Galgen macht in dem Gericht,* heisst es in den hessischen Weistümern (III, 374), *so sollen die Herren das Holz geben, die Landleute sollen das Holz fahren, die Müller sollen ihn machen, die Leineweber sollen*

Gruppe der Goldschmiede in der Prozession, welche (26. Juni 1630) die Reliquien des heiligen Marcellus von der Vorstadt Saint-Marceau nach der Kathedrale Notre Dame übertrug. Marcellus war der neunte Bischof von Paris und Schutzpatron der Stadt, sowie von Saint-Cloud; er starb 1. November 436. Nicht mit dem heiligen Marcellus von Châlon sur Saône verwechseln (67. 72). Die Leute sind bekränzt und tragen brennende Kerzen in der Hand; Spanische Mäntel, Schecken (*Pourpoints*), unter denen die Hemdkrausen (*les Basques*) hervorkommen, und Pumphosen. Nach einem Kupferstiche der Zeit. Pariser Kupferstich-Kabinett (mit der Nationalbibliothek verbunden).

ihn heben. Denn warum? — Die Müller und die Leineweber konnten leicht betrügen; also betrogen sie. Das ist ganz dieselbe Logik, wie die, welche die Weiber und die Mädchen, weil sie gern sündigen, als solche zu Sünderinnen stempelt.

Warum rechnet man nicht auch die Schneider zur Schelmenzunft? —

Der Müller mit der Metzen,
Der Weber mit der Kretzen,
Der Schneider mit der Scher;
Wo kommen die drei Diebe her? —

Die Schneider mit der *Hölle* aufzuziehen, in welcher sie die Ellen Tuch, Seide, Sammet verschwinden liessen, lag nahe. Dagegen ist es sehr merkwürdig, dass man die Schneider, die schwächlichen Schneiderlein auch mit der Liebe zur Ziege geneckt und als *Geissbuhler, Geissminner, Geissböcke,* mit einem Wort als Sodomiten und Satyrn verschrieen, daher ihnen das *Meck Meck* als Spitznamen angehängt hat.

c. Meister und Geselle.

Ein Schuhmacherleben im 16. Jahrhundert — Hans Sachs als Lehrling, als Schuhmachergesell und reisender Handwerksbursche — in der Münchener Schusterherberge — die Wanderpflicht — fechten gehen: die Fechtkunst und die Fechtergesellschaften der Bürger und Handwerker — der Gesell muss heiraten, wenn er Meister werden will — sein Meisterstück — der Meister nimmt wieder Gesellen an — Hans Sachs hat uns hier nur als Schuhmacher interessiert — wir haben an ihm nur den Entwickelungsgang des einzelnen Handwerkers und seine Grade studieren wollen — dieselben sind vielfach anderen Lebenskreisen entlehnt, aber nachgerade selbst wieder typisch geworden: Lehrjahre und Wanderjahre, die Meisterschaft — Lehrling und Schüler — die Bönhasen, die ein Handwerk treiben, ohne es zünftig erlernt und das Meisterrecht erlangt zu haben — Zünfte und Fakultäten.

Dem Schneidermeister Jörg Sachs auf der Kothgasse war es nicht entgangen, was für gute Anlagen in seinem Söhnchen steckten; dass, wie Goethe sagt, ein heiliges Feuer in ihm ruhte. Deshalb schickte er den Hansl mit sieben Jahren (A. D. 1501) auf ein Gymnasium, nämlich in die Spitalschule, wo der Junge nicht nur Lesen und Schreiben, sondern auch Grammatica, Geographie und Singen, sogar Lateinisch lernte. Aber der Wunsch des verständigen Mannes war nicht, einen Gelehrten aus ihm zu machen; zudem war das Kind etwas bresthaft, und es stand zu fürchten, dass das viele Studieren seiner Gesundheit schaden möchte. Als daher der Hans nach acht Jahren (1509) die Lateinschule verliess, riet ihm der Vater, ein Handwerk zu ergreifen, und gab den fünfzehnjährigen Jüngling zu einem Schuhmacher in die Lehre. Hans Sachs trat also zu Ostern 1509 bei Meister Knieriem als Lehrling ein und lernte Kneif und Ort handhaben und den Pechdraht ziehen; dabei konnte er immer noch, wenn ihn die Lust ankam, die Weltchronik lesen und etlich Menschen aus Libia, etlich Menschen aus Ethiopia und etlich Menschen aus Sicilia, dazu den Apollo, der die Harfen erfunden hat, betrachten. Die Leser kennen diese Chronik, die der Stadtchirurg Dr. Hartmann Schedel um jene Zeit geschrieben und der Meister

Michael Wolgemut mit Illustrationen versehen hatte; wir haben viele Holzschnitte aus ihr entnommen. Das dauerte zwei Jahre — in anderen Handwerken waren drei, in noch anderen vier Lehrjahre vorgeschrieben. Der Vater zahlte wahrscheinlich ein Lehrgeld; in diesem

Gildenfahne der vereinigten Schuhmacher und Altflicker von Issoudun in Berry: Meister und Geselle, in der Werkstatt auf dem Schemel bei der Arbeit sitzend; ersterer eine Sohlennaht bedenkend, die Ahle in der Hand, letzterer einen Schuh mit dem Knieriemen festhaltend und mit beiden Händen den Draht auseinanderziehend. Sie arbeiten nicht mit blossen Armen; der Meister hat vor seinen langen Rock eine Schürze vorgebunden, auf dem Schoosse Leder und ebenfalls Pechdraht.

Falle wurde der Lehrling früher von der Lehre losgesprochen und das Lehressen bald gegeben. A. D. 1511, mit siebzehn Jahren, hatte unser Hans Sachs seinen Lehrbrief, eine schriftliche, mit dem Schuhmacherwappen bemalte, mit schönen Schnörkeln gezierte und dem Zunftsiegel versehene Urkunde über seine Lehrzeit, zugleich ein Zeugnis über seinen Fleiss und sein Betragen; er war losgesprochen, er war Schuhmachergesell und ging als reisender Handwerksbursche auf die Wanderschaft. Er ging fünf Jahre lang fechten, wie man zu sagen pflegt, weil die Handwerksburschen nicht bloss wanderten, um zu arbeiten, sondern auch, um ihre Fechtschulen und Fechterspiele zu besuchen, und bei dieser Gelegenheit einen milden Zehrpfennig sammelten. Als nämlich die Bürger (329) mit dem Waffenrechte auch das Ritter- und Turnierwesen annahmen und die ritterlichen Waffenübungen nachahmten, begannen sie sich eine eigene Fechtkunst auszubilden. Sie schufen diese ganze Kunst erst neu, nachdem sie sich mit den Gladiatoren verloren hatte; denn bei dem turnierenden Adel war von einer kunstgerechten Abwehr, einer Parade keine Rede. Das Turnieren war gar keine Kunst, es war ein rohes, ungeschicktes, plumpes Drauflosshauen und -stechen, es kam nur darauf an, den feindlichen Lanzenstoss mit der Brust oder dem Schilde aufzufangen und dabei im Sattel zu bleiben; nur auf einen harten Helm, einen festen Harnisch, einen starken Schild kam es an. Erst die Bürger, die zünftigen Handwerker übten Hiebe und Stösse, Lagen und Deckungen; und wie sich seit dem 12. Jahrhundert alles zu Zünften, Gilden und Innungen zusammenthat, so finden sich auch in den Städten schon frühzeitig privilegierte Fechtergesellschaften, Fechterverbrüderungen, Fechtgenossenschaften. Sie hatten ihre Fechtschulen, ihre Gesetze, ihre Bräuche, ihre Heimlichkeiten und ihre Waffenspiele; dazu reisten die Schuhmacher und die Gerber hin und her, indem sie fechten gingen. Der mittelhochdeutsche Kunstausdruck ist übrigens nicht *vehten*, sondern *schirmen*, der Fechtmeister hiess *Schirmmeister*, der Lehrling in der Kunst: *Schirmknabe*, der Fechter: *Schirmer*. Die älteste Fechtergesellschaft war die der sogenannten *Marxbrüder* in Frankfurt am Main, nach dem Muster der Brüderschaft von Sankt Markus bildete sich die Gesellschaft der *Federfechter* in Prag; neben diesen beiden privilegierten Vereinen traten später noch die *Luxbrüder* auf, die sich als Klopffechter auf den Jahrmärkten sehen liessen. In Nürnberg, Augsburg, Breslau, in allen grösseren Städten bestanden Fechtschulen für Handwerker. Hans Sachs hat ein eigenes Gedicht verfasst, worin er die Kunst beschreibt: *der Fechtspruch, Ankunft und Freiheit der Kunst;* er leitet sie von Herkules her, der die Olympischen Spiele stiftete.

Mit der Verbreitung der Feuerwaffe gerieten die Fechtergesellschaften der Bürger und Handwerker in Verfall, und an ihre Stelle traten die oben (329) erwähnten Schützenkompanien. Aber es ist seltsam, dass die Fechtkunst, die heutzutage auf den Kadettenschulen und den Universitäten vom Adel gepflegt wird, eine Erfindung von Handwerkern ist, die nach Frankfurt oder nach Breslau fechten gingen.

Hans Sachs ging in die Fremde, denn er sollte das Handwerk kennen lernen, wie es ausserhalb Nürnbergs getrieben ward; und bei dieser Gelegenheit zugleich von der Welt etwas erfahren. Zu seiner Zeit that man das noch, indem man die Länder und die Städte nach Art der Fahrenden wirklich *erfuhr, befuhr* oder *durchfuhr.* Die Reimsprüche und Gebräuche, die Worte, die vor dem Herbergsvater, den Mitgesellen und dem Meister beim Willkommen und beim Abschied zu sprechen waren, die sogenannten Handwerksgrüsse hatte er seinem Gedächtnis eingeprägt; ein Wanderbuch war zu seiner Zeit noch nicht

Innungsfahne der Pariser Dachdecker: Leiter und zwei Kellen

Innungsfahne der Pariser Nagelschmiede: Splitthammer uud zwei Nägel.

nötig, er fürchtete weder den Winter noch die Polizei. Zunächst wandte sich der junge Reichsstädter nach einer anderen berühmten Reichsstadt, die Tyberius Nero erbauet hat, nach dem alten Regensburg; dorthin hatte ihm ein Leineweber und Meistersinger, mit dem er inzwischen Freundschaft geschlossen, Lienhard Nunnenbeck, eine Kundschaft mitgegeben. Hier grüsste er zum erstenmal das Handwerk und arbeitete ein paar Monate bei einem neuen Meister; nebenbei betrachtete er die steinerne Donaubrücke und den erhabenen Dom, den Meister Ludovicus schon vor Jahrhunderten begonnen hatte und der noch nicht ganz fertig war — die Wahrzeichen, den Dombaumeister, der sich, ein Scheffel über dem Kopfe, hinunterstürzt, die ungetreue Braut, die mit dem Teufel auf den Blocksberg fährt, den Bienenkorb und die *Domdachln,* die in den Türmen nisten, liess er sich weisen. Dann schnürte er sein Bündel und fuhr zu Schiff nach Passau; er sah die oberösterreichischen Städte Braunau, Ried, Wels und Hall und das Hochstift Salzburg, wo er einmal eine Druckerei besuchte und beinahe Buchdrucker geworden wäre. Aber Hans Sachs blieb bei seinem Leisten, zu dem er selbst dann wieder zurückkehrte, als er mit Fahrenden Schülern bis nach Erfurt und mit Kaiser Maximilian nach Tirol und auf die Gemsjagd gegangen war, wenn er's je gethan hat. Überall arbeitete er und sass fleissig auf seinem Schemel. In seinen Mussestunden las er freilich den Ovid und den Boccaccio (den Augsburger Druck der Steinhövelschen Übersetzung).

Damals wusste noch niemand, dass Hans Sachs einmal in der deutschen Litteraturgeschichte stehen und sein Bild hergeben werde; damals war er bloss ein Armer Reisender. Deshalb that er wohl daran, seine Wanderschaft fortzusetzen und der Wanderpflicht, die ihm sein Stand auferlegte, zu genügen. Er wanderte denn und begab sich von Salzburg wiederum gen Bayern, ging nach Burghausen, nach Altötting und schlug sich über Landshut bis nach München durch, wo er ohne Geld anlangte und in die Schusterherberge ging (1513).

Das Haus, in welchem die zuwandernden Gesellen ein Unterkommen fanden, wo ihnen Arbeit nachgewiesen, wohl auch (bei den sogenannten *geschenkten* Zünften) ein Zehrpfennig für die Weiterreise gewährt wurde, hiess zur Zunftzeit die Herberge; jedes Handwerk hatte seine eigene Herberge. Auch die am Ort wohnenden Gesellen benutzten die Herberge zu ihren Zusammenkünften, wenn sie unter dem Vorsitze des Altgesellen tagten, und bewahrten hier ihre Gesellenladen auf, in denen die über ihre Angelegenheiten geführten Schriften lagen; daher hiessen sie auch: *Verkehre.* Der Wirt war der *Herbergsvater,* die Wirtin die *Herbergsmutter;* mit grosser Feierlichkeit wurde sonst eine Herberge verlegt und *weggebracht.* Mit dem Zunftwesen sind auch die alten Herbergen gänzlich *weggebracht,* aber von der Innern Mission, welche die Handwerksgesellen vor schlechten Einflüssen schützen will, wieder erneuert worden. Sie hat die sogenannten *Herbergen zur Heimat* eingeführt, deren in Deutschland Hunderte bestehen.

In Italien und Frankreich hat der Begriff der Herberge, der (37) von der militärischen Einquartierung ausging, den allgemeinen Sinn von Gasthaus bis auf den heutigen Tag bewahrt: *Albergo, Auberge;* ein italienisches *Albergo* ist sogar ein sehr vornehmes Gasthaus. Das Verbum *herbergen,* italienisch: *albergare,* erscheint in Frankreich fast buchstäblich wieder *(héberger).*

Die Herberge war ein billiges Wirtshaus, aber immerhin ein Wirtshaus, wo man bar bezahlte. Das konnte unser Hans Sachs nun eben nicht, und der Herbergsvater wollte ihn pfänden. Er ehrte keinen Propheten, auch wenn Hans Sachs schon einer gewesen wäre; er wollte seinen Pfennig, und der arme Schlucker rief wie in dem schon einmal (177) zitierten *Heiaho,* das Uhland aus einer Handschrift des 16. Jahrhunderts entnommen hat:

mag es nit anders gesein,
  das heia ho!
so zeuch mir ab meine Kleider
pis auf das hemetlein,
pis auf die niderwat (Unterhose),
die mir so wohl an stat,
  das heia ho!
dass ich nit so lesterleichen (lästerlich)
vor des wirtes freulen stan.

Aber die Herbergsmutter erbarmte das junge Blut: wenn er

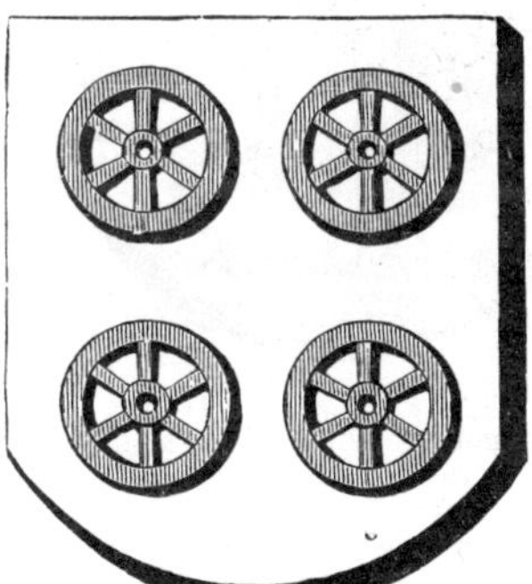

Innungsfahne der Pariser Stellmacher: vier Wagenräder.

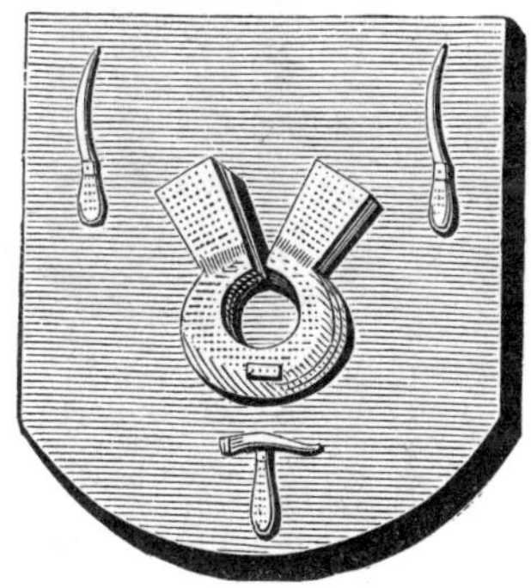

Innungsfahne der Pariser Kummeter: ein Kumt, zwei Kumthaken, ein Hammer. Slawisches Geschirr.

auf die Schusterei einen Vers machen und das gesamte Handwerkszeug des Schuhknechtes in Reime bringen könnte, so sollte er sein Gewand behalten. Also geschah's, der Prophet ward geehrt. Das Gedicht, erst 1516 niedergeschrieben, existiert noch.

In München arbeitete Hans Sachs ein Jahr; er verliebte sich hier in die Tochter eines Spenglers, der ihm sagte, da er noch gar keine Aussicht auf den Meister habe, könne von einer Heirat keine Rede sein, und er thäte gut, seine Wanderschaft fortzusetzen. Auch der Vater drängte ihn brieflich von Nürnberg aus zum Aufbruch, und so entschloss er sich denn (1514) die fränkische Bischofsstadt Würzburg zu besuchen, wo Walther von der Vogelweide begraben lag. Es war der Wille seines Vaters, dass der Hans auch die Werkstätten am Rhein kennen lernen solle; er wanderte daher westwärts nach

Frankfurt am Main, fuhr den Rhein hinab bis Köln, durchzog das damals Kölnische Westfalen, erreichte die Küste und verweilte eine Zeitlang in dem berühmten Lübeck, das über Schweden und Dänemark gebot. Hier kehrte er um; er hatte nun *in Bayern, Franken und am Rhein* vom Handwerk genug gelernt. Fröhlich lenkte er seine Schritte nach dem Harz und Obersachsen zu und ging, ohne sich weiter aufzuhalten, über Leipzig und Erfurt in den Thüringer Wald, wo er den Rennsteig überschritt. Nun war er wieder in Franken, nach fünf Wanderjahren (A. D. 1516) traf er wieder in Nürnberg, im Vaterhause auf der Kothgasse, auf der Lorenzer Seite ein.

Innungsfahne der Gerber von Vic-de-Bigorre, einem Städtchen in der Gascogne, mit dem Bilde ihres Patrons, des heiligen Bischofs von Tours Martinus. Andere Patrone der Gerberei: Bartholomäus, Apostel Simon, Blasius und die heilige Katharina von Siena.

Innungsfahne der Weber von Toulon, mit dem Bilde ihres Patrons, Antonius des Grossen, der sich auf das Antoniuskreuz stützt und dessen Attribut das Schwein ist. Auch das Glöckchen gehört zu seinen Attributen. Der Heilige war sehr berühmt, daher Patron vieler Gewerbe, die ihn nichts angingen.

Jetzt konnte er sein Meisterstück, ein Paar Reiterstiefel, ein Paar Schaftstiefel, ein Paar kalbsléderne Schuhe und ein Paar Pantoffel machen; aber zum Meister gehörte eine Meisterin. Das Meisterstück genügte nicht allein; um als Meister zugelassen zu werden, musste man geheiratet und Hochzeit gehalten, ehrbar mit einer Frau zur Kirche gegangen sein, wohl auch drei Gulden in die Losungsstube geantwortet haben. Hans Sachs legte daher den *Rugsherren* seines Handwerks seine Stiefel und Schuhe nicht eher vor, bis er ihnen auch die Kunigund Kreuzer, einzige Tochter und Erbin des verstorbenen Peter Kreuzer aus dem benachbarten Wendelstein, als Braut präsentieren konnte. Die Hochzeit fand an dem Tage statt, an welchem der edle Hirsch in die Brunft tritt, am Tage des heiligen Ägidius, am 1. September des Jahres 1519; das Haus in der Kothgasse hatte er von seinem Vater als Aussteuer erhalten. Hier arbeitete er also zunächst;

später hauste er in einer Vorstadt Nürnbergs, wo er neben seinem Schuhmacherladen auch noch einen Kramladen eröffnete. Zuletzt wohnte er auf der Spitalgasse, wiederum in eigener Besitzung, in einem stattlichen Bürgerhause, wie er denn überhaupt durch Fleiss und Sparsamkeit zu einer gewissen Wohlhabenheit gelangte. Die Kreuzerin starb ihm im Jahre 1560; bereits nach anderthalb Jahren heiratete der alte Mann zum zweitenmal und zwar ein junges Mädchen, die Barbara Harscherin.

Altermann und Geschworener der Alten-Schuhmacher-Gilde von Gent in Amtskleidung, bestreiftem Mantel und weissem Skapulier; betend. Handschrift des 15. Jahrhunderts.

Es ist nicht gut, dass der Mensch allein sei; und es ist gut, dass der Meister nicht bloss eine Frau, sondern auch einen Gesellen habe. Das heisst wörtlich: einen Hausgenossen oder einen Stubengenossen, was wir (mit einem italienischen Begriffe) einen *Kameraden* nennen; ein Geselle teilt den *Saal* wie ein Gefährte die *Fahrt*, ein Gemahl das *Mahl*, ist also zuerst auf den Burgen zu finden gewesen, wo es einen *Sal*, das heisst, einen *Salon* im modernen Sinne gab. Die Handwerker wandten mithin einen Ausdruck der höheren Gesellschaft an, wenn sie einen jungen Menschen, der ausgelernt hatte und, ohne sich selbständig zu machen, als *Helfer* bei ihnen arbeitete, ihren *Gesellen* nannten; auch thaten das ursprünglich nur die vornehmeren Gewerke, die Baumeister, die Zimmerleute, die Goldschmiede, während die Bäcker, die Fleischer, die Schneider und die Schuhmacher dieselben Individuen als *Knechte* bezeichneten, obgleich auch dies ein höfischer Titel war — *Knechte* hiessen eigentlich die adeligen Diener der Ritter, welche die Ritterschaft lernten, bis zum Ritterschlage, dem im Handwerk der Meisterbrief entsprach. Dieselben edlen Jünglinge hiessen auch *Kinder, Knaben* oder *Knappen,* und auch diese Namen liess sich das Handwerk

Schuhmachergesell, Gernmeister, das Gesellenzeichen im Ohr, unterm Arm das Zuschneidebrett mit zwei Leisten, in der Hand den Kneif, mit dem er von einem Stiefelschaft etwas abschneiden und ihn spitziger machen will. Hinter ihm ein Zuber mit Wasser, in den das zugeschnittene Leder geworfen wird. Nur der Adel trug Stiefel, der Bauer den Bundschuh. Er arbeitet an seinem Meisterstück; dies besteht in einem Paar Reiterstiefel, einem Paar gewöhnlicher Stiefel, einem Paar Manns- und Frauenschuhe und einem Paar Pantoffel. Nach einem Glasgemälde des 13. Jahrhunderts auf einem Kirchenfenster (Cahier und Martin).

nicht entgehen, die Wollenweber und die Tuchmacher, die Müller, die Bergleute hatten ihre *Knappen,* die Tuchscherer das *Scherkind.* Unwahrscheinlich, dass keine Nachbildung stattgefunden habe und die Standesbezeichnungen zufällig zusammengetroffen seien. In Frankreich ist der Geselle der *Compagnon,* das heisst, der mit Brot isst *(Compain).* Handwerker, die sich als Künstler betrachten, zum Beispiel die Barbiere, sprechen neuerdings nicht mehr von *Gesellen,* sondern von *Gehilfen* und wollen keine *Meister,* sondern *Prinzipale* sein.

Der neubackene Meister Hans Sachs wird also nachgerade wiederum Gesellen angenommen haben, als *Meister* brauchte er, kraft dieses seines Amtes, einen Lehrjungen oder einen Lehrling. Denn er war ja ein Lehrer oder ein *Magister* — *Meister* nur eine Verdeutschung des lateinischen Titels, aus *Magister,* mit deutscher Betonung: *Mágister,* wie *Markt* (48), hervorgegangen; und ich meine hier nicht, dass er ein Meistersinger, sondern dass er ein Meister seiner Zunft und ein Professor der Schuhmacherkunst war. Das ist auch wieder so eine kleine Anmaassung des ehrbaren Handwerks, dass es einen Titel, der eigentlich nur den Gelehrten und den Künstlern, den Schulmeistern zukam und der in seiner vollen Form heute noch eine akademische Würde darstellt, für sich in Anspruch nahm. Wahrscheinlich haben zuerst

Tischlergesell, sein Meisterstück machend: er arbeitet an einem Rahmen und ist im Begriff, anscheinend mit der Säge, an der Rückseite etwas abzunehmen. Die Zeichnung ist ungenau. Nach einer Schnitzerei an einer *Miserikordia* im Chorgestühl der Kathedrale von Rouen. Die *Miserikordien* sind kleine Konsolen an der unteren Seite der Sitze, auf die sich die alten und die schwachen Geistlichen, wenn sie stehen müssen und die Sitze aufgeklappt werden, ein wenig stützen können. 15. Jahrhundert.

die geprüften Architekten für *Meister* ihres Fachs gegolten, indem das Bauhandwerk, voll Heimlichkeiten und voll tiefen Sinns, anfänglich in geistlichen und gelehrten Händen war; in den provisorischen Bureaus, die in der Nähe der grossen Kirchenbauten errichtet wurden, den sogenannten Bauhütten, Logen oder (italienisch) *Opere,* erblühte eine wundersame, freimaurerische Symbolik. Hier wusste man, dass die vier Pfeiler in der Vierung des Gebäudes, wo Langhaus, Querschiff und Chor zusammenstiessen: die vier Evangelisten; die zehn weiteren Pfeiler im Hauptschiffe, mit den zwei apostolischen Evangelisten, Matthäus und Johannes, zusammengenommen aber: die zwölf Apostel; und die sieben heiligen Pfeiler auf jeder Seite die vierzehn Stationen des Kalvarienberges bedeuteten. Hier zog man die steinernen Rosen, welche die Wände des Querschiffes und der Hauptfront schmücken sollten, und zeichnete, die Geister zu bannen, das Pentagramm hinein. Die schöpferischen Geistlichen und Laienbrüder, die das verstanden, mussten wohl Meister sein; als dann (im 13. Jahrhundert) auch weltliche Steinmetzen drankamen, erbten sie den auszeichnenden Title; noch heute erteilt man denselben in Italien am liebsten dem *Maestro Muratore*. Schliesslich haben alle Handwerker den *Meister* herausgesteckt.

Zunfthaus der Goldschmiede von Rouen: Treppenaufgang. Die Treppe ist gebrochen; unten, auf dem Geländer ein Löwe, dem Eintretenden einen Schild entgegenhaltend, der auf dem Baluster lehnt. Dieser Schild ist neu, der moderne Wappenschild der Stadt Rouen (das triumphierende Lamm, vergleiche die Denkmünze der vereinigten Kaufleute von Rouen im vorigen Kapitel, auf Seite 353). Er stammt aus dem Jahre 1653. Das Zunfthaus bestand im 15. Jahrhundert. Zeichen: die Goldbarre (*LABAR[R]E*).

Etwas Ritterliches haftete also am *Meister* nicht, etwas Schulmeisterliches; wenn auch Lehrling und Schüler zweierlei war. Im weiteren Sinne ist freilich jeder, der Unterricht empfängt, jeder Gymnasiast und Lateinschüler ein Lehrling — *man weiss,* sagt ein Schriftsteller des vorigen Jahrhunderts von Schulpforta, *man weiss, dass diese berühmte Fürstenschule so wenig ganz Unwissende zu Lehrlingen aufnimmt, so wenig sie ihre Lehrlinge ungeschickt in die Welt sendet.* Und so könnte man wohl auch umgekehrt den Lehrjungen, der bei seinem Meister das Handwerk lernt, als dessen *Schüler* ansehn. Stregenommen setzt der *Schüler* eine *Schule* voraus, und eine solche hat immer, im Mittelalter vollends, einen gelehrten Beigeschmack. Ein *Schüler* war soviel wie ein Student, wie man schon aus Goethes Faust sieht; die Bacchanten oder die Vaganten, die wie die Handwerksburschen von eiern Lateinschule zur andern wanderten, hiessen: *Fahrende Schüler.* Es ist ja eine häufige Erscheinung, dass der lateinische Titel vornehmer klingt als der deutsche, wenn er auch dasselbe besagt; und so blieb denn der *Schüler* den Gelehrten und den Künstlern, der *Lehrling* dem Handwerk vorbehalten. Ein analoger Rangunterschied bildete sich auch zwischen *Geselle* und *Bursche* heraus. Ein *Bursche* war ein Student, der auf der Universität in einer *Burse,* einer von einem Magister geleiteten Pension, das Wort ist identisch mit *Börse* und entspricht dem obenerwähnten *Gilde,* Kost und Wohnung hatte. Die Pensionäre zusammen bildeten die *Burse,* die *Bursa Studentorum,* welche, wie es in dem bekannten Maccaronischen Gedichte heisst:

finstri sub tempore Nachti,
cum Sterni leuchtunt, Monus quoque scheinet ab Himlo,
gassatim laufunt per Vicos Compita, Gassas
cum Geigis, Cytharis, Lautis Harphisque spilentes
haujuntque in Steinos, quod Feurius springet ab illis.
Tunc veniunt Wechtri cum Spiessibus atque reclamant:
ite domum, Gasti, schlaxit jam Zwelfius Uhra! —

Von der *Lustitas* einer adeligen *Bourse* in Toulouse, haben wir (auf Seite 39) Proben gehabt. Nächstdem wurde das einzelne Mitglied der studentischen Burse: *der Bursche* genannt, wie jeder Teilnehmer an einer *Camerata: ein Kamerad* und jede Schürze im Frauenzimmer: *ein Frauenzimmer* hiess. Bursche besagt also ziemlich dasselbe wie Kamerad und Geselle, was Stubengenosse bedeutete, nämlich einen *Stubenburschen.* Aber *Gesell* wurde nach und nach auf den Handwerker, *Bursche* auf den Studenten eingeschränkt. Doch hat das Handwerk auch nach dem *Burschen* gegriffen und ihn so gut wie den *Magister* von der Universität weggeholt, wie eben der Ausdruck: *Handwerksbursche* zeigt.

Sogar die Lehrjungen wurden allmählich: *Lehrburschen* genannt; überhaupt gewann der Begriff die weiteste Verbreitung *(Laufbursche, Offiziersbursche, Jägerbursche u. s. w.).* In Frankreich heisst der Lehrling: *Apprenti,* der Geselle: *Garçon* oder *Compagnon,* der Meister: *Maître;* in Italien steigt der *Apprendista* zum *Garzone* und dieser zum *Maestro* auf. *Bisogna essere prima Garzone e poi Maestro.* Die rechtliche Gliederung der gewerblichen Personen in Meister, Gesellen und Lehrlinge, die Grundlage der ganzen Zunftorganisation, findet sich in den meisten Ländern wieder.

Man kann also sagen, dass die Handwerker ihre Grade einerseits dem höfischen Leben, anderseits der Schule entlehnten, wie das bei einem erst allmählich aufgekommenen Stande auch ganz natürlich war. Später wurden freilich wieder ihre Einrichtungen für andere Lebenskreise in hohem Grade typisch. Oben, Seite 364, haben wir unter den Ausdrücken, die für die Zünfte und Korporationen galten, das lateinische Wort: *Universitas* miterwähnt — es gab eine Menge *Universitates,* ja, die ganze städtische Gemeinde betrachtete sich als *Universitas Civium.* Dieser Bürgeruniversität gegenüber haben sich zuerst in Bologna die (ausländischen) Studenten, als akademische Bürger, zu einer Schüleruniversität *(Universitas Scholarium),* beziehentlich nach Nationen zu mehreren Verbindungen dieserart zusammengethan. Die beiden Hauptuniversitäten waren die der Italiener *(Citramontani)* und der Nicht-Italiener *(Ultramontani).* Die Professoren, die Bürger von Bologna waren, also zur *Universitas Civium* zählten, hatten in der Schüleruniversität weder Sitz, noch Stimmrecht, geschweige denn den Vorsitz. Die *Universität* gehörte sozusagen den Studenten ganz allein, die Studenten waren die ganze Universität. Anderwärts verstand man unter den *Scholares* auch die Lehrer mit, so dass die *Universitas Scholarium* den Lehrkörper mitumfasste; oder Professoren und Studenten bezeichneten sich ausdrücklich als integrierende Teile einer Universität, der *Universitas Magistrorum et Scholarium;* oder endlich die *Universitas* war zunächst der Professoren-Verein, und die Studenten gehörten nebenbei mit dazu, wie in Paris. Jedenfalls war eine *Universität,* ob auch selbständig, ohne die andre nicht zu denken, Lehrer und Schüler bedingten sich gegenseitig. Ein Professor, der keine Zuhörer hat, ist eigentlich ein Unding; dennoch kommt es vor. Die Lehrer hiessen: *Magistri.*

Magistri Artium Liberalium, Lehrer der Freien Künste. Was waren das für Künste? — Grammatik, Arithmetik, Geometrie, Musik, Astronomie, Dialektik und Rhetorik; diese sieben Disziplinen gehörten nach altrömischer Anschauung zur Bildung eines freien Mannes, während mechanische Fertigkeiten, also die Handwerke für seiner unwürdig, für *Artes Illiberales* galten. Sie pflegten, in das *Trivium* und das *Quadrivium* geteilt, in den Schulen des Mittelalters gelehrt zu werden; an den Universitäten war ihr Studium die notwendige Vorbedingung für die Fachstudien; zum Kanonischen Recht, zur Theologie und zur Medizin ging man erst über, wenn man die *Artes* inne hatte. Die *Artisten* bildeten, wie jetzt die Philosophen, eine besondere, zahlreiche

Fakultät, die Hauptfakultät, gleichsam die Basis aller Fakultäten. Sie hatten bestimmte Vorlesungen zu hören, bestimmte Prüfungen zu bestehen; dadurch erlangten sie in ein paar Jahren das Magisterbarett, den nachmaligen Doktorhut, Katheder, Buch und Ring, mit einem Worte: das *Magisterium*, die Berechtigung, die Freien Künste selbst zu lehren. Wer das that, hiess, weil er nun selber las: *Magister legens*. Noch jetzt wird bekanntlich die Magisterwürde von jedem, der aka-

Handel und Wandel in den gewölbten Lauben: Verkaufsstand eines Goldschmiedes, in der Ecke ein kleiner Schuhbazar. Schnabelschuhe, Schnabelstiefel und Leisten. Das Gold- und Silbergeschirr scheint reissend abzugehn; links legt der Juwelier einem Kunden ein Assortiment von Ringen vor. Die Kopfbedeckungen sind verschieden: vier Personen tragen die Sendelbinde um den Kopf, die Frau des Goldschmiedes einen Hut, der Schuhmacher ein Barett, das Individuum rechts unten einen Dreimaster; sein Begleiter geht barhaupt und barfuss, aber in Wadenstrümpfen. Nach einer Miniatur in der französischen Übersetzung der Moral und der Politik des Aristoteles, die der freisinnige Theolog Nicolas Orem (Oresme), Dekan der Metropolitankirche zu Rouen im 14. Jahrhundert geliefert hat († A. D. 1382); in einer Abschrift dieser Übersetzung aus dem 15. Jahrhundert, die sich in der Stadtbibliothek zu Rouen befindet.

demische Vorlesungen halten will, gefordert; seit dem 13. Jahrhundert ist gewöhnlich der Doktortitel damit verbunden. Ende des 15. Jahrhunderts wurde wieder der abermals dasselbe besagende Professortitel damit verbunden. Alle drei Titel, *Magister, Doktor* und *Professor* sind sinnverwandt; nichts weiter als *Lehrer* ins Lateinische übersetzt. Wenn einer von ihnen einen vornehmeren Klang hätte, so wäre es der erste, denn *Magister* stellt wie *Minister* einen alten lateinischen Komparativ dar, *Magister* ist so viel wie *major, Minister* so viel wie *minor.* Diese alte Majorität und Herrlichkeit schmeckt noch in vielen anderen Titeln wie *Bürgermeister, Obermeister, Meister vom Stuhl,* sowie auch in dem Verbum *meistern* vor; doch davon würde heutzutage kein Kultusminister etwas wissen wollen. Der Unterschied, den das Leben zwischen den beiden Komparativen hervorgebracht hat, ist gewaltig.

Uns geht hier vielmehr der Unterschied zwischen dem *Magister* und dem *Handwerksmeister* an. Er reduziert sich, wie wir sehen, auf den zwischen den *Artes Liberales* und den *Artes Illiberales.* Artisten sind die Philosophen, Artisten (362) die Schuhmacher; aber in der Schule wird eine freie, in der Werkstatt eine unfreie Kunst gelehrt. Sowie Hans Sachs den Singestuhl besteigt, setzt er den Freiheitshut auf; wenn Jakob Böhm zur Feder greift und von der Morgenröte im Aufgang handelt, verwandelt sich der *Meister* in einen *Magister.* Das Wort ist dasselbe, die Sache ist dieselbe; hier wie dort eine Lehrzeit, eine Burschenherrlichkeit, eine Magisterprüfung und ein Meisterstück, ein *Chef-d'oeuvre,* das auf den Universitäten die Doktordissertation genannt wird. Dann beginnt der Kreislauf von neuem. Die Wanderschaft der Handwerksburschen entspricht dem Fahren der Vaganten oder der Bacchanten, dem Herumziehen der Studenten an verschiedenen Universitäten; der Meisterbrief heisst auf den Hochschulen das Diplom, das Meistergeld die Promotionsgebühr, das Meisteressen der Doktorschmaus — man erstaunt, alle die alten Zunftgebräuche wie die alten Mützen des Vorstands an den Universitäten und zu entdecken, dass man einst selbst gleichsam widerstrebend in eine sperrige, exklusive Zunft aufgenommen worden ist. Das Meisterrecht wurde von der Zunft verliehen, das heisst, an geschickte, gutbeleumundete, angenehme Leute, am liebsten an Familienglieder, oft verkauft; als sich der junge Leibniz A. D. 1666 in seiner Vaterstadt Leipzig rite um die juristische Doktorwürde bewarb, ihm dieselbe von der Fakultät verweigert. Die älteren Glieder des Spruchkollegiums wollten ihm nicht wohl und nahmen seine grosse Jugend zum Vorwand. Mit ziemlicher Sicherheit darf man sogar schliessen, dass die Scholarenzunft die älteste Zunft abgebe, die von den Handwerkern erst kopiert und zum Vorbild genommen worden sei, sintemal alles Zunftwesen auf eine Art Schulwesen schlecht und recht hinausläuft und jeder Meister ein Magister ist. Gehe zum Rektorwechsel in die Aula einer Universität, betrachte die bunten Talare, die violetten und die roten *Bireta* und *Tiarae* der Dekane, die Professoren, die Privatdozenten, die akademische Jugend in vollem Wichs: Du hast die Originale des mittelalterlichen Handwerkerlebens noch leibhaftig vor Dir. Natürlich standen die armen Lehrlinge, was Erziehung und Bildung anbelangt, tief unter den Studenten in dem *Studium solemne* — unterrichtet und geprüft wurden sie so gut wie Schüler. Abgesehen von der praktischen Natur und der Einseitigkeit des Lehrstoffes, war doch die Werkstatt von der Schule nur äusserlich unterschieden — sie glich einer Privatschule und einem Privatinstitut. Hätte es schon im Mittelalter Polytechnische Schulen und Schneiderakademien gegeben, so wäre die wesentliche Analogie der gelehrten und ungelehrten Anstalten noch viel schlagender gewesen. Kurz, die vier Fakultäten bilden noch heute strenggeschlossene, gesperrte mittelalterliche Zünfte, zu denen daher auch die Juden nicht gern Zutritt haben; nur dass die alte Meisterschaft, das Doktorat, zu einem blossen Titel herabgesunken, der wahre moderne Meister der

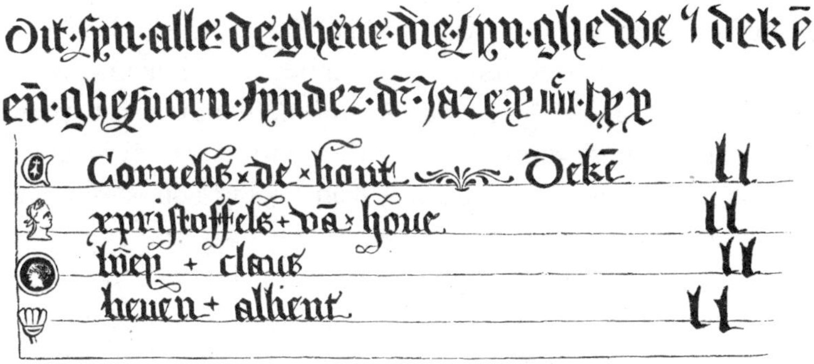

Das sind alle diejenigen, die im Jahre 1470 zu Dekanen und Geschwornen gegeben worden sind . . . Faksimile der Geschwornenliste der Goldschmiedezunft in der Stadt Gent, welche die Namen und die Marken der Vorstandsmitglieder enthält und von den Goldschmieden mit dem Stichel in eine Kupfertafel gestochen ist, ein Metallschnitt, der im 15. Jahrhundert zur Kupferstecherkunst geführt hat. Die ersten sechs Zeilen.

ordentliche Professor ist. Skrupulös haben die Universitäten die Anschauungen, die Gebräuche und die Rechte der Zunft erhalten, wie sie vor Jahrhunderten gewesen, zuallererst und typisch bei ihnen gewesen sind. Bei keinem Stande treten auch die Vorzüge und die Mängel dieser veralteten Einrichtung so grell hervor wie bei dem höheren Lehrerstande.

Die unzünftigen Schneider pflegten von den Meistern: *Bönhasen* genannt und als solche gejagt, das heisst polizeilich aufgesucht und verfolgt zu werden; der Ausdruck wird gewöhnlich als *Bodenhase* erklärt, als ob die Pfuscher auf den Boden gehen und dort heimlich arbeiten müssten, dabei nur vergessen, dass man die Hasenjagd gewöhnlich nicht auf dem Dachboden anzustellen pflegt. Die beste Deutung bleibt immer die aus dem griechischen *Banause*, die um so wahrscheinlicher ist, als eben die zünftigen Handwerker nicht mehr für Handwerker, sondern für *Magister* gelten, also etwas von der edlen, freien Kunst abbekommen wollten, deren ein *Banause* nicht teilhaftig war. Die Hauptsache ist, dass, wer das Handwerk unzünftig erlernt und das Meisterrecht nicht erlangt hatte, für einen Pfuscher angesehen, zur Verantwortung gezogen und am liebsten unschädlich gemacht wurde. Das ist derselbe Teufel, der in den vierziger Jahren, wenn ich nicht irre, einen eingebildeten Privatdozenten plagte, dass er den Urheber der mechanischen Wärmetheorie, den Entdecker des berühmten Satzes von der Erhaltung der Kraft, Julius Robert von Mayer in einer Recension, die sich der treffliche Mann zu Gemüte zog, als einen Ignoranten behandelte. Übrigens haben die Privatdozenten selbst noch kein Meisterrecht gewonnen, wenn sie die Meisterschaft auch muten und bei dem Handwerk ihre Mutung thuen; ja, möglicherweise werden sie ihr lebelang nicht Meister, sondern verbleiben Gernmeister und sterben als arme Bönhasen wie Karl Christian Krause, Danzel und Schopenhauer. Bekanntlich musste ein Bismarck seine ganze Autorität einsetzen, damit Ernst Schweninger von der Berliner Zunft zugelassen wurde; auf einen ähnlichen Widerstand stiessen Döbereiner und Justus von Liebig von seiten der Fakultät. Daher erregte es das grösste Aufsehen, als im Jahre 1863 auf Betrieb Mathys der Musikalienhändler Wilhelm Hofmeister als Professor der Botanik nach Heidelberg berufen und die Mitgliedschaft der Zunft einem Manne gewährt ward, der gar nicht rite studiert hatte, wo sie doch nicht einmal den promovierten Magistern ohne weiteres zufällt. Denn heutzutage bringt nicht mehr der *Magister,* auch nicht der *Doktor,* sondern der *Professor* den Lehrstuhl mit sich. Und indem die Fakultät den Professor vorzuschlagen, der Minister ihn nur zu bestätigen hat: so versteht es sich von selbst, dass, wenn die Professoren nicht wollen, niemand Professor werden kann. Das ist die Selbstverwaltung, deren sich die deutschen Universitäten dem Ministerium gegenüber erfreuen; das ist der Zunftzwang der deutschen Universitäten. Das mittelalterliche Zunftwesen, anderwärts längst beseitigt, hat sich hier an seiner Quelle rein erhalten. An seiner Quelle; wir drehen die Sache nicht etwa herum, indem wir die Verhältnisse der Schule durch das Handwerk illustrieren. Die Fakultäten haben den Zünften notorisch als Muster vorangeleuchtet.

d. Die Lossprechung der Lehrjungen.

Die Aufnahme der Neulinge in die Studentenschaft oder der Ritus der Deposition auf den Universitäten — sinnbildliche Zeremonien, mit einer Nachäffung der Taufe kombiniert — auch diese Gebräuche werden von den Handwerkern kopiert, die Lehrlinge gehobelt, geschliffen und getauft — die Predigt des Altgesellen, Handwerksbrauch und Formeln — die ganze Zunft ist ein Geheimbund, der Gesellenstand der zweite Grad — der Lehrling entspricht dem Fuchs, der Geselle dem Burschen, der Meister dem Magister — drei Avancements laufen im Mittelalter parallel: Page, Knappe, Ritter. Pennal, Bursche, Magister. Lehrjunge, Geselle, Meister.

Epoche im Leben des mittelalterlichen Studenten machte die sogenannte Deposition, an die auf den Universitäten noch heute die Fuchstaufe und auf den Fürstenschulen das An- und Abdreschen der *Sauschwänze* erinnert. Die Neulinge, die sogenannten Pennale

Altermann, Obermeister und Beisitzer der Gerber in der Stadt Gent, die den Vorstand und das Geschwornengericht der Zunft bildeten: in Feierkleidern, auf deren Saum man das Schabeisen bemerkt, der Altermann im Talar, ein Käppchen in der Hand; der letzte trägt als Lohgerber einen Eichenzweig auf der Brust. Nach einer Miniatur in einer Handschrift des 15. Jahrhunderts.

oder Füchse, wurden von den alten Studenten, den sogenannten Schoristen oder Burschen, unter Vorsitz des Dekans der Artistenfakultät nach Ablauf eines Jahres deponiert, vom Pennalismus freigesprochen und unter allerhand barbarischen Symbolen in die Zunft der ordentlichen, vollberechtigten Burschen aufgenommen. Der Bacchant sollte ihnen abgehobelt, der unverständige Bacchantenkopf gewaschen werden. Mit einem Rechen wurde derselbe gekämmt und mit einer Zaunschere geschoren, damit sie ihre Mähne sauber hielten und nicht flattern liessen wie die Löwen und die Pferde. Hierauf räumte man ihnen die Ohren mit einem Löffel, damit sie die Worte der Weisheit und die Lehren der Tugend vernehmen könnten. Mit einer grossen Zange wurde ihnen der Eberzahn ausgezogen, damit sie an niemandes gutem Rufe nagen sollten — die Kralle mit einer Feile geglättet, zum Zeichen, dass sie ihre Finger nicht zum Raufen und zum Stehlen, sondern zu nützlicher Arbeit brauchen sollten — ein Bart gemalt, dass sie das kindische Wesen ablegten — alles Unebene mit einem Hobel abgestossen, jeder Knorren mit der Säge abgesägt, damit sie zum Bau des gemeinen Wesens nützliche Bauhölzer werden möchten. Dann mussten sie sich vor den Schoristen niederwerfen; hierauf wurden ihnen die Hörner abgehauen; endlich steckte ihnen der Dekan wie Täuflingen das Salz der Weisheit in den Mund und goss ihnen Wein über den Kopf. Dann erst folgte die Immatrikulation durch den Rektor. Diese Gebräuche wurden ebenfalls vom Handwerk angenommen, wie dort mit der Taufhandlung kombiniert und zu dem Zeremoniell der Lossprechung ausgebildet.

Bruder der Bauhütte zum schwimmenden Eisen: von der Brüderschaft, welche die Zimmermannsgesellen bildeten. Aus den Gewerksgenossenschaften der Bauleute, den Brüderschaften der Zimmerleute und der Steinmetzen sind nachmals die Freimaurerlogen hervorgegangen. Er ist dargestellt wie er Bauholz aus dem Groben zuhaut und einen vierkantigen Balken, der auf dem Bocke liegt, mit seiner Axt bearbeitet; Bast und Späne gehen nieder, wo er die Wunde schlägt; ein ganzer Berg unordentlich aufgeworfener Späne im Hintergrund. Zu seinen Füssen eine Leiste und eine Fuchsschwanzsäge. Wegen des Namens der Bauhütte vergleiche 2. Könige VI, 6. Bruchstück eines Holzschnittes in der Schedelschen Weltchronik, der nach einer Zeichnung Michael Wolgemuts angefertigt worden ist (Nürnberg 1493).

Dasselbe war demnach halb schülerhaft, halb kirchlich, wobei man nicht vergessen darf, dass die Studenten früher überhaupt zur Geistlichkeit, zum Klerus gerechnet wurden. Wie der Bacchant, so wurde der Lehrling, wenn er die Lehrjahre hinter sich hatte, deponiert und getauft und mit Hobel und Polierstahl gehobelt und geschliffen, damit er nun nicht mehr ein ungehobelter, ungeschliffener Junge, sondern ein feiner Geselle sei. Diese Funktionen verrichtete der Altgeselle, der sogenannte *Gesellenpfaffe*, der dem Junggesell bei dieser Gelegenheit eine förmliche Predigt hielt. Das war die sogenannte *Vorsage*, womit sie das lateinische *Predig* übersetzten; die zwei Gesellen, welche den Pfaffen wie Taufzeugen unterstützten, hiessen die *Paten*, auch nach

Die Brüder, ein Bauernhaus zimmernd, was die altgermanische, in der Schweiz, Schweden und Norwegen nationale Bauweise ist. Die Romanen pflegen von alters her den Steinbau, die Germanen die Holzarchitektur, wozu die zahlreichen Waldungen und Rodungen das Material lieferten, bis durch römischen Einfluss das Maurerhandwerk aufkam. Erst seit dem 12. Jahrhundert nahm bei uns der Steinbau einen Aufschwung, wenngleich Worte wie *Mauer* und *Ziegel*, schon vor dem 8. Jahrhundert entlehnt, eine frühe Bekanntschaft damit beweisen (96); und damit erlangte dann die in den Klöstern geschulte Brüderschaft der Steinmetzen ihre hervorragende Bedeutung. Die Gesellen behauen, sägen, nageln und verzinken, Ständer, Schwellen und Riegel zu einem Fachwerk zusammenfügend. Zimmermannsarbeit; was genagelt oder gefalzt wird, kommt dem Zimmermann, was geleimt wird, dem Tischler zu. Nach einer Miniatur der Hennegauchronik, Handschrift des 15. Jahrhunderts, in der *Bibliothèque de Bourgogne* zu Brüssel. Auch die Städte müssen wir uns bis zum 15. Jahrhundert hölzern, nur die Münster, die Klöster und die Adelshöfe steinern denken, daher die feuergefährlichen Bäcker in die Vorstädte verwiesen wurden.

der Zeremonie: die *Schleifpaten* oder (da die Paten mundartlich: *Gotten* oder *Götten* heissen): die *Schleifgötten*, woraus nachgerade: *Schleifgöttin* geworden ist. Wenn die Meister und die Gesellen in der Werkstatt alle beisammen waren, holte man den jungen Gesellen herein, und der Altknecht begann bei geöffneter Lade Handwerksbrauch zu üben und den unerfahrenen Menschen in die Zunftgeheimnisse einzuweihen. Glück herein! Gott ehr ein ehrbar Handwerk. Mit Gunst! Meister und Gesellen stillet euch ein wenig.

In seiner Predigt sagte er dem Jüngling Handwerksgewohnheit und Handwerksgebrauch. Wann gut wandern sei — wie er sich von seinem Meister, der Meisterin und der Brüderschaft verabschieden und sich bedanken solle — und wie er, wenn er zum Städtle hinausgehe, drei Federn aufblasen solle. Er gab ihm einen guten Rat und manche Wanderregel mit — wie er es machen solle, wenn er in eine andre Stadt komme und ihn der Thorwart anrufe — wie er bei diesem sein Bündel lassen und nach der Herberge fragen solle — dort werde er ein Gesellenzeichen bekommen, damit könne er dann sein Bündel wieder abholen und wieder auf die Herberge gehen und den Herrn Vater ansprechen um das Handwerk. Ob er ihn heute beherbergen wolle, ihn auf die Bank und sein Bündel unter die Bank. So werde der Herbergsvater sagen: *Wenn Du wilt ein frommer Sohn sein nach Handwerksbrauch, so geh hinein in die Stube und lege Dein Bündel ab in Gottes Namen.* Es scheint nicht überall gehalten worden zu sein wie in der Schusterherberge in München. Von seiner Herberge aus möge er dann in andere Werkstätten auf das Geschenk gehen und zu Hause immer sagen, er habe etwas geschenkt bekommen, auch wenn es nichts gewesen sei. Und wenn er wieder weiter wandere, so solle er sprechen: *ich sage Euch Dank, Herr Vater, dass Ihr mich und mein Bündel habt geherbergt, es stehet heut oder morgen gegen Euch und die Eurigen wieder zu verschulden.* Diese letztere Formel ist stehend: *ich sage Euch Dank, Lehrmeister, dass Ihr mir zu einem ehrlichen Handwerk geholfen habt, es stehet heut oder morgen gegen Euch und die Eurigen wieder zu verschulden — Lehrmeisterin, ich sage Dank, dass Ihr mich in der Wäsche freigehalten, so ich heut oder morgen möchte wiederkommen, stehet es, um Euch wieder zu verschulden — Meister, ich sage Dank Eures Geschenkes, Eures guten Willens, es stehet heute oder morgen gegen Euch und die Eurigen wieder zu verschulden* und so fort. *Verschulden* hat offenbar den Sinn von vergelten, die Schuld abtragen.

Fahne der Tuchmacher von Caen: in Falten gelegte Tücher und eine Elle.

Alles mit Gunst. Schliesslich wünschte der Redner dem Junggesellen Glück zu seiner Wanderschaft, zu Wege und zu Stege, zu Wasser und zu Lande. Und ermahnte ihn, Handwerksgewohnheit aufrichten zu helfen, Handwerksgewohnheit zu befestigen und zu stärken, wohin er komme und wo er könne. Der Handwerksbrauch war ein heiliger Brauch; er war ein Mysterium. Jede Zunft bildete eine Art Geheimbund, die Angehörigen betrachteten sich als Brüder, und die Aufnahme in diese neue Familie bedeutete eine Wiedergeburt, eine

Förderung der Erze, die von den Bergleuten in Karren gefahren, weggestürzt, mit Kübeln gemessen, wieder abgestrichen, vom Bergmeister auf Kerbholz angemacht und, aufbereitet und versackt, auf einem Rollwagen fortgeschafft werden. Oben Steigerhaus (*Kaue*), Schuppen und Zaun. Faksimile eines Holzschnittes in der *Cosmographia* von Sebastian Münster (Basel 1544. Folio).

zweite Geburt, wie eine neue Religion. Der Junggesell hatte den zweiten Grad erreicht.

e. Aufzüge, Spiele und Tänze.

Überlebsel von Zunftgebräuchen in der Gegenwart — bei Volksfesten kommen die Zünfte mit ihren Schutzpatronen wieder hervor — zu bestimmten Zeiten lassen sich einzelne Gilden sehen: die Fleischer zum Karneval — das Schembartlaufen der Nürnberger Metzger, der Münchener Metzgersprung — eine andere Fastnachtslustbarkeit: der Schäfflertanz — das Herumfahren des Isisschiffes — scheinbare Erklärung dieser Sitten; es sind uralte Volksgebräuche, meist Ostergebräuche und Osterspiele, aber weitergebildet und den einzelnen Handwerken angepasst.

Mit dem Überhandnehmen der landesherrlichen Macht und dem beklagenswerten Untergange der städtischen Autonomie im 17. Jahrhundert schwand die politische Bedeutung des Zunftwesens, das kulturgeschichtlich zu den glänzendsten Erscheinungen der deutschen Geschichte zählt. Äusserlich und dem Namen nach besteht es nicht bloss an den Universitäten, sondern auch in Handwerkerkreisen noch zu Recht — kein nationaler Festzug, kein Volksfest, an dem sich nicht die alten Zünfte in ihren volkstümlichen Trachten, mit ihren Fahnen und Abzeichen beteiligten. Am Sedantage, beim Sechseläuten, am Feste des heiligen Paulinus, zu Mariä Himmelfahrt, zu Fastnachten kommen sie hervor, erscheinen sie wie Schattenpantomimen auf der Fläche der Gegenwart, die Gruppen und Organisationen einer längst vergangenen Zeit. Die mittelalterlichen Figuren, der Roland, der Siegfried, der Lindwurm, ein Riesenpaar, die vier Haimonskinder, die geflügelten Rosse, die spritzenden Walfische, die Schiffe auf Rädern, die *Navigia Isidis* fehlen nicht, wie denn die Fabelwesen der Vorzeit immer noch in der Phantasie fortleben, wenn sie auch nicht mehr geglaubt und nicht mehr verstanden werden.

In katholischen Ländern, wo dergleichen überhaupt mehr gepflegt wird, bringen die Zünfte auch ihre alten heiligen Schutzpatrone mit. Was sind das für zwei fromme Brüder, die Schustergeräte in der Hand haben und Schuhe machen? — Die heiligen Crispinus und Crispinianus, edle Römer, Märtyrer zu Soissons in Frankreich:

praedicata fide foris,
victum intus in Sutoris
promerentur cellula.

Wer ist dort der Bischof mit der Infel und dem Hirtenstabe, der eine Hechel neben sich hat? — Der heilige Blasius, der Armenischer Bischof war, den der Statthalter mit eisernen Kämmen zerfleischen und dann enthaupten liess, einer der Vierzehn Nothelfer und hier Patron der Wollkämmer. Wer ist denn dort der würdige alte

Mann mit Säge, Axt, Hobel und Metermass? — Das ist der heilige Nährvater, Joseph der Zimmermann, in dem sich das ganze Handwerk erhöht und geadelt fühlt. Dort, die vier gekrönten Märtyrer, die einen Hammer, einen Meissel, ein Winkelmass und eine Maurerkelle und über jedem Werkzeuge wieder ein Krönchen haben, sind die heiligen Bildhauer Severus, Severianus, Carpophorus und Victorinus, die Patrone der Steinmetzen. Hier, der Heilige, der einen Hammer und eine Zange in der Hand hält, ist der heilige Eligius, der Patron der Schmiede und der Schlosser. Hier kommt der heilige Laurentius, der Patron der Bratenwender. Hier der Apostel Bartholomäus, den man lebendig geschunden hat, der Patron nicht der Abdecker, sondern der Gerber und Buchbinder. Es scheint, dass man schon im Mittelalter in Menschenhaut band. Hier der heilige Bischof von Myra, Nikolaus, an dessen Feste die Kinder den Kinderbischof wählen, der Patron der Kinder, der Seeleute und der Bürger in den Städten, in allen Gefahren zu Wasser und zu Lande.

Grabmal Chilperich I. in Saint-Denis, der Nekropolis von Frankreich, dessen Könige hier ruhten, bis sie im Oktober 1793 auf Befehl des Konvents herausgerissen, gemisshandelt und in eine Kalkgrube geworfen wurden. Die Grabdenkmäler wurden nach Paris, 1817 aber wieder nach Saint-Denis gebracht. Skulptur des 11. Jahrhunderts; ein Bild des Stillschweigens und der Trauer.

Mitunter kommen nicht alle Zünfte auf einmal, sondern bestimmte Gewerke und Gilden in der Stadt zum Vorschein. Zum Karneval lassen sich allerorten die Fleischer gerne sehen. Von dem Umzuge der Venezianischen, Salzburger und Pariser Metzger mit dem Fastnachtsochsen haben wir schon (56) gesprochen; auch das *Schembartlaufen* der Nürnberger Metzgerzunft (182) erwähnt. Es war ebenfalls eine Fastnachtslustbarkeit, eine solenne Maskerade und Kappenfahrt, einem ehrsamen Handwerk nach dem grossen Aufruhr im Juni des Jahres 1348 von Kaiser Karl IV. für ewige Zeiten zugelassen. Wie in Köln und in Lübeck, hatten sich auch in Nürnberg die Gewerke, an der Spitze das Schmiedegewerk, gegen die mächtigen Geschlechter aufgelehnt und verschworen; die Stadtregierung gestürzt, das Rathaus gestürmt, den Rat verjagt, ein neues Regiment eingesetzt. Im Herbste 1349 kam nun Kaiser Karl IV. nach Nürnberg, um nach dem Rechten zu sehen. Er setzte den alten Rat wieder ein und erteilte angeblich den Metzgern das genannte Privileg, weil diese nicht mitgemacht hatten, sondern treugeblieben waren. Es blieb jahrhundertelang bei ihnen, aber sie verkauften es gelegentlich an andere Zünfte, und so wurde der *Schembart* von Jahr zu Jahr schöner und prächtiger. Das Laufen durch die Strassen sollte vielleicht eine Erinnerung an die Empörung sein; das Hauptgaudium war das Verbrennen der sogenannten *Hölle*, eines Tollhauses, das auf Rädern gefahren wurde, vor dem Rathaus. Es wurden eigene *Schembartbücher* geführt und illustriert. A. D. 1539 fand die Posse zum letztenmale statt; diesen letzten *Schönpart* hat Hans Sachs besungen. Die *Hölle* war diesmal ein Schiff, darin sass der Herr Pastor Hosemann, der bekannte Theolog Osiander, der erste evangelische Prediger an der Lorenzkirche, ganz ernsthaft, aber zwischen zwei dicken Teufeln, ein Puffbrett auf dem Schosse, auf dem die saubere Gesellschaft Tricktrack spielte. Die übrige Equipage bestand aus Kappen — oben im Mastkorb ein Sterngucker, anscheinend mit einem Fernrohr (das damals kaum erfunden war) und ein Narr, der predigte — am Hintersteven ein Kirchlein, zu dem eine Raa heraussteckte, an der ein Schlüssel hing. Die Sache erregte Ärgernis, und der Rat untersagte das Schembartlaufen bis auf Weiteres.

Noch vor kurzem führten die Münchener Fleischer am Faschingsmontag den sogenannten *Metzgersprung* aus, indem die Lehrjungen, ein Kalbsfell um die blöden Glieder, von der Zunftstube nach dem Fischbrunnen auf dem Schrannenplatze, dem heutigen Marienplatze, zogen und in den Brunnen sprangen, um hier von dem Altgesellen, der ihnen derb auf die Schulter klopfte, die Gesellentaufe zu erhalten. Es war die obenerwähnte, bei jeder Lossprechung übliche, nur hier öffentliche Nachäffung des Sakraments. Nach der Zeremonie hingen die berittenen Gevattern der Jungen, Söhnchen von Meistern, die darum gebeten worden waren, ihren Patchen an einem roten Bande ein paar Thaler um den Hals, und das Ganze schloss auf der Herberge mit einem guten Lehressen oder Kindtaufsschmause. Man will wissen, die Metzgerzunft habe dieses famose Schauspiel nach einer grossen Pest ersonnen, um die Münchener, die sich noch nicht aus dem Hause trauten, wieder ins Freie zu locken; oder ein Gelübde gethan wie die Gemeinde zu Oberammergau. Augenscheinlich aber handelt es sich bei allen diesen Fastnachtslustbarkeiten um uralte Volksgebräuche, die sich gerade bei der Metzgerzunft erhielten, weil der Karneval gewissermassen das Fest der Fleischer war. Am Aschermittwoch ist es für vierzig Tage mit den Schlegeln und den kälbernen Hächsen aus, und

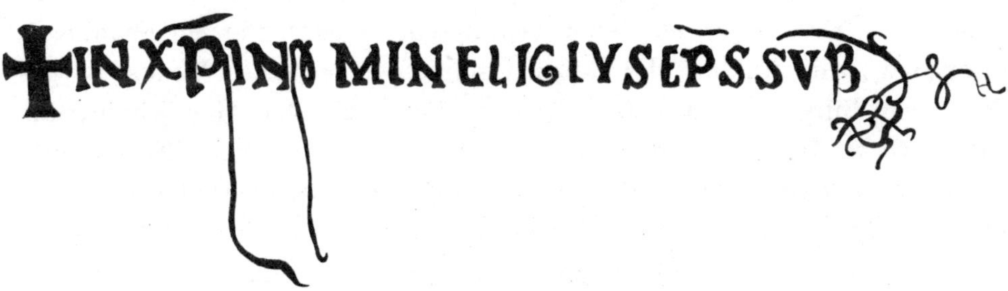

Unterschrift des heiligen Bischofs Eligius: IN. CHR[IST]I. NOMIN[E]. ELIGIUS. EP[ISCOPU]S. SUB [scripsi]. In der Gründungsurkunde der Abtei von Solignac bei Limoges; nach der gewöhnlichen Angabe wäre Eligius damals noch Laie und Goldschmied gewesen (zum Priester geweiht und zum Bischof von Noyon erwählt A. D. 639). Wegen seines früheren Berufes verehren ihn die Goldschmiede, auch die Schmiede und die Schlosser als ihren Patron. Die Legende macht ihn auch zu einem geschickten Hufschmied, der einmal den Heiland als Gesellen annahm und es diesem überlassen musste, das Ross des Ritters Sankt Georg zu beschlagen, indem er selbst nicht damit fertig wurde. Dem klassischen Werke Mabillons: *De re diplomatica* entnommen (Paris 1681).

die Fische kommen dran, die an dem Fischbrunnen feilgehalten werden; also ganz natürlich, dass die Metzger ihre Zeit wahrnahmen und sich wie zum Tod verurteilte Verbrecher vor ihrem Ende, ehe sie in den Brunnen sprangen, noch einmal erlustigten. Vergleiche die Ausführungen Seite 184/5. Die Felle und Schwänze der Täuflinge mögen Reste der Bockhäute sein, mit denen einst die römischen *Luperci* am 15. Februar, an den *Luperkalien* nackt die Stadt durchrannten, vergleiche Seite 57. Die Egerer Metzger haben das Fahnenschwingen, die Königsberger den Pfingstochsen dafür. Man wird nicht jede Einzelheit erklären wollen, aber der Zusammenhang dieses speziellen Zunftgebrauchs mit der kirchlichen Vorschrift und der Jahreszeit liegt am Tage.

Ebenfalls in der Fastnachtszeit, zu Beginn derselben, am Fest Epiphania und ebenfalls in München führten sonst die Böttcher oder die Schäffler aller sieben Jahre den sogenannten *Schäfflertanz* auf. Die Gesellen der Böttcherzunft zogen in Knappentracht, mit bekränzten und bebänderten Reifen vor die Häuser der Vornehmen, der Brauer und der Wirte und tanzten nach der Melodie eines eigenen Liedes um ein Fass, auf welchem die Meister den Takt schlugen, den grossen Achter. Ein Vortänzer bestieg das Fass, nahm ein volles Glas in die Hand, schwang es innerhalb des Reifens im Kreise herum, ohne einen Tropfen zu vergiessen, und trank dann die Gesundheit des Fürsten oder Kunden. Den Schluss bildete die *Krone*, bei welcher sämtliche Reifen aufeinandergesetzt wurden. Auch hier wird gefabelt, die Zunft hätte einmal bei einer Pest (A. D. 1517) einen Aufzug veranstaltet und dadurch das Volk getröstet, seitdem ein kaiserliches Privilegium erhalten; während wahrscheinlich ein altgermanischer Ostergebrauch darin steckt, den die Böttcher pflegten, weil sie die Weiden, die Haseln und die Birken zu ihren Reifen benötigten. Ostern war ein Frühlingsfest (150), die Ankunft der Göttin Ostara, der deutschen Venus, pflegte von den Bürgern, die aus niedriger Häuser dumpfen Gemächern, aus Handwerks- und Gewerbesbanden, aus dem Druck von Giebeln und Dächern auferstanden, mit Tänzen, Aufzügen, Spielen und Freudenfeuern begrüsst zu werden, wie wir dergleichen auf Seite 319 kennen gelernt haben; man stellte wohl auch einen förmlichen Kampf des Winters und des Sommers und den Sieg des letzteren pantomimisch dar. Die zur germanischen Frühlingsfeier gehörenden Waffentänze haben vielleicht keinen anderen Sinn gehabt; sie wurden wie billig den Messerschmieden und den Schwertfegern überlassen und von diesen in vielen Städten regelmässig wiederholt. Die Münchener Böttcher dagegen begnügten sich, eine Art Palmenweihe vorzunehmen und auch damit ein Stück deutschen Volkstums zu erhalten.

Die alten Griechen und Römer befuhren im Winter keine See. In den Küstenstädten pflegten sie im Frühjahr (5. März), wenn das Meer wieder schiffbar geworden war, die Isisprozession abzuhalten, das Isisschiff feierlich herumzufahren und der Göttin darzubringen. Man nimmt an, dass der *plegtige Omgang* in den niederländischen Städten, bei dem ein Schiff mitgeht, desgleichen ein im Jülichschen, unweit Aachen gefeiertes Schiffsfest, nebst so vielen Schiffsumzügen in andern deutschen Gegenden auf jene antike Prozession zurückzuführen sei, um so mehr, als auch Tacitus im 9. Kapitel der *Germania* davon spricht, dass die Sueven der Isis opferen und dass die deutsche Isis (angeblich Hertha oder Berchta) als Attribut ein Schiff habe. Gewiss ist, dass ein Schiff bei den Aufzügen der Gewerke auch in Binnenstädten selten fehlt.

Die loyale Haltung einer Zunft konnte höchstens der Grund, ihr eine Freiheit zu gewähren, beziehentlich eine schon bestehende zu

Johann der Unerschrockene, Herzog von Burgund, auf der Yonnebrücke bei Montereau von Tanneguy-Duchâtel, Begleiter des Dauphins Karl, meuchlings ermordet (10. September 1419). Die Mordwaffe ist eine aus einem beilförmigen Eisen, einem Hammer und einem Bajonett zusammengesetzte Streitaxt (die man mit dem einfachen Streithammer in der Hand des Mannes rechts vergleichen möge); der Dauphin der spätere Karl VII.; Johann der Unerschrockene, dem Zeugnis der Geschichte nach ein kleiner Knirps von unbeholfenem, mürrischem Wesen, der Vater Philipps des Gütigen, den wir mehrfach abgebildet haben. Unter Johann und Philipp erreichte das Burgundische Haus den Gipfel seiner Macht: Blüte des Handels, der Gewerbe und der Künste, namentlich der Teppichweberei. Die Franzosen sind gerüstet, sie tragen Eisenhüte und Bourguignotten mit Helmrosen. Am 21. September des Jahres 1435, fast genau 16 Jahre nachher, in dem Frieden zu Arras zwang Philipp der Gütige den König Karl VII., wegen der Ermordung des Herzogs Johann förmlich Abbitte zu thun. Nach einer Miniatur in einer Handschrift der Chronik von Frankreich, die der Malteserritter Enguerrand de Monstrelet schrieb, und welche die Jahre von 1400 bis 1453 umfasst. Arsenalbibliothek, Paris. Wegen des Autornamens vergleiche Seite 151.

lassen; eine Pest höchstens eine Gelegenheit sein, ein Fest zu feiern. Das letztere selbst wird dadurch nicht erklärt, das Problem nur umgangen oder zurückgeschoben. Nein, die Zunftgebräuche waren weitergebildete alte Volksgebräuche, den einzelnen Handwerken und deren eigentümlichen Sitten angepasst — jede Zunft wählte sich ihre Wappen, erkor ihre heiligen Schutzpatrone und dachte sich auch ihre Zeremonien mit Verstand und einer gewissen Liebe aus, ja, hielt um so mehr darauf, als sie auf ihre Kunst, ihre Werkzeuge und ihre Produkte stolz war.

Den schlechten Mann muss man verachten,
Der nie bedacht, was er vollbringt.

Das Geld.

a. Thorgroschen, Brückenpfennig, Wegegeld.

Eine Erinnerung an Rothenburg hoch ob der Tauber: Anblick der alten deutschen Städte — Mauern, Türme und Thore — es fehlte nur noch, dass wir Thorgeld bezahlen müssten — wann die Thore gesperrt und aufgemacht wurden, in Leipzig, in Hamburg — das Oktroi, nicht mit dem Thorgeld zu verwechseln — die Thore Augen, die Brücken Arme der Stadt, auch für deren Benutzung war zu bezahlen — das Brückengeld eine besondere Form des Wegegeldes — die Schlagbäume der alten Zeit — das Wegegeld keine Finanzquelle mehr, höchstens noch als Gebühr und Beitrag zu den Unterhaltungskosten der Strasse zu billigen — englische Zustände — der Brückenzoll, den sich Rodomonte beim Ariost bezahlen lässt — Entwickelung des Wege- und Strassenbaus: Reichsstrassen, Heerstrassen, Landstrassen — die Alpenstrassen, der Gotthardsaumweg.

Charakteristisch und malerisch ist der Anblick der alten deutschen Städte, wie der von gepanzerten Amazonen. Wen berührte es nicht wundersam, wenn er, am Rothenburger Bahnhof abgestiegen, zum Röderthor hinein und über die doppelte Brücke fährt; und ihn von Graben und Zwinger, Mauern und Türmen, Baumgruppen und Gebüsch ein Hauch des reinsten Mittelalters streift! — Einst stiess hier ein mutwilliger Bube des Burggrafen von Nürnberg beim Durchreiten dem steinernen Reichsadler über dem Thorbogen eine Klaue mit seiner Lanze ab; er wurde hingerichtet. Die Stadt ist wie erstarrt, versteinert, stehen geblieben wie Pompeji, farbenprächtig wie ein ägyptisches Grab; eine von der Zeit vergessene und von ihren Wandlungen verschonte, feste Burg, eine bürgerliche, neben eine gräfliche gesetzte, zweite Burg, die gar nicht in die Gegenwart hineinpasst. Trotzig schlägt sie ihre zinnengekrönten Mauern wie einen steinernen Mantel um sich, als sollten sich die Gelüste des Landadels und der Reichsfürsten daran brechen, wenn sie vom Taubergrund hinaufschauen —

ein Wald von streitbaren, runden und viereckigen Türmen, von Mauertürmen und Thortürmen, Wart- und Wachttürmen starrt, vom Rathausturme überragt, mit Kirchtürmen untermischt, auf dem Rand eines halbkreisförmigen Plateaus, hoch ob der Tauber in die klare Luft empor, wie die aufgesträubte Mähne eines zornigen Stachelschweins. Im Innern erst rechtes Mittelalter — unregelmässig, enge und krumme

Das Brückengeld, liebe Leute! — Ein Bauer mit zwei Schweinen und einer Kuh, hinter ihm ein Verwalter, der eine Sendelbinde trägt — eine Jungfrau hoch zu Ross, ein Schäfchen oder Ferkel vor sich, das sie verkaufen will — hinter ihr Marktleute, Eseltreiber, zwei Packesel. Oben sieht man die reissenden Fluten, die vier Kähne tragen, aber die trockenen Fusses überschreiten zu können, eine so grosse Wohlthat ist. Es ist die Schelde, die, von Kais eingefasst, durch die alte Residenz der Merowinger: Doornick fliesst. Die Brücke hat angeblich der hochwürdige Bischof Eleutherius bauen lassen, in dessen Seckel die Einnahme fliesst. Nach einem Glasgemälde in der Kathedrale dieser Stadt. 15. Jahrhundert.

Strassen, hohe, schmale Häuser, deren obere Stockwerke übereinander vorspringen, so dass man unter dem Dache seinem Nachbar über die Strasse die Hand geben kann; primitive Aushängeschilder und Gasthofszeichen — stattliche Herrenhäuser mit Staffelgiebeln, mit den Wappen der Geschlechter, mit Eisengittern an den Fenstern der unteren Gelasse — kein Haus dem anderen gleich, die öffentlichen Gebäude ohne besondere Rücksicht auf die umgebenden Strassen, ohne künstlerische Berechnung des Gesamteindruckes — plötzlich auf einmal ein freier Platz, ein lustiger Brunnen, eine zierliche Kapelle, ein Pfarrhof, ein Kloster, ein gewölbter Strassendurchgang: alles scheint vielmehr darauf angelegt zu sein, den Fremden zu überraschen und zu fesseln, seine Phantasie anzuregen, ihm Abwechslung und fortwährend ein anderes, anziehendes Bild zu bieten. Was sich dagegen immer wiederholt, das sind die Befestigungen, die Basteien und die Türme, die den Angegriffenen einen erhöhten Standpunkt, Verteidigung und eigne Sicherheit, zugleich Ausschau, Lug ins Land und Übersicht über das Terrain gewähren wollten. Die Krone der Mauer diente als Aufstellungsraum für die Verteidiger; eine Brüstungsmauer am vorderen Rande, mit Schiessschlitzen, Zinnen versehen, deckte sie. Um auch die äussere Mauerfläche bestreichen, den an ihr aufklimmenden Feind bekämpfen zu können, liess man auf der Krone grosse Hausteine vorkragen und setzte die Brüstung auf diese, so dass man zwischen ihr und den Kragsteinen hindurch die Mauerflucht beschiessen konnte; so entstanden die Senkscharten oder die *Maschikulis*, durch die bei Belagerungen siedendes Pech, kochendes Wasser herabgegossen wurde. Davon haben die balkonartigen Vorsprünge, in deren Boden die genannten Öffnungen, die *Maschikulis* waren, in Deutschland den Namen *Pechnasen* bekommen. Man denke an Trautenau.

Wir fahren jetzt so mir nichts dir nichts zum Röderthor hinein: die Thorflügel stehen sprangelweit auf. Kein Thorwart ruft uns an: Woher, jung Gesell? — Kein Thorschreiber trägt unsern Namen und Stand in die aufliegende Liste ein, um uns hierauf einen Thorzettel zu verabreichen — kein Thorgroschen wird uns abgefordert. Das fehlt eigentlich, um die Illusion vollständig zu machen; zu Pfingsten, wenn der sogenannte Meistertrunk aufgeführt wird, erhält man nur ein Bild aus Kriegszeiten, die Thore werden dann wieder mit Wachtposten besetzt. Im Frieden wurden die Leute zwar zum Thor hereingelassen, sie mussten sich aber über ihre Person und ihr Vorhaben ausweisen und eine Abgabe, das Thorgeld, den sogenannten Groschen bezahlen; dazu befand sich am Thor der erwähnte Beamtenapparat. Das Thorgeld floss in die Stadtkasse und ward in der Nacht Stunde um Stunde erhöht, denn dann waren die Thore gesperrt. Abends, im Dezember um 5 Uhr, dann aller acht Tage eine Viertelstunde später, im Juni erst $^3/_4$ 10 Uhr, von da ab wieder aller acht Tage eine Viertelstunde früher, läutete die Thorglocke: die Stadtthore wurden geschlossen.

Glücklich, wer noch vor Thorschluss kam. Des Morgens, ebenfalls je nach der Jahreszeit etwas früher oder später, läutete die Thorglocke wieder: die Stadtthore wurden aufgemacht. So war es nicht etwa

Das Haus des reichen Kaufmanns Jacques Coeur in Bourges. Zierliches Renaissancehôtel, erbaut A. D. 1443, 1682 von Colbert der Stadt geschenkt, jetzt Rathaus. Coeur war Bankier und Finanzminister (*Argentier*) Königs Karl VII.; er spekulierte im Levantehandel, den er aus eigner Anschauung kannte, und suchte denselben von den italienischen Handelsrepubliken ab und nach Frankreich zu ziehen, daher er als Erneuerer des Französischen Handels im 15. Jahrhundert betrachtet wird. Vergleiche Seite 337 ff. und 343. Nach einer Photographie.

bloss in Rothenburg hoch ob der Tauber, so war es im Mittelalter überall, ja, bis in unser Jahrhundert hinein, nur dass das Thorgeld am Tage, an den offenen Thoren wegfiel. Zum Beispiel bestand die Thorsperre und das (nächtliche) Thorgeld in Hamburg noch in den fünfziger Jahren: für jedes, mit einer oder mehreren Personen besetzte Fuhrwerk, ein- oder mehrspännig, bedeckt oder unbedeckt, war zu entrichten:

bis 10 Uhr abends	—	Mark	12	Schillinge
von 10—11 Uhr	1	„	8	„
von 11—12 Uhr	2	„		
von Mitternacht bis zur Thoröffnung	3	„		

Die Fussgänger hatten pro Mann zu bezahlen:

bis 10 Uhr abends	—	Mark	4	Schillinge
von 10—11 Uhr	—	„	8	„
von 11—12 Uhr	—	„	12	„
von Mitternacht bis zur Thoröffnung	1	„		

Der Einlass in die kurfürstliche Stadt und Festung Leipzig wurde A. D. 1683, unterm 11. April, geregelt wie folgt — *die Thore sind von Ostern bis Michaelis um 8 Uhr abends, an trüben Tagen schon um 7 Uhr zu schliessen; für Fussgänger bleibt jedoch die Pforte oder das Pförtchen,* das kleine Nebenthor, *bis 10 Uhr auf. Im Winter findet der Thorschluss um 4 Uhr nachmittags statt; das Pförtchen bleibt auf bis um 7 Uhr. Nach Thorschluss ist dem Thorschreiber an Einlassgebühren zu entrichten: von Reitern 2, von Karrossen 8, von Landkutschen 12 Groschen; für die Öffnung des Gnadenpförtchens 1 Groschen gefällig. Ist selbiges jedoch bloss aller halben Stunden einmal aufzuschliessen; nur* konditionierte Personen *sollen ohne Anstand hereingelassen werden. Wer die Festung vor Tagesanbruch verlassen will, hat sich am Abend vorher beim Gouverneur zu melden und bei ihm um ein Ausweiszeichen einzukommen. Als wofür an Groschen zu entrichten: von Fussgängern 2, von Reitern 4, von Wagen 6.*

In Leipzig wurde das Thorgeld 30. August 1824 abgeschafft, nun auch ein Thor nach dem andern abgetragen und nichts weiter übrig gelassen als der Name. Und doch hatte Leipzig damals längst aufgehört, Festung zu sein; die Niederreissung der Basteien und die Ausfüllung der Stadtgräben schon im Jahre 1770 begonnen. In befestigten Städten, die den Burgcharakter noch nicht aufgegeben hatten, hielt sich die Schererei natürlich länger als in unbefestigten. Die Hamburger Festungswerke fielen erst 1815, nach dem Pariser Frieden.

In Paris wurden die mittelalterlichen Türme und Mauern bereits im Zeitalter Ludwig XIV., unter dem Ministerium Colbert, also Ende des 17. Jahrhunderts weggerissen und die sogenannten inneren oder alten *Bollwerke (Boulevards)* geschaffen, womit die *Ouverture* und *Fermeture des Portes* in Wegfall kam; kein Thorgroschen, sondern nur noch eine Abgabe von den eingebrachten Verbrauchsgegenständen, der sogenannte *Denier d'Octroi*, die städtische Accise wurde an den Barrieren der Stadt erhoben. Das *Octroi*, eine Verbrauchssteuer, deren Ursprung gleichfalls bis ins Mittelalter reicht, in Italien: *Dazio-Consumo* genannt, ist für die grösseren französischen und italienischen Städte heutzutage die wichtigste Finanzquelle.

In Shakespeares *König Johann* (II, 1) spricht der Titelheld, der vor der Hauptstadt Angers steht, zu den Bürgern auf den Mauern und erzählt ihnen, der Franzosen feindlich Thun bedrohe

die Thore, Eurer Stadt geschlossne Augen;

mit demselben schönen Bilde, mit welchem unsere Vorfahren die Fenster als die *Augen* des Hauses bezeichneten (althochdeutsch *Augatorâ*, gotisch *Augadaurô*; noch heute heisst in Russland das Fenster: Auge oder *Okno)*. Analog hätten sie wohl die Brücken als die ausgestreckten Arme der Städte bezeichnen können, mit denen sie den Passanten, Fussgängern, Reitern und Fuhrwerken, Vieh über Flüsse und Gräben hinüberhalfen und die sie vor den Thoren als Zugbrücken nach Belieben aufhoben und dem Gebrauch entzogen. Auch für diesen war gewöhnlich ein Zoll, ein Kreuzer wie in Tetschen, ein Soldo wie in Florenz, der Brückenpfennig zu bezahlen, eine Abgabe, die sich gelegentlich in eine dauernde, einträgliche Rente verwandelte. Das Brückengeld oder das Brückengeleite war eine Form des Wegegeldes, das auch für die Benutzung der Chausseen, überhaupt der Wege, und zwar nicht etwa bloss von den Städten, sondern von jedem Grundbesitzer und Landesherren erhoben ward; weil hauptsächlich die Fussgänger, kurzweg die Füsse in Betracht kamen, so hiess es auf lateinisch: *Pedagium*, woraus italienisch: *Pedaggio*, französisch: *Péage*. *Pedagia dicuntur quae dantur a transeuntibus.* Ein neuer Beweis, wie schlecht es sich im Mittelalter verkehrte, wie schwer es den Leuten gemacht wurde, durch das Land zu kommen. Insbesondere in Deutschland bildeten die Wege, die Wegezölle und die Wegeregalien eine Quelle finanzieller Ausbeutung, die allerdings durch die Notwendigkeit, die Wege zu unterhalten, und die dadurch verursachten Kosten gerechtfertigt zu werden schien; alle Augenblicke kam man an einen Schlagbaum und an ein Chauseehaus, wo von dem Chauseeeinnehmer das Chauseegeld eingenommen und darüber eine gestempelte, an der nächstfolgenden Hebestelle abzugebende Quittung, der sogenannte Chausseezettel, ausgestellt ward. Ich besinne mich noch wohl auf den Schlagbaum in Grossgrabe, womit die Chaussee von Hoyerswerda nach Königsbrück hinter der preussischen Grenze gesperrt ward: den langen grün und weissen Baum, der sich in einem Ständer um eine eiserne Spindel drehte, in zwei ungleiche Schenkel ge-

Der Tempel, das heisst, das Ordenshaus der Tempelherren in Paris, die Burg des mächtigen Ordens, der nachmals, erloschen, von der Freimaurerei aufgenommen und zu einem ihrer Grade gemacht ward. Sie stand da, wo sich jetzt, im *Faubourg du Temple*, an der *Rue du Temple*, der gleichnamige Markt befindet. Hier, im Nordosten von Paris, bauten die Templer A. D. 1128 einen vierseitigen, 48,75 m hohen, durch vier runde Türmchen verstärkten, vierstöckigen Bergfried mit 2,925 m dicken Mauern; daneben eine Kirche, andere Türme und eine vollständige Burg mit grossen Höfen und schönen Gärten. Rund herum zog sich eine Mauer und ein tiefer Graben, über den man nur gelangen konnte, wenn die Zugbrücke heruntergelassen war. Der Tempel war eine so sichere Burg, dass Ludwig der Heilige im Sommer 1248, ehe er zum Kreuzzuge abging, seinen Schatz darin niederlegte; auch unter den Königen Philipp der Kühne und Philipp der Schöne spielte der Bergfried eine ähnliche Rolle wie der Juliusturm der Spandauer Citadelle. Der Orden war selbst sehr reich, und das reizte den letzteren König, die Tempelherren zu verderben und ihre Schätze zum Besten der Krone einzuziehen. Am 13. Oktober 1307 wurden sie auf Anstiften des Königs falsch verklagt, unnatürlicher Wollust, des Baphometdienstes und der Verspottung des Abendmahls beschuldigt; infolgedessen verhaftet, gefoltert und bei langsamem Feuer zu Hunderten verbrannt. Nach der Unterdrückung des Tempelherrenordens erhielten den Tempel (A. D. 1312) die Malteserritter oder die Johanniter, die ihn seitdem bewohnten. Ihr Grossprior liess (A. D. 1567) eine Priorei aufführen; die Strasse, die vor derselben hinlief, war der *Vicus Militiae Templi* oder die *Rue de la Chevalerie*, die heutige *Rue du Temple*. Die Umgegend bevölkerte sich, andere Strassen bildeten sich. Der Tempel, wo (A. D. 1711) Philipp von Vendôme und (A. D. 1749) der Prinz von Conti als Grossprior des Malteserordens in Frankreich residierte, wurde durch seine *Soupers* berühmt; die Würdenträger des Ordens und andere grosse Herren hatten daselbst Häuser; er galt für ein Asyl, die Handwerker, die keine Meister waren, konnten daselbst arbeiten, zahlungsunfähige Schuldner fanden hier eine Zuflucht. Der Tempel zählte damals an 4000 Seelen. Am 10. August 1792 wurde Ludwig XVI. im zweiten Stockwerk des Bergfrieds nebst seiner Familie eingeschlossen; er verliess den Tempel nur, um das Schafott zu besteigen. Im Jahre 1811 wurde der Turm des Tempels abgetragen, und so verschwanden an dieser berühmten Stelle die letzten Spuren des Feudalwesens. Nach einem Kupferstiche des 16. Jahrhunderts im Kabinett der Pariser Nationalbibliothek.

teilt, deren einer schräg in die Höhe ragte; von seiner Spitze ging durch einen zweiten Ständer nach der Chauseeeinnahme eine Kette, vermittelst welcher er herabgezogen, an den kürzeren Schenkel angeschlossen und fest angeschraubt werden konnte. Ich weiss auch noch wohl, wie sehr von den Reisenden über diese unangenehmen Hindernisse geklagt ward, zumal wenn aller halber Stunden ein neues Ländchen des damaligen Deutschen Reiches zu passieren war und jedes ihnen als Willkommen seinen Schlagbaum entgegenstreckte; ohne Geld kamen sie nicht hinein und ohne Geld nicht wieder heraus. Heutzutage sind die Schlagbäume nur noch an Bahnübergängen zu bemerken, die Wegegelder aufgehoben; in Preussen seit 1875, in Frankreich bereits seit 1806. Brückengelder kommen hier und da noch vor; doch untersagt ein französisches Gesetz (vom 30. Juli 1880) wenigstens für die Zukunft Brücken unter Bedingungen zu bauen, nach welchen der Unternehmer auf eine direkte Vergütung von seiten der Brückenläufer angewiesen ist. Es verlangt Ablösung derartiger Zölle. Bei der heutigen Gestaltung von Wirtschaft und Verkehr ist das Wegewesen kein geeigneter Gegenstand spekulativer Ausnutzung mehr. Selbst in England, wo die Regierung den Strassen ihre Aufmerksamkeit nur in geringem Masse zuwendet, ist man davon zurückgekommen. Indem der Wegebau dort lediglich den Gemeinden oblag, während die Grafschaften Brücken bauten, so mussten, da es hierfür an andern geeigneten Organen fehlte, besondere Wegebaugesellschaften geschaffen werden, welche die Anlegung von Kommunalwegen übernahmen. Diese Gesellschaften brachten das nötige Geld durch Anleihen auf, die sie dann durch das Wegegeld amortisierten. Zu dem Behuf legten sie eine drehbare Barriere, ein sogenanntes Drehkreuz oder Tourniquet, englisch: *Turnpike* an, daher hiessen die Strassen: *Turnpike-Roads* und die Gesellschaften, weil es eine Vertrauenssache war: *Turnpike-Trusts* (vergleiche die *Trustis,* Seite 7). Beiläufig bemerkt, hatten die englischen Chausseen die Eigentümlichkeit, dass die Reiter in der Mitte bleiben und alle Wagen rechter Hand fahren mussten. Im Aussterben begriffen, bezeichnen jene Gesellschaften allerdings dem Mittelalter gegenüber, wo die Strassen von dem Landesherren als eine Einnahmequelle betrachtet, alle öffentlichen Wege vom Eigentümer mit Beschlag belegt und dem Publikum nur gegen Zoll, Wege- und Geleitsgeld aufgemacht wurden, einen nicht geringen Fortschritt; das Wege- oder Strassenregal war einem freiwilligen Beitrag zu den Unterhaltungskosten der Strasse und einem billigen, zur Deckung der Auslagen, Verzinsung und Rückzahlung der Schuld bestimmten Wegegeld gewichen. Im 29. Gesange des *Rasenden Roland* lesen wir, wie der wilde König von Algier Rodomonte, nachdem er im Rausche die geliebte Prinzessin Isabella enthauptet hat, seine Schuld zu büssen, in der Gegend von Aigues-Mortes einen riesigen Grabhügel türmt, über den nahen Fluss eine schmale Brücke ohne Geländer schlägt und die Passanten zwingt, auf dem Stege mit ihm zu kämpfen, wobei sie gewöhnlich selbander ins Wasser fallen; den Sarazenen, die er Herr wird, nimmt er bloss die Waffen ab, um das Grab mit tausend Trophäen zu schmücken, die Christen macht er zu Gefangenen und sperrt sie in seinen Turm. Brandimarte und der rasende Roland selbst müssen daran glauben; Ariost bemerkt ausdrücklich, dass Unzählige von selbst über diese Brücke kamen, weil der begangenste Weg nach Italien und nach Spanien darüber führte:

Goldener Triens aus der Zeit Merwigs, den der Usurpator schlagen liess, als er seinen Vater Chilperich I. vom Throne stossen wollte (A. D. 577). Merwig ist der zweite Sohn von Chilperichs rechtmässiger, ins Kloster gebrachter Gemahlin Audovera; durch seine Heirat mit der Tante Brunhilde bekannt (64. 72). Avers: bekränzter Kopf und Legende: MEROVEVS. Revers: ein Kreuz zwischen den Buchstaben *C* und *A*, welche die Münzstätte bezeichnen, und der Name des Münzers (MVDVLENVS · MON[ETARIUS]).

Goldner Triens des Fränkischen Königs Chlotar III., unter dessen Regierung (656—670) die Benediktinerabtei Corbeia (*Corbie, Altkorvei*) gestiftet ward. Starb fünfzehnjährig; sein Majordomus war Ebroin. Auf Avers und Revers die Legende: CHLOTARIUS · REX · R): Kreuz und die Buchstaben *M* und *A* Abbreviatur von MONETA).

Alcuni la via dritta vi
condusse;
Ch'a quei che verso Italia o Spagna andaro,
Altra non era che più
trita fusse. Canto XXIX, 38.

Diese kleine *Rodomontade* mag uns lehren, wie es im frühen Mittelalter bei dem Bau von Brükken und Wegen zuging; und wie die fahrenden Ritter einmal das Leben einsetzen, mit ihrer Person einstehn und bezahlen mussten, wenn sie hinüber wollten. Der Brückenzoll, das lästigste Wegegeld bedeutet überhaupt schon eine Ablösung. Analog sind ja auch die früher üblichen Wegefronen, die Hand- und Spanndienste der Wegebaupflichtigen, allmählich mit Geld abgelöst, die Kosten des Wegebaues durch Umlagen aufgebracht worden. Die

Goldsolidus, unter der Regierung des Königs Dagobert I. (628—638) von dem heiligen Münzer Eligius geprägt. Brustbild von DAGOBERTVS · RE[X] · R): Kreuz zwischen den Buchstaben *M* und *A*, welche eine Abbreviatur von MONETA sind, und mit der Umschrift: ELESIVS.

Denar, Silbermünze, Einheit des Fränkischen Münzsystems, geschlagen unter Pippin dem Kurzen, dem ersten Fränkischen Könige der zweiten Rasse (751—768). Avers: R[ex] · P[ippinus] · R): Abbreviatur des Namens der Münzstätte Trier (TREVIRI) nebst einer Andeutung der Porta Nigra, wie auf einem Denar Karls des Grossen im königlichen Münzkabinett zu Berlin. Vergleiche weiter unten das Wappen von Tours auf dem französischen Groschen.

systematische Erhebung des Wegegeldes in Form von Steuern, seien es nun Staats- oder Gemeindesteuern, würde offenbar die letzte Stufe sein.

Es verlohnt sich, bei dieser Gelegenheit einen Blick auf die Entwickelung des Wege- und Strassenbaus zu werfen, der im Mittelalter dieselbe Bedeutung gehabt hat wie jetzt der Eisenbahnbau. Ehe man Staatseisenbahnen baute, musste man Landstrassen haben; und ehe man Lokalbahnen anlegte, auf Nachbarwege denken. Auf Seite 96 haben wir *Strasse* unter den lateinischen Lehnwörtern angetroffen; wirklich sind die alten Römerstrassen, die das weite Römische Reich seinem ganzen Umfange nach durchfurchten, auch schon über die Alpen nach Gallien und Deutschland führten, die Vorbilder aller neueren Kunststrassen gewesen. Mit dem Verfall des Römischen Reiches ging auch

Fränkischer Denar, Silbermünze, geschlagen unter Karl dem Grossen, Könige der Franken, zu Mainz. Avers: Monogramm des Landesherrn, nach einer von Karl dem Grossen eingeführten, seit ihm unter den Fränkischen Königen beliebten, altchristlichen Sitte. Legende: CARLVS · REX · FRANCORUM · R): Kreuz mit Umschrift: MOGONTIA[CUM].

Denier, Silbermünze, kleinste frühere französische Geldgrösse, geschlagen unter Heinrich I. (1031 bis 1060) zu Chalon-sur-Saône (CAVILON[UM] · CIV[I]TAS) in Burgund (*B*), dessen Herzog Heinrich I. war. Avers: Kreuz mit der Legende: HINRICVS · REX.

Französischer Groschen, A. D. 1285 unter Philipp III. zu Tours nach der Sizilianischen Vesper geprägt, als er sie rächen wollte; Spezimen der Silbermünze, die zuerst sein Vater, Ludwig der Heilige A. D. 1229 in der *CIVITAS TURONORUM* schlagen liess und die daher: *Gros Tournois* genannt ward. *Gros* geht wie *Groschen* auf mittellateinisch *grossus*, dick, zurück und bedeutet einen *Denarius grossus*, einen Dickpfennig. Avers: Kreuz mit der Umschrift: PHILIPVS · REX, um welche sich in Abbreviaturen die Legende herumzieht: DOMINI · NOSTRI · DEI · CHRISTI · VINDICTA · SIT. R): Wappen der Stadt Tours, wie oben das von Trier die Thortürme einer Burg andeutend, mit der Umschrift: TVRONVS · CIVI[TA]S.

Französischer Goldgulden, unter Ludwig dem Heiligen (1226—1270) nach dem Muster des Florentiner Florins geprägt, der A. D. 1252 in Umlauf kam. Eine weisse Lilie in rotem Felde bildete das Wappen der Republik Florenz; die Münze, die es zeigte, wurde daher *Florin*, Blümchen, genannt, die beiden Anfangsbuchstaben haben sich als Bezeichnung des Guldens bis auf den heutigen Tag erhalten. *Goldgulden* ist eigentlich ein Pleonasmus, denn *Gulden* soviel wie Goldmünze, das Wort das Adjektivum *golden* oder *gülden* (mittelhochdeutsch: *der guldîn Phenninc)*. Auf der französischen Münze sind die Lilien, weil Nationalblumen, gehäuft. Legende: LVDOVICVS · DEI · GRACIA · FRANCORVM · REX. R): CHRISTVS · VINCIT · CHRISTVS · REGNAT · CHRISTVS · IMPERAT. Für *Christus* jedesmal: *XPC*, griechisch geschriebene Abbreviatur. Ludwig der Heilige war der erste König von Gottes Gnaden.

die europäische Wegeverwaltung in die Brüche — in der Merowingerzeit mag es in Austrasien ausgesehen haben wie jetzt in Griechenland, wo man nur ausnahmsweise fährt, für gewöhnlich reitet und kaum mit dem Pferde durchkommt. Doch werden in Belgien die *Chemins Brunehaud* auf Kunststrassen der berühmten Königin Brunhilde (67) zurückgeführt; Karl der Grosse, der ebenfalls alte Heerstrassen ausgebessert und neue angelegt haben soll, konnte die Entwickelung dieses wichtigen Verkehrsmittels, was man heutzutage ein Strassennetz nennt, noch nicht ahnen.

Goldsolidus, von dem heiligen Münzer Eligius unter der Regierung des fränkischen Königs Dagobert (628-638) geprägt. Avers: Bild des Landesherrn in römischer Tracht, mit Brosche (*Fibula*) auf der Schulter (PARISINA · CEVE-[TAS] · F[EC]IT). Revers: unter einem Omega, zwischen ELIGI ein Kreuz mit der Legende: DAGOBERTUS REX.

Goldsolidus, von dem heiligen Münzer Eligius unter der Regierung des schwachsinnigen Fränkischen Königs Chlodwig II. geprägt, der A. D. 656, kaum 23 Jahre alt, in Geisteszerrüttung starb (Fredegar, Fortsetzer, 91). Avers: Kopf des CHLODOVEVS · REX. Umschrift: PARISINA · CIV[ITAS]. Revers: Ein Ankerkreuz (ELIGI). Das *O* bedeutet die Münzstätte Riom.

Erst im 13. Jahrhundert finden sich Spuren eines geregelten Strassenbaus; die ersten *Reichsstrassen*, das heisst, vom Deutschen Reich unterhaltene Strassen, die unmittelbares Reichseigentum waren und unter kaiserlichem Schutze standen, mögen damals angelegt worden sein. Sie unterschieden sich von den *Heerstrassen*, wie man die alten Römerstrassen nannte; und von den *Landstrassen*, die mehr den Vizinalstrassen entsprachen, aber später mit jenen zusammengeworfen und den *Gemeindewegen* entgegengesetzt wurden. Eine *Reichsstrasse* ging auch durch Leipzig. Aber die erste ordentliche *Chaussee* ist angeblich erst A. D. 1753 in Schwaben, zwischen den Städten Nördlingen und Öttingen gebaut worden; vielfach wird heutzutage die aus Landesmitteln gebaute, dem Lande gehörende breite *Chaussee* der schmalen *Landstrasse* entgegengesetzt. In Frankreich begann man unter Ludwig XIV., also in der zweiten Hälfte des 17. Jahr-

Denar, von dem heiligen Eligius, Münzmeister des Merowingers Chlotar II. (613—628) geprägt. Avers: Bild des Landesherrn, der ein Käppchen auf hat. Revers: Ankerkreuz mit Henkel. Ganze Legende: ELESIVS · MONE[TARIUS] · PARISIVS · F[EC]IT.

Solidus, unter der Regierung des Merowingers Chlotar II. (613—628) von dem heiligen Münzer Eligius geprägt. Avers: Bild des Merowingers, der als Kind, mit vier Monaten, A. D. 584 auf den Thron von Soissons kam, aber A. D. 613 alleiniger König der Franken wurde, vergleiche Seite 68. Römische Tracht, Brosche (*Fibula*) auf der Schulter. Legende: MONETA · PALATI[NA], im Palast, der königlichen Residenz auf der Pariser Citéinsel geprägte Münze. Revers: Ankerkreuz zwischen EL und IGI. Die Legende soll lauten: CHLOTACHARIVS.

hunderts, planmässig zu bauen und die Hauptstädte und die Festungen durch schöne und dauerhafte Strassen zu verbinden, in Österreich ein Jahrhundert später, unter Karl VI., Maria Theresia und Joseph II.; Spanien baute mit ungeheurem Aufwande nur wenige Chausseen. In Italien, wo man die Hauptstrassen: *Meisterstrassen* (*Strade Maestre*) nennt, erhielten sich die Appischen, Aurelischen, Flaminischen Wege durch das ganze Mittelalter hindurch.

Erhebung des Standgeldes auf dem Wochenmarkte: die Landleute bezahlen an den bischöflichen Offizial die Abgabe für ihren Verkaufsstand auf dem Markte. Nach einem Glasgemälde in der Kathedrale zu Doornick (Bischofssitz, belgische Provinz Hennegau). 15. Jahrhundert.

Von den Alpenstrassen war bis ins 18. Jahrhundert hinein keine einzige fahrbar; die Wagen mussten am Fusse des Gebirges, wo der Pass begann, zerlegt, die Räder und die Kutschkasten auf dem Rücken von Saumtieren hinübergeschleppt und auf der andern Seite wiederzusammengesetzt werden. Als die Königin Bertha ihren Gemahl, des deutschen Königs Heinrich IV. Majestät, im Winter 1077 nach Italien begleitete, ritt sie auf der Kuhhaut über den Brenner, jenen niedrigen

Alpenpass, über den einst zu den Zeiten der Römer *per Alpes Rhaeticas* ein Fahrweg führte, der aber längst wieder zurückgegangen und zum holperigen, gefährlichen Fussweg geworden war; die erste Alpenstrasse,

Öffentliche gerichtliche Versteigerung von Immobilien an den Meistbietenden, um eine Schuld zu decken, sogenannte Subhastation oder Vergantung, in Flandern. Der Versteigerer oder SVBHASTATOR steht, das Zeichen seiner Würde, den Spiess, oder den Hammer in der linken Hand, in der Nähe des Stadtthors zwischen zwei Ausrufern (PRECO[NES]), von denen der eine in die Trompete stösst, um die Leute herbeizurufen, der andere das mit vier Siegeln versehene Subhastationspatent verliest. Der Patrizier, der mit seiner Ehehälfte (in langem Schleier) gegenübersteht, hat bereits den Beutel gezogen. Im Hintergrund eine öffentliche Auktion, zu der ein Auktionator das Publikum mit einer Klingel einlädt; wie es scheint, vor dem Hause eines Tuchhändlers, denn auf dem Tische und am Nagel bemerkt man Partien Zeuge. Faksimile eines Holzschnittes in der *Practica Rerum Civilium* des niederländischen Juristen Jodocus Damhouder (Antwerpen 1557, in 4⁰).

die (im vorigen Jahrhundert, A. D. 1772) wiederhergestellt ward. Die nächste war der Col di Tenda (1782), die dritte der Arlberg (1786). Der gesamte Handelsverkehr, der (340) im Mittelalter blühte, hat auf Saumpfaden stattgefunden; auf Saumpfaden haben die deutschen Könige und die deutschen Heere die Alpen überschritten. Die bekanntesten waren ausser den genannten der Sankt Gotthard, der Sankt Bernhard, der Simplon und der Splügen. Der Gotthardpass ist der rechte Pass des Mittelalters, denn die Römer haben ihn noch nicht benutzt; erst die Langobarden, die A. D. 568 über die Alpen zogen und Italien bis zum Tiber eroberten, den Weg durch das Reussthal entdeckt. Hoch über den tosenden Wasserfällen, in der wilden Felsschlucht der Schöllenen, wo der Teufelsstein fast senkrecht gegen den Strom abstürzt, hingen sie an Ketten und Ankern eine Reihe schwanker Balken und Bretter, die sogenannte *Stäubende Brücke* auf, die, vom Sprühregen der Katarakten unausgesetzt gepeitscht, den Teufelsberg umging. Das war die gefährlichste Stelle; nun konnte (zu Karls des Grossen Zeit) der Gotthardsaumweg in Angriff genommen werden; A. D. 1198 schlug man in der Nähe über einen andern Reussfall die Teufelsbrücke. Die Stäubende Brücke wurde A. D. 1707 durch die Bohrung des Urner Loches überflüssig gemacht, die Teufelsbrücke A. D. 1830 durch eine andere, bessere, 6 m höher gelegene, die sogenannte neue Teufelsbrücke ersetzt, aber Johann Parricida ist zu Anfang des 14. Jahrhunderts noch über die beiden alten Brücken gegangen, was Schiller übersehen zu haben scheint. Im Jahre 1331 entstand am Nordfusse des Berges, in *Hospenthal,* wo bereits die Langobarden eine Burg gebaut hatten, das Hospiz mit der dem heiligen Gotthard von bayrischen Herzögen gewidmeten Kapelle, das später (A. D. 1629) wiederum durch ein anderes auf der Passhöhe ersetzt ward. Urkundlich wird der Saumweg über den Sankt Gotthard erst A. D. 1293 erwähnt. Der heilige Gotthard war Zeitgenosse des heiligen Kaisers Heinrich II. und ein geborener Bayer, Abt von Niederaltaich an der Donau und hierauf Bischof von Hildesheim, wo er in der Domkirche beigesetzt ward (Sanctus Godehardus † 4. Mai 1038). Auf der Passhöhe betete der deutsche Kaufmann, der Pilger zu dem heiligen Bischofe, der durch seine gesegnete Wirksamkeit und sein leuchtendes Vorbild um zwei deutsche Bruderstämme, die Sachsen und die Bayern, die ihn beide als den ihrigen verehren, ein Band der Liebe geschlungen hatte, in der Kathedrale zu Mailand hörte er an Gotthards Namenstag in einer eignen Präfation seine Tugenden und seine Wunderthaten preisen; im Dome zu Genua fand er eine Gotthardkapelle und eine Gotthard-Bruderschaft, die älteste der Stadt. Auch an besuchten Stromübergängen wurden gegen Ausgang des 12. Jahrhunderts von den sogenannten Brückenbrüdern Hospize angelegt, Fähren unterhalten und Brücken gebaut. Doch es ist Zeit, dass wir uns nun, nachdem wir glücklich durchs Thor und über die Brücke sind, in der mittelalterlichen Stadt nach einem Wirtshaus und einem *Hospiz* umsehen,

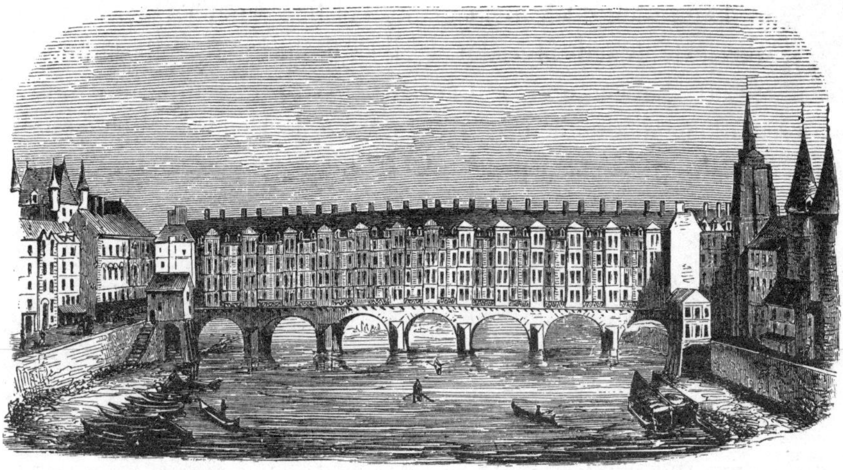

Die steinerne Pariser Wechselbrücke, auf beiden Seiten von den vierstöckigen Häusern der Geldwechsler eingerahmt, die breiteste Brücke der Stadt, die Citéinsel mit dem rechten Seineufer verbindend, nach beiden Seiten hin sanft absteigend, französisch: *le Pont au Change.* Rechts das sogenannte grosse *Châtelet*, das die alte Stadt auf der Nordseite verteidigende Kastell, Sitz des die Justiz und Polizei im Namen des Königs handhabenden Burgvogts, des *Prévôt du Roi*; und das Dominikanerkloster zum heiligen Jakob, in dem A. D. 1789 die Jakobiner tagten, gegenwärtig bis auf die *Tour Saint Jacques* zerstört. Links die Cité, auf welche das alte Paris beschränkt war, die Residenz der Könige von Frankreich enthaltend. Die Wechselstuben auf dem Pariser Pont au Change entsprechen den Buden der Goldschmiede auf dem Ponte Vecchio zu Florenz, mit denen diese alte Brücke (aus dem 14. Jahrhundert) belastet ist; und den Läden der Rialtobrücke zu Venedig. Wahr ist, dass man kaum begreift, wie die Brücke solche massive Gebäude jemals tragen konnte. Sie hat sieben, und zwar, wie die meisten Brücken des Mittelalters, volle, in vollem Halbkreis konstruierte Bogen; an den Strompfeilern bemerkt man dreieckige Vorderhäupter. Die Wechselbrücke wurde in den Jahren 1639—1647 neu erbaut. Nach einem Kupferstiche des 17. Jahrhunderts in dem Kabinett der Pariser Nationalbibliothek.

wo wir ebenfalls Gelegenheit haben, unser Geld los zu werden, und hoffentlich die Zeche nicht ohne den Wirt machen.

b. Die Zeche. Wirtshäuser im Mittelalter.

Empfang im Wirtshaus sonst und jetzt — Erfahrungen des Erasmus von Rotterdam — nicht viel Zuvorkommenheit — wie es in der Gaststube zugeht, was für Gesellschaft drin sitzt, ziemlich hahnebüchen — auch der Vornehme musste sich hineinschicken — das Faktotum war der Hausknecht, Schilderung desselben — eine Table d'hôte des 16. Jahrhunderts — die Wirtshausrechnung, Form derselben, Begleichung derselben — Rabelais hat seine Viertelstunde — Kredit wird nicht gewährt, *poor Credit is dead* — wie Erasmus gebettet wird — er behält seine Hosen an — guter Rat, den der Graf von Gleichen seinem Sohne giebt.

Man kann sich doch nicht genug bei den alten Lydiern bedanken, dass sie (nach Herodot I, 94) Gold- und Silbermünzen geprägt haben und zuerst unter den Menschen auf den guten Gedanken gekommen sind, für die Reisenden Wirtshäuser zu bauen. Welche treffliche Einrichtung! — Wer nun vor einem Gasthofe

Goldmünze, geschlagen unter Philipp dem Schönen (1285—1314), weil der gelockte König ein Zepter (*une Masse*) in der rechten Hand hielt: *Masse*; weil er auf einem Stuhle sass: *Chaise*; auch, weil nur 22-karatig, daher unbiegsam: *Royal dur* genannt. PHILIPPUS · DEI · GRATIA · FRANCKORVM · REX. Die Abkürzung: GRA, die Unterdrükkung des *N* im folgenden Worte nach mittelalterlicher Weise durch den Abkürzungsstrich über den benachbarten Buchstaben angedeutet. R): Kreuz mit der stereotypen Legende: *Christus vincit, regnat, imperat*, der Name mit Abbreviatur und griechisch: *XPC* geschrieben. Der Stuhl ist derselbe, den wir auf Seite 7 und auf Seite 39 gesehen haben: ein Faltstuhl mit Löwentatzen und Hundeköpfen, welche die Lilien anbellen, ein ***Fauteuil***. Die Zeitgenossen betrachteten ihn als ein Katheder (*une Cadière*, daher *Chaire, Chaise*).

Lämmleinsdukaten, *Aignel*, Goldmünze unter Karl IV. (1322 - 1328), zuerst unter Ludwig dem Heiligen (1226 - 1270) geprägt. K[A]R[O]L[US] · REX. Avers, Revers und Legende wie bei dem Lammdukaten.

vorfährt, wird gepflegt, ja, wie ein Wohlthäter empfangen. Es ist, als ob ein langerwarteter Freund, ein Teurer gekommen wäre, so beeilt sich alles, den fremden Kerl zu hätscheln, ihn hineinzukomplimentieren, es ihm bequem zu machen. Die Hausglocke wird gezogen, der Kutschenschlag aufgerissen, das Gepäck abgenommen, womöglich sofort für ihn bezahlt, wenn zu bezahlen ist, nach seinen Wünschen, seinen Bedürfnissen gefragt, das Bett frisch überzogen, das Essen aufgetragen, die dienstbaren Geister fliegen nur so hin und her; zurückhaltend und würdevoll erscheint unter der Thür die stattliche Gestalt des Wirtes. So war es freilich nicht, als Erasmus von Rotterdam zu Anfang des 16. Jahrhunderts durch das humanistische Europa pilgerte, auf vielfachen Reisen die Herbergen Hollands, Deutschlands, Frankreichs, Englands, Italiens kennen lernte, in allen Schenken herumlag und sich endlich in Basel niederliess, um diese Stadt wieder mit Freiburg im Breisgau zu vertauschen — in einem (lateinisch geschriebenen) Reisebriefe vom Jahre 1520, in den *Epistolarum Libri XXXI* (London 1642) mit enthalten, äussert er sich über die *Diversoria*, *Albergariae*, *Hostellariae* und *Cauponia* seiner Zeit ungefähr wie folgt. Einzelne Stellen daraus waren im August 1883 in der Landesausstellung zu Zürich, in der Abteilung für das Gasthofsgewerbe, am Friese, über den Wandgemälden zu ersehn.

— *Kommt einer an, so grüsst ihn niemand. Es soll nicht so aussehn, als ob sie viel nach Gästen fragten. Man kann sich die Lunge aus dem Leibe schreien, ehe jemand hört. Man steht draussen und friert. Endlich wird in der geheizten Stube ein Fensterchen aufgemacht, und ein Menschenkopf schiebt sich vor, wie eine Schildkröte aus der Schale. Giebt es Nachtquartier? — Gott sei Dank, er nickt gnädig — wir können bleiben. Von vielen Worten sind sie nämlich nicht; die Frage nach dem Stalle wird mit einer Handbewegung beantwortet. Man führt sein Pferd eigenhändig in den Stall, sorgt für Futter und Streu, kein Knecht rührt einen Finger.*

Lammdukaten, *Aignel*, alte französische Goldmünze, geprägt unter Johann dem Guten (JOH · REX), der 1354—1364 regierte. Avers: das Gotteslamm mit fliegender Siegesfahne: Legende in Abkürzungen: AGNUS · DEI · QUI · TOLLIS · PECCATA · MUNDI · MISERERE · NOBIS · R): gemustertes Griechisches Kreuz, in den Winkeln vier Lilien, das Ganze umschlossen von einem Vierpass. Legende: CHRISTUS · VINCIT · CHRISTUS · REGNAT · CHRISTUS · IMPERAT. Für den Namen Christi die griechisch geschriebene Abbreviatur: *XPC*. Zuerst unter Ludwig dem Heiligen geschlagen.

Reiterfrank, *Franc à Cheval*, Goldmünze unter Karl dem Weisen (1364—1380), zuerst unter seinem Vorgänger Johann dem Guten, A. D. 1360 geprägt. KAROLVS · DEI · GRACIA · FRANCORVM · REX sitzt in voller Rüstung zu Pferde. R): Vierpass, ein griechisches Kreuz einschliessend, mit der stereotypen Legende: *XPC* · VINCIT · *XPC* · REGNAT · *XPC* · IMPERAT. Die drei griechischen Buchstaben *XPC* Abbreviatur für *Christus*.

Dieser Mangel an Zuvorkommenheit, der in unserer aufdringlichen und reklamesüchtigen Zeit fast wohlthuend berührt, wurde höheren Ortes nicht gerügt, eher das Gegenteil. Ein Ratsschluss von Zürich aus dem Jahre 1402 enthält ein Erkenntnis: *dass die Wirt den Gästen nicht nachgehen sollen noch laufen, noch keine Boten nachsenden sollen, dass die Gäste zu ihnen ziehen. Wohl mag der Wirt unter seiner Thür stehn und den Gast in sein Haus fordern mit Bescheidenheit. Bei einem Pfund Pfennig Buss.* Erasmus fährt fort:

— Nun begiebst Du Dich, mein Lieber, in die geheizte Stube. Wie Du bist, wie Du gehst und stehst, mit Deinen schmutzigen Stiefeln, in Deinen durchnässten Kleidern, mit Deinem Mantelsacke, so trittst Du in die allgemeine Gaststube. Hier kannst Du Deine Stiefel ausziehen und Dir ein Paar Pantoffeln geben lassen; hier kannst Du das Hemd wechseln, Deine Sachen trocknen, Deine Stiefel putzen. Die andern genieren sich auch nicht — hier kämmt sich einer, hier laust sich einer, hier wäscht sich einer, hier trocknet sich einer, hier schnarcht einer — Waschwasser steht bereit, aber nur ein einziges Waschbecken für alle, und dieses so unsauber, dass man erst das Waschbecken waschen möchte. Wagt es einer ein Wort zu sagen und sich zu beschweren, so bekommt er Grobheiten — wenn es ihm nicht anstehe, möge er anderswohin gehn.

Es sind an die Hundert Menschen in der einen Gaststube bei-

Französischer Goldthaler aus der Zeit Philipp VI. (1328—1350). Der König (PHILIPPVS · DEI . GRATIA · FRANCORVM · REX) sitzt mit Zepter und Krone auf dem Throne, neben sich den Schild mit vier Lilien, nach dem die Münze: *Écu* genannt ward. Für 120000 solcher *Écus* kaufte Philipp VI. A. D. 1350 dem Könige von Mallorca die Herrschaft Montpellier ab. Übrigens sind die Münzen des unglücklichen, zu frühe: *le fortuné* genannten Philipps von Valois berüchtigt. R): Vierpass, ein Griechisches Kreuz einschliessend, mit der stereotypen Legende: *XPC* = CHRISTUS · VINCIT · REGNAT · IMPERAT.

Annunciatenmünze, Goldmünze, auf deren Avers die Verkündigung Mariä, der Gruss oder das *Ave Maria* des Engels Gabriel an die heilige Jungfrau dargestellt war; geprägt unter Karl dem Wahnsinnigen (1380—1422). Nach der *Angelica Salutatio*: *le Salut d'Or* genannt. Links der Engel, der der heiligen Jungfrau das AVE entgegenhält; die Kraft des Höchsten überschattet sie nach Lucä I, 35. Zwischen beiden Figuren der Schild mit den drei Lilien. Legende: KAROLVS · DEI · GRACIA · FRANCORVM · REX. R): ein Zehnpass, ein Kreuz, zwei Lilien und ein *K* einschliessend. Man beachte die stehende Anwendung des Buchstabens *K* bei dem Namen *Karl*; das *K* wurde von den Franken auch sonst, namentlich in Eigennamen festgehalten. Heutzutage schreiben die Franzosen wenigstens noch einige fremde Wörter mit *K*. Herum läuft die stereotype Legende, die den *XPC* = CHR[ISTU]S: *Victor, Rex, Imperator* nennt. Vielleicht bezeichnet das *K* auch die Münzstätte Bordeaux.

sammen: Reitende, Fahrende, Schiffer und Frachtfuhrleute, Schüler und Handelsleute, Weiber und Kinder, Gesunde und Kranke, auch die Gauner, die Abenteurer, die Spieler, die Benvenuto Cellini fehlen nicht — das schreit und lärmt und schwafelt durcheinander wie auf dem Turm zu Babel. Auf Seite 181 und anderwärts haben wir Bilder gebracht, die eine Vorstellung von dem wüsten Leben und Treiben in diesen Stuben geben, in denen man sich neben dem Eingange, um einen Fuss erhöht, einen Schrank mit Krügen, Gläsern und Vorräten und eine schmale Tafel mit einem Lichte und der Schaffnerin dahinter zu denken hat. Es wird nicht viel schlimmer als in unseren Fuhrmannsherbergen und Matrosenkneipen gewesen sein, nur dass heutzutage ein Erasmus, eine Respektsperson nicht mehr nötig hat, solche niedrige Häuser aufzusuchen, sondern neben letzteren die guten Hôtels existieren. Zu jener Zeit gab es überhaupt noch nichts Gutes, und auch der Reichste, auch der Kardinal, der sich von acht Mann in der Sänfte tragen liess, musste fürlieb nehmen wie Erasmus, falls er anderweitige Gastfreund-

Die Oberrechnungskammer von Frankreich, im Hofe des sogenannten Palastes in der Cité, des alten königlichen Schlosses auf der Citéinsel, gegenwärtigen Justizpalastes; von den Franzosen als eine der beiden Mutterbehörden des Königreichs angesehen (*une des deux compagnies matrices du royaume*; die andere war das ebenfalls im Palast befindliche Reichsgericht oder das Parlament, vergleiche Seite 40). Sie hatte die Staatsrechnungen, zugleich die Gemeinderechnungen zu prüfen und den gesamten Staatshaushalt zu kontrollieren; und bestand schon zur Zeit des heiligen Ludwig, als welcher in einer Verordnung vom Jahre 1256 den Gemeindevorständen und den Sachverständigen an die Hand gab: *de venir compter devant les Gens des Comptes à Paris*. Die wichtigsten Staatsangelegenheiten wurden hier beraten, zum Beispiel A. D. 1359: ob dem Volke der Vertrag zu Bretigny bekannt zu geben sei. Der erste Vorsitzende hatte ein Amtskleid von schwarzem Sammet, die Advokaten, Anwälte und Räte gingen in Atlas. Die subalternen Beamten, die Schreiber, die Kanzlisten hiessen wie die Parlamentsreferendare sämtlich: Geistliche, Kleriker, *Clercs*, indem eigentlich nur die Geistlichen schreiben konnten; und bildeten mit den Parlamentsschreibern zusammen eine besondere Gilde, die Gilde der ***Clercs de la Basoche,*** welche an Festtagen, zum Beispiel bei der Maifeier, die bekannten Farcen aufführten. *Basoche* ist aus *Basilica* entstanden und bedeutete den erwähnten Justizpalast, die alte Residenz der Merowinger und Kapetinger. Der Schornstein raucht; alte Rechnungen werden verbrannt. Nach einem Holzschnitt in der *Cosmographia* von Sebastian Münster, worin das Gebäude dreimal, unter verschiedenen Namen, abgebildet ist.

schaft und die Nachtherberge, die *Nahtselde* der Burg oder des Klosters (vergleiche Seite 37 und 304/5) nicht ansprechen konnte; auch hatte die private Gastfreundschaft ihre Grenzen, weil der Mann mit der Zipfelmütze, der weissen Schürze und den langen Lederhosen, die an den Knöcheln über den blauen Strümpfen festgebunden waren, die Gastnahrung und die Gastgerechtigkeit besass. *Es ist,* heisst es in einem Züricher Ratsschluss von 1688, *einem Bürger wohl erlaubt, etwa bei Zufälligkeit einen fremden guten Freund in seinem Haus ohne unterlaufende Gefahr mit Bescheidenheit, aber nicht oftmals gastfrei zu halten.* Wohl oder übel fiel der fremde gute Freund immer wieder in den Bums zurück, und es geschah dann, was Erasmus ebenfalls in seinem Brief hervorhebt — dass, wenn die Leute in der Gaststube einen Ausländer ansichtig würden, dessen Äusseres auf etwas Vornehmes schliessen liesse, sie kein Auge von ihm verwendeten. Die Zustände der Armut, wir haben darauf schon aufmerksam gemacht, decken sich mit denen des Mittelalters (76).

Unheimlich war die Gesellschaft gerade nicht, das Wirtshaus kein Verbrecherkeller; die Individuen, die sich an den dicken Holztischen, auf den naturwüchsigen Bänken zusammengefunden hatten und entweder hier herbergten und nächtigten oder nur einmal einkehrten, um zu knöcheln und zu würfeln, die Bambergschen Reiter mit ihren Knechten und ihren Buben, die Bacchanten, die Stromer, die Pfaffen, die Pfaffenkellerinnen, die Bürgersleute und das Fahrende Volk — diese Gäste mochten zwar nach unseren Begriffen etwas verwogen aussehn, sie verstanden keinen Spass, sie fackelten nicht lange, mit dem Messer waren sie bei der Hand, und wenn nicht der Wirt dazwischen sprang und Frieden stiftete, floss Blut. Deshalb besagte wohl ein Ratsschluss von Zürich vom Jahre 1314: *Jeglicher Wirt, wenn der Gast in sein Haus kommt, soll ihm heissen, sein Messer von ihm legen. Thut ers nicht, so soll er ihm weder zu essen noch zu trinken geben.* Die Ratsschlüsse halfen nur nicht viel. Aber das lag so in der trotzigen Art des Mittelalters. Die Gesellschaft war nur knorrig, nur ziemlich hahnebüchen, nur etwas grob und handfest. Kein Gesindel. Wer mit dem Volke umgegangen ist, wird mich verstehen, und damals gab es noch mehr Volk als heutzutage, wenn auch Deutschland nur an fünfzehn Millionen Einwohner hatte*). Ein Geistlicher des 13. Jahr-

*) Man darf annehmen, dass das Deutsche Reich zur Zeit des Erasmus kaum halb so bevölkert war wie heute. Im folgenden Jahrhundert sollte der Dreissigjährige Krieg die Bevölkerung um 50 Prozent vermindern. A. D. 1618 zählte Deutschland 25 Millionen, A. D.

hunderts, Nikolaus von Biberach erwähnt in einem lateinischen Gedichte den Fall, dass bei einer Prügelei in einem Wirtshaus eine Frau, um ihrem Manne zu helfen, dem Gegner in die Hosen griff und ihn mit den Fingern bösartig in das Gemächte knipp, *Via pessima Martis,* eine verwerfliche Kampfart — in der Insterburger Pflege kam es noch zu meiner Zeit vor, dass zwei litauische Mädchen einen Burschen, der ihnen beiden die Ehe versprochen und sie beide an der Nase herumgeführt hatte, überfielen und kastrierten. Verfolgen wir den armen Erasmus in seinen Nöten weiter.

Salzzwang: das Volk wird gezwungen, sein Salz in dem Staatssalzschank zu entnehmen und hier den von der Regierung festgesetzten Preis zu zahlen, der natürlich höher ist als er bei freier Konkurrenz sein würde. Die Regierung hat nicht nur das ausschliessliche Recht, Salz zu graben und zu kochen und den Frevler, der nur ein wenig Seesalz gewinnt, auf die Galeere zu schicken; sie hat auch das Monopol des Salzverkaufs und zieht aus der Salzregie ungeheure Summen, zumal jeder Haushalt genötigt ist, wenigstens eine bestimmte, nach der Kopfzahl bemessene Menge von den staatlichen Abgabestellen zu kaufen. Eine der drückendsten Steuern.

Brückengeld, von den Schiffern zu zahlen, die unter der Pariser Wechselbrücke durchfahren wollen; Anlegen eines Kahns an der Hebestelle. *Regardez le cours de la Seine. de la Saône, de la Loire,* schrieb Linguet noch 1769, *Vous y verrez l'avidité étendre ses filets à chaque pont, à chaque écluse ... vous verrez l'industrie se débattre en vain, sous les efforts d'une multitude d'oiseaux de proie, appelés* ***Buralistes, Receveurs, Péagers;*** *elle n'échappe de leurs serres qu'en y laissant une partie de sa dépouille.* Neu ist, dass nicht nur die Personen, die über die Brücke gehn, sondern auch die, welche unten durchfahren, zu bezahlen haben, der Fluss selbst wie eine Chaussee behandelt wird. Vergleiche umstehend die Abbildung der Wechselbrücke.

Nach Holzschnitten in den Bestimmungen der Pariser Handelskammer (1500. in Folio). Ein Kaufmannsvogt, der sogenannte *Prévôt des Marchands,* der alte Oberbürgermeister, besorgte im Mittelalter mit den beisitzenden, von der Pariser Hanse oder Kaufmannsschaft gewählten Schöffen die Municipalangelegenheiten von Paris.

— Kommst Du meinetwegen nachmittags um 4 Uhr an, so wirst Du doch vor 9 Uhr, 10 Uhr nichts zu essen bekommen, Freundchen;

1648 nur noch 12 Millionen Einwohner. Die Städte waren naturgemäss noch klein; Nürnberg, noch zur Zeit des Erasmus einer der ersten Handelsplätze Europas, zählte nicht mehr als 20000 Seelen, Knechte und Dienstboten eingerechnet.

denn es wird nicht eher angerichtet, als bis voraussichtlich alle Gäste beisammen sind, damit das Gelaufe nicht immer sei. Also etwa um 9 Uhr abends taucht ein alter graubärtiger, struppiger, sauerblickender, schmutziger Ganymed mit geschorenem Haupthaar auf — Erasmus meint den Hausknecht, damals das Faktotum, Kellner und Gastknecht zugleich — *und überzählt mit grämlicher Miene, ohne einen Laut von sich zu geben, mit den Augen die anwesenden Gäste. Je mehr ihrer sind, desto unbarmherziger wird eingekachelt, mag es draussen auch noch so warm sein, denn es gilt als ein Haupterfordernis einer guten Bewirtung, dass die Gäste schwitzen. Es ist zum Ersticken! — Kann einer den Dampf nicht vertragen und öffnet er ein Fenster, so heisst es gleich: Zumachen, zu, zu! — Antwortet er, es werde ihm übel, so heisst es: Suche Dir eine andere Herberge! — Es bleibt nichts übrig als auszuhalten und zu schwitzen.*

Sofort werden die Tische gedeckt. Es sind die reinen Segeltücher, die der Graubart über die hölzernen Tafeln breitet. Nun ist der grosse Augenblick gekommen, alles setzt sich. Reich und Arm, Herr und Knecht, durcheinander, bunte Reihe, kein Unterschied der Stände, gewöhnlich je acht an einem Tische. Siehe, da erscheint der liebliche Ganymed und bringt einem jeden einen hölzernen Teller und einen hölzernen Löffel, dazu einen gläsernen Krug und ein Stück Brot, mit dem man sich einstweilen, bis die Suppe fertig ist, die Zeit vertreibt. Nämlich ein Stündchen, während dessen man sein Brot kurz und klein schneiden und kauen kann. Endlich kommt Wein auf die Tafel. Du lieber Himmel! Wein? — Essig! Untrinkbar! — Ich biete dem Kellner einen Groschen, dass er mir eine bessere Sorte bringt. Ob er's thut! — Er hört nichts — und komme ich noch einmal, so schnauzt mich der Kerl an: „Hier sind Grafen und Markgrafen eingekehrt, kein einziger hat sich beschwert!" — Und der beliebte Refrain: Wem's hier nicht ansteht, der suche sich ein anderes Nachtlager! —

Bald werden mit grossem Gepränge die Schüsseln aufgetragen. Erst eine Brotsuppe; hierauf Würzallerlei oder ein Stück Pökelfleisch; sodann ein Hirsebrei; zuletzt, wenn man beinahe satt ist, ein Braten, der nicht weit reicht und bald wieder verschwindet. Wenn nun abgeräumt würde! Es isst niemand mehr! — Aber nein, jetzt erscheint der graubärtige Ganymed wieder, oder auch der Wirt selbst, der nicht viel besser aussieht, und fragt, ob jemand noch Appetit habe. Besserer Wein wird aufgetragen, dazu alter madiger Käse, und getrunken was das Zeug hält; ein betäubender Lärm geht los. Die Gaukler und die Spassmacher treten auf

— es ist kaum zu glauben, was die Deutschen an den Lappereien für Vergnügen finden. Diese fahrenden Leute singen und spielen, fiedeln und blasen, springen und pochen den Gästen die Ohren voll, die wohl oder übel zuhören und bis in die tiefe Nacht aufbleiben müssen. Endlich, endlich kommt der Bärtige mit der Rechnung. Nämlich mit einer grossen Schiefertafel, die mit Kreide in soviele Kreise eingeteilt ist, als Gäste da sind; hier findet jeder sein Nachtgeld angemerkt. Die legt der Mann

Der König mit dem Schatzkollegium in seiner Schatzkammer, den Jahrestribut besichtigend; hinter ihm der Kämmerer mit dem Schlüssel. Alle mittelalterlichen Regenten legen grossen Wert auf Schätze, die sie teils aus Regalien und Domänen, teils aus Steuern und Geschenken ziehen; und bringen mit dem Schweisse des Volkes, gleich Hiskias und Salomo, ungeheure Reichtümer zusammen, die sie im Turm verwahren. Auf einer langen Tafel, die (wegen Unkenntnis der Perspektive) auf der Kante zu stehen und umzukippen scheint, prangen köstliche Gefässe, Kelche, Salzfässer, Büchsen und dergleichen; liegen grosse Summen Geldes aufgezählt. Kreuzpfennige, Kreuzthaler und Kreuzdukaten, mit einem Worte: Kreuzer, mittellateinisch: *Crosati, Cruciferi* — das Kreuz kam auf den alten Münzen so häufig vor, dass *Kreuz* mit Avers gleichbedeutend wurde. Auch die französischen *Écus* waren eine Art Kreuzer. Die vorliegenden scheinen wie die deutschen *Brakteaten* aus dünnem Silber- oder Goldblech zu bestehen und überhaupt nur auf einer Seite geprägt zu sein. Nach einer Miniatur in einer Handschrift des *Trésor* von Brunetto Latini, einem Florentiner, welcher in den Jahren 1260—67 in Frankreich lebte und eine Art Encyklopädie in französischer Sprache unter diesem Titel verfasste (*li Livres dou Trésor*). Er meinte damit eine Schatzkammer des menschlichen Wissens. Das Werk zerfällt in drei Teile. Der erste hat fünf Bücher: 1. Alttestamentliche Geschichte. 2. Geschichte des Neuen Testamentes und des *Saeculums* bis zur Zeit des Verfassers. Beschreibung der Elemente und des Himmels. 3. Erdbeschreibung. 4. 5. Das Tierreich. Der zweite enthält zwei Bücher: 1. Die Ethik des Aristoteles. 2. Über die Tugend und das Laster. Brunetto Latini war ein Päderast (Dante, *Inferno. Canto XV.*). Der dritte ebenfalls zwei: 1. Die Redekunst. 2. Die Regierungskunst. Dazu gehört das Schätzesammeln. Die Handschrift befindet sich in der Pariser Arsenalbibliothek.

stillschweigend auf den Tisch. Die Gäste besehen sie sich der Reihe nach; wer das Geschreibsel lesen kann, legt das Geld darauf, das er schuldig ist. Einer nach dem andern geht hin und bezahlt, bis die Tafel voll ist; der schreckliche Mensch zählt nach. Stimmt's, so nickt er mit seinem Igelkopfe. Er merkt sich, wer gezahlt hat. Niemand beschwert sich; sollte ja einer finden, es sei zu viel, so wird er angefahren: Was wiltu, Gottverdammich! Wess Menschen Kind bistu? Du zahlst nicht mehr als alle Andern! — Damit giebt er sich zufrieden.

Übrigens kamen schon damals Prellereien vor, die Taxen nötig machten. Eine Wirtsordnung von Bern, *uf 12. Tag Dezember 1521 wohl und ausführlich, notdürftig angesehen,* besagt: *dass die Wirt söllen ein Mahl geben mit Fisch und Fleisch um 2 Groschen und ein Nachtfutter um 1 Groschen.* Und Ende des 17. Jahrhunderts (A. D. 1690) finden wir den interessanten Züricher Ratsschluss: *Schwertwirts Peter Quintlis Conto für Gastfreihaltung des Churfürsten von Sachsen von 1104 Gulden ist in Ein und Anderem ziemlich unverschämt befunden, dennoch ohne Abbruch aus dem Seckelamt bezahlt worden.* ***Oberkeitliches Missfallen auch wegen schlechtem Tractement.***

1769 gab Christoph Friedrich Nicolai die Topographisch-historische Beschreibung von Berlin heraus. In derselben machte er 19 Wirtshäuser ersten, 17 zweiten und dritten Ranges namhaft. In ersteren wurden für ein Logis von vier Zimmern im ersten oder zweiten Stock: 2 Thaler; für eine Stube im dritten Stock: 10 Groschen; für den Mittagstisch mit fünf Gängen: 16 Groschen; für eine Flasche *Pontak* (damals der gewöhnliche Name der Bordeauxweine): 10 Groschen; für eine Flasche Champagner: 1 Thaler 16 Groschen; für eine Portion Kaffee: 4 Groschen; für eine ditto Thee: 2 Groschen gezahlt. In den Hotels zweiten Ranges kostete das Logis: 8, das Mittagsessen: 6 Groschen. Es scheint, dass diese Preise ein für allemal feststanden. Dennoch verursachten sie mitunter Kopfzerbrechen. Die Viertelstunde des Rabelais, *le Quart d'Heure de Rabelais* in einer Lyoner Herberge ist bekannt. Ohne Geld, stellte er sich so an, als ob er den König und das ganze Königliche Haus vergiften wollte, um auf gute Art nach Paris zu kommen.

Passanten, die bloss einkehrten, um sich zu erfrischen, denn zur Zeit des Erasmus gab es auch in den Städten noch keine Restaurants, sondern nur Gasthäuser, daneben höchstens noch Bierbrauereien und Weinstuben, etwa nach Art der im Bürgerspital zum Heiligen Geist in Würzburg: mit schweren hölzernen Tischen und Stühlen, die Wände unten mit Paneel bekleidet, der ganze Raum durch eine Säule in zwei Abteilungen zerlegt, auf dem Gesims schöne Krüge und Kannen, gegenüber dem Kachelofen ein Schrank mit Gläsern ... ich sage, die Abendgäste hatten auf der Stelle, und zwar Glas für Glas zu bezahlen. Es war genau so wie im *Schwarzen Walfisch zu Askalon,* eher noch strenger — kein Fremder bekam eingeschenkt, wenn er nicht sofort das Geld

Jacques Coeur, von einer niederträchtigen Camarilla verklagt und der Tortur unterworfen, kniet barhaupt und im Armensünderhemd, eine Kerze in der Hand vor dem Gericht in Poitiers und bekennt den versammelten Kommissaren Verbrechen, die er nie begangen hat: als die Agnes Sorel vergiftet, das königliche Insiegel gefälscht, Falschmünzerei getrieben, Geld ins Ausland geschickt, den Muselmännern Waffen verkauft und den Namen des Landesherrn zur Erhebung ausserordentlicher Steuern missbraucht zu haben (5 Juni 1453. Der reiche Kaufmann, der die Mächtigsten des Hofes zu seinen Schuldnern zählte, wurde aus Neid und Habgier gestürzt; im Prozess war sein Los von Anfang an entschieden, da die Ankläger zugleich seine Richter waren. Mit dem Leben kam er davon, weil sich der Papst für ihn verwandte, aber seine Güter im Werte von einer Million Goldthaler 200 Millionen Mark nach heutigem Geldwerte) wurden konfisziert, ausserdem sollte er 400000 Goldthaler (an 80 Millionen Mark) Strafe bezahlen. Immerwährende Verbannung aus Frankreich. Im Handumdrehen waren seine Besitzungen verkauft; in den Raub teilten sich der König und die königlichen Kommissare, seine Feinde, namentlich ein gewisser Chabannes de Dammartin. Karl VII., der Siegreiche, liess die Jungfrau von Orleans auf den Scheiterhaufen steigen und seinen andern Wohlthäter ins Elend gehen. Nach einer Miniatur in der Französischen Chronik des Malteserritters Enguerrand de Monstrelet, die von 1400 bis 1453 reicht. Handschrift des 15. Jahrhunderts, Pariser Nationalbibliothek.

hinlegte; selbst den Johannessegen, den Abschiedstrunk nicht. Kannte man den Gast, so war die Zechschuld den nächsten Tag fällig; denn wer die Zeche schuldig blieb, durfte solche nicht verzinsen. Kredit wurde nicht gewährt, der arme Kredit ist tot,

poor Credit is dead

schrieb der englische *Innkeeper* über seinen Schenktisch; wenn der Hahn kräht, gebe ich meinen Wein auf Borg,

quando questo Gallo canterà,
Credenza si farà

der italienische *Oste* in seiner *Osteria* unter einen Hahn, der an die Wand gemalt war. Mit den Nachtgästen wurde vor Schlafengehen abgerechnet, wie das noch jetzt zu geschehen pflegt, wenn sie sehr früh abreisen wollen.

— *Möchte einer gern gleich nach dem Essen zu Bette gehn, weil ihm etwa die Augen vor Müdigkeit zufallen, so heisst es: Warte bis sich die ganze Gesellschaft niederlegt. Dann wird einem jeden sein Nest gewiesen — will sagen sein Bett. Ausser dem Bette giebt es nichts, absolut nichts.* Erasmus vermisst ein Faulbettlein, einen Waschtisch und einen Nachttopf, der auch im Orient unbekannt ist. Wahrscheinlich schlafen sie alle zusammen in harmloser Mischung des Alters und Geschlechts in einer und derselben Stube auf einer Streu. *Die Laken sind vor sechs Monaten zuletzt gewaschen worden.*

Der Graf Hans Ludwig von Gleichen schrieb zu Anfang des 17. Jahrhunderts an seinen Sohn: *So Du Dich an einem fremden Orte zu Bette legst, so sollst Du an den leinenen Tüchern zu Häupten und zu den Füssen ein Eselsohr machen. Wenn es steif steht und nicht umfällt, ist es ein Zeichen, dass die Tücher neu und rein sind; sind sie nicht neu gewaschen, so sollst Du die Hosen anbehalten, denn in solchen Betten kann man die Pestilenz bekommen.* Ich hoffe, dass Erasmus von Rotterdam seine Hosen samt der Schamkapsel anbehalten hat. Zu seiner Zeit trug man bekanntlich die Geschlechtsteile, wie im vorigen Jahrhundert das Haar, in einem Beutel, einer Kapsel oder einer Börse, französisch *Boursavit (Bourse à Vit*, wie *Bourse à Cheveux).*

Sitzung des Reichsschatzamtes, der *Chambre des Monnaies*, des von König Heinrich II. A. D. 1551 errichteten Gerichtshofs, der die höchste Instanz für alle Münzangelegenheiten war; links, über die Strasse weg, die Herstellung der Münzen in der königlichen Münze, dem *Hôtel des Monnaies* (gegenwärtig am Kai Conti). Die Metallzaine werden nach alter Art mittelst eines Hammers auf dem Amboss ausgeschlichtet, mit der Stückelschere zu Schrötlingen ausgeschnitten, die letzteren mit der Benehmschere benommen und justiert, endlich mit dem Quetschhammer völlig rund geschlagen und dadurch geprägt (*Monnayage au Marteau*; erst 1645 abgeschafft). Auf der Rampe salutiert eine Münzwache (*Juge-Garde*) den Reichsschatzsekretär, (*Greffier en chef*), der eben von seinem Maulthier abgestiegen ist; hinter dem Offizier ein Gefangener. Nach einem Holzschnitt in den neun Büchern *de Institutione Reipublicae* des Franciscus Patricius Senensis, die gleich den neun Büchern *de Regno et Regis Institutione* erst nach seinem Tode gedruckt wurden und zuerst 1520 zu Paris in Folio erschienen. — Die Strassen sind mit bossierten, regelmässig zugerichteten Steinen schön gepflastert; und zwar seit dem Jahre 1184, der Regierung Philipps II. Augustus. Die Londoner Strassen wurden erst im 15. und 16. Jahrhundert mit Pflaster versehen, Berlin war in der ersten Hälfte des vorigen Jahrhunderts noch nicht vollständig gepflastert. In Deutschland erhielt zuerst die reiche und blühende Handelsstadt Augsburg Pflasterung: ein Handelsherr liess sich A. D. 1415 den Platz vor seinem Haus versteinen, was allgemeinen Beifall fand und die Veranlassung war, dass die ganze Stadt auf obrigkeitliche Kosten gepflastert wurde. Vor Einführung des Strassenpflasters war an eine Strassenreinigung nicht zu denken. Namentlich die Schweine, die in den Strassen frei herumlaufen durften, ja, deren Ställe zum Teil an den Strassen unter den Fenstern lagen, trugen in der guten alten Zeit zur Unsauberkeit der Städte bei. A. D. 1131 stürzte der Kronprinz Philipp, der Sohn Ludwigs des Dicken in Paris mit seinem Pferde, weil ihm ein Schwein zwischen die Beine kam. A. D. 1681 fuhr die Gemahlin des Grossen Kurfürsten Dorothea nach der Dorotheenstadt, die damals noch ein Morast war; ein Platzregen ging nieder, die Gegend nach der Spree zu in einen See verwandelnd, und eine Herde Schweine, Berliner Bürgern gehörig, blockierte die grosse schwerfällige Kutsche. Es musste ein Reitender Bote nach dem Schlosse geschickt werden, um die hohe Frau aus der schlimmen Lage zu befreien.

c. Zusammenstellung der wichtigsten Geldsorten des Mittelalters.

Der Wirt, der aufbleibt und Kasse macht — die verschiedenen Münzen, die er zwischen die Finger bekommt — eine Hauptverkehrsmünze des Mittelalters war der Byzantiner — die Goldgulden und die Dukaten Nachahmungen der Byzantiner, die von Konstantinopel nach Sizilien und dem festländischen Italien gelangten — der Asper und der Blaffert — der Fränkische Goldsolidus, die Werteinheit des frühen Mittelalters, der Schilling — galt soviel als ein Rind: das Viehgeld und die alte Viehwährung — als das Metallgeld aufkam, wog man es zuerst — Stücke von Gold und Silber liefen um, die zuvor abgewogen, auf denen Gewicht und Wert eingegraben waren — Sekel, Pfund und Mark, frühe Entlehnung des lateinischen Wortes Pfund — das Hacksilber, der Rubel — auch geprägte Münzen werden gewogen: ein Pfund Pfennige, ein Pfund Heller, ein Pfund Sterling — allgemeine Entwertung der Münzen: des Solidus, des Denars, des Pfundes, des Pfennigs — wie aus den Pfennigen die Groschen hervorgegangen und die Pfennige kupfern geworden sind — Kupfer erst ein spätes Münzmetall — Brakteaten — die Kreuzer — die Rappen — die ersten Thaler, Böhmen wie die Groschen — Zukunftspläne unseres Wirtes — das Erasmus-Hotel.

Wir wollen nun einmal den werten Erasmus in seiner Stube und den naturwüchsigen Hausknecht in seiner Hütte vor der zugemachten Schenke auf der Strasse schlafen lassen und uns zu dem dicken Wirte setzen, der, während draussen alles still ist und nur die Stadtwache durch die Gassen schreitet, die Tageseinnahme überschlägt, sein Geld zählt und Kasse macht.

Es sind ihm so viele fremde Münzen aus aller Herren Ländern gegeben worden, die er als Bezahlung hat annehmen müssen, ohne sie recht zu kennen, denn seit dem 16. Jahrhundert hatte sich die Zahl der Geldsorten, besonders in Deutschland, ins Unendliche vermehrt: dass wir ihm einen Dienst erweisen, wenn wir ihm mit unserer Numismatik ein wenig helfen.

Da hat er zunächst ein paar Goldfüchse, einen Byzantiner und einen altfränkischen Goldsolidus. Die Byzantinischen Goldmünzen, von den Kaisern des Oströmischen Reichs geschlagen, auf dem Avers die Brustbilder derselben, auf dem Revers die Figur oder das Monogramm Christi zeigend, waren trotz des schwankenden Metallgehaltes die gangbarsten des ganzen Mittelalters, auch im Occident; sowohl die Dukaten als auch die florentiner Gulden können als Nachahmungen der Byzantiner angesehen werden. *Bîsant* oder *Bîsantinc,* französisch: *Besant* hiess Goldstück überhaupt. Auch eine silberne Scheidemünze des Oströmischen Reichs, ein Weisspfennig, unserem *Albus,* dem französischen *Blanc* entsprechend, der sogenannte Asper hatte Kurs. *Asper, Numus asper,* neugriechisch: *τὸ Ἄσπρον,* war wohl ein Ausdruck wie *rauhe Mark*; nicht sowohl eine frisch geprägte, noch nicht abgenutzte, rauhe

Niederländische Steuereinnahme im 16. Jahrhundert, zur Zeit König Philipp II.; Faksimile eines Holzschnittes in der *Practica Rerum Civilium* des Juristen Jodocus Damhouder, der Rat des Königs von Spanien und königlicher Kommissar der Finanzen in Flandern war († 17. Januar 1581); in der Quartausgabe dieses Werkes (Antwerpen 1596). Die seit Karls V. Abdankung an Spanien gekommenen Niederländischen Provinzen waren seit alter Zeit im Besitz bedeutender Privilegien: die Stände oder die Staaten hatten Steuern und Truppen zu bewilligen; unter der Statthalterin Margarete von Parma schloss der Adel 1566 das Kompromiss von Breda zur Verteidigung dieser Privilegien, der Anfang des Niederländischen Aufstandes gegen Spanien. A. D. 1568 erregten die willkürlichen, von Herzog Alba auferlegten Steuern: der zehnte Pfennig von jeder verkauften Ware, der hundertste vom Vermögen, neue Erbitterung. Auflagen wurden früher in Deutschland überhaupt als ein Zeichen der Unfreiheit betrachtet; in den ersten Zeiten des Mittelalters durften die auf dem Reichstag bewilligten Steuern nur von denen erhoben werden, die sie bewilligt hatten. Sie mussten erbeten werden und hiessen daher *Beden* (32). Die erzielten Einnahmen flossen in die der Aufsicht und Kontrolle der Stände unterstellte Steuerkasse, während die von den Landständen unabhängige Kammerkasse die Einnahmen aus Domänen und Regalien enthielt. Über der Thür, rechts von den Katasterstössen eine *Empfängnis Mariä*, die vor einer Lilie kniet und über die der heilige Geist kommt (Lucä I, 35).

Münze, als vielmehr eine legierten Edelmetalls, im Gegensatz zu einer *feinen* bezeichnend, die aus reinem, unvermischtem Silber bestand. Kurz, der *Numus asper* stellte eine Silbermünze, einen blanken Pfennig dar; und daher ist ἄσπρος noch heute in Griechenland das gewöhnliche Wort für weiss. Genau so hat eine andere alte Silbermünze, der Blaffert den Franzosen zu dem Adjektivum *blafard,* bleich, trübweiss, verholfen. Der Goldsolidus, *Solidus aureus,* auch schlechthin *Solidus* oder *Aureus* genannt, war bereits von Kaiser Konstantin dem Grossen eingeführt worden; um das Jahr 330 liess er aus einem Pfund Gold 72 Goldstücke schlagen, und diese, die also $^1/_{72}$ Pfund = 4,55 g schwer waren, erhielten (im Gegensatze zu den Teilstücken, den Dritteln oder den *Trientes*) den Namen *Ganzstücke* oder *Solidi.* Sie erlangten über die ganze damals bekannte Welt Geltung; auch in der Fränkischen Monarchie. Indessen wurden unter den Merowingern aus dem Pfund Gold nicht 72, sondern 87 *Solidi* geschlagen, die daher etwas leichter ausfielen als die Konstantinischen. Der Goldsolidus bildete die Werteinheit des frühen Mittelalters, die bei den Germanen anfangs das Rind darstellte. Bekanntlich gab es ursprünglich ein Viehgeld und eine Viehwährung, nicht blos bei uns, sondern auch bei den alten Römern, die noch eher eine *Pecunia* als eine *Moneta* hatten — *Vieh* und *Pecus* sind sprachlich eins, und mit *Pecus* hängt *Pecunia* zusammen; Preismass blieb das Vieh auch dann noch, als die Nomaden sesshaft geworden und die Metalle aufgekommen waren. Nun, ein Goldsolidus wurde wie eine gesunde Kuh gerechnet. In dem Volksrecht der Ripuarischen Franken, bei der Festsetzung des Seite 11 erwähnten Wergeldes, findet sich die folgende charakteristische Geldumrechnungstabelle:

1 Ochse	= 2 Solidi
1 Kuh	= 1 Solidus
1 Pferd	= 6 Solidi
1 Stute	= 3 Solidi
1 Schwert mit Scheide	= 7 Solidi

Sonst wird *Solidus* regelmässig mit *Schilling* übersetzt; ein *Schilling* ist gegenwärtig in Silber ausgeprägt und in England ein Zwanzigstel des Pfundes Sterling, das eigentlich ein Pfund Silber, nämlich ein Pfund *Easterlings,* beiläufig 240 *Easterlings* bedeutet. Die *Easterlings* waren eine Art guter Groschen, wörtlich Ostländer, das heisst, Norddeutsche, weil diese das beste Geld hatten und die englischen Münzen prägten. Das Pfund Sterling war ehemals eine Silbermünze; sein

Wert ist allmählich auf den dritten Teil des ursprünglichen herabgefallen. Das hängt mit der allgemeinen Entwertung der Münzen zusammen, die derjenigen der Titel und der Worte parallel läuft. Der Solidus kam allmählich vom Golde auf das Silber und vom Silber auf das Kupfer, bis ein erbärmlicher *Soldo* oder *Sou* daraus ward — der Denar, einst ein Silberstück und noch unter den Karolingern der zwölfte Teil eines Solidus, die geringere Münzeinheit, verwandelte sich in den französischen *Denier*, der nicht mehr galt als ein Dreier

Plünderung eines Oldenburgischen Dorfes durch spanisches Kriegsvolk, das von den Bauern und den im Dorfe liegenden Truppen zurückgewiesen wird. Der Freiheitskrieg der Niederlande (1568—1648) hatte spanische Marodeure in die Nähe von Oldenburg gezogen; diese rauben die Weiber und das Vieh, schleppen fort, was sie können, und fahren mit den beutebeladenen Wagen in Carriere davon. Aber die Geestkerle bearbeiten sie mit Knüppeln, und die Oldenburgischen Reiter setzen ihnen nach. Die Körper der Erschlagenen bedecken den Kamp, in wilder Flucht steigen die Spanier über die Zäune, rennen sie ins Wasser, suchen sie mit dem nackten Leben davonzukommen; eine resolute Bäuerin zerrt einen Eindringling an den Haaren zur Diele heraus. Der Soldat will etwas für seine Mühe haben, sagte Tilly. Faksimile eines Holzschnittes in dem *Oldenburgischen Chronicon*, das Hermann Hamelmann, Superintendent in den Grafschaften Oldenburg und Delmenhors verfasst hat (Oldenburg 1599. 3 Teile, in Fol.).

— und das Pfund, die alte römische vierundzwanziglötige *Libra*, ungefähr 333 Gramm schwer, französisch: *la Livre*, lebt heutzutage in Italien als eine *Lira* und in England noch als *Pound* oder *Livre* (£) *Sterling* fort, das in Gold noch nicht 8 Gramm und auch in Silber nicht viel mehr als 100 Gramm wiegt. Es ist fast unglaublich, dass man einen so deutlichen und volkstümlichen Begriff wie Pfund vergessen und dergestalt missbrauchen konnte, wo doch Schrot und Korn an den Münzen beständig angegeben und das Gold auf der Reichsbank noch immer nicht gezählt, sondern mit Zählgewichten (von 5 Mark bis zu 2000 Mark) gewogen zu werden pflegt. Eine Krone wiegt ungefähr 4 g, ein Beutel mit 10 000 Mark Kronen netto: 3 Kilogramm 962,6 Gramm. Nur wenige messen das Gold mit dem Scheffel; auf der Wage wiegen es alle Bankbeamten. Als unsere Vorfahren vom Viehgeld zum Metallgeld übergingen, wogen sie dieses wie Geldzähler und Kassierer: die ältesten Zahlungen erfolgten in ungeprägtem Metall, dem *Aes grave* des alten Roms. Auch das Verhältnis von Gold und Silber ist von den frühesten Zeiten an mit grosser Genauigkeit auf Grund von Wägungen festgestellt worden. Von den alten Römern haben wir das Wort Pfund; es stammt, wie Seite 96 erwähnt, aus dem lateinischen *Pondus,* genauer aus einem alten Ablativ *Pondo,* der etwa dem englischen *Avoirdupois* entspricht, an sich ganz nichts sagend, nur so viel wie: *an Gewicht. Pfund* gilt gleich *Münze* für eine der ältesten römischen Entlehnungen, bereits aus dem 2. Jahrhundert, von dem Verkehr der alten Germanen mit römischen Händlern her. Auch der hebräische *Sekel* war von Haus aus nichts weiter als ein Gewicht; und, was uns näher angeht, auch die Mark ein altes deutsches, niederdeutsches, mit dem obrigkeitlichen Wertzeichen, der *Marke* versehenes Münzgewicht. Allmählich wurden Stücke von Gold und Silber in Umlauf gebracht, die zuvor abgewogen, auf denen Gewicht und Wert eingegraben waren. Auf der Messe in Irbit, dem zweitgrössten Jahrmarkt Russlands, kann man dieses Verfahren noch heute beobachten. Die Kaufleute, die aus den chinesischen Grenzländern dazu kommen, bedienen sich des Silbers als Zahlungsmittel. Dieses Edelmetall hat die verschiedensten Formen,

Royal, Goldmünze unter Karl VII. (1422—1461) geprägt (zuerst unter Philipp dem Schönen, Anfang des 14. Jahrhunderts). Avers: der thronende König, umgeben von Lilien, die auch die Spitzen der beiden Zepter bilden. Legende: KAROLVS · DEI · GRATIA · FRANCORVM · REX · R): gekrönter Vierpass, ein Griechisches Kreuz einschliessend; Legende: *XPC* · VINCIT · *XPC* · REGNAT · *XPC* · IMPERAT · (*XPC* = CHRS, Abbreviatur für CHRISTUS).

Silberner französischer Kronenthaler, unter Ludwig XI. (1461—1483) geprägt. Legenden: LVDOVICVS · DEI · GRACIA · FRANCORUM · REX. und CHRISTUS · VINCIT · CHRISTUS · REGNAT · CHRISTUS · IMPERAT. Für CHRISTUS die Abbreviatur: CHRS, griechisch geschrieben: *XPC* (der erste Buchstabe ein Chi, der zweite ein Rho, der dritte ein Sigma).

Kahnform, Schuhform, Wannenform; die einzelnen Stücke sind gestempelt, heissen in Russland *Jamben* und werden sehr geschätzt. Als Scheidemünze haben sie nur den Kasch, der in der Mitte mit einem viereckigen Loche versehen ist; gewöhnlich aber geben sie Bruchsilber und Hacksilber in Zahlung. Das heisst Silbersachen, hauptsächlich Schmucksachen, die in kleine Stücken zerschnitten und zerhackt sind und von denen je nach Bedürfnis abgehackt wird. In Norddeutschland, östlich der Elbe hat sich in Thongefässen viel solches Hacksilber gefunden, das aus der slawischen Zeit herrühren und in Kriegsläuften vergraben worden sein mag. Die Beschaffenheit der einzelnen Stücke lässt darauf schliessen, dass dieselben schon lange in Umlauf gewesen sind. Auf diese Weise ist der Rubel entstanden, der auch weiter

Französische Krone, Goldmünze, unter Karl VIII. (1483–1498) geprägt. Vergleiche Seite 93. Gekröntes *K* zwischen zwei Lilien (indem die Bretagne noch fehlt). Legende: KAROLVS · FRANCORUM · REX. (ohne *Dei Gratia*). R): Kreuz, Legende: SIT · NOMEN · DOMINI · BENEDICTVM. Das *K* bezeichnet vielleicht die Münzstätte Bordeaux.

Goldner Stachelschweinsthaler, *Écu au Porc-épic*, geprägt A. D. 1507 unter Ludwig XII., dessen Emblem ein Stachelschwein war (*cominus et eminus*). Zwei Stachelschweine halten den gekrönten Schild mit den drei Lilien (LVDOVICVS · DEI · GRACIA · FRANCORVM · REX). R): Griechisches Kreuz, in den Winkeln zwei Stachelschweine und zwei *L* (CHRISTUS · VINCIT · CHRISTVS · REGNAT · CHRISTUS · IMPERAT). CHRISTUS, abgekürzt: CHRS ist geschrieben: *XP*S (mit den griechischen Buchstaben *X* und *P*). Das *L* bedeutet *Ludovicus* oder die Münzstätte Bayonne.

nichts als eine Art Hacksilber ist: als die Russen im 14. Jahrhundert vom Pelzgeld zum Metallgeld übergingen, nahmen sie für grössere Zahlungen Silberbarren und hieben, um die Schuld zu begleichen, so viel ab, als nötig war; hacken heisst im Russischen: *rubit,* und daher das Wort *Rubl,* worunter man die Einheit des russischen Geldwesens versteht.

Später wurde auch die geprägte Münze, namentlich die kleine noch gewogen; und so mag man sich vorstellen, dass unser Wirt, wenn er allein ist, auch ein Pfund Heller und ein Pfund Pfennige abwiegt, wie der Engländer sein *Pound Sterling.* Indessen würde man irren, wenn man hierbei an die kleinen Scheidemünzen von Kupfer dächte: bis zum 16. Jahrhundert war es im Reiche überhaupt nicht üblich, Kupfer als Münzmetall zu verwenden. Die ersten Heller, die seit dem 13. Jahrhundert in der freien Reichsstadt Schwäbisch-Hall geschlagen wurden, und ebenso die Pfennige waren also silbern. Der

Pfennig oder *Pfenning* entsprach dem silbernen Denar, der die zweite Einheit des Fränkischen Münzsystems bildete; 12 Silberpfennige gingen auf einen Solidus oder Schilling, 240 auf ein Pfund. Und es ist sehr interessant, wie aus den Pfennigen erst die Groschen hervorgegangen sind, von denen sie bisher nur einen kleinen Teil darstellten. Nicht bloss wie man zu sagen pflegt, stückweise sind die Pfennige zu Groschen geworden. Bis in das 11. Jahrhundert wurde der Pfennig etwa in der Grösse einer jetzigen halben Mark zweiseitig ausgeprägt. Seit den Kreuzzügen aber, wo man die umfänglichen Münzen der Byzantinischen Kaiser in die Hand bekam, begann man den Schrötlingen einen grösseren Durchmesser zu geben und sie dafür dünner zu schlagen, denn der Münzfuss ward nicht geändert. Das Silberblech vertrug aber nun nicht mehr zwei Stempel, und so entstanden in der ersten Hälfte des 12. Jahrhunderts, am Harze und in Thüringen, in Goslar, Halberstadt, Magdeburg und Erfurt die Pfennige mit einseitigem Gepräge oder die Hohlpfennige (auf der Vorderseite konvex, auf der Rückseite konkav). Blech heisst auf lateinisch *Bractea,* und daher nennt man diese Blechmünzen auch *Brakteaten (Nummi Bracteati);* einzelne Kenner wollen indessen die Hohlpfennige nicht zu den echten *Brakteaten* rechnen. Jedenfalls haben die Hohlpfennige bis zur Mitte des 16. Jahrhunderts, namentlich in Niedersachsen, die Silberscheidemünze dargestellt. Ihr Silbergehalt sank jedoch so rasch, dass nachgerade aus dem Pfund Silber nicht mehr 240, nicht mehr 270, nicht mehr 330, nicht mehr 440, nein um das Jahr 1300: 700 Pfennige geschlagen und sie durch den starken Kupferzusatz ganz schwarz, rabenschwarz wie die *Rappen* des Schwarzwaldes und der Schweiz, aus Weisspfennigen: Schwarzpfennige wurden. Diese Entwertung, zugleich die unzweckmässige Verdünnung des Pfennigs bestimmten zuerst die böhmischen Könige, bald auch die Markgrafen von Meissen zu einer Neuordnung. Sie liessen

Frank Heinrich IV.; Silbermünze. Avers: Bild des Königs mit der Legende: HENRICHS · IIII · D[EI]G[RATIA] · FRANCO[RUM] · ET · NAVARÆ REX. Revers: die drei Lilien von Frankreich um eine vermehrt, indem mit Heinrich IV. Niedernavarra an Frankreich gekommen war. In der Mitte ein *H*, zum Zeichen, dass die Münze unter Heinrich IV. geprägt worden ist. Legende: BENEDICTUM · SIT · NOMEN · DOMINI. Das verkehrt gestellte A bezeichnet Paris als Münzstätte. Der Frank war zu Heinrich IV. Zeit noch etwas Neues; erst seit ein paar Jahren, seit 1575 in Umlauf und an Stelle des *Teston. Franc* ist eine Abkürzung von *Francorum Rex.*

Anfang des 14. Jahrhunderts die Mark feinen Silbers, ein halbes Pfund, wieder zu 60 Dickpfennigen und zwar zweiseitig ausprägen. Sothane Dickpfennige oder Dickdenare hiessen auf lateinisch: *grossi Denarii,* wohl auch nach der böhmischen Hauptstadt: *Grossi Pragenses;* das waren die ersten *Dicken* oder *Groschen.* Von jetzt ab bildete das Schock Groschen die Rechnungsnorm, und die Pfennige sanken zur Scheidemünze herab. Eine Zeitlang prägte man sie noch aus geringem Silber, A. D. 1494 zum erstenmal aus reinem Kupfer; seit dem 16. Jahrhundert gewann die Ausprägung in Kupfer das Übergewicht und ward durch Reichstagbeschluss von 1738 allgemein angenommen.

Auch die ältesten Kreuzer, zuerst im 13. Jahrhundert in Tirol geschlagen, wurden aus Silber, wenigstens aus geringhaltigem, soge-

Teston, Kopfgroschen des Königs Franz I. (FRANCISCVS · DEI · GRATIA · FRANCORUM · REX, 1515—1547). R): gekrönter Dreililienschild in einem Zehnpass, Legende: NON · NOBIS · DOMINE · SED · NOMINI . TUO · DA · GLORIAM. Gott allein die Ehre. *DNE* für *DOMINE* ist eine Abbreviatur wie bei dem Kronenthaler *XPC* für *CHRISTUS*. *D* bezeichnet Lyon als Münzstätte.

Teston, Kopfstück, französische Silbermünze, A. D. 1552 unter Heinrich II. (HENRICUS · II · D[EI] · G[RATIA] · FRANCOR[VM] · REX) geprägt. Es ist der König, der bei dem Turnier 30. Juni 1559 das Einhaken des Visierstücks unterlassen hatte und dadurch ums Leben kam (Seite 308). Römisches Kostüm: *Corona, Paludamentum, Fibula.* R): Gekrönter Halbmond (DVM · TOTVM . COMPLEAT · ORBEM, bis er voll wird). *A*: Münzstätte Paris.

nanntem Billon geprägt. Nach der Münzordnung vom Jahre 1551 sollten 72 Kreuzer soviel wie ein Goldgulden sein und 237 Stück auf die Mark feinen Silbers gehn.

Die Mark, um die es sich handelt, war die alte Kölnische Mark, die 233,812 g wog und 16 Lot hatte. Jede Silbermünze, welche mehr als 1 Lot dieses alten deutschen Münzgewichtes, also beiläufig 15 g wiegt, bezeichnet der Numismatiker als einen Thaler. Bekanntlich ist der Thaler eigentlich ein *Joachimsthaler,* weil in der böhmischen Bergstadt Joachimsthal zuerst solche grosse Stücke geprägt wurden; Kaiser Sigismund hatte die Stadt 1437 seinem Kanzler, dem Grafen von Schlick geschenkt, der hier eine Silbergrube anlegte und dessen Nachkommen A. D. 1517 aus dem gewonnenen Silber jene schönen Silbergulden oder Guldengroschen prägten, die fortan: *Joachimsthaler* hiessen. Damals hatte Joachimsthal 1200 Häuser, doppelt soviel wie jetzt; die Länder des heutigen Österreich lieferten überhaupt das meiste Silber des Mittelalters. Auch im Sächsischen Erzgebirge, bei Schneeberg und Annaberg sollen um jene Zeit kolossale Schätze gehoben worden sein; in Annaberg prägte man die sogenannten Engelsgroschen oder die Schreckenberger. In dem benachbarten Frohnau, oben am Schottenberge zeigt man noch das Haus, wo sich eine Bäuerin des 16. Jahrhunderts, Gewerkin bei der Grube „Himmlisch Heer", Tag für Tag in Wein gebadet und dann den Wein den Armen überlassen haben soll, eine Gepflogenheit, die in unserem Jahrhundert Jérôme, der König von Westfalen in Kassel annahm. Aber den Böhmen verdanken wir demgemäss die Thaler wie die Groschen. Der Sachse glaubt wohl in ein Guldenland zu kommen, wenn er bei Gottesgab die österreichische Grenze überschreitet. Er kommt vielmehr in das alte deutsche Land, dessen König einst Erzschenk des Kaisers und der erste weltliche Kurfürst war und dessen Zugehörigkeit zum Reiche nichts besser veranschaulicht als der Groschen und der Thaler.

* *
*

Klapp! — schlägt unser Wirt den Kasten zu. Er hat eine schöne Einnahme erzielt und kann sich beruhigt gleichfalls zu Bette legen. Es ist spät; der Nachtwächter, der mit Spiess und Horn herumgeht, hat schon die zwölfte Stunde angesagt. Wenn das so fortgeht, soll die Fuhrmannsherberge, über die sich der gelehrte Erasmus aufhält, bald etwas schöner werden. Er träumt schon davon. Er sieht im Traume ein Wirtshaus fest wie eine Burg, geräumig wie ein Schloss, mit dicken und starken Mauern. Er sieht ein hohes und steiles Dach und einen abgetreppten Giebel, der als gleichseitiges Dreieck nach der Strasse gerichtet ist; auf dem First ein eisernes Gerüste, in dem der Storch sein Nest baut. Durch eine gewölbte Einfahrt, breit genug für die grössten Lastwagen, betritt man das stattliche Gehöft, hinter dem ausgedehnte Stallungen und Scheunen liegen. Zu beiden Seiten sind Thüren: links geht es in die grosse Gaststube mit dem ungeheuren Kachelofen, rechts in die Herrenzimmer, wo die Hochmögenden und die Geschlechter den Frühschoppen einzunehmen pflegen und die in Kupfer gestochenen Bildnisse der alten Herren an den Wänden hängen. Alles ist gediegen und spiegelblank, die grünen Butzenscheiben und die mosaikartig zusammengesetzten, in Blei gefassten Fenster gewähren ein mildes Licht, solide, mit braunem Leder überzogene Armstühle stehen einladend an den massiven Ahorntischen, eine monumentale Uhr hängt an der Wand und verkündet mit ehernem Munde, mit einem Glockenton langsam und feierlich die Stunden des Tages und der Nacht. Der wilde, gefürchtete Ganymedes ist verschwunden, dafür waltet ein diensteifriger Hausknecht, Meyer benamset, seines erhabenen Amtes; er trägt ein grünes Sammetkäppchen auf dem Kopfe und eine dunkle Sammetjacke. Flinke Mägde und Schaffnerinnen weisen den fremden Gästen, die sich massenhaft einfinden, die freundlich ausgestatteten, anheimelnden Zimmer und die guten Betten. Draussen aber halten mächtige schmiedeeiserne Arme, mit Epheu- und Blaukohlblättern verziert, das Wirtshausschild; es ist der heilige Erasmus, und der Gasthof heisst: *die Herberge zum Erasmus.*

Siegelring des Merowingers Childerich I., der A. D. 481 zu Doornick starb; gefunden in seinem Grabe zu Doornick, das A. D. 1653 entdeckt ward. Vergleiche Seite 73. Ovales Porträtsiegel, Majestätssiegel: Büste des langlockigen Königs, des *Rex Crinitus* (9. 13); Brustschild und Spiess. Die Siegellegende lässt den Namen CHILDE[RICUS] · [REX] · FRAN[CORUM] noch ziemlich erkennen.

Die Gerichtsbarkeit.

a. Das weltliche und das geistliche Schwert.

Die zwei Arme Gottes, der Kaiser und der Papst — jeder von beiden führt ein Schwert — diese Anschauung dem Volke in Fleisch und Blut übergegangen, es ist der landesherrlichen Gewalt unterthan, hat noch keine Idee von Volkssouveränität als einem unveräusserlichen Rechte, von welchem alle Organe ihre Befugnisse ableiten — wie noch heute die Ämter vom König *verliehen* werden, das Beneficium ist der Gehalt — sind die Geistlichen Staatsdiener? — Theorie vom *Summus Episcopus*, Cäsaropapismus — der Investiturstreit — nach mittelalterlicher Auffassung ging die Kirche nicht im Staate auf, sie war ein Staat neben dem Staat — hatte demnach auch ihre eigene Gerichtsbarkeit — war umgekehrt nahe daran, die öffentliche Gewalt an sich zu reissen und zum grossen Kirchenstaat zu werden — den weltlichen Arm zu ihrem Werkzeug zu machen — Hexenprozesse, Inquisition — aber ihr Reich war nicht von dieser Welt, das Hauptpatrimonium blieb beim Kaiser, beziehentlich bei denjenigen mächtigen Landesfürsten, die in den Besitz der Souveränität gelangt waren — die Gutsherren waren deshalb auch Inhaber der Gutsgerichtsbarkeit, Gerichtsherren — unmittelbare und mittelbare Rechtspflege, das *Lit de Justice*, Majestätsrechte — Überreste von Privatgerichtsbarkeit in der Gegenwart, die deutschen Gerichte sind Staatsgerichte.

Obschon der mittelalterlich-romantische Lehnsstaat, dieses Ideal des Königs Friedrich Wilhelm IV. und der feudalen Partei, gewaltsam in den modernen Rechtsstaat übergeführt worden ist, ragen doch noch Überreste desselben bedeutungsvoll und das ganze Denken des Volks beherrschend in die Gegenwart hinein. Im Mittelalter hatte Gott gleichsam zwei Arme: das *Brachium Saeculare* und das *Brachium Ecclesiasticum;* jeder von diesen beiden Armen führte ein Schwert, der eine das weltliche Schwert, der andere das geistliche, den *Gladius Spiritualis.* Nun, nicht nur dass die Konservativen noch heute prinzipiell an dem zur Zeit der Karolinger ausgebildeten Rechtssystem festhalten, die Kirche und das Reich als die zwei Offenbarungen und Entfaltungen des höchsten Wesens, die ganze Welt gleichsam als eine doppelte Ausgestaltung von Kaiser und Papst betrachten, die beide *Landesherren* von Gottes Gnaden sind, beide in ihrer Art das Obereigentum, das Patrimonium des Erdkreises besitzen, von denen beiden alle Gewalt ausströmt und, auf dem Wege der Belehnung durch alle Schichten der *Unterthänigkeit* hindurchsickernd, bis herab auf die Aftervasallen tropft — die Nation selbst ist von diesen ererbten Vorstellungen tief durchdrungen. Wenn die Ämter, die Würden und die Orden fort und fort vom König *verliehen* werden, so ist das noch der echte, unverfälschte Begriff des Lehens und der Belehnung, der Gedanke, dass dem Beamten seine Stelle vom Landesherrn wie ein *Darlehen geliehen,* wie ein *Beneficium,* das Amt ist für die armen Leute meist wirklich eine rechte Wohlthat, zugewiesen wird (6). Der gesamte Staatsdienst erscheint immer noch als ein Dienst des Königs, der die Beamten beruft und entlässt, dem sie sich durch Handschlag verpflichten, der

Pan, ovium custos, tua si tibi Maenala curae,
adsis, o Tegeaee, favens, oleaeque Minerva
inventrix, uncique puer monstrator aratri. Virgil. Georgica I, 17 ff.

Nachbildung einer Miniatur zu den Eingangsversen des Gedichtes über den Landbau, in welchem Virgil die Hirten- und Bauerngötter anruft: den Pan, der in Arkadien verehrt ward, und der in menschlicher Gestalt, nur mit gesträubtem Haar und keimenden Bockshörnern, als eine Art Waldteufel erscheint — die Minerva, die den Ölbaum in der Hand und als γλαυκῶπις Ἀθήνη einen Eulenkopf hat — und den Triptolemos, den Liebling der Demeter, den Heros der Eleusinischen Mysterien und den Erfinder des Pflugs, der hier in seiner primitivsten Form, als Holzhaken (slawisch *Radlo*) dargestellt ist. Rechts und links von dieser Mittelgruppe zwei andere Gruppen, abermals zu je drei Personen. Rechts der Kaiser Octavianus Augustus, den Virgil ebenfalls (Vers 24 ff) anruft; und (als römische Kaiserin, beziehentlich als vornehme Dame, in der Tracht des 15. Jahrhunderts) die Ceres, die den kleinen Bacchus (mit der Weinrebe) an der Hand hat (*Liber et alma Ceres*, Vers 7). Auf der andern Seite die bei den Eleusinischen Mysterien beschäftigten Personen. Zunächst der heilige Herold, der Ruhe gebietet und die Unheiligen fortweist; er trägt die mystische Futterschwinge, die *mystica Vannus Iacchi* (Vers 166). Auch sein Nachbar Pan hat einen flachen Korb in der einen Hand, während derselbe in der andern einen Pflugsterz führt, in dessen gekrümmte Form seine Bäume gezwungen werden (*in Burim*, Vers 170). Zu äusserst links steht in priesterlichem Ornate der Hierophant, einen jungen Mann in die Eleusinischen Mysterien einweihend und aufnehmend. Das Zutreffende der gegebenen Deutung springt in die Augen; das interessante Bild, das ein gut Teil antiquarischer Gelehrsamkeit voraussetzt, ist sicher einem Virgil entnommen. Es findet sich nicht in der Kosmographie von Sebastian Münster; die Bezeichnung, die ihm Lacroix zu geben beliebt: *les Familles et les Barbares* ist ein Zeichen von Unwissenheit.

ihnen mittelbar oder unmittelbar den Lehnseid abnimmt, genau so wie Karl der Grosse auf unserem Bilde Seite 18 — die Diensteide, die Amtseide, die Fahneneide, die Unterthaneneide, die im Deutschen Reich tagtäglich geschworen werden, sind von jenen mittelalterlichen Treueiden nicht wesentlich verschieden, wenn auch der Souverän nicht mehr den Eigentümer von Land und Leuten, sondern nur den Träger der Staatsgewalt, nach dem Ausdrucke Friedrichs des Grossen: den ersten Diener des Staates vorstellt. Dass dem Beamten gegenwärtig kein Grundstück eingeräumt, sondern ein Gehalt gezahlt wird, ändert gar nichts an der Sache; das Geld ist nur eine andere zeitgemässe Form der Besoldung, die damals im Niessbrauch eines Gutes bestand, aber beim Übergange von der Naturalwirtschaft zur Geldwirtschaft allmählich abgelöst ward.

Bis in die neueste Zeit pflegten den Pfarrern Grundstücke, in der Regel lastenfrei, zur Nutzniessung eingeräumt, davon wieder Parzellen an Privatpersonen gegen Entrichtung von Lehngeld und Zinsen überlassen zu werden; aus diesen Zinsen, den oben (26 ff.) ausführlich behandelten Zehnten, sowie aus den sogenannten Stolgebühren oder Accidenzien floss zum Teil das Einkommen eines Pfarrers. Die letzteren sind fast überall abgeschafft und durch festen Gehalt ersetzt worden; die ersteren noch nicht. Auch die Pfarrwohnung lässt sich wie jede Amtswohnung als ein Naturallohn und als ein Lehen ansehn, das dem Geistlichen eben bloss geliehen und nur solange gelassen wird, als er im Amte bleibt. Wenn, wie das nicht selten vorkommt, der Sohn an die Stelle des Vaters rückt, so sieht es hernach so aus, als ob das Lehen erblich gemacht worden sei.

Die Geistlichkeit ist in protestantischen Ländern ebenfalls *königlich* geworden, während sie nach katholischer Auffassung in einem ähnlichen Verhältnis zum Papste wie der Adel zum Kaiser steht; der sogenannte Investiturstreit, in unserer Zeit der Kulturkampf drehte sich um die Frage, ob die Bischöfe ihre Güter vom Kaiser oder vom Papste zu Lehen trügen und ob die weltlichen Machthaber bei der Verleihung eines Bistums ein Wort mitzureden hätten. Der Investiturstreit wurde bekanntlich im Jahre 1122 durch das Wormser Konkordat beigelegt, wonach für deutsche Bischöfe und Äbte kaiserliche Belehnung vor erfolgter Weihe, aber nicht mit Ring und Stab, sondern mit dem Zepter, für italienische und burgundische die gleiche Belehnung erst nach erfolgter Weihe und die Leistung der Lehenspflichten seitens der geistlichen Würdenträger ausbedungen ward. Immerhin spielte der Kaiser bei der Bischofswahl nur etwa eine Rolle, wie sie der Kirchenpatron bei der Wahl eines evangelischen Pastors spielt — die feierliche Einführung ins Amt fällt nicht ihm, sondern dem Superintendenten zu. Dieser aber vollzieht sie im Auftrage des Landesherrn. Das ist ungefähr so gekommen. Als sich im 16. Jahrhundert der Protestantismus von der Römisch-Katholischen Kirche lossagte, schwebte der Klerus gewissermassen in der Luft: sein geistlicher Oberlehnsherr, der römische Bischof war ihm genommen. Um ihn nun einer neuen Kirche einzufügen, wurde von Luther die Theorie aufgestellt:

Die Weisheit Salomos, die (nach dem 9. Kapitel der Sprüche Salomos) ein Haus bauete und die Narren einlud: Kommet her zu mir alle und lernet, esset von meinem Brot und trinket des Weins, den ich schenke! *Venite ad me omnes et discite sapientiam; comedite panem meum, et bibite vinum quod miscui vobis!* — Gedacht als Karolinger in einer Karolingischen Pfalz; als Karl der Grosse, der sich als König Salomo gebarte (85). Es ist die achteckige, auf Seite 89 erwähnte Aachener Pfalzkapelle, die einen Umgang von zwei Geschossen und eine achteckige, den Mittelraum überdeckende Kuppel hatte; darauf sitzt die *Sapientia*. Bekanntlich füllten einst die ganze Kuppelwölbung Mosaiken. Die acht Ecken werden durch vier runde und ebensoviel viereckige Türme mit Zeltdächern bezeichnet. Die Bogenöffnung links ist durch zwei jener antiken Säulen eingerahmt, die einst das Ackteck schmückten und jetzt grossenteils wieder dastehn. Das Ganze umschliesst eine Mauer mit Zinnen (*ut vocarent ad arcem et ad moenia civitatis.* Liber Proverbiorum IX, 3). Nach einer Miniatur in einer Handschrift des 9. Jahrhunderts auf der *Bibliothèque de Bourgogne* zu Brüssel von Horace de Viel-Castel gezeichnet.

dass die päpstliche Gewalt auf den Landesherrn übergegangen, dieser als oberster Landesbischof, als *Summus Episcopus* und als das Ober-

Druck von Fischer & Wittig, Leipzig. Verlag von Heinrich Schmidt & Carl Günther, Leipzig.

Standespersonen des 14. Jahrhunderts:

Edelmann in Pelzrock mit fliegenden Ärmeln, von seinem vorn und hinten aufgekrempten Hütchen hängt die *Sendelbinde* herab; und ein königlicher Kaufmann in langer *Schaube*, in der Hand einen Filzhut mit rings aufgekremptem Rande, in der Form eines abgerundeten Kegels, mit Feder geschmückt. Schnabelschuhe, die Fussspitze verlängernd. Nach Glasgemälden in Saint-Ouen zu Rouen und im Museum zu Moulins sur Allier.

Zinkätzung u. Druck von Rud. Loës, Leipzig. Verlag von Heinrich Schmidt & Carl Günther, Leipzig.

Enthauptung Wilhelms von Pommiers und eines seiner Schreiber

wegen Hochverrats zu Bordeaux, der Hauptstadt der (damals englischen) Guienne, im Jahre 1377. Den Delinquenten sind die Augen verbunden worden; der Leutnant des Königs von England (mit Handschelle und Stab) hat dem Scharfrichter befohlen zu thun, was seines Amtes sei. Auf Hochverrat stand das Schwert für Edelleute, der Strang für die Bürgerlichen, für gemeine Verbrecher das Rad. Links vom Schafott eine Barbierstube. Entnommen den *Chroniques* des Sire Jean Froissart, *qui traitent des merveilleuses entreprises, nobles aventures et faits d'armes advenus en son temps en France* (Pariser Nationalbibliothek Nr. 2644).

haupt der evangelischen Landeskirche anzusehen sei. Also Cäsaropapismus. Der Landesherr führte das Kirchenregiment; die Behörde, durch die er dasselbe ausübte, war wie beim Papste das Konsistorium oder (in Preussen) der Oberkirchenrat. Diese seltsame Theorie, die, den Landesfürsten sehr vorteilhaft, der protestantischen Sache viel Vorschub geleistet hat, war eigentlich nicht neu, denn in vielen Ländern, zum Beispiel im Russischen Reiche, ist das Staatsoberhaupt zugleich Hoherpriester, und schon im alten Rom galt das Amt des Pontifex Maximus für ein Attribut der Kaiserwürde; immerhin eine bezeichnende Konzession an den Gedanken von den zwei Schwertern, die Gott den Menschen gegeben hat, und von den zwei nebeneinander herlaufenden Gewalten, der geistlichen und der weltlichen Gewalt — die Kirche ging nicht im Staate auf, sie gehörte nicht zum Staate, sie war ein Staat neben dem Staat, daher eine Personalunion von nöten. Im Königreich Sachsen, wo der König katholisch ist, wird die landesherrliche Kirchengewalt wieder von den vier *in Evangelicis* beauftragten Staatsministern ausgeübt, unter welchen das Landeskonsistorium zu Dresden steht. Man nennt diese Verfassung der evangelischen Kirche bekanntlich die Konsistorialverfassung.

Wenn sich demnach die beiden Gewalten grundsätzlich nicht vertrugen und die zwei Schwerter, das kaiserliche und das päpstliche, vielfach in unheilvoller Weise kreuzten: so mussten das wohl auch diejenigen Behörden der beiden Herren thun, für die das Mittelalter vorzugsweise das Symbol des Schwertes erfunden hatte, die Gerichte. In das System der allgemeinen Stufenfolge, welche die ganze Menschheit je nach der höheren oder niederen Geburt gliederte und abtreppte, fügte sich auch, und zwar an erster Stelle die Gerichtsbarkeit ein; auch sie ward von oben herab geliehen und fort und fort weitergegeben und übertragen und von dem Beliehenen als sein Eigentum, als ein Privatrecht, gleich dem Recht auf den Grund und Boden ausgeübt. Hier schied sich also wiederum eine geistliche und eine staatliche Gerichtsbarkeit, welche letztere bei der Schwäche der staatlichen Autorität und der vielfachen Gliederung des mittelalterlichen Lehnsstaates in die *Erb-* oder *Patrimonialgerichtsbarkeit* ausartete. Das sogenannte Patrimonialprinzip stellte die Staatsgewalt als Ausfluss der Patrimonialität, das heisst: des Anrechtes an Grund und Boden hin. Im Reiche stand gemäss den landläufigen Begriffen von Souveränität die höchste Gerichtsbarkeit dem Kaiser; in der Kirche dem Papste zu. Der Kaiser verlieh sie den Landesherrn; diese verliehen sie wieder an

Rittergutsbesitzer, beziehentlich an Städte, Stifter oder Klöster, wodurch sich eine den landesherrlichen Gerichten gleichstehende unterste Instanz ausbildete. Bei denjenigen mächtigen Landesfürsten, die in den Besitz der vollen Souveränität gelangt waren, brauchte auch die Quelle der Justizhoheit nicht erst vom Kaiser abgeleitet zu werden; und auch wer auf einem kleineren, aber erblichen Rittergute oder nur als Bauer auf einem Allod sass, behabte sich ohne weiteres als Richter über seine Hintersassen. Jedes Erbgut nannte man mit dem lateinischen Worte: *Patrimonium* und daher die mit dem Besitz eines solchen *Patrimoniums* verbundene Befugnis zur Ausübung der Rechtspflege: *Patrimonialgerichtsbarkeit* und die zur Handhabung sothaner Jurisdiktion bestellte Behörde: *Patrimonialgericht.**) Im Säkulum stand also die Sache so, dass jeder Gutsbesitzer Gutsgerichtsbarkeit besass, der Theorie nach der Kaiser als der Grossgrundbesitzer der Erde das Richtschwert allein handhaben und an seine Vögte weitergeben sollte, in Wirklichkeit aber jeder auf eigene Faust in dem kleineren oder grösseren Kreise richtete, in dem er Kaiser war. In der geistlichen Gerichtsbarkeit waren dagegen die Instanzen: der Bischof mit der bischöflichen Gerichtsbehörde, dem sogenannten *Offizialat* — auch der Bischof stellte ein Schwert hinter seinen Schild, die Spitze gesenkt, als Zeichen, dass er *Gladii Jus et Potestatem* über die Stiftslande besitze. Die zweite Instanz war

Einem gefangenen Ritter, der sich auf Gnade und Ungnade ergiebt, die Hände zusammenschlägt und um Barmherzigkeit fleht, wird der Prozess gemacht: ein Knappe nimmt ihm den als Wehrgehänge dienenden Gürtel ab, weil den der landräumige Mann nicht fürder tragen darf; der Sieger tritt ihn und ballt drohend seine Faust; hinter ihm seine Mannen mit dem Symbol der peinlichen Gerichtsbarkeit über Leben und Tod, dem Schwert. Links die Pforte zum Turm, in den der Unglückliche geworfen werden soll. Nach einer Miniatur in einem alten Ritterroman in Versen, Handschrift des 13. Jahrhunderts. Arsenal-Bibliothek, Paris. Das Emporheben der Hände ist die allgemeine, heidnische, jüdische, altchristliche Gebärde der Anrufung und des Gebets.

*) *Patrimonium* bedeutet das Vaterteil: also müsste *Matrimonium* von rechtswegen das Mutterteil bedeuten. Es bedeutet aber die Ehe. Ohne Zweifel, weil die Frau nach den alten strengen römischen Anschauungen in die Familie ihres Mannes überging, *in manum convenit,* zu ihm in das Verhältnis einer Tochter trat und folglich auch eine seiner Erbinnen ward. Das Vermögen einer Materfamilias war das Matrimonium des Mannes.

der Erzbischof, dessen Jurisdiktionsbezirk die *Diözese* hiess; die dritte der Papst oder der Bevollmächtigte des Papstes. Und zwar beanspruchte die Kirche nicht bloss über ihre Diener, sondern auch über Laien eine Disziplinargewalt, kraft deren sie den Kirchenbann oder die Exkommunikation und das Interdikt verhängte; ja, sie übte wegen gemeiner, von Laien begangener Verbrechen, als Gotteslästerung und Ketzerei, Kirchenschändung und Meineid, Wucher und Zauberei, Blutschande und widernatürlicher Unzucht, eine ausgebildete Kriminalgerichtsbarkeit, neben welcher auch eine ordentliche kirchliche Zivilgerichtsbarkeit bestand, indem Alimentensachen, Ehesachen, Gelübde, Verlöbnisse und dergleichen vor geistliche Gerichte gezogen wurden. In Ehesachen hat sich ja auch in der evangelischen Kirche eine Art geistlicher Gerichtsbarkeit bis in die neuere Zeit erhalten. Übrigens wurden Todesurteile grundsätzlich von der Kirche nie gefällt, die Verbrecher dem *Brachium Saeculare* überantwortet und die Ketzerrichter in Spanien vom Könige ernannt, dem auch die Güter der Verurteilten anheimfielen; man stellte die heuchlerische, geradezu lächerliche Behauptung auf: *Ecclesia non sitit sanguinem.* Wir haben ja schon einmal (298) erfahren, was von der Blutscheu der Kirche zu halten sei. Die Inquisition allein zeugt furchtbar gegen die christliche Kirche und die Religion der Liebe: von 1481—1808 haben nur in Spanien nach den 1834 zu Madrid veröffentlichten Aktenstücken nicht weniger als 31 912 Personen des christlichen Glaubens wegen den Scheiterhaufen bestiegen; 291 456 waren mit anderen schweren Strafen, ewigem Gefängnis, Galeere, Konfiskation der Güter, Infamie der ganzen Familie belegt worden. *Ecclesia non sitit sanguinem!* — Die Zeit der fluchwürdigen Hexenprozesse, die Europa in eine grosse Richtstätte verwandelte, wo in jeder Stadt die Scheiterhaufen dampften und die Folterknechte arbeiteten, war die Hölle auf Erden. Man kann nur sagen, dass die Kirche das *Brachium Saeculare* brauchte und wie ein Werkzeug zu regieren und ihren Zwecken dienstbar zu machen strebte; dass ihr das oft genug gelang. Die Kirche, so vortrefflich organisiert, befand sich damals auf dem besten Wege zu einem Kirchenstaate und zu einem Cäsaropapismus, wo der Kaiser nicht zugleich Papst, sondern der Papst zugleich Kaiser gewesen wäre. Wie der Mond sein Licht von der Sonne, meinte Gregor VII., so erhalten Kaiser und Könige ihre Gewalt vom Papste und nur durch dessen Vermittelung von Gott. Leider war die Pippinsche Schenkung, von der wir oben (279 ff) gesprochen haben, Petri alleiniges wirkliches Patrimonium, sein Reich mehr geistiger

Art, nicht von dieser Welt, und darum hat auch die gottgeordnete geistliche Gerichtsbarkeit dem vordringenden Staat nicht standgehalten; sie ist in der neueren Gesetzgebung nach und nach vollkommen beseitigt worden, während die Patrimonialgerichtsbarkeit, zwar ebenfalls aufgehoben und mit dem Prinzip der ausschliesslichen Staatsgerichtsbarkeit unvereinbar, noch heute in dem *Königlichen Landgerichte,* dem *Königlichen Schwurgerichte,* dem *Kaiserlich Königlichen Bezirksamte* nachklingt und in dem Umstande hervortritt, dass die Urteile im Namen des Königs verkündet werden.

Der Hochsitz, auf dem sich die alten Könige von Frankreich unter einem Thronhimmel niederliessen und, umgeben von ihren Baronen und Pairs, Gericht hielten, hiess, weil er aus fünf Kissen gebildet war, das Bett der Gerechtigkeit, *Lit de Justice.* Wie der Lordkanzler im Oberhaus des englischen Parlamentes auf dem Wollsack, einem grossen, viereckigen, mit rotem Tuch bedeckten Kissen ohne Rück- und Seitenlehne zu sitzen pflegt, so lag auf dem Sessel Ludwigs des Heiligen ein Kissen. Auch nachdem sich die Parlamente zu stehenden Gerichtshöfen ausgebildet hatten, erschien der König noch in ausserordentlichen Fällen, bei Streitigkeiten der grossen Vasallen, Mündigkeitserklärungen, Staatsfragen, mit den Pairs und gab persönlich seinen Willen zu erkennen. Die Gerichtssitzung in dem Prozess, den die Krone gegen den Connetable von Bourbon angestrengt hat, umstehend abgebildet, ist ein solches *Lit de Justice.* Der Kanzler hielt den Vortrag, leitete die mündliche Abstimmung, die ohne Diskussion vor sich ging, und befahl im Namen des Königs die Einregistrierung der beliebten Verordnungen, die übliche Form der Ausfertigung. Kein Gesetz hatte Gültigkeit, wenn es nicht in die Protokolle der Parlamente eingetragen war; dadurch erlangten dieselben, namentlich das Pariser, hohe politische Bedeutung. Verweigerte das Parlament das *Enregistrement* eines höfischen Ediktes, so erschien wohl der König selbst im Parlament und erzwang in einem *Lit de Justice* die Eintragung vermittelst eines Staatsstreichs. A. D. 1663 kam Ludwig XIV. mit der Reitpeitsche und in Sporen. Aber aus den alten feudalen Gerichtshöfen, die, zum Zwecke der Bewilligung königlicher Launen zusammenberufen, nicht selten das Recht mit Füssen treten mussten, sind allmählich die Reichsstände oder die *Generalstaaten* erwachsen, die sich als eine Nationalversammlung konstituiert und die französische Revolution eingeleitet haben.

Zwar steht der König für seine Person noch gegenwärtig über

dem Gesetz. Er gilt kraft der sogenannten Majestätsrechte für unverantwortlich, der Strafgerichtsbarkeit des Staats für ununterworfen, und zwar nicht nur in Bezug auf seine Regierungshandlungen, für welche statt seiner die gegenzeichnenden Minister verantwortlich sind, sondern sogar in Bezug auf rein persönliche Handlungen. Der König begeht nach einer aus dem Mittelalter überkommenen Theorie, selbst wenn er einen Lakaien niederschiesst oder einen Vasallen hängen lässt, kein Verbrechen, das heisst, er ist nicht strafbar, *the King can do no wrong.*

Aufforderung zum Kampf: ein ungerecht beschuldigter Edler lockert seinen Handschuh, um ihn dem Ankläger hinzuwerfen und den Frevler vor seine Faust zu fordern.

Einen Handschuh biet ich Euch an, sowie ihn zu Rechte
Jeder Fordernde reicht; Ihr mögt ihn zum Pfande behalten! —
Goethe.

Nämlich zum Pfande, dass ich mich stellen werde. Lebhaft gestikulierend steht ein Champion vor dem Richter und bringt seine Beschuldigung vor — hinter ihm die Dame, für die er in die Schranken tritt, eine jugendliche Figur in Haube und Kinnband, meinetwegen die Prinzessin Yrkâne, die der Gegenteil in ihrem Rechte gekränkt haben soll; sie legt beteuernd die Hand aufs Herz. Der Champion ist barhaupt, was eine Andeutung seines niederen Standes sein könnte, denn die Championschaft war früher ein unehrliches Gewerbe; und bereit, auf die geweihte Hostie zu schwören, dass die Urkunde auf dem Tisch gefälscht sei. Da appelliert der Verklagte, vor dem ein altes Grundbuch aufgeschlagen liegt, an ein Gottesurteil. An den gerichtlichen Zweikampf. Er will sich für seine Unschuld schlagen und mit dem Ritter der beleidigten Dame duellieren. Einer von seiner Freundschaft legt ihm die Hand auf die Schulter, er wird sein Bürge sein; schon zieht der Ritter konvulsivisch an seinem Handschuh. Beide Parteien tragen Schnabelschuhe und Filzkappen, die wie aufgestülpte Blumentöpfe aussehn, mit starkem Rande, aber ohne Krempe; nur der Hut des Richters hat eine, die in mehrere Lappen geteilt und vorn stark in die Höhe geschlagen ist. Links von dem Champion die Sippe der Frau, voran ein sogenannter *Gänsebauch, oben gleich unter dem Hals anfangend und herab bis weiter unter den Gürtel hangend, wie ein Erker an ein Haus hanget.* Das Grundbuch hat einen Lederriemen als Klausur (373). Nach einer Miniatur in einem französischen Werke über die bei solchen Gelegenheiten zu gebenden Pfänder: *Cérémonies des Gages de Bataille.* Handschrift des 15. Jahrhunderts. Pariser Nationalbibliothek.

Die Anklage des Monarchen ist höchstens wegen privatrechtlicher Ansprüche gestattet, daher sich jener Windmüller gegen Friedrich den

Grossen auf das Kammergericht berief; doch trifft dieselbe dann nicht die Krone, sondern nur ihr Vermögen, welches wie eine juristische Person behandelt wird. Auch die Mitglieder der landesherrlichen Familien haben einen privilegierten Gerichtsstand. Aber die Staatsbürger gehören heutzutage nicht mehr vor das Forum des Landesherrn, sondern vor das des Staates.

Die Gerichtsbarkeit ist nach neuerer Anschauung ein Stück der Staatsgewalt selbst; die deutschen Gerichte sind Staatsgerichte und zwar, mit alleiniger Ausnahme des Reichsgerichts, Gerichte der Einzelstaaten, denen ihre Justizhoheit geblieben ist. Also nicht der Landesherrn, die einst über die höchsten Beamten und die Lehensträger der Krone auf einem *Lit de Justice* in patriarchalischer Weise selbst zu

Gottesurteil (nach der gewöhnlichen Annahme) gefällt A. D. 1371 am Hofe Karls des Weisen in der Strafsache des Verräters Macaire und seines ersten Anklägers, des Hundes. In der Nähe von Paris, in dem Walde bei Bondy war der französische Ritter Aubry de Montdidier von einem seiner Gesellen, Richard de Macaire ermordet worden. Der Thäter wäre niemals entlarvt worden, wenn nicht der treue Hund Aubrys den Mörder wütend angefallen und unversöhnlich verfolgt und gebissen hätte. Diese grimmige Feindschaft des Hundes lenkte die allgemeine Aufmerksamkeit auf den Knappen; man schöpfte Verdacht, der Hund erschien wie ein Kläger, und der König beschloss, den Mann mit dem löwenartigen Tiere, allerdings keinem Pudel, im Gottesurteil kämpfen zu lassen. In Paris, auf der Westspitze der Insel Saint-Louis wurde es ausgefochten; der Leichnam des Ritters aus seiner Gruft gezogen, Macaire nach Bahrrecht vor den Toten und ungerüstet, nur mit einem Streitkolben bewaffnet der Dogge gegenübergestellt Übrigens ähnelt die Waffe mehr einem Spiess; die Figur erinnert an einen römischen *Bestiarius*. Der Zweikampf fiel zu Ungunsten des Mannes aus, das zornige Tier zerriss ihn, und sein Blut färbte den Erdboden; sterbend bekannte der Bösewicht. Die Geschichte wurde zum ewigen Gedächtnis in dem alten Schlosse Karls des Weisen zu Montargis auf eine Wand gemalt; sie hat an sich nach keiner Seite hin etwas Unwahrscheinliches. Indessen hält man sich neuerdings für verpflichtet, den Hund des Aubry für einen abgedroschenen Mythus zu erklären, diesen auf die Sage von der unschuldig verleumdeten Gemahlin Karls des Grossen: Sibylla zurückzuführen und die Pedanterie des alten Goethe, der keinen Hund auf die Bühne lassen wollte, nachzumachen. Es war gar kein Grund, dem Publikum den schönen und merkwürdigen, echt mittelalterlichen Stoff vorzuenthalten, der allerdings längst vor Karl dem Weisen (1364—1380) bekannt gewesen sein muss. Das geht eben aus unserer Abbildung hervor, denn dieselbe folgt der Miniatur in einer Handschrift des Gedichtes *Macaire*, die sich in der Pariser Arsenalbibliothek befindet und aus dem 13. Jahrhundert stammt, mithin eine frühere Behandlung der Sage voraussetzt. *Aubry* ist unser deutscher Name *Alberich*. Der Tote hat anscheinend zwei Köpfe, vielleicht symbolisch.

Gerichte sassen, während geringere Unterthanen mit ihrem Rechtsbedarf an die Vögte, die Inhaber der Schutzherrlichkeit oder der Vogtei über bestimmte Orte oder Bezirke angewiesen waren, die Hörigen und Leibeigenen von ihren Grundherrn abgeurteilt wurden. Am 24. Juni des Jahres 1423 verkaufte der Kurfürst Friedrich der Streitbare der Stadt Leipzig wiederkäuflich die Patrimonialgerichtsbarkeit; damit erlangte die Stadt ihr eigenes Gericht. Jetzt hat die Stadt Leipzig kein eigenes Gericht, das ihr einmal vom König wegen der damit verbundenen Einkünfte als ein nutzbares Privatrecht veräussert worden wäre und das nun ein vereideter Stadtrichter, ein landesherrlich bestätigter *Justitiarius* im Namen des eigentlichen Inhabers handhabte — die Rechtspflege ist ebensowohl eine Obliegenheit als ein unmittelbares Recht des Staates. Die Stadt bildet keine Gerichtsherrin, die den *Justitiarius* zur Ausübung der Gerichtsbarkeit bestellt hat, die ihn besoldet und der dafür wieder die Gerichtseinkünfte zufliessen — Gerichtsherr ist nach heutiger Auffassung lediglich der Träger der Staatsgewalt. Aber der Staat wird nicht hervorgekehrt, sondern immerdar der König — — die Form des Mittelalters, die Staatsordnung, welche den öffentlichen Dienst durch erbliche Zwischenunternehmer auf deren Rechnung besorgen liess, ist noch lange nicht überwunden, wenn auch seit dem Gerichtsverfassungsgesetz vom 27. Januar 1877 das Haus Arenberg-Meppen in Preussen und das Gesamthaus Schönburg in Sachsen sein Schwert in die Scheide gesteckt hat, der Richterstuhl der Rittergutsbesitzer und das *Lit de Justice* in der Rumpelkammer steht, und nur noch das steinerne Beil am Schlossthor eine Spur der alten Patrimonialgerichtsbarkeit enthält.

b. Das Ding.

Die Rechtspflege in germanischer Zeit: republikanische Verfassung der alten Germanen — das Gericht war das Ding, speziell das engere Ding, die Hundertschaft oder Cent — Umwandlung der Volksgerichte in königliche Gerichte, die Grafschaftsverfassung des Fränkischen Reiches — Karl Martell und Karl der Grosse — es entsteht eine Beamtenhierarchie, aus der sich das Lehnswesen entwickelt — die Grafschaften nicht mehr Ämter, sondern Patrimonialgüter, an denen nun die Gutsgerichtsbarkeit abermals hängt, mit Ausnahme des Blutbannes — weltliche und geistliche Grafen, wie der königliche Beamtenadel dem republikanischen Dinge über den Kopf wächst — volkstümliche Reaktion gegen den Feudalismus: die Femgerichte in der Justiz das, was die Hexensabbate in der Religion — dingliche Spuren in der Patrimonialgerichtsbarkeit — die Grafen waren nur mit der vollziehenden Gewalt bekleidet, die wahren Richter die Schöffen oder Schöppen — sie vertraten das Volksrecht und die im Volke lebenden Rechtsgewohnheiten — das Magdeburger Recht, der Leipziger Schöppenstuhl — die Einführung des Römischen Rechtes in Deutschland, die Richter studieren die Jurisprudenz, die Schöffengerichtsverfassung verfällt — Gallimathias — zum zweitenmal eine Schädigung des Volkstums, eine Entdeutschung des deutschen Wesens.

Auf diese Weise ist im Grunde die Gemeinde, die politische Gemeinde, mit dem Absterben des Lehnsstaates wieder zu ihrem

Recht und zu der Rechtsprechung gekommen, bei der sie zu allem Anfang beteiligt gewesen war. Das alte Gericht der germanischen Stämme war die Volksversammlung, war das Ding. Wir glauben wohl einen abstrakten Begriff zu brauchen, wenn wir von einem *Dinge* reden — *Ding* ist ein sehr sinnliches Lautsubstantivum, welches das dumpfe Brausen der kommenden und gehenden, durch einanderredenden und *dingenden* Menge malt, den vielen Gewimmel und

Der Hof des Alten Schlosses auf der Citéinsel, der sogenannten Isle de France, mit dem Parlament und der Pfalzkapelle (16. Jahrhundert). Der grosse Gebäudekomplex, bis zum Jahre 1431 die gewöhnliche Residenz der französischen Könige, seitdem Sitz des Parlaments und jetzt der modernen Gerichtsbarkeit, 1871 teilweise zerstört, aber restauriert, ist ein ehrwürdiger Rest französischer Geschichte und die Wiege der Stadt und des Reichs; die Wechselbrücke führt zum grossen Châtelet und der Neustadt am rechten Seineufer In der Mitte die sogenannte heilige Kapelle, die ehemalige Hofkirche, *la Sainte Chapelle du Palais*, Kollegiatkirche und ein reizendes gotisches Bauwerk, 12. Januar 1246 unter Ludwig dem Heiligen gegründet, der A. D. 1254 die kostbarsten Reliquien, die Dornenkrone und einen Splitter vom Kreuze des Erlösers in ihr niederlegte. Am 17. Mai 1306 wurde das Haupt des heiligen Königs selbst, mit Ausnahme des Kinnes und der Kinnlade, hierher übertragen. An die Kapelle stösst das Königliche Archiv, *le Trésor des Chartes du Roi*, worin sich wahrscheinlich auch die Urkunde über die Erblichkeit seiner Monarchie und das *Dei Gratia* befindet. Ludwig IX. ist durch seine konsequente Politik der eigentliche Begründer der erblichen französischen Monarchie geworden, der erste König von Gottes Gnaden (vergleiche Seite 422, Unterschrift zu Französischer Goldgulden). Links von der Kapelle, durch einen Portikus mit ihr verbunden, steht das Kollegiatstift, wo die Kollegiaten, will sagen die Kanoniker der Hofkirche zusammenwohnen und vom Ertrage der Stiftsgüter und von Zehnten unterhalten werden. Es ist ein Haus in französischer Renaissance mit hohen Dachfenstern und Turmhelmen. Die Basilika rechts ist das Parlament, der oberste Gerichtshof, *nostra Curia Parisiensis*. An den Thoren und an den Umfassungsmauern zahlreiche runde, mit Kegeldächern bedeckte Türmchen. Nach einem Stiche des 16. Jahrhunderts. Pariser Nationalbibliothek, Kupferstichkabinett.

Aufruhr malenden Tonworten der Sprache zu vergleichen *(Stromgebiet der Sprache, Seite 254 ff.)* — das ergab stufenweise den Begriff der Versammlung, der Gerichtsverhandlung, des Gerichtstages und -ortes, der Rechtssache und endlich schlechthin der Sache, die ja auch in den Romanischen Sprachen eigentlich eine *Causa* ist (schon im Latein des Salischen Gesetzes mit dem Sinn des französischen *Chose*). Das alte *Ding* war eine Versammlung wie die der drei Völker auf dem Rütli, die Schiller im *Tell* beschrieben hat, und bei der ebenfalls *die Schwerter der Gewalt* aufgepflanzt werden; zur Teilnahme jeder freie Mann berechtigt, was Schiller nicht übersehen hat, denn die Klosterleute vom Engelberg bittet Melchthal darum nicht verachten zu wollen, *weil sie eigne Leute sind und nicht wie wir frei sitzen auf dem Erbe,* und gleich darauf wird Ulrich der Schmied als Ammann abgelehnt, weil er wacker, doch nicht freien Standes sei:

Kein eigner Mann kann Richter sein in Schwyz.

Die Gesamtheit der freien Volksgenossen war also im frühesten Mittelalter die Trägerin der Souveränität, gleichviel ob ein König an der Spitze stand oder nicht: sie entschied über Krieg und Frieden, wählte die Beamten der Republik und den König selbst, richtete wohl auch; die ordentliche Rechtspflege fand indessen in Sprengeln, nämlich in den Hundertschaften statt, in welche jede einzelne Völkerschaft zerfiel. Je hundert wehrhafte Männer bildeten einen persönlichen Verband, eine Hundertschaft oder eine Cent, und diese Einteilung wurde als Grundlage für die Organisation des Gerichtsdienstes genommen. Die alten Germanen dingten in Hundertschaften; das engere Ding (noch heute nennen die Isländer jeden Gerichtssprengel ein *Thing)* war ein Centumviralgericht, wie der alte Ausdruck lautete: ein *Hundgericht* oder ein *Hundding* (mittelhochdeutsch: *Huntdinc).* Den Vorsitz hatte der König, wenn es, wie bei den Ostgermanen, den Goten und den Sueven, einen König gab; sonst einer der Fürsten.

Wie so war denn nun eigentlich diese altgermanische, durchweg republikanische Verfassung abhanden gekommen? — Durch die fränkischen Grafen. Der Majordomus Karl Martell, der *Carolus Martellus* oder *Tudites* soll den Beinamen des *Hammers* (beiläufig mit *Makkab[äer]* und mit *Marcus* identisch) von den Austrasiern nicht deshalb empfangen haben, weil er die Araber in der denkwürdigen Schlacht zwischen Tours und Poitiers (A. D. 732) besiegte und ihrem Vordringen Halt gebot; sondern weil er die vielen kleinen Souveräne und Machthaber, auch die Kirchen und Klöster im Fränkischen Reiche wie ein Hammer zerschmetterte. Sein Enkel Karl der Grosse hat mit seinen Hammerschlägen, durch die Hämmer, die er seinen Gaugrafen in die Hand gab, die Volkssouveränität selbst zertrümmert.

Das Schloss des Grafen von Paris, nachmals Hausvogtei, Sitz der Pariser Gerichtsbehörden erster Instanz, der Polizeidirektion und des Lehnhofs; angelehnt an einen der beiden steinernen Türme, durch welche das alte Paris im Norden und Süden auf der Landseite befestigt war. Es ist das sogenannte grosse Kastell, *le Grand Châtelet* am rechten Ufer der Seine, zu welchem von der Citéinsel die Wechselbrücke führte. Hier wurde wie in andern mittelalterlichen Schlössern und *Castelletis* Recht gesprochen; das kleine *Châtelet* auf der Südseite, am linken Seineufer diente als Gefängnis. Auch die hiesigen Schreiber bildeten eine *Basoche* (431, Unterschrift). Den grossen Turm (*la grosse Tour du Châtelet*) lassen die Pariser bereits von Julius Cäsar erbaut worden sein, der darin gewohnt habe, als er im Frühling des Jahres 53 v. C. eine Gallische Ständeversammlung einberief; ein Zimmer in diesem Turm führte den Namen: *Chambre de César*. Noch im Jahre 1636 konnte man auf einem *Album* über der Thüre einer Geschäftsstelle in diesem Turm die Worte lesen: TRIBVTVM · CAESARIS. Man nimmt an, das hier die alten Gallier Steuern bezahlt hätten. Indessen waren die beiden Türme, die das alte Paris schützten und A. D. 886 die Macht der Normannen brachen, nur von Holz, sogut wie die beiden Brücken, die das Festland mit der Citéinsel verbanden. Erst Ludwig der Dicke, der den am rechten Ufer entstandenen Stadtteil mit einer Mauer umgab, liess anstatt der hölzernen Türme steinerne Kastelle errichten (1108—1137). Aus solchen Kastellen haben sich, vergleiche Seite 43, die Burgen und die Städte so oft entwickelt. Der Hauptturm ist rund und hat ein mit Fenstern versehenes Kegeldach; dieselbe Form haben die beiden Erker, welche die Fassade des Schlosses einrahmen. Über dem finstern Eingang des Kastells eine Muttergottes, eine Uhr und ein Glockenturm. Zwei Kreuze stehen am Wege; in der Umgebung Salz- und Grünewarenverkäufe unter Markisen (*Entour le Chastelet vendoit on sel, fruit et herbes et aussi y faisoit on, tout l'an, chappeaux de diverses fleurs et verdeurs.* Delaborde, *Émaux*). Niedergerissen im Jahre 1802; an seiner Stelle das *Théâtre du Châtelet*. Faksimile eines Kupferstiches von Merian in der *Topographia Galliae* von Martin Zeiler, der als Ephorus des Gymnasiums zu Ulm 1661 starb. Frankfurt 1642. In-Folio.

In fränkischer Zeit wurde die Cent ein administrativer Begriff — der Gau zerfiel in eine Anzahl Hundertschaftsbezirke. Der oberste Schreiber des Gaus oder wie derselbe auf lateinisch hiess: des *Pagus* war der Graf, ein griechischer Titel, über den wir auf Seite 23 gehandelt haben; lateinisch lautete er *Comes*, was man am besten als den *Gefolgsmann* schlechthin, den *Hauptgefolgsmann* erklären wird (6). Der Hundertschaftsbezirksvorstand hatte auch den Titel Graf, er war der *Centgraf*, lateinisch: *Centenarius*, nicht mit dem Seite 23 erwähnten *Sendgrafen* zu verwechseln (9). Indem nun aber die Hundertschaft nur einen Kreis des Regierungsbezirks oder Gaus vorstellte, so folgt, dass der Centgraf ein Unterbeamter des eigentlichen Grafen oder des Gaugrafen war und sich zu diesem verhielt wie ein preussischer Landrat zu einem Regierungspräsidenten. Er war Hilfsorgan, *Vicarius* des Grafen bei der Aufbietung des Heeres, bei der Eintreibung der Abgaben, beim Gericht; daneben stand ihm in kleineren Sachen, wo es sich nicht ums Leben handelte, eine selbständige Gerichtsbarkeit zu: er war befugt, jeden Freien vor sein Gericht zu laden und *in Contumaciam* zu verurteilen. Der Graf ernannte die Centgrafen; in Sachsen, wo die letzteren: *Gografen* hiessen, wurden sie wohl auch von der Gemeinde selbst gewählt. Aus ihnen entstanden die *Schulzen*. Diese Gerichtsverfassung erhielt sich während der ganzen Karolingischen Zeit.

Aber schon unter Karl dem Grossen hatte das Lehnswesen die Natur des gräflichen Amts verdunkelt. Die Grafen, deren Einkommen in einem Anteil an den Bussen und der Nutzniessung eines für die Amtsdauer verliehenen Landgutes bestand, betrachteten das letztere als ihr Eigentum und missbrauchten ihr Beneficium, indem sie die Amtseingesessenen zu Hörigen machten. Wirklich wurde die Erblichkeit bald Regel, und es entstanden Grafschaften, die nicht mehr Ämter, sondern Patrimonialgüter waren — an ihnen hing die Patrimonialgerichtsbarkeit; nur dass sich die Inhaber nach wie vor vom König mit dem *Blutbann* beleihen liessen, erinnerte noch daran, dass sie eigentlich Grafen, dass sie Regierungsbeamte waren.

Das altgermanische Rechtswort Bann entspricht einer heutigen *Verordnung;* im Fränkischen Reiche der *Regierung* überhaupt. Es schloss also die Gerichtsbarkeit mit ein. Seit der Ausbildung eines öffentlichen Strafrechtes sprach man von einem Blutbann — das war die Gerichtsbarkeit über Leben und Tod oder die Kriminalgerichtsbarkeit. Diese stand nur dem Kaiser und König zu, sie musste den

Territorialherren auch später noch, als die Landeshoheit schon erstarkte, besonders verliehen werden.

Nicht selten brachten weltliche Grosse mehrere Grafschaften in eine Hand zusammen; desgleichen gehörte es zur Politik der Sächsichen

Parlaments- oder Reichsgerichtssitzung in dem Prozess, den die Krone wegen Rückgabe einiger Lehen gegen den Connetable von Bourbon, den ersten Mann des Reiches, angestrengt hat (A. D. 1522). Richter sind die Pairs, französische Edelleute und hohe Geistliche; den Vorsitz führt der König (Franz I.). Vergleiche Seite 40. Patrimonialgerichtsbarkeit; *Lit de Justice*. Nach einem Stich in den *Monuments de la Monarchie française* des Altertumsforschers Montfaucon (Paris 1729—1733).

und der Fränkischen Kaiser, das Grafenamt an geistliche Stiftungen, Bischöfe und Äbte zu verleihen, die ebenfalls schon ihre bedeutenden, mit pflichtigen Hintersassen besetzten Güter hatten, diese selbst mit dem obenerwähnten Offizialat regierten und für die neu hinzugekommenen Vögte als Richter bestellten. Damit erlangten die Grossgrundbesitzer nicht bloss eine ausgedehnte Patrimonialgerichtsbarkeit, sondern auch über die übrig gebliebenen Freien, die zwischen ihren, vielleicht unzusammenhängenden, Gütern wohnten, ein Hoheitsrecht; es war ihnen die schönste Gelegenheit geboten, ihr Territorium abzurunden. So wuchs der königliche Beamtenadel dem alten republikanischen Dinge sozusagen über den Kopf, und es bildete sich allmählich im Volke anstatt der Freiheit jene bureaukratische Gesinnung aus, die wir auf Seite 14 hervorhoben und über die sich manch einer aus Unkenntnis gewundert haben mag.

Ganz erstickt worden ist freilich das Gefühl niemals: dass die Rechtspflege Sache aller freien und wehrhaften Männer des Volkes sei. Die Feme ist eine ausdrückliche volkstümliche Reaktion gegen die königlichen Gerichte und die Beamtenhierarchie, wie das Hexenwesen gegen die aufgedrungene christliche Religion gewesen; und selbst die Gerichtsbarkeit, die der Inhaber des Patrimoniums an Städte, Klöster und einzelne Gutsbesitzer verleihen durfte, hat mit der Zeit wieder einen dinglichen Charakter angenommen. Das Gericht, in welchem der Gutsherr oder der herrschaftliche Vogt die Rechtshändel der Hintersassen entschied, das Bauern- oder Hübnergericht hiess immer noch das *Ding* oder das *Hubding*, wie das Gericht des Burggrafen über die seinen Gerichtsbann unterliegenden Personen das *Burgding* war; die Hübner oder die Dinghofsleute dingten mit, sogar unfreie Leute wurden zugelassen, Schöffen sprachen das Urteil. Diese Schöffen oder (plattdeutsch) Schöppen, die in alter Zeit, solange die Gerichtsvorstände nur mit der vollziehenden Gewalt bekleidet waren, jedem Dinge beisassen und als Zeugen der im Volke lebenden Rechtsgewohnheiten, des Herkommens auftraten, die wahren Richter, stellten einen deutlichen Rest des alten Volksgerichtes dar. Sie hatten für die Gerichtsgemeinde, aus welcher sie hervorgingen, für ihre Hundertschaft das Urteil zu finden und dem Richter auf Befragen das Recht zu weisen, indem sie ihm das Herkommen erklärten. Sie waren gleichsam Hüter der alten Volksrechte, die wir auf Seite 7 aufzeichnen sahen, des Salischen Gesetzes, der Angelsächsischen Gesetze, der Burgundischen Gesetzbücher, des Sachsen- und Schwabenspiegels — die Magdeburger Schöffen wiesen dem Hofe noch das alte Sachsenrecht und verbreiteten, auch auswärts angesehen und von jungen Städten um ein Gutachten

Die Verkündigung des Urteils, das der jüdische Gerichtshof in der Jerusalemer Gerichtslaube gefällt hat: ein Levit oder Amtmann (ὑπηρέτης) verliest das Erkenntnis, der alte Sünder steht abseits, der *Schofet*, das heisst der Richter, durch einen Stab ausgezeichnet, weist mit dem Finger auf ihn, aller Augen sind auf den verstockten Bösewicht gerichtet. *Richter und Amtleute sollst du dir setzen in allen deinen Thoren* (5. Mose, XVI, 18); die Laube ist voll von Ältesten, Zeugen und Rechtsanwälten, unten steht das Volk. Die Kopfbedeckungen sind, seltsam genug, Mützen und Hüte — die Einführung des griechischen Hutes (πέτασος) ward zur Zeit der Makkabäer als eine nationale Schmach betrachtet; der Hut des Richters soll vielleicht der Kopfbund sein, den Josephus: *Zânîph* oder *Miznephet* nennt. Den *Jüdischen Altertümern* des Josephus, einer französischen, im Auftrage der Herzoge von Burgund gemachten Übersetzung dieses (A. D. 93 griechisch geschriebenen) Werkes, das von der Erschaffung der Welt bis zum Jahre 66 n. C. reicht, ist das Bild entnommen. Miniatur in einer Handschrift des 15. Jahrhunderts. Pariser Arsenal-Bibliothek.

angegangen, ihre örtlichen Satzungen bis nach Polen, Preussen und Livland. Das Magdeburger Recht, eine Mischung von altsächsischen Gewohnheits- und magdeburgischen Lokalrechten, ist im Mittelalter so viel versendet worden wie das Magdeburger Sauerkraut. Die vielerfahrenen und weisen Schöppen bildeten zusammen den Schöppenstuhl, mittelhochdeutsch: *Scheffenstuol*; an ihn erging oft aus weiter Ferne die Berufung. Auch die Stadt Leipzig besass jahrhundertelang (1420—1835) einen berühmten, aber nicht mehr volkstümlichen, sondern geschulten, einer Juristenfakultät entsprechenden, aus Doktoren und Sachverständigen zusammengesetzten Schöppenstuhl, der dem In- und Ausland Orakel erteilte; und weil er die Leute oft lange warten

Bauerngericht: ein Schulze oder Dorfgraf unter Beisitz von vier Hüfnern das Hübnerding abhaltend. Das Ding, hier im Sinne eines niederen Gerichts, war eigentlich ein Volksgericht und eine Volksversammlung, speziell, seit Fränkischer Zeit, die Hundertschaftsversammlung, in welcher unter Vorsitz des Grafen und unter Mitwirkung aller freien und wehrhaften Männer die ordentliche Rechtspflege stattfand. Der Graf bereiste die verschiedenen Dingstätten der einzelnen Hundertschaften, das heisst der Gerichtssprengel, zur Abhaltung des Dings (9. 22 ff.); die ganze Gemeinde hatte ein Wort mitzusprechen. Der Termin, auf den die Gerichtsverhandlung anberaumt war, hiess kurzweg: der Tag, daher das Gericht auch: das *Tageding* oder (zusammengezogen) das *Teiding*, ein Begriff, der noch in *Narrentheidung* fortlebt; wer auf so einem *Tagedinge* die Rechte des Angeklagten wahrte, seine Sache führte und seinen Standpunkt vertrat, der *vertagedingte* ihn, *verteidingte* ihn, wir sagen: er *verteidigte* ihn, denn das besagt eben das Wort *Verteidigung*, die Anwaltschaft bei einem *Teiding* oder einem *Ding* — *verteidigen* verhält sich zu *verteidingen* wie *Pfennig* zu *Pfenning*. Die Hintersassen der Gutsherrschaften gehörten als eigne Leute nicht vor das Ding, sondern vor das Forum des Gutsbesitzers; auf den Dinghof oder Fronhof, das heisst den Herrenhof, wo der Grossgrundbesitzer privatim entweder selbst zu Gerichte sass oder einen Beamten, den Dingvogt mit den Dinghofsleuten dingen liess. Das nannte man Bauernsprache. Faksimile eines Holzschnittes in der Weltbeschreibung von Sebastian Münster (Basel 1544. in-Folio).

liess, entstand das bekannte Sprichwort: *Lipsia vult exspectari.*

Im Laufe des 15. Jahrhunderts wurde in den höheren Gerichten das ausgebildete Römische Recht zur Geltung gebracht, so sehr sich auch die Schöffen, als Vertreter der Volksrechte und des Herkommens dagegen sträubten. Das ganze Volk war erbittert, nur die gelehrte Welt und die Geistlichkeit erbaut — noch im 16. Jahrhundert warfen die Schöffen zu Frauenfeld im Thurgau einen gelahrten Pandektisten, der vor ihnen den Baldus und den Bartolus zitierte, mit den Worten zur Thüre hinaus: *Höret Ihr Klügling, wir Eidgenossen fragen nicht nach dem Bartele oder Baldele und anderen Doktoren, wir haben sonderbare Landbräuche und Rechte, wissen allein, wo Barthel Most holt; raus mit Euch, raus!* — Aber es gehörte das zu dem Traume von einem heiligen Römischen Reiche deutscher Nation und hat mit dazu beigetragen, die Sprache und das Volkstum zu verderben und die Entwickelung des deutschen Nationalgefühls zu hemmen. Seitdem hiessen die Volksrechte: *Leges Barbarorum,* seitdem gab es gelehrte Richter und *Doctores Juris* — die Gerichtssprache wurde die lateinische, wenn einer vorgeladen wurde, so erhielt er ein *Veniat!* — das Wort *Gallimathias* kam damals auf.*) Die Schöffen konnten gehen, sie hatten nichts mehr zu sagen, von dem Gallimathias verstanden sie nichts — sie sanken zu blossen Beisitzern, Urkundspersonen, sogenannten Solennitätszeugen bei einer Hinrichtung herab. Das war die Entwickelung des gelehrten Richtertums, das war die widrige, in der Reichskammergerichtsordnung von A. D. 1495 vollendete *Reception* des Römischen Rechts auf deutschem Grund und Boden — es ist wahr, dass dasselbe bloss in Ermangelung der einheimischen Gesetze als *subsidiäres* Recht zur Anwendung kommen sollte: eine neue Schädigung und Fälschung des deutschen Geistes, der sie gutwillig, aus Mangel an Originalität ertrug, war trotzdem eingetreten, kaum minder belangreich als die einst von der Kirche durchgeführte Entmündigung und Entdeutschung des deutschen Wesens und die unheilvolle Arbeit Karls des Grossen (94 ff).

*) Nach einer bekannten etymologischen Anekdote, indem sich ein Rechtsanwalt, der einen gewissen Matthies von wegen eines alten Hahns verteidigte, fortwährend versprach, bald: *Gallus Matthiae,* bald wieder: *Galli Matthias* sagte, und sich dermassen verfitzte, dass gar niemand klug ward.

c. Das Gottesurteil.

Eine Sprache ohne Worte: Gott selbst als Urteilsfinder — das angelsächsische Wort *Ordal*, nichts weiter als *Urtel* — Vorkommen desselben in den Angelsächsichen Gesetzen — Spuren im Norden — bei andern Völkern — eine Feuerprobe in der englischen Grafschaft Cornwall: wie die tugendsame, des Ehebruchs bezichtigte Königin Isolde das Gottesgericht zu überlisten weiss — eine andere Feuerprobe, durch welche die Gemahlin Karls des Dicken ihre Unschuld darthut — das Tragen des heissen Eisens, die Probe der glühenden Pflugscharen — die Probe des heissen Wassers, der Kesselfang, die Probe des kalten Wassers — andere Versuche — eigentlich konnte die Feuerprobe, weil lebensgefährlich, nur zu Ungunsten des Angeklagten ausfallen — andere Proben mussten wieder stets für die Unschuld sprechen, zum Beispiel die Kaltwasserprobe, die Abendmahlsprobe und die Probe des geweihten Bissens — Inkonsequenz der Gerichte: einmal gilt die Widerstandsfähigkeit für belastend, das anderemal für gut — Begünstigung durch den Vorsitzenden — alle diese Experimente werden von der Geistlichkeit und in der Kirche vorgenommen — jeder Ausgang ist ein Gottesurteil, die Feuerprobe in gewissen Fällen bildlich zu verstehen.

Als unfehlbarer Urteilsfinder, gleichsam als höchster Schöffe erschien unsern Vorfahren, wie andern Ariern der liebe Gott, der ohne Worte, allein durch die Lenkung des Weltlaufs den Prozess entscheiden, die Schuld oder Unschuld des Angeklagten durch den Ausfall einer angestellten Probe darthun, durch Thatsachen ein Urteil fällen konnte. Jeder Ausgang ist ein Gottesurteil und die Weltgeschichte das Weltgericht, wie Schiller sagt; das eigentliche Gottesurteil nur ein unter dieser Voraussetzung vorgenommenes, zweckmässig gewähltes Experiment, durch welches die göttliche Urteilskraft zu einer Äusserung, die sonst vielleicht noch unterbliebe, gezwungen wird. Man nannte die Gottesurteile, die *Judicia divina*, im mittelalterlichen Latein: *Ordalia*, daher auch auf deutsch vielfach: *Ordalien*, was gar nichts weiter als: *Urteile*, ohne die nähere Bestimmung durch den Genitiv, bedeutet. *Ordalium* oder *Ordela* ist eine Latinisierung des angelsächsischen *Ordâl*, welches dem hochdeutschen *Urtel* oder *Urteil* gleich steht. Englisch: *Ordeal*. Dass gerade die angelsächsische Form die technische geworden ist, kommt daher: in den Angelsächsischen Gesetzen von Wessex, den *Westseaxna Lege*, die unter dem weisen König Ine (688—726) um das Jahr 690 aufgezeichnet worden sind und zu den Germanischen Volksrechten gehören, werden Gottesurteile (keine gerichtlichen Zweikämpfe) zuerst erwähnt. Später, in der Zeit des konsolidierten Reiches, gedenken derselben die Gesetze anderer angelsächsischer Könige, zum Beispiel Edwards, Ethelstans, Edgars, Knuts, von neuem (die Gottesurteile erhielten sich bis zu Heinrich III.) so dass sie von der Überlieferung den spezifisch sächsischen Gewohnheiten beigezählt worden sind. Alte Spuren finden sich auch in

Dänemark und Schweden, wo daneben der Zweikampf üblich war: die Kämpfenden wurden Brust an Brust, entkleidet, mit einem Gürtel zusammengebunden und zerfleischten sich mit dem Messer. Eine schöne Darstellung dieses Duells von dem schwedischen Bildhauer Molin, die Gruppe *Bältespännarne* ziert die Stadt Stockholm.

Patrimonalgerichtsbarkeit: Gericht des Reichs- oder Landesoberhauptes, vor das nur wenige kommen. Der König, der dem aus vier würdigen und gelehrten Räten zusammengesetzten Tribunale vorsitzt, entscheidet in dem Prozesse, den der auf seinen Stab gestützte Blinde gegen den Räuber seiner Ehre angestrengt hat, wie Pantagruel in Sachen der Herren Baisecul und Humevesne entscheidet (Rabelais. *Pantagruel II, 10 ff.*); der Gerichtsschreiber nimmt das Urteil zu Protokoll. *Anlangend den Streit zwischen den Getreuen . . . nach eidlicher Vernehmung der beiderseitigen Zeugen . . . alle Pros und Contras notdürftig angesehen . . . anerwogen dass . . . so findet der Gerichtshof, er sei seines Vaters Erbe unwürdig und von Schildes Amt zu scheiden . . . Kläger aber, Einwendens ungeachtet, nicht nur mit seiner unbefugten Forderung abzuweisen, sondern auch in alle Kosten zu verurteilen sei . . .* ***von Rechts wegen.*** Beide Parteien sind Edelleute, beide haben Falken auf der Faust. Nach einer gelb in gelb ausgeführten Miniatur in der *Informatio Regum.* Handschrift des 15. Jahrhunderts. Pariser Arsenal-Bibliothek. Sogenanntes *Lit de Justice.*

Übrigens stimmen diese angelsächsischen Gesetze oder *Tümer* (englisch: *Dooms*) mit denen der in Deutschland gebliebenen Altsachsen und dem in Mittel- und Süddeutschland herrschenden Fränkischen Rechte oft wörtlich überein. Sie sind kurz und höchst interessant, weil auf dem Boden Englands vielfach bis auf den heutigen Tag in Kraft. Wenn ein freier Angelsachse die Gattin eines andern freien Mannes verführte, so musste er ihm nach einem *Tume* des (A. D. 616 gestorbenen) Königs von Kent Ethelbert I. eine andere Frau kaufen. Nun, noch gegenwärtig gilt es als englisches Herkommen, dass der Mann seine Frau mit deren Einwilligung zu Markte bringen darf.

Allmählich wurde der Ehebruch so streng bestraft wie der Mord; und daher dem Angeklagten ein Eid abgenommen und, um den Thatbestand zu ermitteln, ein Gottesgericht angestellt. Die Geschichte von Tristan und Isolde, die wir (236) bereits einmal angezogen haben, spielt bekanntlich in England, in der südwestlichen Grafschaft Cornwall, die freilich nicht zur angelsächsischen Heptarchie gehörte, sondern erst unter Egbert (823) unter englische Hoheit kam, in der wir aber dem Dichter Gottfried zu Liebe schon in keltischer Zeit eine Feuerprobe vornehmen lassen wollen. Isolde, die Gemahlin Markes liebt dessen Neffen Tristan und ist dem König untreu. Trotz aller Vorsicht wird der verbotene Umgang der Liebenden entdeckt, aber immer gelingt es ihnen, den König wieder zu beruhigen und dem alten Mann eine Nase zu drehen. So auch bei dem Gottesurteil, an das die Königin Isolde selber appelliert. Sie will das Eisen tragen. Im blossen Hemd und einem wollenen Röckchen erscheint sie vor dem Gericht; die Hemdärmel hat sie aufgestreifelt. Nun muss man wissen, dass sie Tristan vorher, als Pilger verkleidet, auf seinen Armen aus einem Schiffe ans Land getragen und sich, wie ausgemacht, mit ihr zusammen hat hinfallen lassen. Diese List hat der armen Isolde der gnädige Christ in Not und Gebet und Fasten eingegeben. Isolde kann denn mit gutem Gewissen schwören, es habe niemals ein Mann bei ihr gelegen, ausgenommen der König und der Pilger; und das glühende Eisen in Gottes Namen getrost anfassen. Sie hebt es ein paarmal in die Höhe, trägt es neun Schritte weit mit blossen Händen und wirft es dann geschickt in einen Trog, ohne sich zu verbrennen. Flog das Eisen nicht richtig in den Trog, so musste noch einmal von vorn angefangen werden. Die Geschichte setzt eigentlich voraus, dass es auch beim Gottesgericht nur darauf angekommen sei, dem Buchstaben gerecht zu werden, und Gott nichts habe machen können, weil die Verbrecherin thatsächlich nicht log. Solche Fälle hatte vielleicht der heilige Bischof von Chartres Yvo im Auge, wenn er A. D.

1095 an seinen Amtsbruder Hildebert schrieb, diese Art, die Unschuld zu beweisen, sei: *Innocentiam perdere.* Wenn die Feuerprobe wirklich angestellt wurde, so konnte sie der Natur der Sache nach nur ungünstig ausfallen, so oft sie auch die lieben Frauen bestanden haben sollen. Die Gottesurteile waren auch in Deutschland und Frankreich an der Tagesordnung. Die Gemahlin Karls des Dicken, aus dem Geschlechte der Karolinger, im 9. Jahrhundert, hiess Richardis. Sie wurde A. D. 887 des unerlaubten Umganges mit einem höheren Geistlichen, dem Bischof Liutward von Vercelli, kaiserlichem Erzkanzler angeklagt

Der Slawenkönig Ottokar von Böhmen im Kampf mit dem Deutschen Reiche: er hat dem neuen deutschen Könige Rudolf von Habsburg die geforderte Huldigung verweigert, ist dann, in die Reichsacht erklärt, mit grosser Macht aus Böheim nach Österreich gezogen und hat sich auf dem Engelsfelde am linken Donauufer gelagert. Hier sieht er sich, da er auf die Treue seiner Barone nicht bauen kann, vorläufig zur Unterwerfung unter die harten Forderungen des deutschen Königs genötigt; er verliert alle seine deutschen Länder, muss Österreich, Steiermark, Kärnten, Krain und Eger an Rudolf abtreten und Böhmen und Mähren aufs neue in Lehn nehmen (21. November 1276). Trachten des 16. Jahrhunderts: fünf Schauben mit langen weiten Ärmeln und einem auf dem Rücken fallenden Pelzkragen; und ein Wams mit geschlitzten Puffärmeln, wie sie die Landsknechte trugen. Die von der Hose getrennten Strümpfe sind an einem Bein gestreift. Ottokar hat eine Plattenrüstung. Er trägt die Krone, die deutschen Stände haben Calotten und Barette, die böhmischen: Hauben auf, nur der Hauptmann trägt ebenfalls ein Barett, das flache Barett der Landsknechte Nach einen Holzschnitt in Sebastian Münsters *Cosmographia* (Basel 1552. in-Fol).

und soll nicht nur ihre Unschuld, sondern sogar ihre Jungfräulichkeit, dass sie nicht einmal von ihrem Manne berührt worden sei, im Feuer erhärtet haben. Sie soll mit verbundenen Augen und im blossen Hemde durch einen brennenden Holzstoss und dann auch noch barfuss über zwölf glühende Pflugscharen gegangen sein. Dasselbe bekam der Tradition nach A. D. 1007 eine andere deutsche Kaiserin, die heilige Kunigunde, Gemahlin Heinrichs II. fertig. Das heilige Paar hatte am Hochzeitstage das Gelübde der Keuschheit abgelegt; da aber, so lautet die Legende, der höllische Feind das stille Glück und die unschuldigen Freuden der frommen Leute mit Neid ansah, bediente er sich der Verleumdung, um es zu zerstören. Er nahm die Gestalt eines jungen Mannes an und schlüpfte in den Gemächern der

Griesswärtel, Sekundanten und Unparteiische bei dem gerichtlichen Zweikampf, welche darauf sehen, dass er in der gehörigen Weise vollzogen wird und dass auf dem Griess oder Sand, der *Arena*, alles ordentlich zugeht; französisch: *Sergents d'Armes* genannt. Aus ihnen bildete König Philipp II. Augustus, als er Angst vor dem Alten vom Berge hatte, A. D. 1191 eine Leibwache, die A. D. 1357 während der Gefangenschaft Johanns des Guten aufgehoben ward. Es waren Edelleute; in der verhängnisvollen Schlacht bei Bouviness, wo Philipp II. Augustus gegen die Engländer und Flamländer und den mit ihnen verbündeten deutschen Kaiser Otto IV. kämpfte, 27. Juli 1214, gelobten sie, der heiligen Katharina eine Kirche zu bauen, wenn ihnen Gott den Sieg schenkte. Infolgedessen gründete später Ludwig der Heilige (1229) in Paris die Kirche der *Sainte-Catherine du Val des Écoliers*, und auf einem Steine, der aus dieser Kirche stammt, sind die beiden vorstehenden Figuren vertieft eingegraben zu sehn. Ihr vornehmstes Abzeichen ist der Kolben (französisch: *la Masse*).

Kaiserin drei Tage hintereinander ein und aus. Was war natürlicher als dass man sich zuraunte, die Sancta Cunigundis Augusta habe ein

Verhältnis? — Selbst der Kaiser ward eifersüchtig. Aber die heilige Cunigundis, nur über den Skandal und die Klatscherei betrübt, setzte ihr Vertrauen auf Gott und betete laut: *Herr mein Gott, Du weisst, dass mir's weder mein Mann, noch sonst jemand auf der Welt gethan hat!* — und trat den Beweis an, dass sie noch Jungfer sei. Sie ging mit blossen Füssen über die rotglühenden Pflugscharen, *super ignitos Vomeres,* ohne sich zu verbrennen. Bei dieser Gelegenheit kam es heraus, dass das Kaiserpaar in einer Josephsehe lebte. Der heilige Heinrich machte sich die bittersten Vorwürfe und bat die kaiserliche Jungfrau fussfällig um Verzeihung, dass er sie gekränkt. Die gute Seele verzieh auch. Die Kaiserin Richardis verzieh dem dicken Karl die Kränkung nicht, sie liess sich von ihm scheiden und ging in das elsässische Kloster Andlau. Der Bischof Liutward aber hetzte Karlmanns natürlichen Sohn, den Herzog Arnulf gegen den Kaiser auf und entwarf den Plan zu dessen Absetzung.

Die damalige Zeit war eine heilige, eine keusche Zeit. In England lebte Eduard der Bekenner, der letzte König aus sächsischem Stamme, ein mönchisch gesinnter Schwächling, mit der schönen und geistvollen Editha, der Tochter Godwins (1042—1066) in einer jungfräulichen Ehe. Seine Mutter war Emma, die Gemahlin Ethelreds des Unberatenen, eine normännische Herzogin; von ihr wollte die böse Welt wissen, dass sie mit dem Bischof von Lancaster buhle. Sie verlangte die Probe des heissen Eisens und schritt blindlings und barfuss über neun glühende Pflugscharen, die in Zwischenräumen von je einem Meter auf die Erde gelegt wurden. Sie war wiederum gerechtfertigt. Ihr frommer Sohn, der Bekenner, war beiläufig der erste Träger der englischen Krone, der die Skrofeln, französisch: *les Écrouelles, the King's Evil* durch seine Berührung heilte; wie Malcolm in Shakespeares *Macbeth* (IV, 3) erzählt:

Schwerheimgesuchte,
Geschwolln-Auswüchsige, jammervoll dem Auge,
Dran ärztlich Thun zu Spott wird, heilet Er,
Um ihren Hals ein golden Münzlein hängend,
Mit heiligen Gebeten: und man sagt,
Er hinterlässt den künftigen Herrschern auch
Den heilenden Segen.

Auch die französischen Könige besassen ihn; noch am Ostersonntage des Jahres 1686 berührte Ludwig XIV. nicht weniger als 1600 Kröpfe mit den Worten: *Le Roy te touche, Dieu te guérisse.*

Kehren wir zu unserm Gegenstande zurück und sehen wir uns die Feuerproben noch einmal etwas genauer auf ihre mutmassliche Bedeutung an, damit wir hinter das Wesen der Gottesurteile kommen.

Es ist auffällig, dass die Feuerprobe vorzugsweise mit Frauen angestellt wird, die ihre Unschuld, will sagen ihre Keuschheit oder ihre eheliche Treue beweisen sollen; und dass alle diese Damen die Probe siegreich bestehen. Nun, kein vernünftiger Mensch wird glauben, dass eine Kaiserin mit blossen Füssen ohne Schaden über ein Dutzend rotglühende Pflugscharen getanzt sei; oder dass Richardis mit heiler Haut in einem wachsleinenen Hemde durch einen brennenden Holzstoss komme; oder dass Isolde einen glühenden Plattstahl in die Hand nehmen könne, ohne sich die Finger zu verbrennen; oder dass einer ungestraft wie Mucius Scävola die Hand ins Feuer halte. Denn auch diese Form der Feuerprobe wird erwähnt. Wunder geschehen nicht und die Unschuld siegt nicht immer, selbst dann nicht, wenn der Sieg an sich recht gut möglich wäre. So oft Wunder geschehen sein sollen, beruht der fromme Glaube auf einem Missverständnis. Auf der groben Materialisation einer Vorstellung, die nur ein Bild war, und der mythenbildenden Phantasie des Volkes.

Der Stein des Anstosses, französisch: *la Pierre de Scandale*, italienisch: *la Pietra di Scandalo*. Es liegen ihrer dem gerechten Richter drei auf dem Wege: Menschenfurcht, Bestechung und persönliche Begünstigung. Nach einer Umrisszeichnung in einer handschriftlichen Sprichwörtersammlung auf der Pariser Nationalbibliothek. 15. Jahrhundert. Lange, über den Hüften gegürtete, schlafrockähnliche Tunika, Barett und Halstuch (Sendel).

Noch jetzt braucht man das Wort *Feuerprobe* in übertragenem Sinne; man spricht von einer Feuerprobe der Wahrheit, der Kritik, die ein Buch bestehe. Es lag nahe, auch an eine Feuerprobe zu denken, welche die weibliche Tugend auszuhalten habe, indem nichts gewöhnlicher ist als von *heisser Liebe,* von *sinnlicher Glut,* vom *Feuer der Leidenschaft* zu reden — und nun die heisse Liebe in ein *heisses Eisen,* die sinnliche Lust und Glut in eine *glühende Pflugschar,* das Feuer der Leidenschaft in echtes *loderndes Feuer* zu übersetzen. Das Weib, das den Geschlechtstrieb überwand, ward zur Heldin, der das eigentliche Feuer nichts anhatte. Ich will nicht behaupten, dass die *Judicia ignita* überhaupt niemals vorgekommen seien. Aber ich behaupte, dass sie dann regelmässig auf *schuldig* gelautet haben. Wer die Feuerprobe bestanden hat, ist (von Betrug, Bestechung und Begünstigung abgesehen) wie die jetzigen Soldaten in gar keinem Feuer gewesen.

Dies diene uns als Norm; die Wasserprobe ist ganz ähnlich zu betrachten. Als ein Gottesurteil erscheint in den alten Sammlungen von Gesetzen und Rechtsgewohnheiten, die, weil man die Vorschriften daraus ersieht, den Titel *Spiegel* führen, dem Sachsenspiegel und dem Schwabenspiegel: auch der Kessel. Die Angeklagte musste mit blossem Arme, bis an den Ellbogen in einen wallenden oder kochenden Kessel greifen und einen Ring oder einen heissen Stein herauslangen; das hiess der Kesselfang, altnordisch: *Ketiltak*. Das war also nur eine Abänderung der Feuerprobe, an dem heissen Wasser verbrannte man sich wie am heissen Eisen, daher man auch sagte: *ungebrannt vom Kessel kommen.* Noch im 16. Jahrhundert liest man: *nu rate, wie wir ungebrent vom Kessel kommen, es hilft doch weder Schreien noch Salben.* Nächst dem Zweikampfe und dem Tragen des heissen Eisens war der Kesselfang das beliebteste und verbreitetste Ordal. Die Kaltwasserprobe, besonders in den Hexenprozessen angewandt, hatte einen anderen Charakter; sie sollte nicht etwa beweisen, dass das Individuum schwimmen könne, sondern im Gegenteil: dass es ertrinke und sich nicht im Wasser zu erhalten imstande sei, weil das als Teufelswerk und als ein vom Bösen geleisteter Vorschub angesehen ward. Man glaubte, dass die vom Teufel besessenen Hexen ihre natürliche Schwere verloren hätten. Oder aber es wurde die Theorie aufgestellt, dass das Wasser, weil vorher geweiht, den Schuldigen nicht bei sich behalte und nicht decke, sondern ausstosse und von sich gebe. Das nannte man Konsequenz — das Feuer war nun auf einmal wieder ein dem Teufel freundliches, dem Verbrecher unschädliches, zur Ermittelung der Schuld untaugliches Element. O, blindes, überaus einfältiges Gericht, das wahrhaftig diese Zeilen nicht wert ist, die ich auf seine Erinnerung verwende, das aber Millionen armer Frauen gequält und verdorben hat! Die Angeklagte wurde nackt ausgezogen, kreuzweise und so gebunden, dass die rechte Hand an die grosse Zehe des linken Fusses und die linke Hand an die grosse Zehe des rechten Fusses kam, mit einem langen Strick umschnürt und auf das Wasser gelegt. Sank sie unter, so war sie unschuldig. Schwamm sie oben, so war es heraus, dass sie der Satan hielt. Dann wurde sie verbrannt. Natürlich mussten die armen Menschen fast immer untergehen und darum unschuldig sein, aber die Henker hatten es wie Schwimmlehrer in der Hand. Fluch über eine so frevelhafte, vermessene Gerichtsbarkeit! — Man könnte ja dem Priestertum alle seine Marotten, seine traurige Beschränktheit gern verzeihen, wenn es nicht von jeher so anmassend und so bösartig gewesen wäre.

Der Rechtsgelehrte, Figur aus einem Totentanz (Kupfer, herausgegeben im Jahre 1596 zu Frankfurt am Main, in-4°).

Der Rechtsanwalt, Figur aus einem Totentanz (Holzschnittwerk, erschienen im Jahre 1490 zu Paris. Guyot).

Beide Figuren in langer, pelzverbrämter Tunika; am Gürtel hängt die Tasche und das Messer. Der eine hat eine Ballonmütze, der andere ein Barett auf, unter welchem die Calotte zum Vorschein kommt; daran ist die Sendelbinde befestigt, die malerisch auf Schultern und Brust herabhängt. Der Rechtsgelehrte hat sie wie einen Shawl über die rechte Schulter geworfen. Dieser trägt geschweifte Schnabelschuhe, in denen es sich schwerlich gut tanzen lässt. Alle Stände, Könige und Bettler, Gelehrte und Ungelehrte, Priester und Laien, Mönche und Nonnen haben nach der humoristischen Auffassung des ausgehenden Mittelalters (des 14. und 15. Jahrhunderts) mit dem Tod zu tanzen und sich der von ihm angeführten Polonaise anzuschliessen; diese Polonaise wurde bald wirklich von Geistlichen getanzt, die dann wie bei der Haydnschen Abschiedssymphonie der Reihe nach verschwanden, bald bloss bildlich in Kirchen, Kapellen, Kreuzgängen, an den Mauern von Kirchhöfen dargestellt (Tod von Basel). Das steinerne Relief auf dem Neustädter Friedhof in Dresden (vom Jahre 1534) war jedoch ursprünglich am Schlosse angebracht. Dann bemächtigte sich des Gegenstandes wieder der Holzschnitt und die vervielfältigende Kunst (Hans Holbein). In Frankreich bezeichnete man das Genre als *Makkabäertanz, Chorea Machabaeorum, Dance Macabre*, indem die Aufführung von einem Spiel der Geschichte der Makkabäer ausgegangen sein soll, was höchst unwahrscheinlich ist. *Macabre* steht für *Funèbre*.

Die Kaltwasserprobe, die in Flüssen und Teichen vorgenommen ward, erinnerte an die Taufe Christi im Jordan; deshalb verbot sie

Ludwig der Fromme gleich dem Kreuzgerichte, wo Ankläger und Angeklagter mit ausgereckten Armen, wie Joseph Mayer in Oberammergau am Kreuze stehen mussten, bis einer von beiden nicht mehr konnte oder vor Ermattung hinfiel und damit den Prozess verloren hatte. Karl der Grosse hatte die Kreuzesprobe für seine Söhne anstatt des Zweikampfes vorgeschrieben, wenn unter ihnen Misshelligkeiten ausbrechen sollten. Sie verlor sich; die Wasserprobe blieb überall in Kraft.

Alle diese schauerlichen Proben wurden von der Geistlichkeit, die sich im Mittelalter in alle Händel mischte und die eine gute Einnahme davon hatte; und mit Ausnahme der Kaltwasserprobe in der privilegierten Kirche, unter Ausschluss der Öffentlichkeit, aber vor Zeugen vorgenommen. Hier loderte das Feuer, hier dampfte der Kessel, hier glühte das Eisen wie in einer Schmiede (381). Durch Fasten bereitete sich der Angeklagte zum Gottesurteil vor; er kniete nieder und der Klerus erflehte in inbrünstigem Gebete Gottes Beistand. Eine Messe wurde gelesen: der Priester beschwor den Angeklagten, Gott nicht zu versuchen — blieb er dabei, so reichte ihm der Priester das Abendmahl mit den Worten: *Corpus hoc et Sanguis Domini nostri Jesu Christi sit tibi ad Probationem hodie.* Die Abendmahlsprobe war selbst eine Form des Gottesurteils und im *Decretum Gratiani* bei Klosterdiebstählen vorgeschrieben. Dann mussten sämtliche Klostergeistliche die geweihte Hostie nehmen und dabei wünschen, dass der Leib des Herrn an ihnen zum Zeichen werden solle — dass sie tot hinstürzen wollten, wenn sie die Unwahrheit gesprochen hätten. Im Januar 1077 zu Canossa forderte der Papst Gregor VII. den Kaiser Heinrich IV. auf, sich durch das Abendmahlsgericht von den Beschuldigungen zu reinigen, welche die deutschen Fürsten gegen ihn erhoben hätten. Heinrich lehnte die Anmutung aus Furcht vor Vergiftung ab. Mit dem Abendmahlsgericht war wieder das Broturteil oder die Probe des geweihten Bissens, das *Judicium Offae* verwandt, darin bestehend, dass man dem Angeklagten ein Käsebrot in den Mund steckte, das er hinunterwürgen musste. Konnte er es nicht gleich hinunterbringen, so galt er für überführt. Daher die Redensart: *dass mir das Brot im Halse stecken bleibe, wenn's nicht wahr ist! Que ce morceau de pain m'étrangle, si ce que je dis n'est vray!* — Dieses Broturteil war besonders bei den Angelsachsen, die es nach den Gesetzen Eduard des Bekenners: *Corsned* nannten, gäng und gäbe. Sie beteten: *Fac eum qui reus erit, Domine, in visceribus angustiari, ejus-*

que guttur conclude, auf englisch: *may this morsel cause convulsions and find no passage, if the accused is guilty, but turn to wholesome nourishment, if he is innocent;* und wahrscheinlich, dass sich die in England übliche Bestellung von Sündenessern, die ich anderwärts erwähnt habe, daher schreibt (*Gastronomische Märchen,* Seite 96).

Corpus hoc et Sanguis Domini nostri Jesu Christi sit tibi ad Probationem hodie. Alle Anwesenden wurden nun mit Weihwasser besprengt, dem Angeklagten das Evangelium und das Kreuz zum Kusse gereicht und die vorschriftsmässigen Kleider angelegt; der Priester sang eine kurze Litanei und sprach dann über das Feuer und das Wasser die gebräuchlichen Beschwörungs- und Segensformeln, worauf die Prüfmittel ebenfalls ihre Besprengung mit Weihwasser erhielten. Dann wurde das Eisen dem Angeklagten gereicht, der Stein in den Kessel geworfen, und das Gottesurteil begann.

Die Hand, die das heisse Eisen getragen oder in den Kessel gegriffen hatte, wurde in einen Sack gesteckt, versiegelt und erst am dritten Tage in Gegenwart beider Parteien von Zeugen geöffnet. Diese Angabe klingt naiv — als ob sich ein Mensch, der im Falle der Schuld die fürchterlichsten Brandwunden davontrug, hätte aufheben lassen wie ein Braten. Freilich wurde er nur zur Hinrichtung aufgehoben, sodass sich der Verbrecher erst die Hand verbrannte und dann auch noch den Kopf verlor; denn das Gottesurteil war ja selbst keine Strafe, sondern nur ein Anklageprozess, ein erschwertes und äusserstes Beweismittel, zu dem das Untersuchungsverfahren griff. Wehe, wer hier zu kurz kam! — Die Feuerprobe war entweder eine blosse Komödie; oder sie war lebensgefährlich. Ob sie eine blosse Spielerei sein sollte, hing von den Richtern ab. Diese konnten natürlich viel thun, thaten es auch, wenn man sie gehörig schmierte; es war dies eine gute Gelegenheit, den Leuten Geld aus der Tasche zu ziehen. Deshalb wurde auch die Feuerprobe vorzugsweise den Reichen, den Königinnen auferlegt, während die verhältnismässig harmlose Kaltwasserprobe, die von rechtswegen immer günstig ausfallen musste, das Gottesurteil der ärmeren Klasse war. Das hatte keinen Zweck, den süssen Pöbel zu ängstigen, er konnte doch nicht zahlen. Aber er dankte es der Kirche tausendfach, wenn er mit heiler Haut davonkam. Immerhin blieb doch auch die Komödie eine sehr ernste und sehr kitzliche Sache. Das Bequemste und Sicherste war es schon, wenn die Feuerprobe nur im Bilde vor sich ging und nichts weiter brannte als die heisse Begierde.

d. Gottesurteile. Der Zweikampf und das Bahrrecht.

Zur Theorie des einseitigen Gottesurteils, bei dem sich nur der Angeklagte einer Probe unterwarf: der Geist der Anklage war in dem heissen Eisen verkörpert — wenn der Ankläger in Person auftritt, entsteht der Zweikampf — Formen und Plätze desselben, Zuständigkeit des weltlichen Gerichts — das Duell ein Überbleibsel des gerichtlichen Zweikampfs, ein Stück Mittelalter, das wie die Feme in die Gegenwart hineinragt — der Ankläger ist ein Toter: die Blutprobe, wie sie Kriemhilde im Nibelungenliede anstellt — *welcher sich unschuldige, der lasse das gesehen: der soll zu der Bahre vor den Leuten gehen* **— die Hand des Ermordeten.**

Zum Verständnis der mitgeteilten Experimente wird es dienen, wenn man sich vorstellt, dass sich den Menschen des Mittelalters der Geist der Anklage, die Schuld des Beschuldigten in dem glühenden Eisen und dem geweihten Bissen wie in einem

Assassinen, in Alamut die Freuden des Paradieses schmeckend, nachdem sie mit Haschisch berauscht worden sind. Um seine Anhänger zu allem fähig zu machen, liess sie der Alte vom Berge auf seinem Schlosse Alamut mit Hanf betäuben und in einen lustigen Garten bringen, wo sie frisches Wasser, köstliche Früchte, schattige Lauben und wonnigliche Huris fanden, die auf schwellenden Kissen ruhten und sangen und musizierten. An diesem entzückenden Orte liess er sie ein paar Tage, dann wurden sie wiederum eingeschläfert und weggebracht. Genau so wie in der Erzählung vom Schlafenden und Wachenden in Tausend und eine Nacht, wo der Kalif die Entrückung Abul Hasans durch eine Dosis Bilsenkraut (*Bendsch*) einleitet und abschliesst. Wenn die Jünglinge dann wieder nüchtern geworden waren, machte ihnen der Alte vom Berge weis, sie wären in Mohammeds Himmel gewesen, wohin sie wieder kommen würden, wenn sie seine Befehle erfüllten und im Kampfe für den Glauben fielen. Mystifikation von jungen Mohammedanern, die der Perser Hasan ibn Sabbâh in dem persischen Schlosse Alamut am südlichen Ufer des Kaspischen Meeres um das Jahr 1090 betrieb. Alamut wird mit Adlernest übersetzt; der Hochmeister der sich bildenden Sekte hiess: *Scheich al-Dschebel*, der Älteste des Berges, im Abendland: *der Alte vom Berge*; die Sekte selbst führte den Namen der Hanfesser oder der *Haschâschîn*, woraus die Franken den Singular: *Assassin* fabrizierten. Nach einer Miniatur in dem Buche des Venezianers Marco Polo, der die Institution einem Nachfolger Hasans: *Alâuddîn* zuschreibt. Marco Polo reiste Ende des 13. Jahrhunderts; die Handschrift ist aus dem 15. Jahrhundert. Arsenalbibliothek, Paris.

Fetisch verkörperte; und dass ihnen die Widerstandskraft gegen diesen Fetisch für gleichbedeutend mit einer Nichtigkeitsbeschwerde galt. Die

Anklage war nichtig, der Ankläger vernichtet, weil das Element, in dessen Gestalt er gewissermassen mit dem Angeklagten kämpfte, demselben nichts anhaben konnte, sich als machtlos und unschädlich erwies. Es lebte ein Gott, zu strafen und zu rächen, es gab eine ewige Gerechtigkeit im Himmel, die dem Verbrecher versagte, aber die Unschuld schützte — gewiss ein schöner und tröstlicher Gedanke, der nur leider nicht Stich hält und keine Wunder wirkt, wie sie die Menschen wollen. Der Heiland selbst war doch am Kreuze gestorben. Aber in der Konsequenz des mittelalterlichen Gedankens lag und im Grunde genommen viel natürlicher war es, dass der Ankläger auch in Person mit dem Angeklagten kämpfen und ihn mit den Waffen der Schuld überführen konnte; oder umgekehrt: dass sich der Angeklagte des Klägers selbst erwehrte und von dem Verdachte reinigte, indem er den Verleumder niederwarf. Das war der Zweikampf und dieser das vornehmste Gottesurteil, ursprünglich keinem germanischen Volke fremd.

Bei den Westgoten wurde er zu Pferde ausgefochten wie die Tjost, von der wir Seite 313 ff gehandelt haben; bei den übrigen Stämmen zu Fusse mit dem Schwerte oder (bei den salischen Franken) mit dem Kampfstock, wie der letzte Gang der Tjost (Seite 315); im skandinavischen Norden Brust an Brust, aneinandergegürtet, mit dem Messer, wie wir vorhin bei den *Gürtelspannern* von Stockholm erfuhren (altnordisch *Beltadrattr; Belt*, vielleicht auch die Meerenge, ist soviel wie Gürtel). Er war gerichtlich; den Vorsitz führte nicht das geistliche, sondern das weltliche Gericht. Die Kirche kannte und billigte (zeitweise) nur das obenerwähnte Kreuzurteil, das als eine besondere, heilige Form des Duells zu betrachten ist. Der Zweikampf fand daher auch nicht in der Kirche, sondern wie das Turnier unter freiem Himmel, auf dem *Griess* oder dem *Sand*, das heisst der *Arena* statt, wonach die Sekundanten, welche Sonne und Wind, Licht und Schatten teilten und sorgten, dass alles ohne Trug, List und Gefährde zuging: *Griesswärtel* genannt wurden (313). Wie einzelne Kirchen den Kessel und das glühende Eisen ausschliesslich besassen, so hatten gewisse Landgerichte das Privilegium des Duells; zum Beispiel gehörten alle Zweikämpfe zwischen Rhein und Mosel vor die Herzöge von Lothringen. Besonders bekannt waren im 14. und 15. Jahrhundert die Kampfgerichte der freien Reichsstadt Schwäbisch-Hall, des Burggrafentums Nürnberg, von Ansbach und von Würzburg. Die Normannen oder die Skandinavier thaten ihre Gänge auf den Inseln oder *Holmen*, innerhalb des mit vielen seltsamen Zeremonien zugerichteten *Holmrings*, daher das Wort *Holm* in so vielen Zusammensetzungen erscheint; auf einer Insel findet ja auch das Duell mit dem Hunde des Aubry statt, das wir umstehend abgebildet haben.

Versammlung der Reichsstände zu Paris im Jahre 1357: der Dauphin Karl, der während der Gefangenschaft seines Vaters, Johann des Guten, die Regentschaft führt, hat bei Krankheit, Krieg und inneren Unruhen einen schwierigen Stand: die Commune, dass heisst die Volkspartei, an ihrer Spitze der Präpositus der Kaufleute Étienne Marcel, fordert Abstellung der Missbräuche des Feudalkönigtums, Entlassung der Geheimen Räte und Einsetzung einer aus den Ständen gebildeten Kommission, die dem Regenten beigegeben werden und die Verwendung der Steuern überwachen solle; hinter den Innungen steht der Bischof von Laon Robert Lecoq und König Karl der Böse von Navarra, der nach der Französischen Krone strebt. Der Dauphin sucht zu beschwichtigen, kann jedoch den Gedanken von Volksvertretung und Freiheiten nicht fassen; infolgedessen ziehen die Stände ab, ohne sich von den Edelleuten zureden zu lassen; Marcel bemächtigt sich mit den Handwerkern und Arbeitern der Stadt, vor den Augen des Dauphins werden die Räte seines Vaters, die verhassten Marschälle Clermont und Conflans ermordet; er selbst muss die blaurote Mütze der Commune aufsetzen, Blau und Rot sind die Farben von Paris (22. Februar 1358). Wie der König Friedrich Wilhelm IV. während der Märzrevolution in Berlin die schwarz-rot-goldne Freiheitskokarde anstecken musste. Der Präpositus, in vollem Ornat, hat seinen kegelförmigen Hut noch an einer Binde über die linke Schulter hängen und auf dem Kopfe nur den randlosen Unterhut. Nach einer Miniatur in Froissarts Geschichtswerk, das von 1326 bis 1400 reicht (*les Chroniques de Sire Jean Froissart qui traitent des merveilleuses entreprises, nobles aventures et faits d'armes advenus de son temps en France;* Handschrift des 15. Jahrhunderts. Arsenalbibliothek, Paris).

Erst das Pariser Parlament, das mehrerwähnte französische Reichsgericht, begann unter Ludwig dem Heiligen (1226—1270) statt der Zweikämpfe den Zeugenbeweis zuzulassen.

Heutzutage kommen die Studenten vors Gericht, wenn sie vom Pedell ausserhalb der Stadt bei einer Paukerei abgefasst werden; im Mittelalter wurde den Paukanten vom Richter selber der Kampfplatz angewiesen. Die wackeren Jungen, die ihre Beschimpfungen mit Blut abwaschen, im *Paukwichs,* mit Bauchbinde, Krawatte und Handschuh in den Saal eintreten, wo die gegenseitige Stellung mit Kreide auf dem Boden markiert ist, und denen ein Fuchs den Schläger mit dem grossen schützenden Korb voranträgt — die sich dann nach Fechterweise auslegen und die Klingen binden, wenn die Sekundanten schreien: Los! — die sich dann mörderlich hauen, angreifen und parieren, herrliche Finten und Volten machen, bis endlich ein Hieb sitzt, die Wunde klafft und blutet, das Loch, wohlgemessen, mehr als ein Zoll lang, also nach der gemeinen Ausdrucksweisse: *Anschiss,* der Gegner gezeichnet und abgeführt ist — — — diese guten Jungen stehen noch ganz auf dem Boden des Mittelalters wie ihre geliebten Lehrer (Seite 398 bis 400). Auch das Studentenduell, noch mehr eins zwischen Offizieren und höheren Beamten ist ein Gottesurteil, das in die Gegenwart hineinragt und sich wie die heilige Feme erhalten hat, aber, gleich dieser, vor einer modernen staatlichen Rechtsordnung zurückzieht. Der Begriff der Ehrensache, die Forderung einer persönlichen Genugthuung ist unzutreffend, erst später hineingetragen; zu Grunde liegt die Absicht, keinen Ehrenhandel, sondern einen Rechtshandel auszutragen und durch den Ausgang des Kampfes, wenn das Blut des Besiegten den Erdboden färbt, eine Entscheidung herbeizuführen. Jeder Kämpfer legt einen Eid ab, dass er von seiner guten Sache, von der Wahrheit der aufgestellten Behauptung überzeugt sei: Unrecht hat, wer abgeführt wird; Recht, wer die meisten Schmisse austeilt. Diese Anschauungsweise ist eine tief eingewurzelte. Deshalb gehört es sich eigentlich, dass einer von beiden Duellanten, am besten der Herausgeforderte, verwundet und der Kampf so lange fortgesetzt wird, bis das Blut fliesst; denn der Zweikampf ist ja ein Prozess, der entschieden werden soll. Heutzutage freilich zumeist nur eine leere Form.

Handelte es sich um eine Mordthat, so konnte der Ermordete selbst als Ankläger fungieren; und der war unbestreitbar. Es galt für ein Recht der Hinterbliebenen, für Bahrrecht, dem Toten zu dieser stummen Anklage zu verhelfen und auf die Gegenüberstellung

Annahme zweier Waisenknaben an Kindes Statt; feierliche, vor Gericht, unter Vorsitz des *JUDEX*, der einen schöngeschnitzten Richterstuhl inne und den Richterstab, das Abzeichen seiner Würde und Amtsgewalt, in der Hand hat, öffentlich vorgenommene Adoption. Die Kinder werden dem Adoptanten, der einen Schafpelz trägt, die Mütze abgenommen hat und in seine Geldtasche langt, von Amts wegen übergeben; die Adoptivmutter, die (verkleinert) vor ihm steht, empfängt sie mit offenen Armen. In der Türkei, wo die Adoption häufig ist, besteht die Zeremonie darin, dass das Adoptivkind durch das Hemd der Adoptiveltern hindurchschlüpft. Im Hintergrunde rechts und links Landsknechte, durch die Schlitzung und Fütterung der Ärmel und den Zweihänder (mit der Parierstange) charakterisiert; sie fungieren als Zeugen. Sie sind es vielleicht, die den Kindern die richtigen Eltern erst erschlagen haben; denn, sagt Sebastian Franck in seiner Chronik, *stechen*, *hawen*, *gotslestern*, *huoren*, *spilen*, *mörden*, *brennen*, *rauben*, ***Witwen und Weisen machen*** *ist ir gemein Hantwerk und höchste Kurzweil.* Faksimile eines Holzschnittes in dem *Patrocinium Pupillorum*, *Orphanorum et Prodigorum* von Judocus Damhouderius (Antwerpen, 1557, in 4^0). Man beachte die Bindebänder an den Röcken, die noch die Stelle der Knöpfe vertreten. Als eine Adoption durch den Staat wurde im Germanischen Altertum die Wehrhaftmachung angesehen, die etwa im 20. Lebensjahr durch den Vater oder einen väterlichen Freund öffentlich erfolgte.

des mutmasslichen Mörders anzutragen. *Brechet auf, ihr Wunden! Redet, ihr starren Zeugen! Stürzet hervor, ihr Bäche des Bluts!* — ruft der Chor in der Braut von Messina; der des Mordes Verdächtige, vor den aufgebahrten Leichnam geführt, berührte die Wunden und den Nabel des Toten und rief dabei den allwissenden Gott um Entdeckung des Thäters an. Dann fingen, wenn er es war, die Wunden an zu bluten, vor dem Munde bildete sich Schaum, das Antlitz geriet in Zuckungen, Kopf und Rumpf wurden durch Schüttelkrämpfe hin- und hergeworfen.

Daz ist ein michel Wunder: vil dicke ez noch geschiht,
swâ man den Mortmeilen [den Mordbefleckten] bî dem Tôten siht,
sô bluotent im die Wunden: als ouch dâ gescach.
dâ von man die Sculde dâ ze Hagenen gesach.
Nibelungenlied. XVII. Âventiure, 1044.

Siegfrieds Leiche blutete, wie Hagen herantrat. Bisweilen, oft noch nach Jahren, wurde bloss die eiskalte Hand des Ermordeten aufs Gericht gebracht, im Gefängnis aufgehangen, dem Angeklagten, der sich nackt einfinden musste, gereicht und mit ihm verfahren, jenachdem sich Zeichen ereigneten oder nicht *(Scheingehen)*.

e. Aus dem Rechtsleben des Mittelalters.

Noch ein Gottesurteil: das Losordal — wer den kürzeren zieht und zu kurz kommt, verliert den Prozess — zwei französische Richter, die sich das gesagt sein lassen, aus der Zeit der Patrimonialgerichte — der weise Richter in dem Prozess des Juden Shylock mit dem Kaufmann von Venedig — das Fleischpfand kommt auch im Doktor Faustus und in den *Gesta Romanorum* vor — Blick auf dieses interessante mittelalterliche Buch — andere juristische Anekdoten der Zeit: wie der Edelmann die Gerechtigkeit handhabte.

Eins der ältesten Mittel, den Willen Gottes zu erforschen, nach dem 10. Kapitel der *Germania* des Tacitus schon von den alten Deutschen angewandt, war das Los. Lag ein Diebstahl vor, so sollten nach den Volksgestzen und nach den Verordnungen der Fränkischen Könige die streitenden Parteien losen; das Gesetzbuch der Ripuarischen Franken, zwischen 511 und 534 abgefasst, später mehrfach, zuletzt unter Dagobert ergänzt und abgeändert, schrieb vor, dass sich der Stammfremde, der keine Eideshelfer im Lande finden könne, von einer gegen ihn erhobenen Anklage entweder durch die Feuerprobe oder durch das Los befreie. Das Los wurde geworfen

Im alten Pariser Rathaus oder die Bürgersprache (*Parloir aux Bourgeois*). Befand sich neben der königlichen Burgvogtei, dem *Grand Châtelet*; später (im 16. Jahrhundert) hinter dem Jakobinerkloster auf der Rue St. Jacques; endlich, seit 1628, als *Hôtel de Ville*, auf dem Platze neben der *Grève*. Oben, in einer Stube, deren Tapeten Schiffe und Lilien zeigen, sitzen die Schöffen (*Échevins*), die mit dem Präpositus der Kaufmannschaft, dem *Prévôt des Marchands*, das heisst dem Bürgermeister, die Munizipalangelegenheiten besorgen und das Recht zu weisen und das Urteil zu finden haben. Sie tragen die lange, über den Hüften gegürtete Tunika, das Hauptkleidungsstück des wohlhabenden Bürgers, das einen merkwürdigen Gegensatz zu der Eisenrüstung des Ritters bildet; auf den Schultern ein Skapulier und auf dem Kopfe teils Hüte, teils Hauben mit einer Calotte darunter. Am Gürtel die Börse oder Almosentasche (*Aumonière*). Sie merken auf die Rede, welche der Advokat oder Rechtsanwalt (*le Procureur*) hält; hinter diesem ein Kanzleibeamter (*le Clerc*). Im Mittelgrund zwei Gerichtsschreiber (*le Greffe*, von lateinisch *Graphium*, griechisch Γραφίον); und die Erhebung der Gebühren und Bezahlung der Gerichtskosten oder Sporteln (von der *Sportula*, dem Körbchen auf dem Tische; *le Reveveur*). Im Vordergrunde Gruppen von Ratsdienern und Bürgergarden, die untereinander Bürgersprache halten, mit dem Abzeichen des Schiffes auf dem Ärmel, welches das Pariser Wappen ist (vergleiche Seite 171). Das *Parloir* ist ein Seitenstück zum *Parlament*; *Prévôt* ein Titel wie *Profoss* oder *Propst* (diese beiden nicht aus *Praepositus*, sondern aus *Propositus*); *Échevin* aus unserem deutschen *Schöffe* hervorgegangen; *Greffier* identisch mit dem Grafentitel, vergleiche Seite 23. Wie man sieht, war der Pariser Stadtrat ein Schöffengericht, wie das Parlament ursprünglich ein Reichsgericht war (40). Faksimile eines Holzschnittes in der Prevotalgerichtsverfassung der Stadt Paris. Paris, Jacques Nyverd, 1528. Klein-Fol. Mönchsschrift.

und gezogen — der Halm; man nannte dies: *das Hälmlein, das Gräslein ziehen*, französisch: *tirer à la courte paille.* Halme von ungleicher Länge wurden in der Hand gehalten: wer den längeren zog, gewann den Prozess, wer *den kürzeren zog, kam zu kurz* und unterlag. Noch heute losen die Kinder auf diese Weise; statt der Strohhalme werden auch Streichhölzchen und Papierstreifen gebraucht. Aber auch die Richter nahmen, wenn sie sich nicht anders zu helfen wussten, ihre Zuflucht immer wieder zum Hälmlein: zum Beispiel der wohlbekannte Dingvogt in dem französischen Flecken Mesle an der Sarthe, einem alten Baronat, der sogenannte *Juge de Mesle*, dem zwei Advokaten mit ihren Verteidigungsreden den Kopf warm machten. Noch berühmter und von Meister Rabelais gezeichnet ist der gute alte Richter Gänselöffel, der die Prozesse auswürfelt, während seiner langen Amtsführung 2309 Prozesse durch Würfel richtig entschieden und nur zuguterletzt einmal ein Kopfschütteln erregendes Urteil abgegeben hat, weil nämlich seine Augen schwach geworden waren, er zufällig seine kleinen Würfel gehabt und da Vier statt Fünf gelesen hatte *(le Juge Bridoye).* Man legte den Gänschen wohl (etwa wie man den Pferden, damit sie nicht ausrissen, einen Knüppel zwischen die Beine band) quer durch den Schnabel eine Feder, damit sie nicht durch die Zäune kriechen könnten; so ein Gänschen hiess in Frankreich ein aufgezäumtes Gänschen, *un oison bridé* und war ein Bild der Dummheit. Umgekehrt war auch der Ganszäumer, *Bridoye, Bridoison,* mit Dummhut gleichbedeutend. Daher die klassische Figur des *Juge Bridoye* im dritten Buche des *Pantagruel,* die die Engländer mit *Judge Bridlegoose* übersetzen.

Ein Daniel kommt zu richten. Aus dem alten Testamente waren zwei weise Richter bekannt, Salomo und Daniel, letzterer aus dem Prozesse der Frau Susanna; und mit ihm, als einem jungen gescheiten Kopfe, vergleicht Shylock im *Kaufmann von Venedig* die Porzia, die in dem Venezianischen Gerichte als Rechtsgelehrter auftritt. Bekanntlich handelt es sich um ein Pfund Fleisch, das zum Pfande gesetzt ist und das der Jude dem Antonio vertragsmässig ausschneiden will, weil er kein Geld bekommen hat; ein derartiges Fleischpfand kommt auch in dem deutschen Volksbuch *Doktor Faustus* vor, wo der Schwarzkünstler bei einem Juden sechzig Thaler borgt und ihm ein Bein von sich verpfändet, sich auch das Bein von dem Juden wirklich absägen lässt, es aber hernach, da er seine Schuld nun bezahlen kann, wiederhaben will, worauf sich leider herausstellt, dass der Jude den Fuss ins Wasser geworfen hat, daher er aus Angst lieber die Schuldverschreibung zurückgiebt. Das Shakespearesche Drama gründet sich auf das *Grosse Schaf*, die italienische Novellensammlung *Pecorone* (Mailand 1558), und auf die 195. Anekdote in den *Gesta Romanorum*, einem der unterhaltendsten und gelesensten Bücher des Mittelalters, einer Fundgrube der damaligen Dichter und Novellisten, um das Jahr 1300 vermutlich in einem Kloster entstanden, in lateinischer Sprache abgefasst, unzähligemal abgeschrieben, gleich nach Erfindung der Buchdruckerkunst (Köln 1472) gedruckt, vierhundert Jahre später, wenig übersichtlich, von Hermann Österley heraus-

Der Alte vom Berge, zwei Aufopfernde (*Fidâwi*) entsendend, den fränkischen Grafen von Tarabulus meuchlings umzubringen; im Hintergrund das Paradies, in dem sie gewesen waren. Wen die Assassinen fürchten zu müssen glaubten, den ermordeten sie; in Persien und Syrien fielen die tüchtigsten Feldherren und Staatsmänner, die Emire von Mossul, die Kalifen von Bagdad, die Sultane von Kairo dem Dolche ihrer Freiwilligen zum Opfer. Durch anderthalb Jahrhunderte hielten sie Morgen- und Abendland in Schrecken. Denn auch die Kreuzfahrer und die geistlichen Ritter waren vor ihnen nicht sicher: im Jahre 1152 wurde Raimund I. Graf von Tripolis (in Syrien) vor den Thoren seiner Hauptstadt von zwei *Fidâwi*; 28. April 1192 Markgraf Konrad von Montferrat auf dem Marktplatze zu Tyrus von zwei anderen erstochen. Der Meuchelmörder verkleidete sich als Derwisch, suchte Zugang zu seinem Opfer, heftete sich an seine Sohlen und wartete mit unglaublicher Geduld jahrelang auf die Gelegenheit, bis er ihm den vergifteten Dolch ins Herz stiess. Bis nach Europa reichte der Arm des Alten vom Berge; wenigstens nehmen die Zeitgenossen an, dass der Unbekannte, der am 15. September 1231 auf der Brücke zu Kelheim den Herzog von Bayern Ludwig I. durch einen Dolchstich ermordete, eine seiner Kreaturen gewesen sei. *Que van neys*, heisst es in einem provençalischen Gedichte, *si era part Fransa*, *tan li son obedien*, *aucire* (*occidere*) *sos guerriers mortals*; die, wenn es selbst über Frankreich hinaus gewesen wäre, so gehorsam sind sie ihm (dem Alten vom Berge), seine Todfeinde zu töten gehn. Ihr blinder Gehorsam erinnerte an den der Jesuiten. In den romanischen Sprachen entstand aus dem Namen der Sekte das Wort für Meuchelmörder, eins der vielen Beispiele, wie Völkernamen zu Gattungsnamen werden. Nach einer Miniatur in dem Buche des Marco Polo, Handschrift des 15. Jahrhunderts. Arsenalbibliothek, Paris.

gegeben (Berlin. Weidmannsche Buchhandlung, 1872). *Gesta*, Thaten, französisch: *Geste* (als Femininum im Singular) ist ein gewöhnlicher mittelalterlicher Ausdruck für das, was wir heutzutage: *Geschichte* nennen.

So hatte man die *Gesta Regum Francorum* und die *Gesta Karoli magni;* die Gedichte des Karolingischen Sagenkreises heissen in Frankreich kurz: *Chansons de Geste.* Den Kern der *Gesta Romanorum* bilden Erzählungen aus der Römischen Geschichte.

Die Österleysche Ausgabe enthält 283 Nummern; zuerst allemal die breite prunklose Erzählung, hierauf die Nutzanwendung oder die Moral von der Geschichte *(Moralizacio. Reduccio. Moraliter).* Sie ist erbaulich und fängt regelmässig an: *Carissimi!* — oder *Karissimi!* — zum Beweise, dass die Sachen zum Vorlesen im Refektorium bestimmt gewesen sind. Die 195. Erzählung lautet zum Beispiel auszugsweise so. *Der römische Kaiser Lucius hatte eine wunderschöne Tochter. In die verliebte sich ein Soldat, der am Hofe war; und als er sie einmal allein traf, sagte er zu ihr: was soll ich Dir geben, wenn Du mich eine Nacht bei Dir schlafen lässest? — Sie antwortete: 1000 Mark (1000 Marcas florenas). Er brachte ihr die 1000 Mark, legte sich auch zu ihr ins Bett, verschlief aber die ganze Nacht. Daher bot er ihr noch einmal 1000 Mark, bestieg ihr Bett abermals, fing aber wiederum an zu schlafen. Er wollte das dritte Tausend Mark daranwenden, musste sich aber das Geld erst bei einem Kaufmanne besorgen. Der verlangte nun eben die bekannte Sicherheit. Der Soldat musste mit seinem Blute einen Vertrag aufsetzen, wonach ihm der Kaufmann, falls er das Geld nicht zum bestimmten Tage zurückerhielte, soviel Fleisch abzwacken könnte, als die Summe wöge. Aber diesmal wollte er sich vorsehn. Der Soldat ging auch zu einem Zauberer (ad quendam Philosophum) und setzte ihm seine Sache auseinander. Wie er die Tochter des Kaisers liebe und nun schon zweimal 1000 Mark darangehetzt, aber beidemal geschlafen und nun eben das dritte Tausend unter harter Bedingung geliehen habe. Da eröffnete ihm der Zauberer, zwischen der Bettdecke und dem Bettuch liege ein Papier (una Cartha), das besitze die einschläfernde Kraft, die Prinzessin habe es von ihm. Das Papier müsse er herausnehmen, ehe er zu Bette gehe, dann könne er mit seiner Geliebten machen was er wolle. Und wirklich, diesmal kam der Soldat zum Ziele. Das Jüngferchen erschrak und wollte ihm sein ganzes Geld wiedergeben; er nahm es aber nicht. Es half nichts, die Prinzessin musste sich ergeben und fing nun selber Feuer. So eifrig waren alle beide dabei, dass der Soldat über dem süssen Minnespiel den Zahlungstermin vergass. Plötzlich fiel ihm ein, dass er das Geld schuldig geblieben war; er bekam ziemliche Angst. Sein Liebchen wollte ihm natürlich aushelfen, das Doppelte geben, was der Gläubiger nur verlangen würde; der aber wollte von nichts wissen. Er bestand auf seinem Schein. Die Sache kam vor Gericht; und nun spielte die Prinzessin die Rolle der Porzia. Sie liess sich das Haar abschneiden, kleidete sich als Offizier und ritt spornstreichs zu der Gerichtsverhandlung. Da der Gläubiger durchaus nicht zu erweichen war, fragte sie ihn, an welcher Stelle er denn schneiden wolle. In der Herzgegend. Ja, Du darfst aber kein Blut vergiessen; der Soldat hat mit Dir bloss einen Vertrag über das Fleisch, nicht über das Blut (non de effusione sanguinis) gemacht. Der König sagt: wer Blut vergiesst, des Blut soll wieder vergossen werden. Nun wollte der Kauf-*

Der altsächsische Gott Krodo, wie der Philistergott Dagon auf einem Fische stehend, in der linken Hand ein Rad, in der rechten eine Gelte haltend: ein Gott der Fruchtbarkeit, der auf dem Grossen Burgberg bei Harzburg, da wo nachmals Kaiser Heinrich IV. die Burg Harzburg baute, einen Tempel gehabt haben soll und dessen angeblichen Altar man noch in einer kleinen Kapelle zu Goslar zeigt (aus dem 11. Jahrhundert; ein Reliquienschrein aus Bronze, der von knienden Wenden getragen wird). Einen Gott *Krodo* hat es gar nicht gegeben; der sächsische Chronist, der ihn im 15. Jahrhundert zum erstenmal erwähnt, scheint sich ihn aus dem *Krodenteufel* oder dem *Krötenteufel*, wenn nicht gar aus dem *groten Düwel* selbst konstruiert zu haben. Faksimile eines Holzschnittes in den Annalen des Westfälischen Kreises (1656 in 4^{0}).

Der altsächsische Gott Irmin, Kriegsgott, identisch mit Ziu, Tiu oder Tyr, gewappnet, in voller Rüstung, in der rechten Hand eine Fahne, in der linken eine Wage haltend. Den Helmschmuck bildet ein Hahn, das Wappen ein schreitender Löwe und abermals eine Wage, auf der Brust bemerkt man einen schreitenden Bären. Die Fahnenstange ist eine Lanze, das Feldzeichen eine Rosette, vielleicht, vergleiche Seite 100, 101: Hauslauch oder Eberwurz. Das Bild dieses Gottes hiess die Irmensäule, nicht indem es auf einer Säule stand, sondern indem es selbst eine alte Säule war, sich aus einer Säule, beziehentlich aus einem Baumstamm oder Pfahl, dem man ein Gesicht anschnitzte und Waffen anhängte, zur Bildsäule entwickelt hatte. Vergleiche Seite 46. Bekannt ist die *Irminsûl* bei der Eresburg, die Karl der Grosse A. D. 772 stürzte. Faksimile eines Holzschnittes in den Annalen des Westfälischen Kreises (1656, in-4^{0}).

mann das Geld nehmen, aber er bekam nichts, und der Angeklagte war gerettet. Er eilte zu seinem Mädchen; die Prinzessin war gleich nach erfolgter Freisprechung zurückgeritten und kam ihm nun wieder in Frauentracht entgegen. Sie wollte wissen, wie alles zugegangen sei, und als er ihr von dem Offizier erzählte, fragte sie, warum er ihn denn nicht zu Tische geladen hätte. Ja, er sei fortgewesen. Darauf zog sich die Prinzessin wieder an wie vorhin und zeigte sich ihm. Die Freude! Gesegnet sei die Stunde, in der Du geboren bist! — Sie wurden ein glückliches Paar.

Die Moral von der Geschichte. *Karissimi, iste imperator est Dominus noster Jhesus Cristus. Lieben Brüder, der Kaiser Lucius ist unser Herr Jesus; seine wunderschöne Tocher die gottähnliche Menschenseele; der Soldat aber das Fleisch, das uns Tag und Nacht zur Sünde anreizt. Wie der Soldat um des Mädchens willen sein ganzes Geld verthut, so müssen wir alles verkaufen was wir haben, um Christo nachzufolgen und um unserer Seele willen. Wenn unser elendes Fleisch die unsterbliche Seele nicht herumkriegen kann, dass sie ihm zu Willen ist, dann geht es in die Stadt, will sagen in die böse Welt, und wendet sich hier an einen Kaufmann, will sagen an den Teufel, mit dem es einen Bund macht, und hierauf an einen Magier, das heisst an die Eitelkeit der Welt. Dann willigt die arme Seele in sein sündliches Begehren, und die Lust ist so gross, dass der Mensch der Gefahr, in welcher er schwebt, nicht achtet* . . . . . und so weiter; die Auslegung, gar nicht so übel, geht noch eine Weile fort. Ein feinerer Kenner hätte vielleicht umgekehrt in dem Soldaten einen Menschen, der aus Herzensgüte sein Leben für seine Mitgeschöpfe opfert, in dem Gläubiger einen Gott und in der ganzen Sage den unreinen Nachklang einer tiefreligiösen indischen Legende gesehn. Das Herz eines Königes zu prüfen, verwandelt sich Indra in einen Falken und verfolgt eine Taube, die sich zu dem König flüchtet — er fordert sie von dem König als sein gutes Recht, dieser will ihm, um seinen Schützling nicht im Stiche zu lassen, von seinem eignen Fleische soviel geben, als die Taube wiegt — aber wieviel er sich auch abschneidet, es wiegt nicht die Taube auf — da wirft sich der König selbst in die Wagschale, und Indra erkennt die liebreiche Gesinnung des Mannes, nimmt seine wahre Gestalt an und belohnt ihn. Der Buddhismus hat eine Menge ähnlicher Beispiele von Selbstaufopferung. Die Anekdote wurzelt tief. Was unsere Version anbetrifft, so scheint mir wieder das Original, wenn auch kunstlos, der Nachahmung gegenüber im Vorteile zu sein. Die *Gesta Romanorum* sind wirkungsvoller und psychologischer als Shakespeare. Dass die Geliebte den Geliebten, der sich um ihretwillen ruiniert hat, selbst verteidigt, macht nicht nur noch mehr Eindruck als die Anwaltschaft der Porzia, die sich bloss für einen Freund ihres Mannes verwendet; die Kaisertochter hat auch erst das rechte Motiv, einen so abenteuerlichen Schritt zu wagen.

Der Gläubiger, der dem Schuldner durchaus ans Leben will, geht in unserer Erzählung auf kein gütliches Anerbieten ein, sondern pocht auf das Pfandrecht; in einer andern echt mittelalterlichen Anekdote, aus der Zeit der Patrimonialgerichtsbarkeit, ist es dem Gnädigen Herrn umgekehrt nur um das Geld zu thun, das er dem Landmann auf eine höhnische Weise auspresst. In der Pfalz war die Weinernte

Ansicht der Stadt Dortmund im 16. Jahrhundert, als am Rathause noch der Oberstuhl der Femgerichte, der *Hauptstuhl zum Spiegel* stand, auf dem Kaiser Friedrich Barbarossa, beim Reichstage vom Jahre 1180, selbst zur Fem, als Stuhlherr zu Gerichte sass. Auf dem Stuhle vor der Stadt, unter den alten Linden, die er durch eine namhafte Summe gerettet hatte, stand am 20. Dezember 1848 König Friedrich Wilhelm IV. bei Eröffnung der Bergisch-Märkischen Eisenbahn und läutete die Schelle, mit welcher einst der Freigraf den Schöffen geklingelt hatte, wenn in einer Femrüge das Urteil gefunden werden sollte. Die altertümliche, mit Mauern umgebene Stadt liegt am Hellweg, hart am Rande des Ruhrkohlengebirges, der sogenannten Haar. Unter den Kirchen erblicken wir die grosse, dem Haimonskinde geweihte Reinoldikirche von Seite 118. Der viereckige, zweistöckige Turm schliesst an den vier Seiten mit Giebeln ab, zwischen denen die Pyramide, mit Krabben verziert und mit dem Reichsapfel als Knopf emporsteigt. Die Kirche, eins der hervorragendsten Bauwerke Westfalens, gehört dem 13. Jahrhundert und dem sogenannten Übergangsstile an. Nach einem Kupferstich in den *Commentarii Rerum Germanicarum* von dem holländischen Geographen Peter Bert (Amsterdam, 1616. in 4°).

des Jahres 1539 überreich gewesen; die Fässer reichten nicht zu, und einige Winzer sahen sich genötigt, ihre alten Vorräte preiszugeben. Der Ritter Jobst von Giech kam auf die Idee, den vorjährigen Wein von seinen Bauern zwangsweise, als Frondienst, austrinken zu lassen. Zwei Tage in der Woche musste getrunken werden, bis die Fässer leer waren. Der Edle verfolgte dabei noch einen andern Zweck: er sah voraus, dass es infolge dieser Kellerfrone Händel und blutige

Köpfe setzen, und er dabei als Gerichtsherr an Prozesskosten und Strafen das Seinige einnehmen werde. Die Rauferei blieb denn auch nicht aus; ja, in der Trunkenheit hatte sich ein Bauer an der Frau von Giech vergriffen, und sie küssen, wie es in der Oberpfalz heisst: *fozdudeln* wollen, worauf schon nach dem Salischen Gesetze Ohrabschneiden stand. Der Gnädige Herr sagte, der Flegel verdiene eigentlich den Strick, indem damals noch jeder Rittergutsbesitzer seinen eignen Galgen hatte — doch wollte er einmal Gnade vor Recht ergehen lassen. Er solle von drei Bussen eine wählen: entweder auf der Stelle und ohne auszusetzen dreissig Knoblauchzehen gegessen — oder dreissig Stockhiebe aufgezählt — oder hundert Gulden herbeigeschafft. Auf die letzteren kam es dem wackern Richter nämlich an; aber er gedachte sich einen Spass zu machen. Er wusste, dass der Bauer zwar geizig, jedoch auch willensschwach sei. Mit den Knoblauchzehen brachte er es bis zu einem Dutzend — bei den Prügeln bis zu zwanzig — dann gab ers auf und musste nun doch noch die hundert Gulden ohne Abzug bezahlen. Armes Bäuerlein! —

Die Fem.

a. Ein ehrwürdiges altgermanisches Rechtsinstitut.

Papst Leo III., der im Stil der alten Tyrannen zu Karl dem Grossen spricht und ihm zur Einsetzung der Femgerichte rät — die heilige Fem und die Inquisition, angeblicher Ursprung der ersteren aus der letzteren — ordentliche Inquisition giebt es erst seit dem 12. Jahrhundert, sie richtet sich gegen Ketzer, nicht gegen Heiden — und vor 1000 Jahren war unser Deutschland noch ein heidnisches Land — auf der Karolingischen Gerichtsverfassung beruhen die Femgerichte allerdings — der Vorsitzende ist der alte Karolingische Gaugraf, Karl der Grosse schuf das Schöffenamt, das Ganze hat noch die Form des germanischen Dinges — wie es kam, dass sich die alten Gerichte gerade auf altsächsischem Boden, zwischen Rhein und Weser hielten — Entwickelung des Volksnamens *Sachsen*, der des Namens *Franken* (276 ff) zu vergleichen — die Rote Erde: als ob es in Westfalen allein einen Blutbann und Gerichtsbarkeit über Leben und Tod gegeben hätte.

Thrasybulus, Tyrann von Milet, wurde einst von einem andern Tyrannen, Periander, um Rat gefragt. Der Herr von Korinth schickte ihm einen Kurier, dem sollte er mitteilen, wie man einen Thron am besten befestigen könne. Thrasybul nahm den Mann mit vor die Stadt und führte ihn auf ein Kornfeld. Hier liess er den Boten seine Frage wiederholen; dabei hieb er wie in der Zerstreuung die längsten und vollsten Ähren um. Wo eine Ähre etwas über die andere hervorragte, stutzte er sie schnell, bis alles hübsch gleich war. Darauf gab er dem Boten Urlaub; Periander, der einer von den Sieben Weisen war, merkte wohl, was Thrasybul sagen wollte, und schrieb sichs hinter die Ohren. Ganz so machte es ein Jahrhundert später Tarquinius Superbus, der letzte König von Rom, dessen Sohn Sextus Herr von Gabii geworden war und seinem Vater die Stadt in die Hände liefern wollte; auch er schickte deshalb einen Boten an den Vater. Der ging eben im Schlossgarten auf und ab; ohne ein Wort zu sagen, schlug er mit seinem Stocke ein paar Mohnköpfe ab, die zu hoch hinauswollten. So, wollte er andeuten, sollte sein Sextus die längsten

Hälse in Gabii köpfen. Aber so machte es auch der Papst Leo III., der gute Papst, der Karl dem Grossen im Jahre 800 die römische Kaiserkrone zu Weihnachten bescherte, als ihn der Franke um Rat fragte, wie er die heidnischen Sachsen zwingen könnte.

In den von Leibniz herausgegebenen *Scriptores Rerum Brunsvicensium* liest man im dritten Bande, Seite 624: *ut fertur, misit Rex Legatum Romam ad Leonem Papam pro consilio habendo de Rebellibus*

Der Landgraf Hermann von Thüringen und seine Gemahlin, die Landgräfin Sophie, Schwiegermutter der heiligen Elisabeth, dem Sängerkrieg zuhörend. Alte Chronisten erzählen, dass im Jahre 1207 am Hofe dieses erlauchten Paares auf der Wartburg mehrere Dichter verkehrt und ein poetisches Turnier veranstaltet hätten, bei welchem sie den Kopf zum Pfande setzten. Wer unterläge, der sollte den Tod erleiden. Heinrich von Ofterdingen habe die schlechteste Zensur bekommen, damit das Leben verwirkt, der Eisenacher Scharfrichter Stempfel bereits gewartet; der arme Kerl aber die Landgräfin fussfällig um ihre gnädige Vermittelung angefleht. Diese habe ihm die Erlaubnis ausgewirkt, den ungarischen Zauberer Klingsor (Klinschor) zu holen, der Meisterpfaffe den Streit geschlichtet. Diese Erzählung bildet die Grundlage des mittelhochdeutschen, etwa ein Jahrhundert später, man weiss nicht von wem verfassten Gedichtes: *Der Wartburgkrieg*, in welchem Heinrich von Ofterdingen (bei Richard Wagner: Tannhäuser) mit Walther von der Vogelweide ums Leben singt. Er lobt sich seinen glorreichen Herrn, den Herzog Leopold VI. von Österreich, aus dem Geschlechte der Babenberger; dieser erhebt den milden Wirt, an dessen Hofe der seltsame Zweikampf vor sich geht. Die Kampfrichter erkennen dem letzteren den Preis zu. Wieder ruft nun Heinrich von Ofterdingen den Ungarn zu Hilfe, der mit Wolfram von Eschenbach anbindet, um ihn mit Rätseln zu versuchen, wobei das Leben auch eingesetzt zu werden pflegte. Was endlich daraus wird, weiss niemand, da das Gedicht nur in Bruchstücken auf uns gekommen ist und der Schluss fehlt. Der Landgraf, in vollem Ornat, mit Hermelinmantel und Krone, hat in der linken Hand das Schwert in der Scheide, um die sich die Fessel schlingt; am Kleide der Landgräfin fällt der herabhängende Prachtärmel (mittelhochdeutsch: *Stûche*) auf. Sie sitzen auf einer Steinbank, wie solche noch heute in dem Sängersaale auf der Wartburg zu sehen sind. Die *Landgrafen* waren die Inhaber des alten Gaugrafenamtes und zählten zum Fürstenstande. Nach einer Miniatur in der Manessischen Handschrift (Pariser Nationalbibliothek, Anfang des 14. Jahrhunderts).

istis, quos nulla poterat diligentia ex toto compescere aut exterminare. Ast sanctus Vir, audita legatione, nihil prorsus respondit; sed surgens ad hortulum ivit, et Zizania cum Tribulis colligens, supra Patibulum, quod de Virgulis fecerat, suspendit. Rediens autem Legatus haec Carolo nunciavit, qui mox jus vetitum instituit, quod usque in praesens: Veniae vel Vemiae vocatur. Zu deutsch etwa: wie es heisst, schickte der König Karl der Grosse nach Rom an den Papst Leo einen Gesandten, um sich von wegen der rebellischen Sachsen, die er auf keine Weise im Zaum halten und ausrotten konnte, Rates zu erholen. Als der heilige Mann die Botschaft vernahm, antwortete er nichts, sondern stand auf und ging in seinen Garten (beim Lateran). Hier nahm er ein paar Ruten und baute einen kleinen Galgen, an den henkte er Unkräuter und Dornen. Wie der Gesandte heimkam, meldete er das Karl dem Grossen, welcher alsbald die Verbotenen Gerichte einsetzte, bis auf die Gegenwart: *die heilige Fem* genannt.

Schwertbruder, von dem geistlichen Ritterorden, der A. D. 1202 zu Riga gestiftet ward, um die heidnischen Liven, Kuren und Esthen zu bekämpfen, ganz Esthland mit Reval eroberte und A. D. 1237 mit dem Deutschen Orden verschmolz. Hauptstadt der Schwertbrüder war Riga, der letzte Ordensmeister Gotthard Kettler (dankte ab A. D. 1561). Tracht der Cistercienser: Kutte Mantel und Kappe von weisser Farbe, auf der Brust zwei rote, kreuzweise über einander gelegte Schwerter.

Deutschherr, von dem Deutschen Orden, einem der drei grossen, zur Zeit der Kreuzzüge im Heiligen Lande entstandenen geistlichen Ritterorden, dessen Sitz erst hier, dann in Venedig war und der im 13. Jahrhundert nach einem 53jährigen Kampfe (1230—1283) Preussen, ein neues Palästina eroberte. So jung ist das Christentum in diesen Gegenden. 1525 wurde das Ordensland weltliches Herzogtum. Ordenskleid: weisser Mantel mit achtspitzigem schwarzem Kreuz.

Faksimile zweier Holzschnitte in Sebastian Münsters *Cosmographia* (Basel, 1552. in-Fol.). Von Lacroix leichtfertig als: Freischöffen (*Franc-juges*) bezeichnet.

Verbotene Gerichte, weil die Hauptsitzung in der Regel nicht öffentlich und den Nichteingeweihten dann der Zutritt bei Todesstrafe untersagt war; deshalb hiessen sie auch heimlich. Wir sagen heutzutage lieber: geheim. So oft die Öffentlichkeit ausgeschlossen wird, entsteht ein *heimliches Gericht.* Unter den Etymologien des Ausdrucks *Fem* ist die naivste die: *Fem* oder *Vem* sei aus *Vae mihi*, wehe mir! — wie *Godmichet* aus *Gaude mihi!* — entstanden.

Der Tradition nach, und die Richter beriefen sich darauf, hätte also Karl der Grosse auf den Rat des Papstes das berühmte Westfälische Tribunal bestätigt, um die gewaltsam zum Christentum bekehrten Sachsen beim richtigen Glauben und im Gehorsam zu erhalten; und die Feme darnach die grösste Ähnlichkeit mit der Inquisition, die bald aus den Westfälischen Gerichten entstanden sein, bald ihrerseits das Modell der Femgerichte abgegeben haben soll. Erstere Annahme hätte allenfalls etwas für sich; denn dass die Heilige Fem über das *Sanctum Officium* des Papstes abgeformt worden sei, scheint doch ganz undenkbar. Die Inquisition ist kein Heidengericht, sondern ein Ketzergericht, eine *Inquisitio haereticae pravitatis;* zwischen Ungläubigen und Andersgläubigen aber, zwischen einem fremden Volke und ein paar Abtrünnigen, ein grosser Unterschied. Die Kirche, die in ihrer Geschichte nicht immer die liebenswürdigen Seiten der Menschennatur hervorkehrt, hasst die Ketzer viel grimmiger und verfolgt sie viel grausamer als die Heiden — gegen diese ist sie nachgiebig und entgegenkommend, nicht etwa aus Menschenfreundlichkeit, sondern einfach aus Politik, weil sie erst gewonnen werden müssen. Erst wenn alles bekehrt und erobert ist, beginnt sich diejenige Sekte, welche die Macht hat, nach abweichenden Lehren umzusehn und die Anhänger als Ketzer vom Erdboden zu vertilgen. Die Inquisition folgt also der Mission auf dem Fusse nach, und dem entspricht es, dass sie erst im 12. Jahrhundert, dem Zeitalter der Waldenser und Albigenser, perfekt geworden ist. Innerhalb des Kreises, der sich zum Christentum bekannte, hat es von Anfang an eine Inquisition gegeben, um die Manichäer, welche den orthodoxen Glauben nicht teilten, ausfindig zu machen und zu strafen; schon der edle Augustinus sprach sich für Zwangsmassregeln gegen die Donatisten aus, die von dem zu diesem Zwecke geliehenen weltlichen Arme mit aller Gewalt in den Schoss der Kirche zurückgeführt werden müssten. Aber jener Kreis war eben noch beschränkt: im 8. Jahrhundert, vor tausend Jahren Deutschland, Preussen noch vor wenigen Jahrhunderten ein heidnisches Land. Erst A. D. 724 fällte Bonifacius in Hessen die Donnereiche, und erst A. D. 785 waren die Sachsen, die nachmaligen Stifter des heiligen Römischen Reiches deutscher Nation (94), die an der untern Elbe und im Osten und (als *Westfalen*) im Westen der Weser wohnten*), unterworfen und mit Feuer und Schwert zur An-

*) Die heutigen Sachsen, ein aus germanisierten Slawen, Thüringern und Franken zusammengesetztes Mischvolk, haben bekanntlich von den echten Sachsen nichts als den Namen. Das alte Volksherzogtum Sachsen, halb Norddeutschland, Braunschweig, Hannover, Schleswig-Holstein, Westfalen umfassend, schrumpfte nach dem Sturze Heinrichs des Löwen im Jahre 1180 zu dem jüngeren Elbherzogtum zusammen, dessen Hauptstadt Wittenberg war und an dem der Name Sachsen fortan haftete; dieses jüngere Herzogtum Sachsen, der jetzigen preussischen Provinz Sachsen entsprechend, erhielt A. D. 1355 den Rang eines Kurfürstentums. Als nun Kaiser Sigismund im Jahre 1423 Friedrich den Streitbaren, Markgrafen von Meissen mit sothanem Kurfürstentum belehnte, ging der Name Sachsen allmählich wieder auf diejenigen Länder über, welche die Wettiner im Laufe der Zeit an sich gebracht

nahme des Christentums gezwungen worden. Auf dem Reichstage zu Paderborn, wo im Jahre 1878 das schöne, den Verzweiflungskampf des sächsischen Heidentums schildernde Epos *Dreizehnlinden* von Friedrich Wilhelm Weber erschienen ist, hiess es: das Credo hersagen oder sterben, und nun empfingen Wittekind und sein Freund Albion in der alten Kirche zu Attigny in der Champagne, wo das Fränkische Hoflager war, die Taufe (A. D. 785). Der Islam ist auf diese Weise verbreitet worden. Hier war also wohl ein Boden für einen christlichen Muhammed, aber noch kein Boden für eine kirchliche Inquisition; zudem wurden die Sachsen, für die Ludwig der Fromme (96), den *Heliand* schreiben liess, bald sehr gute Christen und unversöhnliche

Siegel des Freigrafen von Medebach, einer alten westfälischen Hansestadt (Regierungsbezirk Arnsberg), aus dem Jahre 1410. Das Siegel ist anhängend, das heisst durch Pergamentstreifen mit der Urkunde verbunden gewesen, vermöge der Umschrift auf *Herman Losecken* lautend und ein Wappensiegel: aufrecht stehender Schild, die Figur ein Schwert.

Siegel des Freigrafen Hans von Volmarstein in Freienhagen, einer uralten, von Karl dem Grossen bevorrechteten Stadt im Fürstentum Waldeck, aus der Zeit 1476—1499. Porträtsiegel: der Aussteller erscheint in ganzer Figur, stehend, gerüstet, mit der rechten Hand das Schwert, in der linken den Schild haltend, dessen Figur ein Horn ist.

Siegel des Freigrafen der alten westfälischen Stadt Kalenberg im Kreise Warburg, wo die Irmensäule stand (Regierungsbezirk Minden); aus dem Jahre 1413. Porträtsiegel: der Aussteller erscheint in ganzer Figur, stehend, das Schwert der Gerechtigkeit hochhaltend, in Bauerntracht. Das Siegel ist anhängend, vermöge der Umschrift auf *JOHANNES · GROPPE · VRYG[RAVE] · GVE[STPHAL...]* lautend.

Mit diesen Siegeln wurde die Ladung, desgleichen das Urteil der Freistühle versehen, welches letztere dem Ankläger (zur Legitimation gegen andere Freischöffen, die ihm bei der Exekution behilflich sein sollten) schriftlich zuging. Man muss sich denken, dass in Medebach, in Freienhagen, in Kalenberg wie in Dortmund und Arnsberg Femgerichte bestanden haben. Es gab über hundert Freistühle. Der Freigraf musste Westfale, freier Westfale, konnte aber ebensogut Bauer wie Edelmann sein.

Feinde ihrer heidnisch gebliebenen Nachbarn, der Wenden (der Mecklenburger und der Pommern, die erst im 12. Jahrhundert bekehrt wurden).

---

hatten, namentlich auf ihr Haupt- und Stammland, die Mark Meissen und Thüringen Anfänglich setzte man diese Gegenden noch als *Obersachsen* dem nach der Nordsee zu liegenden Lande, dem Gebiet der untern Elbe und Weser, als *Niedersachsen* entgegen; aber schliesslich wurde Obersachsen schlechthin: Sachsen genannt, während in den alten sächsischen Landen der Name *Sachsen* nachgerade ganz verschwand, gleichsam aus der Heimat vertrieben und auf seiner Wanderung nach Südosten erst in der Provinz Sachsen beibehalten ward. Er ist wie *Preussen* durch eine Ellipse zum Landnamen geworden (*das Land zu den Sachsen*).

Die Femgerichte datieren allerdings aus der Zeit Karls des Grossen, sind aber nicht wie die Glaubensgerichte zur grösseren Ehre Gottes und der Kirche, um einem Rückfall der sächsischen Musschristen vorzubeugen, ins Leben gerufen worden; überhaupt nicht sowohl eine Schöpfung Karls des Grossen, als vielmehr umgekehrt: eine Art Reaktion gegen die Gerichtsverfassung der Karolingischen Zeit gewesen. Die alte volkstümliche, nicht auf den Adel und eine Beamtenhierarchie gegründete Gerichtsbarkeit hat sich in ihnen erhalten — die Grafen, denen der Blutbann, die Gewalt über Leben und Tod, unmittelbar vom Kaiser verliehen wurde, mussten in Westfalen nach wie vor das ganze Ding, alle freien Bauern, die sich hier in grosser Menge erhalten hatten, zum Freigericht aufrufen und auf das Urteil der Schöffen, das sie nur zu vollstrecken hatten, merken — und während der Blutbann in den übrigen deutschen Territorien mit der Erstarkung der Landeshoheit nach und nach vom Kaiser den einzelnen Landesherren abgegeben werden musste, blieb er auf der *Roten Erde*, auf welcher sich die Landeshoheit langsam entwickelte, in dem Winkel zwischen dem Rheine und der Weser beim Kaiser und König, dem die Grafen den Richtereid leisteten, sodass die altsächsischen Grafengerichte direkt im Namen des Reichsoberhauptes und im allerhöchsten Auftrage verfuhren. Daher hiess eben Westfalen (seit Ende des 15. Jahrhunderts) speziell die *Rote Erde*, als ob es hier allein einen Blutbann und eine Gerichtsbarkeit über Leben und Tod gegeben hätte. *Gott sei Dank, ein zivilisiertes Land!* — rief jener Reisende auf einer unbekannten Insel aus, als er nach langem Umherirren einen Galgen und einen Übelthäter daran erblickte. Bis auf den heutigen Tag hat sich auf westfälischem Boden viel Urgermanisches erhalten; der Bauer ist das Grundelement der Bevölkerung, wie ein echter Konservativer, wie ein Freigraf sitzt er auf dem von Geschlecht zu Geschlecht vererbten Gute, auf seinem Eichenkampe (180), in seinem grossen, einstöckigen Hause, dessen hohes Strohdach an den Giebelsparren mit Pferdeköpfen geschmückt ist, der einzige Rest des mit so vieler Mühe ausgerotteten Heidentums; und es ist interessant, dass noch im heutigen Preussen die Rechtswissenschaft vorzugsweise von Westfalen vertreten wird. Den Rang eines reichsunmittelbaren, königlichen Gerichtes behielt die Feme auch dann noch, als der Erzbischof von Köln Herzog von Westfalen, oberster Stuhlherr und Statthalter der heimlichen Gerichte geworden war und er den Freigrafen im Namen des Königs den Blutbann verleihen durfte.

b. S. S. G. G.

Die Feme in Goethes Götz von Berlichingen: falsche Effekte — die Öffentlichkeit war nicht regelmässig ausgeschlossen, die Sitzungen fanden bei Tage und unter freiem Himmel statt — auf dem Freistuhle zu Dortmund oder zu Arnsberg — wir treten an den alten Tisch, auf dem Strang und Schwert liegt, die Schöffen sitzen mit dem Grafen auf der Bank — die Wissenden: was sie auf Strang und Schwert geschworen haben — woran sie sich untereinander erkennen, ihre Grüsse und Losungen — selbst Kaiser und Könige reisen nach Westfalen, um sich wissend machen zu lassen, Kaiser und Könige werden vor die heilige Fem geladen — Verfahren vor dem Femgerichte: die Anzeige des Kapitalverbrechens, Zuständigkeit der Fem, Vorladung des Angeklagten — Formalitäten und Wahrzeichen, die Frist — was geschah, wenn der Angeklagte leugnete: Eid und Eideshelfer — das Verfahren mit Eideshelfern war auf den gerichtlichen Zweikampf gefolgt, später machte es wieder dem Zeugenbeweise Platz — die Verfemung des Angeklagten, wenn derselbe nicht erschien: Verkündigung und Ausführung des Urteils, die Fem ereilt ihn wie ein Fatum — Fälle, in denen die Freischöffen den Verbrecher sofort exekutieren konnten: gichtiger Mund, handhafte That, blickender Schein.

In einem finstern engen Gewölbe. Die Richter des heimlichen Gerichts. Alle vermummt. Dess Herz rein ist, dessen Hände rein sind, zu schwören auf Strang und Schwert, der klage bei Strang und Schwert! klage! klage! — Sind eure Herzen rein und eure Hände, hebt die Arme empor, ruft über die Missethäter: Wehe! Wehe! — Weh über Adelheiden von Weislingen! —

Hu! Wie das eiskalt durch die Adern schauert. Furchtbare Wissende! Heilige Fem, deren eherner Arm weit über die Grenzen Westfalens hinausreicht, den Schuldigen, hoch oder niedrig, mit unfehlbarer Sicherheit, wie ein göttliches Strafgericht ereilend und zerschmetternd! —

Aber es thut der Würde des altdeutschen Gerichtes keinen Eintrag, wenn wir es des rhetorischen Schmuckes und des falschen Effekts entkleiden, mit dem es die jugendliche Einbildungskraft des Dichters umgeben hat — wenn wir uns die Richter unvermummt und die Sitzungen nicht heimlich, wenigstens nicht versteckt, im Dunkel der Nacht und in einem finstern engen Gewölbe, sondern auf einem Hügel, unter freiem Himmel, am hellen Tage, *bei rechter Tageszeit und scheinender Sonne* denken.

Auf dem Freistuhle zu Dortmund, auf dem Markt oder vor der Stadt neben dem alten Schlosse, welches der angesehenste aller freien Stühle und der Oberstuhl dieses Freimaurerbundes auf Roter Erde war — wir sind bereits einmal (Seite 118) auf den Dortmunder Bahnhof und auf die kleine Anhöhe in der Nähe der Station geraten, wo weiland die Femgerichte gehalten worden sein sollen, weshalb der König Friedrich Wilhelm IV. beim Bau der Bergisch-Märkischen

Eisenbahn diese Stelle zu schonen anbefahl; als Wahrzeichen derselben steht noch, durch Eisendrähte aufrecht erhalten, eine der beiden uralten morschen Femlinden, darunter der steinerne Tisch, auf dessen Platte

Erzmarschall und Erzkämmerer des Reichs: der Herzog von Sachsen-Wittenberg, der dem Könige sein Schwert trägt, und der Markgraf von Brandenburg, den Kammerherrnschlüssel haltend; zwei weltliche Kurfürsten in vollem Ornat, wie er bei grossen Gelegenheiten vorgeschrieben war: weiter, langer, bis auf den Boden herabwallender Mantel von rotem Samt, mit Hermelinfutter und Hermelinkragen, der Kurmantel oder das *Pallium Electorale*; und der Kurhut oder die *Mitra Electoralis*, eine rote Mütze mit breitem Hermelinbesatz. Zu Füssen die Wappen von Sachsen und Brandenburg, hier der Adler, dort die Rautenkrone, über die so viel gefabelt wird und die mit dem jüngeren Herzogtume Sachsen auf Siegeln und Münzen vorkommt. Nach dem Sturze Heinrichs des Löwen belehnte Kaiser Friedrich Barbarossa (A. D. 1180) mit dem Herzogtum Sachsen den Grafen Bernhard von Askanien; und gab ihm, um ihn von den Agnaten zu unterscheiden, einen grünen Schrägrechtsbalken in sein Wappen (das bis dahin ein einfacher durch parallele, schwarze und goldne Balken geteilter Schild gewesen war). Dieser grüne Balken war an der obern Seite gerautet, mit halben Rauten, das heisst mit halben Rhomben, also mit Dreiecken versehn; allmählich wurde er etwas gebogen, zugleich stilisierte man die Spitzen der Dreiecke und schmückte sie mit Laubwerk, mit kleeblattähnlichen Figuren. So glaubte nun das Volk keinen Balken, sondern einen Kranz oder (was dasselbe ist) eine Krone, und zwar, weil es das Wort *Raute* missverstand: einen *Rautenkranz* oder eine *Rautenkrone* zu sehn; und fabelte zuletzt, ein deutscher Kaiser, ich weiss nicht welcher, habe einem Wettiner eigenhändig ein Reis Gartenraute schräg auf den Schild gelegt. Mannigfache wohlriechende Betrachtungen werden von unsern verdriesslichen Byzantinern an dieses Reis geknüpft. Die beiden Kurfürsten sind Porträts, die der antwerpener Kupferstecher und Formschneider **Gerrit de Jode** angefertigt hat. Derselbe stand in Diensten Karls V. und starb A. D. 1591. Man kann also etwa den Kurfürsten August, von dem wir Seite 99 gesprochen haben, und den Kurfürsten Johann Georg von Brandenburg darin sehn. Die Kurschwerter auf dem Meissner Porzellan erinnern noch an das Schwert, welches der Herzog von Sachsen-Wittenberg als Inhaber des Erzmarschallamtes führte.

Nach Satzung der heimlichen Acht: *S. S. G. G.* Verbrecher, von den Schöffen auf handhafter That ergriffen und an einen Baum gehängt. Faksimile eines Holzschnittes in der Kosmographie von Münster (Basel 1544).

der Reichsadler ausgehauen ist und auf dem einst das nackte Schwert und die Weidenschlinge lag; davor die steinerne Bank, auf der die Schöffen und der Freigraf sassen. Das waren die sogenannten Wissenden, die bei der Aufnahme vor dem Freistuhle gekniet und *auf Strang und Schwert*, das heisst: die Hand darauf legend, zu Gott und seinen Heiligen geschworen hatten: die heilige Fem halten zu helfen und zu verhehlen vor Weib und Kind, vor Sand und Wind, vor allem, was die Sonne bescheint und Regen benetzt, vor allem, was zwischen Himmel und Erde ist; und vor die Fem zu bringen, was sie von fembaren Vergehen entweder selbst wahrnähmen oder sonst glaubhaft erführen, damit es nach Recht gerichtet oder in Gnade gefristet werde, ohne Rücksicht auf Gunst oder Ungunst, Geschenke oder Furcht. Die Schöffen hatten bestimmte Grüsse, Losungen und Notworte, an denen sie sich untereinander wie die Freimaurer erkannten, auch ihre eigentümliche Art, bei Tische das Messer zu legen; bei einer Hinrichtung wurde zum Zeichen, dass ein Urteil der Feme vollzogen worden sei, neben den Erhenkten ein Dolch gesteckt, der mit den Buchstaben: *S. S. G. G.* bezeichnet war. Diese vier Buchstaben bedeuteten angeblich die Worte: *Strick. Stein. Gras. Grein.* — nach Immermann: *Stock. Stein. Gras. Grain.* Ich weiss nicht, ob das vierte Wort soviel wie: *Rain* gewesen ist. Da der letzte Freigraf im Jahre 1826 die geheime Losung mit in die Grube genommen hat, wird man wohl nie erfahren, was eigentlich dahinter gesteckt hat. Je höher das Ansehen und die Macht der Westfälischen Gerichte stieg, um so mehr drängte sich alles zum

Fronbote, der geschwatzt hat. *Wäre es, dass ein Wissender die Heimlichkeit und Losung der heimlichen Acht oder irgend etwas davon verriete, den sollen die Freigrafen und Freischöffen greifen unverklagt und ihm seine Hände zusammen und ein Tuch vor die Augen binden und ihn auf seinen Bauch werfen und ihm seine Zunge hinten aus seinem Nacken winden und einen dreisträngigen Strick um seinen Hals thun und ihn sieben Fuss höher hängen als einen verurteilten, verfemten, missethätigen Dieb* (Altes Femrechtsbuch). Faksimile eines Holzschnittes in der Kosmographie von Münster (Basel 1544).

Schöffenstuhle, Freischöffen sassen im Rat der freien Städte, in den Ministerien, ja, Fürsten, Könige und Kaiser reisten nach Westfalen, um sich wissend machen zu lassen.

Kein Wunder, die Freischöffen waren nicht nur im ganzen Reich gefürchtet, sie hatten auch, selbst angeklagt, wie wir sehen werden, eine leichtere Stellung im Verfahren der Femgerichte. Und vor die heilige Fem konnte nachgerade jeder kommen, mochte er Fürst oder Herzog sein — ganze Städte, sämtliche Einwohner von vierzehn bis zu siebzig Jahren erschienen als Angeklagte vor den Freistühlen von Dortmund oder Arnsberg, es gab ihrer über hundert — Kaiser Friedrich III. wurde im 15. Jahrhundert nebst seinem Kanzler und seinem Kammergerichte zweimal vorgeladen, *dass er daselbst seinen Leib und die höchste Ehre verantworte, bei Strafe, für einen ungehorsamen Kaiser gehalten zu werden*, was doch eine bedenkliche Verletzung der Majestätsrechte bedeutete. Jedermann musste mit der Fem rechnen und sich vor der Acht in acht nehmen und sich bei dem Verfahren wenigstens die Vorteile sichern, die man als Mitglied des Bundes hatte.

Dieses Verfahren war der altdeutsche Anklageprozess. Ein Freischöffe erstattete die Anzeige eines Verbrechens und stellte den Antrag auf Bestrafung. Es musste ein schweres, mit Todesstrafe bedrohtes Verbrechen, ein Kapitalverbrechen sein, denn nur ein solches war eine Femsache oder Femrüge, niederdeutsch: *Vemwrôge;* geringere Vergehen gehörten wenigstens im späteren Mittelalter nicht zur Kompetenz der Femgerichte. War Zuständigkeit, so erfolgte eine schriftlich ausgefertigte, vom Freigrafen besiegelte Ladung, die der Fronbote zu besorgen hatte. Der Ladebrief wurde dem Angeklagten nicht persönlich übergeben, sondern an seiner Behausung oder darum herum irgendwo angeheftet; drei aus den Pfosten seiner Thüre ausgehauene Späne dienten als Wahrzeichen. So schneidet der Gläubiger aus der Thür eines verschuldeten Hauses, zum Zeichen des ihm darauf zustehenden Rechtes, einen Span. War der Aufenthalt des Angeklagten unbekannt, so wurde in dem Lande, wo man ihn vermutete, nach allen vier Himmelsrichtungen je ein Ladebrief an Kreuzwegen aufgesteckt und zu jedem Briefe eine Königsmünze gelegt. Unter besonderen Umständen geschah die Ladung auch bei Nacht, indem der Brief dem Betreffenden ans Burgthor oder ans Stadtthor gesteckt ward. Die Frist war die sächsische Frist: sechs Wochen und drei Tage; der Wissende hatte ein Recht auf drei Ladungen und drei Fristen. Er wurde auch beim Erscheinen sogleich vor die heimliche Acht gestellt, der Nichtwissende kam zunächst vor das Ding, welches ohne Ausschluss der Öffentlichkeit stattfand.

War der Angeklagte seiner That geständig, so wurde kurzer Prozess mit ihm gemacht und er auf der Stelle aufgehängt. Leugnete er, so ward jene feierliche Versicherung von ihm gefordert, welche

Das heilige Coellen. Köln im 16. Jahrhundert, wo es noch die Metropolis und Hauptstadt von ganz Deutschland und eine der grössten Städte Europas war; in Form eines gewaltigen Halbkreises am linken Ufer des Rheins, gegenüber dem (befestigten) Deutz gelegen; links ein Rest der beide Plätze verbindenden Konstantinischen Brücke, die A. D. 964, unter dem Erzbischof Bruno dem Grossen, dem Bruder Kaiser Otto des Grossen, abgebrochen und zu einer Kirche (!) verwandt worden war, vergleiche Seite 117. Er ist wie die Pariser Wechselbrücke und die Londoner Brücke mit Häusern besetzt, vielleicht Badehäusern. Jahrhundertelang genoss man dann, in Deutz an das Ufer des Stromes tretend, eine der grossartigsten Städteansichten von Deutschland: weit gedehnt und unverdeckt breitete sich das ganze alte grossartige Köln, vom Bayenturm bis zum Türmchen, fast eine Stunde lang, vor dem Auge des Reisenden aus. Es war die Stadt, die über hundert Kapellen und Kirchen hatte, darunter den Dom, dessen Bau seit dem Jahre 1499 stockte und auf dessen einem Turme, zum Zeichen dass das Werk seiner Vollendung harre, der berühmte Kran hing (die schräge Linie auf unserem Bilde). Das Mittelalter war Bruchstück geblieben und sollte sich erst in unserer Zeit ausleben. Der schöne gotische Turm weiter links ist der auf Seite 369 erwähnte Rathausturm. Auf die heilige Stadt fällt vom Himmel, der ewigen Dreieinigkeit, dem *AETERNVM TRINVM* herab ein Nimbus, in dem drei Sterne erster Grösse strahlen: die drei Könige von Köln, nämlich die heiligen Drei Könige, die früher in Mailand gewohnt hatten, aber nach dem Falle dieser Stadt, A. D. 1162, unter Friedrich Barbarossa nach Köln kamen. Die sieben Sterne zweiter Grösse sind nicht etwa die sieben Kurfürsten, wenn auch der hiesige Erzbischof dazu gehörte; sondern das bekannte Symbol des heiligen Bruno, der den Kartäuserorden stiftete und um das Jahr 1035 das Licht der Welt zu Köln am Rhein erblickt hatte. Er stammte der Tradition nach aus der altadeligen Kölnischen Familie Von-der-harten-Faust; und ging auf die Schule von St. Kunibert (am Nordende der Stadt, rechts). Nach einem Kupferstiche in den *Commentarii Rerum Germanicarum* von dem holländischen Geographen Peter Bert (Amsterdam, 1616, in-4°).

im Beweisverfahren allmählich das Gottesgericht verdrängte: der Eid. Der Reinigungseid (vergleiche Rom in Wort und Bild, Seite 334). Dazu bedurfte es Eideshelfer, welche die Glaubwürdigkeit des Schwurpflichtigen unterstützten und mit ihm zusammenschwuren. Die beiden Parteien überboten einander mit ihren Eideshelfern. Zuerst schwur der Angeklagte; gegen ihn schwur der Ankläger, der zwei Eideshelfer hatte. Jetzt kam der Angeklagte mit sechs Eideshelfern; ihn übertrumpfte wieder der Ankläger mit zwölfen. Konnte der Angeklagte zwanzig Eideshelfer auftreiben, so hatte er den Prozess gewonnen, denn mehr als zwanzig Hände wurden nicht zur Hilfe zugelassen. Das Verfahren mit Eideshelfern verfiel wiederum seit dem 13. Jahrhundert und machte dem Zeugenbeweise Platz; es vermittelte den Übergang von den gerichtlichen Zweikämpfen zu diesem.

Erschien der Angeklagte gar nicht, so ward er verfemt. Am letzten Termin hatte der Ankläger seine Klage noch einmal zu wiederholen; dann wurde auf den Mann noch bis über Mittag gewartet. Die Sitzungen dauerten von früh 7 Uhr bis etwa 3 Uhr Nachmittag. Hierauf fragte der Freigraf, ob die Vorladung geziemend geschehen sei, rief den Angeklagten oder wer ihn vertreten wollte, viermal bei seinem vollen Namen. Meldete sich niemand, so trat der Kläger vor und forderte den Spruch. Kniend, zwei Finger der rechten Hand auf das blanke Schwert gelegt, erhob er die Klage von neuem und beschwur die Schuld des Ausgebliebenen. Der Anschuldigungseid musste mit sieben, mindestens mit drei Händen geschworen werden; wer mit sieben Händen klagte, der *übersiebenete*, *übersagte* den Angeklagten. Der Kläger brauchte also zu seinem Eide sechs Eideshelfer, welche für seine Lauterkeit bürgten und seine Aussage bekräftigten. Er lieferte mit seinem Eide den Schuldbeweis, und sechs Freischöffen mussten wieder beschwören, dass sein Eid rein und nicht mein sei. Geschah das, so war die Hauptverhandlung geschlossen, und es erfolgte durch den Freigrafen die Verkündigung des Urteils. Er sprach:

— *Den angeklagten Mann mit Namen ..., den nehme ich aus dem Frieden, aus dem Rechte und aus den Freiheiten, die Kaiser Karl gesetzt und Papst Leo bestätigt hat und die alle Fürsten und Herren, Ritter und Knechte, Freie und Freischöffen im Lande zu Recht gelobt und beschworen haben — und werfe ihn nieder vom höchsten Grad zum niedrigsten Grad und setze ihn dafür in Königsbann und Wette und in den höchsten Unfrieden und Ungnade — und mache ihn unmündig, echtlos* (schutzlos), *rechtlos, siegellos, ehrlos, friedelos* *und unteilhaftig alles Rechtes — und verführe ihn und verfeme ihn und setze ihn hin nach Satzung der heimlichen Acht, und weihe seinen Hals dem Stricke, seinen Leib den Tieren und den Vögeln in der Luft, ihn zu verzehren*) — und befehle seine Seele Gott im Himmel in seine Gewalt, wenn er sie zu sich nehmen will — und*

Dogen von Venedig in Amtstracht, 14. und 16. Jahrhundert; Holzschnitte aus der ersten, seltenen Auflage des Trachtenbuches von Cesare Vecellio, die im Jahre 1590 bei Domenico Zenerro in Venedig in Oktavformat erschien (*Degli Abiti antichi e moderni in diverse Parti del Mondo Libri due*). Wesentliche Stücke: die reichgestickte, von einem Gürtel umschlossene Tunika; der lange, ärmellose, über die linke Schulter nach vorn geworfene Mantel von Hermelin und Brokat, die sogenannte Toga (*Toghe*); und die prachtvolle Mütze von Goldbrokat, deren Aufschlag ein Kronenreif bildet, oben mit einem Knopf. Sie hat hier nicht die Form einer Phrygischen oder einer Zipfelmütze, derentwegen sie die Italiener: Horn (*Corno*) nennen; eher die eines Helmes. Die fürstlichen Insignien sehen sich überall so ziemlich gleich; der Venezianische Doge, *quartae partis et dimidiae totius Imperii Romani Dominator*, erinnert an den Kaiser und an den Papst.

*) *und künde dich den Vögeln frei in den Lüften und den Vischen in dem Weiher, und solt auf keiner Strassen Frieden noch Geleit haben,* wie die Achtformel in der Bambergischen Halsgerichtsordnung aus dem 16. Jahrhundert lautet. Der Ausdruck *vogelfrei* scheint nur zu besagen: ausserhalb des Friedens, wie das der Vogel ist, den jeder schiessen kann, ausserhalb des Gesetzes *exlex, outlawry.* Einen Frieden in diesem altdeutschen Sinne giebt es nicht mehr, seitdem aus freien Männern: Unterthanen geworden sind. Der Begriff des Friedens gehört heutzutage nur dem Völkerrecht an.

setze sein Lehen und Gut ledig: sein Weib soll Witwe, seine Kinder Waisen sein —

worauf der Graf die auf dem Tische liegende Weidenschlinge, das gewöhnliche Werkzeug der Todesstrafe, nahm und in die Luft warf und die Freischöffen ausspien. Zugleich erging an den ganzen Freischöffenbund bei der angelobten Treue und ihren der heimlichen Acht gethanen Eiden der Befehl: *den verfemten Mann, sobald sie seiner habhaft würden, nach aller ihrer Macht und Kraft, an den ersten besten Baum zu hängen.*

Eigentlich war der Ankläger, dem das Urteil schriftlich ausgefertigt wurde, auch der Vollzieher desselben; die Freischöffen, und zwar nie mehr als drei, sollten ihm nur behilflich sein. Man konnte drei solchen Kerlen in einem Walde begegnen und dann plötzlich, ehe man sich's versah, da man sie nicht kannte und von keinem Urteil wusste, an einem Baume hängen. Drei Freischöffen durften einen Verbrecher, wenn sie ihn auf frischer That, wie es hiess: *an handhafter That* oder: *mit habender Hand* ertappten, auch sofort exekutieren, ohne das Anklageverfahren abzuwarten, indem sie sich dann unverzüglich als Kriminalgericht aufthaten. Das Gleiche konnte bei dem Beweis auf Augenschein *(blickenden Schein)*, so wie in dem Falle geschehen, dass der Thäter ohne weiteres geständig und *seiner Schuld gichtig* war. *Gichtig*, mittelhochdeutsch: *gihtic*, ist ein alter Rechtsausdruck, das Adjektivum zu *Gicht*, mittelhochdeutsch: *Giht*, Aussage, Bekenntnis, worin das einst weitverbreitete, aber seit Jahrhunderten abgestorbene Zeitwort *gehen (jehen)* mit dem Sinn von sagen, aussagen steckt. Namentlich bei der Folter wurde auf die *Gicht* oder das Geständnis, die *Urgicht* gewartet, der wir bald näher treten werden.

c. Der Fem verwandte Institute ausserhalb des Reichs.

Der Rat der Zehn und die Venezianischen Staatsinquisitoren. Die Sekte der Assassinen.

Der Orden der Tempelherren. Der Freimaurerbund. Gnostiker.

Die Fem war von Haus aus ein regelrechtes germanisches Ding, ein kaiserliches Landgericht wie das zu Wangen, der Vorsitzende der alte karolingische Gaugraf, das Kollegium der Freischöffen, nachgerade so mächtig und gefürchtet, gleichsam eine lauernde Schar von Racheengeln, die alte volkstümliche, von Karl dem Grossen eingesetzte Behörde, die dem Grafen das Recht zu weisen und auf sein Verlangen das Urteil zu finden, aber nicht zu verkünden und nicht zu vollziehen hatte. Dass sie auch das letztere thaten, ohne durch den geleisteten Eid ausdrücklich dazu verpflichtet zu sein, lag an der Geschlossenheit dieses demokratischen Freimaurerbundes, der keine *unwissenden* Scharfrichter brauchen konnte, der kommen wollte wie ein Dieb in der Nacht, wie das Haberfeldtreiben in Oberbayern, ein merkwürdiger, *im Namen Kaiser Karls des Grossen im Untersberg* einschreitender Rest der alten Femgerichte. In der That haben die westfälischen Freischöffen mit ihren Heimlichkeiten, ihren Erkennungszeichen und Losungen, ihren Passworten und Notworten, ihrem *Reinir dor Feweri* manches von den Freimaurern, die freilich nicht im ganzen Reiche richten wollen, sondern nur Vergehungen von Bundesmitgliedern nach Art der alten Zunftgerichte und Morgensprachen ahnden — wie sie anderseits als Wissende mit den *Gnostikern* des Urchristentums zusammenzustellen sind. Die *Gnostiker* des zweiten Jahrhunderts waren ja gleichfalls *Wissende*, wie mit ein wenig Griechisch sofort einleuchtet; allerdings scheint der Titel in diesem Falle nicht so gemeint zu sein wie in jenem. Wenn sich die Freischöffen *wissend*, lateinisch: *sciti, vemenoti* nannten, so wollten sie damit nur andeuten, dass sie um die obengenannten Heimlichkeiten wussten; wenn sich die altchristlichen Ketzer für *Gnostiker* ausgaben, so geschah dies mit dem Anspruch, ein tieferes Wissen von Gott und göttlichen Dingen zu besitzen, den Verstand, die *Gnosis* ganz allein gepachtet und jene höchste Erkenntnisstufe erreicht zu haben, zu der ja auch den Freimaurer die Grade führen sollen. Eine solche Anmassung, in Religion und Philosophie so häufig, führt aber ganz von selbst zum Mysterium und zum Geheimbund und zu jener anderen, äusserlicheren Wissenschaft von den geheimen Zeichen und den Umgangsformen der geschlossenen Gesellschaft. Alle Mysterien, alle esoterischen Schulen, alle Religionen haben sie gehabt, alle bringen sie ausser ihrer Geheimlehre auch noch gewisse Symbole, bestimmte Griffe und Grüsse mit sich. Selbst bei den Handwerkerzünften fehlten dieselben nicht; wenn der Lehrling ausgelernt hatte, ward er auch in Handwerksbrauch und Handwerksgewohnheit unterrichtet (401 ff). Zudem: bildeten nicht die Freischöffen des heiligen Römischen Reiches ebenfalls eine Zunft und

Siegel des Freigrafen Heinrich Beckmann in Medebach (Kreis Brilon, Regierungsbezirk Arnsberg). Aus der Zeit 1520—1533. Wappensiegel: Lilie und Schwert.

einen auf ein besonderes Wissen, auf die Kenntnis der alten Weistümer gegründeten Verein wie sonst eine Schule und Gilde des Mittelalters? — Wirklich wird das Wort *Fem* von den Niederländern im Sinne von Handwerksverbrüderung gebraucht; die *Veem* oder die *Veeme* ist im Holländischen soviel wie Zunft, der *Veemgast* der Zunftgenosse, sodass wir den dunkeln Ausdruck mit Fug und Recht den vielen mittelalterlichen Vereinsnamen (364) zuzählen können. Diese Etymologie ist meines Erachtens die einzige, die sich hören lassen kann; der Bund der Wissenden formell nichts weiter als eine zunächst über ihre eignen Mitglieder zu Gerichte sitzende Richtergilde. Erst recht ist also der Vergleich der Freischöffen mit den Freimaurern am Platze, massen der Freimaurerbund, wie der Augenschein ergiebt, von Haus aus ein Bund von Maurern, aus der Brüderschaft der Steinmetzen und deren Bauhütten hervorgegangen ist. Vergleiche Seite 393 und 403. Mehr als andere Handwerker haben die Maurer, als sie (im 12. Jahrhundert) anfingen, das hölzerne Deutschland in ein steinernes zu verwandeln, auf Handwerksbrauch und Handwerksgewohnheit gesehn; eindringlicher als andere Zünfte schärften sie, um das Monopol der Kunst zu behalten, ihren Jüngern, den Liebhabern des Handwerks und den neu aufgenommenen Gesellen das Zunftgeheimnis ein *). Die Bauhütten, die Logen, die provisorischen Geschäftsstellen und Arbeitslokale, wie man sie in der Nähe aller grossen, in Ausführung begriffenen Bauten, zum Beispiel in Leipzig vor dem Reichsgerichte sieht, umgab ein mystischer Nimbus; und diesen Nimbus haben die Freimaurer nur gesteigert. Denn sie schoben allmählich dem Handwerk den neutestamentlichen Begriff der *Erbauung* unter, sie wollten keine Kirche, sondern einen Tempel Salomonis bauen und schieden sich endlich am Johannistage des Jahres 1717 als freie und geistige Bauleute ganz von ihren schlichten, banausischen Brüdern, den Werkmaurern. Ohne Zweifel hat dieser ideale Salomonische Tempel, in dessen Vorhalle die beiden Säulen Jachin und Boas stehen, die erste Veranlassung gegeben, den Freimaurerbund als eine Fortsetzung des Ordens der Tempel-

*) Den Händedruck und den Gruss, mit dem sie sich auf der Wanderschaft in fremden Bauhütten einführen konnten; und das Gesellenzeichen, mit dem sie sich legitimierten. Jeder Geselle hatte seine eigene Chiffre, gleichsam sein eigenes Monogramm oder Wappen, das im Gesellenbuche neben seinem Namen eingetragen war; und dieses sein Privatzeichen war wiederum ein Winkel derjenigen geometrischen Figur, welche der Bauhütte eignete und den Schlüssel bildete. Suchte der Wanderbursche Beschäftigung, so hatte er sein Steinmetzzeichen vorzulegen; später bezeichnete er jene Arbeiten damit. Fast an jedem gotischen Bauwerke findet man solche Steinmetzzeichen. Sie sind nicht mit gewöhnlichen Gesellenzeichen und Kontermarken zu verwechseln (Seite 363—404).

herren zu betrachten, indem diese auf der Area des wirklichen Tempels in Jerusalem residierten und sich eben darnach: *Templer* oder *Tempelbrüder* nannten; die adeligen englischen Freimaurer haben aber die Tempelherren auch thatsächlich vielfach kopiert und den erloschenen Orden zu einem ihrer Grade, dem sogenannten *Tempelgrad* gemacht. Der *Grossmeister*, der an der Spitze einer Grossloge steht, führt allerdings noch heute denselben Titel wie das ehemalige Oberhaupt des Ordens der Tempelherrn, der Bund hat seine *Provinzen* wie der Orden, seine Eide, Zeremonien und Aufnahmebedingungen wie der Orden — es ist nicht unsere Sache, die Beziehungen zwischen beiden Instituten auf ihre grössere oder geringere Zufälligkeit zu prüfen. Vergleiche die Abbildung auf Seite 419.

Hof des (mit der einen Seite an die Markuskirche stossenden) Dogenpalastes in Venedig; rechts die Riesentreppe mit den Bildsäulen des Mars und des Neptun, auf deren oberstem Absatze die Dogen gekrönt werden, zu der Galerie führend, wo die Briefkästen der Staatsinquisitoren in Form von Löwenmäulern zu Denunziationen dienen. Staatsgefängnisse, Bleidächer, Brunnen (*Pozzi*). Nach einem Gemälde des 16. Jahrhunderts (von Cesare Vecellio).

Die Freimaurer nennen sich untereinander *Brüder;* bei einer Trauerloge wird dem verstorbenen Bruder auf den Sarg ein Akazienzweig gelegt. Auch die Templer waren *Brüder, Tempelbrüder,* so gute

Freunde untereinander, dass sie das auf Seite 320 gerühmte Bild wahrmachten — ihr Ordenssiegel stellte zwei Ritter auf einem Pferde vor. Aber weder waren die Maurer die einzigen Handwerker, noch die Tempelherren die einzigen Ritter, die sich Brüder nannten. Alle Welt hatte im Mittelalter Brüderschaft getrunken, das hing mit der Lebendigkeit des Christentums zusammen. Auch der Bund der Freischöffen verbrüderte.

Barmherziger Bruder, von der Venezianischen *Schule* oder *Brüderschaft des Todes*, die den zum Tode verurteilten Verbrechern bei der Hinrichtung Beistand leistete und sie begrub, eins der sieben Werke der Barmherzigkeit. Auch in Rom gab es bisher eine *Confraternita della Morte*, sie machte es sich aber zur Aufgabe, die Verunglückten aufzulesen und ehrlich zu begraben, während derjenige Verein, der die Verurteilten auf ihrem letzten Gange begleitete und die Hingerichteten im Hofe seines Hospitals begrub, mit dem abgeschlagenen Haupte Johannes des Täufers auf der Schüssel als Abzeichen, hier: *Misericordia* genannt ward. Die Florentiner *Misericordia*, zu der Adel und Bürgerschaft gehört, ist wieder ein allgemeiner Hilfs- und Samariterverein. Vergleiche die Ausführungen in *Rom in Wort und Bild*, Seite 484 bis 486; *Florenz in Wort und Bild*, 109—110. Den Verurteilten stehen in Südfrankreich die *Pénitents noirs* bei. Alle diese Brüder, von denen unsere Tellaufführungen eine unvollkommene Vorstellung gewähren, sind von Kopf bis zu Fuss in einen schwarzen Sack, den sogenannten *Saccone* gehüllt, der über das Gesicht herabfällt und nur die Augen freilässt, (in unserm Falle) auf der Brust durch den Gekreuzigten, auf dem Mund durch die Mater Dolorosa ausgezeichnet ist; in der linken Hand hält er ein Christusbild, in der rechten (als Büsser) eine Geissel. Die Gugelmänner, die beim Begräbnis der bayrischen Könige vor dem Leichenwagen hergehen, sind ähnliche bizarre Erscheinungen. Nach dem Trachtenbuche des Cesare Vecellio (Venedig 1590, in-8°, seltene Originalausgabe).

Achten wir weniger auf den Bund als auf das Amt, die Rügepflicht der Schöffen, vermöge deren sie sich nicht nur um die Verbrechen in ihrem Amtsbezirke, der Freigrafschaft, wo sie eigentlich zuständig waren, sondern um die Strafsachen im ganzen Reiche kümmerten und gegen alle Menschen als Ankläger auftraten, so oft der ordentliche Richter nicht imstande oder nicht in der Laune war, den Schuldigen zu fahen: so liegt ein anderer Vergleich nahe. Unwillkürlich denkt man an das furchtbare Venezianische Polizeigericht, das infolge mehrerer Verschwörungen gegen die oligarchische Verfassung A. D. 1335 als oberste, unverantwortliche richterliche Behörde mit ausgedehntester Vollmacht vom

Adel eingesetzt ward und, weil aus zehn Personen bestehend, unter dem Namen des Rates der Zehn, des *Consiglio dei Dieci*, man sieht im Dogenpalaste seinen Sitzungssaal noch, berühmt und berüchtigt ist. Namentlich trifft das letztere bei dem engeren Ausschuss der drei Staatsinquisitoren *(Inquisitori di Stato)* zu, die, seit 1454 aus den Mitgliedern des Zehnerrates gewählt, gleichsam den Rahm desselben, den Rat der Drei, *il Consiglio dei Tre* darstellten. Die Ämter gingen herum, blieben aber immer beim Adel. An diese Behörden wurden geheime Konduitenlisten, Personal- und Qualifikationsberichte zu bestimmten Terminen eingesandt; sie sollten die Ruhe der Republik aufrechterhalten und, ohne an irgend welche Rücksicht oder Form gebunden zu sein, jedes gemeingefährliche Element wegblasen. Dazu hatten sie ihre Angeber, ihre Spione und ihre Delatoren *). In der weiten Galerie, zu der die Riesentreppe im Dogenpalaste führte, war ein Briefkasten, (die sogenannte *Buca*) angebracht, dessen Mündung wie bei Brunnen einen Löwenrachen darstellte, bestimmt, die Denunziationen aufzunehmen, die den ersten besten Venezianer als Hochverräter und Majestätsverbrecher oder auch als Urning und Falschmünzer kompromittieren konnten; die Inquisitoren hatten die Schlüssel zu dem Kasten und verfuhren nach Gutdünken. Der Empfänger beriet sich mit den Kollegen, ob die Sache vor den Rat gebracht werden sollte; im bejahenden Falle wurde das Strafverfahren eingeleitet. Ohne Umstände: keine Verteidigung, kein Zeugenbeweis, kein Termin — ohne nur von den Seinigen Abschied nehmen zu können, wurde das Individuum aufgehoben und hinweggeräumt. Es verschwand unter den Bleidächern oder in den grabähnlichen Brunnen des Dogenpalastes. Seine Seufzer verhallten auf der Seufzerbrücke. Man muss Venezianer gehört und gelesen haben, um sich eine Vorstellung von dieser summarischen Justiz zu machen; zum Beispiel den bekannten Casanova, den die Inquisition ohne viel Federlesens von dem gefürchteten Messer Grande *sous les plombs* stecken liess, der nach fünfzehn Monaten glücklich aus seiner Haft entkam und mit einer beispiellosen Kühnheit geradeswegs in die Besitzung des Polizeihauptmanns ging, der ihn eben mit seinen Sbirren suchte. Inquisition heisst auf deutsch: Untersuchung, Inquisitor ist soviel wie Untersuchungsrichter — wir pflegen bei dem

*) An denen es im gegenwärtigen Deutschen Reiche ebensowenig fehlt. Als ich auf der Meissener Fürstenschule war, nannte man das: *Pechen,* und ein Schüler, der *gepecht* hatte, wurde von seinen Mitschülern tief verachtet und gehasst. Ich weiss nicht, wie es jetzt in Sankt Afra damit gehalten wird; aber das weiss ich, dass sich (namentlich seit einer gewissen Ära) die Erwachsenen ungestraft auf dieses unehrliche Gewerbe legen.

lateinischen Worte immer an ein Ketzergericht zu denken. Für den Venezianer war die Staatsinquisition eine furchtbare Geheime Polizei, oder, *si parva licet componere magnis*, eine heilige Fem, mit deren unvorhergesehenen, vernichtenden Schlägen die fatalen Besuche des Messer Grande eine gewisse Ähnlichkeit besassen.

Dieser Messer Grande, der in den Erzählungen Casanovas eine grosse Rolle spielt, die rechte Hand der Staatsinquisitoren, scheint der Chef der Exekutive, gleichsam der Polizeikommissar gewesen zu sein. Unter ihm stand der Polizeihauptmann oder der Anführer der Sbirren, in Florenz: *Bargello* betitelt.

Mehr als die Wirkungen und die heimliche Art und Weise hatte freilich das Venezianische Polizeigericht mit den Westfälischen Femgerichten nicht gemein; die Voraussetzungen sind beidemale ganz verschieden, daher wir eine tiefere Beziehung der Fem zu der Staatsinquisition so gut ablehnen müssen wie zur kirchlichen Inquisition. Jene blieb immer ein legales, ein kaiserliches und von einem Rest der Freiheit getragenes Gericht; diese nur ein oligarchisches Institut, mit der Aufgabe, die Freiheit zu untergraben und die bürgerliche Entmündigung der Masse zu vervollständigen. Die Femgerichte beriefen sich auf Karl den Grossen und verfuhren nach uralten Satzungen und Rechtsgewohnheiten, der Verbrecher ward ordentlich angeklagt, geladen und zur Verantwortung gezogen, zwar heimlich, aber nicht heimtückisch gerichtet — der Venezianische Magistrat berief sich auf sein persönliches Interesse. Wäre der Doge mehr als eine blosse Puppe, ein Fetisch in den Händen der Aristokratie gewesen, hätte er nicht wie Marino Falier (1355) selbst vom Rate der Zehn abgesetzt und zum Tode verurteilt werden können, er liesse sich mit dem Alten vom Berge vergleichen, der an der Spitze einer Sekte von Meuchelmördern stand — der Alte vom Berge waren vielmehr die Venezianischen Notabeln und ihre *Messeri Grandi*, um nichts besser als die mohammedanischen *Assassini*, nach deren Treue die Liebenden in Italien die ihrige bemessen. Zwischen einem Henker und einem Mörder ist freilich nur ein theoretischer Unterschied. Das grosse Wörterbuch der italienischen Sprache von Nicolò Tommaseo und Bernardo Bellini macht uns aufmerksam, dass das Wort *Assassino* nicht von *Assessor* komme. Da wir so glücklich sind, von einem berühmten Venezianischen Reisenden Illustrationen zu den *Assassinen* zu erhalten, so geben wir das Nötige über diese Anarchisten des Mittelalters in den Unterschriften.

Die Überlieferung ist, dass der Doge Marino Falier eine schöne und junge Frau gehabt habe und sehr eifersüchtig gewesen sei. Namentlich war er das auf den Patrizier Michele Steno, einen Präsidenten vom Gerichte der Vierziger. Bei einem Maskenballe benahm sich der letztere gegen eine Hofdame der Dogin etwas frei, der Doge verwies ihm das und liess eine hämische Bemerkung fallen. Michele Steno rächte sich, indem er an den Stuhl des Dogen ein Epigramm

Im Dienste der Staatsinquisition; Organe der drei Staatsinquisitoren, die in Venedig aus dem Rate der Zehner gewählt wurden und die den Rat der Drei (*il Consiglio dei Tre*) bildeten: Venezianische Polizeihauptleute, die mit ihren Sbirren über die Sicherheit Venedigs wachten und auf Grund anonymer Denunziationen die Leute zu verhaften und ohne weiteres aus dem Wege zu räumen hatten. *Au mois de juillet 1755*, erzählt Casanova in seinen Memoiren (III, 2), *le Tribunal ordonna au* ***Messer-grande*** *de s'assurer de moi mort ou vif: c'était la formule de tous les décrets de prise de corps qui sortaient de ce redoutable Triumvirat; car on n'annonce jamais le moindre de ses ordres que sous peine de mort pour l'infracteur.* Holzschnitte aus Cesare Vecellios Trachtenbuch (seltene Originalausgabe in-8^{0}. Venedig 1590).

anheftete, das ihn als Hahnrei verspottete und bald die Runde machte. Der Doge forderte von dem Gerichte der Vierziger Genugthuung; diese beurteilten die Sache aber auffallend mild und erkannten auf einen Monat Gefängnisstrafe. Erbittert, wollte nun Marino Falier die

Vierziger und die gesamte Aristokratie ausrotten. Er liess sich mit einigen Unzufriedenen aus dem Volke, Seeleuten und Handwerkern in eine Verschwörung ein: am 15. April 1355 sollten alle Senatoren und Nobili ermordet werden, Falier wollte eine neue Volksherrschaft begründen und selbst an die Spitze treten. Aber der Rat der Zehn kam dahinter; einer der Verschworenen namens Bertrando (der hernach zur Belohnung in die Adelsmatrikel, das Goldene Buch eingetragen und pensioniert wurde) verriet ihm das Komplott am Abend des 14. April. Der Doge wurde verhaftet, des Landesverrates überwiesen und zwei Tage darauf, am 17. April 1355 auf der grossen Treppe des Dogenpalastes, da, wo er den Amtseid geleistet und die Krone aufgesetzt hatte, mit dem Schwerte hingerichtet. Die übrigen Verschworenen wurden gefoltert und ebenfalls zum Tode verurteilt. Es ist bekannt, dass in dem prachtvollen Saale des Grossen Rates die Porträts aller Venezianischen Dogen hängen, wie in der Paulskirche zu Rom das Mittelschiff mit den Mosaikbildern der Päpste und die Leipziger Thomaskirche mit den Figuren der Superintendenten geschmückt ist. Wo das Bild Faliers hingehört hätte, stand bislang ein mit einem Schleier verhüllter herzoglicher Thron, der Schleier war darüber gemalt und überschrieben: Das ist der Platz von Marino Falier, der wegen seiner Verbrechen enthaupet worden ist. *HIC · EST · LOCUS · MARINI · FALIERI · DECAPITATI · PRO · CRIMINIBUS.*

Die peinliche Gerichtsbarkeit.

a. Die Hölle auf Erden.

Warum dem Dante seine Hölle besser gelang als das Paradies — angeblich weil die Erde überhaupt eine Hölle ist — das ist sie nicht, der Mensch, beziehentlich die menschliche Gesellschaft macht sie nur dazu — das Weltgericht — die Justiz ist wirklich das Vorbild einer Hölle, zumal die christliche Strafrechtspflege vom 15. Jahrhundert an, denn damals blühte die Folter und die Feuerpein war an der Tagesordnung — dieser Beweis trat an die Stelle des Gottesurteils und des Eides — erst unter dem Eindrucke des Feuertodes entstand die Vorstellung von einem ewigen Tode in der Hölle, — Entwickelung dieses widerlichen Begriffs von der Unterwelt zu einem Orte der Verdammnis und zu einem Orte der Qual, zugleich von einem feuchten Loche zu einem feurigen Pfuhle — die Gehenna und die Gêne — die Vulkane scheinen Hölleneingänge zu sein, nach ihrem Muster wird die Hölle angelegt — aber die wahre Hölle war die mittelalterliche Marterkammer, und das höllische Feuer loderte in den brennenden Scheiterhaufen, dieses Feuer hatte eine fürchterliche Realität.

Quid sum miser tunc dicturus, quem patronum rogaturus, cum vix justus sit securus? — Ein Philosoph sagt einmal, da er auf Dantes Göttliche Komödie zu sprechen kommt: beim Paradies habe es gehapert, die Hölle dagegen sei sehr gut ausgefallen. Weil dem Dichter hier die Motive und die Farben nicht fehlten, indem die ganze Erde eine richtige Hölle sei. Die Welt ist nach seiner Meinung an einem *Dies Irae* erschaffen worden. Die Kirche wartet erst darauf.

Das sind solche allgemeine Redensarten, wie sie persönliche Voreingenommenheit diktiert. Die Erde ist gewiss nicht zum Paradies, aber auch nicht gerade zur Hölle, sondern zu gar nichts eingerichtet. Keine holde und gute Natur hält uns am Busen — sie folgt ihren eigenen Gesetzen und zertritt mitleidlos Millionen Keime, wenn sie ihr in den Weg kommen, erschlägt die Individuen, ersäuft sie, verbrennt sie, verschüttet sie, vernichtet ihr Lebensglück; aber sie hat es auch nicht auf unser Unglück abgesehn. Wer ihr aus dem Wege geht, wer sie zu benutzen weiss und zu beherrschen lernt, kann ganz gut mit ihr auskommen, ja, recht behaglich leben. Die Natur ist nicht gut und nicht böse, sondern das was man aus ihr macht. Dasselbe Feuer, das unser Haus verzehrt, brennt wohlthuend auf unserem Herde, und dieselbe Kraft, die uns töten kann, dient uns, richtig geleitet, wie ein gefälliger Geist. Die Natur liebt uns nicht und hält

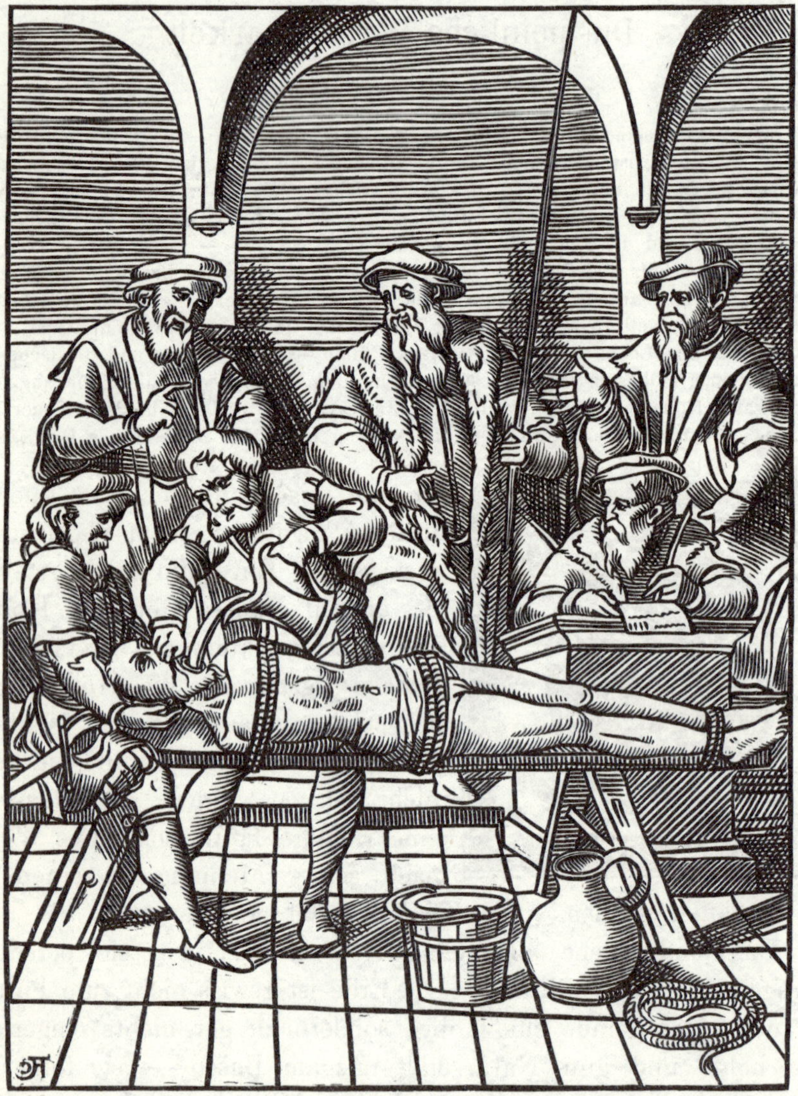

Auf der Folterbank, auf welcher der Angeklagte mit Stricken festgebunden ist: um ihn zum Geständnis zu bringen, wird ihm Wasser eingefüllt. Gewöhnliche Form der peinlichen Befragung im Pariser Gerichtssprengel, die mit dem Spanischen Bocke (*le Tréteau*) und anderen Martern verbunden ward. Vorgeschrieben waren für den ersten Grad sechs Kannen Wasser (*six pots d'eau* oder zwölf Pinten, ungefähr zehn Liter). Ort der Handlung: die Marterkammer, eine Halle im Gerichtsgebäude; die Operation vollzieht der Scharfrichter mit einem Folterknechte vor dem Richter, der, den Richterstab in der Hand, mit zwei Beisitzern die Untersuchung führt; ein Gerichtsschreiber nimmt den Vorgang zu Protokoll. Macht der Gefolterte ein Zeichen, dass er bekennen wolle, so wird die Tortur unterbrochen und er über die im Erkenntnis festgesetzten Torturalfragen vernommen; leugnet er von neuem, die Tortur fortgesetzt. Das Wasser war gewöhnlich nicht rein, sondern mit Lauge versetzt. Faksimile eines Holzschnittes in dem Hauptwerke des niederländischen Kriminalisten Jodocus Damhouderius über das Strafverfahren seiner Zeit: *Practica Rerum Criminalium* (Antwerpen. 1556; in-4⁰).

keine schützende Hand über uns; sie hasst und verfolgt uns auch nicht. Beides thut nur der Mensch.

Unserem Philosophen ging das Wissen ab; sonst hätte er die Quellen der mittelalterlichen Höllenphantasien viel präziser angegeben. Auf Erden fliessen dieselben allerdings; aber nur die Menschen haben mit ihren Grausamkeiten und mit ihrer Strafrechtspflege ein Vorbild der ewigen Qual erschaffen. Die Menschen verstehn zu quälen; darum

Die Enthauptung Johannes des Täufers (*Decollatio Johannes baptiste*): Salome, die Tochter der Herodias, setzt die Schüssel mit dem Haupte des heiligen Vorläufers auf den gedeckten Tisch, vor das Salzfass und das Brot; Herodes, seine Gemahlin und seine Gäste nehmen sie in Empfang. Rechts das Gefängnis und der Gardeoffizier, den Herodes hingeschickt und mit der Hinrichtung betraut und der seines Amtes gewartet hat, als Scharfrichter, vom Blute bespritzt, nachdenklich. Tag des Ereignisses: 29. August 34. n. Ch. Ort der Handlung: die Bergfestung Machärus am Toten Meere, wo Johannes interniert war und das Abendessen und der Geburtstag gefeiert ward. Ausstattung des 13. Jahrhunderts: das Tischtuch, das erst in diesem Jahrhundert erscheint, mit schöner Borte, lang herabfallend, ist (wie auf dem Bilde Seite 209 und anderwärts) in Zwischenräumen zusammengenommen und in zierliche Falten festgesteckt (heutzutage bloss an den Ecken). Unter dem Tische eine Fussbank. Ob die *Facies* des heiligen Vorläufers getroffen ist, könnte nur Anna Katharina Emmerich, die Nonne von Dülmen entscheiden, die ihn gesehen hat. Das abgeschlagene, auf der Schüssel liegende Haupt ist das Abzeichen der Barmherzigen Brüder in Rom, welche die Verurteilten auf ihrem letzten Gange begleiten (512). Hogarth verwendet es als Wirtshausschild (*Good Eating*). Festum Decollationis S. Joannis: 29. August. Nach einer Miniatur in dem Psalter Ludwig des Heiligen, einer Handschrift der Pariser Nationalbibliothek. Die Geschichte wird im 14. Kapitel des Evangeliums Matthäi und in den Altertümern des Josephus (XVIII, 5. § 2) erzählt.

glauben sie an eine Hölle. Die Menschen stellen Henker und Kerkermeister an; darum haben sie ihre Teufel. Die Menschen, beziehentlich die Staaten strafen und rächen; darum prophezeien sie ein göttliches Weltgericht.

Diese Schrecken und diese Ängste finden sich bei allen Völkern und von den ältesten Zeiten an; die Justiz bringt sie allenthalben und notgedrungen mit sich. Schon die alten Griechen haben sich darin gefallen, eine hochnotpeinliche Gerichtsbarkeit auf den Tartarus zu übertragen. Aber seit Menschengedenken ist nicht so gegen den Menschen gewütet, so grausam verfahren, so viel gebrannt und gefoltert worden wie im christlichen Mittelalter, ich sage im christlichen Mittelalter, im christlich-germanischen Mittelalter und von den geistlichen Gerichten, die hier vorangegangen sind, etwa vom 15. Jahrhundert an, denn das frühere, das heidnische oder das halbheidnische Mittelalter kannte den Beweis der Folter nicht, sondern nur das Gottesurteil und den Eid; darum hat auch keine Religion eine so ausgebildete Hölle, so entsetzliche Höllenbilder und Höllendichtungen wie das Christentum. Wie harmlos erscheinen die Strafen der Danaiden, des Ixion und selbst des Tantalus gegenüber den scheusslichen Gemälden im Campo Santo zu Pisa, in denen ein Orgagna die auf die sieben Todsünden folgenden Höllenqualen schildert! — Und man vergleiche doch die Verbrechen eines Tantalus mit diesen sogenannten sieben Todsünden, die nicht einmal Verbrechen zu nennen sind. Als ob ein Unzüchtiger verdiente, eine Ewigkeit an einem Bratspiess über dem Feuer herumgedreht zu werden! — Aber die Strafrechtspflege des späten Mittelalters trug eben den Charakter der fühllosen Barbarei und unmenschlicher Härte an sich, weit mehr als die der Femgerichte und die der alten Heiden — das Heidentum war golden gegen einen solchen Staat, der wohl eine Kirche, aber keine Religion, einen Glauben, aber keine Frömmigkeit besass. Die Griechen und die Römer kannten die Tortur, dachten sich aber keine solchen Abscheulichkeiten, keine so abstossenden und gemeinen Todesqualen aus wie die Christen, selbst nicht während der berechtigten Christenverfolgungen. Ausserdem fand die Folter bei Griechen und Römern (in deutschen Volksrechten nur vorübergehend) auf Sklaven Anwendung; erst das spätere Römische Recht, das seit dem 13. Jahrhundert in Deutschland Eingang fand, liess sie auch bei den Freien, besonders bei Majestätsverbrechen zu. Des allerdurchlauchtigsten, grossmächtigsten, unüberwindlichsten Kaisers Karl V. und des heiligen Römischen Reiches peinliche Gerichtsordnung machte einen solchen Unterschied nicht; Partikulargesetze verboten jedoch häufig die Tortur bei den privilegierten Ständen.

Von alters her verlegte man den Aufenthalt der Toten ins Innere der Erde, in der sie begraben worden waren, in die sogenannte Unterwelt. Es war der Hades der Griechen, das Scheol der Juden und die Hel der Deutschen. Das heisst: die Hölle, indem dieses Wort zunächst gar nichts weiter als die finstere, schaurige, dumpfe Tiefe, beziehentlich das Reich einer Göttin Hel, die hier waltete, vertrat. Seitdem die Phantasie für die ausgezeichneten Helden einen eignen seligen Aufenthalt, ein Elysium und*) eine Walhalla geschaffen hatte, blieb in der Unterwelt nur die Canaille, der Auswurf und die Hefe des Volks zurück. Das Christentum setzte an Stelle der Walhalla und des Elysiums den Himmel, und indem diese Religion zugleich den Gedanken eines Jüngsten Tages einführte, verwandelte sich die Unterwelt, die bis dahin nur der Sammelplatz des Geisterpöbels gewesen war, in einen Ort der Verdammnis und in eine Marterkammer, in welche die Bösen kamen, eine Vorstellung, die den Germanen bei ihrer Hölle völlig fern lag, während sie die Griechen mit dem

Sogenannter Blutvogt, in der Rechten den Stock, die Linke auf seinem Richtschwert, Figur aus dem berühmten und ausserordentlich populären Baseler Totentanz, der den Bürgern so ans Herz wuchs, dass, als die Mauer, auf die er gemalt war, im Jahre 1804 abgetragen werden musste, dies aus Furcht vor einem Volksauflauf des Nachts, in aller Stille geschah. Die Fresken sollen bereits zur Zeit des Baseler Konzils (1431—1443) zu sehen gewesen und zum Andenken an die damalige Pest ausgeführt worden sein. Das Original des Baseler Totentanzes war der Totentanz in Klein-Basel auf dem rechten Rheinufer, im Kreuzgange des Klingenthals, eines dortigen Dominikanerinnenklosters, das im Jahre 1480, weil die Nonnen gar zu üppig lebten, aufgehoben wurde; unter den 38 Paaren in Lebensgrösse, auf die er mit der Zeit gebracht worden war, befand sich auch die unanständige Gruppe einer Beguine und eines Mönchs, ähnlich derjenigen, die jahrhundertelang (1486 bis 1764) an der Kanzeltreppe im Strassburger Münster prangte. Als der Klingenthaler Totentanz in Gross-Basel auf einer Mauer des Dominikanerkirchhofs wiederholt ward, liess man die unzüchtige Beguine weg und ersetzte sie durch einen Krämer. Vor diesem kam der Narr und vor dem letzteren der Blutvogt. Die Hauptfiguren waren sonst: der Papst, der Kaiser, die Kaiserin, ein König, eine Königin, verschiedene geistliche und weltliche Würdenträger, alle möglichen Stände und Berufe, der Arzt, der reiche Mann, der Koch, der Bauer, der Bettler, der Blinde, der Jude, der Türke, der Heide und so weiter. Vergleiche Seite 478; pikant ist es, dass auch der Bringer des Todes mit ihm tanzt. Im Jahre 1616 zeichnete den Baseler Totentanz Matthäus Merian der ältere und gab ihn 1621 in 44 Blättern heraus (Frankfurt, in-4°); diesen Blättern ist unser Bild entnommen.

*) wahrscheinlich erst unter Einfluss des Christentums, denn der ganze Walhallamythus (141. 218. 224) ist ziemlich jung, heimisch nur der Glaube an ein Fortleben aller Toten im Reiche der Hel.

Tartarus unter dem Hades schon angebahnt hatten. Aber noch war diese Hölle kein feuriger Ofen oder Pfuhl, sondern ein kalter, feuchter Keller, ein Souterrain, ein Loch, in dem man sich wie in so manchem Burgverliesse den Rheumatismus holte — den Menschen die Hölle heiss zu machen, ein weiterer Schritt der irregeleiteten christlichen Phantasie, auf deren Sprünge übrigens unsere Geologen nachgerade wirklich gekommen sind; auch diese glauben ja an einen glühenden Erdkern, der sich nur an der Oberfläche langsam abgekühlt hat. Bei der Götterdämmerung, erzählten die Germanen, werde die gegenwärtige Welt in Flammen aufgehn, von Süden her sollten dann die Feuergötter, die Feuerriesen geritten kommen und die Erde in Brand stecken. Daraus hat sich die Sage vom Jüngsten, das heisst vom Letzten Tage entwickelt, für welchen im Alten Testament die Katastrophe von Sodom und Gomorrha vorbildlich erschien. Aber während nach der nordischen Mythologie nur die alte Welt wegbrennen und dann eine neue, bessere kommen sollte, hob sich die Kirche die Feuersbrunst auf, um etwas für die Gottlosen zu haben. Das Feuer war ja ihre Hauptpein auf Erden, der Feuertod die Strafe, die sie millionenmal für Ketzerei und Hexerei verhängte; auch hatte schon Christus das Thal Hinnom auf der Südseite Jerusalems, wo zu seiner Zeit ein ewiges Feuer unterhalten ward, um Kinder- und Verbrecherleichen zu verbrennen, zum Vergleiche mit einer Marterkammer herangezogen. Der Vergleich hat sich das ganze Mittelalter hindurch bis auf unsere Zeit ganz eigentlich erhalten; Thal Hinnom, hebräisch: *Ge Hinnom* ergab den griechischen Ausdruck *Gehenna*, mit dem die Hölle in der Bibel bezeichnet wird, und daraus entstand das französische Wort: *la Gêne*, das die peinliche Befragung auf der Folterbank bedeutet, nachgerade für einen blossen Zwang, den man sich oder andern auferlegt, genommen.

Die Hölle wurde also im Christentum ein Schlund voll Schwefel und Feuer, ein feuriger Pfuhl, ein Kessel, wo Pech gesotten und den Verdammten auf den Leib geträufelt ward und in dem die armen Seelen ewig brannten und Pein litten, eine ebenso beschränkte wie teuflische Vorstellung. Diese Hölle sollte eigentlich erst beim Weltgericht eröffnet werden, aber das wäre schade gewesen, so lange zu warten, das Feuer brannte schon, man konnte mit der Verdammnis gleich anfangen. Die Krater der feuerspeienden Berge boten sich als natürliche Eingänge zu dem furchtbaren Raume dar: in den Schlünden des Ätna und des Vesuvs schien das Höllenfeuer zu Tage zu treten, auf den Phlegräischen Gefilden Italiens der Schwefel sichtbarlich zu dampfen und zu glühen. Die Verdammten brauchten nur hinabgelassen zu werden, so gelangten sie an den Ort ihrer Bestimmung. Wirklich sieht man auf den mittelalterlichen Bildern oft, wie die Seelen der Verdammten von Teufeln durch die Lüfte getragen und in die Vulkane geworfen werden, die Hölle pflegt nach dem Muster eines Kraters trichterförmig angelegt zu sein, ja, das Volk weiss, dass der grosse Theoderich, König Artus mit seiner Tafelrunde, Kaiser Heinrich VI., Kaiser Friedrich II. und andere Potentaten wirklich in den Vesuven brennen. Artus vertrat in der Vorstellung des Mittelalters das weltliche, wie Parzival das geistliche Rittertum, und Theoderich, der edle Dietrich von Bern, dem die Glut aus dem Munde schoss, so oft er zürnte, wurde als ein Arianer aufs grimmigste gehasst. In den paradiesischen Gegenden von Neapel und Sizilien hatte gleichsam die Hölle Gestalt gewonnen. Aber nur weil der Mensch mit seiner Qual hinkommen wollte — die Natur ist nicht grausam, selbst wo sie verdirbt. Die Natur hat nichts Höllisches, selbst bei einem Ausbruche des Vesuv. Die wahre Hölle auf Erden war und blieb doch die Folterkammer, in der ein Teufel in Menschengestalt, frech die Vorsehung spielend, brennende

Abbitte vor Gericht: der Mann, der die beiden würdigen Alten beleidigt hat, ohne ihnen etwas Ehrenrühriges nachweisen zu können, wird veranlasst, sich öffentlich vor ihnen auf ein Knie niederzulassen und eigenhändig mit den Worten aufs Maul zu schlagen: *Seh hin, mein Maul, und hab dir das, weil du so arg gelogen hast!* — Einer der beiden Beleidigten hält eine brennende Kerze in der Hand; Phylax sieht zu. Faksimile eines Holzschnittes in der *Practica Rerum Criminalium*, dem Hauptwerke des niederländischen Kriminalisten Jodocus Damhouder (Antwerpen 1556, in-4⁰). Nach Römischem Rechte war die Beleidigung mit Gelde gut zu machen. Nach den germanischen Ehrbegriffen schien diese Privatbusse nicht ausreichend, die gekränkte Ehre erforderte eine andere Genugthuung. Abbitte, beziehentlich Ehrenerklärung und Widerruf; und Fehde, beziehentlich Zweikampf traten ergänzend ein. Dem heutigen Strafrecht fremd.

Schwefelfäden und Pechknäuel nach dem Körper des Untersuchungsgefangenen warf oder ihm geschmierte Stiefel anzog und die Füsse über das Feuer hielt oder Kienspäne unter die Nägel trieb und anzündete — und die Scheiterhaufen, die während der Periode der Hexenprozesse, des schändlichsten Abschnittes der Weltgeschichte, den europäischen Himmel blutrot färbten, das waren die Flammenzeichen und die Vulkane, die Gott in seinem Zorn vor ihren Eingang setzte, die Feuersäulen, in denen er vor seinem unglücklichen Volke herzog.

b. Die Hölle auf Erden: die Marterkammer. Schreckung.

Die Höllenpein, wie sie sich das Christentum ausgedacht hat, der Wurm, der nicht stirbt — falsche Auffassung der Tortur, die keine Strafe war — sondern eine Art Gottesurteil, man glaubte, dass Gott die Unschuld schützen und zur Überstehung der Marter mit Kraft ausrüsten werde — Vornahme der Territion: der Scharfrichter zeigt dem Untersuchungsgefangenen die Marterwerkzeuge vor und beschreibt ihm die Schmerzen — wie er ihn schrauben, schnüren, recken und strecken wird — die Daumenschrauben, die Pommersche Mütze, der Gespickte Hase, die Leiter, das Hauptwerkzeug der Tortur — warum gerade eine Leiter — die Folter im engern Sinne: das Pferdchen, daher *Folter* — Anekdote — das Beweisverfahren nach der Schreckung: die peinliche Befragung, die thatsächliche Anwendung der Folter, die Urgicht — unter welchen Bedingungen das abgepresste Geständnis Rechtsgültigkeit erlangte — wehe über die Feinde des Menschengeschlechts: *deleantur de Libro Viventium!*

In der Wirklichkeit war *Marter* und *Pein* geschieden: die Strafe folgte auf die Folter. Pein, ein lateinisches Wort und identisch mit *Poena*, ist zunächst nichts weiter als Strafe, peinlicher Prozess so viel wie Strafprozess. Die Höllenpein, wie sie sich das Christentum ausgedacht hat, erscheint als eine grässliche Kombination beider Akte. Sie lässt den eigentlichen Begriff der Tortur, den eines grausamen Mittels, die Wahrheit herauszubringen, fallen; die Qual hat nicht mehr den Zweck, vom Angeschuldigten ein Geständnis zu erpressen, um ihn dann zu strafen, sondern die Qual selbst ist Strafe. Ganz im Gegensatz zu der zivilrechtlichen Auffassung der Tortur, die nicht entehrte, nur physisch für zarte Konstitutionen eine nachteilige Wirkung hatte, daher auch niemand vorgeworfen werden durfte. Aber da die Höllenpein ewig währen sollte, die Todesstrafe also gar nicht zu brauchen war, so wusste sich die Kirche, wenn sie sich die Hölle ausmalte, gar nicht anders zu helfen, als dass sie von dem Feuertode, der eigentlich im höllischen Feuer hätte erfolgen müssen, absah, dafür aber allerhand scheussliche und unendliche Martern nach Art der gerichtlichen Folter einschob. Das Feuer, das sich, wie wir unten andeuteten, ausgiebig zur Folter benutzen liess, war dann nur eine unter tausenden. Da wir uns hier nicht mit den Faseleien eines Cyrillus oder dem Gewäsch der Büchnerschen Concordanz, sondern mit dem thatsächlichen Verfahren der deutschen Gerichte beschäftigen, so bleiben wir nun bei diesem und sehen uns die abseits gelegene Marterkammer an, in welcher der Scharfrichter, da eben ein Angeklagter von neuem befragt und mürbe gemacht werden soll, sämtliche Folterwerkzeuge ausgestellt hat.

Die Berliner Gerichtslaube, Rest des alten Rathauses, Ecke der Königstrasse, abgebrochen im Februar 1871. Gotische Halle, in der Gericht gehalten wurde, in mehrere Gewölbjoche eingeteilt; die Gewölbe sind Kreuzgewölbe, die auf Säulen ruhen, aus dreieckigen Kappen bestehen und deren Gurten ein festes Gerippe bilden; die Kreuzrippen erhalten durch einen grossen Schlussstein ihre Spannung. Aus dem 14. Jahrhundert, wo Kölln und Berlin bereits zu einer einzigen Stadt mit gemeinschaftlicher Kommunal- und Gerichtsverfassung vereinigt waren. Den Publikationen des Vereins für die Geschichte Berlins entnommen. Vergleiche die Jerusalemer Gerichtslaube Seite 467.

Das blosse Vorzeigen der Instrumente in der Marterkammer nannte man die Schreckung oder die *Territion;* die Werkzeuge konnten dem Untersuchungsgefangenen auch wirklich angelegt, die Daumschrauben aufgesetzt, die Schnüre einmal zur Probe angezogen werden. Das nannte man die *Realterrition.* Wir lassen es hier bei der *Verbalterrition* bewenden und legen sie gerne dem infamen Gesellen in den Mund.

— *Siehst Du, mein Freundchen,* sagt der alte Racker, *damit wirst Du* geschraubt, *wenn Du den Marterkittel anhast und auf der Marterbank liegst. Das hier sind die* Daumenschrauben, *eiserne eingekerbte Schraubstöcke, die ich Dir an das zweite Daumengelenk anlege. Ich* *werde sie öfters lüften und dann wiederum zuschrauben. Du sollst bekennen! — Thust Du's nicht, so habe ich noch grosse Schrauben, Beinschrauben,* Spanische Stiefel *für Dich in Bereitschaft. Die werde ich Dir anziehn, damit werde ich Dir die Beinchen, Wade und Schienbein zusammenschrauben*). Warte nur! Wenn ich die nachlasse und wieder anziehe und wenn ich dann mit meinem Schlüssel daran klopfe, kannst Du etwas erleben. Du sollst bekennen! — Thust Du's immer noch nicht, so nehme ich das* Mecklenburgische Instrument *oder den* Spanischen Bock *und schraube Dir die Daumen und die grossen Zehen kreuzweise aneinander. Ich habe auch noch die* Pommersche Mütze, *die ich Dir aufsetze, ein Haarseil, ein geknotetes Stirnband, eine Kette mit ausgefeilten Gliedern, womit ich Dir den Kopf zusammenpresse. Ich habe auch die* Handschraube, *auch noch die* Fingerpresse, *auch noch die* Knöchelfolter, *die sie in Italien das Stänglein (la Stanghetta) nennen. Die Fingerpresse besteht aus sechs hölzernen Pflöcken, die ich Dir zwischen die Finger stecke, worauf ich Dir die Finger, siehst Du wohl, mit einem starken Stricke zusammenschnüre. Ich will Dich schrauben, wo Du zu schrauben bist.*

Zur Abwechselung schnüre ich Dich ein wenig. O, meine Schnur, die Corda, *ist auch gut, solche Bürschchen wie Dich geschmeidig zu machen! Ich heisse sie die* Regina Tormentorum! *— Erst nehme ich nur ein paar Bindfaden und ziehe sie Dir über dem Handgelenk zusammen — darauf, beim zweiten Grade, schnüre ich Dich mit vollen Banden, indem ich vom Handgelenk bis zum Ellenbogen drei Schlingen mache und Dir die Ringe durch Hin- und Herziehen der Enden tief ins Fleisch einsäge. Du sollst bekennen! — Freue Dich, dann kommst Du aufs Pferd. Siehst Du hier das starke Seil von Pferdehaaren, das an beiden Enden mit Knebeln versehen ist! — Das ziehe ich Dir an den Armen und den Beinen hin und her, das greift ins Fleisch ein, dass es eine Lust ist. Du sollst bekennen! — Zuletzt kommt der Strick, die* Strickfolter, *das ist erst das Wahre. Mit dem Stricke wirst Du an den Armen aufgehängt, die auf dem Rücken zusammengebunden sind, an die Füsse kommt ein Zentnergewicht oder ein Balken zu hängen, auf den ich mich selber setze,**) dann*

---

*) Da wird der Geist euch wohl dressiert,
In Spanische Stiefeln (sic) eingeschnürt —

Schnürstiefel waren es keine.

**) Geradeso wie sich bisweilen beim Hängen in dem Augenblicke, wo er von der Leiter gestossen ward, dem armen Sünder ein Henkersknecht auf die Schulter setzte, um ihm das Genick zu brechen und den Todeskampf abzukürzen. Daher die Vorstellung, dass der Teufel einen Menschen reite, was er auf den Gemälden der Verdammnis häufig thut.

schwenken wir Dich behaglich hin und her, lassen Dich auf den Boden nieder, reissen Dich plötzlich wieder in die Höhe, wir nennen das den Wippgalgen *oder die* Estrapade. *Du sollst bekennen! — Damit auch die grosse Zehe etwas habe, dehne ich Dir sie noch besonders mit einer Winde aus.*

Ja, wir wollen Dich strecken und recken, bis Du verreckst! Wir werden Dich auf die Folter spannen! Kennst Du die Folter? — Die Folter ist die Leiter. *s' ist nur so 'ne Leiter — eine starke bequeme Leiter — darauf wirst Du gelegt; die Schenkel fesseln wir daran. An die Füsse hängen wir Dir Bleigewichte, während wir die Arme auf dem Rücken zusammenbinden. Am obern Ende befindet sich ein Flaschenzug, mit dem winden wir die Arme und den Oberkörper langsam rückwärts in die Höhe. Und indem Du so auf der Leiter hin- und hergezogen wirst, graben sich die eisernen Zacken des* Gespickten Hasen, *einer Rolle, die wir zu dem Zwecke an den Leiterbäumen befestigen, in Deinen Rücken ein. Du sollst bekennen! — Und wenn Du nicht bekennst, wirst Du in einem unterirdischen Verliesse nackt auf den Boden gelegt und bekommst auf die Brust ein Dreizentnergewicht von Eisen und nichts zu essen als drei Bissen verschimmeltes Brot und drei Schluck Wasser und stirbst in der Todespresse, an Erdrücken, Hunger und Durst . . .*

Der Kaak an der alten Berliner Gerichtslaube, Schandsäule, an welche die losen Buben mit dem Halseisen geschlossen wurden und an der sie zur Strafe einige Tage stehen mussten; oben unter dem Knauf springt über den Schaft eine thönerne Büste mit Vogelleib und Eselsohren vor, welche das Gebälk mit tragen hilft. Dem Prachtwerke Rings über die deutsche Kaiserstadt Berlin entnommen (Leipzig 1883). Denkbar ist ein Zusammenhang mit Kuckuck.

Sogenannte *Peine forte et dure,* namentlich in England, wo sie sich wie das Reck oder das *Rack* und wie alles Veraltete sehr lange erhielt. Die Folterleiter, das Hauptwerkzeug der Tortur, ist wohl häufig nur eine einfache Bank gewesen, die Marterbank, auf der die anderen Torturen vorgenommen wurden, daher man noch heutzutage in übertragenem Sinne *auf der Folterbank liegt.* Alle diese grässlichen Qualen sind dem Volke zu geläufigen Bildern für Schmerzen ziemlich harmloser Art, namentlich für Schimpf und Spott geworden, zum Beispiel *schrauben, aufziehn, vexieren* und so weiter. Die Folterbank ist wiederum dasselbe, was man in Frankreich als *Chevalet,* in Italien als *Cavalletto,* also als Pferdchen bezeichnet, dem lateinischen *Equuleus* entsprechend, der in den mittelalterlichen Schriften und schon in denen des klassischen Altertums eine so grosse Rolle spielt und über den man nur in dem *Dictionnaire des Antiquités Romaines* von Anthony Rich (Paris, Didot, 1873) etwas Gescheites findet. Es ist einer der grausamen Scherze gewesen, von denen es auf diesem Gebiete wimmelt. Rich beschreibt und zeichnet ein Folterinstrument, das im Mittelalter in Mirandola unter diesem Namen gebräuchlich war und das an unser Bild der Vier Gepfählten erinnert: eine kleine, von einem Bein getragene Pyramide, auf deren Spitze man den Angeklagten setzte; er war nackt, aber die natürliche Schwere seines Körpers wurde durch bleierne Gewichte, die man ihm an Händen und Füssen befestigte, erhöht. Diese Pyramide war das *Pferd,* auf dem der Unglückliche reiten musste. So wird man dann auch die Folterbank mit einem *Rösslein* verglichen haben, sei es, dass sie einmal wirklich geritten werden konnte oder nicht. Denn wer möchte daran zweifeln, dass die alte Herleitung des Wortes *Folter* von dem italienischen *Poledro,* besser: von dem mittellateinischen *Poledrus* in der That die richtige sei, sintemal die Begriffe so merkwürdig übereinstimmen? — *Folter* bedeutet ein Füllen wie das lateinische *Equuleus;* das *Füllen* ist ein Synonymon zu dem *Pferdchen,* wie im Italienischen *Cavalletto* ein Synonymon zu *Eculeo.*

Der Vergleich der vertrackten Maschine mit einem Pferde muss sehr lebendig gewesen sein, weil er sogar zu grausamen, echt mittelalterlichen, gemeinen Spässen diente. In der Geschichte der Grafen von Ardres (in der Niederpicardie) wird von einem gewissen Lambertus erzählt, dass, als der Graf Arnold von Ardres mit Gertrud von Alost Hochzeit feierte, ein Fahrender auftrat. Er machte sich anheischig, ein ganzes Fass Bier auszusaufen, wenn man ihm ein Pferd schenkte. Er wollte den Zapfen mit den Zähnen herausziehn, den Mund ans Zapfenloch legen und in einem fort saufen, ohne abzusetzen, nur, und zwar während des Trinkens, Wasser lassen. Der Herr Graf nimmt den Vorschlag an: der Kerl säuft das Fass thatsächlich aus und kommt triumphierend mit dem Zapfen im Munde herein, den bedungenen Lohn zu empfangen. Was thut dieser unedle Edelmann? — Der Spassvogel sagt, er solle sein Ross haben; seine Diener aber müssen ein Folterross zurichten. *Concisis in patibulo arboribus eum in Eculeo suspenderunt.* Vornehmheit der Gesinnung war nicht Sache der Picardie. Solche Trinkerproben und Trinkerwetten wurden häufig, nicht bloss von fahrenden Leuten angestellt *(Gastronomische Märchen, Pietsch).*

Man kann nicht immer unterscheiden, ob mit dem *hölzernen Rosse* eine Folter in unserem Sinn gemeint ist, da auch der Galgen gern als ein *Ross* betrachtet wurde, das man ritt — *in der Luft reiten, auf einem hänfen Ross herreiten, einen dürren Baum reiten* waren beliebte volksmässige Redensarten, es hiess sogar: *im Feuer reiten.* Ein *hülzen Ross* musste wohl auch nur zur Schande, als eine Art Pranger bestiegen werden, und vielleicht dass der arme Spielmann nur gehohnüffelt werden sollte.

Die Bank oder die Leiter, auf der die Folterknechte den Körper bearbeiteten und reckten, war an sich gar kein Marterwerkzeug; aber der Inbegriff und die Summe von allen Qualen. Das Folterbett, wahrlich kein Lotterbett. Dass man eine Leiter dazu nahm, geschah nicht sowohl weil eine solche besonders zweckmässig gewesen wäre, sondern weil der Verbrecher auf der Leiter zum Galgen stieg. Es lag nahe, ein Gerät zur Folter zu benutzen, das gleichsam eine Vorstufe der zu erwartenden Todesstrafe war. Bei Exekutionen stieg der Henker und nach ihm der Verurteilte auf einer Leiter bis zu dem Querbalken, an welchem der Delinquent aufgeknüpft und durch Hinwegziehen der Leiter zum Tode befördert werden sollte; deshalb war und ist die Galgenleiter wie das Beil oder das Schwert (460) noch jetzt ein Merkmal der hochnotpeinlichen Patrimonialgerichtsbarkeit, ein Denkzeichen, dass hier ein Gutsbesitzer Recht und Gerechtigkeit

Enthauptung des Grafen Heinrich von Rhein vor dem Schlosse Fürstenstein, nach der Einnahme dieses Schlosses durch die Bürger von Basel, zu Weihnachten im Jahre 1411. Die Herren Heinrich zu Rhein und Rudolf von Neuenstein waren in dem Kriege der Stadt Basel mit der Wittwe des Herzogs Leopold von Österreich und deren Vasallen hart mitgenommen worden und begehrten von der Herzogin von Österreich eine Entschädigung. Da nichts erfolgte, bemächtigten sie sich des Schlosses Fürstenstein, wo ein Vogt der Herzogin sass. Jetzt verbündete sich die Herzogin von Österreich mit der festen Stadt Basel; die Baseler zogen am Weihnachtsfeiertage des Jahres 1411 aus, belagerten die Burgen Blauenstein, Neuenstein und Fürstenstein und eroberten die letztere nach zwölf Tagen. Hierauf wurde Heinrich von Rhein nebst einigen anderen enthauptet. Der Ritter kniet entwaffnet, im blossen Wams und mit gebundenen Händen auf einem Sandhaufen; der Scharfrichter holt aus, er führt das Schwert mit beiden Händen. Es soll sehr schwer sein, beim Hiebe die horizontale Richtung der Arme zu bewahren, Fehlschläge waren häufig. Faksimile eines Holzschnittes in der Kosmographie von Sebastian Münster (die auch und zwar fast ebenso darstellt, wie *Domitian viel edler Herren aus dem Senate*; und wie *Aurelian etliche vom Rate töten liess*).

handhabte. Man nimmt bisweilen, namentlich in Frankreich, die Leiter für den Galgen geradezu, man spricht hier von einer *Échelle patibulaire* — gewiss ist, dass jede Leiter einen vielfachen Galgen darstellt. Ein ordentlicher städtischer Galgen fasste seine sieben Personen. Auch der Pranger wurde in Paris wohl einfach: *Échelle* genannt. Die Ausdrücke flogen im Volksmund hin und her; hat doch auch das Kreuz Christi lange: Galgen, Gottes Galgen geheissen. Und doch müssen wir immer darauf zurückkommen, dass die Folterleiter noch lange nicht der Galgen, sondern eine Art Gottesurteil war, das niemand nachtrug, für das sich niemand rächte: der Glaube an das Eingreifen der Hand Gottes, an den Triumph der Unschuld und das Unterliegen des Schuldigen beseelte am Ende auch die unehrlichen Folterknechte. Wenigstens den Richtern mochte das vorschweben. Man soll nie zu niedrig, niemals infam von einem Deutschen denken.

Nur die Kirche schuf Teufel, die einen armen Sünder peinigten — sie allein erzählte von einer Hölle, *da ihr Wurm nicht stirbt und ihr Feuer nicht verlöscht.* Es sind das Worte Christi, der sie von dem Propheten Jesaias hat; und sie stehen in dem tröstlichen Evangelium (Marci IX, 44).

Ire in Gehennam, in ignem inextinguibilem: ubi vermis eorum non moritur, et ignis non extinguitur. Die Theologie versteht unter dem *Wurme* die nagenden Gewissensbisse, während offenbar an die Würmer und die Maden gedacht ist, die sich von den Leichen in dem Thal Hinnom nähren, die einen wesentlichen Bestandteil der sogenannten *Fauna Sepulcralis* bilden und die man im Mittelalter allgemein mit Schlangen verwechselt hat. Da man gern eine recht lange Qual haben wollte, ward der widerspruchsvolle Begriff eines ewigen Todes geschaffen, darum durfte das Feuer nicht verlöschen, der Leichnam brennen und doch nie verbrennen, gefressen und doch niemals aufgefressen werden. Welch eine unmenschliche Vorstellung! — Und doch war auch sie in der Tortur gewissermassen vorgebildet. Die Käfer- und Mausfolter, die Ziegenfolter wird erwähnt. Man soll den Untersuchungsgefangenen Insekten und Ratten auf den Nabel gesetzt und die Fusssohlen mit Salz bestrichen haben, das ihnen von hungrigen Ziegen abgeleckt ward.

Es ist eins der finstersten Kapitel, das wir schreiben. Ich wiederhole: niemals, solange die Erde steht, hat man sich mehr an der Natur versündigt, ärger gegen den edlen menschlichen Leib gefrevelt als in jener verabscheuungswürdigen Zeit — die Christenheit erscheint in ihr

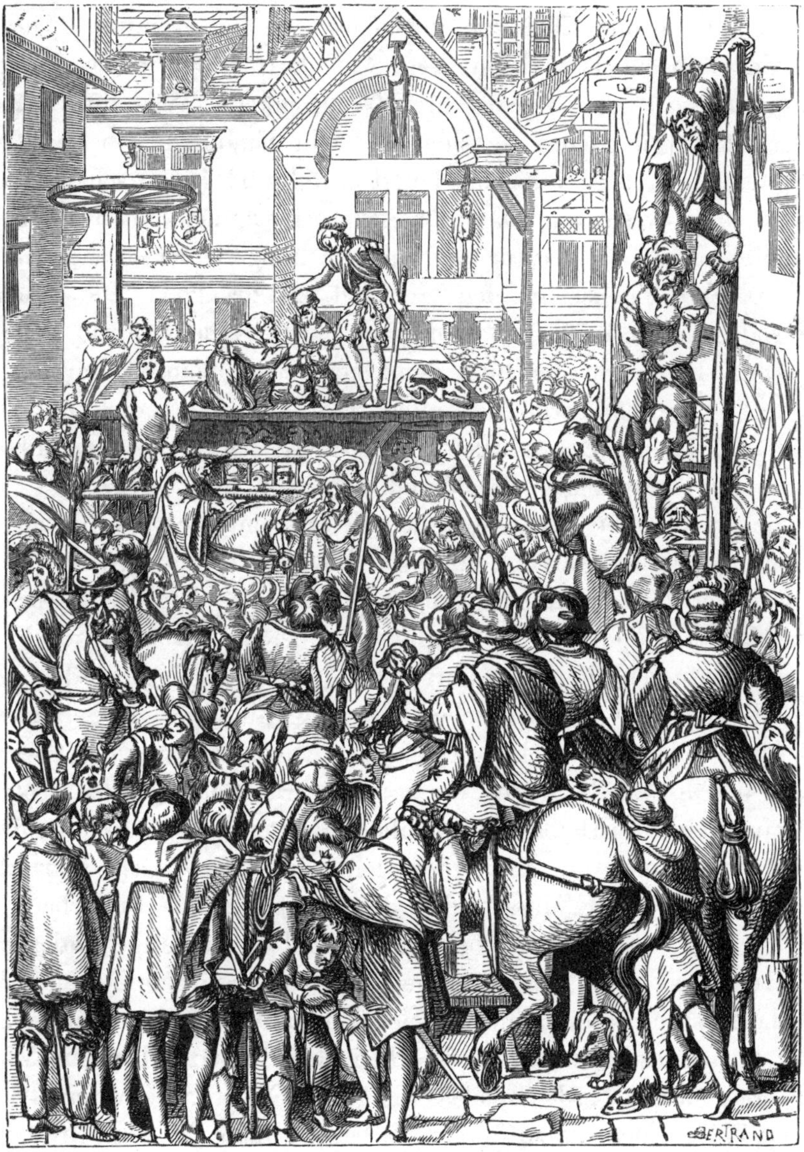

Das hochnotpeinliche Halsgericht bei der Arbeit: die Öffentlichkeit der Gerichtspflege war früher vorgeschrieben. Der Verbrecher, ein alter Mann, dem die Hände gebunden sind, kniet auf dem Blutgerüst; ein Mönch hält ihm das Kruzifix vor, der Scharfrichter, der ihn enthaupten wird, legt ihm die Hand auf und weiht ihn dadurch dem Tode. Opfertiere pflegten bei Juden und Heiden durch Handauflegung geweiht zu werden. Links vom Schafott auf dem Pfahle bemerkt man das Rad, auf welches die Verbrecher gelegt werden, nachdem sie gerädert worden sind, hier nur ein Zeichen, dass der Ort die Halsgerichtsbarkeit besitzt; rechts einen Kniegalgen, hinten am Dachgiebel die Rolle eines Flaschenzuges zur Tortur (wie auf dem Vollbild). Ganz rechts wird ein anderer Delinquent die Leiter herabgebracht, auf der er gefoltert worden ist; er geht gleichfalls zum Tode, es scheinen noch viele daranzukommen, denen allen die Hände gebunden sind. Der Bürgermeister, zu Pferde, lässt sie zwischen sich und dem Manne mit den Folterleitern hindurchpassieren. Militärische Bedeckung durch Bürger, die mit *Gleven* bewaffnet sind, sogenannte *Glevenbürger*; hinter ihnen Bauern, die den Galgenritt mitmachen, Gassenbuben mit Reffen auf dem Buckel, Eseltreiber, Kinder u. s. w. Faksimile eines Holzschnittes in der *Praxis Criminis persequendi*, einem Handbuch des Strafverfahrens von J. Millaeus (Paris, 1541. Klein-Folio).

so teuflisch, so grauenvoll, dass sich ein Menschenfreund, was sage ich, ein Wilder mit Ekel von ihr abgewandt haben muss. Der gute Engel der Menschheit verhüllte sein Antlitz trauernd und verzweifelnd. Wie erfinderisch war sie in ihrer Grausamkeit! Was für unerhörte, raffinierte Martern dachte sie sich aus! Die Unglücklichen bald innerlich zu ersäufen, bald mit dem Durst zu foltern! Ihnen scharfgesalzene Speisen vorzusetzen und dann das Wasser vorzuenthalten, was noch später eine versteckte Tortur des Untersuchungsrichters war; ihnen in Sole getauchte Tücher in den Schlund zu drücken! Die stachelige Wiege oder den Lüneburger Stuhl, der mit eisernen Nägeln gepolstert war — die Kugel, in der man den Gefangenen unaufhörlich hin- und herrollte — die Bambergische Folter! Hör auf, Du Teufel, mit Deiner Schreckung, wir haben wahrlich genug! Vergegenwärtigen wir uns noch kurz die Art und Weise des Verfahrens nach der Territion.

Hatte dieselbe nichts gefruchtet und musste, da hinreichende Indizien vorhanden waren, zur wirklichen Tortur geschritten werden, so wurde der Untersuchungsgefangene mehrmals über die sogenannten Torturalfragen vernommen. Das heisst: über die verfänglichen Fragen, die Suggestivfragen, die ihm während der Folter vorgelegt werden sollten. In Frankreich wird die peinliche Befragung, die *Question*, geradezu für die Tortur selbst gebraucht. Blieb der Angeklagte verstockt, so begleiteten ihn die Gerichte, der Vorsitzende, zwei Beisitzer, der Protokollführer und ein Geistlicher, am frühen Morgen wieder in die Marterkammer. Nackend, nur mit einem leinenen Schurz, dem Marterkittel bekleidet, wurde der Mann oder das Weib auf die Folterbank oder die Folterleiter, das besagte Pferd, gelegt und darauf festgebunden. Nun nahm das verworfene Handwerk seinen Lauf, erst gelinderweise, dann ziemlichermassen, endlich mit der Schärfe, und sofort bis zum höchsten, im Erkenntnis festgesetzten Grade. Kein Grad durfte über eine Viertelstunde ausgedehnt werden, sodass die ganze Operation etwa eine Stunde dauerte. Waren mehrere zu foltern, so begann man mit den Schwächsten, den Greisen und den Frauen. Das laute Schreien zu verhindern, steckte man dem Individuum einen Knebel oder ein Vesperschloss in den Mund, die *Pfeife* oder die *Birne*. Gab der Mensch durch Zeichen zu verstehen, dass er bekennen wolle, so wurde die Vivisektion unterbrochen, der Gefangene erlöst und in einem andern Zimmer wiederum befragt. Leugnete er von neuem, so ward die Tortur fortgesetzt. Überstand er alle Grade, ohne zu bekennen, so erfolgte in Deutschland Freisprechung. Legte er aber ein Geständnis ab, so ward dasselbe einem freiwilligen gleichgeachtet, der unvollständige Schuldbeweis galt dadurch für ergänzt, und der Mann durfte zu der in seinem Falle angezeigten Pein verurteilt werden. Es kam darauf an, was einer aushielt: La Bruyère sagt ganz richtig, die Tortur war ein ausgezeichnetes Mittel, sich, wenn man eine gute Natur hatte, weiss zu brennen und dafür unschuldig verurteilt zu werden, wenn man nichts vertrug. Dennoch gehörten nach der Karolina zur Rechtsgültigkeit eines dem Angeschuldigten durch die Folter abgepressten Geständnisses noch gewisse sorgfältig erwogene Bedingungen.

Erstens dass es nicht während der Tortur, sondern erst nach der Tortur erfolgt und zu Protokoll genommen worden war. Zweitens musste es ins einzelne eingehen und Thatsachen enthalten, die ein Unschuldiger nicht wissen konnte. Drittens hatte das Gericht die innere Wahrscheinlichkeit der Angaben zu prüfen und dieselben anderweitig zu verifizieren. Endlich, und das war die Hauptsache: der Angeklagte musste sein Bekenntnis zwei oder drei Tage nach der Tortur auf nochmalige

Vorstellung der Höllenpein in einem alten Schäferalmanach, der 1529 in der Hauptstadt der Champagne, Troyes, erschienen ist (in 4°; einem andern Jahrgange desselben Kalenders war der Holzschnitt auf Seite 339 entnommen worden). Die Verdammten sind auf feurige Räder geflochten, die von Teufeln gedreht werden; schwarze Katzen zerfleischen sie. Die Strafe ist dieselbe, welche Ixion im Tartarus erleidet: die Griechen banden den Verbrecher an die Speichen eines Rades und liessen ihn damit umtreiben. Davon war die mittelalterliche Strafe des Rades, die *Poena Rotae* ganz verschieden, obschon wahrscheinlich beide Martern den gleichen Ursprung haben: anfänglich wurde der Arme Sünder von einem Wagen überfahren, was gegenwärtig eine gewöhnliche Form des Selbstmordes ist. Das Mittelalter brauchte nur nicht den ganzen Wagen, sondern gab dem Henker ein Wagenrad in die Hand. Auf dem Schafotte spielte derselbe mit dem Rade und räderte den an ein Andreaskreuz gebundenen Verbrecher, indem er ihm Arme und Beine, von unten oder von oben, mit dem Rade zerstiess. Der zertrümmerte Mensch wurde dann auf ein erhöhtes Rad gelegt, um darauf zu sterben. Die barbarische Todesstrafe, die gemeine Mörder, Brandstifter, Kirchenräuber traf, liess sich mannigfach abändern, schärfen oder auch (durch den sogenannten *Gnadenstoss* auf die Brust) abkürzen. Mittellateinisch: *rotare*, französisch: *rouer*, daher der Ausdruck: *Roué [Rätsel der Sprache 207]*. Gesetzlich wurde das Rad, bereits unter den Merowingern erwähnt, im Reiche A. D. 1532 durch die Karolina, in Frankreich durch das Edikt Franz I. vom Jahre 1534. In Preussen soll noch um 1817 ein Mörder Güldenapfel gerädert worden sein; am 24. Juli 1779 wurde es in Berka an der Ilm ein Menschenfresser *[Gastronomische Märchen 105]*. Offiziell abgekommen ist das Rad erst seit wenigen Jahrzehnten, in Frankreich seit der grossen Revolution. Man bemerke die widrige Bildung der Teufel, die bei den christlichen Künstlern, auch bei Michelangelo wiederkehrt *[Rom in Wort und Bild* 326].

Befragung, ausserhalb der Folterkammer vor den Gerichten wiederholen und die Wahrheit seiner Aussagen beteuern. Dieses nochmalige Geständnis nannte man im Gegensatze zur anfänglichen *Gicht:* die *Urgicht*, vergleiche darüber oben, Seite 508. Man fühlte die Mangelhaftigkeit dieses Beweisverfahrens und wollte der Theorie nach die Folter überhaupt nur als eine Ergänzung desselben bei unvollständig geführtem Schuldbeweis betrachten. Das hinderte nicht, dass jene ruchlose Zeit Millionen armer Menschen unschuldigerweise *vergichtigte,* das heisst durch Höllenangst und Todesqualen zum Geständnis brachte und dann als Hexen und Zauberer verbrannte — ich will der Geistlichkeit nicht nachahmen, nicht wünschen, dass diejenigen jetzt in der Hölle braten mögen, die sich so furchtbar am Ebenbilde Gottes vergriffen haben — aber getilgt mögen sie sein aus dem Buche der Lebendigen, dass sie mit den Gerechten nicht angeschrieben werden — ein ewiger Tod, ein ewiges Vergessen bedecke das unselige Vergehn! —

c. Die Hölle auf Erden: das hochnotpeinliche Halsgericht. Der Tod.

Jetzt geht es dem Verbrecher an den Hals — sie schreien Zeter über ihn — die Zeremonie des Halsgerichtes, ein Rest des alten öffentlichen Verfahrens, in der Halsgerichtsordnung Kaiser Karls V. beibehalten — die *C. C. C.* oder die *P. G. O.*, das erste allgemeine Strafgesetzbuch — die Hauptpeinen der Karolina, der Tod war im Mittelalter wohlfeil, es wurde massenhaft gehängt — das Hundetragen — Anekdote, wie Kaiser Barbarossa die Mailänder bestrafte — qualifizierte Todesstrafen: das Vierteilen, das Überreiten, das Überfahren, woraus sich das Rädern entwickelte — verstümmelnde Strafen, übliche Gebärden des Spottes, die darauf zurückzuführen sind — die Entmannung — die Eiserne Jungfrau, ihre Umarmungen — der Feuertod eine Pein für sich, der Scheiterhaufen bildet die christliche Hölle ab, daher besonders die Feinde des Christentums lebendig verbrannt werden.

Zetergeschrei. Das Malefizgericht ist auf dem Richtplatze selbst versammelt, die Richter sitzen schwarzgekleidet an einer langen Tafel. Die Malefizräder sind aufgepflanzt; das Malefizrecht hat seinen Lauf. Der zum Tode verurteilte arme Sünder wird vom Kriminalrichter in Gegenwart der Schöppen nochmals über seine Schuld und zwar in der Anklageform vernommen; zum letztenmal ergeht an ihn die peinliche Befragung, ob er sein Verbrechen zugestehe. Sagt er ja, so wird ihm das Todesurteil vorgelesen, nach geschehener Umfrage bei den Schöppen zum Zeichen des verwirkten Lebens der Stab über ihn gebrochen und das sogenannte Zetergeschrei eröffnet. *Zeter über den malefizischen Erzschelm!* — heisst es dreimal; der Richter, der Ankläger, die Beisitzer, die Schöppen schreien Zeter. Hieraus werden, wie bei den sogenannten Pumpermetten, die Stühle und die Bänke umgeworfen, und der Scharfrichter waltet seines Amtes.

Diesen letzten Akt des Kriminalprozesses, der öffentlich, im Freien, an den sogenannten Malefiztagen vor sich ging, nannte man das Halsgericht; denn da die Lebensstrafen am Halse, durch das Schwert oder den Strang vollzogen zu werden pflegten, so bezeichnete

Das Hochgericht oder der Rabenstein von Montfaucon im Norden von Paris, genannt der Galgen von Montfaucon (*Gibet de Montfaucon*); im Jahre 1300 von dem Finanzintendanten Philipps des Schönen Enguerrand de Marigny errichtet, um die hingerichteten Verbrecher daran zu hängen; also zunächst keine Vorrichtung zur Vollziehung der Todesstrafe, sondern eine Art Leichenschauhaus auf einem Hügel, auf dem die Verbrecherleichen den Vögeln zum Frass ausgesetzt werden und zu dem die Geier hinzukönnen, entsprechend den Türmen des Schweigens, den Begräbnisstätten der Parsen. Im Jahre 1315 hing Enguerrand de Marigny, der als Urheber eines drückenden Steuersystems verhasst war, selbst auf dem Montfaucon; das gleiche unverdiente Schicksal hatten später zwei andere Intendanten: Jean de Montaigu unter Karl VI. (1400) und unter Franz I. (1527) in hohem Alter Jacques de Beaune, Baron von Semblançai.

Lorsque Maillard, juge d'enfer, menoit
A Montfaucon Semblançai l'âme rendre;
à votre avis lequel des deux tenoit
Meilleur maintien? Pour vous le faire entendre:
Maillard sembloit homme que mort va prendre,
Et Semblançai fut si ferme vieillard,
que l'on cuidoit pour vrai, qu'il menât pendre
à Montfaucon le lieutenant Maillard.

Dieses Epigramm Marots nimmt Montfaucon wie gewöhnlich selbst als Galgen. Nach der Bartholomäusnacht im Jahre 1572 wurde der Leichnam Colignys nach Montfaucon geschleift und an den Füssen mit einer eisernen Kette aufgehangen. An einen solchen Galgen wurde auch die ausgegrabene Leiche Cromwells nach der Restauration der Stuarts gehängt (1660); *c'était à ces affreuses marques*, sagt ein Historiker, *qu'on reconnaissait les lieux habités par un Roi*. Nach einem Stiche unter den Ansichten der Umgebung von Paris im Pariser Kupferstichkabinett (Nationalbibliothek). Am Orte heutzutage keine Spur.

man die Strafgewalt, die dem Verbrecher an Hals und Kragen gehen konnte, kurzweg als das *Gericht über Hals und Haupt.* Es gab bestimmte Orte, die Halsgerichtsbarkeit besassen, was man den Blutbann nannte (464); an ihnen waren als Abzeichen Stock und Galgen aufgerichtet. Der Hals war unsern Vorfahren überhaupt Symbol der Freiheit, unterjochte Völker bekamen eine hölzerne Fessel um den Hals; wer am Pranger stand, hatte die Schande in Form einer Tafel mit Angabe der Schuld am Halse, Narren hing man ein Klemperlein, Verleumdern einen Fuchschwanz an den Hals — was aber ein Halsgericht war, das hängte den Malefikanten gleich an seinen besten Hals. Man hatte im 16. Jahrhundert mehrere Halsgerichtsordnungen; die namhafteste war die Bambergische, die der Landhofmeister Johann Freiherr zu Schwarzenberg für die Bischöflich Bambergischen Lande A. D. 1507 verfasste. Neun Jahre später (1516) wurde sie mit wenigen Veränderungen als Brandenburgische Halsgerichtsordnung in den fränkischen Landen der Markgrafen von Brandenburg eingeführt; sie bildete die Grundlage der sogenannten, mehrerwähnten Karolina, das heisst der Peinlichen Gerichtsordnung Kaiser Karls V., der berühmten *Constitutio Criminalis Carolina (C. C. C.)*, die A. D. 1532 auf dem Reichstage zu Regensburg zum Reichsgesetz erhoben wurde und das erste allgemeine Strafgesetzbuch, verbunden mit einer Strafprozessordnung war. Drei Jahrhunderte lang wurde nach des allerdurchlauchtigsten, grossmächtigsten, unüberwindlichsten Kaisers Karl V. und des heiligen Römischen Reiches P. G. O. gehangen und geköpft, gerädert und gesäckt, gepfählt und gevierteilt und für Hexerei der Feuertod erkannt, ohne dass die P. G. O. und die gnädige Erinnerung den Kurfürsten, Fürsten und Ständen an ihren alten, wohlhergebrachten, rechtmässigen und billigen Gebräuchen etwas hätte benehmen mögen. Bis in die Mitte des 18. Jahrhunderts blieb die Karolina für den Praktiker massgebend, seitdem wurde ihr Geltungsgebiet durch Partikulargesetzgebungen mehr und mehr eingeschränkt. Die Karolina ist noch in der Schöfferschen Druckerei zu Mainz, von Ivo Schöffer mit kaiserlichem Privileg gedruckt worden; die älteste Ausgabe ohne Jahreszahl, die älteste mit einer solchen vom Jahre 1533.

Der Tod war im Mittelalter wohlfeil — die städtischen Galgen, ja, die Bäume hingen bis oben hinauf voller Diebe — es wurde massenhaft gehängt, und das Geschäft der Henker blühte. Was ist das heutzutage für ein Aufstand, wenn einer hingerichtet werden soll! — Im Mittelalter gehörte eine Exekution zu den alltäglichen Schauspielen; die Rabensteine und die Galgenberge, an denen man vorbeikam, wurden gar nicht leer. Die beiden Hauptpeinen für die Männer waren die Strafen des Stranges (für das Volk) und des Schwertes (für die Edelleute), während der Feuertod, das Pfählen, das Rad, das Vierteilen für *qualifizierte,* das heisst: geschärfte Todesstrafen galten. Frauen wurden meist gesäckt, in einen ledernen oder leinenen Sack gesteckt, ins Wasser geworfen und ertränkt. Das Hängen war die eigentliche Strafe des Diebstahls, der also, zumal Einbruch und Kirchenraub, strenger bestraft ward als heutzutage; auf Entwendung einer Monstranz setzt die Karolina den Feuertod. Auch das Hängen war zu erschweren, wenn der Henker einen Wolf oder einen Hund neben dem Verbrecher aufhing, ein Brauch, der in fernen Ländern, in Ägypten und Mexiko, noch heute beobachtet werden kann (*Sprache ohne Worte 311*); gerade so ertränkte man zuweilen mit der Frau zusammen einen Hund oder eine Katze oder eine Schlange oder einen Hahn, was die Römer bei Verwandtenmördern thaten. Das Hundetragen, eine Strafe für adelige Landfriedensbrecher, hatte einen andern Sinn; damit sollte angedeutet werden, dass sie besser gethan hätten, bei ihrem Geschäft zu bleiben als unberufen Kriegswirren anzustiften. Sie mussten einen Hund aus einem Gau in den andern tragen; dann wurden sie enthauptet. Der Dienstmann trug einen Sattel, der Bauer eine Pflugschar, der Pfaffe ein Brevier. Im Jahre 938 liess Kaiser Otto der Grosse die aufrührerischen Franken, 1155 Friedrich Barbarossa den Pfalzgrafen Hermann und dessen Genossen Hunde tragen.

Spielmann vor der Galgenleiter, auf der ihn, auf seinen Wunsch, ein Kamerad mit Musik empfängt, indem er auf seinem Dudelsacke bläst. Er nimmt Abschied, der Henker wartet, ein Wanderer geht vorüber.

vil Hellebarten breit und smal,
von Spiessen sach man ein Walde

Die Szene ist auf dem Galgenberge vor der Stadt, deren Thore man im Hintergrunde sieht. Faksimile eines Holzschnittes in einem Lehrbuche, das gegen Ende des 15. Jahrhunderts in Brügge erschienen ist (von Michault. in-Fol. Mönchsschrift).

Es ist bekannt, wie derselbe Barbarossa einige Jahre später die Mailänder bestrafte, weil sie die Kaiserin verkehrt auf einen Esel gesetzt und den Schwanz des Esels in der Hand durch die Stadt hatten reiten lassen. Er zwang sie, einer alten Mauleselin das Schwanzerl aufzuheben und eine Feige, die ihr ins Loch gesteckt worden war, mit den Zähnen herauszuziehen, dann wiedereinzustecken. Wer es nicht that, ward aufgeknüpft. Die obscöne Bedeutung der Feige im Italienischen und das Bieten der Feige soll sich daher schreiben. Die Anekdote wird von manchen Historikern und auch von Rabelais *(Pantagruel IV, 45)* erzählt, der sie vermutlich aus dem Werke Paradins *de antiquo Burgundiae statu* (Lyon, Est. Dolet, 1542) hat; und ist nicht ganz unwahrscheinlich, wenigstens im Stile des Mittelalters *(Sprache ohne Worte 273 ff).* Abgebildet sieht man die burleske Szene in Sebastian Münsters *Cosmographia,* in dem *andern Buche von Italia.* Kehren wir zu peinlicheren Situationen zurück.

Eine solche war es jedenfalls, wenn ein Wilddieb auf einen Hirsch geschmiedet, ein Verräter an den Schweif eines wilden Rosses gebunden und geschleift oder von vier Pferden zerrissen wurde. Die Merowingerin Brunhilde starb (68) eines solchen Todes; in den Gedichten der Karlssage wird das Vierteilen oft erwähnt. Die alten Römer liessen die Landesverräter durch fahrende Wagen, die Perser durch die herabgebogenen Wipfel zweier Bäume auseinanderreissen. Auch das Zerstampfen durch Rosseshuf wird erwähnt, namentlich in nordischen Sagen, wofür die Königin Isebel im Alten Testamente typisch war — *et equorum ungulae conculcaverunt eam* (2. Könige IX, 33.) In der Dietrichssage soll Schwanhilde, die Gemahlin des Königs Ermrich, wegen Untreue vor der Burg von wilden Rossen überritten werden, die Tiere scheuen aber vor dem Glanze ihrer Augen und wagen nicht auf sie zu treten; erst als Sibich, der Marschall des Königs, Schwanhilden die Augen mit einem Tuche verbinden lässt, sprengen die Rosse über die Unglückliche hinweg und töten sie mit ihren Hufen. In Kairo lassen sich alljährlich, am Geburtstage des Propheten, Hunderte, auf einem öffentlichen Platze dicht aneinanderliegend, von dem Scheich der Saadîye-Derwische, übrigens meist ohne Schaden überreiten. Sicherlich liess man die Missethäter auch überfahren, woraus sich allmählich das Rädern, das Zerstossen der Glieder mit dem neunspeichigen Rade entwickelte.

Alle diese Peinen haben etwas Gemeinsames: den Zweck, den Organismus durch gewaltsame Mittel zu zerstören, zu verstümmeln und zu töten, ohne doch die Form desselben völlig zu vernichten. Eine systematische Einteilung wäre leicht — man hätte hauptsächlich schmerzende, zertrümmernde und verstümmelnde Strafen zu unterscheiden, unter welchen letzteren das Köpfen obenanstehen würde. Geringere Verstümmelungen waren: das Ausstechen der Augen, das Abschneiden der Nase, der Ohren, des Daumens, das Ausreissen der Zunge, das Abhauen der Hände und der Füsse, die Entmannung. Dem Gotteslästerer zum Beispiel hatte der Henker die Zunge auszureissen; in der Chronik der Stadt Strassburg liest man, dass dieses Urteil noch im Jahre 1612 vollstreckt ward. Manche spöttische Gebärden, zum Beispiel das Herausstrecken der Zunge, das Drehen einer Nase, das Eselbohren, mögen eine Erinnerung daran enthalten und den Hohn eines Individuums darstellen, das sich in Sicherheit weiss und dem der Henker nichts anhaben, die Zunge nicht ausreissen, die Ohren und die Nase nicht abschneiden kann, so gern er's auch thäte. Die Kastration war eine Strafe, die bei vielen rohen Völkern den Ehebrecher traf; bei den Germanen wurde (jedoch nur in alter

Der Pranger in der Markthalle zu Paris (*le Pilori des Halles de Paris*; nach einer Zeichnung vom Jahre 1670. Das Bauwerk, Übergangsstil, ist viel älter, etwa aus dem 12. Jahrhundert). Sechseckiges, mit einer Pyramide gekröntes Türmchen, unter der Turmspitze eine offene Galerie. Innerhalb der letzteren ein sechsfaches Halseisen, das sich vermittelst eines Zapfens um seine Axe dreht; strenggenommen ein Halsholz, indem jede der sechs Seiten aus zwei Latten zusammengesetzt ist: dazwischen je ein Loch für den Kopf und je zwei Löcher für die Hände (*le Carcan*). In diesen drei Löchern mit Kopf und Händen steckend, wird der Sträfling, nachdem er am Fuss des Turmes Abbitte gethan, an drei Markttagen, jeden Tag viermal in zwei Stunden herumgedreht, dem Gelächter des Volkes und der Schande preisgegeben; das nennt man: *am Pranger stehen*, *l'Affront du Pilori*. Vorzüglich bei betrügerischem Bankrott. Aufgehoben im Jahre 1832.

Zeit; die P. G. O. hatte nicht mehr den Mut, eine durchgreifende Bestimmung in Bezug auf den Ehebruch zu treffen) die Entmannung vor der Hinrichtung vollzogen. Das war schlimm, wenn ein Kastrat *die Jungfer küssen* sollte. Die *Eiserne Jungfrau* war ein schauerliches Instrument, das auf der Burg von Nürnberg noch gezeigt wird. Ein üppiges, verlangendes Weib mit Mantel, Halskrause und Haube, aber aus kalten Eisenplatten, Schienen und Stangen zusammengesetzt und mit starken Federn versehen. Klappte man den Körper auf, so starrte der Brustkasten und die Bauchhöhle von scharfen Ecken und spitzen Nägeln, die mit unwiderstehlicher Gewalt ins Fleisch einschlugen, wenn der Unglückliche der Jungfrau in die Arme fiel, den Fuss auf das Trittbrett setzte und die Klappen langsam zugingen. Hatte er sich verblutet, so wurde ihm das Brett unter den Füssen weggezogen, und der Leichnam fiel durch einen Schlund in einen darunter wegführenden Kanal. Ganz wie in Venedig; der furchtbare Hohn, der zu der Marter hinzugefügt ward, zeugte gleich anderen niederträchtigen Witzen von der grausamen, verworfenen Sinnesart des 16. Jahrhunderts, über das sich auch der Protestantismus nicht erhob. Die Hexenprozesse waren in protestantischen Ländern mindestens eben so häufig wie in katholischen.

Bei diesen lautete das Urteil bekanntlich meist auf Verbrennen: der Brandpfahl, an den die Zauberer und die Ketzer *) gebunden wurden, der obengenannte Stock, war, wie gesagt, neben dem Galgen ein Zeichen des Blutbannrechtes oder der Halsgerichtsbarkeit; er musste, da er mit verbrannte, immer von neuem aufgerichtet werden. Und die Strafe des Feuers, der Scheiterhaufen, dessen Flammen den sündigen Leib fast vollständig verzehrten, hatte einen eigenen Charakter, keiner andern Todesstrafe zu vergleichen. Der Scheiterhaufen bildete die christliche Hölle ab, die für alle verdammten Seelen, in erster Linie aber für die antichristlichen und die ungläubigen geheizt war und vor dem irdischen Autodafee nur das voraushatte, dass sie ewig brannte und die Verurteilten nicht aufzehrte. Liebet eure Feinde! — Die Kirche hat ihre Feinde nie geliebt, im Gegenteil so glühend gehasst und so grimmig noch über des Grab hinaus verfolgt, dass das Schreckensgebiet der menschlichen Phantasie um eine Hölle bereichert worden ist.

*) gelegentlich auch Giftmischer, Mordbrenner, Ehebrecher. Im *Decamerone (V, 6)* lässt Friedrich II. in Palermo aus Eifersucht ein Liebespaar; im *Orlando Furioso (XXI, 39)* der König Marsilio Bradamantes Bruder verbrennen, weil er in Gestalt der Schwester zur Prinzessin Fiordispina gekommen ist und bei ihr geschlafen hat *(XXV, 57 ff)*.

d. Hexenprozesse.

Die Hexen, man weiss nicht, von wannen sie heissen, aber wohl von wannen sie sind — aus der Vorzeit — es sind Frauen, die dem deutschen Wesen treu bleiben und das Christentum ablehnen — die infolgedessen für Anhängerinnen des bösen Feindes gelten, denn die alten, gestürzten Götter verwandeln sich bei der Neugestaltung des Kults in Teufel — wie die gesinnungstüchtigen Heidinnen von den Christen geschmäht und verleumdet werden — man bezichtigt sie widernatürlicher Unzucht und der Bestialität, ein gemeiner Vorwurf gegen Ketzer und Andersgläubige — zugleich sollten sie die heiligen Mysterien verspotten, wie es allerdings vorgekommen ist: das Spottkruzifix auf dem Palatin — Eselsküsser, Katzenküsser — deshalb erlässt Innocenz VIII. eine Bulle, welche die Hexenverfolgung organisiert — die drei traurigen Dominikaner, denen die Hexenhetze übertragen wird — der Hexenhammer, ein Denkmal der menschlichen Dummheit und Bosheit, Aufriss und Inhaltsübersicht — das schlechte Buch wird Gesetzbuch, aus ihm entwickelt sich das ordentliche gerichtliche Verfahren gegen Hexen — in dieser Zeit zu leben war ein Fluch.

Die Wesen, welche die Kirche wie eine Furie verfolgte, beschimpfte und verdammte, waren arme alte Frauen, die treu an ihren alten Göttern hingen, an ihrer alten Religion und Weltanschauung festhielten, die Natur und das Vaterland nicht verleugneten.

Durch das ganze Mittelalter hindurch, von Karl dem Grossen an, währte der Kampf zwischen dem Deutschtum und dem fremden, unpopulären Christentum. Rücksichtslos, zum Teil mit den verwerflichsten Mitteln arbeitete die römische Kirche, jede nationale Regung zu ersticken, das Heidentum auszurotten, dem Volke seine Sprache, seine Sitte, sein Recht, seine Lieder, seine Feste, seinen Kultus zu verleiden, ihm den Kopf zu verdrehn und den tüchtigen Kern zu nehmen. Sie blieb Siegerin in diesem Kampfe; seitdem entartete die germanische Rasse, ihre normale Entwickelung war gestört, eine künstliche Luft wehte über dem deutschen Boden, in der die Pflanzen nicht gediehn. Deshalb dauerte auch die Reaktion der volkstümlichen Elemente gegen das römische Wesen, namentlich auf Seiten der konservativen Frauen, immer noch, nur ganz versteckt und heimlich und unter bizarren Formen fort, von denen eine gehässige Geistlichkeit mit sittlicher Entrüstung munkelte; und um dem ein Ende zu machen, veranstaltete die christliche Kirche ein Strafgericht, wie es die ärgste Feindin des Menschengeschlechts veranstalten würde: steckte mit ihrer Brandfackel in ganz Europa ungehindert ein höllisches Feuer an und unterhielt es jahrhundertelang; warf wie eine Wütende auf ein blosses Gerücht hin, auf falsches Zeugnis, in wahrhaft satanischem Eifer Millionen Unschuldiger hinein, hetzte die Kinder, die Geschwister, die Eheleute zur Denunziation, zerstörte das Lebensglück, verhängte über

Die vier Gepfählten: Hinrichtung durch den Pfahl, genauer durch ein an einem Pfahle steckendes Andreaskreuz, an dessen spitzigen Armen sich die Verbrecher spiessen und lebendig hängen bleiben; in der Türkei übliche Todesstrafe, von den Griechen: Ἀνασκολοπισμός, Παλούκωμα, von den Italienern: *Impalatura*, französisch: *Empalement* genannt. Die gewöhnliche Ausführung ist diese: der Unglückliche wird, die Hände auf den Rücken gebunden, auf den Bauch gelegt, und mit einem Saumsattel bedeckt, auf welchen sich ein Henkersknecht setzt, während ihm ein anderer mit beiden Händen das Gesicht niederdrückt. Der Scharfrichter schneidet mit einer Schere das Gesäss der Hose auf und stösst ihm das spitze Holz in den After; ein anderer treibt es mit einem Schlegel weiter, bis es oben wieder heraus kommt. Hierauf wird der Spiess aufgerichtet. Auf unserem Bilde ist die Marter vervielfältigt und nicht völlig kunstgerecht, die Einführung durch den After (διὰ τῆς Ἕδρας, *nella Parte Posteriore, par le Fondèment*) wesentlich. Die Gepfählten leben oft noch Tage lang; ein Trunk Wasser soll den Tod beschleunigen, wird daher vorenthalten. So wurden unter der türkischen Herrschaft die Griechen bestraft, wenn sie einen Muselmann totschlugen. Im Juni des Jahres 1800 liessen die Franzosen in Kairo den Mörder des Generals Kleber, Suleiman von Aleppo pfählen. — Ganz verschieden war der abendländische Pfahl die *Poena Pali*, die an Selbstmördern und Kindesmörderinnen vollzogen ward: sie bestand darin, dass man die Person lebendig begrub, die Gegend des Herzens mit einer Rute bezeichnete und hier einen spitzen Pfahl eintrieb. Fredegunde liess eine Magd von Stande auf diese Weise vom Leben zum Tode bringen. Durch die C. C. C. wurde der Pfahl abgeschafft und durch den Sack ersetzt, lokal erhielt er sich. Nach einem Holzschnitte in der *Cosmographia Universalis*, ein Vorkommnis in Ungarn aus dem Kuruzzenkrieg (1514) darstellend.

unzählige Familien namenloses Elend, schraubte, schnürte, quetschte, reckte, folterte, marterte, verurteilte und verbrannte eine Legion Gerechter, die ihr Dasein und diese furchtbare Welt mit Fug und Recht verfluchen konnten, denn in dieser Zeit zu leben war ein Fluch. Damals hat wohl mancher in der Bitterkeit seines Herzens ausgerufen: *der Tag müsse verloren sein, darinnen ich geboren bin, . und die Nacht, da man sprach: es ist ein Männlein empfangen. Derselbe Tag müsse finster sein, und Gott von oben herab müsse nicht nach ihm fragen, kein Glanz müsse über ihn scheinen. Warum bin ich nicht gestorben von Mutterleibe an? Warum hat man mich auf den Schoss gesetzt? Warum mit Brüsten gesäuget?* — *So läge ich doch nun und wäre stille, schliefe und hätte Ruhe, wie die jungen Kinder, die das Licht nie gesehen haben; daselbst müssen doch aufhören die Gottlosen mit Toben, da haben doch miteinander Frieden die Gefangenen und hören nicht die Stimme des Drängers.* Das war die Zeit der Hexenprozesse, in der die Menschheit verrückt geworden zu sein schien; das war die Frucht der Orthodoxie, der Segen des Christentums.

Mit Verwunderung liest wohl einer und der andere und fragt: Du lieber Himmel, waren denn die Hexen nicht alte Weiber, die hexen konnten? Die im Bunde mit dem leibhaftigen Teufel standen? Die ihrerseits Menschen und Vieh behexten, Wald und Flur schädigten, Wetter machten, Hagel kochten und böse Tränklein brauten, denn sie kannten alle Kräuter? —

Wo ist mein Vater?
— Im Turm.
Und meine Mutter?
— Ebenfalls im Turm.
Und warum im Turm?
— Auf Befehl des Herzogs.
Schiller.

Mittelalterliches Familiendrama in einer niederländischen Stadt: die spanische Justiz schleppt die friedlichen Bürger ins Gefängnis. Der Rock des Biedermannes ist (wie der des Adoptivvaters oben) nicht zugeknöpft, sondern mit Nesteln zugebunden. Faksimile eines Holzschnittes in der *Practica Rerum Civilium*, einem Lehrbuche der Bürgerlichen Rechtspflege von dem Geheimrat Jodocus Damhouder (Antwerpen 1596, posthume Folioausgabe).

Lieber Leser, ich hoffe, Du gehörst nicht dem Mittelalter, sondern der Neuzeit an. Ich hoffe, Du weisst, dass der Pferdefuss des Mephistopheles (138) auf das Ross Wodans zurückzuführen ist, der nach Einführung des Christentums in der Sage als Teufel fortlebt. Es ist ein gemeinsamer Zug aller Religionen, dass sich die alten Götter, die bei einer Neugestaltung des Kultus gestürzt und überwunden werden, in böse Feinde, in Dämonen und Teufel verwandeln. Und ihre Anhänger verwandeln sich dann in Hexenmeister und Schwarzkünstler. Was das Wort *Hexe* eigentlich bedeutet, ist noch heute nicht ermittelt, gewöhnlich übersetzt man es mit *Waldfrau* — die weibliche Endung *-issa,* mit der die Feminina *Prophetissa*, *Βασιλισσα*, *Medichessa, Comtesse* gebildet sind, scheint darin zu stecken, denn *Hexe* lautet im Althochdeutschen: *Hagzissa* und ohne Lautverschiebung: *Hagtissa.* Die Franzosen sprechen von einer *Sorcière,* welche die Schicksalslose liest, die Italiener und die Griechen von einer *Strega* oder *Στϱίγλα*, das heisst einer Ohreule (*Strix*). Um so klarer ist die reale Bedeutung der Hexen, die nichts anderes als die Priesterinnen und die weisen Frauen der alten Germanen gewesen sind. Die Seherin, die in der Edda weissagend im Land umherzieht und Allvater das Göttergeschick offenbart (76), war eine Hexe in dem alten ehrwürdigen Sinne. Diese erhabenen deutschen Frauen, denen etwas Heiliges und Ahnungsvolles innezuwohnen schien, deren Rat unsere Vorfahren nicht verschmähten, deren Bescheiden sie sich fügten — diese herrlichen geheimnisvollen Priesterinnen, die der neue, aus dem Orient gekommene Glaube trotzdem vom Altar ausschloss, ja, als unreine, den Leib des Herrn zu berühren unwürdige Wesen betrachtete: sie lehnten einen Heiland ab, der als ein Fremder ins Land gekommen war und dem man in einer fremden, unverständlichen Sprache diente. In ihnen erwuchs dem Christentum, das sie mit den Ketzern in einen Topf warf, eine unerbittliche Gegnerschaft. Sie liessen sich ihre Opfer und ihre heiligen Zeiten, ihr grosses Winterfest, das Julfest in den Zwölften, und die Frühlings-, Sommer-, und Herbstfeste, die mit den ungebotenen Volksversammlungen zusammenfielen, nicht nehmen. Einer der heiligsten Tage des alten Glaubens war der erste Mai, ein Opfer- und ein Dingtag, an dem die Maibäume aufgepflanzt, Maifeuer angezündet, Tänze aufgeführt, Bierkrüge geleert und die alten, nationalen Rosse geschlachtet wurden: dann zogen die gesinnungstüchtigen deutschen Frauen nächtens auf den Brocken oder auf den Kandel oder auf den Hörselberg, es giebt überall Blocksberge, zu ihrem Wodan und zu ihrem Donner zu beten, dass er einmal in die steinernen Gotteshäuser dreinschlagen möge, in gewohnter Weise für Feldfrüchte und Vieh den Segen der Himmlischen zu erflehen und sich gegenseitig bei der harten Prüfung des Landes in der Treue zu bestärken. Alle Hexenberge sind nachweislich zur Zeit des deutschen Heidentums Opfer- und Dingstätten, Salz- und Malberge, das heisst Gerichtsplätze gewesen. Die Geistlichen sagten, dort oben werde der Hexensabbat gefeiert und der Teufel angebetet.

O, sie wussten, wie es zuging; und mit der erfinderischen Phantasie von Frommen, die an Enthaltsamkeit gewöhnt sind, malten sie sich die Walpurgisnacht und ihre Genüsse aus. Wenn der Teufel seine grossen

Das Chastel Saint-Antoine, die sogenannte Bastille am Thor Saint Antoine und am Eingang in das Faubourg Saint-Antoine, aus dem Antoniusthore hervorgewachsen; die Festung, in deren Türmen, Verliessen und Käfigen jahrhundertelang die Staatsgefangenen geschmachtet haben; ein Bauwerk des 14. Jahrhunderts, am 15. Juli 1789 zerstört. Unter den vierzig tiefen Löchern, den sogenannten *Cachots*, gab es welche, die unten spitz zuliefen wie ein Zuckerhut, sodass die hinabgelassenen Gefangenen weder sitzen noch liegen, ja, nicht einmal stehen konnten. Diese viereckige, an den beiden langen Mauern mit je vier runden, weit ausladenden, gleich hohen Türmen verstärkte, von Wällen und Gräben umschlossene, bezinnte Zwingburg, wie der Dogenpalast, einer der schauerlichsten Punkte der Erdoberfläche, erscheint als ein Urfels, an den die Brandung der Pariser Freiheit schlägt, ohne ihn zu erschüttern; und doch kam der Tag, an welchem das Bollwerk des Königtums erstürmt ward. Nur der Name des Platzes, die öde *Place de la Bastille* in der Vorstadt Saint-Antoine ist übrig. So wird einst die dumpfe Bastille des Mittelalters, in der wir noch stecken, vom Atem der Neuzeit hinweggefegt und davon nichts übrig sein als ein Hauch. Nach einem alten Kupferstiche aus den Ansichten von Paris (Pariser Nationalbibliothek, Kupferstichkabinett).

Hoftage abhielt, verliessen die Hexen auf Besen oder Ofengabeln ihre Wohnung. Wir haben oben (379/80) erfahren, dass Birkenruten in den mittelalterlichen Badestuben zur Geisselung und wie das Fischbein zur Belebung des Geschlechtstriebes dienten, und das ist jedenfalls die einfachste Erklärung dieses Steckenpferdes, auf dem die Hexen wie die Walküren durch die Lüfte reiten und das die Gelehrten mit dem Donner und dem Wodan in Verbindung bringen. Zum Schornstein fuhren sie hinaus und direkt auf den Bloksberg, wo eine Legion Teufel versammelt war und ihr Herr und Meister auf einem Throne sass. Sie tanzten einen Reigen um ihn und nahten sich dann einzeln, ihm den Allerwertesten zu küssen. Hierauf wurde (ohne Brot und Salz) gegessen und getrunken und eine Orgie gefeiert, wo die gesamte Teufelei über die Hexen, alte und junge herfiel und die, wie in der Bibel die *Hurerei*, von Haus aus ein Bild für Abgötterei sein mochte. Sie ist mit Vorliebe gemalt, beschrieben und (von Goethe) dramatisch dargestellt worden*). Die von der Religion geschmähte, beim Klerus ganz und gar verpönte Sinnlichkeit, die liebe Unzucht machte sich hier Luft, wie denn auf den Bildern auch wirklich etliche Reverendi mitzutanzen pflegen, obwohl sie strenggenommen in die Walpurgisnacht ebensowenig passen wie ein *Proktophantasmist*. Da die Teufel halbtierische Wesen und schlimmer als Tiere waren, Michelangelo ging bekanntlich in die Menagerien und auf die Vogelmärkte, um die Modelle seiner Teufel zu studieren und zu zeichnen — so erschien der Verkehr mit ihnen als Bestialität und als jenes Verbrechen, das die Karolina, im Gegensatz zur *Sodomia ratione Sexus*, als *Sodomia ratione Generis* hervorhebt. Selbstredend hatten die Hexen, die wirklichen Hexen, wenn sie nach alter Sitte auf ihre Berge zogen, keine unzüchtigen Zwecke bei ihrer Fahrt, wenn auch eine ziemliche Freiheit des geschlechtlichen Verkehrs bestanden haben mag; aber die Menge liebt es, geheimen Gesellschaften dergleichen nachzusagen. Die alten Christen standen bei den Heiden genau in demselben Rufe — ihre Liebesmähler waren nur ein Vorwand, dahinter steckten unnatürliche Ausschweifungen. Der Kultus, den die Hexen oben mit dem Teufel treiben sollten, war von den Pfaffen als eine Parodie des Gottesdienstes gedacht, der Thron, auf dem er in Gestalt eines Bockes sass und sich ablecken liess, sollte der christliche Altar oder der heilige Stuhl, die *Apostolica Sedes*, der Genuss seines vermaledeiten Leibes das Abendmahl sein, daher eben der Ausdruck: Hexenabendmahl. Auf dem Zobtenberge war angeblich auf einer Säule ein Esel aufgepflanzt, der, mit den heiligen Gefässen und andern Insignien behangen, angebetet und schliesslich aufgegessen wurde, eine unverkennbare Erinnerung an das heidnische Pferdefleisch, das die Klatscherei in Eselsfleisch verwandelte, daher die Schlesier noch heute: *Eselsfresser* heissen. Dieser Frevel wurde, wie es scheint, später von

---

*) Namentlich auch in Kupfer und Stahl gestochen worden, zum Beispiel im Jahre 1620 von Michael Herr, im Jahre 1840 von W. Pobuda. Ein Faksimile des Hexensabbats von Herr ist der Geschichte des Dreissigjährigen Krieges von Dr. Georg Winter in Onckens Allgemeiner Geschichte in Einzeldarstellungen beigegeben; die Pobudasche Walpurgisnacht findet sich unter den Stahlstichen zu Goethes Meisterwerken (Stuttgart, Literatur-Comptoir).

den Katholiken den Protestanten zur Last gelegt. Dass die heidnischen Deutschen den christlichen Kultus durch eine Nachäffung der heiligen Mysterien verhöhnt haben sollten, ist nicht recht wahrscheinlich, jedoch nicht völlig ausgeschlossen. Das Spottkruzifix vom Palatin ist bekannt: in einem antiken Gebäude, auf einem *Graffito* sieht man einen Esel am Kreuze hängen, den ein gewisser Alexamenos anbetet. Vergleiche unser *Rom in Wort und Bild,* Seite 52. *Asinarii* war sogar ein wohlverbürgter Spitzname der Christen im alten Römischen Reiche, schon die Juden sollten *Eselsküsser* gewesen sein. Im 12. Jahrhundert fabelte man, die Ketzer hätten eine Zeremonie, bei der sie eine Katze auf den Steiss küssten, daher wieder: *Katzenküsser* ein Schimpfname der reformierten Berner im Munde der katholischen Nachbarn wurde. Die Katze war auch ein dämonisches Tier. Ebenso beschuldigte man die Tempelherren der Verspottung des Abendmahls: sie sollten den Baphomet küssen und dabei Sodoms Genüssen huldigen, vergleiche Seite 419 Unterschrift. Unnatürliche Wollust, Urningsliebe mit einer lästerlichen Kommunion verbunden rochen die guten Christen immer, bei allen, die nicht recht glaubten; dass die Bulgaren, die *Bougres* in Frankreich für Urninge und Knabenschänder galten, kam nur von der Ketzerei — und so verleumdeten sie auch in alter Zeit die edlen deutschen Frauen, von denen sie doch hätten erfahren können, was sich ziemt.

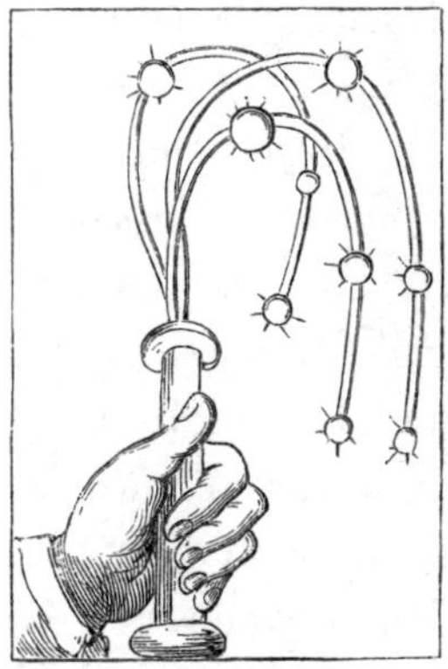

Die Geissel, nach einer Abbildung in der Kosmographie von Münster, welche den Attila, die Gottesgeissel (inkorrekt: *Godegisel*) darstellt. Gerichtliches Strafwerkzeug, auch in Schulen als Disciplinarstrafmittel gebraucht, aus drei ledernen Riemen bestehend, die an einem kurzen Stiele, dem *Geisselstocke* befestigt und mit stachligen Bleikugeln, sogenannten *Skorpionen*, versehen sind. Lateinisch: *Flagellum*, französisch: *Martinet*, russisch: *Knute*, böhmisch: *Peitsche*, welches Fremdwort seit dem 15. Jahrhundert für das deutsche *Geissel* (*Geisel*) üblich geworden ist. Die Riemen werden gern mit Schwänzen verglichen, daher die Engländer das neunfache Ding: die *Neunschwänzige Katze* nennen (*the Cat of nine tails*). Wesentlich verschieden ist die Rute, der Staupbesen, der Stock oder der Prügel; auch die Karbatsche und der Kantschu. Die Geissel hatte, weil die Geisselung an Christus und den Aposteln vollzogen worden war, einen heiligen Charakter, diente daher auch in den Klöstern zur Askese und galt überhaupt für ein vorzügliches Buss- und Gnadenmittel, mit dem die Flagellanten Vergebung der Sünden zu erlangen hofften.

Zu solch albernem Gerede hatten also die nächtlichen Konventikel der armen alten Heiden Veranlassung gegeben, als Papst Innocenz VIII., der Vater des Vaterlands, der demselben sechzehn Kinder, acht Knaben und acht Mädchen, schenkte, gleich nach seiner Thronbesteigung, A. D. 1484 die berüchtigte Bulle *Summis desiderantes affectibus* erliess, welche die Gesetze gegen die Zauberei und Hexerei erneuerte und drei Dominikaner Heinrich Krämer *(Institor)*, Jakob Sprenger und Johann Grümper als Hexenrichter für das Deutsche Reich bestellte. Die drei saubern Patrone hatten die

Bulle am päpstlichen Hof erwirkt. *Wir haben neulich nicht ohne Herzeleid vernommen, dass es in einzelnen Gegenden Oberdeutschlands, desgleichen in den Diözesen Mainz, Trier, Coellen, auch in den salzburgischen und bremischen Provinzen und Sprengeln, in der Stadt und auf dem platten Lande Personen gebe beiderlei Geschlechts, welche sich, ihres eigenen Heiles uneingedenk, vom wahren Glauben abtrünnig, mit bösen Incubis und Succubis einlassen und fleischlich vermischen — mit Hilfe Diaboli die Geburten der Weiber, die Trachten der Haustiere, die Früchte der Erde, die Trauben der Weinberge, das Obst der Bäume, ja, Menschen und Tiere selbst und die ganze Natur, Wiesen und Weiden, Getreidefelder und Gärten bezaubern, zu Grunde richten und ersticken — die Männer, Weiber und Ingesinde absonderlich vexieren, durch Nestelknüpfen die Mannsleute impotent, die Weiber unfruchtbar und ihre Entbindung unmöglich machen* ... deshalb trägt der Vater des Vaterlands, dem es zu Herzen geht, dass die Deutschen an der Erfüllung ihrer ehelichen Pflichten gehindert werden, den drei Predigermönchen auf, die Zauberer und Hexen in obengenannten Gegenden auszuspähen, zu bestrafen und auszurotten, wie sie nur wüssten und könnten. Den Bischöfen giebt er anheim, das Kleeblatt bei der Herkulesarbeit zu unterstützen und den Heroen der Kultur allen Vorschub zu leisten.

Diese drei Männer durchzogen nun Deutschland von einem Ende zum andern wie die Apokalyptischen Reiter; Feuersäulen und verbrannte menschliche Gebeine bezeichneten ihre Spur, die Flüche zu Grunde gerichteter Existenzen, zerstörter Familien, des wehklagenden Vaterlands folgten ihnen wie die Erinyen dem Mörder. Sie brachten den Hexenglauben in ein System, organisierten die Hexenhetze, begründeten die Hexenprozesse formell. Im Jahre 1487 schrieb Sprenger den *Hexenhammer*, den *Malleus Maleficarum*, der 1498 zu Köln im Druck erschien und mit Recht als ein ekelhaftes Denkmal der menschlichen Dummheit und Bosheit betrachtet wird. Dieses schändliche Buch, gegenwärtig sehr selten, wurde bald Gesetzbuch in Hexensachen, das ganze ordentliche gerichtliche Verfahren gegen Hexen entwickelte sich aus ihm. Es enthält fünfundfünfzig Fragen und handelt

I. Von der Hexerei im allgemeinen. Achtzehn Fragen.

1. Was die Hexen alles verbrochen haben.
2. Wie die Laien, welche die Möglichkeit der Hexerei leugnen, in der Predigt ad absurdum zu führen sind. Fünffache Abführung.
3. Warum das weibliche Geschlecht vorzüglich zur Hexerei neige. Hier findet sich die alberne Etymologie des Wortes *Femina: Fe-minus,* das

heisst: *Glaube-weniger,* und die zweideutige Behauptung: *Mulieres Homines non esse.*

II. Von der Hexerei im besonderen. Arten und Wirkungen. Zwei Fragen. Die Hexen zerfallen in drei Klassen:

1. Erzhexen, die ihrer Natur nach nichts als Schaden thun; darunter Kindlifresserinnen. Alle Hexen dieser Klasse sind Kebsweiber des Teufels, mit dem sie sich entweder feierlich und öffentlich verlobt oder einen Privatkontrakt abgeschlossen haben.

Bankrottierer in einem eisernen Käfig auf einem vierräderigen Karren, mit dem er wie ein Kind in einem Sportwagen in der Stadt herumgefahren wird; alte Form des Prangers. Eine Art von Käfig, in dem die Leute *brummen*, ist das Gefängnis überhaupt, daher es gern so genannt wird (italienisch: *Gabbia*, *Gabbiuola*; französisch: *Cage*, verkleinert: *Geôle*); das Mittelalter hatte aber auch eigentliche, mit starkem eisernem Gitter versehene Tierkäfige zur Ausstellung von Verbrechern, ja, förmliche Vogelbauer Der eiserne Käfig, in den Ludwig XI. den Grafen Armagnac (A. D. 1466) in der Bastille sperren liess, scheint nur eine engere Haft gewesen zu sein — diese *Cage de Fer* des grausamen Königs (der den Gefangenen nachmals [1477] enthaupten und seine Kinder unter dem Schafott aubinden liess, damit das Blut ihres Vaters sie beträufe) ist so bekannt wie seine Ketten, die sogenannten *Fillettes du Roi*; aber übrigens mehr eine Qual als eine Schande gewesen. Das sollten ohne Zweifel die Käfige sein, in welchen die schimpflichen Verbrecher, oft erst nach ihrem Tode, dem Publikum gezeigt wurden und die in Deutschland und in Frankreich bis ins vorige Jahrhundert üblich gewesen sind. A. D. 1409 erlitten vier Augsburger Urninge am Berlachturm in einem *Vogelhause* den Hungertod; der Wiedertäufer Johann von Leiden wurde (23. Januar 1536) in Münster erst mit glühenden Zangen gezwickt und gehängt und dann in einem eisernen Käfig am Turme der Lambertikirche aufgehängt, auch der Leichnam Knipperdollings in einem eisernen Käfig zur Schau gestellt. Es war das ein besonderer, noch über den Tod, an dem man nicht genug hatte, hinausgehender Schimpf — die Ketzer, die Staatsverbrecher wurden ja oft noch nachträglich verbrannt oder aufgehängt (Dolet. Cromwell). Noch am 4. Februar 1738 wurde in Stuttgart der Jud Süss, der württembergische Finanzminister Süss Oppenheimer in seiner Hofuniform in einem eisernen Käfig aufgehängt, ich weiss nicht ob lebendig oder tot; und noch im Jahre 1745 zu Lyon ein Bankrottierer nach strafbarem Konkurse genau so durch die Stadt gefahren, wie es unser Münsters *Cosmographia* entnommener, also aus dem 16. Jahrhundert stammender Holzschnitt anschaulich macht. Nach Münster ist der Gefangene der Sultan Bajesid oder Bajazet, den Tamerlan in einen Käfig sperren liess, das heisst: in einer vergitterten Sänfte auf seinen Zügen mit sich führte (A. D. 1402).

2. Kluge Frauen, die bisweilen helfen.

3. Unholdinnen, die beschreien und anthuen, aber den Schaden wieder gutmachen können.

Anhang. Die Zauberei der Männer. Sie legen sich besonders auf das Festmachen, auf Freischüsse, auf das Versprechen, das Hersagen von Segens- und Bannformeln und dergleichen.

Gegenmittel sind bei der Geistlichkeit zu haben. Sie bestehen in Beichte und Kommunion, im Segen, das heisst im *Signum,* dem *Zeichen* des Kreuzes (96), im Exorzismus, in Weihwasser und Weihrauch, in Heiltümern, in Salz. Das Ausspucken, das Bieten der Feige, das Ausstrecken des Mittelfingers, das Umhängen eines *Fascinums* (eines männlichen Gliedes, oft in Form eines Hörnchens) ist heidnischer Brauch.

III. Die Strafprozessordnung. Zuständig ist, da die Hexerei auf Ketzerei hinausläuft, das geistliche Gericht. Fünfunddreissig Fragen.

1. Voruntersuchung. Sie erfolgt auf das Gerücht hin, dass es an einem Orte Hexen gebe. Es genügt, zu erfahren, dass eine alte Frau den bösen Blick oder rote Augen habe.

2. Beweisaufnahme.

a. Zeugenbeweis. Hinreichen zwei oder drei Zeugen, die der Richter nach Belieben auftreibt. Exkommunizierte, unehrliche, liederliche Personen, alle Lumpen, auch ausgemachte Feinde des Angeklagten sind als Zeugen zuzulassen; Hexe kann gegen Hexe, die Frau gegen den Mann, der Sohn gegen die Mutter, der Bruder gegen die Schwester zeugen. Unnötig, dem Angeklagten die Namen der Zeugen mitzuteilen.

b. Verteidigung. Wenn überhaupt ein Rechtsanwalt bestellt wird, so darf derselbe seinen Klienten nicht über Gebühr verteidigen, sonst wird derselbe erst recht für schuldig angesehn.

c. Ergänzung des unvollständigen Beweises mit Hilfe der Folter. Vorher ist die Marterkammer sorgfältig zu kehren und darauf zu sehn, dass nicht etwa ein Spinne oder eine Fliege darin bleibe, denn solche Tiere sind die *Spiritus Familiares* der Angeschuldigten. Hierauf wird erörtert, unter welchen Bedingungen zur Tortur zu schreiten, wie die Hexe am ersten Tage und nach einigen Tagen wieder zu foltern und ob ihr das Leben zu schenken sei, um sie zu einem freiwilligen Geständnis zu bewegen.

d. Reinigung durch ein Gottesurteil. Die Hexenmale, die sich am Körper der Hexen in Form von Hasenspuren finden, werden mit Nadeln durchstochen: thut es der Person nicht weh, so ist sie schuldig. Mit Vorteil wird das Hexenbad angewendet, die Kaltwasserprobe, die wir oben (477) geschildert haben. Die Feuerprobe ist zu widerraten, weil der Teufel mit dem Feuer Du und Du, dabei ein grosser Kräuterkundiger und feuerfest ist. Der Kräuteraberglaube bezeichnete Hauslaub und Allermanns Harnisch als Schutzmittel.

3. Straferkenntnis. Das Strafurteil, das die Urteilsformel und die Urteilsgründe enthalten muss, aber auf alle Indizien hin erfolgen darf, lautet auf Verbrennen. Die Appellation ist auf jede Weise zu erschweren, der Prozess in die Länge zu ziehn und kein Kniff unversucht zu lassen.

Summa cum laude approbatur, schrieb die theologische Fakultät zu Köln darunter; wie schon gesagt, wurde der Hexenhammer von Papst und Kaiser anerkannt, zum Gesetzbuch erhoben und zwei Jahrhunderte lang beibehalten. Sprenger selbst liess gleich zu Konstanz 23 und zu Ravensburg weitere 25 Hexen exekutieren, weil sie nicht gestehen wollten, die Kröte gesehn zu haben oder selbst als Kröten auf dem Veitsberg gewesen zu sein; die Helfershelfer waren gleichfalls recht dahinter her. Ganze Gegenden wurden durch diese Teufel entvölkert: es war eine der schwersten Prüfungen, die das Vaterland durchzumachen hatte. Überall hatten die geistlichen Gerichte ihre Späher, sie übten sich in der Kunst, Hexen ausfindig zu machen; der gerade Sinn, das Herz des Volkes ward durch das Denunziantentum

Drei Dominikaner werden als Ketzer und Volksverführer aufgehängt und verbrannt: Savonarola und Genossen, auf der Piazza della Signoria zu Florenz, 23. Mai 1498. Der Scheiterhaufen befindet sich in der Mitte des Platzes, in der Verlängerung der Via Calzajoli, da wo jetzt der grosse Brunnen steht; der Brandpfahl dient als Galgen, die Galgenleiter lehnt daran. Das weltliche Gericht, dem die Verurteilten von der Inquisition durch einen Schlag auf die Brust übergeben worden sind, sitzt auf einer Estrade vor dem Palazzo Vecchio; von hier führt in gleicher Höhe eine Bahn zu der erhöhten Richtstätte oder dem Blutgerüst. An den Palazzo Vecchio stösst die Loggia de'Lanzi, auf dem Hügel dahinter San Miniato, links der Dom. Nach einem alten Gemälde in der Sammlung des Palazzo Corsini. Kleinpauls *Florenz* entnommen, allwo eine ausführliche Schilderung des Vorgangs (Seite 26 ff).

vergiftet. Die Mutter, die Schwester, die Gattin konnte urplötzlich abgeholt und verhaftet, von rohen Henkersknechten ausgezogen, gefoltert, mit Umgehung des Gesetzes abermals gefoltert und mit siedendem Pech beträufelt, durch unsinnige, unverschämte, freche Fragen gequält und so lange bearbeitet werden, bis sie schliesslich halb wahnsinnig und in einem Zustande stumpfer Resignation alles zugab, was man wollte. Und in Frankreich, in Italien, in Spanien, in England,

Druck von Fischer & Wittig, Leipzig. Verlag von Heinrich Schmidt & Carl Günther, Leipzig.

Peinliche Befragung auf dem Wippgalgen:

der Delinquent, dem die Hände hinten gebunden und die Füsse mit einem Zentnergewichte belastet sind, wird vermittelst eines Flaschenzuges dreimal hintereinander in die Höhe gewunden, um dem Richter zu antworten, und dann schnell wieder einige Fuss tief fallen gelassen, wodurch die Glieder unnatürlich gereckt und gestreckt, gestrapft oder gestrafft werden; französisch: *l'Estrapade.* Faksimile eines Holzschnittes in dem *Strafverfahren* von J. Millaeus (*Praxis Criminis persequendi.* Paris, 1541. in-Fol.)

Zinkätzung u. Druck von Rud. Loës, Leipzig. Verlag von Heinrich Schmidt & Carl Günther, Leipzig.

Jüdisches Osterfest: Die Feier des Passahmahles am Passahabend.

Die Familie steht reisefertig und zum Auszug gerüstet, den Wanderstab in der Hand, andächtig um den Tisch herum, auf welchem die bittern Kräuter liegen und die Schüssel mit dem Passahlamme aufgetragen ist; der Hausvater zerlegt den Braten mit einem Messer. Hinzuzudenken sind die Ungesäuerten Brote oder Matzen und (später) die vier Becher Rotwein. 2. Mose XII, 11; Vorlesung der *Haggada*. Faksimile einer Miniatur in einem Messbuche des 15. Jahrhunderts, die Stiftung des Osterlamms darstellend; Schule der Van Eyck. Pariser Arsenalbibliothek (Th. lat. No. 199).

das heisst im übrigen Europa war es um keinen Deut besser, wie tausend und abertausend Berichte in den Chroniken, zum Beispiel in der französischen von Enguerrand de Monstrelet beweisen. Im dritten Bande derselben beschreibt Monstrelet den grossen Prozess, der A. D. 1459, also noch vor der Bulle *Summis desiderantes*, zu Arras wegen Waldenserei *(Vaudoisie)* geführt ward, wo Männer und Weiber auf der Folterbank die Feier eines Hexensabbats eingestehen mussten. Die Jungfrau von Orleans war ja bereits (1431) als Hexe verbrannt worden. Die Hexenprozesse wären zum Lachen, wenn sie nicht tief tragisch gewesen wären. Die Dominikaner, die sich über die unbefleckte Empfängnis der heiligen Anna ereiferten und eine anständige deutsche Frau befragten, in welcher Stellung und wievielmal sie sich vom Faland befriedigen lasse, gehörten in ein Tollhaus, wo sie hätten müssen mit Ketten angeschlossen werden; aber leider Gottes hatten sie Macht, die Menschen aufs scheusslichste zu quälen und an den Brandpfahl anzubinden. *Vae Victis!* — Die Christen haben gehandelt wie einst die Heiden handelten, als sie noch am Ruder waren, nur mit dem Unterschiede, dass die alten Römer in ihrem Staate eine aufkeimende Sekte gesetzmässig unterdrückten, die Christen tyrannisch die alte ehrwürdige Religion des eignen Vaterlands.

Juden und Judenverfolgungen. Ketzergerichte.

a. Der Blutaberglaube und die antisemitische Hallucination.

Wir sollen erst jetzt am Ende des Mittelalters angelangt sein — der grosse Haufe steckt noch klaftertief darin — er verfolgt daher auch noch die Juden wie im Mittelalter — die alte Anklage, die immer wiederkehrt — ein Wahnsinn, der sich in der Zeit des lebendigen Christentums entwickelt hat — den Schlüssel bietet das Oberammergauer Passionsspiel — das Passionsspiel, die Feier der heiligen Woche, die Messe, das Volk blickt unverwandt auf das Kreuz, das ihm von der Kirche vorgehalten wird — es tritt ein hypnotischer Zustand ein, der bis zur Sinnestäuschung geht und in der Osterzeit seinen Paroxysmus hat — infolgedessen werden zunächst die Schauspieler verfolgt, welche die jüdischen Rollen geben — das Judasjagen — durch die Juden, die wirklich dasind, erleidet die Illusion eine unerwartete Ablenkung, gleichsam eine Bestätigung — Christus ist von ihnen aufs neue gekreuzigt worden — ein Kind an Christi Stelle — *Menschenopfer und Ritualmorde* — die Hostienschändung, das Fronleichnamsfest — dieser ersten Phantasie schliesst sich eine zweite, die vom Bluttrinken und vom Blutgenusse an, die aus einer andern Quelle fliesst, auf einem andern Blatte geschrieben steht — auf das jüdische Passionsspiel folgt ein Judenabendmahl — sie thuen, was die Christen thun, das Bluttrinken zur Zeit Tertullians, das Blut gilt als Medizin — in andern Fällen hat die Blutbeschuldigung keinen so spezifischen Charakter: die Bluttaufe und das Blutbad, schon der Pharao des Auszugs wird dadurch kuriert — Konstantin der Grosse, der König von England, der Arme Heinrich — der Kultus der Göttermutter, Sühngebräuche, mit denen das sinkende Heidentum dem Christentum Konkurrenz machte — heidnisch-christliche Riten, vergeistigt — noch einmal *Menschenopfer und Ritualmorde* — Blutbäder und animalische Bäder, veraltet, weil vom Kultus nicht beibehalten.

So sind wir, schrieb das *Militär-Wochenblatt* vor kurzem, indem es sich über den Neuen Kurs verbreitete, und dahin äusserte sich auch der vorige Reichskanzler Graf Caprivi in seiner Rede über den Deutsch-Russischen-Handelsvertrag: wir sind erst jetzt am Ende des Mittelalters angelangt. Wie kann die Rede von einer Weltgeschichte sein, wenn die Welt überhaupt noch nicht bekannt ist? — Erst jetzt, wo wir über die Völker und Länder unseres Planeten eine Übersicht haben, Raum und Zeit in ungeahnter Weise beherrschen, bricht ein neuer Abschnitt der Geschichte an. Grosse Nationen stehen miteinander in Wettstreit, die sich friedlich zusammenschliessen; denn die häufig so planlosen, völkerverzehrenden Kriege des Mittelalters sind vorüber, sie haben nur das Gute gehabt, den Boden für die neue Entwickelung der Menschheit zu bereiten und uns die Führung in einem besseren Kampfe zu ermöglichen. Das Mittelalter hat Deutschland in den Sattel gehoben; es reitet nun anderen, höheren Zielen zu.

Wenn einzelne erleuchtete Männer erst jetzt am Ende des Mittelalters angelangt sind, so steckt der grosse Haufe noch klaftertief darin. Es wird noch lange dauern, bis die Welt für das Ideal eines ewigen Friedens reif ist und Burritts Olivenblätter grünen; vielleicht so lange als die Menschheit ihr Dasein auf diesem Planeten fristet. Und nicht bloss in politischer Hinsicht bleibt die Menge am Ende wie sie war — kurzsichtig, chauvinistisch, mittelalterlich; auch in Religion und Weltweisheit, in allem, was man einst Humanität genannt hat, ist sie nicht einen Schritt vorwärts gekommen, eher rückwärts. Die Kenntnis des Weltalls ist mächtig erweitert, die Naturwissenschaft in bewundernswerter Weise gefördert, Leben und Reisen mit ihrer Hilfe unendlich erleichtert, die allgemeine Bildung ausserordentlich gesteigert worden. Die Eigenschaften der Allwissenheit und der Allgegenwart kommen heutzutage in viel höherem Grade den Menschen zu, als sie jemals den Göttern zugekommen sind. Aber seltsam! — es ist, als ob das ausgebreitete Wissen und die vortreffliche Schulbildung den Verstand der Masse gar nicht berührte — nur in dem Arbeiterstande, der in unserem Jahrhundert an die Stelle des *Tiers-État* getreten ist, bemerkt man das Wehen eines modernen Geistes — die *Bourgeoisie* und die Gesellschaft im grossen und ganzen steht noch, steht noch grundsätzlich auf dem Standpunkte des finstersten Mittelalters mit seinem Glauben und Aberglauben. Sie vergeudet noch gleich einer theologischen Fakultät die kostbare Kraft und Zeit in konfessionellen Streitigkeiten, die so viel wert sind als der Arianische Hader und das Gezänk der Manichäer und der Gnostiker; sie beschäftigt sich noch mit der *unbefleckten Empfängnis Mariä*, dass sie nicht nur, wie die Dominikaner sagen: *ohne Erbsünde* empfangen habe, sondern auch, wie die guten Franziskaner sagen: *ohne Erbsünde* empfangen worden sei. Diese Gesellschaft verfolgt daher auch noch die Juden wie im Mittelalter, erhebt mittelalterliche Anklagen, führt mittelalterliche Prozesse gegen sie — es fehlte nur noch, dass sie die Juden auch noch verbrennen und durch Anwendung der Folter zu Geständnissen bringen könnte: das wäre stilvoll, das wäre stimmungsvoll, das wäre den Korfioten und den Xantenern nach dem Sinne. Nicht umsonst haben

Der byzantinische Kaiser Heraklius, derselbe, der im 12. und 13. Jahrhundert in Frankreich und Deutschland als ein Wunderkind besungen worden ist und auch in den *Gesta Romanorum* (*140*), einer schreienden, dreifachen Ungerechtigkeit wegen, als Beispiel der Gerechtigkeit angeführt wird, ist im September des Jahres 629 als Pilger nach Jerusalem gekommen und erneuert, nachdem er das Kreuz auf Golgatha erhöht hat, das Edikt Hadrians, nach welchem kein Jude würdig ist, den Boden Jerusalems zu betreten, und die Juden gehalten sein sollen, nach Ägypten auszuwandern. Es sei denn, dass sie sich taufen liessen. Bereits im Jahre 606 war unter dem Kaiser Phokas der Präfekt Georgius nach Palästina gesendet worden, um die Juden mit Gewalt zu taufen — er beschied die Ältesten in Jerusalem zu sich und sprach: *der Herr der Erde hat euch befohlen, das Sakrament der Taufe zu empfangen.* Nach einer Pause antwortete einer, namens Nunnus: *alles wollen wir thun, nur das nicht.* Der Präfekt gab ihm eine Ohrfeige, meinte: *Ihr Kammerknechte, Ihr verweigert Eurem Herren den Gehorsam!* — und liess sie alle zusammen sprengen. Dergleichen Szenen ereigneten sich unter den byzantinischen Kaisern oft, namentlich ein Jahrhundert später unter Kaiser Leo III. Dem Heraklius giebt den guten Gedanken eine Taube ein, das beliebte Sinnbild der göttlichen Offenbarung, das so viele Päpste, Bischöfe, Doktoren und andere erleuchtete Männer (Gregor den Grossen, Basilius den Grossen, Ambrosius, Augustinus, Hilarius von Arles u. s. w.) charakterisiert; vielleicht ist es auch eine Anspielung auf das A. D. 638 erlassene Glaubensgesetz, die Ἔκθεσις τῆς Πίστεως. Die Eitelkeit der Welt, Zepter und Krone hat der Kaiser bei dieser Gelegenheit abgelegt; hinter ihm steht der Patriarch, der sein Kreuz als echt anerkannt hat. Der Balkon stösst an die Ruinen des Salomonischen Tempels, wo die Juden klagen — an die Mauern, die zerrissen sind, den Palast, der wüste liegt, und die Majestät, die dahin ist. Nach einer Miniatur in der *Kaisergeschichte*, Handschrift des 15. Jahrhunderts (Arsenalbibliothek, Paris).

die Antisemiten einen Führer, der schon dem Namen nach in eine *stöckende,* fanatische Zeit passt.

Die Juden brauchen Christenblut. Jedes Ostern fangen sie ein Christenkind weg, um einen Ritualmord zu begehn. Um zu ihrem Passahfeste Christenblut zu haben. Um ihre Matzen anzumachen, um die vier Becher Weins damit zu färben. Diese sogenannte Blutbeschuldigung hat in den letzten Jahren ertönt wie vor Jahrhunderten. Alle Jahre kehrt sie wieder. So oft in der Osterzeit ein Kind wegkommt oder umkommt, so ist der Ritualmord und das Menschenopfer wieder da. Dann hört man das wüste antisemitische Gerüft: *Zeter über die Juden! Judio, Mordio, Hilfio! Wafenô, ô Wâfen, Heil, Heilâ, ô Heil!* — mit dem sie alle ihre Versammlungen so altgermanisch und wohlklingend eröffnen, durch ganz Europa dröhnen. Es wäre durchaus nicht zu verwundern, wenn die ewige Anklage, welche die Phantasie der Juden selber anstecken muss, wirklich einmal einen Ritualmord gezeitigt hätte, wie ihn die Christen wollen, so streng auch die jüdische Religion den Blutgenuss verbietet und so wenig sich auch im Talmud oder in irgend einem jüdischen Gesetzbuch eine Stelle auftreiben lässt, die das Verbrechen entschuldigte. *Calumniare audacter, semper aliquid haeret.* Von Pontoise bis auf Tisza Eszlar und Xanten und vom Ende des 12. bis zum Ende des 19. Jahrhunderts sind viele Ostern gefeiert und die Juden fast ebenso oft des Ritualmordes beschuldigt worden, die seligen Christenkinder liefern zu dem Martyrologium Romanum kein unerhebliches Kontingent; die Prozessakten beweisen, dass ein und der andere Jude auf der Folterbank etwas gestanden hat und die Sache doch nicht recht richtig gewesen ist. *Calumniare audacter, semper aliquid haeret.* Die kühlsten Forscher fragen sich: woher denn diese fortwährende, unauslöschliche Blutbeschuldigung? Unmöglich, das lange Sündenregister dieser Juden auf blosse Vorurteile, blinden Volkshass zurückzuführen! Etwas muss doch dahinter stecken! — *Calumniare audacter, semper aliquid haeret.*

Nichts weiter steckt dahinter als eine Art religiöser Hallucination. Ein Wahnsinn, der sich in der Zeit des lebendigen Christentums entwickelt hat und mit dem die heutigen Antisemiten erblich belastet sind, sofern sie das sind und nicht aus andern Gründen ihr Zetergeschrei erheben. Den Schlüssel zu dem christlichen Blutaberglauben bietet das Oberammergauer Passionsspiel, wer dort gewesen ist — oder das Höritzer Passionsspiel im Böhmer Wald — oder das Passionsspiel zu Vordertiersee bei Kufstein — oder die Bauernkomödie zu

Medizinisches Bad, das sich der kranke Pharao aus dem warmen Blute von hundert und fünfzig israelitischen Kindern bereiten lässt: sie werden von seinen Dienern dem Arm der Mutter entrissen und mit Dolchen angezapft, die hervorschiessenden Blutströme in Kannen aufgefangen und hierauf in eine grosse dampfende Kufe gegossen, über welcher Sonne und Mond die wunderbare Heilkraft dieses Bades versinnbildlichen. Bei Lacroix die fälschende Unterschrift: *Les Juifs recueillent pour leurs prétendues opérations magiques le sang des enfants chrétiens*, deren Absurdität schon aus dem Umstande hervorgeht, dass das Bild nach einer Federzeichnung in dem Buche eines jüdischen Schriftstellers angefertigt ist (Abrahams *Kabbala.* Pariser Arsenalbibliothek). Die Bibel kennt die Sage von dem *Blutbade* nicht, sie lässt die Knaben nur töten (2. Mose I, 16); wohl aber Plinius, der die Veranlassung des Auszugs darin findet. Kinderblut äusserlich galt für ein souveränes Mittel gegen Aussatz und Elefantiasis, das nachmals auch Konstantin dem Grossen verordnet worden sein soll [*Rom in Wort und Bild*, *236*]. Der Glaube daran erhielt sich das ganze Mittelalter hindurch; noch 1492 sollte Papst Innocenz VIII. mit Kinderblut kuriert werden. Daneben wurde nachweislich auch, bald zu blossem Liebeszauber, bald zu Heilzwecken, Menstrualblut und Same innerlich gegeben, was einst die Abendmahlselemente einer christlichen Sekte bildete [*Menschenopfer und Ritualmorde*, *26*]. Am nächsten kam dem Kinderblut in seiner Wirkung das Jungfernblut: der *arme Heinrich* kann in der lieblichen, nach einer schwäbischen Volkssage gedichteten Erzählung vom Aussatze nur durch das Blut einer reinen Jungfrau geheilt werden, die sich für ihn opfert. Die Gräfin Elisabeth Bathory liess bekanntlich (Anfang des 17. Jahrhunderts) die jungen Mädchen zu Dutzenden in ihr Schloss locken und ihnen durch ihre Mägde das Blut abzapfen, um darin zu baden, weil sie es für ein Schönheitsmittel hielt In ihrem Schlosse muss es wirklich ausgesehen haben wie bei Seiner Majestät von Ägypten.

Brixlegg — oder sonst ein Passionsspiel. Im Mittelalter war bekanntlich jede katholische Stadt ein Oberammergau — und zugleich ist jede katholische Kirche ein perpetuierliches Oberammergau, wo jahraus, jahrein der Passion gefeiert, der Erlöser im Garten Gethsemane gefangen genommen, ans Kreuz geschlagen und ins heilige Grab gelegt wird, ergreifende Ceremonien und halb theatralische Aufführungen, die in der Karwoche nicht bloss in Rom, sondern überall veranstaltet werden, wo Christen sind. Und dazu kommt noch ein tägliches Oberammergau, das so oft spielt, als Messe gelesen und das heilige Opfer dargebracht wird, das denselben welterlösenden Vorgang, nur symbolisch und in Form eines Mysteriums, wiederholt. Dank diesen vielfachen, immer neuen und doch immer identischen Darbietungen wird das Volk gleichsam hypnotisch, weil es ununterbrochen auf das Kreuz starrt, das ihm die Kirche vorhält — die Phantasie kann gar nicht anders, sie muss beständig auf Golgatha verweilen, sich das Haupt voll Blut und Wunden andächtig ausmalen und auf das *Eli, Eli, lama asabthani* horchen — des Christen Herz auf Rosen geht, wenn's mitten unterm Kreuze steht. Das Volk erlebte die Kreuzigung, es nährte die Illusion, bei der erschütternden Szene in Person gegenwärtig zu sein. Selbst heute, wo das Christentum bereits im Niedergange begriffen ist, hat der Kultus diese hypnotisierende Wirkung noch, zumal bei empfänglichen Gemütern: wie vielmehr erlag derselben eine junge Gemeinde mit reger Einbildungskraft und voll frischen Glaubens! Besagter Zustand ging namentlich in der Osterzeit, wo infolge der gehäuften kirchlichen Schaustellungen eine Art Paroxysmus eintrat, wie unzählige Heiligenlegenden darthun, bis zur vollständigen Sinnestäuschung.

Eine solche führte zunächst dazu, die Schauspieler, welche in dem Passionsspiel die jüdischen Rollen gaben, leidenschaftlich zu hassen und zu verfolgen, als ob sie wirklich schuld an Christi Leiden und Sterben gewesen wären. Das geschah mit derselben Naivetät, mit der gelegentlich in Volkstheatern die Bösewichte von der Menge durchgeprügelt werden — mit welcher sich die kleinen Leute über die Schandthaten eines Franz Moor und ähnliche Scheusale zu ereifern pflegen. Namentlich der Judas war in Gefahr, von den gläubigen Zuschauern gelyncht zu werden; sie jagten den Judas, jagten ihn in der Marterwoche drei Nächte hintereinander, das Judasjagen ist noch jetzt als Rudiment in den Finstermetten üblich, obgleich das obligate Gepolter und das Scharren der Füsse nach dem Verschwinden der letzten Kerze nachgerade anders und glimpflicher erklärt wird. Es soll den Lärm andeuten, den die Juden machten, als sie Jesum im Garten Gethsemane aufsuchten. Dieser Judas war ein Christ und den Zuschauern vermutlich bekannt; und doch liess der Pöbel seinen Unwillen an dem schnöden Verräter aus.

So vorbereitet, von seinen Wahnvorstellungen übermannt, durch donnernde Fastenpredigten erhitzt, durch Bilder und Vorführungen aufgeregt, kam das Volk aus der Kirche — da erlitt seine Illusion

Das Passionsspiel in Pontoise: Christlicher Leute Kind, der kleine Richard Dominique wird von den dortigen Juden unter freiem Himmel ans Kreuz geschlagen (Ostern, 25. März 1180). Die gewöhnliche Geschichte: die Juden, durch den gelben Fleck gekennzeichnet, bemächtigen sich des Knaben und martern ihn unter vielen Schmähungen auf Christus grausam zu Tode; am Kreuze hängend ruft er: *Herr hilf mir, denn ich bin elend und arm!* — Es ist aber das erste bekannte Beispiel vom Ausbruche dieses Wahnsinns, der die Christen ergriffen hat; der Fall daher auch noch ganz rein und durchsichtig. Das Christenkind stirbt am Kreuze; wie Christus, dessen Rolle es gleichsam spielt, muss es von den Juden, die noch da und immer die alten sind, rite gekreuzigt werden: so will es das geisteskranke Volk, das an fixen Ideen und religiösen Hallucinationen leidet; das bedarf seine aufgeregte Phantasie, das liegt in der Konsequenz. Später verwischt sich der ursprüngliche Sinn des Aberglaubens, und es bleibt nur die Beschuldigung der Blutentnahme zum Behuf der Passahfeier übrig. Der Schauplatz der That wird auch nach Paris verlegt, wo der Leib des jugendlichen Märtyrers in der Kirche der Unschuldigen Kindlein beigesetzt worden sein soll; sie hätte die Ausweisung der Juden aus Paris und Umgegend unter Philipp II. Augustus A. D. 1181 zur Folge gehabt. Folgende heilige und gute Kinder sollen von den Juden noch zu Ostern geschlachtet worden sein: Wojciech Petrenia aus Polen (20. April 1598). Andreas aus Innsbruck. Simon aus Trient (24. März 1475). William aus Norwich. Heinrich aus Regensburg. Hugo aus Lincoln. Schänchen aus Köln. Kenelm aus Winchcombe. Lorenzo aus Marostica. Ludwig aus Ravensburg. Novello aus Bergamo. Manços aus Portugal. Rudolf aus Bern. Werner aus Wesel. Esther Solymossy in Tisza-Eszlar (1. April 1882). Schänchen Hegmann in Xanten (29. Juni 1891) (letztere beide noch nicht heilig gesprochen). Nach einem Holzschnitte Michael Wolgemuts in der Nürnberger Chronik (Nürnberg 1493. Gross-Folio).

eine unerwartete Ablenkung, scheinbar eine Bestätigung. Hier standen sie ja leibhaftig, die Verruchten, die Ungläubigen, die schändlichen

Verräter, die den Herrn Jesus Christus gekreuzigt hatten — nein, es war keine Sinnestäuschung, die echten Pharisäer standen da, wie sie leibten und lebten, diese fremdartigen, charakteristischen Gestalten, in ihren langen Kaftanen, mit ihren herabwallenden Peies, ihren Bärten, ihren gebogenen Nasen, ihrer ganzen vertrackten Physiognomie — sie schienen direkt von Jerusalem zu kommen, das *Kreuzige ihn!* — schwebte noch auf ihren Lippen, ihre Hände rochen noch nach Blut. Warum hätten sie ihn nicht gekreuzigt? Warum das Opfer, das im Passionsspiel Christen an ihrer Stelle brachten, nicht gleich selbst in die Hand genommen? — Die Verwechselung der anwesenden Juden mit ihren längst in Gott ruhenden Vorfahren und die Zurechnung des todeswürdigen Verbrechens war das Werk eines Augenblicks und ein unmerkbarer Sprung der kreissenden Phantasie, die, während ein Wasserkrug umstürzt und ausläuft, die weite Welt umschweift. Es war noch eine gelinde Strafe, dass der Vorsteher der Juden am Karfreitag einen Fusstritt oder eine Ohrfeige bekam. Die Anklage der Blutschuld machte sich von selbst.

Aber Christus hing doch am Kreuze. Er konnte doch nicht wieder gekreuzigt werden. Wie heisst: er konnte nicht wieder gekreuzigt werden? — Aber er wurde doch immer von neuem gekreuzigt und geopfert, darum drehte sich doch das ganze Passionsspiel und der gesamte christliche Kultus? — Mochte es nun ein Joseph Mayer oder ein unschuldiges Kind oder Brot und Wein sein. Das Bedürfnis, der erlahmenden Phantasie von Zeit zu Zeit mehr als blosse Bilder und Symbole, sogar mehr als blosse Schauspiele zu bieten, hat frühe dazu geführt, das blutige Opfer thatsächlich zu wiederholen und einen lebendigen Menschen, am liebsten ein unschuldiges Kind an Christi Stelle zu kreuzigen. So heisst es wenigstens — die rituelle Ermordung kleiner Christusse ist den Christen im Römischen Reiche, solange das Christentum noch nicht Staatsreligion war, vorgeworfen worden, sie wird noch heutigentages einer russischen Sekte vorgeworfen — ich will hier nicht wiederholen, was ich in meiner Schrift: *Menschenopfer und Ritualmorde (Leipzig, 1892)* ausgeführt habe. Mögen die Vorwürfe Grund haben oder nicht, genug, dass sie erhoben werden, dass die Blutbeschuldigung unzähligemal gegen die Christen geschleudert worden und dass die Idee, einen wirklichen neuen Messias zu erzeugen, auch unter den Königsberger Muckern (in der ersten Hälfte dieses Jahrhunderts) aufgetaucht ist. Auch entbehrt es nicht der Logik und der Konsequenz, das einmal eminent zu verwirklichen, was in einem

Passionsspiel versucht und im Sakrament des Altars angedeutet wird. Mit derselben Logik und mit derselben Konsequenz beschuldigte wieder

Blutaberglaube: ein Christenkind, der dritthalbjährige Simeon oder Simon *(Simon nir)*, wird in Trient, in einem an die Synagoge anstossenden Zimmer, zum Zwecke der Blutentnahme von den Juden angestochen und geschlachtet (am Gründonnerstag, 24. März 1475). Ein jüdischer Arzt namens Tobias (*thobias*) soll den Knaben abends in das Haus des Vorbeters Samuel (*samuel*) gelockt und dann um Mitternacht mit seinen Glaubensgenossen den Ritualmord vollzogen haben. Das Opfer steht nackt auf einem niedrigen Tische, Samuel unterstützt es von hinten, indem er ihm unter die Arme greift. Tobias macht ihm mit einer Wundnadel einen Schnitt in die rechte Brust, Mayer (*mayir*) einen Stich in den linken Oberarm, Vitalis (*vital*) einen in die linke Seite, der Schächter Moses (*moyses*) führt eine Lanzette in den Schamberg ein, Engel (*angelus*) fängt das abfliessende Blut in einem Becken auf. Links steht der lange Israel (*Iſrahel*), den Judenhut auf dem Kopfe, vor diesem eine alte Magd, die Grünebaum (*gruneta*), die leuchtet und die nötigen Ahlen und Trokare in Bereitschaft hält. Alle Anwesenden haben als Abzeichen den gelben Fleck auf dem Obergewand. Als der Knabe kein Lebenszeichen mehr von sich gab, sollen sie gesungen haben: *so haben wir es mit Jesus, dem Christengott gemacht — wir haben ihn umgebracht wie Jesum, der Christen Gott, der nichts ist — so sollen alle unsere Feinde zu schanden werden!* — worauf sie den kleinen, angeblich aus 5812 Wunden blutenden Leib auf den Heuboden trugen, dann in einem Keller versteckten, endlich ins Wasser warfen. Dabei wurden sie entdeckt, durch die Folter zum Geständnis gebracht und grausam hingerichtet; Bischof Johann IV. von Hinderbach, ein Hesse, führte die Untersuchung. Die Synagoge wurde niedergerissen und auf dem Orte der That eine Kapelle erbaut. Gott verherrlichte das arme Wurm durch mehrere Wunder; daher langten der Bischof und das Kapitel am 20. Mai 1479 um seine Heiligsprechung ein. Unter dem Papst Gregor XIII. wurde sein Name in das Martyrologium Romanum eingetragen, Papst Sixtus gestattete zu seiner Festfeier eine eigene Messe, und gegenwärtig wird Simon als zweiter Bistumspatron verehrt. Die Reliquien befinden sich in der Peterskirche zu Trient. Nach einem Holzschnitte von Michael Wolgemut in der Nürnberger Chronik (Nürnberg 1493. Gross-Folio); verkleinert.

die Christenheit die Juden; sie, die einst Christum wirklich gekreuzigt hatten, sollten Karfreitags wiederum Kreuzigung spielen und an Christi Stelle ein Christenkind nehmen, in eigener Person das blutige Opfer wiederholen.

Das war der Blutaberglaube des Mittelalters, unter dem die Juden bis auf den heutigen Tag zu leiden haben: er ist nur aus dem Chrisenthum und dem christlichen Kultus heraus zu verstehn. Der vorgebliche Ritualmord gehört gleichsam zum Kultus, wie der Judas zum Passionsspiel. Die Juden kreuzigen das Kind wieder, sie bringen es um *wie Jesum, Jimmach Schemo, vertilgt werde sein Name!* rufend; die Holzschnitte, in denen das Verbrechen dargestellt wird, sind echte Kreuzigungsszenen, man hat nur an die Stelle des Heilands den kleinen Richard von Pontoise und Simon von Trient gesetzt, dessen Arme gleich den Armen eines Kreuzes ausgestreckt sind. Haben die Juden keinen Stellvertreter von Fleisch und Blut, so nehmen sie wie die Christen Kruzifixe und Hostien, die sie sich zu verschaffen wissen und an denen sie mit Nadeln und Messern herumstechen, bis Blut fliesst, denn die Hostie ist ja durch die Konsekration in den Leib des Herrn verwandelt. Da das Brot wirklich bisweilen zu bluten scheint, indem gewisse Bakterien durch ihren Lebensprozess auf den Hostien blutrote Flecke hervorbringen können, so hat man oft geglaubt, die Hostien seien von den Juden geschändet worden, und sie demgemäss verhaftet, gefoltert und verbrannt — auch in Berlin (A. D. 1540). Es ist bezeichnend, dass das Verbrechen der Hostienschändung mit dem Fronleichnamsfeste, dem Feste der wunderbaren Verwandlung oder der Transsubstantiation zusammenfiel und seitdem epidemisch ward.

Dieser Hallucination von einer neuen Kreuzigung, bei der die Juden nur in ihrer eignen Gestalt auftreten, schloss sich nun alsbald eine zweite Phantasie, die Phantasie vom Blutgenusse an, die aus einer andern Quelle fliesst und auf einer ähnlichen Anschauung beruht wie das sogenannte Hexenabendmahl (546). Auf das jüdische Passionsspiel folgte ein Judenabendmahl. Nachdem die Juden das Christenkind gekreuzigt oder sonstwie getötet hatten, sollten sie das Blut trinken und die ungesäuerten Brote mit Blut einteigen, die vier Becher des Passahfestes damit färben, mit einem Worte das thun, was die Christen selber thaten. Diese genossen ja bei der Kommunion den wahren Leib und das wahre Blut; allerdings blieb der Kelch (seit dem Konstanzer Konzil) der Geistlichkeit aufgespart, aber das Blut

Christi war ja in seinem Leibe mitenthalten und wurde im konsekrierten Brote mitgereicht; übrigens ist es bekannt, wie erpicht die Christen auf den Genuss des Abendmahls unter beiderlei Gestalt *(sub utraque)* gewesen sind, wie sich die Hussiten, die Utraquisten, die Kalixtiner das Anrecht auf den Kelch erstritten haben, wie sich die Akatholiken vornehmlich an die Entziehung des Blutes stossen. Das war die Hauptursache der grossen Schismen; mit der *dive Bouteille*, deren Orakel Pantagruel in Rabelais' grossem Romane aufsucht, der *Bacbuc*, die Panurg: *Trinc (trinke)* zur Antwort giebt, ist vermutlich auch nur der heissbegehrte Kelch des Abendmahls gemeint, den der Vater Heinrichs IV. haben wollte. Auch die griechischen Katholiken dürfen den Kelch mit ihren Lippen nicht berühren, ihnen wird der Wein, in dem die heiligen Partikeln schwimmen, mit einem goldenen Löffel, der *Λαβίς* gereicht; aber die blosse Hostie würden sie als eine verstümmelte Kommunion, als eine Erniedrigung betrachten: in der Kathedrale der heiligen Sophia zu Kiew zeigen sie ein Mosaik aus dem 11. Jahrhundert, auf dem Christus seinen Jüngern beides reicht, Brot und Wein. Wie die Christen zu diesem Ritus gekommen sind, kann der Kulturhistoriker erraten: das Blut von Hingerichteten ist von jeher gesammelt und von den Kreuzen abgeschabt worden, weil es für heilkräftig galt. Ende des zweiten Jahrhunderts schrieb Tertullian sein *Apologeticum;* im 9. Kapitel verteidigt er die Christen gegen die Blutbeschuldigung. *Die Heiden trinken Blut, darum glauben sie, dass dergleichen Bräuche bei den Christen im Schwange gehn. Die Priester der Bellona ritzen sich Arme und Schenkel mit dem*

Szene aus dem Alten Testament: Als nun Abraham wiederkam von der Schlacht des Kedor-Laomors und der Könige mit ihm, ging ihm entgegen der König von Sodom in das Feld, das Königsthal heisset, aber Melchisedek, der König von Salem, segnete ihn und sprach: Gelobt sei Gott, der Deine Feinde in Deine Hand beschlossen hat (1. Mose XIV, 17 ff). Hinter Abraham steht Lot, zu dessen Befreiung Abraham den Kriegszug unternommen hat. Nach einer Miniatur in der *Pilgrimschaft des menschlichen Lebens*, Handschrift des 14. Jahrhunderts (Pariser Nationalbibliothek). Stilisierter Hintergrund. Französische Juden des 14. Jahrhunderts; nach Lacroix schmieden sie ein Komplott. Wahrscheinlich Richardchen in Pontoise am Vorabend des Passahfestes zu schlachten.

Doppelbeile blutig und geben einander das aus den Wunden fliessende Blut zu trinken; in der Arena kann man Leute sehen, die den sterbenden Gladiatoren gierig das rinnende Blut aussaugen, um die Epilepsie los zu werden . . . . dass Menschenfleisch und Menschenblut, ja sogar Menstrualblut und Same in jener heilssüchtigen Zeit wie eine Medizin eingenommen worden ist, dafür giebt es massenhafte Belege, der Glaube an die besondere Heilkraft dieser Säfte kommt auch in China und Japan vor. Es lässt sich also leicht vorstellen, wie das Blut erst in Natura genossen, nach und nach mit Wein vermischt und schliesslich bloss dieser getrunken, zugleich die Wirkung vergeistigt, die Krankheit in die Sünde, die leibliche Genesung in ein ewiges Heil umgesetzt worden ist; endlich legten die Evangelisten dem Heiland die Einsetzung des Abendmahls, deren bekanntlich der vierte keine Erwähnung thut, in den Mund. Auch die Wesensgemeinschaft, die der Abendmahlsgenuss mit sich bringt, erfolgt nach bekannter kulturhistorischer Methode: die Aufnahme eines Teils der fremden Person führt zu völliger Identität, Bluttausch veranlasst Blutbrüderschaft und Namentausch, daher nennt sich der deutsche Kommunikant selbst: *Christ* (gewöhnlich als Abkürzung aus *Christen, Christianus* erklärt).

Den Juden ist der Genuss nicht bloss von Menschenblut, sondern selbst von Tierblut durch das Gesetz verboten — das hinderte den antisemitischen Pöbel nicht, sie auf den Ritualmord nun auch noch des Blutdurstes zu beschuldigen, ja, das Bluttrinken zum eigentlichen Zwecke der Kreuzigung zu machen, weil ja das christliche Abendmahl mit der wirklichen Kreuzigung in unlösbarem Zusammenhange stand. Natürlich war dieses jüdische Passahfest ebenso gottlos, ebenso teuflisch wie der Hexensabbat auf dem Blocksberg. Merkwürdig, wie redlich das Christentum allen Hass, dem es einst selbst ausgesetzt gewesen war, in den Zeiten seiner Herrschaft der Welt zurückgezahlt hat. Schlimmer haben die Christen das Heidentum verfolgt, als sie von den alten Römern verfolgt worden waren. Und wenn sie einst von den Heiden verleumdet worden waren, so liessen sie es nun den Juden gegenüber an Verleumdungen nicht fehlen, obgleich ein Tertullian hätte aufstehen und sagen sollen — *was unter den Christen von geheimen und offenbaren Riten existiert, macht es erklärlich, dass sie an die Greuel unter den Juden glauben. Wer böses Herzens ist, traut auch andern nichts Gutes zu. Fama malum, quo non aliud velocius ullum.*

Wo die Juden ausserdem ihre Hände mit Blut besudelt haben sollen, indem sie es zu allerhand schwarzen Künsten, zu Geisterbeschwörungen und medizinischen Bädern benötigten, hat die Mär keinen so spezifischen Charakter. Weder kommt es dann gerade auf Christenblut an, da es das Blut von jüdischen Kindern selbst thun würde — noch braucht es gerade ein Jude zu sein, der sich des Blutes bedient, indem alle Nekromanten mit warmem Blute, vorzüglich aber mit Menschenblut, das den Geistern vorgesetzt wird, operieren; wenn auch das Mittelalter solche Operationen mit Vorliebe den Juden in die Schuhe schiebt. Ein bekanntes deutsches Volksbuch ist die rührende *Geschichte der Herzogin Hirlande,* die um das Jahr 1220 in der Bretagne spielt. Der König von England hat den Aussatz, kein Arzt kann ihm helfen; da lässt er einen Juden rufen, welcher ihm eröffnet: das einzige Mittel, das hier anschlage, sei das frische Blut eines neugeborenen Kindes. Der König müsse sich entschliessen, in dem Blute eines Kindes zu baden. Zugleich müsse er das Herz des Kindes, wie es aus dem Leibe gerissen werde, roh aufessen. Zu dem Zwecke wird nun eben der Herzogin Hirlande von ihrem eigenen Schwager das Söhnlein geraubt, das sie gerade geboren hat; es fällt aber bei der Überfahrt nach England zum Glück dem frommen Abte des Klosters Saint-Malo in die Hände. Nun, dieses Mittel ist der Sage nach bereits dreizehn Jahrhunderte vor Christus dem Pharao des Auszugs empfohlen worden, der ebenfalls aussätzig war und angeblich 150 hebräische Kinder schlachten liess, um in ihrem Blute zu baden; im Jahre 324 nach Christus soll dasselbe Mittel Konstantin dem Grossen sein Leibarzt verordnet, der Kaiser aber auf Anraten des heiligen Sylvester in dem Baptisterium anstatt des Blutbades ein Wasserbad genommen und die Taufe empfangen haben *(Rom in Wort und Bild 236).* Noch im Jahre 1492 soll nach Reumont ein Arzt den Papst Innocenz VIII. mit dem Blute dreier Knäblein zu heilen versprochen haben. In der schönen Erzählung vom *Armen Heinrich,* die dem Ende des 12. Jahrhunderts angehört, wird Herr Heinrich von Aue vom Aussatze befallen — er geht nach Salerno, wo ihm ein Arzt sagt, er könne nur durch das Blut einer reinen Jungfrau geheilt werden, die sich für ihn opfere — hoffnungslos kehrt er in seine schwäbische Heimat zurück, ein zwölfjähriges Bauernmädchen pflegt ihn, erfährt das Mittel und entschliesst sich, ihr Blut für ihn hinzugeben, reist mit ihm nach Salerno zurück — aber von Rührung überwältigt, nimmt der Ritter das Opfer im letzten Augenblicke nicht an und genest am Ende von selbst, worauf er das Mägdlein heiratet. Dieses schwäbische Mädchen ist in ihrem Falle genau so eine Erlöserin wie die heilige Jungfrau, die sich in

Russland für die Gemeinde opfert und ihr die eucharistische Speise verschafft, indem sie sich den linken Busen abschneiden lässt *(Menschenopfer und Ritualmorde 48).* Auch fehlte diesen Kuren der religiöse Charakter nicht; aus der Bluttaufe hätte sich ebensogut ein europäischer Ritus entwickeln können wie aus dem Blutgenuss. Auf demselben Vatikan, auf welchem jetzt der heilige Vater zu Ostern die Messe liest, wurde in der Kaiserzeit beim Märzfest der grossen Mutter das *Taurobolium* vorgenommen, ein Stier geopfert und der Eingeweihte in einer Grube mit dem Blute, das durch den Boden hindurchsickerte, beträuft; von dessen sühnender Kraft erwartete er eine Erneuerung des Lebens, eine Wiedergeburt, wie es heisst. Dieselbe reinigende Kraft hatte die Taufe mit dem Blute des Widders, der dem Attis, dem Sohne der Kybele heilig war, das sogenannte *Kriobolium.* Setzen wir ein Lamm für den Widder ein und sagen wir: der Gläubige wurde mit dem Blute des Lammes getauft, so sind wir gleichsam mit einem Sprunge mitten im Christentum. Der Kultus des Attis und der Göttermutter verschwand, der Christi und der Muttergottes erhielt sich und veredelte sich, daher uns nun die Bluttaufe nur als ein medizinisches Bad erscheint, an dem die Juden als Juden keinen Anteil haben. Die Bäder in dem warmen, frischgelassenen Kinderblute oder Jungfernblute erscheinen uns unzeitgemäss und veraltet — veraltet wie die sogenannten animalischen Bäder, bei denen man ein krankes Glied mit der Haut eines frischgeschlachteten, noch lebenswarmen Tiers bedeckte, in die geöffnete Leibes- oder Brusthöhle eines Rinds einbrachte, einen zuckenden Hund oder ein gespaltenes Huhn auflegte wie einen Umschlag. Vorzugsweise wurden Lähmungen und Frühgeburten auf diese Weise behandelt. Daneben glaubte das Volk auch Krankheiten auf lebende Tiere übertragen zu können; man nahm Hunde ins Bett, die den Fluss an sich ziehen sollten, legte junge Katzen oder Tauben auf Geschwülste auf. Noch heute pflegen die Kurden ihre Verwundeten in eine frischabgestreifte Ochsenhaut einzunähen und nur den Kopf freizulassen; sie behaupten, die schlimmsten Wunden heilten auf diese Weise. Die moderne Medizin erwartet von einer animalischen Umhüllung nicht mehr und nicht weniger als von einer warmen Bähung. Solange man noch an einen Lebensgeist glaubte, die tierische Wärme als eine Wärme für sich betrachtete, hielt man grosse Stücke auf solche Packungen. Hätte sie der Kultus beibehalten und sanktioniert, wir würden ein tiefes Mysterium darin sehn.

b. Die Inquisition.

Orthodoxie und Häresie im klassischen Altertum und im Christentum — diese Religion hat sich von allem Anfang an um Glauben und Meinungen gedreht — alles kam darauf an: Recht zu behalten — den Gegner zu vernichten — die Hinrichtung Priscillians macht in der Geschichte der christlichen Intoleranz Epoche — der erste Mensch, dessen Blut um des Glaubens willen vergossen wurde, war ein Spanier, wie der erste Kaiser, welcher die Ketzer mit dem Tode bedrohte, und der Usurpator Maximus aus Spanien stammte — Erhebung der Inquisition zu einem bleibenden Institut, die Aufspürung und Bestrafung der Ketzer eine Aufgabe der Bischöfe — später der Dominikaner, der Mönche, welche für die Theologie typisch sind — das *Sanctum Officium* oder das heilige Amt in Rom — jede Provinz bekam von nun an ihre Ketzerrichter, für Deutschland ward Konrad von Marburg bestellt — aber Deutschland ist mehr das Land der Hexenprozesse, die eigentliche Inquisition blühte hauptsächlich in Frankreich, am schönsten in Spanien — Formelles: das Unterscheidende des Inquisitionsprozesses, das neue Verfahren, das, im Gegensatze zu dem alten Anklageprozesse, bei den Ketzergerichten eingehalten wurde — durch das Kanonische Recht wurde dieses Verfahren auch in die weltliche Gerichtsbarkeit eingeschmuggelt und erhielt sich hier bis zur französischen Revolution, welche die Anklage in der Person des Staatsanwalts wiederhergestellt hat — nur weil besagtes Verfahren bei den Glaubensgerichten zuerst zur Anwendung gekommen war, bezeichnete man letztere schlechtweg als *Inquisition* — Ketzer, Hexen und Juden die Objekte der kirchlichen Untersuchung: die Ketzer als Abtrünnige, die Hexen als Unempfängliche, die Juden als Erzfeinde des Christentums — die Ketzer zuvor — wie die gute Mutter Kirche einschreitet: lieber will sie einen Unschuldigen bestrafen als einen Schuldigen laufen lassen — kirchliche und weltliche Strafen — Schilderung eines Autodafees: 500 000 Familien sind in Spanien durch die Inquisition ausgerottet, die Einwohner auf die Hälfte reduziert worden — die Geistlichkeit irrt sich: sie hält den guten Hirten für einen Schlächter.

Man muss dran glauben, meint Gretchen. Freilich, man muss dran glauben! Und wer nicht daran glaubt, der muss dran glauben. Der Glaube ist das Unterscheidende der christlichen Religion; der Glaube an die Stelle des Kultes und der Frömmigkeit getreten. Und zwar deckt sich der Begriff durchaus mit dem griechischen *Dogma,* welches einfach: ein Fürwahrhalten, eine Meinung ist; wer an die kirchlichen *Dogmen* glaubt, glaubt daran, woran die Kirche glaubt und allgemein geglaubt wissen will. Die *Dogmen* sind Glaubensartikel. Auf lateinisch nennt man den Glauben: *Fides,* italienisch: *la Fede,* französisch: *la Foi;* auch dieser Begriff, welcher eine Übersetzung des giechischen *Πίστις* ist, besagt nichts weiter als das Zutrauen, das man zu einer Sache hat, das Vertrauen, dass etwas wahr sei, den Glauben daran. Die protestantische Theologie möchte den Begriff gern verinnerlichen und vertiefen und fasst den Glauben als eine vertrauensvolle Zuversicht zur göttlichen Gnade auf; sie legt damit etwas hinein, das eigentlich nicht darin liegt. Auch in den protestantischen Kirchen wird doch allsonntäglich der Glaube gesungen, das heisst: das *Credo,* das Glaubensbekenntnis, die laute Beteuerung, dass man für wahr halte, was die Kirche lehrt, und glaube, was sie glaubt. Die alten Religionen kannten den Glauben nicht; sie forderten nur, dass man sich am Kultus beteilige und die Vermittelung des Priestertums annehme. Um Privatansichten kümmerte sich der Staat nicht; durch seine Vorstellungen über das Wesen des Jupiter und der Juno verging sich niemand. In Athen scheint sich allerdings die Anklage der Gottlosigkeit (ἀσεβείας γραφή) auch auf Fälle von Freigeisterei erstreckt zu haben. Die wenigen, die was davon erkannt, die thöricht genug ihr volles Herz nicht wahrten, dem Pöbel ihr Gefühl und Schauen offenbarten, hat man von je gekreuzigt und verbrannt. Protogoras wurde als Atheist verbannt, *weil er die Existenz der Götter dahingestellt sein liess* — Anaxagoras ganz wie nach ihm Galilei gerichtlich belangt, weil er die herkömmlichen Faseleien über das Sonnensystem verwarf — und Sokrates, der edle Sokrates verdammt, *weil er die attischen Götzen nicht für Götter ansah, weil er nicht an die Wesen glaubte, an welche die Stadt glaubte, und neue Dämonen einführte.* Es ist schwer, diese frommen Skrupel mit dem offenbaren Wohlgefallen in Einklang zu bringen, mit dem das Publikum die Unverschämtheiten und die frechen Witze des gottlosen Aristophanes anhörte; und man begreift nicht, warum dann der wohlweise Staat nicht auch den Epikur zur Verantwortung zog, wenn dieser die gänzliche Wurstigkeit der Götter in Bezug auf menschliche Handlungen verfocht; oder die Schriften eines Plato durchliess, welche die *Doxa,* die verächtliche Meinung der Menschen, dasselbe Wort wie *Dogma,* für alle Zeiten abthaten und von Grund aus erschütterten. Das Verbrechen der *Asebie* war eben in Athen im höchsten Grade unklar und nur ein Vorwand, gescheite und unabhängige Leute zu schikanieren, wie es das allerorten gewesen ist, so oft sich die Staatsgewalt in Sachen gemischt hat, die sie gar nichts angehn, die sie nicht versteht und die ausserhalb der natürlichen Grenzen ihrer Rechtsprechung liegen. Das wahre Motiv des gegen den besten Menschen des Altertums angestrengten Prozesses war der Widerstand, den er der ausgearteten Demokratie Athens entgegensetzte: die Richter, welche den Sokrates verurteilten, hatten keine religiösen, sondern politische und moralische Bedenken gegen seine Thätigkeit, und auch die Anklage des Anaxagoras war vermutlich vielmehr auf seinen Beschützer Perikles gemünzt. Die Menge hasst, was frei von ihr besteht, nur wer ihr schmeichelt, darf sie überragen, wer aber zu stolz zum Schmeicheln und zum Klagen, der wird verfolgt, gehasst wie ein Prophet. Übrigens ist bekanntlich die griechische Sprache die Mutter des Christentums, die römische

Kirche jahrhundertelang nur eine griechische Filiale oder Kolonie gewesen. Der Begriff der *Orthodoxie* ist griechisch wie die gesamte kirchliche Terminologie. Mit dem Christentume taucht er gereift, in seiner vollen Schönheit, wie eine Lotosblume aus den trüben Fluten der Religionsgeschichte auf.

Denn diese Religion hat sich von allem Anfang an um Meinungen gedreht; die Kirchengeschichte ist eine Dogmengeschichte, eine Reihe von Disputationen und ein endloses theologisches Gezänk. Alles kam darauf an: Recht zu behalten, eine bestimmte Meinung durchzusetzen und mit Hilfe des geistlichen und des weltlichen Armes zu behaupten, sodass die Gegner vernichtet werden konnten. Wer in Sachen der Religion die Suprematie wahren und den Erdkreis beherrschen wollte, der musste die unabhängige Entwickelung des menschlichen Geistes hemmen, jeden Andersdenkenden beugen oder nötigenfalls aus dem Wege räumen, ein gut diszipliniertes Heer blindlings oder bewusst ergebener Beamter schaffen und aus der ganzen Christenheit, wie die Schrift lehrt, eine Herde Schafe machen. Zur Erreichung dieses Zweckes durfte kein Mittel für zu heilig, keins für zu schlecht gehalten werden. Sobald sich die katholische Kirche (im Verlauf des zweiten Jahrhunderts) konsolidiert hatte, fing sie an, die abweichenden Lehren als *Häresien* auszuscheiden; dergleichen *Häresien* oder *Ketzereien* haben die Kirchenväter seit Justinus Martyr rastlos zusammengestellt. Gegen Ende des vierten Jahrhunderts gab es ihrer achtzig; um sie wie Krankheiten zu bekämpfen, schrieb der

Szene aus dem Alten Testament: Abraham wappnete seine Knechte (1. Mose XIV, 14). Nach einer Miniatur in der *Pilgrimschaft des menschlichen Lebens*, französische Handschrift des 14. Jahrhunderts (Pariser Nationalbibliothek). Stilisierter Hintergrund. Zu Ämtern und Kriegsdiensten wurden die Juden im Deutschen Reiche nicht zugelassen, und wenn das der Fall gewesen wäre, so hätte sie nur der Kaiser *wappnen* können, dessen Kammerknechte sie waren, und der allein den Vasallen das Recht, Juden zu halten, verleihen konnte. Auch in Frankreich war der König Herr der Juden, die er seinen Vasallen als Lehen erteilte, und von denen die Vasallen, wenn sie sich losrissen, mit Besitz ergriffen. Sie waren, wenigstens vom 12. Jahrhundert ab, Leibeigne ihres Schutzherrn. *Πάλαι ποτ᾽ ἦσαν ἄλκιμοι Μιλήσιοι.*

heilige Bischof von Salamis auf Cypern Epiphanius seinen sogenannten *Apothekerkasten* (τὸ Πανάϱιον). Aber die Kirche wollte die Ketzerei nicht heilen wie einen Auswuchs; sie wollte die Ketzerei als ein Verbrechen ahnden. Bald erschienen im Oströmischen Reiche Ketzergesetze: wer eine eigne Meinung zu haben wagte, wurde in den Bann gethan, des Landes verwiesen, Ehren und Gutes entsetzt, mit dem bürgerlichen Tod, nachgerade sogar mit dem wirklichen Tod bestraft. Die Hinrichtung Priscillians, des Stifters einer gnostischen Sekte in Spanien A. D. 385 macht in der finstern Geschichte der christlichen Intoleranz Epoche. Es war ein merkwürdiger Zufall, dass der erste römische Kaiser, welcher das Verbrechen der Ketzerei mit dem Tod bedrohte, Theodosius der Grosse, aus Spanien stammte; dass der Usurpator Maximus, der den Priscillian zu Trier hinrichten liess, aus Spanien stammte; und dass der erste Mensch, dessen Blut wegen religiöser Meinungen vergossen wurde, aus Spanien stammte. In Spanien hauste der Genius der Verfolgung; Spanien, wo die Flammen der heiligen Inquisition nicht ausgegangen sind, hat von langer Hand her den traurigen Vorzug, ein ebenso katholisches, wie rohes und entmenschtes Land zu sein, vergleiche Seite 297. Priscillian war ein reicher Mann; heidnische und christliche Schriftsteller stimmen darin überein, dass der Usurpator Maximus, dem die Berufung auch sonst gelegen kam, nach den Gütern des Ketzers und seiner Anhänger, die sämtlich eingezogen wurden, lüstern und darum so schnell bei der Hand war, das Urteil der Synode von Saragossa zu bestätigen, ein Motiv, das so häufig wiederkehrt (Seite 419, 437, Unterschriften).

Zu einem bleibenden Institut wurde die Inquisition auf dem Laterankonzil zu Rom A. D. 1215 erhoben, damals die Aufspürung und Bestrafung der Ketzer, die *Inquisitio haereticae pravitatis, Inquisition* in ganz eigentlichem Sinn genommen, zu einer Aufgabe der Bischöfe gemacht. Die letzteren wurden veranlasst, ihre Diözesen auf Ketzer abzusuchen, beziehentlich absuchen zu lassen, drei guten Christen in jeder Parochie die Denunziation ans Herz zu legen. Ein anderes Konzil, das kurz darauf (A. D. 1229) in dem häretischen Südfrankreich, in dem Albigenserneste Toulouse gehalten wurde, verschärfte diese Bestimmungen noch. Eine allgemeine Razzia sollte gegen die Ketzer eröffnet, jeder Schlupfwinkel durchsucht, jede Spur verfolgt, Angeberei belohnt, Begünstigung unbarmherzig bestraft, das Haus, das einen Ketzer beherbergte, auf der Stelle niedergerissen werden. Die Vorschriften wurden zusehends immer strenger: wer einen Ketzer grüsste, musste brummen, wer einem armen verhungerten Ketzer nur etwas zu essen gab, riskierte Hab und Gut, wer seinen irrgläubigen Vater unterstützte, starb auf dem Scheiterhaufen. Wie schön Du bist, meine Freundin, meine Kirche! Deine Augen sind wie Taubenaugen.

A. D. 1233 wurde die Inquisition der bischöflichen Gerichtsbarkeit entzogen: Papst Gregor IX. legte sie in die Hände der Dominikaner, jener ehernen Mönche, typischer Vertreter der theologischen Fakultät, die es sich zur Aufgabe machten, das Dogma wie gute Hunde *) zu bewachen, und die dadurch ihre Macht begründeten; seitdem war die

Der Jude wird verbrannt. Die Kölner Judengemeinde, der Hostienschändung, der Brunnenvergiftung und des rituellen Mordes kleiner Kinder angeklagt und durch die Folter zu Geständnissen gebracht, in einer gemeinsamen Grube mit dem Feuertod bestraft (Ende des 14. Jahrhunderts; A. D. 1426 wurden die Juden für immer aus den Mauern des heiligen Köln verjagt). Mehrere haben den Judenhut auf. Nach einem (phantastischen) Holzschnitt in der *Nürnberger Chronik*, die bis zum Jahre 1492 reicht, dem *Chronicon Mundi* von Hartmann Schedel (deutsche Übersetzung von Georg Alt, Nürnberg 1493).

Inquisition ein päpstliches, die Bischöfe selbst kontrollierendes Tribunal, das den Namen des heiligen Amtes *(Sanctum Officium)* führte. Jede Provinz bekam nun in der Person von schwarzweissen Predigermönchen ihre kirchlichen Visitatoren und Ketzerrichter, wie das Volk ziemlich zweideutig sagte: *Ketzermeister;* für Deutschland bestellte Gregor IX. den Beichtvater der Landgräfin Elisabeth, den Magister Conradus, der

*) *Domini Canes;* als schwarzweisse Schäferhunde werden sie häufig dargestellt, vergleiche *Florenz in Wort und Bild 135.* Ein Hund, der eine Fackel im Maule trägt, ist das Wappen des Ordens.

in Thüringen, in Hessen und am Rhein sofort eine Menge Ketzer aufjagte, durch den weltlichen Arm greifen und vor seinen Augen verbrennen liess, sogar dem Grafen von Sayn den Prozess machen wollte, aber diesmal an den Unrechten kam, von der Reichsversammlung zu Mainz einen Verweis erhielt und bei seiner Rückreise, unweit Marburg vom Adel überfallen und erschlagen ward (31. Juli 1233, daher als Märtyrer heilig gesprochen und Konrad von Marburg genannt). Die Reichsversammlung war von dem Sohne Kaiser Friedrichs II. dem römischen König Heinrich einberufen worden — dieser Kaiser Friedrich II. setzte Kindern, die ihre Eltern als Ketzer denunzierten, eine Belohnung aus und ward nachmals (A. D. 1245) von Innocenz IV. selbst der Ketzerei, namentlich der Autorschaft eines seit jener Zeit durch das ganze Mittelalter hindurch bis in die Gegenwart vielbesprochenen Buches: *De tribus Impostoribus* beschuldigt. Auch die obengenannten, um die Führung der Hexenprozesse wohlverdienten Dominikaner, die Institor und die Sprenger waren eigentlich Inquisitoren, Ketzerrichter für Süd- und Norddeutschland. Das Amt eines *Inquisitor haereticae pravitatis* versah noch am Anfang des 16. Jahrhunderts der bekannte Dominikaner Tezel, der A. D. 1519 in dem Leipziger Dominikanerkloster starb; in gleicher Eigenschaft liess der Kölner Dominikaner Jakob van Hoogstraten die Schriften Reuchlins verbrennen, riet er mit dem drastischen Bilde, das wir auf Seite 164 erwähnt haben, Luther verbrennen zu lassen († 1527). In Deutschland, wo sie durch die Hexenprozesse eine Ablenkung erfuhr, ist die eigentliche Inquisition zwar thätig und mörderisch genug, aber nicht recht glücklich gewesen, die Reformation ihr zum Trotze durchgedrungen; in Frankreich (wo Franz I. A. D. 1535 die sogenannte *Chambre ardente* zur Verfolgung der Protestanten niedersetzte und sich nebst seinem ganzen Hofstaate und seinen Mätressen die Verbrennungen mitansah), erhielt sie sich mit wechselnder Stärke bis zur grossen Revolution. Am schrecklichsten hat sie in Spanien, dem klassischen Lande der Autodafees gewütet, die hier geradezu stehende Unterhaltungen des Hofes und königliche Schauspiele waren; in Italien bis zur Neugestaltung des Reichs bestanden. Die Dominikanerkirche, in der die Inquisition in Rom mittwochs zusammentrat, und wo Galilei am 22. Juni 1633 das System des Kopernikus abschwur, Santa Maria sopra Minerva, steht noch, das Kloster ist Unterrichtsministerium; und im Vatikan kommt man noch an eine Thüre mit der Aufschrift: *Santo Uffizio.*

Inquisition bedeutet Untersuchung; im engeren Sinne diejenige

Untersuchung, die der Richter von selbst anstellte, ohne dass eine ordentliche Anklage erhoben worden war — die er auf blossen Verdacht und heimliche Denunziationen hin anstellte. Das war ein neuer Begriff und eine neue Sache, eine Erfindung der christlichen Kirche; dadurch wurde der Strafprozess von Grund aus umgewandelt. Im alten deutschen Rechte galt der Spruch: *wo kein Ankläger ist, da ist auch kein Richter.* Der Kläger erschien vor Gericht und erhob die Anklage laut und feierlich; hierauf wurde der Angeklagte geladen. Gestand er, so fragte der Richter, der nur Vorsitzender war, die Schöffen, was Rechtens sei, und diese fällten das Urteil. Seite 504. Das Kanonische Recht kehrte sich an diese uralten Bräuche nicht, und unter seinem Einflusse wurde der deutsche Anklageprozess allmählich auch in der weltlichen Justiz beseitigt. Von nun an gab es auch ohne Ankläger: einen

Eine Deputation der Juden von Konstanz dem Papst Johann in Prozession mit brennenden Lichtern entgegenziehend, wie derselbe (im November 1414) zur Kostnitzer Kirchenversammlung kommt. Sie wollen den Papst vor dem Thore begrüssen und ihm die *Thora* mit einer hebräischen Anrede überreichen. Unter einem Baldachin, der von den vier Ältesten an Stangen getragen wird, schreitet der Vorsteher mit der eingerahmten Gesetzestafel, der *Thora*, die mit Granatäpfeln (oder Glöckchen) geschmückt ist; er selbst ist mit dem *Ephod* bekleidet, das eine kostbare Brosche, das *Choschen*, auf der Brust zusammenhält. Er ist gleich seinem Vordermanne und seinem Hintermanne (auffälligerweise) barhaupt, sodass man die herabwallenden *Peies* sieht; die übrigen haben entweder den Gebetschleier (*Talith*) um oder den gelben Judenhut, der oben in eine Spitze ausläuft, oder eine Zipfelmütze auf. Zwei Juden haben Kutten mit Schlitzen zum Durchstecken der Arme (*Arbakanfos*). An den Ecken die Schaufäden (*Zizith*) Nach einer Miniatur in der handschriftlichen *Chronik des Konziliums in Konstanz* des Dominus Ulrich von Richenthal, welche die Baseler Stadtbibliothek besitzt (im 16. Jahrhundert auch gedruckt erschienen).

Richter. Unaufgefordert, ungerufen ermittelte der letztere die Schuld, verfolgte er die Spuren, die zur Entdeckung des Urhebers führen konnten, und sammelte die Beweise — befragte die öffentliche Meinung, lieh sein Ohr Angebern und Spionen, achtete auf die Selbstbekenntnisse, zu denen ein armer Teufel in seiner Gewissensangst gedrängt ward. Von Amts wegen hatte er überall einzuschreiten, wo ein Verbrechen vorlag, mochte auch niemand genannt, ein offener Strafantrag nicht gestellt worden sein. War der mutmassliche Thäter entdeckt, so wurde er verhaftet, wegen seines Vorlebens befragt, über die Hauptpunkte der Anschuldigung verhört, gegebenenfalls gefoltert, überführt, geständig gemacht und von dem Untersuchungsrichter, der also jetzt alles in allem: Ankläger, Verteidiger und Rechtsgelehrter war und diese widersprechenden Funktionen in seiner Person vereinigte, verurteilt und bestraft. Aus dem alten ehrlichen öffentlichen Verfahren war ein heimliches, aus dem unmittelbaren ein mittelbares und aus dem mündlichen ein schriftliches geworden, daher fortan die Gerichtsschreiber oder die *Aktuare* bei keinem Strafprozesse fehlten. Dieses ganze Verfahren nennen die Juristen im Gegensatze zum Anklageprozess, an dessen Stelle es trat: den Inquisitionsprozess oder auf deutsch: das Untersuchungsverfahren, und es hat sich in Europa bis zur französischen Revolution erhalten, wo die öffentliche Anklage in der Form des Staatsanwalts wiedererschien. Aus einer mittelalterlichen Behörde formte man 1789 in Frankreich die Staatsanwaltschaft, zu deren wesentlichen Funktionen die Anklage gehörte, und diese öffentliche Anklagebehörde wurde bald vorbildlich für den gesamten europäischen Kontinent, sodass heutzutage die alte Anklage wiederhergestellt ist und der Inquisitionsprozess nur noch ein historisches Interesse hat. In Deutschland und Österreich erhielt sich derselbe bis zu den Bewegungen von 1848. In England hat der altgermanische Anklageprozess, im Zusammenhang mit dem Schwurgericht, fort und fort bestanden, hier ist das Verfahren niemals anders geworden.

Das neue Verfahren wurde denn auch und zwar zuerst in den Ketzergerichten eingehalten, daher diese vorzugsweise als *Inquisition* bezeichnet werden. Ketzer, Hexen und Juden, das waren die unglücklichen Opfer dieser verhassten kirchlichen Untersuchungsrichter, die mehr Unglück über die Menschheit gebracht, ihren Charakter mehr verdorben haben als Tyrannen und Gottesgeisseln. Ein wackerer Mann ward verhaftet, weil er etwan an der Unbefleckten Empfängnis zweifelte, und in das Loch geworfen. Hier musste er mäuschenstill liegen; nur ein Beichtvater durfte zu ihm. Bei der Vernehmung schwur er aufs Evangelium und Kruzifix, dass er in allen Stücken die reine Wahrheit sagen wolle; weigerte er sich des Eides, so galt er für überwiesen. Die Untersuchung hatte einen äusserst langsamen, gewundenen, umständlichen, verfänglichen und vorsichtigen Gang, denn lieber wollte die gute Mutter Kirche einen Unschuldigen bestrafen als einen Schuldigen laufen lassen. Bekam der Angeklagte einen Anwalt, einen gutgläubigen Anwalt, so durfte dieser nur im Beisein des Ketzerrichters mit seinem Klienten sprechen; er musste seinerseits eidlich die strengste Verschwiegenheit angeloben. Woher das Gericht von dem Verbrechen Kenntnis bekommen hatte, erfuhr der Angeklagte nicht: Namen wurden nicht genannt, eine Konfrontation fand sogut wie niemals statt. Aber Freund und Feind, Herumträger und Angeber, jeder Lump konnte Zeuge sein. Wer von dem Untersuchungsgefangenen nichts Böses wusste, war ein falscher Zeuge. War der Angeklagte nicht imstande, alle Zweifel der Inquisitoren zu lösen, er gleichwohl noch nicht hinreichend belastet, so wurde zur Tortur geschritten, diesem schönen Beweismittel, das von Innocenz IV. eingeführt worden war und das sich gelegentlich der Ortsbischof mit ansah. Hatte auch die Folter nichts gefruchtet, so suchte

Italienischer Jude des 14. Jahrhunderts, etwa aus dem Jahre 1305. Nach einem Gemälde der alten Sieneser Schule, von Pietro Lorenzetti (auch: Sano Lorenzetti, Sano di Pietro da Siena genannt), in der Gemäldesammlung des Instituts der Schönen Künste zu Siena. Priesterliche Tracht: langer, schlafrockähnlicher Kaftan, wie er noch heute von den orthodoxen Juden getragen wird, gesäumt, von einem Gürtel umschlossen; darüber ein Talar mit reichem Besatz (*Mîl*); um den Kopf ein Hülle, die vorn zusammengenommen und über die Schulter geschlagen ist (*Zânîph*)

man den Angeklagten zu berücken und durch Trug und List zu *gichten* — eine *Gicht*, ein Geständnis musste man haben, nur auf das Geständnis konnte Verurteilung erfolgen. Heutzutage kann der Angeklagte trotz seines Geständnisses, wenn es unglaubwürdig ist, freigesprochen werden.

Schwur der Angeklagte seinen Irrtum ab, und war derselbe nicht gefährlich, so kam er mit den kirchlichen Strafen davon. Er musste etwa nach Rom oder nach dem heiligen Lande wallfahrten oder des Sonntags im Büsserhemde zur Kirche gehn und sich von dem Priester geisseln lassen, an grossen Festtagen sich selber geisseln, dazu beten, fasten und enthaltsam sein. Andernfalls wurden die Verbrecher dem weltlichen Arme überlassen, auf Lebenszeit ins Gefängnis gesteckt, eingemauert, verbrannt, erst erdrosselt und dann verbrannt. Ein Ketzer, der aus Versehen begraben worden war, weil man ihn nicht kannte, wurde, wenn seine Ketzerei herauskam, wieder ausgegraben, noch als Toter vor Gericht gestellt und verhört und, wenn er sich als schuldig erwies, verbrannt. Mit dem Verbrennen wollte man die Ketzer aus der Welt schaffen, ganz und gar aufzehren; als Leiche erschien auch Papst Formosus (A. D. 897) vor Gericht. Eine feierliche Verbrennung, namentlich mehrerer Ketzer auf einmal, ein grosses Feuerwerk nannte man ein Glaubensurteil, einen *Actus Fidei,* spanisch, korrekt: *Auto de Fe.*

Bei der Betrachtung des Mittelalters saugt man wider Willen Menschenhass und Menschenverachtung ein. Das Teuflische im Menschen bricht hervor, und zwar an Stellen, wo man es gar nicht erwarten sollte. Welch ein Bild, diese triumphierende Kirche, die mit Pomp, mit dem schwarzverhangenen Kreuze und der roten Fahne der Inquisition durch die Strassen zieht und arme Menschen, die nicht an sie glauben, etwa Lutheraner oder Juden, nachdem sie grausam gefoltert worden sind, in gelben Hemden und hohen spitzen Mützen vor sich hertreibt, um sie einem qualvollen Tode zu überliefern! — Der gute Hirte, der die verirrten Schafe aufsucht, ist zum Metzger geworden, der sie zur Schlachtbank führt; und das Volk weidet sich an ihren Qualen. Welch ein Abgrund von Gemeinheit und niederträchtiger Bosheit thut sich bei diesem Volke auf! — Die Unglücklichen, die in den Flammen umkommen sollen, werden erst mit Strohfeuer gesengt; es wird ihnen, meint der Pöbel wie beim Schwarzen Peter: *ein Bart gemacht.* Seht diese Hemden und diese pappenen Mützen, diese *Sanbenitos* und *Carochas* an, mit Teufelsbildern und Flammen sind sie bemalt, damit nur ja alles recht höllisch aussehe, als ob es nicht genug, die Hölle zu inszenieren, sondern sie auch sonst noch auf alle Weise der Einbildung näher zu bringen wäre, möglichst lebhaft vorgestellt werden müsste. Am Trinitatisfeste des Jahres 1559, den 21. Mai, wurden in der Residenz Valladolid, wo das von dem Kardinal-Grossinquisitor Torquemada erbaute Dominikanerkloster stand, auf dem Marktplatze 31 Personen öffentlich abgethan und 37 (für ein späteres Auto, mit welchem man die Rückkehr Philipps II. aus den Niederlanden feiern wollte) ins Gefängnis zurückgeführt. Vor dem Palaste war die königliche Loge; in diese trat früh 6 Uhr die Regentin Juana, die Schwester König Philipps II. und ihr Neffe, der Infant Don Carlos, der hier geboren und damals 14 Jahre alt war. Ihnen folgte der Erzbischof von Santiago de Compostela und der ganze Hofstaat. Hierauf bildeten die Truppen Spalier, dazwischen bewegte sich der Zug der Gefangenen, meist der *pestbringenden Sekte Luthers* angehörig. An der Spitze marschierten fünf Geschwister, darunter zwei Geistliche und eine Nonne, und ihre Mutter, die vor der Untersuchung gestorben war, im Bilde und im Sarge, um mit ihren Kindern von den Flammen verzehrt zu werden. Es war Eleonora de Vibero, die Witwe des Präsidenten der Rech-

Nekromant, auf dem Richtplatze das Blut eines Gekreuzigten mit einem Tuch auffangend und einen Geist beschwörend, der aus einem Gefässe aufsteigt; mit dem frischen Menschenblute wird der Dämon, der davon trinkt, gelockt, indem derselbe am Kannibalismus hängt. Odysseus lockt die Seelen der Verstorbenen nur mit warmem Tierblute, durch das sie die Kraft erhalten, ihm Rede zu stehn. Damit hängt es zusammen, dass das Blut von Hingerichteten im Mittelalter überhaupt für heilkräftig und für zauberkräftig, namentlich für ein Epilepsiemittel galt; und daher fanden sich nicht nur die Schwarzkünstler auf den Rabensteinen ein, sondern das ganze Volk drängte sich bei einer Hinrichtung heran, um das Blut zu sammeln und ein Teilchen von dem Leibe des Verbrechers, wie eine kostbare Droge, beziehentlich den Strick des Gehängten, der Glück bringt, zu erhaschen. Noch in unserem Jahrhundert ist es nachweislich vorgekommen, dass man Leichen Blut und Fleisch entnommen und die Partikeln Kranken eingegeben hat [Richard Andree, *Anthropophagie*, Leipzig 1887. Seite 11]. Da dieser Aberglaube nach Tertullian bereits zu Christi Zeit bestand, und man sich schon damals das Blut von sterbenden Fechtern und hingerichteten Verbrechern zu verschaffen suchte und ihre Wunden aussog, so wirft der tiefwurzelnde Brauch vielleicht das beste Licht auf die Entstehung und Herausbildung gewisser religiöser Riten, die jetzt noch herrschen [*Menschenopfer und Ritualmorde.* Leipzig 1892]. Faksimile eines Holzschnittes aus den *Histoires Prodigieuses* von *Boistaux*, einem südfranzösischen Schriftsteller des 16. Jahrhunderts (Paris, 1560. in 4⁰).

nungskammer Cazalla, in deren Hause die lutherischen Konventikel stattgefunden hatten.

Die Inquisitoren sassen unter einem Thronhimmel vor einem Altare: neben dem Altar stand eine Kanzel, auf welcher ein Dominikaner predigte. Hierauf begab sich der Erzbischof von Sevilla in die königliche Loge, hielt den Königlichen Hoheiten ein Messbuch vor und sprach: *Da durch päpstliche Dekrete und die heiligen Kirchengesetze verordnet ist, dass die Könige eidlich versprechen sollen, den katholischen Glauben und die christliche Religion zu fördern; so schwören demgemäss Eure Königlichen Hoheiten bei Gott, der heiligen Jungfrau, den heiligen Evangelien und dem Zeichen des Kreuzes, auf welchem Ihre Königlichen Hände liegen, dass Sie dem heiligen Amte und seinen Dienern gegen die Ketzer und Abtrünnigen, gegen alle, von welchen sie begünstigt und verteidigt werden, und gegen alle, die dem heiligen Amte mittelbar oder unmittelbar entgegenwirken, den nötigen Vorschub leisten — auch dass Sie alle Ihre Unterthanen zum Gehorsam gegen den Papst und gegen jene Verordnungen anhalten wollen, welche zur Verteidigung unseres heiligen katholischen Glaubens gegen die Ketzer und gegen ihre Anhänger erlassen sind.* Die Königlichen Hoheiten antworteten: *Wir schwören es. — Dafür erhalte Gott der Herr viele Jahre Eurer Königlichen Hoheiten Personen und Staaten!* — Hierauf erfolgte die Verkündigung der Urteile, die Übergabe der zum Tode Verurteilten

Zwei Dominikaner oder Predigermönche werden zu Asche verbrannt, weil sie einen Betrug angestellt haben, um ihre Ansicht zu erweisen, dass die Jungfrau Maria von ihrer Mutter Anna in Erbsünde empfangen worden sei (zu Bern, A. D. 1506). Nach dem Dogma der Katholischen Kirche hat nicht nur Maria unbefleckt empfangen, sondern ist auch ihrerseits unbefleckt empfangen worden. Das letztere leugneten die Dominikaner, während ihre Rivalen, die Franziskaner für die unbefleckte Empfängnis nach beiden Seiten hin eintraten. Um recht zu behalten, wollten die Berner Dominikaner ihre Lehre durch ein Wunder bestätigen: ein Geist musste erscheinen, Barbara, die selige Jungfrau selber kommen und einem Laienbruder vertraulich mitteilen: *ja, ja, ich muss gestehen, ich bin leider nicht ganz unsündlich empfangen worden!* — Der Betrug kam heraus, die Spiritisten wurden degradiert und zur Strafe des Feuers, dem *Supplicium Ignis*, dem *Vivicomburium* verurteilt Die Kirche liebte, kaustische Mittel anzuwendsn. Holzscheite oder Scheiter (mittelhochdeutsch: *Schîter*) wurden aufgeschichtet, die Ketzer an den aus dem Scheiterhaufen emporragenden Pfahl, den Brandpfahl gebunden und mit demselben verbrannt. Besonders die Inquisition bediente sich dieser Strafe; vornehme Männer setzten in jenen unglücklichen Zeiten eine Ehre darein, das Feuer zu schüren und als Schergen des heiligen Gerichtes zu dienen. Faksimile eines Holzschnittes in Sebastian Münsters *Cosmographia* (Basel, 1552, in-Fol). Noch vor 68 Jahren, A. D. 1826, wurde zu Valencia der Schullehrer Ripoll als ein Deist verbrannt.

an den Weltlichen Arm und die Abführung auf den Richtplatz, der vor dem Thore lag. Rückwärts auf einem Esel sitzend, ritten sie hinaus. Da sie widerriefen, wurden sie erst erdrosselt und dann verbrannt; nur einer, ein Advokat, der nicht widerrufen hatte, kam lebendig an den Brandpfahl. Bis dahin wurde ihm, damit er nicht reden könne, eine Kandare in den Mund gelegt.

Drei von den erwähnten Geschwistern, der Hofprediger Augustino Cazalla, der Pfarrer Francisco de Vibero Cazalla und die Schwester Beatriz wurden zum Feuertod verurteilt; ein dritter Bruder Juan de Vibero und eine zweite Schwester Constanza, die Witwe eines Notars, zu lebenslänglichem Gefängnis. Als die letztere abgeführt wurde, wandte sich ihr Bruder Augustino an die Regentin und rief: *Königliche Hoheit, ich bitte, haben Sie Mitleid mit dieser Unglücklichen, welche dreizehn Kinder als Waisen hinterlässt!* — Ein Spanier bemerkt dazu: *Die Bitte wird fruchtlos gewesen sein: was liess sich von Herzen erwarten, die solche Dinge sehen und hören konnten, ohne zu brechen?* — Don Carlos aber soll an diesem Tage der Inquisition unversöhnlichen Hass geschworen haben.

c. Die Madre Ebrea.

Mit Gewalt getauft — den Eltern weggetauft — die Lebensgeschichte eines Bologneser Judenknaben — umgekehrt wie in Lessings Nathan dem Weisen — Mortara und Löwe — seine Predigt und die alte Judenpredigt auf dem Fischmarkt.

Im Reiche standen die Juden unter dem Schutze des Kaisers und des Papstes; die Lehensträger erhielten ihre Juden bald von diesem, bald von jenem. Sie waren verpflichtet, jedem neuen Kaiser und jedem neuen Papste zu huldigen — den Kaiser, wenn er nach Rom kam, vor dem Thore zu begrüssen und dem Papste auf seinem Krönungszuge am Stephansturm mit einer hebräischen Anrede die Thora zu überreichen. Er warf ihnen die Rolle vor die Füsse und erwiderte in lateinischer Sprache: das Gesetz erkenne er wohl an, verdamme aber die Auslegung. In den christlichen Staaten wurden sie wie eine Art Querköpfe geduldet und in ihren Judengassen, ihren *Juderias,* ihren *Ghettos* gelassen wie die Frauen in den Frauengässchen (378); an den heiligen Orten, in Jerusalem und in Rom erschien es als eine besondere Gnade, dass man ihnen zu bleiben gestattete. Kniend mussten die römischen Juden jeden Karneval beim

Senator um diese Vergünstigung einkommen und 1130 Gulden zu den Festlichkeiten geben. In der Michaelskirche auf dem Fischmarkt hatten sie am Sabbat eine christliche Predigt anzuhören; in *Roma Capitale* haben wir ein Spezimen gegeben. In Jerusalem wurden die Juden unter den Byzantinischen Kaisern gelegentlich faktisch ausgewiesen, mit Gewalt getauft.

Jüdische Kinder hat man auch in Rom gern den Eltern weggetauft und der Alleinseligmachenden Kirche einverleibt. Noch heute lebt ein solcher seinem Volk und seiner Familie entwandter Jude — er ist wie Luther Augustiner und hat unlängst im Konvikt San Carlo zu Modena gepredigt: das Gotteshaus war aus diesem Anlasse dicht gefüllt, und unter der nicht geringen Anzahl von Israeliten, die man unter den Zuhörern bemerkte, befand sich auch die Mutter des hageren Mönchs, jene *Madre Ebrea,* die man seiner Zeit auf die Bühne gebracht hat und die gleich den übrigen Mortara dem Glauben der Väter treu geblieben ist. Mortara heisst nämlich unser Reverendus eigentlich — wie der Papst Anacletus II. eigentlich: Löwe, Petrus Leonis (Pierleoni) hiess (1130).

Das Schopharblasen in der Synagoge zum Neujahrsfest am ersten Tischri. Das *Schophar* ist ein Horn, ursprünglich ein wirkliches Widder- oder Stierhorn, in den späteren Zeiten des Judentums aus Blech. Vorn eine Trompete oder Tuba, eine gerade Metallröhre, hebräisch: *Chassrah*; und eine Harfe, hebräisch: *Kinnor*. Es ist der *Trompetentag* (4. Mose XXIX, 1), der *Dies Clangoris et Tubarum*, das *Sabbatum memoriale clangentibus Tubis*, zur Selbstprüfung und Sammlung einladend. Die Musikanten befinden sich neben der heiligen Lade, welche, eine Nachbildung der Bundeslade, die weg ist, die Gesetzesrollen enthält und in jedem jüdischen Bethause im Hintergrunde (*im Allerheiligsten*) steht; hebräisch heisst dieser Schrein wie die Bundeslade: *Aron* (*Aron Hakodesch*, die heilige Lade). Der Deckel, auf dem noch ein Cherub erscheint, heisst *Kapporeth*. vergleiche Seite 165, Anmerkung. Faksimile eines Holzschnittes aus dem 16. Jahrhundert (gedruckt in Troyes, der alten Hauptstadt der Champagne).

Er wurde im Jahre 1857 zu Bologna geboren, das damals noch zum Kirchenstaat gehörte. Das Kind war krank und elend: eine Christin, die bei den Mortara diente, erteilte ihm, angeblich um es zu kurieren, ohne Vorwissen der Eltern die Nottaufe. Die Kirche berief sich (27. Juni 1857) auf diese Taufe, reklamierte das Kind als das ihrige, schaffte es nach Rom und liess es bei den Catecumeni in Santa Maria a' Monti auferziehen. Die *Madre Ebrea* mochte weinen und schluchzen und die Hände ringen, wie viel sie wollte; nur ein einziges Mal bekam sie ihr geliebtes Kind auf einen Augenblick mit besonderer Genehmigung des Kardinalvikars wieder zu sehen. Die Eltern wandten sich in ihrer Verzweiflung an die französische Gesandtschaft: Pius IX. antwortete, er würde das Kind nicht herausgeben, und wenn alle Bajonette der Franzosen aufgepflanzt würden. Er gab dem Kleinen seinen eigenen Namen, er nannte ihn: Pio Edgardo.

Ansicht von Jerusalem (*HIEROSOLIMA*), wie man sich im Mittelalter die Stadt vorgestellt hat; in der Mitte der Salomonische Tempel (*TEMPLVM SALOMOIS*). Die Stadt ist rings von einer starken Mauer umgeben, wie sie jetzt noch steht (im 16. Jahrhundert erneuert), und diese von viereckigen, bezinnten Türmen, die die alten Thore enthalten, unterbrochen. Innerhalb des Mauerkreises bemerkt man eine engere, mit anderen Thortürmen versehene Ringmauer und innerhalb dieser wieder eine dritte, abermals mit Thortürmen, welche letztere endlich den Tempel Salomos umschliesst. Diese dreifache Umwallung entspricht der Sachlage, denn das alte Jerusalem besass drei Mauern: die von David und Salomo um Zion und Moria (1), die von Hiskias, welche das Käsemacherthal, den Hügel Ophel und die untere Stadt einfasste (2), und die Agrppias, welche die Neustadt oder Bezetha umgab (3). Die innerste Mauer ist die älteste, die äusserste die jüngste. Zwischen den Türmen, die vierseitige Prismen darstellen, stehen die viereckigen Häuser. Man sieht aus der Vogelperspektive auf die flachen, präsentiertellerartigen, auf allen vier Seiten von niedrigen Brustwehren eingerahmten Dächer. Auch diese Darstellung ist im ganzen korrekt, nur dass die Dächer in der Mitte meist (wie eins und das andere auch hier) ein oder mehrere Kuppelgewölbe haben und dass die Fenster nicht auf die Strasse gehn. Der Tempel ist die sogenannte Omarmoschee oder der Felsendom (aus dem 7. Jahrhundert), die erhöhte Plattform, die ihn trägt, der Tempelplatz: der *Haram esch-Scherif*, das vornehme Heiligtum; der Tempel hat die Gestalt einer Rotunde, die von Kolonnaden umgeben ist und deren Kuppel in byzantinischer Manier eine vierfache Laterne in der Grundform eines Griechischen Kreuzes krönt. Dieser Teil der Abbildung ist nicht ganz treu. Links unten, innerhalb der zweiten und dritten Mauer bemerkt man die kleine Kuppel des Heiligen Grabes (Neubau der Kreuzfahrer seit 1130). Faksimile eines Holzschnittes in der Nürnberger Chronik, dem *Chronicon Chronicorum* von Hartmann Schedel (Deutsche Übersetzung von Georg Alt. Nürnberg 1493. Gross-Folio). Vergleiche das Bild auf Seite 453.

Derselbe wurde für die Priesterlaufbahn bestimmt, wie gesagt, in den Augustinerorden aufgenommen und nach der Ordination ins Ausland verschickt. So ging Pio Edgardo in verschiedenen Missionen nach Österreich, Frankreich und Spanien und betrat erst nach zwanzig Jahren (im Juli 1891) den Boden Italiens wieder. Ein andermal, heisst es, wurden einer jüdischen Witwe ihre sieben Kinder weggenommen, weil sich der Grossvater taufen liess. Eine Menge solcher Geschichten kursieren bei den Juden. Es scheint, dass die hebräischen Mütter schwer geprüft werden: bald reisst ihnen der Pharao, bald Herodes, bald der Priester das Knäblein aus den Armen. Ein umgekehrter Fall: dass ein Jude ein Christenkind entführt und aufzieht, bildet bekanntlich den Knoten von Lessings *Nathan:* Nathans Recha soll von christlicher Abkunft und das Töchterchen eines Herrn von Filneck sein, das dem Juden von einem Reitknecht übergeben worden war und das derselbe aufzog und behielt, nachdem ihm eben die Christen seine eignen Kinder ermordet hatten. Nachher stellt sich heraus, dass sie auch das nicht, sondern die Tochter Assads von einer Christin und Saladins Nichte ist. Aber das Christenkind mit Gewalt dem Bunde seiner Taufe zu entreissen, das war in den Augen des giftigen Patriarchen das Verbrechen, wofür der Jude den Feuertod verdiente; denn ist nicht alles, was man Kindern thut, Gewalt? —

zu sagen: ausgenommen, was die Kirche an Kindern thut.

Die Fahrenden Leute des Mittelalters.

a. Fahren einst und jetzt.

Die Bedeutung des Wortes *fahren* ist gegen früher in der heutigen Sprache mehrfach eingeengt — früher war *fahren* soviel wie ziehen oder wandern, eine Fortbewegung jeder Art — das Faktitivum dazu: *führen* — in Wagen gefahren wurde im Mittelalter weniger als heutzutage, aber überhaupt viel gefahren — Kutschen, aus Ungarn — die Vorfahren hatten keine Möbel, sondern Fahrende Habe, ein Vagabund hiess ein fahrender Mann und ein Vagant ein fahrender Schüler — die *Varndiu Diet*, der Begriff des Deutschen — das Kommersbuch der Fahrenden Schüler, *Gaudeamus igitur* — Spielmannspoesie — viele epische Dichtungen des 12. Jahrhunderts sind Spielmannswerke.

In Gottes Namen fahren wir, beginnt das alte Reiselied. Ich fahr dahin mein Strassen, singt der mittelalterliche Wandersmann. Wir wissen nicht, von wannen wir sind; wir wissen nicht, wie lang wir leben; wir wissen nicht, wohin wir fahren, so lautet die alte Klage, so hiess es einst, so heisst es jetzt, obwohl die Menschen heutzutage vielmehr nicht wissen, wohin sie *gehen* oder wohin sie *kommen.* Es wird gegenwärtig ungleich mehr gefahren als ehedem — wer früher eine Reise machte, ritt oder ging zu Fusse, nur in den seltensten Fällen bediente man sich eines Wagens — wie im Orient, ja noch in Griechenland und in Italien die *Vettura* meist ein Pferd oder ein Esel ist. Es mangelte an Strassen, an Wagenpferden und an Wagen: erst spät sind die Geschirre etwas vervollkommnet worden, wenn auch unsere Vorfahren in Wagen gewohnt und dieselben aus dem Nomadenleben mitgebracht haben.*) Die Merowingischen Hofequipagen waren, wie mehrfach erwähnt, mit Ochsen bespannte Karren, die ein Rinderhirt leitete; Karl der Grosse fuhr, wenn er fuhr, mit vier Ochsen. Erst

*) Deshalb heissen sie wohl *Vorfahren?* — Mit nichten; sondern *Vorfahr* ist in der alten Sprache soviel wie: *Vorgänger,* lateinisch: *Antecessor,* woraus im Französischen *Ancêtre.* Die Weistümer sprechen auch einfach von Weisungen, so *unser Eltern und Fahren auf uns bracht und gehalten haben.*

Ende des 12. Jahrhunderts bemerkt man Kutschen, Zugpferde und Kumte, aber was für welche. Ordentliche Kutschen sollen zuerst im 16. Jahrhundert in Ungarn gebaut worden sein, und zwar im Raaber Komitate, wo die Pferdezucht blüht und grosse Pferdemärkte abgehalten werden; namentlich in dem Dorfe Kocs. Die dort fabrizierten Wagen seien *Kocsi* genannt worden, sprich: *Kotschi.* Daher das Wort *Kutsche,* französisch: *Coche,* italienisch: *Cocchio,* spanisch: *Coche,* englisch: *Coach.* Wie alle Waren, so pflegen wohl Wagen nach dem Erzeugungsorte benannt zu werden; doch muss man auch gewärtig sein, dass sie nur den Namen eines Industriellen tragen, der den Namen einer bestimmten Stadt trägt, aber sein Geschäft durchaus nicht in dieser Stadt betreibt. Zum Beispiel werden die Landauer keineswegs in Landau, die Kremser nicht etwa in Krems verfertigt, sondern Landauer war ein Berliner Stellmacher, der Doppelkaleschen baute, Kremser ein Berliner Fuhrunternehmer, der in den zwanziger Jahren einen Omnibusverkehr zwischen Berlin und Charlottenburg einrichtete; er schuf das Gefährt, in dem der Berliner seine Landpartien macht.

Der ungeheure Personenverkehr in den europäischen Kulturländern findet fast ausschliesslich in Wagen statt — jedermann bedient sich heutzutage eines Wagens, jeder Handwerksbursche fährt — der Passagier der vierten Klasse kommt bequemer über die Alpen nach Italien als im Jahre 1077 eine deutsche Kaiserin (Seite 424): gefahren wurde im Mittelalter doch mehr als in unsern Tagen. Weil auch derjenige *fuhr*, der zu Fusse ging. *Fahren* war ursprünglich der allgemeine Ausdruck für ziehen, wandern oder reisen — erst wir haben den Begriff auf die Fortbewegung mittelst eines Wagens eingeschränkt. Was wir heute *Möbel* oder *Bewegliche Güter* nennen, bezeichneten unsere Vorfahren als *Fahrende Habe* oder *Fahrnis* — ein *Fahrendes Fräulein* war ein Mädchen, das sich herumtrieb, eine Landstreicherin — und ein *Fahrender Mann* dasselbe, was man im alten Römischen Reiche einen *Circulator* nannte. Die losen, wilden Individuen, die einzeln oder in Banden von einem Orte zum andern zogen, Bettler, Zigeuner, Spielleute, Seiltänzer, Gaukler, Kleriker und Schüler stellten alle miteinander die *Fahrenden Leute,* das *Fahrende Volk,* die *Varndiu Diet* dar — *Diet* ist bekanntlich unser altes, noch in Zusammensetzungen wie *Dietrich* oder *Dietfurt* lebendiges Wort für Volk, die *deutsche* Sprache im Gegensatze zur lateinischen: die volksmässige Sprache, die *deutsche* Religion im Gegensatze zum christlichen Glauben: die einheimische, heidnische Religion. *Deutsch*, mittelhochdeutsch: *diutsch*, entspricht dem griechischen Adjektivum *ethnisch;* latinisiert lautete es: *theodiscus,* und daraus entstand das italienische Wort *tedesco.*

Die Schüler und die Kleriker, Priester, Nonnen und Beghinen,

Streifende Zigeunerbande: ein Sohn Pharaos zieht mit seiner zahlreichen Familie durch den Wald. Schlanke, feine, biegsame Gestalten; olivenfarbige Gesichter, blitzende Augen, tiefschwarzes, bläulich schillerndes Haar. Bemerkenswert ist der Reichtum an Kindern; die Frauen sitzen wie die Hennen unter ihren Küchlein auf den elenden Mähren. In ihren Armen, an ihrer Brust, auf ihrem Schoosse, in den Körben zappelt die nackte Brut; bis zum zehnten Jahre gehen die Zigeunerkinder nackt. Ein grosser Junge hat der jungen Frau die Führung des Pferdes abgenommen. Im Hintergrunde die Zigeunermutter, die Ahnfrau der Horde, die nach ihr benannt wird. Mit Lebensmitteln sind sie versehen: sie füttern die Kinder auf der Reise, man bemerkt Holz- und Kürbisflaschen voll Branntwein. Die Kleidung der Erwachsenen, der Faltenrock des Mannes, sein Mäntelchen, sein Degen ist schier elegant zu nennen, wahrscheinlich gestohlen; auch die Frauen haben schöne Kleider und (auf der rechten Schulter festgesteckte) Mantillen, auf dem pechschwarzen Haare das Gebende. Alte Wollstickerei aus dem Markgrafenschlosse Effiat in der Auvergne. Ein *Marquis d'Effiat* war der unglückliche Günstling Ludwigs XIII., Cinq-mars (hingerichtet zu Lyon, 12. September 1642).

fingen namentlich seit den Kreuzzügen, zu Ende des 11. Jahrhunderts an zu fahren, von einer Lateinschule zur andern zu ziehen und als die armen Reisenden der Wissenschaft das Land unsicher zu machen, Gänse zu mausen und dergleichen. Den Brunnen auf dem Ferdinandsplatz in Dresden ziert ein solcher in prächtigem Realismus ausgeführter Gänsedieb. Diese gelehrten Häuser, die meist jüngere Schüler, sogenannte *Schützen* mitschleppten, übrigens ebenso abgerissen waren wie die Spielleute und Possenreisser, führten, weil das schöner klang, den lateinischen Titel: *Vagabunden*, will sagen den Titel: *Vaganten*, wohl auch mit leichtverständlicher Anspielung: *Bachanten* oder *Bacchanten*. Sie hatten, wie sich denken lässt, auch ihr eigenes Kommersbuch und ihre lateinischen, deutschen und deutsch-lateinischen Studentenlieder, frisch und keck, roh und albern, fromm und heidnisch, bald mit Klosterschulwitz, bald mit antikem Kram, bald mit altnationaler Spruchweisheit versetzt, oft wieder den schlichten Ton des Naturliedes anschlagend, sonderbare Perlen unserer Lyrik. Eine Sammlung von solchen Liedern in einer Handschrift des 13. Jahrhunderts, ein rechtes ehrwürdiges Kommersbuch ist vor etwa fünfzig Jahren in der ehemaligen Benediktinerabtei Benediktbeuern unweit Tölz gefunden worden; *Beuern*, aus althochdeutsch *Burin*, ein alter Dativ Pluralis von *Bûr*, Wohnung, Haus. Daher nannte man diese alten Vagantenlieder: *Carmina Burana* und gab sie unter dem Titel heraus. Die Handschrift befindet sich jetzt in München. *Ubi sunt qui ante nos in mundo fuere?* — Das *Gaudeamus igitur* ist ein solches *Carmen Buranum*, das aus dem Jahre 1267 stammt. Gedruckt wurde dieses Lied zuerst 1776 in einer erst kürzlich bekannt gewordenen, etwas obscönen Form, die jetzige erhielt es durch einen fahrenden Schüler des vorigen Jahrhunderts, Chr. W. Kindleben, der Studentenlieder, gesammelt und gebessert, zu Halle veröffentlichte (A. D. 1781).

Eine andere Blüte des fahrenden Lebens war die sogenannte Spielmannspoesie, den famosten Spielleuten, den Bänkelsängern und Harfenspielern entsprossen, die als Erzähler, Dichter und Neuigkeitskrämer besonders beliebt gewesen sein mögen. Schwänke, Liebeslieder, Gnomen, Lügen, Rätsel, Vexierfragen, Novellen, Legenden, Heldengesänge, alles wussten und pflegten sie. Vergleiche Seite 376. Die Litteratur war im Mittelalter nicht sesshaft wie heutzutage; sie lebte mehr in der Luft und gedieh besser. Viele epische Dichtungen des 12. Jahrhunderts sind Spielmannswerke; die hervorragendsten Spruchdichter, die beiden Spervogel, der Marner, Freidank waren Fahrende

Leute; selbst Herr Walter von der Vogelweide und Reinmar von Zweter gehörten der obersten Schicht des unsteten Volkes an. Warum nicht auch der Verfasser des Nibelungenliedes? — Dass dasselbe gleich den homerischen Gedichten von wandernden Sängern in einzelnen Abschnitten vorgetragen und um das Jahr 1210 aus zwanzig solchen Rhapsodien dunklen Ursprungs zusammengesetzt worden sei, war wenigstens die Ansicht Lachmanns.

b. Die Seiltänzer.

Die Fahrenden Leute des Mittelalters sind nicht ausgestorben, sie leben auf den Jahrmärkten und Messen fort, auf welche sie mit der Zeit kamen, als die Städte anfingen, an die Stelle der Fürstenhöfe zu treten — sie fahren jetzt doppelt, nehmen ihre Schaustellungen selbst in die Hand — ein Karussell in der Provinz — in besonderem Grade erregten früher die Seiltänzer das Interesse des Publikums — die besten Seiltänzer waren meist Italiener — in unserem Jahrhundert haben ihnen die Deutschen und die Franzosen den Rang abgelaufen — Kolter auf dem Aachener Kongress — an die Stelle des Turmseils ist in neuerer Zeit die Luftschifffahrt getreten — Blondin den Niagarafall überschreitend, Blanchard den Kanal übersegelnd — *now fare ye well, good Sir!* — damit entsteht eine dreifache Fahrt, indem der Luftschiffer: erstens unstet von Ort zu Ort zieht. Zweitens seine Produktion in einem Fahrzeuge macht. Drittens diese Produktion selbst wieder in einer Reise besteht.

Demnach würden alle Gaukler und Taschenspieler, Seiltänzer und Kunstreiter, Karussell- und Schaubudeninhaber, Riesen und Zwerge, die Kakerlaken, die dicken Frauen, die Kautschukdamen, die Schlangenmenschen, die Rumpfmenschen, die mit den Füssen schreiben, die Haarmenschen, die Siamesischen Zwillinge, die Schkramprl, die Elefanten, Affen, Hunde, Pferde, Schweine, Mäuse, Seekühe, Vögel abrichten und sich damit auf der Leipziger Messe sehen lassen, in der Ausdrucksweise des Mittelalters: Fahrende Leute sein. Vollkommen. Diese Leute ziehen ja auch wirklich in grossen grünen Wagen, in denen sie ihre Kisten und Kasten transportieren und die ihnen selbst zum Sommerlogis dienen, von Ort zu Ort. Sie sind Wagenbewohner, *Hamaxobier* wie die alten Deutschen und andere Nomaden. Sie fahren doppelt, ich meine nicht zweispännig, ich meine in zweiter Potenz.

Tschingderata Radabum. In einem abgelegenen Dorfe ist ein Karussell angekommen; am Ende der Dorfstrasse, auf dem Platz zwischen Kirche und Schule wird unter lebhafter Beteiligung der gesamten männlichen und weiblichen Dorfjugend das Gerüst aufgestellt. Pfähle werden eingerammt, Nägel und Haken eingeschlagen, riesige Schirme von Leinwand aufgerollt und befestigt, die Pferde, die Bänke, die Wägelchen ausgepackt, die unzähligen Reit- und Fahrvorrichtungen aus dem grünen Wagen hervorgeholt. Dieser Wagen ist die Wohnung, das rollende Haus des Karussellbesitzers und seiner Familie, der Mutter mit ihren Kindern. Es hat seine Fensterchen und seine weissen Gardinen, seine Freitreppe und seine Schwelle wie ein anderes Haus. An der Längswand steht ein altes ripsüberzogenes Sofa, davor ein Tisch mit heller Wachstuchdecke, in der einen Ecke ein Petroleum-

Auftreten der Zigeuner im Reiche zur Zeit des Konstanzer Konzils (A. D. 1417). Der Herzog von Kleinägypten, ein direkter Nachkomme des Pharao, kauert mit seiner Familie draussen am Dorfesende auf der Erde und geniesst, was man den Bettlern auf der Burg von Lebensmitteln gegeben hat; fünf Paare, die sich hier treffen und die braunen Fremdlinge ansehen wollen, stehen in eifrigem Gespräche um die Gruppe herum. Verächtlich deutet der Ritter der Dame links mit der Hand auf die seltsamen Gäste; die Zigeunerin (in Zaddeltracht) schielt hin: sie wird die Gelegenheit benutzen und dem Grossherrn aus der Hand wahrsagen. In Liebesangelegenheiten ist sie erfahren. Im Hintergrunde werden Sauen und Bären mit Saufedern abgefangen. Nach einem Holzschnitte in Sebastian Münsters *Cosmographia (von den gemeinen Bräuchen und Sitten jetziger Teutscher Völker*; Basel, 1544, in-Folio); verkleinert.

kochherd, in der andern ein Büffett; im Bauer sitzt ein Dompfaff auf der Stange und pfeift: *So leben wir, so leben wir.* Auch die Blumentöpfe auf den Fensterbrettchen fehlen nicht, zwischen den Fensterchen hängt ein Spiegel, an der Wand über dem Sofa ein Familienbild. Im Hintergrunde eine zusammengeklappte eiserne Bettstelle und allerlei fahrendes Gut, auch ein Speiseschränkchen; die Betten liegen im Sofakasten. So machen's die Fahrenden, das ist das Fahrende Volk von heute, so fährt der Karussellbesitzer, der vielleicht gelernter Tischler ist, in den Sommermonaten durch die Welt, während ein Vetter von ihm mit einem vornehmeren Karussell in Berlin auf der Hasenheide steht, aber kaum auf die Kosten kommt.

Die Menschen des Mittelalters waren in vielfacher Hinsicht Kinder, unendlich beschränkt, gläubig und abergläubisch — das Eintreffen einer Seiltänzergesellschaft, eines Marionettenspiels, einer Kuriosität, eines Bärenführers, eines Seehunds, eines recht grossen Karpfens elektrisierte nicht bloss die Kleinen, sondern auch die Erwachsenen, und scharenweise strömten sie in die Städte, wo dergleichen zu sehen war. Sind wir etwa darüber hinaus? Sind wir keine Kinder mehr? — In dem *Theatrum Europaeum*, einer Chronik, einer illustrierten Zeitung, die zur Zeit des Dreissigjährigen Krieges zu Frankfurt am Main erschien und eine Hauptquelle für das ganze 17. Jahrhundert bildet, wird unter der Rubrik: *Von sonderbaren Geschichten* oder: *Etliche denkwürdige Sachen* über manche Messvorstellung und Jahrmarktsneuigkeit, die staunenswerten Leistungen der Akrobaten, der Äquilibristen, der Athleten, der Luft- und Parterregymnastiker, die Besteigung eines Turmseiles berichtet. Die Seiltänzer, eine alte Zunft, erschienen zu jedem Feste, denn sie erregten das Interesse des Publikums in besonderem Grade; selten wird man eine mittelalterliche Chronik finden, die nicht von einem *Seilganger* meldete, nicht eines von einem *Funambulus* ausgeführten Bravourstückes gedächte. Hochberühmt war gegen Ende des 14. Jahrhunderts ein Künstler mit dem Beinamen: *il Ladro*, der in Paris zur Feier des

Zigeunerpaar; ein kleiner Junge reicht der fremden Frau einen Apfel. Sie ist barfuss und mit einem alten Mantel bekleidet; das lange schlichte Haar haben beide mit einen Turban bedeckt, der sie auch auf dem vorhergehenden Bilde kennzeichnet und an ihre orientalische Heimat erinnern soll. Man nimmt an, dass die Zigeuner aus Indien stammen, und vom Fusse des Himalaja, vielleicht über Ägypten, nach Europa, zunächst, etwa im 13. Jahrhundert, nach den unteren Donauländern gekommen sind. Das Wort *Himalaja*, im Sanskrit soviel vie Schneegebirge, Alpe, mit dem lateinischen *Hiems* zusammenhängend, lebt nach einer Mitteilung des Erzherzogs Josef selbst noch in der Zigeunersprache. Sie selbst wollten ägyptischer Abkunft und zum ewigen Umherziehen verurteilt sein, weil ihre Ahnen die heilige Familie auf der Flucht nach Ägypten nicht aufgenommen hätten. Nach einem Holzschnitte in der Kosmographie von Münster (Basel, 1552 in-Folio).

Einzugs der Königin Isabella von Bayern (305) auf einem von den Türmen der Kathedrale Notre Dame bis zum Hôtel Saint-Paul gespannten Seile tanzte; ein Jahrhundert später, unter der Regierung Ludwigs XII. ein Genueser Giorgio Manustro; und abermals ein Jahrhundert später der Kaiserliche und Königliche Hofakrobat Arcangelo Tuccaro, der an den Höfen Deutschlands, Frankreichs und Englands auftrat und seine Kunst auch theoretisch in drei Dialogen mit Holzschnitten darlegte (mehrfach reproduziert, zum Beispiel auf Seite 301 und 303). Am 7. Mai 1547 stieg in Florenz ein türkischer Seiltänzer von der Via de' Bardi aus über den Arno weg bis zur zweiten Zinnenreihe des Rathausturms empor *(Florenz in Wort und Bild 43,* nach dem *Osservatore fiorentino).*

Diese Nachricht ist charakteristisch. Als im 14. und 15. Jahrhundert der Reichtum des Adels schmolz, das bürgerliche Element anfing, den Feudalstaat abzulösen, und die Städte, was Lebensgenuss, Bildung, Ansprüche anbelangt, durchaus an die Stelle der Fürstenhöfe und der Ritterburgen traten, fuhren die Künstler auch im Reiche lieber hierher, auf die privilegierten Märkte, auf die Oster- und Michaelismessen, nach Frankfurt, nach Hamburg, nach Augsburg, nach Leipzig, wo sich nachgerade der nachbarliche Landadel und der kurfürstliche Hof selber einfand, wenn er sich amüsieren wollte. In Leipzig stieg A. D. 1570 ein Seiltänzer vom Thomasgässchen aus auf den Rathausturm. Vieler Seiltänzer wird seitdem in den Leipziger Stadtrechnungen gedacht. Sie fanden bei den hochmögenden Herren vom Rat eine gnädige Aufnahme, wurden untergebracht, beköstigt, gekleidet wie an den Edelsitzen, schliesslich mit einer ansehnlichen Verehrung und als unterhaltsame Burschen mit einem guten Attest entlassen. Erst allmählich nahmen sie ihre Schaustellungen selbst in die Hand, mieteten sich Lokale und luden durch pomphafte Zettel, die angeschlagen und in die Häuser getragen wurden, dazu ein. Der fahrende Kraftmensch Johann Karl von Eckenberg aus Harzgerode, der andere Simson, errichtete zum Beispiel um das Jahr 1717 in Leipzig, gelegentlich auch in Dresden eine Bude, eine Art Cirkus oder Spezialitätentheater. Darin führte er drei Frauenzimmer, eine Engländerin, eine Holländerin und eine Italienerin vor: *denen es auf dem Seile mit Voltigieren, Tantzen und Lufftspringen noch niemahlen in Europa jemand gleichgethan.*

Das eigentliche Vaterland der Äquilibristen ist Ostindien, China und Japan, in Europa Italien; die besten Seiltänzer waren von jeher meist Italiener. Noch in neuerer Zeit haben die Chiarini und die

Frau Saqui, *la première Acrobate de l'Empire*, Sensation erregt; in unserem Jahrhundert ihnen den Rang die Deutschen und die Franzosen abgelaufen. Auf dem Aachener Kongresse, zu welchem die Monarchen von Österreich, Russland und Preussen persönlich erschienen, erlangte die Familie Kolter eine unglaubliche Popularität. Die herrlichsten *Ascensionen* wurden damals ausgeführt, Türme, Schornsteine, Vogelstangen auf scharf gespanntem Seil genommen — eben hatte sich ein englischer *Equilibrist* auf das Seil zum Granusturm gewagt und das Publikum zur Bewunderung hingerissen. Da taucht plötzlich aus dem (gegenwärtig weggebrannten) Turmdache ein Pilger auf und tanzt dem Engländer entgegen. Verdutzt, bedeutet dieser den Mann Gottes, Raum zu geben und in seinen Himmel zurückzukehren: der aber kommt immer näher, so dass der Engländer den Mut verliert und um Gnade bittet. *Bücke dich nur ein wenig!* — ruft der Pilgerim, schwingt sich mit einem tollkühnen Sprunge über den Geängsteten hinweg und erreicht glücklich sein Ziel. Der Pilger war Wilhelm Kolter (29. Oktober 1818).

Magier, Klingsorkostüm, sich in seinem Laboratorium geschmolzenes Blei in die Hände träufeln lassend. Auf dem Herd eine Kesselfeuerung, unten ein Blasebalg: in dem Kessel hat er das Blei geschmolzen. Hierauf hat er einen Löffel voll abgeschöpft und die Giesspfanne mit dem hölzernen Stiele in das Loch in dem Pflock gesteckt. Endlich hat er die Kelle auf die Seite gedreht, dass das flüssige Metall aus der Schneppe ausfliesst. Wie er die Feuerprobe aushält und was er eigentlich damit will, ist sein Geheimnis; es scheint nur ein Experiment zu sein, denn es sieht ihm ja niemand zu. Es ist eben eine wunderbare Geschichte, eine der *Histoires Merveilleuses*, wie sie im 16. Jahrhundert zirkulierten. Demselben Werk entnommen, wie der Nekromant von Seite 577.

Ich gestehe, dass mir dieses Kunststück noch ausserordentlicher erscheint als das Überschreiten des Niagarafalls auf Stelzen (Charles Blondin 1860). Übrigens hat sich der Geschmack für derartige Produktionen in den letzten Jahrzehnten etwas verloren; sie werden gewöhnlich nur noch in geschlossenem Raume vorgenommen. An ihre Stelle ist das Fahrrad, der Fallschirm und die weniger mit persönlicher Geschicklichkeit als mit physikalischen Gesetzen rechnende Luftschiffahrt getreten. Wenn Blondin den Niagarafall auf einem Seile überschritt, so segelte Blanchard (7. Januar 1785) in einem Luftballon von England nach Frankreich. Er schiffte sich in der Gegend bei Dover auf dem klassischen Felsen ein,

des hohe, steile Klippe
furchtbar hinabschaut in die jähe Tiefe,

und von dem sich der blinde Gloster im *König Lear* hinabzustürzen wähnt — *now fare ye well, good Sir!* — ruft Edgar dem unglücklichen Vater zu. *Now fare ye well, good Sir!* — wurde auch Blanchard zugerufen, als er mit dem Amerikaner Jefferies von der Kreideklippe furchtlos abstiess und über dem Abgrund schwebte. *Farewell* ist bekanntlich das englische Lebewohl, eins der traurigsten Worte, voll Wehmut, herzbrechend, der Abschiedsgruss gerichtet an einen Abreisenden. An einen Fahrenden — was Blanchard in einem dreifachen Sinne: als Herumtreiber, als Luftschiffer und als Reiseunternehmer war.

c. Taschenspieler und Gaukler.

Taschen und Gaukeltaschen oder Gaukelsäcke — daher Taschenspieler — Gaukler, Jongleur, Joculator — in der Gaukeltasche steckt Becher und Muskatnuss — Kartenkunststücke — es war kein Wunder, wenn die Leute alles wussten und errieten, sie hatten ja einen Zauberkopf neben sich — aber das tiefe Wissen hatte seine Gefahr — Albert der Grosse, Papst Silvester II., Roger Bacon, alle drei in dem Geruche der Zauberei — und auf Zauberei stand eigentlich der Scheiterhaufen — naturwissenschaftliche Apparate, die Zauberlaterne — Prahlereien der Schwarzkünstler; umgekehrt traut ihnen das Publikum alles zu — Doktor Faust — ein grosses, von den Zauberern vollbrachtes Wunder: der Wintergarten Alberts des Grossen — nicht natürlich zu erklären, es ist gar nichts zu erklären — nichts weiter als Hexerei, Wettermachen und Hagelkochen, aber einem Albertus und einem Faustus, als angenehmen Personen nachgesehen.

Vor Jahrhunderten hatten die Kleidungsstücke noch keine Taschen; sondern die Leute ihre Taschen umhängen oder am Gürtel hängen, wie einen Pompadour. Man nannte das den Sack, mit einem jüngeren Wort: die Ficke oder die Tasche — in Frankreich, weil Geld drin war, die *Aumonière*, die Almosentasche, oder die *Escarcelle*. Die Taschenspieler hatten ihre Apparate und ihr Handwerkszeug, vor allem Becher und Muskatnuss in so einer umgehängten Tasche, *aus welcher* sie spielten; das war ihr Gaukelsack oder ihre Gaukeltasche. Unser *gaukeln* ist, was man auch dagegen sagen mag, jedenfalls mit dem lateinischen *joculari*, *Gaukler* mit *Joculator* und *Jongleur* identisch, zu dem es sich etwa wie *Georg* zu *Jörg* verhält. Da die Gaukler hauptsächlich mit einem Becher *(Caucus)* arbeiten und daher auf lateinisch auch *Cauculatores* hiessen, so kann dieser Begriff auf die Gestalt des deutschen Wortes mit eingewirkt haben; eine direkte Beziehung findet nur zu den obigen volkstümlichen Titeln statt.

Diese Jongleure, die gewöhnlich auch ihre *Jongleresses* bei sich hatten, waren mit ihren Kunststücken, ihren Taschen, ihrer *gaya Scienza* auf den einsamen Burgen allezeit willkommen; desgleichen konnten sie sich getrost auf den Jahrmärkten und Messen sehen lassen, sie fanden ihr Publikum und erregten Bewunderung bei vornehm und gering. Sie liessen die Muskatnuss im Zauberbecher verschwinden wie einen Rauch, gaukelten den Gaffern Gulden oder etwas Schlechteres ins Maul legten den Bauernjungen ein Schloss hinein, das gar nicht herauszukriegen war, balancierten rotierende Teller auf der Spitze eines Stabes, führten nur mit den Händen und einem brennenden Lichte Schattenspiele auf, imitierten die Stimmen von Nachtigallen, Pfauen, Rehen, eines getretenen jauxenden Hundes, dass es eine Art war, machten Kartenkunststücke,

Eine zweiräderige Kutsche, in der ein Kardinal sitzt, von Bettelvolk umringt. Eine Person ohne Füsse, die (mit Hilfe von Klötzen) auf ihren Händen geht — eine Frau, die eine Knochenerweichung auf einem Schiebkarren fährt — eine Mutter, die auf dem einen Arme einen Säugling, am andern einen Bettelsack hat. Dass sie dem armen verlassenen Waiselein mit einem milden Almosen wollen beispringen. Der Diener des Kardinals sitzt hintenauf; der Kutscher geht mit seiner Peitsche nebenher. Das Geschirr ist ein Brustblatt- oder Sielengeschirr und besteht aus einem breiten, um die Brust des Pferdes gelegten Riemen, dem *Vürbüege* oder dem *Poitrail*, das durch den Bauchgurt und den Widerristriemen in seiner Lage erhalten wird (in Gedanken zu ergänzen). Zwei Langbäume bilden das Gestell, beziehentlich die Deichsel; der Kasten ruht unmittelbar auf der Achse und ist mit Reifen überspannt, die überdeckt, in der Mitte offen sind. Dieser Wagen ist so primitiv wie ein altägyptischer; es sass sich schrecklich darin. Nach Reimser Artikeln aus dem 15. Jahrhundert, die evangelische Parabel vom grossen Abendmahl darstellend (Evangelium Lucä XIV, 21).

die fast ebenso alt sind wie die Spielkarten selbst. Auch das Kartenlegen, eine Spezialität der Zigeuner, kam gleichzeitig mit dem Kartenspielen auf (im 13. Jahrhundert). Die Volte zu schlagen, die Karten künstlich zu mischen, eine bestimmte Karte ziehen zu lassen, eine Karte zu verwechseln, wozu hauptsächlich Fingerfertigkeit gehört, lernten die Gaukler bald; demnächst auch solche Künste, die mehr auf Rechen- und Kombinationstalent beruhten. Den Vers:

MUTUS DEDIT NOMEN COCIS,

der die Eigentümlichkeit hat, dass jedes Wort darin fünfbuchstabig ist und jeder der zwanzig Buchstaben doppelt vorkommt, und dessen man sich bedient, um die Karten zu bestimmen, die sich ein anderer denkt, hat man schon vor Jahrhunderten gewusst.*)

Wer damit seine Karten erriet und zur allgemeinen Überraschung richtig traf, sagte natürlich von dem einfachen Kunstgriffe nichts, sondern hatte etwa einen Zauberkopf neben sich auf dem Tische, den er zum Scheine fragte und von dem er alles zu erfahren vorgab. Es ist merkwürdig, aber für die ungeheure Dummheit der Zeit bezeichnend, dass sie an die Existenz solcher künstlicher, thönerner, eherner Verstandeskästen wirklich glaubte und ihr Wissen lieber einem fremden als dem eigenen Kopfe zuschrieb, weil sie noch gar keine Vorstellung hatte, was eigentlich in einem denkenden Kopfe vorging. Die grössten Gelehrten, die hervorragendsten Männer hatten solche Köpfe, die sie sich selber machten und die sie dann benutzten, um weise zu werden, etwa wie wir eine Taschenuhr benutzen, um zu sehen, welche Zeit es ist: Albert der Grosse, Graf von Bollstädt, der berühmte Chemiker, Mechaniker, Physiker († 1280) — Papst Silvester II., der bedeutende philosophische und mathematische Kenntnisse besass, die arabischen Ziffern im Abendland einführte und Pendeluhren konstruierte († 1003) — Roger Bacon, der bewunderungswürdige Doktor, dessen *Brazen Head* noch heute in Oxford existiert († 1294) — Don Quijote fand einen solchen allwissenden Kopf, die *Cabeza Encantada* bei Don Antonio Moreno — in einem der ersten Märchen aus *Tausend*

*) Zwanzig Karten werden paarweise zusammengelegt; einer aus der Gesellschaft merkt sich ein Paar. Hierauf nimmt man sie paarweise zusammen und legt sie dann in vier Reihen nach Massgabe der vier Wörter auf den Tisch, so dass je zwei Karten an die Stelle der in den vier Wörtern enthaltenen Buchstabenpaare *(M-M, U-U, T-T, S-S, D-D, E-E, I-I, N-N, O-O, C-C)* zu liegen kommen. Nun fragt man den Auftraggeber, in welcher Reihe die Karten liegen, die er sich gemerkt hat. Man errät sie sofort, wenn man nachsieht, was für Buchstaben in dieser oder diesen Reihen zusammengehören.

und eine Nacht lässt ein König einem Arzte, der ihn vom Aussatze geheilt hat, den Kopf abschlagen, weil ihm dieser abgeschlagene Kopf auf einer Schüssel sämtliche Fragen beantworten wird, wenn er ein Buch aufmacht und darin liest. Alle diese gelehrten Männer waren freilich auch in dem Geruche der Zauberei, Albertus Magnus galt seinerzeit für einen Magier, Silvester II. sollte ein Schwarzkünstler sein, Roger Bacon hexen können: und so standen auch die gewöhnlichen Taschenspieler, wenn sie zu gescheit waren, gleichsam immer auf der Kippe und vor dem Scheiterhaufen, namentlich diejenigen, welche ein wenig Chemie und Experimental-

La Carità! Un po' di Carità per l'amor di Dio! — Nous demandons la Charité! — Das Almosen, milder Herre! Um Gottes Barmherzigkeit willen! — Ein Hampelmann, der eine Missgeburt auf dem Rücken im Tragkorbe hat und auf einer Guitarre spielt — ein Blinder, der die Hand auf die Schulter eines andern Blinden legt, den ein Knabe an einem Stocke führt — das Kind isst — eine Person, die das Böse Wesen hat oder am Veitstanz leidet. Sie ist von den Krämpfen befallen; vor dem Munde bildet sich Schaum — vielleicht Seifenschaum. Vorn ihre Krücke und eine Schale, in welche die milden Gaben fliessen. Nach Reimser Artikeln aus dem 15. Jahrhundert, die evangelische Parabel vom grossen Abendmahl darstellend (Evangelium Lucä XIV, 21).

physik bei ihren Kunststücken verwerten konnten — der Übergang vom Künstler zum Schwarzkünstler, von der Geschwindigkeit zur Hexerei erfolgte unmerklich und leicht. Ein Edison wäre im Mittelalter dem Feuertode nicht entgangen. Noch im Jahre 1739 wurde in Polen ein Taschenspieler als Zauberer aufgehängt. Viele naturwissenschaftliche Apparate mögen ursprünglich auf Jahrmärkten gezeigt und später von Gelehrten aufgenommen und vervollkommnet worden sein; zum Beispiel die *Camera obscura.* Wie nahe sie aber an Zauberapparate grenzen, sieht man an dem Namen, den die Projektionslampe jetzt noch führt; sie heisst: *Zauberlaterne* oder *Laterna Magica.* Die gesamte Medizin ist aus Hexerei hervorgegangen.

Der berühmte Doktor Faust, den Goethe zum Universitätsprofessor gemacht hat, ist in der ersten Hälfte des 16. Jahrhunderts als Arzt und Astrolog, als Schwarzkünstler und Alchimist abenteuernd umhergezogen. Er ist ein fahrender Mann gewesen.

Diese Leute stellten ihr Licht nicht unter den Scheffel. Sie rühmten sich aller möglichen und unmöglichen Wunderthaten; zum Beispiel vermass sich der Doktor Faust in Würzburg, auf Verlangen alle Wunder Christi zu vollbringen. A. D. 1521 war der Krieg des Kaisers Karl V. mit Franz I. von Frankreich ausgebrochen, der Kampf in Italien eröffnet, 24. Februar 1525 die Schlacht bei Pavia geschlagen, 6. Mai 1527 die Ewige Stadt erstürmt und geplündert worden. Gesiegt hatte jener Connetable von Bourbon, der, wie wir auf Seite 465 gesehen haben, in Frankreich verurteilt worden und nach Italien zu den Feinden geflohen war, an der Spitze der Kaiserlichen: Faust prahlte in Wittenberg, er habe dem Kaiser den Sieg durch seine Zauberkunst verschafft. Umgekehrt brachte es auch der Ruf dieser Wunderthäter mit sich, dass sich das Publikum Dinge von ihnen erzählte und an Kunststücke glaubte, die das Mass des Glaubwürdigen himmelweit überstiegen und die kein Taschenspieler und Gaukler, nicht einmal in unserer, über ganz andere Hilfsmittel gebietenden, verhältnismässig allmächtigen Zeit fertig bringen würde. Eine dieser übermenschlichen Leistungen ist im Mittelalter besonders angestaunt und den Koryphäen der Magie zugeschrieben worden.

In den Faustbüchern liest man, wie der Schwarzkünstler einst im Sommer gegen Ende Juli in Innsbruck am Hofe Kaiser Maximilians I. verweilt und demselben auf allerhöchsten Wunsch den Geist Alexanders des Grossen und die schöne Roxane mit der Warze heraufbeschworen habe. Der Kaiser hatte ihm sein Wort gegeben, dass ihm deswegen nichts Arges widerfahren solle; er war sehr zufrieden und begnadigte den Künstler überdies mit einer ansehnlichen Verehrung. Um Majestät eine Gegenaufmerksamkeit zu erweisen, machte sich Faust den Witz, dem Kaiser sein Schlafzimmer über Nacht in einen lustigen Garten zu verwandeln, dass Maximilian beim Aufwachen wie im Paradiese lag, die schönsten Blumen und Früchte auf dem Nachttisch hatte, sogar bereits schöne reife Weintrauben, notabene nicht abgeschnitten, sondern am Stock. Es war wirklich eine hübsche Überraschung; der Kaiser stand auf und zog seinen Schlafrock an, setzte sich in dem Garten auf eine Bank und blieb wohl eine Stunde sitzen. So etwas konnte nur der Doktor Faust; ein andermal, als derselbe Kaiser ein

Galadiner gab, machte er im Speisesaale Wetter wie eine Hexe und liess es donnern und blitzen und vom Himmel giessen, dass sich die Gäste kreuzigten und segneten.

Aber nein, *quod non*, das konnten auch andere Zunftgenossen, sogar unter erschwerenden Umständen, nicht im Sommer, sondern im Winter. Im *Decamerone*, das zu Fausts Zeit bereits ein altes Buch war und das er gelesen haben konnte, erzählt (am 10. Tag, in der

Die Krüppel und Lahmen belagern die Landstrasse. Der Vater kriecht mit Hilfe von Handbänkchen über den Boden hin; der Bursche, der im Kriege ein Bein verloren hat, humpelt ihm auf Hölzern und Krücken nach; die junge Frau, die am Knochenfrass leidet und das eine Bein nicht gebrauchen kann, eine bildhübsche Person, desgleichen. Nach Reimser Artikeln aus dem 15. Jahrhundert, die evangelische Parabel vom grossen Abendmahl darstellend (Evangelium Lucä XIV, 21).

5. Novelle) Emilia — wie in Friaul, in der Stadt Udine eine schöne Frau, Madonna Dianora, um einen Liebhaber, den Baron Ansaldo loszuwerden, von demselben verlangte, er solle ihr im Monat Januar in nächster Nähe der Stadt einen blühenden Garten schaffen wie im Mai. Sie dachte, das sei ein Ding der Unmöglichkeit; aber Ansaldo besprach sich mit einem Nekromanten, und der zauberte ihm für gutes Geld in der ersten Januarnacht einen kompletten Blumen- und Obstgarten mitten in die Winterlandschaft hinein. Dieselbe Sage geht ferner von dem obenerwähnten Mönch Albertus Magnus, der noch ein Jahr-

hundert früher, angeblich am Hohen Neujahr, am 6. Januar des Jahres 1248 zu Köln den jungen deutschen König Wilhelm von Holland zu Tische lud und im Freien bewirtete. Es war ein sehr strenger Winter, fror hart und lag viel Schnee — Albertus Magnus führte die vornehmen Gäste, die Augen machten, zum Hause hinaus und in den Garten. Es muss der Garten des Dominikanerklosters oder des Prediger-klosters gewesen sein, in welchem Albertus wohnte und in das er auch (A. D. 1262) zurückkehrte, als er den Bischofsstab niederlegte; das wird auch gesagt. Albertus hatte also im Garten decken lassen, und der Garten sah winterlich aus; aber es dauerte nicht lange, so sah er aus wie der Palmengarten in Frankfurt, in dem man speisen kann, oder wie heutzutage in Köln die Flora. Die Sonne schien, das Eis schmolz, es wurde warm, das Gras wuchs, die Blumen blühten, die Bäume und die Weinstöcke schlugen aus, ja, trugen im Handumdrehn reife Früchte und Trauben. Es war auf einmal wie im Frühling, die Nachtigallen sangen, die Finken schlugen, man fror nicht mehr, man suchte Kühlung im Schatten und die Herren zogen ihre Gugeln herunter und ihre Kappen aus. Pagen, schön wie junge Götter, eilten mit den Schüsseln hin und her; das schmeckte prächtig in der frischen Luft. Als der Schmaus aus war, verschwanden die Pagen, die Nachtigallen verstummten, das Laub fiel von den Bäumen ab, es fing wieder an zu schneien, und die Herren fingen wieder an zu frieren. Sie zogen ihre Gugeln wieder über den Kopf und eilten ins Zimmer zurück, wo eingeheizt war.

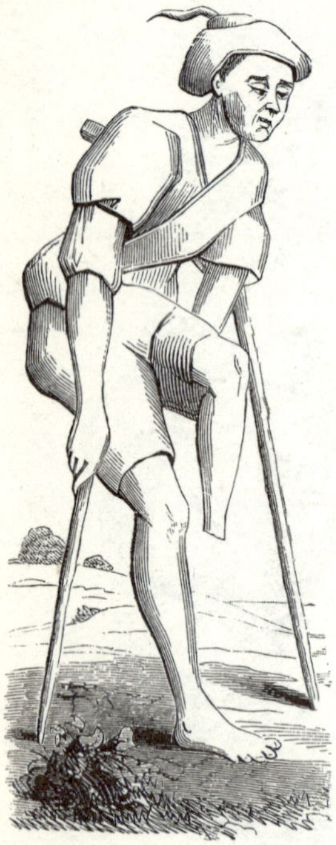

Invalide, der betteln geht, da ihn weder Abt noch Ritter versorgt, kein Kloster und keine Burg beherbergt. Im übrigen lustiger Bruder, kreuzbrave Haut. Kenntlich am Bandelier. Im Mittelalter gab es noch keine Invalidenstiftungen, eher im Altertum; Ritter und Klöster übernahmen die Versorgung. Erst als sich die Zahl der Invaliden infolge der Vervollkommnung der Feuerwaffen (im 16. Jahrhundert) mehrte und der Territorialstaat ausbildete, fingen die Fürsten an, sich mit ihnen zu beschäftigen. Nach Reimser Artikeln des 15. Jahrhunderts, die evangelische Parabel vom grossen Abendmahl darstellend (Evangelium Lucä XIV, 21).

Am 6. Januar ist das Fest der heiligen Drei Könige, deren Gebeine damals nach dem heiligen Köln gekommen waren und die Schutzpatrone der Stadt sind, vergleiche Seite 505, Unterschrift; im Anschluss daran das bekannte Bohnenkönigsfest und der Anfang des Karnevals. Man hat, um das Wunder natürlich zu erklären, vermutet, Albertus habe sein Diner nicht im Klostergarten, sondern in einem damals in Deutschland noch unbekannten Treibhause gegeben, will sagen: in einem Wintergarten nach Art der modernen Wintergärten, womöglich unter Benutzung eines unterirdischen Steinkohlenbrandes wie auf dem Rittergute Planitz. Aber es leuchtet ein, dass hier gar nichts zu erklären ist, sondern das Volk, dessen Leichtgläubigkeit man niemals unterschätzen soll, eben eine Wunderthat angenommen hat, wie sie ein grosser Zauberer vermochte und die einem Albertus und einem Faustus, *gratis Personis,* hinging, aber eigentlich dem Wettermachen und dem Hagelkochen der Hexen parallel lief. Die *abenteuerliche Gastung, so zu Cölln König Wilhelmo von Alberto Magno Anno 1248 im Winter in einem Garten gehalten worden,* findet man in den Chroniken oft beschrieben, zum Beispiel in dem *Chronicon Episcoporum Ultrajectinensium et Comitum Hollandiae,* das ein Kanonikus zu Utrecht, Johannes de Beka, im 14. Jahrhundert schrieb und das bis zum Jahre 1346 reicht; desgleichen in der *Chronika der freyen Reichs-Stadt Speyer* von dem Stadtschreiber Christoph Lehmann, der hier wie in seiner Sprichwörtersammlung viele hübsche Anekdoten erzählt (Frankfurt, 1612. in-Folio).

d. Automaten. Mechanische Kunstwerke.

Zweifel, ob die Automaten in Menschengestalt auch bloss auf dem Wunderglauben der Zeitgenossen beruhen mochten — die Erfindung der Automaten ist doch alt — freilich beginnt ihre rechte Zeit erst mit der Erfindung der Taschenuhren — viel Sagenhaftes — aber es giebt doch wirklich Automaten: die Werke Vaucansons, der Familie Droz — immer haftet die Erzeugung an den alten Sitzen der Uhrenindustrie, die Uhrwerke selbst werden mit beweglichen Figuren gern verbunden — einfache Automaten für den Markt — davon nur ein Schritt bis zu einer Gliederpuppe und einem Marionettenspiel — die Schachmaschine, ein lebendiger Mensch wird von dem Unternehmer wie ein Maschinenteil eingefügt — wie im Staate.

Sollte aber etwa der Kopf des Albertus Magnus ein wirkliches mechanisches Kunstwerk gewesen sein? — Denn es wird erzählt, dass er einen ganzen metallenen Menschen, einen sogenannten Androiden verfertigte, der sprechen konnte, wenn Besuch kam, die Thür öffnete und die Eintretenden begrüsste. Der kunstreiche Mönch hatte dreissig Jahre dazu gebraucht, diesen Menschen zu machen; schliesslich zerschlug ihm der junge Thomas von Aquino, der im Jahre 1245 den Generalmagister Johannes Teutonicus nach Deutschland begleitete und in Köln unter dem berühmten Lehrer seine Studien fortsetzen wollte, weil er sich schier entsetzte und den leibhaftigen Satan zu sehen glaubte, das unvergleichliche Kunstwerk mit seinem Tremmel. Das war ein böser Anfang. Auch dem englischen Franziskaner Roger Bacon, einem Zeitgenossen des grossen Albert, wird die Erfindung eines Homunculus zugeschrieben. Diese beiden gelehrten Häuser hatten, so scheint es, Gesinde wie Dädalus und ihre goldene Bedienung wie in der Iliade der Gott Vulkan (XVIII, 417). Man könnte freilich denken, dass dieselbe so sagenhaft wie der Wintergarten sei; mit andern Worten: dass die abergläubische Menge den beiden Zauberern eben auch zugetraut habe, künstliche Menschen zu erschaffen, und erst nachträglich, um sothanes Zutrauen einigermassen zu rechtfertigen, von Automaten gefabelt werde, die doch die Technik des 13. Jahrhunderts bedeutend überstiegen.

Immerhin ist doch die Erfindung der Automaten sehr alt — bereits Archytas von Tarent liess eine hölzerne Taube fliegen, bereits der Philosoph Demetrius Phalereus hatte eine kriechende Schnecke, geradeso wie der Mathematiker Johannes Müller (Regiomontanus) im 15. Jahrhundert eine laufende Fliege. Derselbe Regiomontanus soll einen Adler konstruiert haben, welcher den Kaiser Maximilian bei seinem Einzug in Nürnberg mit Flügelschlag und Kopfbewegungen begrüsste — der Adler müsste gerade aufgehoben worden sein — Regiomontanus lebte allerdings in Nürnberg, und Nürnberg war später der fruchtbare Boden für diese Art von mechanischen Wunderwerken, aber als Kaiser Maximilian I. (A. D. 1493) den Thron bestieg, lag Regiomontanus längst im Grabe, er starb A. D. 1476 in Rom. Also noch im 15. Jahrhundert ist es mit den Automaten nicht ganz richtig: ihre Zeit beginnt eigentlich erst mit der Erfindung der Taschenuhren, die allerdings wieder ein Nürnberger um das Jahr 1500 machte. Eine mechanische Uhr ist doch an sich selbst ein kleiner Automat. Karl V., der sich bekanntlich (A. D. 1556) im Kloster San Yuste mit der Verfertigung und Regulierung von hölzernen Uhren die Zeit vertrieb, hatte auch Automaten, berittene Puppen, die er den Tag über aufmarschieren und fechten liess. Die Uhrwerke sind ja wieder so gern mit beweglichen Figuren verbunden worden — am Strassburger Münster kommen die zwölf Apostel, am Zeitglockenturme zu Bern eine Schar von Bären, am Jenaer Rathause ein Schnapphans, am Arnstädter Rathaus ein Hahn, wenn's Mittag ist — ein krähender und mit den Flügeln schlagender Hahn ist auch in Bern und Strassburg. mitangebracht, dessen Uhr aus dem 16. Jahrhundert stammt. Solche mechanische Scherze sind sehr häufig; in Lübeck, in Nürnberg, in

Prag, in Olmütz findet man sie. Jede Uhr, die etwas auf sich hält, umgiebt sich mit einem Hofstaat von Automaten und will irgend etwas

Pariser Bettler des 17. Jahrhunderts, grässlich verdreht, genannt: Bäckerede mit dem Buckel (*Talabot le bossu*), ein alter Bäcker, vom Unglücke verfolgt und an den Bettelstab gebracht, auf den er sich mit beiden Händen stützt; nach der Art seines früheren Gewerbes die Knie aneinanderpressend, die Unterschenkel aber zum festeren Stehen spreizend, die Füsse wiederum einwärtskrümmend (Verkrümmung des Knies, Abweichung der Knochenachse des Oberschenkels von der des Unterschenkels: *Genu Valgum*, X-beine). Vielleicht wird er abends in der *Cour des Miracles* wieder gerade. Nach einem alten Stiche im Pariser Kupferstichkabinett (Pariser Nationalbibliothek)

Lebendiges ausser sich, einen Ausrufer, einen Trompeter, einen Herold, bis herab zu dem Kuckuck an einer Kuckucksuhr.

Immerhin giebt es doch wirklich Automaten, und die Märkte sind voll davon. Wer kennt nicht den Flötenspieler, den *Flûteur automate* des Mechanikers Vaucanson, den derselbe während einer Krankheit verfertigte, den er im Jahre 1738 in Paris auf der Foire Saint-Germain sehen liess und mit dem er nachher auch in Deutschland herumzog! — Eine sitzende Figur, die zwölf Stücke spielte und zwar thatsächlich mit dem Munde in eine richtige Flöte blies, die Löcher mit den Fingern öffnete und schloss. Wer kennt nicht Vaucansons Ente, die wackelte wie eine Ente, frass und soff wie eine Ente und verdaute wie eine Ente? — Aber immer haftete die Erzeugung von Automaten hauptsächlich an den alten Sitzen der Uhrenindustrie, an Nürnberg, an Genf, an Neuchâtel, an La-Chaux-de-Fonds; hier lebten im vorigen Jahrhundert die beiden Droz, Vater und Sohn, die ganz unglaubliche Kunstwerke schufen: Kinder, die nachschrieben, was man diktierte, Mädchen, die zeichneten oder Klavier spielten und dann aufstanden und sich verneigten, Kanarienvögel, die schlugen, ganze Landschaften mit allem Zubehör, Hirten, Herden und Hirtinnen, vollständige Schäfereien mit Schäferhunden, die bellten, und Schäferstündchen, die unterbrochen wurden, Esel, die, mit Säcken beladen, zur Mühle gingen, mit einem Worte, eine komplette lebendige Welt. In Klöstern, zum Beispiel in dem alten Franziskanerkloster bei Kufstein, sieht man oft biblische Szenen, Krippen und dergleichen von fleissigen Mönchen mühsam zusammengesetzt und durch einen Mechanismus in Bewegung gesetzt, daher sich der Leser nicht allzusehr verwundern möge. Und was sind schliesslich diese komplizierten Werke mehr als die atmenden, gestikulierenden, schnupfenden, redenden, täuschenden Androiden, die man in den Wachsfigurenkabinetten, ja, in den Schaufenstern täglich sieht? — Von der beweglichen Porzellanfigur, der Pagode, die einmal in alten Zeiten unter dem Titel: *Das Orakel aus China* auf der Leipziger Messe gezeigt ward, bis zu dem redenden Kopfe des Albertus Magnus ist nur ein Schritt.

Desgleichen ist von einem einfachen Automaten nur ein Schritt bis zu einem Marionettenspiel und einer Gliederpuppe, die von Menschenhand regiert, der Menschenstimme geliehen wird. Ich entsinne mich noch als Kind in meiner Heimat von Fahrenden das Puppenspiel des *Doctor Faust* gesehen zu haben, das übrigens bis auf den heutigen Tag nicht ausgestorben ist. Ob die Bewegungen unmittelbar durch verborgene Personen mit Drähten und Schnüren hervorgebracht und geleitet, ob sie durch verborgene Kräfte, Federn und Gewichte ausgelöst werden, die doch auch nicht von selbst gehen, sondern aufgezogen werden müssen, wie bei einer Uhr — kommt im Grunde auf eins hinaus. Der österreichische Mechaniker Wolfgang von Kempelen erfand A. D. 1769 einen Türken, der an einem Tische sass und

Fiedelumpump! Fisifiligunkes, Spirigunkes, Spirifankel, Fisibutz! — Moderne Barden, ein herabgekommenes Ehepaar, in der Bretagne zum Tanz aufspielend. Der vierschrötige, blinde Stelzfuss bearbeitet seine Fiedel, dass sie schnarzt; seine Ehehälfte schlägt mit dem Fusse den Takt dazu und klappert mit Kastagnetten. Wunderbar heben sich die groben Schuhe und die Strumpfwülste von den dürren Beinen des liederlichen Weibes ab, das bessere Tage gesehen hat. An der Seite hat sie einen Kochtopf, er an der linken einen Brotkorb, an der rechten eine Branntweinflasche, an der Leine seinen einzigen Freund, den treuen Hund. Aus dem Leben gegriffen. Nach einem Stiche des 17. Jahrhunderts.

(gut) Schach spielte und mit dem jeder spielen konnte — es war nur eine Puppe, den Arm des Türken leitete ein wirklicher Schachspieler, ein kleiner Kerl, der sich hinter dem, zum Schein eingesetzten, Räderwerk verbarg und auf einem Stuhle hinter dem Spieltische stand. Dieser Mensch war mitsamt seinem Gehirn und seiner Meisterschaft nur ein Kraftmittel in der Kempelenschen Schachmaschine, dessen sich der Erfinder bediente, weil es jeden Androiden unendlich übertraf. Ich weiss wohl, dass man das einen Betrug nennen kann; aber ist es ein anderer Betrug als der, die Arbeitskraft einer Maschine oder eines Tiers einmal durch einen Menschen zu ersetzen? — Die Kultur hat allerdings eine entgegengesetzte Tendenz: im ganzen und grossen haben Maschinen Menschen und Tieren die Arbeit abgenommen, wir lassen unsere Mühlen durch Wasser, Wind und Dampf, nicht mehr durch Sklaven treiben und schiessen nicht mehr mit Falken, sondern mit Kanonen. Gelegentlich und aus Not fallen auch wir in das alte System zurück, und ausserdem müssen wir bedenken, dass kein mechanisches Werk für sich allein arbeitet, sondern jede Maschine wieder durch Menschen zu bedienen ist, so dass man wie in dem auf Seite 273 erwähnten Falle, kaum sagen kann, ob der Mensch als Arbeiter bei diesem Fortschritt etwas gewonnen hat. Herr von Kempelen hätte ja seinen Schachspieler offen hinsetzen und spielen lassen können — er zog es nur vor, ihm den Türken wie eine Maske vorzuhalten, weil das fremdartiger aussah. So tritt auch der Schauspieler im Marionettentheater nicht in seiner eigenen Gestalt auf, sondern schiebt seine Puppe wie eine bessere Hälfte vor sich her. Das Merkwürdige ist eigentlich das: dass sich ein Mensch von dem Unternehmer selbst wie eine Puppe gebrauchen lässt. Da sich ein solcher Mensch findet, so fügt ihn der Unternehmer wie einen Maschinenteil ein. Was Wunder? — Darauf beruht doch der Betrieb der ganzen Staatsmaschine. *De te fabula narratur.*

e. Abgerichtete Tiere. Missgeburten. Bettler.

Die besten Automaten — fremde Tiere, kämpfende Tiere, abgerichtete Tiere — Rückblick auf die Schaubuden und Volksbelustigungen — die ersten Tiere, die abgerichtet wurden, von Bären und Affen abgesehen, Pferde und Hunde — auch eine Zauberei — wie wilde und seltsame Tiere wurden dem Publikum auch Missgeburten gezeigt — spielen eine grosse Rolle in der Phantasie des Mittelalters, Wahres und Falsches, überzählige Finger und Zehen — die Kinder werden sehen gelassen, die Erwachsenen lassen sich selber sehen — Wilde Männer, Waldweibchen, Riesen, Feuerfresser — die Krüppel gehen betteln — Organisation der Bettlerzunft, ihr König, ihre Sprache, die Gaunersprache, das Argot — der Hof der Wunder — Verdienstlichkeit der Armut, Ehrenhaftigkeit der Bettelei — evangelische Grundsätze — das Almosen — verschiedene Klassen von Bettlern, sesshafte und fahrende.

Die besten Automaten waren die Tiere, die ebenfalls das Interesse des Publikums erregten, sei es, dass sie fremd, sei es, dass sie kampflustig, sei es, dass sie abgerichtet waren. Die Fahrenden konnten also Papageien, Affen, Schlangen und wilde Tiere auf die Messe bringen, wo sie nun auch das Volk sah, vielleicht sogar kaufte, nachdem sie früher Eigentum der Könige gewesen waren — wir beziehen uns hier auf die oben (Seite 284 ff.) beigebrachten Daten zurück. Wir erinnern uns daran, wie das erste Rhinoceros A. D. 1513 ein König von Portugal erhielt und Dürer zeichnete (289): A. D. 1747 wurde ein Rhinoceros in Leipzig ausgestellt und von Gellert verewigt — oder aber sie konnten Hahnenkämpfe veranstalten, Hunde und Ziegenböcke mit Pferden kämpfen und Meerkatzen auf Bären reiten lassen, wobei wir uns abermals auf die Spiele, Schaubuden und Volksbelustigungen und die dort abgebildeten Szenen zurückbeziehen — oder endlich sie konnten Tanzbären, Affen und Murmeltiere führen und die Wunder der Dressur zeigen. In erster Linie wurden Pferde und Hunde abgerichtet, nicht ohne dass ein blödes Mittelalter auch diese Produktionen als teuflisches Werk betrachtet und die Reitkunst gefährliche Folgen gehabt hätte: in Italien starb der Besitzer eines dressierten Pferdes samt dem armen Tiere auf dem Scheiterhaufen. In Leipzig erschienen abgerichtete Pferde und Hunde in den Jahren 1691 und 1704. Unzweifelhaft sind die Zirkusvorstellungen unmittelbar auf derartige Produktionen zurückzuführen, wie die Zoologischen Gärten auf die Menagerien (294). Selbst die ethnographischen Vorführungen der Neuzeit, die Singhalesenkarawanen, die Samojeden, die Indianer, die Nubier, die Amazonen aus Dahomé knüpfen an die Messschaubuden an, einzelne Fremdlinge sind darin von jeher für Geld zu sehen gewesen.

Beschuhte Karmeliterin, auf die Tau-förmige, ein Antoniuskreuz bildende Krücke (französisch: *Potence*) gestützt, das Körbchen am Arm, die linke Hand aufmachend, beim Terminieren. Durch das Skapulier und das Weihel auf dem Kopfe charakterisiert. Vielleicht auch eine Beghine oder ein anderes Seelenweib. Aus Sebastin Münsters *Cosmographia* (Basel 1544).

Nebenher gingen die Missgeburten, die unglücklichen Geschöpfe, die Kinder mit Tierköpfen, die einfachen und doppelten *Monstra,* mit denen eigentlich (der Etymologie nach) die Gottheit den Menschen etwas zeigen oder *[de]monstrieren* und ein Exempel geben wollte, die aber auch gut zum Zeigen waren und Geld einbrachten — sie spielen eine grosse Rolle in der Phantasie des Mittelalters, sie werden von den Chronisten abgebildet und beschrieben, sind aber vielfach blosse Phantasiegespinste und ein offenbarer Betrug gewesen. A. D. 1688 sah man auf der Leipziger Messe einen Knaben mit einer Fischhaut, wahrscheinlich einen Fischschuppenkranken, dessen italienische Mutter sich während ihrer Schwangerschaft an der Meeresküste versehen hatte — in Paris wurde er von einem Marktschreier für die unkeusche Frucht eines Karpfens ausgegeben. Die Siamesischen Zwillinge, die in unserem Jahrhundert nach Europa kamen, waren durch einen Strang oberhalb des Nabels miteinander verwachsen; im Jahre 1706 besuchten die Leipziger Messe Zwillinge, zwei Mädchen, die am Rücken zusammengewachsen waren. 1630 zeigte man ebendaselbst einen Säugling mit einem Affenpinscherkopf, mit feinen, seidenhaarigen Haaren vollständig bedeckt: er stammte aus einer Familie von Haarmenschen oder Hundemenschen, wie es viele giebt. Lämmer mit sieben Füssen, Kälber mit zwei Köpfen, Kühe mit sechs Beinen und ähnliche *Monstra per excessum* (Leipzig 1710, 1712, 1717) fehlten nicht; in der Guienne erwähnt ein Chronist im Jahre 1122 ein Janusweib mit zwei Köpfen, aber nur einem Leibe, das sehr hübsch gesungen habe. Recht häufig waren und sind noch die Missgeburten mit überzähligen Gebilden, zum Beispiel Hände mit sechs Fingern und Füsse mit sechs Zehen — der Name Bilfinger beruht auf dieser Missbildung *[Menschen- und Völkernamen 159]*. Karl VIII. von Frankreich war ein Sechsfinger, der Herzog von Schlesien und Polen Heinrich II. ein Sechszeher: als er (9. April 1241) in der Schlacht bei Wahlstadt an der Katzbach gefallen war und seine Gemahlin, die heilige Hedwig von Meran, seinen Leichnam suchte, erkannte sie ihn an den sechs Zehen. Die berühmte bergamasker Familie der Colleoni dagegen war dreihodig, hiess darnach und führte die drei Keimdrüsen in ihrem Wappen.

Die ärmeren unter diesen unglücklichen Geschöpfen wurden als Kinder wie wilde, seltne Tiere für Geld gezeigt, oft von ihren eignen Eltern; erwachsen, liessen sie sich selbst auf der Messe sehn. Sie trafen hier mit vielen wilden Männern und andern fragwürdigen Individuen zusammen, die ihnen Konkurrenz machten. Wilde Männer und wilde Frauen *(Dames vertes)* sind Waldmenschen, Holzleute, Moosweibchen, halbtierische, halbgöttliche, behaarte Wesen nach Art des alten Pans auf Seite 451. Jedermann kennt die beiden Wilden Männer, welche auf dem preussischen Wappen als Schildhalter fungieren. Man kennt sie auch von den Riesengebirgswaren her, wo sie in Baumrinde und grünes Moos gekleidet und mit grünen Mossbärten versehen sind. Endlich hat vielleicht auch jeder schon einmal in einem *Wilden Mann*, zu Wien oder Luzern, gewohnt. Nun, dergleichen wilde, beziehentlich verwilderte Individuen, deren Haar wuchs wie Adlerfedern und deren

Nägel wie Vogelklauen wurden, mag es in jenen finstern Zeiten wohl gegeben haben, und sie können gelegentlich auch auf die Messen gekommen sein; aber häufig spielten auch zivilisierte fahrende Leute

Callotsche Figur, *Figura del Callotta*: italienischer Bettler, hinter einer Ruine hockend, in Nöten, auf einen Gaunerstreich sinnend. Prächtiger, kecker alter Kerl, dem der Schelm und der leibhafte Hunger aus den Augen sieht. Er hat vielleicht wie der Erzvater Jakob einen Stein zum Kopfkissen gehabt, und die Stelle thut ihm noch weh. Nach einem Blatte aus der berühmten Sammlung, die Callot (A. D. 1631) unter dem Titel: *Capitano de' Baroni* herausgab und bei welcher er die Radiernadel mit dem Grabstichel verband. Unter den *Baroni* sind Lotterbuben und Landstreicher, sogenannte *Baroni cornuti* oder *Baroni con l'effe* zu verstehen.

die Rolle von Wilden Männern, um Aufsehen zu erregen und den Dummen das Geld aus der Tasche zu ziehen. Es fanden sich viele Betrüger, die brüllten und blökten wie das liebe Vieh und sich gebärdeten wie Nebukadnezar, als er den Verstand verlor. Warum hätten sie, da das Schaufressen schon damals Mode war, nicht auch Gras fressen sollen? — Wie gesagt, von solchen Schwindlern ist in den Chroniken oft die Rede, in Leipzig und anderwärts — ein Holzweibchen trieb sich zur Zeit des Dreissigjährigen Krieges auch bei Freiberg herum und weissagte. Wenn die Wilden Geld haben wollten, so lag eigentlich schon darin, dass sie gar keine Wilden waren.

Wir nähern uns unmerklich der Bettelei, bei welcher nicht auf die Neugierde, sondern auf das Mitleid des Publikums spekuliert und kein Eintrittspreis, sondern eine freiwillige Gabe erhoben wird, obgleich beides hart aneinander grenzt. Natürliche Gebrechen, wie Blindheit oder Lähme, erworbene Leibesfehler, wie das Fehlen eines Beines oder Armes, Krankheiten, epileptische Krämpfe oder andere Unkräfte, Nervenaffektionen, wie sie im Mittelalter (vergleiche Seite 317) häufiger gewesen zu sein scheinen als jetzt und durch die Hexenprozesse und Ketzergerichte mittelbar hervorgerufen worden sein mögen, waren keine Merkwürdigkeiten mehr, die zogen, dennoch ebenfalls ein Kapital, mit dem sich Geld verdienen liess: sie eigneten sich zu kläglichen Schaustellungen der Armut und des Elends und einem Appell an jene christliche Tugend, die *Caritas* genannt wird. Es galt ja als verdienstlich, Almosen, das heisst wörtlich: die Barmherzigkeit (*Ἐλεημοσύνη*) zu geben, weil Christus die Barmherzigen selig gepriesen hatte — als gut, sich des weltlichen Besitztums zu entäussern und arm zu sein, weil nach der berühmten Parabel vom grossen Abendmahl im 14. Kapitel des Lukas-Evangeliums nicht die reichen Leute, sondern die Armen, die Krüppel, die Lahmen, die Blinden in den Himmel kamen, und nach der folgenden Parabel vom Reichen Manne und Lazarus im 16. Kapitel desselben Evangeliums der Reichtum zur Hölle, die Armut zu Abrahams Schooss qualifizierte — und als ehrenhaft, zu betteln, sintemal die Kirche selbst (im 13. Jahrhundert) Bettelorden stiftete. Infolgedessen standen denn nun auch die Armen, zumal die Ärmsten unter den Armen: die Krüppel und die Invaliden, die Lahmen und die Blinden massenhaft an den Kirchthüren und Wallfahrtsorten, auf den Brücken, auf den Strassen, an andern belebten Punkten und streckten die Hand aus oder hielten ihr Schälchen hin. Diese sesshaften Bettler hinterliessen ihre Plätze wie ein Erbe und gaben sie ihren Töchtern als Mitgift mit; daneben lebten aber auch fahrende Bettler, die von Haus zu Haus und von Ortschaft zu Ortschaft zogen, die Spaziergänger und die Reisenden ansprachen, die Wagen der Hochzeitsgäste belagerten und vor den Gasthöfen herumlungerten. Wer einmal in seinem Leben von Neapel nach Pozzuoli gefahren ist, als noch kein Dampftramway bestand, weiss etwas von ihnen zu erzählen. Das Betteln war am Ende ein Geschäft wie ein anderes, es ist heute noch ein Geschäft — und deshalb bemächtigte sich desselben der Betrug genau so wie bei den vorigen Schaustellungen. Da, wie gesagt, die Krüppel und die Blinden, überhaupt die Kranken oder mit einem Leibesschaden Behafteten unter allen Elenden die Elendesten sind und auf ein Almosen den gerechtesten Anspruch haben, so verfielen viele Bettler darauf, nicht nur alle möglichen Unglücksgeschichten zu ersinnen und zu erzählen, sondern auch ein spezielles körperliches Leiden zu simulieren, durch scharfe Säfte und Salben, durch Schöllkraut, Brennkraut und Feuerkraut, Hahnenfuss und Froschpfeffer Wunden offen zu halten, künstliche Ausschläge, ekelerregende Geschwüre zu erzeugen, ja, sogar kranke Kinder eigens zum Behuf der Bettelei zu mieten. Solche Heuchler nannte man in Paris: Freibürger *(Francs-Bourgeois)*. Rechnet man hinzu, dass die Bettler gelegentlich gern stahlen, oft genug wie die *Zoddelbrüder* und *Drucklashennen* nur Gelegenheit zum Stehlen suchten: so begreift man, dass *Bettler* und *Gauner* nahezu gleichbedeutend ward und die Sprache der Bettlerzunft, das in Frankreich sogenannte *Argot* dem deutschen *Rotwelsch,* dem mit Judendeutsch und Zigeunerausdrücken versetzten deutschen Gauner- und Diebsidiom entspricht.

Betender Eremit, den Rosenkranz in der Hand, mit einem grossen Krückstocke, der sein hohes Alter anzeigt; ausserdem durch seinen langen Bart, das angeknöpfte Schurzfell und die Kappe mit der Kapuze charakterisiert. Nach einem Holzschnitt in Sebastian Münsters *Cosmographia* (Basel 1544).

Am Anfang des 17. Jahrhunderts wurden in Paris die alten Bettler- und Faulenzerstrassen, *de la Truanderie, des Francs-Bourgeois* geräumt und neu gebaut; damals zogen sich die Halunken, mehr als fünfhundert Familien verstellter Krüppel, Einäugige, Lahme, Blinde, Sterbende in den Franzenshof hinter dem Kloster der Hospitalschwestern oder Gottestöchter auf der Rue Saint-Denis zurück. Die Regierung wollte sie hier nicht dulden, die armen Leute nach Bicêtre verbringen, sie eines schönen Tages plötzlich aufheben lassen. Siehe da, ein Wunder! — Die Spitzbuben, sei es nun, dass man sie überrascht hatte, sei es, dass sie nicht weg wollten, waren auf einmal alle ganz und heil: die Blinden sahen, die Tauben hörten, die Lahmen gingen, die Sterbenden waren aufgestanden, die Gebresten wie weggeblasen, es war nicht anders, als ob der Heiland eines seiner Wunder gethan hätte. Seitdem wurde dieser Hof auch wirklich der Wunderhof genannt *(la Cour des Miracles)*.

Fahrender, einen Kielkropf oder Wechselbalg ausklingelnd und sehen lassend, vergleiche Seite 287, Unterschrift. Man wollte wissen, dass der Teufel solche Missgeburten unterschiebe und an Stelle der rechten Kinder lege; aber wo hatte er sie denn her? — Offenbar waren sie die Frucht des geschlechtlichen Umgangs der Hexen mit dem Teufel, überhaupt der *Sodomiaratione Generis* (546), wie sie mit Affen, Eseln, Ziegenböcken, Hunden, Vögeln und anderem Vieh von den sogenannten Geissminnern und Viehunreinern getrieben wurde. So dachte man sich schon im Altertum die Entstehung der Centauren und der Satyrn. Solche Missgeburten hätte man auf den Gerichten bei den Hexenprozessen als besonders gravierend gern gehabt, wenn sie nur aufzutreiben gewesen wären; die Abbildungen haben immer nur der Phantasie angehört. Nach einer Handschrift des 12. Jahrhunderts auf der Königlichen Bibliothek zu Brüssel.

Man nannte ihn auch scherzweise *den Hof des Königs BitteBitte, la Cour du Roi Pétaud* (lateinisch *Peto*). Die Pariser Bettler, die wie alles im Mittelalter zunftmässig organisiert waren und wirklich unter einem Oberhaupte standen, hatten selbst für ihren König den Titel *Koësre*, der angeblich aus der Zigeunersprache stammt und aus dem Namen Cyrus (*Χοσρόης*) entstanden, vielleicht auch mit *Kaiser* identisch ist.

Zu gegenüberstehendem Bilde: in der Mitte die Cité-insel mit der Kathedrale und der heiligen Kapelle (461); rechts davon die Insel des heiligen Ludwig (459). Von ihr führt die Wechselbrücke zu der Stadt auf dem rechten Seineufer (427) und die kleine Brücke zu der Stadt auf dem linken Seineufer. Die alte Ringmauer steht noch; fast alle Brücken sind deshalb mit Häusern besetzt, weil kein Platz ist. Man erkennt das Grand Châtelet (463), rechts oben den Tempel (419) und die Bastille (545). Ausserhalb der Stadt, im Norden der Montmartre. Nach dem Kupferstiche Leonhard Galters, eines Deutschen, der A. D. 1560 zu Mainz geboren ward und sich in Paris niederliess, daher von den Franzosen unter dem Namen *Léonard Gaultier* als einer ihrer frühesten Stecher angesprochen wird. Für den ältesten Stecher Frankreichs gilt Noël Garnier, ein Zeitgenosse Dürers, aus dem Anfange des 16. Jahrhunderts. Die Kupferstechkunst, für deren goldenes Zeitalter das 17. Jahrhundert gilt, ist in Deutschland (um 1446) erfunden, hierauf zunächst in Italien geübt worden. Vasari macht irrtümlich Maso Finiguerra zum Erfinder der Kupferstecherei: derselbe habe eben eine Nielloplatte von Silber mit Öl und Lampenruss eingerieben und mit einem Papierbogen bedeckt, als eine Waschfrau gekommen sei und zufällig ihre feuchte Wäsche daraufgeworfen habe, worauf Finiguerra zu seinem grossen Erstaunen sein Werk auf dem Papier abgedruckt gefunden habe. Die noch vorhandene Platte trägt die Jahreszahl 1450.

Perspektivisches Bild der Stadt Paris im Jahre 1607. (Siehe vorherg. Seite.)

Druck von Fischer & Wittig, Leipzig. Verlag von Heinrich Schmidt & Carl Günther, Leipzig.

Italienische Zigeuner mit ihrem Tross in einem Gehöft einbrechend,

wo die Pest herrscht, um die wehrlosen Einwohner zu plündern; sie schleppen fort was sie können, Sägen, Wagenräder, Ketten, altes Eisen, Kleider, Geflügel, Karnickel, Dachhasen und Scheuerhasen; unten wird gegessen und parlamentiert, beziehentlich dem Gesindel eins auf den Pelz gegeben. Ein hübsches junges Mädchen lenkt das Pferd. Nach einem Kupferstiche Callots, der sich als Knabe einer Zigeunerbande anschloss. 17. Jahrhundert. Pariser Nationalbibliothek.

Druck von Fischer & Wittig, Leipzig. Verlag von Heinrich Schmidt & Carl Günther, Leipzig.

Karl der Einfältige, König von Frankreich,

als Diener Gottes, vielleicht weil er die Normannen in seinen Dienst zog und den Seekönig Rollo fürs Christentum gewann, auf einen Löwen tretend (was sonst nur Bischöfe auf ihren Grabmälern zu thun pflegen, *conculcantes leonem et draconem*, Psalm XC, 13). Am Gürtel hat er die *Aumonière*, ein Täschchen, das im Mittelalter unsere Hosen- und Rocktaschen vertrat. Auch *Escarcelle* genannt. Nach einer Miniatur in einer Handschrift des *Recueil des Rois de France* von Dutillet (Tilius), Paris 1589. Pariser Nationalbibliothek.

Hochzeiten und Feste.

Die Krönung der deutschen Kaiser und Könige.

a. Grossartigkeit des Mittelalters. Das Schlaraffenland eine Wahrheit.

Hohe Zeit: Festzeit, Hochzeiten: hohe Feste — was wir jetzt unter Hochzeit verstehen, hiess im Mittelalter: Brautlauf — kirchliche und weltliche, ordentliche und ausserordentliche Hochzeiten — zu den letzteren gehörten die Krönungsfeste — die Kaiserkrönung Ferdinands I. zu Frankfurt am Main — drei- und vierfache Krönung der deutschen Könige, ihre verschiedenen Kronen, die verschiedenen Krönungsstädte: Aachen, Monza, Rom, Arles — die Verlegung der Krönungen nach Frankfurt — der Römer — schlaraffenmässige Veranstaltungen auf dem Römerberge: der grosse Haferhaufen, des Kaisers Rinderbraten, der Weinspringbrunnen, das Ausstreuen von Geld — schreiben sich von den Fruchtverteilungen der alten römischen Kaiser her, werden in der Neuzeit gelegentlich wieder aufgefrischt — ähnliche Spenden des Mittelalters, der französische und englische Adel — die Kaiser machen gleichsam Cuccagna — das Schlaraffenland und das Spiel — Kletterbäume in Karlsruhe — die deutschen Kaiser Nachfolger der römischen Cäsaren, der Doppeladler ein Sinnbild des Ost- und Weströmischen Reichs — letzte Frankfurter Krönung, das Kaisertum Österreich.

In alten Mären wird uns von traurigen, entsetzlichen Dingen, grosser Arebeit, löblichen Helden und ihrem furchtbaren Schicksal; aber auch von Freuden und Hochzeiten wunders viel gesagt. Auch die heitere Seite des Lebens, die Fröhlichkeit der hohen Feste und Feiertage kommt zu ihrem Rechte. Das bedeutet eigentlich das alte deutsche Wort Hochzeit oder Hochgezeit: die hohe Gezeit ist nicht mehr und nicht weniger als eine Festzeit. Ein geistliches oder ein weltliches Fest, der Glanz, die Pracht, die Herrlichkeit eines solchen, gleichviel was für eines — erst allmählich hat das Volk den allgemeinen Begriff der Hochzeit eingeschränkt. Wir verstehen unter einer Hochzeit dasjenige Freudenfest, das bei einer Vermählung gefeiert wird; die Feier, die bei den germanischen Stämmen ursprünglich der Brautlauf oder die Brautlauft (mit schwankendem Geschlecht) genannt ward. Hochzeit machen wurde im Mittelhochdeutschen mit *brûtlouften* ausgedrückt, weil der Bräutigam nach alter Sitte mit der Braut um die

Wette laufen — weil er wie Gunther mit Brünhild mit ihr kämpfen — immer noch besser: weil er mit den Brüdern und Verwandten der Braut, denen er sie raubte, um die Braut kämpfen musste. Daher heisst die Hochzeit noch heute in den Niederlanden: *Bruiloft,* in Norwegen und Dänemark: *Bryllup,* in Schweden: *Bröllop,* wie sie einst bei uns: *Brûtlouf* oder *Brûtlouft* hiess — ein schönes, malerisches, ungleich interessanteres Wort als das Wort Hochzeit, das nichts Charakteristisches enthält. Hochzeiten in unserem Sinne kommen im Nibelungenliede vor, drei für eine: Gunther, Siegfried und Etzel verheiraten sich ja, Brünhild und Kriemhild hochzeiten; aber wenn in der ersten Strophe von *Fröuden und Hôchgezîten* die Rede ist, im zwölften Abenteuer Gunther Siegfrieden *zuo der Hôhzît* bittet, so hat man darunter nur Festlichkeiten ganz im allgemeinen, im Gegensatze zu den erschütternden Ereignissen zu verstehen, deren die Sage voll ist.

Herold, die Person, deren Amt es ist, das Hofzeremoniell wahrzunehmen, alle öffentlichen Feierlichkeiten zu leiten, besonders die Turnierordnung aufrechtzuerhalten und über die Turnierfähigkeit der Ritter, über deren Namen und Wappen Buch geführt wird, zu entscheiden: der Zeremonienmeister des Mittelalters. Im Krieg auch als Botschafter gebraucht; der Herold muss eine starke Stimme haben und laut schreien können. Seine Uniform besteht in Strumpfhosen, Ärmeltunika und Scheckenrock, der nach französischer Mode tief unten über den Hüften gegürtet und dessen unterer Saum gelappt ist; um den Hals hat er einen Koller, der unten ebenfalls, aber nach einem anderen Muster (*à la grecque*) gelappt ist (Zaddeltracht). In der Hand hat er den Heroldsstab, französisch: *la Masse.* 14. Jahrhundert. Nach einer Miniatur in der Chronik von Saint-Denis, Pariser Nationalbibliothek.

Luther hat das nichtssagende Wort *Hochzeit* in der Bibel eingeführt, er übersetzt die *Nuptiae factae in Cana Galilaeae* mit der *Hochzeit zu Kana.* Übrigens braucht er das alte *Brautlauf* noch: *wie die Wolfe thun, wenn sie Hochzeit und Brautlauf haben.* In Italien hängt *Nozze,* in Frankreich *Noces* augenscheinlich mit dem lateinischen *Nuptiae* zusammen. In beiden Ländern nimmt das Wort umgekehrt die allgemeine Bedeutung eines Freudenfestes an *(faire la Noce, tenere alcuno in Nozze).* So sagte man, wie wir vorhin erfuhren, im Mittelalter *fahren* für *gehen;* und wir sagen *gehen* für *fahren* (ein Zug geht ab).

Hochzeiten waren also im Mittelalter hohe Feste, Weihnachten, Ostern, Pfingsten, Allerheiligen; in erster Linie die heiligen Zeiten des alten Heidentums, die Sonnewenden und die Tag- und Nachtgleichen, an denen geopfert ward, an denen auf die Berge gezogen ward, an denen es hoch herging. Aber auch jedes ausserordentliche, bei besonderen Gelegenheiten gegebene Fest, jedwedes fürstliche Bankett, jede Messe, jeden Ball und jedes Turnier nannte man eine Hochzeit. Und unter diesen ausserordentlichen Hochzeiten, die kein bestimmtes Datum hatten, sondern fielen, wie es der Himmel schickte, war keine höhere als die deutsche Königs- und Kaiserkrönung, die Hochzeit, wo ein Kaiser Deutschland wie eine verlassene Braut heimführte, die in Frankfurt am Main gefeiert ward und für die Frankfurter nicht bloss eine sehenswerte politisch-religiöse Feierlichkeit, sondern auch ein Volksfest im grossen Stile mit sich brachte.

Vor mir liegt ein Bericht eines Superintendenten aus Dresden, des Doktor Daniel Greser, der im März des Jahres 1558 der Kaiserkrönung Ferdinands I. in der berühmten Reichsstadt beiwohnte. *Da sah ich,* schreibt der hochwürdige Herr, *die sieben Kurfürsten zur Wahl in die Bartholomäuskirche reiten, in ihren rothen Röcken und Hüten, mit weissem Hermelin gefüttert. Es war eine solche Menge Volkes und ein solcher Gedrang, dass nicht Wunder wäre gewesen, wenn gleich Viele wären erdrücket worden. Sonderlich war ein grosser Zulauf des Volkes, weil Einer auf einem Pferde vorherritte, der goldene und silberne Münzen unter das Volk ausstreuete. Noch hatte man einen Brunnen auf dem Markte, wo man in der Messe die holländischen Käse feilhält, dem Römer gegenüber, angerichtet, mit Röhren, daraus rother und weisser Wein sprang, den der gemeine Mann in Töpflein auffung und trank oder heimtrug. Nicht weit vom Brunnen war eine Küche aufgeschlagen, darinnen man einen ganzen Ochsen braten that an einem dicken und langen Spiesse, welcher an beiden Seiten Räder hatte, die weiss und roth, in österreichischen Farben, gemalet waren.* Hochwürden drücken sich etwas inkorrekt aus: Rot-Weiss waren Frankfurter Farben, die Reichsstadt führte den weissen Adler im roten Felde; allenfalls auch die Farben des böhmischen Wappens, das Ferdinand mit dem österreichischen vereinigt hatte (dieselben schon im Jahre 1560, nach dem Zeugnis des kaiserlichen Herolds Francolin: Gelb-Schwarz-Weiss). *Dabei sassen Männer, die den Ochsen umdreheten. Der Ochse war gefüllet mit allerhand Gethiericht, als Hühnern, Gänsen, Enten, Hasen, Lämmerlein und Schweinlein, die alle mit den Köpfen herausguckten, dass man sehen konnte, was es vor Thierlein waren, die mit dem Ochsen braten sollten. Als der nun gar geworden, zerschnitten und vertheilten sie das Gebratene unter das Volk, darob überall grossen Fressens und männiglich Fröhlichkeit war.*

Der Dresdner Geistliche erwähnt nichts von dem Hafer, der beim Krönungsfeste vor dem Römer aufgeschüttet zu werden pflegte und der so notwendig wie der Wein und der fette Ochse war; sonst klingt alles so wie bei Goethe, der zwei Jahrhunderte später, am 3. April 1764, die Krönung Josephs II. in Frankfurt miterlebte und dieselbe unter seinen Jugenderinnerungen beschreibt. Diese Volksbelustigungen sind typisch, sie wiederholten sich bei jeder Kaiserkrönung, in Italien (281) und Deutschland und waren vermutlich bereits am 5. Januar 1531 in Aachen veranstaltet worden, als unser Ferdinand daselbst die deutsche Königskrone aufgesetzt hatte; ja, schon bei den Thronbesteigungen der alten römischen Kaiser üblich. Schon diese pflegten bei solchen Anlässen Lebensmittel und (unter die Soldaten) Geld auszuteilen: die Naturallieferungen hiessen *Congiaria* und bestanden in Korn, Wein, Öl, Salz und andern guten Dingen, einer Mass, einem Congius voll pro Mann. In Frankfurt hatte die Spende mehr den Charakter einer offenen Tafel, an der jedermann zulangen konnte, nachdem der Kaiser gegessen hatte, und wo nicht jedem sein Teil richtig zugemessen, sondern die Masse der Masse überlassen und etwas unsystematisch preisgegeben ward — das sah poetischer und grossartiger aus, aber der Einzelne kam schlecht weg, ganz abgesehen davon, dass

Die Salbung Karls des Grossen zum Könige der Franken in der Kirche des heiligen Dionysius durch den Papst Stephan III. am 28. Juli 754. Karl der Grosse war damals zwölf Jahre alt; zugleich wurde sein Bruder Karlmann und sein Vater Pippin (zum zweitenmal) gesalbt. Die Zeremonie ist im Stile des 14. Jahrhunderts aufgefasst: der junge König sitzt, gekrönt, mit dem französischen Krönungsmantel bekleidet, in der linken Hand das Scepter, von den geistlichen Pairs umgeben, auf dem Thron und schwört, den katholischen Glauben und die kirchlichen Privilegien vertheidigen zu wollen: der Erzbischof von Reims Turpin spricht ihm die Eidesformel vor. Die Pairs, Erzbischöfe, Bischöfe und Äbte haben der Reihe nach heranzutreten, die Krone mit beiden Händen in die Höhe zu heben und einen Augenblick zu halten. Es ist charakteristisch, dass man nur geistliche Pairs, Krummstäbe und Kreuze sieht: die Kirche, durch die Karl zum Grossen geworden ist, der er seinen Ruhm allein verdankt, beherrscht ihn ganz und gar. Nach einem Vierpass in der Chronik von Saint-Denis. Handschrift des 14. Jahrhunderts, Pariser Nationalbibliothek.

ein einziger Ochse für das Volk nicht viel sagen will. Es war weniger zum Sattessen als zum Jux, die Hauptsache, dass man etwas von des Kaisers Tisch erwischte. Das Mittelalter bedeutet ja in Kultur und Gesittung nicht etwa einen Fortschritt. Der Zubereitung nach erinnert der fette Ochse, der in einer grossen Bretterhütte an einem ungeheuren Spiesse steckte und mit Hilfe des Bratrades über Kohlenfeuer gewendet ward, an den *Porcus Trojanus* der alten Römer, ein ebenfalls ganz gebratenes und mit „allerhand Gethiericht“ vollgestopftes Schwein. Ein ganzer Ochse ist unlängst wieder in München bei der Centenarfeier gebraten worden.

Der Weinspringbrunnen mit den grossen Kufen rechts und links, in welche der kaiserliche Doppeladler aus seinen zwei Schnäbeln hüben Weisswein und drüben Rotwein ausgoss, trug besonders dazu bei, die Fabel von einem Schlaraffenland auf Zeit zu verwirklichen; in Nürnberg floss den Gänsen Wasser aus den Schnäbeln, in Frankfurt den Adlern Wein. Anderemale mussten die Löwen einmal statt Wasser: Rotspohn speien. Als sich Rienzi am 1. August 1347 im Lateran zum Ritter schlagen und der Tribun die Stadt Rom bewirten liess, kam der Wein dem Rosse des Marc Aurel, dem sogenannten *Caballus Constantini* zu den Nüstern herausgeschossen *(Rom in Wort und Bild 143)*. Auch diese Phantasie hat man in unserer Zeit wiederum aufgefrischt: als die Stadt Bernkastel am 27. Juli 1891 ihr Jubiläum feierte, stellte der Magistrat das Wasser im Brunnen ab und leitete ein Fuder Moselwein hinein, wo nun männiglich Bernkasteler Doktor schöpfen und trinken konnte. Das Schlaraffenland heisst auf italienisch: *la Cuccagna,* zugleich bezeichnet man damit eine Kletterstange. Einen sogenannten Cuccagnabaum *(Albero di Cuccagna)* oder Cuccagnamast *(Mât de Cocagne)*, der glatt und schlüpfrig, aber oben mit Hühnern, Würsten, Schinken und allen möglichen guten Sachen behangen ist. Das Schlaraffenland steckt auf der Spitze des Baums und erfüllt die Herzen mit Sehnsucht; es will heruntergeholt sein. Vergleiche Seite 178 ff. Das Spiel ist auch bei uns, auf Kirmsen und Jahrmärkten, keineswegs unerhört; der Maibaum nicht selten ein Kletterbaum. Bei

---

Zu gegenüberstehendem Bilde: Ersteres ist eine Art seidenes purpurnes Hemd mit langen Ärmeln, vorn geschlossen, am Hals mit einer Zugschnur versehen; hier, desgleichen an den Ärmeln und Manschetten mit Gold und Perlen gestickt, namentlich aber unten mit einer reichen doppelten Borte von Goldstickerei und Emailverzierungen besetzt. Die Sandalen sind bequeme rote, vierteilige Atlasschuhe, die über dem Spann zusammengenommen werden; über den Rist läuft von der Hacke bis zur Spitze ein Streifen von Perlenstickerei, rechts und links davon erblickt mau Figuren von Greifen und Sirenen. Die Dalmatika gehörte zu den Stücken, die A. D. 1424 der Reichsstadt Nürnberg zur ewigen Aufbewahrung übergeben wurden, aber A. D. 1797 in die k. k. Schatzkammer zu Wien kamen. Eine andere Kaiserdalmatika war bisher in der Sakristei der Peterskirche zu Rom zu sehn. Ein ähnliches Untergewand zogen auch die Könige von Frankreich nach ihrer Salbung über den Kopf. Die französischen Kleinodien (*les Ornemens*) wurden einst im Kirchenschatze der Benediktinerabtei von Saint-Denis aufbewahrt und während der Revolution verschleudert.

Krönungsinsignien der deutschen Kaiser und Könige: die weissseidene, mit einer Inschrift versehene Alba und die Sandalen Karls des Grossen. Dalmatika und Alba beides ähnliche Gewänder. (Siehe vorhergehende Seite.)

den Hochzeitsfeierlichkeiten in Karlsruhe im September 1881 waren auf dem Volksfestplatze vor dem Stadtgarten mitten unter den Restaurationsbuden hohe Kletterbäume aufgepflanzt deren Krone ein mit allerhand Geschenken (teilweise recht praktischen Geschenken, Stiefeln, Regenschirmen, Mützen, Tüchern, Werkzeugen) behängtes Tannenbäumchen bildete. Aber man will wissen, das Spiel auch wirklich in den altrömischen Fruchtverteilungen seinen Ursprung habe, indem dabei manchmal das Gerüst des Gebers zu erklettern gewesen sei; und dass eben das Wort *Cuccagna* von *Congiarium* komme, was höchst unwahrscheinlich ist. Schlaraffenmässig ging es bei den Krönungsfesten freilich her.

Auch insofern als man das Geld auf der Strasse fand — nicht einmal das Zeug zu Kleidern fehlte, denn die Brücke, über die der Kaiser ging, wurde mit rotgelbweissem Tuch belegt und auch dieses preisgegeben, wenn er darüber war.

Auch ist im Land gut Gelt gewinnen,
Wer sehr faul ist und schlefft darinnen.

Die goldnen und silbernen Münzen, die der Herr Superintendent auswerfen und wie einen glänzenden Regen niederfallen sah, waren Krönungsmünzen, welche die Krone, den Namen des Gekrönten und das Datum der Krönung enthielten. Der Erbschatzmeister pflegte während des Krönungsmahles, wenn die kaiserliche Tafel bestellt war, mit zwei vollen Beuteln, die an seinem Sattel befestigt waren, auf dem Römerberge umherzureiten und den Zeus bei der Danae zu spielen: zuletzt warf er die prächtigen Beutel selber aus. Da die Danae vielköpfig war, so entstand natürlich eine allgemeine Balgerei. Auch diese kann man in kleinerem Massstabe heute noch erleben; in Neapel und Kairo machen sich's die reichen Fremden oft zum Spass, kleine Münze auf die Strasse oder ins Meer zu werfen, dass sich die Jungen darum balgen. Im Mittelalter waren solche Scenen an der Tages-

Zu gegenüberstehendem Bilde: Die grosse Kavalkade, geritten zu Rom am 10. Mai 1670. Der Papst, ein Achtziger, sitzt, die Völker segnend, auf der sogenannten *Chinea* oder (französisch) *Haquenée*, einem weissen Zelter, wie dem heiligen Stuhl alljährlich einer vom Königreich Neapel nebst einem Beutel voll 10000 Dukaten gestiftet werden muss. Seitdem Roger II. (A. D. 1139) sein Reich von Innocenz II. zu Lehen genommen hatte, galt der Papst für den Oberlehnsherrn des Königreichs beider Sizilien. Zwei Stallknechte, sogenannte *Camerieri di Chinea*, führen das Pferd; die päpstlichen geheimen Kämmerer, die *Camerieri segreti partecipanti*, die den Erzämtern entsprechen, die *Camerieri segreti di Spada e Cappa*, die *Camerieri d'Onore di Spada e Cappa* und *extra Urbem*, meist in Violett gekleidet (*in Abito paonazzo*), in Kniehosen und Strümpfen, bilden nebst Offizieren der Nobelgarde in ihren prächtigen Uniformen, roten Waffenröcken, dunkelblauen Pumphosen und Bronzehelmen, das glänzende Gefolge. Darunter bemerkt man zwei altertümliche weissseidne Sonnenschirme, die damals noch einen heiligen Charakter hatten und ausser dem Papste nur noch dem Kaiser und dem Dogen von Venedig zukamen. Die Prozession eröffnen die Monsignori: Kardinäle, Äbte, Prälaten auf weissen Mauleseln zu zwei und zwei; hinterher kommt der Träger des päpstlichen Stabes, der, von den Schweizergarden umgeben, ebenfalls zu Pferde, dem Papste die mit einem Kreuze versehene *Mazza* (474) voranträgt. Diese Prozession der neugekrönten Päpste übertraf die Triumphzüge der alten Römer und die Krönungszüge der deutschen Kaiser noch an Pomp. Kleinpauls *Rom* entnommen; nach einem Kupferstiche des 17. Jahrhunderts.

ordnung, nicht bloss bei den kaiserlichen, sondern auch bei den päpstlichen Krönungsfesten und überhaupt nicht bloss bei Krönungsfesten;

Krönungszug des Papstes Clemens X. nach dem Lateran, um von der gleichnamigen Kirche Besitz zu ergreifen (*per prender Possesso*). (Siehe verherg. Seite.)

denn der Adel liebte es, sich mit seinem Gelde sehen zu lassen. Schätze zu haben, galt für schick, und man brannte darauf, sie zu zeigen; man brannte wohl thatsächlich das Haus an, nur damit die Leute bei den Rettungsarbeiten eine Ahnung von dem reichen Hort bekämen. Der Geldprotze wusste sich vor Verrücktheit gar nicht zu lassen. Die Grafen von Toulouse, die zu den reichsten und mächtigsten Fürsten des 12. Jahrhunderts zählten, teilten nicht bloss Geld unter die Ritter und Knappen aus, nein, sie säten das Geld wie Kadmus Drachenzähne, sie liessen ein Feld an ihrem Schloss umpflügen und 30 000 Unzen Silber säen — ein andermal liessen sie für die ganze Stadt auf Wachslichtern kochen — oder dreissig edle Pferde vor den Augen ihres Hofstaates verbrennen. Ein Engländer, ein Diplomat, James Hay, Graf von Carlisle, dachte sich eine besonders geschmackvolle Art aus, den Mammon loszuwerden und unter die Leute zu bringen. Er ging (A. D. 1624) als Gesandter Jakobs I. nach Frankreich, um für den Prinzen von Wales zu werben. Es kam ihm darauf an, recht königlich aufzutreten, denn er musste reüssieren; der Prinz hatte sich nämlich eben in Spanien einen Korb geholt. Als der Lord in Paris einzog, war sein Reitpferd mit Silber beschlagen, aber so lose, dass bei jeder Courbette ein Hufeisen unter das Volk flog. Hinter ihm her ging ein Hufschmied, der das Pferd immer von neuem mit Silber beschlagen musste. Diese silbernen Hufeisen galten noch mehr als diejenigen, welche der Sleipnir abwarf (139). Damit, dass in einem Pferdestalle nichts von Eisen, sondern alles von Silber sei, wird heute noch geprahlt.

Dergleichen ist für das Mittelalter charakteristisch; etwas Ähnliches scheint jedoch auch schon im Altertum bei den erwähnten Spenden vorgekommen zu sein. Obgleich es dabei, wie gesagt, im ganzen ordentlicher zuging und einer nach dem andern bescheiden vorzutreten hatte, um seine Brotmarke oder seine Fleischmarke in Empfang zu nehmen und sie dann an der kaiserlichen Geschäftsstelle zu versilbern: so wurden die Marken, die *Tesserae*, doch auch manchmal aufs Geratewohl unter den Janhagel geworfen; wer sie dann eroberte, hatte sie. Das waren die Wurfgeschenke oder die *Missilia*. Die Krönungsmünzen, die auf dem Römerberge unter die Leute flogen, waren *Missilia*, werden auch so genannt *(dicuntur Donalia, vel quaedam Praestationes quas novus praetor creatus mittebat in vulgus, ut quod quisque apprehenderet ejus fieret: ut in Coronatione Papae vel Imperatoris fieri solet.* Du Cange).

Also auch in solchen Äusserlichkeiten ahmten die deutschen Kaiser den alten Cäsaren nach, deren direkte Nachfolger sie waren, deren Krone sie empfingen, deren Namen sie trugen, wie die slawischen Könige den Namen Karls des Grossen. *Kaiser* ist bekanntlich wie

Zar nichts anderes als der Name *Caesar,* auf andre übertragen; *Kral, Krol, Király* in Böhmen, Polen und Ungarn nichts anderes als der Name *Karl.* Das alte Römische Reich, das einzige Reich, welches die Menschheit kannte, war nach der Vorstellung des Mittelalters nicht untergegangen, sondern an die deutsche Nation gefallen; Karl der

Kavalkade des Papstes Clemens VII. und des Kaisers Karl V. zu Bologna, im Februar des Jahres 1530, nachdem der letztere vom ersteren allhier (22. Februar) mit der Eisernen Krone zum König von Italien und (24. Februar, an seinem Geburtstage) mit der Krone Karls des Grossen zum Kaiser gekrönt worden ist; Krönungszug Karls V. Es war dies die letzte Kaiserkrönung durch den Papst. Der Papst, ein Mediceer, ein unehelicher Sohn Giulianos de' Medici, dem der stolze Karl (trotz allem, was zwischen ihnen vorgegangen war) den Steigbügel gehalten und den Fuss geküsst hat, reitet etwas voraus; er sitzt auf einem weissen Zelter, der *Chinea*, der Kaiser, der nachkommt, reitet einen arabischen Hengst. Beide tragen einen Vollbart, was in der Reformationszeit wieder Mode geworden war; der Papst ist fast noch einmal so alt als Karl V., der gerade 30 Jahre zählt (geboren 24. Februar 1500). Der Kaiser hat die Kaiserkrone, der Papst die dreifache Krone oder das *Triregnum* auf. Auf dem Kaisermantel, desgleichen auf dem Baldachin, der von Edelleuten an vier Stangen über die beiden gekrönten Häupter gehalten wird, bemerkt man den Doppeladler. Hinterher kommen zwei höhere Geistliche mit seidnen Hutschnüren, die auf die Brust herabhängen und gebunden sind (*Prelati di Fiocchetto*). Das Gefolge bilden reisige Knechte, zu Fusse, barhaupt, mit Piken (*Gleven*) bewaffnet. Nach einem Fresko in dem Palast Ridolfi zu Verona, dem Meisterstücke des Malers Domenico Riccio, genannt: *il Brusasorci*, der Mäusebrenner (nach seinem Vater Jacopo, der angeblich die Mäuse vergiftete, beziehentlich verbrannte: *bruciare* geht in der Venezianischen Mundart in *brusare* über). Dieser Maler war ein Veroneser und bildete sich in Venedig nach Tizian und Giorgione: † A. D. 1567. Das Fresko ist durch den Kupferstich bekannt; unsere Abbildung folgt einem Blatte, das Lukas Cranach zugeschrieben wird. Cranach hatte den Kaiser gemalt, als derselbe acht Jahre alt war.

Grosse hatte es wieder aufgerichtet, Otto der Grosse am 2. Februar der Jahres 962 das heilige Römische Reich Deutscher Nation gestiftet. Seit diesem Tage besassen die deutschen Könige ein Recht auf das *Caput Mundi* und das damit verbundene *Imperium Mundi*, die Weltherrlichkeit von Rom —

Roma caput Mundi
regit orbis frena rotundi;

erhielten aber den Kaisertitel erst, wenn sie in Rom vom Papste gekrönt worden waren, während ihre Nachfolger, noch bei ihren Lebzeiten gewählt, den Titel: *Römischer König* führten. Sie trugen von rechtswegen eine dreifache Krone wie die Päpste; wenn man die burgundische, an der Stadt Arles hängende und vom dortigen Erzbischofe vergebene hinzurechnet, sogar eine vierfache. Erst wurden sie in Aachen, des heiligen Römischen Reiches freier Stadt, oder auch (wie Konrad der Salier A. D. 1024) in dem berühmten Mainz, das durch Bonifacius *Prima Sedes* und die Metropole von ganz Deutschland geworden war, vom Erzbischofe von Mainz zu Königen gekrönt (deutsche Königskrone im Domschatze zu Aachen). Zu Aachen in seiner Kaiserpracht, im altertümlichen Saale, sass König Rudolfs heilige Macht beim festlichen Krönungsmahle. Hierauf wurden sie in Pavia, Mailand oder Monza vom Patriarchen von Mailand zu Königen von Italien gekrönt (langobardische Königskrone, Eiserne, aus einem Nagel des Kreuzes Christi hergestellte Krone in der Basilika zu Monza). Endlich wurden sie in Rom, in der Laterankirche vom Papste zu römischen Kaisern gekrönt (deutsche Kaiserkrone, Krone Karls des Grossen in der k. k. Schatzkammer zu Wien). Später kamen die Römerzüge ab, A. D. 1452 war die letzte Kaiserkrönung in Rom gewesen; man hielt nun dafür, dass der deutsche König als solcher zugleich König von Italien und Römischer Kaiser sei. Im Jahre 1508 war Maximilian I. schon unterwegs: da versperrten ihm die Venezianer das Etschthal und hinderten ihn an seiner Romfahrt. Deshalb nahm er, am 3. Februar des Jahres 1508, in Trient mit stillschweigender Einwilligung des Papstes den Titel: *erwählter römischer Kaiser* an und machte damit die kaiserliche Würde formell von der Bestätigung durch den Papst unabhängig. Von nun an war die offizielle Titulatur: *Von Gottes Gnaden erwählter römischer Kaiser, zu allen Zeiten Mehrer des Reichs, König in Deutschland (electus Romanorum Imperator semper Augustus Germaniae Rex).* Das *allezeit Mehrer des Reichs*, womit der antike Zusatz *semper Augustus* wiedergegeben werden sollte, beruht auf Gelehrtenetymologie; *Augustus* hängt nicht mit *augere*, vermehren, sondern mit *Augur* oder *Augus* zusammen und bedeutet wörtlich: von den Auguren geweiht, daher heilig, unverletzlich. Dazu traten dann noch die Titel der Hausmacht. Das kaiserliche Wappen war ein zweiköpfiger schwarzer Adler mit dem Hauswappen des Kaisers auf der Brust; Konrad III. hatte ihn um das Jahr 1150 von den griechischen Kaisern angenommen, die den Doppeladler als Sinnbild des alten Ost- und Weströmischen Reiches

Fahnen der Kirche und des Reichs im Krönungszuge Karls V. zu Bologna, 24. Februar 1530: Partie aus dem Gemälde des Domenico Riccio Brusasorci, das eine Wand im Hause Ridolfi zu Verona schmückt. Die Fahnenträger reiten; sie sind von hohem Adel: die kaiserlichen behelmt, die päpstlichen barhaupt. Voran reitet der greise Feldmarschall, eine Cerevismütze auf dem Kopf, mit der Rennfahne — hierauf folgt die Reichsfahne mit dem schwarzen gekrönten Doppeladler des heiligen Römischen Reiches deutscher Nation, auf dessen Brust der geviertete Schild des Hauses Habsburg und Spaniens angedeutet ist. Hinten zwei Fahnen mit dem Wappen des heiligen Stuhls: im Schilde das Familienwappen des Papstes, die sechs Kugeln (*Palle*) der Medici im goldnen Felde; der Schild ist von einem silbernen und einem goldenen Schlüssel schräg hinterlegt, darüber schwebt die Tiara, deren Knopf der Reichsapfel bildet. Zunächst der Reichsfahne eine Kreuzfahne, wie sie bei Prozessionen üblich ist und das christliche *Labarum* vertritt. Die Fahnenstangen laufen durchweg in eiserne Spitzen aus, weil sie von Haus aus Lanzen, die Zeugstücke daran befestigte Schmucktücher gewesen sind. Diese Schmucktücher sind das, was wir im engeren Sinne Fahnen nennen. *Fahne* ist urverwandt mit dem lateinischen *Pannus*, Tuch, italienisch: *Panno*; Fahne als Feldzeichen hiess eigentlich: *Gund-fano*, Kriegsfahne, italienisch: *Gonfalone*. Nach dem angeblichen Stiche von Lukas Cranach.

führten. Die Reichsfarben, wohl nur österreichische Hausfarben, waren Schwarz und Gold.

Seit Maximilian I. führten also die deutschen Könige den Kaisertitel auch ohne Krönung durch den Papst; doch wurde sein Nachfolger, Karl V., obgleich Kaiser von Anfang an genannt, wie wir wissen, A. D. 1530 noch einmal vom Papst, aber nicht mehr in Rom, sondern in Bologna gekrönt, auch die Eiserne Krone dahin gebracht. Im September des Jahres 1556 liess Karl V. den deutschen Kurfürsten lebensmüde seine Abdankungsurkunde zugehen, nachdem ihn sein Bruder Ferdinand schon fünfundzwanzig Jahre lang in den deutschen Angelegenheiten und auf den Reichstagen vertreten hatte. Seit dem 5. Januar 1531 war Ferdinand deutscher, zu Aachen gekrönter König: jetzt überliess ihm sein Bruder, der Träger so vieler Kronen, die Regierung in Deutschland formell. Anderthalb Jahre später, im März 1558, noch bei Lebzeiten Karls V., wurde er als dessen Nachfolger im Kaisertum gekrönt. Und zwar geschah das nun eben trotz päpstlichen Protests in Frankfurt, der alten Wahlstadt der deutschen Könige (277), wie wir aus dem Reiseberichte des Superintendenten erfahren haben.

Es war die erste Frankfurter Krönung, fortan nicht mehr Aachen, sondern Frankfurt die Krönungsstadt des Deutschen Reiches, in deren Mauern nun gleich auch die Kaiserkrönung stattfand. Das Frankfurter Rathaus heisst bekanntlich: der Römer und der Rathausplatz: der Römerberg — man sagt, weil italienische Kaufleute hier ihre Niederlagen gehabt hätten; nur ein findiger Etymolog bringt es fertig, hier an italienische Kaufleute zu denken. Der Römer heisst offenbar so, weil der Römer, das ist der Römisch-deutsche Kaiser beim Krönungsfeste darin speiste; wie das Volk sagt: *der Pastor brennt*, wenn die Pfarrwohnung in Flammen aufgeht. Dass der königliche Palast den Namen des Königs annimmt und umgekehrt, ist ja eine der gemeinsten logischen Verschiebungen. Merkwürdigerweise trifft auch die Benennung des bekannten Weinglases mit der Verlegung der Krönungen nach Frankfurt zusammen; der Name *Römer* kommt dafür nachweislich zuerst 1589 vor. Auch hier ist an einem Zusammenhange mit dem Römisch-deutschen Kaiser kaum zu zweifeln.

Seit dem Jahre 1711 wurde die Kaiserkrone ganz weggelassen und nur noch mit der deutschen Krone gekrönt — die Eiserne Krone war schon lange weggefallen. Die letzte Frankfurter Krönung geschah am 14. Juli 1792, wo Franz II. zum deutschen Kaiser gekrönt ward; er kam in die letzte Nische. Im ersten Stock des Römers liegt der Kaisersaal, der bei den Krönungsfesten als Speisesaal diente; an den Wänden desselben wurden die römisch-deutschen Kaiser in überlebensgrossen Bildnissen verewigt. Wie im Dogenpalaste zu Venedig und in der Paulskirche zu Rom (516). Schon gedachte man für die

Nachfolger Franz II. neue Räume einzurichten: da brach das heilige Römische Reich Deutscher Nation zusammen. Zwölf Jahre nach seiner Krönung, A. D. 1804 nahm Franz für seine österreichischen Erblande (als Franz I.) den Kaisertitel an, und zwei Jahre darauf (6. August 1806) legte er die deutsche Kaiserkrone nieder, einer Würde entsagend,

Sitzung des französischen Staatsgerichtshofes, sogenanntes ***Lit de Justice***, abgehalten in Sachen des Grafen Robert von Artois von König Philipp VI., am 8. April des Jahres 1332. Vergleiche die Abbildungen auf den Seiten 465 und 471. Die Darstellung, nach einer Federzeichnung in den Prozessakten entworfen, zeichnet sich durch hohe Altertümlichkeit aus: der König sitzt noch auf dem alten Feldstuhl oder Faltstuhl, dem *Fauteuil* oder *Faldistolium*, dessen Gestell unten in Löwentatzen, oben in Löwenköpfe ausläuft und von dem wir auf den Seiten 7, 39, 428 wiederholt Exemplare zu Gesicht bekommen haben. Dieser Stuhl ist das eigentliche *Bett der Gerechtigkeit*, nach ihm heisst die ganze königliche Thronsitzung: *Lit de Justice*. Der Prozess war sehr langwierig, er dauerte Jahrzehnte lang; es handelte sich um die Grafschaft Artois, die A. D. 1302 die Gräfin Mathilde (*Machaut*) als nächste Erbin in Anspruch genommen hatte und die ihr ein Neffe, der Graf Robert, streitig machte, als er volljährig geworden war. Den Prozess gewann in den dreissiger Jahren die Enkelin der Gräfin Machaut, die Herzogin Johanna; denn Roberts Urkunden waren falsch und seine Zeugen bestochen, ja, es fiel der Verdacht auf ihn, die Gräfin Machaut und deren Tochter vergiftet zu haben. Er floh nach England und wurde aus Frankreich verbannt.

Der Thron ist von den Grossvasallen umgeben; rechts sitzen die geistlichen Pairs, die Erzbischöfe, Bischöfe und Äbte, links die weltlichen, die Herzöge, Grafen und andere Grundherren, meist Prinzen, die sich ungeniert unterhalten. Der Graf Robert sitzt nebst einem seiner Freunde auf dem erhöhten Sitze unmittelbar neben dem König, der sein Schwager und ihm sehr zugethan ist. Über den Kronvasallen hängen ihre Wappen an der Wand. Im Zentrum, ebenfalls sehr ungeniert hingeflätzt, eine müssige Gruppe; unten an der Rücklehne einer Bank, welche die Schranken des Gerichtes vorstellt, stehen die beiderseitigen Zeugen. Die Akten werden handschriftlich im Staatsarchiv aufbewahrt.

die seine Familie, das Haus Habsburg, einst im Jahre 1273 als armes Grafengeschlecht vom Glücke angenommen und seit 1438 ununterbrochen bekleidet hatte. Damit erlosch das Römisch-deutsche Kaisertum, das auf anderer Grundlage als Preussisch-deutsches Reich neu erstehen sollte; seitdem giebt es ein Kaisertum Österreich.

b. Das Krönungszeremoniell.

Wir machen es wie Goethes Vater und gehen die Wahl- und Krönungsdiarien durch — Wahl und Kur, erwählen und kiesen — erste Königswahl durch die Fürsten aller Stämme zwischen Mainz und Worms im Jahre 1024 — das Frankfurter Konklave, die Kurfürsten, die Erzämter und die ihnen untergeordneten Erbämter — die Einholung der Reichskleinodien von Nürnberg und Aachen — die Reichskleinodien und die Reichsheiligtümer — der Krönungszug zum Dome, die vier weltlichen Kurfürsten — Ankunft des Thronkandidaten am Dom, Empfang durch die drei geistlichen Kurfürsten — der Erzbischof von Mainz hat am meisten zu thun — Verpflichtung des Königs, er schwört zweimal aufs Evangelium — die Salbung, die Einkleidung, die Krönung, die Thronbesteigung — worin sich diese Krönung von der der Könige von Preussen und der der Kaiser von Russland unterscheidet — der Kaiser sieht so aus wie auf unserem Vollbild — erteilt auf dem Throne mit dem Schwerte Karls des Grossen den Ritterschlag — ist kein Dalberg da?

Ein so höchst bedeutendes Ereignis, meinte der Vater Goethes, müsse man nicht unvorbereitet erwarten, und etwa nur gaffend und staunend an sich vorbeigehen lassen. Er wolle daher die Wahl- und Krönungsdiarien der beiden letzten Krönungen mit seinem Sohne durchgehen.

Derselbe war damals (A. D. 1764) fünfzehn Jahre alt. Dank der Vorsicht seines Vaters wusste der junge Wolfgang, als der Krönungstag Josephs II., der 3. April anbrach, auch wirklich recht gut Bescheid, dass er, wie er selbst sagt, über das Äusserliche so ziemlich ein lebendiges Wahl- und Krönungsdiarium vorstellen konnte; er hat die Zeremonien in seinem Alter, lange nach dem Untergange des Deutschen Reiches, mit wunderbarer Frische, wie im ersten Eindrucke schildern können.

Es war sehr gut, dass der Rat Goethe seinen Sohn etwas lernen liess und, ein rechter Bildungsphilister, selbst mitlernte; wir wollen seinem Beispiele folgen und uns die Feierlichkeiten, so gut es geht, nach den besten Quellen vergegenwärtigen, wenn wir auch nicht daran denken, noch einmal einer Krönung in Frankfurt beizuwohnen, sondern nur unsere Phantasie und ein paar alte Bilder haben.

Das ehemalige Deutsche Reich war bekanntlich seit dem Aussterben der Karolinger ein Wahlreich, wie der Kirchenstaat oder wie die aristokratischen Republiken Venedig und Polen; mit dem Tode des Regenten der Thron jedesmal erledigt. Die Wahl oder die *Kur* eines neuen Oberhauptes hatte seit dem Jahre 1024, wo Konrad der Salier zwischen Worms und Mainz auf einer Rheininsel angesichts des versammelten Heerlagers zum König ausgerufen wurde, durch die Fürsten aller Stämme zu geschehen; seit dem 12. Jahrhundert lag sie faktisch, offiziell seit dem Reichsgrundgesetz vom Jahre 1356, der sogenannten *Goldenen Bulle*, sieben Fürsten ob, die eben darnach, weil sie den König *erkoren*: *Kurfürsten*, lateinisch: *Electores* hiessen. Als solche waren sie Inhaber der sieben Erzämter, Archiämter oder Arziämter, das heisst, wie man jetzt sagt: der obersten Hofchargen — die lateinisch-griechische Vorsilbe *Erz-*, von Titeln wie *Erzbischof*, *Erzherzog* her bekannt, ist uns schon einmal (Seite 84) aufgestossen. Sie ist ultromontan und undeutsch, von den bigotten Karolingern, die nichts thaten als die deutsche Sprache verhunzen, mit herübergeschleppt worden; sie steckt sogar in *Arzt*, was eigentlich der Oberarzt am fränkischen Hofe war *(Arziater)*. Die Wählerschaft zerfiel in zwei Gruppen, eine geistliche und eine weltliche

Begegnung des römisch-deutschen Kaisers Karl IV. und des Königs von Frankreich Karl V., des Weisen oder des Gelehrten, am Windmühlenberge in der Nähe von Paris, im Sommer des Jahres 1378, bei einer Reise, welche der deutsche Kaiser kurz vor seinem Tode nach Frankreich machte, vergleiche unsere Abbildung auf Seite 39. Dort erscheint er bärtig und älter; er war wirklich ein Sechziger, der französische König ein Vierziger. Karl IV., ein luxemburgisch-böhmischer Kaiser, war in Frankreich, am Hofe des Königs Karl IV. erzogen worden; von diesem König, hatte er bei der Firmelung den Namen Karl erhalten, denn er hiess eigentlich Wenzel. Blanche von Valois, die Schwester des Grossvaters von Karl V., König Philipps VI., also die Grosstante des französischen Königs, war des deutschen Kaisers Karl IV. erste Frau gewesen; von ihr lebte noch eine Schwester, die Herzogin von Burgund, die der Kaiser bei dieser Reise ebenfalls wiedersah. Die beiden Souveräne haben die Mütze abgenommen und reichen sich die Hand; der König von Frankreich ist in vollem Ornat und mit grossem Gefolge gekommen, er trägt Krone und Hermelin; der deutsche Kaiser ist in Reisekleidern und nur von seinem Geheimschreiber begleitet; sein Pferd ebenfalls in (schwarzem) Reisekleid (im *Phertkleit*). Faksimile einer Miniatur in einem Bericht über sothane Begegnung (Handschrift des 15. Jahrhunderts. Pariser Arsenalbibliothek).

Gruppe — *den Künic*, sagt der Schwabenspiegel A. D. 1265, *suln drî Pfaffenfürsten und vier Leienfürsten kiesen.* Die Pfaffenfürsten nahmen den ersten Rang ein, und unter ihnen hatte wiederum die erste Stimme:

1. der Erzbischof von Mainz, als Kanzler zu deutschen Landen, Erzkanzler von Deutschland, Primas in Germanien.
2. der Erzbischof von Trier, Erzkanzler für Gallien und Arelat (Arles, Burgund diesseit des Jura).
3. der Erzbischof von Köln, Erzkanzler des Apostolischen Stuhles und des heiligen Römischen Reiches in Italien *(des Reiches zu Lamparten,* der Lombardei).

Unter den Laienfürsten besass die erste Stimme bei der Kur:

1. der Pfalzgraf am Rhein, des Reichs Truchsess, Erztruchsess, der Haushofmeister oder *Maître d'Hôtel*, der dem König aufzutragen und vorzulegen hatte.
2. der Herzog von Sachsen, des Reichs Marschall, Erzmarschall, der dem Könige sein Schwert trug.
3. der Markgraf von Brandenburg, des Reichs Kämmerer, Erzkämmerer, der dem Könige Wasser zum Händewaschen reichte.
4. der König von Böhmen, des Reichs Schenk, Erzschenk, der dem Könige den Wein kredenzte.

Vergleiche unsere Abbildungen auf den Seiten 211 und 502. Mit der Zeit traten Verschiebungen unter den Reichsfürsten ein, welche die Errichtung weiterer Kurstimmen und Erzämter nach sich zogen; zum Beispiel bekleidete das Schenkenamt lange Zeit der Herzog von Bayern, der es an Böhmen verlor: der Streit darum wurde durch Rudolf von Habsburg A. D. 1290 endgültig zu Gunsten des letzteren entschieden. Dafür wurde A. D. 1623 die Pfälzische Kur nebst dem Erztruchsessamte auf Bayern übertragen, nachdem der Pfalzgraf bei Rhein im Dreissigjährigen Kriege der Kurwürde verlustig gegangen war; im Jahre 1652 jedoch der Pfalz eine achte Kurstimme und ein neues Erzamt, das Erzschatzmeisteramt (ohne eigentliche Funktion, da kein Reichsschatz vorhanden war) verliehen. In unserem Jahrhundert stieg die Zahl der Kurfürsten bis auf zehn. Die ursprüngliche Siebenzahl erinnerte an die sieben Säulen und Lichter, an die sieben Wochentage und die sieben Planeten, mit denen sie unser Schiller in dem *Grafen von Habsburg* geradezu vergleicht. Der Vergleich stimmt nur insofern nicht ganz, als zu den Planeten nach alter Anschauung auch Sonne und Mond gerechnet werden, ohne die es ihrer nur fünf sein würden; die Sonne aber doch niemand anders sein kann als der Kaiser.

Der Mond gäbe dann für Kurmainz ein ausgezeichnetes Bild ab. Den Namen der *Sieben Kurfürsten* führen bekanntlich die sieben Fels-

Ludwig XI. nach dem Tode seines Vaters aus Brabant zurückkehrend und in Paris einziehend, um als Dauphin vom Throne Besitz zu nehmen, A. D. 1461. Es ist der misstrauische, feige, rachsüchtige, menschenfeindliche Tyrann, der vorletzte Herrscher aus dem unseligen Hause der Valois, der Gemahl der Charlotte von Savoyen (Vollbild) und der Schachspieler von der Feste Plessis-les-Tours (Farbendruck); 38 Jahre alt. Er reitet unter einem Baldachin, der von vier Kronvasallen an vier Stangen getragen wird, an der Seite seines Bruders zum Thore hinein, ungerüstet, mit einem kostbaren Faltenrocke, der von dem (abgegangenen) Liliengürtel umschlossen ist, bekleidet, auf dem Kopfe eine rote Kappe, von welcher die Sendelbinde herabhängt. Im Vordergrunde sein milchweisses, mit einer Liliendecke behangenes Leibross, das er sofort besteigen wird. Trompeten oder Tuben, gleich Lanzen mit Lilienfähnlein geschmückt, verkündigen seine Ankunft. Grosses Gefolge von Edelleuten und reisigen Knechten. Faksimile einer Miniatur in der Chronik von Enguerrand de Monstrelet, welche eigentlich nur die Jahre 1400—1453 umfasst, aber von andern bis 1516 fortgesetzt worden ist. Die Handschrift befindet sich auf der Pariser Nationalbibliothek.

zinken der Säntisgruppe im Kanton Sankt Gallen.

Die sieben Kurfürsten sind die *Männlein*, die in Nürnberg an der Frauenkirche, unterhalb des Zifferblattes um den Kaiser Karl IV. herumlaufen, vergleiche oben Seite 600 — auf den schönen Fichtelberger Gläsern und Humpen umgeben sie die kaiserliche Majestät — am Bauche der sogenannten Kurfürstenkrüge bemerkt man ihre Bilder und ihre Wappen.

Von den vier weltlichen Kurfürsten hatte jeder eine altadelige Familie bei der Hand, die ihn gegebenenfalls beim Kaiser vertreten konnte. Diese Stellvertretung war in der Familie eine erbliche, daher hiessen die Erzämter, sofern sie stellvertretend verwest und versehen wurden: Erbämter, und ihre Inhaber setzten ihrem Titel kein *Erz-* vor, sondern ein *Erb-*, was viel ausmachte, wenn die Erzämter auch selber erblich waren. Jedem Erzamt entsprach also ein Erbamt, das ihm untergeordnet war — das Erbmarschallamt gehörte seit Heinrich dem Finkler dem schwäbischen Geschlechte der Grafen von Pappenheim, die sich: *Reichserbmarschälle* nannten — *Erbschenken* waren, seitdem einmal einer von ihnen dem Hohenstaufen auf der Jagd *eins aus dem Wasserquell zu bürsten* gegeben hatte, die Grafen von Limburg, seit 1713, wo die Schenken von Limburg ausstarben, die Grafen von Althan — *Erbtruchsessen* im 14. Jahrhundert die Grafen von Nortenberg, seit dem 15. Jahrhundert die von Seldeneck, seit dem 16. Jahrhundert die von Waldburg — das Amt des *Erbkämmerers* hatten die Grafen von Falkenstein, später die Fürsten von Hohenzollern inne — als nach dem Westfälischen Frieden die achte Kur mit dem Erzschatzmeisteramt errichtet wurde, kam sofort auch ein Erbschatzmeisteramt hinzu, das erhielten die Grafen von Sinzendorf. Ein Graf von Sinzendorf, noch gegenwärtig eine oberste Hofcharge im Kaisertum Österreich, war es, der als des Deutschen Reichs Erbschatzmeister beim Krönungsfest auf dem Römerberg umherzureiten und den Mammon aus zwei Beuteln unter das Volk zu werfen hatte.

Wie schon gesagt, nahm der Erzbischof von Mainz als Erzkanzler unter allen sieben Kurfürsten den ersten Rang ein: die drei geistlichen Kurfürsten gehörten gleichsam zum Vorstand, sie bildeten um den Kaiser einen engeren Hof, und Kurmainz galt für den Primas und Metropoliten des ganzen Reichs. Nach dem Ableben eines Kaisers zerschlug der Erzkanzler sein Siegel in der Kirche; Mainz hatte denn auch die Vorbereitungen zur Königswahl zu treffen, den Wahlkonvent einzuberufen, die Wahlverhandlungen als Vorsitzender zu leiten und die Protokolle auszufertigen. Auf dem Rathause fand eine Art Vorwahl; die eigentliche Wahl oder die Kur in der Kirche, in der Sakristei des Frankfurter Domes statt, da, wo der deutsche König Günther Graf von Schwarzburg begraben liegt († zu Frankfurt, 14. Juni 1349) — hier war das Konklave, mit Altären, Thronen, Stühlen und Bänken

Ein Ritter, vom Herzog von Bourbon überwunden, überreicht sein Schwert knieend, das Barett in der linken Hand, dem Sieger und bittet um Gnade (*crie Merci*). Er hält das Schwert vorschriftsmässig an der Spitze und reicht dem Sieger den Griff, womit er sich für besiegt erklärt (*rendre son Épée*). Der Bourbon, Peter Graf von Beaujeu, an den nachmals (A. D. 1488) alle Würden und Güter des Hauses fielen, sitzt, ein Scepter in den Händen, auf einem Throne unter einem Thronhimmel; drei junge Edelleute stehen daneben. Nach einer Miniatur in den *Turnieren des Königs René*, Handschrift des 15. Jahrhunderts, Pariser National bibliothek. König René von Anjou hatte sein Hoflager zu Aix, der Hauptstadt der Provence, wo er 10. Juli 1480 starb; er that viel für das Ritterwesen und die Ritterspiele und gestaltete um das Jahr 1462 auch das Fronleichnamsfest nach dem Muster eines Turnieres um (*Tournoi de la Féte-Dieu d'Aix*). Die Situation in einem Thronsaale ist jedoch nicht die eines Turniers, eher die der feierlichen Übergabe einer Stadt oder einer festen Burg; ganz verfehlt die Angabe Lacroix: der Vorstand der Heroldie, der sogenannte Wappenkönig wolle dem Herzog von Bourbon das Schwert reichen. Warum nicht gar eine *Schwertleite* daraus machen? —

vollgepfropft und verschlossen, für die erlauchte Wählerschaft ein wenig eng, hier galt es den König förmlich zu *kiesen,* nachdem er draussen, in dem Wahlzimmer auf dem Römer bloss *erwelt* worden war. Der Sachsenspiegel unterscheidet das definitive *kiesen* deutlich von dem provisorischen *erweln;* die *Kur* war eigentlich keine Wahl, sondern die Bestätigung und Ergänzung einer Wahl. Vorher mussten die Fürsten auf den Heiligen schwören: dass sie aufrichtig *(âne gevaerde)* zu Werke gehen, nach bestem Wissen und Gewissen wählen und sich bei ihrer Wahl durch keine persönlichen Beweggründe *(durch liebe noch durch leide)* wollten leiten lassen; hierauf gaben sie der Reihe nach ihre Stimme mündlich ab. Wen die Fürsten einstimmig zum König erwählt hatten, den erkoren sie nun im Dom: *swen die vürsten alle zu kunge erwelen,* heisst es im Sachsenspiegel, *den suln sie aller êrst bî namen kiesen. Kur* ist das Substantivum zu *kiesen* (französisch: *choisir,* englisch: *to choose*); der Wechsel zwischen *s* und *r* beruht auf sogenanntem Rhotazismus, wie bei *war* und *gewesen.* Umgelautet existiert das Wort noch in unserem *Willkür.* Die Formel lautete: *Ich kiese (den Grafen Rudolf von Habsburg) zu einem Herrn und König, zum Richter und Vogt des Reichs.* Dass sich die Fürsten über eine bestimmte Persönlichkeit geeinigt hatten, war also eigentlich Voraussetzung der Kur; im Kurverein zu Rhense wurde jedoch (A. D. 1338) das Gegenteil vorgesehen: in diesem Falle sollte die absolute Stimmenmehrheit entscheiden. Stimmengleichheit konnte nicht vorkommen, so lange es nur sieben Kurfürsten gab, vorausgesetzt dass keiner fehlte; am 1. Oktoker 1410 sollen allerdings Sigismund und Jobst von Mähren gleiche Stimmen erhalten haben, aber nur Köln, Trier, Pfalz und Mainz zugegen gewesen sein. Gegenkaiser wurden nur regierenden Kaisern entgegengestellt, wenn die Fürsten mit ihrer Regierung unzufrieden waren, zum Beispiel 17. März 1077. Das Wahlergebnis wurde in die Formel gebracht, dass der Kandidat die Kur oder die Wahl habe *(Künig Karl het die wale).* Heutzutage hat man die Wahl nur noch im aktiven Sinne und die Qual dazu, nach dem altertümlichen Sprichwort: *der hat Kur, hat Angst.*

Wer die Wahl zum deutschen König hatte, der empfing zunächst die Glückwünsche der Kurfürsten und Reichsfürsten. In späteren Zeiten, wo die Kaiserwürde im Hause Habsburg erblich geworden war, wusste man gewöhnlich im voraus, wen die Kurfürsten wählen würden, sodass die Kur nur noch wie eine zur Krönung gehörige Förmlichkeit erschien — wie hätte sonst Goethes Vater dem Sohne lange vor dem Wahltag eröffnen können: es sei nun ganz gewiss, dass der Erzherzog Joseph zum Römischen König gewählt und gekrönt werden solle? — Aber auch schon früher muss die Wahl eines sogenannten Römischen Königs, weil dann der alte Kaiser noch lebte, ein ganz und gar bedeutungsloser Akt gewesen sein. Deshalb war der künftige Kaiser und König auch gleich da, die Gesandten der Fürsten brauchten ihn nicht lange erst, wie Heinrich I. bei seinem Vogelherd, zu suchen. Unter dem Geläute der Glocken und dem Donner der Kanonen zog er in Frankfurt ein, die Stadt war festlich geschmückt, Bürgerschaft und Miliz in Paradeuniform; worauf er zunächst die Wahlkapitulation beschwur und den Krönungstag bestimmte. Vom Wahlkonvent und von dem darauf folgenden Wahltag bis zur Krönung verging etwa ein Monat; das war notwendig, denn nun musste erst nach Aachen und Nürnberg geschickt und der silberne Kasten mit den Reichskleinodien geholt und unter sicherem Geleite nach Frankfurt geschafft werden. Die Kleinodien, die Kroninsignien waren diese:

1. die Krone Karls des Grossen, die achteckige, achtfeldige Krone, welche die Germania auf dem Niederwalde hält, mit dem kostbaren Solitär, der im Mittelhochdeutschen: *Weise,* dass heisst: Waise, nicht seinesgleichen habend, auf lateinisch: *Orphanus* genannt wird. Nach demselben nennen die Dichter die Krone selbst: *Weise*, zum Beispiel Walther von der Vogelweide (Lachmannsche Ausgabe, Seite 9, Vers 15).
2. der Reichsstab oder das Reichszepter mit der Figur der Gerechtigkeit.
3. der goldne Reichsapfel, eine Kugel, auf der ein Kreuz steht, das Symbol der christlichen Weltherrschaft; der Apfel ist die Erdkugel. Diese Kugel hielten schon die alten römischen Kaiser in der Hand, aber statt des Kreuzes stand eine Siegesgöttin darauf.
4. drei Schwerter: das Schwert Karls des Grossen, das Schwert des heiligen Mauritius und ein Säbel, den Karl der Grosse von Harun al-Raschid bekommen haben sollte.
5. die goldenen Sporen.
6. der Ornat: Dalmatika, Alba, Krönungsmantel, Gürtel, Stola, Strümpfe, Sandalen, Handschuhe und so weiter. Der Mantel, arabische Arbeit, aus Palermo und aus dem Jahre 528 der Hedschra, also aus dem Jahre 1134, ist erst unter den letzten Hohenstaufen ein Reichskleinod geworden. Die schweren Seidenstoffe und gemusterten Goldbrokate mit ihrem Besatz von Gold, Perlen und Edelsteinen, steif und faltenlos, zeigen im Gegensatz zu dem reichen Faltenwurf der Antike den byzantinischen Geschmack. Arabisch ist auch die Alba.
7. ein Reliquienschrein, worin die zehn Reichsheiligtümer aufbewahrt wurden, darunter die Spitze der Lanze des Longinus, ein Splitter vom Kreuze Christi und Dornen von der Dornenkrone.

8. ein Evangelienbuch, angeblich aus dem Grabe Karls des Grossen in Aachen.

In Frankfurt angekommen, wurden die Reichskleinodien wie Fetische in einem sechsspännigen Mainzer Paradewagen nach dem Dom gefahren, wo sie die Grafen von Werthern als Reichserbthürhüter in Empfang nahmen. In ihnen wohnte gleichsam der Geist Karls des Grossen und der vorangegangenen Inhaber, daher sie die Kaiser ursprünglich überall mit sich zu führen pflegten; erst Kaiser Sigismund hatte sie A. D. 1424, der hussitischen Unruhen wegen, der Reichsstadt Nürnberg zur Aufbewahrung übergeben, von wo sie wieder infolge des französischen Revolutionskrieges A. D. 1797 nach Wien geschafft wurden.

Am festgesetzten Tage begaben sich die geistlichen Kurfürsten in den Dom, wo sie verblieben: die Insignien wurden an Kurmainz überreicht und die wichtigeren, wiederum sechsspännig, ins kaiserliche Quartier geschickt. Die Laienfürsten sammelten sich dagegen in Kurmantel und Kurhut, beziehentlich ihre Gesandten in spanischer Tracht auf dem Römer und verfügten sich von hier aus zum Fahrthor in den Saalhof, um die Majestät zum Krönungszug abzuholen. Sie eröffneten die Prozession: mit unbedecktem Haupte ritten sie durch die Strassen, jeder sein bestimmtes Kleinod in der Hand, wie es die Erzämter mit sich brachten — der Erztruchsess mit dem Reichsapfel, der Erzkämmerer mit dem Reichsstab, der Erzmarschall mit dem blanken Schwerte des heiligen Mauritius, der Erzschatzmeister mit der Krone. Ihnen folgte hoch zu Ross, unter dem Krönungshimmel, der von zehn Frankfurter Schöffen getragen ward, der König in seinem Hausornate, beziehentlich mit seiner Hauskrone und den Hausorden geschmückt; zu beiden Seiten gingen die Herren des Hofstaates, die Läufer voran, die Schweizergarden und die kaiserlichen Edelknaben in Masse hinterdrein, hierauf mit klingendem Spiel und fliegenden Fahnen eine Bürgerkompagnie, der Frankfurter Magistrat und der Ratsschreiber mit den Stadtschlüsseln auf rotsamtenem Kissen. Noch Goethe sagt, die altertümlichen Staatswagen, die aufgeputzten Pferde, die auf den Pferden sitzenden Kutscher und Vorreiter hätten wie aus einer anderen Nation, ja, wie aus einer anderen Welt ausgesehen. Langsam bewegte sich der mittelalterliche Triumphzug nach der Kirche.

Am Portal wurde der König von den drei Pfaffenfürsten, an die nun die Reihe kam, empfangen. Der Erzbischof von Mainz, der am meisten zu thun hatte, reichte dem Könige das Weihwasser, die

Grafen von Werthern, die Reichsthürhüter, ein eigenes Erbamt, bezeigten ihm die Ehren, nach innen zu bildete die kursächsische Schweizergarde Spalier, draussen paradierte die Mainzer Schweizergarde. Wechselgesänge, die sogenannten Antiphonien wurden angestimmt; während derselben führten die beiden Kurfürsten von Köln und Trier den

Dornkönigs Auszug am Dörnleinsfest in Lille: der *Roi de l'Épinette* begiebt sich am ersten Fastensonntag, dem Brandsonntag (*Dimanche des Brandons*) mit zwei Hellebarden, dem Banner der Stadt Lille und einem glänzenden Gefolge von Rittern auf den Turnierplatz vor der Stadt, wo heute den ganzen Tag tjostiert, das heisst: mit dem Speere gestossen werden soll (314); der Sieger bekommt einen Sperber von Gold. Auch noch an den vier folgenden Tagen hat der Dornkönig mit seinen zwei Sekundanten und dem siegreichen Ritter auf dem Kampfplatz zu erscheinen und mit jedem eine Lanze zu brechen, der sich einstellt. Der Dornkönig wurde nebst den Sekundanten alljährlich am Feisten Dienstage gewählt: man hat eine Liste von zweihundert Dörnleinsfestkönigen, die vom Jahre 1283 bis zum Jahre 1483 reicht. Um diese Zeit, unter den missgünstigen Regierungen Karls des Kühnen, Kaiser Karls V. und König Philipps II., begann das berühmte flandrische Dörnleinsfest einzugehn — es pflegte allerdings den König zu ruinieren, die ganze Stadt zu kosten und mit seinen Lustbarkeiten und Bällen in der Fastenzeit, ja, mit seinem Namen bei frommen Seelen Anstoss zu erregen. Die einfachste Erklärung des Namens *Fête de l'Épinette* ist die, welche es mit der Dornenkrone zusammenbringt: die Fastenzeit gleichsam die Zeit der Dornenkrone. Einen Dorn davon hatten die Dominikaner von Lille in ihrer Kirche; der Dornkönig ging jedes Jahr hin, die *Sainte Épine* anzubeten, am Palmsonntag ass er mit seinen Rittern im Kloster und feierte die Karwoche daselbst. Heutzutage ist das weltliche Fest vergessen, eine Spur hat sich nur in dem Titel *Épinette* erhalten, den man in Lille einem Ratsdiener zu geben pflegt; derselbe stellt gleichsam den vor dem Dornkönige hergehenden Herold dar. Nach einer Miniatur in einer Handschrift des 15. Jahrhunderts auf der Bibliothek zu Rouen. Unter den Rittern bemerkt man einen kaiserlichen. Lille war die Residenz der Grafen von Flandern und ihrer Nachfolger aus dem Hause Frankreich, Burgund und Österreich bis zum Jahre 1667, wo es definitiv an Frankreich kam.

König zum Hochaltare, wo er niederknien und der Erzbischof von Mainz mit erhobenen Händen über ihn beten musste. Der letztere zelebrierte die Messe, in welche die ganze Zeremonie eingeschoben wurde.

Vor dem Absingen des Evangeliums trat der König, der inzwischen auf seinem Betstuhle gesessen hatte, in einfacher Hauskleidung, ohne Abzeichen wieder an den Altar und fiel wieder auf seine Knie, um die Segnungen der beiden andern Kurfürsten zu empfangen. Hierauf forderte ihn der Erzbischof von Mainz, als Erzkanzler des Deutschen Reiches, auf, sein Glaubensbekenntnis abzulegen. Er fragte den König, der an den Stufen des Altars stand, in lateinischer Sprache: *ob er dem katholischen Glauben treu bleiben, und ihn mit Worten und Werken bethätigen wolle; ob er Beschützer der Kirche und ihrer Diener sein; gerecht regieren und das Reich schützen, des Reichs Rechte wahren, die verzettelten Güter wieder sammeln und zu des Reiches Nutzen anwenden; arm und reich gleich richten, sich der Witwen und Waisen annehmen, dem Papst und der römisch-katholischen Kirche den schuldigen Gehorsam erweisen wolle?* — Jede einzelne Frage beantwortete der König mit einem lauten *Volo!* — dann stieg er die Stufen des Altars hinauf und wiederholte sein Versprechen eidlich, indem er auf das Aachener Evangelium schwur. Die französischen Könige schwuren auf das Reimser Evangelienbuch, bekanntlich ein slawisches Schriftstück. Nun wandte sich der Erzbischof von Mainz an die anwesenden Fürsten und die Deutschen. Er fragte sie: *ob sie diesen König annehmen, sein Reich befestigen, seinen Befehlen gehorchen wollten!* — und wenn alles rief: *Fiat! Fiat! Fiat!* — so stand der Vornahme der heiligen Handlung nichts mehr im Wege.

Nachdem der Erzbischof von Mainz nochmals über den knienden König gebetet hatte, zog derselbe seinen Rock aus und wurde von dem genannten Kurfürsten gesalbt, gerade so wie die Könige von Frankreich in der Kathedrale zu Reims von dem Erzbischofe von Reims gesalbt zu werden pflegten. Das Haupt, die Brust, den Nacken, den rechten Arm, das Ellbogengelenk und den Handteller bestrich ihm der Hohepriester mit dem heiligen Salböl; das Hemd war an den betreffenden Stellen auf. Jedesmal sagte der Erzbischof: *ich salbe Dich zum König im Namen des Vaters, des Sohnes und des heiligen Geistes* *). Zwei Weihbischöfe, gewöhnlich von Mainz und Erfurt, hatten die gesalbten Stellen mit Brot und Watte abzuwischen; die Hofämter

---

*) Als der Papst Clemens III. im Jahre 1190 Tankred, dem Nebenbuhler Heinrichs VI. die Krone von Sizilien übertrug, salbte er ihm beide Hände, *damit der König das Alte und das Neue Testament siegreich trage,* dann Arme, Schultern und Brust mit folgender Formel: *in Christum Domini Te Deus unxit,* das heisst: zum Gesalbten des Herrn salbte Dich Gott. Der Ausdruck ist biblisch: David nennt den Saul den Gesalbten des Herrn, in der Vulgata: *Christus Domini* (1. Samuelis XXIV, 7).

das Hemd darüber wieder zuzubinden. Den Gesalbten führten die Kurfürsten in das Konklave, die erwähnte Sakristei, wo die Wahl stattgefunden hatte. Daselbst erfolgte die feierliche Einkleidung, die Investitur.

Die Abgeordneten der Reichsstadt Nürnberg reichten ihm die Strümpfe und die Schuhe, die brandenburgischen Gesandten waren ihm beim Anlegen der Dalmatika behilflich. Dann überreichten ihm die Nürnberger kniend den Gürtel, den er sich selbst umschnallte; der Markgraf von Brandenburg, des Reichs Kämmerer, that ihm die Stola um. Halbangezogen kehrte der Kaiser in das Schiff zurück, wo der Erzbischof von Mainz abermals ein Gebet über ihn verrichtete. Die Erzbischöfe von Trier und Köln reichten ihm das blanke Schwert Karls des Grossen, das er so lange in der Hand behielt, bis der Erz-

Die Atlassschuhe Karls des Grossen, zum Binden, mit Perlenstickerei und Edelsteinen verziert, gut besohlt, sogenannte Sandalen, wie sie zu den Insignien der Römisch-Deutschen Kaiser und den Kleinodien der Könige von Frankreich gehörten (in der Reichsstadt Nürnberg und in der Abtei von Saint-Denis).

bischof von Mainz fertig mit Beten war; dann reichte er das Schwert dem Herzog von Sachsen, des Reichs Marschall, der es dem Könige vorantrug und der es jetzt in die Scheide stiess und seinem Herrn umgürtete. Hierauf zog der König die Handschuhe an, welche ihm der Dompropst in einer Schale präsentierte, nahm das Zepter in die rechte, den Reichsapfel in die linke Hand, und bekam endlich vom Erbkämmerer den Krönungsmantel um. Damit kniete er nieder, und nun setzten ihm die drei geistlichen Kurfürsten, der Erzbischof von Mainz als des Deutschen Reichs Erzkanzler, der Erzbischof von Köln als Kanzler von Italien und der Erzbischof von Trier als Kanzler von Burgund gemeinschaftlich die vom Erbschatzmeister bereitgehaltene Kaiserkrone auf, jene achteckige, achtfeldige, mit einem Bügel versehene Krone, welche die Germania auf dem Niederwald emporhebt. Dieser Umstand: dass dem deutschen Kaiser seine Krone von den drei Erzbischöfen aufgesetzt ward, fällt sehr ins Gewicht; er war nicht unmittelbar von Gottes Gnaden, konnte nicht von einer *ex Se Sua nata Corona* sprechen. Die Krönung des ersten Königs von Preussen, am 18. Januar 1701 ist deshalb bemerkenswert, weil sich Friedrich I. zu Königsberg die Krone selbst aufsetzte und dann auch seine Gemahlin Sophie Charlotte höchsteigenhändig krönte — ihm ahmte Napoleon I. nach, indem er am 2. Dezember 1804, im Gegensatze zu dem früher zu Reims beobachteten Zeremoniell, in der Pariser Frauenkirche erst sich selbst, dann Josephinen die kaiserliche Krone aufs Haupt drückte und den alten Papst Pius VII. nur die übrigen Zeremonien verrichten liess. Und das ist die Gepflogenheit der russischen Selbstherrscher bis auf den allerneuesten. Die Krönung der Zaren erfolgt in Moskau, in Gegenwart der höchsten Reichsbeamten, auch der polnischen und finnischen Delegierten, des Adels, der Bürger und der Bauern. Vor der Krönung spricht der Zar das Nicäische Glaubensbekenntnis, um seiner Zugehörigkeit zur Russischen Kirche Ausdruck zu verleihen, dann aber setzt er sich die Krone auf, hängt sich selbst den Purpurmantel um, umgürtet sich mit dem Schwert und ergreift mit eignen Händen Zepter und Reichsapfel, um zu dokumentieren, dass ihm seine Macht von niemand übertragen, dass er Samoderschetz, Autokrator, Selbstherrscher aller Reussen sei.

Nach erneuten Gebeten schritt der Kaiser, der nun so aussah, wie ihn unser Vollbild darstellt, mit den sieben Kurfürsten die Stufen zum Hochaltar hinauf und legte, erst in lateinischer, dann in deutscher Sprache auf das Evangelienbuch einen zweiten Eid ab, der ähnlich lautete wie der erste. Dann nahmen die Erzämter die Kleinodien wieder an sich, der Kaiser setzte sich und empfing im Verlauf des Hochamtes, ohne Krone, wie ein anderer Mensch das heilige Abendmahl.

Den Schlussakt bildete die Einsetzung oder die Inthronisation. Der König setzte seine Krone wieder auf und sich damit auf den Thron, der im Chor der Kirche aufgestellt war: der Erzbischof von Mainz sprach ihm im Namen der Kur seine Glückwünsche aus und stimmte hierauf am Hochaltare das Tedeum an, in das sich Kanonendonner, Glockengeläute, der Zuruf des Volkes mischte. Immer auf dem Throne, liess sich der Kaiser vom Erzmarschall das Schwert Karls des Grossen geben und erteilte damit *zuo Gotes und Marien Ér* einer Reihe auserlesener Knappen, jeder Kurfürst durfte zwölf vorschlagen, den Ritterschlag. Es war die vornehmste Schwertleite, vom Kaiser mit dem Schwerte Karls des Grossen als Reichsritter berührt zu werden. Seit Menschengedenken hatte das alte Geschlecht der Dalberg diesen Vorzug; ein

Dalberg war gewöhnlich der erste, der bei der Kaiserkrönung von der Hand des Kaisers den Ritterschlag empfing. *Ist kein Dalberg da?* — rief der kaiserliche Herold mit lauter Stimme in die Kirche hinein, wenn der Ritterschlag begann; dieser Ruf ertönte angeblich schon in Rom, als zum letztenmal (A. D. 1452) ein deutscher König, Friedrich III., dort gekrönt ward. Die Ehre soll sich auf besondere Dienste gründen, welche die Familie Dalberg den Kaisern geleistet habe. Nach dem Ritterschlage wurde der Kaiser selbst noch von Aachen zum Domherrn des Aachener Stifts ernannt und als solcher verpflichtet.

c. Das Krönungsmahl auf dem Römer.

Zu Tische, zu Tische — wie es zu Tische ging — über die mit rotgelbweissem Tuch belegte Mainbrücke — die vornehmen Diener, die das Reichsoberhaupt hat: vierundvierzig Grafen — des Reichs Kämmerer bringt ihm Wasser zum Händewaschen, des Reichs Marschall Haferbrot, des Reichs Truchsess ein Stück Roastbeef, des Reichs Schenk zu trinken — alle vier steigen aufs Pferd, um dem Kaiser zu holen, was er braucht — hierauf isst und trinkt das Volk, es folgen die obenerwähnten Improvisationen aus dem Schlaraffenland — ein Blick in den Speisesaal: wie die allerhöchsten und höchsten Herrschaften sitzen — die geistlichen Kurfürsten bedienen nicht mit, sie gehören einem andern feudalen Gliedbau an — der göttliche Ursprung der alten Könige — nach aufgehobener Tafel.

Die Speisen trug der Pfalzgraf des Rheins,
Es schenkte der Böhme des perlenden Weins,
Und alle die Wähler, die sieben,
Wie der Sterne Chor um die Sonne sich stellt,
Umstanden geschäftig den Herrscher der Welt,
Die Würde des Amtes zu üben.

Nun kam das Vergnügen. Gekrönt, gesalbt, gesegnet, mit den Reichskleinodien versehen, begab sich der Kaiser zu Fusse nach dem Römer. Es werden von den hohen Herrn viele Gott gedankt haben, wenn es endlich so weit war. Hatte der König (wie zum Beispiel Joseph II.) keinen hohen Wuchs, so schleppte er sich in den ungeheuren Gewandstücken und mit seinen Kleinodien nach dem Zeugnisse Goethes wie in einer Verkleidung einher: zwar wurden sie eingenäht und angepasst, so gut wie möglich, aber sie schlotterten doch: die Krone, wenn gleich gefüttert, stand wie ein überhängendes Dach von seinem Kopfe ab. Die ältesten Frankfurter Schöffen hielten den goldgestickten Himmel über ihn, wie vorhin: unmittelbar hinter ihm schritten die drei geistlichen Kurfürsten, Kurmainz trug an einem silbernen Stabe das neue Reichssiegel, das dem päpstlichen Fischerring entsprach. Kaiser und Könige siegelten rot und verliehen den Gebrauch der roten Siegelfarbe als Auszeichnung an Städte und Herren; des grünen Wachses bedienten sich die geistlichen Würdenträger, die freien Reichsstädte des weissen, die Grossmeister der geistlichen Ritterorden siegelten schwarz. Vom Domplatz zum Römerberge brauchte man nur den Markt entlang zu gehen; aber der Zug wurde gewöhnlich einen weiten Umweg geführt, damit er gesehen werden und sich überhaupt entfalten könne. Er pflegte über die Alte Brücke nach Sachsenhausen und dann wieder über den Main, die Fahrgasse und die Zeil hinunterzugehen. Die Brücke wurde, wie schon erwähnt, mit rotgelbweissem Tuch belegt, und dieses durch die Fusstritte der Majestät geheiligte Gewebe dem Volke preisgegeben, das sich darum riss. Jetzt galt es eins von den vielen Fenstern am Römerberg zu besitzen und am Platze zu sein, denn nun kam das Interessanteste. Die Fenster wurden wie heutzutage bei ähnlichen Gelegenheiten vermietet und mit Hunderten von Mark bezahlt.

Neuerer Offizier der päpstlichen Nobelgarde in Galauniform: weisse Lederbeinkleider mit hohen Stiefeln, roter, mit Goldtressen besetzter Rock, Helm mit Federbusch und Rossschweif. Seit 1870 hat das Korps diese Uniform nicht mehr angelegt. Kleinpauls *Rom* entnommen.

Hatte die Prozession den Römer erreicht, so stieg der Kaiser die breite steinerne Treppe zum Kaisersaal im ersten Stock hinauf, einem unregelmässigen Tonnengewölbe, in welchem gespeist ward. Ganz hinten, am Ende des Saales, unmittelbar an den Fenstern, sass der Kaiser unter einem Baldachin an einem besonderen, auf Thronstufen erhöhten Tische; rückwärts, in einiger Entfernung lagen die Kleinodien auf Kissen. Speiste die Kaiserin mit, so sass sie entweder neben dem Kaiser oder drei Stufen tiefer an einer besonderen Tafel. Vor dem kaiserlichen Hochsitze waren, den ganzen oberen Saal ausfüllend, die Estraden, Tische, Baldachine und Büffette der drei geistlichen Kurfürsten: Kurmainz dem Kaiser gegenüber, Kurtrier zur Rechten und Kurköln zur Linken der Majestät *); im unteren Teile des Saales, nach der Thüre zu die der vier weltlichen Kurfürsten. Die letzteren standen zu Goethes Zeit wie die grosse Tafel in der Mitte fast ganz leer, wenn sie auch serviert und

Der Deutsche König Sigismund den Burggrafen Friedrich von Nürnberg, aus dem Hause Hohenzollern, mit der Mark Brandenburg belehnend und ihm damit die Brandenburgische Kurwürde und das Erzkämmereramt erteilend; zu Konstanz, 18. April 1417. Der König, ein angehender Fünfziger, noch kein Kaiser, sitzt, das Schwert, mit welchem er die Markgrafschaft übergeben will, in der Hand, von den Reichsinsignien umgeben, auf dem Throne, dessen Sitz mit einem *Plûmît* belegt ist; hinter ihm der Erzmarschall mit dem Reichsschwerte, an seiner linken Seite der Erztruchsess mit dem Reichsapfel, zur Rechten der Erzbischof von Köln mit dem Reichsstabe. Diese drei Kurfürsten sind in Kurhabit: Kurmantel, Hermelinkragen und Kurhut (bei dem Geistlichen ein Barett). Trompetenstoss. Nach einem alten Kupferstich in dem *Deutschen Regierungs- und Ehrenspiegel* von J. U. Pregitzer (Berlin 1703, *in Verlegung von J. M. Rüdiger*).

*) Der *Magenkraft,* wie es auf deutsch hiess, will sagen: der grossen Kraft. *Majestas,* vielleicht schon von Horaz in seinen *Episteln (II, 1, 258)* dem Kaiser Augustus als Titel gegeben, ging als solcher im 14. Jahrhundert auf die römisch-deutschen Kaiser, von ihnen allmählich auf die Könige und Königinnen des westlichen Europas über. Mittelhochdeutsch: *Majestât,* später *Majestet.* Eine Übersetzung ist auch das russische *Wjêlitschesstwo,* Grösse.

mit je drei verdeckten Gerichten besetzt wurden. Die weltlichen Kurfürsten waren abwesend, und ihre Wahlbotschafter, die diese Plätze hätten einnehmen sollen, speisten in der Stadt oder mit den Erbämtern in einem Nebenzimmer. Aber die Erbämter thaten noch ihre Pflicht, indem sie, echt feudal (10), dem Monarchen diejenigen persönlichen Dienste leisteten, die ihren Chefs, den weltlichen Kurfürsten, angewiesen waren, und die Rolle seiner Leibdiener, man könnte sagen: seiner persönlichen Adjutanten spielten. Die weitere Bedienung versahen vierundvierzig Grafen.

Die geistlichen Kurfürsten verrichteten keine solchen Dienste; sie waren nur hier, um die neue Ordnung der Dinge durch ihre Gegenwart zu sanktionieren. Sie gehörten einem anderen feudalen Gliedbau, einem anderen Adel an, der über dem Reiche stand: ihr Oberlehnsherr war der Papst, und dieser geistliche Herr der Welt, der Stellvertreter Gottes auf Erden, verlieh die Kronen, wie er ihnen ihre Ämter verliehen hatte. *Von Gottes und des Apostolischen Stuhles Gnaden, Dei et Apostolicae Sedis Gratia* schrieb sich die hohe Geistlichkeit — der Kaiser, den sie im Namen des heiligen Stuhles salbten und krönten, bedurfte ebenfalls dieses Mittlers zu seinem Amt, auch er regierte zunächst: *Apostolicae Sedis Gratia.* König war von Haus aus ein Sohn von Familie oder von Geburt — *König*, althochdeutsch: *Kuning,* daraus wie *Pfennig* aus *Pfenning* hervorgegangen, ist ein Patronymikon, das die Abstammung von einem Geschlechte, einem vornehmen Geschlechte, einem *Kuni* anzeigt. Dieses edle Geschlecht leitete seinen Ursprung von den Göttern selber ab: die Könige führten wie die Ynglinger in Schweden, die Skjöldunger in Dänemark ihren Stammbaum bis auf Odin zurück, was so viel heisst wie: dass Odin selbst der erste König gewesen war. Gerade so stammten die griechischen Könige vom Zeus. Dieser heidnischen Genealogie war mit dem Christentum ein Ende gemacht worden; fortan gab es nur einen Sohn eines fremden Gottes,

---

Fortsetzung der Erklärung zu gegenüberstehendem Bilde: Er nannte sich nun als Kurfürst von Brandenburg: Friedrich I., womit die eigentliche Entstehung des Preussischen Staates zusammenfällt und seine Entwickelung anhebt (18. April 1417). Im Jahre 1618 fiel das Herzogtum Preussen an Brandenburg, Preussen wurde 1701 als einziger souveräner Besitz der brandenburgischen Hohenzollern zum Königreich erhoben. Der Vasall kniet, die Fahne von Nürnberg in der Hand, barhaupt, langlockig und langbärtig, in langem, kostbar gegürtetem, besetztem Rock und langschnäbeligen Sandalen vor seinem Lehnsherrn und schwört, ihm treu, hold und gewärtig sein zu wollen (6). Er ist der Gemahl der schönen Else von Bayern, diese die Stammutter der preussischen Könige; er selbst der Begründer der Hohenzollernschen Grösse, der Ahnherr des neuen Deutschen Kaiserhauses. Sein Wahlspruch war: *ein Amtmann Gottes am Fürstentum zu sein, damit das Recht gestärkt, das Unrecht gekränkt werde.* Hinter ihm kniet sein ältester Sohn Johann, der die von Silber und Schwarz quadrierte Fahne der Grafschaft Hohenzollern in der Hand hält und mit einem langen, an den Seiten offenen Mantel bekleidet ist. Hinter diesem Gerichtspersonen, die Wahrzeichen der Besitzergreifung und der Auflassung des Lehens in der Hand (Stab, Halm, ausgestochener Rasen oder Wasen). Hinter dem Schultheissen guckt der jüngere Sohn des Burggrafen, Friedrich vor, der allerdings damals kaum vier Jahre zählte. Trompetenstoss. Nach einem alten Kupferstich in dem *Deutschen Regierungs- und Ehrenspiegel* von J. U. Pregitzer (Berlin 1703, *in Verlegung von J. M. Rüdiger*).

der einen Apostel hatte, dessen Nachfolger die römischen Päpste waren. Alle Göttlichkeit und alle Heiligkeit auf Erden war von den Königen

Der Burggraf von Nürnberg Friedrich VI., aus dem Hause Hohenzollern, auf dem Konzil zu Konstanz von König Sigismund mit dem Kurfürstentum Brandenburg belehnt.

gewichen und auf dieses neue Geschlecht übergegangen, das sich die Kirche nannte und das wie der Stamm Levi das Priesterrecht besass. Jedes andere Geschlecht, auch das vornehmste, erschien diesem Geschlechte gegenüber nur profan; es allein konnte einem Herrscher die rechte Weihe geben. Und deshalb sassen die drei geistlichen Kurfürsten um den Kaiser herum wie Gottes Abgesandte — sassen sie noch zu Goethes Zeit wie Mumien um ihn herum, als Thron und Altar bereits verlassen und aufgegeben waren, die weltlichen Kurfürsten alle fehlten, die grosse Tafel gespensterhaft leuchtete, das festliche Krönungsmahl wie ein Leichenschmaus verlief und der hohe Adel seine Schüsseln für die Geister hinzusetzen schien.

Der persönliche Dienst des Kaisers begann nach altem Herkommen wie folgt. Zuerst hatte der Erzmarschall, der Kurfürst von Sachsen oder aber sein Stellvertreter, der Reichserbmarschall von Pappenheim in den Hafer hineinzureiten, der auf dem Römerberge aufgeschüttet war, so tief hineinzureiten, dass dem Pferde das Getreide bis an den Bauch ging. Er hielt ein Henkelmass von Silber in der Hand, schöpfte das Gefäss voll Hafer, strich es mit einem silbernen Streichholz ab und brachte es dem Kaiser, der am Fenster stand und zusah; worauf der übrige Hafer dem Volke preisgegeben und von diesem eingesackt ward. Wir erinnern uns hier, dass Hafer die älteste europäische Brotfrucht und Haferbrei einmal das Nationalgericht der Deutschen gewesen ist (Seite 121). Sicherlich baute man neben dem Hafer längst Gerste und Weizen: wer in Wales im 10. Jahrhundert auf einem fürstlichen Kornboden eine (damals noch seltene) Katze tötete, musste sie mit einem Haufen Weizen büssen, der Haufe so gross sein, dass er die Katze, wenn sie am Schwanze aufgehängt ward, vollständig bedeckte. Aber im Zeremoniell des Mittelalters hielt sich das älteste Korn, wie die geröstete Gerste im griechischen Opferritual. Der Sinn des Brauchs war offenbar der: dem Kaiser das Brot zu bringen, wie ihm gleich nachher Fleisch und Wein gebracht ward. Späterhin verstand man die Absicht nicht mehr, den Hafer bekam das Pferd und der Reichsquartiermeister, ein Unterbeamter des Erbmarschalls, das silberne Gefäss.

Hierauf machte sich der Kurfürst von Brandenburg, beziehentlich der Erbkämmerer auf, das heisst, er sass auf, um dem Kaiser das Handwasser zu holen. Er kam mit einem silbernen Waschbecken und einem Handtuche angeritten und reichte es dem Lehnsherrn. Die Reihe traf nun den Kurfürsten von der Pfalz, den Erztruchsess oder den Reichserbtruchsess, der dem Kaiser den Braten aufzutragen hatte. Er sprengte mit einer silbernen Schüssel nach der Küche, in welcher der Ochse von fleissigen Händen mit dem Bratrad über dem Feuer gewendet ward, schnitt ein schönes Stück Roastbeef ab und brachte es auf seiner Schüssel in den Römer, worauf die Küche preisgegeben ward. Endlich ritt der König von Böhmen als Erzschenk oder der Reichserbschenk zu dem Weinspringbrunnen, liess einen Becher

Der dreifach gekrönte Papst auf dem Tragsessel, der *Sedia Gestatoria* sitzend; hinter ihm die heiligen Fächer (*Flabelli*), vergleiche unser Vollbild: *der neuerwählte Doge von Venedig*, Seite 330. Genau denselben Anblick bot schon der ägyptische Pharao: ein dem vorstehenden in allen Einzelheiten entsprechendes Bild habe ich in Silsilis in Oberägypten gefunden. Der Papst wird bei allen Amtsverrichtungen getragen, *incedendo sulla Sedia Gestatoria*; dieselbe ist ein Armstuhl, der auf einer Bahre steht: die Bahre nehmen vierzehn *Sediari*, die Krausen um den Hals und Schauben von rotem Sammet anhaben, auf die Schultern. Die Fächer bestehen aus weissen Straussfedern und aus Pfauenfedern, bilden einen Halbkreis und haben Stiele, die 3,5 m lang und mit rotem Sammet überzogen sind. Der Papst ist *in Pontificalibus* und hat das *Triregnum* auf dem Kopfe; Weihrauchfässer werden geschwungen, Erzbischöfe, Bischöfe und Äbte, auch weltliche Fürsten erwarten schauernd das Vorüberziehn des Höchsten. Im Vordergrunde der Schweizerhauptmann. Der Ort ist die Peterskirche; rechts im Hintergrunde die Bronzestatue des heiligen Petrus. Kleinpauls *Rom in Wort und Bild* entnommen.

voll laufen und brachte ihn dem Kaiser, worauf der Springbrunnen preisgegeben ward. Die kaiserliche Tafel war somit bestellt, die des Volkes auch; es fehlte nur noch der Mammon. Aber nun bestieg der Erbschatzmeister sein Ross, griff tief in den Beutel und liess es wirbeln wie Märzenstaub. Inzwischen sprach der Erzbischof von Mainz oben im Römer unter dem Donner von Kanonen das Tischgebet, und das eigentliche Gastmahl begann. Während der Tafel hatte der genannte Kurfürst dem Kaiser die neuen Reichssiegel vorzulegen, die er sich als Grosssiegelbewahrer um den Hals hing. Nach aufgehobener Tafel erschien der Kaiser noch einmal in vollem Ornate an dem offenen balkonartigen Fenster, um sich dem Volke zu zeigen; dann fuhr er, von den Kurfürsten und Wahlbotschaftern begleitet, unter Vortragen der Reichskleinodien in seinen Saalhof, wo er die Glückwünsche der Reichsstände und Reichsstädte, die Huldigung der Frankfurter Bürgerschaft entgegennahm. Die Juden wurden von einem kaiserlichen Kommissar in Eid und Pflicht genommen, worauf sie die Kronsteuer entrichteten. Reiste der Kaiser ab, so geleiteten ihn die städtischen Kompagnien zu Pferde unter Abfeuern von 300 Kanonenschüssen; bei der Abreise eines Kurfürsten donnerten 125 Kanonenschüsse. Das Salutschiessen ist mit den Geschützen (Anfang des 14. Jahrhunderts) aufgekommen; wahrscheinlich musste die Zahl der Ehrenschüsse schon damals eine ungerade (101. 33. 303) sein, weil man sich vor den geraden Zahlen fürchtete.

d. Die Goldene Bulle.

Das Reichsgrundgesetz, das auf den Reichstagen zu Nürnberg und Metz gegeben ward und das bis zur Auflösung des Deutschen Reiches in Kraft gewesen ist — die Kaiserwahl endgültig den sieben Kurfürsten übertragen — das goldene Majestätssiegel war die Bulle an der Bulle — eine goldene Siegelkapsel — Vorder- und Rückseite derselben, die berühmte Siegellegende — das Frankfurter Exemplar: *le Taureau d'or* — die Erlasse der Päpste: Bleibullen — die Bulle *Unam Sanctam* — der Traum von einer päpstlichen Universalmonarchie — die Kaiserwürde war als eine universelle zu der nationalen Königswürde hinzugetreten; die Kirche erst recht universell.

Die bei der Wahl des Reichsoberhauptes zu beobachtenden Förmlichkeiten und Gebräuche, die Obliegenheiten und Rechte der sieben Kurfürsten, die von ihnen am kaiserlichen Hoflager zu leistenden Ehrendienste, die Verhältnisse der Erzämter und der denselben entsprechenden Erbämter zu einander — sind zum erstenmal offiziell unter Kaiser Karl IV. in dem obenerwähnten Reichsgrundgesetz geregelt worden, das den Namen der *Goldenen Bulle* trägt. Hierin wird den sieben reichsunmittelbaren mächtigen Fürsten, den Inhabern der Erzämter und der Hauptländer und Hauptkirchen des Reichs, das ausschliessliche Vorrecht, den König und Kaiser zu küren, förmlich bestätigt, nachdem sie längst als Kurfürsten in den Vordergrund getreten waren und eine exklusive Gesellschaft gebildet hatten, in die sie die übrigen Fürsten nicht einliessen, so sehr die auch darnach strebten. Wir wiesen schon (626/7) darauf hin, wie das Wahlrecht bis ins 12. Jahrhundert von allen Fürsten, gleichviel ob sie ihr Lehen unmittelbar vom Reich, oder aus zweiter und dritter Hand empfingen, ausgeübt worden war. Hier wird ferner vorgeschrieben, wie der Herzog von Sachsen, als *Archimarescalcus* des Reichs, zu

Reliefs aus Lutetia Parisiorum, im 18. Jahrhundert, bei dem Umbau des Chors, nebst dem Votivaltar von Seite 171 im Untergrunde der Pariser Frauenkirche gefunden, die A. D. 1163 gegründet ward, zu der Papst Alexander III. den ersten Stein einsetzte und die an die Stelle zweier älterer Kirchen trat, aber von Haus aus ein Isistempel war. Links anscheinend ein römischer Hauptmann (*Centurio*), der einen ledernen Helm (*Galea*) auf dem Kopfe, einen Panzer (*Lorica*) an und darüber ein Umschlagetuch (*Amictus*), in der rechten Hand sein Abzeichen, den Rebstock (*Vitis*) hat. Rechts eine Figur, die den Flügelhut (*Petasus*) und die *Chlamys* des Hermes trägt, letztere auf der rechten Schulter mit einer Sicherheitsnadel (*Fibula*) befestigt. Die dritte erkennbare Figur ist die eines Jünglings, der eine kurzärmelige, gegürtete Tunika (*Colobium*) und darüber die Toga trägt. Der *Taurus trigeranus* von Seite 147, der ebenfalls unter dem Chor von Notre Dame ausgegrabene Drei-Kranich-Stier, wird als ein gallisches Götzenbild noch in den romantischen Heldengedichten den Ungläubigen zugeschrieben; Ariost lässt im *Orlando Furioso* einen Heiden bei Muhammed und *Trivigante* (XII, 59); Lafontaine in seinen *Contes* (*la Fiancée du Roi de Garbe*) einen andern bei Muhammed, Jupiter und *Tarvagant* fluchen. Lafontaine folgt augenscheinlich nur dem Ariost.

Pferde, in der Hand ein silbernes Streichholz und ein silbernes Mass, in letzterem Hafer fassen und einem Diener darreichen; und wie beides, Mass und Streichholz, zwölf Mark an Gewicht haben soll. Wenn dann der Kaiser und König zu Tische geht, heisst es, so sollen die geistlichen Kurfürsten mit den andern Prälaten vor der Tafel stehen, den Segen sprechen und dem Kaiser Brief und Siegel überreichen und wieder an sich nehmen. Dann soll der Markgraf von Brandenburg als *Archicamerarius*, in der einen Hand eine silberne Kanne, in der andern Hand ein silbernes Waschbecken, dazu eine schöne Handquehle, vom Pferde steigen und dem Kaiser und Könige Wasser auf die Hände zum Händewaschen geben; das Geschirr soll wiederum ein Gewicht von zwölf Mark haben. Wir erinnern uns vom Gelde (Seite 447) her, dass die Mark ein kleines halbes Pfund darstellte. Hierauf soll der Pfalzgraf als *Archidapifer* vom Pferde steigen und vier silberne Schüsseln, jede von drei Mark Gewicht, voll Speisen bringen und dem Kaiser und Könige vorsetzen. Endlich soll der König von Böheim als *Archipincerna* mit einem silbernen Kopfe, das heisst: mit einem silbernen Becher voll Wein und Wasser angeritten kommen, absitzen und dem Kaiser und Könige *eins zu bürsten* geben. *) Notabene, der Kopf soll mit dem Deckel abermals zwölf Mark wiegen. Als worauf der von Falkenstein als *Subcamerarius* das Pferd und die Becken des Markgrafen von Brandenburg; der *Vicedapifer* von Nortenberg das Pferd und die Schüsseln des Pfalzgrafen; der *Vicepincerna* von Limburg das Pferd und den Becher des Königs von Böhmen; und der *Vicemarescalcus* von Pappenheim das Pferd, das Streichholz und das Mass des Herzogs von Sachsen an sich zu nehmen hat. Man sieht, dass die Erbämter als Substituten oder Vikare der Erzämter bezeichnet werden, was sie ja auch sind; das *Vice-* oder das *Sub-* macht das Verhältnis viel deutlicher als das herkömmliche, irreführende *Erb-*. Für den Fall, dass die Erbämter nicht zugegen sind, ist die Bestimmung getroffen, dass sie wieder gewöhnliche Hofbeamte bei den Erzämtern vertreten, den letzteren aufwarten und das Silber und die Pferde abnehmen sollen.

Im Speisesaale sollen unterhalb des kaiserlichen Hochsitzes für die geistlichen und weltlichen Kurfürsten sieben Tische angerichtet werden, drei zur Rechten und drei zur Linken, der siebente dem Angesichte des Kaisers und Königs gerade gegenüber. Zur Zeit Goethes sass, wie oben erwähnt, Kurmainz den Majestäten gegenüber, Kurtrier zur Rechten und Kurköln zur Linken, während die Tische der weltlichen Kurfürsten zusammen im untern Teile des Saales gestanden zu haben scheinen. Aber der Unterschied zwischen den grossen Vasallen des Reiches und denen der Kirche tritt auch in diesen Bestimmungen hervor. Die geistlichen Kurfürsten gingen mit dem Kaiser zu Tische und nahmen Platz, weil sie nicht zu bedienen, sondern nur zu beten hatten, die weltlichen dagegen hatten im eigentlichen

---

*) *Darnach kompt der König von Böheim, der Erzschenk, auf seinem Pferd, und soll fůren in seiner Hand einen silberin Kopf, der XIJ Mark Silbers an Gewicht hab, der gedeckt sei und vol Weins und Wassers durcheinandergemischt sei, und sol von dem Pferd stehn und denselben Kopf reichen einem Keiser oder König zu trinken.* Reichsordnungen Worms 1539 11 b, nach der Goldenen Bulle. Der Kopf war ein bauchiger, geriefter Becher, gewöhnlich mit Fuss. Sagen wir kurz: es war ein Römer. Vergleiche oben Seite 624.

Sinne alle Hände voll zu thun; und zwar, heisst es, *soll keinem der weltlichen Kurfürsten nach Verrichtung seines Amtes gestattet sein, sich an seinen Tisch zu setzen, so lange einer seiner Kollegen noch funktioniert: sondern wenn sie ihren Dienst versehen haben, sollen sie an ihre Tische treten und daselbst stehen und solange warten, bis die anderen fertig sind und ihre Pflicht erfüllt haben, und dann alle zusammen, jeder an seinem Tische, niedersitzen.* Alles dies und noch vieles andere steht in der Goldenen Bulle, im ersten Hauptabschnitte, der von den Kurfürsten, ihren Rechten und ihren Pflichten handelt; der zweite bezieht sich auf das Faustrecht.

Dieses grosse Verfassungsgesetz des Deutschen Reiches, das als solches bis zu dessen Auflösung im Jahre 1806 ge-

Fränkische Könige, aus dem Geschlechte der Merowinger: Chlodwig. Liegende Statue dieses Königs, den wir auf Seite 61 als jungen Mann gesehen haben und der, A. D. 511 gestorben, nur 45 Jahre alt geworden ist; von seinem Grabmal in der Kirche der heiligen Genoveva, die er mit seiner Gemahlin hatte erbauen lassen, vergleiche Seite 41. *Chlodwig* eine ältere Form des Namens *Ludwig*, französisch: *Clovis.* Charakteristisch ist der Haarschmuck: Haupt- und Barthaar hängt ungeschoren in langen Strähnen herab. *Sed cum ignorarem quisnam esset*, schreibt Gregor von Tours in seiner *Historia Francorum* (VIII, 10), *a Caesarie prolixa cognovi Chlodoveum esse.* Die alten fränkischen Könige, die Merowinger, hiessen: **Könige im Haar**, *Reges Criniti*. weil ihnen (und dem hohen Adel) allein das Recht zustand, langes Haar zu tragen. Die Karolinger dagegen trugen das Haar kurz. Übrigens ist die Tracht keine altfränkische mehr, sondern schon die höfische des 11. Jahrhunderts: lange Tunika, über den Hüften mit einem Gürtel gegürtet, dessen eines Ende herunter und an dem die Geldtasche (*Eleemosynaria, Aumonière*) hängt; unten gesäumt, an den Handgelenken mit Goldborte besetzt, oben mit einem grossen, runden, derben Kragen, der an der Halsöffnung gestickt ist — darüber ein Mantel, der vorn auf der Brust mit einen *Fürspan* zusammengehalten ist. Gestickte Schuhe, die über dem Spann ausgeschnitten und an der Fusswurzel geschnallt sind. Krone und Zepter, Kopfkissen und Fusspolster.

golten hat, wurde nach längeren Vorberatungen (10. Januar 1356) auf dem Reichstage zu Nürnberg angenommen, auf dem Reichstage zu Metz (25. Dezember 1356) ergänzt und auf dreissig Kapitel gebracht, in der kaiserlichen Kanzlei von zwei Juristen, dem Kanzler Rudolf von Friedberg und dem Hofgrafen Bartolus in lateinischer Sprache ausgefertigt und endlich mit vielem Gepränge öffentlich bekannt gemacht oder *promulgiert*. *Omne Regnum*, so hebt es an, *in se divisum desolabitur, nam Principes ejus facti sunt socii furum.* Der Urkunde wurde, wie das am Byzantinischen Hofe und seit den Ottonen auch am Deutschen üblich war, das goldene Majestätssiegel angehängt — gewöhnlich siegelten die Kaiser und Könige mit rotem Wachse, wie wir oben (640) erfahren haben, aber bei wichtigen Briefen und hohen Adressaten bedienten sie sich des Goldes. Dieses goldene Siegel war eigentlich die *Bulla*, nach der das Ganze: *Bulla Aurea* (auf dem Berge Athos: *Chrysobullon*) genannt ward. Es wurde anfangs massiv wie eine Münze oder eine Medaille geprägt; später, und diese Bedeutung hatte das Wort *Bulla aurea* bereits im alten Rom, nur in Form einer goldenen, mit Harz gefüllten Kapsel, deren Deckel zwei getriebene Goldbleche bildeten. Der Avers der Karolinischen Bulle zeigte den *KAROLVS · QVARTVS · DIVINA · FAVENTE · CLEMENTIA · ROMANOR[VM] · IMPERATOR · SEMP[ER] · AVGVSTVS · ET · BOEMIE · REX* im Ornat, den Reichsapfel in der linken, den Reichsstab in der rechten Hand, auf dem Kopfe die Krone, auf einem mit zwei Kissen belegten Throne zwischen seinen Wappen sitzend. Den Revers bildete ein Phantasiethor der *AVREA · ROMA*, um welches als Legende der berühmte Leoninische Vers herumlief:

ROMA · CAPVT · MVNDI · REGIT · ORBIS · FRENA · ROTVNDI.

Jeder Kurfürst bekam eine Abschrift des Gesetzes mit angehängtem goldenen Majestätssiegel; auch die Stadt Frankfurt liess sich das Reichsgesetz mit einer goldenen Bulle versehen ausstellen, während sich Nürnberg mit einem Wachssiegel begnügte. Wahrscheinlich musste die goldene Bulle von dem Empfänger bezahlt oder durch eine besonders hohe Gebühr aufgewogen werden. Frankfurt bekam das Geld wieder heraus, indem es die Goldene Bulle auf dem Römer für etwas Bestimmtes sehen liess. Das kostete einen Dukaten, während die ganze Bulle etwa so gross wie ein Doppeldukaten war. Ein Engländer, der ihn erlegte, rief in schlechtem Französisch ärgerlich: *Il n'y a rien si cher en Angleterre même, que votre Taureau d'or!*

Er verstand wohl kein Latein wie Kaiser Karl IV. und das Kurfürstenkollegium, welchem letzteren die Kenntnis von vier Sprachen: der lateinischen, deutschen, italienischen und altslawischen, in einem Arikel der Goldnen Bulle ausdrücklich zur Pflicht gemacht war.

Das Frankfurter Exemplar befindet sich jetzt im Städtischen Archiv; es ist unter Napoleon mit nach Paris gewandert. Im Original war die Goldene Bulle A. D. 1356 im Reichsarchiv zu Mainz, zu Handen des Reichserzkanzlers, hinterlegt worden. Dieses Dokument hatte der Kaiser selbst mit Purpurtinte unterschrieben. Die Byzantinischen Kaiser versahen ihre *Chrysobullen* ausserdem mit dem Worte *Λόγος* (*τῆς Βασιλείας μου*), dem Monatsnamen, der Indiktionszahl und dem Einer in der Jahreszahl. Im Druck erschien sie ein Jahrhundert später, bald nach Erfindung der Buchdruckerkunst (Nürnberg 1474). Eine gute Abblildung der Siegelkapsel findet man in dem *Buche der Sammlungen*

Fränkische Könige, aus dem Geschlechte der Merowinger: Childebert I, einer der vier Söhne Chlodwigs, unter welche im Jahre 511 das Fränkische Reich geteilt ward. Seine Hauptstadt war Paris, und hier starb er A. D. 558. Das Bild stellt die Statue dar, welche, gegenwärtig in Notre Dame, einst im Refektorium des Klosters Saint-Germain des Prés stand. Dieses Kloster hatte der König Childebert auf den Rat des heiligen Germanus, des zwanzigsten Bischofs von Paris, *auf den Pariser Wiesen*, am linken Ufer der Stadt, unter Anrufung des heiligen (A. D 304 verstorbenen) Leviten und Märtyrers Vincentius bauen lassen: die Vincentiuskirche wurde vom heiligen Germanus an dem Tage eingeweiht, an welchem Childebert starb (23. Dezember 558); und der heilige Bischof A. D. 577 in einem anstossenden Oratorium, zwei Jahrhunderte später, A. D. 754 in Gegenwart Pippins des Kurzen und Karls des Grossen, damals noch eines Kindes, in der Kirche selbst begraben. Seitdem heisst die Kirche und das Kloster: *Saint-Germain des Prés*. Im 11. Jahrhundert wurde die Kirche im romanischen Stile neugebaut; hier bildete sich allmählich ein *Bourg* und ein *Faubourg Saint-Germain des Prés*, das unter Ludwig XIV. in Paris einverleibt ward. Der Pont Royal verband die Tuilerien mit dieser Vorstadt, die lange der Sitz der Aristokratie gewesen ist. Unter den Wiesen, die einst ihre Stelle einnahmen, war namentlich der *Pré aux Clercs* bekannt, wo die Studenten ihre Mensuren hatten. Die Statue, wie die des Vaters einer späteren Zeit angehörig, wahrscheinlich im 11. Jahrhundert entstanden, als die Kirche neugebaut ward, zeigt die höfische Tracht des Mittelalters: die lange, gegürtete Tunika und den mit einem Bande zusammengehaltenen Mantel. In der Hand hat der König nicht das Zepter, sondern die Stiftungsurkunde des gedachten Klosters.

von Otto Klasing (Velhagen & Klasing. Fünfte Auflage 1890). Die slawischen Völker nennen ein Siegel: *Petschet* oder *Petschat;* aus diesem slawischen Worte bildete sich in den österreichischen Kanzleien das angedeutschte: *Petschaft.*

* * *

In demselben Jahrhundert, 54 Jahre vor der Goldenen Bulle, am 18. November 1302 war eine Bleibulle erschienen, das heisst eine päpstliche Bulle, die Bulle *Unam Sanctam.* Das den päpstlichen Bullen angehängte Siegel besteht aus Blei; es wird bei Erlassen mit einer Schnur aus grauem Hanf, bei Gnadensachen aus gelber und roter Seide angehängt; der Avers zeigt (in alter Zeit) die Brustbilder der beiden Apostelfürsten Petrus und Paulus, der Revers den Namen des regierenden Papstes. Die Urkunde ist in lateinischer Sprache abgefasst und auf Pergament geschrieben und trägt als Überschrift abermals den Namen des Papstes und das Datum; dazwischen werden die Worte: *AD PERPETUAM REI MEMORIAM* eingeschaltet.

Die Bulle *Unam Sanctam* trug also den Namen: *Bonifacius VIII.;* denn von der Kanzlei dieses interessanten Papstes, der die äusserste Konsequenz der hierarchischen Grundsätze zog und den erhabenen Traum Gregors VII. von einer päpstlichen Universalmonarchie erneuerte, ging die zunächst auf Frankreich berechnete Bulle aus, die mit den Worten *Unam Sanctam* anhob.

— *Thuen zu wissen, dass im ausgereckten Arme der Katholischen Kirche zween Schwerter hangen, das geistliche und das weltliche Schwert. Das eine Schwert soll von der Kirche selbst gehandhabt und vom Papste geschwungen werden — das andere im Namen der Kirche, auf Befehl des Papstes und auf seine Erlaubnis hin von der Hand der Könige und der weltlichen Machthaber. Denn ein Schwert muss dem andern unterthänig sein, sonst gäbe es keine Ordnung; und der Apostel hat doch Ordnung geschaffen. Demnach soll sich die weltliche Gewalt der geistlichen fügen: geistliches Amt die Herren der Erde einsetzen und richten. Damit erfüllet werde, was der Prophet Jeremias im ersten Kapitel sagt: Constitui te super Gentes, et super Regna, ut evellas, et destruas, et disperdas, et dissipes, et aedifices et plantes.*

— *Subesse Romano Pontefici omnem humanam creaturam, declaramus, dicimus et definimus omnino esse de necessitate salutis.*

Wie stolz klingen diese Worte! — Noch zwei Jahrhunderte später, am 6. Mai 1493, zog Alexander VI., der ausschweifende Borgia, eine Demarkationslinie von einem Pol zum andern durch das Weltmeer westlich der Azoren und teilte die neuentdeckte Erde zwischen die Könige von Spanien und Portugal; noch vor wenigen Jahren wurde Papst Leo XIII. zum Schiedsrichter zwischen Deutschland und Spanien erwählt, *ut aedificet et plantet.*

Das war derselbe Bonifacius, der den päpstlichen Thron mit beispiellosem Pomp bestiegen, zum erstenmale das *Triregnum* aufgesetzt und glorreich Besitz ergriffen hatte — der Bonifacius, dem die Könige von Ungarn und von Sizilien die Zügel hielten und den sie bei seinem Krönungsmahle, die Krone auf dem Kopf, bedienten — der Bonifacius endlich, der den König von Frankreich unter einem früheren Datum (5. Dezember 1301) feierlich wissen liess, dass er sich vor dem Papste zu ducken habe: *scire te volumus, quod in Spiritualibus et Temporalibus Nobis subes* — und den der König, nachdem er die Bulle in den Ofen gesteckt hatte, wiederum wissen liess, er möchte kein Narr sein: *sciat maxima tua Fatuitas, in Temporalibus Nos alicui non subesse.*

Die Tracht.

a. Es kommt Besuch. Das Kleiderschenken.

Die mittelalterliche Höveschheit oder Hübschheit, verglichen mit der Urbanität der Alten — den Gegensatz bildet die Dörperheit oder die Tölpelhaftigkeit — der gute Ton der Ritterzeit wurde von Frankreich angegeben, von Flandern vermittelt — die höfische Erziehung, Zucht und Unzucht — ein eigenes Zeremoniell bildete sich an den Höfen auch den Gästen gegenüber aus — Formen des Empfanges: die Frauen begrüssen den ebenbürtigen Ankömmling mit einem Kusse — Willkommen und Brindisi — Aufnahme eines irrenden Ritters — man freute sich immer, wenn jemand kam, die Gastfreundschaft des Mittelalters, die Klöster — Bewirtung, Verpflegung, Unterbringung, Kleidung — dem Fremden wurden Kleider gegeben — diese Kleider wurden neu angefertigt, indessen nicht geschenkt, dies höchstens fahrenden Leuten — wie man noch heute seinem Gaste bequeme Sachen zur Verfügung stellt, in Italien ein frisches Hemd — nur das konnte dem fahrenden Ritter erwünscht sein, aber das brauchte er auch wirklich.

Alle Formen des höfischen Lebens waren im 12. und 13. Jahrhundert durch ein ausgebildetes Zeremoniell geregelt. Mit dem Ritterwesen, dessen Blüte in die Zeit der Kreuzzüge fiel und mit ihnen zusammenhing, hatte sich der Begriff der sogenannten Höveschheit entwickelt, den wir etwa mit: Guter Ton, etymologisch korrekt mit *Hübschheit* wiedergeben können, denn *hübsch* ist soviel wie *höfisch* und geht zunächst auf das gebildete Benehmen, das feine Betragen, die Hofsitte und den Hofton, nachher erst auf das Aussehen; *hübsch* bedeutet nichts anders als *höflich.* In der französischen Sprache entspricht der mittelalterlichen *Höveschheit:* die *Courtoisie,* in Italien die *Cortesia* — im Altertum hätte ihr vielmehr der Begriff der *Urbanitas* entsprochen, denn damals ging die Bildung von der Stadt aus. Sie that das, wir haben wiederholt, zum Beispiel Seite 332, darauf hingewiesen, später von neuem; aber es ist für die feudale Gesinnung des Mittelalters und der tonangebenden germanischen Rasse bezeichnend, dass dem Dorfe nicht mehr die Stadt, sondern der Hof, dem Bauer nicht mehr der Bürger, sondern der Hofmann entgegengesetzt ward. Der Bauer war der *Tölpel,* das heisst: der *Dörfer* oder der *Dörper*, was der Italiener: *Villano,* der Lateiner: *Rusticus* genannt hat; der feine Mann war der Höfling. Ich will dahingestellt sein lassen, welche Art Bildung die bessere, gesündere, eines freien Volkes würdigere gewesen ist, die städtische oder die höfische.

Dieser gute höfische Ton war von dem französischen Rittertum angegeben und den Deutschen über Flandern geliehen worden, daher man die Hübschheit auch als *vlæmische Höveschheit* oder kurzweg als *Vlæmischheit* zu bezeichnen liebte, vergleiche Seite 54. Dass wir noch heute *Tölpel* und nicht: *Törfer* oder *Dörfer* sagen, die niederdeutsche Form des Wortes *Dorf* brauchen, liegt eben an dieser flandrischen Vermittelung: da das Rittertum vom Niederrhein ausgegangen ist und keine *Waffen,* sondern *Wappen* mitgebracht hat, so ist ihm auch das ungeschliffene Benehmen der Dorfbewohner als *dörpisch,* nicht als *Dörferheit,* sondern als *Dörperheit* oder eben, das *r* hat sich durch Lambdazismus in *l* verwandelt: als *Tölpelhaftigkeit* erschienen.

Darstellungen des Heilands im frühen Mittelalter (6. bis 8. Jahrhundert); er ist gedacht als Prediger, das Wort Gottes verkündigend, das er in Form einer Rolle oder eines (mit Metall beschlagenen) Buches im Arme hat. Das Buch pflegt sonst den Propheten, den Bischof, den Diakonus, den Apostel, den Evangelisten, namentlich den Evangelisten Johannes auf Golgatha auszuzeichnen; unzweideutig charakterisiert aber den Sohn Gottes der kreuzförmige Nimbus, der durch ein eingezeichnetes Kreuz in vier Quadranten geteilte Diskus, der den drei Personen der heiligen Dreieinigkeit, beziehentlich der Taube, dem Lamm und der rechten Hand Gottes ausschliesslich zukommt. Wie gewöhnlich, sind nur drei Arme des Kreuzes sichtbar; die Seiten derselben (links) konkav. Der Nimbus kommt überhaupt ursprünglich nur Christus zu, bei dem er im 6. Jahrhundert üblich wird und von dem er in der christlichen Kunst auf die Engel, dann auf die Evangelisten und ihre Tiere, desgleichen auf die Apostel, endlich gegen Ende des 7 Jahrhunderts auf alle Heiligen übergeht. Übrigens ist der Heiland in römischer Tracht: auf dem blossen Leibe hat er den sogenannten heiligen Rock, die Tunika; darüber die Toga, die über die eine Schulter geworfen ist; kein Beinkleid. Nach Miniaturen in Handschriften der königlichen Bibliothek zu Brüssel von Horace de Viel-Castel gezeichnet.

Von den Bauern hob sich die exklusive ritterliche Gesellschaft nämlich besonders scharf ab — mit dem geistlichen Adel kam sie wenig in Berührung, vom Bürger wusste sie kaum, dass er existiere. Frühe wurden die Edelknaben und sehr häufig auch die adeligen Fräulein an einen Fürstenhof oder an einen kleineren Hof gebracht, um hier als Pagen zu dienen und eine standesgemässe Erziehung zu erhalten — dieser Hof entsprach einer modernen Pension und dem, was das kleine Volk (mit Züchten zu reden) unter einer *Benehmige* versteht. Denn hier mussten sie vielerlei, aber vor allen Dingen auch sich benehmen lernen — dazu hatten sie ihre Zuchtmeister und ihre Zuchtmeisterinnen, das heisst ihre Erzieher und ihre Erzieherinnen; denn die Erziehung nannte man: die Zucht, mittelhochdeutsch: *Zuht.* Daher nachgerade auch Zucht soviel hiess wie feine Sitte und Lebensart und ein Synonymon von *Höveschheit* abgab. Wer sich vor einer Dame mit Anstand verneigte, that es *in hôhen Zühten* — wer die gute Sitte hintansetzte, der that es *ûz den Zühten.* Das Gegenteil war die Unzucht: der Mangel an Erziehung, ein unschickliches Benehmen, ein Verstoss gegen die Sitte und gegen den guten Ton. Das Wort besass noch keinen sittlichen Beigeschmack, obwohl Sittlichkeit und Sitte kaum auseinanderzuhalten ist. Erst die Kirche hat Unzucht mit Unkeuschheit verwechselt.

Zu den höfischen Umgangsformen, die sich jeder Ritter anzueignen hatte, gehörte auch das Talent, den guten Wirt zu machen. Auch den zureisenden Gästen gegenüber gab es bestimmte Rücksichten zu nehmen, auch für den Empfang von Logierbesuch ein festes Zeremoniell. Hatte sich jemand angesagt, so wartete man, bis ein Bote kam, der die Ankunft meldete, gab dem letzteren ein Trinkgeld und ging dem Gast entgegen — Burgherr und Burgfrau ritten ihm ein Stück entgegen, und zwar mit doppeltem Gefolge, das erforderte die gute Sitte. Ehrenpforten wurden errichtet, Burg und Halle bekränzt, mit Guirlanden und Teppichen behangen, Blumen gestreut; vor dem Burgthor war gewöhnlich ein Zelt aufgeschlagen, wo die erste Begrüssung stattfand. Dazu gehörte von Seite der Frauen Händedruck und Kuss: die Dame vom Hause küsste den Ankömmling auf den Mund, mochte er ihr auch persönlich völlig unbekannt sein, wenn er nur ebenbürtig war. Fürst Gurnemanz bedeutet seine Tochter Liaze, sich von Parzival (III, 1792) küssen zu lassen und dem Ritter Ehre zu bieten. Wie Kriemhild Siegfrieden zum erstenmale sieht, in der 5. Âventiure des Nibelungenliedes, bewillkommnet sie den *wætlichen* Mann am Hofe auf Geheiss ihrer Brüder mit einem Kusse (297, 3) — dieselbe Kriemhild küsst am Hoflager Etzels nicht bloss diesen, nicht bloss dessen Bruder Blœdelîn und den König Gibeche, sondern auch noch zwölf Recken, die ihr der Markgraf Rüdiger bezeichnet (22. Âventiure: 1352, 3) — wie die Burgunden auf Bechelaren oder Pöchlarn angemeldet werden, sagt der Markgraf Rüdiger seiner Frau und seiner Tochter: die sechse, die drei Könige Gunther, Gernot und Giselher, ferner Hagen von Tronege, dessen Bruder Dancwart und den Spielmann Volker von Alzey müssten sie küssen (27. Âventiure: 1652, 3). Der Gast küsste seinerseits wohl auch dieEhrendamen der Burgfrau, und was sonst noch an Frauen anwesend war. Der sogenannte Willkomm, ein grosser cylindrischer Pokal, die Berliner würden sagen: eine Stange, aus Glas oder vergoldetem Silber, meist mit Deckel, den man dem Gaste zuzubringen pflegte, datiert erst aus der Mitte des 16. Jahrhunderts, hat sich aber selbst in Frankreich und Italien eingebürgert. Dort nannte man ihn *Vilcom,* auch *Vidrecome;* hier *Bellicone. Bellicone* ist aus *Willkommen* entstanden, wie *Brindisi,* der italienische Toast, aus dem *bring dir's* der Landsknechte.

Kaiser und Kaiserin von Konstantinopel, Justinian und Theodora in der Kirche, nicht als heilige, sondern als vornehme und mächtige Personen durch den weltlichen Nimbus gekennzeichnet, der ihr Haupt in Form eines dreifachen Ringes umgiebt. In den Mosaiken von San Vitale zu Ravenna hat dasselbe Kaiserpaar den Nimbus; unsere Bilder sind nach farbigen Porträts in dem Sakramentarium Gregors des Grossen auf der Pariser Nationalbibliothek entworfen. Dieses alte Messbuch, betitelt: *Liber Sacramentorum,* ist auf das prächtigste geschrieben und mit schönen Initialen und Miniaturen, unter denen die vorstehenden, byzantinischen, geschmückt. Beide stützen den Kopf auf die eine Hand, was ein Zeichen der Andacht sein soll. Der Kaiser ist beschuht, die Kaiserin trägt Sandalen; er hat seinen Haarwuchs mit einem Schleier bedeckt, sie entzieht ihre gewellte Frisur niemandes Blicken. Er trägt eine Dalmatika mit langen Ärmeln und gestickten Manschetten; sie zeigt ihren elfenbeinernen Arm. Beide tragen einen Mantel, die Kaiserin zugleich eine Art Pelerine: *Rationale* genannt. Mosaikfussboden.

Das war nämlich ein Ereignis, wenn jemand kam. Da ging es an ein Scheuern und Fegen, ein Aufschliessen von Schränken und Truhen! — Selbst der einfache Reisende, der hungrig und durstig an die Pforte pochte — der Wandersmann, der weit von den Ländern der Menschen herkam und jetzt über den Graben hinüberrief und den Thorwart ersuchte, die Zugbrücke herabzulassen: wurde wie ein Geschenk des Himmels angesehen und willkommen geheissen, wie man eben den Willkomm hatte. Ach, tagelang hatten die lieben Frauen auf der Burg, am Fenster der Kemenate oder in der Loggia auf einer steinernen Bank gesessen und, während die Kinder Ball spielten und die Kriegsleute in den Schiessscharten lagen und schliefen, ins alte romantische Land, über die bewaldeten Abhänge hinausgelugt und dem Gesange der Drosseln zugehört, der ruhig und feierlich wie ein Choral dahinfloss — niemand liess sich sehen. Höchstens dass ein Jagdhorn im Forst erscholl — oder dass ein Säumer mit dem schwerbeladenen Maultier unten im Thale seine Strasse zog — oder dass ein Pilger im Büsserrocke zur Mutter Gottes wallte — oder dass ein paar Bauern auf den Jahrmarkt gingen — oder dass ein Dieb vom Scharfrichter abgeführt und an einen dürren Baum gehängt ward. Da endlich einmal ein menschliches Wesen, das von der Landstrasse abbiegt und den steilen Burgsteig einschlägt. Es ist ein fremder Ritter mit seinem Knappen, der eben einen harten Strauss bestanden und sich verirrt hat — es ist ein Krämer mit seinem Reff*) — es ist ein Wallfahrer, der im heiligen Lande gewesen ist — es ist ein Fahrender Mann, vielleicht ein Jongleur — ach, es ist der alte Spervogel, der kann uns etwas erzählen, der kommt gewiss von der Kaiserkrönung: willkommen, willkommen! Herauf, herauf! Klopfet an, so wird euch aufgethan! —

Nu rüeret den Rinc [den Klopfring] mit der Hant,
Sâ sô wirt iu daz bekant,
Swaz innerhalp der Porten ist! —

---

*) Als Krämer *(Mercier)*, der mit allerlei Tanterlantand hausieren geht, besucht der oben (Seite 151, Anmerkung) erwähnte Kastellan von Coucy seine geliebte Dame von Fayel. In einem alten Hute, einen Tragkorb auf dem Buckel, den Wanderstab in der Hand, spricht er auf dem Schlosse vor und legt seinen Kram aus, Gürtel, Taschen, Weidmesser, Schmucksachen und so weiter; und da es in Strömen giesst, wird er von der mitleidigen Dame über Nacht behalten, eine echte Situation aus Tausendundeinenacht. Dieselbe List braucht (ebenfalls im 12. Jahrhundert) der deutsche Minnesinger Dietmar von Aist, den eine Miniatur in der Manessischen Handschrift als Hausierer darstellt, wie er mit seinem Packesel vor dem Thore hält und mit der Gnädigen Frau handelt, die ein Hündchen auf dem Arm hat. Diese Miniatur ist oft reproduziert worden, zum Beispiel von Alwin Schultz *Höfisches Leben (I, 510)* und von Heinrich Kurz in seiner *Geschichte der deutschen Litteratur (I, 33)*.

Von der Eintönigkeit des Lebens auf den Burgen, von der Langenweile, die man hatte, wenn der Vater fort und auf die Jagd oder auf

Hildebaldus, Kaplan und Kanzler Karls des Grossen (366), in der kaiserlichen Kanzlei in der Kapelle der Pfalz zu Aachen auf dem Reichsarchive an seinem Schreibtische sitzend; gedacht als der Zollbeamte, der in der Zolleinnahme am See Genezareth sass und den Heiland: *folge mir!* — rufen hörte (Evangelium Matthäi IX, 9). Lacroix lässt ihn gleich an seinem Evangelium selbst arbeiten; aber daran denkt er vorderhand noch nicht, den mit Perlen besetzten Nimbus trägt er im voraus. Niemals wird der Evangelist Matthäus in einem Studierzimmer, aber häufig in einem Comptoir dargestellt. Kostbare Veranschaulichung des Schreibens im Mittelalter: der Schreiber sitzt, da es im frühen Mittelalter an Stühlen fehlt, auf dem Archiv, der *Cathedra*, auf der ein Kissen, das *Phlûmît*, liegt und die viele Fächer hat (*tolle clavem et* ***quos inveneris in Cathedra Libros,*** *tolle illos*, heisst es in den Annalen des Cäsar Baronius); an den Schreibstuhl ist, scheinbar von einem Reifen gehalten, der kleine Schreibtisch oder das Schreibpult angeschraubt, auf dem das Schreibebuch (*Exemplar*) aufgeschlagen liegt. Es besteht aus Pergamentblättern, die ähnlich wie unsere Bogen gefalzt und gebunden sind und auf die er mit einer Gänsefeder schreibt; da er sich gerade umsieht, so hält er das Blatt, damit es nicht umschlage, mit dem Federmesser fest. Die Tinte hat er in einem Horne am Fuss des Schreibtisches, vergleiche Seite 93. Der Raum ist durch eine Portiere (mittelhochdeutsch: *Zenzelœre*, weiter hinten durch Schranken abgeschlossen; nach diesen Schranken, lateinisch: *Cancelli* heisst das Lokal: die *Canzellei* oder die *Kanzlei*. Da sich dieselbe in der Kapelle befindet, so ist der Kaplan der Kanzler, der Erzkaplan eine und dieselbe Person mit dem Erzkanzler. Nach einer Miniatur in einer Handschrift des 9. Jahrhunderts auf der Bibliothèque de Bourgogne zu Brüssel. Von Horace de Viel-Castel gezeichnet.

Fehde oder auf Abenteuer geritten war, macht sich derjenige einen Begriff, der heutzutage von der Welt weggesetzt ist und in irgend einem Winkel der Erde, wo sich die Wölfe gute Nacht sagen, als Landpastor oder auf einem Gütchen lebt. Und damals gab es noch keine Bücher, keine Zeitungen, keine Post, keine Versandgeschäfte — im Hause ging es enge zu, der Raum war beschränkt, kaum einen Garten hatte man, vors Thor traute man sich nicht — die Leute lebten wie auf lauter Eilanden, wie auf Klippen, auf die sie sich gerettet hatten und von denen sie nicht herunterkonnten, von der tosenden See umgeben — und nahmen wie alle einsamen Menschen mit jeder Gesellschaft gern vorlieb, auch mit zweifelhafter.

Übrigens war die Gastfreundschaft im Mittelalter wie bei allen halbzivilisierten Völkern, wie zum Beispiel in Griechenland, wo jedes Haus: ein *[Ho]spitium*, ein σπίτι abgiebt, eine heilige, von Christus und den Aposteln empfohlene Pflicht, ein Werk der Barmherzigkeit. Mit der Entwickelung des Gasthofswesens, zuerst in den Städten, wurde die unentgeltliche Aufnahme immer mehr beschränkt, und nur die Klöster gewährten sie noch, zumal an gefährlichen Pässen, bis auf unsere Zeit. Jedes Kloster hat seine Fremdenabteilung, im Mittellatein: *Hostellaria*, *Hospitium*, in Frankreich: *Hôtellerie*, in Italien: *Foresteria* genannt, und selbst in der grossen Trappe wird dem Ankömmling ein *Soyez le Bienvenu!* — zugerufen, ja derselbe wie ein Engel fussfällig begrüsst.

Nehmen wir nun einmal an, ein einzelner Ritter sei wie Parzival unangemeldet, etwa mit seinem Knappen, auf abenteuerlichen Fahrten durch die Fügung des Zufalls angekommen und im Burghof am Palas abgestiegen, die Junker, das heisst die obenerwähnten, den Dienst erlernenden Edelknaben oder Pagen hätten ihm die Waffen abgenommen und sein Pferd in den Stall geführt, er selber aber sei die Freitreppe, die sogenannte *Grêde*, zum Saal im oberen Stockwerk hinaufgeklettert und hier mit einem *Grüss Gott*, einem *Got hald iuch!* empfangen worden, worauf er: *Gnade! Genâde!* das heisst: *Ihr erweist mir grosse Gnade! Hêrre, ir tuot Genâde an mir!* — oder nach französischem Vorbild: *Merze! Merzî!* erwiderte — so wird ihn der hochgebietende Burgherr, nachdem er seinen Namen erfahren hat, zunächst bei der Hand nehmen und in das Fremdenzimmer führen, damit er Toillette machen, baden und sich umziehen könne; erst dann wird er der Frau vom Hause, den Töchtern vorgestellt, die ihn jenachdem bloss mit einer stummen Verneigung, die Hände zusammenlegend, grüssen oder als alten Freund, als werten Gast sittig küssen und umarmen. Hierauf wird ihm das Nachtmahl vorgesetzt, bei welchem er den Ehrenplatz, dem Wirte gegenüber: das *Gegensidele,* bekommt; nach dem Essen am Kamin oder am Ofen (74) gesessen und geplaudert. In langen Winternächten, sagt König Richard II. (14. Jahrhundert) zu seiner weiland Königin, sitz am Feuer bei guten alten Leuten und lass sie dir allerhand rührende Geschichten aus ferner Vorzeit erzählen. Berg und Thal kommen nicht zusammen, wohl aber die Menschenkinder, zumal gute und böse. Es sass sich behaglich an dem Kamin, dessen Mantel wie ein Wetterdach überhing, auf der breiten Ofenbank, die eine schöne Lehne hatte und mit Polstern und Kissen, den unentbehrlichen *Phlumîts* belegt war; die mächtigen Eichenklötze schwelten in der Glut, grosse schwarze Ameisen kamen wie Seelen aus ihnen heraus, und unter den Kohlen platzten die *Kestenen,* die gerösteten Kastanien oder die Maronen, zu denen man den sauren Weisswein schlürfte. Endlich wurde der Nachttrunk, das *Slâftrinken* serviert, das Parzival (214) noch bekam, als er schon in Bette lag. Würzwein oder Würzbier — das war das Zeichen zum Aufbruch, nun ging es zu Bette. In das riesige Himmelbett, das von schweren Vorhängen wie von Wolken umzogen war und wie ein Haus in dem grün ausgestreuten Zimmer stand; das, mit Kissen, Federbetten und seidenen Kultern oder Steppdecken versehen, mit Rosen- und Lavendelwasser besprengt, gross, geräumig, bequem, in Frankreich heute noch zu den Hauptstücken der Ausstattung gehört, wie ich mich entsinne, sogar

Beda Venerabilis, ein Spruchband mit der Legende: ***Elog[ium] s[an]c[t]i Hieronymi pr[es]b[y]t[e]ri . m[agni]*** in der Hand. Titelblatt einer Handschrift der Vulgata auf der königlichen Bibliothek zu Brüssel, die dem 9. Jahrhundert angehört. Der Kirchenvater Hieronymus übersetzte Ende des 4. Jahrhunderts im Auftrage des römischen Bischofs Damasus die Bibel ins Lateinische, und diese Übersetzung erhielt mit der Zeit den Titel der *Vulgata.* Beda ist ein heiliger englischer Bibelforscher und Kirchenhistoriker († 735).

in dem gastfreundlichen Benediktinerkloster Solesmes eins angetroffen zu haben. Erst als Deutschland infolge der politischen und kirchlichen Zerrissenheit verarmte, wurden auch die Betten schmal und unscheinbar. Natürlich gab es solcher Paradebetten nicht allzuviele — fanden sich mehrere ein, so mussten die schon einmal (76) erwähnten Schlafsofas, die sogenannten *Spanbetten,* mit Gurten überspannte Bettstellen, zu Hilfe genommen werden. Wenn der Gäste bei einer Hochzeit, bei einem Turnier Hunderte und Damen darunter waren, so musste der prächtige Saal, der grosse hallenartige Hauptraum wohl oder übel in einen Schlafsaal verwandelt werden. Wenn sich, wie bei dem berühmten Feste, das Kaiser Friedrich Barbarossa zur Schwertleite seiner beiden ältesten Söhne, König Heinrichs und Friedrichs, Pfingsten 1184 zu Mainz veranstaltete, 40 000 Ritter mit einem ungezählten Trosse sammelten, so musste in der ganzen Stadt Quartier gemacht und ein Hütten- und Zeltlager aufgeschlagen werden.

Das war freilich leicht gesagt: dass sich der Ritter umziehen und in gute Sachen werfen solle. Woher hatte er denn einen neuen Gesellschaftsanzug? Nahm er ihn etwa aus seinem Koffer? — Dafür lasse man den milden Wirt sorgen. Wer keine Garderobe hatte, der wurde im Hause vom Kämmerer mit Kleidern versehen, wie sie in den mächtigen Truhen in reicher Auswahl vorhanden waren, gewöhnlich jedoch neu zugeschnitten wurden.*) Parzival ist (III, 1382) eines schönen Abends an den Fürsten Gurnemanz geraten und findet den alten Herrn, wie er vor der Burg unter einer Linde sitzt und einen Sperber auf der Faust hat. Er spricht ihn an: der Fürst wirft den Vogel, der eine goldene Schelle am Fusse hat, in den Palas, um zu klingeln. Worauf die Junker herauskommen und den jungen Gast in eine Kemenate bringen. Er wird entwaffnet und gepflegt, Gurnemanz selbst wäscht und verbindet ihm seine Wunden. Hierauf bekommt er Abendbrot, dann wird der Tisch gehoben, das heisst die Tafel (in eigentlichem Sinne) aufgehoben (aufgeklappt und an der Wand befestigt), Parzival an die *Slâfstat* geführt. Er legt sich nackt zu Bette und wird mit einem Hermelin zugedeckt. Am frühen Morgen findet er vor seinem Bette ein warmes Bad bereitet, in das Rosen geworfen sind, Jungfrauen streichen und reiben ihn nach der Sitte der Zeit

*) *Snîden* im Mittelhochdeutschen, *tailler* in Frankreich vom Zuschneiden und Anfertigen der Kleider, daher: Schneider (*Snîdære*). Handwerksmässige Schneider kamen erst im 12. Jahrhundert, überhaupt erst im Mittelalter auf, vergleiche Seite 359 und 364, Unterschrift; und stellten zugleich Tuch- und Schnittwarenhändler dar *(Gewant-snîder).*

(379) mit ihren weichen weissen Händen, wobei er sich mehr vor ihnen schämt als sie vor ihm, denn sie hätten gerne gesehen, ob ihm *dort unten*, Karl Bartsch erklärt: zwischen den Beinen, *etwas geschehen wäre* — am Bettrand aber findet er einen kompletten Anzug, von den roten Hosen bis zum Gürtel und zum *Vürspan*, der Brosche, mit der er vorn den Mantel zusammensteckt.

Genau so führt die Königin Ginevra, nach dem *Erec* Hartmanns von der Aue, die schöne Enîte, eine der drei berühmten Frauen vom Hofe Arthurs, in ihr Kabinett, lässt ihr ein Bad rüsten und kleidet sie vom Hemd bis zum Mantel vollständig neu ein.

Es ist nicht gerade gesagt, dass Parzival die Sachen beim Abschied nicht mitnimmt, sondern dalässt und etwa dem Kämmerer übergiebt; aber das versteht sich eigentlich von selbst. Das Kleiderschenken war Sitte: nicht bloss der Schwarm des fahrenden Volkes wurde an Festtagen gespeist und gekleidet, ja aufs Pferd gesetzt, auch Herren und Damen pflegten in der Herberge mit Gewändern begabt zu werden, jeder Reisende erhielt von seinem Gastfreund einen passenden, das heisst einen standesgemässen Anzug; denn die angenehme Pflicht wurde dadurch erleichtert, dass das Hauptstück der höfischen Tracht des Mittelalters, die lange, über den Hüften zu gürtende Tunika, so ziemlich jedem passte, wenigstens leicht passend gemacht werden konnte. Aber den edlen Gästen werden die Kleider nur geliehen und die Röcke dann am Tage der Abreise, wenn sie Urlaub nahmen, mit Dank gegen die Rüstung zurückgegeben worden sein, wie wir dem Logiergaste wohl noch heute einen Schlafrock und ein Paar bequeme Schuhe zur Verfügung stellen. In Unteritalien und in Sizilien ist es eine sehr beliebte

Der Knabe Samuel als Nachfolger des Hohenpriesters Eli, auf seine rechte Hand deutend, um zu zeigen, dass kein Fehler daran sei, indem, nach dem Levitikus (XXI, 19), keiner zum Priester genommen wurde, der an Hand oder Fuss gebrechlich war: mit der Tonsur und den Insignien eines christlichen Bischofs; oder vielmehr, da die Krümmung des Krummstabes nicht auswärts, sondern einwärts gekehrt ist, eines Abtes. Der Diakonus Johannes mag so ausgesehen haben, als er im Jahre 616, auf Empfehlung des heiligen Gallus, zum Bischof von Konstanz gewählt und ordiniert ward. Auf Samuels Haupt ist dagegen nicht nur kein Schermesser gekommen, sondern er hat im Gegenteil das Haar lang getragen, weil er ein Nasiraer war (1. Samuelis I, 11). Nach einer Miniatur in einer Handschrift der Vulgata auf der königlichen Bibliothek zu Brüssel, die dem 9. Jahrhundert angehört.

Höflichkeit der Leute, dem Fremden des starken Schweisses wegen ein Hemd zum Wechseln anzubieten — dieses Anerbieten wurde mir einmal zwischen Sorrent und Capri auf dem Dampfschiff, ein andermal zwischen Palermo und Messina in einem Hause von Herren gemacht, denen ich eben erst vorgestellt worden war. Aber zum Mitnehmen ist das nicht, wie etwa ein Fingerlein von Gold! — Ganz abgesehen davon, dass ein derartiges Gastgeschenk den Ritter nur in Verlegenheit gesetzt haben würde. Eher hätte er noch eine neue Rüstung brauchen können, weil er dann die alte gleich dagelassen hätte. Dass ein Ritter darauf rechnen konnte, in einer befreundeten Burg Kleider geliehen zu erhalten, war eben das Richtige. Darauf war er wirklich angewiesen, weil von Gepäck unter den damaligen Reiseverhältnissen nicht die Rede sein konnte, während doch ein hohes Bedürfnis, die Kleider zu wechseln, vorlag. Denn die schwere Eisenrüstung drückte härter auf den mit Schweiss, Blut, Rost und Staub bedeckten Körper als irgend eine moderne Uniform.

b. Das Hauptstück der höfischen Tracht des Mittelalters: der Rock.

Parzivals Hofuniform: Rock und Mantel waren lang — aus Scharlach, dem Prachttuche des Mittelalters — der Rock eine lange, am unteren Saum, an der Halsöffnung und an den Handgelenken gestickte oder mit Goldborte besetzte Tunika, die über den Hüften mit einem Gürtel gegürtet und in einen mässigen Bausch hervorgezogen wurde — das war das Kleidungsstück, das unsere Vorfahren, und zwar Männer und Frauen, trugen und entweder als Rock oder als Kutte bezeichneten — diese Namen haften heutzutage noch an einzelnen Kleidungsstücken, welche Reste und Hälften der alten Tunika darstellen — ein schwarzer Leibrock, der Rock am Kleide einer Frau, der Unterrock — die französische *Cotte,* der *Cotillon* — die Form des Gegenstandes ist eine andere geworden, aber der Name bleibt — andere Beispiele von der Beibehaltung der Begriffe bei völliger Umgestaltung der Dinge: Krone, Diadem, Mitra, Joppe, Hose — was wir jetzt eine Hose nennen, existierte im Mittelalter nur im Plural, strenggenommen existierte es überhaupt nicht — die mittelalterliche Beinbekleidung ist aus drei Teilen zusammengesetzt gewesen: der Bruch, den Hosen und den Hosenstrümpfen — die Hose ein Strumpf, der allmählich bis zum Gesäss hinaufging, sich hier mit seinem Geschwister paarte, aber dafür um den Füssling kam — so ist es also auch bei der Kutte und beim Rock gewesen, aber darum doch kein Grund, diese Worte nicht zu setzen, im Gegenteil, das ist unwissenschaftlich — es hält ja auch nicht schwer, den Weg von einem modernen zu einem mitttlalterlichen Rocke zurückzufinden — sich vorzustellen, wie beide Geschlechter den Rock trugen und dadurch schwerer zu unterscheiden waren als heutzutage — haben etwa die Männer weibisch ausgesehen — um so mehr, als sie noch keine Knöpfe und keine Hosentaschen, sondern Broschen und Pompadours hatten und dergleichen — die Nesteln, die Nadel für den Hosenlatz — das Kostüm des Mittelalters ist vielmehr weibisch, weil es alt ist und die Frauen das Alte erhalten haben — auch die katholischen Geistlichen haben es erhalten — die Talare — es liess keineswegs weibisch, es liess vornehm und malerisch.

Wolfram von Eschenbach beschreibt (III, 1557) den Anzug, der dem jungen Parzival gegeben ward, als er auf Gurnemanzburg einkehrte, ziemlich genau. In Pelrapeire (IV, 205) bekommt er bloss einen Mantel; ebenso auf der Gralburg (V, 129) bloss den Mantel der Königin Repanse de Schoye, da mit der Entschuldigung, dass noch keine neuen Kleider für ihn zugeschnitten seien. Hier wird ausdrücklich bemerkt, dass Rock und Mantel *wol gesniten*, also neu angefertigt gewesen seien.

Roc und Mantel waren lanc. Aus braunem, dunklem Scharlach, einem kostbaren holländischen Tuche, dem Prachttuche des Mittelalters, das höher geschätzt wurde als der Purpur. Scharlach und Purpur sind nachgerade beides Stoffbezeichnungen geworden, das mittelhochdeutsche *Scharlachen* bedeutet einen Wollstoff, *Purper* einen Seidenstoff, beziehentlich ein Gewand aus demselben Stoffe; gleichviel von welcher Farbe. Beide mit Zobel besetzt und mit Hermelin gefüttert.

Dieser lange Rock, der, bis zu den Füssen reichend, mit einem Gürtel versehen, malerische Falten werfend, eine gewisse Ähnlichkeit mit einem modernen Schlafrock gehabt und einen merkwürdigen Gegensatz zu der Eisenrüstung des Ritters gebildet haben muss, war das Hauptstück der höfischen Tracht des Mittelalters, vom 11. bis zum 14. Jahrhundert. Auch die Frauen trugen diesen langen Rock, der ihrem gegenwärtigen Kleid entspricht, wie im Altertum beide Geschlechter die *Tunica* trugen. Mit *Tunika* wird nämlich das altfränkische Gewand in der Kostümgeschichte gewöhnlich bezeichnet, als ob der Leser die antike Tracht besser im Kopfe hätte als die nationale. Nun mag sich die letztere freilich eng an die altrömische angeschlossen und der Rock bis ins 12. Jahrhundert eine richtige *Tunihha, Dunichâ* abgegeben haben. Dennoch ist dies kein Grund, ein so wichtiges Kleidungsstück lateinisch zu nennen und den volksmässigen Ausdruck durch einen gelehrten zu ersetzen. Man thut es, weil sowohl ein Männerrock, als auch ein Weiberrock heutzutage anders aussieht als der Rock des Mittelalters. Er hat sich gewissermassen in eine obere und eine untere Hälfte geteilt: jene ist dem männlichen Geschlechte, diese dem weiblichen verblieben. Was wir Herren einen schwarzen Rock oder einen Leibrock nennen, ist ein eng anliegendes, mit Ärmeln und Schössen versehenes Gewand, das etwas über die Hüften hinabreicht und der Hauptsache nach den Oberkörper bedeckt. Der Rock der Frauen reicht dagegen bis zu den Knöcheln hinab und bedeckt nur die Hüften und die Beine, während das knapp anliegende Bruststück oder das

Leibchen, in Italien: die *Vita,* bei uns gewöhnlich: die *Taille* genannt, nicht zu ihrem Rocke gerechnet wird. Aber dass die Worte im Laufe der Jahrhunderte die Bedeutung wechseln, gleichsam eine ganz neue Gestalt annehmen, weil sich die Sache ändert und die Begriffe beibehalten werden, welch eine gemeine Erfahrung ist das! — Die Sprache ist faul und steht nicht auf der Höhe der Zeit; sie hält mit der Weltgeschichte so wenig gleichen Schritt wie China. Vergleiche Seite 124. Am besten wäre es freilich, sie gänzlich umzuschaffen; aber damit hat es bekanntlich gute Wege. Und solange wir unsere alte Sprache haben, ist es ein Teil der Wissenschaft, zu erkennen: dass die Begriffe, mit denen wir jetzt hantieren, eigentlich falsch und Schritt für Schritt zu einer ihnen fremden Geltung gekommen sind — dieser ihrer Geschichte gilt es nachzuspüren, nicht Worte gerade in einer Zeit zu ignorieren, wo sie noch passten.

Auf dem Gebiete der Mode liessen sich recht viele Beispiele von der Beibehaltung der Begriffe, trotz völliger Umgestaltung der Dinge, namhaft machen. Eine *Krone* war eigentlich ein Kranz, lateinisch: *Corona;* jetzt versteht man darunter die goldene Kopfbedeckung, die, wenn sie geschlossen ist, eher noch an eine Mütze, als an einen Kranz erinnert. Ein *Diadem* war eigentlich eine Kopfbinde, griechisch: *Διάδημα*; mit Gold und Edelsteinen geschmückt, verwandelte sich die Binde allmählich in einen Kopfreif, der sich von der offenen Krone wenig unterschied. Auch die *Mitra* war eine Schärpe, die man nach Art einer arabischen *Keffiye* um den Kopf wand, in Juvenals Zeit ein Hurenschmuck; jetzt ist sie die bekannte steife, dreieckige Bischofsmütze. Auf die eigentlichen Kleidungsstücke zu kommen: was wir jetzt eine *Hose* nennen, existierte im Mittelalter nur im Plural. Strenggenommen existierte es überhaupt nicht. Was man damals hatte, war die Bruch, das heisst ein Unterkleid vom Charakter einer Unterhose und von der Form einer Schwimmhose. Sie bedeckte nur die Schamgegend *(le Cul)*. Parzival bekommt sie mit hingelegt, die *Bruch* ist jedenfalls in dem *weissen Gewande* (1558), der weissen Wäsche, mit inbegriffen, da der *Bruchgürtel,* der Schnur in der Badehose entsprechend, im Anschlusse (1560) erwähnt ist. Die Hosen waren dagegen nichts weiter als Beinkleider im engeren Sinne des Wortes, das heisst, die röhren- oder büchsenartigen Beine einer jetzigen Hose, die mit der *Bruch* nicht organisch zusammenhingen, überhaupt nicht so wesentlich und nicht so unerlässlich wie die *Bruch* — ursprünglich, vergleiche unsere Abbildung auf Seite 319, waren es blosse Lappen oder Streifen, die um die Beine herumgewickelt und mit Riemen festgebunden wurden, wie noch heute Arbeiter und Soldaten viereckige Lappen aus Barchent um die Füsse zu wickeln pflegen. Diese sogenannten Fusslappen, die im Sommer gelegentlich sichtbar werden, ersetzen den Leuten die Strümpfe, sind ihnen, wie ich mir habe sagen lassen, sogar lieber als Strümpfe; wirklich stellen sie einen Rest der alten Strumpfhosen dar, welche die Strümpfe miteinschlossen. Gestrickte, von den Beinkleidern getrennte Strümpfe sollen erst im 16. Jahrhundert, und zwar in England in Gebrauch gekommen sein; man sagt, die Königin Elisabeth habe die ersten *Stockings* angezogen. Unser *Strumpf* ist nur eine Scheideform von *Stumpf*; der Strumpf gleichsam der Stumpf der Hose. Daher wurden auch in Frankreich, wo man die mittelalterlichen Hosen: *Chausses* nannte, die Strümpfe dem oberen Teile

Ludwig VII., der Jüngere (*le Jeune*), so genannt, weil er der jüngere Sohn Ludwigs des Dicken war und erst nach dem Tode seines älteren Bruders (A. D. 1131) an die Reihe kam, geboren 1120, König im Haar, *Rex Crinitus* von Frankreich 1137—1180. Von Gewissensbissen gepeinigt, weil er eine Kirche hat in Brand stecken lassen, in die sich Tausende von Menschen geflüchtet haben, beschliesst er, einen Kreuzzug zu unternehmen und die Greuelthat durch Greuel im heiligen Lande wieder gutzumachen. Miniatur in Dutillets *Recueil des Rois de France* (gedruckt nach seinem Tode Paris 1589). Pariser Nationalbibliothek.

des Beinkleides oder dem *Haut-de-Chausses* als *Bas de Chausses* entgegensetzt. Dieser obere Teil begreift die Bruch, französisch: *la Braie* oder *la Culotte* und die Bekleidung der Oberschenkel bis zu den Knien in sich.

Es ist schwer daran zu zweifeln, dass das lateinisch-gallische Wort *Braca* aus unserem alten *Bruch* entstanden und dass die *Gallia Bracata* nicht sowohl das behosete, als vielmehr das die Bruch tragende Gallien gewesen sei. Die *Braca* charakterisierte die Völkerschaften Asiens und des Nordens, Griechen und Römer trugen keine; die ersteren haben sie heute noch nicht zugelassen, nur die Bewohner der Inseln und Seestädte sind *bracati*. Das altfranzösische *Braie* kommt von dem lateinischen *Braca;* das Diminutivum *Braguette* oder *Brayette* hat die Bedeutung: Hosenlatz angenommen. Wenn Panurg im *Pantagruel (III, 7)* seine herrliche *Braguette* ablegt, *en laquelle il souloit, comme en l'ancre sacré, constituer son dernier refuge contre tous naufrages d'adversité,* so ist der Hosenlatz gemeint.

Die mittelalterliche Beinbekleidung ist also wesentlich aus drei Teilen zusammengesetzt gewesen: aus dem Gesäss oder der Bruch; den zwei Beinen oder den Hosen im engeren Sinne; und den zwei Hosenstrümpfen. Die Entwickelung des Kleidungsstückes war die: dass das Gesäss mit den Beinen verwuchs, die Strümpfe dagegen umgekehrt von den Hosenbeinen abfielen. Man kann die Hose auch als einen Strumpf auffassen, der allmählich bis zum Gesäss hinaufging, sich hier mit seinem Geschwister paarte, aber dafür um den Füssling kam. Als Parzival seine roten Hosen anzog, war die Vereinigung der Bruch und der Hosen noch nicht erfolgt, sie dienten nur dazu, die Schönheit seiner Beine hervorzuheben, sie standen ihm gut oder vielmehr, seine Beine standen gut drin:

âvoy wie stuonden sîniu bein! —
(III, 1563)

Ist etwa auch der Rock ursprünglich nur aus einzelnen Fellen zusammengesetzt und ein *rauhes, rauches* Ding gewesen wie der Schafpelz eines ungarischen Bauern? — Ich will nur gesagt haben, dass Parzivals Rock und Mantel anders *gesniten* waren, als sie heutzutage *gesniten* werden, und dass sie freilich einer *Tunica* und einer *Toga* gleichen mochten, dass wir aber darum keinen Grund haben, eine *Tunica* und eine *Toga* daraus zu machen. Sondern es bleibt dabei: *Roc und Mantel waren lanc.* So lang wie die Röcke der russischen Bauern, die Peter der Grosse beschnitt — so lang wie noch die Röcke unserer Väter und Grossväter, als es noch der höchste Wunsch eines Provinzlers war, einmal eine Eisenbahn zu sehen. Es hält ja gar nicht so schwer, von einem modernen Rocke zu dem des Mittelalters den Weg zurückzufinden — wenigstens nicht viel schwerer als etwa die Joppe, die in der Reformationszeit als ein weiter, faltiger, offener, mit Pelz besetzter Überzieher, als *Schaube* erscheint, in Italien einen Frack *(la Giubba)*, in Frankreich ein Unterröckchen *(Jupon)* darstellt, vom Orient bis nach Bayern auf ihren vielfachen Metamorphosen zu begleiten. Der Rock ist doch am Ende immer das eigentliche Hauptkleidungsstück der Männer und der Frauen gewesen und geblieben, und schon in der höfischen Zeit der Typus des Kleides überhaupt, das sich bei jenen nur durch seine Taille und durch eine gewisse altväterische Länge unterscheidet, während diese den Typus bis auf die Gegenwart ziemlich rein erhalten haben. Daher kommt es, dass man wohl das mittelalterliche Kostüm in Verbindung mit dem in langen Locken, in

Alexius II. Comnenus, mit dreizehn Jahren Kaiser von Konstantinopel, im byzantinischen Kaiserornat, den die fränkischen und gotischen Könige adoptiert hatten: in Stola und Paludamentum, mit Zepter und Schwert, auf dem Kopfe das geschlossene Diadem. Dasselbe, von den Griechen: Καμηλαύκιον genannt, eine niedrige, runde Mütze, gilt für die Krone Konstantins des Grossen und hat sich aus der Kopfbinde entwickelt wie die Krone aus dem Kranz. Nach einer Miniatur in einer Handschrift des 12. Jahrhunderts, auf der Bibliothèque de Bourgogne zu Brüsssel. Totilas, König der Ostgoten, trug das *Camelaucium*, als er fiel (A. D. 552).

Zöpfen getragenen Haare und der Bartlosigkeit der höheren Stände weibisch findet; dass man das Geschlecht überhaupt an der Tracht nicht immer gleich erkennt. Parzival muss fast ausgesehen haben wie ein junges Mädchen. Diese Beobachtung wird oft gemacht: auch in China kann man nicht immer gleich unterscheiden, ob man einen Mann oder eine Frau vor sich hat, weil die Kleidung der Mongolen bei beiden Geschlechtern dieselbe ist; ebenso geht es in Island und in Grönland.

Es kommt noch etwas hinzu, was ebenfalls dazu beiträgt, der höfischen Gewandung etwas Weibisches zu geben. Die mittelalterlichen Kleider hatten (592) keine Taschen: sondern sogenannte *Aumonièren* oder Almosentaschen aus Leder, Samt und Plüsch, mit Stickereien, Perlen und Edelsteinen verziert, wurden am Gürtel mit einer Schnur befestigt und äusserlich angehängt wie ein Strickbeutel oder Pompadour. Übrigens mochte wie im Orient der Gürtel selbst vielfach als Tasche dienen. Die mittelalterlichen Kleider hatten auch keine Knöpfe, man knöpfte sie nicht, sondern man knüpfte sie mit Riemen oder Bändern zu, indem eben der *Knopf*, wie der Augenschein lehrt: etwas Geknüpftes, das heisst, ein Knoten war. Oft waren die Riemen dazu bestimmt, vorher durch Schnürlöcher hindurchgezogen zu werden, und zu dem Ende nach Art unserer Senkel am Ende mit einem Stift oder einer blechernen Einfassung versehen: dann nannte man sie Nesteln, worunter man wohl auch die schliesslich beim Binden der Nesteln gemachte Schleife selbst verstand. Wer sich heutzutage seine Krawatte bindet, thut das, was im Mittelhochdeutschen: *nesteln* hiess. Durch *Nestelknüpfen* sollten die Hexen die Männer impotent und die Geburten schwer machen können, ein uralter und weitverbreiteter Aberglaube; denn schon Juno wusste durch Einnesteln der eignen Finger und Arme die Entbindung der Alkmene sieben Tage lang hinzuhalten. Noch Luther hat sich die Hosen nicht zugeknöpft, sondern zugenestelt. Man vergleiche die Abbildungen auf Seite 485 und 543. Aus der *Geschichte von den sieben Schwaben* ist der Nestelschwab, der statt der Knöpfe: Nesteln an Janker und Hosen hatte und, da die meiste Zeit eine und die andere Nestel abgerissen war, immer mit der einen Hand nachhelfen musste; vom Romanischen Baustile her das Nestelornament bekannt. Ein drittes Mittel, die Kleider zu schliessen, war die Nadel, das heisst, die Sicherheitsnadel, die Stecknadel (372, Nadler, Unterschrift), die Fibel oder die Brosche — noch am Anfange des vorigen Jahrhunderts gab eine Mutter ihrem Sohne, wenn er auf die Wanderschaft ging, drei Nadeln: *die dritte zeige an, Deinen Hosenlatz fleissig damit zuzustechen, das ist, mein Sohn, Du solt Dich an keine Huren hangen.* Den Mantel, den die höfische Gesellschaft über dem Rocke trug, pflegte sie nach Art eines römischen *Paludamentum* (nicht etwa einer *Toga!*) auf der rechten Schulter, vom 12. Jahrhundert an nach Art einer Mantille vorn auf der Brust mit einer Brosche zu befestigen, daher die Brosche von jetzt ab: *das Fürspan* genannt ward; das Wort taucht erst in der zweiten Hälfte des 12. Jahrhunderts auf (mittelhochdeutsch *Vürspan*, später auch: *Vorspan* und *Fürspange, Fürspang.* Zusammengesetzt aus *vür* und *Span, Span* ursprünglich nicht mit *Spange,* aber auch schwerlich mit *spannen,* sondern entweder mit *[Holz]span* oder mit *Spina,* Dorn, zusammenhängend, vergleiche Seite 372, Nadler, Unterschrift). Eine besondere Art Nadel war der oder (mittelhochdeutsch) das Heftel, eine oft sehr kostbare Agraffe und ein Gegenstand des Schmuckes, gegenwärtig ein einfaches Häkchen, das in eine Schlinge greift, in Oberdeutschland auf gewöhnliche Stecknadeln übertragen. In jeder Gegend heissen diese kleinen Drähte etwas anders.

Bänder, Schleifen, Broschen, Heftel, Nadeln, alles spezifisch weibliche Gebrauchsartikel, Attribute der Frauen, so gut wie der Gürtel und die langen Kleider und Haare. Aber wir dürfen uns nicht durch die Anschauungen des Tages verblüffen lassen. Dergleichen ist nicht weibisch, weil es etwa seiner Natur nach für das Geschlecht charakteristisch wäre; sondern es ist deshalb weibisch, weil es alt ist und die Frauen das Alte, wenn nicht in der Sprache, so doch wenigstens in der Sache zu erhalten pflegen. Geradesogut könnte man sagen: das mittelalterliche Kostüm ist priesterlich; denn die katholischen Geistlichen, die unter dem Papste Cölestinus I. im 5. Jahrhundert noch gingen wie die Laien, haben ebenfalls nichts anderes gethan, als die alten, ehrwürdigen, bis zu den Knöcheln oder *Tali* herabreichenden Röcke, die *Vestes talares* oder die Talare nebst allem Zubehör zu erhalten. Das liess nicht weibisch, sondern vornehm und malerisch — niemand wird eine Gewandstatue des 13. Jahrhunderts anders finden. Die weibliche Tracht ist trotz aller Modethorheiten noch immer viel vorteilhafter und viel vornehmer als die der Männer und geeignet, einen Begriff von der adeligen Erscheinung der höfischen Gesellschaft von ehemals zu geben. Die Frauen haben das mit der Geistlichkeit gemein, dass sie konservativ gesinnt sind — wenn die Priester bis auf den heutigen Tag die Soutane und die Bischöfe den Chorrock, der im Mittellateinischen: *Rochetum,* italienisch: *il Rocchetto* oder *il Roccetto* heisst; die Mönche die Kutte tragen: so stellen sie auch in dieser

Beziehung noch das in Fetzen gehende Mittelalter dar. Kutte, mit Lautverschiebung: *Kotze*, ist ein anderes einheimisches Wort für das Hauptstück der höfischen Tracht des Mittelalters, das in den romanischen Sprachen den Begriff des Rockes ergeben hat; derselbe heisst in Italien: *la Cotta* und in Frankreich: *la Cotte*. *Cotta Tunica Clericis propria.* Durchaus nicht; die *Cotta* war in der Blütezeit des Mittelalters gleichbedeutend mit Rock überhaupt; die französische *Cotte* die sogenannte Tunika beider Geschlechter und aller Stände, die, wenn sie auf dem Boden schleppte, wohl auch: als *Cotte hardie* bezeichnet wurde. Folgerichtig hiess ein Oberrock, den man in der Kälte über die Kutte zog, wieder: ein *Surkôt* (französisch *Surcot*, mittellateinisch: *Surcotium*). In der Mönchskutte, die gegenwärtig in Italien einfach: *Abito*, in Frankreich: *le Froc* (das heisst wahrscheinlich: der Rock, althochdeutsch: *Hroch*) genannt wird, ist das altfränkische, mit einem Stricke gegürtete Gewand noch deutlich wiederzuerkennen. Übrigens hat die Kutte dasselbe Schicksal gehabt wie der Rock, sie hat sich abgetragen und geteilt. Sie ist, die Begriffe tauschen sich aus, bei den französischen Rittern zum Waffenrock *(Cotte d'armes)*, bei den französischen Bauernfrauen zum Rock und zu dem, was die Damen als ihre *Jupe* bezeichnen, bei besagten Damen aber zum Unterrock, zum Küttlein oder *Cotillon* geworden; während sie bei uns, im *Säkulum*, als weite, aber kurze *Kutte* und (verkleinert) als *Kittel (Küttel)* fortlebt. In Italien gehört die *Cotta* gleichfalls zu den *Vesti sacre* und ist eine Art weisses Chorhemd, das von den Geistlichen bei Amtshandlungen angelegt wird, nicht unähnlich dem *Rocchetto*, der aber unter die Insignien der Bischöfe gerechnet und vom Papste besonders verliehen wird.

Auch in England nennt man einen gewöhnlichen Rock eine Kutte: *a Coat*, oder auch: *a Frock-coat;* und im Gegensatze dazu einen Frack: *a Dress-coat*. Und doch ist eben *Frack* ein englisches Wort, eine Scheideform zu *Frock* und, da *Frock* mit unserem *Rock* zusammenhängt, so viel wie ein Rock schlechthin. Der Rock heisst im Althochdeutschen: *Hroch*, mittellateinisch: *Hroccus;* daraus ist in Frankreich: *Froc*, in England: *Frock* ebenso geworden, wie sich das altnordische *Hrîm*, unser Reif, in Frankreich in *Frimas* verwandelt hat. Darauf, den Rock mit der Flocke zusammenzubringen und ihn als ein Kleid aus flockigem Stoffe zu betrachten, wird der geschickte Wortdeuter mit Dank verzichten. Unter dem *Frock* verstand der Engländer im vorigen Jahrhundert einen Reitrock, dessen Schösse vorn ausgeschnitten waren: die Reiter, zumal die Parforcereiter, suchten sich die langen Schlittchen dadurch vom Halse zu schaffen, dass sie die Zipfel nach aussen umklappten und mit Häkchen befestigten. Noch heute tragen ja die Reiter bei der Hetzjagd einen roten Frack; noch heute haben die Infanterieoffiziere, wenn sie reiten, Heftel an den Schössen des Oberrockes, um dieselben damit zusammenzuheften. Dasselbe that die Kavallerie des 18. Jahrhunderts, und da das hübsch aussah, wenn das Futter grün oder rot oder andersfarbig war, so wurden nachgerade auch bei der Infanterie die Schösse umgeklappt. Allmählich wurden richtige Aufschläge daraus und diese bei allen europäischen Heeren eingeführt. So war der Militärfrack des Siebenjährigen Kriegs entstanden, der den Preussen zur Popularität verhalf; seitdem wollte sich auch das Zivil einen militärischen Anstrich geben. Auch der bürgerliche Rock sollte nun aussehen wie eine Uniform — oder aber wie ein englischer *Frock;* denn der Schnitt des englischen Reitrockes scheint in Frankreich, wo man das Kleidungsstück: *le Frac* nannte, massgebend gewesen zu sein. Dabei wurden die Schösse nicht mehr umgeschlagen, sondern einfach weggeschnitten, beziehentlich weggelassen.

Alle Welt trug nun den Frack, wie er in Deutschland seit 1750 heisst — Goethe gab (A. D. 1774) seinem Werther einen einfachen blauen Frack mit Messingknöpfen, und der französische Stutzer, der *Incroyable* der Revolutionszeit zeichnete sich durch den braunen Frack mit den enormen Flügelklappen und dem hohen Kragen aus. Der Frack charakterisierte die Revolution: er hatte etwas Unzüchtiges, Emanzipiertes, er galt gleichsam für ein teures Abzeichen der Freiheit wie der Hut, sogar die wackeren Frauen wollten ihn nicht missen; er war deshalb auch keineswegs salonfähig, noch viel weniger hoffähig. Aber durch die

Die heilige Isabel, Königin von Portugal, Gemahlin Diniz des Gerechten, mit demselben in ihrem zwölften Lebensjahre (A. D. 1283) vermählt, für ihren untreuen Gemahl betend. Den Himmel mit Gebet, Fasten und Almosen bestürmend, weil sich ihr Sohn an die Spitze einer Verschwörung gegen seinen Vater gestellt hat. Diniz ist die portugiesische Form des Namens Dionysius, Isabel der Namen Elisabeth, die Dame also eine zweite gekrönte heilige Elisabeth; den Deutschen so gut bekannt wie die Landgräfin von Thüringen. An sie knüpft sich nämlich die Schillersche Ballade: *der Gang nach dem Eisenhammer;* die *Gräfin von Savern* ist unsere heilige Königin Elisabeth, der fromme Knecht Fridolin einer ihrer Pagen, der Jäger Robert ein anderer Page und der Eisenhammer ein Kalkofen an dem portugiesischen Flusse Mondegu. Warum Schiller die Geschichte in ein fremdes Gewand gekleidet hat, ist hier ebensowenig ersichtlich wie beim *Handschuh,* wo er die Dame Eleonore oder Donna Anna de Mendoza: *Kunigunde* tauft (296). Die Königin trägt einen Pelzmantel; vornehme Personen wurden gern damit gemalt. Nach einer Miniatur des 13. Jahrhunderts.

Revolution und die mit ihr anhebenden neuzeitlichen Gesellschaftsformen ward er eingebürgert und zum Galarocke der meisten zivilisierten Nationen gestempelt, was er (in schwarzer Farbe, Lebemänner sieht man auch wieder auf den farbigen Frack verfallen) trotz aller Reaktion heute noch ist.

c. Das Hemd.

Zwei mittelalterliche Schwänke dienen uns zur Einrahmung des vorliegenden Abschnittes: eine Frau, die ein Hemd auf dem Leibe hat, und ein Ritter, der keines hat — Hagens Gesamtabenteuer — Hemd übersetzt *Tunica* so gut wie Rock, vergleiche Notkers Übertragung und Erläuterung der Psalmen — aber ein Hemd war leinen, die Tunica wollen wie der Rock — die Tunica nicht durchgängig wollen, aber das Hemd immer leinen, sonst war es gar kein Hemd — keine *Camisia,* ein Wort, das wir in der Korrespondenz Kirchenvater Hieronymus' entdecken — die leinenen Hemden sind etwas Deutsches, die Romanischen Nationen haben sie von uns — Hemd oder Rock: das Hemd war von Haus aus kein Unterkleid, sondern ein Seitenstück zum Rocke — der Rock des Armen, ein Rest desselben die Bluse — erst etwa im 11. Jahrhundert nahmen die höheren Stände diesen leinenen Rock an und zogen ihn unter ihren wollenen Rock, womit die zweite Phase des Hemdes anhebt — zugleich wird es weiss — Wollregime und Leinwandregime, der Übergang von jenem zu diesem, die Vorstellung bedarf einer Korrektur.

Das Hemd ist mir näher als der Rock. Wenn man aufs Fleisch kommen will, so muss man durch das Hemde. Wer kennt nicht das allerliebste Märchen vom Zornbraten in Bechsteins Märchenbuch? — *Es war einmal ein Ritter, der hatte ein böses Weib, das wusste er nimmer zu bemeistern . . . beide hatten eine Tochter, und die erzog die Mutter also in ihren eigenen bösen Sitten . . . um die warb ein anderer Rittersmann, der zähmte die Widerspenstige, dass sie das allerliebste und allergehorsamste Weib wurde ... und als die Schwiegereltern einmal zu Besuch bei den jungen Leuten waren, kurierte der Tochtermann die böse Mutter auch . . . er sagte ihr, sie habe zwei Zornbraten an den Hüften, die müssten ausgeschnitten werden . . . wirklich liess er sie auch von seinen Knechten halten, setzte ihr ein Messer an die Hüfte und vollzog die Operation ohne viel Federlesens . . . wenigstens den grossen Zorn schnitt er ihr wirklich aus, den kleinen an der anderen Hüfte liess er sich durch ihre flehentlichen Bitten bewegen, bis auf weiteres stehen zu lassen . . . wenn sie nun wieder zänkisch und giftig wurde, brauchte ihr Mann nur zu sagen, er müsse zum Schwiegersohne schicken, das half augenblicklich* — — — diese hübsche, in der Litteratur oft vorgetragene, vielfältig abgeänderte Geschichte findet sich schon unter den Schwänken des Mittelalters. Ein Dichter, der sich: Sibot nennt, hat sie, etwa um den Anfang des 14. Jahrhunderts, unter dem Titel: Frauenzucht *(Vrouwenzuht)* erzählt; sie bildet in Hagens Gesamtabenteuern Nummer 3 und steht auch in der Lambelschen Sammlung von Erzählungen und Schwänken des Mittelalters (2. Auflage, Leipzig 1882). Die Hüften heissen darin die *Die,* d. i. die *Diech,* mit dem alten, auf Seite 187 und 91 erwähnten Worte — hier setzte der Operateur an *und begunde ir vaste snîden durch daz Niderhemde.* Mit dem letzteren ist schwerlich die untere Hälfte des Hemdes, sondern das Unterhemd, will sagen: das Hemd gemeint, das die wohlhabende Frau unter ihrem seidenen Gewande, dem Oberhemde, trug.

Das Hemd ist mir näher als der Rock. Das Hemd ist eigentlich gar nichts weiter als ein Rock, das alte lange faltige Hauskleid der Männer und der Frauen. Was die Lateiner: *Tunica* nannten, lässt sich ebenso gut als ein wollenes Hemd wie als ein Rock betrachten, daher auch die *Sacra Tunica,* der heilige Rock zu Trier, gelegentlich: als das ungenähte Hemd bezeichnet wird. *Umbe mîna tunicam, die ih ze lîche truog, wurfen sie lôz,* heisst es in dem Psalter von Notker Labeo (Psalm XXII, 19; in der Vulgata: XXI, 19: *et super vestem meam miserunt sortem);* dabei glossiert der St. Galler Mönch, der dem Anfang des 11. Jahrhunderts angehört, *tunicam* mit *Hemide; ze lîche* ist so viel wie: am Leibe, genau genommen: an der Leiche, dies noch in dem allgemeinen Sinne von Körper (124). Man sagt: die Alten hatten keine Hemden; dies ist insofern zutreffend, als sie keine

Der Jegermeister Wilhelm von Böseginst, Porträtstatue von seiner Gruft in der Abtei Long-Pont (Aisne). Sein französischer Name ist: *Guillaume de Malgeneste,* derselbe gebildet wie *Guillaume de Malesherbes, Geneste* oder *Genêt* das lateinische *Genista* und unser *Ginster,* der bekannte Dornstrauch mit den gelben, wohlriechenden Schmetterlingsblüten. Etymologen, die keinen Ginster haben blühen sehen, behaupten, dass er identisch mit dem Brombeerstrauche und *Brom,* englisch: *Broom,* die deutsche Bezeichnung des Ginsters sei. Der Mann hat ein Hifthorn an der Seite, es hängt an der Hornfessel, die über die linke Schulter geworfen ist; und unter dem eigentlichen Gürtel einen zweiten, den sogenannten Dupfing, der nach Stutzerart lose über den Lenden sitzt und in dem ein Degen (*Espadon*) steckt. Das Schwert legte der Ritter auch auf der Jagd nicht ab. An der Leine führt er einen Bracken. Da Schiller im *Gang nach dem Eisenhammer* aus dem Verleumder der Königin Elisabeth einen Jäger gemacht hat, so mag man sich unter dem Böseginst den bösen Robert denken. Der Stoff ist auch in Frankreich populär; Schiller hatte eine französische Quelle (die *Contemporaines* des Restif de la Bretonne).

leinenen Hemden hatten, die Leinwand aber zum Begriff eines Hemdes gehört. Zwar ist die Leinwand, Flachsleinwand und Hanfleinwand, nichts weniger als ein neues Produkt, der Hanf als Spinnfaserpflanze schon in den ältesten Zeiten in Europa verbreitet, die Flachskultur ebenso früh in Griechenland und im Römischen Reiche eingeführt worden. Der Gebrauch stammte aus dem Orient; ein leinenes Hemd war das eigentliche Nationalkleid der Ägypter, der Babylonier und der Hebräer, die es: *Ketoneth* nannten — die Bekanntschaft mit dem Lein und wohl auch mit der Baumwolle, dem *Byssus*, scheinen die letzteren während ihrer Gefangenschaft in Ägypten gemacht zu haben. Dieses orientalische leinene Hemd ward also auch in Griechenland und Rom bald Mode, wenn es auch nicht imstande war, die altertümliche Wolle gänzlich zu verdrängen; es ist ganz irrig sich einzubilden, dass die *Tunica* durchgängig aus Wolle gewesen sei. Ursprünglich war sie es. In Griechenland unterschied man den Dorischen und den Ionischen Chiton; jener stellte ein kurzes wollenes Hemd ohne Ärmel, dieser ein langes leinenes Hemd mit Ärmeln vor. Nun, diesen Ionischen Chiton hatten die Athener von den kleinasiatischen Ioniern überkommen; erst nach der nationalen Erhebung der Perserkriege kehrten sie zu dem alten wollenen Hemde zurück. Unter den Frauen blieben nur die Spartanischen Mädchen dem Dorischen Chiton treu, er war ihre ganze Bekleidung; sonst nahmen die Griechinnen, und zwar schon im Homerischen Zeitalter mit Vorliebe Linnen und Byssus zu ihren Hemden. In Altitalien erscheint die Leinwand zuerst bei den Etruskern und den Samnitern, selbst bei den Soldaten im Kriege, als Kleid und als Panzer; in Rom ward sie gegen Ende der Republik so gut Mode wie in Athen. Der Verbrauch an Leinenstoffen nahm zu, wenn man sie auch immer noch als Luxus betrachtete. Einen weichlichen und weibischen, asiatischen Charakter hat die Leinwandkleidung im klassischen Altertume niemals völlig abgestreift, und damit hängt es zusammen, dass eine *leinene Tunica* als eine Art Widerspruch erschien, wie ein *wollenes Hemd* bei uns.

Denn man kann annehmen, dass das germanische Hemd von Anfang an eine leinene Tunika gewesen, das Hauptkleidungsstück des Volkes abgegeben und nun seinerseits wiederum, sogar unter seinem eigenen Namen in Rom Eingang gefunden hat. Von Anfang an? — Wer wollte sich vermessen, eine solche Behauptung aufzustellen; aber schon aus den Worten *Hanf* und *Lein*, mögen sie urverwandt oder entlehnt sein, lässt sich schliessen, dass die Leinenerzeugnisse schon um die Mitte des ersten Jahrtausends vor Christus gegolten haben, weil *Hanf* an der sogenannten ersten, germanischen Lautverschiebung teilnimmt, *Lein* der Trennung der Germanen in Stämme voranzugehen scheint. Übrigens bestätigen bereits Plinius und Tacitus das Vorkommen der Leinwand bei den ältesten Germanen. Im Laufe des 4. Jahrhunderts wanderten die Langobarden aus ihrer Heimat aus und gelangten nach langen Fahrten ins Donauland, wo sie mit den an der oberen Theiss sesshaften Herulern in Berührung traten. Um das

Tristan und Isolde in der Kammer der Königin im Gespräch. Sie stehen sinnend an einer Bank — die Wand ist mit einem Laken, das heisst mit einem Teppiche verhangen (mittelhochdeutsch: *Stuollachen*, *Rückelachen*, *Sperlachen*) — zwei Thüren. Die Königin trägt als verheiratete Frau den Schleier oder die *Rîse*, worauf sie die Krone gesetzt hat, französisch: *le Couvrechef*; übrigens hat sie Rock und Überrock (mittelhochdeutsch *Surkôt*, mit langer Schleppe) an. Tristan, ein Kandidat, den zu lieben Isolde auch ein Philtron getrunken haben muss, hat ein Barett auf, unter dem die zierliche *Kolbe* (95 Unterschrift) hervorguckt; einen langen, mit Striemen besetzten, gut sitzenden Rock und darüber eine mit Pelz gefütterte *Garnasch* an. Nach einer Miniatur in einer Handschrift des Tristan-Romans aus dem 14. Jahrhundert, welche die Trachten des vorhergehenden Jahrhunderts zeigt. Pariser Nationalbibliothek. Die Sage von Tristan und Isolde, dem gefeiertsten Liebespaare des Mittelalters, ist zuerst in Frankreich dichterisch behandelt worden. Vergleiche Seite 236.

Jahr 512 erhoben sie sich in Waffen gegen die Heruler. Damals müssen die Langobarden an den Ufern der Donau schon selbst Flachs gebaut haben, denn ihr Geschichtschreiber Paulus Diakonus erwähnt in seinem ersten Buch die Sage: die Heruler seien auf der Flucht an ein blühendes Flachsfeld geraten und hätten die blaue, im Winde hin und her wogende Fläche anfänglich für ein unruhiges Meer gehalten und sich blindlings wie in ein Wasser hineingestürzt, eine noch in der *Geschichte von den sieben Schwaben* mitgenommene Einfalt. Wir machen uns im allgemeinen von unseren Vorfahren eine viel zu barbarische Vorstellung — gewiss war ihre Kleidung einfach, so ziemlich dieselbe für beide Geschlechter, ein umgeworfenes Tierfell oder Tuch, die Kinder liefen wie in Neapel nackend herum, selbst im Winter; aber die altgermanischen Frauen trugen schon enganliegende leinene Hemden, die sie selber spannen und webten und mit Purpur säumten, Arme und Busen blieben, ganz wie bei den modernen Frauenhemden unbedeckt — und die Männer, zumal die Vornehmen, gingen auch nicht wie die Wilden. Sie trugen, Angelsachsen, Goten und Langobarden in den ersten Jahrhunderten unserer Zeitrechnung ähnliche knappe Gewänder wie die Frauen, wahrscheinlich ebenfalls aus Leinen, wahrscheinlich das, was nachmals von den Römern: eine *Camisia* genannt ward. Der heilige Kirchenvater Hieronymus hat eine ausgebreitete Korrespondenz geführt und viele interessante Briefe hinterlassen. In einem derselben, der von Bethlehem datiert, gegen Ende des 4. Jahrhunderts geschrieben und an seine Freundin Fabiola in Rom gerichtet ist, verbreitet er sich über den Ornat; bei dieser Gelegenheit erwähnt er das Wort *Camisia* (63) als ein allgemein bekanntes und allgemein verständliches. Er meine das enge leinene Hemd, das die Soldaten im Felde auf dem blossen Leibe tragen und das so praktisch sei, weil es sie in ihrer Bewegung nicht behindere. *Volo pro legentis facilitate abuti sermone vulgato. Solent militantes habere lineas, quas Camisias vocant, sic aptas membris et adstrictas corporibus, ut expediti sint vel ad cursum vel ad praelia.* Auch ein Scholiast zu dem Dichter Lucanus kennt das vulgäre Wort; er erklärt *Supparum,* ein römisches leinenes Frauenkleid, mit *Camisia.* Was hat denn nun aber die spätlateinische *Camisia* gerade mit unserem Hemd zu thun? — Je nun, das weiss wohl jedermann, dass ein Hemd in Frankreich: *Chemise,* in Italien *Camicia* genannt wird. Diese Ausdrücke kommen eben von *Camisia.* Das Interessante ist aber, dass dieses *Camisia* mit viel Wahrscheinlichkeit auf eine Grundform des deutschen Wortes zurückgeführt wird; dass *Camisia* gleichsam ein *Hemd* vor der ersten, germanischen Lautverschiebung (durch die sich *K* in *H* verwandelt) darstellt. Die alten Germanen mögen, um dieses Wort zu bilden, nicht *Hemden,* sondern *Kamîtjen* getragen und die Römer sie von ihnen angenommen haben, worauf unsere leinenen Hemden schnell das ganze romanische Terrain eroberten. Es ist nichts Seltenes, dass sich ein deutsches Wort in den Romanischen Sprachen treuer erhalten hat als

Leute des 14. Jahrhunderts, italienische Arbeiter: ein Gärtner neben einem Holzhacker stehend, auf seinen Spaten gestützt. Der Holzhacker, eine prachtvolle, sprechende Figur, ein Bild der Gesundheit, hat seine Axt in der rechten Hand, Gürtelmesser und -tasche, wie auf Seite 118. Eine grosse (äussere) Tasche hängt auch dem Gärtner am Gürtel. Der letztere hat eine Hülle um Kopf und Hals; der Holzhacker trägt eine ordentliche Mütze oder Haube, deren Bänder lose herunterhängen (Bundhaube). Der Holzhacker hat auch Bundschuhe an den Füssen, der Gärtner (anscheinend) nur Strumpfhosen. Das Kleid des Gärtners bildet ein Rock, der vorn zugeknöpft ist und an den Ärmel angeknöpft sind; das des Holzhackers ein grobes Hemd und ein knapp anliegendes, mit Nähten versehenes Kamisol. Sie sprechen von dem Zuge Heinrichs VII.,

dell' alto Arrigo, ch' a drizzare Italia
verrà in prima, ch'ella sia disposta (Dante, Paradiso XXX, 137).

Nach zwei Blättern aus den *Trachten der verschiedenen Nationen der Welt* von Jean Bonnart, welcher einer Pariser Kupferstecherfamilie des 17. Jahrhunderts angehört und dessen Sammlung dem Trachtenbuche des Cesare Vecellio zu vergleichen ist.

in Deutschland selbst, wo es in beständigem Flusse und gleichsam lebendig blieb.

Das Linnen ist demnach bei einem *Hemide* wesentlich, verehrungswürdiger Notker; sonst könnte man die römische *Tunica* ebenso gern für ein Hemd gelten lassen. Sie besass dieselbe Bestimmung wie unser Hemd — sie wurde an- und ausgezogen wie ein Hemd, indem man sie nicht umnahm, sondern den Kopf durch die Halsöffnung hindurchsteckte, wie durch den Schlitz eines Poncho — sie hatte Ärmel wie ein Hemd, und zwar kurze Ärmel wie ein Weiberhemd. Für das letztere haben die Engländer ihr *Chemise* aufgespart, während sie ein Männerhemd als *Shirt* bezeichnen. Desgleichen ist bei einem Rocke das Tuch oder die Wolle wesentlich; sonst könnte man allenfalls auch ein Hemd für einen altmodischen leinenen Rock gelten lassen. Auf die Lage des Kleides, ob es unter- oder übergezogen, auf der Haut oder über anderen Sachen getragen wird, kommt es viel weniger an als auf den Stoff — daher wir sogar von einem *Chorhemd* und von einem *Fuhrmannshemde* reden, weil es von Leinwand ist, dagegen unsere wollenen Unterkleider nicht gern: *Hemden,* lieber: *Jäckchen* nennen. Wenn sich die alten Römer bereits zu Varros Zeit einer wollenen Untertunika, der sogenannten *Subucula*, bedienten, die im Gegensatze zur richtigen Tunica lange Ärmel hatte, so trugen sie nicht sowohl zwei Hemden, als vielmehr zwei Röcke übereinander, wie wir sagen würden: einen Rock und einen Überrock oder einen Überzieher; oder wie die Frauen sagen: einen Rock und einen Unterrock. Der kränkliche Augustus soll an vier Unterröcke angehabt haben wie ein altes Weib. Es kam hinzu, dass die *Tunica* wie der mittelalterliche Rock über den Hüften gegürtet ward — doch das wurde das älteste Hemd vermutlich auch.

Was folgt aus dem allen? — Dass das Hemd von Haus aus gar kein Unterkleid sondern ein Seitenstück zum Rocke gewesen ist. Dass das Hemd der Rock der Armen gewesen; und die noch heute vielfach, namentlich von Bauern, Dienstmännern und Arbeitern getragene blaue Bluse ein Rest dieses leinenen Rockes ist. Der Kittel, in dem das niedere Volk das ganze Mittelalter hindurch mit oder ohne Beinbekleidung gegangen ist, war das Hemd; und die *Camisiae,* von denen der heilige Kirchenvater spricht, mögen ausgesehen haben wie die roten Blusen, welche die Soldaten Garibaldis trugen, die bei mehr als einer Revolution die Montur des vierten Standes bildeten und die bei den Mecklenburg-Schwerinischen Truppenteilen

Thorwart und Schenk von einem englischen Hofe im 14. Jahrhundert. Der grobe *Porter* oder *Doorkeeper* stützt sich auf einen ebenso massiven Kolben, eine spitzige, mit Leder umwundene und mit Nägeln beschlagene Keule, das Zeichen seiner Würde, englisch, mit Umstellung von *l* und *b*: *the Club;* französisch: *la Masse* (474), italienisch: *la Mazza*, woher *ammazzare*, totschlagen. Allmählich hat sich der Kolben in der Hand des Thürstehers in einen schönen Stab mit silbernem Knopfe verwandelt, wie denn alle unsere Stöcke Nachkömmlinge von alten Handwaffen sind und auch noch so heissen (italienisch: *Mazze; la Mazza d'Ercole* und *una Mazza di Canna d'India*). Ausserdem charakterisiert ihn das Schlüsselbund und das Horn:

da schallt mit scharfem Stosse das Wächterhorn vom Turm:
wohlauf, wohlauf, ihr Schläfer! Das Horn verkündet Sturm! — (Uhland)

Zur Seite hat er seinen Phylax, eine starke Dogge, deren Furchtbarkeit durch ein Stachelhalsband noch erhöht ist (vergleiche den Hund auf Seite 153; kaum ein Korallenhalsband, zur Dressur gebraucht). Der jugendliche Schenk (englisch *Butler*, lateinisch *Pincerna*; *Archbutler*, unser Erzschenk) in engen Strumpfhosen und kurzer Jacke oder *Schecke*, welche die Schamkapsel nicht bedeckt, ist an den treuen Mann herangetreten. Eine Figur wie diese, nach Miniaturen in Handschriften des Britischen Museums gezeichnete, mag Scheffel auf den unglücklichen Gedanken gebracht haben, den Thorwart Romeias auf die Jagd gehen zu lassen (292). Wegen des Hundes vergleiche Seite 237.

des preussischen Heeres sogar ein etatsmässiges Bekleidungsstück abgeben. Auch ihnen rühmt man nach, dass sie mehr Freiheit der Körperbewegungen gestatten als die Röcke. Erst allmählich werden die höheren Stände angefangen haben, ihrerseits leinene Hemden zu tragen, nicht an Stelle ihrer Röcke, sondern unter ihren Röcken. Das war zugleich wärmer und sauberer, vorzüglich wenn man, wie das immer geschieht, das arme Kleid veredelte und schöne weisse Wäsche, Linnen wie Schnee, wie feines weisses Silber wählte. Auch die weisse Farbe gehört nachgerade zum Begriffe eines Hemdes, sie ist es, die ein Hemd von einer blauen Bluse, einem Fuhrmannskittel noch unterscheidet. Keine Frage, dass der Übergang vom Wollregime zum Leinwandregime von wohlthätigstem Einflusse auf die öffentliche Gesundheit gewesen ist; dass infolge der Einführung von Leinwand und Baumwolle manche Hautkrankheiten des Mittelalters verschwunden oder wenigstens selten geworden sind; und dass die sogenannten Jägerhemden gewissermassen einen Rückschritt der Kultur bedeuten. Leinwand befördert die Reinlichkeit der Haut mehr als wollene Unterkleider, Leinwand saugt die Hautsekrete auf; mit einem wollenen Tuche kann man sich nicht abtrocknen, wohl aber mit einem leinenen. Nur mit Hilfe des vielen, täglichen Badens vermochte Altertum und Mittelalter das Wollregime zu ertragen, während wir gewissermassen vorläufig und kontinuierlich in unserer weissen Wäsche baden. Dennoch ist diese Vorstellung eines Überganges vom Wollregime zum Leinwandregime nicht vollkommen adäquat. Weil wir eigentlich nicht, zum mindesten nicht regelmässig, von wollenen Hemden zu leinenen Hemden übergegangen sind, sondern die wollenen Hemden, in Gestalt unserer Röcke, fort und fort tragen und nur die Hemden ausserdem noch darunter haben. Vielleicht erscheint diese Ausstellung pedantisch und unerheblich; denn es kommt doch am Ende auf einen solchen Übergang hinaus. Aber es ist theoretisch wichtig einzusehen, dass das Hemd ursprünglich dem Rocke parallel läuft und sozusagen selbst ein (leichter) Rock war, bevor es zu unserem vornehmsten Unterkleide geworden ist, womit eine vollständig neue Phase dieses interessanten Artikels anhebt.

Vom 11. Jahrhundert ab kann man etwa rechnen, dass die höfische Gesellschaft in Europa unter dem langen Rock ein leinenes Hemd zu tragen anfing. Ich sage: zu tragen anfing; denn erstens hatte man noch keine Nachthemden, wie wir schon einmal (62) hervorgehoben haben — zweitens gab es noch immer Glückliche genug, die nicht im Besitz eines Hemdes waren. Ich denke hier an *das Hemd des Glücklichen* von Langbein. Noch im 15. Jahrhundert hatte eine Königin von Frankreich, die Gemahlin Karls VII., Marie von Anjou nicht mehr als zwei leinene Hemden (63). Wohl gemerkt: wer noch kein leinenes Hemd auf dem Leibe hatte, trug nicht etwa ein Flanellhemd

Beatrix von Bourbon, spätere Gemahlin Roberts von Clermont und Schwiegertochter Ludwigs des Heiligen, im Schlosse Bourbon, der Stammburg der Bourbonen, ihre Milchschwester Amicia Delorme, eine junge Bürgersfrau aus Châlons-sur-Marne, empfangend, welche die Amme hergebracht hat. Nach einem Glasfenster in der Kathedrale von Moulins, der Hauptstadt des Bourbonnais, welche letztere zur Zeit Roberts von Clermont, des Stammvaters der Bourbonen, anfängt genannt zu werden (Anfang des 14. Jahrhunderts). Die Kathedrale von Moulins wurde erst A. D. 1468 gegründet; die Trachten sind daher nicht die des 14., sondern die burgundischen des 15. Jahrhunderts. Prüfend ruht der Blick der Bourbonin auf der etwas betretenen jungen Frau, die im höchsten Staate, *dans ses Atours* erschienen ist. Sie trägt ein weit ausgeschnittenes Kleid mit schlanker Taille, dessen Schleppe mit der beringten Hand aufhebend, sie den besetzten Unterrock zur Geltung bringt. An Ausschnitt, Manschetten und Saum hat es einen breiten, reich gestickten Aufschlag (*Revers, Rabatte*); die Brust bedeckt ein Halstuch und ein Latz. Über die Hälfte des Gesichts fällt ein Schleier, die *Rîse* herab, ein Zeichen, dass sie eine verheiratete Frau ist (französisch: *Couvrechef*); darauf hat sie eine Haube von der Form eines geschlossenen Diadems. Die jungfräuliche Fürstin hat ein einfaches Kleid und eine Pelzjacke an (*Corset*); der Halsausschnitt des Hemdes, das darüber vorkommt, ist nach englischer Mode mit Gold- und Perlenstickerei versehen. Auf dem anmutigen Kopf ein Hütchen oder *Schapel* (altfranzösisch: *Chapel*). Die Amme, welche die junge Frau zärtlich umfasst, ist tiefer (mit dem *Dupfing*) gegürtet, hat ein Fürtuch und um den Kopf eine Hülle.

oder ein Hemd von Sersche wie ein Trappist, sondern gar kein Hemd; der Kittel war sein Hemd. Damit man nicht etwa denke, er habe das Wollregime eingehalten. Wenn er seinen Kittel auszog, so sass er splitternackt da, wie der *blosse Ritter,* dessen seltsames Abenteuer den Gegenstand eines andern mittelalterlichen Schwankes bildet. Derselbe zeigt, dass es nicht überall so splendid herging, wie wir oben geschildert haben; denn wenn man dem armen Menschen Kleider zum Wechseln gegeben hätte, wäre die Geschichte nicht passiert. Ein Reisender ist, ganz durchnässt und erfroren, an ein Haus gekommen und gastfreundlich aufgenommen worden; der Hausherr führt ihn in die geheizte Stube und weist ihm zwischen seiner Frau und seiner Tochter einen Ehrenplatz an. Es ist warm in der Stube, dem Gaste bricht der Schweiss aus; man bittet ihn, doch den Rock auszuziehen und sich nicht zu genieren. Das ist wiederum eine in Italien beliebte Artigkeit: wenn man in Florenz im Sommer bei einer befreundeten Familie speist, so wird man gebeten, den Rock abzulegen, die Herren pflegen sich's alle auf diese Weise bequem zu machen. Der Gast aber weigert sich, und aus guten Gründen. Aber der Wirt kann das nicht mitansehn, er winkt seinen Knechten — geschickt und unversehens ziehen ihm diese den Rock über die Ohren. Da sitzt der arme Kerl da, wie ihn Gott erschaffen hat, ohne Bruch und ohne Hemde, *lesterleichen,* wie der Schlemmer in dem bereits zweimal (389 und 177) zitierten *Heiaho.* Wie unangenehm für die Frauen und für ihn! — Die Geschichte gehört zu den *Mären* des 13. Jahrhunderts und findet sich in der Sammlung, die der Germanist von der Hagen (Stuttgart 1850) unter dem Titel: *Gesamtabenteuer,* das ist: gesammelte Abenteuer, herausgegeben hat.

d. Das Wams. Hänslein, Schecke, Pourpoint.

Ein Kleiderschrank und der Galgen von Montfaucon — im Mittelalter hatte man noch keine Kleiderschränke — wohl aber liebte man es schon damals, die Kleidung wie einen zweiten Leib anzusehen und jedes Kleidungsstück nach dem Körperteile zu nennen, welchen es bedeckte — der Kragen ist eigentlich der Hals — Unterschied, den wir machen: deckt sich das Gewand nicht vollkommen mit dem Körperteile, so brauchen wir das Verkleinerungswort — daher Ärmel und Fingerlein — *von gold ain fingerlain* — so Leib und Leibchen — das Schnürleibchen, das Korsett — das Leibchen ist die Weste, diese dem Namen nach ein letzter Rest der indogermanischen Kleidung überhaupt — Weste und Westerhemd — historisch mag sich die Weste aus dem Wamse, der Bekleidung des Bauches, entwickelt haben — *my Womb, my Womb, my Womb* — die letzte Konsequenz ist, dass dem Kleide sogar ein Eigenname gegeben wird, als wäre es ein Mensch — Jacke, Jakob, Jacquerie — Jacke und Schecke — in Deutschland hat es einst einen Rock gegeben, der Hänslein getauft worden ist — giebt es heute noch Unterröcke namens Hänsel.

Vielleicht hat schon mancher im stillen die Beobachtung gemacht, dass die Sprache unsere sieben Sachen zu leibhaftigen Organismen stempelt; und dass es in einem modernen Kleiderschranke aussieht wie auf dem (Seite 535 abgebildeten) Galgen von Montfaucon, wo sie dutzendweise baumeln.

In einem modernen Kleiderschranke, denn im Mittelalter hing man die Kleider für gewöhnlich noch nicht in Schränke, sondern legte sie in Kleiderladen und Kleidertruhen, wie man auch die Bücher im Mittelalter legte, nicht auf die schmale Seite stellte und in die Repositorien einschob.

Ziehet den alten Adam aus und einen neuen Menschen an — dieser apostolischen Weisung kommen wir täglich nach. Unsere Hemden und Röcke haben ja Kragen und Ärmel, unsere Hosen Beine und Gesässe, unsere Strümpfe Fersen gleichwie wir. Der Ausdruck beruht auf einer direkten Vermenschung wie bei einem Armstuhl — wie ein Grossvaterstuhl Backen und Arme hat und gleichsam dasitzt wie ein behäbiger alter Mann, so wird ein weisses Hemd von der Phantasie wie eine Art Astralleib angesehen und mit einer Brust, einem Kragen und Armen ausgestattet — nicht doch, jedes einen bestimmten Körperteil deckende Gewand wird diesem Körperteile ohne weiteres gleichgesetzt.

Der Kragen besagt von Haus aus weiter nichts als den Hals. Unserem Bewusstsein ist diese Bedeutung des Wortes entschwunden, aber in vielen alten Redensarten *(es geht an den Kragen, es kostet den Kragen, einen beim Kragen nehmen, Geizkragen wie Geizhals)* ist sie noch lebendig. Wenn wir die Bekleidung des Halses jetzt noch und ganz allgemein: *Kragen* nennen und von *Rockkragen* und *Hemd-*

Karl der Weise, König von Frankreich, die von ihm gestiftete ***Bibliothèque du Roy*** auf dem Arme tragend; nach der Porträtstatue in der Kirche des Pariser Cölestinerklosters (aufgehoben während der grossen Revolution). Sein Vater Johann hatte einige zwanzig Handschriften hinterlassen; Karl brachte sie auf neunhundert und richtete A. D 1367 einen Turm des Louvre zu der *Librairie du Louvre* ein, die jedermann zu jeder Stunde zugänglich sein sollte, daher auch mit einem Kronleuchter erleuchtet wurde. Diese königliche Bibliothek bildet den einen Hauptstock der französischen Nationalbibliothek, die über hundertmal soviel Handschriften und 2500000 Bände enthält. Sie war nebenbei geeigneter, die Leser zu verdummen als aufzuklären, denn sie bestand fast ausschliesslich aus astrologischen Werken, Geheimwissenschaften, Ritterromanen und Legenden. Noch keine Klassiker, deren Handschriften um diese Zeit in Frankreich noch nicht gesammelt wurden. Karl war damals 30 Jahre alt.

kragen reden, so entspricht das dem französischen *Col* und *Collet,* dem italienischen *Goletto* vollkommen. Übrigens ist *Hals*, *Hälschen* selbst in diesem Sinne nicht ganz unerhört. Die Franzosen nennen bekanntlich einen beweglichen Hemdkragen einen falschen Hals: *un faux Col.* Das soll nicht etwa heissen, dass der Halskragen als solcher etwas Falsches sei. Sondern der Kragen erscheint unecht, weil er nicht fest sitzt, angeknöpft und wiederabgenommen werden kann. So einen Kragen bezeichnet man in Italien, weil er allein *(solo)* steht, als *Solino.* Die abnehmbaren Kragen und Manschetten sind, wie die Vorhemdchen (plattdeutsch: *Hälske*, italienisch: *Pettini,* französisch: *Chemisettes)* noch kein Jahrhundert alt.

Durch die Kleidung haben wir also gewissermassen einen zweiten Leib bekommen. Manchmal machen wir in der doppelten Terminologie einen Unterschied, indem wir für den Körperteil selbst das ganze Wort, für sein wollenes oder leinenes Umhängsel dagegen nur das Verkleinerungswort brauchen — weil das Gewand bisweilen wirklich das kleinere ist und sich mit dem Leibe nicht vollkommen deckt. Der *Ärmel* war kurz und reichte nicht bis über den ganzen Arm, darum hiess er kein Arm, sondern nur ein Ärmchen (mittelhochdeutsch: *Ermel)* — beweisend hierfür ist das mittelhochdeutsche *Vingerlîn,* Fingerlein für den Ring. Ein Handschuh hat keine Fingerchen, sondern *Finger,* weil er der Hand kongruent ist — *Ihre ganzen Finger sind schon kaputt,* sagt die Waschfrau, indem sie meinen Handschuh meint. Ein goldener Ring dagegen bedeckt kaum ein Gelenk, kaum einen Schnitt des Fingers, deshalb wird er das Fingerlein genannt. Dieses *Vingerlîn*, dem griechischen *Δακτύλιος* entsprechend, uns fremd, spielt in der Dichtung des Mittelalters eine grosse Rolle. Das jüngere Hildebrandslied, das aus dem 15. Jahrhundert stammt und in Uhlands alten hoch- und niederdeutschen Volksliedern Nummer 132 bildet, endet mit einer fröhlichen Heimkehr von Vater und Sohn: nachdem sich der alte Hildebrand seinem Gegner, dem jungen Herrn Hadubrand *(Alebrant)* zu erkennen gegeben hat, reiten sie selbander nach Bern, und der Sohn führt den alten Vater, der dreissig Jahre ausser Landes gewesen ist, zu Frau Uten in seinen Saal, wo er ihn bewirtet und obenan sitzen lässt. Die Mutter findet das unbillig, dass er einem gefangenen Manne so viel Ehre erweise, worauf ihr Hadubrand eröffnet, es sei ja der liebste Vater Hildebrand. Nun gehen Frau Ute die Augen auf, sie bedient den Gast eigenhändig und schenkt ihm selber ein:

Johanna, Königin von Frankreich, aus dem Hause Bourbon, Gemahlin Karls des Weisen, aus dem Hause Valois; gestorben vor ihrem Gemahl, mit dem sie gleichalterig war, am 6. Februar 1378 zu Paris. Sie wird als eine unterrichtete, sanfte, schöne und gute Frau geschildert, die ihrem kränklichen Gemahl wacker zur Seite gestanden und die leitenden Persönlichkeiten in Staatsangelegenheiten gern empfangen habe. Sie ist betend dargestellt und trägt die *Cotte hardie*, darüber das *Surcot* und die Stola. Nach der Porträtstatue, die einst in der Pariser Cölestinerkirche stand.

> was het er in seinem munde?
> von gold ain fingerlain,
> das liess er inn Becher sinken
> der liebsten frawen sein.

Das den Leib, will sagen: den Rumpf, zumal die Brust und den Bauch bedeckende Kleidungsstück würde man nach dieser Analogie: den Leib; und wenn es die Bedeckung nur sparsam leistet, nur wenig über die Taille hinunterreicht und eng anschliesst: das Leibchen nennen. Das geschieht auch in allen Sprachen; an jedem Rock und an jedem Hemde unterscheidet man einen *Leib,* und *Leibchen* ist, wie wir schon oben (666) bemerkten, für die sogenannte Taille an einem Frauenkleide gäng und gäbe. Unser *Leib* und *Leibchen* übersetzen in Italien: *Corpo* und *Corpetto,* in Frankreich: *Corps* und *Corset* — letzteres, unser *Korsett,* hat frühe die Bedeutung eines Schnürleibchens oder einer Schnürbrust*) angenommen, wofür die Italiener: *Busto* sagen; daneben aber auch die eines eigentlichen Kleidungsstückes von der Form einer Bluse oder eines kurzen Rockes fort und fort behalten. Die *Kürsen,* ein Pelzrock mit kurzen Schössen und mit weiten Ärmeln, schon zur Zeit der Kreuzzüge erwähnt, im 15. Jahrhundert namentlich in Burgund sehr modern, jetzt noch eine schwache Spur ihres Daseins im Kürschnerhandwerk hinterlassend, wird nicht ohne Wahrscheinlichkeit auf diesen Begriff zurückgeführt (mittelhochdeutsch: *Kursît).* *Corpetto,* auch *Panciotto,* wörtlich: Bäuchelchen, ist in Italien das einheimische Wort für eine Weste, welche letztere auch in Deutschland vielfach der Leib, im Schwäbischen: *das Leible,* sonst aber seit dem vorigen Jahrhundert nach dem Französischen genannt wird *(la Veste;* heutzutage: *le Gilet).* Da in dem französischen *Veste* das uralte lateinische *Vestis* steckt, so erscheint unsere Weste gewissermassen als ein letzter Rest der indogermanischen Kleidung überhaupt. Das weisse Hemd, das dem Täufling nach alter Sitte bei der Taufe angezogen wird, heisst bekanntlich: das *Westerhemd,* mittelhochdeutsch kurz: *die Wester.* Augenscheinlich ist dies dasselbe Wort wie unser *Weste,* gleich *Weste* auf *Vestis (alba)* zurückzuführen, aber unmittelbar aus dem lateinischen Wort entstanden (mit Rhotazismus, wie *Körper* aus *Corpus,* vergleiche Seite 124).

Historisch ist unsere Weste wohl eine Nachfolgerin des Wamses. Was ist eigentlich ein Wams? — Es hält schwer, eine zutreffende Antwort darauf zu geben. Ein Wams, scheint es, ist etwas Warmes, aber niemand kennt sich recht aus. Doch soll es angeblich in unserer Garderobe den Bauch vorstellen.

*) Dieselbe gehörte bereits dem Mittelalter an; selbst die Männer scheinen sich im 14. und 15. Jahrhundert geschnürt zu haben. Um diese Zeit begann man in das Korsett, um es auszusteifen, Fischbeinstäbe und hölzerne oder stählerne Blankscheite *(Planchettes)* einzulegen, was im 17. und 18. Jahrhundert zu einem förmlichen Panzer und zur gänzlichen Vernichtung der Körperformen führte. Indem das Leibchen unten, in den Darmgegenden des Bauchs, zusammengezwängt und möglichst eng gemacht wurde, sollte die sogenannte Taille, der Einschnitt des Leibes unter den Rippen, hervorgehoben und, wenn fehlend, künstlich gegeben werden. Schon der die Taille umschliessende Gürtel zerlegte den Menschen wie ein Insekt in einen Vorder- und Hinterleib; durch die Schnürleibchen und die Reifröcke bekamen die Frauen vollends das Aussehen riesiger Kreuzspinnen.

Gruppe aus dem 15. Jahrhundert: **Pfeffersack, Baron und Kurtisane.** Nach einem Glasgemälde in der Hauptstadt des Bourbonnais und einer Tafel im Hôtel de Cluny. Der Kaufmann in langer, weitärmeliger *Kürse* — der Gürtel besteht aus aufgereihten Münzen, daran die Almosentasche — um den Hals ist ein Shawl geworfen, die *Sendelbinde* — auf dem Kopfe eine Kappe. Der schlichthaarige Baron in kurzem Hermelinpelz, der mit den schwarzen Schwanzspitzen des Tiers geschmückt ist und mit einem *Fürspan* zusammengehalten wird. Strumpfhosen und Schuhen — an seinem Barette, dessen Krempe geschlitzt ist, eine goldne Schelle oder ein Glöckchen, vergleiche Seite 294, Unterschrift. Anfang des 15. Jahrhunderts ist die Blütezeit der Schellentracht. Die Kurtisane in langem Mantel, der vorn auf der Brust mit vier Broschen zusammengehalten wird. Vorzüglich aber ziert sie ihre majestätische, mit Eiderdaunen verbrämte Mitra, ein zuckerhutförmiges, zweiteiliges Barett, mit einem Gestell vom bilateralen Typus, dessen zwei durch eine Einsattelung getrennte Gipfel sich rechts und links vom Scheitel erheben, aber vorn und hinten, in der Medianebene des Kopfes vereinigen, sodass die ganze Mütze (im Gegensatze zu einer Bischofsmütze und zu einem Napoleonshute) der Hauptrichtung des Körpers folgt. Hinten hängt ein Schleier herab wie bei dem Hennin, dem die Kopfbedeckung ähnlich ist. Der Baron braucht Geld.

Zum Schutze des Bauches wird gegenwärtig nur etwa noch in Cholerazeiten die Bauchbinde getragen; das Mittelalter hatte sein spezielles Bauchkleid, das war das Wams. Unter einem Wams verstehen wir ein dickes, den Oberkörper und die Arme bedeckendes Kleidungsstück, also eine Art Jacke oder Kamisol — das Wams gehörte, von Leder oder Wolle, gefüttert und gesteppt, wohl auch mit Brokat bedeckt, zugleich fest und warm, zur Rüstung, das heisst, es ward unter der Rüstung getragen, im 15. und 16. Jahrhundert auch von den Landsknechten. Als ein wattiertes Unterkleid hat man es mit der Baumwolle, neugriechisch: *Wamwaki* in Zusammenhang bringen wollen; gewöhnlich ist die folgende Ableitung. Mittelhochdeutsch hiess es: das *Wambeis,* worin man das altfranzösische *Wambais* oder *Gambais* leicht erkennt. Das altfranzösische Wort aber kam selbst erst aus dem Deutschen; es beruhte auf dem althochdeutschen *Wamba,* das: Bauch bedeutete. Das noch in unserem *Wamme* lebendige Wort ist gemeingermanisch, auch gotisch, nordisch und angelsächsisch: in England heisst der Bauch *Belly* oder *Womb.* Die Stelle: *und er begehrte seinen Bauch zu füllen mit Trebern, die die Säue assen,* lautet in der englischen Bibel: *and he coveted to fill his Womb of the cods that the hogs did eat* (Lucä XV, 16). Bekannt ist Falstaffs Klage: *my Womb, my Womb, my Womb undoes me!* — Altfranzösisch heisst das Wams auch: *Gambeson*; unter dem Ringelpanzer trug der französische Ritter den *Gambeson* (englisch: *the Gambison).* Die Entwickelung des Begriffs zu einem Kamisol ist der des *Leibchens* vollkommen analog, ein Unterschied nur insofern vorhanden, als *Wams* nicht eigentlich den Bauch selbst bedeutet, sondern eine Ableitung von *Wamba* darstellt, worauf noch das *s* hindeutet, wie *Koller* oder *Collier* im Gegensatz zu Kragen oder *Col* eine Ableitung ist (mittellateinisch: *Wambasium).*

Im Verfolg dieser Phantasie gelangt nun das Volk dazu, den Rock, welcher so ziemlich den ganzen Körper bedeckt, mithin die Summe aller einzelnen Kleidungsstücke darstellt, auch wirklich als ein Abbild der gesamten Persönlichkeit anzusehen und ihm sogar einen Namen zu geben, als wäre er ein Mensch, ihn Hinz oder Kunz zu rufen. Darauf beruht der Ausdruck Jacke, der nichts weiter als der Name Jakob ist. Gegen Ende des 14. Jahrhunderts trug der König von Frankreich Karl VI., der Geliebte oder der Wahnsinnige, beim Reiten einen kurzen, enganliegenden Rock, den man: *un Jaque* nannte — hatte, heisst es in einer französischen Chronik des 14. Jahrhunderts, jedermann *un Jaque,* einen Waffenrock über seinem Haubert. Das französische Wort ging im 15. Jahrhundert als *Jacke* in die deutsche und als *Jack* in die englische Sprache über; in allen drei Sprachen wurde daneben die Verkleinerung: *Jackett* (französisch: *Jaquette,* englisch: *Jacket)* üblich, worunter man jetzt einen kurzen Rock ohne Taille und ohne Schoss versteht. Zugleich behielt man aber auch die zischende Artikulation des französischen *J* bei und sprach nicht: *Jacke,* sondern *Schacke,* woraus (vielleicht mit Anlehnung an die englische Aussprache des *a*) die Form: *Schecke* hervorging. Der Sache nach entsprach die kurze Schecke (mittelhochdeutsch: der Schecke) dem alten französischen *Pourpoint,* einem gesteppten Wams, das vorn und hinten zugeschnürt ward und auf das im 17. Jahrhundert das *Justaucorps* gefolgt ist; dem Begriffe nach der französischen Jacke. Diese letztere, der *Jaque* wird nun von Du Cange mit grosser Wahrscheinlichkeit auf den Jacques Bonhomme, den französischen Bauern, zurückgeführt, mithin als ein Bauernkittel betrachtet, wozu vortrefflich stimmt, dass die *Jaquette* von Haus aus ein Kleidungsstück des Landvolks und der kleinen Leute gewesen ist. Man nennt bekanntlich den grossen Bauernaufstand, der im Frühjahr 1358, in einer Zeit der allgemeinen Auflösung, auf die Erhebung der Pariser Gewerke gegen den Adel (vergleiche Seite 483) folgte: *la Jacquerie* — es war ein Ausdruck unserem *Janhagel* analog, der *Jacques Bonhomme* etwa so viel wie der *dumme Toffel* oder wie *Hans Narr, Hans Simpel.* Hans Simpel? — Wir haben nämlich in Deutschland, im 15. Jahrhundert auch eine Jacke gehabt, die den Namen Hänslein führte. Es ist ebenfalls eine kurzer Rock mit ganzen oder halben Ärmeln gewesen, der wie ein Wams, aber auch wie ein Waffenrock über dem Harnisch getragen wurde. Diese Analogie ist schlagend. Damit man aber nicht glaube, dergleichen komme nur im Mittelalter vor, so möge man wissen, dass die Frauen in Bayern und Österreich noch heute ihre Unterröcke, lokal auch ihre Vorhemdchen: *Hänsel* nennen. *Ihr Kerl heisst Hänsel,* sagt man von einer Dirne, die sitzen bleibt; zum Tanze wird der bunte, farbige *Tanzhänsel* angezogen. In Köln und Minden nennen sie den Unterrock nicht ohne Ironie: den *Joseph (Jossep, Jussep);* im Schwäbischen: den *Teufel.*

Druck von Fischer & Wittig, Leipzig.

Verlag von Heinrich Schmidt & Carl Günther, Leipzig.

Karussell im kurfürstlichen Burghofe längs der Spree:

Ringelrennen, bei welchem die Reiter unter Einhaltung gewisser Bahnen und in verschiedenen Gangarten, im Vorbeireiten mit der Lanze nach einem aufgehängten Ringe stechen, um den Ring entweder bloss zu treffen oder abzustreifen; geritten im Jahre 1592. Unten der Stralauer Fischzug: Aufzug der Fischerinnung und Fischerstechen. Entworfen nach Quellen des 16. Jahrhunderts. Max Ring, Die Deutsche Kaiserstadt Berlin (Leipzig 1883) entnommen.

Druck von Fischer & Wittig, Leipzig. Verlag von Heinrich Schmidt & Carl Günther, Leipzig.

Herzog Philipp der Gütige,

unter dessen Regierung (1419—1467) Burgund Zentralstelle der europäischen Bildung war; über dem Gewand eine Dalmatika, in der linken Hand einen Handschuh, mit der rechten die *Sendelbinde* haltend, die von seiner Kappe lang herabhängt (*Sendel*, *Zendel*, *Zindel*, ein leichter Seidenstoff, italienisch: *Zendale*. *Zendado*). Nach einer Miniatur in einer Handschrift des 15. Jahrhunderts. Pariser Nationalbibliothek.

e. Mantel und Kappe.

Oberkleider und Unterkleider, relative Begriffe — Oberrock und Oberkleid zu unterscheiden — der Mantel dem Rocke gegenüber ein Oberkleid — das heisst: ein ganz anders geartetes Gewand — ein Umschlagetuch — ein Handtuch von Haus aus — kein deutsches, sondern ein lateinisches Wort, aber eine alte Sache — dem Gotte Odin zugeschrieben, nachmals ein Attribut des heiligen Martinus, Bischofs von Tours — der als römischer Unteroffizier in Amiens seinen Mantel mit einem Bettler teilte — Sankt Martin und der Reichsgerichtspräsident Simson — die Hälfte, die der heilige Martin behielt, wurde unter dem Namen seiner Kappe eine hochheilige Reliquie und das Palladium des Fränkischen Reiches — Kappe und Kapelle, Kaplan — mit der Kappe des heiligen Martin ist noch keine Mönchskutte und noch kein Messgewand gemeint, Kleidungsstücke, die nachmals: *Cappae* genannt wurden — sondern ein profaner Mantel, den das Volk als eine Kappe bezeichnete, wenn auch die Kappe kein eigentlicher Mantel, sondern ein Kapuzrock, gleichsam eine grosse Kapuze war — Kappe, Caput und kaputt — kaputt gehen, etwas kaputt machen.

Hemd einerseits, Rock anderseits ist das mittelalterliche Kleid, das von beiden Geschlechtern im Hause getragen wird. Das alte Hauskleid ist uns längst nicht mehr alles in allem, es hat sich nach allen Richtungen hin verstärkt und ergänzt, es hat eine Menge Hilfen hinzugenommen, um dem Wärmebedürfnis unseres Körpers zu genügen; nennen wir nur Hose und Weste. Das Hemd selbst wird wie ein Rock unter den Rock gezogen. Alle diese Kleider erscheinen dem Rocke gegenüber als Unterkleider, wie es im Mittelhochdeutschen hiess: als *Niderwât;* während derselbe wiederum ihnen gegenüber als Oberkleid erscheint. Wirklich wird der Rock bisweilen so genannt, zum Beispiel in Italien: *il Soprabito;* ja, als Oberkleid, mit mangelhafter Logik, sogar: als Oberrock bezeichnet, was doch nur einen Sinn hat, wenn wie bei den Frauen Unterröcke da sind. Die Unterkleider haben abermals ihre verschiedenen Grade, eins ist immer wieder unter dem anderen, man kann wie bei einer Zwiebel lange schälen, bis man auf die allerunterste Schale kommt. Was wirklich ein Oberrock wäre, wird von den Männern lieber: *Überzieher* oder allenfalls *Überrock* genannt, ohne Zweifel in dem Gefühl, dass diese beiden Röcke nicht so untrennbar zusammengehören wie die der Frauen.

Aber der Rock ist wiederum dem Mantel gegenüber ein Unterkleid, wie die *Tunica* gegenüber der *Toga*; oder, was auf dasselbe hinausläuft: der Mantel dem Rocke gegenüber ein Oberkleid. Nicht etwa ein Oberrock — es macht nämlich sehr viel aus, ob ich sage: ein Oberrock oder: ein Oberkleid. Der Mantel stellt so wenig einen zweiten Rock dar wie etwa die Toga eine äussere Tunika. Er ist ein vollständig neues Gewand. Er wird nicht angezogen, sondern umgeworfen — er giebt, um mit den Alten zu reden, keinen *Indutus,* sondern einen *Amictus* ab. Daraus folgt, dass er keine Ärmel hat — dass er, um einen gewissen Halt zu haben, auf der Schulter oder auf der

Auf der Polizei: Untersuchungsrichter und Scherge (*Sbirro*). Typen aus den Zeiten der Willkürherrschaft (15. Jahrhundert). Ort: Venedig oder der Kirchenstaat, vergleiche Seite 515. Der Beamte liest eine Denunziation: feiner, christusähnlicher Kopf, Talar mit offenen, in lange Zipfel ausgehenden Ärmeln über den Arm zu schlagen, eine schon im 13. Jahrhundert herrschende Mode (75). Der Polizeidiener in Uniform: Schecke mit Koller, Strumpfhosen und Schnabelschuhe; Sporen, Helm mit Sturmband und einer Feder als Helmzierde; unterhalb der Taille um die Hüften laufender, hier aufgenähter oder eingehakter Gürtel, der *Dupfing*, an dem das Seitengewehr hängt. Nach Stichen in dem Trachtenbuche Jean Bonnarts; Pariser Kupferstecherfamilie des 17. Jahrhunderts.

Brust mit einer Spange zugesteckt werden muss — dass er nichts weiter als ein Umschlagetuch, gleich einem schottischen Plaid oder einem Shawl, an sich ohne jede Körperform und Menschenähnlichkeit ist. Das geht auch aus der Etymologie hervor: *Mantel* ist ein altes Lehnwort aus dem Lateinischen und deckt sich mit dem bereits bei Plautus vorkommenden *Mantellum*. Sein Ursprung ist folgender. *Mantele* oder *Mantilium* hiess im Altertum eine Serviette. Da die Gabeln noch nicht erfunden waren, brauchte man Servietten, um sich die Finger abzuwischen. Man wusch sich auch die Hände vor und nach der Mahlzeit und brauchte Handtücher, um sich abzutrocknen. *Handtuch* ist die beste Übersetzung von *Mantele*, denn das Wort aus *Manus* und *Tela* zusammengesetzt. Sothane Servietten wurden gelegentlich auch als Tischtücher verwendet, wie das heute noch geschieht. Feine, bunte Servietten wanden die Frauen auch um den Kopf, oder legten sie, wie die Römerinnen ihre *Fazzoletti*, einfach auf den Kopf, oder banden sie um den Hals, wie wir ein Schnupftuch oder ein *Mouchoir*. Es ist leicht zu begreifen, wie das Handtuch infolgedessen den allgemeinen Sinn einer Hülle annahm. *Mantellum* schien ein Diminutivum zu sein, obgleich es nur aus *Mantelium* zusammengezogen war; daher bildeten die Italiener und Spanier ein vermeintliches Grundwort *Manto*, während die echte Form *Mantello* ebenfalls lebendig geblieben ist. Das französische *Manteau* beruht auf älterem *Mantel* — ebenso lautete das Wort im Altenglischen (jetzt *Mantle*), und lautet es noch bei uns.

In Deutschland wurde das alte germanische Wort durch den neuen Begriff verdrängt. Das heimische Wort war *Hackel*, worüber wir uns auf Seite 140, Anmerkung verbreitet haben. Tacitus übersetzt es im 17. Kapitel seiner Germania mit *Sagum*, vergleiche auf Seite 3 die Figur rechts. *Tegumen omnibus Sagum.* Ein *Hackel* oder *Hachel*, gotisch: *Hakuls*, altnordisch: *Hökull* wurde selbst dem Gotte Odin zugeschrieben, es war der weite blaue Himmelsmantel oder Wolkenmantel, daher er eben der Mantelträger oder der *Hackelbernt* hiess (140) — der Mantel, nachmals das Attribut des heiligen Martin, bildete zwischen Allvater und Bischof das *Tertium Comparationis*.

Um die Legende noch einmal zu wiederholen: der heilige Martin war damals, ungefähr A. D. 333, siebzehn Jahre alt. Er diente als Veteranensohn in der römischen Kavallerie und stand in Amiens in Gallien. An einem Thore dieser Stadt traf der junge Unteroffizier mit einigen Bekannten in einem Winter von ungewöhnlicher Strenge einen armen nackenden, vor Kälte zitternden Mann. Seine Kameraden achteten des Bettlers nicht, und Martins Börse war leer. Da nahm er seinen Mantel, teilte ihn mit seinem Schwerte in zwei Hälften und schenkte die eine Hälfte dem Bettler. Die Umstehenden machten sich über den Halbmantel lustig; einige dachten wohl, sie hätten dasselbe

Handwerkersfrau einen vornehmen Bürger um ein kleines Darlehen bittend. Derselbe sieht behäbig und wie eine Gelehrter aus, ist sehr reich gekleidet: Damastschaube, mit Akanthusornament gemustert — Dupfing, an dem die *Aumonière* hängt — seidene Strumpfhosen (Tricots), offene, mit einer Agraffe zusammengehaltene Schuhe aus Korduanleder — wulstartige Kappe, um den Kopf gewundene, über die rechte Schulter herabhängende Sendelbinde aus einem leichten Seidenstoffe. Die junge Frau trägt ein Kopftuch, das, hinten in einen Knoten gebunden, auf den Nacken herabfällt — und über dem langärmeligen Kleid ein Kamisol, dessen Schoss auf- und wie ein Gürtel umgenommen ist. Der Anstand, mit dem sie ihr Kleid etwas lüftet und den besetzten Unterrock sichtbar macht, lässt auf etwas mehr als auf eine gewöhnliche Frau aus dem Volke schliessen. Nach einem Fenster der Frauenkirche zu Moulins, der Hauptstadt des Bourbonnais. Die Kirche stammt vom Ende des 15. Jahrhunderts.

gethan haben mögen. In der folgenden Nacht träumte Martin einen Traum. Er sah im Schlafe den Heiland, wie er selbst mit dem halben Mantel bekleidet war, und hörte, dass er zu seinen Engeln sagte: *Martinus, noch ein Katechumene, hat mich mit diesem Gewand bekleidet. Amen dico vobis*, fügt der Biograph Sulpicius Severus hinzu, *quamdiu fecistis uni ex his fratribus meis minimis*, *mihi fecistis* (Evangelium Matthäi XXV, 40). Schon als zehnjähriger Knabe war Martin unter die Katechumenen aufgenommen worden. Er betrachtete diesen Traum als einen Wink, sich taufen zu lassen, und wirklich empfing er bald darauf, noch als Soldat, in seinem achtzehnten Lebensjahr, wahrscheinlich zu Amiens das Sakrament der Taufe.

Ein ähnliches Vorkommnis bildet den Gegenstand der 20. Makame des Hariri *(der Deckmantel)*; und zum drittenmal ist dasselbe Werk der Barmherzigkeit bei uns in Deutschland von dem jungen Simson, dem späteren Reichsgerichtspräsidenten, verrichtet worden. Als derselbe in Bonn studierte, brach während des sehr kalten Winters von 1829/30 im Hause Niebuhrs Feuer aus. Der greise Gelehrte konnte fast nur das nackte Leben retten; halbangezogen, um seine Manuskripte jammernd, wurde er die Treppe herabgeführt. Der Feuerlärm hatte auch den Studenten Eduard Simson an die Brandstätte geführt, wo er den verehrten Lehrer zu Gesicht bekam, wie er vor Schrecken und Kälte zitterte. Schnell entschlossen und in der allgemeinen Verwirrung unerkannt, warf ihm Simson nicht bloss seinen halben, sondern seinen ganzen Mantel um und verschwand in der Dunkelheit. Niebuhr forderte bald darauf durch ein Inserat in der Zeitung den *völlig unbekannten edeln Mann*, der ihm in der schrecklichen Nacht seinen Mantel geliehen hätte, auf, sich sein Eigentum wiederabzuholen, aber sich vorher durch Angabe, was in den Taschen gesteckt habe, zu legitimieren — ein seidenes mit *E. S.* gezeichnetes Taschentuch und ein Pfund Kaffee. Simson meldete sich damals nicht; erst im nächsten Frühjahre verriet ihn ein anderes Taschentuch einem Freunde, dem jungen Bethmann-Hollweg.

Dieser weisse oder blaue, christlich geteilte Mantel ist jedenfalls das, was unter dem Namen der *Kappe des heiligen Martin* so grosse Berühmtheit erlangt und das Palladium, das Kleinod des Fränkischen Reiches gebildet hat. Das Fränkische Reich war ja das Adoptivvaterland des Bischofs von Tours gewesen. Ich meine die *Capa* oder *Cappa Sancti Martini*, die *Capella Domini Martini*, die sechs Jahrhunderte lang als Fahne Frankreichs diente, die den Königen in Krieg und Frieden wie ein Fetisch (634) nachgetragen werden musste, auf welche die Angeklagten ihre Hände legten, um (vergleiche Seite 506) den Reinigungseid zu schwören, die in den königlichen Pfalzen, *in Palatiis Regiis* ihr eigenes Häuschen hatte, das wieder: *Capella* hiess. *Quo nomine,* schreibt der Mönch von Sankt Gallen in seiner *Vita Caroli Magni (I, 4), Francorum Reges propter Capam Sancti Martini sancta sua appellare solebant.* Das Diminutivum passt um so besser, als von dem Mantel nur die Hälfte übrig war. An der Stelle, wo der Unteroffizier den Bettler gekleidet hatte, war eine Kapelle errichtet worden — die wahre Kapelle erhob sich über der heiligen Reliquie selbst, der Begriff einer Kapelle entstand überhaupt erst durch das Käppchen, ohne die Kappe gäbe es gar keine Kapelle auf der Welt. Wir haben auf diese merkwürdige Entwickelung schon einmal, in der Unterschrift zu dem Bilde des Narren auf Seite 294 aufmerksam gemacht. Die

Adonis vom Hofe Karls VIII. von Frankreich († 1498). Bemerkenswert der lange, tief ausgeschnittene Hermelinmantel mit den langen, weiten, geschlitzten Ärmeln, durch deren Schlitz der Arm hindurchgesteckt werden kann; die Oberärmel des am Halsausschnitt mit Perlen besetzten Rockes sind gepufft. Die Schlitzung wird jetzt in Europa Mode. Ein echter Mantel hat überhaupt keine Ärmel. Ausserdem ist der Mantel gegürtet, wodurch er erst recht den Charakter eines Überziehers annimmt. Auf dem zur Seite geneigten Haupte mit dem wallenden Lockenhaar ein grosses schwarzes Barett — am Gürtel hängt in Form eines kreisrunden Beutels mit flachem Boden und weitem metallenem Halse das Almosentäschchen — in der rechten Hand ein Kommandostab (in Neapel gebraucht). Nach einer Miniatur in einer Handschrift des 15. Jahrhunderts. Pariser Nationalbibliothek.

berühmte Pfalzkapelle, die Karl der Grosse zu Aachen erbaute und die wir auf Seite 453 abgebildet haben, hatte keine andere Bestimmung als die Kappe des heiligen Martin zu umschliessen; und die Kaplane, die unter Pippin dem Kurzen und seinen Nachfolgern eine so angesehene und einflussreiche Stellung erhielten und von denen wir auf Seite 659 einen zu Gesicht bekommen haben, sollten die Wächter des Reichsheiligtums, die Kappenbewahrer sein, die den mächtigen Talisman unter ihrem Verschlusse hatten, den Schatz hüteten und für seine Integrität einstanden.

Der wackere Unteroffizier wurde, wie bekannt, zugleich ein Bischof und Mönch, der Apostel Galliens. Als Bischof und als Mönch hat er eine Kappe getragen, denn die *Cappa* ist mit der Zeit ein heiliges, liturgisches Gewand geworden, das einerseits die Mönche, anderseits die Geistlichen charakterisierte. Die Mönchskappe nennen wir heutzutage lieber: Mönchskutte, die bischöfliche Kappe gleicht einem Fürstenmantel und heisst, wenn sie beim Gottesdienst gebraucht wird, die *Sacra Trabea* oder die *Vestis Pluvialis,* das *Pluviale,* wie man gewöhnlich sagt. Aber nicht nur, dass der geistliche Ornat, wie wir schon vorhin (671) bemerkten, in dem Jahrhundert des heiligen Martinus noch so gut wie gar nicht entwickelt war: man bemüht sich auch vergeblich, in einer anderen Reliquie des frommen Mannes, und wäre es auch sein Messgewand gewesen, denjenigen Grad von Heiligkeit zu entdecken, der eine Popularität wie die der Kappe rechtfertigen könnte; während sie sich bei einem Mantel, den der Heiland von ihm angenommen hat, von selbst ergiebt. Dieses Kleidungsstück gewann eine Heiligkeit wie der heilige Rock zu Trier; wirklich spricht der mehrerwähnte Mönch von Sankt Gallen auch von einem *Rocke des heiligen Martin,* und zwar, wie Du Cange erklärt, mit Beziehung auf die Kappe: *est enim [Capella] brevior sancti Martini Capa, quam Roccum S. Martini vocat Sangallensis lib. 2. cap.* 27.

In der Legende wird der Martinsmantel gern als eine *Chlamys* hingestellt — *nihil praeter Chlamydem, qua indutus erat, habebat,* heisst es in der *Vita Sancti Martini* von Sulpicius Severus — die *alba Chlamys,* die *vere pretiosa Chlamys* ist ebenso oft in lateinischen Versen besungen, wie der ganze Mantelmartin abgebildet worden. Die *Chlamys* war eigentlich ein griechisches Mäntelchen; doch wurde sie allerdings auch von der römischen Reiterei, und zwar als solche, an Stelle des *Sagums* oder des *Paludamentums* getragen. Kappe war das volkstümlichere Wort; es behauptete sich und blieb jahrhundertelang die herkömmliche Bezeichnung für den hochheiligen Martinsmantel, wenn es auch einem richtigen Mantel, der zur Hofuniform gehörte, streng-genommen nicht entsprach. Die *Cappa* entsprach vielmehr einem modernen Überzieher, den man im Winter braucht, bei Regenwetter anzieht und mit auf die Reise nimmt; das Unterscheidende daran war die Kapuze oder die Kappe im engeren Sinne, die von der ganzen Kappe schliesslich allein übrig blieb (294 Unterschrift). Unsere *Kapelle* ist heutzutage ein *Käppchen*, und wenn eine *Cappa rossa* noch immer ein päpstliches Feierkleid abgiebt, so verstehen wir unter einem *Rotkäppchen* nur ein Kind, das eine rote Mütze aufhat. Wer in seinem Leben einen Kapuziner gesehen hat — wer die Gugelmänner kennt, die beim Begräbnis eines Mitgliedes des bayerischen Königshauses mit zu Grabe gehen — wer die unzähligen Gugeln, die in unserem Mittelalter, zum Beispiel auf Seite 89, abgebildet sind, aufmerksam betrachtet: dem brauchen wir die mittelalterliche *Cappa* nicht weiter zu erklären. Gugel, Kapuze und Kappe sind Wechselbegriffe, nur dass die letztere gewöhnlich eine grosse, vom Kopfe bis zu den Füssen reichende Kapuze bedeutet hat. Es ist nicht richtig, sich die Sache umgekehrt vorzustellen und die Kapuze gleichsam als ein Anhängsel der Kappe anzusehen — eine Kappe muss immer zunächst den Kopf bedecken, und man thut gut, dabei an das lateinische *Caput* zu denken, wenn auch eine ety-

Der Entenschnabel, eine Fussbekleidung, die gegen Ende des 15. Jahrhunderts an die Stelle der Schnabelschuhe trat. Niedriger, tief ausgeschnittener, gefensterter, breit abgerundeter Schuh. Der Inhaber ist ein junger Bürger; er trägt ein Hemd, das keinen Kragen hat und den Hals freilässt, eine Kasacke oder Harzkappe oder einen sogenannten Levitenrock ohne Ärmel und darüber eine mit langen, weiten Ärmeln und einem Pelzkragen versehene Schaube. Dieser Überwurf klafft; die Nesteln, mit denen er zugemacht werden könnte, hängen herab. Barett. Nach einer Miniatur in einer Handschrift des 15. Jahrhunderts. Pariser Nationalbibliothek.

mologische Verwandtschaft mit *Caput* nicht sehr wahrscheinlich ist. Übrigens liesse sich die Ableitung ebenso gut hören, wie die des Bischofs

Gruppe vom Anfange des 16. Jahrhunderts: der Historiograph Turmair aus Abensberg, Johannes Aventinus, zu Besuch in einem Augsburger Bürgerhause, wo ihm der Kaufmann Welser Frau Sibylla Fugger, geborene Arzt, die Enkelin des reichen Ulrich Arzt, vorstellt. Nach Miniaturen in Handschriften des 16. Jahrhunderts, Pariser Nationalbibliothek. Der berühmte Gelehrte trägt eine kostbare, mit Pelz verbrämte Damastschaube mit langen weiten Ärmeln, die geschlitzt sind; auf dem Kopfe ein Barett. Herr Welser hat nichts auf seiner *Kolbe*, das heisst auf seinem Kopfe, dem *kolbig* verschnittenen Haar — auch die weiten Ärmel seines langen Rockes sind nach der Mode geschlitzt — an dem Gürtel, den er in einen *Knopf* gebunden hat, hängt die Tasche — an den Füssen hat er *Bärenklauen*, auch *Ochsenmäuler*, *Kuhmäuler* genannt, niedrige, breite, plumpe, tiefausgeschnittene, mit Strippen versehene Schuhe. Frau Sibylla hat einen *Krüseler* auf dem Kopf, eine mit Krausen garnierte, baschlikartige Haube — ein viereckig ausgeschnittenes Kleid, unter dem ein weisses Chemisett hervorguckt, mit doppelten, engen und weiten, sogenannten Griechischen Ärmeln — viel Schmuck und eine goldene Kette. In die Augen fällt eine dicke, seidene, gedrehte, mit Lahn, das heisst mit geplättetem Golddraht umsponnene Kordel oder Schnur, die, um Hals und Taille geschlungen, bis zu den Füssen reicht und hier in eine mit einem grossen Brillanten geschmückte Quaste ausläuft. Die Namen sind willkürlich gewählt, dem Charakter der Zeit entsprechend.

von Sevilla Isidorus, aus dem 7. Jahrhundert: *Capa, quia quasi totum capiat hominem.*

Kommt doch *kaputt* von Kappe. Dass sich die Kapuze zum Mantel verlängert, beobachtet man noch heute. Eine sogenannte *Capote,* wie sie die Schulmädchen auf dem Kopfe haben, ist so viel wie eine Kapuze; aber auch ein Überrock oder ein Regenmantel mit Kapuze. Das Wort ist französisch, die Italiener sagen: *Cappotto;* diese Ausdrücke kommen natürlich wie *Kapuze* selbst von *Cappa.* Wenn es gelingt, dem Gegner, zum Beispiel dem Stier beim Stiergefechte, den roten Mantel oder die Kappe über den Kopf zu werfen, die schon die alten römischen *Bestiarii* bei ihren Kämpfen in der Hand hielten, so hat man gewonnenes Spiel; er kann dann nichts mehr machen. Die Franzosen sagen dann: er sei *capot,* man habe ihn *capot* gemacht; ebenso brauchen die Italiener ihr *Cappotto* und die Spanier: *Capote.* Dergleichen Bilder sind beim Pikett, bei der Calabresella und anderen Kartenspielen sehr beliebt. Mit anderen Spielerworten kamen sie im Dreissigjährigen Kriege nach Deutschland. Auch hier sagt man seitdem: es gehe etwas *kaputt,* man mache etwas *kaputt,* man sei heute ganz *kaputt.* Kaputt heisst eigentlich: verloren oder matsch; es ist das *Matt* beim Schach, das *Labet* beim L'hombre. Es heisst eigentlich: gedeckt oder gefangen. Viele Ausdrücke sind vom Turnierplatz auf den Spieltisch und von diesem ins Leben übergegangen (320. 329).

f. Ausschreitungen in der Tracht des Mittelalters.

1. Der Hosenteufel.

Hosen als Thema für Predigten und Gesangbuchslieder — ei, Du pluderichter Teufel, der Du die Pluderhosen erfunden und den frommen Landsknechten aufgebunden hast — das sind nämlich Hosen, die pludern oder plaudern — das seidene Futter ist eigentlich das, was an den Pluderhosen pludert und so massenhaft hervorquillt, dass es eine Schande ist — das Futter, das doch nur die Blösse decken soll — ich sehe die Eitelkeit der Welt aus euren Schlitzen hervorgucken, ihr Zucht- und Ehrerwegenen Lotterbuben, ihr wollt euch nicht bedecken, ihr wollt euch putzen! — wie das leider schon Adam und Eva thaten.

Der Doktor Andreas Musculus, Pfarrer in Frankfurt an der Oder und ordentlicher Professor an der *Viadrina,* das heisst an der Frankfurter (1811 nach Breslau verlegten) Universität, hielt A. D. 1556 in der Nikolaikirche eine Predigt über den Hosenteufel. Er gab sie in demselben Jahre gedruckt, in einem Quartbande und unter dem Titel heraus: *Vom zuluderten, zucht- und ehrerwegnen, pludrichten Hosenteufel, Vermanung und Warnung.* Damit meinte er den Teufel, der die Frankfurter zur Ausschreitung in der Hosentracht verführte, einen Bruder des Saufteufels, des Spielteufels, des Tanzteufels, des Hoffahrtsteufels und anderer böser Geister, die damals in die Menschen gefahren waren und die ausgetrieben werden mussten — den Teufel, der einen Landsknecht verblendete, dass er sechzig, hundert, über hundert Ellen Buckskin, nicht doch, Marzellin und Florence zu einem Paar Hosen nahm. Gegen Ende des 15. Jahrhunderts hatte Kaiser Maximilian I., der letzte Ritter, mit dem Obersten Georg von Frundsberg das deutsche Fussvolk und das neue Kriegshandwerk geschaffen. Die Freiwilligen, die von nun an in Deutschland dienten, heckten diese Ungeheuerlichkeit aus, den Chroniken zufolge wären die Pluderhosen A. D. 1553 im Lager des Kurfürsten Moritz von Sachsen vor Magdeburg ausgebildet worden. Sie wurden im ganzen Reiche, bei Studenten und Handwerkern, beim Adel und Bürgerstande Mode; auch den Frack hat ja, wie oben erwähnt, das Zivil vom Militär angenommen. Und so bekam der Hosenteufel Gewalt über die Herzen des ganzen Volkes, auch der Protestanten, die damals in Frankfnrt wohnten. *Wer Lust hätte,* eifert der ehrwerdige, achtbare und hochgelehrte Herr Andreas Musculus, der eigentlich: Meusel hiess und in Schneeberg geboren war, *wer Lust hätte, von Wunders wegen solche unfläthige, bübische und unzüchtige Pluderteufel zu sehen, der suche sie nicht unter dem Papstthum, sondern gehe in die Städte und Länder, die jetzund lutherisch und evangelisch genennet werden, da wird er sie häufig zu sehen kriegen, bis auf den höchsten Greuel und Ekel, dass ihm auch das Herz darüber wehe thuen, und dafür, als für dem greulichsten Meerwunder sich entsetzen und erschrecken wird.* Die Predigt ward vielfach aufgelegt und nachgedruckt, auch in plattdeutscher Mundart; und die Liederdichter blieben nicht dahinten. Damit der Herr Pastor auch ein entsprechendes Hauptlied habe, das er vor der Predigt singen lassen könne, so bestiegen auch sie den Parnass. Johann Walther, ein Zeitgenosse Meusels, kurfürstlich sächsischer Kapellmeister, gab ein Gesangbüchlein heraus, das zu Wittenberg gedruckt ward. In demselben findet sich ein Lied vom Jahre 1561, in welchem der Vers vorkommt:

Wer itzt nicht Pluderhosen hat,
Die schier zur Erden hangen,
Mit Zotten, wie des Teuffels Wat,
Der kan nicht höflich prangen.

Die Landsknechte amüsierten sich nur darüber und pluderten lustig weiter.

Gala des 16. Jahrhunderts: Gesellschaft aus der Hauptstadt der Normandie. Patrizier in seinem Ehrenkleide, der langen, offenen, mit Pelz gefütterten Schaube aus Brokat, mit breit ausgelegtem Pelzkragen und kurzen, geschlitzten, gepufften, beknopften Ärmeln (Oberärmeln); in der Hand ein Barett mit einem Busch von Straussenfedern. Halskrause und Manschetten; zwei goldene Ketten. Junge Frau in geschlossenem Kleide mit engem, flach geschnürtem, vorn in eine Spitze auslaufendem Leibchen und den (jetzt wieder modernen) hohen Ärmeln, unschönen Schulterwülsten, französisch: *Maheutres* (*Maheustres*, *Mahoitres*) — den Hals umschliesst die Halskrause oder das *Krös*, die *Kröse* (französisch: *la Fraise*), auch die Manschetten sind in wellige, runde Falten gelegt und gekraust — Schürze (*Laisse-tout-faire*). Auf dem Haare trägt sie eine Burgunderhaube oder ein *Hennin*, ein Gestell von Pappe oder Draht, das mit Stoff überzogen und über das der Schleier geschlagen ist; das *Hennin*, dem wir wiederholt begegnet sind, hat hier zwei gerade Hörner, wie eine Antilope. Nach einem Fenster in der Kirche der berühmten Benediktinerabtei zu Rouen, die den Namen des hiesigen heiligen Bischofs Audoënus trägt (*Saint-Ouen*), einem glänzenden Muster der späteren Gotik, an dem bis ins 16. Jahrhundert gearbeitet worden ist; nach einer Abbildung dieses Fensters in den Sammlungen des französischen Theologen Gagnäus (Jean de Gagnée), der Vorleser König Franz I. war und ihn auf seinen Reisen begleitete († 1549).

Pludern, ein lautmalendes Wort, ist so viel wie schlottern oder bauschen, eins mit *plaudern.* Die Pluderhosen sind Hosen, welche gleichsam plaudern. Das heisst: sie hängen schlappig und schlotterig herab, baumeln bis an die Knöchel herunter wie Säcke, rauschen wie seidene Kleider, machen, wie es in Frankreich heisst: *frou-frou,* murmeln wie Laub, wie Quellen, schwätzen gleichsam — denn dergleichen Geräusche werden vom Volke gern zu Vorbildern der artikulierten menschlichen Rede genommen, man denke nur an *klatschen, klappern, plappern, plauschen* und so weiter. Und zwar sind es nicht die Hosen selbst, die sich so mausig machen, dieselben vielmehr blosse Kniehosen, sogar ziemlich enge; sondern das Futter der Hose hat sich emanzipiert. Die Hosen mussten nämlich im 16. Jahrhundert mit Seide gefüttert werden, weil die Schlitzmode aufgekommen war. Das heisst, es war üblich geworden, Wams, Schaube, Schuhe und Barett, mit einem Worte alle seine sieben Sachen und eben auch die Unaussprechlichen zu *zerschneiden* oder zu *zerhauen,* will sagen: aufzuschneiden und zu schlitzen. Bei den Hosen führte das zu Unzuträglichkeiten: man sah durch die künstlichen Risse hindurch bis auf die Niederwat, womöglich bis auf das Nackte. Ei, ei. Man brauchte also eine zweite, eine Unter- oder Futterhose; deren Stoff fing man allmählich an, durch die Schlitze hindurchzuziehen. Das sah reich und prächtig aus, wenn der rote Sendel in Bäuschen daraus hervorquoll; man vergass ganz, dass das Zeug eigentlich nur die Blösse decken sollte. Es ward eine Manie daraus, die gar keine Grenzen mehr kannte: bald hing nun das Futter bis aufs Knie, bald bis auf die Füsse hinab, so dass jetzt wieder die Verschwendung Ärgernis erregte. Das hiess doch am Ende das Feigenblatt unnütz und über alle Gebühr verlängern. Recht deutlich konnte man hier sehen, dass die Leute sich nicht etwa bedecken, sondern dass sie sich schmücken wollen — wie die Kleidung von vornherein nicht der Schamhaftigkeit, sondern der Eitelkeit dient — und wie sie den Charakter des Schmuckes auch in jüngeren Kulturperioden und auch da wieder annimmt, wo sie von der Schamhaftigkeit gefordert worden ist. Die Eitelkeit guckte hier thatsächlich, nicht bloss indirekt wie bei dem alten Antisthenes, aus jedem Loche des zerhauenen Kleides hervor. So entstand die Pluderhose, die üppige Pluderhose, bei der sozusagen die Brühe mehr kostete als das Fleisch und auf die sich die Landsknechte so viel zu gute thaten — sie erlosch mit ihnen, am längsten erhielt sie sich in der Schweiz, indem auch die Schweizer, denen die deutschen Söldner als Landsknechte entgegengesetzt wurden, an dieser Tracht teilnahmen.

2. Die Schnabelschuhe.

Kläglicher Ursprung der meisten Moden — es gilt einen Naturfehler, einen Schaden zu verbergen — der Herr ist der Krüppel, die Höflinge wollen's sein — das königstreue Frankreich — bald rasiert es sich, bald frisiert es sich, jenachdem es sein König braucht — es ist herrlich, wie die Franzosen ihm zu Liebe sogar eine Glatze und eine Perücke tragen — Genesis der künstlichen Haartour, bei den Europäern und bei den Wilden — es ist auch schön, wie sich die guten Unterthanen pudern, weil der König grau wird — Zweck der Krinoline, des falschen Steisses, des Kragens — nach derselben Analogie sind die Schnabelschuhe aufgekommen: die Füsse des Grafen von Anjou — Skorpionenschwänze, Widderhörner — Polen und Griechenland: die *Tsaruchia,* die noch ein Bestandteil des griechischen Nationalkostümes sind — die hölzernen Unterschuhe oder Trippen, die einen Zweck hatten wie unsere Gummischuhe — wir sehen uns den Burggrafen von Nürnberg noch einmal an.

Eine in ihrer Art verwandte Extravaganz war die Mode der Schnabelschuhe, die schon im 12. Jahrhundert aufkam. Diese aber hatte mit anderen Moden das gemein, dass sie dem körperlichen Gebrechen eines Lebemannes und der Absicht entsprang, einen Naturfehler zu verbergen.

Eine hervorragende Persönlichkeit hat irgend einen Schaden — sie trifft eine Vorkehrung, diesen Schaden zu verdecken — sofort wird das Auskunftsmittel von ihrer erbärmlichen Camarilla adoptiert und nachgemacht, damit männiglich die Ehre habe, ebenso hässlich und ungeschickt zu sein, wie der Lehnsherr. So entstehen die Moden, welche das ganze Menschengeschlecht entstellen und verbilden, vorab in dem königstreuen Frankreich.

Als Ludwig XIV. im Jahre 1643 den Thron bestieg, war er ein unmündiges Kind; mit dreizehn Jahren ward er mündig; mit dreiundzwanzig Jahren fing er an selbständig zu regieren. Der französische König hatte also noch keinen Bart. Die Folge war, dass sich die französischen Hofleute den Bart abschnitten. Umgekehrt: oben auf Seite 308 erzählten wir den Fall, dass der Graf Montgomery, Seigneur de Lorges, das Unglück gehabt hatte, dem König Franz I. bei einem Spiele zu Romorantin, wo man zum Scherz eine improvisierte Festung belagerte, einen Feuerbrand ins Gesicht zu werfen und ihn dadurch erheblich zu verletzen. Infolgedessen musste sich der König das Haar abschneiden und den Bart wachsen lassen. Seitdem wurde es in Frankreich Sitte, das Haupthaar kurz, den Bart aber lang zu tragen.

Die Perücke bezeichnet einen noch höheren Grad von Selbstverleugnung, wie sie den Hofschranzen so schön ansteht. Sie schrecken vor der Kahlköpfigkeit und der künstlichen Haartour nicht zurück, wenn es gilt, dem König gleich zu werden. Selbstredend hat das falsche Haar ursprünglich nur dazu gedient, den natürlichen Mangel auszugleichen und eine kahle Platte, den Mondschein auf dem Kopfe zu maskieren. Also auch bei Ludwig XIII., der kaum dreissig Jahre alt war, als er eine Glatze bekam. Ein König von Frankreich aber musste durchaus ein *Rex crinitus* sein. Er liess sich also aus langen, schlichten Haaren, die mit den natürlichen verschmolzen, erst rechts und links je einen *Coin* machen, dann auch noch einen dritten *Coin* am Hinterkopf anbringen. Diese drei künstlichen Locken waren in ein kleines schwarzes Käppchen, eine sogenannte Kalotte, eingelassen und bildeten zusammen *eine Tour*, das heisst ein rundes Ganze *(un Tour)*. Aus dieser *Tour* sind allmählich die Perücken geworden, die auch Ludwig XIV., der Sohn Ludwigs XIII. im Jahre 1673 annahm, als sein Haar dünn wurde. Sein Leibfriseur dachte für ihn die grosse Staatsperücke oder die Allongeperücke aus, die gleichsam die Signatur der Zeit und die Majestät selber, ein eigener *Rex crinitus* war. Nicht überall sind die Perücken so entstanden — bei Völkern, die, wie die Papua, die Fidschiinsulaner und einige Beduinenstämme, auf die Anordnung ihres Haares unendliche Mühe und Sorgfalt verwenden, mögen sie mitunter nur aus Bequemlichkeit, um sich nicht immer von neuem kämmen zu müssen, aufgesetzt werden. Mit einer Perücke macht man sich das Haar ein für allemal. Da die Franken so viel auf ihren Haarschmuck gegeben haben wie die Papua, so könnten sie wohl auch auf demselben Wege wie die Papua zu Perücken gekommen sein. Aus den historischen Daten geht jedoch hervor, dass dieselben in Europa in erster Linie Behelfe von Muss-Kahlköpfen und eine verächtliche Nachäfferei gewesen sind. Eine schlagende Analogie bietet der Puder, den man Ende des 16. Jahrhunderts am französischen Hof einführte, um das Ergrauen der Haare Heinrichs IV. zu verdecken.

Die erste Krinoline, oder, wie man den Reifrock früher nannte: die erste Tugendwardeine *(le Vertugadin)* hat jedenfalls den Zweck gehabt, die Schwangerschaft einer Königin zu maskieren, eine Mode, die den Damen unter Umständen nur erwünscht sein konnte und daher schon aus eigenem Interesse angenommen wurde — die sogenannte Tournüre, der *Cul postiche*, die mangelnde Weiblichkeit ergänzen — der Kragen vielleicht einen Kropf oder sonst einen Schaden am Halse unsichtbar machen sollen.

Montaigne hat ein Kapitel über Stiefel *(des Bottes)* geschrieben, in welchem er von allen möglichen Dingen, nur nicht von Stiefeln spricht. Werden sie uns nicht auch nachsagen, dass wir unseren Vorwurf, die S c h n a b e l s c h u h e, die S c h n a b e l s c h u h e mit Stillschweigen übergehen? — Aber wir sind ja drauf und dran, wir haben ja nichts im Kopfe als unsere Schnabelschuhe. Der (im Jahre 1043 geborene, 1060 zum Ritter geschlagene) Graf von Anjou Foulques IV. le Rechin scheint ein schöner Mensch gewesen zu sein, da er nicht nur

Damen vom Hofe der Katharina von Medici (16. Jahrhundert). Nach dem Trachtenbuche Cesare Vecellios: *Degli Abiti antichi e moderni in diverse parti del mondo Libri due* (Venedig, Domenico Zenerro 1590; seltene Originalausgabe mit 420 Holzschnitten in 8°). Die Zeit der Halskrause, die bis zur Mitte des Jahrhunderts ein schmaler, zierlich gefältelter Hemdkragen, beziehentlich Chemisettkragen war (die Dame mit dem ausgeschnittenen Kleide links); in der zweiten Hälfte des 16. Jahrhunderts sich vom Hemde ablöste und in eine grosse, runde Scheibe, einen an den Hals gehängten *Mühlstein* verwandelte (*Mühlsteinkragen*, die Dame rechts). Auf französisch heisst die Krause: *la Fraise*, auf deutsch: *das Krös* oder *die Kröse*, in beiden Sprachen bedeuten diese Ausdrücke zugleich: das Gekröse. Wirklich ist das Kalbsgekröse als Vorbild der Krause betrachtet worden. Auch der um die Mitte des 17. Jahrhunderts aufkommende Busenstreif, der Spitzenbesatz an der Brustöffnung von Männerhemden, wird in England mit Kaldaunen (*Chitterlings*) verglichen. Die Krausen wurden von Mann und Frau getragen, in Leipzig gehören sie noch zur Amtstracht der Geistlichen.

Zugleich zeigen sich um die Mitte des 16. Jahrhunderts (bei der Dame links) die Anfänge des Reifrockes, der damals: *la Vertugade* genannt ward. Der Rock wird durch ein Korb- oder Drahtgestell ausgespannt, dass er wie eine Glocke faltenlos herabfällt. Die Leibchen sind eng und flach geschnürt, vorn in eine Spitze auslaufend; die Ärmel doppelt, die oberen von der Achsel an aufgeschlitzt, über den Rücken fallend; die Manschetten von der Form der Halskrause. Auf dem Kopfe haben beide Damen ein Barett. Frivolere Namen des Reifrockes waren in Frankreich: *le Tâtez-y*, der Taste-an, *le Boute-en-Train*, der Beschäler, und so weiter. Das ausgeschnittene Kleid heisst gar: *la Gourgandine*, die Hure.

den Beinamen des Flunsches hatte, sondern auch Füsse besass wie die Kähne auf der Charente und der Loire. Er musste sich also auch

Schuhe machen lassen wie Schiffsschnäbel; und da er ein sehr mächtiger Mann war und in Anjou und Saintonge den grössten Schnabel führte, so fand er bald Nachahmer, auch ausserhalb seines Reiches. Alle Welt, reich und arm wollte nun Schuhe mit langen Spitzen haben. Man verglich diese Spitzen, weil sie etwas nach oben gekrümmt waren, mit dem Stachel von Skorpionen und nannte sie auf lateinisch: *Pigaciae* — oder auch mit Widderhörnern, daher ein Geck am Hofe Wilhelms des Roten (des 2. August 1100 gestorbenen Königs von England, also ein Zeitgenosse des Grafen von Anjou), der sie mit Werg ausstopfen liess, den Beinamen *Cornardus* erhielt. Der Familienname *Horn* mag oft auf diese Art Hörner zurückzuführen sein. Ordericus Vitalis, ein Mönch in der Abtei Saint-Evroul (Departement Calvados) schrieb Anfang des 12. Jahrhunderts eine *Historia Ecclesiastica,* die Duchesne im 17. Jahrhundert in seine Sammlung: *Historiae Normannorum Scriptores antiquiores* aufgenommen hat. Er verbreitet sich im 8. Buche über die Missbildungen des *Comes Andium* und sagt, der Graf Fulco habe die hässlichen Knollen oder Zwiebeln an seinen Füssen, also etwas wie Hühneraugen *(Tubera, quae vulgo vocantur Uniones)* mit den Schnäbeln verbergen wollen. Das klingt unwahrscheinlich; breites, stumpfes Schuhwerk nach Art der Bärenklauen und Ochsenmäuler wäre doch zweckentsprechender gewesen.

Verschiedene Ausdrücke weisen übrigens mit Sicherheit auf Polen als Vaterland der Schnabelschuhe hin. Sie heissen in Frankreich: *Souliers à la Poulaine* — das klingt wie: *à la Française* und ist anscheinend so viel wie: *à la Polonaise* — *Poulaine, Poullaine* der alte Name Polens, identisch mit *Pologne.* Sie heissen ferner in England: *Cracowes* oder Krakauer, nach der Residenz-, Krönungs- und Begräbnisstadt der polnischen Könige. Sollten sie aus polnischem Leder angefertigt worden sein? — Möglich, dass die Mode nur über Polen gekommen ist. Auch der *Gänsebauch* heisst: *à la Polonaise.*

Die Schnabelschuhe erhielten sich das ganze Mittelalter hindurch, bis gegen das Ende des 15. Jahrhunderts, wo die Entenschnäbel an ihre Stelle traten; diese bildeten dann den Übergang zu einem anderen Extrem, dem Kuhmaul. Die Araber gehen nicht selten in roten Schnabelschuhen; in Griechenland trägt man sie bei Bergbesteigungen unter dem Namen Τσαρούχια heute noch. Die letzteren, aus rohem Rindsleder verfertigt, rot oder weiss, wie ich aus Erfahrung sagen kann, sehr praktisch, sind auf der Spitze mit einer blauen Troddel geschmückt; in Deutschland wurden sie es mit einer Schelle (vergleiche den Narren auf Seite 294). Im 14. Jahrhundert wurden die meterlangen Spitzen wohl auch stark zurückgebogen und mit einem Kettchen oder einer Agraffe am Schaft befestigt. Um bei schmutzigem Wetter in den Schnabelschuhen über die (ungepflasterte) Strasse gehen zu können, schnallte man im 14. und 15. Jahrhundert unter die Schnabelschuhe hölzerne Sandalen, die ebenfalls langspitzig und von der Form der Sohle waren. Diese Holzpantoffeln, die unseren Doppelsohlen oder besser: Stelzen entsprechen, hiessen *Trippen*, in Frankreich: *Patins*, in Italien: *Pattini*, gleichsam: Patschen, worunter man jetzt Schlittschuhe versteht. Wegen des Morastes vergleiche Seite 439. Solche Trippen trägt der Burggraf von Nürnberg auf unserem obigen Bilde, Seite 643, wo man sie sehr gut sieht; da er sie bei seiner Amtseinweisung nicht abgelegt hat, so scheint es, dass sie überhaupt zur *Full Dress* der Zeit gehörten.

Französischer Edelmann vom Hofe Heinrichs IV., der sich in der offenen Kirche an den Stufen des Altars niedergelassen hat, um zu beten. Hut, Degen und Gebetbuch hat er ab und hinter sich gelegt. Ende des 16. Jahrhunderts. Nach einer Miniatur in einer Gedichtsammlung der Zeit. Charakteristisch der Gänsbauch, der seit Heinrich III. Mode geworden ist, französisch: *Panseron à la polonaise*, ein wattiertes Wams, das vorn, bis über die Taille hinaus reichend, in eine Spitze ausläuft und von oben bis unten zugeknöpft wird. Vergleiche die Abbildung auf Seite 458. Auch die Hosen sind gepolstert und mit Baumwolle oder Pferdehaar ausgestopft. Spanischer, leicht um die Schultern gelegter Mantel mit flachem Kragen.

3. Der Hennin.

Das Spitzengebäude der Fontange — im 15. Jahrhundert trugen die Damen in Frankreich und Burgund eine Kopfbedeckung, die die Form eines schiefen Turmes, mitunter auch zwei rechts und links weitabstehende Hörner hatte — auch gegen diese kolossalen Mützen ward gepredigt: der Karmeliter Thomas Conecte — die Frauen bringen ihm die Eitelkeit der Welt zum Opfer, damit er sie verbrenne — kaum ist er fort, so strecken sie wie die Schnecken die eingezogenen Hörner wieder aus.

Als einmal während einer Jagd der Wind der Herzogin von Fontanges den Kopfputz in Unordnung gebracht hatte, musste sie ein seidenes Band nehmen, um ihn wieder zu befestigen. Sie band eine Pfauenfeder und ein paar grüne Blätter mit hinein; das Ganze sah seltsam aus, es war nachgerade ein kleines Gebäude im Barockstil daraus geworden: die Schleifen fielen ihr wie Fahnen in die Stirne, die Spitzen bildeten die Zinnen, die Locken die Terrassen, der Flor wölbte sich darüber wie ein Firmament. Damit war die Fontange erfunden, eine Haube des vorigen Jahrhunderts (beim Volk: *Fantanje,* in Mailand: *Fontagna*).

Ihre Vorläuferin war die sogenannte Burgunderhaube, der französische Hennin, dessen Blütezeit in das 15. Jahrhundert fällt. Da *Hennin* ein häufiger französischer Name ist, in Deutschland *Henning* eben so oft gehört wird, so darf man annehmen, dass *Hennin* ein Wort wie *Fanchon,* Fränzchen, und etwa so viel wie Hannchen sei, also gleich der Fontange an die Erfinderin erinnere. Auf Maskenbällen geht die Haube heute noch als Tracht der Picardie.

Wir haben den *Hennin* in mehr als einem Exemplare und in mehr als einer Form zu Gesicht bekommen, zum Beispiel gleich auf den beiden ersten Vollbildern, vor Seite 1 und vor Seite 33, desgleichen bei der Maria von Burgund (160/1) und bei dem Fackeltanze des Burgundischen Hofes (276/7), bei dem Hofballe auf Seite 323, eben erst wieder zweihörnig bei dem Paare von Seite 703; das Ding auch, denke ich, genugsam charakterisiert, dass wir es nicht weiter zu beschreiben brauchen. Es war ein Gestell von Pappe oder Draht, eine hohe, spitze Mütze, ein schiefer Turm, der gewaltig aufwärts strebte und sich nach hinten neigte und mit dem die Erhabene nicht durch die Thüre konnte, ohne sich zu bücken. Wie ein weisses Banner hing der Schleier davon herab. Auch der Vater der Koketterie, der Hahn, geht ja durch kein Scheunthor, ohne sich zu bücken, um nicht mit seinem Kamme anzustossen.

Gegen den Hennin wurde gepredigt wie gegen die Pluderhosen. Ein gelehrter und frommer Karmeliter aus der Bretagne, Thomas

Conecte, nachmals (A. D. 1434) als Ketzer in Rom verbrannt, reiste in den zwanziger Jahren des 15. Jahrhunderts in Frankreich umher und schrie Ach und Wehe über die Sittenlosigkeit der Zeit und die zunehmende Üppigkeit, die sich in seinen Augen in den verfluchten *Hennins* verkörperte. Er hatte einen rechten Hass gegen die *Hennins;* er kam immer wieder auf die *Hennins* zurück. Es half auch: in Lyon brachten die Frauen ihre schönsten Hauben reumütig getragen, um das Teufelszeug auf einem Scheiterhaufen verbrennen zu lassen. So vermochte gegen Ende des Jahrhunderts Savonarola die weltlichen Florentiner, ihre Schmucksachen und Pomadenbüchsen ins Feuer zu werfen — auch dieser Sittenprediger wurde ja am Ende selbst verbrannt *(Florenz in Wort und Bild 26 ff).* Das Unrecht war, dass die beiden Mönche Rom selbst bekehren wollten. Nun ja, das Deklamieren hatte etwas gefruchtet — aber die Wirkung war nur eine vorübergehende. Kaum drehte Bruder Thomas der eingeschüchterten Stadt den Rücken, so suchten die armen Sünderinnen ihre Hennins wieder hervor und berechneten sie mit Zinsen. Sie machten es wie die Schnecken, die ihre Hörner einziehen, wenn es donnert, aber sie alsbald wieder hervorstrecken, wenn das Gewitter vorübergegangen ist. Dieser Vergleich stammt von den Zeitgenossen; er findet sich in den Burgundischen Annalen des im 16. Jahrhundert lebenden Historikers Paradin *(Buch III, vom Jahre 1428, Seite 700).*

Schluss. Nun lasst uns den Leib begraben.

In seinen Kleidern begraben wir nun das Mittelalter — wie die Edelleute in der Mönchskutte begraben wurden — das Sterbekleid ein Busskleid — wir brauchen nur unsere eigenen Kleider zu nehmen und sie dem geliebten Toten anzuziehen, denn wir tragen ja selbst noch das Kleid des Mittelalters — in jedem Sinne — die Gegenwart hat zum mindesten ganz die Farbe und die Sprache des Mittelalters, ist ein ausgebildetes Mittelalter — keine Neuzeit.

Trauergottesdienst im Kloster Paraklet für die hochwürdige Äbtissin Aloysia, die Geliebte des berühmten Petrus Abälardus, die dem Freunde (17. März 1163) im Tode nachgefolgt ist und nun an seiner Seite begraben werden soll. Er öffnet schon die Arme zum Empfange; sie singen den schönen, von Heloise selbst verfassten, neuerdings von Schumann komponierten Hymnus:

Requiescat a labore
Doloroso et amore! —
Unionem Caelitum
Flagitavit;
Jam intravit
Salvatoris adytum.

Bekanntlich war Abälard nach der Katastrophe, die sein Leben vernichtete, Mönch geworden, und auch Heloise, aus dem altadeligen Geschlechte der Montmorency, hatte den Schleier genommen; sie lebte zuletzt als erste Äbtissin in dem von Abälard gegründeten, nachmals ihr überlassenen Kloster Paraklet bei Nogent-sur-Seine, wohin sie auch den Leichnam Abälards bringen liess, als derselbe (11. April 1142) in Sankt Marcellus bei Châlon gestorben war (67). Einundzwanzig Jahre überlebte sie ihn — einundzwanzig Jahre trauerte sie an seinem Grabe, ihn gleichsam auf ihrem Schosse und in ihren Armen haltend, wie die Jungfrau Sigune den einbalsamierten Fürsten Schionatulander im *Parzival (III, 677. V, 766) — durch Minne, diu an ime erstarp, sînen toten lîp minnend,* wie Sigune, die sich ebenfalls mit dem geliebten Toten in eine Klause einschloss *(Parzival IX, 91)* — einundzwanzig Jahre minnete die Freundin den toten Freund, die Gattin den vorangegangenen Gatten, die Nonne den Mönch.

In obscura tumbacella
Alma micat justo stella.
Instar ipse siderum
Refulgebit,
Dum videbit
In fulgore Dominum.

Die Markgräfin Mathilde von Tuscien, die sogenannte *grosse Gräfin* (*Matilde gran Contessa di Toscana*), die Freundin des Papstes Gregor VII., die Frau der Burg Canossa, geboren A. D. 1046, gestorben A. D. 1115. Kapitales Weib mit mächtiger, runder Büste und Stiernacken, den ein spitziger Perlenkragen bedeckt; stumpfnäsig. Das gutmütige Gesicht ist von einer warmen Kapuze (*Gugel*) eingerahmt, die den Hinterkopf und den ganzen Hals bis zum Kinne dicht umschliesst — ausserdem hat sie noch um Ohren und Gurgel einen Shawl, das sogenannte *Gebende* gewickelt — endlich einen Filzhut von der Form eines abgerundeten, nach vorn geneigten Kegels aufgesetzt, welcher vorn stark aufgekrempt ist — diese Krempe gleicht dem Schirm eines Käppis, ragt schräg in die Höhe und ist gefältelt — um den Hut hat sie wiederum ein Tuch, die *Rîse*, als Band gewunden, das hinten, am äusseren Rande des Hutes mit einem grossen Knopfe (französisch: *la Culbute*) befestigt ist. Verwahrt ist sie gut, so gut wie der Philister auf Seite 141, noch besser als das junge Ding auf Seite 83; man sollte denken, sie hätte sich erkältet. Kleinpauls *Florenz* entnommen.

Gar oft schien die Frau des Mittelalters einen entschlafenen Mönch rechtmässig zu beweinen! — Sie reiste wohl mit dem toten Geliebten in der Welt umher wie die Prinzessin Isabella mit ihrem gestorbenen Bräutigam Zerbino in Ariosts *Orlando Furioso (XXIV, 90)*; oder wie die untröstliche Erzherzogin Johanna, die Tochter Ferdinands des Katholischen und der Isabella von Kastilien, mit dem Sarge ihres Gemahls, des Erzherzogs Philipp von Österreich († 1506) — aber der im Sarge lag, hatte ein Mönchskleid an und sah aus wie ein heiliger, schlafender, zu seinem Gotte eingegangener Mönch —

Sanctae animae favete!
Consolare Paraclete!
Audin? — Sonat gaudia
Cantilena
Et amena
Angelorum cithara.

Ein besonderes romantisches Liebesverhältnis gehörte gar nicht dazu. Bis tief ins 16. Jahrhundert hinein war es überhaupt üblich, sich in der Tracht eines beliebigen Mönchsordens begraben zu lassen. Gern wählte man den weissen Rock eines Dominikaners, die braune Kutte eines Karmeliters oder Barfüssers als Totenhemd. Wer nicht in dem Ordenskleide gelebt hatte, wollte wenigstens drin sterben, freiwillig der schnöden Welt entsagen, Busse thuen und das Himmelreich erwerben. Man hielt dafür, dass die Seele dann schneller aus dem Fegefeuer erlöst werde. Wer eine Sünde auf seinem Gewissen hatte, verlangte erst recht nach dem *religiösen* Rocke oder sonst einem demütigen Gewand der Reue und der Busse, nach einem weissen Sterbekleide. Ein mächtiger Baron, der einen armen Vasallen um Hab und Gut betrogen hatte, ging kurz nach seiner Gewaltthat mit Tode ab. Er wurde mit der Kapuze und dem Strick des heiligen Franz begraben. Der unglückliche Lehensmann, der dem Leichenzuge nachsah, murmelte in den Bart: *Du kannst Dich verstellen, wie Du willst; Gott wird Dich schon kennen!* —

In den Katakomben des Kapuzinerklosters zu Palermo stehen die Mumien der reichen Palermitaner dichtgedrängt in den braunen wollenen Kutten und den langen spitzen Kapuzen dieser Brüder.

Noch eine andere Sitte wird erwähnt: wenn ein Gewaltiger begraben wurde, so lag auf dem Leichenwagen neben dem Sarge ein Ritter in voller Rüstung, ein lebendes Bild des Toten. In den Rechnungsbüchern alter Adelsfamilien, zum Beispiel der Polignac, findet man den Posten: *Fünf Solidi für Blasius, der den toten Ritter beim Begräbnis des Grafen N. N. gegeben hat (pour avoir fait le chevalier mort à la sépulture de Jean, fils d'Armand, vicomte de Polignac).* Diese Sitte ist antik; schon im alten Rom wurden für die Leichenbegängnisse Schauspieler angeworben: der Anführer der Truppe, der *Archimimus* hatte den Toten darzustellen und seinen Gang, seinen Charakter und seine ganze Physiognomie naturgetreu nachzuahmen.

Aber dem Toten selbst lieh man das einfache Kleid des Bruders, den langen Rock, die Kutte, die, wie wir gesehen haben, ein unverkennbarer Rest der Haupttracht des Mittelalters war.

Das Kleid des Mittelalters hat sich in der Hauptsache nicht geändert, wir tragen es mit unwesentlichen Modifikationen heute noch; und wenn wir mit diesem Kapitel unser Buch beschliessen und gleichsam das ganze *Mittelalter* in die Grube bringen, so brauchen wir kein altväterisches Gewand aus der Truhe hervorzusuchen: wir ziehen dem geliebten Toten keck unsere eigenen Hemden und Röcke an; es sind seine Hemden und seine Röcke.

Wir haben kein einziges neues Kleidungsstück erfunden, höchstens die Rüstung abgelegt, nachdem sie mit der Einführung der Feuerwaffen zwecklos geworden ist.

Wir haben überhaupt das Mittelalter keineswegs ausgezogen, wir stehen zum mindesten noch mit einem Fusse im Mittelalter, wir haben noch keine Neuzeit.

Die wahre Neuzeit der Menschheit wird einst den Stolz des gegenwärtigen Geschlechts belächeln, das sich für modern gehalten hat. Eisenbahnen und Telegraphendrähte thuen es nicht.

Baseler Typen aus der ersten Hälfte des 16. Jahrhunderts: Sohn und Tochter des Bürgermeisters, gezeichnet von Hans Holbein dem Jüngeren. Der junge Mann, etwa ein Student, vielfach an einen Landsknecht erinnernd: Wams, Hosen, Schaube und Barett. Schlitzmode: alle Kleidungsstücke sind mit Schlitzen versehen, die kurzen, über dem Knie gebundenen, aber von den Strümpfen getrennten Pluderhosen, desgleichen die frei herabhängenden Ärmel der übergeworfenen Schaube mit besonderen, grossen, senkrechten Schlitzen; die Hosen des Anstands wegen mit bunter Seide gefüttert, während durch die Schlitze des Wamses das Hemd hindurchscheint. Die Schaube ist ganz kurz wie ein Mäntelchen geworden. An der linken Seite hat er einen Degen, der damals nicht bloss von Soldaten getragen ward, sondern zum Anzug jedes Gebildeten gehörte, den sogenannten Galanteriedegen; an der rechten steckt ein zweiter, kürzerer, mehr horizontal gehaltener. Kuhmaulschuhe. Seine Schwester hat mit dem linken Arme die Schleppe des Kleides aufgenommen, um schneller gehen zu können, eine Geste, die sich in der Zeit der langen Kleider immer wiederholt; an den geschnürten Ärmeln bemerkt man noch *Zaddeln*, vergleiche Seite 75, Unterschrift; um den Hals hat sie einen gestreiften Kragen oder Koller, auf dem Kopfe ebenfalls ein Barett, darunter eine Art Haube, die *Kalotte*.

Ein heller Morgen schien mit dem gewaltigen Umsturz im vorigen Jahrhundert in Frankreich anzubrechen; aber der ungeheure Schritt, den die germanische Rasse damals vorwärts that, hat kaum etwas gefruchtet, sie ist längst wieder und grundsätzlich in ihre alten Zustände zurückgefallen; und wenn jene kühne Emanzipation im Leben der Völker auch Spuren gelassen hat, so ist sie doch nicht imstande gewesen, die Gesellschaft dauernd umzugestalten, da dieselbe noch durchweg den Namen, die Farbe, das Kleid des Mittelalters trägt.

Das Lehenswesen hat mit der Verleihung der Ämter nur seine Form gewechselt — die königlichen Gerichte schmecken noch stark nach der alten Patrimonialgerichtsbarkeit — der weltliche und der geistliche Arm, das *Brachium Saeculare* und das *Brachium Ecclesiasticum,* letzteres noch so einheitlich und so stark wie ehedem, kreuzen beständig ihre Schwerter. Die Schulen sind noch klösterlich, die Universitäten noch zunftmässig. Der moderne Militarismus ist sozusagen mittelalterlicher als das Mittelalter selbst, das sich mehr auf die Jagd geworfen hatte; er ist ein ausgebildetes, ein organisiertes Mittelalter.

Die vornehmste Folge der Revolution ist eine Verschiebung der Stände, ein eifriges Hindrängen des Bürgertums zu den bevorrechteten Klassen, ein Scharen der alten Umstürzler um Thron und Altar und die Schöpfung eines neuen vierten Standes gewesen, der heutzutage die Ansprüche und die Ideale des früheren *Tiers-État* vertritt und dem Mittelalter thatsächlich ein Ende bereiten möchte; dem, man muss es sagen, die Zukunft gehört.

Vorderhand sieht es freilich nicht danach aus, als ob die Zeit, die das Altertum fortgesetzt hat, aber schrecklich wie Fredegunde und unselig wie Brunhilde gewesen ist, die Mutter der Gegenwart, von den Sozialisten mit dem Büsserrock bekleidet und zu Grabe getragen werden sollte. Und wenn einst ihre Totenglocke läutete, würde uns etwa das Herz nicht brechen? — Wir sind aufgewachsen im Mittelalter und hängen mit allen Fasern an der Vergangenheit.

Sachregister.

Das Register umfasst den Text, die Illustrationen und die Unterschriften. Inhaltsverzeichnis und Sachregister ergänzen sich gegenseitig. Auch mit diesem zweiten Inventar ist es unmöglich, den Inhalt des Werkes zu erschöpfen.

Aachen, alte Krönungsstadt 622. Pfalzkapelle 89. Bild der letzteren 453.

Aal, Aalkästen 171.

Adel, zunächst persönlicher, auf den Staatsdienst gegründeter Dienstadel 14. Hierauf an Grundbesitz geknüpft 15 ff. Der Adelstand der Beamtenstand 25 Der geistliche Stand ein apostolischer Adel 24. 41. 452. 642. Unstaatlichkeit des Adels 50. Der Adel und die Falken 266. Edler Provençale, Porträt 254. Zucht und Pflege der Parforcehunde 233.

Adler, Doppeladler, kaiserliches Wappen, Sinnbild des Ost- und Weströmischen Reichs 623.

Albert der Grosse hat einen Zauberkopf 594. Zaubert in Köln einen Wintergarten hervor und giebt darin dem König ein Diner 598 ff.

Alexandrette, Hafen von Aleppo, Ankunft einer Karawane, Abbildung 335.

Alexandria, Ansicht 333.

Alkohol, Entdeckung und Geschichte 206 ff.

Amalfi, Kompass 336/7.

Ammen, Porträts 100. In der Wochenstube, Genrebild 97.

Anna von Bretagne, Königin von Frankreich, einen Brief schreibend, Miniatur 93.

Antrustiones, Hofstaat und Generalstab der Fränkischen Könige 6 ff.

Aprikose, aus Armenien 105. 106.

Armbrust, Spannen derselben, Abbild. 27 b.

Arme, die beiden Arme Gottes, das *Brachium Saeculare* und das *Brachium Ecclesiasticum* 450. 652.

Armer Heinrich, Erzählung 565.

Augsburg, Stadt 42. Zweiter Platz in Süddeutschland 344. Blüte und Rückgang 344.

Bäder, Sitten, Bademägde, Reiberinnen 379. 662/3. notwendig wegen des Wollregimes 682. Animalische 566. Pharaos Blutbad, Bild 557.

Ballett, erstes, Vollbild 300/1.

Barbiere, Bader, unehrliche Leute 379. Barbierstube, Genrebild 371. Frauen rasieren 359, Anmerkung.

Bären, Hauptwildbret 146. 132. 78. In Sankt Gallen 292. Gezeigt und herumgeführt, nachdem sie selten geworden sind 292. 605. Abbildung 287.

Barmherzigkeit, sieben Werke der Barmherzigkeit: Almosen 608. Die Nackenden kleiden 696. Gastfreundschaft 660. Beistand, den Verurteilten geleistet, von Mönchen, Vollbild 531. Barmherzige Brüder, Porträt 512.

Bauern, der vierte Stand 24. Elende Lage des Bauernstandes 34. Ihr Abzeichen der Karst, Abbildung 12. Sensen, Abbildung 13. Am Pfluge, Miniatur 19. Beim Dreschen 121. Melken 167. Erscheinung eines Bauern 22. Viehmarkt, Bild 29. Vorbereitung zum Essen, Genrebild 131. Auf die Arbeit gehend, Genrebild 109. Der auf ihnen lastende Jagddruck, Illustration 105. Jacke, Jacquerie 691.

Bauhütten, Logen 393. 510.

Baumwolle, Baumwollmanufaktur, Geschichte 352 ff.

Beda Venerabilis, ganze Figur 661.

Berlin, Karussell im Kurfürstlichen Burghofe, grosses Bild 480/1. Gerichtslaube, Rest des alten Rathauses, Abbildung 525. Kaak, Schandsäule, Abbildung 527. Wirtshäuser 436.

Bestattung der Toten, in der Kirche oder auf dem Kirchhof 38/9. Begraben in Mönchskleidern 714. Erhaltung einer antiken Sitte 714.

Biblische Figuren im Gewande des Mittelalters: die vier Töchter des Evangelisten Philippus, die Jungfrauen waren und weissagten (nach Apostelgeschichte XXI, 9) 69. Der Knabe Samuel 663. König David als Harfenspieler 79. Als Pikkönig 311. Silvia und Eglamour *(the two Gentlemen of Verona IV, 3)*, den Psalter illustrierend 73. Abraham und Melchisedek 563. Abraham wappnet seine Knechte 569. Die evangelische Parabel vom grossen Abendmahl, Bettler, vier Szenen: 593. 595. 597 und 598. Der Mensch zwischen dem Erlöser und dem Teufel 339. Höllenpein 533. Die Stiftung des Osterlamms, Farbendruck 576/7. Die Hirten anf dem Felde, die Geburt Christi feiernd 117. Evangelist Matthäus 659.

Biere, Braunschweiger Mumme, Danziger Jopenbier, Eimbecker Bier, Zerbster Bitterbier, Gose 219 ff. Stufen der Bierbrauerei: Hausbrauerei, Braugenossenschaft, bürgerliches Brauhaus, Verpachtung der Braugerechtigkeit, Verkauf der Braugerechtigkeit an einen Brauer, der den Bürgern ihre Anteile bezahlt 220. 359. 131, Unterschrift. Bierbrauerei, Abbildung 177.

Birkenmeier, hölzerne Becher, Abbildung 175. Birkenwasser 223.

Bonifacius, der heilige, geht im Auftrage des heiligen Stuhles gegen das Pferdefleischessen vor 134. Erhält einen Brief von Gregor III. 134. Soll dem König von Kent Falken besorgen 268. Erhält einen Brief von Ethelbert II. 268.

Brakteaten, Hohlpfennige 446.

Branntwein, gebrannter oder destillierter Wein 208. Aus uneigentlichen Weinen dargestellt 209. Kornbranntwein, Schnaps 210. Gewürze, über die man den Alkohol abzuziehen pflegte 210 ff.

Braten am Spiess 164. Ein ganzer Ochse am Spiess gebraten, westindisch *Barbecue* 614. 616. Abbildung 281.

Brot, ursprünglich nichts Gebackenes, sondern etwas Gekochtes 122. Identisch mit dem italienischen *Brodo* 123. Brotkuchen 125.

Brücken, mit Häusern belastet, zum Beispiel London Bridge und die Wechselbrücke in Paris 427. Rodomontes Brücke 421. Die beiden alten Pariser Brücken 463, Unterschrift.

Brückengeld, Brückenpfennig 418. Erhebung des Brückengeldes in Doornick, Holzschnitte 414. 433 b.

Bulle, Siegel 650. Päpstliche 652. *Roma Caput Mundi regit orbis frena rotundi* 650.

Bureaukratische Gesinnung, die sich allmählich im Volke ausgebildet hat 466. 14.

Burg, was man so nannte 16. War das, was heuzutage Stadt heisst 17 ff.

Bürger: die Städter sind Bürger 17. Zunächst sind es nur die Geschlechter 50. 358. Bürger der Ehrenname jedes Städters 357 ff. Staatsbürger 51. Bürgerliche Nahrungen 18. Siegel der bürgerlichen Nahrungen von Gent 360. Bürgerssöhne, wie sie aussahen, Abbildungen 21. 291.

Bürgerschulen, Anfänge derselben 90. 18.

Bursche, zunächst ein Student, der in einer Burse wohnt 395. Dann auch Handwerksbursche 395. 386.

Carmina Burana, Kommersbuch der Vaganten 586.

Chlodwig, Merowinger, liegende Statue dieses Königs 649. Soll das Gefäss von Soissons herausgeben, historisches Gemälde 61. Gründet die Genovevakirche 41. Daselbst begraben 649.

Christentum ist mit Feuer und Schwert verbreitet 498/9. mit Feuer und Schwert dem Volke eingeimpft 541. 552. mit Feuer und Schwert gegen Ketzer verteidigt worden 570.

Christus, zwei Darstellungen aus dem frühen Mittelalter 655. erscheint 339.

Clemens VII., seine und Karls V. Kavalkade in Bologna, Gemälde 621 und 623.

Clemens X., Krönungszug nach dem Lateran, Abbildung 619.

Coeur, reicher Kaufmann, sein Haus, Abbildung 416. Schändliche Behandlung des armen Mannes, Miniatur 437. Coeurdame, Karte 307.

Denar, Silbermünze, geringere Münzeinheit des frühen Mittelalters 443. Abbildungen mehrfach: 421, rechts unten, 422 rechts und links oben, 423 links unten und so weiter.

Deutsch, so viel wie populär, im Gegensatze zu christlich und lateinisch 584. 88. Auf einer lateinischen Form von *deutsch* beruht das italienische *tedesco* 585. Entstehung des Begriffes 277.

Diebstahl, mit Hängen bestraft 537.

Dietrichssage 314.

Dogen von Venedig, Holzschnitte 331. 507. Sonnenschirm 618 unten. Fächer 645 unten. Geschichte des Dogen Marino Falier 514 ff. Dogenpalast, Gemälde 511. Einer der schauerlichsten Punkte der Erdoberfläche 513. 545. Dogenmütze 331. 507, Unterschriften.

Doktortitel 397 ff.

Dortmund, Ansicht der altertümlichen Stadt 493. Reinoldikirche 118.

Dudelsack, Abbildungen 79. 319. 537 und öfter.

Dupfing, hängender, lose über den Lenden sitzender Gürtel, wie ihn Ludwig XI. und Wilhelm von Böseginst trägt, Abbildungen 629, 675, 693 und 695.

Edda, Seitenstück dazu 76. Bier 127.

Eiserne Jungfrau 540.

Elentier, weiter verbreitet und häufiger als jetzt 144.

Eligius, Patron 407. Seine Firma, Faksimile 409. Münzer, sein Name in der Legende alter Münzen 423, viermal, und sonst. Freund König Dagoberts, mit dessen Namen der seinige vereinigt 302, Anmerkung.

Enten, alte Haustiere 164. Entstehung der Trauerenten und der Ringelgänse aus Entenmuscheln, die ein Baum trägt 155, Holzschnitt.

Erzämter, die sieben Erzämter, das heisst: die obersten Hofchargen 627 ff. Dieselbe undeutsche Vorsilbe wie in *Erzherzog, Erzbischof, Arzt* 84. 627.

Fahnen, mit Tüchern geschmückte Lanzen, Gemälde 623. Kappe St. Martin 696. -Wagen. 324. Gildenf. [**Handwerk**].

Fahren: man hatte im Mittelalter keine Wagen zum Fahren, aber gefahren wurde doch mehr als heutzutage 583 ff.

Falken, die besten aus Island 261. Fetische des Adels 266. Typus 254. Kaiser Friedrich II. schreibt ein Lehrbuch über die Falkenjagd 255, Unterschrift. 260. Der Hengst Falke 317.

Faltstuhl, Feldstuhl, Faldistolium, Fauteuil, verschiedene Exemplare zu sehn: 7. 39. 428, links und 625.

Faust, Schwarzkünstler, Fahrender, Proben seiner Kunst in Innsbruck, am Hofe Kaiser Maximilians I. 596. Puppenspiel 602. Volksbuch, Fleischpfand 488.

Fechtkunst, Erfindung von Handwerkern 387. Fechten gehen 386.

Fehde 16. Bild 11.

Fenster 83. Butzenscheiben 124. Bild 373.

Feuerprobe, Beschreibung 472 ff. Mit Königinnen und Kaiserinnen angestellt; von Isolde bestanden 472. Von Richardis bestanden 473. Von Kunigunde bestanden 475. Von Emma bestanden 475. Gemeint ist die Feuerprobe, welche die weibliche Tugend auszuhalten hat 476. Beweisend für diese Auffassung die Geschichte des B. Petrus Gonsalez, den eine Hure verführen will, der sich aber auf glühende Kohlen legt 477.

Feuertod, qualifizierte Todesstrafe 537. Für Zauberer, Ketzer, Ehebrecher 540. Chambre ardente 572. Autodafé, Schilderung 576 ff. Verbrennung Savonarolas in Florenz, Abbildung 551. Verbrennung zweier Dominikaner in Basel, Abbildung 578. Verbrennung der Juden in Köln auf der Hürde: sie sind in die Feuergrube gestürzt, nachdem das Flechtwerk, auf dem sie sassen, durchgebrannt ist, Abbild. 571. Tote vor Gericht gestellt und verbrannt 576. 577.

Feuerwerk, Bild 295.

Fiedel, Abbildungen 79 und 603.

Flamberg 5, Abbildung.

Flandern, flandrische Städte 52 ff. Sitze der höfischen Bildung 54. 655. Der Familienname Flemming 54.

Fleisch tritt zurück gegen das Wildbret 132. Mastochsen gab es kaum 186. Das abgebildete Vieh erbärmlich: 151 und 414. Hauptstücke und Hauptbraten 187 ff.

Fleischer: Schweineschlachten, Abbildung 145. Das Schlachten eines Ochsen, Abbildung 149. Lassen sich zum Karneval sehen 407. Führen den fetten Ochsen durch die Stadt 56. Der Fastnachtsochse auf dem Markusplatze in Venedig, Abbildung 45. Tragen Riesenwürste in Prozession herum 182. Das Schembartlaufen in Nürnberg 408. Der Metzgersprung in München 408 ff. Siegel der Fleischerinnung zu Brügge 151.

Florenz, eine der fünf Mächte Italiens 52. Handel 337. Industrie 353. Rennen im Jahre 1421, Gemälde 316.

Folter, das Pferd genannt 528. Das Folterross, nichtswürdiger Spass eines Grafen, Anekdote 528. Die Folterqualen werden dem Volke zu Bildern für Schimpf und Spott 527.

Frack, Aufkommen desselben 672 ff. Revolutionskleid 673.

Franken, Entwickelung des Namens 276 ff.

Frankfurt am Main, Wahlstadt 277. Krönungsstadt des Deutschen Reiches 624.

Frankfurt an der Oder, Pluderhosen 701 ff.

Fredegunde, Königin, Gift und Dolch vergebend, historisches Gemälde 65. Charakterschilderung 64 ff. 72.

Freimaurer 393. 403. 510 ff. Der Pariser Tempel, Abbildung 419.

Friedrich II., deutscher Kaiser, schreibt *de Arte venandi cum Avibus* 260 ff. Erteilt Unterricht in der Falknerei, Abbildung 255. *De tribus Impostoribus* 572. Lässt ein Liebespaar verbrennen 540, Anmerkung. Zieht mit Kamelen in Kolmar ein 286. Bekommt einen Elefanten geschenkt 287. Setzt einen Hecht ein 171.

Frondienste 28 ff. 360 ff. Lateinische, französische, slawische Ausdrücke dafür 28. Aufhebung der Fronen durch die französische Nationalversammlung 35.

Fronleichnam, Übersetzung von *Corpus Domini* 28. 124. Das Fronleichnamsfest und das Verbrechen der Hostienschändung 562. Das Fronleichnamsfest nach dem Muster eines Turniers umgestaltet 631, Unterschrift.

Galgen, Galgenleiter 529. Abbildung 537. Zeichen der Justiz 529. Der Galgen von Montfaucon, Abbildung 535. Die städtischen Galgen 536. Kniegalgen, Abbildung 531. Peinliche Befragung auf dem Wippgalgen, Farbendruck 512/3.

Gallimathias, aus der Zeit, wo die Gerichtssprache lateinisch war 469.

Gans, uraltes indogermanisches Haustier 163. Gänsebraten 160. Die Martins-Gans 160 ff. Königin Elisabeth und die Martinsgans 162. Furlaner, Abbild. 157. Gänsebauch 458. 709 Bilder.

Gasthäuser 428 ff. Gastfreundschaft in den Klöstern 660. Das Gasthaus heisst Herberge 388.

Gaston Phöbus, den Jagdsport wissenschaftlich behandelnd und einen Vortrag haltend, grosse Szene 227.

Gaukler 593.

Gefängnisse, Abbildungen: Käfig 549. Die Bastille 545. Abführung in den Kerker 543.

Geige, alte Form 79, Unterschrift.

Geissel, die Gottesgeissel, Abbildung 547. Strafwerkzeug, Bussmittel 547, Unterschrift.

Gent, volkreichste Stadt in Europa 52. Venedig zu vergleichen 54. Abgeordnete derselben beim Grafen von Flandern, Abbildung 53. Bürger und Bürgerin, Porträts 95. Unruhen und Volksstürme, Szene 49. Siegel der bürgerlichen Nahrungen, Abbildung 360. Altermann und Geschworener der Schuhmachergilde, Porträts 391. Die Gerberzunft, Porträts, 401. Kornmesser, Wappen 133.

Gepard, Jagdleopard 259. Edelmann mit dem Geparden jagend, Abbildung 245.

Gesta Romanorum, mittelalterliches Buch 489. Probe daraus: die Erzählung, auf welche Shakespeares Kaufmann von Venedig gegründet ist 490 ff.

Gewürze, im Mittelalter mehr verbraucht als heutzutage 184.

Gicht, Geständnis 508. Das nochmalige Geständnis, die Urgicht 534.

Gnade, Dankesformel, daher französisch: *Merci* 660. Durch Überreichung des Schwertes um Gnade bitten, Abbildung 631. Zeichen der gewährten königlichen Gnade Bild 18.

Goldenes Vlies, goldenes Widderfell, das an einem Feuerstein hängt, Zeichen des Ordens vom Goldenen Vlies, getragen von Herzog Philipp dem Gütigen 608/9.

Graf, griechisches Wort, byzantinischer Hoftitel, so viel wie Schreiber 23. 464. Identisch damit *Greffier* 487, Unterschrift. Von den Romanischen Völkern als der Hauptgefolgsmann, als *Comes* aufgefasst 23. Der Graf war im Karolingischen Reiche der Regierungspräsident oder der *Judex* 22 ff. 464. Die königlichen Beamten verwandeln sich allmählich in erbliche Dynasten 464.

Groschen, aus den Pfennigen hervorgegangen 446.

Gugel, Kapuze 294, Unterschrift. 699. Abbildungen von Gugelmännern zahlreich, zum Beispiel 255. 259. 264. 359.

Gulden, Nachahmung des Byzantiners 440. Zuerst zu Florenz geprägt, daher *Florin*: Abbildung 422, vierte Unterschrift, rechts unten.

Hackelbernt, Beiname Odins 140, Anmerkung. 694.

Hafer, älteste europäische Brotfrucht 121. Daher wird bei den Krönungsfesten in Frankfurt auf dem Römerberge Hafer aufgeschüttet und dem Kaiser vom Reichserbmarschall gebracht 644. Haferbrei oder Habermus das alte Nationalgericht der Deutschen 121. Hafergrütze 121.

Hahnschlagen, Gansköpfen, Erntegebrauch 330.
Haimonskinder, die vier, Karolingische Sage 107 ff. Farbendruck 0/1.
Halsberge, der den Hals schützende Teil der Rüstung, Panzerhemd, französisch *Haubert*, Bild 47.
Handel, Italien tonangebend 346. Verkehr in den Lauben von Rouen, Abbildung 397. In einer Materialwarenhandlung 368. In einem niederländischen Kräutergewölbe 204. Getreidehandel untersagt: Kornmagazine 348. Abbildung: Pariser Kornspeicher 345 a. Wappen der Kornmesser von Gent 133. Salzhandel verpönt: Salzmagazine 348. Abbildung 433. Heumagazine 348. Pariser Futterboden, Abbildung 345 b. Kramerinnung, Münze 353.
Handschuhe, gehören zum kaiserlichen Ornat 633. Wo man neue Städte baut, heisst es im Sachsenspiegel, muss man ein Kreuz setzen auf den Markt und des Königs Handschuh daran hängen, dass man sehe, dass es des Königs Wille sei 46. Der Wurf des Handschuhs, Zeichen der Herausforderung beim Turnier 312. 320. Der Handschuh vom Fordernden zum Pfande gegeben, Abbildung 458.
Handtuch, ewiges, 373, Abbildung. Dem Kaiser gereicht 644. 647. Der Mantel ein Handtuch 694.
Handwerk, Begriff 361/2. Entwickelung des Handwerks 360 ff. Gruppe von Handwerkern, Miniatur 358. Besuche bei den einzelnen Handwerkern, wir thuen einen Blick in die Werkstätten der Schuhmacher 377. 385. 392, Schneider 364, Nadler 372, Drahtzieher 372, Klausurenmacher 373, Würfler 374, Kupferschmiede 191, Waffenschmiede 375, Schwertfeger 376, Sporer 378, Beckenschläger 379, Zinngiesser 380, Gelbgiesser 381, Glockengiesser 382, Tischler 393, Zimmerleute 402. 403, Goldschmiede 370, Goldschläger 369, Färber 367, Hutmacher 366, Tuchmacher 365, Mühle 123, Bäckerei 120. 125, Fleischer 149. 189, Ölmühle 163. Siegel, Gesellenzeichen, Kontermarken der Innungen, zehn kleine Abbildungen 360 ff. 404. Steinmetzzeichen 510, Anmerkung. Fahnen: Weber 390, Stellmacher 389, Schuhmacher 385, Tuchmacher 404, Bäcker 127 (bis), Pastetenbäcker 197, 198, 223, Böttcher 185.
Hängen, Strafe für das Volk 537. Bildliche Darstellungen: 537. Verbrecher an Bäume gehängt, zwei Holzschnitte 503. Ketzer werden erst aufgehängt, dann verbrannt 576. Abbildung dazu 551. Nachträglich 549, Unterschrift.
Harfe, Abbildungen 79 und 580.
Hasen, Hasenpfeffer 148 ff. Der Hase stand nicht in dem Ansehn von heutzutage 150.
Heilige, Schutzpatrone der Gewerke 407. Figuren: Sankt Martin 390. 294. 139. 694 ff. Antonius der Grosse 390. Autbertus, Honoratus 127. Hubertus, Legende 225 ff. Marcellus 67. 383. 712. Germanus 651, Unterschrift.
Hellebarden, Bild 537.
Heller, ursprünglich von Silber 445.
Hemden 62. 683. Keine Nachthemden 62. 682.
Herberge, der Begriff geht von der militärischen Einquartierung aus 37. 388. In Italien und Frankreich soviel wie Gasthaus 388. Herbergepflicht, Atzung 37. Nachtselde 432. Aufnahme von Reisenden 660. Abbildung 89. Unterbringung der Gäste bei einem Turnier 304 ff. 662. Aushängung der Fahnen und der Wappen, Abbild. 15. Die Herberge zum Erasmus 449. Jedes Handwerk hatte seine eigene Herberge 388.
Hering, Volksnahrungsmittel, Fastenspeise 167 ff.
Hermann, Landgraf von Thüringen und seine Gemahlin, Wartburgkrieg, Porträts 496.
Herold, Typus, Funktionen 613. Heroldsstab, Abbildungen 613 und 474. Heroldskunst, Heraldik 310.
Herzog, Titel 37. Belehnung, Bild 5.
Hexen, was sie eigentlich waren 544. Hexensabbat 545. Hexenabendmahl 546. Hexenrichter 547. Hexenhammer 548 ff. Hexenbad, Kaltwasserprobe 477 ff. 550. Woher die Vorstellung stammt, dass die Hexen auf Besen reiten 379/80. 545.
Hildebrandslied, jüngeres 687.
Hinrichtungen von Edelleuten durch das Schwert, grosse Gemälde: Enthauptung zweier Hochverräter in Bordeaux, Farbendruck 448/9. Des Grafen

von Rhein 529. Johannes des Täufers 519. Exekution Stortebekers und Gödecke Michaels in Hamburg 356/7. Das hochnotpeinliche Halsgericht 531. Der Scharfrichter 374 ff. Der Blutvogt 521. Die Hinrichtung Priscillians macht in der Geschichte der christlichen Intoleranz Epoche 570. Barmherzige Brüder, Abbildung 512.

Hippokras, Lebenselixir, zwei Rezepte 213.

Hirlande, Geschichte der Herzogin Hirlande 565.

Hirsebrei, die Züricher bringen ihn noch warm nach Strassburg 122. Kirche 122.

Hochzeit, allgemeiner Sinn dieses Wortes 159. 612 ff.

Hof, der altfränkische Herrenhof 74. Gesetz über die kaiserlichen Villen und Höfe 100. Die höfische Bildung verglichen mit der städtischen 332. 654. Dem bäurischen Wesen entgegengesetzt 655.

Hosen, Strümpfe, Entwickelung 666. Umgewickelte Lappen: Abbildung 319. gepolsterte, Bild 709.

Hufeisen, abgeworfen 139. 620. gebacken 139.

Hühner, Wichtigkeit des Huhns für die Küche des Mittelalters 131 ff. Hühnerhändler 153. Am Spiess gebraten 164. Das Huhn an Stelle des Sündenbocks getreten, *kapores gehen* 165. 580, Unterschrift.

Hunde, ihre Zucht die niederste Stufe der Tierzucht, auf den Hund kommen 137. An Stelle des Masthundes das Schwein getreten 138. Jagdhunde, Rassen: Bracken, Winde, Leithunde, Parforcehunde, Rüden 236. Fuchshunde 256. Schweisshunde, im Kriege gebraucht, versehen auf den Burgen Polizeidienste 237. Abbildung 681. Hofhunde 75. Stachelhalsband, Abbildungen 153 und 681. Tollwut, Heilung derselben durch den heiligen Hubert 231 ff. Abgerichtete Hunde 605. Hunde kämpfen mit einem Pferde, Abbildung 277. Der Hund Aubrys mit dem Mörder seines Herrn im Gottesurteil kämpfend, Abbildung 459. Hunde neben dem Verbrecher aufgehangen 537.

Hundetragen, Beschäftigung der Edelleute, Strafe 537. 238.

Hundestall, Art Kaserne, Einrichtung 238 ff. Ställe der Fuchshunde in England 255 ff.

Inquisition, Inquisitionsprozess 572 ff. Angebliche Beziehung der Inquisition zur Feme 497 ff. Staatsinquisitoren 513 ff. Typen 515 und 693.

Jagdhörner, an den Mund gesetzt, Abbildung 235. Austrinken eines Horns am Hubertustage 231. Elfenbeinernes Hifthorn, Olifant, Abbild. 251 und 253.

Jerusalem, Ansicht der Stadt 581. Jerusalemer Gerichtslaube, Abbildung 467. Kaiser Heraklius erneuert das Edikt Hadrians, grosses Bild 555.

Johann der Unerschrockene, meuchlings ermordet, Miniatur 411.

Jongleure, Gaukler, willkommene Gäste 593. 658. Bilder 301. 303, öfters.

Justinian und Theodora in der Kirche, Porträts 657.

Käfig, Form des Prangers, Jud Süss, Abbildung 549.

Kaiser, Titel 80. 620 ff. Erwählter römischer Kaiser 622. *Semper Augustus* 622. Erlöschen des Römisch-deutschen Kaisertums 625. Erscheinung 638. Vollbild.

Kalender, altdeutscher 91 ff.

Kamm, Kämme, Kulturhistorisches 99. Elfenbeinernes Exemplar 99.

Kapaunen 164. Kapaun und Hahnrei 166. Hörner aufsetzen 166.

Kapelle 697. 294, Unterschrift. Kaplan, Bild 659.

Karl der Grosse, Brustbild 9. Die fränkischen Grossen als Thronfolger empfangend, Szene 8. Zum Könige der Franken gesalbt, Abbildung 615. Zwischen Roland und Erzbischof Turpin, Partie aus dem Olifant 253. In hohem Alter, ganze Figur 76/77. Sucht den Griechen zu imponieren 80.

Karl IV., deutscher Kaiser, Szenen aus seinem Leben: erteilt sechs Delegierten der Pariser Universität Audienz 39. Führt die deutschen Fürsten, die ihn bitten, nicht immer in Böhmen zu bleiben, in seine Schatzkammer und zeigt ihnen Haufen geprägten und ungeprägten Goldes und Silbers 435. Begegnung mit dem Könige von Frankreich 627.

Karl V., Kaiser, sein Krönungszug in Bologna, Gemälde, drei Partien daraus: 281. 621. 623. Abdankung 624. Uhren 600.

Karl der Weise, König von Frankreich, als Regent, in der Versammlung der

Reichsstände, Miniatur aus Froissart 483. Stifter der königlichen Bibliothek, Porträtstatue 686. Seine Gemahlin, Porträtstatue 687.

Karl VI., König von Frankreich, der Wahnsinnige, Turnier, beim Einzug seiner Gemahlin gegeben, Miniatur aus Froissart 305. Katastrophe bei einem Hofballe, Miniatur aus Froissart 323. Spielkarten zu seiner Zerstreuung erfunden, zwei Blätter 307 und 311. Jacke 690.

Karpfen, in Dinkelsbühl dem Kaiser verehrt 170. Auf der Messe 589.

Karusselle, Zeit 308. Mutmasslicher Zusammenhang mit dem *Carroccio* 324. Moderne Karusselle 324. Mechanische 308. 324, Anmerkung. 587.

Katze, im 10. Jahrhundert noch selten, erst seit den Kreuzzügen in Europa allgemeiner 644. Neunschwänzige Katze 547, Unterschrift.

Kaufleute, Typen: 337. 359. 689 und sonst. Gilde 366. Hausierer, romantische 658, Anmerkung.

Kemenate 74. Blick in eine 83.

Kirschen, die ersten in Deutschland 106.

Kolben, Keule 681. Abzeichen der Griesswärtel 474. Narrenkolben 294. Aus dem Kolben unsere Stöcke hervorgegangen 681, Unterschrift. Verschieden die *Kolbe*, Haartour, Abb. 95, 677. 700.

Köln, das heilige, Hauptstadt von Deutschland, Ansicht 505. Judenverbrennung, Holzschnitt 571. Albertus Magnus 598.

Kolumbus, auf der Watlingsinsel landend, historisches Gemälde 349.

König, ein Sohn von Familie 642. Abstammung der Könige von den Göttern 642. Belehnung 5, Abbild., Unterschrift.

Konstantinopel, Mittelpunkt des Welthandels 333. Strassenbild 279. Das Lateinische Kaisertum 338.

Korkverschluss der Flaschen, Erfindung 216. 187, Unterschrift.

Kreuzer, zuerst in Tirol geschlagen 447. Im weiteren Sinne waren die meisten Münzen des Mittelalters Kreuzer: Abbildung 435, Unterschrift.

Kreuzkäse 197.

Krone, eigentlich ein Kranz 666. Kaiserliche Kronen 622. 633. Eiserne Krone 622. Päpstliche Kronen 653. Abbildungen der letzteren 621 und 645. Krone Konstantins, Abbild. 669.

Kurfürsten, Electores 627 ff. Erscheinung, drei Bilder: 211. 502. 641.

Kurfürstenkrüge, Steinzeugkrüge des 16. und 17. Jahrhunderts 630.

Kutschen, zuerst in Ungarn gebaut 584.

Lehen, ein Gut, dessen Niessbrauch einem Beamten mit dem Amte als Besoldung verliehen wird, alte Form des Gehaltes 6. Die Belehnung, nur in etwas anderer Form, heute noch fortbestehend 451 ff. Man spricht nur gegenwärtig lieber von der Verleihung eines Amtes 451. Allmählich werden die Ämter erblich 464, wie auch noch heutzutage 452. Abnahme und Leistung des Lehnseides, das heisst des Amtseides oder des Diensteides 6. 451. Abbildung 5.18. Belehnung des Burggrafen von Nürnberg mit der Mark Brandenburg, Abbild. 641 und 643. Lehensöffnung 37. Lehmann 12. Kunkellehen 108, Unterschrift.

Leib, Begriffsentwickelung 124. Verhältnis zu Körper 124. Zu Leiche und Leichnam 124. 675.

Leinwand, Flachs-, Hanfbau 676.

Leipzig Messen 44. Messfreiheit 48. Rennbahn 328. Gerichtsbarkeit 460. Seiltänzer 590. Abgerichtete Pferde 605. Krausen 707, Unterschrift.

Leiter, Folterleiter 529. Galgenleiter 529. Abbildung 537. Zeichen der Justiz, Symbol der Patrimonialgerichtsbarkeit 529 ff.

Leuchter, zwei Exemplare 85.

Lit de Justice, Sitzung des französischen Staatsgerichtshofes, Patrimonialgerichtsbarkeit 457 ff. Drei Darst.: 465. 471. 625.

Löwen, in Europa längst ausgerottet, aber an Fürstenhöfen gehalten und zur Schau in Käfigen herumgeführt 146. Zwei Löwen in den Strassen von Konstantinopel 279. Löwenkämpfe 284 ff. Löwen verschenkt und verschickt 288. Der Löwe von Florenz 288. Menagerien 294 ff. Der Knabe Lion, von einer Löwin gesäugt 302. Der Löwe Heinrichs des Löwen zu Braunschweig 300. Wahrzeichen der Handwerksburschen 301.

Lübeck, Ansicht der Hansestadt 347. Blüte 42. 332. 340. Stadtarchiv 44.

Ludwig XI., König von Frankreich, in Paris einziehend, Bild 629. Schach spielend, Farbendruck 320/1.

Magelone, Geschichte der schönen Magelone 304 ff.
Maifest, Miniatur 319.
Mainz, Metropole von Deutschland 622.
Majestät, Titel 641. Majestätsrechte 458. Majestätssiegel 650.
Maria von Burgund, ganze Figur, Vollbild 160/1. Ihr früher Tod 271.
Mark feinen Silbers 447. Grenze 22.
Markt, lateinisches Wort 48. Das Marktrecht der Städte 44. Marktgelder und Standgelder 48. Erhebung des Standgeldes auf dem Wochenmarkte, Bild 424. Gruppe von Marktleuten, Miniatur 359. Viehmarkt, Szene 29.
Marseille, Hafen und Altstadt, Ansicht 341. Handelsstadt 337.
Maschikulis, Senkscharten 415.
Mauer, Abbildung einer alten bezinnten Stadtmauer, auf welche Freitreppen hinaufführen 43. Lateinisches Wort: die alten Deutschen haben nicht gemauert 96. 403, Unterschrift.
Maurer, gelehrtes Handwerk 393. Zunftgeheimnisse 510. Maurermeister 394.
Maximilian I., Kaiser, der letzte Ritter, die Braut des Erzherzogs, ganze Figur 160/1. 54. Partien aus seinem Triumphzuge 118/9 und 211. Der ewige Landfriede 16. Landsknechte 702. Macht die Kaiserwürde von der päpstlichen Bestätigung unabhängig 622.
Medizin, Physik 152. Ärzte 381.
Meier und Lehmann, Familiennamen 12. Hausmeier: Pippin 14. 280. Ebroin 227. Der Hausknecht Meyer 449.
Meister, aus *Magister*, schulmeisterlicher Titel 393 ff.
Menagerien, an den abendländischen Höfen 292 ff. Auf Jahrmärkten 604 ff.
Met, der älteste Wein, der Nektar 223 ff.
Metzgersprung in München am Faschingsmontag 408.
Minnehof, Abbildung 75. Szene von einem provençalischen Minnehof 313.
Missgeburten, für Geld gezeigt 605 ff. Vom Teufel untergeschoben 610, Unterschrift. Abbildungen: 287. 610.
Moden, gewöhnlicher Ursprung 705 ff. Schlitzmode 704. Bild 697.
Muskatnuss 212. 351. Gaukelei 593.
Narren, Hofnarr, Abbildung 294. Narrenkappe, Narrenkolben, Schellen, Abbildung und Erklärung 294. Narrenfest, Miniatur, Titelbild 293.
Nesteln, Nestelknüpfen 670.
Niederländisches Genre: im Bezirksgericht 55. Auktion 425. Steuereinnahme 441. Adoption 485. Abbitte vor Gericht 523. Ins Gefängnis 543. Dörnleinsfest in Lille 635. Kräutergewölbe 204.
Nürnberg, Stadt 42. Marktfreiheit 44. Erster Platz Süddeutschlands 340. Erste Staffel 342. Die Nürnberger wohnen wie Könige 332. Rückgang 344. Goldschläger 369, Unterschrift. Bewahrt die Reichskleinodien 634. Taschenuhren 600 ff. Burggraf, Erscheinung 643.
Nussknacker, zwei Exemplare aus dem 16. Jahrhundert 215.
Öfen 74.
Oktavian, Geschichte vom Kaiser Oktavianus und seinen zwei Söhnen 301 ff.
Orsini, Kapelle 38. Ehepaar, Porträts 33.
Osterlamm, Wappentier 353. Stiftung des Passahfestes 576/7.
Ottokar, König von Böhmen, historische Szene 473.
Ovid, Illustration zu seinen Briefen: *in nemus ire libet, pressisque in retia cervis hortari celeres per juga summa canes* (Heroides IV, 41): Farbendruck 224/5.
Pairs, Pairswürde 40. Geistliche Pairs, Bild 615. Geistliche und weltliche Pairs als Richter, Abbild. 465, 471. 625.
Päpste wurden durch die Pippinsche Schenkung von rechtswegen Vasallen der fränkischen Könige und nachmals der deutschen Kaiser 280. Kaiser und Könige erhalten ihre Gewalt vom Papste 456. Er verleiht die Kronen 642. Der Traum von einer päpstlichen Universalmonarchie 652.
Parforcejagd, der Ausdruck nicht bloss undeutsch, sondern auch unfranzösisch 234.
Paris, Paulshotel 292. Saint-Marceau 383, Unterschrift. Faubourg Saint-Germain 651. Unterschrift. Ansichten der Stadt und einzelner Stadtteile im Mittelalter: Totalansicht 611. Genovevakirche 41. Burg der Orsini 101. Votivaltar 171. Reliefs 647. Alter Louvre 300/1. Turnierplatz 305. Kornspeicher, Futterboden 345. Prozession der Goldschmiede 383. Tempel 419. Wechselbrücke 427. Oberrechnungskammer 431. Staatssalzschank, Brückengeldhebestelle 433. Münze und Schatzamt 439. Gottesurteil auf der Insel Saint-Louis 459

Schlosshof auf der Citéinsel mit Parlament und Pfalzkapelle 461. Hausvogtei, *le grand Châtelet* 463. Bürgersprache 487. Folterkammer 518. Galgen von Montfaucon 535. Pranger 539. Bastille 545. Bettler 601. Einzug Ludwigs XI. 629. Königliche Bibliothek 686.

Park, ursprünglich ein Tiergarten, ein Paradies 290. Will sagen ein Jagd- oder Wildpark 292. Die Wildparke von den Tiersammlungen der Könige zu unterscheiden 292. Die letzteren hiessen Menagerien 292 ff. Aus ihnen sind die modernen Zoologischen Gärten, die städtischen Tiergärten hervorgegangen, die den Bürgern gehören 294 ff.

Parzival, Epos 100. 662. 665 ff. 712/3.

Pastete 186. Altdeutsche 197. 223.

Perücken 705 ff.

Petschaft, das slawische Siegel 652.

Pfahl, Hinrichtung durch den Pfahl, Erläuterung und Darstellung der Prozedur 542. Brandpfahl oder Stock, Zeichen der Halsgerichtsbarkeit 540.

Pfalzen, Paläste 43.

Pfau 157. Paradebraten 158 ff. Pfauengelübde 158. Aufgetragener Pfauenbraten, Abbild. 159. Pfauenfedern 158.

Pfeffer, in unglaublichem Masse verbraucht, ihm verdankten die Handelsstädte ihren Reichtum 348 ff.

Pfennig, Geschichte 445 ff. Gemeiner 33.

Pferde. Pferdefleisch Nationalbraten der Deutschen 133 ff. Pferdeopfer 134 ff. Moderne Rossfleischhallen 137. An die Stelle des Pferdes ist das Rind getreten 138. Pferdezucht, Rassen 243. Starke Gäule, die einen geharnischten Reiter und eine eigne Rüstung, eine Last von 300 Kilogramm tragen konnten 243. Edle Pferde rar, die Zucht des englischen Vollbluts begann spät 327. Abgebildete Exemplare 17. 245. Parforcepferde 243. Kämpfe von Pferden mit Ziegenböcken und Hunden 605. Abbildung 277. Dressur, Abbildungen 289. Abgerichtete Pferde werden sehen gelassen 605. Baiard, das Ross Reinholds, sein Ende 116. Rosspanzer, Abbildung 17. Pferdkleid 627. Folterross 528. Wodans Schimmel 138 ff.

Pferdefuss des Teufels auf das Ross Wodans zurückzuführen 138. 544.

Pfund, lateinisches Wort 96. 444. Pfund Sterling 442. Entwertung des Begriffs 443.

Philipp der Schöne, König von Frankreich, Reiterstandbild 81. Verdirbt die Tempelherren 419, Unterschrift. Antwortet dem Papste grob 653.

Philipp der Gütige, Herzog von Burgund, als Stifter des Ordens vom Goldenen Vlies, in der Kleidung dieses Ordens: Talar, Mantel, Mütze mit herabfallendem Mäntelchen und Binde, Farbendruck 608/9. Mit seiner Gemahlin Isabella auf dem Hofballe, Farbendruck 276/7.

Pluderhosen 702 ff. Bild 715 a.

Plünderung eines oldenburgischen Dorfes durch Kriegsvolk, Szene 443. Eines italienischen Gehöftes durch Zigeuner 544/5.

Professortitel 397 ff.

Rad, Rädern, geschärfte Todesstrafe 537. Zeichen der Halsgerichtsbarkeit, Abbildung 531. Ursprung dieser Strafe, Unterschrift 533.

Rechthaberei, religiöse 198. 569.

Reichsheiligtümer 633. Fränkische 696.

Reichskleinodien, Kroninsignien 633 ff. Alba und Sandalen Karls des Grossen, Abbildung 617.

Ringelpanzer, Abbildung 47.

Ritter, Rittergüter, der niedere Adel 15. Ritter in voller Rüstung, Figur 17. Ideal des Mittelalters, der Ritterzeit 320. Ritterschlag, vornehmste Schwertleite 638 ff. Geistliche Ritterorden, Typen 497. Tempelherren 511 ff. Ordenshaus 419. Zwei Ritter auf einem Pferde 320. 512.

Rock, Frock, Frack 672.

Römer, das Frankfurter Rathaus und ein Weinglas 624. 648, Anmerkung.

Rubel, Hacksilber 445.

Sachsen, Entwickelung des Namens 498, Anmerkung. Das Wappen von Sachsen, die Rautenkrone, Abbildung 502. Herzog von Sachsen, Kurfürst, Erzmarschall 628. Porträt 502. Kurschwerter auf dem Meissner Porzellan 502, Unterschrift.

Salbung der Könige, eingeführt von Pippin 14. 282. 636. Abbildung 615.

Salzfass, monumentales Tafelgerät, auf jedem Tische zu sehen, zum Beispiel 159. 181 und 0/1. Schmelzmalereien von einem kostbaren Exemplar 213.

Schach, mittelalterliche Terminologie:

Unterschrift 320/1. Ludwig der Fromme mit Haimonskind Schach spielend 110.
Schäftlertanz 410.
Schamkapsel 438. Abbildung 681.
Schatz. Wert, den die mittelalterlichen Regenten darauf legen, Unterschrift 435. Die Abbildung stellt Kaiser Karl IV. dar, wie er die deutschen Fürsten, die ihn bitten, nicht immer in Böhmen zu bleiben, in seine Schatzkammer führt und ihnen Haufen geprägten und ungeprägten Goldes und Silbers zeigt 435. Erzschatzmeisteramt 628. Erbschatzmeisteramt 630. Der Pariser Tempel als Schatzhaus benutzt 419. Philipp der Schöne zieht die Schätze der Tempelherren ein 419. Karl VII. konfisziert die des Kaufmanns Jacques Coeur 437.
Schellen, allgemein getragen 294, Unterschrift. 689. 708.
Schembartlaufen, Maskerade der Nürnberger Metzger 182. 185. 408.
Schild. Normännischer Ritterschild, Abbildung 11. Im Schilde führen 310. 320.
Schillers Handschuh 296. Don Carlos 309. Graf von Habsburg 628. Gang nach dem Eisenhammer, Abbild. 673 u. 675.
Schinken, als Siegespreis 178 ff. Schinkenhandel in waldigen Gegenden 179.
Schneider, Handwerk 359. 364. 662, Anmerkung.
Schöffen, Schöppen, Schöppenstühle 466 ff.
Schreiben, lateinisches Wort, deutsch: reissen oder ritzen 96. 97. Schreibgriffel des 14. Jahrhunderts, Abbildungen 86. Veranschaulichungen des Schreibens im Mittelalter 93 und 659. Die niederdeutschen Schreibschulen 90.
Schule, lateinisches Wort 96. Im Mittelalter gab es nur gelehrte Schulen an den Domen und in den Klöstern 90.
Schüler, so viel wie Student 394. Fahrende Schüler 395. 586.
Schwein ist an die Stelle des Masthundes getreten 138. Schweinebraten, Typus des Wohllebens 177. Schweinezucht in den Abruzzen, den Pyrenäen, der Provinz Westfalen: Eichelmast 180. Abbild. 105 und 141 a. Beobachtungsfehler 180. Perlen vor die Säue geworfen 143. Schweineschlachten 145, vergleiche 180. Der Fastnachtsdienstag in Gestalt eines geflügelten Schweins 185. Sankt Anton 390. Die Schweine liefen in den Strassen herum 439, Unterschrift.
Schwert, germanisches, Abbildung 2 b. Reiche werden mit dem Schwert verliehen, Abbildungen 5 und 641. Der Überwundene überreicht sein Schwert dem Sieger *(rendre son épée)*, Abbildung 631. Nie abgelegt, Unterschrift 675. Symbol der peinlichen Gerichtsbarkeit 454. 455. 529. Edelleute werden mit dem Schwerte hingerichtet 537, zum Beispiel Wilhelm von Pommiers, Vollbild 448/9. Bild 529. Drei Schwerter gehören zu den Reichskleinodien 633. Herzog von Sachsen trägt dem Könige das Schwert 628. Abbildung 502. Das geistliche und das weltliche Schwert 450. 652.
Seidenbau, Seidenindustrie, Geschichte 355 ff.
Semmel 128/9.
Sendelbinde, Abbildungen 478. 608/9. 695.
Siegel, goldenes Majestätssiegel 650. Bleiernes päpstliches Siegel 652. Wachssiegel 640. Das Reichssiegel 639. 646. Porträtsiegel 499. Siegel von Freigrafen 499. 509. Ordenssiegel der Tempelherren 512. Siegel der Fleischerinnung 151, der bürgerlichen Nahrungen 360, der Zimmerleute, der Schuhmacher 361, der Wollenweber, der Tuchscherer, der Tuchwalker, der Tischler 362. Die Siegel seit dem 12. Jahrhundert der Urkunde vermittelst einer Schnur oder eines Pergamentstreifens angehängt 499. 650. 652. Siegelring eines Merowingers 73. 449.
Sigismund, deutscher Kaiser, belehnt den Burggrafen von Nürnberg mit der Mark Brandenburg, Abbildung 641.
Skramasax, einschneidiges Kurzschwert, Abbildungen 2 a und 65.
Smyrna, Stapelplatz der Levante, Bild 337.
Solidus, Goldmünze, Werteinheit des frühen Mittelalters 442 ff. Abbildungen mehrfach 421. 423 und so weiter.
Spatha, zweischneidiges Langschwert, germanische Waffe, Abbildung 2 b.
Spielleute, erhielten dem Volke seine alten Sagen und Lieder 376. Spielmannspoesie 586.
Spiesse, germanische, fränkische, Abbildungen 2, 3. Spiessbürger 50. Gleven,

Glevenbürger 50. Abbildung 531. Jagdspiess Bild 27. Saufedern 270. 588.

Spinnen von Flachs und Wolle im Algäu, Abbildung 108. Erfindung des Spinnrads: Unterschrift.

Sporteln: die *Sportula,* von welcher die Gerichtskosten den Namen haben, ist zu sehen 487.

Staatsanwalt, in ihm erscheint die öffentliche Anklage wieder 574.

Städte, Burgen 17. Aus römischen Lagern und Kastellen hervorgegangen 18. Aus Schlössern, Pfalzen, Kirchen, Klöstern 43. Die Kastelle, welche den Kern der Stadt Paris bildeten 463. Neue, freie Städte 44. Ihr wichtigstes Recht das Marktrecht 44. Anlage der mittelalterlichen Städte 42. 43. Anblick der alten deutschen Städte 413 ff. Die italienischen Städterepubliken 51. Die flandrischen Städte 52. Die deutschen Handelsstädte, Schilderung von Äneas Sylvius Piccolomini 332. Sie sind Mittelpunkte der Bildung 332. Vorbilder der Staaten 19 ff. 50 ff. Wachsen dem Adel und der Geistlichkeit über den Kopf 41 ff. Entwachsen dem Mittelalter, lösen den Feudalstaat ab, atmen einen republikanischen Geist 328. 357. Nehmen die Menagerien in die Hand 295. Lassen rennen 328. Engagieren Seiltänzer und andere Künstler 590. Im 17. Jahrhundert geht die städtische Autonomie unter, die Stadtrechte fallen an den Landesherrn zurück, die Städte erliegen dem Absolutismus des Staates 48. 406.

Steuern: die Bitte, der gemeine Pfennig, der Peterspfennig 32 ff. Steuerfreiheit der adligen und geistlichen Güter 38. Steuereinnahme im 16. Jahrhundert, Abbildung 441.

Stiergefechte, Rest des mittelalterlichen Jagdsports 296. In Spanien 296 ff. In Rom 298. In Wien 299.

Strafen oder Peinen 537 ff. Peinlicher Prozess 524. Spöttische Gebärden, Reste 539.

Strasse, lateinisches Wort 96. Wege- und Strassenbau 422. Reichsstrassen. Heerstrassen, Landstrassen, Gemeindewege, Chausseen 423. Alpenstrassen 424. Wegegeld, Chausseegeld 418 ff. Schlagbäume 419. Wann die städtischen Strassen gepflastert wurden 439, Unterschrift. 709.

Strohhut, eine mit einem Bindfaden festgebundene Schütte Stroh, Abbildung 29.

Studenten, akademische Bürger 396. Bilden die Universität 396. Studentenkrawalle in Toulouse 39 ff.

Tafel, Darstellungen von Mahlzeiten: im Schlosse Pierlamont, wo die vier Haimonskinder bei ihrer Mutter speisen: Text 112, Farbendruck 0/1. In der grossen Burghalle des Königs Helenus, bei dem Äneas speist 159. Am Hofe des Herzogs von Lancaster, bei dem der König von Portugal speist: Farbendruck 58/9. Am Hofe des Königs Herodes 519. In der Gralsburg 209. In einer italienischen Trattoria 207. In einem Bürgerhause 141 b. Halte auf der Jagd 201. Tafel aufheben *(Bislag)* 662.

Tänze. Fackeltanz des Burgundischen Hofes, Farbendruck 276/7. Tanzwut, Volkskrankheit, Darstellung 317. Tanzmusik, vier Figuren 325. Römischer Nationaltanz, vier Figuren 327. Volkstanz, Miniatur 319. Totentanz 478. Der Baseler Totentanz 521. Figuren aus Totentänzen 478. 521.

Taschen, die Kleidungsstücke hatten noch keine Taschen 592. 670. 679. Die Almosentaschen oder Aumonieren 592. Abbildungen der letzteren zahlreich, zum Beispiel bei Karl dem Einfältigen 416/7.

Taschenspieler, spielen aus der Tasche 593.

Tauben, gebratene 164.

Thaler, Geschichte 447.

Theater, Ausrufer vor einer Jahrmarktsbude, Abbildung 291. Puppenspiel 602.

Thorgeld, Thorzettel, Thorgroschen 415 ff.

Tischtuch, Decken des Tisches 141 b. In Falten festgesteckt 209. 519.

Trippen, Holzpantoffeln 709. zu sehen 643.

Tristan und Isolde, Porträts 677. Parforcejagd 236. 248 ff. Feuerprobe 472.

Trommel, Abbildung 79.

Trompete, alte Form, Abbildungen 79 und 580.

Trustis, die Gefolgschaft der Fränkischen Könige, unser *Trost,* der Begriff erhalten im hannoverschen *Landdrost* 7. In England Name von Wegebaugesellschaften 420.

Turnier, das vornehmste Fest 305. Verlauf desselben 309 ff. Turnieren und turnen, dasselbe 306. Fronleichnamsfestturnier 631, Unterschrift. Turnier, gegeben in Paris, Miniatur aus Froissart 305. Moderne Turniere 318.

Uhren, mit beweglichen Figuren verbunden 600. Das Männleinlaufen 629/630.

Universitäten, so viel wie Zünfte 364. Quelle des mittelalterlichen Zunftwesens 396 ff. An den Universitäten die alten Zunftgebräuche noch erhalten 398.

Vaganten, fahrende Schüler 586. Ihre Kommerslieder: *Mihi est propositum* aus dem 12., *Gaudeamus igitur* aus dem 13. Jahrhundert 586.

Venedig, Anfänge und Blüte 337 ff. Eine der fünf Mächte, die erste Stadt Italiens 52. Karneval 56. Markusplatz, Bild 45. Dogenpalast, Hof, Bild 511.

Virgil, Szenen, mittelalterlich gedacht: *labor omnia vincit improbus et duris urguens in rebus egestas* (Georgica I, 145): 131. *Glande sues laeti redeunt* (Georgica II, 520): 105. *Illos porticibus rex accipiebat in altis* (Äneide III, 353): 159. *Qnid non mortalia pectora cogis, auri sacra fames* (Äneide III, 57): 181. *Pan, ovium custos* (Georgica I, 17): 451.

Volksschulen, erst aus den Bürgerschulen hervorgegangen 90.

Wagen: der heilige Ochsenwagen der Merowinger 60. 583. Der Ochsenwagen der Mailänder 324, Anmerkung. Geschirre des 12. Jahrhunderts 584. Abbildung 593. Wagner, Fahnen 389.

Wahl, Kur der deutschen Könige, Formalitäten 630.

Walfischfang im Eismeer, Genrebild 343.

Wappen, plattdeutsche Form von *Waffen* 310. 655. Wappenkunde, Heraldik 310.

Weichbild, heiliges Bild 45. Ursprünglich ein Pfahl 46.

Weine. Überraschend weite Verbreitung des Weinbaus in Deutschland, bis nach Polen und Litauen 215. Der Johannisberg und der Rüdesheimer Berg mit italienischen Reben bepflanzt 100. Deutsche Reben nach den Kanarischen Inseln, nach Malaga gebracht 216. Arbeiter im Weinberg, Bild 139. Erziehung des Weinstockes, Abbildung 137 a. Weinlese im Zwinger einer Hofburg, Miniatur 135. Das Treten des Weins, Abbildung 137 b. Methode, den Wein zu würzen 211 ff. Bowlen oder Kaltschalen 212. Lautertrank und Klaret 212. Maulbeerwein 214. Sekt 216. Naturweine: Malvasier, Cyperwein 217. Kipperwein 218.

Westfalen, Sachsen 498. Die Rote Erde, des Blutbannes wegen 500.

Wildbret, Bedeutung desselben für die Küche des Mittelalters 132.

Wilde Männer und Frauen auf der Messe 606. Auf dem Hofballe in Paris 323, Abbildung.

Wildfang, ein solcher war der Tourist 38.

Wilhelm der Eroberer, Herzog der Normandie, nach England aufbrechend, historische Gruppe nach der Stickerei seiner Gemahlin 47.

Wirtshäuser 428. Schweizer und Berliner Wirtshäuser, Preise 436. Wirtshausleben 429 ff. Im Wirtshause, Szene 181. Gemälde: Im Restaurant 207. Hôtelküche 195. Koch 205. Fahnen 183.

Wurst, Wurstkultus im Mittelalter 181 ff. Wurstarten 182. Bratwurst 182 ff. Zuthat von Gewürzen 184. Mortadella, mit Myrtenbeeren gewürzt 184. Personifikation des Karnevals, Krieg, den die Würste mit dem Aschermittwoch führen 184 ff.

Zaddeltracht, Abbildung 75 und öfter.

Zehnte, von Haus aus ein Kirchzehnt 27. Erhebung des Weinzehnten, Abbildung 35, des Bierzehnten, Abbildung 37.

Zigeuner, Auftreten im Reiche, Holzschnitte 588 und 589. Zigeunerbande, Abbildung 585. Italienische Zigeuner in ein Gehöft einbrechend, Kupferstich Callots, Vollbild 544/5.

Zinnen, Schiessschlitzen 415. Zum Beispiel die Abbildungen 43 und 453. Zinnen an der Bastille 545, am Dogenpalast zu Venedig 45 und 511. Zinnen der Guelfen und der Ghibellinen, Unterschied 52. Staffelgiebel, abgetreppte Giebel: zinnenförmig 414. 448.

Zunft, Begriff, sinnverwandte Worte 364. Zunftwesen und Zunftgebräuche an den Universitäten 398.

Zweikampf, beliebte Unterhaltung 314. 318. Duell Heimes und Dietrichs 314 ff. Sekundanten, Porträts 474. Gottesurteil 482 ff. Darstellung 458.